Ballestero-Alvarez
Soto Balbás

ESPANHOL · PORTUGUÊS MINIDICIONÁRIO PORTUGUÊS · ESPANHOL

FTD

EDITORA FTD S.A.
Matriz: Rua Rui Barbosa, 156 – Bela Vista – São Paulo – SP
CEP 01326-010 – Tel. (0-XX-11) 3598-6000
Caixa Postal 65149 – CEP da Caixa Postal 01390-970
Internet: http://www.ftd.com.br

Diretora editorial
Silmara Sapiense Vespasiano

Editora
Roberta Lombardi Martins

Editora adjunta
Rosa A. Visconti Kono

Editor assistente
Carlos José Felix

Assistentes de produção
Ana Paula Iazetto
Lilia Pires

Assistente editorial
Denise Silva

Revisão técnica
Alberto Jimenez Jaén

Coordenador de produção editorial
Caio Leandro Rios

Editor de arte
Carlos Augusto Asanuma

Projeto gráfico
Carlos Augusto Asanuma

Capa
Carlos Augusto Asanuma

Editoração eletrônica
José Aparecido Amorim da Silva
Márcia Muniz da Mata Cozzo

Gerente executivo do parque gráfico
Reginaldo Soares Damasceno

Este dicionário segue as orientações ortográficas da Real Academia Espanhola (Novo Acordo da Língua Espanhola de 2010).

Dados Internacionais de Catalogação na Publicação (CIP)
(Câmara Brasileira do Livro, SP, Brasil)

Ballestero-Alvarez, Maria Esmeralda
Minidicionário: espanhol-português, português-espanhol / Ballestero-Alvarez, Soto Balbás. — 2. ed. — São Paulo : FTD, 2013.

ISBN 978-85-322-8735-9

1. Espanhol - Dicionários - Português 2. Português - Dicionários - Espanhol I. Balbás, Soto. II. Título.

13-07304 CDD-463.69
-469.36

Índices para catálogo sistemático:

1. Espanhol : Português : Dicionários 463.69
2. Português : Espanhol : Dicionários 469.36

ÍNDICE

Sozinhos nada somos e nada conseguimos.

Este grande projeto só foi possível devido à ajuda e dedicação de alguém que foi muito além de seu cargo, função ou salário.

A única coisa que podemos fazer em agradecimento é dedicar este grande texto a Wilson Teodoro Garcia.

Que o Mestre Maior o abençoe por sua inteligência, capacidade, humildade e companheirismo sempre presentes.

MEB-A
MSB

1ª parte

ESPANHOL
PORTUGUÊS

APRESENTAÇÃO

A nova edição deste dicionário bilíngue, atualizada conforme orientações da *Ortografía de la lengua española*, de 2010, da Real Academia Española (RAE) e da Asociación de Academias de la Lengua Española (ASALE), visa oferecer ao estudante brasileiro uma amostragem atualizada de vocábulos do espanhol e do português e de seus termos correspondentes numa e noutra língua, de forma que a consulta resulte, de modo prático e eficiente, na correta tradução das palavras do espanhol, na comprovação de sua grafia, bem como na versão de termos do português para o espanhol.

Baseado na experiência dos autores, como professores de Espanhol, o dicionário possibilita apreender os sentidos dos vocábulos por meio de equivalências de sentido no contraste entre as duas línguas, levando em conta o uso e a frequência de cada acepção semântica.

Concebido para cumprir um importante papel no contexto brasileiro de ensino-aprendizagem do espanhol como língua estrangeira, ganham destaque nele, além da atualização ortográfica, os falsos cognatos e a preocupação em apontar as particularidades mais relevantes quanto ao uso de termos próprios de determinados países da América Hispânica, paralelamente aos usados estritamente na Espanha, respeitando sempre as diretrizes promulgadas pela Real Academia Española.

Esperamos que este dicionário auxilie a todos os consulentes e aguardamos comentários, pois eles serão extremamente importantes para o aperfeiçoamento constante de nosso trabalho.

Os autores

ABREVIATURAS

Nesta primeira parte deste Dicionário, estão sendo usadas as seguintes abreviaturas:

adj. ....= adjetivo/adjetivação
adv. ....= advérbio/adverbial
Amér. ....= significado na América Latina
art. ....= artigo
conj. ....= conjunção
def. ....= definido
dem. ....= demonstrativo
det. ....= determinativo
excl. ....= exclamação
exp. ....= expressão
f. ....= feminino
fig. ....= sentido figurado
indef. ....= indefinido
interj. ....= interjeição
interrog. .....= interrogativo
irreg. ....= irregular
loc. ....= locução
m. ....= masculino
num. ....= numeral
pess. ....= pessoal
pl. ....= plural
poss. ....= possessivo
prep. ....= preposição
pron. ....= pronome
s. ....= substantivo
sing. ....= singular
v. ....= verbo (o número a seguir indica o modelo da conjugação existente no Apêndice 2)

Além disso, serão usados os seguintes símbolos que indicam:

‖ ....= outro significado para a mesma palavra;
◆ ....= mudança na classe gramatical;
→ ....= uso em expressões.

Devido ao tamanho desta obra, a maior parte das palavras derivadas está sendo omitida.

ESPANHOL
PORTUGUÊS

A

s.f., primeira letra do alfabeto espanhol e primeira também de suas vogais ◆ *prep.*, a; até; com; de; por; sobre → *A por a y b por b*, ponto por ponto.

Abad/desa, *s.*, abade.

Abadejo, *s.m.*, abadejo, badejo.

Abadía, *s.f.*, abadia.

Abajo, *adv.*, abaixo, em baixo.

Abalorio, *s.m.*, miçanga, contas de vidro, bijuteria de pouco valor.

Abandonar, *v.5*, abandonar ‖ desamparar.

Abandono, *s.m.*, abandono ‖ negligência ‖ desânimo ‖ desleixo.

Abanicar, *v.5.14*, abanar.

Abanico, *s.m.*, leque.

Abaratar, *v.5*, baratear, baixar o preço ‖ *Amér.*, baratear.

Abarcar, *v.5.14*, abranger, rodear.

Abarrotar, *v.5*, abarrotar, encher.

Abastecer, *v.9*, abastecer.

Abastecimiento, *s.m.*, abastecimento.

Abasto, *s.m.*, provisão ‖ *fig.*, ser ou não suficiente.

Abatimiento, *s.m.*, abatimento físico, moral ou psíquico.

Abatir, *v.7*, abater ‖ derrubar ‖ matar, ferir ‖ derrotar ‖ descer, inclinar, baixar.

Abdicar, *v.5.14*, abdicar ‖ transferir ‖ abandonar direitos.

Abdomen, *s.m.*, abdômen, barriga, ventre.

Abdominal, *adj.*, abdominal.

Abecé, *s.m.*, abecedário ‖ primeiras noções de uma ciência qualquer.

Abecedario, *s.m.*, abecedário ‖ cartilha para crianças.

Abeja, *s.f.*, abelha.

Abejón, *s.m.*, zangão, macho da abelha.

Abejorreo, *s.m.*, zumbido das abelhas ‖ vozerio.

Aberración, *s.f.*, aberração.

Aberrar, *v.27*, aberrar, ser aberrante.

Abertura, *s.f.*, ação de abrir ‖ buraco, abertura, fenda, furo ‖ janela, balcão, porta, qualquer abertura de uma parede ‖ desfiladeiro entre montanhas.

Abeto, *s.m.*, pinheiro alvar, abeto.

Abierto/a, *adj.*, aberto ‖ ingênuo ‖ claro.

Abisal, *adj.*, abissal.

Abismar, *v.5*, cair num abismo ‖ confundir → Abismarse, distrair-se, desligar-se.

Abismo, *s.m.*, abismo ‖ interior, íntimo ‖ profundo ‖ grande diferença entre opiniões ‖ imensidão ‖ inferno.

Abjurar, *v.5*, abjurar.

Ablandar, *v.5*, amolecer ‖ comover ‖ suavizar dor, pena, tristeza.

Ablución, *s.f.*, ablução, lavagem, limpeza, purificação.

Abnegación, *s.f.*, abnegação, sacrifício, renúncia.

Abobado/a, *adj.*, abobalhado.

Abochornar, *v.5*, envergonhar ‖ sufocar pelo calor.

Abofetear, *v.5*, esbofetear.

Abogacía, *s.f.*, advocacia.

Abogado/a, *s.*, advogado.
Abogar, *v.5.18*, advogar ‖ interceder ‖ defender.
Abolengo, *s.m.*, tradição, ascendência, avoengo.
Abolición, *s.f.*, abolição.
Abolir, *v.16*, abolir ‖ anular ‖ suprimir.
Abollar, *v.5*, amassar, achatar.
Abominar, *v.5*, abominar, condenar, amaldiçoar.
Abonar, *v.5*, adubar, fertilizar ‖ pagar dívida ‖ inscrever-se, matricular-se ‖ abonar ‖ garantir, dar fiança, avalizar.
Abono, *s.m.*, abono, aval, endosso ‖ adubo, fertilizante.
Abordar, *v.5*, abordar.
Aborrecer, *v.9*, detestar, ter aversão ‖ abandonar os animais ou suas crias.
Abortar, *v.5*, abortar ‖ fracassar.
Aborto, *s.m.*, aborto.
Abotonar, *v.5*, abotoar.
Abrasar, *v.5*, abrasar, queimar, destruir, reduzir a brasas ‖ sentir queimação ‖ consumir, destruir, corroer.
Abrasión, *s.f.*, abrasão.
Abrazadera, *s.f.*, braçadeira, argola, presilha.
Abrazar, *v.5.15*, abraçar ‖ conter, incluir ‖ rodear, cercar ‖ seguir, professar.
Abrazo, *s.m.*, abraço.
Abrelatas, *s.m.*, abridor de latas.
Abrevar, *v.5*, dar de beber aos animais caseiros.
Abreviar, *v.5*, abreviar, encurtar, reduzir ‖ acelerar, apressar.
Abreviatura, *s.f.*, abreviatura.
Abridor/ra, *adj.* e *s.*, abridor, que abre.
Abrigar, *v.5.18*, abrigar ‖ proteger ‖ ter opinião.
Abrigo, *s.m.*, abrigo, refúgio ‖ casaco, agasalho.
Abril, *s.m.*, abril.
Abrillantar, *v.5*, abrilhantar ‖ valorizar.
Abrir, *v.7*, abrir ‖ separar ‖ estender ‖ cortar, raspar, rasgar, romper ‖ vencer obstáculo ‖ começar, iniciar, inaugurar ‖ presidir, dirigir, ir à frente ‖ promover, incitar ‖ apresentar, oferecer → *Abrirse*, abrir-se, ser sincero, contar os segredos ‖ dar acesso, estar orientado para ‖ clarear o tempo.
Abrochar, *v.5*, abotoar, fechar com colchetes.
Abrojo, *s.m.*, abrolho ‖ escolho.
Abrumar, *v.5*, abrumar ‖ cansar, incomodar → *Abrumarse*, encher de brumas o tempo.
Abrupto/a, *adj.*, abrupto, escarpado, acidentado.
Absceso, *s.m.*, abcesso.
Absentismo, *s.m.*, absenteísmo.
Absolución, *s.f.*, absolvição.
Absoluto/a, *adj.*, absoluto ‖ completo, inteiro, total ‖ autoritário, dominante.
Absolver, *v.10*, absolver, perdoar, inocentar
Absorber, *v.6*, absorver ‖ consumir ‖ embeber, encharcar ‖ ocupar completamente ‖ atrair a atenção, cativar.
Absorción, *s.f.*, absorção.
Absorto/a, *adj.*, absorto, distraído ‖ admirado, assombrado.
Abstemio/a, *adj.* e *s.*, abstêmio.
Abstención, *s.f.*, abstenção.
Abstenerse, *v.4*, abster-se ‖ privar-se, renunciar.
Abstinencia, *s.f.*, abstinência.

Abstracto/a, *adj.*, abstrato ‖ geral, confuso, distante da realidade ◆ *s.m.*, resumo científico, *abstract.*

Abstraer, *v.43,* abstrair.

Absurdo/a, *adj.* e *s.m.*, absurdo.

Abuchear, *v.5,* vaiar.

Abucheo, *s.m.*, vaia.

Abuelo/a, *s.*, avô/avó ‖ pessoa idosa ◆ *s.m.pl.*, ascendentes, antepassados → *Contárselo a su abuela*, vá contar pra vovozinha. *No necesitar/no tener abuela*, modéstia à parte. *Su/tu abuela*, frase usada para negar vigorosamente alguma coisa, equivale a: nem morto, jamais.

Abulense, *adj.* e *s.*, nascido em Ávila (Espanha).

Abulia, *s.f.*, apatia, falta de vontade ou energia.

Abultar, *v.5,* avolumar, acrescentar ‖ exagerar.

Abundancia, *s.f.*, abundância, riqueza.

Abundar, *v.5,* abundar.

Aburrimiento, *s.m.*, cansaço ‖ chateação.

Aburrir, *v.7,* cansar, chatear → *Aburrirse*, não encontrar nada com o que se distrair.

Abusar, *v.5,* abusar.

Abuso, *s.m.*, abuso.

Abusón/ona, *adj.* e *s.*, aproveitador, aquele que abusa em proveito próprio.

Abyección, *s.f.*, abjeção, desprezo, segregação.

Abyecto/a, *adj.*, abjeto, vil, desprezível.

Acá, *adv.*, cá; aqui.

Acabar, *v.5,* acabar, dar fim ‖ consumir, extinguir, desaparecer ‖ terminar, concluir → *Acabar con*, destruir, aniquilar. *Acabar de + infinitivo*, acabar de acontecer. *Acabarse*, morrer.

Acabose, *s.m.*, *el acabose*, um Deus nos acuda, um grande desastre, o fim do mundo.

Acacia, *s.f.*, acácia.

Academia, *s.f.*, academia.

Académico/a, *adj.*, acadêmico ◆ *s.*, membro da academia.

Acaecer, *v.9,* acontecer, ocorrer.

Acalorar, *v.5,* esquentar ‖ zangar-se ‖ incitar.

Acallar, *v.5,* aquietar, silenciar ‖ aplacar, acalmar.

Acampar, *v.5,* acampar.

Acantilado/a, *adj.*, escarpado, recortado.

Acaparar, *v.5,* açambarcar ‖ apoderar-se ‖ dominar, absorver.

Acaramelar, *v.5,* caramelar → *Acaramelarse*, mostrar-se extremamente carinhoso.

Acariciar, *v.5,* acariciar, acarinhar.

Acarrear, *v.5,* carregar ‖ acarretar, ocasionar, causar.

Acaso, *s.m.*, acaso; casualidade ‖ destino ◆ *adv.*, talvez, quiçá → *Por si acaso*, por precaução. *Si acaso*, no caso de ‖ em todo caso.

Acatar, *v.5,* acatar, respeitar, reconhecer.

Acatarrar, *v.5,* gripar-se, ter catarro.

Acaudalar, *v.5,* reunir uma grande quantidade, em especial de dinheiro ou bens materiais.

Acceder, *v.6,* aceder, consentir, aquiescer ‖ ascender, melhorar, subir, receber promoção ‖ acessar.

Accesible, *adj.*, acessível.

Acceso, *s.m.*, acesso, entrada ‖ lugar de chegada, passagem ‖ ataque, crise.

Accesorio/a, *adj.*, acessório, secundário ◆ *s.m.*, utensílio, peça, acessório.
Accidentado/a, *adj.*, acidentado.
Accidentar, *v.5,* acidentar, provocar ou causar acidente.
Accidente, *s.m.*, acidente ‖ incidente ‖ desnível, irregularidade do terreno ‖ supérfluo, secundário → *Por accidente*, casualmente.
Acción, *s.f.*, ação ‖ ato ‖ consequência ‖ trama, argumento ‖ atividade, dinamismo, movimento ‖ cada uma das partes que constitui o capital de uma empresa → *En acción de gracias*, agradecimentos a Deus ou santo.
Accionar, *v.5,* acionar ‖ gesticular.
Accionario, *s.m.*, acionista ou conjunto de acionistas de uma companhia.
Accionista, *s.m.* e *f.*, acionista.
Acebo, *s.m.*, azevinho.
Acebuche, *s.m.*, zambujeiro, oliveira silvestre.
Acecinar, *v.5,* defumar e salgar carne → *Acecinarse*, emagrecer muito, ficar magro como um palito.
Acechar, *v.5,* espionar, espreitar.
Acecho, *s.m.*, espionagem, espreita.
Aceite, *s.m.*, azeite.
Aceituna, *s.f.*, azeitona, oliva.
Aceituno, *s.m.*, pé de azeitona, oliveira.
Aceleración, *s.f.*, aceleração.
Acelerador/ra, *adj.* e *s.m.*, acelerador.
Acelerar, *v.5,* acelerar.
Acelga, *s.f.*, acelga.
Acendrar, *v.5,* depurar ‖ aperfeiçoar.
Acento, *s.m.*, tonalidade, forma de inflexão da voz ‖ acento, sinal gráfico colocado nas letras ‖ som, tom, entoação ‖ ênfase, intensidade.
Acentuación, *s.f.*, acentuação.
Acentuar, *v.5.11,* acentuar ‖ frisar, marcar.
Acepción, *s.f.*, acepção, significado.
Aceptación, *s.f.*, aceitação ‖ êxito, acolhida, sucesso.
Aceptar, *v.5,* aceitar, aprovar ‖ conformar-se ‖ obrigar-se por escrito, assumir compromisso.
Acequia, *s.f.*, canal de regadio, regueira.
Acera, *s.f.*, calçada → *De la acera de enfrente/de la otra acera*, bicha, viado.
Acerar, *v.5,* converter em aço.
Acerca, *adv.*, acerca, a respeito de, sobre.
Acercar, *v.5.14*, aproximar → *Acercarse*, aproximar-se, chegar a ‖ estar próximo de ocorrer.
Acería, *s.f.*, fundição de aço.
Acero, *s.m.*, aço ‖ arma branca ◆ *s.m.pl.*, força, valor, decisão, ânimo ‖ fome.
Acertar, *v.12,* acertar ‖ conseguir, lograr ‖ encontrar, achar.
Acertijo, *s.m.*, adivinhança, charada ‖ coisa ou fato muito problemático.
Acervo, *s.m.*, acervo.
Acetileno, *s.m.*, acetileno.
Acetona, *s.f.*, acetona.
Acicate, *s.m.*, espora ‖ estímulo.
Acidez, *s.f.*, acidez.
Ácido/a, *adj.* e *s.m.*, ácido.
Acierto, *s.m.*, acerto ‖ destreza, habilidade ‖ êxito, sucesso.
Aclamación, *s.m.*, aclamação.
Aclamar, *v.5,* aclamar ‖ proclamar.
Aclaración, *s.f.*, aclaração, explicação, esclarecimento.
Aclarado, *s.m.*, enxaguado.

Aclarar, *v.5*, esclarecer, aclarar, clarear ‖ enxaguar ‖ explicar ‖ acalmar o tempo → *Aclararse*, esclarecer-se.

Aclimatar, *v.5*, aclimatar, acostumar, adaptar.

Acné, *s.m.*, acne.

Acobardar, *v.5*, acovardar, dar medo.

Acoger, *v.6.11*, acolher, proteger ‖ admitir ‖ aprovar.

Acojonante, *adj.*, impressionante.

Acojonar, *v.5*, acovardar, dar medo, impressionar.

Acometer, *v.6*, atacar, acometer ‖ empreender, tentar ‖ sobrevir repentinamente.

Acomodación, *s.f.*, acomodação.

Acomodado/a, *adj.*, acomodado, tranquilo ‖ rico, bem de vida.

Acomodador/ra, *s.*, lanterninha de cinema e teatro.

Acomodar, *v.5*, acomodar, dar comodidade → *Acomodarse*, acomodar-se, estar cômodo, confortável.

Acompañamiento, *s.m.*, acompanhamento.

Acompañante, *adj.*, *s.m.* e *f.*, acompanhante.

Acompañar, *v.5*, acompanhar, dar companhia ‖ juntar, agregar ‖ compartir sentimentos ‖ ter qualidades, sentimentos ou estados de ânimo ‖ executar o acompanhamento musical.

Acomplejar, *v.5*, causar ou sentir complexo.

Acondicionador, *s.m.*, condicionador de ar, de cabelo.

Acondicionar, *v.5*, dar condições.

Acongojar, *v.5*, afligir, angustiar, entristecer.

Aconsejable, *adj.*, aconselhável.

Aconsejar, *v.5*, aconselhar ‖ advertir ‖ sugerir.

Acontecer, *v.9*, acontecer, ocorrer, suceder.

Acontecimiento, *s.m.*, sucesso importante.

Acopiar, *v.5*, juntar, reunir.

Acopio, *s.m.*, ação de juntar ou reunir, arrecadação.

Acoplar, *v.5*, juntar, unir, encaixar ‖ emparelhar animais ‖ acasalar animais.

Acorazado, *s.m.*, couraçado.

Acordar, *v.10*, fazer ou chegar a um acordo → *Acordarse*, lembrar-se, recordar.

Acorde, *adj.*, conforme, de acordo ‖ harmônico ◆ *s.m.*, acorde.

Acordeón, *s.m.*, acordeão, harmônica.

Acorralar, *v.5*, encurralar.

Acortar, *v.5*, encurtar, diminuir a distância.

Acosar, *v.5*, acossar, perseguir ‖ importunar, incomodar.

Acostar, *v.10*, deitar ‖ aproximar-se uma embarcação da costa ‖ chegar à costa → *Acostarse*, ir para a cama com alguém, coabitar.

Acostumbrar, *v.5*, acostumar, ter por costume → *Acostumbrarse*, adaptar-se.

Acre, *adj.*, áspero, amargo, picante ◆ *s.m.*, acre, unidade de medida.

Acrecentar, *v.12*/**Acrecer**, *v.9*, acrescentar, acrescer, aumentar.

Acreditar, *v.5*, dar crédito ‖ nomear para representação diplomática ‖ fama, reputação.

Acreedor/ra, *adj.*, *s.*, credor.

Acribillar, *v.5*, crivar ‖ incomodar muito, chatear.

Acrílico/a, *adj.*, acrílico.

Acrisolar, *v.5,* aperfeiçoar, purificar ‖ manifestar ‖ purificar metais nobres.

Acritud, *s.f.*, aspereza ‖ acritude ‖ mordacidade.

Acrobacia, *s.f.*, acrobacia.

Acróbata, *s.m.* e *f.*, acróbata.

Acta, *s.f.*, ata, relatório → *Levantar acta*, fazer, redigir ata.

Actitud, *s.f.*, atitude ‖ postura, jeito ‖ estado de ânimo.

Activar, *v.5,* ativar, avivar, incitar.

Actividad, *s.f.*, atividade.

Activista, *s.m.* e *f.*, ativista.

Activo/a, *adj.*, ativo ‖ diligente, esperto, esclarecido ‖ efetivo ◆ *s.m.*, conjunto de posses e bens de uma pessoa ou empresa → *En activo*, no exercício de suas funções.

Acto, *s.m.*, ato ‖ ação ‖ parte de uma peça teatral.

Actor/ra, *adj.* e *s.*, demandante de uma ação judicial ◆ *s.m.*, ator.

Actriz, *s.f.*, atriz.

Actuación, *s.f.*, atuação.

Actual, *adj.*, atual.

Actualidad, *s.f.*, atualidade, modernidade → *De actualidad*, da moda.

Actualizar, *v.5.15,* atualizar.

Actuar, *v.5.11,* atuar ‖ representar um papel ‖ exercer as funções próprias.

Acuarela, *s.f.*, aquarela.

Acuario, *s.m.*, aquário.

Acuciar, *v.5,* estimular ‖ apressar.

Acuchillar, *v.5,* esfaquear ‖ aparar ‖ lixar, raspar.

Acudir, *v.7,* acudir ‖ ir, frequentar ‖ socorrer ‖ sobrevir, acometer, ocorrer ‖ recorrer, lançar mão.

Acuerdo, *s.m.*, acordo, combinação, convenção.

Acumulación, *s.f.*, acumulação.

Acumular, *v.5,* acumular, juntar, reunir, amontoar.

Acunar, *v.5,* embalar um bebê no colo ou no berço.

Acuñar, *v.5,* cunhar ‖ fixar, consolidar ‖ pôr calço, escorar.

Acusación, *s.f.*, acusação.

Acusado/a, *adj.*, destacado, evidente ◆ *s.*, acusado.

Acusar, *v.5,* acusar ‖ delatar, descobrir, notar ‖ receber ‖ padecer → *Acusar recibo*, protocolar um recebimento, acusar o recebimento.

Acuse, *s.m.*, protocolo de recebimento geralmente de correspondência.

Acusica/Acusón, *adj.*, dedo-duro, linguarudo.

Acústico/a, *adj.*, acústico, relativo ao som ◆ *s.f.*, acústica, ciência.

Achacar, *v.5,* imputar, atribuir.

Achacoso/a, *adj.*, adoentado.

Achantar, *v.5,* acovardar, intimidar.

Achaque, *s.m.*, achaque, indisposição.

Achatar, *v.5,* achatar.

Achicar, *v.5.14,* diminuir, encurtar ‖ intimidar.

Achicoria, *s.f.*, chicória.

Achicharrar, *v.5,* tostar, queimar, crestar, torrar ‖ incomodar, importunar, chatear.

Achuchar, *v.5,* apertar, esmagar ‖ achatar ‖ passar a mão sexualmente, bolinar.

Achuchón, *s.m.*, apertão ‖ indisposição repentina.

Adaptación, *s.f.*, adaptação.

Adaptar, *v.5,* adaptar.

Adecuar, *v.5.11,* adequar.

Adefesio, *s.m.*, despropósito ‖ pessoa ou coisa muito feia.

Adelantado/a, *adj.*, precoce, adiantado → *Por adelantado*, antecipadamente.

Adelantar, *v.5*, adiantar ‖ antecipar ‖ melhorar, progredir ‖ apressar, acelerar ‖ ganhar, obter vantagens.

¡Adelante!, *interj.*, entre!, continue!, vamos!, avante!

Adelgazar, *v.5.15*, emagrecer.

Ademán, *s.m.*, gesto, movimento, atitude ◆ *s.m.pl.*, modos de uma pessoa, comportamento de forma geral.

Además, *adv.*, além de, além disso.

Adentrar, *v.5*, adentrar em, entrar.

Adentrarse, *v.5*, adentrar-se, entrar, penetrar, aprofundar.

Adentro, *adv.*, adentro, dentro, no interior de.

Adepto/a, *adj.* e *s.*, adepto, filiado, partidário.

Aderezar, *v.5.15*, preparar, condimentar alimentos.

Adherencia, *s.f.*, aderência.

Adherir, *v.12*, aderir, unir, juntar, grudar → *Adherirse*, estar de acordo.

Adhesión, *s.f.*, adesão.

Adhesivo/a, *adj.* e *s.m.*, adesivo ‖ fita adesiva.

Adición, *s.f.*, adição, soma.

Adicionar, *v.5*, adicionar, somar, acrescentar.

Adiestrar, *v.5*, adestrar, treinar, instruir.

¡Adiós!, *interj.*, adeus!, tchau!

Adiposo/a, *adj.*, adiposo, gorduroso.

Aditamento, *s.m.*, aditamento, complemento.

Aditivo/a, *adj.* e *s.m.*, aditivo.

Adivinación, *s.f.*, adivinhação.

Adivinanza, *s.f.*, charada.

Adivinar, *v.5*, adivinhar ‖ vislumbrar ‖ acertar.

Adivino/a, *s.*, adivinho.

Adjetivo/a, *s.m.*, adjetivo, classe gramatical.

Adjunto/a, *adj.*, adjunto, classe gramatical ‖ unido.

Administración, *s.f.*, administração.

Administrador/ra, *s.*, administrador.

Administrar, *v.5*, administrar ‖ governar ‖ dar, aplicar, ministrar ‖ usar, empregar com prudência.

Admiración, *s.f.*, admiração.

Admirar, *v.5*, admirar ‖ estranhar, surpreender.

Admisión, *s.f.*, admissão, ação de admitir.

Admitir, *v.7*, admitir ‖ receber, dar entrada ‖ aceitar, aprovar, reconhecer ‖ permitir, tolerar.

Adobar, *v.5*, temperar a comida ‖ curtir peles.

Adobe, *s.m.*, tijolo cru.

Adobo, *s.m.*, salsa, tempero, molho.

Adolecer, *v.9*, adoecer.

Adolescencia, *s.f.*, adolescência.

Adolescente, *adj.*, *s.m.* e *f.*, adolescente.

Adonde, *adv.*, aonde, onde, no lugar em que.

Adónde, *adv.*, aonde, onde, em que lugar, qual lugar. Só usado em questões.

Adopción, *s.f.*, adoção.

Adoptar, *v.5*, adotar, tomar em adoção ‖ aceitar ‖ tomar uma resolução.

Adoquín, *s.m.*, paralelepípedo, laje ◆ *interj.*, pessoa burra.

Adoración, *s.f.*, adoração.

Adorar, *v.5*, adorar.

Adormecer, *v.9,* adormecer ‖ acalmar, sossegar ‖ entorpecer.

Adormidera, *s.f.,* dormideira, erva de onde se extrai o ópio.

Adornar, *v.5,* enfeitar, adornar.

Adorno, *s.m.,* enfeite, adorno.

Adquirir, *v.8,* adquirir, comprar, ganhar, conseguir.

Adquisición, *s.f.,* aquisição.

Adrede, *adv.,* de propósito, deliberadamente.

Adrenalina, *s.f.,* adrenalina.

Adscribir, *v.7,* adscrever, atribuir ‖ destinar, nomear.

Adsorber, *v.6,* absorver.

Aduana, *s.f.,* alfândega.

Aducir, *v.9,* aduzir, aludir.

Adueñarse, *v.5,* apossar-se, apoderar-se.

Adulación, *s.f.,* adulação.

Adular, *v.5,* adular.

Adulteración, *s.f.,* adulteração.

Adulterar, *v.5,* adulterar, alterar ‖ falsificar.

Adulterio, *s.m.,* adultério ‖ falsificação, fraude.

Adulto/a, *adj.* e *s.,* adulto.

Adusto/a, *adj.,* adusto, austero ‖ ardente, quente, queimado.

Advenimiento, *s.m.,* advento → *Esperar el santo advenimiento,* esperar algo muito difícil ou demorado.

Adverbio, *s.m.,* advérbio, classe gramatical.

Adversario/a, *s.,* adversário.

Adversidad, *s.f.,* adversidade, infortúnio.

Adverso/a, *adj.,* adverso, contrário, desfavorável.

Advertir, *v.8,* advertir.

Adyacente, *adj.,* adjacente.

Aéreo/a, *adj.,* aéreo ‖ relativo ao ar ‖ relativo à aviação ‖ leve ‖ fantástico, ilusório.

Aerobio/a, *adj.,* aeróbio.

Aeródromo, *s.m.,* aeródromo, aeroporto.

Aerofagia, *s.f.,* aerofagia.

Aerofobia, *s.f.,* aerofobia.

Aerolito, *s.m.,* aerólito.

Aerómetro, *s.m.,* aerômetro.

Aeromodelismo, *s.m.,* aeromodelismo.

Aeronáutico/a, *adj.,* aeronáutico ◆ *s.f.,* aeronáutica.

Aeronaval, *adj.,* aeronaval.

Aeronave, *s.f.,* aeronave.

Aeroplano, *s.m.,* aeroplano, avião.

Aeropuerto, *s.m.,* aeroporto.

Aerosol, *s.m.,* aerossol.

Afable, *adj.,* afável, agradável, suave.

Afamar, *v.5,* afamar, dar fama.

Afán, *s.m.,* afã, afinco ‖ trabalho excessivo ‖ desejo, vontade.

Afanar, *v.5,* afanar, roubar → *Afanarse,* trabalhar com afinco.

Afanoso/a, *adj.,* trabalhoso, penoso.

Afasia, *s.f.,* afasia.

Afear, *v.5,* enfeiar ‖ repreender, passar um pito.

Afección, *s.f.,* afecção, doença, enfermidade ‖ inclinação, tendência de sentimentos.

Afectar, *v.5,* afetar, agir afetadamente ‖ aparentar, fingir, dar a entender o que não é certo ‖ interessar, dizer respeito ‖ emocionar, impressionar ‖ influenciar, influir.

Afectividad, *s.f.,* afetividade.

Afecto/a, *adj.,* afeito, inclinado, aficionado ‖ afetado por emoção, doença, vício ‖ bens materiais passíveis de impostos ‖ destinado, nomeado, alocado ◆ *s.m.*, afeto, carinho.

Afectuosidad, *s.f.*, afetuosidade.

Afectuoso/a, *adj.*, afetuoso.

Afeitar, *v.5,* barbear.

Afeite, *s.m.*, cosmético em geral ‖ embelezamento pessoal.

Afeminado/a, *adj.* e *s.m.*, afeminado.

Afeminar, *v.5,* afeminar.

Aferrar, *v.12,* aferrar, agarrar, pegar, segurar com força → *Aferrarse*, obstinar-se, insistir, persistir.

Afianzar, *v.5.15,* afiançar, assegurar, reforçar.

Afición, *s.f.*, ser propenso, entusiasta ‖ afinco, interesse.

Aficionado/a, *adj.* e *s.*, aficionado, amador, entusiasta.

Aficionar, *v.5,* tornar-se entusiasta, amador.

Afijo/a, *adj.* e *s.m.*, afixo.

Afilador/ra, *adj.* e *s.*, afiador.

Afilar, *v.5,* afiar ‖ emagrecer ‖ afinar, fazer ponta.

Afiliar, *v.5,* afiliar, filiar-se.

Afiligranar, *v.5,* enfeitar com filigrana.

Afín, *adj.*, afim, semelhante, que tem afinidade.

Afinar, *v.5,* aperfeiçoar, melhorar ‖ dar tom a um instrumento musical, afinar ‖ entoar, cantar ou tocar no tom correto ‖ separar impurezas, limpar.

Afincar, *v.5.14,* arraigar, estabelecer.

Afinidad, *s.f.*, afinidade ‖ parentesco.

Afirmación, *s.f.*, afirmação.

Afirmar, *v.5,* afirmar ‖ assegurar ‖ afiançar ‖ dar firmeza.

Aflicción, *s.f.*, aflição.

Afligir, *v.7.15,* afligir.

Aflojar, *v.5,* afrouxar, reduzir a pressão ‖ enfraquecer ‖ soltar, entregar ‖ ceder, renunciar.

Aflorar, *v.5,* aflorar.

Afluencia, *s.f.*, afluência ‖ abundância ‖ verborreia.

Afluente, *adj.* e *s.m.*, afluente ◆ *adj.*, verbosidade.

Afluir, *v.11,* afluir.

Aflujo, *s.m.*, afluxo.

Afonía, *s.f.*, afonia.

Afónico/a, *adj.*, afônico.

Afrenta, *s.f.*, afronta, injúria ‖ vergonha, desonra.

Afrentar, *v.5,* afrontar, injuriar ‖ envergonhar, desonrar.

Afrontar, *v.5,* confrontar, acarear ‖ enfrentar ‖ desprezar.

Afuera, *adv.*, fora, por fora, do lado de fora, para fora ◆ *interj.*, usado para mandar alguém sair de algum lugar ◆ *s.f.pl.*, arredores.

Agachar, *v.5,* agachar → *Agacharse*, encolher-se ‖ deixar passar um desaforo.

Agalla, *s.f.*, guelras, brânquias ◆ *s.f.pl.*, audácia, coragem.

Ágape, *s.m.*, banquete.

Agarraderas, *s.f.pl.*, apadrinhamento para conseguir emprego, cabide de emprego.

Agarrado/a, *adj.*, agarrado ◆ *adj.* e *s.*, avaro, pão-duro ◆ *adj.* e *s.m.*, dançar colado ◆ *s.f.*, briga, disputa.

Agarrar, *v.5,* agarrar, pegar, segurar com força ‖ apoderar-se, tomar posse ‖ *Amér.*, pegar → *Agarrarse*, brigar, disputar ‖ apoiar-se em algum pretexto ou desculpa ‖ grudar a comida na panela.

Agarrón, *s.m.*, agarrão ‖ *Amér.*, briga, confusão, disputa.

Agarrotar, *v.5*, garrotar, apertar com força ‖ efeito de cãibra, entumescimento muscular.

Agasajar, *v.5*, hospedar, agasalhar ‖ homenagear, presentear, tratar com carinho.

Agasajo, *s.m.*, presente, homenagem.

Agazaparse, *v.5*, esconder-se atrás de alguma coisa.

Agencia, *s.f.*, agência.

Agenciar, *v.5*, agenciar.

Agenda, *s.f.*, agenda.

Agente, *adj.* e *s.m.*, agente.

Ágil, *adj.*, ágil.

Agilidad, *s.f.*, agilidade.

Agilizar, *v.5.15*, agilizar.

Agitación, *s.f.*, agitação.

Agitador/ra, *adj.* e *s.*, agitador.

Agitar, *v.5*, agitar ‖ inquietar ‖ provocar conflitos sociais ou políticos.

Aglomeración, *s.f.*, aglomeração.

Aglomerado, *s.m.*, madeira compensada.

Aglomerar, *v.5*, aglomerar, juntar, reunir, amontoar.

Aglutinar, *v.5*, aglutinar, unir, grudar, aderir.

Agobiar, *v.5*, causar ou sentir cansaço, incômodo, angústia.

Agolpar, *v.5*, juntar-se, agrupar-se → *Agolparse*, ocorrer ao mesmo tempo.

Agonía, *s.f.*, agonia ‖ decadência, final, fim ‖ pena, dor, aflição ‖ anseio, desejo.

Agonizar, *v.5.15*, agonizar.

Agorero/a, *adj.* e *s.*, agourento.

Agosto, *s.m.*, agosto.

Agotamiento, *s.m.*, esgotamento, cansaço.

Agotar, *v.5*, esgotar, consumir, acabar ‖ cansar.

Agraciar, *v.5*, agraciar.

Agradable, *adj.*, agradável.

Agradar, *v.5*, agradar.

Agradecer, *v.9*, agradecer ‖ retribuir.

Agradecimiento, *s.m.*, agradecimento.

Agrado, *s.m.*, agrado, gosto, vontade ‖ simpatia, afabilidade.

Agrandar, *v.5*, tornar grande, aumentar.

Agrario/a, *adj.*, agrário.

Agravar, *v.5*, agravar.

Agraviar, *v.5*, ofender, injuriar, agredir.

Agravio, *s.m.*, agravo, ofensa, injúria, agressão.

Agraz, *s.m.*, agraz, uva verde sem amadurecer.

Agredir, *v.16*, agredir.

Agregado/a, *adj.* e *s.m.*, agregado ◆ *adj.* e *s.*, substituto, interino ◆ *s.m.*, adido de embaixada ou consulado.

Agregaduría, *s.f.*, cargo e posto de professor interino substituto das instituições de ensino superior na Espanha.

Agregar, *v.5.18*, agregar, unir, juntar, adicionar, acrescentar ‖ juntar-se.

Agremiar, *v.5*, agremiar, fazer grêmio.

Agresión, *s.f.*, agressão.

Agresividad, *s.f.*, agressividade.

Agresor/ra, *adj.* e *s.*, agressor.

Agreste, *adj.*, agreste ‖ áspero, inculto ‖ rústico, sem educação.

Agrícola, *adj.*, agrícola.

Agricultor/ra, *s.*, agricultor.

Agricultura, *s.f.*, agricultura.

Agrietar, *v.5*, gretar, fender.

Agrimensor/ra, *s.*, agrimensor.

Agrimensura, *s.f.*, agrimensura.
Agrio/a, *adj.*, ácido ‖ áspero ‖ intolerável.
Agronomía, *s.f.*, agronomia.
Agrónomo/a, *adj.* e *s.*, agrônomo.
Agropecuario/a, *adj.*, agropecuário.
Agrupación, *s.f.*/**Agrupamiento**, *s.m.*, agrupação, agrupamento.
Agrupar, *v.5*, agrupar, reunir em grupo.
Agua, *s.f.*, água ‖ solução, infusão, emulsão ♦ *s.f.pl.*, reflexo, onda de uma superfície ‖ vertente do telhado ‖ parte do mar próxima à costa ‖ urina → *Agua bendita*, água benta. *Aguas pasadas*, águas passadas, fatos passados. *Aguas mayores*, excremento humano. *Aguas menores*, urina humana. *Ahogarse en poca agua*, afogar-se num copo de água. *Bailar el agua [a alguien]*, puxar o saco, adular. *Claro como el agua*, evidente, lógico, claro como água. *Como agua de mayo*, muito bem-vindo, muito desejado, vir a calhar. *Con el agua al cuello*, com grandes dívidas. *Cubrir aguas*, pôr a cobertura numa construção. *Entre dos aguas*, na dúvida. *Hacer aguas*, fazer xixi. *Hacerse agua en la boca*, desmanchar-se na boca. *Hacerse la boca agua*, com água na boca. *Llevar el agua a su molino*, puxar a sardinha para sua brasa. *Meterse en agua*, chover muito, tempo chuvoso. *No hallar agua en el mar*, ter dificuldade para achar algo muito fácil. *Quedar en agua de borrajas/de cerrajas*, não dar certo, estragar um plano. *Romper aguas*, arrebentar a bolsa de água antes do parto.
Aguacal, *s.m.*, alvaiade.
Aguacate, *s.m.*, abacate.
Aguacero, *s.m.*, aguaceiro, chuva repentina.
Aguachirle, *s.f.*, beberagem.
Aguafiestas, *adj.*, estraga-prazeres, pé-frio, desmancha-prazeres.
Aguamarina, *s.f.*, água-marinha.
Aguantar, *v.5*, aguentar, segurar ‖ resistir, suportar, tolerar ‖ sofrer ‖ conter, reprimir.
Aguar, *v.5.17*, aguar, pôr água ‖ estragar, defraudar.
Aguardar, *v.5*, aguardar, esperar.
Aguardiente, *s.m.*, aguardente.
Aguarrás, *s.m.*, aguarrás.
Agudeza, *s.f.*, agudez, agudeza.
Agudo/a, *adj.* e *s.m.*, agudo ♦ *adj.*, esperto, arguto → *Ser agudo*, pessoa esperta, alegre, vivaz.
Agüero, *s.m.*, agouro, presságio, prognóstico.
Aguijada, *s.f.*, aguilhada.
Aguijar, *v.5*, aguilhoar ‖ estimular, incitar → *Aguijar el paso*, acelerar, andar mais depressa.
Aguijón, *s.m.*, aguilhão, ferrão ‖ espinho ‖ estímulo, incitação, incentivo.
Aguijonear, *v.5*, aguilhoar, picar, dar ferroada ‖ inquietar, atormentar.
Águila, *s.f.*, águia → *Ser un águila*, pessoa viva e esperta.
Aguilucho, *s.m.*, filhote de águia.
Aguinaldo, *s.m.*, presente que se dá, geralmente no Natal, em dinheiro (pode ser comparado ao décimo terceiro, a diferença é que não se refere a empregados).
Aguja, *s.f.*, agulha ‖ cada um dos trilhos móveis que direcionam um trem ‖ broche ‖ bússola ♦ *s.f.pl.*, costelas do quarto dianteiro de um animal → *Buscar una aguja en un pajar*,

buscar uma agulha no palheiro, tentar alguma coisa muito difícil.

Agujerar/agujerear, *v.5,* esburacar, fazer furos.

Agujero, *s.m.,* buraco, furo.

Agujetas, *s.f.pl.,* agulhadas, dor muscular por esforço intenso.

Aguzar, *v.5.15,* aguçar ‖ apontar, fazer ponta.

¡Ah!, *interj.,* de alegria, amor, satisfação, pena: ah!

Ahí, *adv.,* aí, nesse lugar ‖ nisso, isso.

Ahijado/a, *s.,* afilhado.

Ahijar, *v.5.12,* adotar um filho.

Ahínco, *s.m.,* afinco, dedicação, pertinácia.

Ahogar, *v.5.18,* afogar ‖ sufocar ‖ asfixiar ‖ oprimir ‖ atravessar uma situação difícil ‖ prejudicar.

Ahogo, *s.m.,* afogamento.

Ahondamiento, *s.m.,* afundamento.

Ahondar, *v.5,* afundar ‖ rebaixar ‖ penetrar, aprofundar ‖ escrutar.

Ahora, *adv.,* agora, neste momento ‖ pouco tempo atrás ‖ dentro de um instante, logo ◆ *conj.,* indica alternância, equivale a: ora..., ora → *Ahora bien,* porém. *Ahora que,* embora, apesar de ‖ pode introduzir frases que iniciam um novo assunto numa conversa. *Ahora mismo,* já. *Por ahora,* por agora, pelo momento.

Ahorcamiento, *s.m.,* enforcamento.

Ahorcar, *v.5.14,* enforcar.

Ahormar, *v.5,* enformar, pôr em forma.

Ahorrar, *v.5,* economizar, poupar ‖ reduzir o consumo ou o gasto ‖ evitar, eludir, esquivar.

Ahorro, *s.m.,* economia, poupança.

Ahuecar, *v.5.14,* tornar oco, afofar → *Ahuecar el ala,* ir embora.

Ahumar, *v.5,* defumar ‖ fumigar.

Ahuyentar, *v.5,* afugentar.

Airar, *v.5.12,* irar, irritar, encolerizar.

Aire, *s.m.,* ar ‖ atmosfera ‖ vento, brisa ‖ aspecto, semblante, aparência ‖ semelhança ‖ graça, beleza ‖ estilo ‖ movimento de uma obra musical ‖ música folclórica ‖ ataque de dor ou resfriado ‖ afetação, trejeitos ◆ *excl.,* usado para apressar ou mandar embora, equivale a: vá! ◆ *s.m.pl.,* vaidade, convencimento → *Al aire,* sem aproveitar, sem sentido ‖ para cima, nos ares. *Al aire libre,* ao ar livre. *Beber los aires por,* morrer de amores por. *Cambiar/mudar de aires,* mudar-se. *Correr buenos/malos aires,* circunstâncias favoráveis ou não. *Darse aires,* dar-se importância sem a ter. *De buen/mal aire,* de bom/mau humor. *En el aire,* no ar, sem definição. *Hacer aire,* incomodar, chatear. *Montar al aire,* pingente de transporte público. *Saltar por los aires,* explodir, voar pelos ares. *Ser aire,* ser em vão. *Tomar el aire,* sair para passear. *Vivir del aire,* comer muito pouco, viver de brisa ‖ alimentar esperanças em vão.

Airear, *v.5,* ventilar, dar ar.

Airón, *s.m.,* garça-real.

Aislamiento, *s.m.,* isolamento.

Aislante, *adj.* e *s.m.,* isolante.

Aislar, *v.5.12,* isolar, separar.

¡Ajá!, *interj.,* denota aprovação, acerto, equivale a: claro!, certo!, muito bem!

Ajar, *v.5,* maltratar, desgastar, estragar por uso constante e frequente.

Ajedrecista, *s.m.* e *f.,* enxadrista.

Ajedrez, *s.m.,* xadrez.

Ajeno/a, *adj.,* alheio, do outro ‖ distante, longínquo ‖ impróprio ‖ estranho.

Ajenjo, *s.m.,* absinto.

Ajetrearse, *v.5,* cansar-se, fatigar-se.

Ajillo, *s.m.,* molho e condimento feitos à base de alho, azeite e pimenta.

Ajo, *s.m.,* alho ‖ assunto, negócio ‖ palavrão, impropério → *Más tieso que un ajo*, nariz empinado, convencido.

Ajoaceite, *s.m.,* molho de alho e óleo.

Ajuar, *s.m.,* enxoval de noiva.

Ajumar, *v.5,* embebedar.

Ajustar, *v.5,* ajustar ‖ apertar ‖ encaixar, coincidir ‖ estabelecer preço ‖ liquidar débito ‖ pôr-se de acordo ‖ distribuir matéria na página, paginar.

Ajuste, *s.m.,* ajuste, acerto → *Ajuste de cuentas,* acerto de contas.

Ajusticiar, *v.5,* fazer justiça aplicando a pena de morte.

Al, *contração*, ao.

Ala, *s.f.,* asa ‖ ala ‖ facção ◆ *interj.,* equivale a: nossa! ◆ *s.f.pl.,* ousadia, liberdade, atrevimento → *Cortar las alas,* cortas as asas, impedir. *Del ala,* dinheiro, grana.

Alabar, *v.5,* alabar, elogiar.

Alabastro, *s.m.,* alabastro, mármore.

Alacena, *s.f.,* armário com estantes e porta construído na parede em geral para guardar utensílios domésticos e comida.

Alacrán, *s.m.,* escorpião ‖ freio de cavalgadura.

Alado/a, *adj.,* alado, que tem asas.

Alambicar, *v.5.14,* destilar em alambique.

Alambique, *s.m.,* alambique.

Alambrada, *s.f.,* alambrado.

Alambrar, *v.5,* alambrar, aramar.

Alambre, *s.m.,* arame, fio metálico.

Alameda, *s.f.,* alameda ‖ terreno plantado de álamos.

Álamo, *s.m.,* álamo, choupo.

Alar, *s.m.,* beiral, telhado, coberta.

Alarde, *s.m.,* alarde ‖ ostentação.

Alardear, *v.5,* alardear, fazer alarde.

Alargamiento, *s.m.,* alongamento.

Alargar, *v.5.18,* alongar ‖ prolongar ‖ retardar ‖ estender, esticar ‖ dar, entregar alguma coisa a alguém que está um pouco distanciado.

Alarido, *s.m.,* alarido.

Alarma, *s.f.,* alarme ‖ inquietação.

Alarmar, *v.5,* alarmar.

Alazán/ana, *adj.* e *s.,* alazão.

Alba, *s.f.,* alva, aurora ‖ primeira luz do dia antes de sair o sol ‖ vestimenta branca usada por padres → *Rayar/romper el alba*, o amanhecer.

Albahaca, *s.f.,* alfavaca, manjericão.

Albañal, *s.m.,* cloaca ‖ escória da sociedade.

Albañil, *s.m.,* pedreiro.

Albañilería, *s.f.,* construção de forma geral ‖ alvenaria.

Albar, *adj.,* alvo, branco.

Albarán, *s.m.,* alvará.

Albarda, *s.f.,* albarda.

Albaricoque, *s.m.,* damasco.

Albaricoquero, *s.m.,* pé de damasco, damasqueiro.

Albatros, *s.m.,* albatroz.

Albedrío, *s.m.*, arbítrio → *Libre albedrío*, livre-arbítrio.
Alberca, *s.f.*, depósito artificial de água.
Albérchigo, *s.m.*, variação do pêssego.
Albergar, *v.5.18*, albergar, dar albergue, dar guarida.
Albergue, *s.m.*, albergue ‖ proteção.
Albinismo, *s.m.*, albinismo.
Albino/a, *adj.* e *s.*, albino.
Albo/a, *adj.*, alvo, branco.
Albóndiga/albondiguilla, *s.f.*, almôndega.
Albor, *s.m.*, alvor, brancura ‖ luz do alvorecer ‖ começo, princípio, início, origem.
Alborear, *v.5*, alvorecer.
Alborada, *s.f.*, alvorada, crepúsculo matutino.
Albornoz, *s.f.*, roupão.
Alborotar, *v.5*, causar gritaria, confusão ‖ desordenar, tumultuar ‖ perturbar, inquietar ‖ sublevar, amotinar.
Alboroto, *s.m.*, vozerio, confusão, desordem, tumulto.
Alborozar, *v.5.15*, alvoroçar.
Álbum, *s.m.*, álbum.
Albúmina, *s.f.*, albumina.
Alcachofa, *s.f.*, alcachofra.
Alcahuete/a, *s.*, alcaguete.
Alcahuetear, *v.5*, alcaguetar.
Alcaide, *s.m.*, *Amér.*, diretor de presídio.
Alcalde/esa, *s.m.*, prefeito de uma cidade.
Alcaldía, *s.f.*, prefeitura.
Alcalinidad, *s.f.*, alcalinidade.
Alcalino/a, *adj.*, alcalino.
Alcaloide, *s.m.*, alcaloide.
Alcance, *s.m.*, alcance ‖ transcendência, resultado ‖ talento, capacidade.
Alcanfor, *s.m.*, cânfora.
Alcantarilla, *s.f.*, cloaca, bueiro.
Alcantarillado, *s.m.*, esgoto.
Alcanzar, *v.5.15*, alcançar ‖ igualar ‖ perceber ‖ saber, entender, compreender ‖ ter poder, virtude ou eficácia ‖ sofrer ‖ bastar, ser suficiente ‖ pôr ao alcance, fazer acessível, aproximar, trazer para perto.
Alcaparra, *s.f.*, alcaparra.
Alcatraz, *s.m.*, alcatraz.
Alcayata, *s.f.*, escápula ‖ prego de cabeça dobrada em ângulo.
Alcazaba, *s.f.*, fortaleza situada dentro de uma cidade.
Alcázar, *s.m.*, fortaleza situada em lugar estratégico para defesa e segurança.
Alce, *s.m.*, alce.
Alcoba, *s.f.*, dormitório, quarto de dormir.
Alcohol, *s.m.*, álcool ‖ qualquer bebida alcoólica.
Alcohólico/a, *adj.*, alcoólico ◆ *adj.* e *s.*, alcoólatra.
Alcoholizarse, *v.5.15*, tornar-se alcoólatra.
Alcornoque, *s.m.*, sobro ◆ *s.m.* e *f.* e *adj.*, ignorante, burro.
Alcurnia, *s.f.*, estirpe, linhagem, família.
Alcuza, *s.f.*, azeiteira.
Aldaba, *s.f.*, aldrava, batente.
Aldea, *s.f.*, aldeia, povoado pequeno.
Aldehído, *s.m.*, aldeído.
Aleación, *s.f.*, aleação.
Alear, *v.5*, alear, fundir metais.
Aleatorio/a, *adj.*, aleatório.
Aleccionar, *v.5*, instruir, ensinar.
Aledaño/a, *s.*, confins, extremo, limite, longínquo.
Alegación, *s.f.*, alegação.

Alegar, *v.5.18,* alegar ‖ discutir.
Alegoría, *s.f.,* alegoria ‖ composição literária.
Alegrar, *v.5,* alegrar.
Alegre, *adj.,* alegre ‖ ligeiramente bêbado ‖ arriscado, irreflexivo ‖ desonesto ‖ libertino.
Alegría, *s.f.,* alegria ‖ irresponsabilidade.
Alejar, *v.5,* afastar, distanciar, ir para longe.
Aleluya, *interj.,* aleluia ◆ *s.m.* ou *f.,* canto religioso ◆ *s.f.,* cada um dos desenhos que fazem uma série.
Alentar, *v.12,* alentar ‖ animar.
Alergia, *s.f.,* alergia.
Alero, *s.m.,* beiral do telhado, cobertura.
Alerta, *s.m.* ou *f.,* alerta ◆ *adj.,* vigilante, atento ◆ *interj.,* equivale a: cuidado!
Alertar, *v.5,* alertar.
Aleta, *s.f.,* aleta ‖ beiral ‖ para-lamas ‖ pé de pato usado para nadar ‖ parte lateral do nariz.
Aletear, *v.5,* esvoaçar.
Alfabético/a, *adj.,* alfabético.
Alfabetización, *s.f.,* alfabetização.
Alfabetizar, *v.5.15,* alfabetizar.
Alfabeto, *s.m.,* alfabeto.
Alfalfa, *s.f.,* alfafa.
Alfarería, *s.f.,* cerâmica, arte de fabricar objetos de barro.
Alfarero/a, *s.,* ceramista.
Alféizar, *s.m.,* alizar.
Alfil, *s.m.,* bispo do jogo de xadrez.
Alfiler, *s.m.,* alfinete ‖ broche de lapela com formato de alfinete.
Alfiletazo, *s.m.,* alfinetada ‖ indireta.
Alfiletero, *s.m.,* alfineteiro.
Alfombra, *s.f.,* tapete.
Alfombrilla, *s.f.,* catapora ‖ tapete pequeno.
Alforja, *s.f.,* alforje.
Alga, *s.f.,* alga.
Algarabía, *s.f.,* algazarra.
Algarroba, *s.f.,* espécie de vagem usada para alimentação dos animais.
Algazara, *s.f.,* algazarra.
Álgebra, *s.f.,* álgebra ‖ coisa ininteligível, difícil, desconhecida.
Algebraico/a, *adj.,* algébrico.
Algo, *pron.,* algo, alguma coisa ◆ *adv.,* um pouco, um tanto.
Algodón, *s.m.,* algodão.
Algodonero, *s.m.,* algodoeiro.
Algoritmo, *s.m.,* algoritmo.
Alguacil, *s.m.,* aguazil.
Alguien, *pron.,* alguém ‖ pessoa importante.
Algún, *adj.,* apócope de *alguno,* algum. Usa-se somente antes de *s.m.*
Alguno/a, *adj.,* algum, alguma ‖ uns quantos, uns tantos, indica quantidade indeterminada ◆ *pron.,* alguém.
Alhaja, *s.f.,* joia ‖ bem precioso ou caro ‖ pessoa ou animal de excelentes qualidades ‖ pessoa inútil, viciada ou astuta.
Alhelí, *s.m.,* goivo.
Alheña, *s.f.,* alfena, arbusto e sua flor.
Alhucema, *s.f.,* alfazema.
Alianza, *s.f.,* ação de aliar ‖ pacto, aliança ‖ anel de casamento ‖ parentesco estabelecido pelo casamento.
Aliar, *v.5.16,* aliar, unir.
Alias, *s.m.,* apelido, alcunha, mote.
Alicaído/a, *adj.,* triste, cansado, abatido.
Alicatar, *v.5,* azulejar, assentar azulejos nas paredes.
Alicate, *s.m.pl.,* alicate.
Aliciente, *s.m.,* incentivo, atrativo.
Alícuota, *adj.,* proporcional.

Alienación, *s.f.*, alienação.

Alienar, *v.5,* alienar ‖ privar de liberdade.

Aliento, *s.m.*, hálito ‖ respiração ‖ vigor de ânimo, esforço.

Aligerar, *v.5,* fazer menos pesado ‖ atenuar, mitigar, moderar ‖ acelerar, apressar.

Alimaña, *s.f.*, animália.

Alimentación, *s.f.*, alimentação.

Alimentar, *v.5,* alimentar ‖ fomentar ‖ incentivar ‖ abastecer.

Alimento, *s.m.*, alimento ‖ alimentação ‖ incentivo ‖ apoio, sustentáculo.

Alimón, *adv.*, *al alimón*, junto, em colaboração.

Alinear, *v.5,* alinhar ‖ compor uma equipe esportiva → *Alinearse*, inscrever-se.

Aliñar, *v.5,* condimentar ‖ enfeitar, arrumar, alinhar.

Alisar, *v.5,* alisar.

Alistar, *v.5,* listar, pôr ou incluir em uma lista → *Alistarse*, alistar-se no serviço militar.

Aliviadero, *s.m.*, ladrão para sair o excesso de água.

Aliviar, *v.5,* aliviar ‖ acelerar.

Alma, *s.f.*, alma ‖ motivo, centro ‖ causa principal ‖ pessoa ‖ moral ‖ viveza, energia ‖ parte interna de alguma coisa ‖ oco ou vão de alguma coisa → *Abrir el alma*, ser sincero, confiar. *Alma atravesada/de Caín/de Judas*, pessoa ruim ou cruel. *Alma de cántaro*, pessoa insensível e indiscreta. *Alma de Dios*, pessoa muito boa. *Alma en pena*, pessoa triste, sozinha e melancólica. *Alma mía/mi alma*, expressão carinhosa, minha vida, meu amor. *Arrancar el alma*, matar. *Arrancársele/destrozar/partir el alma*, causar grande aflição, dor ou sentimento. *Caérsele el alma a los pies*, abater-se, desanimar, desiludir-se. *Como alma que lleva el diablo*, com rapidez ou perturbando. *Con el alma*, com muito prazer ‖ com todas as forças. *Dar/ decir el alma [algo]*, pressentir. *Dar/entregar/exhalar/rendir el alma a Dios*, morrer, expirar. *Doler el alma*, estar cansado de dizer ou fazer sempre a mesma coisa. *En el alma*, com carinho, profundamente. *Estar con/tener el alma en un hilo*, sentir temor ou intranquilidade por algum risco. *Írsele el alma por/detrás de/tras de [algo]*, desejar muito [algo]. *Llegar al alma, tocar el alma,* emocionar-se. *Llevar en el alma*, gostar muito, ter muito carinho por [alguém]. *No tener alma*, não ter compaixão. *Paseársele el alma por el cuerpo*, ser muito calmo. *Perder el alma*, pecar e perder a alma para o inferno. *Pesar en el alma*, arrepender-se. *Romper el alma*, maltratar, surrar, bater. *Sacar el alma*, maltratar ou matar ‖ fazer alguém gastar tudo o que possui. *Tener el alma bien puesta*, ter disposição, ânimo e resolução. *Volver el alma al cuerpo*, respirar aliviado por ter se livrado de algum perigo.

Almacén, *s.m.*, armazém ◆ *s.m.pl.*, loja de departamentos.

Almacenar, *v.5,* armazenar ‖ reunir, guardar, acumular.

Almacenista, *s.m.* e *f.*, atacadista.

Almadreña, *s.f.*, tamanco.

Almanaque, *s.m.*, calendário de parede de folhas soltas.

Almeja, *s.f.*, marisco, vôngole.

Almendra, *s.f.*, amêndoa ‖ semente ‖ diamante ‖ pedra, pedregulho, seixo.

Almendrado/a, *adj.*, amendoado.

Almendro, *s.m.*, amendoeira.

Almíbar, *s.m.*, calda de açúcar ‖ doçura, cortesia, educação.

Almidón, *s.m.*, amido.

Almidonar, *v.5,* engomar → *Almidonarse*, emproar-se, arrumar-se mais do que o normal.

Almirantazgo, *s.m.*, almirantado.

Almirante, *s.m.*, almirante.

Almirez, *s.m.*, pilão de metal.

Almizcle, *s.m.*, almíscar.

Almodóvar, *s.f.*, praça fortificada.

Almohada, *s.f.*, almofada para dormir.

Almohadilla, *s.f.*, almofada pequena usada como enfeite ‖ apoio almofadado usado por costureiras e alfaiates para espetar agulhas e alfinetes.

Almohadillar, *v.5,* almofadar.

Almohadón, *s.m.*, almofadão.

Almoneda, *s.f.*, leilão ‖ liquidação.

Almorrana, *s.f.*, hemorroida.

Almorzar, *v.10,* almoçar.

Almuerzo, *s.m.*, almoço ‖ café da manhã ‖ lanche.

Alojar, *v.5,* alojar, hospedar ‖ introduzir uma coisa dentro de outra.

Alondra, *s.f.*, calhandra.

Alopatía, *s.f.*, alopatia.

Alotropía, *s.f.*, alotropia.

Alpaca, *s.f.*, alpaca.

Alpargata, *s.f.*, alpargata.

Alpinismo, *s.m.*, alpinismo.

Alpinista, *s.m.* e *f.*, alpinista.

Alpiste, *s.m.*, alpiste.

Alquilar, *v.5,* alugar ‖ contratar serviços de alguém → *Alquilarse*, servir a outro a troco de um pagamento.

Alquiler, *s.m.*, aluguel → *De alquiler,* para alugar.

Alquimia, *s.f.*, alquimia.

Alquimista, *s.m.* e *f.* e *adj.*, alquimista.

Alquitara, *s.f.*, alambique.

Alquitrán, *s.m.*, piche.

Alquitranar, *v.5,* passar piche.

Alrededor, *adv.*, ao redor, em volta ‖ perto, próximo ◆ *s.m.pl.*, arredores.

Altanería, *s.f.*, altivez.

Altanero/a, *adj.*, altivo, orgulhoso.

Altar, *s.m.*, altar → *Conducir/llevar al altar [a una mujer]*, casar-se com uma mulher.

Altaricón/na, *adj.*, altão, pé de couve, pessoa muito alta.

Altavoz, *s.m.*, alto-falante, caixas de som, caixas acústicas.

Alteración, *s.f.*, alteração.

Alterar, *v.5,* alterar ‖ perturbar, inquietar ‖ estragar, danificar.

Altercado, *s.m.*, briga, disputa.

Altercar, *v.5.14,* brigar, discutir, disputar, duvidar.

Alternador, *s.m.*, alternador.

Alternancia, *s.f.*, alternância.

Alternar, *v.5,* alternar, revezar ‖ conviver, ter convivência.

Alternativo/a, *adj.* e *s.f.*, alternativo.

Alterne, *s.m.*, convivência, trato.

Alterno/a, *adj.*, alternado.

Alteza, *s.f.*, alteza.

Altibajo, *s.m.*, altos e baixos da vida.

Altillo, *s.m.*, mezanino, sótão.

Altiplanicie/altiplano, *s.f.*, planalto.

Altísimo/a, *adj.*, superlativo de alto, altíssimo ◆ *s.m.*, um dos nomes de Deus.

Altitud, *s.f.*, altitude, altura, elevação.

Altivez/altiveza, *s.f.*, altivez.

Altivo/a, *adj.*, altivo, orgulhoso.

Alto/a, *adj.*, alto ‖ superior ‖ elevado ‖ acima ‖ avançado, perto do fim ‖ com relação a tempo histórico, remoto ou antigo ◆ *adv.*, em lugar ou na parte superior ‖ com a voz elevada ◆ *excl.*, ordena suspensão do que se está fazendo: alto! ◆ *s.m.*, altura ‖ elevação ‖ interrupção ◆ *s.f.*, ingresso, admissão, inscrição ‖ declaração a órgãos públicos ‖ alta médica ◆ *s.m.pl.*, andares superiores de um edifício → *Alta mar*, alto-mar. *Causar/ser alta*, afiliar-se numa associação. *Dar de alta*, declarar atividades aos órgãos públicos. *En alto*, no alto. *Hacer un alto*, dar uma parada. *Ir alta*, estar no cio a fêmea. *Mar alta*, mar agitado. *Pasar por alto*, omitir, ocultar. *Por todo lo alto*, com muito luxo.

Altoparlante, *s.m.*, *Amér.*, alto-falante.

Altorrelieve, *s.m.*, autorrelevo.

Altramuz, *s.m.*, tremoço.

Altruismo, *s.m.*, altruísmo.

Altruista, *adj.* e *s.m.* e *f.*, altruísta.

Altura, *s.f.*, altura ‖ elevação ‖ altivez ‖ sublimidade, nobreza ‖ excelência ‖ mérito, valor ◆ *s.f.pl.*, o céu → *A estas alturas*, nestas alturas, neste ponto. *A la altura de*, com o grau de perfeição de. *Quedar a la altura del betún*, ficar muito mal, comportar-se mal.

Alubia, *s.f.*, feijão, normalmente o de cor branca.

Alucinante, *adj.*, alucinante.

Alucinar, *v.5*, alucinar ‖ cativar.

Aludir, *v.7*, aludir, referir-se.

Alumbrar, *v.5*, alumiar, iluminar ‖ tirar da ignorância ‖ parir, dar a luz → *Alumbrarse*, embebedar-se.

Alumbre, *s.m.*, alúmen.

Aluminio, *s.m.*, alumínio.

Alumno/a, *s.*, aluno.

Alusión, *s.f.*, alusão.

Aluvión, *s.m.*, aluvião.

Álveo, *s.m.*, leito dos rios, torrentes, córregos.

Alveolar, *adj.*, alveolar.

Alveolo/alvéolo, *s.m.*, alvéolo ‖ cada uma das células de um favo.

Alza, *s.f.*, aumento de preço, valor ou quantidade ‖ mira das armas de fogo ‖ viga de madeira.

Alzado/a, *adj.*, levantado, erguido ◆ *s.m.*, projeção geométrica vertical de um projeto arquitetônico ◆ *s.f.*, altura das cavalgaduras.

Alzar, *v.5.15*, alçar, içar, levantar, erguer ‖ aumentar ‖ incrementar ‖ elevar ‖ erigir, instituir ‖ estabelecer, fundar ‖ separar, desgrudar ‖ tirar ‖ revelar, sublevar → *Alzarse*, sobressair. *Alzar el vuelo*, voar, alçar voo. *Alzar velas*, içar velas ‖ navegar ‖ ir embora. *Alzarse con [algo]*, apoderar-se, usurpar. *Alzarse de hombros*, dar de ombros, ignorar, ser indiferente. *Alzarse en armas*, revolucionar, rebelar-se.

Alzo, *s.m.*, roubo, furto ‖ *Amér.*, vitória do galo de briga.

Allá, *adv.*, lá, em lugar indeterminado e distante ‖ em tempos remotos → *Allá tú/él, etc.*, o problema é seu/teu, etc. *El más allá*, o outro mundo, o mundo após a morte. *No muy allá*, não muito bom, não muito bem.

Allanar, *v.5,* aplainar, igualar ‖ vencer, superar uma dificuldade ‖ pacificar, acalmar, aquietar ‖ invadir → *Allanarse*, conformar-se.

Allegado/a, *adj.*, achegado, chegado ◆ *adj.* e *s.*, parente ‖ amigo.

Allegar, *v.5.18,* recolher, juntar ‖ achegar, aproximar → *Allegarse*, filiar-se.

Allí, *adv.*, ali, lá, naquele lugar determinado e conhecido, porém distante ‖ até aquele momento, até o instante.

Amabilidad, *s.f.*, amabilidade.

Amable, *adj.*, amável, agradável.

Amadrinar, *v.5,* amadrinhar.

Amaestrar, *v.5,* amestrar, adestrar.

Amainar, *v.5,* amainar.

Amalgama, *s.f.*, amálgama.

Amamantar, *v.5,* amamentar.

Amanecer, *v.9,* amanhecer, alvorecer ◆ *s.m.*, alvorada, amanhecer.

Amansar, *v.5,* amansar ‖ sossegar, apaziguar.

Amante, *adj.*, *s.m.* e *f.*, amante.

Amañar, *v.5,* arrumar ou conseguir algo com mentiras ou artimanhas.

Amaño, *s.m.*, arranjo, preparação da lavoura ‖ arranjar manhosamente, com jeito e cuidado, ser caprichoso.

Amapola, *s.f.*, papoula.

Amar, *v.5,* amar.

Amargado/a, *s.*, infeliz, triste ‖ rabugento, ranheta.

Amargar, *v.5.18,* amargar, tornar amargo ‖ amargurar, infelicitar.

Amargo/a, *adj.* e *s.m.*, amargo.

Amargura, *n.f.*, amargura, aflição, desgosto.

Amariconado/a, *adj.* e *s.m.*, afeminado, veado.

Amarillo/a, *s.m.* e *adj.*, amarelo.

Amarra, *s.f.*, amarra → *Amarras*, apadrinhagem, costas quentes.

Amarrar, *v.5,* amarrar.

Amarre, *s.m.*, amarração.

Amasar, *v.5,* amassar ‖ acumular, entesourar ‖ fazer a cama, dispor de tudo para o benefício próprio.

Amatista, *s.f.*, ametista.

Amazona, *s.f.*, amazonas.

Ámbar, *s.m.*, âmbar.

Ambición, *s.f.*, ambição.

Ambicionar, *v.5,* ambicionar.

Ambidextro/a, *adj.* e *s.*, ambidestro.

Ambientar, *v.5,* ambientar, criar um ambiente → *Ambientarse*, entrosar-se, sentir-se à vontade.

Ambiente, *s.m.*, grupo, setor, estrato social, classe ‖ tendência, disposição ◆ *adj.* e *s.m.*, ambiente.

Ambigüedad, *s.f.*, ambiguidade.

Ambiguo/a, *adj.*, ambíguo.

Ámbito, *s.m.*, âmbito ‖ esfera ‖ ambiente, grupo social.

Ambivalencia, *s.f.*, ambivalência.

Ambos/as, *adj.* e *pron. pl.*, ambos.

Ambulancia, *s.f.*, ambulância.

Ambulante, *adj.*, ambulante.

Ambulatorio/a, *adj.*, ambulatorial ◆ *s.m.*, ambulatório.

Ameba, *s.f.*, ameba.

Amedrantar/amedrentar, *v.5,* amedrontar.

Amén, *interj.*, amém → *Amén de*, além disso, e mais ainda. *Decir amén*, dizer que sim, assentir, aprovar. *En un decir amén*, em pouco tempo, num instantinho.

Amenaza, *s.f.*, ameaça.

Amenazar, *v.5.15,* ameaçar ‖ pressagiar.

Amenizar, *v.5.15,* amenizar.
Ameno/a, *adj.,* agradável.
Amenorrea, *s.f.,* amenorreia.
Americanizar, *v.5.15,* americanizar.
Americano/a, *adj.* e *s.,* americano.
Ametralladora, *s.f.,* metralhadora.
Ametrallar, *v.5,* metralhar.
Amianto, *s.m.,* amianto.
Amigacho/a, *adj.* e *s.,* amigão, amigo do peito.
Amigarse, *v.5.18,* amigar-se, amancebar-se.
Amígdala, *s.f.,* amígdala.
Amigdalitis, *s.f.,* amigdalite.
Amigo/a, *s.* e *adj.,* amigo ‖ simpatizante ◆ *adj.,* amistoso ◆ *s.,* amante ‖ tratamento afetuoso.
Amigote/a, *adj.* e *s.*/**Amiguete**, *adj.* e *s.m.,* amigão, amigo do peito.
Aminoácido, *s.m.,* aminoácido.
Aminorar, *v.5,* minorar, diminuir.
Amistad, *s.f.,* amizade ‖ afinidade ◆ *s.f.pl.,* relações de amizade de forma geral.
Amistoso/a, *adj.,* amistoso.
Amnesia, *s.f.,* amnésia.
Amniótico/a, *adj.,* amniótico.
Amnistía, *s.f.,* anistia.
Amnistiar, *v.5.16,* anistiar.
Amo/a, *s.,* possuidor, proprietário ‖ amo, dono, senhor em relação à criadagem ‖ cabeça de família, o responsável ◆ *s.m.,* maioral, capataz ◆ *s.f.,* governanta ‖ ama de leite → *Ama de casa,* dona de casa. *Ama de gobierno/de llaves,* governanta. *Ama seca,* babá. *El amo del cotarro,* o mandachuva.
Amodorrar, *v.5,* amodorrar.
Amohinar, *v.5.12,* amofinar, aborrecer, aporrinhar.
Amolar, *v.10,* afiar, amolar ‖ chatear, aborrecer → *Amolarse,* suportar alguma coisa desagradável.
Amoldar, *v.5,* amoldar, ajustar ‖ acomodar → *Amoldarse,* acomodar-se às exigências do momento.
Amollar, *v.5,* ceder, desistir, abrir mão.
Amonarse, *v.5,* embriagar-se.
Amonestar, *v.5,* admoestar, repreender, prevenir ‖ publicar proclamas de casamento.
Amoniaco/amoníaco, *s.m.,* amoníaco.
Amontonar, *v.5,* amontoar ‖ juntar, misturar ‖ reunir com abundância → *Amontonarse,* suceder uma série de fatos em pouco tempo ‖ amancebar-se.
Amor, *s.m.,* amor ‖ paixão, atração ‖ instinto de reprodução dos animais ‖ pessoa ou coisa amada ‖ brandura, suavidade ‖ esmero ◆ *s.m.pl.,* relações amorosas ‖ carícias → *Al amor de,* perto de, junto a. *Amor griego,* atração homossexual. *Amor libre,* amor livre. *Amor platónico,* amor platônico. *Amor propio,* amor-próprio, orgulho, vaidade. *Con/de mil amores,* com muito prazer, com muita satisfação. *En amor y compaña,* com amizade e boa companhia. *Hacer el amor,* cortejar, paquerar, namorar ‖ realizar o ato sexual. *Por amor al arte,* gratuitamente, sem cobrar nada. *Por/por el amor de Dios,* usado como *excl.* de protesto ou de desculpa, equivale a: pelo amor de Deus!
Amoral, *adj.,* amoral.
Amoratar, *v.5,* arroxear, tornar ou ir ficando roxo.

Amorcillo, *s.m.*, figura de Cupido criança.
Amordazar, *v.5.15,* amordaçar.
Amorfo/a, *adj.*, amorfo.
Amorío, *s.m.*, namorico.
Amortajar, *v.5,* amortalhar.
Amortiguador, *s.m.*, amortecedor.
Amortiguar, *v.5.17,* amortecer ‖ moderar, diminuir, tornar menos violento.
Amortizar, *v.5.15,* suprimir, diminuir, desempregar ‖ usar muito, aproveitar ‖ recuperar, compensar fundos investidos ‖ reembolsar, resgatar uma dívida.
Amotinar, *v.5,* amotinar, sublevar.
Amparar, *v.5,* amparar, favorecer, proteger → *Ampararse*, valer-se de um favor, pedir os préstimos de outro ‖ defender-se.
Amparo, *s.m.*, amparo.
Amperímetro, *s.m.*, amperímetro.
Amperio, *s.m.*, ampère.
Ampliar, *v.5.16,* ampliar.
Amplificar, *v.5.14,* amplificar.
Amplio/a, *adj.*, amplo, livre, aberto, extenso, abrangente ‖ compreensivo.
Amplitud, *s.f.*, amplidão, amplitude.
Ampolla, *s.f.*, bolha de queimadura na pele ‖ ampola ‖ borbulha.
Amputación, *s.f.*, amputação.
Amputar, *v.5,* amputar, cortar, separar.
Amueblar, *v.5,* mobiliar.
Amuleto, *s.m.*, amuleto.
Amura, *s.f.*, amurada.
Amurallar, *v.5.*, amuralhar.
Anacoluto, *s.m.*, anacoluto.
Anacronismo, *s.m.*, anacronismo.
Ánade, *s.m.* ou *f.*, pato.
Anaerobio/a, *adj.*, anaeróbico.
Anagrama, *s.m.*, anagrama.
Anal, *adj.*, anal ◆ *s.m.pl.*, anais.
Analfabetismo, *s.m.*, analfabetismo.
Analfabeto/a, *adj.* e *s.*, analfabeto.
Analgésico/a, *adj.* e *s.m.*, analgésico.
Análisis, *s.m.*, análise.
Analista, *s.m.* e *f.*, analista ‖ autor de anais.
Analizar, *v.5.15,* analisar.
Analogía, *s.f.*, analogia.
Análogo/a, *adj.*, análogo.
Ananá/ananás, *s.m.*, abacaxi.
Anaquel, *s.m.*, estante, prateleira.
Anaranjado/a, *adj.* e *s.m.*, alaranjado.
Anarquía, *s.f.*, anarquia.
Anarquismo, *s.m.*, anarquismo.
Anátema, *s.m.* ou *f.*, anátema ‖ imprecação, maldição ‖ condenação moral ‖ excomunhão.
Anatomía, *s.f.*, anatomia.
Anca, *s.f.*, anca.
Ancestral, *adj.*, ancestral.
Anciano/a, *adj.* e *s.*, ancião.
Ancla, *s.f.*, âncora.
Anclar, *v.5,* ancorar.
Ancho, *adj.*, largo, amplo ‖ folgado, cômodo ‖ satisfeito, contente ◆ *s.m.*, largura → *A lo ancho*, largamente, de forma exagerada. *A mis anchas*, à vontade. *Quedar(se) tan ancho*, não ligar, não levar em consideração, não dar importância.
Anchura, *s.f.*, largura.
Andaderas, *s.f.pl.*, andador especial para crianças.
Andadores, *s.m.pl.*, tiras de couro ou pano com que se seguram as crianças quando começam a andar para que não caiam.
Andadura, *s.f.*, andança.

Andaluz/za, *adj.* e *s.*, andaluz, que nasceu ou é originário da Andaluzia (Espanha).

Andamio, *s.m.*, andaime.

Andante, *adj.*, andante, que anda ◆ *s.m.*, andante, movimento musical.

Andanza, *s.f.*, andanças, caso, sucesso, aventura.

Andar, *v.17,* andar ‖ caminhar ‖ ir ‖ mover-se ‖ funcionar um mecanismo → *Andar en*, tocar, mexer, remexer ‖ entender ‖ ocupar-se com. *Andar con/sin*, ter, padecer, sofrer. *Andar con*, usar, empregar, manipular. *Andar a*, indica ação violenta. *Andar por + cantidad*, alcançar aproximadamente a quantidade indicada. *Andar + gerundio*, indica ação do verbo em gerúndio. *Andarse a + infinitivo*, ação indicada pelo verbo no infinitivo. *Andarse con*, usar, empregar. *Andares*, forma de caminhar de uma pessoa. *A todo andar*, com muita pressa. *¡Anda!*, indica surpresa, admiração, alegria ou desprezo, equivale a: puxa! *Andando*, usado para apressar, equivale a: vamos! *Andar a la que salta*, aproveitar-se de qualquer oportunidade em benefício próprio. *Andar a una*, estar de comum acordo duas ou mais pessoas. *Andar derecho*, andar pelo caminho certo. *Andar tras [algo]*, pretender alguma coisa com insistência. *Andar tras [alguien]*, andar atrás de, perseguir, buscar.

Andariego/a, *adj.* e *s.*/**Andarín**, *adj.*, andarilho.

Andas, *s.f.pl.*, andor → *Llevar en andas*, tratar com muita consideração.

Andén, *s.m.*, plataforma de embarque.

Andrajo, *s.m.*, farrapo ‖ pessoa ou coisa desprezível.

Andrajoso/a, *adj.* e *s.*, esfarrapado.

Andrógeno, *s.m.*, andrógeno.

Anécdota, *s.f.*, anedota, piada.

Anegar, *v.5.18,* alagar, inundar ‖ abrumar, chatear.

Anejo/a, *adj.*, anexo.

Anemia, *s.f.*, anemia.

Anestesia, *s.f.*, anestesia.

Anestesiar, *v.5,* anestesiar.

Anestesista, *s.m.* e *f.*, anestesista.

Aneurisma, *s.m.* ou *f.*, aneurisma.

Anexar, *v.5,* anexar.

Anexo/a, *adj.* e *s.m.*, anexo.

Anfetamina, *s.f.*, anfetamina.

Anfibio/a, *adj.* e *s.m.*, anfíbio.

Anfitrión/ona, *s.*, anfitrião.

Ánfora, *s.f.*, ânfora.

Angarillas, *s.f.pl.*, padiola ‖ cangalha ‖ galheteiro.

Ángel, *s.m.*, anjo ‖ graça, simpatia, atrativo → *Ángel de la guardia,* anjo da guarda.

Angelito, *s.m.*, anjinho ‖ criança muito boa e dócil.

Angina, *s.f.*, angina.

Angora, *adj.* e *s.f.*, angorá.

Angosto/a, *adj.*, estreito, reduzido.

Anguila, *s.f.*, enguia.

Angula, *s.f.*, cria da enguia.

Angular, *adj.*, angular.

Ángulo, *s.m.*, ângulo ‖ canto ‖ esquina, aresta ‖ aspecto, ponto de vista.

Angustia, *s.f.*, angústia.

Angustiar, *v.5,* angustiar.

Anhelante, *adj.*, desejoso.

Anhelar, *v.5,* desejar.

Anhelo, *s.m.*, desejo.

Anidar, *v.5,* aninhar ‖ fazer ninho.
Anilina, *s.f.,* anilina.
Anilla, *s.f.,* argola ◆ *s.f.pl.,* aros para a prática atlética.
Anillo, *s.m.,* anel.
Animación, *s.f.,* animação.
Animal, *s.m.,* animal.
Animar, *v.5,* animar, incentivar ‖ alegrar ‖ vivificar.
Ánimo, *s.m.,* ânimo ‖ valor, coragem ‖ intenção, vontade ‖ pensamento → *¡Ánimo!,* expressão usada para animar uma pessoa. *Hacer ánimo,* conformar-se com uma ideia ou fato.
Aniquilar, *v.5,* aniquilar ‖ reduzir a nada ‖ desanimar.
Anís, *s.m.,* anis.
Aniversario, *s.m.,* aniversário.
Ano, *s.m.,* ânus.
Anoche, *adv.,* ontem à noite.
Anochecer, *v.9,* anoitecer.
Ánodo, *s.m.,* ânodo.
Anomalía, *s.f.,* anomalia, irregularidade.
Anonadar, *v.5,* humilhar, abater ‖ maravilhar, deixar estupefato.
Anonimato, *s.m.,* anonimato.
Anónimo/a, *adj.* e *s.m.,* anônimo.
Anorak, *s.m.,* japona.
Anorexia, *s.f.,* anorexia.
Anormal, *adj., s.m.* e *f.,* anormal.
Anormalidad, *s.f.,* anormalidade.
Anotación, *s.f.,* anotação, apontamento.
Anotar, *v.5,* anotar, apontar.
Anquilosar, *v.5,* anquilosar → *Anquilosarse,* envelhecer.
Ánsar, *s.m.,* ganso.
Ansia, *s.f.,* anseio, desejo ‖ angústia, aflição ‖ cansaço, abatimento moral.
Ansiar, *v.5.16,* ansiar, desejar com veemência.
Ansiedad, *s.f.,* ansiedade, inquietação.
Ansioso/a, *adj.,* ansioso ‖ desejoso.
Antagonismo, *s.m.,* antagonismo.
Antaño, *adv.,* antanho, em tempo antigo ou passado.
Ante, *s.m.,* alce ◆ *prep.,* ante, diante de, em presença de, perante, em consequência de ◆ *forma de prefixo da preposição latina* "ante" *que se usa para indicar precedência no tempo ou no espaço.*
Anteanoche, *adv.,* anteontem à noite.
Anteayer, *adv.,* anteontem.
Antebrazo, *s.m.,* antebraço.
Anteceder, *v.6,* anteceder, preceder.
Antelación, *s.f.,* antecipação.
Antena, *s.f.,* antena.
Anteojo, *s.m.,* luneta, telescópio ◆ *s.m.pl.,* óculos.
Anterior, *adj.,* anterior.
Antes, *adv.,* antes, antigamente ‖ anteriormente ‖ em primeiro lugar ◆ *conj.,* melhor, mais exatamente → *Antes de nada,* em primeiro lugar, antes de tudo. *Antes hoy que mañana,* quanto antes melhor. *De antes,* antigamente. *Antes al contrario,* pelo contrário.
Anti, *prefixo que expressa oposição ou contradição.*
Anticipar, *v.5,* antecipar.
Anticipo, *s.m.,* adiantamento, pagamento parcial de uma dívida.
Anticuado/a, *adj.* e *s.,* antiquado.
Antídoto, *s.m.,* antídoto.
Antifaz, *s.m.,* máscara.
Antiguo/a, *adj.,* antigo ◆ *adj.* e *s.,* pessoa velha ◆ *s.m.pl.,* os antigos, os que vieram primeiro → *Chapado a la antigua,* pessoa quadrada, careta, tradicionalista.

Antílope, *s.m.*, antílope.
Antipatía, *s.f.*, antipatia.
Antojarse, *v.5,* desejar com veemência ‖ considerar algo como provável.
Antojo, *s.m.*, capricho, desejo injustificado.
Antología, *s.f.*, antologia.
Antónimo/a, *adj.* e *s.m.*, antônimo.
Antorcha, *s.f.*, tocha, farol, facho.
Antro, *s.m.*, antro ‖ caverna, cova, gruta.
Antropofagia, *s.f.*, antropofagia.
Anual, *adj.*, anual.
Anudar, *v.5,* fazer ou dar nós ‖ juntar, unir ‖ embargar ou entorpecer a voz ‖ continuar, prosseguir o que foi interrompido.
Anular, *v.5,* anular, cancelar ‖ aniquilar ‖ incapacitar, desautorizar ◆ *adj.*, que tem a figura de um anel ◆ *adj.* e *s.m.*, quarto dedo da mão.
Anunciar, *v.5,* anunciar ‖ prognosticar.
Anuncio, *s.m.*, anúncio.
Anzuelo, *s.m.*, anzol ‖ atrativo, isca.
Añadir, *v.7,* acrescentar, somar, adicionar.
Añejo/a, *adj.*, muito antigo, velho.
Añicos, *s.m.pl.*, caquinhos, quebrar em pedaços muito pequenos ‖ estar cansado, exaurido.
Añil, *adj.* e *s.m.*, anil ‖ cor anil.
Año, *s.m.*, ano, período de doze meses ◆ *s.m.pl.*, idade → *Entrado en años*, muito velho. *De buen año*, gordo, saudável. *El año de la nana*, tempo incerto e muito antigo. *Pasar año*, passar de ano. *Perder año,* repetir de ano.
Añoranza, *s.f.*, falta de algo ou alguém, solidão, saudade, melancolia.
Añorar, *v.5,* sentir saudade ou solidão ou falta de algo ou alguém.
Aojar, *v.5,* pôr mau-olhado.
Aorta, *s.f.*, aorta.
Aovar, *v.5,* desovar.
Apabullar, *v.5,* confundir, derrotar com argumentos.
Apacentar, *v.12,* apascentar.
Apacible, *adj.*, agradável, sereno, tranquilo.
Apaciguar, *v.5.17,* apaziguar, aquietar.
Apadrinar, *v.5,* apadrinhar.
Apagar, *v.5.18*, apagar ‖ dissipar, aplacar ‖ suavizar.
Apalabrar, *v.5,* apalavrar, empenhar com a palavra.
Apalear, *v.5,* espancar ‖ varear.
Apañar, *v.5,* arrumar, compor, enfeitar ‖ surrupiar ‖ recolher e guardar alguma coisa → *Apañarse*, ter habilidade para fazer alguma coisa, ter jeito.
Apaño, *s.m.*, habilidade, jeito ‖ quebra-galho, coisa feita de qualquer jeito ‖ caso amoroso.
Aparador, *s.m.*, guarda-louça ‖ vitrine.
Aparar, *v.5,* pôr a mão ou qualquer objeto para recolher alguma coisa.
Aparato, *s.m.*, aparelho ‖ conjunto.
Aparatoso/a, *adj.* e *s.*, com muita pompa, luxo e ostentação.
Aparcamiento, *s.m.*, estacionamento.
Aparcar, *v.5.14*, estacionar um veículo ‖ intervir.
Aparear, *v.5,* emparelhar, fazer parelhas.
Aparecer, *v.9,* aparecer ‖ deixar ver ‖ manifestar-se.
Aparejador/ra, *s.*, mestre de obras.
Aparejar, *v.5,* emparelhar, formar pares ‖ preparar, dispor.

Aparentar, *v.5,* transparecer, dar a entender ‖ ter aspecto de.
Apariencia, *s.f.*, aparência.
Apartado/a, *adj.*, distante, retirado, remoto ◆ *s.m.*, parágrafo, alínea, artigo → *Apartado de correos*, caixa postal.
Apartar, *v.5,* apartar, separar, retirar, tirar.
Aparte, *adv.*, em outro lugar ‖ separadamente ‖ omissão ◆ *adj.*, separado, diferente, distinto ◆ *s.m.*, cochicho.
Apasionar, *v.5,* apaixonar.
Apatía, *s.f.*, apatia.
Apear, *v.5,* apear, descer, desmontar ‖ cortar e derrubar árvores ‖ dissuadir, convencer do contrário ‖ atar as patas do gado ‖ fixar limites, demarcar ‖ escorar ‖ superar, vencer uma dificuldade ‖ demitir, despedir, desempregar → *Apearse del burro*, cair na real, sair do erro.
Apedrear, *v.5,* apedrejar.
Apegarse, *v.5.18,* apegar-se, ter carinho, afeição.
Apego, *s.m.*, apego, carinho, afeição.
Apelación, *s.f.*, apelação.
Apelar, *v.5,* apelar.
Apellido, *s.m.*, sobrenome, nome de família.
Apenar, *v.5,* condoer-se, causar pena, dó.
Apenas, *adv.*, com dificuldade e esforço ‖ muito pouco, quase nada ‖ imediatamente após → *Apenas si*, quase não.
Apéndice, *s.m.*, apêndice.
Apendicitis, *s.f.*, apendicite.
Aperitivo/a, *adj.* e *s.m.*, aperitivo.
Apero, *s.m.*, conjunto de ferramentas próprias para o exercício de uma profissão.
Apertura, *s.f.*, abertura, solenidade de abertura de um espetáculo ou evento.
Apestar, *v.5,* cheirar mal ‖ chatear, encher o saco ‖ encher, saturar ‖ empestear ‖ propagar-se uma peste.
Apetecer, *v.9,* desejar, ter apetite de.
Apetito, *s.m.*, apetite ‖ desejo.
Ápice, *s.m.*, ápice, cume, ponto culminante ‖ pitada, parte muito pequena.
Apicultor/ra, *s.*, apicultor.
Apilar, *v.5,* empilhar, fazer pilhas.
Apiñar, *v.5,* apinhar, encher.
Apio, *s.m.*, aipo.
Apisonador/ra, *adj.* e *s.*, calcar, comprimir ‖ rolo compressor.
Aplacar, *v.5.14,* aplacar, suavizar ‖ amansar ‖ mitigar.
Aplanar, *v.5,* aplainar, alisar.
Aplastar, *v.5,* amassar ‖ vencer, aniquilar ‖ confundir.
Aplaudir, *v.7,* aplaudir ‖ celebrar, comemorar, aprovar.
Aplauso, *s.m.*, aplauso.
Aplazar, *v.5.15,* adiar, diferir, retardar.
Aplicar, *v.5.14,* aplicar ‖ atribuir ‖ destinar → *Aplicarse*, dedicar-se, esmerar-se.
Aplomo, *s.m.*, aprumo, seriedade, severidade.
Apocalipsis, *s.m.*, apocalipse.
Apocar, *v.5.14,* humilhar, intimidar.
Apócope, *s.f.*, apócope.
Apodar, *v.5,* apelidar, cognominar.
Apoderar, *v.5,* outorgar poderes, nomear procurador → *Apoderarse*, apoderar-se, dominar.
Apodo, *s.m.*, apelido, cognome, alcunha.
Apogeo, *s.m.*, apogeu ‖ máximo esplendor.
Apolillar, *v.5,* mofar, dar ou criar mofo.
Apología, *s.f.*, apologia.
Apoplejía, *s.f.*, apoplexia.

Aportar, *v.5,* aportar, dar, proporcionar, contribuir ‖ chegar a um porto.
Aposentar, *v.5,* alojar, dar aposento, hospedar.
Aposento, *s.m.,* aposento, quarto, dormitório ‖ pousada, hospedagem.
Aposta, *adv.,* de propósito.
Apostar, *v.10,* apostar, fazer apostas ‖ disputar ‖ competir, rivalizar ‖ postar-se.
Apóstol, *s.m.,* apóstolo.
Apóstrofo, *s.m.,* apóstrofe.
Apoteosis, *s.f.,* apoteose.
Apoyar, *v.5,* apoiar ‖ favorecer ‖ fundamentar, basear ‖ patrocinar ‖ ajudar.
Apreciar, *v.5,* apreciar ‖ gostar, sentir afeto ‖ formar juízo.
Aprehender, *v.6,* apreender ‖ aprisionar.
Apremiar, *v.5,* apressar, compelir.
Aprender, *v.6,* aprender.
Aprendiz/za, *s.,* aprendiz.
Aprendizaje, *s.m.,* aprendizagem.
Aprensión, *s.f.,* apreensão, temor ‖ desconfiança ‖ cuidado, delicadeza.
Apresar, *v.5,* apresar, agarrar, capturar.
Apresurar, *v.5,* apressar, acelerar.
Apretar, *v.12,* apertar ‖ cingir ‖ amarrar ‖ instar ‖ perseguir ‖ esforçar-se.
Aprieto, *s.m.,* aperto ‖ conflito, apuro.
Aprisa, *adv.,* depressa.
Aprisionar, *v.5,* aprisionar, apresar, prender ‖ segurar, atar, amarrar.
Aprobación, *s.f.,* aprovação.
Aprobar, *v.10,* aprovar ‖ passar de ano na escola ‖ assentir, estar de acordo.
Apropiado, *adj.,* apropriado ‖ o que é próprio de alguma coisa.
Aprovechar, *v.5,* aproveitar.
Aprovisionar, *v.5,* abastecer.
Aproximar, *v.5,* aproximar.
Aptitud, *s.f.,* qualidade de apto, aptidão.
Apto/a, *adj.,* apto ‖ suficiente, idôneo ‖ capaz.
Apuesto/a, *adj.,* elegante, autossuficiente, convencido ◆ *s.f.,* aposta ‖ quantia apostada.
Apuntalar, *v.5,* escorar.
Apuntar, *v.5,* apontar, assinalar, ‖ indicar, referir ‖ anotar ‖ passar cola numa prova ‖ inscrever-se, matricular-se ‖ insinuar, sugerir ‖ começar a manifestar alguma coisa, despontar.
Apunte, *s.m.,* anotação ‖ esboço ‖ apontador de teatro ◆ *s.m.pl.,* anotações feitas em sala de aula sobre as explicações de um professor.
Apuñalar, *v.5,* apunhalar.
Apurar, *v.5,* acabar, esgotar, exaurir ‖ averiguar, examinar em detalhes ‖ apressar, apremiar ‖ abrumar, angustiar → *Apurarse*, afligir-se, preocupar-se.
Apuro, *s.m.,* apuro, aperto, dificuldade ‖ escassez em especial de dinheiro ‖ vergonha, timidez ‖ pressa, urgência.
Aquejar, *v.5,* afetar, atacar.
Aquel/lla, *pron.* e *adj.*, aquele, aquela, só usado nas afirmações ◆ *s.m.,* graça, vivacidade, alegria.
Aquél/lla, *pron.* e *adj.*, aquele, aquela, só usado nas interrogações, exclamações ou conotação pejorativa.
Aquelarre, *s.m.*, conciliábulo de bruxas, reunião de bruxas.
Aquello, *pron.*, aquilo, aquela coisa.
Aquí, *adv.*, aqui, cá ‖ agora, neste momento ‖ então, em tal ocasião.
Aquietar, *v.5,* aquietar, apaziguar, sossegar, tranquilizar.
Aquilatar, *v.5,* aquilatar.

Ara, *s.f.*, ara, altar de sacrifícios → *En aras de*, em honra de.

Arábigo/a, *adj.* e *s.*, arábico.

Arado, *s.m.*, arado.

Aragonés/esa, *adj.* e *s.*, de Aragão (Espanha).

Arancel, *s.m.*, tarifa aduaneira, fiscal ‖ taxa, imposto, norma, lei.

Araña, *s.f.*, aranha.

Arañar, *v.5*, arranhar, dar arranhões.

Arañazo, *s.m.*, arranhão, ferida superficial.

Arar, *v.5*, arar.

Arbitraje, *s.m.*, arbitragem.

Arbitrar, *v.5*, arbitrar.

Arbitrariedad, *s.f.*, arbitrariedade, regido pela vontade ou capricho.

Arbitrario/a, *adj.*, que depende da vontade ‖ que depende de arbitragem.

Arbitrio, *s.m.*, arbítrio.

Árbitro, *s.m.*, árbitro.

Árbol, *s.m.*, árvore ‖ barra ‖ mastro → *Árbol de transmisión*, barra de transmissão. *Árbol de levas*, eixo da direção.

Arbusto, *s.m.*, arbusto.

Arca, *s.f.*, arca, baú ‖ cofre → *Arca cerrada*, pessoa muito reservada e que não conta segredos.

Arcada, *s.f.*, arcada, conjunto de arcos ‖ ânsia de vômito.

Arcángel, *s.m.*, arcanjo.

Arcén, *s.m.*, acostamento das rodovias.

Arcilla, *s.f.*, argila.

Arco, *s.m.*, arco ‖ segmento da curva ‖ arcada ‖ arma com que se atiram as flechas → */Arcoíris/de San Martín/del cielo*, arco-íris.

Archi, *prefixo que dá valor superlativo ao adjetivo, equivale a: super.*

Archidiócesis, *s.f.*, arquidiocese.

Archipiélago, *s.m.*, arquipélago.

Archivar, *v.5*, arquivar.

Archivero/a, *s.*, arquivista.

Archivo, *s.m.*, arquivo.

Arder, *v.6*, arder ‖ estar muito agitado ‖ guerra ou discórdia muito viva.

Ardid, *s.m.*, ardil, logro.

Ardilla, *s.f.*, esquilo.

Ardor, *s.m.*, ardor ‖ valor, intrepidez ‖ viveza, anseio, desejo.

Arduo/a, *adj.*, árduo, difícil.

Área, *s.f.*, área ‖ medida de superfície ‖ unidade de medida.

Arena, *s.f.*, areia ‖ arena das praças de touros.

Arenque, *s.m.*, arenque.

Areola/aréola, *s.f.*, aréola.

Arete, *s.m.*, aro ◆ *s.m.pl.*, *Amér.*, brincos em forma de aro.

Argamasa, *s.f.*, argamassa.

Argolla, *s.f.*, argola, aro.

Argón, *s.m.*, argônio.

Argot, *s.m.*, gíria, jargão.

Argucia, *s.f.*, argúcia, astúcia, sutileza.

Argüir, *v.11*, arguir, argumentar ‖ esclarecer ‖ deduzir ‖ descobrir, comprovar.

Argumentar, *v.5*, argumentar.

Aridez, *s.f.*, aridez.

Árido, *adj.*, árido, seco, estéril.

Aries, *s.m.*, áries, signo do zodíaco.

Arisco, *adj.*, arisco, intratável.

Arista, *s.f.*, linha de intersecção de dois planos.

Aristocracia, *s.f.*, aristocracia.

Aritmético/a, *adj.*, aritmético ◆ *s.f.*, aritmética.

Arlequín, *s.m.*, arlequim ‖ pessoa ridícula.

Arma, *s.f.*, arma ‖ meio de ataque ‖ corpo militar, cada uma das corporações militares ◆ *s.f.pl.*, combate, força militar ‖ milícia, profissão militar → *Alzarse en armas*, sublevar-se. *Arma de dos filos/de doble filo*, faca de dois gumes. *De armas tomar*, atrevido, briguento, resoluto. *Pasar por las armas*, fuzilar. *Presentar armas*, apresentar armas, perfilar-se. *Rendir armas*, render-se ao inimigo ‖ dar-se por vencido. *Tomar las armas*, armar-se para a defesa.

Armadillo, *s.m.*, tatu-bola.

Armar, *v.5*, prover armas ‖ dispor-se para a guerra ‖ proporcionar os meios, instruir ‖ dispor, formar, preparar, armar, montar ‖ preparar arma para disparar ‖ produzir, provocar, causar → *Armarse*, preparar o ânimo e o espírito para enfrentar alguma coisa. *Armar la de Dios es Cristo/la de San Quintín/la gorda*, montar um escândalo. *Armarla*, promover uma briga.

Armario, *s.m.*, armário.

Armatoste, *s.m.*, geringonça ‖ pessoa gorda e torpe.

Armisticio, *s.m.*, armistício.

Armonía, *s.f.*, harmonia.

Armónico/a, *adj.*, que tem harmonia ◆ *s.f.*, harmônica, acordeão.

Armonizar, *v.5.15*, harmonizar, dar harmonia.

Arnés, *s.m.*, armadura de guerra ◆ *s.m.pl.*, instrumentos e apetrechos necessários em alguma profissão ‖ conjunto de arreios.

Árnica, *s.f.*, arnica.

Aro, *s.m.*, aro, elo.

Aroma, *s.m.*, aroma, perfume.

Aromatizar, *v.5.15*, aromatizar.

Arpa, *s.f.*, harpa.

Arpía, *s.f.*, mulher perversa ‖ harpia, espécie de falcão.

Arpón, *s.m.*, arpão.

Arquear, *v.5*, arquear, dobrar, curvar.

Arqueología, *s.f.*, arqueologia.

Arquitecto/a, *s.*, arquiteto.

Arquitectura, *s.f.*, arquitetura.

Arrabal, *s.m.*, arrabaldes, periferia.

Arraigar, *v.5.18*, arraigar → *Arraigarse*, estabelecer-se, fixar residência.

Arrancar, *v.5.14*, arrancar ‖ separar, tirar com força ‖ pôr em funcionamento, dar a partida ‖ partir, sair de algum lugar.

Arranque, *s.m.*, arranque, iniciativa, decisão ‖ ataque.

Arrasar, *v.5*, arrasar, destruir, derrubar ‖ marejar os olhos de lágrimas.

Arrastrar, *v.5*, arrastar ‖ impulsionar ‖ suportar com esforço ‖ pender → *Arrastrarse*, humilhar-se.

Arre, *interj.*, arre!

Arrear, *v.5*, estimular os animais, tocar, tanger → *¡Arrea!, interj.*, expressa assombro, equivale a: puxa!, nossa!

Arrebatar, *v.5*, arrebatar ‖ atrair ‖ comover → *Arrebatarse*, enfurecer-se.

Arrebol, *s.m.*, arrebol ‖ cor avermelhada nas bochechas.

Arrecife, *s.m.*, arrecife, recife.

Arrechucho, *s.m.*, indisposição passageira ‖ repente, arranque, ímpeto.

Arreglar, *v.5*, arrumar ‖ consertar ‖ esclarecer ‖ castigar.

Arremangar, *v.5.18*, arregaçar as mangas.

Arremolinar, *v.5,* formar rodamoinhos.
Arrendar, *v.12,* arrendar.
Arreo, *s.m.,* enfeite ◆ *s.m.pl.,* arreios.
Arrepentirse, *v.12,* arrepender-se.
Arrestar, *v.5,* prender, deter, aprisionar.
Arriba, *adv.*, acima, adiante, no alto → *De arriba abajo*, do começo ao fim, dos pés à cabeça.
Arribar, *v.5,* chegar.
Arriesgar, *v.5.18,* arriscar, pôr em risco.
Arrimar, *v.5,* aproximar, pôr em contato ‖ deixar, abandonar → *Arrimarse*, apoiar-se ‖ buscar apoio.
Arrimo, *s.m.,* apoio, ajuda, auxílio.
Arrinconar, *v.5,* pôr em um canto ‖ perseguir, acossar ‖ privar de favores → *Arrinconarse*, privar-se do trato com as pessoas.
Arroba, *s.f.,* arroba.
Arrobar, *v.5,* arroubar, extasiar, enlevar.
Arrobo, *s.m.,* arroubo, êxtase, enlevo.
Arrodillar, *v.5,* ajoelhar.
Arrogar, *v.5.18,* adotar como filho → *Arrogarse*, atribuir-se, apropriar-se indevidamente.
Arrojar, *v.5,* arremessar, lançar com violência ‖ jogar, atirar ‖ mandar embora, expulsar ‖ depor de um cargo ‖ vomitar → *Arrojarse*, precipitar-se, decidir-se, tomar uma decisão brusca.
Arropar, *v.5,* cobrir, abrigar, resguardar.
Arroyo, *s.m.,* arroio, riacho.
Arroz, *s.m.,* arroz.
Arruga, *s.f.,* ruga ‖ prega, dobra, franzido.
Arrugar, *v.5.18,* enrugar ‖ encolher, acovardar.
Arruinar, *v.5,* arruinar ‖ destruir.
Arrullar, *v.5,* arrulhar ‖ embalar, adormecer um bebê ‖ namorar ‖ deleitar-se.
Arsenal, *s.m.,* arsenal.
Arsénico, *s.m.,* arsênico.
Arte, *s.f.,* arte ‖ jeito, habilidade, manha ‖ cautela, astúcia ‖ conjunto de preceitos e regras de uma profissão ‖ obra artística → *No tener arte ni parte*, não ter nada a ver com o peixe. *Ser del arte*, ser da profissão.
Artefacto, *s.m.,* artefato.
Artejo, *s.m.,* artelho.
Arteria, *s.f.,* artéria.
Artería, *s.f.,* traquinice.
Artero/a, *adj.,* arteiro, astuto, ardiloso.
Artesa, *s.f.,* recipiente especial para fazer massa.
Artesanía, *s.f.,* artesanato.
Artesano/a, *adj.* e *s.,* artesão.
Articulación, *s.f.,* articulação.
Articular, *v.5,* articular.
Artículo, *s.m.,* artigo, classe gramatical ‖ texto de jornal ‖ mercadoria para venda ‖ parte de um escrito → *Artículo de fe*, dogma de fé. *Artículo de fondo*, editorial de jornal ou revista. *Artículo de la muerte*, artículo *mortis*. *Formar/hacer artículo*, dificultar um negócio. *Hacer el artículo*, vender uma ideia, elogiar as virtudes.
Artífice, *s.m.* e *f.,* artífice, artista.
Artificial, *adj.,* artificial.
Artificio, *s.m.,* artifício ‖ arte, habilidade, destreza ‖ astúcia, velhacaria.
Artillería, *s.f.,* artilharia.
Artimaña, *s.f.,* artimanha, engano, engodo ‖ artifício, astúcia.
Artista, *s.m.* e *f.,* artista.
Artritis, *s.f.,* artrite.
Artrosis, *s.f.,* artrose.
Arzobispo, *s.m.,* arcebispo.

As, *s.m.*, ás, carta de baralho ‖ uma das faces do dado ‖ exímio, perito.

Asa, *s.f.*, asa ‖ alça ‖ desculpa, pretexto.

Asador, *s.m.*, assadeira.

Asadura, *s.f.*, miúdos de animal comestível.

Asalariar, *v.5*, assalariar.

Asaltante, *adj.* e *s.m.* e *f.*, assaltante.

Asaltar, *v.5*, assaltar ‖ roubar ‖ acometer.

Asalto, *s.m.*, assalto.

Asamblea, *s.f.*, assembleia.

Asar, *v.5*, assar ‖ tostar, queimar ‖ importunar, incomodar → *Asarse*, morrer de calor.

Ascendencia, *s.f.*, ascendência ‖ predomínio moral.

Ascender, *v.12*, ascender, subir ‖ chegar a ‖ melhorar de situação social ou econômica.

Ascenso, *s.m.*, promoção.

Ascensor, *s.m.*, elevador.

Ascensorista, *adj.* e *s.m.* e *f.*, ascensorista.

Ascetismo, *s.m.*, asceticismo ‖ austeridade, sobriedade.

Asco, *s.m.*, nojo, asco, repugnância → *Hacer ascos de*, desprezar alguma coisa, fazer pouco. *Estar hecho un asco*, estar sujo e mal vestido.

Ascua, *s.f.*, brasa, pedaço de matéria sólida ardendo sem ter chamas → *En ascuas*, inquieto, sobressaltado.

Asear, *v.5*, assear, limpar, arrumar, compor com alinho e capricho ‖ enfeitar.

Asediar, *v.5*, assediar ‖ importunar, insistir.

Asegurar, *v.5*, assegurar, dar segurança e certeza ‖ garantir, afirmar ‖ contratar seguro.

Asemejar, *v.5*, assemelhar → *Aseme-jarse*, ter semelhança.

Asentar, *v.12*, assentar ‖ fixar, firmar ‖ assentar.

Asentir, *v.12*, assentir, admitir.

Aseo, *s.m.*, asseio, limpeza ‖ banheiro.

Asepsia, *s.f.*, assepsia, limpeza ‖ frieza, indiferença.

Asequible, *adj.*, acessível.

Asesinar, *v.5*, assassinar ‖ maltratar, destruir.

Asesinato, *s.m.*, assassinato.

Asesino/a, *s.* e *adj.*, assassino.

Asesor/ra, *adj.* e *s.*, assessor.

Asesoramiento, *s.m.*, assessoramento.

Asesorar, *v.5*, assessorar.

Aseverar, *v.5*, asseverar.

Asfaltar, *v.5*, asfaltar.

Asfalto, *s.m.*, asfalto.

Asfixia, *s.f.*, asfixia.

Asfixiar, *v.5*, asfixiar.

Así, *adv.*, assim ‖ tanto ‖ também ‖ mesmo que ◆ *adj.*, de tal modo, desta forma, desta maneira → *Así así*, mais ou menos. *Así como*, da mesma forma, igual que. *Así ... como*, expressa comparação, tanto ... quanto. *Así como así*, de qualquer forma, de qualquer jeito. *Así o asá/así que asá*, dá na mesma de uma forma ou de outra. *Así pues*, de modo que. *Así que*, no mesmo instante. *Así sea*, amém. *Así y todo*, apesar de tudo.

Asiduidad, *s.f.*, assiduidade.

Asiduo/a, *adj.*, assíduo, frequente.

Asiento, *s.m.*, assento ‖ base ‖ nádegas ‖ lugar ‖ sedimento ‖ registro, assentamento ‖ contrato de fornecimento ‖ permanência, estabilidade → *De asiento*, estabelecido, fixo. *Hacer asiento*, estabelecer-se. *No calentar el asiento*, não parar no lugar ou não parar no emprego. *Pegársele a [alguien] el asiento*, não sair do lugar, grudar a bunda na cadeira. *Tomar asiento*, sentar-se.

Asignar, *v.5,* destinar ‖ atribuir ‖ designar.

Asignatura, *s.f.,* cada uma das matérias ou disciplinas que compõem um ano letivo de um curso.

Asilar, *v.5,* asilar, dar asilo.

Asilo, *s.m.,* asilo ‖ amparo, proteção, favor.

Asimetría, *s.f.,* assimetria.

Asimilar, *v.5,* assimilar ‖ assemelhar, comparar ‖ compreender, entender ‖ transformar ‖ conceder por direito de profissão ‖ homogeneizar.

Asimismo, *adv.,* assim mesmo, também.

Asir, *v.12,* assir, segurar, pegar, prender → *Asirse*, aferrar-se, vincular-se.

Asistencia, *s.f.,* assistência ‖ presença, comparecimento.

Asistenta, *s.f.,* empregada doméstica que trabalha por dia.

Asistente, *s.m.,* assistente, auxiliar.

Asistir, *v.5,* assistir ‖ estar presente, comparecer ‖ acompanhar ‖ frequentar ‖ socorrer, favorecer, cuidar, ajudar ‖ servir, prestar serviços ‖ defender.

Asma, *s.m.,* asma.

Asno/a, *s.,* asno ◆ *s.* e *adj.,* pessoa burra, rude, bronca.

Asociación, *s.f.,* associação.

Asociar, *v.5,* associar ‖ reunir, juntar.

Asolar, *v.10,* assolar, arrasar, destruir, derrubar.

Asomar, *v.5,* aparecer, mostrar, deixar ver → *Asomarse*, tomar conhecimento de alguma coisa sem desejo de se aprofundar, xeretar.

Asombrar, *v.5,* assombrar.

Asombro, *s.m.,* assombro, espanto.

Asomo, *s.m.,* sinal, indício → *Ni por asomo*, de jeito nenhum, nem pensar.

Aspa, *s.f.,* figura em forma de X ‖ cada uma das pás de um moinho.

Aspaviento, *s.m.,* gesto exagerado, espavento.

Aspecto, *s.m.,* aspecto.

Aspereza, *s.f.,* aspereza.

Áspero/a, *adj.,* áspero ‖ abrupto ‖ inclemente, tempestuoso ‖ agressivo.

Áspid, *s.m.,* áspide, víbora.

Aspirador/ra, *adj.* e *s.,* aspirador.

Aspirante, *adj.* e *s.m.* e *f.,* aspirante.

Aspirar, *v.5,* aspirar ‖ pretender, desejar.

Aspirina, *s.f.,* aspirina.

Asquear, *v.5,* ter asco, nojo por alguma coisa ‖ cansar, chatear.

Asquerosidad, *s.f.,* coisa nojenta, asquerosa.

Asta, *s.f.,* haste ‖ chifre ‖ mastro → *A media asta*, bandeira a meio pau. *Dejar [a alguien] en las astas del toro*, abandonar alguém no momento de perigo.

Asterisco, *s.m.,* asterisco.

Asteroide, *adj.* e *s.m.,* asteroide.

Astigmatismo, *s.m.,* astigmatismo.

Astil, *s.m.,* haste ‖ barra de uma balança ‖ cabo.

Astilla, *s.f.,* lasca, farpa ‖ estilhaço.

Astillero, *s.m.,* astilheiro.

Astrágalo, *s.m.,* astrágalo.

Astringente, *adj.* e *s.m.,* adstringente.

Astringir, *v.7.15,* adstringir.
Astro, *s.m.*, astro, corpo celeste ‖ pessoa de destaque.
Astrolabio, *s.m.*, astrolábio.
Astrología, *s.f.*, astrologia.
Astronauta, *s.m.* e *f.*, astronauta.
Astronáutica, *s.f.*, astronáutica.
Astronave, *s.f.*, astronave.
Astronomía, *s.f.*, astronomia.
Astroso/a, *adj.*, desgraçado ‖ rasgado, rampeiro.
Astucia, *s.f.*, astúcia.
Asturiano/a, *adj.* e *s.*, relativo a Astúrias (Espanha).
Astuto/a, *adj.*, astuto.
Asueto, *s.m.*, descanso breve, férias curtas.
Asumir, *v.7,* assumir ‖ adquirir.
Asunto, *s.m.*, assunto, tema ‖ matéria ‖ negócio, ocupação ‖ profissão.
Asustar, *v.5,* assustar.
Atabal, *s.m.*, atabaque.
Atacar, *v.5.14,* atacar, investir ‖ afetar, influir ‖ produzir dano ‖ impugnar, combater ‖ contrair doença ‖ usar de argumentos para convencer ‖ agir ‖ encher, saturar ‖ abotoar → *Atacar los nervios*, dar nos nervos, enervar.
Atajar, *v.5,* pegar um atalho ‖ interromper quem fala ‖ ir ao encontro obstruindo a passagem ‖ bloquear, impedir o curso de alguma coisa ‖ cortar, separar.
Atajo, *s.m.*, atalho ‖ conjunto, grande quantidade ‖ meio ou caminho mais rápido.
Atañer, *v.6.13,* corresponder ‖ dizer respeito ‖ pertencer.
Ataque, *s.m.*, ataque ‖ crise.
Atar, *v.5,* atar, amarrar ‖ unir, juntar, segurar ‖ impedir o movimento ‖ tirar a liberdade ‖ juntar, relacionar, conciliar → *Atarse*, não saber como sair de uma confusão. *Atar corto [a alguien]*, reprimir, segurar, dar pouca liberdade. *No atar ni desatar*, falar sem ordem, não fazer sentido.
Atardecer, *v.9,* entardecer.
Atarearse, *v.5,* atarefar-se, entregar-se muito ao trabalho.
Atascar, *v.5.14,* entupir, obstruir ‖ deter, impedir → *Atascarse*, engasgar-se ao falar.
Atasco, *s.m.*, entupimento de cano ou esgoto ‖ congestionamento de trânsito.
Ataúd, *s.m.*, ataúde.
Ataviar, *v.5.16,* compor, arrumar, enfeitar.
Ateísmo, *s.m.*, ateísmo.
Atemorizar, *v.5.15,* atemorizar.
Atenazar, *v.5.15,* apertar, segurar com força ‖ atormentar, atazanar.
Atención, *s.f.*, atenção ‖ cortesia, gentileza.
Atender, *v.12,* atender ‖ levar em consideração ‖ receber ‖ cuidar, olhar por alguém ‖ aguardar, esperar.
Atenerse, *v.4,* ater-se, ajustar-se, sujeitar-se, limitar-se.
Atentar, *v.5,* atentar.
Atento/a, *adj.*, atento, prestando atenção ‖ atencioso, educado, cortês.
Atenuar, *v.5.11,* atenuar, diminuir, suavizar.
Ateo/a, *adj.* e *s.*, ateu.
Aterrar, *v.5,* aterrar, causar ou sentir terror.
Aterrizaje, *s.m.*, aterrissagem.
Aterrizar, *v.5.15,* aterrissar ‖ aparecer de forma inesperada, surgir.

Aterrorizar, *v.5.15,* aterrorizar.
Atestado/a, *adj.* e *s.m.*, atestado.
Atestar, *v.5,* encher totalmente ‖ atestar, testemunhar.
Atestiguar, *v.5.17,* testemunhar.
Atezar, *v.5.15,* bronzear a pele.
Atiborrar, *v.5,* encher totalmente, saturar.
Atildar, *v.5,* arrumar com capricho e esmero.
Atinar, *v.5,* atinar, acertar, adivinhar.
Atizar, *v.5.15,* atiçar, avivar o fogo ‖ excitar.
Atlas, *s.m.*, atlas.
Atleta, *s.m.* e *f.*, atleta.
Atletismo, *s.m.*, atletismo.
Atmósfera, *s.f.*, atmosfera.
Atolón, *s.m.*, atol.
Atolondrar, *v.5,* aturdir, confundir, espantar.
Atolladero, *s.m.*, atoleiro, engasgo ‖ ponto morto de uma situação ou caso.
Atollarse, *v.5,* atolar-se, ficar atolado.
Átomo, *s.m.*, átomo ‖ partícula, pingo, pitada.
Atónito/a, *adj.*, atônito, pasmo.
Átono/a, *adj.*, átono.
Atontar, *v.5,* aturdir ‖ entontecer ‖ confundir.
Atontolinar, *v.5,* abobalhar.
Atormentar, *v.5,* atormentar.
Atornillar, *v.5,* aparafusar ‖ pressionar, forçar, coagir.
Atosigar, *v.5.18,* importunar, pressionar.
Atracadero, *s.m.*, doca ‖ cais.
Atracador/ra, *s.*, assaltante.
Atracar, *v.5.14,* atracar ‖ assaltar ‖ empanturrar-se.
Atracción, *s.f.*, atração ‖ parte de um espetáculo.
Atraco, *s.m.*, assalto.
Atracón, *s.m.*, empanturramento.
Atractivo/a, *adj.*, atrativo ‖ qualidade.
Atraer, *v.43,* atrair, fazer vir ‖ captar, subjulgar a vontade ‖ ocasionar, acarretar, recair algo sobre alguém.
Atragantar, *v.5,* engasgar.
Atrancar, *v.5.14,* trancar ‖ obstruir, atolar → *Atrancarse*, trancafiar-se.
Atrapar, *v.5,* apanhar, pegar, aprisionar ‖ conseguir alguma coisa muito lucrativa ‖ enganar, atrair com manha.
Atraque, *s.m.*, atracamento de um navio no cais.
Atrás, *adv.*, atrás ‖ detrás ‖ em tempo passado.
Atrasar, *v.5,* atrasar, retrasar.
Atraso, *s.m.*, atraso ◆ *s.m.pl.*, dívidas atrasadas.
Atravesar, *v.12,* atravessar ‖ cruzar.
Atreverse, *v.6,* atrever-se, determinar-se por alguma coisa arriscada e perigosa.
Atrevimiento, *s.m.*, atrevimento.
Atribución, *s.f.*, atribuição ‖ competência.
Atribuir, *v.11,* atribuir ‖ conceder ‖ competir.
Atribular, *v.5,* atribular.
Atributo, *s.m.*, atributo ‖ característica.
Atril, *s.m.*, atril.
Atrincherar, *v.5,* entrincheirar.
Atrio, *s.m.*, átrio ‖ pátio.
Atrocidad, *s.f.*, atrocidade.
Atrofia, *s.f.*, atrofia.
Atrofiar, *v.5,* atrofiar.
Atropellar, *v.5,* atropelar ‖ oprimir, abater → *Atropellarse*, apressar-se demais.
Atropello, *s.m.*, atropelamento.
Atroz, *adj.*, atroz ‖ muito intenso ou grande ‖ muito ruim ou desagradável.
Atuendo, *s.m.*, vestido, roupa.
Atufar, *v.5,* asfixiar com fumaça.

Atún, *s.m.*, atum.
Aturdir, *v.7*, aturdir, confundir.
Atusar, *v.5*, passar os dedos pelo cabelo, pentear ligeiramente.
Audacia, *s.f.*, audácia.
Audaz, *adj.*, audaz, ousado, atrevido.
Audición, *s.f.*, audição, ato de ouvir ‖ faculdade de ouvir ‖ concerto, recital público.
Audiencia, *s.f.*, audiência.
Auditor/ra, *s.*, auditor.
Auditoría, *s.f.*, auditoria.
Auditorio, *s.m.*, auditório.
Auge, *s.m.*, auge, apogeu, ápice.
Augurar, *v.5*, augurar, predizer, pressagiar.
Augurio, *s.m.*, agouro.
Aula, *s.f.*, classe, sala de aula.
Aullar, *v.5.13*, uivar.
Aullido/aúllo, *s.m.*, uivo.
Aumentar, *v.5*, aumentar.
Aumento, *s.m.*, aumento.
Aun, *conj.*, inclusive, até, também, ‖ embora, ainda que, mesmo que.
Aún, *adv.*, ainda, todavia, também.
Aunar, *v.5.13*, pôr junto, juntar harmonizando.
Aunque, *conj.*, mas, porém ‖ ainda que ‖ se bem que ‖ mesmo que.
Aupar, *v.5.13*, ajudar a subir ou a levantar ‖ enaltecer → *¡Aúpa!, interj.*, que equivale a: upa! *De aúpa*, usado para qualificar como extraordinário alguma coisa.
Aura, *s.f.*, aragem, vento suave.
Aureola, *s.f.*, auréola ‖ fama.
Aurícula, *s.f.*, aurícula.
Auricular, *adj.*, auricular ◆ *s.m.*, fone de ouvido.
Auriense, *adj.*, *s.m.* e *f.*, relativo à cidade de Orense (Espanha).
Aurora, *s.f.*, aurora ‖ início, princípio, primeiros tempos de alguma coisa.
Auscultar, *v.5*, auscultar.
Ausencia, *s.f.*, ausência ‖ falta, privação ‖ perda breve dos sentidos, desmaio breve ‖ distração, abstração momentânea.
Ausentarse, *v.5*, ausentar-se.
Ausente, *adj.*, *s.m.* e *f.*, ausente.
Auspicio, *s.m.*, agouro, presságio ‖ proteção, favor.
Austeridad, *s.f.*, austeridade.
Austero/a, *adj.*, austero ‖ sóbrio, moderado, sério.
Autarquía, *s.f.*, autarquia.
Auténtico/a, *adj.*, autêntico.
Autentificar, *v.5.14*/**Autentizar**, *v.5.15*, autenticar, legalizar ‖ dar fama, dar crédito, acreditar.
Auto, *s.m.*, automóvel ‖ auto, forma judicial ‖ tipo de composição antiga.
Autobiografía, *s.f.*, autobiografia.
Autobús, *s.m.*, ônibus.
Autocar, *s.m.*, ônibus de excursão.
Autocracia, *s.f.*, autocracia.
Autóctono/a, *adj.* e *s.*, autóctone.
Autógrafo/a, *adj.* e *s.*, autógrafo.
Automatizar, *v.5.15*, automatizar.
Automóvil, *s.m.*, automóvel, veículo de passeio.
Automovilismo, *s.m.*, automobilismo.
Autonomía, *s.f.*, autonomia.
Autopista, *s.f.*, rodovia, autoestrada.
Autopsia, *s.f.*, autópsia.
Autor/ra, *s.*, autor ‖ inventor.
Autoridad, *s.f.*, autoridade ‖ poder ‖ competência.
Autorización, *s.f.*, autorização.

Autorizar, *v.5.15,* autorizar ‖ aprovar ‖ confirmar ‖ enaltecer.

Autostop, *s.m.*, ato de pedir carona, viajar pedindo carona.

Autostopista, *s.m.* e *f.*, caronista.

Autovía, *s.m.*, via expressa.

Auxiliar, *v.5,* ajudar, auxiliar ◆ *s.*, auxiliar, ajudante ‖ aspecto secundário de algo ou de alguma questão.

Auxilio, *s.m.*, ajuda, auxílio, socorro, amparo.

Aval, *s.m.*, aval, garantia.

Avalador/ra, *adj.* e *s.*, avalista.

Avalancha, *s.f.*, avalanche.

Avalar, *v.5,* avalizar, dar aval.

Avalista, *s.m.* e *f.*, avalista.

Avance, *s.m.*, avanço ‖ insinuação, sugestão ‖ antecipação, prévia de notícias ‖ chamada ou *trailer* de programas de televisão.

Avanzar, *v.5.15,* avançar, ir para a frente ‖ adiantar, melhorar, progredir ‖ mover, levar para a frente ‖ antecipar.

Avaricia, *s.f.*, avareza → *Con avaricia*, muito, extremamente.

Avasallar, *v.5,* avassalar ‖ dominar ‖ crivar, atropelar.

Avatar, *s.m.*, avatar, transformação, mudança, vicissitude.

Ave, *s.f.*, ave → *Ave de mal agüero*, ave de mal agouro. *Ave de paso*, pessoa que não para num lugar. *Ave de rapiña*, ave de rapina ‖ pessoa aproveitadora dos outros. *Ave del paraíso*, pavão. *Ave nocturna*, pessoa notívaga. *Ave zonza*, pessoa descuidada, tonta e abobalhada. *Ser un ave*, ser muito ligeiro, ser um corisco.

Avecinar, *v.5,* avizinhar, aproximar.

Avejentar, *v.5,* envelhecer ‖ tornar mais velho do que se é.

Avellana, *s.f.*, avelã.

Avellano, *s.m.*, pé de avelã.

Avemaría, *s.f.*, oração da ave-maria.

Avena, *s.f.*, aveia.

Avenir, *v.15,* convir → *Avenirse*, entender-se, compreender-se, dar-se bem com as pessoas.

Aventajar, *v.5,* avantajar.

Aventar, *v.12,* ventilar, arejar ‖ dispersar o vento com alguma coisa.

Aventura, *s.f.*, aventura ‖ risco, contingência ‖ caso amoroso passageiro.

Aventurar, *v.5,* aventurar, arriscar.

Avergonzar, *v.5.17,* envergonhar, causar, sentir ou ter vergonha.

Avería, *s.f.*, estrago, avaria, pane.

Averiar, *v.5.16,* avariar, estragar, dar pane.

Averiguar, *v.5.17,* averiguar, indagar, inquirir.

Aversión, *s.f.*, aversão, oposição, repugnância.

Avestruz, *s.m.*, avestruz.

Aviación, *s.f.*, aviação.

Aviador/ra, *s.*, aviador.

Aviar, *v.5.16,* aviar, arrumar, preparar ‖ apressar → *Estar aviado*, estar rodeado de dificuldades e problemas.

Avidez, *s.f.*, avidez.

Ávido/a, *adj.*, ávido, ansioso.

Avión, *s.m.*, avião.

Avisar, *v.5,* avisar ‖ advertir, aconselhar, chamar a atenção ‖ chamar alguém para prestar um serviço.

Aviso, *s.m.*, aviso ‖ notícia.

Avispa, *s.f.*, vespa.

Avispero, *s.m.*, vespeiro.

Avistar, *v.5,* avistar, alcançar com a vista.
Avivar, *v.5,* avivar, excitar, animar.
Axila, *s.f.*, axila.
Axioma, *s.m.*, axioma.
Ay, *interj.*, ai! ◆ *s.m.*, suspiro, queixa.
Ayer, *adv.*, ontem ‖ há pouco tempo ‖ no passado.
Ayo/a, *s.*, aio.
Ayudante, *adj.* e *s.m.* e *f.*, ajudante, auxiliar.
Ayudar, *v.5,* ajudar, auxiliar ‖ socorrer.
Ayunar, *v.5,* jejuar.
Ayuno/a, *adj.*, jejum → *En ayunas*, sem ter tomado o café da manhã ‖ ignorante de algum assunto.
Ayuntamiento, *s.m.*, prefeitura ou câmara municipal → *Ayuntamiento carnal*, cópula.
Azabache, *s.m.*, azeviche.
Azada, *s.f.*, enxada.
Azafata, *s.f.*, aeromoça ‖ recepcionista de programas de televisão.
Azafrán, *s.m.*, açafrão.
Azahar, *s.m.* flor da laranjeira.
Azalea, *s.f.*, azálea.
Azar, *s.m.*, acaso, casualidade ‖ caso fortuito ‖ desgraça, azar, imprevisto → *Al azar*, sem propósito, sem um objetivo específico.
Azorar, *v.5,* conturbar, sobressaltar, envergonhar.
Azotar, *v.5,* açoitar, bater, surrar ‖ causar danos ‖ destroçar.
Azote, *s.m.*, açoite, vergalhão ‖ castigo ‖ aflição ‖ calamidade, desgraça.
Azotea, *s.f.*, terraço.
Azúcar, *s.m.*, açúcar → *Azúcar cande*, açúcar cristalizado. *Azúcar cortadillo*, açúcar em torrões. *Azúcar de lustre*, açúcar refinado, muito fino. *Azúcar moreno*, açúcar mascavo.
Azucarar, *v.5,* açucarar, adoçar.
Azucarero/a, *adj.*, relativo ao açúcar ◆ *s.*, açucareiro, recipiente para servir açúcar ◆ *s.f.*, fábrica de açúcar.
Azucena, *s.f.*, açucena.
Azufre, *s.m.*, enxofre.
Azul, *s.m.* e *adj.*, azul.
Azulejo, *s.m.*, azulejo ‖ azulão, ave.
Azulete, *s.m.*, pastilha de anil para clarear a roupa branca.
Azuzar, *v.5.15,* incitar, atiçar, estimular em especial os animais para o ataque.

B

s.f., segunda letra do alfabeto e a primeira de suas consoantes ‖ símbolo químico do boro.

Baba, *s.f.*, baba, saliva espessa.
Babero, *s.m.*, babador usado pelas crianças.
Baca, *s.f.*, bagageiro dos veículos.
Bacalao, *s.m.*, bacalhau.
Bachiller, *s.m.*, nível escolar equivalente ao segundo grau no Brasil.
Bah, *interj.*, de desdém, menosprezo, pouco-caso.
Bailar, *v.5*, dançar.
Bajar, *v.5*, baixar, humilhar.
Bajo/a, *adj.*, baixo, vulgar, ralé, ignóbil ◆ *prep.*, debaixo, por baixo.
Balancear, *v.5*, balancear, balançar.
Balcón, *s.m.*, varanda, mirante, balcão.
Balde, *s.m.*, balde → *De balde, adv.*, sem causa, gratuitamente, de graça.
Baldosa, *s.f.*, ladrilho, tijolo.
Baldosín, *s.m.*, ladrilho pequeno.
Balón, *s.m.*, bola.
Ballena, *s.f.*, baleia ‖ mulher gorda.
Banco, *s.m.*, banco, assento.
Bandeja, *s.f.*, bandeja.
Bañar, *v.5*, banhar, dar banho.
Baqueta, *s.f.*, baqueta de tambor.
Baquetazo, *s.m.*, pancada, golpe.
Bar, *s.m.*, bar.
Baraja, *s.f.*, baralho.
Baratija, *s.f.*, coisa de pouco valor.
Baratillo, *s.m.*, lugar onde se vendem coisas usadas.
Barato/a, *adj.*, barato.
Barbilla, *s.f.*, queixo, barbinha.
Barca, *s.f.*, barca, embarcação.
Barco, *s.m.*, barco.
Barniz, *s.m.*, verniz ‖ conhecimento superficial.
Baronesa, *s.f.*, baronesa.
Barrera, *s.f.*, barreira ‖ trincheira de proteção nas praças de touros.
Barriada, *s.f.*, arrabalde, bairro distante do centro de uma cidade.
Barriga, *s.f.*, barriga, bojo, pança ‖ prenhez.
Barrigón/ona, *adj.*, barrigudo.
Barrio, *s.m.*, bairro.
Barrizal, *s.m.*, lamaçal.
Barro, *s.m.*, barro, lodo.
Bártulos, *s.m.pl.*, bens, negócios → *Liar los bártulos*, empacotar todos os bens rapidamente e de qualquer modo para uma viagem repentina.
Basta, *interj.*, chega!
Basta, *s.f.*, alinhavo.
Bastar, *v.5*, abundar, ser suficiente.
Bastilla, *s.f.*, bainha alinhavada.
Basto/a, *adj.*, tosco, grosseiro, sem finura.
Bastón, *s.m.*, bengala, bastão.
Basura, *s.f.*, lixo.
Bata, *s.f.*, roupa simples feminina, vestido simples usado pelas mulheres quando estão em casa.
Batín, *s.m.*, roupão leve.

Batuta, *s.f.*, batuta → *Llevar la batuta*, mandar, dar ordens, dirigir.
Baúl, *s.m.*, baú, arca, cofre.
Bautismo, *s.m.*, batismo.
Baza, *s.f.*, mão no jogo de cartas → *No dejar meter baza*, falar sem deixar que outros falem.
Bebé, *s.m.*, bebê, criança pequena de colo.
Beber, *v.6*, beber.
Bebida, *s.f.*, bebida.
Beca, *s.f.*, beca, toga ‖ bolsa de estudos.
Becario/a, *s.*, bolsista ‖ estagiário.
Bedel, *s.m.*, bedel, contínuo.
Beldad, *s.f.*, beldade.
Belén, *s.m.*, presépio.
Belleza, *s.f.*, beleza.
Bello/a, *adj.* belo.
Bendecir, *v.36*, abençoar, benzer.
Bengala, *s.f.*, bambu, cana-da-índia.
Benjamín, *s.m.*, caçula.
Berenjena, *s.f.*, berinjela.
Berenjenal, *s.m.*, lugar plantado de berinjelas ◆ *s.m.pl.*, meter-se em seara alheia, confusão, encrenca.
Berrinche, *s.m.*, berreiro, birra infantil.
Besar, *v.5*, beijar ‖ chocar-se.
Besito, *s.m.*, beijinho.
Beso, *s.m.*, beijo.
Bestia, *s.f.*, besta → *¡Qué bestia!*, pessoa rude, grosseira.
Betún, *s.m.*, graxa para calçados.
Bicharraco, *s.m.*, bicharoco, bicho nojento ou pequeno.
Bicho, *s.m.*, bicho, animal → *Mal bicho/bicho malo*, pessoa ruim, má.
Bien, *s.m.*, bem, benefício, utilidade ◆ *s.m.pl.*, haveres ◆ *adv.*, bem, bastante, muito, comprazer, satisfazer → *Tener a bien*, julgar justo ou conveniente. *Bien que*, embora, apesar de.
Bienestar, *s.m.*, bem-estar.
Bienhechor/a, *adj.* e *s.*, benfeitor.
Bienvenida, *s.f.*, boas-vindas.
Bigote, *s.m.*, bigode.
Billar, *s.m.*, bilhar.
Billete, *s.m.*, bilhete, cédula, papel-moeda ‖ ingresso.
Birria, *s.f.*, ridículo, grotesco, vulgar.
Bisabuelo/a, *s.*, bisavô.
Bistec, *s.m.*, bife de carne vermelha.
Bizco/a, *adj.* e *s.*, vesgo, zarolho.
Bizcocho, *s.m.*, biscoito, bolacha.
Blanco/a, *adj.*, branco ‖ alvo ‖ espaço entre duas coisas ou objetos.
Blando/a, *adj.*, brando, dócil, meigo ‖ mole, tenro.
Blanquear, *s.f.*, branquear → *Blanquear el dinero*, lavagem de dinheiro ilegal.
Bobada, *s.f.*, bobagem.
Bobo/a, *s.*, bobo.
Bocacalle, *s.f.*, travessa de rua, entrada de uma rua.
Bocadillo, *s.m.*, sanduíche, merenda, lanche.
Bocado, *s.m.*, uma mordida, uma dentada.
Bochorno, *s.m.*, calor ambiental ‖ vergonha.
Boda, *s.f.*, casamento, cerimônia de casamento.
Bofetada, *s.f.*, tapa na cara.
Bofetón, *s.m.*, bofetão.
Bola, *s.f.*, bola → *Dejar rodar la bola*, deixar que as coisas aconteçam sem intervir ou dar opinião.
Bolda, *s.f.*, renda de seda.
Bolígrafo, *s.m.*, caneta esferográfica.

Bolsa, *s.f.*, sacola de pano ou papel para as compras.
Bolsillo, *s.m.*, bolso de camisa ou da calça.
Bolso, *s.m.*, bolsa feminina.
Bomba, *s.f.*, bomba.
Bombo, *s.m.*, bumbo.
Bombona, *s.f.*, recipiente para líquidos ou gases, botijão de gás.
Bondad, *s.f.*, bondade.
Boniato, *s.m.*, batata-doce.
Bonito, *s.m.*, atum ◆ *adj.*, bonito, que tem beleza.
Bordar, *v.5*, bordar ‖ fazer algo com capricho e esmero.
Bordear, *v.5*, bordear, andar pela borda de algo.
Borla, *s.f.*, pompom.
Borrachera, *s.f.*, bebedeira.
Borracho/a, *adj.* e *s.*, bêbado, embriagado.
Bostezar, *v.5.15*, bocejar.
Bostezo, *s.m.*, bocejo.
Botas, *s.f.pl.*, botas, calçado de cano alto.
Botica, *s.f.*, farmácia.
Botijo/a, *s.*, botija, moringa de barro para água.
Botiquín, *s.m.*, estojo ou armário com remédios para primeiros socorros.
Botón, *s.m.*, botão ‖ broto de flor ◆ *s.m.pl.*, mensageiro, *office-boy*.
Boxeo, *s.m.*, boxe, pugilato.
Bragas, *s.f.pl.*, calcinha feminina.
Bragueta, *s.f.*, braguilha.
Braguetazo, *adj.*, aplicar o conto do baú, homem jovem que se casa com mulher velha e rica.
Brasileño, *adj.*, brasileiro.
Brazo, *s.m.*, braço ‖ poder.
Bregar, *v.5.18*, brigar.
Breva, *s.f.*, primeiros frutos da figueira não comestível.
Brillante, *adj.*, brilhante, que tem brilho ‖ brilhante, diamante lapidado.
Brillar, *v.5*, brilhar.
Brincar, *v.5.14*, saltar, pular.
Brinco, *s.m.*, pulo, salto.
Brindar, *v.5*, brindar.
Brindis, *s.m.*, brinde, oferta.
Brisa, *s.f.*, brisa, aragem suave.
Broche, *s.m.*, broche.
Bróculi, *s.m.*, brócoli.
Broma, *s.f.*, piada, brincadeira.
Bromista, *adj.*, brincalhão.
Bronca, *s.f.*, bronca.
Brujo/a, *s.*, bruxo.
Brújula, *s.f.*, bússola.
Brusco/a, *adj.*, brusco.
Bucear, *v.5*, mergulhar.
Buen, *adj.*, bom, usado quando acompanha um substantivo masculino.
Bueno/a, *adj.*, bom, boa ‖ sadio, são ‖ gostoso, salutar, agradável ‖ útil ‖ grande, bastante.
Buey, *s.m.*, boi, touro castrado.
Bufar, *v.5*, bufar.
Bulto, *s.m.*, qualquer tipo de pacote não identificado.
Burla, *s.f.*, burla, tirar sarro de alguém.
Burladero, *s.m.*, refúgio de toureiros nas praças de touro.
Bursátil, *adj.*, relativo à Bolsa de Valores.
Buscar, *v.5.14*, buscar, procurar.
Busto, *s.m.*, busto, tronco humano, peito ‖ escultura do tronco humano.
Butaca, *s.f.*, poltrona de sala de estar ou de teatro.
Buzón, *s.m.*, caixa de correio.

C

s.f., terceira letra do alfabeto espanhol e segunda de suas consoantes; seu nome é *ce*; seguida de *a, o, u* tem som forte de *k*; quando seguida de *e, i* soa como *z* e em alguns casos parece *ss*.

Cá, *interj.*, qual!, que nada!

Cabal, *adj.*, justo, completo, cabal, total.

Cabalgar, *v.5.18*, cavalgar.

Caballero, *s.m.*, cavalheiro, homem fino, educado.

Caballo, *s.m.*, cavalo ‖ pessoa bruta, sem modos.

Cabaña, *s.f.*, cabana, choupana.

Cabello, *s.m.*, cabelo.

Caber, *v.20*, caber.

Cabeza, *s.f.*, cabeça ‖ chefe ‖ talento ‖ juízo.

Cabezazo, *s.m.*, cabeçada, golpe com a cabeça.

Cabezón/ona, *adj.*, cabeçudo, pessoa teimosa, cabeça-dura.

Cabida, *s.f.*, cabimento.

Cabizbajo/a, *adj.*, cabisbaixo.

Cable, *s.m.*, cabo ‖ telegrama.

Cabo, *s.m.*, cabo, fim ‖ circunstância → *Atar cabos*, concluir. *Al fin y al cabo*, no final das contas.

Cabra, *s.f.*, cabra.

Cabritilla, *s.f.*, pelica.

Cabrón, *s.m.*, macho da cabra ◆ *s.m.* e *adj.*, homem que consente o adultério da própria mulher.

Caca, *s.f.*, caca, excremento em linguagem infantil.

Cacahuete, *s.m.*, amendoim.

Cacarear, *v.5*, cacarejar.

Cacharrería, *s.f.*, loja onde vendem louça → *Un elefante en una cacharrería*, pessoa desastrada.

Cacharro, *s.m.*, vasilha doméstica ordinária ou barata ‖ carro velho.

Cachazudo, *adj.*, testarudo, cabeça-dura.

Cachear, *v.5*, revistar com as mãos, apalpar.

Cachete, *s.m.*, tapa, soco, murro.

Cachivache, *s.m.*, traste, coisa de pouco valor, ferro-velho.

Cacho, *s.m.*, pedaço pequeno de algo.

Cachorro, *s.m.*, cria ou filhote de qualquer mamífero.

Cada, *adj.*, cada.

Cadena, *s.f.*, corrente, cadeia ‖ série ou sequência de fatos ‖ rede de emissoras de rádio, de televisão, de lojas ‖ cordilheira ◆ *s.f.pl.*, escravidão.

Cadera, *s.f.*, quadril.

Caer, *v.20*, cair, diminuir ‖ acontecer, ocorrer, coincidir ‖ morrer, perder.

Café, *s.m.*, café.

Cafetera, *s.f.*, cafeteira.

Cafre, *s.m.*, sem-vergonha, bárbaro, sem escrúpulos, má pessoa.

Cagar, *v.5.18*, cagar, defecar ‖ manchar, fazer algo mal ‖ ter medo.

Cagón, *adj.*, pessoa covarde, sem coragem, sem iniciativa.

Caída, *s.f.*, queda, tombo ‖ declive, descida.

Caja, *s.f.*, caixa, caixão ‖ cofre ‖ tambor → *Cajas destempladas*, pôr alguém para fora a toque de caixa, com zanga e raiva. *Caja de Ahorros*, Caixa Econômica.

Cajero/a, *s.*, tesoureiro, caixa de loja, banco ou qualquer lugar → *Cajero Automático*, caixa 24 horas.

Cajón, *s.m.*, gaveta de qualquer armário ‖ caixote.

Cal, *s.f.*, cal.

Calabacín, *s.m.*, abobrinha.

Calabaza, *s.f.*, abóbora → *Dar calabaza*, não aceitar convite para dançar em uma festa. *Llevar calabazas*, levar pau na escola, reprovar.

Calabozo, *s.m.*, masmorra.

Calamar, *s.m.*, lula.

Calambre, *s.m.*, câibra.

Calamidad, *s.f.*, calamidade, desgraça, desastre de grandes proporções.

Calaña, *s.f.*, amostra, padrão, índole ‖ leque grosseiro.

Calar, *v.5*, penetrar, infiltrar, impregnar, vazar.

Calavera, *s.f.*, caveira ‖ pessoa de má índole, maus costumes.

Calcañar, *s.m.*, calcanhar.

Calcar, *v.5.14*, calcar, copiar ‖ imitar ‖ esmagar, apertar.

Calcetín, *s.m.*, meia soquete ou três--quartos.

Calcio, *s.m.*, cálcio.

Calcomanía, *s.f.*, decalcomania.

Calculador/ra, *s.*, calculador, que faz cálculos, pessoa ou máquina.

Cálculo, *s.m.*, cálculo ‖ plano, conjectura ‖ pedra nos rins.

Caldear, *v.5*, caldear, aquecer o ambiente.

Calderilla, *s.f.*, trocado miúdo de moedas.

Caldero, *s.m.*, vasilha para cozinhar com uma alça grande.

Calé, *adj.*, *s.m.* e *f.*, cigano ou da raça cigana.

Calefacción, *s.f.*, aquecimento, calefação.

Calendario, *s.m.*, calendário.

Calentar, *v.12*, esquentar, aquecer ‖ ficar nervoso ‖ dar uma surra.

Calentura, *s.f.*, febre ‖ agitação ‖ calor excessivo.

Calicanto, *s.m.*, alvenaria, feito de pedra e cal.

Calidad, *s.f.*, qualidade ‖ condição ‖ índole, nobreza, prestígio.

Cálido/a, *adj.*, cálido, quente ‖ afetuoso.

Caliente, *adj.*, quente, ardente ‖ vivo ‖ nervoso, agitado, irritado.

Calificar, *v.5.14*, qualificar, dar qualidade.

Caligrafía, *s.f.*, caligrafia.

Cáliz, *s.m.*, cálice.

Calizo/a, *adj.*, calcário.

Callado/a, *adj.*, calado, discreto, silencioso.

Callar, *v.5*, calar, omitir, silenciar.

Calle, *s.f.*, rua, via pública.

Callejear, *v.5*, vagabundear, vagar pelas ruas.

Callejero, *s.m.*, guia de ruas ◆ *adj.*, aquele que gosta da rua → *Perro callejero*, cachorro vira-lata.

Callejón, *s.m.*, rua sem saída.

Callejuela, *s.f.*, viela, beco, rua estreita e pequena.

Callo, *s.m.*, calo.

Calma, *s.f.*, calma, calmaria ‖ preguiça ‖ tranquilidade, alívio, sossego.

Calmar, *v.5,* acalmar, tranquilizar.

Calmo/a, *adj.*, calmo, sereno, quieto.

Caló, *s.m.*, língua ou dialeto falado pelos ciganos ‖ jargão, gíria.

Calor, *s.m.*, calor.

Caloría, *s.f.*, caloria.

Calumniar, *v.5,* caluniar.

Caluroso/a, *adj.*, calorento ‖ cálido, afetuoso, caloroso.

Calvo/a, *adj.* e *s.*, calvo, calvície, careca.

Calzado/a, *adj.*, calçado ‖ pés de aves cobertos de penas ◆ *s.m.*, calçado, sapato ou bota para proteger os pés ◆ *s.f.*, parte da rua ou estrada por onde transitam os veículos.

Calzar, *v.5.15,* calçar sapatos, meias, luvas ‖ colocar calço, assentar → *Calzarse*, obter ou conseguir o que se quer ou deseja.

Calzón, *s.m.*, calção.

Calzonazos, *s.m.* e *adj.*, homem que se deixa dominar pela mulher.

Calzoncillos, *s.m.pl.*, cueca.

Cama, *s.f.*, cama, leito.

Camada, *s.f.*, ninhada.

Cámara, *s.f.*, câmara de dormir ‖ de conselho ‖ de ar do pneu ‖ de filmar.

Camarada, *s.m.*, companheiro, colega, amigo, chapa, camarada.

Camarera, *s.f.*, camareira, criada, arrumadeira de hotel.

Camarero, *s.m.*, garçom.

Camarilla, *s.f.*, a turma, via de regra inimiga de outra turma.

Camarón, *s.m.*, camarão.

Camarote, *s.m.*, camarote.

Camastro, *s.m.*, catre, cama ruim ou pobre.

Cambalache, *s.m.*, cambalacho.

Cambiadizo/a, *adj.*, mutável, aquele que muda com facilidade.

Cambiar, *v.5,* cambiar, mudar, trocar, alterar, transportar.

Cambio, *s.m.*, câmbio, mudança → *En cambio*, em compensação.

Camelar, *v.5,* namoricar, passar uma cantada, galantear.

Camello, *s.m.*, camelo.

Camelo, *s.m.*, engano, engodo, conto do vigário.

Camilla, *adj.* e *s.f.*, mesa redonda geralmente coberta por um tapete comprido usado no inverno para aquecer as pernas ◆ *s.f.*, maca dos hospitais.

Caminante, *s.m.*, caminhante, andarilho.

Caminar, *v.5,* caminhar, andar.

Camino, *s.m.*, caminho, via ‖ recurso, expediente, meio.

Camisa, *s.f.*, camisa.

Camiseta, *s.f.*, camiseta.

Camisón, *s.m.*, camisola de dormir.

Campamento, *s.m.*, acampamento.

Campana, *s.f.*, sino ‖ igreja → *Doblar campanas*, toque de funeral. *Echar las campanas al vuelo*, anunciar alguma coisa aos quatro ventos. *No haber oído campanas*, não entender de nada do que se fala. *Oír campanas y no saber dónde*, não entender ou não recordar bem alguma coisa distorcendo-a.

Campanada, *s.f.*, badalada.

Campanilla, *s.f.*, sino pequeno, sineta → *De campanillas*, com muito luxo, pompa e ostentação.

Campante, *adj.*, satisfeito, despreocupado, tranquilo.

Campear, *v.5*, sobressair, destacar-se.

Campechano/a, *adj.*, franco, aberto, simples ‖ gentil, pessoa que trata a todos muito bem.

Campeón/ona, *s.*, campeão.

Campeonato, *s.m.*, campeonato.

Campesino/a, *s.*, camponês ◆ *adj.*, campestre.

Campiña, *s.f.*, campina, planície.

Campo, *s.m.*, campo, espaço ‖ ocasião → *Campo Santo*, cemitério.

Canal, *s.m.*, canal, tubo, conduto ‖ emissora de televisão.

Canalla, *s.*, canalha, infame.

Canalón, *s.m.*, calha.

Canario, *s.m.*, canário, ave canora ◆ *adj.*, nascido nas Ilhas Canárias.

Canasto/a, *s.*, cesto, cesta, canastra.

Cancelar, *v.5*, cancelar, anular.

Cáncer, *s.m.*, câncer.

Cancha, *s.f.*, cancha, campo para alguns jogos.

Canciller, *s.m.*, chanceler.

Cancillería, *s.f.*, chancelaria.

Canción, *s.f.*, canção, música, melodia → *Canción de cuna*, canção de ninar. *La misma canción*, voltar sempre ao mesmo assunto.

Candado, *s.m.*, cadeado.

Candela, *s.f.*, vela, candeia ‖ fogo → *Dar candela*, bater, castigar.

Candelabro, *s.m.*, castiçal de vários braços.

Candelero, *s.m.*, castiçal para uma só vela ‖ palmatória.

Candente, *adj.*, candente.

Candidato/a, *s.*, candidato.

Candidatura, *s.f.*, candidatura.

Candidez, *s.f.*, candura, inocência.

Candil, *s.m.*, candeeiro.

Candileja, *s.f.*, lamparina.

Candor, *s.m.*, candura, simplicidade.

Canela, *s.f.*, canela, tempero aromático.

Canesú, *s.m.*, pala superior das camisas.

Cangrejo, *s.m.*, caranguejo.

Canguro, *s.m.*, canguru ◆ *s.m.* e *f.*, pessoa contratada para cuidar de crianças, babá.

Caníbal, *adj.*, canibal.

Canicas, *s.f.pl.*, bolinha de gude e seu jogo.

Canilla, *s.f.*, tíbia, osso da perna, canela da perna ‖ torneira ‖ carretel das máquinas de costura.

Canjear, *v.5*, permutar, trocar.

Cano/a, *s.f.*, fio de cabelo branco ◆ *adj.*, grisalho ◆ *adj.*, velho, pessoa idosa → *Echar una cana al aire*, divertir-se, não fazer nada de trabalho, distração não costumeira.

Cansado/a, *adj.*, cansado.

Cansancio, *s.m.*, cansaço.

Cansar, *v.5*, cansar.

Cansino, *adj.*, lento, preguiçoso, cansativo.

Cantante, *adj.*, cantor.

Cantar, *v.5*, cantar → *Ése es otro cantar*, esse é um outro assunto.

Cántaro/a, *s.*, cântaro.

Cantautor/ra, *s.*, cantor e compositor.

Cante, *s.m.*, canção popular.

Cantera, *s.f.*, pedreira.

Cantidad, *s.f.*, quantidade, quantia, abundância.

Cantilena, *s.f.*, melodia romântica pausada ‖ narração cansativa e chata.

Cantimplora, *s.f.*, cantil.

Canto, *s.m.*, pedregulho, seixo ‖ esquina, lado, ângulo → *Al canto del gallo*, ao amanhecer. *Al canto*, inevitavelmente, imediatamente. *Canto del cisne*, última obra de alguém. *Darse con un canto*, conformar-se com os resultados. *De canto*, de lado. *El canto de un duro*, muito pouco, quase nada para.

Cantonera, *s.f.*, cantoneira.

Cantor/ra, *adj.*, cantor.

Canturrear, *v.5*, cantarolar.

Canutillo, *s.m.*, miçanga.

Caña, *s.f.*, cana, talo, pé ‖ cerveja tirada de barril, chope.

Cáñamo, *s.m.*, cânhamo.

Cañaveral, *s.m.*, canavial.

Cañería, *s.f.*, tubulação, encanamento.

Cañí, *adj.*, *s.m.* e *f.*, cigano.

Caño, *s.m.*, cano, tubo, canudo.

Cañón, *s.m.*, canhão.

Caoba, *s.f.*, mogno, acaju.

Capa, *s.f.*, capa, camada, estrato ‖ classe social → *De capa caída*, cair de categoria social. *Hacer de su capa un sayo*, fazer o que tiver vontade sem prestar contas a ninguém. *A capa y espada*, acima de qualquer coisa, a qualquer preço, com unhas e dentes.

Capacidad, *s.f.*, capacidade, lotação, volume ‖ aptidão, talento.

Capacitación, *s.f.*, habilitação, capacitação.

Capar, *v.5*, castrar.

Caparazón, *s.m.*, carapaça, couraça.

Capaz, *adj.*, capaz.

Capea, *s.f.*, festa do peão de boiadeiro.

Capellán, *s.m.*, capelão.

Caperuza, *s.f.*, capuz, carapuça → *Caperucita Roja*, Chapeuzinho Vermelho.

Capilla, *s.f.*, capela.

Capital, *adj.*, capital, bens, patrimônio ‖ essência ‖ importância.

Capitán/ana, *s.*, capitão.

Capitular, *v.5*, capitular, render-se.

Capítulo, *s.m.*, junta de canônicos ‖ divisão de um livro ‖ tema, item, ponto especial → *Llamar/traer a capítulo*, prestar contas das ações.

Capó, *s.m.*, capô de um veículo.

Capón, *s.m.*, pancada na cabeça com a mão fechada ‖ frango castrado.

Capota, *s.f.*, capota de veículo.

Capote, *s.m.*, capa de toureiro → *Echar un capote*, ajudar alguém. *Pensar o decir para su capote*, falando com os seus botões.

Capricho, *s.m.*, capricho.

Cápsula, *s.f.*, cápsula.

Captar, *v.5*, captar, atrair ‖ recolher, receber ‖ perceber, compreender.

Capturar, *v.5*, capturar, prender, deter.

Capucha, *s.f.*, capuz, gorro, carapuça.

Capuchino/a, *adj.*, frade capuchinho.

Capullo, *s.m.*, botão de flor ‖ casulo ‖ prepúcio ‖ moça muito bonita.

Caqui, *s.m.*, cor cáqui ‖ caqui, a fruta.

Cara, *s.f.*, face, rosto, cara ‖ semblante, fisionomia ‖ aspecto, aparência ‖ lado, fachada → *Cara de Pascuas*, cara de alegria e satisfação. *A cara descubierta*, sem subterfúgios. *Caérse(le) la cara*, sentir muita vergonha.

De cara a, de frente para. *De cara a*, com vistas a. *Cara a cara*, frente a frente. *Cara de pocos amigos*, cara feia. *Cruzar la cara*, dar um bofetão. *Dar la cara*, enfrentar as consequências. *Sacar la cara*, defender alguém. *De cara*, de frente. *Echar a cara o cruz*, cara ou coroa. *Echar en cara*, jogar na cara. *En la cara*, na presença de. *Lavar la cara*, arrumar alguma coisa. *No mirar a la cara*, não olhar para alguém. *Plantar cara*, enfrentar-se com alguém. *Tener la cara dura*, ser cara de pau. *Verse la cara*, ver alguém. *Más cara que un vagón de muñecos*, ser cara de pau.

Caraba, *s.f.*, extraordinário, bom ou ruim → *Ser la caraba*, é demais, tanto de aceitação como de rejeição.

Carabela, *s.f.*, caravela.

Caracol, *s.m.*, caracol, caramujo → *¡Caracoles!, interj.*, denota espanto, equivale a: puxa!

Carácter, *s.m.*, caráter, gênio, índole.

Característico/a, *adj.* e *s.*, característico.

Caracterización, *s.f.*, caracterização.

Caracterizar, *v.5.15*, caracterizar, diferenciar, descrever ‖ caracterizar-se um ator dentro de um papel.

Carado/a, *adj.*, bem ou mal-encarado.

Caradura, *adj.*, *s.m.* e *f.*, cara de pau, sem-vergonha.

Carajo, *interj.*, denota raiva, zanga, ofensa, espanto, equivale a: porra! → *Irse al carajo*, vai se estrepar. *Mandar al carajo*, mandar para o inferno. *Importar un carajo*, não dar a mínima. Equivale também a: caralho!

Carajillo, *s.m.*, bebida composta de café e conhaque juntos.

Caramba, *interj.*, puxa!, caramba!

Carámbano, *s.m.*, pedaço de gelo pontiagudo que se forma pelo gotejar de uma torneira no frio → *Estar como el carámbano*, estar gelado.

Carambola, *s.f.*, carambola, lance no jogo de bilhar → *Por carambola*, por rebatimento, indiretamente.

Caramelo, *s.m.*, caramelo, doce, bala.

Carantoña, *s.f.*, micagem feita com o rosto com carinho ‖ fazer docinho para conseguir alguma coisa de alguém.

Carate, *s.m.*, caratê, luta japonesa.

Caravana, *s.f.*, caravana de pessoas ou veículos ‖ *trailer*.

Caray, *interj.*, denota zanga ou espanto, equivale a: puxa vida!

Carbón, *s.m.*, carvão → *Papel carbón*, papel-carbono.

Carboncillo, *s.m.*, lápis de carvão fino, especial para desenhar.

Carbonero/a, *s.*, carvoeiro.

Carbono, *s.m.*, carbono, elemento químico.

Carburador, *s.m.*, carburador.

Carburo, *s.m.*, carbureto.

Carca, *adj.*, *s.m.* e *f.*, aquele que tem ideias retrógradas, "careta".

Carcajada, *s.f.*, gargalhada.

Cárcel, *s.f.*, cadeia, prisão, xadrez, cárcere.

Carcoma, *s.f.*, cupim.

Carcomer, *v.6*, carcomer, roído pelo cupim ‖ perder o ânimo, a vontade, o moral.

Cardenal, *s.m.*, cardeal ‖ hematoma, contusão.

Cárdeno, *adj.* e *s.m.*, roxo.

Cardíaco/cardiaco/a, *adj.* e *s.*, cardíaco.

Cardinal, *adj.*, principal, fundamental ‖ pontos cardeais ‖ numeração cardinal.

Cardiología, *s.f.*, cardiologia.

Cardiólogo/a, *adj.* e *s.*, cardiologista.

Cardo, *s.m.*, cardo, planta → *Ser un cardo*, ser muito arisco e nervoso.

Cardumen, *s.m.*, cardume.

Carear, *v.5*, carear, averiguar um fato entre duas pessoas ou versões.

Carecer, *v.9*, carecer, ter carência, falta, privação.

Carero/a, *adj.*, careiro, aquele que vende caro.

Carestía, *s.f.*, carestia de vida, preço elevado das coisas.

Careta, *s.f.*, máscara, careta → *Quitar la careta*, tirar a máscara, revelar as verdades de alguém.

Carey, *s.m.*, tartaruga-de-pente.

Carga, *s.f.*, carga, ação e efeito de carregar qualquer coisa e qualquer peso → *Carga de bolígrafo*, carga de caneta. *Carga afectiva*, dose afetiva. *Volver a la carga*, insistir. *Cargarse con*, destruir, passar por cima, não considerar. *Hacerse cargo*, responsabilizar-se.

Cargado, *adj.*, resultante de carregar, carregado.

Cargamento, *s.m.*, carregamento.

Cargante, *adj.*, ser chato, encher o saco, chatear.

Cargar, *v.5.18*, carregar → *Cargar con las culpas*, levar a culpa. *Cargarse el cielo*, céu coberto de nuvens de chuva. *Cargarse los exámenes*, levar bomba na escola, reprovar. *Cargarse los cristales*, quebrar os vidros.

Cargo, *s.m.*, cargo, emprego, ofício, trabalho ‖ dignidade, deferência ‖ governo, direção, custódia ‖ culpa, acusação ‖ débito, dívida → *Hacerse cargo*, encarregar-se de, cuidar de ‖ levar tudo em consideração.

Caricatura, *s.f.*, caricatura.

Caricaturizar, *v.5.15*, fazer caricatura.

Caricia, *s.f.*, carícia, carinho, afago ‖ toque suave.

Caridad, *s.f.*, caridade, esmola.

Caries, *s.f.pl.*, cárie dental.

Carilla, *s.f.*, cada face de uma folha de papel.

Cariño, *s.m.*, carinho, afeto, cuidado, zelo, carícia, afago → *¡Cariño!*, meu bem! *Cariños*, lembrancinhas. *Cariños para*, lembranças para.

Cariñoso, *adj.*, carinhoso.

Carioca, *adj.*, *s.m.* e *f.*, carioca.

Carisma, *s.m.*, carisma.

Carismático/a, *adj.*, carismático.

Carita, *s.f.*, diminutivo carinhoso de cara.

Caritativo/a, *adj.*, caritativo.

Cariz, *s.m.*, aspecto, ênfase.

Carmen, *s.m.*, sítio pequeno com horta e jardim.

Carmesí, *adj.* e *s.m.*, cor vermelha intensa e viva.

Carmín, *adj.* e *s.m.*, cor carmim ‖ batom.

Carnada, *s.f.*, isca de carne para animais.

Carnal, *adj.*, carnal ‖ parentes em primeiro grau.

Carnaval, *s.m.*, carnaval.

Carne, *s.f.*, carne ‖ alimento animal ‖ polpa das frutas ‖ o corpo humano em oposição ao espírito → *Carne* *blanca*, carne branca das aves. *Carne de cañón*, vítima inocente, pessoa inocente injustamente morta ‖ tropa de frente dos combates. *Carne de gallina*, arrepiar-se. *Carne de membrillo*, doce de marmelo, marmelada. *Carne de pelo*, carne de caça como a lebre. *Carne de pluma*, carne de ave. *Carne sin hueso*, trabalho fácil, mamata. *Criar carnes*, engordar. *En carne viva*, esfolado, em carne viva. *Metido en carnes*, pessoa gorda. *No ser ni carne ni pescado*, pessoa sem caráter. *Echar toda la carne en el asador*, jogar tudo por nada. *Ser de carne y hueso*, pessoa sensível. *Temblarle las carnes*, tremer de medo. *Quedarse con carne en las uñas*, levar vantagem, roubar, estafar.

Carné, *s.m.*, carteira de identidade → *Carné de conducir*, carteira de motorista.

Carnero, *s.m.*, carneiro.

Carnicería, *s.f.*, açougue ‖ matança, carnificina.

Carnicero/a, *s.*, açougueiro ◆ *adj.*, carniceiro.

Carnívoro/a, *adj.* e *s.m.*, carnívoro.

Carnoso, *adj.*, carnudo.

Caro/a, *adj.* e *adv.*, caro, oneroso, custoso ◆ *adj.*, querido, amado.

Carpa, *s.f.*, carpa, peixe ‖ tenda de *camping* ‖ lona dos circos.

Carpeta, *s.f.*, pasta para papéis e documentos.

Carpintería, *s.f.*, carpintaria.

Carpintero/a, *s.*, carpinteiro → *Pájaro carpintero*, pica-pau.

Carraca, *s.f.*, matraca, instrumento musical ‖ ave ‖ qualquer aparelho velho e que funciona mal.

Carraspear, *v.5*, pigarrear.

Carraspera, *s.f.*, pigarro.

Carrera, *s.f.*, corrida, trajeto ‖ competição de velocidade ‖ estudos superiores ‖ carreira, profissão, atividade ‖ fileira ‖ série de pontos tricotados → *Dar carrera*, pagar os estudos a alguém. *Hacer carrera*, prosperar, enriquecer, ter sorte no que faz. *No poder hacer carrera con*, não tem futuro, tempo perdido.

Carrerilla, *adj.*, *de carrerilla*, decoreba, aprender de cor.

Carreta, *s.f.*, carroça tosca.

Carrete, *s.m.*, carretel, rolo de filme fotográfico.

Carretera, *s.f.*, estrada, pista, via.

Carretilla, *s.f.*, carrinho de mão → *De carretilla*, decoreba.

Carril, *s.m.*, sulco, marca de rodas ‖ pista, cada uma das faixas nas estradas ‖ trilhos de via férrea.

Carrillo, *s.m.*, bochecha → *Comer a dos carrillos*, comer com vontade, ser esfomeado.

Carrilludo/a, *adj.*, bochechudo.

Carro, *s.m.*, carroça, veículo sem motor, puxado por animais → *¡Para el carro!*, cale a boca!, pare com isso!

Carrocería, *s.f.*, carroceria, carroçaria.

Carroza, *s.f.*, carroça de quatro rodas puxada por cavalos ◆ *adj.*, *s.m.* e *f.* pessoa antiquada e quadrada.

Carruaje, *s.m.*, carruagem.

Carrusel, *s.m.*, carrossel ‖ evolução hípica.

Carta, *s.f.*, carta ‖ estatuto, constituição, credencial ‖ peça de baralho ‖ cardápio ‖ mapa de navegação → *Carta abierta*, comunicado aberto ao público. *Carta blanca*, carta branca, plenos poderes, liberdade. *Carta de ajuste*, barras coloridas que as emissoras de televisão usam para o ajuste diário das transmissões. *Carta de naturaleza*, certidão de nacionalidade. *Las cartas cantan*, os documentos comprovam a veracidade dos fatos. *Echar las cartas*, ler a sorte nas cartas. *Tomar cartas en*, intervir, tomar partido.

Cartabón, *s.m.*, esquadro triângulo isósceles.

Cartagenero/a, *adj.* e *s.*, natural de Cartagena.

Cartaginés/esa, *adj.* e *s.*, natural de Cartago.

Cartapacio, *s.m.*, bloco de rascunho ‖ pasta porta-papéis.

Cartearse, *v.5*, trocar correspondência.

Cartel, *s.m.*, cartaz de papel ‖ fama, prestígio.

Cartelera, *s.f.*, quadro de avisos ‖ relação de espetáculos que aparece em jornais e revistas.

Cárter, *s.m.*, cárter dos automóveis.

Cartera, *s.f.*, carteira, bolsa, pasta de papéis ou documentos ‖ pasta ministerial ‖ valores ‖ relação de clientes → *En cartera*, estudo, projeto.

Cartería, *s.f.*, emprego de carteiro ‖ seções do correio.

Carterista, *s.m.* e *f.*, batedor de carteiras, ladrão.

Cartero, *s.m.*, carteiro.

Cartilaginoso, *adj.*, cartilaginoso.

Cartílago, *s.m.*, cartilagem.

Cartilla, *s.f.*, cartilha, livro de primeiras letras ‖ caderneta → *Cartilla de ahorros*, caderneta de poupança. *Cartilla militar*, certidão militar ou de reservista. *Cartilla de la Seguridad Social*, inscrição no INSS. *Leerle la cartilla*, dar uma bronca, passar um sermão.

Cartografía, *s.f.*, cartografia.

Cartógrafo/a, *s.*, cartógrafo.

Cartón, *s.m.*, cartão, papelão ‖ pacote fechado de dez maços de cigarros ‖ matriz do desenho para tapeçaria.

Cartonaje, *s.m.*, obra feita em cartão.

Cartoné, *s.m.*, encadernação feita com cartão.

Cartuchera, *s.f.*, cartucheira.

Cartucho, *s.m.*, cartucho, carga de armas de fogo ‖ embrulho em formato cilíndrico feito em papel → *Quemar el último cartucho*, jogar a última cartada, a última tentativa.

Cartujo/a, *adj.* e *s.*, cartuxa ‖ relativo à ordem religiosa fundada por São Bruno de Chartreaux, em 1089 ‖ mosteiro ou convento dessa ordem.

Cartulario, *s.m.*, cartório, registro de títulos ‖ pessoa que trabalha em cartório.

Cartulina, *s.f.*, cartolina.

Casa, *s.f.*, casa, habitação, moradia, residência ‖ família, descendência, linhagem ‖ estabelecimento comercial ou industrial ‖ cada uma das partições do jogo de xadrez, damas e similares → *Caérse(le) la casa encima*, pessoa que se sente incômoda dentro de casa. *Echar la casa por la ventana*, gastar em demasia. *Poner casa*, alugar e mobiliar uma casa. *Casa pública*, casa de prostituição. *Casa de tócame Roque,* casa onde mora muita gente e ninguém se entende, casa da sogra, casa da mãe Joana. *Casa abierta,* escritório aberto. *Casa Civil*, casa civil, conjunto de cargos civis ligados a um chefe de Estado. *Casa cuna*, casa transitória para órfãos. *Casa de campo*, casa no campo. *Casa de Dios, de oración, del Señor,* igreja. *Casa de locos,* manicômio. *No parar en casa*, não ficar em casa. *Ser de su casa,* ser muito dedicada ao lar.

Casaca, *s.f.*, fraque.

Casación, *s.f.*, cassação, suspensão de direitos.

Casadero/a, *adj*., casadeiro, alguém que está em idade de casar.

Casado/a, *adj*., e *s*., casado.

Casal, *s.m*., casa de campo ou solar.

Casamiento, *s.m*., casamento.

Casar, *v.5,* casar, unir em matrimônio.

Cascabel, *s.m*., guizo, sino pequeno → *Poner el cascabel al gato*, amarrar o guizo no gato, fazer algo muito difícil e arriscado.

Cascada, *s.f.*, cascata, queda-d'água.

Cascado, *adj*., descascado.

Cascajo, *s.m*., cascalho.

Cascanueces, *s.m*., quebra-nozes.

Cascar, *v.5.14,* descascar ‖ enfraquecer por doença ‖ perder a voz ‖ bater em alguém, dar uma surra ‖ ter conversa fiada, papo-furado ‖ morrer.

Cáscara, *s.f.*, casca → *¡Cáscaras!*, *interj*., expressa surpresa ou admiração, equivale a: puxa! *Ser de la cáscara amarga,* ter ideias avançadas, ser pra frente.

Cascarilla, *s.f.*, casquinha.

Cascarón, *s.m*. aumentativo de casca, especialmente a quebrada pelas aves ao nascer.

Cascarrabias, *s.m*. e *f*., pessoa irritável com facilidade.

Cascarria, *s.f.*, sujeira do nariz.

Casco, *s.m*., capacete para a cabeça de qualquer tipo ‖ vasilhame ‖ centro de uma cidade ‖ parte central de um navio ‖ casco ‖ fone de ouvido ‖ unha dos cavalos → *Ligero de cascos*, maluco. *Romperse los cascos*, estudar muito. *Levantar los cascos*, dar esperanças. *Meter en los cascos*, persuadir, convencer com facilidade. *Sentar los cascos*, ficar sério.

Caserío, *s.m*., casario, conjunto de casas.

Casero/a, *s*., caseiro ‖ relativo à casa, feito em casa.

Caseta, *s.f.*, barraca, cabine, guarita.

Casete, *s.m*. e *f*., fita cassete, gravador de fita cassete.

Casi, *adv*., quase, cerca de, pouco menos de, com pequena diferença, por pouco ‖ também se usa repetido.

Casilla, *s.f.*, casinha ‖ bilheteria de teatro ou cinema ‖ compartimentos, escaninhos ‖ guichê ‖ casa de tabuleiro ou papel quadriculado → *Sacar (a uno) de sus casillas,* sair fora da rotina ou irritar, deixar alguém nervoso. *Casilla de correos,* caixa postal.

Casillero, *s.m*., móvel classificador com uma série de escaninhos.

Casinita, *s.f.*, feldspato de barita, mineral.

Casino, *s.m.*, cassino, clube, lugar de lazer.

Casis, *s.m.*, groselha, planta, fruto e refresco.

Casita, *s.f.* diminutivo de casa.

Casitéridos, *s.m.pl.*, cassiteríticos.

Caso, *s.m.*, caso, fato, sucesso, acontecimento, oportunidade, ocasião, problema → *Caso de conciencia*, dever moral. *Caso perdido*, pessoa que não tem mais jeito. *Dado el caso que*, se ocorrer. *En todo caso*, de qualquer jeito. *Estar en el caso*, saber todos os detalhes de alguma coisa. *Venir al caso*, ser conveniente ou não. *Hacer caso*, levar em consideração. *Hacer caso omiso*, ignorar alguma coisa. *Ir al caso*, ir ao principal. *Poner por caso*, dar algo como certo. *Ser un caso*, pessoa de maus costumes.

Caspa, *s.f.*, caspa.

Casquivano/a, *adj.*, doidivanas, maluquinho.

Casta, *s.f.*, casta, classe social.

Castaña, *s.f.*, castanha ‖ coque feito na altura da nuca ‖ garrafão ‖ pancada → *Pasar de castaño oscuro*, alguma coisa intolerável. *Sacar las castañas del fuego*, quebrar o galho de alguém.

Castañazo, *s.m.*, porrada.

Castaño, *adj.* e *s.m.*, árvore da castanha ‖ cor castanho.

Castañuelas, *s.f.pl.*, castanholas → *Más contento que unas castañuelas*, estar superfeliz, supercontente.

Castellano/a, *adj.*, *s.m.* e *f.*, castelhano ‖ castelão.

Castidad, *s.f.*, castidade.

Castigar, *v.5.18*, castigar, punir, atormentar.

Castigo, *s.m.*, castigo.

Castillo, *s.m.*, castelo → *Castillo de fuego*, *show* pirotécnico. *Castillos en el aire*, sonhos ao vento, esperanças sem fundamento.

Castizo/a, *adj.*, genuíno, típico, puro.

Castor, *s.m.*, castor.

Castrar, *v.5*, castrar ‖ podar ‖ tirar o mel da colmeia.

Casual, *adj.*, casual, fortuito.

Casualidad, *s.f.*, casualidade.

Casucha, *s.f.*, depreciativo de casa.

Cata, *s.f.*, prova, experimentação ‖ degustação.

Catacaldos, *s.m.* e *f.*, pessoa metida, bisbilhoteiro.

Cataclismo, *s.m.*, cataclismo, tragédia, desastre.

Catacresis, *s.f.*, catacrese, figura de retórica.

Catacumbas, *s.f.pl.*, catacumbas, cemitério subterrâneo.

Catador/ra, *s.*, provador, experimentador.

Catalán/ana, *adj.*, catalão, natural da Catalunha.

Catalejo, *s.m.*, binóculo.

Catalepsia, *s.f.*, catalepsia.

Catalina, *adj.*, catarina, cada uma das rodas do relógio.

Catalizador, *s.m.*, catalisador.

Catalogar, *v.5.18*, catalogar, classificar.

Catálogo, *s.m.*, catálogo, inventário, lista.

Cataplasma, *s.f.*, cataplasma, unguento → *Eres un cataplasma*, pessoa mole, lerda, sem ânimo.

Cataplum, *interj.*, pum!, designativa de estrondo.

Catar, *v.5,* provar, experimentar, degustar.
Catarata, *s.f.,* catarata, queda-d'água ‖ doença oftalmológica.
Catarro, *s.m.*, catarro, resfriado, gripe.
Catasalsas, *s.m.* e *f.,* pessoa metida, bisbilhoteira.
Catastral, *adj.*, cadastral, relativo ao cadastro.
Catastro, *s.m.*, cadastro, censo estatístico.
Catástrofe, *s.f.,* catástrofe, acontecimento trágico.
Cataviento, *s.m.*, cata-vento.
Catavino, *s.m.*, caneca para provar o vinho.
Catavinos, *s.m.pl.,* provador de vinhos ◆ *fig.,* beberrão, bêbado.
Catear, *v.5,* pesquisar, buscar, procurar, explorar ‖ reprovar na escola ou em um exame.
Catecismo, *s.m.*, catecismo.
Cátedra, *s.f.,* cátedra.
Catedral, *s.f.,* catedral.
Catedrático/a, *s.,* catedrático.
Categoría, *s.f.,* categoria, grupo, classe, qualidade, gabarito.
Categórico/a, *adj.*, categórico.
Catequista, *s.m.* e *f.,* catequista.
Catequizar, *v.5.15,* catequizar.
Caterva, *s.f.,* caterva.
Catéter, *s.m.*, cateter, sonda.
Cateto/a, *s.,* caipira, interiorano burro ou inocente.
Catión, *s.m.*, cátion.
Catiusca, *s.f.,* galocha de borracha para a chuva.
Cátodo, *s.m.*, catodo.
Católico/a, *adj.* e *s.,* católico.
Catorce, *adj.* e *s.m.*, catorze.
Catre, *s.m.*, catre, cama pequena.
Cauce, *s.m.*, leito de rio ou ribeirão ‖ abertura por onde correm águas para o regadio de plantações.
Caución, *s.f.,* caução, garantia.
Caucho, *s.m.*, borracha, látex, seringueira.
Caudal, *adj.*, relativo à cauda ◆ *s.m.*, bens móveis, imóveis e mobiliários ‖ abundância ‖ quantidade escoada de água.
Caudaloso/a, *adj.*, caudaloso.
Caudillo, *s.m.*, general, caudilho.
Causa, *s.f.,* causa, origem, motivo, fundamento, ideal ‖ processo judicial → *A causa de,* em consequência de.
Causante, *adj.* e *s.m.*, causante.
Causar, *v.5,* causar, ocasionar, promover, motivar, originar.
Causticidad, *s.f.,* qualidade do que é cáustico.
Cáustico, *adj.* e *s.m.*, cáustico.
Cautela, *s.f.,* precaução, cautela, cuidado, reserva.
Cauteloso/a, *adj.*, cauteloso, cuidadoso, reservado, precavido.
Cauterización, *s.f.,* cauterização.
Cauterizar, *v.5.15,* cauterizar.
Cautivador/ra, *adj.*, cativador, atraente.
Cautivar, *v.5,* cativar, atrair, seduzir ‖ fazer cativo.
Cautiverio, *s.m.*, cativeiro.
Cautivo/a, *s.* e *adj.*, prisioneiro, cativo.
Cauto/a, *adj.*, cuidadoso, cauteloso.
Cava, *s.f.* e *adj.*, veia cava ◆ *s.f.,* ação e efeito de cavar ‖ lugar para conservar o vinho.

Cavar, *v.5,* cavar, escavar, remover a terra com pá.

Caverna, *s.f.,* caverna, gruta.

Caviar, *s.m.*, caviar.

Cavidad, *s.f.,* cavidade.

Cavilación, *s.f.,* artimanha, astúcia, invencionice.

Cavilar, *v.5,* pensar e buscar uma saída para algo.

Cayado, *s.m.*, cajado.

Cayo, *s.m.*, restinga no mar.

Caza, *s.f.,* ação e efeito de caçar ‖ animais que se caçam ◆ *s.m.*, avião militar de proteção → *Alborotar la caza*, chamar a atenção das pessoas para assuntos secundários esquecendo os mais importantes. *Andar a la caza de*, solicitar alguma coisa, desejar. *Dar caza*, perseguir. *Espantar la caza*, precipitação, pressa.

Cazador/ra, *s.* e *adj.*, caçador ◆ *s.f.,* jaqueta.

Cazar, *v.5.15,* caçar ‖ conseguir ‖ conquistar ‖ pegar ‖ flagrar.

Cazo, *s.m.*, concha para a sopa.

Cazuela, *s.f.,* caçarola.

Cazurro/a, *adj.* e *s.,* arredio ‖ teimoso.

Ce, *s.f.,* nome da letra C → *Ce por ce*, prolixo, detalhista. *Por ce o por be*, de um modo ou de outro.

Cebada, *s.f.,* cevada.

Cebar, *v.5,* pôr isca aos animais → *Cebarse*, indispor-se, brigar ‖ dispor-se com determinação a alguma coisa.

Cebo, *s.m.*, isca ‖ engodo, engano.

Cebolla, *s.f.,* cebola.

Cebolleta, *s.f.,* cebolinha.

Cebra, *s.f.,* zebra → *Paso de cebra*, passagem de pedestres.

Cebú, *s.m.*, zebu.

Ceca, *s.f.,* lugar onde se cunham moedas → *De ceca en meca/De la ceca a la meca/La ceca y la meca*, de lá pra cá feito uma barata tonta.

Cecear, *v.5,* pronunciar a letra "s" como se fosse "z".

Cecina, *s.f.,* charque, carne de sol.

Cedazo, *s.m.,* peneira, crivo, bateia.

Ceder, *v.6,* ceder, transferir ‖ renunciar ‖ capitular ‖ cessar ‖ diminuir ‖ afrouxar, lacear ‖ romper-se, dobrar-se.

Cedilla, *s.f.,* cedilha.

Cedro, *s.m.*, cedro.

Cédula, *s.f.,* cédula ‖ documento.

Cegar, *v.12,* cegar, tirar a visão, ficar cego ‖ obcecar ‖ fechar, tapar, obstruir.

Cegato/a, *adj.* e *s.,* enxergar mal, quatro-olhos.

Ceguera, *s.f.,* cegueira, perda da visão.

Ceja, *s.f.,* sobrancelha ‖ aresta.

Celar, *v.5,* zelar, vigiar ‖ encubrir, ocultar.

Celda, *s.f.,* cela, prisão.

Celebrar, *v.5,* celebrar ‖ aplaudir, elogiar, festejar.

Célebre, *adj.*, célebre ‖ engraçado, espirituoso.

Celeste, *adj.*, relativo ao céu, celeste ◆ *adj.* e *s.m.*, celeste, cor azul-claro.

Celestina, *s.f.,* alcoviteira ‖ mexeriqueira, intrigante.

Celibato, *s.m.*, celibato.

Celo, *s.m.*, zelo, cuidado ‖ cio ◆ *s.m.pl.*, ciúme.

Celofán, *s.m.*, celofane.

Célula, *s.f.,* célula ‖ parte integrante de um todo.

Celular, *adj.*, celular, relativo à célula.

Cementerio, *s.m.*, cemitério.

Cemento, *s.m.*, cemento ‖ cimento.

Cena, *s.f.*, jantar, a última refeição do dia.

Cenar, *v.5*, jantar.

Cencerro, *s.m.*, badalo rústico usado pelo gado → *Estar como un cencerro*, estar doido ou fazer loucuras.

Cenicero, *s.m.*, cinzeiro.

Cenit, *s.m.*, zênite ‖ apogeu.

Ceniza, *s.f.*, cinza, pó residual da queima.

Cenizo/a, *adj.*, acinzentado ‖ pessoa que traz má sorte, pé-frio ‖ azarado ◆ *s.f.pl.*, restos mortais → *Convertir en, reducir a cenizas*, destruir. *Miércoles de Cenizas*, Quarta-feira de Cinzas.

Censar, *v.5*, censar, fazer censo.

Censo, *s.m.*, recenseamento.

Censura, *s.f.*, censura, órgão que censura.

Censurar, *v.5*, censurar.

Centavo/a, *adj.* e *s.m.*, centavo, cada uma das cem partes iguais em que se divide um todo.

Centella. *s.f.*, centelha, fagulha, faísca → *Como una centella*, rapidamente, como um raio.

Centenario/a, *adj.*, centenário.

Centeno/a, *adj.*, centena ◆ *s.m.*, centeio.

Centígrado/a, *adj.*, centígrado.

Centímetro, *s.m.*, centímetro.

Centinela, *s.m.*, sentinela, observador, vigia.

Centollo/a, *s.m.*, crustáceo pertencente à família do siri.

Centralita, *s.f.*, aparelho de PBX ou PABX.

Centralizar, *v.5.15*, centralizar.

Centrar, *v.5*, centrar, pôr no centro.

Centrifugar, *v.5.18*, centrifugar.

Centro, *s.m.*, centro.

Céntuplo/a, *adj.* e *s.m.*, cêntuplo, cem vezes maior.

Ceñir, *v.13*, apertar, rodear, cingir → *Ceñirse*, limitar-se, restringir-se.

Ceño, *s.m.*, espaço existente na testa entre as duas sobrancelhas ‖ aspecto carrancudo.

Cepa, *s.f.*, cepa, tronco da videira ‖ linhagem familiar.

Cepillar, *v.5*, escovar, limpar com escova ‖ aplainar a madeira ‖ adular, bajular ‖ roubar, afanar ‖ eliminar, matar.

Cepillo, *s.m.*, escova pequena ‖ plaina de carpinteiro ‖ cofre das igrejas usado para esmolas.

Cepo, *s.m.*, isca, armadilha para caçar animais.

Ceporro, *s.m.*, pessoa burra, difícil de entender ‖ bronco.

Cera, *s.f.*, cera.

Cerámico/a, *adj.*, cerâmica, objeto de arte.

Cerbatana, *s.f.*, zarabatana.

Cerca, *s.f.*, cerca ◆ *adv.* perto, próximo → *Cerca de*, aproximadamente, mais ou menos. *De cerca*, de perto, pegado, pertinho.

Cercado/a, *adj.*, cercado ‖ contorno ‖ arredores, redondeza.

Cercanía, *s.f.*, proximidade ◆ *s.f.pl.*, arredores de um lugar.

Cercar, *v.5.14*, cercar, pôr cerca.

Cerciorar, *v.5*, certificar ‖ ter certeza.

Cerdo/a, *s.*, porco ◆ *s.* e *adj.*, pessoa suja, desalinhada ◆ *s.m.*, carne de porco ◆ *s.f.*, cerdas, pelo grosso de alguns animais, geralmente da cauda, usado para fabricar escovas.

Cereal, *s.m.*, cereal.

Cerebelo, *s.m.*, cerebelo.

Cerebro, *s.m.*, cérebro.

Ceremonia, *s.f.*, cerimônia → *Maestro de ceremonias*, mestre de cerimônias.

Cereza, *s.f.*, cereja.

Cerezo, *s.m.*, cerejeira.

Cerilla, *s.f.*, fósforo ‖ cera de ouvido.

Cero, *s.m.*, zero ‖ nenhum ‖ absolutamente nada.

Cerradura, *s.f.*, fechadura.

Cerrar, *v.12*, fechar, tampar, obstruir ◆ *Cerrarse*, fechar-se, ser contra ideias ou pessoas ‖ fechar o tempo → *Cerrar los ojos*, fechar os olhos, ignorar, não querer ver.

Cerrojo, *s.m.*, ferrolho, fechadura.

Certamen, *s.m.*, certame, concurso científico.

Certeza, *s.f.*, certeza, seguro, certo.

Certificar, *v.5.14*, registrar, reconhecer firma, autenticar ‖ dar certeza de algo.

Cervantino/a, *adj.*, relativo a Cervantes.

Cerveza, *s.f.*, cerveja.

Cervical, *adj.*, cervical.

Cesación, *s.f.*, demissão de um cargo.

Cesante, *adj.*, *s.m.* e *f.*, demissionário.

Cesar, *v.5*, demitir ‖ cessar, parar, interromper.

Cesión, *s.f.*, cessão, transmissão de direitos.

Césped, *s.m.*, gramado, em especial os de parques e jardins de casas bem cuidados.

Cesta, *s.f.*, cesto de vime → *Cesta de compra*, cálculo econômico da cesta básica para o custo de vida.

Cesto, *s.m.*, cesta, inclusive a usada no basquete e a contagem de pontos nesse esporte.

Chabacano/a, *s.*, grosseiro, tosco, indecente.

Chabola, *s.f.*, favela.

Chacal, *s.m.*, chacal, mamífero feroz.

Chácara, *s.f.*, *Amér.*, chácara.

Chacarero/a, *s.*, *Amér.*, camponês, chacareiro, aquele que trabalha na terra.

Chacha, *s.f.*, empregada doméstica ou babá.

Chachachá, *s.m.*, dança de origem cubana, nascida da combinação de alguns ritmos da rumba e do mambo.

Cháchara, *s.f.*, conversa fiada, papo-furado.

Chacina, *s.f.*, carne de porco salgada, charque.

Chacinería, *s.f.*, comércio onde se vende carne salgada e curtida preparada para salsichas e chouriços.

Chafar, *v.5*, amassar, amarrotar, deteriorar, estragar ‖ deixar sem graça.

Chafarrinada, *s.f.*, pichar, pichação de muros e paredes.

Chal, *s.m.*, xale.

Chalado/a, *adj.* e *s.*, enlouquecido, abobalhado, bobo.

Chalar, *v.5*, enlouquecer, alienar ‖ apaixonado.

Chalé, *s.m.*, chalé, casa de campo ou veraneio.

Chaleco, *s.m.*, colete.

Chalet, *s.m.*, ver chalé.

Chamarra, *s.f.*, colete grande de lã ou peles ‖ *Amér.*, manta de lã ou pele usada como poncho.

Chambón/ona, *s.*, pessoa pouco hábil.

Champán/champaña, *s.m.*, champanhe.

Champiñón, *s.m.*, cogumelo.

Champú, *s.m.*, xampu.

Chamuscado/a, *adj.*, chamuscado, queimado só por cima.

Chamuscar, *v.5.14*, chamuscar, queimar algo levemente.

Chamusquina, *s.f.*, ação de chamuscar → *Oler a chamusquina*, existem indícios de briga, discussão ou perigo.

Chance, *s.m.* ou *f.*, *Amér.*, oportunidade, chance.

Chancear, *v.5*, fazer piada ou brincadeira.

Chancarse, *v.5.14*, tirar sarro, fazer piada de alguém.

Chancleta, *s.f.*, chinelo ruim ou usar os sapatos pisando no calcanhar.

Chanclo, *s.m.*, galocha.

Chancho/a, *s.*, porco ◆ *adj.* e *s.*, *Amér.*, sujo, desajeitado, porcalhão.

Chanchullo, *s.m.*, tramoia, trapaça, negócio ilícito.

Chándal, *s.m.*, abrigo para ginástica composto de calça comprida e casaco.

Chanfaina, *s.f.*, guisado feito de miúdos de carne vermelha.

Chantaje, *s.m.*, chantagem.

Chantajear, *v.5*, chantagear.

Chantajista, *s.m.* e *f.*, chantagista.

Chantillí, *s.m.*, chantili, creme de leite batido.

Chanza, *s.f.*, brincadeira, piada.

Chapa, *s.f.*, chapa, lâmina, placa metálica ‖ mancha vermelha nas bochechas ‖ prudência, cuidado.

Chapado/a, *adj.*, resultante de chapear → *Chapado a la antigua*, pessoa conservadora e quadrada.

Chapar, *v.5*, chapear, cobrir com chapas.

Chaparro/a, *s.* e *adj.*, pessoa rechonchuda, gorda.

Chaparrón, *s.m.*, pancada de chuva forte e rápida ‖ reprimenda forte, levar um pito, chamar duramente a atenção.

Chapista, *s.m.* e *f.*, funileiro.

Chapistería, *s.f.*, funilaria.

Chapó, *s.m.*, jogo de bilhar com quatro jogadores.

Chapotear, *v.5*, chapinhar na água.

Chapoteo, *s.m.*, chapinhação na água.

Chapucear, *v.5*, fazer algo malfeito ou de qualquer jeito.

Chapucería, *s.f.*, trabalho malfeito ou sujo ‖ defeito, imperfeição.

Chapucero/a, *adj.* e *s.*, aquele que se dedica a fazer trabalhos de qualquer jeito ou malfeitos e que não entende o que faz.

Chapurrear, *v.5*, falar mal ou com dificuldade, normalmente aplica-se às crianças quando estão aprendendo a falar.

Chapurreo, *s.m.*, falar mal ou com dificuldade.

Chapuza, *s.f.*, trabalho malfeito.

Chapuzar, *v.5.15*, mergulhar.

Chapuzón, *s.m.*, mergulho ‖ lavar-se ou banhar-se de forma rápida.

Chaqueta, *s.f.*, paletó masculino ‖ casaco feminino.

Chaquetear, *v.5*, mudar de opinião conforme a conveniência ‖ fugir, escapar.

Chaqueteo, *s.m.*, ação de mudar de opinião.

Chaquetero/a, *adj.* e *s.*, que muda com facilidade de opinião ‖ adulador, puxa-saco.

Chaquetilla, *s.f.*, casaco curto até a cintura.

Chaquetón, *s.m.*, casacão mais longo e pesado para o inverno, pode ser de lã ou de pele.

Charada, *s.f.*, charada, adivinhação.

Charanga, *s.f.*, conjunto musical popular ‖ festa familiar com baile.

Charca, *s.f.*, terreno alagado pela chuva, lodaçal ‖ mangue.

Charco, *s.m.*, poça de água → *Pasar/cruzar el charco*, atravessar o oceano, em especial o Atlântico.

Charcutería, *s.f.*, comércio especializado em frios e charquearia.

Charla, *s.f.*, conversa fiada, papo ‖ conferência em clima informal e descontraído.

Charlador/ra, *adj.* e *s.*, que gosta de falar, que é bom papo.

Charlar, *v.5*, bater papo, jogar conversa fora, conversar apenas por passatempo ‖ falar muito, sem substância e incomodando as outras pessoas.

Charlatán/ana, *adj.* e *s.*, que fala muito e acaba sendo inconveniente dizendo o que não deve ‖ charlatão, mentiroso, enganador.

Charlista, *s.m.* e *f.*, pessoa que dá conferências informais.

Charme, *s.m.*, charme, encanto.

Charnela, *s.f.*, dobradiça.

Charol, *s.m.*, verniz, couro envernizado → *Darse charol*, lustrar o ego.

Charro/a, *adj.* e *s.*, originário de Salamanca (Espanha) ‖ roupa típica masculina mexicana ‖ coisa muito enfeitada e ridícula.

Chárter, *s.m.*, voo charter.

Chascarrillo, *s.m.*, piada curta e rápida ‖ trocadilho.

Chasco, *s.m.*, engodo, engano ‖ decepção, desilusão.

Chasis, *s.m.*, chassi.

Chasquido, *s.m.*, estalo, crepitação, estalido.

Chatarra, *s.f.*, sucata, ferro-velho ‖ coisa de pouco valor ‖ resíduos metálicos ‖ bijuteria barata.

Chatarrero/a, *s.*, sucateiro, quem trabalha com ferro-velho.

Chato/a, *adj.* e *s.*, nariz achatado, pessoa que tem o nariz achatado ‖ recipiente pequeno, baixo e largo onde cabe um gole de bebida.

Chaval/la, *s.*, garoto, guri, moleque, rapaz.

Che, *s.f.*, nome em espanhol da letra CH ◆ *¡Che!, interj.*, usada em algumas regiões da Espanha e países da América Latina com o sentido de ei!, oi!

Chepa, *s.f.*, corcova, giba, corcunda, calombo.

Cheposo/a, *adj.*, corcunda, pessoa que tem corcova.

Cheque, *s.m.*, cheque.

Chequear, *v.5*, vigiar ‖ cotar ‖ verificar, examinar, inspecionar, averiguar ‖ faturamento ‖ expedição.

Chequeo, *s.m.*, verificação.

Chic, *adj.*, elegante, chique.

Chicano/a, *adj.* e *s.*, chicano, relativo aos mexicanos que moram nos Estados Unidos.

Chicharrón/ona, *adj.* e *s.*, jovem alto e robusto, forte e sadio.

Chicle, *s.m.*, chiclete, goma de mascar.

Chica, *s.f.*, empregada doméstica.

Chico/a, *s.*, criança, menino ‖ *office-boy* ‖ tratamento de confiança a qualquer jovem, equivale a: cara ◆ *adj.*, pequeno, de pouco tamanho → *Quedarse chico*, sumir, desaparecer, ficar pequeno de vergonha, de humilhação ou vencido.

Chicha, *s.f.*, pedaço de carne comestível ‖ gordurinhas em uma pessoa ‖ bebida americana de milho fermentado → *No ser ni chicha ni limonada*, sem caráter, não serve para nada.

Chicharrón, *s.m.*, torresmo ‖ comida queimada ‖ pessoa bronzeada.

Chichear, *v.5*, chamar a atenção de alguém com um psiu.

Chichón, *s.m.*, galo na cabeça, hematoma na testa ou na cabeça.

Chifla, *s.f.*, sarro, burla.

Chiflado/a, *adj.* e *s.*, louco, doido varrido por gostar muito de alguma coisa.

Chiflar, *v.5*, entusiasmar, apaixonar-se por ‖ tirar sarro de algo ou alguém.

Chile, *s.m.*, pimenta.

Chileno/a, *adj.* e *s.*, natural do Chile.

Chilindrón, *s.m.*, nome de um jogo de cartas ‖ prato à base de carne em molho de tomate, pimentão e temperos.

Chillar, *v.5*, gritar ‖ dar bronca em voz alta e com escândalo ‖ atrito de duas superfícies.

Chillería, *s.f.*, gritaria ‖ grande bronca.

Chillido, *s.m.*, grito agudo.

Chillón/ona, *s.*, aquele que grita muito ◆ *adj.*, qualquer som estridente, agudo e desagradável ‖ cor excessivamente forte.

Chimenea, *s.f.*, lareira ‖ chaminé.

Chimpancé, *s.m.*, chimpanzé.

Chinchar, *v.5*, cutucar, incomodar, encher o saco.

Chinche, *s.m.* ou *f.*, percevejo, inseto ‖ pessoa chata, desagradável.

Chincheta, *s.f.*, percevejo, pequeno prego.

Chinchilla, *s.f.*, chinchila ‖ pele desse animal.

Chinchón, *s.m.*, aguardente de anis de forte graduação ‖ nome de um jogo de cartas.

Chinchoso/a, *adj.* e *s.*, pessoa inoportuna, desagradável, chato.

Chinela, *s.f.*, chinelo caseiro.

Chinero, *s.m.*, guarda-louça.

Chingar, *v.5.18*, beber com frequência ‖ realizar ato sexual → *Chingarse*, embriagar-se ‖ *Amér.*, fracassar, malograr.

Chino/a, *adj.* e *s.*, aquele que nasce na China ‖ coador em forma cônica com pequenos orifícios ◆ *s.f.*, seixo, pedrinha pequena → *Engañar como a un chino*, pessoa inocentona que se engana com facilidade. *Jugar a los chinos*, brincar de palitinhos. *Tocarle la china*, ter má sorte, ter azar.

Chipén, *adj.*, excelente, fantástico, equivale a: joia!

Chipirón, *s.m.*, lula pequena.

Chipriota, *adj.*, *s.m.* e *f.*, natural ou pertencente à Ilha de Chipre.

Chiquero, *s.m.*, chiqueiro de touros, vacas, porcos ou cabritos.

Chiquilicuatro, *s.m.*, mequetrefe, pessoa insignificante.

Chiquillada, *s.f.*, criancice, ação própria de crianças.

Chiquillería, *s.f.*, multidão de crianças, criançada.

Chiquillo/a, *s.*, criança, garoto, menino, guri, moleque.

Chiquitas, *loc.*, *andarse con chiquitas*, usar pretextos, subterfúgios para dizer ou fazer alguma coisa, desconversar, rodear.

Chiribita, *s.f.*, faísca.

Chirigota, *s.f.*, piada, sarro.

Chirimoya, *s.f.*, fruta-do-conde.

Chirimoyo, *s.m.*, pé da fruta-do-conde.

Chiripa, *s.f.*, sorte, casualidade favorável, mero acaso.

Chirla, *s.f.*, vôngole, marisco pequeno.

Chirriar, *v.5*, ranger pelo toque de duas superfícies.

Chirrido, *s.m.*, rangido.

Chis, *interj.*, usada para mandar calar a boca.

Chiscorte, *s.m.*, quarto pequeno e mal--arrumado ‖ cubículo.

Chisme, *s.m.*, fofoca, mexerico, fuxico ‖ coisa de pouco valor.

Chismorrear, *v.5*, fofocar, fazer fofoca.

Chismorreo, *s.m.*, fofocagem.

Chismoso/a, *adj.* e *s.*, fofoqueiro, mexeriqueiro.

Chispa, *s.f.*, chispa, faísca, lampejo ‖ pequena quantidade de qualquer coisa ‖ inteligência, engenho, graça ‖ bebedeira, embriaguez ‖ gotinhas pequenas de chuva → *Echar chispas*, soltar faíscas.

Chispazo, *s.m.*, faísca, descarga elétrica ‖ fofoca ‖ fato isolado que desencadeia uma série de outros.

Chispeante, *adj.*, termo usado para indicar que um texto contém engenho e está bem escrito.

Chisporrotear, *v.5*, estalar, crepitar.

Chisquero, *s.m.*, isqueiro de bolso.

Chist, *interj.*, igual a *¡chis!*, usada para impor silêncio.

Chistar, *v.5*, usado só em frases negativas, sem replicar.

Chiste, *s.m.*, piada, graça, anedota ‖ astúcia, engenho.

Chistoso/a, *adj.* e *s.*, piadista ‖ situação engraçada.

Chita, *s.f.*, osso astrágalo do tarso ‖ jogo feito com ossinhos → *A la chita callando*, fazer algo em segredo ou dissimuladamente.

Chitón, *interj.*, igual a *¡chist!*, usada para impor silêncio.

Chivar, *v.5*, *Amér.*, enganar, ludibriar, encher o saco → *Chivarse*, delatar, acusar.

Chivatazo, *s.m.*, ato de acusar ou delatar alguém, linguarudo.

Chivo/a, *s.*, cria da cabra, cabritinho.

Choc, *s.m.*, choque, colapso nervoso.

Chocante, *adj.*, chocante, que provoca choque.

Chocar, *v.5.14*, chocar, bater, colidir ‖ debater ideias, discutir, combater ‖ causar estranheza.

Choclo, *s.m.*, tamanco ‖ espiga de milho verde fresca.

Chocolate, *s.m.*, chocolate.

Chocolatería, *s.f.*, local onde vendem e servem a bebida chocolate ‖ fábrica de chocolates.

Chocolatín, *s.m.*/**Chocolatina**, *s.f.*, barra de chocolate.

Chochear, *v.5,* ficar gagá, envelhecer, perder as faculdades mentais ‖ amor desenfreado por alguém ou alguma coisa, ser fissurado.

Chocho/a, *adj.*, velho gagá ◆ *s.m.pl.*, bala dura de amêndoas.

Chofer/chófer, *s.m.* e *f.*, motorista, em especial aquele que é pago.

Chollo, *s.m.*, grande oportunidade, pechincha ◆ *s.f.*, cabeça, talento, inteligência.

Chopo, *s.m.*, álamo.

Choque, *s.m.*, ação de chocar, encontro violento ‖ disputa, combate.

Chorizar, *v.5.15,* afanar, roubar.

Chorizo, *s.m.*, linguiça picante ‖ ladrão ‖ dedo-duro de gangues a serviço da polícia.

Chorrada, *s.f.*, burrada, tolice, idiotice ‖ coisa ridícula e sem gosto ‖ porção de líquido a mais do que a medida, "chorinho".

Chorrear, *v.5,* jorrar, ensopar ‖ série de fatos sem interrupção ‖ bronca violenta.

Chorreo, *s.m.*, ato ou efeito de jorrar.

Chorro, *s.m.*, jorro, jato, esguicho.

Choto/a, *s.*, cria que mama, bezerro, cabritinho ‖ pessoa sem juízo.

Choza, *s.f.*, palhoça, cabana.

Chubasco, *s.m.*, chuva forte acompanhada de ventos ‖ problemas momentâneos.

Chubasquero, *s.m.*, impermeável, capa ou casaco.

Chuchería, *s.f.*, coisinha à toa, coisa de pouco valor ou pouca importância, uma lembrancinha.

Chucho, *s.m.*, cachorrinho.

Chuleta, *s.f.*, costeleta de gado ‖ tapa, bolacha ‖ cola de estudante preparada para as provas.

Chulo/a, *adj.*, jactar-se, exibir-se, mostrar-se com afetação ‖ chulo.

Chumar, *v.5,* beber.

Chunga, *s.f.*, sarro, burla, menosprezo.

Chupado/a, *adj.*, magricela, alguém muito magro ‖ moleza, coisa muito fácil ◆ *s.f.*, ação de chupar.

Chupar, *v.5,* chupar, mamar ‖ lamber, sorver ‖ absorver, sugar ‖ tirar proveito ‖ gastar uma fortuna → *Chuparse los dedos*, fazer alguma coisa com muito prazer e satisfação. *No chuparse el dedo*, não se deixar enganar, não ser bobo.

Chupete, *s.m.*, chupeta para bebês.

Chupón/ona, *adj.*, chupão, aproveitador.

Churrasco, *s.m.*, churrasco, carne assada na brasa.

Churrete/churretón/chorretón, *s.m.*, mancha produzida por algum líquido escorrendo, em especial no rosto ou na roupa.

Churro, *s.m.*, churro, massa feita com farinha e água e depois frita ‖ coisa malfeita ‖ sorte repentina.

Churumbel, *s.m.*, bebê, nenezinho, anjinho.

Chusma, *s.f.*, coletivo de gente ruim, gentalha, corja.

Chutar, *v.5,* dar chutes na bola.

Chuzo, *s.m.*, látego cujo suporte é de madeira ◆ *s.m.pl.*, cair granizo, chover ou nevar muito e com muita força ‖ sentir ou demonstrar sentimentos de amor, raiva, orgulho.

Cianuro, *s.m.*, cianureto.

Ciático, *adj.* e *s.m.*, ciático, relativo ao nervo ciático.

Cicatriz, *s.f.*, cicatriz.

Cicatrizar, *v.5.15*, cicatrizar.

Cicerone, *s.m.* e *f.*, guia, cicerone.

Ciclismo, *s.m.*, ciclismo.

Ciclista, *adj.*, ciclista.

Ciclo, *s.m.*, ciclo.

Ciclón, *s.m.*, ciclone.

Ciego/a, *adj.* e *s.*, cego, privado da visão ◆ *adj.* e *s.m.*, ceco, porção inicial do intestino grosso ◆ *adj.*, irreflexivo, ofuscado, confuso, obcecado ‖ sem saída, fechado, obstruído → *A ciegas*, às cegas, sem ver.

Cielo, *s.m.*, céu ‖ morada de Deus, éden, providência divina ‖ expressão carinhosa, equivale a benzinho → *A cielo abierto*, descoberto, céu aberto, sem teto. *Bajado, caído, llovido, venido del cielo*, caído do céu, muito oportuno e adequado, não esperado. *Cielo raso*, teto rebaixado das casas. *¡Cielos!*, expressão de espanto, equivale a: nossa! *En el cielo*, muito bem, melhor impossível. *Mover o remover cielo y tierra*, mover céus e terras para conseguir alguma coisa. *Venirse el cielo abajo*, cair por terra todas as esperanças ‖ cair uma grande tempestade. *Ver el cielo abierto*, esperança, uma luz no fim do túnel.

Ciempiés, *s.m.*, centopeia, lacraia.

Cien, *adj.* e *s.m.*, apócope de cem.

Ciencia, *s.f.*, ciência ◆ *s.f.pl.*, ciência, conjunto de conhecimentos de uma área → *A/de ciencia cierta*, com toda certeza. *Ciencia ficción*, ficção científica. *Tener algo poca ciencia*, coisa muito fácil, canja.

Cieno, *s.m.*, lodaçal no fundo de rios ou lagos.

Científico/a, *adj.* e *s.*, cientista.

Ciento, *adj.* e *s.m.*, cem.

Cierre, *s.m.*, fechamento ‖ encerramento.

Cierto/a, *adj.*, certo, verdadeiro, correto, certamente.

Ciervo/a, *s.*, cervo, veado.

Cifra, *s.f.*, cifra, algarismo ‖ soma ‖ código.

Cifrar, *v.5*, escrever em código, cifrar.

Cigala, *s.f.*, crustáceo semelhante à lagosta.

Cigarra, *s.f.*, cigarra.

Cigarrera, *s.f.*, fábrica de cigarros.

Cigarrillo, *s.m.*, cigarro.

Cigarro, *s.m.*, cigarrilha ‖ cigarro de palha.

Cigüeña, *s.f.*, cegonha.

Cigüeñal, *s.m.*, virabrequim.

Cilindro, *s.m.*, cilindro.

Cima, *s.f.*, cima, cume, ápice, topo.

Cimentar, *v.12*, fundar ‖ pôr as bases de um edifício ‖ estabelecer princípios.

Cimiento, *s.m.*, base, fundamento ◆ *s.m.pl.*, alicerce.

Cinc, *s.m.*, zinco.

Cincel, *s.m.*, cinzel.

Cincelar, *v.5*, cinzelar, gravar com cinzel.

Cincha, *s.f.*, barrigueira dos cavalos.

Cinco, *num.*, cinco.

Cincuenta, *num.*, cinquenta.

Cine, *s.m.*, cinema.

Cínico/a, *adj.* e *s.*, cínico.

Cinta, *s.f.*, faixa, fita, cinta.

Cinto, *s.m.*, cinto com fivela.

Cintura, *s.f.*, cintura.

Cinturón, *s.m.*, cinto de qualquer tipo ‖ também usado no sentido de arredores ‖ qualquer coisa que rodeia outra.

Ciprés, *s.m.*, cipreste.

Circo, *s.m.*, circo.

Circón, *s.m.*, zircão, silício de zircônio.

Circuito, *s.m.*, circuito, contorno, perímetro ‖ trajeto, percurso.

Circulación, *s.f.*, circulação, trânsito.

Circular, *v.5*, circular, propagar, divulgar ‖ percorrer ◆ *adj.*, rodear.

Círculo, *s.m.*, círculo.

Circuncisión, *s.f.*, circuncisão.

Circundar, *v.5*, circundar, rodear, cercar.

Circunferencia, *s.f.*, circunferência.

Circunscribir, *v.7*, circunscrever.

Circunscripción, *s.f.*, circunscrição.

Circunstancia, *s.f.*, circunstância.

Cirio, *s.m.*, círio, vela.

Cirrosis, *s.f.*, cirrose.

Ciruela, *s.f.*, ameixa.

Ciruelo, *s.m.*, ameixeira, pé da ameixa.

Cirugía, *s.f.*, cirurgia.

Cirujano/a, *s.m.*, cirurgião.

Cisco, *s.m.*, cisco, em especial do carvão ‖ confusão, desentendimento, briga.

Cisne, *s.m.*, cisne.

Cisterna, *s.f.*, reservatório de água.

Cisura, *s.f.*, incisão, fenda, corte.

Cita, *s.f.*, encontro, convocação, hora marcada.

Citar, *v.5*, marcar hora ‖ mencionar ‖ citação judicial.

Cítrico/a, *adj.*, cítrico, relativo ao limão.

Ciudad, *s.f.*, cidade.

Ciudadanía, *s.f.*, cidadania.

Ciudadano/a, *adj.*, cidadão.

Cívico/a, *adj.*, cívico, patriótico.

Civil, *adj.*, civil, cidadão, não militar ‖ sociável, atencioso, cortês ‖ interesses privados ou particulares.

Civilización, *s.f.*, civilização.

Civilizar, *v.5.15*, civilizar ‖ educar.

Civismo, *s.m.*, civismo.

Cizaña, *s.f.*, cizânia, gramínea nociva ‖ vício ‖ discórdia, intriga.

Clamar, *v.5*, clamar, queixar-se.

Clamor, *s.m.*, clamor, queixa, lamento, grito de aflição.

Clan, *s.m.*, clã.

Clandestino/a, *adj.*, clandestino ‖ secreto, oculto.

Clara, *s.f.*, clara, albumina que rodeia a gema de ovo.

Claraboya, *s.f.*, claraboia.

Clarear, *v.5*, clarear, tornar claro, aclarar, clarificar.

Claridad, *s.f.*, claridade, clareza.

Clarinete, *s.m.*, clarinete.

Claro/a, *adj.*, claro, banhado de luz ‖ nítido ‖ limpo, puro ‖ transparente ‖ qualquer líquido não espesso ‖ evidente, óbvio ‖ perspicaz, inteligente, esperto ‖ ilustre ‖ abertura por onde entra luz.

Clase, *s.f.*, categoria, tipo, espécie ‖ grupo social ‖ classe, lição.

Clásico/a, *adj.*, clássico.

Clasificación, *s.f.*, classificação.

Clasificar, *v.5.14*, classificar.

Claudicar, *v.5.14*, ceder, abrir mão, deixar-se convencer ‖ mancar.

Claustro, *s.m.*, claustro dos conventos.

Cláusula, *s.f.*, cláusula.

Clausura, *s.f.*, encerramento ‖ clausura de um convento.

Clausurar, *v.5,* encerrar.
Clavar, *v.5,* cravar, fincar ‖ fixar com cravos ou pregos ‖ fixar, fitar → *Clavarse*, espetar-se. *Quedarse clavado*, ficar atravessado na garganta, ficar engasgado ou ficar estarrecido.
Clave, *s.f.,* clave musical ‖ chave de um enigma, o "x" da questão.
Clavel, *s.m.,* cravo (flor).
Clavícula, *s.f.,* clavícula.
Clavija, *s.f.,* pino, bucha.
Clavo, *s.m.,* prego ‖ cravo ‖ furúnculo → *Agarrarse a un clavo ardiendo*, usar de qualquer desculpa para conseguir o que se quer. *Como un clavo*, firme, cabeça-dura, sem arredar pé. *Dar en el clavo*, acertar na mosca. *Remachar en el clavo*, consertar um erro com outro maior.
Claxon, *s.m.,* buzina dos automóveis.
Clemencia, *s.f.,* clemência.
Clérigo, *s.m.,* clérico.
Clero, *s.m.,* clero.
Cliché, *s.m.,* clichê ‖ lugar-comum, trivial.
Cliente/a, *s.,* cliente.
Clientela, *s.f.,* clientela.
Clima, *s.m.,* clima.
Climaterio, *s.m.,* climatério.
Climático/a, *adj.,* climático, relativo ao clima.
Clímax, *s.m.,* clímax, auge, momento culminante.
Clínico/a, *adj.,* clínica, relativo à medicina ◆ *s.f.,* parte da medicina que se relaciona mais diretamente com o cuidado imediato ao paciente ‖ clínica, estabelecimento ◆ *s.,* médico.
Clip, *s.m.,* clipe, grampo ‖ colchete.
Clítoris, *s.m.,* clitóris.
Cloro, *s.m.,* cloro.
Clorofila, *s.f.,* clorofila.
Cloroformo, *s.m.,* clorofórmio.
Club, *s.m.,* clube.
Coacción, *s.f.,* coação.
Coaccionar, *v.5,* coacionar, exercer coação.
Coadyuvante, *adj.,* coadjuvante.
Coagular, *v.5,* coagular.
Coágulo, *s.m.,* coágulo.
Coalición, *s.f.,* coalizão.
Coartada, *s.f.,* álibi, desculpa, justificação ‖ alegação de defesa ‖ desmentido ‖ prova negativa convincente.
Coba, *s.f.,* adulação, puxar o saco.
Cobalto, *s.m.,* cobalto.
Cobarde, *adj.* e *s.m.* e *f.,* covarde.
Cobardía, *s.f.,* covardia.
Cobaya, *s.f.,* cobaia.
Cobertizo, *s.m.,* cobertura.
Cobertor, *s.m.,* colcha ou coberta de cama, cobertor.
Cobertura, *s.f.,* cobertura, o que serve para cobrir algo.
Cobijar, *v.5,* abrigar, dar guarida, albergar, hospedar.
Cobijo, *s.m.,* proteção, hospedagem, acolher em proteção.
Cobra, *s.f.,* serpente.
Cobrador/ra, *s.,* cobrador.
Cobrar, *v.5,* cobrar, receber ‖ apreender, recolher ‖ ter ou sentir afeto ‖ adquirir, conseguir ‖ receber ou dar uma surra → *Cobrarse*, recuperar-se, voltar a si.
Cobre, *s.m.,* cobre.
Cobro, *s.m.,* cobrança.
Coca, *s.f.,* coca.
Cocaína, *s.f.,* cocaína.

Cocción, *s.f.*, cozimento.

Cocear, *v.5*, dar coices.

Cocer, *v.10*, cozer, cozinhar ‖ ferver → *Cocerse*, preparar, tramar, arquitetar algo.

Cocido/a, *adj.*, cozido ♦ *s.m.*, prato típico espanhol feito com grão-de-bico.

Cocina, *s.f.*, cozinha.

Cocinar, *v.5*, cozinhar.

Cocinero/a, *s.*, cozinheiro.

Cocinilla, *s.f.*, espiriteira, fogão pequeno e portátil usado com álcool ou querosene.

Coco, *s.m.*, coco.

Cocodrilo, *s.m.*, crocodilo.

Cocotal, *s.m.*, coqueiral.

Cocotero, *s.m.*, coqueiro.

Cóctel/coctel, *s.m.*, coquetel.

Coche, *s.m.*, automóvel, veículo de passeio.

Cochera, *s.f.*, garagem de automóveis.

Cochinada, *s.f.*, porcaria.

Cochinillo, *s.m.*, leitãozinho.

Cochino/a, *s.*, porco.

Codazo, *s.m.*, cotovelada.

Codear, *v.5*, movimentar os cotovelos → *Codearse*, relacionar-se de igual para igual, ter intimidade com.

Codicia, *s.f.*, cobiça, ganância, ambição.

Codiciar, *v.5*, cobiçar, ambicionar.

Codificar, *v.5.14*, codificar, dar ou pôr código.

Código, *s.m.*, código.

Codillo, *s.m.*, cotovelo das tubulações.

Codo, *s.m.*, cotovelo → *Codo a codo*, junto, em colaboração com. *Codo con codo*, em companhia. *De codos*, apoiado com os cotovelos. *Hablar por los codos*, falar pelos cotovelos.

Codorniz, *s.f.*, codorna.

Coeficiente, *s.m.*, coeficiente.

Coexistencia, *s.f.*, coexistência.

Cofia, *s.f.*, touca de cabelo especialmente usada pelas enfermeiras.

Cofradía, *s.f.*, confraria, irmandade.

Cofre, *s.m.*, cofre, arca, baú.

Coger, *v.6.11*, pegar, agarrar com as mãos ‖ apoderar-se, tomar, apresar ‖ contratar, alugar, prover ‖ adquirir, contrair ‖ subir em um veículo ‖ surpreender, sobrevir ‖ alcançar, chegar junto com alguém que está na frente ‖ atropelar com automóvel ‖ ferir, machucar ‖ captar, perceber, receber ‖ estar situado, encontrar-se, achar-se em ‖ caber ‖ ocupar um espaço ‖ reunir, recolher ‖ aceitar ‖ *Amér.*, ato sexual, cópula → *Coger a alguien de nuevas* ou *de nuevo*, surpreender. *Coger las vueltas a alguien*, entender as segundas intenções.

Cogestión, *s.f.*, cogestão.

Cogido/a, *adj.*, apanhado, pego.

Cogitabundo/a, *adj.*, meditabundo, muito pensativo.

Cogollo, *s.m.*, miolo, núcleo, broto ‖ o melhor, a fina flor.

Cogote, *s.m.*, cangote, nuca.

Cogotera, *s.f.*, capuz de alguns tipos de casaco.

Cogotudo/a, *adj.*, aquele que tem a nuca muito grossa ‖ *Amér.*, pessoa muito rica e influente ‖ figurão.

Cohabitar, *v.5*, coabitar, morar junto com.

Cohechar, *v.5*, subornar, em especial um juiz.

Cohecho, *s.m.*, suborno.

Coherencia, *s.f.*, coerência.

Cohesión, *s.f.*, coesão, união.

Cohete, *s.m.*, foguete ‖ rojão, fogos de artifício.

Cohibido/a, *adj.*, inibido, reprimido.

Cohibir, *v.7.13,* refrear, inibir, reprimir.

Coincidencia, *s.f.*, coincidência.

Coincidir, *v.7,* coincidir ‖ ajustar ‖ convergir ‖ calhar ‖ concordar.

Coito, *s.m.*, coito.

Cojear, *v.5,* mancar, coxear ‖ balançar, oscilar, mover ‖ ter vício ou defeito.

Cojera, *s.f.*, defeito ou lesão que impede alguém de andar normalmente.

Cojín, *s.m.*, almofadão.

Cojinete, *s.m.*, mancal, rolamento.

Cojo/a, *adj.* e *s.*, coxo, manco ◆ *adj.*, incompleto, sem equilíbrio, que falta alguma parte → *No ser cojo ni manco*, ser muito esperto e inteligente.

Cojón, *s.m.*, testículo, colhão → *¡Cojones!, interj.*, que denota surpresa, raiva, equivale a: porra! *Tener cojones*, não se deixar diminuir, cantar de galo. *Estar hasta los cojones*, estar de saco cheio.

Cojonudo/a, *adj.*, magnífico, fantástico, extraordinário.

Col, *s.f.*, couve → *Col de Bruselas,* couve-de-bruxelas.

Cola, *s.f.*, cauda, rabo ‖ a parte posterior em relação à cabeça ‖ fila de pessoas ‖ cola adesiva ‖ cola, substância química dos refrigerantes ‖ *Amér.*, bunda → *A la cola*, atrás, na parte posterior, na fila. *No ir/no pegar ni con cola*, destoar, não combinar. *Tener/traer cola algo*, provocar consequências graves. *Cola de caballo,* rabo-de-cavalo.

Colaboración, *s.f.*, colaboração.

Colaborador/ra, *s.*, colaborador.

Colaborar, *v.5,* colaborar, trabalhar junto em especial obras literárias ‖ escrever habitualmente para um jornal ou revista ‖ contribuir, favorecer.

Colación, *s.f.*, comida ligeira e rápida.

Coladero, *s.m.*, entre os estudantes, escola fraca e fácil de ser aprovado sem esforços.

Colado/a, *adj.*, coado, efeito de coar algo ◆ *s.f.*, lavagem de roupa em casa → *Colada de lava*, lava do vulcão incandescente. *Salir a/en la colada*, descobrir algo que estava oculto.

Colador, *s.m.*, coador.

Colapso, *s.m.*, colapso.

Colar, *v.5,* coar, filtrar um líquido ‖ enganar, usar de artifícios para passar uma coisa por outra, ludibriar → *Colarse*, penetrar, infiltrar-se por lugares estreitos e pequenos ‖ entrar sem permissão em algum lugar ou às escondidas ou sem pagar ‖ apaixonar-se perdidamente.

Colcha, *s.f.*, colcha.

Colchón, *s.m.*, colchão → *Colchón hinchable/neumático/de viento*, colchão ou câmara inflável.

Colchoneta, *s.f.*, colchonete.

Colear, *v.5,* quando os animais abanam a cauda.

Colección, *s.f.*, coleção.

Coleccionar, *v.5,* colecionar.

Coleccionista, *s.m.* e *f.*, colecionador.

Colecta, *s.f.*, coleta em especial de donativos.

Colectividad, *s.f.*, coletividade.

Colectivo/a, *adj.*, coletivo ‖ *Amér.*, micrôonibus.

Colega, *s.m.* e *f.*, colega.

Colegial/la, *s.*, aluno de um colégio.

Colegio, *s.m.*, escola, colégio básico ou secundário ‖ colegiado, grupo de profissionais liberais → *Colegio electoral*, colégio eleitoral. *Colegio mayor*, residência universitária.

Cólera, *s.m.*, cólera (doença) ◆ *s.f.*, raiva, ira → *Montarse en cólera*, enfurecer-se.

Coleta, *s.f.*, rabo de cavalo ◆ *s.f.pl.*, maria-chiquinha → *Cortarse la coleta*, deixar a profissão ou abandonar um hábito.

Coletazo, *s.m.*, surto, manifestação de algo que está acabando.

Coletilla, *s.f.*, adendo, observação ou acréscimo breve que se faz a um texto ou em uma conversa.

Colgajo, *s.m.*, qualquer pano ou trapo pendurado indevidamente.

Colgante, *adj.* e *s.m.*, pingente, pendente, suspenso.

Colgar, *v.10*, pendurar, dependurar ‖ enforcar ‖ reprovar em um exame ‖ culpar, imputar, acusar ‖ desligar o telefone → *Colgar los hábitos*, abandonar a profissão ou os estudos.

Colibrí, *s.m.*, beija-flor.

Cólico, *s.m.*, cólica.

Coliflor, *s.f.*, couve-flor.

Coligación, *s.f.*, coligação.

Coligar, *v.5.18*, coligar, unir, aliar.

Colilla, *s.f.*, bituca de cigarro.

Colina, *s.f.*, colina, outeiro.

Colindante, *adj.*, limítrofe, fronteiriço.

Colindar, *v.5*, fazer limite ou fronteira com.

Colirio, *s.m.*, colírio.

Colisión, *s.f.*, colisão, chocar-se contra algo.

Colisionar, *v.5*, chocar, colidir ‖ opor-se.

Colista, *s.m.* e *f.*, o último numa competição esportiva.

Colitis, *s.f.*, colite.

Colmado/a, *adj.*, cheio, pleno, total, completo.

Colmar, *v.5*, encher ‖ satisfazer plenamente desejos, aspirações, esperanças, ilusões ‖ prodigar, dar com abundância.

Colmena, *s.f.*, colmeia.

Colmenar, *s.m.*, lugar onde há muitas colmeias.

Colmenero/a, *s.*, apicultor, pessoa que tem e cuida das colmeias.

Colmillo, *s.m.*, dente canino ‖ dentes salientes do elefante, presa → *Enseñar los colmillos*, impor respeito ou temor. *Escupir por el colmillo*, contar vantagens e lorotas que se sabem mentiras.

Colmo, *s.m.*, cúmulo, auge, máximo ‖ quantidade de líquido que supera a borda ‖ complemento de algo → *Llegar al colmo [algo]*, chegar ao ponto máximo. *Ser el colmo*, ser o máximo tanto positivo como negativo.

Colocación, *s.f.*, colocação, situação ‖ emprego.

Colocado/a, *adj.*, arrumado, ordenado.

Colocar, *v.5.14*, colocar, pôr, instalar, situar, arrumar ‖ empregar, dar emprego, situar-se na vida ‖ reiterar, repetir ‖ investir capital → *Colocarse*, beber um pouco a mais da conta.

Colofón, *s.m.*, colofão, texto ao final dos livros ‖ término, encerramento, arremate, fim.

Colonia, *s.f.*, colônia, protetorado ‖ grupo de pessoas, povoação, grupo de animais ‖ água-de-colônia.

Colonial, *adj.*, colonial.

Colonizar, *v.5.15*, colonizar.

Coloquial, *adj.*, coloquial.

Coloquio, *s.m.*, colóquio.

Color, *s.m.*, cor ‖ tinta ‖ aparência ‖ animação, vivacidade ‖ aspecto diferenciador de algo ‖ ideologia, partido, tendência de alguém ‖ timbre ou tom de voz → *Dar color*, colorir, vivificar, dar animação. *De color*, pessoa mulata ou negra. *De/en color*, colorido, que não é nem preto nem branco. *De color de rosa*, coisa agradável, amena. *Ponerse de mil colores*, ficar vermelho por vergonha, raiva ou ira. *Sacarle/salirle los colores a la cara/al rostro*, enrubescer de vergonha. *Tomar color*, assumir algo, a cor que lhe é própria.

Coloración, *s.f.*, coloração, ação de colorir.

Colorado/a, *adj.* e *s.m.*, cor vermelha → *Poner colorado*, envergonhar-se.

Colorante, *adj.* e *s.m.*, corante.

Colorear, *v.5*, colorir, dar ou adquirir cor ‖ justificar algo injustificável.

Colorete, *s.m.*, cosmético usado nas bochechas pelas mulheres para dar a tonalidade rosada.

Colorido/a, *s.m.*, colorido ‖ animação, vivacidade.

Colorín, *s.m.*, qualquer cor viva, berrante ‖ sabiá.

Colosal, *adj.*, colossal.

Coloso, *s.m.*, colosso.

Columna, *s.f.*, coluna, pilar ‖ apoio ‖ pilha, série de coisas iguais sobrepostas ‖ amparo, proteção ‖ espinha dorsal ‖ colunas de uma escrita ‖ volutas de fumaça ‖ espaço num jornal reservado a colaboradores ‖ tropa formada de soldados.

Columnista, *s.m.* e *f.*, colunista, colaborador de jornal.

Columpiar, *v.5*, balançar.

Columpio, *s.m.*, balanço para divertimento infantil.

Colza, *s.f.*, grão semelhante à soja.

Collar, *s.m.*, colar ‖ coleira ‖ abraçadeira de metal.

Collera, *s.f.*, arreios de bois e cavalos em parelhas.

Coma, *s.f.*, vírgula (sinal gráfico) ◆ *s.m.*, coma → *Sin faltar una coma*, com todos os detalhes.

Comadre, *s.f.*, madrinha em relação à mãe da criança ‖ vizinha mais achegada, comadre ‖ mulher fofoqueira.

Comadrear, *v.5*, fofocar, fuxicar.

Comadrón/ona, *s.*, parteira.

Comandante, *s.m.*, comandante.

Comandar, *v.5*, comandar.

Comando, *s.m.*, comando, tropa.

Comarca, *s.f.*, comarca, território delimitado como unidade geográfica.

Comarcal, *adj.*, relativo à comarca.

Comatoso/a, *adj.*, em estado de coma.

Comba, *s.f.*, curvatura, inflexão ‖ pular corda, jogo infantil e nome da própria corda usada.

Combado/a, *adj.*, alquebrado, curvado, encurvado.

Combar, *v.5*, encurvar, torcer, alquebrar.

Combate, *s.m.*, combate, luta, batalha → *Fuera de combate*, vencido, fora de combate.

Combatiente, *adj.*, *s.f.* e *m.*, combatente.

Combatir, *v.7*, combater, manter um combate ‖ opor-se, tratar de destruir.

Combatividad, *s.f.*, combativo.

Combés, *s.m.*, convés.

Combinación, *s.f.*, combinação, arranjo, plano, artimanha, acordo ‖ roupa íntima feminina usada por baixo do vestido ‖ segredo de um cofre ‖ composição viária para um trajeto.

Combinar, *v.5*, combinar diversas coisas ‖ acertar, dispor vários elementos para um fim.

Combustible, *adj.* e *s.m.*, combustível.

Combustión, *s.f.*, combustão.

Comedero, *s.m.*, recipiente especial para colocar a comida aos animais, espécie de manjedoura.

Comedia, *s.f.*, comédia ‖ fato da vida real cômico ‖ farsa, fingimento → *Hacer comedia*, fingir, aparentar.

Comediante/a, *s.*, comediante.

Comedimiento, *s.m.*, moderação.

Comedirse, *v.13*, moderar-se, conter-se.

Comedor/ra, *adj.*, comilão ◆ *s.m.*, sala de jantar, refeitório ‖ móveis da sala de jantar.

Comendador, *s.m.*, comendador.

Comensal, *s.m.* e *f.*, pessoas que comem juntas.

Comentar, *v.5*, comentar.

Comentario, *s.m.*, comentário falado ou escrito ‖ falatório, murmurações, disse que disse.

Comentarista, *s.m.* e *f.*, comentarista.

Comenzar, *v.12*, iniciar, começar.

Comer, *v.6*, comer, ingerir alimentos ‖ almoçar ‖ jantar ‖ gastar, consumir ‖ corroer, desgastar ‖ comichão ‖ perder a cor por efeito do sol, desgaste ‖ reduzir, fazer com que algo pareça menor ‖ lance em alguns jogos quando uma peça ganha a do adversário → *Comerse*, anular, diminuir ‖ pular trechos na leitura. *Comerse unos a otros*, pessoas que vivem em discórdia e que não têm harmonia. *Comerse vivo a alguien*, desejo de vingança ou detestar uma pessoa. *Sin comerlo ni beberlo*, sem saber por quê, sem motivo ou razão.

Comercial, *adj.*, comercial.

Comercialización, *s.f.*, comercialização.

Comercializar, *v.5.15*, comercializar.

Comerciar, *v.5*, comerciar, comprar, vender ou permutar.

Comercio, *s.m.*, comércio, ação de comerciar ‖ loja, estabelecimento comercial ‖ conjunto de estabelecimentos comerciais ‖ grupo de comerciantes → *Comercio carnal*, união sexual, cópula.

Comestible, *adj.*, comestível, que se pode comer ◆ *s.m.pl.*, qualquer gênero alimentício.

Cometa, *s.m.*, cometa ◆ *s.f.*, pipa, papagaio, brinquedo infantil.

Cometer, *v.6*, incorrer em alguma culpa, erro ou delito.

Cometido/a, *adj.*, imputado ◆ *s.m.*, encomenda, incumbência ‖ dever, obrigação.

Comic/cómic, *s.m.*, tira ou vinheta cômica ‖ gibi.

Comicastro, *s.m.*, cômico canastrão.

Comicios, *s.m.pl.*, eleições.

Cómico/a, *adj.*, cômico, relativo à comédia ◆ *adj.* e *s.* comediante.

Comidilla, *s.f.*, tema preferido numa fofoca ou sátira.

Comido/a, *adj.*, alimentado ◆ *s.f.*, ação de comer ‖ alimento ‖ alimentação.

Comienzo, *s.m.*, começo, princípio, origem, raiz.

Comilón/ona, *adj.* e *s.*, comilão, que come muito ◆ *s.f.*, comida variada e abundante.

Comillas, *s.f.pl.*, aspas (sinal gráfico) → *Entre comillas*, entre aspas.

Comino, *s.m.*, cominho ‖ coisa insignificante, sem importância.

Comisaría, *s.f.*, delegacia.

Comisario, *s.m.*, delegado.

Comiscar, *v.5.14*, beliscar entre as refeições.

Comisión, *s.f.*, comissão.

Comisionar, *v.5*, delegar poder, nomear uma comissão.

Comisura, *s.f.*, comissura.

Comité, *s.m.*, comissão, delegação, representação.

Comitiva, *s.f.*, comitiva, acompanhamento, séquito.

Como, *conj.*, como, de forma que ‖ de acordo com, conforme a ‖ na qualidade de ‖ porque ‖ se ‖ que ‖ assim que → *Como que*, possivelmente. *Como quiera*, de qualquer forma, de qualquer maneira. *Como si tal cosa*, com indiferença.

Cómo, *adv.*, usado nas exclamações e interrogações ◆ *s.m.*, modo, maneira, forma → *¡Cómo no!*, claro que sim.

Comodidad, *s.f.*, comodidade.

Comodín, *s.m.*, curinga do baralho ‖ que serve para diversos fins ‖ pretexto, desculpa esfarrapada.

Cómodo/a, *adj.*, cômodo, confortável ‖ oportuno, fácil, acomodado ◆ *s.f.*, cômoda (móvel).

Comoquiera, *adv.*, de qualquer forma, como queira que.

Compacto/a, *adj.*, compacto.

Compadecer, *v.9*, compadecer.

Compadraje, *s.m.*, apadrinhamento.

Compadrazgo, *s.m.*, apadrinhamento.

Compadre, *s.m.*, compadre ‖ amigo, camarada.

Compaginar, *v.5*, ordenar, combinar → *Compaginarse*, combinar-se com.

Compañero/a, *s.*, companheiro, parceiro, colega ‖ objeto que faz conjunto com outro.

Compañía, *s.f.*, companhia ‖ empresa ‖ acompanhante ‖ grupo de atores de um teatro ‖ unidade militar.

Comparación, *s.f.*, comparação.

Comparar, *v.5*, comparar.

Comparecencia, *s.f.*, comparecimento.

Comparecer, *v.9*, comparecer.

Comparsa, *s.f.*, figurante de teatro ‖ conjunto de máscaras ◆ *s.m.* e *f.*, acompanhante.

Compartimento/compartimiento, *s.m.*, partilha ‖ cada uma das partes resultantes da divisão.

Compartir, *v.7*, compartir, dividir, repartir, distribuir em partes ‖ usar ou possuir algo em comum com alguém.

Compás, *s.m.*, compasso (instrumento geométrico) ‖ tipo especial de bússola para navegação ‖ ritmo, cadência

→ *Compás de espera*, compasso de espera.

Compasión, *s.f.*, compaixão.

Compatible, *adj.*, compatível.

Compatriota, *s.m.* e *f.*, compatriota.

Compeler, *v.6*, compelir, obrigar à força.

Compendiar, *v.5*, compendiar, fazer compêndio.

Compendio, *s.m.*, compêndio, síntese, resumo.

Compenetrarse, *v.5*, identificar-se com ‖ penetrar as partículas de uma substância em outra.

Compensación, *s.f.*, compensação.

Compensar, *v.5*, compensar.

Competencia, *s.f.*, competência, competitividade.

Competente, *adj.*, a quem compete algo.

Competer, *v.6*, pertencer, incumbir de, responsabilizar por.

Competición, *s.f.*, competição.

Competir, *v.13*, competir, concurso de várias pessoas.

Compilar, *v.5*, compilar.

Compinche, *s.m.* e *f.*, amigo, camarada.

Complacer, *v.9*, comprazer, condescender ‖ alegrar, dar prazer ‖ plena satisfação.

Complaciente, *adj.*, complacente, benevolente.

Complejidad, *s.f.*, complexidade.

Complementar, *v.5*, complementar, dar complemento a.

Complementario/a, *adj.*, complementar.

Completar, *v.5*, completar.

Completo/a, *adj.*, completo ◆ *s.f.pl.*, na liturgia católica a última oração diária → *Al completo*, completo, inteiro, cheio. *Por completo*, plenamente, completamente.

Complexión, *s.f.*, aspecto físico de uma pessoa ou animal.

Complicación, *s.f.*, complicação ‖ complicador.

Complicar, *v.5.14*, complicar.

Cómplice, *s.m.* e *f.*, cúmplice.

Complicidad, *s.f.*, cumplicidade.

Complot, *s.m.*, complô.

Complutense, *adj.*, *s.m.* e *f.*, relativo à cidade de Alcalá de Henares, em Madrid, na Espanha.

Componenda, *s.f.*, arranjo não muito honesto e claro.

Componer, *v.34*, compor ‖ fazer parte de ‖ produzir obras musicais ou literárias ‖ enfeitar, arrumar, embelezar ‖ reproduzir graficamente → *Componerse*, compor-se, estar formado por vários elementos. *Componérselas*, arranjar-se, virar-se.

Comportamiento, *s.m.*, comportamento.

Comportar, *v.5*, implicar, sofrer, tolerar → *Comportarse*, comportar-se, conduzir-se.

Composición, *s.f.*, composição ‖ coisa composta ‖ forma ou maneira como algo está feito ‖ exercício escolar de redação sobre um tema → *Formar/hacer una composición de lugar*, analisar as circunstâncias de um fato para emitir uma opinião.

Compositor/ra, *s.*, compositor.

Compostelano/a, *adj.*, relativo a Santiago de Compostela na Espanha.

Compostura, *s.f.*, ação e efeito de compor ‖ compostura, moderação, prudência.

Compota, *s.f.*, compota.

Compra, *s.f.*, ato de comprar ‖ conjunto das coisas adquiridas na compra.

Comprador/ra, *adj.* e *s.*, comprador.

Comprar, *v.5,* comprar, adquirir.

Compraventa, *s.f.*, ação e efeito de comprar e vender.

Comprender, *v.6,* conter, incluir, compreender, abranger, envolver ‖ entender, perceber o significado de algo ‖ encontrar a justificativa dos atos alheios.

Comprensible, *adj.*, compreensível.

Comprensión, *s.f.*, compreensão.

Compresa, *s.f.*, compressa ‖ absorvente higiênico.

Comprimir, *v.7,* comprimir, apertar, reduzir.

Comprobación, *s.f.*, comprovação.

Comprobante, *s.m.*, comprovante.

Comprobar, *v.10,* comprovar, verificar, confirmar algo.

Comprometer, *v.6,* comprometer, expor ao perigo, arriscar, por em situação difícil ou constrangedora ‖ adquirir uma responsabilidade ‖ designar, constituir.

Compromiso, *s.m.*, compromisso ‖ situação difícil ou comprometedora → *De compromiso*, de muita importância.

Compuerta, *s.f.*, comporta.

Compuesto/a, *adj.*, composto.

Compulsar, *v.5,* comprovar um texto com seu original.

Compulsión, *s.f.*, ação de, compulsar, impulsar.

Compungido, *adj.*, ação de compungir.

Compungir, *v.7.15,* compungir.

Computadora, *adj.* e *s.f.*, computador.

Computar, *v.5,* computar.

Cómputo, *s.m.*, cômputo.

Comulgar, *v.5.18,* comungar, tomar a comunhão.

Común, *adj.*, comum, maioria ‖ ordinário, regular, vulgar, frequente ‖ de qualidade inferior ◆ *s.m.*, comunidade, pertencente à população em geral → *El común de las gentes/de los mortales*, a maior parte das pessoas. *En común*, em comum. *Nombre común*, substantivo comum. *Por lo común*, geralmente.

Comuna, *s.f.*, comuna, forma de auto-organização de uma coletividade onde não atua autoridade exterior.

Comunicación, *s.f.*, comunicação ‖ ato de comunicar algo verbalmente ou por escrito ◆ *s.f.pl.*, as comunicações, conjunto de meios destinados a comunicar entre pessoas e lugares, correios, telefone, telégrafo e assemelhados.

Comunicar, *v.5.14,* comunicar, notificar, transmitir, participar, informar ‖ na ligação telefônica, o número está ocupado → *Comunicarse*, transmitir-se, propagar-se.

Comunidad, *s.f.*, comunidade ‖ qualidade de comum ‖ conjunto de pessoas, organizações ou estados com interesses comuns ‖ grupo de pessoas de mesma religião → *En comunidad*, junto, conjuntamente.

Comunión, *s.f.*, comunhão ‖ participação no que é comum ‖ eucaristia.

Comunismo, *s.m.*, comunismo.

Con, *prep.*, com ‖ apesar de ‖ introduz expressões complementares verbais e nominais e se usa como elemento de relação em muitas construções.

Conato, *s.m.*, ameaça, início de ação que não chega a se concretizar.

Concatenar, *v.5*, concatenar, unir, enlaçar várias coisas entre si.

Cóncavo/a, *adj.*, côncavo.

Concebir, *v.13*, conceber ‖ fecundar a fêmea ‖ formar ou elaborar mentalmente ideia ou conceito sobre algo ‖ nutrir sentimentos por alguém.

Conceder, *v.6*, conceder, dar, outorgar, atribuir ‖ concordar com a ideia de alguém.

Concejal, *s.m.* e *f.*, vereador.

Concejalía, *s.f.*, cargo de vereador.

Concejo, *s.m.*, prefeitura, municipalidade ‖ câmara de vereadores.

Concentración, *s.f.*, concentração.

Concentrar, *v.5*, concentrar ‖ fixar ‖ reunir ‖ condensar.

Concepción, *s.f.*, concepção, ação e efeito de conceber ‖ conceição.

Concepto, *s.m.*, conceito, ideia abstrata e geral ‖ opinião, juízo, crédito ‖ aspecto, qualidade, título ‖ sentença, agudeza → *Formar concepto*, elaborar ideias.

Conceptuar, *v.5.11*, conceituar, formar conceito, opinião ou julgamento.

Concernir, *v.12*, concernir, afetar, dizer respeito, corresponder, referir-se.

Concertar, *v.12*, pactuar, fazer acordo, concordar, convir.

Concertista, *s.m.* e *f.*, concertista, instrumentista que toca em concertos em especial os solistas.

Concesión, *s.f.*, concessão, admitir ideias de outros ‖ permissão.

Concesionario/a, *adj.*, concessionário, quem recebeu uma concessão.

Concha, *s.f.*, concha ‖ madrepérola ‖ ribalta do teatro ‖ *Amér.*, vulva → *Meterse en su concha*, isolar-se, retrair-se, inibir-se. *Tener más conchas que un galápago*, pessoa astuta e cautelosa, macaco velho.

Conchabarse, *v.5*, fazer conchavo com, ter conchavo.

Concho, *interj.*, denota zanga ou estranheza, equivale a: puxa!

Conciencia, *s.f.*, consciência ‖ integridade moral → *A conciencia*, com capricho, muito bem feito, sólido, sem fraude ou engano. *En conciencia*, sinceramente, com justiça, legalmente.

Concienzudo/a, *adj.*, que é feito ou que age com consciência.

Concierto, *s.m.*, concerto musical ‖ acordo entre partes ‖ ordem, arrumação ‖ composição musical.

Conciliábulo, *s.m.*, conciliábulo, reunião para tratar de assunto ilícito.

Conciliación, *s.f.*, conciliação.

Conciliar, *adj.*, relativo ao concílio, conciliar ◆ *v.5*, acertar, fazer acordo, deixar conforme, harmonizar → *Conciliar el sueño*, conseguir dormir.

Concilio, *s.m.*, concílio, junta, congresso.

Conciso/a, *adj.*, conciso, breve, preciso, sucinto.

Concitar, *v.5*, incitar, excitar, promover discórdia.

Conclave/cónclave, *s.m.*, conclave, reunião de cardeais.

Concluir, *v.11*, concluir, acabar, terminar ‖ inferir, deduzir, decidir, fazer juízo.

Conclusión, *s.f.*, conclusão → *En conclusión*, por último, finalmente.

Concluso/a, *adj.*, concluído, terminado, finalizado.

Concomerse, *v.6*, remoer-se de impaciência, arrependimento, inveja, inconformismo.

Concomitancia, *s.f.*, concomitante, simultâneo.

Concordancia, *s.f.*, concordância, harmonia.

Concordar, *v.10*, concordar, conciliar, coincidir, estar de acordo.

Concorde, *adj.*, que implica acordo, em concórdia.

Concordia, *s.f.*, concórdia.

Concreción, *s.f.*, ação e efeito de tornar concreto, concretizar.

Concretar, *v.5*, concretizar, fazer ou tornar concreto, definir com precisão ‖ sintetizar, resumir, reduzir ao mais importante.

Concreto/a, *adj.*, concreto ‖ exato, preciso, real, determinado, particular → *En concreto*, resumindo, concluindo.

Concubina, *s.f.*, concubina, amásia.

Conculcar, *v.5.14*, infringir, alquebrar.

Concuñado/a, *s.*, concunhado.

Concurrencia, *s.f.*, concorrência, ação e efeito de concorrer ‖ conjunto de pessoas que afluem a um local.

Concurrir, *v.7*, coincidir, afluir, reunir, juntar-se ‖ concorrer em um concurso.

Concursar, *v.5*, tomar parte de um concurso, concursar.

Concurso, *s.m.*, concurso ‖ concorrência, licitação pública ‖ ajuda, cooperação.

Condado, *s.m.*, condado, território governado por um conde.

Condal, *adj.*, condal, relativo ao conde.

Conde/esa, *s.*, conde.

Condecorar, *v.5*, condecorar.

Condena, *s.f.*, condenação, sentença, censura.

Condenación, *s.f.*, condenação.

Condenado/a, *adj.* e *s.*, condenado ‖ prejudicial, incômodo, desagradável.

Condenar, *v.5*, condenar, sentença ditada por um juiz ‖ desaprovar ‖ obrigar, forçar ‖ reduzir alternativas ‖ fechar, impedir a passagem → *Condenarse*, merecer o inferno, ir para o inferno.

Condensación, *s.f.*, condensação, ação e efeito de condensar.

Condensador/ra, *adj.* e *s.m.*, condensador, que condensa.

Condensar, *v.5*, condensar, dar densidade, fazer mais denso ‖ liquefazer ‖ resumir, sintetizar.

Condescendencia, *s.f.*, condescendência.

Condescender, *v.12*, condescender, permitir, consentir por educação ou amabilidade.

Condición, *s.f.*, condição, índole, natureza, espécie, modo de ser, aspecto, situação ‖ circunstância necessária para algo ‖ nível social ◆ *s.f.pl.*, aptidão, disposição ‖ estado, situação, conjunto de circunstâncias → *A condición de/de que*, desde que, com a condição de que. *En condiciones*, perfeito, em excelente estado.

Condicionado/a, *adj.*, condicionado.

Condicional, *adj.*, condicional, que tem uma condição ‖ modo verbal correspondente ao futuro do pretérito.

Condicionar, *v.5,* condicionar, fazer uma coisa depender de outra.

Condimentación, *s.f.*, ação e efeito de condimentar, temperar, pôr tempero.

Condimentar, *v.5,* condimentar, temperar.

Condimento, *s.m.*, condimento, tempero.

Condiscípulo/a, *s.*, condiscípulo, companheiro de estudos, colega de classe.

Condolencia, *s.f.*, condolência.

Condolerse, *v.10,* condoer-se.

Condominio, *s.m.*, condomínio.

Condón, *s.m.*, preservativo, camisa-de--vênus.

Condonar, *v.5,* perdoar uma pena ou dívida.

Cóndor, *s.m.*, condor.

Conducción, *s.f.*, ação e efeito de conduzir ‖ tubulação.

Conducir, *v.9,* governar ‖ reger ‖ dirigir, guiar, levar ‖ dar acesso ‖ causa, motivo ‖ transportar → *Conducirse*, comportar-se, proceder, agir.

Conducta, *s.f.*, conduta, comportamento, forma de agir.

Conducto, *s.m.*, conduto, canal, tubo, tubulação, via → *Por conducto de*, através de, por meio de.

Conductor/ra, *adj.* e *s.*, condutor, aquele que conduz.

Conectar, *v.5,* contatar, unir, ligar ‖ acender a luz ou algo elétrico.

Conejar, *s.m.*, lugar especial para criar coelhos.

Conejero/a, *adj.*, caçador de coelhos ◆ *s.f.*, esconderijo de coelhos ‖ lugar onde se criam coelhos ‖ prostíbulo.

Conejillo/a, *s.*, cobaia, coelho-da-índia.

Conejo/a, *s.*, coelho ◆ *s.m.*, pele do coelho.

Conexión, *s.f.*, conexão ‖ elemento de ligação.

Confabular, *v.5,* confabular, conversar, tratar um assunto entre várias pessoas → *Confabularse*, pôr-se de acordo sobre uma ação contra outra pessoa.

Confección, *s.f.*, confecção.

Confeccionar, *v.5,* confeccionar.

Confeccionista, *adj.*, *s.m.* e *f.*, pessoa que se dedica à confecção, confeccionador.

Confederarse, *v.5,* confederar-se, unir-se, fazer aliança, pactuar.

Conferencia, *s.f.*, conferência entre políticos, entre estudiosos → *Conferencia de prensa*, entrevista coletiva. *Conferencia telefónica*, ligação telefônica interurbana.

Conferenciante, *s.m.* e *f.*, conferencista, aquele que pronuncia uma conferência.

Conferenciar, *v.5,* proferir uma conferência.

Conferir, *v.12,* conceder, atribuir, premiar, dar, comunicar.

Confesar, *v.12,* confessar, revelar, declarar, esclarecer → *Confesar de plano/de pleno,* contar tudo sem omitir detalhe algum.

Confesión, *s.f.*, confissão, ato e efeito de confessar ‖ credo ou crença religiosa a que um grupo de pessoas se dedica.

Confesionario, *s.m.*, confessionário.

Confeso/a, *adj.*, confessado.

Confesor, *s.m.*, confessor, sacerdote que confessa.

Confeti, *s.m.*, confete, pedacinho de papel colorido usado em especial no carnaval.
Confiado/a, *adj.*, que tem confiança, que confia ‖ crédulo.
Confianza, *s.f.*, confiança, autoconfiança ‖ intimidade no tratamento → *De confianza*, confiável, de confiança. *En confianza*, em segredo.
Confiar, *v.5.16*, confiar, assegurar, fiar, acreditar, revelar ‖ entregar em mãos de outro ‖ esperar algo com tranquilidade e segurança → *Confiarse*, ser franco, abrir-se com alguém.
Confidencia, *s.f.*, confidência.
Confidencial, *adj.*, confidencial.
Confidente/a, *s.*, confidente.
Configuración, *s.f.*, configuração, disposição.
Configurar, *v.5*, configurar.
Confín, *s.m.*, confins ‖ limite, extremo.
Confinación, *s.f.*, confinamento, ato de confinar.
Confinado/a, *adj.* e *s.*, confinado.
Confinamiento, *s.m.*, confinamento.
Confinar, *v.5*, confinar ‖ desterrar ‖ encerrar, fechar, trancar, recluir, isolar ‖ limitar-se com.
Confirmación, *s.f.*, confirmação.
Confirmar, *v.5*, confirmar ‖ dar segurança ‖ endossar o que já foi aprovado ‖ ministrar a confirmação no catolicismo.
Confiscar, *v.5.14*, confiscar.
Confitar, *v.5*, confeitar.
Confite, *s.m.*, confeito, guloseima, doce, bala.
Confitería, *s.f.*, confeitaria, doceria.
Confitero/a, *s.*, doceiro.
Confitura, *s.f.*, doce.
Conflagración, *s.f.*, conflagração.
Conflicto, *s.m.*, conflito.
Confluencia, *s.f.*, confluência.
Confluente, *adj.*, confluente, afluente.
Confluir, *v.11*, confluir, afluir, juntar-se duas ou mais coisas num mesmo sentido.
Conformación, *s.f.*, conformação, aspecto, disposição.
Conformar, *v.5*, conformar, ajustar, concordar, dar forma ‖ dar o de acordo em um documento → *Conformarse*, conformar-se, aceitar sem protestos.
Conforme, *adj.*, em conformidade, de acordo ‖ satisfeito, contente ◆ *s.m.*, de acordo colocado em documentos ◆ *adv.*, com relação a, em conformidade com ‖ tal como, à medida que → *Según y conforme*, de igual maneira que, igualmente.
Conformidad, *s.f.*, qualidade ou atitude de conforme, aceitação, concordância.
Conformismo, *s.m.*, conformismo, concordância.
Conformista, *adj.*, *s.m.* e *f.*, conformado, conformista.
Confort, *s.m.*, conforto, comodidade, bem-estar.
Confortable, *adj.*, confortável.
Confortar, *v.5*, confortar, animar, consolar, dar vigor, alento.
Confraternidad, *s.f.*, confraternização.
Confraternizar, *v.5.15*, confraternizar.
Confrontación, *s.f.*, confronto.
Confrontar, *v.5*, confrontar coisas ou pessoas.
Confundible, *adj.*, confuso.

Confundir, *v.7,* confundir ‖ transtornar ‖ perturbar ‖ desordenar ‖ constranger ‖ misturar ‖ embaralhar.

Confusión, *s.f.*, confusão.

Confuso/a, *adj.*, confuso ‖ misturado ‖ desordenado ‖ sem clareza ‖ duvidoso ‖ difícil de distinguir ou perceber ‖ temeroso ‖ incerto ‖ envergonhado ‖ encabulado.

Conga, *s.f.*, conga, dança típica cubana.

Congelación, *s.m.*, congelamento.

Congelador, *s.m.*, congelador.

Congelar, *v.5,* congelar ‖ bloquear.

Congénere, *adj.*, *s.m.* e *f.*, congênere, do mesmo gênero.

Congeniar, *v.5,* dar-se bem com alguém por ter gênio, caráter ou inclinações afins ou semelhantes.

Congénito/a, *adj.*, congênito.

Congestión, *s.f.*, congestão ‖ aglomeração, acúmulo.

Congestionar, *v.5,* congestionar.

Conglomerado, *adj.* e *s.m.*, conglomerado, conglomeração, agregação em massa ◆ *s.m.*, rocha sedimentar clástica.

Conglomerar, *v.5,* conglomerar, juntar fragmentos, agrupar.

Congoja, *s.f.*, tristeza, angústia, aflição, depressão moral.

Congraciar, *v.5,* congraçar, atrair o afeto e a benevolência.

Congratulación, *s.f.*, congratulação.

Congratular, *v.5,* congratular, parabenizar, felicitar.

Congregación, *s.f.*, congregação.

Congregar, *v.5.18,* congregar, reunir, juntar.

Congreso, *s.m.*, congresso.

Congrio, *s.m.*, congro, corongo, tipo de peixe.

Congruencia, *s.f.*, congruência.

Congruente/congruo/a, *adj.*, congruente, côngruo.

Cónico/a, *adj.*, cônico, coniforme.

Conjetura, *s.f.*, conjectura.

Conjeturar, *v.5,* conjecturar.

Conjugación, *s.f.*, conjugação.

Conjugar, *v.5.18,* conjugar ‖ unir, enlaçar.

Conjunción, *s.f.*, conjunção.

Conjuntar, *v.5,* ligar, juntar, ajuntar.

Conjuntivitis, *s.f.*, conjuntivite, inflamação da conjuntiva.

Conjuntivo/a, *adj.*, conjuntivo, que junta ou une ◆ *s.f.*, conjuntiva, membrana que reveste os olhos.

Conjunto/a, *adj.*, unido ‖ simultâneo ◆ *s.m.*, conjunto, agrupação de vários elementos em um todo ‖ totalidade ‖ jogo de roupa que se usa ao mesmo tempo ‖ grupo de músicos que atuam juntos.

Conjura/conjuración, *s.f.*, conjura, conjuro, conjuração.

Conjurar, *v.5,* aliar-se secretamente ‖ exorcisar ‖ rogar, implorar ‖ impedir, evitar algum mal ou perigo.

Conjuro, *s.m.*, conjuro, palavras mágicas contra o diabo ‖ poder sugestivo.

Conllevar, *v.5,* sofrer, tolerar, suportar, aguentar.

Conmemoración, *s.f.*, comemoração ‖ solenidade.

Conmemorar, *v.5,* comemorar, celebrar.

Conmigo, *pron. pess.* da primeira pessoa singular, comigo.

Conminar, *v.5,* ameaçar.

Conmiseración, *s.f.*, comiseração.

Conmoción, *s.f.*, comoção → *Conmoción cerebral*, comoção cerebral proveniente de traumatismo craniano.

Conmocionar, *v.5*, produzir comoção.

Conmover, *v.10*, comover, emocionar, enternecer ‖ perturbar, sacudir, mover violentamente.

Conmutable, *adj.*, trocável, substituível.

Conmutador/ra, *adj.* e *s.m.*, interruptor, chave para energia/luz elétrica.

Conmutar, *v.5*, trocar, permutar, cambiar, mudar.

Connivencia, *s.f.*, conivência, cumplicidade.

Connotación, *s.f.*, conotação.

Connotar, *v.5*, conotar, sugerir.

Cono, *s.m.*, cone → *Cono de luz*, feixe luminoso. *Cono Sur*, Cone Sul.

Conocedor/ra, *adj.* e *s.*, conhecedor.

Conocer, *v.9*, conhecer ‖ advertir, reparar, notar, fixar-se ‖ distinguir, reconhecer ‖ ter notícias, ter ouvido falar ‖ ter opinião sobre a personalidade de alguém com conhecimento e razão ‖ ter relacionamento com determinadas pessoas ‖ ter relação sexual com alguém.

Conocido/a, *adj.*, conhecido ‖ famoso, afamado ♦ *s.*, pessoa com quem se trata mas sem intimidade ou amizade.

Conocimiento, *s.m.*, conhecimento ‖ entendimento, inteligência, raciocínio ‖ consciência ♦ *s.m.pl.*, ciência, sabedoria, noção → *Venir en conocimiento de [algo]*, tomar conhecimento de alguma coisa.

Conque, *conj.*, então, portanto.

Conquista, *s.f.*, conquista.

Conquistador/ra, *adj.* e *s.*, conquistador.

Conquistar, *v.5*, conquistar, apoderar-se, dominar, conseguir, ganhar.

Consabido/a, *adj.*, sabido de antemão.

Consagrar, *v.5*, consagrar ‖ levantar um monumento em homenagem ‖ dedicar, destinar, usar, empregar ‖ conseguir fama ou reputação por algo que se expressa.

Consanguinidad, *s.f.*, consanguinidade.

Consciente, *adj.*, consciente.

Consecución, *s.f.*, ação e efeito de conseguir, conseguido.

Consecuencia, *s.f.*, consequência → *A consecuencia*, em resultado de. *En consecuencia*, conforme acordo anterior. *Por consecuencia*, indica que uma coisa é inferência de outra.

Consecuente, *adj.*, consequente ‖ responsável.

Consecutivo/a, *adj.*, consecutivo.

Conseguir, *v.13*, conseguir, alcançar, obter.

Conseja, *s.f.*, conto, fábula, lenda.

Consejero/a, *s.*, conselheiro.

Consejo, *s.m.*, conselho, advertência, aviso ‖ grupo de pessoas encarregado de legislar ‖ reunião de conselho.

Consenso, *s.m.*, consenso.

Consensual, *adj.*, consensual, de consenso.

Consentido/a, *adj.* e *s.*, permitido, licença.

Consentimiento, *s.m.*, permissão, anuência.

Consentir, *v.12*, permitir, anuir, aprovar, autorizar, tolerar ‖ mimo excessivo, indulgência ‖ resistir, suportar, admitir, sofrer ‖ ceder, afrouxar.

Conserje, *s.m.* e *f.*, zelador, porteiro.

Conserjería, *s.f.*, portaria.

Conserva, *s.f.*, conserva.

Conservadurismo, *s.m.*, conservadorismo ‖ de atitude conservadora.

Conservar, *v.5*, conservar ‖ guardar ‖ manter.

Conservatorio, *s.m.*, conservatório, escola em que se estuda música e outras artes.

Consideración, *s.f.*, consideração → *De consideración*, de muita importância. *En consideración*, em consideração, em atenção. *Tomar en consideración (algo)*, digno de consideração, digno de atenção.

Considerar, *v.5*, considerar, pensar, prestar atenção ‖ respeito e deferência especial no trato com pessoas ‖ estima, cortesia ‖ imaginação, imaginar.

Consigna, *s.f.*, atribuição ‖ nas estações de transportes, área e setor destinado ao depósito de bagagens, bagageiro.

Consignación, *s.f.*, depósito feito em garantia de alguma coisa.

Consignar, *v.5*, atribuir ‖ manifestar por escrito ‖ responsabilizar ‖ depositar em garantia ‖ enviar mercadoria.

Consigo, *pron.*, de terceira pessoa, consigo.

Consiguiente, *adj.*, conseguinte → *Por consiguiente*, em consequência.

Consistencia, *s.f.*, consistência, duração, estabilidade, solidez, coerência.

Consistir, *v.7*, consistir, estar fundamentado ‖ ser, estar formado por.

Consola, *s.f.*, consolo, pequena mesa de enfeite ou para colocar jarras ou pequenos objetos.

Consolación, *s.f.*, consolação, consolo.

Consolar, *v.10*, consolar, aliviar, amenizar.

Consolidar, *v.5*, consolidar, dar firmeza, sólido, seguro.

Consomé, *s.m.*, consomê, caldo de carne ou galinha.

Consonancia, *s.f.*, consonância, acordo, concordância, conformidade ‖ rima.

Consonante, *adj.*, consonante, que tem consonância ◆ *adj.* e *s.f.*, consoante.

Consorcio, *s.m.*, consórcio.

Consorte, *adj.*, *s.m.* e *f.* consorte, cônjuge.

Conspirar, *v.5*, conspirar.

Constancia, *s.f.*, constância, firmeza, perseverança.

Constante, *adj.*, constante, persistente, durável ◆ *s.f.*, quantidade que não varia.

Constar, *v.5*, constar, ser certo e verdadeiro ‖ ser composto ou formado, consistir, constituir-se ‖ estar, encontrar-se, aparecer ‖ chegar ao conhecimento.

Constatar, *v.5*, constatar, comprovar um fato, estabelecer a veracidade.

Constelación, *s.f.*, constelação, grupo ou conjunto de estrelas reunidas formando uma figura ‖ grupo de pequenas coisas esparramadas num pequeno espaço.

Consternación, *s.f.*, consternação.

Consternar, *v.5*, consternar, abater moralmente, causar desgosto, indignação.

Constipado/a, *adj.*, que está resfriado ◆ *s.m.*, resfriado, gripe forte.

Constipar, *v.5,* gripar-se, resfriar-se.

Constitución, *s.f.*, constituição, ação e efeito de constituir ‖ forma como um ser está formado ‖ conjunto fundamental de leis de um estado.

Constituir, *v.11,* constituir, formar, compor ‖ parte ou elemento essencial de um todo ‖ fundar, estabelecer, dar ordem ‖ outorgar qualidade ou direito → *Constituirse*, personificar, apresentar-se como.

Constituyente, *adj.* e *s.m.*, constituinte.

Constreñir, *v.13,* constrangir, obrigar, forçar, oprimir, limitar.

Construcción, *s.f.*, construção.

Construir, *v.11,* construir ‖ traçar um desenho geométrico.

Consuegro/a, *s.*, consogro.

Consuelo, *s.m.*, consolo, apoio.

Cónsul, *s.m.* e *f.*, cônsul.

Consulta, *s.f.*, consulta, ação e efeito de consultar ‖ visita do médico ao paciente ‖ consultório médico.

Consultar, *v.5,* consultar, pedir opinião ‖ pesquisar dados em um livro ou texto.

Consultorio, *s.m.*, consultório, escritório de atendimento ‖ seção em jornais, revistas, rádio e televisão onde se fazem consultas.

Consumar, *v.5,* consumar, acabar, terminar.

Consumición, *s.f.*, ato e efeito de consumir ‖ consumação.

Consumir, *v.7,* consumir ‖ destruir, extinguir, gastar, exaurir ‖ usar como fonte de energia ‖ causar aflição, desgosto, tristeza.

Consumo, *s.m.*, consumo.

Contabilidad, *s.f.*, contabilidade.

Contabilizar, *v.5.15,* contabilizar.

Contable, *adj.*, contador.

Contactar, *v.5,* contatar, fazer contato.

Contacto, *s.m.*, contato ‖ trato com pessoas ‖ espião.

Contado/a, *adj.*, contado, resultado de contar ‖ escasso, raro, pouco → *Al contado*, à vista, pagamento no ato.

Contador/ra, *adj.*, aquele que conta ‖ apontador de horas, marcador.

Contaduría, *s.f.*, escritório de contabilidade.

Contagiar, *v.5,* contagiar.

Contagio, *s.m.*, contágio, ato e efeito de contagiar.

Contaminar, *v.5,* contaminar ‖ corromper, perverter.

Contante, *adj.*, numerário, dinheiro em papel-moeda.

Contar, *v.10,* contar, enumerar, verificar o número, a quantia de ‖ computar ‖ levar em conta, fazer contas ou cálculos ‖ incluir algo em uma conta ‖ referir ou narrar algo real ou imaginário ‖ dar como certo algo que ainda não aconteceu ‖ fazer parte de um grupo → *Contar con*, considerar, ter em conta, ter importância, dispor de, possuir.

Contemplación, *s.f.*, contemplação, ação de contemplar ◆ *s.f.pl.*, delicadeza, gentileza → *Sin contemplaciones*, sem educação, estupidamente.

Contemplar, *v.5,* contemplar, olhar fixamente com muita atenção ‖ considerar mentalmente algo, ponderar mentalmente.

Contemporaneidad, *s.f.*, contemporaneidade.

Contemporáneo/a, *adj.* e *s.*, contemporâneo.

Contemporizar, *v.5.15*, contemporizar, acomodar-se aos desejos alheios.

Contender, *v.12*, briga, luta, competição.

Contenedor, *s.m.*, contêiner, cofre de carga.

Contener, *v.4*, conter ‖ deter, reprimir, moderar.

Contenido/a, *adv.*, contido, resultado de conter ♦ *s.m.*, conteúdo.

Contentar, *v.5*, contentar, satisfazer, alegrar → *Contentarse*, conformar-se, satisfazer-se com pouco ou com o que é oferecido.

Contento/a, *adj.*, contente, alegre, satisfeito ♦ *s.m.*, alegria, satisfação.

Contestación, *s.f.*, ação e efeito de responder a uma pergunta oral ou por escrito.

Contestar, *v.5*, responder ‖ replicar, objetar ‖ recusar, reclamar, protestar, duvidar.

Contexto, *s.m.*, contexto.

Contienda, *s.f.*, contenda, briga, luta, desentendimento.

Contigo, *pron.* segunda pessoa, contigo.

Continencia, *s.f.*, abstinência total.

Continente, *adj.*, continente ♦ *s.m.*, recipiente ‖ aspecto, atitude, compostura ‖ extensa superfície de terras.

Contingente, *adj.*, contingente, que pode ocorrer ou não ♦ *s.m.*, quota, parte proporcional.

Continuación, *s.f.*, continuação, prosseguimento → *A continuación*, na sequência, imediatamente após.

Continuar, *v.5.11*, continuar, prosseguir ‖ persistir, durar, permanecer.

Continuidad, *s.f.*, continuação → *Solución de continuidad*, interrupção, corte numa sucessão contínua.

Continuo/a, *adj.*, contínuo, sem interrupção ‖ frequente, perseverante.

Contonearse, *v.5*, rebolar com afetação.

Contoneo, *s.m.*, rebolado.

Contornear, *v.5*, contornar, fazer o contorno.

Contorno, *s.m.*, contorno.

Contorsión, *s.f.*, contorção.

Contra, *prefixo*, indica oposição ou sentido contrário ♦ *prep.*, contra, em oposição a ‖ expressa contato, apoio ‖ a troco de, em substituição a ♦ *s.m.*, o que é oposto, contrário ♦ *s.f.*, dificuldade, inconveniente → *Hacer/llevar la contra*, opor-se a alguma coisa ou a alguém.

Contraatacar, *v.5.14*, contra-atacar.

Contrabajo, *s.m.*, contrabaixo.

Contrabando, *s.m.*, contrabando.

Contracción, *s.f.*, contração.

Contraceptivo, *s.f.*, contraceptivo, anticoncepcional.

Contráctil, *adj.*, contrátil, que se contrai.

Contractual, *adj.*, contratual.

Contradecir, *v.24*, contradizer, desmentir.

Contradicción, *s.f.*, contradição.

Contraer, *v.43*, contrair, encolher, encurtar, retrair, reduzir ‖ contaminar ‖ limitar.

Contrafuerte, *s.m.*, contraforte, reforço.

Contrahecho/a, *adj.*, malfeito, deformado, torto.

Contraindicación, *s.f.*, contraindicação.

Contramaestre, *s.m.*, contramestre.

Contramano, *s.f.*, em sentido contrário → *A contramano*, contramão.

Contrapelo, *s.f.*, em sentido contrário → *A contrapelo*, contragosto.

Contrapesar, *v.5*, igualar, equilibrar, contrabalançar.

Contraponer, *v.34*, opor, comparar.

Contraportada, *s.f.*, contracapa, quarta capa de revista ou livro.

Contrariar, *v.5.16*, contrariar, opor-se.

Contrariedad, *s.f.*, contratempo, desgosto, estorvo.

Contrario/a, *adj.*, contrário, oposto, adverso ‖ prejudicial, daninho ◆ *s.*, inimigo, adversário → *Al/por el/todo lo contrario*, de forma contrária, pelo contrário. *Llevar/hacer la contraria*, do contra, contrariar sempre.

Contrarrestar, *v.5*, compensar, neutralizar.

Contrasentido, *s.m.*, contrassenso.

Contrastar, *v.5*, contrastar, dar contraste, mostrar as diferenças ‖ verificar a autenticidade de um documento.

Contrata, *s.f.*, acordo, empreitada.

Contratación, *s.f.*, contrato, contratação.

Contratar, *v.5*, contratar, pactuar, estabelecer acordo, ajustar, conveniar.

Contratiempo, *s.m.*, contratempo, imprevisto.

Contratista, *s.m.* e *f.*, empreiteiro.

Contrato, *s.m.*, contrato, convenção jurídica, documento onde se pactuam as partes.

Contravenir, *v.15*, fazer contravenção.

Contraventana, *s.f.*, persiana que protege os vidros de uma janela e impede a passagem de luz.

Contrayente, *adj.*, *s.m.* e *f.*, quem contrai matrimônio.

Contribución, *s.f.*, contribuição → *Poner a contribución*, lançar mão de qualquer coisa para conseguir o que se deseja.

Contribuir, *v.11*, contribuir, dar voluntariamente, ajudar, cooperar.

Contribuyente, *adj.*, *s.m.* e *f.*, contribuinte.

Contrición, *s.f.*, contrição.

Contrincante, *s.m.* e *f.*, oponente, adversário, competidor, rival.

Contristar, *v.5*, compungir, entristecer.

Contrito/a, *adj.*, arrependido, abatido, triste por um erro cometido.

Control, *s.m.*, controle.

Controlar, *v.5*, controlar, comprovar, inspecionar ‖ dirigir, regular, dominar, moderar.

Controversia, *s.f.*, controvérsia.

Contubernio, *s.m.*, amancebar-se, amigar-se.

Contumaz, *adj.*, contumaz.

Conturbar, *v.5*, conturbar, alterar, tumultuar, inquietar.

Contusión, *s.f.*, contusão, lesão traumática.

Contusionar, *v.5*, contundir.

Contuso/a, *adj.*, contundido.

Convalecer, *v.9*, convalescer, recuperação depois de uma doença.

Convalidar, *v.5*, convalidar, confirmar, revalidar.

Convecino/a, *adj.*, vizinhança.

Convencer, *v.6.12*, convencer, argumentar.

Convención, *s.f.*, convenção.

Convenido/a, *adj.*, de comum acordo.

Conveniencia, *s.f.*, conveniência.

Convenio, *s.m.*, convênio, acordo, convenção, pacto.

Convenir, *v.15*, convir, combinar, estabelecer acordo, pactuar ‖ oportuno, adequado, importante ‖ coincidir.

Convento, *s.m.*, convento.

Converger, *v.6.11*/**Convergir**, *v.7.15*, convergir, dirigir-se em conjunto a um mesmo lugar.

Conversación, *s.f.*, conversação, conversa → *Dar conversación*, entreter uma pessoa falando com ela.

Conversar, *v.5*, conversar, falar.

Convertir, *v.12*, converter, mudar, trocar, modificar, transformar ‖ levar a uma religião quem pertence a outra ‖ fazer mudar de ideia.

Convexo/a, *adj.*, convexo.

Convicción, *s.f.*, convicção, crença, convencimento ◆ *s.f.pl.*, ideias, crenças e opiniões de uma pessoa sobre religião, política, leis e costumes.

Convicto/a, *adj.*, convicto.

Convidado/a, *adj.* e *s.*, convidado.

Convidar, *v.5*, convidar, incitar, estimular.

Convite, *s.m.*, convite ‖ banquete.

Convivir, *v.7*, conviver.

Convocar, *v.5.14*, convocar, citar, chamar.

Convoy, *s.m.*, escolta, guarda especial ‖ comboio, série de veículos de transporte que tem o mesmo destino ‖ trem.

Convulsión, *s.f.*, convulsão.

Conyugal, *adj.*, conjugal.

Cónyuge, *s.m.* e *f.*, cônjuge.

Coña, *s.f.*, sátira, burla, sarro ‖ coisa que incomoda muito, coisa desagradável.

Coñac, *s.m.*, conhaque.

Coñazo, *s.m.* e *f.*, coisa desagradável ao máximo.

Coñearse, *v.5*, burlar-se com menosprezo.

Coño, *s.m.*, vulva, parte externa da genitália feminina → *¡Coño!, interj.*, denota raiva, desagrado, surpresa, zanga, espanto, equivale a: porra!

Cooperación, *s.f.*, cooperação.

Cooperar, *v.5*, cooperar.

Coordinación, *s.f.*, coordenação.

Coordinar, *v.5*, coordenar.

Copa, *s.f.*, taça ‖ gole ‖ conjunto dos galhos de uma árvore ‖ parte oca do chapéu ‖ prêmio concedido ao ganhador ‖ competição esportiva ◆ *s.f.pl.*, copas, um dos naipes do baralho → *Apurar la copa*, chegar ao extremo da dor, tristeza, calamidade ou qualquer outro sentimento negativo.

Copar, *v.5*, abocanhar todos os prêmios ‖ surpreender o inimigo ‖ nos jogos apostar a banca.

Copartícipe, *adj.*, *s.m.* e *f.*, coparticipante.

Copear, *v.5*, bebericar.

Copeo, *s.m.*, beberico, golada.

Copete, *s.m.*, topete → *De alto copete*, pessoa muito importante ou de destaque.

Copetín, *s.m.*, *Amér.*, aperitivo, coquetel, taça de licor.

Copia, *s.f.*, cópia, reprodução ‖ imitação grosseira ‖ pessoa muito parecida com outra ‖ abundância, grande quantidade.

Copiar, *v.5,* copiar, reproduzir com exatidão ‖ transcrever o que outra pessoa diz ‖ imitar com mediocridade ‖ plagiar.

Copiloto, *s.m.,* copiloto.

Copión/ona, *adj.* e *s.,* que copia ou cola nas provas.

Copiosidad, *s.f.,* abundância, excesso.

Copioso/a, *adj.,* abundante, em grande quantidade, muito.

Copista, *s.m.* e *f.,* copista, aquele que se dedica a fazer cópias.

Copla, *s.f.,* combinação métrica ou estrofe geralmente de quatro versos destinada a ser cantada com música popular → *Copla de arte mayor,* estrofe de oito versos de doze sílabas rimando entre si o primeiro, quarto, quinto e oitavo, segundo e terceiro, o sexto e o sétimo. *Copla de pie quebrado,* combinação métrica onde se rimam versos curtos com versos longos. *Coplas de Calaínos,* anedota velha e sem graça que todos conhecem e ninguém presta atenção.

Copo, *s.m.,* floco, tufo, porção de qualquer coisa que por sua consistência lembre um floco de neve ‖ tarrafa para pescar.

Copón, *s.m.,* cálice grande especial onde se guardam as hóstias consagradas.

Coproducción, *s.f.,* coprodução.

Copudo/a, *adj.,* copado, árvore que tem muita copa.

Cópula, *s.f.,* cópula, união sexual.

Copulativo/a, *adj.,* copulativo, que liga, une, junta.

Coque, *s.m.,* coque, tipo de carvão obtido da destilação da hulha.

Coquetear, *v.5,* namoricar, paquerar, flertar, cortejar.

Coquetería, *s.f.,* frivolidade, superficialidade, banalidade.

Coqueto/a, *adj.* e *s.,* frívolo, vaidoso, banal, superficial ◆ *s.f.,* penteadeira, móvel com espelho usado nos dormitórios.

Coquetón/ona, *adj.,* gracioso, atrativo, engraçadinho, agradável, chamativo com graça.

Coraje, *s.m.,* coragem, valor, energia, decisão, determinação ‖ raiva, ira, ódio.

Corajudo/a, *adj.,* corajoso, que tem muita coragem.

Coral, *adj.,* relativo ao coro ◆ *s.m.,* coral, composição musical ‖ animal minúsculo marinho e substância dura formada por esse animal usado em joalheria ◆ *s.m.,* conjunto de pessoas que cantam juntas.

Coraza, *s.f.,* couraça, armadura usada para proteger o peito e as costas ‖ revestimento metálico especial para blindar veículos ‖ carapaça da tartaruga.

Corazón, *s.m.,* coração, víscera ‖ centro, núcleo ‖ apelativo carinhoso ◆ *s.m.pl.,* um dos naipes do baralho → *Anunciar/dar/decir algo el corazón,* ter o pressentimento. *Con el corazón en la mano,* sinceramente, com toda a franqueza, honestamente. *De/todo corazón,* pessoa prestativa e de boa vontade ‖ de verdade, seguramente e com afeto. *El corazón en un puño,* grande opressão, temor e suspeitas de algo trágico. *Encogérsele [a alguien] el corazón*, acovardar-se, retroceder, voltar atrás ‖ sentir compaixão, pena, dó, aflição. *No caberle el corazón en el pecho,* estar muito sobressaltado ou inquieto seja de alegria ou ansiedade. *Partirle/romperle el corazón,* causar ou sentir grande tristeza, pena ou desgosto.

Corazonada, *s.f.*, pressentimento ‖ impulso repentino.

Corbata, *s.f.*, gravata.

Corbatín, *s.m.*, gravata-borboleta.

Corcel, *s.m.*, corcel, cavalo corredor.

Corchea, *s.f.*, colcheia, figura de nota musical.

Corchero/a, *adj.*, relativo à cortiça.

Corchete, *s.m.*, colchete.

Corcho, *s.m.*, cortiça ‖ rolha.

Corcova, *s.f.*, corcova, giba.

Corcovear, *v.5,* corcovear, dar pinotes.

Corcovo, *s.m.*, pinote, salto que o cavalo dá arqueando o dorso.

Córcholis, *interj.*, denota espanto, contrariedade, zanga, equivale a: puxa vida!

Cordel, *s.m.*, barbante → *A cordel*, em linha reta.

Cordelería, *s.f.*, fábrica de barbantes e cordas.

Cordero/a, *s.*, cordeiro, filhote de carneiro com menos de um ano ‖ peça de pele de cordeiro ‖ pessoa dócil, carinhosa e humilde.

Cordial, *adj.*, cordial, afetuoso, amigável ◆ *s.m.*, bebida composta de vários ingredientes para fortificar os doentes.

Cordialidad, *s.f.*, cordialidade.

Cordillera, *s.f.*, cordilheira, conjunto de montanhas.

Cordobán, *s.m.*, pele curtida da cabra.

Cordobés/esa, *adj.* e *s.*, nascido em Córdoba, cidade do sul da Espanha ‖ tipo de chapéu de feltro de aba larga e reta e copa baixa e redonda.

Cordón, *s.m.*, corda, cordão, barbante grosso ‖ fio dos aparelhos eletrodomésticos ‖ barreira, proteção feita com pessoas ‖ cadarço ‖ estruturas anatômicas cilíndricas e finas.

Cordoncillo, *s.m.*, risca em relevo de alguns tecidos.

Cordura, *s.f.*, prudência, sensatez, juízo, seriedade.

Corear, *v.5,* fazer coro com a multidão ‖ concordar ostensivamente por adulação.

Coreografía, *s.f.*, coreografia.

Coriza, *s.f.*, coriza nasal.

Cornada, *s.f.*, chifrada.

Cornear, *v.5,* atacar com os chifres, dar chifradas.

Córneo/a, *adj.*, relativo aos chifres ◆ *s.f.*, córnea, parte anterior, transparente da parte externa do globo ocular.

Córner, *s.m.*, no futebol, escanteio.

Corneta, *s.f.*, corneta ‖ pessoa que toca esse instrumento.

Cornete, *s.m.*, corneto, cada uma das lâminas ósseas que revestem as fossas nasais.

Cornezuelo, *s.m.*, fungo que ataca o centeio.

Cornisa, *s.f.*, cornija, ornato que assenta sobre o friso de uma construção.

Cornudo/a, *adj.*, cornudo, que tem cornos, chifres ◆ *s.m.* e *adj.*, marido enganado pela mulher.

Coro, *s.m.*, coro, conjunto de cantores ‖ coral, conjunto de vozes ‖ parte da igreja onde ficam os cantores ‖ obra musical composta especialmente para vozes ‖ canto e reza comunitária → *A coro*, simultaneamente. *Hacer coro*, apoiar, unir-se na opinião.

Corola, *s.f.*, corola das flores.

Corolario, *s.m.*, corolário, proposição ou afirmação que se deduz de uma demonstração.

Corona, *s.f.*, coroa, tiara de flores ‖ dignidade e autoridade real ‖ reino e monarquia ‖ auréola ‖ parte do dente recoberta de esmalte ‖ arruela ou engrenagem dentada.

Coronación, *s.f.*, coroação.

Coronar, *v.5*, coroar ‖ acabar, concluir, rematar à perfeição ‖ na parte superior, no topo, no auge → *Coronarse*, início da saída da cabeça do feto no momento do nascimento.

Coronario/a, *adj.*, relativo às coronárias cardíacas.

Coronel, *s.m.*, coronel.

Coronilla, *s.f.*, parte mais superior e posterior da cabeça humana → *Andar/bailar/ir de coronilla*, fazer algo com muito empenho e esforço. *Estar hasta la coronilla*, estar cheio, saturado, até as tampas.

Corpiño, *s.m.*, peça do vestuário feminino que se ajusta ao corpo firmemente do busto até a cintura.

Corporación, *s.f.*, corporação.

Corporal, *adj.*, corporal, relativo ao corpo.

Corpóreo/a, *adj.*, corpóreo, que tem corpo e volume.

Corpulento/a, *adj.*, corpulento, que tem corpo grande e volumoso.

Corpus, *s.m.*, recompilação de artigos escritos sobre uma mesma matéria ou conjunto de obras de um mesmo autor.

Corpúsculo, *s.m.*, corpúsculo, partícula microscópica.

Corral, *s.m.*, cercado ao ar livre anexo a uma casa de campo usado para criar animais domésticos ‖ espaço ao ar livre usado na antiguidade para representar comédias.

Correa, *s.f.*, correia, tira de couro ‖ tira flexível conectada por dois eixos de rotação através de polias → *Tener correa*, dar trela, suportar brincadeiras sem perder a esportiva.

Correaje, *s.m.*, conjunto de correias, conjunto dos arreios de uma cavalgadura.

Correazo, *s.m.*, cintada, golpe dado com uma cinta ou correia.

Corrección, *s.f.*, correção.

Correctivo/a, *adj.* e *s.m.*, corretivo, castigo ou sanção leve.

Correcto/a, *adj.*, correto, certo, exato ‖ cortês, educado, gentil.

Corrector/ra, *adj.* e *s.*, aquele que corrige.

Corredera, *s.f.*, trilho por onde corre uma peça adaptada a algum dispositivo ou máquina.

Corredizo/a, *adj.*, solto, que corre ou desliza com facilidade.

Corredor/ra, *adj.* e *s.*, corredor, que corre ‖ corretor, intermediador comercial ‖ passagem interior.

Corregidor, *s.m.*, corregedor.

Corregir, *v.13*, corrigir, retificar, consertar ‖ advertir, repreender ‖ verificar o professor exercícios e provas feitas por alunos.

Correlación, *s.f.*, correlação.

Correo, *s.m.*, correio, correspondência, edifício usado pelos correios, pessoa que entrega correspondência.

Correoso/a, *adj.*, flexível, maleável, difícil de quebrar.

Correr, *v.6*, correr, fluir ‖ ir, passar ‖ estender-se ‖ passar o tempo ‖ ter rapidez ‖ divulgar ‖ comunicar uma notícia ‖ correr, prova esportiva, toureação ‖ iniciar a contagem de um vencimento ‖ perseguir, acossar ‖ fechar/abrir, trancar/destrancar portas, cortinas ou venezianas ‖ estar exposto a riscos ou perigos ‖ tinta escorrida resultante de uma pintura malfeita ‖ envergonhar, confundir → *Correrse*, chegar ao orgasmo. *A todo correr,* máxima velocidade possível. *Correr a cargo/por cuenta*, ser da alçada de outra pessoa. *Correr con*, encarregar-se ou custear algo. *Correrla*, sair de farra.

Correría, *s.f.*, saque ou depredação em território inimigo ‖ viagem rápida.

Correspondencia, *s.f.*, correspondência.

Corresponder, *v.6*, corresponder ‖ pagar, compensar os benefícios ‖ pertencer, conexão entre dois fatos ‖ retribuir.

Corresponsal, *adj.*, *s.m.* e *f.*, correspondente, jornalista que de um país envia notícias a outro.

Corretaje, *s.m.*, corretagem, comissão recebida pelo corretor.

Corretear, *v.5*, correr de lá para cá em especial as crianças quando brincam.

Correveidile, *s.m.* e *f.*, pessoa fofoqueira, que ouve aqui e conta ali.

Corrido/a, *adj.*, corrido ‖ contínuo ‖ seguido ‖ deslocado ‖ que excede um pouco do exato ‖ chorinho no peso ou na bebida ◆ *adj.* e *s.*, pessoa muito experiente por ter vivido de tudo, muitos anos de janela ◆ *s.m.*, composição musical popular típica do México, Venezuela e outros países latino-americanos ◆ *s.f.*, ação e efeito de correr, sair, transladar-se ‖ corrida, toureação → *De corrido*, com presteza e rapidez, sem empecilhos.

Corriente, *adj.*, que corre ‖ habitual, normal, comum ◆ *s.f.*, corrente, fluido que corre ‖ direção e tendência dos sentimentos → *Al corriente*, sem atraso, exatamente ‖ atualizado, informado, saber de tudo que ocorre. *Corriente y moliente*, sem nada extraordinário, simples, comum, habitual. *Dejarse llevar de/por/irse con/tras/seguir la corriente*, ir com os outros, fazer o que os outros fazem, não se opor. *Ir/navegar contra la corriente,* ser do contra em ações ou palavras.

Corrillo, *s.m.*, rodinha de pessoas que conversam entre si.

Corrimiento, *s.m.*, ação e efeito de correr, escoamento, corrimento.

Corro, *s.m.*, roda de pessoas ‖ espaço mais ou menos circular → *Hacer corro,* fazer uma roda. *Jugar al corro,* brincar de roda.

Corroborar, *v.5,* corroborar, apoiar uma ideia.

Corroer, *v.39,* corroer, desgastar.

Corromper, *v.6,* corromper, alterar, destruir, viciar, perverter.

Corrosión, *s.f.,* corrosão, ação e efeito de corroer.

Corrosivo/a, *adj.,* corrosivo ‖ mordaz, cáustico, destrutivo.

Corrupción, *s.f.,* corrupção, ação e efeito de corromper.

Corrupto/a, *adj.,* corrupto.

Corrusco, *s.m.,* naco de pão duro.

Corsario/a, *adj.* e *s.,* corsário.

Corsé, *s.m.,* peça do vestuário feminino usada para moldar o corpo desde o busto até os quadris geralmente com barbatanas.

Cortacésped, *s.m.,* máquina para cortar a grama.

Cortacircuitos, *s.m.,* dispositivo de segurança para evitar curtos-circuitos.

Cortado/a, *adj.,* resultante de cortar ou cortar-se ‖ exposição de uma matéria em itens, sem redação ◆ *s.m.,* café com um pouco de leite.

Cortadura, *s.f.,* corte, divisão, fenda ‖ vale estreito entre duas montanhas ◆ *s.f.pl.,* recortes sem utilidade que sobram de qualquer material.

Cortafrío, *s.m.,* ferramenta especial para cortar ferro ou metais duros a frio.

Cortafuego, *s.m.,* corta-fogo, área limpa nos campos e bosques mantida para evitar a propagação do fogo ‖ muro ou porta colocada com a mesma finalidade.

Cortante, *adj.,* cortante, que corta.

Cortar, *v.5,* cortar, dividir, separar partes ‖ instrumentos ou ferramentas com corte ‖ singrar, fender ‖ deter, interromper, impedir, cessar, parar ‖ censurar, suprimir uma parte de uma obra ‖ dar forma conveniente a uma roupa ‖ frio ou vento muito forte ‖ tomar um atalho ‖ coalhar ‖ talhar com o buril a madeira ‖ separar as cartas de um baralho em duas partes → *Cortarse,* ficar sem fala, turbar-se, não saber o que dizer. *Cortar por lo sano,* interromper alguma coisa radicalmente, abruptamente.

Cortaplumas, *s.m.pl.,* canivete.

Cortaúñas, *s.m.,* cortador de unhas.

Cortaviento, *s.m.,* quebra-vento.

Corte, *s.m.,* corte ‖ divisão ou fenda feita num corpo por instrumento cortante ‖ fio de instrumentos ou ferramentas cortantes ‖ traço, conjunto de riscos ‖ feitura, aparência ‖ secção ‖ metragem de tecido necessária para uma confecção ‖ superfície visível das folhas de um livro quando fechado ◆ *s.f.,* séquito e comitiva ‖ lugar de residência de um monarca ◆ *s.f.pl.,* parlamento, congresso → *Hacer la corte,* cortejar, namorar, galantear, paquerar.

Cortedad, *s.f.,* qualidade de curto.

Cortejar, *v.5,* cortejar, namorar, paquerar.

Cortejo, *s.m.,* namoro ‖ cortejo, grupo de pessoas.

Cortés, *adj.,* cortês, atencioso, afável, educado.

Cortesía, *s.f.,* cortesia ‖ espaço em branco deixado nos livros ao final de cada capítulo.

Corteza, *s.f.*, casca, crosta, córtex ‖ aparência exterior de pessoas, coisas ou fatos ‖ pessoa grossa, sem refinamento ou educação.

Cortijero/a, *s.*, administrador de fazenda, capataz.

Cortijo, *s.m.*, fazenda e casa de campo, em especial as que se localizam em Andaluzia na Espanha.

Cortina, *s.f.*, cortina ‖ tudo que cobre, esconde ou oculta alguma coisa ‖ ator secundário que serve num espetáculo para dar tempo ao ator principal na troca de vestuário ‖ pessoa tapa-buraco.

Cortinaje, *s.m.*, conjunto de cortinas de uma casa.

Cortinilla, *s.f.*, cortina pequena em especial a usada nas janelas dos ônibus.

Corto/a, *adj.*, curto ‖ breve, de pouca duração ‖ defeituoso ‖ escasso, que não chega ‖ sem talento ‖ enganador, inculto, bronco ◆ *s.m.*, curta-metragem, filme de curta duração ◆ *s.f.*, poda das árvores ou plantas → *A la corta o a la larga*, mais cedo ou mais tarde.

Cortocircuito, *s.m.*, curto-circuito.

Cortometraje, *s.m.*, curta-metragem, filme com menos de trinta minutos de duração.

Coruñés/esa, *adj.* e *s.*, relativo a La Coruña, cidade do norte da Espanha.

Corvadura, *s.f.*, curvatura.

Corvato, *s.m.*, cria do corvo.

Corvejón, *s.m.*, articulação das patas posteriores da cavalgadura entre a coxa e o joelho.

Corveta, *s.f.*, movimento do cavalo quando anda sobre as patas traseiras erguendo as dianteiras.

Corvina, *s.f.*, corvina, tipo de peixe.

Corvo/a, *adj.*, curvado, curvo ◆ *s.f.*, parte oposta ao joelho.

Corzo/a, *s.*, corça, tipo de veado.

Cosa, *s.f.*, coisa ‖ objeto ‖ assunto ‖ em orações negativas, nada → *Como si tal cosa*, fazer de conta que não aconteceu nada, sem dar importância. *Cosa de,* cerca de, mais ou menos, aproximadamente. *Cosa pública*, a política de governo em geral. *No haber tal cosa*, mentira, falsidade, não ser assim. *No sea cosa que,* indica cuidado, prevenção, cautela. *Poquita cosa*, pessoa pequena moral ou fisicamente, debilitada ou pusilânime. *Ser cosa de*, ser conveniente ou oportuno ‖ a solução para algo ‖ estar sob a responsabilidade de ‖ ser do interesse de. *Ser cosas de*, usado para explicar as manias de alguém.

Coscorrón, *s.m.*, batida forte dada na cabeça, cascudo.

Cosecha, *s.f.*, colheita → *De la cosecha de [alguien]*, invento próprio, invencionice.

Cosechador/ra, *adj.* e *s.*, pessoa que faz a colheita.

Cosechar, *v.5*, colher, recolher ‖ ganhar.

Coser, *v.6*, coser, costurar ‖ qualquer trabalho feito com agulha e linha ‖ crivar ‖ grampear documentos → *Ser coser y cantar,* coisa muito fácil de fazer.

Cosido/a, *adj.*, costura ‖ costurado, resultado de coser ou costurar.

Cosmético/a, *adj.* e *s.m.*, cosmético ◆ *s.f.*, cosmética.

Cósmico/a, *adj.*, cósmico.

Cosmonauta, *s.m.* e *f.*, cosmonauta, astronauta.

Cosmopolita, *adj.*, *s.m.* e *f.*, cosmopolita.

Cosmos, *s.m.*, cosmo, mundo, universo.

Cosquillas, *s.f.pl.*, cócegas → *Buscarle las cosquillas [a alguien],* impacientar ou irritar propositalmente.

Cosquillear, *v.5,* fazer cócegas ‖ ter desejos, pensamentos ou projetos burilando na cabeça.

Cosquilleo, *s.m.*, cócegas, comichão, coceira.

Costa, *s.f.*, costa, orla marítima ◆ *s.f.pl.*, custas de um processo judicial → *A costa de,* à força de, ao custo de, graças a. *A toda costa*, a qualquer preço seja em dinheiro ou em trabalho e esforço.

Costado, *s.m.*, cada uma das partes laterais do corpo humano entre o peito e as costas ‖ lado, flanco, anca → *Por los cuatro costados,* por todas as partes.

Costal, *adj.*, relativo às costas ◆ *s.m.*, saco grande de tecido rústico, saca → *Estar/quedarse hecho un costal de huesos,* estar pele e osso, muito magro. *No parecer costal de paja,* pessoa do sexo oposto que atrai.

Costalada, *s.f.*/**Costalazo**, *s.m.*, batida forte dada nas costelas ou nas costas.

Costanilla, *s.f.*, ladeira, descida íngreme.

Costar, *v.10,* custar, valor de algo ‖ causar, provocar → *Costar caro [algo a alguien],* grande prejuízo, perda ou dano.

Coste, *s.m.*, custo.

Costear, *v.5,* custear ‖ costear, navegar pela costa, bordear, ir pela borda.

Costilla, *s.f.*, costela ‖ costeleta ‖ esposa ◆ *s.f.pl.*, as costas, o dorso, a parte de trás → *Medir las costillas [a alguien],* dar uma surra.

Costo, *s.m.*, custo, preço de algo.

Costoso/a, *adj.*, custoso, muito caro.

Costra, *s.f.*, crosta, casca.

Costumbre, *s.f.*, costume, hábito ◆ *s.f.pl.*, conjunto de hábitos de uma pessoa ou sociedade → *De costumbre,* usual, habitual.

Costumbrismo, *s.m.*, costumes típicos de um país ou região.

Costura, *s.f.*, costura, ação e efeito de costurar, coser ‖ série de pontos que unem duas partes costuradas → *Meter en costura [a alguien],* fazer alguém se ater a razões.

Costurera, *s.f.*, costureira, pessoa que costura.

Costurero, *s.m.*, cesto de costura.

Costurón, *s.m.*, costura malfeita ‖ cicatriz feia e muito visível.

Cota, *s.f.*, nível, pequena altura em relação ao mar.

Cotarro, *s.m.*, reunião barulhenta de pessoas amigas → *Alborotar el cotarro,* provocar confusão, alterar. *Dirigir el cotarro,* mandar e dar ordens em algum assunto em especial.

Cotejar, *v.5,* cotejar, comparar, confrontar.

Coterráneo/a, *adj.* e *s.*, conterrâneo.

Cotidiano/a, *adj.*, cotidiano, diário, de todos os dias.

Cotilla, *s.m.* e *f.*, fofoqueiro.

Cotillear, *v.5,* fofocar, fazer fofoca.

Cotilleo, *s.m.*, fofoca.

Cotillón, *s.m.*, baile barulhento e animado que finaliza uma festa.

Cotizar, *v.5.15*, cotar, fazer cotação ‖ avaliar, valorar.

Coto, *s.m.*, terreno cercado e reservado para algum fim especial ‖ término, limite, final.

Cotorra, *s.f.*, matraca, ave ‖ pessoa muito faladora.

Cotorrear, *v.5*, falar demais, tagarelar.

Cotorreo, *s.m.*, falação, tagarelice.

Covacha, *s.f.*, barraco, casa de favela.

Coxis, *s.m.*, cóccix.

Coyote, *s.m.*, coiote.

Coyuntura, *s.f.*, conjuntura.

Coz, *s.f.*, coice → *A coces,* sem educação, grosseiramente, com descompostura.

Cráneo, *s.m.*, crânio → *Ir de cráneo,* andar muito preocupado ou muito ocupado.

Crápula, *s.f.*, crápula, libertino, devasso ‖ pessoa que leva esse tipo de vida.

Craso/a, *adj.*, crasso, grosso, grosseiro.

Cráter, *s.m.*, cratera, em especial do vulcão.

Creación, *s.f.*, criação, ação e efeito de criar ‖ o mundo, qualquer e todo ser vivente.

Creador/ra, *adj.* e *s.*, criador, que cria ‖ Deus.

Crear, *v.5*, criar ‖ instituir, fundar, estabelecer ‖ formar, forjar.

Creatividad, *s.f.*, criatividade.

Crecer, *v.9*, crescer, aumentar, desenvolver-se, incrementar ‖ estender-se, propagar-se ‖ encorpar → *Crecerse,* arvorar-se de mais autoridade, poder, importância, valor, atrevimento.

Creces, *loc.*, *con creces,* amplamente, grandemente, muito mais do que o necessário.

Creciente, *adj.*, crescente, o que está crescendo.

Crecimiento, *s.m.*, crescimento.

Credencial, *adj.* e *s.f.*, credencial.

Credibilidad, *s.f.*, credibilidade.

Crédito, *s.m.*, crédito ‖ solvência ‖ reputação, fama, autoridade.

Credo, *s.m.*, credo, crença, fé → *En un credo,* num breve espaço de tempo.

Crédulo/a, *adj.*, crédulo.

Creencia, *s.f.*, crença, fé ‖ fato dado como verdadeiro.

Creer, *v.22,* crer, acreditar, ter fé ‖ ter como certo e provável ‖ pensar, julgar, emitir opinião ‖ considerar, avaliar.

Creíble, *adj.*, crível, passível de ser acreditado.

Creído/a, *adj.*, resultante de crer ‖ vaidoso, convencido.

Crema, *s.f.*, creme, nata, pasta rala ‖ queijo fundido ‖ purê ralo ou aguado ‖ licor espesso.

Cremallera, *s.f.*, zíper, cremalheira, engrenagem ‖ trilhos de vias férreas com engrenagens.

Cremoso/a, *adj.*, cremoso, com a consistência de creme.

Crencha, *s.f.*, risca que divide o cabelo em duas partes ‖ cada uma dessas partes.

Crepitar, *v.5*, crepitar, estalar.

Crepuscular, *adj.*, crepuscular.

Crepúsculo, *s.m.*, crepúsculo.

Crespo/a, *adj.*, crespo, cabelo encrespado ‖ irritado, alterado, nervoso ‖ estilo literário obscuro e rebuscado.

Crespón, *s.m.*, crepom ‖ fita preta usada como sinal de luto no braço ou nas bandeiras.

Cresta, *s.f.*, crista ‖ topete de alguns animais ‖ cume rochoso → *Dar en la cresta [a alguien]*, humilhar alguém, menosprezar, desprezar.

Cretino/a, *adj.* e *s.*, cretino, estúpido.

Cretona, *s.f.*, cretone.

Creyente, *adj.*, *s.m.* e *f.*, crente, que possui uma crença.

Criadero, *s.m.*, lugar onde se criam determinados animais ‖ mina, nascente, jazida.

Criadilla, *s.f.*, testículos de certos animais.

Criado/a, *adj.*, criado, resultado do criar ‖ precedido dos *adv. bien* ou *mal*, indica pessoa bem ou mal-educada ◆ *s.*, empregado, especialmente o doméstico.

Crianza, *s.f.*, criação ‖ aleitamento, lactância ‖ educação em geral que uma pessoa recebeu.

Criar, *v.5.16*, criar, nutrir, alimentar, amamentar ‖ cultivar, reproduzir ‖ cuidar, instruir, educar ‖ dirigir ‖ processo de criação de vinhos → *Criarse*, crescer, desenvolver-se.

Criatura, *s.f.*, criatura, todo ser vivente ‖ criança recém-nascida ou pequena.

Criba, *s.f.*, crivo, peneira → *Estar [algo o alguien] como una criba*, estar muito esburacado.

Cribar, *v.5*, crivar, peneirar.

Cric, *s.m.*, aparelho para levantar grandes pesos a pouca altura, macaco usado nos automóveis.

Crimen, *s.m.*, crime, delito grave ‖ coisa muito malfeita.

Criminal, *adj.*, *s.m.* e *f.*, criminoso, relativo ao crime.

Criminalidad, *s.f.*, criminalidade.

Crin, *s.f.*, crina, cerdas.

Crío/a, *s.*, criança, bebê de pouca idade ◆ *s.f.*, ação de criar ‖ animal que está criando ‖ conjunto de animais que nascem de uma só vez.

Criollo/a, *adj.* e *s.*, relativo a hispano-americano nascido ou descendente de espanhol.

Cripta, *s.f.*, cripta.

Crisantemo, *s.m.*, crisântemo.

Crisis, *s.f.*, crise, situação difícil.

Crisma, *s.m.*, crisma ◆ *s.f.*, cabeça.

Crisol, *s.m.*, tubo de ensaio de laboratório geralmente feito com vidro refratário.

Crispar, *v.5*, crispar, contrair ‖ irritar, exasperar.

Cristal, *s.m.*, cristal, vidro → *Cristal de roca*, cristal de rocha, quartzo.

Cristalería, *s.f.*, fábrica de cristais ‖ conjunto de cristais ‖ jogo de copos, jarra e taças de vidro ou cristal.

Cristalero/a, *s.*, cristaleiro, pessoa que trabalha com cristais ou vidro ◆ *s.f.*, cristaleira, móvel usado para guardar cristais ‖ porta de vidro.

Cristalino/a, *adj.*, cristalino, relativo ao cristal ◆ *s.m.*, parte do olho que modifica a direção dos raios luminosos.

Cristalizar, *v.5.15*, cristalizar, adquirir ou tomar as características do cristal.

Cristianar, *v.5*, cristianizar.

Cristiandad, *s.f.*, cristandade.

Cristianismo, *s.m.*, cristianismo.

Cristianizar, *v.5.15*, cristianizar.

Cristiano/a, *adj.*, cristão, relativo ao cristianismo ◆ *s.*, pessoa, ser humano → *Hablar en cristiano,* falar de forma que todos entendam, sem rebuscamentos.

Cristo, *s.m.*, crucifixo.

Criterio, *s.m.*, critério, princípio, juízo, discernimento.

Criticar, *v.5.14,* criticar ‖ censurar.

Crítico/a, *adj.*, relativo à crítica ‖ relativo à crise ‖ decisivo, exato, oportuno ◆ *s.*, escritor de críticas, crítico ◆ *s.f.*, arte de julgar o valor, as qualidades e defeitos de uma obra ‖ conjunto de juízos sobre uma obra ‖ censura ‖ falar pelas costas.

Criticón/ona, *adj.*, pessoa que tudo critica ou censura.

Croar, *v.5,* coachar, onomatopeia da rã e do sapo.

Crocante, *s.m.*, caramelo com amêndoas.

Cromar, *v.5,* cromar.

Cromático/a, *adj.*, cromático, relativo às cores.

Cromo, *s.m.*, cromo, metal ‖ figura, estampa.

Crónico/a, *adj.* crônico ‖ crônica, informação, relato.

Cronicón, *s.m.*, crônica histórica narrada em ordem cronológica.

Cronista, *s.m.* e *f.*, cronista, autor de crônicas.

Cronología, *s.f.*, cronologia.

Cronometraje, *s.m.*, cronometragem.

Cronometrar, *v.5,* cronometrar.

Cronómetro, *s.m.*, cronômetro.

Croqueta, *s.f.*, croquete.

Croquis, *s.m.*, croqui, rascunho.

Cruce, *s.m.*, cruzamento ‖ encruzilhada.

Crucero, *s.m.*, cruzeiro, nave transversal das igrejas que forma uma cruz no centro ‖ excursão em navio ‖ cruzador, navio de guerra.

Crucial, *adj.*, crucial, decisivo.

Crucificar, *v.5.14,* crucificar ‖ incomodar, irritar.

Crucifijo, *s.m.*, crucifixo.

Crucigrama, *s.m.*, palavras cruzadas.

Crudo/a, *adj.*, cru, não cozido ‖ puro, sem manipulação ‖ sem atenuante ‖ cruel, áspero, sem piedade ‖ estilo realista e sem rebuscamentos ou convencionalismos ‖ tempo, clima inclemente, duro ◆ *s.m.*, petróleo bruto, sem refinação.

Cruel, *adj.*, cruel, sanguinário ‖ duro, difícil, árduo.

Crueldad, *s.f.*, crueldade, sangrento.

Crujía, *s.f.*, corredor comprido de um edifício.

Crujido, *s.m.*, rangido.

Crujir, *v.7,* ranger.

Crup, *s.m.*, crupe, difteria laríngea.

Crustáceo/a, *s.m.*, crustáceo.

Cruz, *s.f.*, cruz ‖ condecoração ‖ face de uma moeda ‖ parte superior do lombo de um animal ‖ padecimento, pena, dor, sofrimento → *A cara o cruz,* cara ou coroa, na sorte. *Cruz y raya*, final do assunto, conversa encerrada. *En cruz*, braços abertos. *Hacerse cruces/ la cruz,* espantar-se.

Cruzado/a, *adj.*, cruzamento ◆ *s.f.*, cruzada.

Cruzar, *v.5.15,* cruzar, atravessar ‖ intercambiar algumas palavras com alguém ‖ juntar macho e fêmea para procriar ‖ passar pela frente de algo ou de alguém → *Cruzarse*, passar por um lugar pessoas ou veículos em direções contrárias. *Cruzarte la cara,* dar um par de bofetões, um de cada lado do rosto.

Cu, *s.f.,* nome em espanhol da letra Q.

Cuadernillo, *s.m.,* conjunto de cinco folhas de papel almaço.

Cuaderno, *s.m.,* caderno.

Cuadra, *s.f.,* quadra, cavalariça, lugar onde se recolhem os cavalos ‖ *Amér.*, quarteirão de casas.

Cuadrado/a, *adj.,* quadrado ‖ quadrilátero.

Cuadrante, *s.m.,* quadrante ‖ almofada quadrada para a cama.

Cuadrar, *v.5,* convir, acomodar, harmonizar ‖ coincidir, aferir → *Cuadrarse*, fazer continência ‖ mostrar repentinamente firmeza e decisão ‖ parar de sopetão um animal de quatro patas ficando quieto e atento.

Cuadratura, *s.f.,* quadratura.

Cuadricular, *v.5,* quadricular, fazer quadrículas no papel.

Cuadril, *s.m.,* anca dos animais quadrúpedes.

Cuadrilátero, *s.m.,* quadrilátero.

Cuadrilla, *s.f.,* grupo ou conjunto de pessoas que se reúnem para efetuar um trabalho.

Cuadro, *s.m.,* quadro, pintura, desenho ‖ espetáculo da natureza ‖ descrição literária ‖ qualquer coisa ou objeto com essa forma ‖ grupo de pessoas que gerenciam ou dirigem, equipe ‖ canteiro ‖ painel de controle ‖ cada uma das cenas que compõem um ato teatral.

Cuadrúpedo/a, *adj.* e *s.m.,* quadrúpede.

Cuajado/a, *adj.,* coalhado, talhado ‖ requeijão.

Cuajar, *v.5,* coalhar, talhar ‖ cobrir, encher, preencher completamente ‖ gostar, agradar, aceitar ‖ conseguir o que se deseja ou o efeito desejado.

Cuajo, *s.m.,* coalho ‖ calma, parcimônia, lentidão → *De cuajo*, arrancar, retirar algo totalmente pela raiz.

Cual, *pron.,* a qual, o qual, que ‖ como, assim como, dá ideia de igualdade mesmo em frases comparativas.

Cuál, *pron.,* a qual, o qual, que, usado em frases exclamativas e interrogativas → *A cuál más,* um mais que o outro.

Cualidad, *s.f.,* qualidade ‖ característica.

Cualificar, *v.5.14,* qualificar, dar ou atribuir uma qualidade.

Cualquier, *pron.,* apócope de *cualquiera,* só usado quando anteposto a um substantivo.

Cualquiera, *pron.,* qualquer, qualquer um, quem quer que seja ◆ *s.m.* e *f.,* pessoa vulgar, um qualquer ◆ *s.f.,* prostituta.

Cuan, *conj.,* apócope de *cuanto,* usado anteposto ao adjetivo e ao advérbio, menos quando diante de *mayor, menor, más* e *menos.*

Cuán, *adv.,* quanto, usado nas exclamações.

Cuando, *conj.,* quando ‖ já que ‖ se → *Cuando más/mucho,* se ou quando muito. *Cuando menos,* pelo menos. *Cuando quiera que*, sempre que. *De cuando en cuando*, de quando em vez, de vez em quando.

Cuándo, *adv.*, quando, em que momento, usado nas interrogações e exclamações ◆ *s.m.*, tempo, momento.

Cuantía, *s.f.*, quantia, quantidade, soma, totalidade.

Cuanto/a, *pron.*, quanto, em relação com *tanto* ou com *todo* expressos ou tácitos demonstram comparação com ideia de equivalência ou igualdade quantitativa ◆ *conj.*, quanto, quantidade, anteposto a outros *adv.* ou com *tanto* compara orações e indica equivalência quantitativa ‖ enquanto, durante → *Cuanto antes*, o mais cedo possível. *Cuanto a, en cuanto a*, no que diz respeito a. *Cuanto más*, tanto mais, muito mais, mais facilmente. *En cuanto*, logo que, durante. *Por cuanto*, causal, indica a razão, o motivo, por causa de. *Unos cuantos*, alguns, uns poucos.

Cuánto/a, *pron.*, quanto, usado nas interrogações ou exclamações ou quando se deseja ressaltar a quantidade ◆ *adv.*, grau, maneira, até que ponto, qual quantidade ◆ *s.m.*, parte, participação, quantidade, quota.

Cuarenta, *adj.* e *s.m.*, quarenta → *Cantar las cuarenta [a alguien]*, dizer a alguém o que se pensa dele realmente, dizer as verdades na cara.

Cuarentena, *s.f.*, quarentena ‖ conjunto de quarenta unidades.

Cuarentón/ona, *adj.* e *s.*, quarentão, alguém que tem entre 40 e 49 anos.

Cuaresma, *s.f.*, quaresma.

Cuartel, *s.m.*, quartel → *Sin cuartel*, sem trégua, sem paz, sem tranquilidade.

Cuarterón, *s.m.*, quarteirão, medida de peso que equivale a um quarto da libra.

Cuarteto, *s.m.*, quarteto.

Cuartilla, *s.f.*, metade da folha de papel almaço.

Cuartillo, *s.m.*, medida para líquidos equivalente a aproximadamente meio litro.

Cuarto/a, *adj.*, quarto na ordem ◆ *adj.* e *s.m.*, um quarto do todo ◆ *s.m.*, quinze minutos ‖ cômodo de uma casa → *Los cuartos*, dinheiro. *De tres al cuarto*, coisa de pouca categoria ou pouca importância, insignificante.

Cuarzo, *s.m.*, quartzo, mineral cristalizado.

Cuatro, *adj.* e *s.m.*, quatro ‖ pouco tempo ou pouca quantidade → *Más de cuatro*, muitos, incontável, muita gente.

Cuba, *s.f.*, cuba, tina, grande recipiente de madeira para guardar ou envelhecer o vinho → *Estar como/hecho una cuba*, estar completamente bêbado.

Cubalibre, *s.m.*, cuba-libre, bebida alcoólica, mistura de rum com genebra e refresco à base de cola.

Cubeta, *s.f.*, tina pequena usada para vários fins.

Cubicaje, *s.m.*, cilindrada.

Cubicar, *v.5.14*, medir a capacidade e o volume ‖ elevar um número ao cubo.

Cúbico/a, *adj.*, cúbico.

Cubículo, *s.m.*, cubículo, quarto pequeno.

Cubierto/a, *adj.*, coberto, resultado de cobrir ◆ *s.m.*, talher completo ou cada uma das peças que o compõem ‖ prato feito de alguns restaurantes ou lanchonetes ♦ *s.f.*, coberta, capa para proteção de qualquer tipo ‖ parte externa do pneu ‖ telhado ‖ capa de livros ‖ cada um dos pavimentos de um navio → *A cubierto*, protegido, sob teto seguro. *Estar a cubierto,* ter fundos no banco ou na conta bancária.

Cubil, *s.m.*, covil, esconderijo de feras.

Cubilete, *s.m.*, cubo pequeno usado nos jogos com dados.

Cubiletear, *v.5,* jogar os dados com o cubo ‖ usar de artimanhas e artifícios para conseguir alguma coisa.

Cubo, *s.m.*, cubo ‖ figura geométrica ‖ produto de três fatores ‖ tambor central das rodas onde encaixam os parafusos ‖ balde de metal, madeira ou plástico → *Cubo de basura*, lata de lixo. *Cubo de fregar*, balde para limpar o chão.

Cubrecama, *s.m.*, colcha.

Cubreobjetos, *s.m.*, lâminas de vidro usadas para examinar algo pelo microscópio.

Cubrir, *v.7,* cobrir ‖ ocultar ‖ tampar ‖ resguardar ‖ encobrir, abafar ‖ proteger, defender ‖ esconder ‖ ocupar, preencher uma vaga num emprego ‖ satisfazer ‖ encher, não deixar espaço vazio ‖ percorrer ‖ encarregar-se de propagar uma notícia, cobertura jornalística ‖ encher, preencher ‖ montar o macho à fêmea para fecundação → *Cubrirse,* agasalhar-se ‖ vestir-se.

Cucaña, *s.f.*, pau-de-sebo.

Cucaracha, *s.f.*, barata.

Cuclillas, *loc.*, *en cuclillas*, agachado, sentado sobre os calcanhares.

Cuco/a, *adj.*, bonito, gracioso, atrativo ‖ astuto, matreiro, ladino ♦ *s.m.*, cuco, ave.

Cucú, *s.m.*, canto do cuco ‖ relógio.

Cucurucho, *s.m.*, cone feito de papel ou cartolina ‖ chapéu de magos e bruxas.

Cuchara, *s.f.*, colher, qualquer instrumento ou ferramenta que tenha esse formato → *De cuchara,* militar que não estudou numa academia. *Meter con cuchara [algo a alguien],* explicar algo detalhadamente. *Meter cuchara*, intervir em algo sem ter sido chamado.

Cucharada, *s.f.*, colherada, porção que cabe em uma colher → *Meter cucharada*, intervir em algo sem ter sido chamado.

Cucharero/cucharetero, *s.m.*, porta-talheres.

Cucharetear, *v.5,* remexer a comida na panela com uma colher ‖ meter-se nos assuntos alheios sem ser chamado, palpiteiro.

Cucharilla, *s.f.*, colher de café, colher pequena ‖ peso de chumbo colocado próximo ao anzol na pesca com vara.

Cucharón, *s.m.*, concha, colher grande para servir as refeições.

Cuchichear, *v.5,* cochichar, murmurar.

Cochicheo, *s.m.*, cochicho.

Cuchilla, *s.f.*, lâmina afiada, de corte ‖ navalha usada pelos barbeiros.

Cuchillada, *s.f.*/**Cuchillazo**, *s.m.*, facada, navalhada.

Cuchillo, *s.m.*, faca ‖ cutelo ‖ facão ‖ lâmina de corte ‖ navalha ‖ cada uma das nesgas que compõem a roda de uma saia → *Pasar a cuchillo*, matar uma pessoa.

Cuchipanda, *s.f.*, farra, diversão, algazarra.

Cuchitril, *s.m.*, pocilga, lugar sujo, desarrumado e pequeno ‖ quarto pequeno e em desordem.

Cuchufleta, *s.f.*, palavras ditas como brincadeira ou sarro que não chegam a formar uma frase.

Cuello, *s.m.*, pescoço ‖ colo ‖ colarinho, gola ‖ gargalo → *Cuello de la matriz*, colo uterino.

Cuenca, *s.f.*, bacia fluvial ‖ área de jazidas de minérios ‖ depressão geológica e topográfica ‖ concavidade regional.

Cuenco, *s.m.*, cuia, normalmente feita de barro ou vasilha rústica nesse formato ‖ concha formada pelo côncavo das mãos.

Cuenta, *s.f.*, ação e efeito de contar ‖ conta, cálculo, cômputo, operação matemática ‖ fatura, débito ‖ operação bancária ‖ nota fiscal ‖ esclarecimento, razão, motivo ‖ incumbência, responsabilidade, atribuição, obrigação ‖ miçanga para joia ou bijuteria → *A cuenta*, por conta, parte de pagamento. *Ajustar cuentas*, ajustar contas, repreender com ameaças. *Caer/dar en la cuenta*, perceber. *Con cuenta y razón*, com muito cuidado e cautela. *Con su cuenta y razón*, com segundas intenções. *Cuenta corriente*, conta corrente bancária. *Dar cuenta [de algo]*, acabar, terminar ‖ comunicar, informar, dar a conhecer algo a alguém. *Darse cuenta [de algo]*, tomar conhecimento, perceber. *En resumidas cuentas*, em síntese, em resumo, concluindo. *Estar fuera/salir de cuenta/cuentas*, estar pronta para dar à luz. *Hacer/hacerse cuenta/la cuenta [de algo]*, supor, imaginar algo que não se sabe. *Llevar la cuenta*, ir anotando. *Por mi cuenta*, às minhas custas. *Tener en cuenta*, levar em consideração. *Tomar en cuenta*, lembrar, recordar, não esquecer algo importante. *Vivir a cuenta de [alguien]*, depender de outros para viver, estar encostado em alguém financeiramente.

Cuentacorrentista, *s.m.* e *f.*, correntista bancário, aquele que mantém conta-corrente no banco.

Cuentagotas, *s.m.*, conta-gotas, pipeta → *A/con cuentagotas*, pão-duro, tacanho ‖ pouco a pouco, com parcimônia.

Cuentakilómetros, *s.m.*, velocímetro.

Cuentero/a, *adj.* e *s.*, fofoqueiro, falador, mexeriqueiro.

Cuentista, *s.m.* e *f.*, contista, aquele que escreve contos ◆ *adj.*, *s.m.* e *f.*, pessoa muito exagerada ou dada a fazer fita por qualquer coisa.

Cuento, *s.m.*, conto, história infantil, historieta, narração ‖ fofoca, mentira, narração desagradável ‖ piada → *A cuento*, a propósito, estar relacionado com. *Dejarse/quitarse de cuentos*, sem rodeios, direto ao assunto, resumindo. *Sin cuento*, incalculável, incontável. *Tener cuento/mucho cuento*, falar muito ou dar-se muita importância. *Traer a cuento*, levantar um assunto já esquecido ou antigo.

Cuerdo/a, *adj.* e *s.*, ajuizado, sensato ‖ prudente ♦ *s.f.*, corda → *Aflojar/apretar la cuerda*, diminuir ou aumentar a força da lei, da disciplina, da ordem. *Andar/bailar en la cuerda floja,* estar em situação instável ou perigosa. *Cuerda floja*, corda bamba. *Dar cuerda,* animar, incentivar uma pessoa para que ela fale daquilo que mais gosta. *Por bajo/debajo de cuerda,* em segredo, reservadamente, por baixo dos panos. *Ser de la cuerda de [alguien]* ou *ser de la misma cuerda,* ter a mesma opinião ou ser do mesmo modo que outra pessoa. *Tener cuerda para rato*, ser propenso a falar muito. *Tener mucha cuerda*, suportar brincadeiras sem perder a esportiva. *Tirar de la cuerda,* abusar da paciência de alguém.

Cuerno, *s.m.*, corno, chifre ‖ qualquer objeto que se assemelhe ao chifre ‖ berrante, instrumento musical → *Echar/enviar/mandar al cuerno,* mandar alguém embora com estupidez ‖ não dar a mínima importância a alguma coisa. *Irse al cuerno,* fracassar, dar errado. *Llevar/tener/poner cuernos,* ser chifrudo, ser traído pela mulher. *No valer un cuerno*, coisa sem valor, sem importância. *Oler/saber a cuerno quemado,* ter má impressão, achar que algo não está certo. *¡Vete al cuerno!,* vá pro inferno!

Cuero, *s.m.*, couro ‖ odre ‖ pele de animais curtida → *En cueros/en cueros vivos*, pelado, sem roupa. *Dejar a alguien en cueros*, arruinado financeiramente.

Cuerpo, *s.m.*, corpo, estrutura física compacta dos animais ‖ objeto, matéria ‖ cadáver ‖ tronco, centro, parte principal ‖ miolo, parte interna ‖ tessitura, grossor ‖ densidade, gramatura ‖ batalhão, grupo de pessoas que formam um todo, uma sociedade, uma comunidade ‖ equipe ‖ corporação, grupo de pessoas com uma especialidade ‖ essência e conjunto de regras e leis ‖ ala, divisão, cada uma das partes independentes que compõem um edifício → *A/en cuerpo* ou *a cuerpo gentil,* sem agasalho. *A cuerpo de rey,* com toda comodidade, regiamente. *A cuerpo descubierto/limpio*, sem proteção, sem ajuda, sem artifício. *Cuerpo a cuerpo,* corpo a corpo, cara a cara. *Cuerpo a tierra*, esticado no chão, escondido entre a terra. *Cuerpo del delito*, corpo de delito. *De cuerpo entero,* pessoa íntegra. *De cuerpo presente,* de corpo presente, o cadáver. *En cuerpo y alma,* completamente, tudo, de corpo e alma. *Hacer de/del cuerpo,* evacuar, defecar. *Pedir el cuerpo*, ter vontade, desejar, ter água na boca. *Quedarse con algo en el cuerpo,* esconder ou omitir alguma coisa. *Tomar cuerpo,* desenvolver-se, começar a ver os resultados de algum projeto.

Cuervo, *s.m.*, corvo.

Cuesta, *s.f.*, ladeira, encosta → *A cuestas,* carregar com, levar em cima. *Cuesta de enero*, referência às dificuldades financeiras em janeiro pelo excesso de gastos no Natal. *Hacérsele [a alguien] cuesta arriba [algo],* ser muito difícil ou com muita dificuldade ou esforço. *Ir cuesta abajo,* estar em decadência moral ou financeira.

Cuestión, *s.f.,* questão, pergunta ‖ controvérsia, ponto de discórdia, discussão ‖ briga, desentendimento → *En cuestión de,* no que diz respeito a, em matéria de ‖ aproximadamente, mais ou menos. *Ser cuestión de,* tratar-se de, alguma coisa que é necessária.

Cuestionar, *v.5,* questionar, inquirir, perguntar, duvidar.

Cueva, *s.f.,* cova, gruta, caverna, buraco grande usado como esconderijo.

Cuidado, *s.m.,* cuidado, zelo, atenção ‖ responsabilidade ‖ intranquilidade, preocupação, temor ‖ seguido da *prep. con* significa advertência ◆ *excl.,* indica ameaça ou perigo → *Al cuidado de,* sob a responsabilidade de, aos cuidados de. *De cuidado,* perigoso, cauteloso. *Traer sin cuidado,* não dar ou não ter importância.

Cuidar, *v.5,* cuidar, atender, tomar cuidado, ter atenção, preocupação ‖ tomar conta em especial de um doente ‖ guardar, conservar, manter, custodiar → *Cuidarse,* tomar cuidado com a própria saúde, levar boa vida. *Cuidar de,* ter preocupação com, preocupar-se.

Cuita, *s.f.,* pena, dor, aflição, abatimento moral, desventura, infelicidade.

Cuitado/a, *adj.,* infeliz, afligido, apenado.

Culata, *s.f.,* culatra.

Culebra, *s.f.,* cobra.

Culinario/a, *adj.,* culinário, relativo à cozinha.

Culminar, *v.5,* culminar, chegar ao ponto culminante, auge ‖ terminar, concluir, finalizar, acabar.

Culero, *s.m.,* cueiro.

Culo, *s.m.,* extremidade ou parte inferior e traseira ‖ nádegas, bunda, cu ‖ resto de bebida que fica no fundo de garrafas, copos, taças ou xícaras, nesta acepção normalmente é usado no diminutivo → *Culo de mal asiento,* pessoa irrequieta que não tem parada. *Culo de vaso,* pedra falsa que imita uma preciosa. *Caer de culo,* grande espanto ‖ cair pra trás. *Dar/tomar por culo,* dar ou tomar no cu. *¡Métetelo en el culo!,* enfia no cu. *¡Qué culo!,* que rabo!, que sorte! *Lamer el culo [a alguien],* puxar o saco de alguém.

Culón/ona, *adj.,* que tem a bunda grande.

Culpa, *s.f.,* culpa ‖ responsabilidade, causa.

Culpable, *adj., s.m.* e *f.,* culpável, que tem a culpa, que é culpado.

Culpar, *v.5,* culpar, pôr a culpa em.

Cultivar, *v.5,* cultivar, cuidar ‖ exercitar alguma faculdade ou inclinação ‖ fazer crescer.

Cultivo, *s.m.,* ação e efeito de cultivar, terras ou plantas cultivadas.

Culto/a, *adj.,* culto, que tem cultura, conhecimentos ◆ *s.m.,* tributo à divindade ou aos deuses, conjunto de rituais do tributo divino ‖ admiração de que é objeto alguma pessoa em especial.

Cultura, *s.f.,* cultura.

Cumbre, *s.f.*, cume, cima, ápice ‖ parte mais elevada de uma montanha ‖ último grau de alguma coisa.

Cumpleaños, *s.m.*, aniversário.

Cumplido/a, *adj.*, realizado ‖ educado, gentil, cortês ‖ folgado, largo ◆ *s.m.*, gentileza que se faz a alguém em demonstração de educação.

Cumplimentar, *v.5*, felicitar ‖ executar uma ordem.

Cumplimiento, *s.m.*, atenção, gentileza ‖ cumprir, executar o mandato ou a ordem.

Cumplir, *v.7*, executar, realizar, levar a cabo, fazer, cumprir ‖ completar ou ter uma determinada idade ‖ vencimento de prazo preestabelecido para algo ‖ terminar o serviço militar ‖ importar, convir ‖ seguido da *prep. con* significa obrigação de cortesia → *Por cumplir*, apenas por educação, porque a educação manda.

Cúmulo, *s.m.*, acúmulo, montão, acumulação ◆ *s.m.pl.*, cúmulos, uma das formas das nuvens.

Cuna, *s.f.*, berço ‖ lugar de nascimento ‖ linhagem, estirpe, família, nome ‖ início, origem, princípio.

Cundir, *v.7*, render muito alguma coisa ‖ propagar-se rápida e facilmente alguma coisa ou algo ‖ adiantar ou progredir rapidamente um trabalho.

Cuneta, *s.f.*, valeta.

Cuña, *s.f.*, cunha, calço, suporte em forma de cunha → *Meter cuña*, provocar desavença ou desentendimento.

Cuñado/a, *s.*, cunhado.

Cuño, *s.m.*, cunhagem → *De nuevo cuño*, moda nova.

Cuota, *s.f.*, quota, parcela, porção.

Cupé, *s.m.*, cupê, carro pequeno, esporte para duas ou quatro pessoas.

Cupo, *s.m.*, quota, parcela, parte de um bilhete de loteria ‖ quantidade de jovens para o serviço militar num determinado período.

Cupón, *s.m.*, cupom.

Cúpula, *s.f.*, cúpula.

Cura, *s.m.*, sacerdote, padre, religioso ◆ *s.f.*, cura, ação de curar, sarar ‖ tratamento médico → *No tener cura*, ser incorrigível, não ter mais jeito.

Curación, *s.f.*, cura, restabelecimento da saúde.

Curado/a, *adj.*, curado, resultado de curar ‖ secar as conservas, curtir pele de animal → *Curado de espanto*, pessoa que não se choca ou não se surpreende com nada.

Curalotodo, *s.m.*, sara-tudo, remédio que serve para tudo.

Curandero/a, *s.*, curandeiro.

Curar, *v.5*, curar, sarar, sanar, recuperar a saúde ‖ tratar uma doença ‖ secar ou preparar conservas ‖ curtir peles ‖ cortar a madeira e prepará-la ‖ beneficiar linho ou algodão para o branqueamento ‖ sarar, cicatrizar uma paixão ou dor moral → *Curarse en salud*, precaver-se.

Curia, *s.f.*, cúria.

Curiosear, *v.5*, bisbilhotar, xeretar.

Curiosidad, *s.f.*, curiosidade ‖ coisa estranha, esquisita, rara ‖ limpeza, arrumação, esmero, cuidado primoroso.

Curioso/a, *adj.* e *s.*, curioso, que tem ou implica curiosidade ‖ interessante, notável ‖ jeitoso, arrumado, limpo ‖ xereta, bisbilhoteiro, indiscreto.

Currículo/curriculum, *s.m.*, currículo.

Cursar, *v.5,* dar prosseguimento, transmitir, seguir, enviar ‖ cursar, estudar.

Cursi, *adj.*, *s.m.* e *f.*, ridículo, cafona, brega.

Cursilería, *s.f.*, coisa ou pessoa ridícula, cafona, brega.

Cursillo, *s.m.*, curso curto, de pouca duração ‖ série de conferências sobre um único tema.

Cursivo/a, *adj.* e *s.f.*, cursiva, itálico, letra impressa inclinada.

Curso, *s.m.*, curso, carreira, ano escolar ‖ movimento da água ou outro líquido ‖ encadeamento, sucessão contínua no tempo de fatos ‖ circulação, difusão entre as pessoas ‖ transcurso, trajetória → *Dar curso,* dar prosseguimento, continuidade, tramitar ‖ liberar, soltar, libertar. *En curso,* atualmente, na atualidade, no momento.

Curtido/a, *adj.*, curtido, curado (conservas ou peles).

Curtir, *v.7,* curtir peles de animais ‖ queimar a pele ao sol, bronzear-se ‖ habituar-se aos padecimentos e durezas da vida.

Curvar, *v.5,* curvar, dobrar, dar forma curva.

Curvatura, *s.f.*, curvatura, ação e efeito de curvar.

Curvo/a, *adj.*, curvo, que não é reto ◆ *s.f.*, linha curva ‖ volta.

Cusca, *loc.*, *hacer la cusca,* encher o saco, aporrinhar a paciência.

Cuscurro, *s.m.*, ponta, bico do pão.

Cúspide, *s.f.*, cúspide, cume, auge, ponto culminante.

Custodia, *s.f.*, custódia, guarda, vigilância ‖ cálice onde são colocadas as hóstias na consagração.

Custodiar, *v.5,* custodiar, guardar, tomar conta.

Cutáneo/a, *adj.*, cutâneo, relativo à pele.

Cutícula, *s.f.*, cutícula.

Cutis, *s.m.*, cútis.

Cuyo/a, pron., cujo.

D

s.f., quarta letra do alfabeto espanhol, seu som consonântico se articula colocando a língua nos dentes superiores, seu nome é *"de"*.

Dable, *adj.*, possível, viável, factível.

Dactilar, *adj.*, digital, relativo aos dedos → *Huella dactilar,* impressão digital.

Dactilografía, *s.f.*, datilografia, mecanografia.

Dádiva, *s.f.*, dádiva, o que se faz voluntária e desinteressadamente.

Dado/a, *adj.*, resultante de dar ◆ *s.m.*, dado, cubo → *Cargar los dados,* dado viciado. *Correr el dado,* ter sorte. *Dado que,* sempre que, no caso de, já que. *Ser dado a,* ter a predisposição ou inclinação.

Dador/ra, *adj.* e *s.*, doador, aquele que dá ◆ *s.m.*, portador de uma carta ‖ endosso de uma letra de câmbio.

Daga, *s.f.*, adaga.

Dalia, *s.f.*, dália, arbusto e flor dessa planta.

Dálmata, *adj.* e *s.m.*, dálmata.

Daltónico/a, *adj.*, daltônico.

Dama, *s.f.*, dama, mulher distinta, séria, de boa posição e educação ‖ mulher pretendida ou galanteada por um homem ‖ figura de alguns jogos ‖ atriz que interpreta o papel principal ◆ *s.f.pl.*, jogo de damas → *Dama de honor,* dama de honra.

Damero, *s.m.*, tabuleiro para jogar damas.

Damisela, *s.f.*, garota com ares de grande dama, a entonação é pejorativa.

Damnificar, *v.5.14,* danificar, prejudicar, causar dano.

Dandi, *s.m.*, homem muito elegante e educado.

Dantesco/a, *adj.*, dantesco.

Danza, *s.f.*, dança → *En danza,* em movimento, sem parada.

Danzar, *v.5.15,* dançar, bailar, mover-se ao som de música ‖ mover-se, ir de um lado para o outro ‖ meter-se onde não se é chamado, intrometer-se.

Danzarín/ina, *s.*, dançarino, bailarino, profissional da dança.

Dañar, *v.5,* danificar, causar dor, maltratar, destruir, prejudicar.

Daniño/a, *adj.*, daninho, prejudicial.

Daño, *s.f.*, dano, lesão, estrago.

Dar, *v.23,* dar, ceder, doar ‖ entregar ‖ presentear ‖ propor, indicar ‖ conferir, empregar ‖ conceder, outorgar ‖ beneficiar, frutificar ‖ trocar, cambiar ‖ declarar, publicar, informar ‖ felicitar, parabenizar ‖ soltar, livrar, liberar ‖ seguido de um *s.*, fazer, praticar, executar a ação que se indica ‖ seguido da *prep. de,* cair ‖ causar, provocar, ocasionar, mover ‖ importar, significar, valer ‖ soar, emitir ‖ celebrar, oferecer ‖ seguido de alguns *s.* ou verbos regidos pela *prep. en,* teimar na execução de algo ‖ sobrevir, começar a sentir ‖ seguido das *prep. con, contra, en,* acertar, chocar, bater, encontrar ‖ estar orientado em direção a ou para ‖ seguido da *prep. en,* cair, incorrer ‖ pressagiar, anunciar, prever ‖ seguido da *prep. por,* crer, acreditar, considerar, supor ‖ repartir cartas no jogo → *Darse,* seguido da *prep. a* e de um *s.* ou *v.* no infinitivo, dedicar-se com afinco ‖ suceder, existir, determinar ‖ cessar, ceder, não resistir ‖ ter habilidade, ter facilidade. *Ahí me las den todas,* indiferença total ao que ocorre. *Dale, dale que dale, dale que te pego,* indica irritação pela teimosia ou obstinação de alguém. *Dar de sí,* esticar, espichar ‖ produzir, render. *Dar en qué/que,* indica suspeita, falatório, censura, preocupação. *Dar por,* considera algo como certo. *Dar tras [alguien],* perseguir. *Dar y tomar,* discutir, debater. *Darla* ou *dársela [a alguien],* enganar, trapacear. *Darle [a alguien] por [algo],* dedicar-se, viciar-se. *Darse a buenas,* entender-se, não opor resistência. *Darse a conocer,* apresentar-se, deixar-se conhecer. *Darse por entendido,* manifestar que se sabe alguma coisa. *Dárselas de,* dar uma de, ser metido.

Dardo, *s.m.,* dardo ‖ indireta, cutucada.

Dársena, *s.f.,* doca de um porto.

Data, *s.f.,* data, indicação do tempo e lugar que um texto ou documento foi produzido.

Datar, *v.5,* datar, por data ‖ existir desde uma certa época.

Dátil, *s.m.,* tâmara ◆ *s.m.pl.,* dedos da mão.

Datilero/a, *adj.* e *s.f.,* tamareiro.

Dato, *s.m.,* dado, menor unidade que compõe uma informação.

De, *s.f.,* nome da letra D ◆ *prep.,* de.

Deambular, *v.5,* perambular.

Debajo, *adv.,* embaixo ‖ debaixo ‖ em lugar ou situação inferior.

Debate, *s.m.,* debate.

Debatir, *v.7,* debater, discutir → *Debatirse,* debater-se, lutar pela defesa.

Debe, *s.m.,* débito, passivo.

Deber, *s.m.,* dever, moral, ética, obrigação ‖ tarefa ‖ lição de casa ◆ *v.6,* dever ‖ supor ‖ precisar, necessitar → *Deberse,* deve-se a, ter como causa, ser a consequência.

Debido/a, *adj.,* justo, conveniente → *Como es debido,* direito, certo, como deve ser feito. *Debido a,* por causa de.

Débil, *adj., s.m.* e *f.,* débil, sem força física ou moral ◆ *adj.,* escasso, insuficiente, pouco.

Debilitación, *s.f.,* enfraquecimento, diminuição.

Debilitar, *v.5,* debilitar, enfraquecer, diminuir a força, o vigor, a vitalidade, o ânimo, a vontade.

Débito, *s.m.,* débito ‖ dívida.

Debut, *s.m.,* debute, estreia.

Debutar, *v.5,* debutar, estrear, iniciar, principiar.

Década, *s.f.,* década.

Decadencia, *s.f.,* decadência.

Decaer, *v.21,* decair, perder a força física ou moral ‖ passar para uma situação inferior.

Decaimiento, *s.m.,* decadência.

Decálogo, *s.m.,* decálogo, os dez mandamentos.

Decantar, *v.5,* decantar, verter ‖ inclinar, preferir.

Decapitar, *v.5,* decapitar, decepar, degolar.

Decena, *s.f.,* dezena, dez unidades.

Decencia, *s.f.,* decência.

Decenio, *s.m.,* decênio, período de dez anos.

Decentar, *v.12,* cortar, gastar ‖ perder, consumir → *Decentarse*, fazer escaras no corpo.

Decepción, *s.f.,* decepção, desengano, desilusão.

Decepcionar, *v.5,* decepcionar.

Deceso, *s.m.,* morte, óbito.

Decibel/decibelio, *s.m.,* decibel.

Decidir, *v.7,* decidir, resolver, determinar.

Decidor/ra, *adj.,* falador.

Decilitro, *s.m.,* decilitro.

Decimal, *adj.,* decimal.

Decímetro, *s.m.,* decímetro.

Décimo/a, *adj.,* décimo ‖ cada uma das partes que compõem um bilhete de loteria ‖ cada uma das divisões do termômetro clínico.

Decimocuarto/a, *adj.,* décimo quarto.

Decimoquinto/a, *adj.,* décimo quinto.

Decimotercero/a, *adj.,* décimo terceiro.

Decir, *v.24,* dizer, manifestar com palavras ‖ assegurar, julgar ‖ denotar, dar mostras de ‖ conter ‖ combinar ou não ‖ nomear, titular ‖ recitar, repetir ◆ *s.m.,* frase, dito ‖ falatório → *A decir verdad*, de verdade, para ser sincero. *Como quien dice* ou *como si dijéramos*, serve para explicar ou suavizar o que se diz. *Como quien no dice nada*, indica que o assunto tratado é de grande importância. *Decir bien de*, falar bem de alguém. *Decir [a alguien] cuántas son cinco*, dizer as verdades a alguém, repreender. *Decir entre sí/para sí*, dizer para si mesmo. *Decir misa*, para desestimar o que a outra pessoa possa falar ou fazer. *Decir por decir*, falar sem conhecimento e sem razão. *Decir y hacer*, fazer alguma coisa com rapidez. *Di/diga/dígame*, usado no telefone para responder uma chamada. *Digamos*, coloquialmente usado significa que não temos certeza. *Digo*, expressa surpresa, assombro. *El qué dirán*, a opinião pública. *Es decir*, ou seja. *He dicho*, está falado, concluído. *Ni que decir tiene*, sem comentários. *No decir malo ni bueno*, não responder ou rodear sem responder. *No decir nada a [alguien],* é indiferente, tanto faz. *No digamos*, quase certo, aproximado. *No me digas* ou *qué me dices*, denota surpresa, equivale a: não diga. *Por decirlo así* ou *por mejor decir*, esclarecendo, corrigindo, explicar melhor. *Que digamos,* confirma uma negação. *Y que lo digas,* naturalmente, certamente. *Se dice bien,* indica que algo é absurdo ou desagradável ou irritante.

Decisión, *s.f.,* decisão, resolução, determinação.

Declamar, *v.5,* declamar, recitar ‖ falar de forma afetada ou ridícula ‖ com excessiva veemência.

Declaración, *s.f.,* declaração.

Declarar, *v.5,* declarar, expressar ‖ manifestar → *Declararse,* aparecer, produzir-se ‖ declarar-se a alguém.

Declinación, *s.f.,* declinação.

Declinar, *v.5,* declinar, cair, diminuir, aproximar-se do fim ‖ recusar, renunciar ‖ mudar de hábitos até chegar ao extremo contrário.

Declive, *s.m.,* declive, ladeira, inclinação forte.

Decolorar, *v.5,* descolorir, perder a cor.

Decomisar, *v.5,* confiscar.

Decomiso, *s.m.,* confisco.

Decoración, *s.f.,* decoração, enfeite.

Decorado, *s.m.,* decorado.

Decorar, *v.5,* decorar, adornar, enfeitar, engalanar, embelezar.

Decoro, *s.m.,* decoro, decência, respeito, dignidade, pudor.

Decrecer, *v.9,* decrescer, diminuir, reduzir.

Decrepitud, *s.f.,* decrepitude.

Decretar, *v.5,* decretar, baixar decreto.

Decreto, *s.m.,* decreto, mandato, constituição.

Decurso, *s.m.,* decurso, sucessão ou transcurso de tempo.

Dechado, *s.m.,* exemplo, modelo, padrão.

Dedal, *s.m.,* dedal.

Dedicación, *s.f.,* dedicação, dedicatória.

Dedicar, *v.5.14,* dedicar, aplicar, destinar → *Dedicarse,* dedicar-se, ter uma profissão.

Dedil, *s.m.,* dedeira, proteção para os dedos usada em algumas profissões.

Dedillo, *loc., al dedillo,* nos mínimos detalhes, perfeitamente.

Dedo, *s.m.,* dedo → *A dedo,* ao azar, qualquer um, sem escolha. *A dos dedos de,* muito perto, por pouco, quase nada. *Hacérsele los dedos huéspedes,* atrapalhado, receoso. *Cogerse/pillarse los dedos,* sair tudo errado, ter grande prejuízo. *Comerse/chuparse los dedos,* lamber os dedos de satisfação ao comer alguma coisa. *Chuparse/mamarse el dedo,* fazer-se passar por tonto ou bobo. *Dar un dedo de la mano por [algo],* fazer qualquer coisa para conseguir o que se deseja. *Ir a dedo,* pedir carona. *Meter los dedos [a alguien],* puxar conversa para que a pessoa diga o que queremos saber sem que ela perceba. *No tener dos dedos de frente,* ser burro, não compreender as coisas. *Poner el dedo en la llaga,* pôr o dedo na ferida, tocar no ponto fraco. *Poner los cinco dedos en la cara [a alguien],* dar um tapa na cara. *Señalar con el dedo,* apontar, censurar.

Deducción, *s.f.,* dedução ‖ diminuição ‖ conclusão.

Deducir, *v.9,* deduzir ‖ concluir ‖ diminuir.

Defecar, *v.5.14,* defecar.

Defecto, *s.m.,* defeito ‖ carência ‖ ausência.

Defender, *v.12,* defender ‖ amparar ‖ proteger ‖ manter, conservar ‖ advogar em favor de alguém.

Defensa, *s.f.*, defesa, proteção ‖ socorro ‖ arma ou objeto para defesa ‖ advogado defensor ‖ argumentos usados pela defesa ‖ conjunto de jogadores que protegem o campo ‖ posição e jogador.

Defensivo/a, *adj.*, defensivo → *Estar/ponerse a la defensiva*, estar na defensiva.

Deferir, *v.12*, deferir, ceder, delegar.

Deficiente, *adj.*, deficiente, insuficiente, que falta algo.

Definición, *s.f.*, definição.

Definir, *v.7*, definir, fixar, enunciar, precisar ‖ expressar ‖ decidir, concluir.

Definitivo/a, *adj.*, definitivo → *En definitiva*, resumindo, concluindo, finalizando.

Deflación, *s.f.*, deflação.

Deflagar, *v.5.18*, deflagrar, arder, pegar fogo.

Defoliación, *s.f.*, desfolhação.

Deformar, *v.5*, deformar, deturpar.

Deforme, *adj.*, disforme.

Defraudar, *v.5*, defraudar ‖ frustrar, decepcionar.

Defunción, *s.m.*, morte, óbito → *Partida de defunción*, atestado de óbito.

Degeneración, *s.f.*, degeneração.

Degenerar, *v.5*, degenerar, perder qualidades.

Deglución, *s.f.*, deglutição.

Deglutir, *v.7*, deglutir, engolir, tragar.

Degollar, *v.10*, degolar.

Degollina, *s.f.*, matança, homicídio coletivo.

Degradación, *s.f.*, degradação.

Degradar, *v.5*, degradar, rebaixar, humilhar ‖ reduzir.

Degüello, *s.m.*, degola.

Degustar, *v.5*, degustar, provar.

Dehesa, *s.f.*, pastagem, pasto reservado e cercado.

Deificar, *v.5.14*, divinizar.

Dejación, *s.f.*, abandono, relaxo.

Dejadez, *s.f.*, preguiça, negligência, descuido.

Dejar, *v.5*, deixar, pôr, colocar ‖ separar-se, distanciar-se, abandonar ‖ omitir, ocultar ‖ permitir, consentir ‖ valer ‖ produzir ganhos ‖ lucrar ‖ encarregar, encomendar ‖ dispor ‖ seguido de particípios explica a ação de que se fala ‖ legar, fazer testamento ‖ cessar, parar, deixar de fazer ‖ seguido de infinitivo indica um modo especial de fazer algo ‖ não incomodar ou inquietar ou atrapalhar ‖ emprestar, ceder → *Dejarse*, abandonar-se, descuidar-se. *Dejar aparte/a un lado/fuera*, deixar de lado, não dar importância. *Dejar atrás*, deixar para trás, adiantar, superar. *Dejar caer*, insinuar alguma coisa com segundas intenções. *Dejar correr*, permitir, tolerar, deixar estar ou ficar. *Dejar fresco*, dar um fora, deixar pregado no chão. *Dejar que desear*, ser de pouco valor, estima ou consideração. *Dejarse caer*, aparecer de sopetão. *Dejarse decir*, revelar algo inconveniente. *Dejarse llevar*, fazer o que os outros dizem, não ter vontade própria.

Dejo, *s.m.*, entonação, sotaque, forma de falar ‖ gosto ou sabor que fica na boca da bebida ou da comida ‖ prazer, satisfação (ou desgosto) que se sente depois de uma ação.

Del, *contração* (*prep. de* mais *art. m. el*), do.

Delación, *s.f.*, delação, denúncia.

Delantal, *s.m.*, avental.

Delante, *adv.*, na frente, parte frontal, à vista, em presença, em frente, primeiro, antes.

Delantero/a, *adj.* e *s.m.*, dianteiro, frontal, na parte da frente ◆ *s.m.*, centroavante ◆ *s.f.*, parte anterior ‖ frente do vestido ‖ seios na mulher ‖ vantagem ‖ fila do gargarejo ‖ linha de ataque → *Coger/tomar/ganar la delantera*, adiantar-se, levar vantagem.

Delatar, *v.5*, delatar, descobrir, contar, dar a conhecer.

Delator/ra, *adj.* e *s.*, delator.

Deleble, *adj.*, delével, que pode borrar-se facilmente.

Delegación, *s.f.*, delegação, representação.

Delegado/a, *adj.* e *s.*, delegado, representante, encarregado.

Delegar, *v.5.18*, delegar, atribuir, transferir.

Deleitar, *v.5*, deleitar, dar prazer.

Deleite, *s.m.*, deleite, prazer, satisfação.

Deletéreo/a, *adj.*, deletério, mortal, venenoso.

Deletrear, *v.5*, soletrar.

Deletreo, *s.m.*, soletração.

Delfín, *s.m.*, delfim, mamífero aquático ‖ título dado na França ao herdeiro da coroa.

Delgadez, *s.f.*, magreza.

Delgado/a, *adj.*, magro ‖ fino ‖ fraco.

Deliberación, *s.f.*, deliberação.

Deliberar, *v.5*, deliberar.

Delicadez/delicadeza, *s.f.*, delicadeza.

Delicado/a, *adj.*, delicado, frágil, débil, fraco ‖ enfermiço, adoentado ‖ fino, liso, tênue, suave ‖ atencioso, educado, cortês ‖ difícil de contentar ‖ fácil de zangar-se ‖ especial, difícil, que exige muito cuidado ‖ escrupuloso, respeituoso ‖ sutil, ágil, inteligente.

Delicia, *s.f.*, delícia.

Delicioso/a, *adj.*, delicioso.

Delimitación, *s.f.*, delimitação.

Delimitar, *v.5*, delimitar, por limites.

Delincuencia, *s.f.*, delinquência.

Delincuente, *adj.* e *s.m.* e *f.*, delinquente.

Delineante, *s.m.* e *f.*, projetista.

Delinear, *v.5*, projetar ‖ contornar.

Delirar, *v.5*, delirar ‖ dizer ou fazer bobagens.

Delirio, *s.m.*, delírio → *Delirio de grandeza*, mania de grandeza.

Delito, *s.m.*, delito, erro ‖ falta passível de punição.

Delta, *s.m.*, delta.

Demacrado/a, *adj.*, abatido.

Demacrar, *v.5*, estar abatido, pálido, ter olheiras, magro, com aspecto de estar doente, abatimento completo moral.

Demagogia, *s.f.*, demagogia.

Demanda, *s.f.*, demanda, súplica, petição, solicitação, pedido ‖ pergunta, questionamento ‖ busca ‖ tentativa, empenho, empreendimento.

Demandar, *v.5,* demandar, fazer demanda perante um tribunal ‖ pedir, rogar.

Demarcación, *s.f.,* demarcação ‖ jurisdição.

Demarcar, *v.5.14,* demarcar, assinalar os limites.

Demás, *adj.* e *pron.*, o demais, o resto, o restante, os outros → *Por demás*, em vão, inutilmente. *Por lo demás*, de resto, além disso.

Demasía, *s.f.,* demasia, excesso, abuso ‖ atrevimento, insolência ‖ descaro → *En demasía,* demais da conta.

Demasiado/a, *adj.,* demais, excessivo ◆ *adv.,* excessivamente.

Demencia, *s.f.,* demência.

Demente, *adj., s.m.* e *f.,* demente.

Demérito, *s.m.,* demérito.

Democracia, *s.f.,* democracia.

Demócrata, *adj., s.m.* e *f.,* democrata.

Demodé, *adj.,* fora de moda, brega.

Demografía, *s.f.,* demografia.

Demoler, *v.10,* demolir, desfazer, arruinar, destruir.

Demonio, *s.m.,* demônio, diabo → *¡Demonio!, interj.*, indica irritação, equivale a: diacho! *Llevarse [a alguien] el demonio/los demonios/todos los demonios* ou *ponerse como un demonio* ou *hecho un demonio*, encolerizar-se muito, ficar muito irritado, sair do sério. *Ser un demonio/el mismísimo/el mismo demonio* ou *un demonio*, ser muito ruim ou muito peralta, travesso ou hábil. *Tener el demonio/los demonios en el cuerpo*, ser muito irrequieto e travesso.

Demora, *s.f.,* demora, atraso, adiamento.

Demorar, *v.5,* retardar ‖ parar, deter-se.

Demostración, *s.f.,* demonstração.

Demostrar, *v.10,* demonstrar ‖ mostrar.

Demostrativo/a, *adj.,* demonstrativo.

Demudar, *v.5,* modificar, alterar, mudar, transformar o gesto, a cor, a expressão do semblante.

Denegar, *v.12,* denegar, negar.

Dengoso/a, *adj.* e *s.,* sensível, melindroso.

Dengue, *s.m.,* frescura, fricote, melindre, delicadeza afetada e exagerada. ‖ doença infecciosa transmitida por picada de mosquito.

Denigrar, *v.5,* denegrir, injuriar, ultrajar, difamar.

Denodado/a, *adj.,* intrépido, esforçado, atrevido, destemido.

Denominación, *s.f.,* denominação.

Denominar, *v.5,* denominar, dar nome.

Denotar, *v.5,* denotar, indicar, anunciar, significar.

Densidad, *s.f.,* densidade → *Densidad de población*, densidade demográfica.

Denso/a, *adj.,* denso, compacto ‖ espesso, pastoso ‖ apertado, apinhado, unido ‖ cheio, com muito conteúdo.

Dentadura, *s.f.,* dentadura.

Dental, *adj.,* dental, relativo aos dentes → *Cepillo dental*, escova de dentes. *Caries dental*, cárie no dente.

Dentera, *s.f.,* sensação desagradável nos dentes e gengivas em algumas ocasiões ‖ inveja.

Dentición, *s.f.,* dentição → *Dentición de leche*, dentes de leite. *Dentición permanente,* dentes permanentes.

Dentífrico/a, *adj.* e *s.m.,* dentifrício → *Elixir dentífrico*, antisséptico bucal. *Pasta dentífrica*, pasta de dentes.

Dentista, *s.m.* e *f.*, dentista.

Dentón/ona, *adj.* e *s.*, dentuço.

Dentro, *adv.*, dentro, na parte interna ou interior durante um período de tempo ou ao final dele → *Dentro o fuera*, decida-se, não fique em cima do muro, de um lado ou do outro.

Denuedo, *s.m.*, brio, esforço, gana.

Denuesto, *s.m.*, insulto, ofensa.

Denuncia, *s.f.*, denúncia.

Denunciar, *v.5*, denunciar ‖ manifestar.

Deparar, *v.5*, deparar, proporcionar, conceder.

Departamento, *s.m.*, departamento ‖ *Amér.*, apartamento.

Departir, *v.7*, conversar, falar amigavelmente.

Dependencia, *s.f.*, dependência ‖ repartição pública ‖ subordinação ‖ conjunto de subordinados ◆ *s.f.pl.*, coisas acessórias de outra principal ‖ dependências.

Depender, *v.6*, depender ‖ estar subordinado a.

Dependiente/a, *adj.*, que depende ‖ subordinado, empregado, balconista, vendedor, caixeiro.

Depilar, *v.5*, depilar.

Deplorar, *v.5*, deplorar.

Deponer, *v.35*, depor, deixar, separar, distanciar ‖ rebaixar ‖ afirmar, atestar, testemunhar, asseverar ‖ deixar as armas, pedir ou fazer a paz.

Deportar, *v.5*, deportar, desterrar.

Deporte, *s.m.*, desporto, esporte → *Por deporte*, por passatempo.

Deportista, *s.m.* e *f.* e *adj.*, desportista, esportista.

Depositar, *v.5*, depositar, pôr, colocar ‖ entregar, confiar, custodiar ‖ assentar → *Depositarse*, sedimentar.

Depósito, *s.m.*, depósito, lugar, coisa e ação e efeito de depositar.

Depravar, *v.5*, depravar, viciar, adulterar, corromper.

Deprecación, *s.f.*, súplica, invocação aos santos.

Depreciar, *v.5*, depreciar, diminuir o valor de algo.

Depredar, *v.5*, depredar, saquear.

Depresión, *s.f.*, depressão, abatimento moral ou físico ‖ rebaixamento de terreno , concavidade ‖ ciclo de crise econômica ‖ zona de baixa pressão.

Deprimir, *v.7*, deprimir, abater o ânimo.

Deprisa, *adv.*, depressa, com pressa, rapidamente.

Depurar, *v.5*, depurar, purificar ‖ aperfeiçoar ‖ excluir ‖ reabilitar.

Depurativo/a, *adj.* e *s.m.*, laxante, purgante.

Derecho/a, *adj.*, direito, reto, na mesma direção, que não está torto ‖ na posição vertical, em pé ‖ erguido ‖ lado do corpo oposto ao coração ‖ direto, sem rodeios ‖ certo, justo, sincero ◆ *s.m.*, Direito, conjunto de leis, ciência que estuda as leis ‖ poder, faculdade humana para escolher ‖ consequências da condição humana ‖ justiça, razão ‖ franquia, privilégio, isenção ‖ lado oposto ao avesso ◆ *s.m.pl.*, direitos, conjunto dos impostos e taxas ou conjunto de honorários cobráveis por um serviço → *A derechas*, fazer bem alguma coisa. *A las derechas*, pessoa que faz tudo bem. *Ceder la derecha*, dar a preferência em sinal de cortesia. *De derecha* ou *de derechas*, pessoa politicamente partidária da direita. *Perder de su derecho*, ceder para evitar conflito ou briga.

Deriva, *s.f.*, desvio do rumo → *A la deriva*, à deriva, sem mando ou direção.

Derivar, *v.5*, derivar.

Dermatología, *s.f.*, dermatologia.

Dermatólogo/a, *s.*, dermatologista.

Dermis, *s.f.*, derme, parte da pele intermediária entre a epiderme e a hipoderme.

Derogación, *s.f.*, derrogação.

Derogar, *v.5.18*, derrogar, anular, cancelar uma lei, preceito ou contrato.

Derramar, *v.5*, derramar, verter ‖ repartir ou distribuir.

Derrame, *s.m.*, derrame, derramamento.

Derrapar, *v.5*, derrapar.

Derredor, *s.m.*, ao redor, em torno de ‖ contorno, derredor.

Derrengar, *v.12*, cansar, esgotar, fatigar.

Derretir, *v.13*, derreter, dissolver, desmanchar → *Derretirse*, desmanchar-se, apaixonar-se perdidamente ‖ impacientar-se, inquietar-se.

Derribar, *v.5*, demolir, destruir, derrubar, jogar ao chão, destituir, desempregar.

Derrocar, *v.5.14*, derrocar, derrubar, destituir.

Derrochar, *v.5*, esbanjar, desperdiçar.

Derroche, *s.m.*, desperdício, esbanjamento ‖ abundância, riqueza, fartura.

Derrota, *s.f.*, derrota ‖ rumo, trajeto, caminho percorrido por um navio.

Derrotar, *v.5*, derrotar, vencer.

Derrotero, *s.m.*, rumo, trajeto de uma carta de navegação ‖ livro ou carta de navegação ‖ rota ‖ caminho, direção, formas de se atingir um objetivo.

Derruir, *v.11*, derrubar, ruir.

Derrumbadero, *s.m.*, precipício.

Derrumbamiento, *s.m.*, desmoronamento.

Derrumbar, *v.5*, derrubar, desmoronar, afundar, precipitar.

Derrumbe, *s.m.*, derrubada.

Des, *prefixo que expressa privação, negação ou inversão de significado da palavra simples ou que lhe deu origem.*

Desaborido/a, *adj.*, sem sabor, sem graça, insosso.

Desabotonar, *v.5*, desabotoar.

Desabrido/a, *adj.*, desagradável.

Desabrochar, *v.5*, desafivelar, desabotoar.

Desacato, *s.m.*, desacato.

Desafiar, *v.5.16*, desafiar.

Desafinar, *v.5*, desafinar.

Desafío, *s.m.*, dasafio.

Desagradar, *v.5*, desagradar.

Desagrado, *s.m.*, desagrado, desgosto.

Desaguar, *v.5.17*, desaguar, escoar.

Desagüe, *s.m.*, esgoto, bueiro.

Desahogado/a, *adj.*, folgado ‖ bem-estar, tranquilidade, vida tranquila social e financeiramente.

Desahogar, *v.5.18*, desafogar, aliviar, expressar violentamente um sentimento → *Desahogarse*, fazer confidências, confidenciar.

Desahogo, *s.m.*, desabafo.

Desahuciar, *v.5*, despejar um inquilino ‖ desenganar, tirar toda a esperança.

Desahucio, *s.m.*, despejo.

Desairar, *v.5.12,* desprezar.

Desaire, *s.m.*, desprezo, grosseria, indelicadeza, grossura.

Desajustar, *v.5,* desajustar.

Desalar, *v.5,* tirar o sal.

Desaliento, *s.m.*, desalento, falta de ânimo, falta de estímulo.

Desaliño, *s.m.*, desalinho, descuido na aparência.

Desalojar, *v.5,* desalojar.

Desamarrar, *v.5,* tirar as amarras de um navio.

Desamor, *s.m.*, desamor, falta de amor.

Desamparar, *v.5,* desamparar.

Desandar, *v.17,* retroceder, voltar para trás.

Desánimo, *s.m.*, desânimo.

Desanudar, *v.5,* tirar ou abrir um nó.

Desaparecer, *v.9,* desaparecer.

Desaparejar, *v.5,* desemparelhar, perder ou desfazer o par de qualquer coisa.

Desaparición, *s.f.*, desaparecimento.

Desapego, *s.m.*, perder o apego, afeto ou interesse.

Desapercibido/a, *adj.*, inadvertido, despercebido.

Desapolillar, *v.5,* tirar o mofo → *Desapolillarse,* sair de casa para passear quando se ficou muito tempo trancado dentro dela.

Desaprensivo/a, *adj.*, despreocupado.

Desaprovechar, *v.5,* desperdiçar, desaproveitar.

Desarmar, *v.5,* desarmar, desunir, separar, desmontar ‖ tirar ou retirar as armas ‖ reduzir ou retirar as forças militares de um país ‖ aplacar, seduzir, ganhar ‖ retirar todo aparelhamento de um navio.

Desarraigar, *v.5.18,* cortar pela raiz ‖ desterrar ‖ extinguir, extirpar.

Desarrapado/a, *adj.*, esfarrapado, desarrumado.

Desarreglar, *v.5,* desarrumar.

Desarrollar, *v.5,* desenvolver, aumentar, ampliar, impulsionar → *Desarrollarse,* acontecer, ocorrer, suceder uma série de acontecimentos.

Desarrollo, *s.m.*, desenvolvimento.

Desarropar, *v.5,* desabrigar.

Desarrugar, *v.5.18,* desamassar, desenrugar, alisar.

Desaseo, *s.m.*, sujeira, bagunça.

Desasirse, *v.18,* soltar-se.

Desasosegar, *v.12,* inquietar.

Desastrado/a, *adj.* e *s.*, desarrumado, desalinhado.

Desastre, *s.m.*, desastre.

Desatar, *v.5,* desamarrar ‖ desencadear ‖ pôr em atividade, acionar → *Desatarse,* desgovernar-se, proceder de forma desordenada.

Desatascar, *v.5.14,* desentupir, desobstruir, desencalhar.

Desatinar, *v.5,* perder o juízo, perder o tino.

Desatino, *s.m.*, absurdo, loucura.

Desatrancar, *v.5.14,* destrancar, tirar a tranca, abrir.

Desavenir, *v.15,* desentender-se.

Desayunar, *v.5,* tomar o café da manhã.

Desayuno, *s.m.*, desjejum, café da manhã.

Desazón, *s.f.*, comichão, desasossego, desconforto ‖ mal-estar.

Desbandada, *s.f.*, debandada.

Desbandarse, *v.5,* debandar.

Desbarajuste, *s.m.,* confusão, desordem.

Desbaratar, *v.5,* desbaratar, desfazer, destruir.

Desbastar, *v.5,* desbastar, tirar as rebarbas.

Desbocar, *v.5.14,* deformar a boca de algo → *Desbocarse,* dizer palavrões, xingar.

Desbordar, *v.5,* transbordar, extravasar, exceder.

Desbraguetado/a, *adj.,* que tem a braguilha aberta ou mal fechada ‖ *fig.,* sem limites, sem freios, sem moral, viciado.

Desbravar, *v.5,* desbravar.

Desbriznar, *v.5,* esfarelar, reduzir a migalhas.

Desbrozar, *v.5.15,* limpar, desimpedir o terreno ou caminho ‖ desmatar.

Descabalar, *v.5,* perder as partes de um todo, desemparelhar ‖ desorganizar, estragar um plano.

Descabellar, *v.5,* dar o golpe de misericórdia com o punhal no touro.

Descabezar, *v.5.15,* tirar, quebrar ou cortar a cabeça de alguma coisa ‖ quebrar a cabeça para resolver alguma coisa → *Descabezar el/un sueño*, tirar uma soneca, um cochilo.

Descacharrar, *v.5,* estragar, fazer cacos.

Descalabrar, *v.5,* quebrar a cabeça, ferir a cabeça e a cicatriz resultante.

Descalcificar, *v.5.14,* descalcificar.

Descalificar, *v.5.14,* desqualificar.

Descalzar, *v.5.15,* tirar o sapato, descalçar.

Descalzo/a, *adj.,* descalço, sem sapato.

Descamar, *v.5,* escamar, soltar escamas.

Descaminar, *v.5,* desencaminhar.

Descamisado/a, *adj.,* sem camisa ‖ descamisado, pessoa muito pobre.

Descansar, *v.5,* descansar, repousar ‖ aliviar ‖ dormir ‖ lugar onde alguém é enterrado ‖ consolo de dores e tristezas ‖ depositar a confiança em outro ‖ terra em repouso ‖ apoiar uma coisa sobre outra ‖ ajudar no trabalho.

Descansillo, *s.m.,* descanso ou plataforma numa escada entre dois andares.

Descanso, *s.m.,* descanso, ação de descansar ‖ intervalo de um espetáculo ‖ patamar de uma escada ‖ assento ou apoio ‖ posição militar ‖ bota especial para esquiar → *Eterno descanso*, morte.

Descantillar, *v.5,* quebrar os cantos ou arestas de algo ‖ rebaixar, diminuir, desfalcar.

Descapotable, *adj.* e *s.m.,* automóvel conversível.

Descararse, *v.5,* ser descarado.

Descargar, *v.5.18,* descarregar ‖ aliviar ‖ disparar com arma de fogo ‖ anular uma carga elétrica ‖ limpar a carne da gordura não comestível ‖ dar um golpe com violência → *Descargarse*, inocentar-se.

Descargo, *s.m.,* descarga ‖ justificativa, desculpa, álibi ‖ desencargo.

Descarnar, *v.5,* descarnar, tirar a carne.

Descaro, *s.m.,* descaramento, insolência.

Descarriar, *v.5.16,* desencaminhar, desorientar.

Descarrilar, *v.5,* descarrilhar, sair dos trilhos.

Descartar, *v.5,* descartar, separar, recusar.

Descascarar, *v.5,* descascar.

Descascarillar, *v.5,* lascar.

Descender, *v.12,* descender, descer ‖ rebaixar ‖ cair, escorrer ‖ proceder, derivar ‖ baixar.

Descentrar, *v.5,* descentrar, tirar do centro.

Desceñir, *v.13,* soltar, aliviar, deixar folgado.

Descepar, *v.5,* decepar.

Descercar, *v.5.14,* derrubar cerca, muralha ou muro.

Descerrajar, *v.5,* arrancar a fechadura ‖ disparar tiros.

Descifrar, *v.5,* decifrar, compreender, entender.

Desclavar, *v.5,* despregar.

Descoco, *s.m.,* descaro.

Descolgar, *v.10,* tirar algo que está pendurado, desprender, retirar, recolher ‖ tirar o fone do gancho ‖ descer por uma corda → *Descolgarse*, dizer, fazer ou sair inesperadamente, de sopetão ‖ aparecer alguém de forma inesperada.

Descolorido/a, *adj.,* desbotado ‖ pálido.

Descollar, *v.10,* sobressair, destacar, projetar-se.

Descomedirse, *v.13,* faltar com o respeito.

Descompensar, *v.5,* descompensar, perder a compensação, perder o equilíbrio.

Descomponer, *v.34,* desordenar, desbaratar, fazer bagunça ‖ estragar ‖ decomposição orgânica, putrefação ‖ decompor, separar, individualizar ‖ zangar, irritar, encolerizar → *Descomponerse*, sentir indisposição, passar mal de saúde.

Descomposición, *s.f.,* decomposição ‖ diarreia.

Descomunal, *adj.,* descomunal, extraordinário, enorme, muito distante do normal.

Desconcertar, *v.12,* desordenar ‖ surpreender ‖ deslocar os ossos de uma articulação.

Desconchar, *v.5,* lascar, tirar lasca em especial do reboque da parede.

Desconectar, *v.5,* desconectar, desligar, interromper.

Desconfiar, *v.5.16,* desconfiar.

Descongelar, *v.5,* descongelar.

Descongestionar, *v.5,* descongestionar, tirar a congestão ou a aglomeração.

Desconocer, *v.9,* desconhecer, não reconhecer.

Desconsolar, *v.10,* desconsolar.

Desconsuelo, *s.m.,* desconsolo, angústia, aflição.

Descontaminar, *v.5,* descontaminar.

Descontar, *v.10,* descontar.

Descontentar, *v.5,* descontentar, causar desgosto ou descontentamento.

Descontento/a, *adj.,* descontente, que não é feliz.

Descorazonar, *v.5,* desanimar, desalentar.

Descorchador/ra, *adj.* e *s.m.,* saca-rolhas.

Descorchar, *v.5,* abrir garrafas com o saca-rolhas.

Descornar, *v.10,* tirar os chifres → *Descornarse*, esforçar-se muito para fazer algo.

Descorrer, *v.6,* reunir ou juntar o que estava esticado, em especial cortinas ‖ abrir ferrolho, chave, trava, tramela.

Descortesía, *s.f.*, descortesia.

Descoser, *v.6,* descosturar → *Descoser la boca*, desatar a falar.

Descosido/a, *adj.*, descosturado, descostura, pano solto de uma roupa por falta de costura → *Como un descosido*, indica excesso ou afinco com que se faz algo.

Descoyuntar, *v.5,* desconjuntar, deslocar, desencaixar.

Descreído/a, *adj.* e *s.*, descrente.

Descremar, *v.5,* desnatar.

Describir, *v.7,* descrever.

Descuajaringar, *v.5.18,* estragar, desunir, destruir, desarrumar → *Descuajaringarse*, morrer de rir ‖ desconjuntar-se, desarticular-se.

Descuartizar, *v.5.15,* esquartejar.

Descubierto/a, *adj.*, descoberto ◆ *s.m.*, déficit → *A la descubierta/al descubierto*, às claras, sem rodeios. *Al descubierto/en descubierto*, conta descoberta, conta devedora.

Descubrir, *v.7,* descobrir ‖ destampar ‖ manifestar, dar a conhecer ‖ ficar sabendo algo ‖ inventar ‖ divisar, ver ou perceber de longe → *Descubrirse*, tirar o chapéu.

Descuento, *s.m.*, desconto.

Descuidar, *v.5,* descuidar ‖ distrair ‖ assegurar que será feito o que foi solicitado ou ordenado.

Desde, *prep.*, desde, desde que, de.

Desdén, *s.m.*, desprezo, indiferença, desapego → *Al desdén,* com afetada indiferença.

Desdeñar, *v.5,* desprezar, desdenhar.

Desdicha, *s.f.*, desgraça, azar, infelicidade.

Desdichado/a, *adj.*, infeliz, inocente, pusilânime.

Desdoblar, *v.5,* desdobrar, despregar, abrir.

Desear, *v.5,* desejar, querer, ambicionar, invejar.

Desechable, *adj.*, descartável.

Desechar, *v.5,* descartar, excluir, reprovar, menosprezar ‖ renunciar ‖ não admitir ‖ retirar ‖ desconsiderar.

Desecho, *s.m.*, dejeto, resíduo, escória, lixo.

Desembalar, *v.5,* retirar a embalagem de algo, desembrulhar.

Desembarazar, *v.5.15,* desembaraçar, desocupar, liberar, evacuar, livrar-se de alguém.

Desembarazo, *s.m.*, desembaraço, desenvoltura, coragem, decisão.

Desembarcar, *v.5.14,* desembarcar.

Desembargar, *v.5.18,* desembargar, retirar o embargo.

Desembarrancar, *v.5.14,* desatolar.

Desembocadura, *s.f.*, desembocadura, foz.

Desembocar, *v.5.14,* desembocar, acabar em, terminar em, ponto de finalização, meta, chegada de um objetivo.

Desembozar, *v.5.15,* retirar o capuz de sobre a cabeça ‖ desmascarar, tirar a máscara ‖ desentupir.

Desembragar, *v.5.18,* desengatar.

Desembrague, *s.m.*, desengate.

Desemejante, *adj.*, dessemelhante, diferente.

Desempacar, *v.5.14,* desenfardar, desfazer um fardo.

Desempaquetar, *v.5,* desembrulhar, desempacotar.

Desemparejar, *v.5,* desemparelhar, destruir o par.

Desempatar, *v.5,* desempatar.

Desempeñar, *v.5,* desempenhar, tirar empenho ‖ cumprir, fazer a obrigação ‖ executar, interpretar ‖ liberar alguém de penhoras ‖ realizar, desenvolver um trabalho.

Desempleo, *s.m.,* desemprego, falta de trabalho.

Desempolvar, *v.5,* tirar o pó.

Desencadenar, *v.5,* desencadear.

Desencajar, *v.5,* desencaixar, desunir → *Desencajarse*, descontrolar-se, transtornar-se.

Desencajonar, *v.5,* retirar de gavetas, desengavetar.

Desencaminar, *v.5,* desencaminhar.

Desencaprichar, *v.5,* tirar um capricho, um erro ou assunto.

Desenchufar, *v.5,* desligar, tirar da tomada elétrica.

Desenfadaderas, *s.f.pl.,* desculpa ou facilidade para sair de uma dificuldade ou pressão.

Desenfadado/a, *adj.,* livre, desembaraçado, tranquilo, sossegado.

Desenfadar, *v.5,* tirar ou retirar a zanga de alguém.

Desenfado/a, *s.m.,* desenvoltura, liberdade ‖ diversão, expansão, alegria.

Desenfrenar, *v.5,* retirar os freios → *Desenfrenarse*, cair ou entregar-se a vícios ‖ desencadear-se, agir com rapidez e violência.

Desenfundar, *v.5,* retirar de dentro de uma capa ou embalagem.

Desenganchar, *v.5,* desenganchar, soltar, desprender o que está enganchado.

Desengañar, *v.5,* desenganar, dar conhecimento de um engano ou erro ‖ desesperançar, tirar as esperanças.

Desengaño, *s.m.,* desengano.

Desengranar, *v.5,* desengrenar, retirar da engrenagem.

Desengrasar, *v.5,* desengordurar.

Desenhebrar, *v.5,* sair a linha da agulha durante a costura.

Desenlace, *s.m.,* desenlace, final, conclusão.

Desenlazar, *v.5.15,* finalizar, concluir ‖ soltar laços ou amarras.

Desenmarañar, *v.5,* desenroscar, retirar o emaranhado.

Desenmascarar, *v.5,* desmascarar, tirar a máscara.

Desenojar, *v.5,* aplacar, sossegar, tirar a zanga.

Desenojo, *s.m.,* sossego, tranquilidade.

Desenredar, *v.5,* desfazer uma confusão, pôr ordem → *Desenredarse*, safar-se de uma confusão.

Desenrollar, *v.5,* desenrolar, estender o que está enrolado.

Desenroscar, *v.5.14,* desenroscar.

Desensamblar, *v.5,* desencaixar, desmontar.

Desenterrar, *v.12,* desenterrar.

Desentonar, *v.5,* destoar, desafinar → *Desentonarse*, perder a paciência, enervar-se.

Desentrampar, *v.5,* livrar de dívidas, safar alguém.

Desentrañar, *v.5,* penetrar no âmago da questão, o mais difícil.

Desentrenarse, *v.5,* destreinar, perder a prática, a força ou a destreza para fazer alguma coisa.

Desentronizar, *v.5.15,* destronar.

Desenvainar, *v.5,* desembainhar.

Desenvoltura, *s.f.,* desenvoltura, agilidade, rapidez, soltura, graça, despreocupação.

Desenvolver, *v.10,* desembrulhar, desfazer um embrulho.

Desenvuelto/a, *adj.,* desembrulhado.

Desenzarzar, *v.5.15,* desengalfinhar, separar pessoas que estão brigando.

Deseo, *s.m.,* desejo.

Desequilibrar, *v.5,* desequilibrar.

Desequilibrio, *s.m.,* desequilíbrio.

Desertar, *v.5,* desertar, abandonar.

Desesperanzar, *v.5.15,* desesperançar, perder as esperanças.

Desesperar, *v.5,* desesperar, impacientar, exasperar.

Desestimar, *v.5,* não ter estima ‖ recusar.

Desfachatez, *s.f.,* descaro, sem-vergonhice

Desfalcar, *v.5.14,* desfalcar, cometer desfalque.

Desfalco, *s.m.,* desfalque.

Desfallecer, *v.9,* desfalecer, desmaiar.

Desfasado/a, *adj.,* defasado.

Desfase, *s.m.,* defasagem, qualidade de defasado.

Desfavorable, *adj.,* desfavorável.

Desfigurar, *v.5,* deformar ‖ enfeiar.

Desfiladero, *s.m.,* desfiladeiro.

Desfilar, *v.5,* desfilar.

Desfile, *s.m.,* desfile.

Desflecar, *v.5.14,* fazer franjas em um tecido.

Desflorar, *v.5,* estragar ‖ tratar ou ser superficial ‖ deflorar, estuprar.

Desforestación, *s.f.,* desmatamento, desflorestamento.

Desforestar, *v.5,* desmatar, desflorestar, eliminar as matas e florestas.

Desgaire, *s.m.,* despreocupação, descuido, desprezo.

Desgajar, *v.5,* rasgar, arrancar ‖ separar, desprender.

Desgana, *s.f.,* ausência de apetite, inapetência ‖ falta de vontade, descaso, desinteresse ‖ fraqueza, falta de ânimo.

Desganar, *v.5,* sentir inapetência.

Desgañitarse, *v.5,* berrar ‖ ficar rouco, perder a voz.

Desgarbado/a, *adj.* desengonçado.

Desgarrar, *v.5,* desgarrar, rasgar ‖ ferir os sentimentos.

Desgarrón, *s.m.,* rasgão.

Desgastar, *v.5,* desgastar → *Desgastarse,* desgastar-se, perder as forças, debilitar-se.

Desglosar, *v.5,* separar, desmembrar, discriminar ‖ dividir, parcelar.

Desglose, *s.m.,* separação, desmembramento, discriminação, divisão, parcelamento.

Desgobernar, *v.12,* desgovernar.

Desgracia, *s.f.,* desgraça.

Desgraciado/a, *adj.,* desgraçado.

Desgraciar, *v.5,* desgraçar, prejudicar, malograr, perder.

Desgranar, *v.5,* desfiar, separar partes menores de um todo ‖ soltar, proferir

→ *Desgranarse*, soltar peças que se encontram ajustadas.

Desgrasar, *v.5,* desengordurar.

Desgravar, *v.5,* desagravar.

Desgreñar, *v.5,* despentear.

Desguace, *s.m.,* desmanche.

Desguazar, *v.5.15,* desmanchar, desmontar, desfazer.

Deshabitar, *v.5,* desabitar.

Deshacer, *v.28,* desfazer ‖ dissolver, derreter ‖ alterar, mudar ‖ vencer, frustrar ‖ desgastar, destruir, desintegrar ‖ dividir, partir, despedaçar → *Deshacerse*, desesperar-se, afligir-se, impacientar-se ‖ trabalhar muito e com afinco por algo ‖ acidentar-se, lesionar-se ‖ desaparecer, desvanecer-se ‖ desmanchar-se, derreter-se, esforçar-se por agradar alguém ou prodigalizar carinho e afeto. *Deshacerse de [algo o alguien]*, desapropriar-se, desprender-se, abandonar.

Desharrapado/a, *adj.* e *s.,* esfarrapado, andrajoso.

Deshechizar, *v.5.15,* desenfeitiçar, tirar ou desfazer um feitiço.

Deshecho/a, *adj.,* desfeito, resultado de desfazer ‖ desabar um temporal forte e violento.

Deshelar, *v.12,* desgelar, desfazer o gelo ou o que está gelado.

Desheredar, *v.5,* deserdar.

Deshidratar, *v.5,* desidratar.

Deshielo, *s.m.,* degelo.

Deshilachar/deshilar, *v.5,* desfiar.

Deshinchar, *v.5,* desinchar.

Deshojar, *v.5,* desfolhar.

Deshonesto/a, *adj.,* desonesto ‖ imoral, obsceno, réprobo.

Deshonor, *s.m.,* desonra.

Deshonra, *s.f.,* desonra.

Deshonrar, *v.5,* desonrar.

Deshora, *s.f., a deshora*, fora de hora.

Deshuesar, *v.5,* desossar.

Deshumanizar, *v.5.15,* desumanizar.

Desierto/a, *adj.,* deserto, despovoado, só, desabitado → *Clamar/predicar en el desierto*, pregar no deserto.

Designar, *v.5,* designar.

Desigual, *adj.,* desigual.

Desigualdad, *s.f.,* desigualdade.

Desilusionar, *v.5,* desiludir.

Desinfectar, *v.5,* desinfetar.

Desinflamar, *v.5,* desinflamar.

Desinflar, *v.5,* desinchar, retirar o ar ‖ diminuir a importância de algo ‖ desanimar, desiludir.

Desintegrar, *v.5,* desintegrar.

Desinterés, *s.m.,* desinteresse.

Desinteresarse, *v.5,* desinteressar-se.

Desintoxicar, *v.5.14,* desintoxicar.

Desistimiento, *s.m.,* desistência.

Desistir, *v.7,* desistir.

Deslabonar, *v.5,* soltar os elos de uma corrente.

Desleal, *adj.* e *s.m.* e *f.,* desleal.

Desleír, *v.13,* dissolver um sólido em um líquido.

Deslenguarse, *v.5.17,* soltar a língua com palavrões e impropérios.

Desliar, *v.5.16,* desatar, desembrulhar.

Desligar, *v.5.18,* desatar ‖ separar coisas não materiais ‖ desfazer um compromisso ou obrigação.

Deslindar, *v.5,* delimitar, estabelecer fronteiras ‖ esclarecer ‖ desvendar.

Desliz, *s.m.*, deslize.

Deslizar, *v.5.15,* deslizar, passar, mover ou escorregar suavemente ‖ dizer ou fazer uma coisa deliberadamente ou dissimuladamente → *Deslizarse*, escapar-se, safar-se ‖ transcorrer tempo, uma ação ou série de sucessos ‖ incorrer em erro, falta ou indiscrição.

Deslomar, *v.5,* descadeirar-se por um grande esforço ou grande trabalho.

Deslucir, *v.9,* desluzir.

Deslumbrar, *v.5,* deslumbrar.

Deslustrar, *v.5,* deslustrar.

Desmadrarse, *v.5,* passar dos limites habituais.

Desmadre, *s.m.*, bagunça, confusão, caos.

Desmán, *s.m.*, desmando, desordem, bagunça.

Desmanchar, *v.5, Amér.*, tirar as manchas.

Desmantelar, *v.5,* desmantelar, desmontar, derrubar, destruir.

Desmañado/a, *adj.* e *s.*, sem manha, inábil, abrutalhado.

Desmaquillar, *v.5,* demaquiar, tirar a maquiagem.

Desmayar, *v.5,* desmaiar.

Desmayo, *s.m.*, desmaio.

Desmelenar, *v.5,* despentear.

Desmembrar, *v.12,* desmembrar.

Desmentir, *v.12,* desmentir ‖ diminuir, reduzir.

Desmenuzar, *v.5.15,* esmiuçar ‖ detalhar minuciosamente.

Desmerecer, *v.9,* desmerecer.

Desmigajar, *v.5,* esfarelar, tornar migalhas.

Desmontar, *v.5,* desmontar ‖ desarmar, desunir, separar partes e peças ‖ desmatar ‖ aplainar um terreno ‖ desfazer, desmanchar.

Desmoralizar, *v.5.15,* desmoralizar.

Desmoronar, *v.5,* desmoronar.

Desnatar, *v.5,* desnatar.

Desnevar, *v.12,* desfazer-se a neve.

Desnivel, *s.m.*, desnível, diferença de altura.

Desnivelar, *v.5,* desnivelar.

Desnudar, *v.5,* despir.

Desnudez, *s.f.*, nudez.

Desnudo/a, *adj.*, nu, despido, pelado ‖ despojado, simples ‖ pobre, desprovido ‖ claro, límpido, óbvio ◆ *s.m.*, retrato ou pintura de figura humana despida → *Al desnudo*, à vista de todos, abertamente. *Verdad desnuda*, verdade nua e crua.

Desnutrición, *s.f.*, desnutrição.

Desnutrirse, *v.7,* desnutrir-se.

Desobedecer, *v.9,* desobedecer.

Desobstruir, *v.11,* desobstruir.

Desocupar, *v.5,* desocupar.

Desodorante, *adj.* e *s.m.*, desodorante.

Desoír, *v.31,* não ouvir, não prestar atenção.

Desojar, *v.5,* estragar a ponta de um instrumento ou ferramenta ‖ forçar a vista à procura de algo.

Desolar, *v.10,* assolar, destruir, arrasar.

Desollar, *v.10,* tirar a pele de animal abatido ‖ difamar ou lesar moral ou materialmente alguém ‖ criticar, fofocar.

Desorden, *s.m.*, desordem.

Desordenar, *v.5,* desordenar.

Desorganizar, *v.5.15,* desorganizar.

Desorientar, *v.5,* desorientar.

Desovar, *v.5,* desovar.

Desove, *s.m.,* desova.

Desovillar, *v.5,* desmanchar um novelo.

Despabilar, *v.5,* tirar a parte queimada de um pavio para avivar a luz ‖ atiçar, animar, incentivar ‖ roubar, furtar ‖ matar → *Despabilarse*, despertar, acordar.

Despacio, *adv.,* devagar, pouco a pouco, lentamente ‖ *Amér.*, falar em voz baixa, cochicho.

Despachar, *v.5,* despachar.

Despacho, *s.m.,* escritório ‖ despacho.

Despampanante, *adj.,* assombroso, chamativo, extraordinário, fora do comum.

Desparejar, *v.5,* desemparelhar.

Desparpajo, *s.m.,* desenvoltura, desembaraço.

Desparramar, *v.5,* esparramar, estender.

Despavorir, *v.16,* encher de pavor ou terror.

Despectivo/a, *adj.* e *s.m.,* despectivo, depreciativo.

Despecho, *s.m.,* despeito.

Despedazar, *v.5.15,* despedaçar.

Despedida, *s.f.,* despedida.

Despedir, *v.13,* despedir ‖ demitir ‖ lançar, expelir, soltar ‖ separar, afastar ‖ desprender, difundir, exalar.

Despegar, *v.5.18,* descolar, separar, desunir ‖ decolar.

Despegue, *s.m.,* decolagem.

Despeinar, *v.5,* despentear.

Despejar, *v.5,* liberar, livrar, desembaraçar, esclarecer, aclarar, clarificar ‖ ficar acordado ‖ acalmar, tranquilizar.

Despelotarse, *v.5,* despir-se.

Despensa, *s.f.,* despensa.

Despeñadero, *s.m.,* despenhadeiro, precipício.

Despeñar, *v.5,* precipitar, cair desde o alto.

Desperdiciar, *v.5,* desperdiçar.

Desperdicio, *s.m.,* desperdício.

Desperezarse, *v.5.15,* espreguiçar-se.

Desperfecto, *s.m.,* imperfeito.

Despertar, *v.12,* despertar, acordar.

Despiadado/a, *adj.,* impiedoso.

Despido, *s.m.,* demissão.

Despilfarrar, *v.5,* esbanjar.

Despistar, *v.5,* despistar, distrair.

Despiste, *s.m.,* distração.

Desplazar, *v.5.15,* deslocar, transladar, mudar de lugar.

Desplegar, *v.12,* desdobrar, estender.

Desplomarse, *v.5,* despencar.

Desplumar, *v.5,* depenar, tirar as penas de uma ave.

Despoblar, *v.10,* despovoar.

Despojar, *v.5,* despojar.

Despojo, *s.m.,* despojo.

Desposar, *v.5,* desposar.

Desposeer, *v.39,* despossuir.

Déspota, *s.m.* e *f.*, déspota.

Despotricar, *v.5.14,* falar sem consideração ou respeito.

Despreciar, *v.5,* desprezar.

Desprecio, *s.m.,* desprezo.

Desprender, *v.6,* desprender, desunir ‖ deduzir, inferir.

Despreocuparse, *v.5,* despreocupar-se.

Desprestigiar, *v.5,* desprestigiar.
Desproporcionar, *v.5,* desproporcionar, tirar a proporção.
Después, *adv.,* depois, após, mais tarde, posteriormente ◆ *adj.,* com substantivos que denotam divisão de tempo, expressa posteridade.
Despuntar, *v.5,* despontar, perder a ponta ‖ desabrochar ‖ amanhecer ‖ sobressair, distinguir-se.
Desquiciar, *v.5,* tirar do sério, perder a razão, turbar, transtornar.
Desquitar, *v.5,* desforrar → *Desquitarse,* vingar-se.
Desquite, *s.m.,* desforra, vingança.
Desratizar, *v.5.15,* desratizar.
Desrizar, *v.5.15,* alisar.
Destacar, *v.5.14,* destacar.
Destajo, *s.m.,* trabalho ajustado por tarefa ou por empreitada → *A destajo*, com empenho, sem descanso e muito depressa, a toque de caixa.
Destapar, *v.5,* destampar ‖ descobrir → *Destaparse*, descobrir um segredo.
Destartalado/a, *adj.,* desengonçado, desajeitado, capenga.
Destellar, *v.5,* faiscar.
Destello, *s.m.,* faísca.
Destemplar, *v.5,* desafinar ‖ sentir ligeira indisposição.
Desteñir, *v.13,* desbotar.
Desternillarse, *v.5,* morrer de rir, rir muito.
Desterrar, *v.12,* desterrar.
Destetar, *v.5,* desmamar.
Destiempo, *adv.,* a desoras, fora de tempo.
Destierro, *s.m.,* desterro.
Destilar, *v.5,* destilar.
Destilería, *s.f.,* destilaria.
Destinar, *v.5,* destinar ‖ designar.
Destino, *s.m.,* destino.
Destituir, *v.11,* destituir.
Destornillador, *s.m.,* chave de fenda.
Destornillar, *v.5,* desparafusar.
Destreza, *s.f.,* destreza.
Destripar, *v.5,* tirar as tripas.
Destronar, *v.5,* destronar.
Destrozar, *v.5.15,* destroçar, despedaçar, romper, fazer cacos ‖ magoar, ferir moralmente ‖ estragar, maltratar.
Destrozo, *s.m.,* destroço, estrago.
Destructor/ra, *adj.,* destruidor.
Destruir, *v.11,* destruir.
Desunir, *v.7,* desunir, separar ‖ provocar animosidade entre pessoas.
Desuso, *s.m.,* desuso.
Desvalido/a, *adj.* e *s.,* desvalido, desamparado.
Desvalorizar, *v.5.15,* desvalorizar.
Desván, *s.m.,* sótão, desvão.
Desvariar, *v.5.16,* delirar.
Desvelar, *v.5,* perder o sono ‖ desvelar, descobrir.
Desvencijar, *v.5,* desvencilhar, desencaixar.
Desventaja, *s.f.,* desvantagem.
Desventura, *s.f.,* desventura.
Desvergüenza, *s.f.,* falta de vergonha.
Desviación, *s.f.,* desvio.
Desviar, *v.5.16,* desviar.
Desvío, *s.m.,* desvio.
Desvirtuar, *v.5.11,* desvirtuar.
Desvivirse, *v.7,* desejar veementemente, interessar-se muito, morrer de amores.

Detallar, *v.5,* detalhar.
Detalle, *s.m.,* detalhe.
Detectar, *v.5,* detectar.
Detective, *s.m.* e *f.,* detetive.
Detención, *s.f.,* detenção
Detener, *v.4,* deter, prender ‖ impedir, reter.
Detenido/a, *adj.* e *s.,* detido, detento.
Detergente, *adj.* e *s.m.,* detergente.
Deteriorar, *v.5,* deteriorar, estragar.
Deterioro, *s.m.,* deterioração, estrago.
Determinación, *s.f.,* determinação.
Determinado/a, *adj.,* determinado, valoroso, ousado.
Determinar, *v.5,* determinar, assentar, decidir, fixar.
Detestable, *adj.,* detestável.
Detestar, *v.5,* detestar.
Detonar, *v.5,* detonar.
Detrás, *adv.,* detrás, depois, parte posterior.
Detrito/detritus, *s.m.,* detrito, resíduo.
Deuda, *s.f.,* dívida ‖ pecado, culpa, ofensa.
Deudor/ra, *s.,* devedor.
Devaluar, *v.5.11,* desvalorizar.
Devanar, *v.5,* enovelar, fazer novelo.
Devaneo, *s.m.,* devaneio ‖ namorico passageiro.
Devastar, *v.5,* devastar.
Devengar, *v.5.18,* merecer, adquirir, ganhar direito a.
Devoción, *s.f.,* devoção, veneração, fervor.
Devocionario, *s.m.,* devocionário, livro de orações.
Devolver, *v.10,* devolver, restituir ‖ vomitar.
Devorar, *v.5,* devorar.
Devoto/a, *adj.* e *s.,* devoto, beato, dedicado.
Deyección, *s.f.,* dejeto ‖ excremento.
Día, *s.m.,* dia ‖ tempo atmosférico ‖ data ◆ *s.m.pl.,* vida → *Abrir/abrirse/despuntar/rayar/romper el día*, amanhecer. *Al día*, com exatidão, atualizado. *Buenos días*, bom dia. *Dar el día*, importunar, incomodar, chatear. *De día en día*, conforme passa o tempo. *Del día,* de moda, na moda. *Día y noche,* constantemente, a todo o instante. *El día de mañana*, no futuro, futuramente. *El día menos pensado*, quando menos se espera. *El santo día* ou *todo el santo día,* o dia inteiro. *En su día,* ao seu tempo, no momento oportuno. *No pasar día por/para*, não envelhecer. *No tener más que el día y la noche,* não ter nada ou nenhum recurso para. *Tener días*, ser velho. *Tener los días contados*, estar próximo do fim ou da morte. *Vivir al día*, gastar tudo, não economizar.
Diabetes, *s.f.,* diabetes.
Diablillo/a, *s.,* diabinho, diabrete.
Diablo/a, *s.,* diabo, demônio, capeta, demo.
Diablura, *s.f.,* diabrura, travessura.
Diabólico/a, *adj.,* diabólico, muito mau.
Diadema, *s.f.,* diadema, tiara, auréola.
Diáfano/a, *adj.,* diáfano.
Diafragma, *s.m.,* diafragma.
Diagnosticar, *v.5.14,* diagnosticar.
Diagnóstico, *s.m.,* diagnóstico.
Diagonal, *s.f.* e *adj.,* diagonal.
Diagrama, *s.m.,* diagrama.
Dialecto, *s.m.,* dialeto.
Diálisis, *s.f.,* diálise.

Dialogar, *v.5.18,* dialogar.
Diálogo, *s.m.,* diálogo.
Diamante, *s.m.,* diamante.
Diámetro, *s.m.,* diâmetro.
Diana, *s.f.,* alvo, ponto central, centro.
Diantre, *interj.,* denota surpresa ou zanga, equivale a: puxa!
Diapasón, *s.m.,* diapasão.
Diapositiva, *s.f.,* eslaide para projeção.
Diario/a, *adj.,* diário, cotidiano ‖ livro ou caderno onde se anotam pensamentos ou fatos da vida de uma pessoa ‖ jornal, periódico → *A diario*, todos os dias. *De diario*, diariamente. *Diario hablado/filmado* ou *televisado*, jornal ou notícias diárias transmitidas por rádio, televisão ou cinema.
Diarismo, *s.m., Amér.,* jornalismo.
Diarrea, *s.f.,* diarreia.
Dibujante, *s.m.* e *f.,* desenhista.
Dibujar, *v.5,* desenhar.
Dibujo, *s.m.,* desenho → *Dibujos animados*, desenho animado. *No meterse en dibujos*, não falar mais da conta.
Dicción, *s.f.,* dicção.
Diccionario, *s.m.,* dicionário.
Diciembre, *s.m.,* dezembro.
Dictado, *s.m.,* ditado.
Dictar, *v.5,* ditar, fazer ditado.
Dicha, *s.f.,* dita, sorte, felicidade, fortuna.
Dicharachero/a, *adj.,* conversador animado e jovial.
Dicharacho, *s.m.,* dito espirituoso e alegre que choca por sua oportunidade.
Dicho/a, *adj.,* dito, resultado de dizer ‖ provérbio, adágio ‖ chiste, piada rápida, trocadilho → *Dicho y hecho*, dito e feito.
Dichoso/a, *adj.,* ditoso, venturoso, feliz.
Didáctico/a, *adj.,* didático.
Dieciochesco/a, *adj.,* relativo ao século XVIII.
Dieciocho, *adj.,* dezoito.
Diecinueve, *adj.,* dezenove.
Dieciséis, *adj.,* dezesseis.
Diecisiete, *adj.,* dezessete.
Diente, *s.m.,* dente → *Regañadientes*, com raiva ou com nojo e repugnância. *Crujirle/rechinarle los dientes*, ranger os dentes de raiva. *Dar diente con diente,* tremer de frio ou de medo, bater os dentes de frio ou de medo. *Diente de leche/de mamón*, dente ou dentição de leite. *Dientes largos*, água na boca. *Enseñar/mostrar dientes/los dientes*, brigar com alguém. *Entre dientes*, murmurar, resmungar. *Hincar el diente,* surrupiar, roubar, afanar. *Tener diente,* ser bom garfo. *Tomar/traer entre dientes*, odiar alguém.
Diéresis, *s.f.,* trema, sinal ortográfico.
Diestro/a, *adj.* e *s.f.,* destro, hábil, perito, sagaz ‖ direita, lado direito ‖ toureiro, esgrimista → *A diestro y siniestro*, a torto e a direito, de qualquer jeito.
Dieta, *s.f.,* dieta.
Dietético/a, *adj.,* dietético.
Diez, *adj.,* dez.
Diezmar, *v.5,* dizimar.
Diezmo, *s.m.,* dízimo.
Difamar, *v.5,* difamar.
Diferenciar, *v.5,* diferenciar, distinguir.
Diferente, *adj.,* diferente.

Diferir, *v.12,* diferir ‖ retardar, adiar ‖ haver diferença entre duas coisas, ideias ou pessoas.

Difícil, *adj.,* difícil.

Dificultar, *v.5,* dificultar.

Dificultoso/a, *adj.,* difícil.

Difuminar, *v.5,* esfumaçar.

Difundir, *v.7,* difundir.

Difunto/a, *adj.* e *s.,* defunto.

Difusión, *s.f.,* difusão.

Digerir, *v.12,* digerir ‖ aguentar uma ofensa, engolir ‖ entender, assimilar, refletir, pensar.

Digestión, *s.f.,* digestão.

Digestivo/a, *adj.* e *s.m.,* digestivo.

Digital, *adj.,* digital.

Dígito/a, *adj.* e *s.m.,* dígito.

Dignarse, *v.5,* dignar-se, aceder, consentir, permitir.

Dignidad, *s.f.,* dignidade.

Digno/a, *adj.,* digno.

Digresión, *s.f.,* digressão.

Dije, *s.m.,* berloque, pingente, relicário, pequena joia.

Dilacerar, *v.5,* dilacerar.

Dilación, *s.f.,* demora, retardo.

Dilapidar, *v.5,* dilapidar.

Dilatar, *v.5,* dilatar, estender, fazer maior.

Dilecto/a, *adj.,* dileto.

Dilema, *s.m.,* dilema.

Diligencia, *s.m.,* diligência.

Dilucidar, *v.5,* elucidar, esclarecer.

Diluir, *v.11,* diluir, dissolver.

Diluviar, *v.5,* diluviar.

Diluvio, *s.m.,* dilúvio.

Dimensión, *s.f.,* dimensão, tamanho, magnitude.

Diminutivo/a, *adj.* e *s.m.,* diminutivo.

Diminuto/a, *adj.,* muito pequeno.

Dimitir, *v.7,* demitir-se, renunciar.

Dinámico/a, *adj.,* dinâmico.

Dinamita, *s.f.,* dinamite.

Dínamo/dinamo, *s.f.,* dínamo.

Dinastía, *s.f.,* dinastia.

Dineral, *s.m.,* grande quantidade de dinheiro.

Dinero, *s.m.,* dinheiro ‖ fortuna, bens → *Dinero al contado* ou *dinero contante y sonante*, à vista, pagamento no ato.

Dinosaurio, *s.m.,* dinossauro.

Dintel, *s.m.,* dintel, verga de porta ou janela.

Diócesis, *s.f.,* diocese.

Diodo, *s.m.,* diodo.

Dios, *s.m.,* deus, senhor, divindade, criador → *A la buena de Dios*, ao azar, de qualquer jeito. *Alabado sea Dios*, abençoado seja Deus. *Ir con Dios*, vai com Deus. *Clamar por Dios*, coisa muito malfeita. *Como Dios da a entender*, do jeito que se possa fazer. *Como Dios manda*, benfeito, perfeito. *Cuando Dios quiera*, qualquer hora, tempo indeterminado. *Dios dirá*, quando a providência permitir. *Dios mediante*, se Deus quiser. *Dios mío*, meu Deus! *Sabe Dios* ou *Dios sabe*, sei lá, sabe-se lá. *Dios te oiga*, Deus te ouça. *Dios y ayuda*, coisa muito difícil de realizar. *Estar de Dios*, cair do céu, ser inevitável. *La de Dios es Cristo*, grande confusão, desordem ou briga. *Llamar Dios por un camino*, vocação inata para algo. *Válgame Dios*, Deus me ajude! *Vaya por Dios*, puxa vida!

Diosa, *s.f.,* deusa.

Diploma, *s.m.*, diploma.

Diplomacia, *s.f.*, diplomacia.

Diplomado/a, *adj.*, diplomado, graduado.

Diplomático/a, *adj.* e *s.*, diplomata.

Diptongo, *s.m.*, ditongo.

Diputación, *s.f.*, Câmara dos Deputados.

Diputado/a, *adj.*, deputado.

Dique, *s.m.*, dique.

Dirección, *s.f.*, direção, rumo, sentido ‖ endereço ‖ cargo de diretor ‖ escritório onde trabalha o diretor ‖ mecanismo que permite orientar as rodas de um veículo.

Directo/a, *adj.*, direto, em linha reta ‖ imediato, sem intermediários ‖ sem rodeios, objetivamente ‖ golpe dado com o braço direito ‖ expresso, sem escalas ‖ uma das velocidades dos automóveis → *En directo*, transmissão ao vivo.

Director/ra, *adj.*, diretor, administrador, dirigente, chefe, orientador.

Directriz, *s.f.*, diretriz.

Dirigible, *s.m.* e *adj.*, dirigível.

Dirigir, *v.7.15,* dirigir, endereçar, aplicar, encaminhar, governar, aconselhar, seguir, dedicar.

Dirimir, *v.7,* dirimir.

Discente, *adj.* e *s.m.* e *f.*, discente, aluno.

Discernir, *v.12,* discernir.

Disciplina, *s.f.*, disciplina.

Disciplinar, *v.5,* disciplinar.

Discípulo/a, *s.*, discípulo, aluno, discente.

Disco, *s.m.*, disco.

Disconformidad, *s.f.*, qualidade de que ou quem não está conforme, de acordo.

Discordar, *v.10,* discordar, discrepar, divergir.

Discordia, *s.f.*, discórdia, desavença.

Discoteca, *s.f.*, danceteria.

Discreción, *s.f.*, discrição, prudência, sensatez.

Discrepar, *v.5,* divergir, discrepar.

Discreto/a, *adj.* e *s.*, discreto.

Discriminar, *v.5,* discriminar, separar.

Disculpa, *s.f.*, desculpa.

Disculpar, *v.5,* desculpar.

Discurrir, *v.7,* discorrer.

Discurso, *s.m.*, discurso.

Discusión, *s.f.*, discussão.

Discutir, *v.7,* discutir.

Disecar, *v.5.14,* dissecar.

Diseminar, *v.5,* disseminar.

Disentir, *v.12,* discordar.

Diseñador/ra, *s.*, projetista, *designer*.

Diseñar, *v.5,* projetar, delinear, traçar.

Diseño, *s.m.*, planta, projeto ‖ descrição.

Disertar, *v.5,* dissertar, discursar, fazer tratado.

Disfavor, *s.m.*, destrato, desprezo.

Disfraz, *s.m.*, disfarce, fantasia, máscara.

Disfrazar, *v.5.15,* disfarçar, fantasiar, mascarar, fingir, ocultar, esconder.

Disfrutar, *v.5,* usufruir, divertir-se, beneficiar-se, gozar, sentir prazer.

Disfrute, *s.m.*, gozo, alegria, benefício.

Disgregar, *v.5.18,* desagregar, separar.

Disgustar, *v.5,* contrariar, magoar, ferir, zangar.

Disgusto, *s.m.*, zanga, mágoa, contrariedade, desgosto.

Disimular, *v.5,* dissimular, esconder, ocultar, fingir.

Disipar, *v.5,* dissipar, dispersar, desaparecer, esbanjar.

Dislocar, *v.5.14,* deslocar.

Disminuir, *v.11,* diminuir, reduzir.

Disolver, *v.10,* dissolver, diluir, desmanchar.

Dispar, *adj.,* díspar, desigual, diferente.

Disparar, *v.5,* disparar, atirar (com arma).

Disparatar, *v.5,* dizer disparates, absurdos, bobagens.

Disparate, *s.m.,* disparate, absurdo, bobagem.

Dispensar, *v.5,* dispensar, dar, conceder, outorgar.

Dispensario, *s.m.,* ambulatório médico.

Dispersar, *v.5,* dispersar.

Disponer, *v.34,* dispor, arrumar, organizar ‖ preparar ‖ deliberar, dar ordens ‖ ter, possuir.

Disponible, *adj.,* disponível.

Disposición, *s.f.,* disposição.

Dispuesto/a, *adj.,* disposto, apto, capaz, hábil.

Disputar, *v.5,* disputar, debater, discutir.

Distancia, *s.f.,* distância.

Distanciar, *v.5,* distanciar.

Distante, *adj.,* distante.

Distar, *v.5,* distar, estar distante.

Distender, *v.12,* distender, afrouxar.

Distinción, *s.f.,* distinção, educação, cortesia.

Distinguir, *v.7.11,* distinguir, diferenciar ‖ vislumbrar.

Distinto/a, *adj.,* diferente, que não é igual ‖ inteligível, claro, sem confusão ou rodeios.

Distorsión, *s.f.,* distorção.

Distorsionar, *v.5,* distorcer.

Distracción, *s.f.,* distração, entretenimento, diversão, desatenção, descuido.

Distraer, *v.43,* distrair, entreter, divertir, desatender, descuidar.

Distribuir, *v.11,* distribuir, repartir, comercializar, dividir.

Distrito, *s.m.,* distrito.

Disturbio, *s.m.,* distúrbio, perturbação.

Disuadir, *v.7,* dissuadir, convencer.

Disyuntivo/a, *adj.,* disjuntivo.

Diurético/a, *adj.* e *s.m.,* diurético.

Diurno/a, *adj.,* diurno.

Divagar, *v.5.18,* divagar, vagar, perder-se o assunto.

Divergir, *v.7.15,* divergir, ter opinião diferente.

Diversificar, *v.5.14,* diversificar.

Diversión, *s.f.,* diversão, espetáculo, jogo, festa.

Diverso/a, *adj.,* diferente, não semelhante.

Divertir, *v.12,* divertir, entreter, recrear.

Dividir, *v.7,* dividir.

Divieso, *s.m.,* furúnculo.

Divinidad, *s.f.,* divindade.

Divinizar, *v.5.15,* divinizar, tornar divino.

Divino/a, *adj.,* divino.

Divisa, *s.f.,* insígnia ‖ divisas, título de crédito pagável no exterior.

Divisar, *v.5,* perceber, ver a distância.

División, *s.f.,* divisão.

Divorciar, *v.5,* divorciar.

Divorcio, *s.m.,* divórcio.

Divulgar, *v.5.18,* divulgar.

Do, *s.m.,* dó, primeira nota musical.

Dobladillo, *s.m.*, barra, bainha da roupa.

Doblaje, *s.m.*, dublagem.

Doblar, *v.5*, dobrar, vergar, encurvar ‖ dublar ‖ convencer, persuadir ‖ duplicar, aumentar ‖ virar ‖ repicar os sinos por morte.

Doble, *adj.* e *s.m.*, duplo, dobro, duplicado, réplica ‖ dublê.

Doblegar, *v.5.18*, submeter, obrigar a obedecer, subjulgar.

Doblez, *s.m.*, dobra, prega ‖ astúcia.

Doce, *adj.*, doze.

Docena, *s.f.*, dúzia.

Docente, *adj.*, docente, professor.

Dócil, *adj.*, dócil, obediente.

Doctor/ra, *s.*, doutor.

Doctrina, *s.f.*, doutrina.

Documentación, *s.f.*, documentação.

Documentar, *v.5*, documentar, provar através de documentos.

Documento, *s.m.*, documento.

Dogma, *s.m.*, dogma.

Dólar, *s.m.*, dólar.

Dolencia, *s.f.*, doença, indisposição, enfermidade.

Doler, *v.10*, doer, causar ou sentir dor ‖ desgosto, pesar, arrependimento.

Dolo, *s.m.*, dolo, engano, fraude.

Dolor, *s.m.*, dor ‖ moléstia ‖ pesar, dor moral.

Domar, *v.5*, domar, amansar, fazer dócil um animal.

Domesticar, *v.5.14*, domesticar.

Domiciliar, *v.5*, domiciliar, sediar, estabelecer, residir.

Domicilio, *s.m.*, domicílio, residência, casa, moradia.

Dominación, *s.f.*, dominação.

Dominar, *v.5*, dominar.

Domingo, *s.m.*, domingo.

Dominical, *adj.*, dominical.

Dominio, *s.m.*, domínio ‖ posse ‖ jurisdição ‖ poder, soberania ‖ âmbito, área de conhecimento.

Dominó, *s.m.*, dominó.

Don, *s.m.*, dom, dádiva, habilidade → *Don de gentes*, habilidade inata para tratar bem as pessoas.

Don/ña, *s.*, senhor, seu, dom, usado como forma de tratamento.

Donación, *s.f.*, doação.

Donaire, *s.m.*, graça, galhardia, porte altivo.

Donante, *s.m.* e *f.*, doador.

Donar, *v.5*, doar.

Doncella, *s.f.*, dama de companhia.

Donde, *conj.*, onde, aonde, donde, adonde.

Dónde, *adv.*, em que lugar, por qual razão, qual o motivo, só usado nas interrogações ou exclamações.

Dondequiera, *adv.*, onde quer que, em qualquer parte, em qualquer lugar.

Dopar, *v.5*, dopar, drogar.

Doquier/doquiera, *adv.*, onde quer que, em qualquer parte, em qualquer lugar.

Dorado/a, *adj.*, dourado, resultado de dourar ◆ *s.f.*, tipo de peixe.

Dorar, *v.5*, dourar, cobrir com ouro uma superfície ‖ refogar, fritar ou assar ligeiramente uma comida.

Dormilón/ona, *adj.* e *s.*, dorminhoco.

Dormir, *v.25*, dormir, repousar, descansar ‖ pernoitar → *Dormirse*, adormecer, entorpecer um membro do corpo.

Dormitorio, *s.m.*, dormitório, aposento e móveis.

Dorsal, *adj.*, dorsal, relativo ao dorso.

Dorso, *s.m.*, dorso, costas, parte de trás.

Dos, *adj.*, dois.

Dosificar, *v.5.14*, dosar, dosificar.

Dosis, *s.f.*, dose.

Dotar, *v.5*, dotar, designar, constituir, equipar.

Dote, *s.m.* ou *f.*, dote ◆ *s.f.pl.*, dotes, conjunto de qualidades de uma pessoa para alguma coisa.

Draga, *s.f.*, draga.

Dragar, *v.5.18*, dragar, escavar e limpar.

Dragón, *s.m.*, dragão.

Drama, *s.m.*, drama.

Dramatizar, *v.5.15*, dramatizar.

Dramón, *s.m.*, dramalhão.

Drenaje, *s.m.*, drenagem.

Drenar, *v.5*, drenar.

Driblar, *v.5*, driblar.

Droga, *s.f.*, droga.

Drogadicto/a, *adj.* e *s.*, drogado, viciado.

Drogar, *v.5.18*, drogar.

Droguería, *s.f.*, drogaria ◆ *Amér.*, farmácia.

Duchar, *v.5*, dar banho, duchar, lavar.

Duda, *s.f.*, dúvida → *Sin duda*, com certeza.

Dudar, *v.5*, duvidar.

Duelo, *s.m.*, duelo ‖ dolo, dor, luto.

Dueño/a, *s.*, dono, proprietário, chefe de família.

Dulce, *adj.*, doce, adocicado ‖ afável, aprazível, agradável, dócil.

Dulcería, *s.f.*, confeitaria.

Dulcificar, *v.5.14*, adoçar, mitigar, fazer suave e agradável.

Dulzor, *s.m.*/**Dulzura**, *s.f.*, doçura, qualidade de doce ‖ palavra carinhosa.

Duna, *s.f.*, duna.

Dúo, *s.m.*, duo, dupla.

Duplicar, *v.5.14*, duplicar.

Duplo/a, *adj.* e *s.m.*, duplo, dobro.

Duque/esa, *s.*, duque.

Durabilidad, *s.f.*, durabilidade.

Duración, *s.f.*, duração.

Duradero/a, *adj.*, duradouro.

Durante, *prep.*, durante.

Durar, *v.5*, durar.

Durazno, *s.m.*, pêssego pequeno.

Dureza, *s.f.*, dureza, qualidade de duro ‖ calosidade.

Durmiente, *s.m.* e *f.*, pessoa que dorme, dormente.

Duro/a, *adj.*, duro ‖ forte, resistente, sólido ‖ áspero ‖ penoso, difícil ‖ severo, cruel, insensível ◆ *s.m.*, moeda espanhola equivalente a cinco pesetas → *Estar a las duras y a las maduras*, amigo de verdade para todas as ocasiões. *Lo que faltaba para el duro*, a gota d'água que faltava. *Ser duro de cabeza*, ser cabeça-dura, teimoso.

E

s.f., quinta letra do alfabeto espanhol, segunda de suas vogais ◆ *conj.*, usa-se no lugar de *y*, para evitar o hiato antes de palavras que comecem por *i* ou *hi*.

Ea, *interj.*, eia!
Ebanista, *s.m.*, marceneiro.
Ebanistería, *s.f.*, marcenaria.
Ebrio/a, *adj.*, bêbado, ébrio.
Ebullición, *s.f.*, ebulição.
Eccema, *s.m.* e *f.*, eczema.
Ecléctico/a, *adj.* e *s.*, eclético.
Eclesiástico/a, *adj.*, eclesiástico.
Eclipsar, *v.5*, eclipsar.
Eclipse, *s.m.*, eclipse.
Eco, *s.m.*, eco, reflexão acústica ‖ ressonância, repercussão ‖ imitação ‖ boato → *Hacer eco*, repercutir, ser importante. *Hacerse eco*, divulgar, difundir. *Tener eco*, grande repercussão.
Ecología, *s.f.*, ecologia.
Economía, *s.f.*, economia → *Economías*, poupança.
Economizar, *v.5.15*, economizar.
Ecuación, *s.f.*, equação.
Echar, *v.5*, jogar, lançar, atirar, impulsionar ‖ expulsar ‖ pôr, colocar ‖ derrubar, demolir ‖ depor, destituir, demitir ‖ brotar, produzir, gerar ‖ cruzar, montar macho à fêmea ‖ aplicar, passar, untar ‖ fechar, trancar ‖ tirar, apostar na sorte ‖ jogar ‖ dar, entregar, repartir ‖ calcular ou fazer contas, supor ou imaginar quantidades ‖ passar ou exibir na televisão ou no teatro ‖ pronunciar, dizer, proferir ‖ condenar a uma pena ou reclusão ‖ inclinar, reclinar ou recostar-se ‖ seguido da *prep. a* e um infinitivo, expressa a causa ou o motivo da ação ‖ pôr uma peça de roupa sobre uma parte do corpo ‖ dirigir-se, ter uma direção → *Echarse*, atirar-se, lançar-se ‖ deitar-se ‖ chocar as aves ‖ acalmar-se o vento ‖ dedicar-se a alguma coisa ‖ relacionar-se com alguém. *Echar a perder*, estragar-se, deteriorar-se. *Echar barriga, carnes, pantorrillas, mal genio, etc.*, aumentar consideravelmente a parte que se indica. *Echar chispas*, estar muito nervoso. *Echar de menos*, sentir a falta de algo ou alguém. *Echar de ver*, notar, reparar, advertir. *Echar por alto [algo]*, menosprezar. *Echar tras [alguien]*, perseguir, correr atrás. *Echarla/echársela*s *[de]*, aparentar, fingir. *Echarse atrás*, desistir, deixar de fazer. *Echarse encima*, repreender, chamar a atenção com zanga.
Edad, *s.f.*, idade ‖ tempo, época → *De cierta edad*, pessoa que já passou da juventude, maturidade. *De edad*, idoso, velho ou próximo à velhice. *Edad Media*, Idade Média. *Entrar en edad*, sair da juventude e entrar na maturidade. *Tercera edad*, terceira idade, velhice.

Edema, *s.m.*, edema.
Edición, *s.f.*, edição.
Edificación, *s.f.*, edificação.
Edificar, *v.5.14*, edificar, construir, fabricar ‖ infundir bons sentimentos.
Edificio, *s.m.*, edifício.
Editar, *v.5*, editar, publicar.
Editor/ra, *adj.* e *s.*, editor.
Editorial, *adj.*, editorial, editora ‖ artigo.
Edredón, *s.m.*, edredom, acolchoado.
Educación, *s.f.*, educação, formação, instrução.
Educador/ra, *adj.* e *s.*, educador.
Educar, *v.5.14*, educar, doutrinar, instruir, formar, ensinar ‖ aperfeiçoar.
Efe, *s.f.*, nome da letra F.
Efectivo/a, *adj.*, efetivo ‖ real, verdadeiro, autêntico ◆ *s.m.*, papel-moeda, numerário ◆ *s.m.pl.*, tropas que compõem uma unidade do exército → *Hacer efectivo*, executar, realizar.
Efecto, *s.m.*, efeito, resultado, finalidade ‖ impressão causada por algo ou alguém ◆ *s.m.pl.*, bens, propriedades, objetos pessoais → *En efecto*, com certeza. *Surtir efecto*, dar o resultado que se esperava.
Efectuar, *v.5.11*, efetuar, executar, realizar, concluir.
Efeméride, *s.f.*, efeméride.
Efervescente, *adj.*, efervescente.
Eficacia, *s.f.*, eficácia.
Eficaz, *adj.*, eficaz.
Eficiente, *adj.*, eficiente.
Efigie, *s.f.*, esfinge ‖ personificação viva de algo ideal.
Efímero/a, *adj.*, efêmero.
Efluvio, *s.m.*, eflúvio, exalação, irradiação.
Efusión, *s.f.*, efusão, expansão, alegria.
Ego, *s.m.*, ego.
Egocéntrico/a, *adj.* e *s.*, egocêntrico.
Egoísmo, *s.m.*, egoísmo.
Egoísta, *adj.*, *s.m.* e *f.*, egoísta.
Egregio/a, *adj.*, egrégio, insigne, ilustre.
Eh, *interj.*, ei!
Eje, *s.m.*, eixo, barra que atravessa uma peça giratória e lhe serve de apoio ‖ linha imaginária ‖ centro de uma curva ‖ linha que divide ao meio uma superfície ‖ ponto essencial de uma obra ‖ fundamento e base de raciocínio ‖ aliança política → *Partir por el eje [a alguien]*, causar uma grande surpresa ou choque.
Ejecución, *s.f.*, execução, ação e efeito de executar ‖ forma de executar alguma coisa.
Ejecutar, *v.5*, executar, fazer, realizar, cumprir, obedecer ‖ interpretar ‖ matar ‖ cobrança judicial.
Ejecutivo/a, *adj.*, executivo ◆ *adj.* e *s.m.*, poder executivo ◆ *s.m.*, diretor, aquele que executa ◆ *s.f.*, comissão, junta diretiva.
Ejemplar, *adj.*, exemplar ‖ modelar ◆ *s.m.*, cada uma das cópias de um original ‖ cada um dos componentes de uma espécie ‖ cada um dos objetos de uma coleção.
Ejemplificar, *v.5.14*, exemplificar, pôr exemplos.
Ejemplo, *s.m.*, exemplo, modelo.
Ejercer, *v.6.12*, exercer, realizar as atividades próprias de uma profissão.
Ejercicio, *s.m.*, exercício, desempenho de profissão, atividade física, treinamento, prática ‖ vigência.

Ejercitar, *v.5,* exercitar.
Ejército, *s.m.,* exército ‖ coletividade.
El, *art. def. m.*, o.
Él, *pron. pess.*, terceira pessoa do singular, ele.
Elaboración, *s.f.,* elaboração, ação e efeito de elaborar.
Elaborar, *v.5,* elaborar, preparar, idealizar.
Elasticidad, *s.f.,* elasticidade, qualidade de elástico.
Elástico/a, *adj.* e *s.m.,* elástico ‖ flexível, acomodável.
Ele, *s.f.,* nome da letra L ♦ *interj.*, usado para animar: eia!
Elección, *s.f.,* eleição.
Elector/ra, *adj.* e *s.*, eleitor.
Electoral, *adj.*, eleitoral.
Electricidad, *s.f.,* eletricidade.
Electricista, *adj.*, *s.m.* e *f.,* eletricista.
Eléctrico/a, *adj.*, elétrico.
Electrochoque, *s.m.,* choque elétrico.
Electrizar, *v.5.15,* eletrizar.
Electrodoméstico, *s.m.,* eletrodoméstico.
Electrónica, *s.f.,* eletrônica.
Elefante, *s.m.,* elefante.
Elegancia, *s.f.,* elegância.
Elegante, *adj.*, elegante.
Elegir, *v.13,* eleger.
Elemento, *s.m.,* elemento, constituinte, parte ‖ módulo ‖ pessoa, indivíduo.
Elenco, *s.m.,* elenco, catálogo, índice.
Elevación, *s.f.,* elevação, subida, ascensão.
Elevar, *v.5,* elevar, subir, ascender.
Elidir, *v.7,* frustrar.
Eliminar, *v.5,* eliminar, excluir ‖ expelir.
Elite/Élite, *s.f.,* elite, minoria seleta.
Elocuencia, *s.f.,* eloquência.
Elogiar, *v.5,* elogiar.
Elogio, *s.m.,* elogio.
Eludir, *v.7,* eludir, evitar.
Ella, *pron. f.,* terceira pess. do sing., ela.
Elle, *s.f.,* nome da letra LL.
Ello, *pron.*, terceira pess., isto, isso, aquilo, funciona como sujeito ou como complemento quando precedido de preposição.
Emanar, *v.5,* emanar.
Emancipación, *s.f.,* emancipação.
Emancipar, *v.5,* emancipar.
Embadurnar, *v.5,* untar, besuntar, sujar.
Embajada, *s.f.,* embaixada.
Embajador/ra, *s.*, embaixador.
Embalaje, *s.m.,* embalagem.
Embalar, *v.5,* embalar, embrulhar, empacotar → *Embalarse*, deixar-se levar por um sentimento ‖ embalar-se, tomar velocidade um veículo.
Embalsamar, *v.5,* embalsamar.
Embalse, *s.m.,* embalse, dique, represa.
Embarazar, *v.5.15,* estorvar, retardar, confundir, constranger ‖ engravidar.
Embarazo, *s.m.,* embaraço, retardo, estorvo ‖ gravidez.
Embarcación, *s.f.,* embarcação.
Embarcar, *v.5.14,* embarcar.
Embargar, *v.5.18,* embargar.
Embargo, *s.m.,* embargo → *Sin embargo*, mas, contudo, no entanto, todavia, não obstante.
Embarque, *s.m.,* embarque.
Embate, *s.m.,* embate.
Embaucar, *v.5.14,* abobar, enganar, alucinar.
Embeber, *v.6,* embeber, absorver → *Embeberse*, maravilhar-se ‖ absorver

alguém, uma matéria ou tema profundamente.

Embelecar, *v.5.14,* enganar.

Embelesar, *v.5,* encantar, fascinar.

Embeleso, *s.m.*, encanto, fascínio.

Embellecer, *v.9,* embelezar.

Emberrincharse, *v.5,* ter ou ficar com birra, em especial as crianças.

Embestir, *v.13,* investir, atacar.

Emblema, *s.m.* e *f.*, emblema, símbolo.

Embobar, *v.5,* abobalhar → *Embobarse,* ficar absorto e admirado.

Embocar, *v.5.14,* embocar.

Emborrachar, *v.5,* embebedar, embriagar.

Emborronar, *v.5,* fazer borrões, borrar.

Emboscada, *s.f.*, emboscada.

Embotellado/a, *adj.*, engarrafado.

Embotellamiento, *s.m.*, engarrafamento.

Embotellar, *v.5,* engarrafar.

Embozar, *v.5.15,* cobrir o rosto, disfarçar, dissimular ‖ obstruir.

Embozo, *s.m.*, dobra do lençol na parte superior que toca o rosto ‖ lados de uma capa ‖ sutileza no fazer ou dizer algo.

Embrague, *s.m.*, embreagem.

Embriagar, *v.5.18,* embriagar, embebedar.

Embriaguez, *s.f.*, embriaguez.

Embrión, *s.m.*, embrião.

Embrollar, *v.5,* confundir, enganar.

Embrollo, *s.m.*, confusão, engano, logro.

Embrujar, *v.5,* enfeitiçar.

Embrujo, *s.m.*, feitiço.

Embudo, *s.m.*, funil.

Embuste, *s.m.*, embuste, mentira, fraude.

Embustero/a, *adj.* e *s.*, mentiroso.

Embutido, *s.m.*, embutido, frio, conserva.

Eme, *s.f.*, nome da letra M.

Emergencia, *s.f.*, emergência.

Emerger, *v.6.11,* emergir.

Emigración, *s.f.*, emigração.

Emigrante, *adj.*, emigrante.

Emigrar, *v.5,* emigrar.

Eminencia, *s.f.*, eminência.

Emisario/a, *s.*, emissário.

Emisión, *s.f.*, emissão.

Emitir, *v.7,* emitir.

Emoción, *s.f.*, emoção.

Emocionar, *v.5,* emocionar.

Empacar, *v.5.14,* empacotar, fazer as malas.

Empachar, *v.5,* encher, saturar ‖ causar indigestão.

Empalagar, *v.5.18,* enjoar, cansar, aborrecer.

Empalidecer, *v.9,* empalidecer.

Empalmar, *v.5,* emendar, juntar, unir, conectar.

Empalme, *s.m.*, conexão, junção.

Empanada, *s.f.*, empanada.

Empanadilla, *s.f.*, empadinha.

Empanar, *v.5,* fazer à milanesa.

Empañar, *v.5,* embaçar, sujar, manchar.

Empapar, *v.5,* empapar, ensopar, absorver.

Empapelar, *v.5,* forrar com papel.

Empapuzar, *v.5.15,* fartar.

Empaque, *s.m.*, distinção, dignidade ‖ aparência, aspecto ‖ ação de empacotar ‖ material usado para empacotar.

Empaquetar, *v.5,* empacotar.

Emparedado/a, *adj.* e *s.*, emparedado, enclausurado ‖ sanduíche feito com duas fatias de pão.

Emparejar, *v.5,* emparelhar, formar par.

Empastar, *v.5,* empastar, pôr pasta ‖ obturar ‖ fazer pasto.
Empaste, *s.m.,* obturação.
Empatar, *v.5,* empatar.
Empate, *s.m.,* empate.
Empecer, *v.9,* impedir, obstruir.
Empecinarse, *v.5,* obstinar-se, aferrar-se.
Empedrar, *v.12,* cobrir com pedras.
Empeine, *s.m.,* peito do pé.
Empellón, *s.m.,* empurrão.
Empeñar, *v.5,* empenhar, depositar em penhor → *Empeñarse*, endividar-se ‖ insistir com afinco e determinação em algo.
Empeño, *s.m.,* penhor ‖ insistência, determinação, decisão.
Empeorar, *v.5,* piorar.
Emperador, *s.m.,* imperador.
Emperatriz, *s.f.,* imperatriz.
Emperifollar, *v.5,* enfeitar muito com exagero.
Empero, *conj.,* porém, mas, não obstante.
Empezar, *v.12,* começar, iniciar, principiar.
Empinar, *v.5,* empinar, erguer, levantar ‖ beber muito → *Empinarse*, ficar na ponta dos pés ‖ alcançar grande altura. *Empinar el codo*, beber muito, embriagar-se.
Emplazar, *v.5.15,* marcar encontro ‖ situar ‖ citar judicialmente.
Empleado/a, *adj.,* empregado, usado, utilizado, aplicado ‖ funcionário.
Emplear, *v.5,* empregar, usar, gastar, consumir, ocupar.
Empleo, *s.m.,* emprego, uso, ocupação.
Empobrecer, *v.9,* empobrecer.
Empollón/ona, *adj.* e *s.,* pessoa dedicada aos estudos, caxias, cê-dê-efe.
Emponzoñar, *v.5,* envenenar, corromper, danificar.
Emporcar, *v.10,* emporcalhar.
Empotrar, *v.5,* embutir.
Emprender, *v.6,* empreender, iniciar, começar.
Empresa, *s.f.,* empresa, empreendimento, obra, empreitada ‖ firma comercial ‖ insígnia.
Empresario/a, *s.,* empresário.
Empujar, *v.5,* empurrar, instigar, pressionar, incentivar.
Empuje, *s.m.,* empuxo ‖ brio, arranque ‖ vigor, iniciativa.
Empujón, *s.m.,* empurrão, esbarrão ‖ *fig.*, impulso, incentivo, ânimo.
Empuñar, *v.5,* empunhar.
Emulsión, *s.f.,* emulsão.
En, *prep.*, em, por, de.
Enaguas, *s.f.pl.,* anágua.
Enajenar, *v.5,* alienar, ceder, transferir ‖ alucinar, enlouquecer ‖ devanear, estar em êxtase.
Enaltecer, *v.9,* enaltecer.
Enamorar, *v.5,* enamorar, apaixonar.
Enano/a, *s.,* anão.
Encabezamiento, *s.m.,* encabeçamento, cabeçalho ‖ comando.
Encabezar, *v.5.15,* encabeçar, comandar, vir na frente ‖ pôr cabeçalho.
Encadenar, *v.5.15,* encadear, acorrentar ‖ concatenar, coordenar ‖ atar, prender.
Encajar, *v.5,* encaixar, embutir ‖ atirar, disparar ‖ desfechar ‖ coincidir ‖ impingir, obrigar ‖ unir ‖ pôr-se um feto a termo para o parto.

Encaje, *s.m.*, encaixe ‖ renda, passamanaria.

Encalar, *v.5*, caiar, passar cal, branquear.

Encallar, *v.5*, encalhar.

Encamarse, *v.5*, acamar-se, adoecer.

Encaminar, *v.5*, encaminhar, dirigir, pôr em caminho.

Encandilar, *v.5*, deslumbrar, pasmar ‖ apaixonar, enamorar.

Encanecer, *v.9*, embranquecer os cabelos pela idade.

Encanijar, *v.5*, enfraquecer por doença.

Encantado/a, *adj.*, encantado.

Encantador/ra, *adj.* e *s.*, encantador.

Encantar, *v.5*, encantar, enfeitiçar ‖ gostar.

Encanto, *s.m.*, encanto, atração ◆ *s.m.pl.*, atrativos físicos.

Encañar, *v.5*, canalizar.

Encañonar, *v.5*, apontar com uma arma de fogo.

Encapotarse, *v.5*, cobrir-se o céu de nuvens.

Encapricharse, *v.5*, ter um capricho por, apaixonar-se.

Encaramar, *v.5*, encarapitar-se, subir ou pôr em lugar alto e de difícil acesso.

Encarar, *v.5*, encarar, contrapor, afrontar.

Encarcelar, *v.5*, encarcerar.

Encarecer, *v.9*, encarecer, pedir, recomendar ‖ aumentar o preço ‖ ponderar ‖ enaltecer.

Encarecimiento, *s.m.*, carestia, custo de vida alto.

Encargado/a, *adj.*, encarregado.

Encargar, *v.5.18*, encarregar, ordenar, dar ordens, incumbir.

Encargo, *s.m.*, encomenda, incumbência → *Como/como hecho, de encargo*, feito por/sob/de encomenda.

Encarnación, *s.f.*, encarnação.

Encarnado/a, *adj.*, encarnado, resultado de encarnar ◆ *adj.* e *s.m.*, vermelho.

Encarnar, *v.5*, encarnar, personificar, representar.

Encarpetar, *v.5*, guardar papéis em pastas.

Encarrilar, *v.5*, encarrilhar, pôr nos trilhos, encaminhar.

Encartar, *v.5*, processar judicialmente → *Encartarse*, pegar todas as cartas no jogo.

Encarte, *s.m.*, encarte.

Encasillar, *v.5*, enquadrar, classificar.

Encasquetar, *v.5*, encaixar.

Encastillarse, *v.5*, teimar, perseverar, obstinar.

Encauzar, *v.5.15*, encaminhar, conduzir, dirigir, normatizar, regular.

Encéfalo, *s.m.*, encéfalo.

Encelar, *v.5*, dar ou ter ciúmes → *Encelarse*, estar um animal no cio.

Encenagarse, *v.5.18*, cair na lama, lodo ‖ sujar-se moralmente, tornar-se vil, crápula.

Encendedor/ra, *adj.* e *s.*, encendedor ‖ acendedor, isqueiro.

Encender, *v.12*, acender, ligar ‖ animar, entusiasmar ‖ pôr fogo ‖ instigar ‖ queimar ‖ corar, ruborizar.

Encerado/a, *adj.*, encerado.

Encerar, *v.5*, encerar.

Encerrar, *v.12*, encerrar, trancar, aprisionar ‖ conter, resumir, sintetizar ‖ pôr algo escrito entre determinados signos separando-o da escrita normal.

Encerrona, *s.f.*, emboscada, cilada.
Encestar, *v.5,* fazer cesta nos jogos.
Encía, *s.f.*, gengiva.
Encíclica, *s.f.*, encíclica.
Enciclopedia, *s.f.*, enciclopédia.
Encima, *adv.*, em cima, em local superior ‖ pode expressar peso ou carga sobre algo ou alguém ‖ pode indicar a aceitação de um trabalho, pena ou culpa ‖ sobre si, consigo ‖ perto, de imediata realização ‖ além de, em acréscimo → *Por encima*, superficialmente, de passagem. *Por encima de*, de preferência. *Sacarse de encima*, livrar-se de, desvencilhar-se de.
Encina, *s.f.*, azinheira, carvalho.
Encinta, *adj.*, *estar encinta*, estar grávida uma mulher.
Encizañar, *v.5,* provocar discórdia, inimizade, cizânia, rixa.
Enclavado/a, *adj.*, encravado.
Enclave, *s.m.*, território rodeado totalmente por outro de diferente dono ou jurisdição.
Enclenque, *adj.*, fraco, raquítico, doentio.
Enclítico/a, *adj.*, enclítico.
Encochar, *v.5,* recolher passageiros especialmente um táxi.
Encoger, *v.6.11,* encolher, estreitar, contrair, reduzir ao menor volume ou extensão ‖ acovardar-se, retrair-se, reprimir-se → *Encogerse de hombros*, dar de ombros, não ter importância.
Encolar, *v.5,* passar cola em.
Encolerizar, *v.5.15,* encolerizar, provocar cólera.
Encomendar, *v.12,* encomendar, encarregar, delegar → *Encomendarse*, entregar-se, confiar-se aos cuidados de alguém.
Encomienda, *s.f.*, encomenda.
Enconar, *v.5,* inflamar ‖ intensificar ‖ atiçar.
Encono, *s.m.*, rancor, ódio, aversão.
Encontradizo/a, *loc.*, *hacerse el encontradizo*, buscar ou procurar alguém para encontrá-lo sem que pareça que foi feito de propósito.
Encontrar, *v.10,* encontrar, achar, topar, dar com, tropeçar, encarar → *Encontrarse*, coincidir. *Encontrárselo todo hecho*, tudo pronto sem esforço, receber tudo de mão beijada.
Encontrón, *s.m.*, encontrão.
Encontronazo, *s.m.*, encontrão.
Encorvar, *v.5,* encurvar, curvar.
Encrespar, *v.5,* encaracolar, encrespar ‖ enraivecer, irritar, enfurecer ‖ encapelar, levantar, agitar.
Encrucijada, *s.f.*, encruzilhada.
Encuadernación, *s.f.*, encadernação.
Encuadernar, *v.5,* encadernar.
Encuadrar, *v.5,* enquadrar, emoldurar ‖ sintonizar → *Encuadrarse*, filiar-se, associar-se.
Encuadre, *s.m.*, enquadre, sintonia, conjunto de controles que regulam o ajuste de uma transmissão de rádio ou televisão.
Encubrir, *v.7,* encobrir, ocultar, esconder.
Encuentro, *s.m.*, encontro ‖ competição esportiva → *Ir al encuentro [de alguien]*, sair ao encontro [de alguém]. *Salir al encuentro*, recepcionar alguém ‖ opor-se, ir de encontro, enfrentar-se ‖ antecipar-se, prever.

Encuesta, *s.f.*, enquete, pesquisa.
Encuestador/ra, *s.*, pesquisador.
Encuestar, *v.5,* fazer enquete, pesquisar.
Encharcar, *v.5.14,* encharcar, saturar, encher.
Enchufar, *v.5,* conectar, ligar na tomada, unir, enlaçar ‖ apadrinhar, influenciar, recomendar, em especial para empregos públicos.
Enchufe, *s.m.*, tomada, plugue, junção, ligação ‖ recomendação, indicação, apadrinhamento.
Ende, *loc.*, *por ende*, expressa uma consequência do que foi afirmado anteriormente.
Endeble, *adj.*, débil, incapaz, de pouco valor ou importância.
Endemia, *s.f.*, endemia.
Endemoniado/a, *adj.* e *s.*, endemoninhado, endiabrado ‖ ruim, desagradável.
Endentar, *v.12,* engrenar.
Enderezar, *v.5.15,* endireitar ‖ corrigir, emendar ‖ castigar ‖ orientar, dirigir ‖ governar, administrar bem ‖ consertar → *Enderezarse*, dispor-se a conseguir um objetivo ‖ encaminhar-se ou dirigir-se a um lugar.
Endeudarse, *v.5,* endividar-se.
Endiablado/a, *adj.*, endiabrado, endemoninhado.
Endocrino/a, *adj.*, endócrino.
Endocrinología, *s.f.*, endocrinologia.
Endocrinólogo/a, *s.*, endocrinologista.
Endógeno/a, *adj.*, endógeno.
Endomingarse, *v.5.18,* vestir-se com roupa de festa.
Endosar, *v.5,* endossar.
Endoso, *s.m.*, endosso.
Endovenoso/a, *adj.*, intravenoso.
Endrino/a, *adj.*, de cor preta azulada ◆ *s.m.*, abrunheiro, abrunho.
Endulzar, *v.5.15,* adoçar, tornar doce ‖ atenuar, suavizar.
Endurecer, *v.9,* endurecer, tornar duro ‖ fazer cruel ou insensível ‖ fortalecer, tornar robusto.
Ene, *s.f.*, nome da letra N ◆ *adj.*, denota quantidade indeterminada.
Enemigo/a, *adj.*, inimigo, contrário.
Enemistad, *s.f.*, inimizade.
Enemistar, *v.5,* fazer inimigo.
Energético/a, *adj.*, energético.
Energía, *s.f.*, energia.
Enérgico/a, *adj.*, que tem energia, vigor.
Energúmeno/a, *s.*, pessoa encolerizada e que grita muito.
Enero, *s.m.*, janeiro.
Enervar, *v.5,* debilitar, tirar as forças ‖ enervar, irritar, impacientar.
Enfadar, *v.5,* zangar, chatear, aborrecer, irritar.
Enfado, *s.m.*, zanga, chateação, aborrecimento, irritação, desgosto.
Enfadoso/a, *adj.*, que causa zanga.
Enfangarse, *v.5.18,* cobrir-se de lama, lodo ‖ envolver-se com negócios sujos ou negociatas.
Énfasis, *s.m.*, ênfase.
Enfático/a, *adj.*, enfático.
Enfatizar, *v.5.15,* enfatizar.
Enfermar, *v.5,* enfermar, adoecer, adoentar-se, contrair doença.
Enfermedad, *s.f.*, enfermidade, doença, moléstia, mal.
Enfermería, *s.f.*, enfermaria.
Enfermero/a, *s.*, enfermeiro.

Enfermizo/a, *adj.*, enfermiço, propenso à doença.

Enfermo/a, *adj.* e *s.*, enfermo, doente, paciente.

Enfermucho/a, *adj.*, pessoa que possui pouca saúde ou é propensa à doença ‖ doentinho.

Enfilar, *v.5,* dirigir-se, encaminhar-se ‖ enfileirar ‖ mirar, apontar.

Enflaquecer, *v.9,* enfraquecer, tornar fraco ‖ emagrecer.

Enfocar, *v.5.14,* enfocar, focalizar ‖ analisar, estudar, examinar.

Enfoque, *s.m.,* enfoque.

Enfrascarse, *v.5.14,* dedicar-se com muita intensidade e afinco a alguma coisa.

Enfrentar, *v.5,* enfrentar, afrontar, desafiar, fazer frente.

Enfrente, *adv.*, em frente, diante, defronte, face a face ‖ em contra, adversário.

Enfriamiento, *s.m.,* esfriamento ‖ gripe, resfriado.

Enfriar, *v.5.16,* esfriar ‖ esmorecer, reduzir, diminuir.

Enfundar, *v.5,* pôr dentro de uma capa, caixa ou estojo protetor.

Enfurecer, *v.9,* enfurecer, irritar, zangar.

Enfurruñarse, *v.5,* ficar carrancudo, mal-humorado.

Enganchar, *v.5,* enganchar, prender ‖ atrair, conquistar ‖ alistar como soldado → *Engancharse*, ficar preso, prender-se ‖ viciar-se.

Enganche, *s.m.,* engate, acoplamento ‖ recrutamento ‖ pagamento inicial, entrada.

Engañabobos, *s.m.* e *f.,* farsante, enganador ◆ *s.m.,* engodo, engano.

Engañar, *v.5,* enganar ‖ entreter, distrair ‖ ser infiel, cometer adultério ‖ seduzir ‖ estafar → *Engañarse*, enganar-se, fechar os olhos à verdade ‖ errar, equivocar-se.

Engaño, *s.m.,* engano, farsa, fraude, mentira, ilusão → *Llamarse a engaño*, ser/sentir-se enganado.

Engañoso/a, *adj.,* enganoso.

Engarzar, *v.5.15,* engastar, unir, ligar, concatenar, relacionar.

Engastar, *v.5,* engastar, encaixar, embutir.

Engatusar, *v.5,* ganhar a confiança de alguém usando de enganos, artimanhas e artifícios.

Engendrar, *v.5,* engendrar, gerar, produzir ‖ causar, ocasionar.

Englobar, *v.5,* englobar.

Engomar, *v.5,* engomar, passar goma.

Engordar, *v.5,* engordar ‖ enriquecer.

Engranaje, *s.m.,* engrenagem.

Engranar, *v.5,* engrenar ‖ entrosar.

Engrandecer, *v.9,* engrandecer, aumentar, fazer grande ‖ enaltecer, tornar nobre ‖ elevar a dignidade.

Engrandecimiento, *s.m.,* engrandecimento.

Engrasar, *v.5,* engraxar.

Engrase, *s.m.,* engraxamento.

Engreído/a, *adj.* e *s.,* convencido, cheio de si.

Engreír, *v.13,* pôr-se convencido.

Engrescar, *v.5.14,* atiçar, instigar, estimular uma briga, uma ação ou um estado de ânimo.

Engrosar, *v.10,* engrossar ‖ aumentar, crescer.
Engullir, *v.19,* engolir, comer de forma apressada e rápida.
Enhebrar, *v.5,* passar, enfiar a linha pelo buraco da agulha.
Enhiesto/a, *adj.,* firme, levantado, direito, reto, rijo.
Enhorabuena, *s.f.,* parabéns.
Enigma, *s.m.,* enigma, charada, adivinhação, mistério, segredo.
Enigmático/a, *adj.,* enigmático.
Enjabonar, *v.5,* ensaboar ‖ adular, bajular.
Enjambre, *s.m.,* enxame ‖ multidão de pessoas.
Enjaular, *v.5,* enjaular, engaiolar ‖ prender, pôr no xadrez.
Enjuagar, *v.5.18,* enxaguar.
Enjugar, *v.5.18,* enxugar, secar ‖ cancelar, extinguir uma dívida.
Enjuiciar, *v.5,* instruir uma causa ‖ submeter a juízo.
Enlace, *s.m.,* enlace, união, conexão ‖ casamento ‖ vínculo.
Enladrillar, *v.5,* revestir com tijolos.
Enlatar, *v.5,* enlatar.
Enlazar, *v.5.15,* enlaçar, unir, atar, ligar, relacionar, conectar.
Enlodar, *v.5,* enlodar, sujar com lodo, enlamear.
Enloquecer, *v.9,* enlouquecer ‖ apaixonar-se.
Enlosar, *v.5,* lajear, pôr lajotas no pavimento.
Enlucir, *v.9,* estucar, engessar, caiar ‖ passar reboque ‖ limpar.
Enlutar, *v.5,* enlutar, vestir de luto ‖ entristecer, afligir.
Enmaderar, *v.5,* revestir com madeira.
Enmarañar, *v.5,* emaranhar, enredar ‖ confundir.
Enmarcar, *v.5.14,* emoldurar, pôr marco.
Enmascarado/a, *adj.* e *s.,* mascarado.
Enmascarar, *v.5,* mascarar ‖ encobrir, disfarçar.
Enmendar, *v.12,* emendar, corrigir, tirar os defeitos.
Enmienda, *s.f.,* emenda ‖ ementa.
Enmudecer, *v.9,* emudecer, ficar mudo, deixar de falar.
Ennegrecer, *v.9,* enegrecer, escurecer, tornar negro.
Ennoblecer, *v.9,* enobrecer, tornar nobre ‖ dignificar ‖ enriquecer.
Enojar, *v.5,* aborrecer, zangar, agastar, encolerizar, irritar.
Enojo, *s.m.,* aborrecimento, zanga, cólera, irritação ‖ incômodo, desagrado.
Enojoso/a, *adj.,* enfadonho, enjoadiço, aborrecido, desagradável.
Enorgullecer, *v.9,* orgulhar, encher de orgulho.
Enorme, *adj.,* enorme, desmedido, excessivo.
Enormidad, *s.f.,* enormidade, qualidade de enorme ‖ despropósito, desatino.
Enquiciar, *v.5,* colocar uma porta ou uma janela no batente ‖ ordenar, arrumar alguma coisa, conduzir, encaminhar de forma adequada.
Enrabiar, *v.5,* enraivecer, encolerizar.
Enramar, *v.5,* cobrir ou ornar de ramos, enramalhar, enramalhetar.
Enrarecer, *v.9,* fazer menos respirável, contaminar o ar.
Enredadera, *s.f.* e *adj.,* trepadeira.
Enredar, *v.5,* enredar ‖ envolver ‖ complicar ‖ entreter, distrair ‖ intrigar →

Enredarse, crescer e desenvolver-se uma trepadeira ‖ ter um caso com alguém ‖ começar uma discussão, desentendimento ou briga.

Enredo, *s.m.*, enredo, confusão, embaraço ‖ assunto perigoso, complicado, arriscado, algumas vezes ilícito ‖ amancebamento ‖ argumento, trama de uma obra literária ◆ *s.m.pl.*, coisas diversas e de pouca importância, tranqueiras.

Enrejado, *s.m.*, alambrado, gradil.

Enrejar, *v.5*, pôr grades, gradear.

Enriquecer, *v.9*, enriquecer.

Enriquecimiento, *s.m.*, enriquecimento.

Enristrar, *v.5*, fazer réstias com alhos, cebolas ou qualquer outra coisa.

Enrolar, *v.5*, arrolar, fazer rol, especialmente militar.

Enrollar, *v.5*, enrolar → *Enrollarse*, falar de forma confusa, ininterrupta e repetitiva.

Enronquecer, *v.9*, ficar rouco, perder a voz.

Enroscar, *v.5.14*, enroscar, enrolar, retorcer, torcer.

Ensacar, *v.5.14*, ensacar, pôr no saco.

Ensalada, *s.f.*, salada.

Ensaladera, *s.f.*, saladeira.

Ensaladilla, *s.f.*, maionese.

Ensalmar, *v.5*, recompor os ossos numa fratura ou luxação.

Ensalmo, *s.m.*, reza, benzedura praticada de forma supersticiosa.

Ensalzar, *v.5.15*, elogiar, louvar, exaltar, celebrar.

Ensamblar, *v.5*, unir, juntar, acoplar, encaixar.

Ensanchar, *v.5*, alargar, estender, dilatar, fazer maior.

Ensanche, *s.m.*, alargamento.

Ensangrentar, *v.12*, ensanguentar.

Ensañarse, *v.5*, irritar-se, enfurecer-se, deleitar-se no mal.

Ensartar, *v.5*, engranzar, enfiar, passar por um fio, espetar, atravessar.

Ensayar, *v.5*, ensaiar ‖ intentar, tentar, experimentar ‖ provar.

Ensayo, *s.m.*, ensaio.

Enseguida, *adv.*, imediatamente, já.

Ensenada, *s.f.*, enseada.

Enseña, *s.f.*, insígnia, estandarte.

Enseñanza, *s.f.*, ensino, instrução ‖ ensinamento, didática, método ‖ cultura, educação ‖ docência.

Enseñar, *v.5*, ensinar, lecionar, instruir ‖ mostrar.

Enseres, *s.m.pl.*, móveis, mobília ‖ utensílios em geral que se relacionam entre si.

Ensillar, *v.5*, selar, pôr sela no cavalo.

Ensimismarse, *v.5*, ensimesmar-se, abstrair-se, concentrar-se em si mesmo.

Ensombrecer, *v.9*, ensombrecer, escurecer ‖ entristecer.

Ensoñar, *v.10*, sonhar, fantasiar, devanear.

Ensordecer, *v.9*, ensurdecer.

Ensortijar, *v.5*, encrespar, frisar em especial o cabelo.

Ensuciar, *v.5*, sujar, manchar, emporcalhar, enxovalhar.

Ensueño, *s.m.*, sonho, ficção, fantasia, ilusão.

Entablar, *v.5*, entabular ‖ entabuar.

Entablillar, *v.5*, pôr tala em algum membro ferido.

Entallar, *v.5,* entalhar, esculpir ‖ ajustar a roupa ao corpo.

Entarimado, *s.m.,* piso formado por tábuas corridas ‖ palete para transporte de carga.

Entarimar, *v.5,* cobrir o piso com madeiras.

Ente, *s.m.,* ente, ser, pessoa ‖ sujeito ridículo ‖ entidade, coletividade, corporação, associação.

Entenado/a, *s.,* enteado.

Entendederas, *s.f.pl.,* entendimento.

Entender, *v.12,* entender, compreender, captar, pensar ‖ julgar ‖ conhecer, perceber, supor ‖ opinar ◆ seguido da *prep. en*, conhecer uma determinada matéria ‖ seguido da *prep. por*, considerar, reputar, julgar → *Entenderse*, entender-se, compreender-se ‖ estar de acordo duas pessoas ‖ ter um caso ilícito. *Al entender [de alguien]*, de acordo com a forma de pensar. *¿Cómo se entiende?*, manifesta zanga. *Dar a entender,* dizer algo de forma indireta. *Entenderse [algo] con [alguien],* dizer respeito, concernir. *Entenderse con [algo]*, saber fazer, conhecer.

Entendido/a, *adj.,* entendido ◆ *adj.* e *s.,* pessoa que conhece uma matéria ou tema → *No darse por entendido*, fazer-se de surdo ou de desentendido.

Entendimiento, *s.m.,* entendimento, inteligência ‖ juízo, aptidão para compreender.

Entente, *s.f.,* entente, acordo.

Enterado/a, *s.* e *adj.,* entendido em algo ‖ notificação ◆ *s.m.,* protocolo, assinatura, visto ou rubrica que se coloca no pé de uma notificação.

Enterar, *v.5,* notificar, avisar, comunicar → *Enterarse*, tomar conhecimento. *Para que te enteres, expr.* usada para enunciar algo que se deseja, cause moléstia ou destrato, equivale a: para seu governo. *No [se] entera, expr.* para chamar a atenção, equivale a: você está nas nuvens, preste atenção!

Entereza, *s.f.,* firmeza de ânimo, inteireza, integridade.

Enterizo/a, *adj.,* interiço, feito de uma só peça.

Enternecer, *v.9,* enternecer, com ternura.

Entero/a, *adj.,* inteiro, cabal ‖ correto, justo ◆ *adj.* e *s.m.,* número não decimal ◆ *s.m.,* unidade usada para medir o câmbio da Bolsa de Valores → *Por entero*, por inteiro, integralmente, na íntegra.

Enterrador/ra, *s.,* coveiro, enterrador.

Enterramiento, *s.m.,* enterro, ação e efeito de enterrar ‖ sepulcro, sepultura ‖ cova.

Enterrar, *v.12,* enterrar, sepultar ‖ sobreviver a alguém ‖ esconder, esquecer → *Enterrarse*, isolar-se propositalmente do convívio social.

Entibiar, *v.5,* tornar algo morno ‖ afrouxar ‖ moderar.

Entidad, *s.f.,* entidade, ente, ser ‖ associação, sociedade, corporação ‖ essência, qualidade.

Entierro, *s.m.,* enterro, funeral, féretro.

Entoldar, *v.5,* cobrir com toldo ‖ nublar o céu.

Entonación, *s.f.,* entonação ‖ entoação.

Entonar, *v.5,* entoar, cantar ‖ entonar, harmonizar ‖ fortalecer, fortificar o organismo → *Entonarse*, envaidecer-se, orgulhar-se.

Entonces, *adv.*, naquele momento ‖ então, nesse caso, assim sendo ◆ *interj.*, justifica alguma coisa que se estranha → *En/por/aquel entonces*, naquele tempo.

Entontecer, *v.9*, entontecer, desvairar, endoidar.

Entornar, *v.5*, não fechar completamente, deixar entreaberto em especial portas, janelas e os olhos.

Entorno, *s.m.*, entorno, ambiente, contexto, atmosfera.

Entorpecer, *v.9*, entorpecer, causar torpor ‖ turbar ‖ retardar, dificultar.

Entrado/a, *adj.*, avançado, adiantado ◆ *s.f.*, entrada, ação de entrar ‖ portão, porta, recebedor, *hall* ‖ admissão ‖ afluência ‖ arrecadação, renda, ingressos ‖ ingresso, bilhete ‖ primeiro prato de uma refeição ‖ partes laterais na testa, na altura das têmporas, onde se inicia o nascimento do cabelo ‖ início, começo de um período de tempo ‖ haver das contas financeiras ‖ momento de início de intervenção de um instrumento musical.

Entraña, *s.f.*, entranha, víscera ‖ essência, âmago, cerne ‖ centro, núcleo ‖ sentimentos, coração → *Arrancársele [a alguien] las entrañas*, grande dor ou pesar por alguma coisa. *Echar las entrañas*, botar os bofes para fora, vomitar. *No tener entrañas*, pessoa cruel ou má. *Sacar las entrañas [a alguien]*, liquidar a pessoa, matá-la ou fazer-lhe muito mal.

Entrañable, *adj.*, entranhável, íntimo, muito querido.

Entrañar, *v.5*, entranhar, levar dentro de si, penetrar.

Entrar, *v.5*, entrar, introduzir ‖ invadir ‖ encaixar ‖ admitir ‖ incorporar, incluir ‖ ter acesso, participar, começar ‖ seguir um hábito ‖ caber ‖ envolver-se ‖ influir no estado de ânimo de alguém → *No entrarle [a alguien algo o alguien]*, não engolir, não passar, não aceitar.

Entre, *prep.*, entre, dentro, no meio de, no interior.

Entreabrir, *v.7*, entreabrir, abrir pouco.

Entrecejo, *s.m.*, espaço entre as duas sobrancelhas ‖ cenho, expressão de desagrado.

Entrecomillar, *v.5*, pôr entre aspas.

Entrechocar, *v.5.14*, entrechocar, chocar duas coisas uma contra a outra.

Entrega, *s.f.*, entrega.

Entregar, *v.5.18*, entregar → *Entregarse*, deixar-se levar, submeter-se ‖ render-se, abandonar-se.

Entrelazar, *v.5.15*, entrelaçar.

Entrelinear, *v.5*, escrever entre linhas.

Entremedias/entremedio, *adv.*, entrementes, nesse meio tempo, entretanto.

Entremés, *s.m.*, aperitivos, acepipes ‖ peça jocosa em um ato.

Entremeter, *v.6*, intrometer ‖ meter pelo meio ‖ meter-se onde não se é chamado.

Entremezclar, *v.5*, mesclar, misturar.

Entrenador/ra, *s.*, treinador.

Entrenar, *v.5*, treinar.

Entrepierna, *s.f.*, parte interior das coxas ‖ cavalo das calças.

Entresuelo, *s.m.*, sobreloja, mezanino.

Entretanto, *conj.*, enquanto, ao mesmo tempo ◆ *adj.* e *s.m.*, enquanto isso, entrementes.

Entretejer, *v.6*, tecer ‖ misturar, enlaçar, intercalar.

Entretela, *s.f.*, entretela.

Entretener, *v.4*, entreter, distrair, divertir, recrear ‖ demorar ‖ manter, conservar ‖ retardar, prolongar.

Entretenimiento, *s.m.*, entretenimento, distração, lazer.

Entretiempo, *s.m.*, meia estação.

Entrever, *v.44*, entrever ‖ conjecturar, supor ‖ adivinhar.

Entrevista, *s.f.*, entrevista ‖ encontro.

Entrevistar, *v.5*, entrevistar.

Entristecer, *v.9*, entristecer.

Entristecimiento, *s.m.*, entristecimento.

Entrometerse, *v.6*, intrometer-se.

Entrometido/a, *adj.* e *s.*, intrometido.

Entroncamiento, *s.m.*, entroncamento.

Entroncar, *v.5.14*, entroncar, unir, ligar ‖ reunir em árvore genealógica ‖ ter parentesco.

Entronizar, *v.5.15*, entronizar, exaltar, coroar.

Entuerto, *s.m.*, injustiça.

Entumecer, *v.9*, intumescer.

Entumecimiento, *s.m.*, intumescência.

Enturbiar, *v.5*, turvar ‖ obscurecer, alterar.

Entusiasmar, *v.5*, entusiasmar ‖ gostar muito, ser apaixonado.

Entusiasmo, *s.m.*, entusiasmo ‖ adesão fervorosa a uma causa ‖ inspiração.

Entusiasta, *adj.*, *s.m.* e *f.*, entusiasta.

Enumeración, *s.f.*, enumeração.

Enumerar, *v.5*, enumerar.

Enunciar, *v.5*, enunciar.

Enunciativo/a, *adj.*, enunciativo.

Envainar, *v.5*, embainhar → *Envainarse*, engolir um desaforo.

Envanecer, *v.9*, envaidecer.

Envanecimiento, *s.m.*, envaidecimento, presunção.

Envasar, *v.5*, envasilhar, engarrafar.

Envase, *s.m.*, vasilhame, embalagem, invólucro.

Envejecer, *v.9*, envelhecer.

Envejecimiento, *s.m.*, envelhecimento.

Envenenar, *v.5*, envenenar ‖ intoxicar ‖ indispor.

Envergadura, *s.f.*, envergadura ‖ importância, prestígio.

Envés, *s.m.*, invés, avesso, as costas.

Enviado/a, s., enviado.

Enviar, *v.5.16*, enviar.

Envidia, *s.f.*, inveja.

Envidiable, *adj.*, invejável.

Envidiar, *v.5*, invejar.

Envidioso/a, *adj.* e *s.*, invejoso.

Envío, *s.m.*, envio.

Enviudar, *v.5*, enviuvar.

Envoltorio, *s.m.*, envoltório, invólucro.

Envolver, *v.10*, embrulhar, empacotar ‖ rodear, envolver ‖ cercar.

Enyesar, *v.5*, engessar.

Enzarzar, *v.5.15*, enredar, brigar.

Eñe, *s.f.*, nome da letra Ñ.

Epiceno/a, *adj.*, epiceno.

Épico/a, *adj.*, épico ‖ extraordinário, memorável.

Epidemia, *s.f.*, epidemia.

Epidermis, *s.f.*, epiderme, pele.

Epígrafe, *s.m.*, epígrafe.

Epilepsia, *s.f.*, epilepsia.

Epílogo, *s.m.*, epílogo.
Episcopado, *s.m.*, episcopado.
Episodio, *s.m.*, episódio, fato, incidente.
Epístola, *s.f.*, epístola.
Epitafio, *s.m.*, epitáfio.
Epitelio, *s.m.*, epitélio.
Epíteto, *s.m.*, epíteto.
Época, *s.f.*, época, era, período, tempo, fase → *De época*, atual, contemporâneo. *Formar/hacer época*, fazer moda, ser a coqueluche.
Epopeya, *s.f.*, epopeia.
Equidad, *s.f.*, equidade, igualdade.
Equidistar, *v.5,* equidistar.
Equilibrar, *v.5,* equilibrar.
Equilibrio, *s.m.*, equilíbrio, estabilidade, nivelamento, proporção justa ‖ harmonia ‖ justiça ‖ sensatez.
Equino/a, *adj.*, equino.
Equinoccial, *adj. m.* e *f.*, equinocial.
Equinoccio, *s.m.*, equinócio.
Equipaje, *s.m.*, bagagem.
Equipar, *v.5,* equipar, prover, aprestar.
Equiparar, *v.5,* equiparar, igualar.
Equipo, *s.m.*, equipamento ‖ time, grupo, equipe.
Equis, *s.f.*, nome da letra X ◆ *adj.*, número desconhecido, número X.
Equivalencia, *s.f.*, equivalência, igualdade.
Equivaler, *v.14,* equivaler.
Equivocación, *s.f.*, equivocação, erro, engano.
Equivocar, *v.5.14,* equivocar, errar, enganar.
Equívoco/a, *adj.*, equívoco, duvidoso ◆ *s.m.*, mal-entendido, confusão.
Era, *s.f.*, era, época, período ‖ messe, seara em bom estado de ceifar ‖ ceifa, colheita.
Erario, *s.m.*, erário.
Ere, *s.f.*, nome da letra R em seu som simples.
Erección, *s.f.*, ereção, ação de erigir, levantar.
Erecto/a, *adj.*, ereto.
Erguir, *v.26,* erguer, levantar em especial o pescoço e a cabeça.
Erigir, *v.7.15,* erigir, fundar, instituir, levantar ‖ elevar.
Erizar, *v.5.15,* eriçar, encrespar, arrepiar.
Erizo, *s.m.*, ouriço ‖ pessoa arisca.
Ermita, *s.f.*, ermida, capela.
Ermitaño/a, *s.*, ermitão.
Erosión, *s.f.*, erosão.
Erosionar, *v.5,* erodir, provocar erosão.
Erótico/a, *adj.*, erótico.
Errabundo/a, *adj.*, vagabundo, andarilho.
Erradicar, *v.5.14,* erradicar.
Errante, *adj.*, errante, andarilho, vagabundo.
Errar, *v.27,* errar, equivocar-se ‖ pecar ‖ vagar, deambular.
Errata, *s.f.*, errata.
Erre, *s.f.*, nome da letra R em seu som forte, duplo → *Erre que erra*, com obstinação, cabeça-dura.
Error, *s.m.*, erro, equívoco, engano, pecado.
Eructar, *v.5,* arrotar.
Eructo, *s.m.*, arroto.
Esbeltez, *s.f.*, esbeltez.
Esbelto/a, *adj.*, esbelto, delgado, elegante.
Esbozar, *v.5.15,* esboçar, fazer esboço.

Esbozo, *s.m.*, esboço.

Escabechar, *v.5*, fazer escabeche ‖ reprovar na escola.

Escabeche, *s.m.*, molho escabeche.

Escabechina, *s.f.*, grande estrago, grande confusão ou banzé ‖ reprovação em massa na escola.

Escabroso/a, *adj.*, escabroso.

Escabullirse, *v.19*, escapulir, escafeder-se, escapar com astúcia.

Escacharrar, *v.5*, estragar, quebrar, malograr, frustrar.

Escafandra, *s.f.*, escafandro.

Escala, *s.f.*, escala, série, graduação ‖ escalão, nível ‖ proporção → *En gran escala*, por atacado ‖ em grande estilo.

Escalada, *s.f.*, escalada.

Escalafón, *s.m.*, escalão.

Escalar, *v.5*, escalar, subir, trepar, ascender.

Escaldar, *v.5*, escaldar.

Escalera, *s.f.*, escada.

Escalerilla, *s.f.*, escadinha.

Escalinata, *s.f.*, escadaria.

Escalofriar, *v.5.16*, produzir calafrios, aterrar, aterrorizar.

Escalofrío, *s.m.*, calafrio.

Escalón, *s.m.*, degrau, cada um dos passos de uma escada.

Escalonar, *v.5*, escalonar, hierarquizar.

Escama, *s.f.*, escama ‖ desconfiança, receio, suspeita.

Escamar, *v.5*, descamar ‖ provocar desconfiança.

Escamón/ona, *adj.*, desconfiado, receoso.

Escamoso/a, *adj.*, que tem escamas.

Escamotear, *v.5*, fazer prestidigitação ‖ roubar com agilidade e astúcia ‖ eliminar alguma coisa de forma arbitrária.

Escamoteo, *s.m.*, desaparecimento, roubo.

Escampar, *v.5*, estiar, deixar de chover.

Escanciar, *v.5*, servir bebida em especial aos convidados.

Escandalera, *s.f.*, escândalo, grande confusão, tumulto.

Escandalizar, *v.5.15*, escandalizar, causar escândalo.

Escándalo, *s.m.*, escândalo, grande confusão, tumulto.

Escaño, *s.m.*, banco com encosto ‖ cada uma das cadeiras no parlamento ‖ ata dos deputados.

Escapada, *s.f.*, escapada, saída rápida.

Escapar, *v.5*, escapar, fugir, safar-se, escapulir ‖ sobreviver, sair ileso ‖ esquivar-se ‖ vazar.

Escaparate, *s.m.*, vitrina.

Escaparatista, *s.m.* e *f.*, vitrinista.

Escapatoria, *s.f.*, escapatória ‖ desculpa ‖ lugar por onde se escapa.

Escape, *s.m.*, fuga ‖ saída, solução → *A escape*, com grande rapidez, com asas nos pés.

Escápula, *s.f.*, omoplata.

Escaque, *s.m.*, cada uma das casas do tabuleiro de xadrez ou das damas.

Escarabajo, *s.m.*, escaravelho.

Escaramuza, *s.f.*, briga, rixa de pouca importância, bate-boca.

Escarbadientes, *s.m.*, palito de dentes.

Escarbar, *v.5*, escarvar, cavar, carcomer ‖ investigar, esquadrinhar ‖ xeretar ‖ cutucar.

Escarcha, *s.f.*, orvalho congelado no inverno sobre as plantas.

Escarchar, *v.5*, congelar o orvalho ‖ preparar doces com açúcar cristalizado.

Escardar, *v.5*, escardear, limpar, purificar, roçar, capinar.

Escarlata, *adj.* e *s.m.*, carmesim, relativo à cor vermelha.

Escarlatina, *s.f.*, escarlatina.

Escarmentar, *v.5*, castigar, repreender, corrigir.

Escarmiento, *s.m.*, castigo, repreensão, corretivo.

Escarnecer, *v.9*, escarnecer.

Escarola, *s.f.*, escarola.

Escarpia, *s.f.*, escápula, prego longo com haste.

Escarpín, *s.m.*, escarpim, calçado de uma costura e uma sola.

Escarrancharse, *v.5*, estatelar-se ‖ estar sentado com as pernas abertas ‖ esticar-se sem compostura.

Escasear, *v.5*, escassear, faltar.

Escasez, *s.f.*, escassez, falta.

Escaso/a, *adj.*, escasso, insuficiente.

Escatimar, *v.5*, economizar com exagero, mesquinhar.

Escayola, *s.f.*, gesso.

Escayolar, *v.5*, engessar.

Escena, *s.f.*, cena, palco ‖ parte de um ato ‖ teatro → *Poner en escena*, apresentar, encenar. *Desaparecer de escena*, sair de circulação, desaparecer.

Escenario, *s.m.*, cenário.

Escindir, *v.7*, cortar, dividir, separar.

Esclarecer, *v.9*, esclarecer.

Esclavitud, *s.f.*, escravidão.

Esclavizar, *v.5.15*, escravizar.

Esclavo/a, *adj.* e *s.*, escravo ◆ *s.f.*, pulseira sem enfeites e sem fecho.

Esclerosar, *v.5*, esclerosar.

Esclerosis, *s.f.*, esclerose.

Esclusa, *s.f.*, eclusa, comporta, dique, represa.

Escoba, *s.f.*, escova, vassoura.

Escobazo, *s.m.*, vassourada.

Escobilla, *s.f.*, escovinha.

Escobillón, *s.m.*, escovão, vassoura grande.

Escocedura, *s.f.*, assadura.

Escocer, *v.10*, arder, irritar, ter ou provocar assadura na pele.

Escoger, *v.6.11*, escolher, preferir, optar, selecionar, eleger.

Escolar, *s.m.* e *f.*, escolar, estudante, que estuda.

Escolaridad, *s.f.*, escolaridade.

Escolarizar, *v.5.15*, escolarizar, instruir.

Escoliosis, *s.f.*, escoliose.

Escolta, *s.f.*, escolta, acompanhamento, séquito.

Escoltar, *v.5*, escoltar, acompanhar.

Esconder, *v.6*, esconder, encobrir, ocultar, guardar, disfarçar.

Escondite, *s.m.*, esconderijo.

Escopeta, *s.f.*, espingarda.

Escopetazo, *s.m.*, tiro dado com espingarda ‖ ferimento provocado pelo tiro de espingarda ‖ notícia inesperada.

Escoria, *s.f.*, escória, resíduo.

Escoriación, *s.f.*, escoriação.

Escoriar, *v.5*, escoriar, provocar escoriação, raspar.

Escorpio/escorpión, *s.m.*, escorpião.

Escotado/a, *adj.*, decotado, que tem decote.

Escotar, *v.5,* fazer decote, decotar ‖ cotizar, dividir em partes.
Escote, *s.m.*, decote ‖ colo, parte do corpo entre o pescoço e o peito que aparece pelo decote de uma roupa ‖ pagar cada um sua parte.
Escotilla, *s.f.*, escotilha.
Escotillón, *s.m.*, alçapão.
Escozor, *s.m.*, ardor, ardência ‖ desgosto, pena.
Escribanía, *s.f.*, jogo composto de porta-caneta, porta-papel, tinteiro, mata-borrão para escrivaninhas ‖ tabelionato.
Escribano, *s.m.*, escrevente, escrivão.
Escribir, *v.7,* escrever, grafar, redigir, ortografar, dirigir carta a alguém ‖ compor.
Escrito/a, *adj.*, escrito, resultante de escrever ◆ *s.m.*, carta, documento, papel manuscrito, impresso ou datilografado ‖ obra literária ou científica, tratado → *Estar escrito*, providência divina, destino. *Por escrito*, por escrito.
Escritor/ra, *s.*, escritor, autor.
Escritorio, *s.m.*, escrivaninha ‖ porta-joias ‖ gabinete particular e privado.
Escritura, *s.f.*, ação de escrever, escrita ‖ arte de escrever ‖ letra ‖ escrito, carta, documento ‖ escritura jurídica.
Escroto, *s.m.*, escroto.
Escrúpulo, *s.m.*, escrúpulo.
Escrutar, *v.5,* indagar, explorar, examinar cuidadosamente ‖ contabilizar os resultados de uma votação.
Escrutinio, *s.m.*, apuração, escrutínio.
Escuadra, *s.f.*, esquadra ‖ esquadro.
Escuadrar, *v.5,* medir com esquadro.
Escuadrilla, *s.f.*, esquadrilha.
Escuadrón, *s.m.*, esquadrão.
Escualidez, *s.f.*, qualidade de esquálido.
Escuálido/a, *adj.*, esquálido, fraco, macilento, raquítico.
Escucha, *s.f.*, escuta ◆ *s.m.*, sentinela.
Escuchar, *v.5,* escutar, ouvir ‖ prestar atenção ‖ dar ouvidos, atender.
Escuchimizado/a, *adj.*, muito fraco, raquítico, esquálido.
Escudar, *v.5,* escudar, resguardar, defender ‖ amparar, apoiar → *Escudarse*, usar como desculpa ou como pretexto.
Escudilla, *s.f.*, escudela, tigela, prato fundo para sopa.
Escudo, *s.m.*, escudo.
Escudriñar, *v.5,* esquadrinhar, examinar com atenção, inquirir e averiguar cuidadosamente.
Escuela, *s.f.*, escola ‖ aprendizagem ‖ exemplo ‖ sistema ‖ doutrina.
Escueto/a, *adj.*, conciso, seco, exato, sem rodeios.
Esculpir, *v.7,* esculpir.
Escultor/ra, *s.*, escultor.
Escultura, *s.f.*, escultura.
Escupidera, *s.f.*, escarradeira.
Escupir, *v.7,* cuspir, escarrar ‖ atirar com violência.
Escupitajo, *s.m.*, cuspida.
Escurreplatos, *s.m.*, escorredor de pratos.
Escurridero, *s.m.*, escorredor.
Escurridizo/a, *adj.*, escorregadio.
Escurrido/a, *adj.*, escorrido ‖ magro, reto, sem curvas.
Escurridor, *s.m.*, escorredor.

Escurrir, *v.7,* escorrer → *Escurrirse*, escorregar, deslizar, escoar especialmente entre as mãos.

Esdrújulo/a, *adj.* e *s.m.,* proparoxítono.

Ese, *s.f.,* nome da letra S.

Ese/a, *adj.*, esse, essa, esses, essas → *¡A ese!, interj.*, pega ladrão! *¡Ni por esas!, interj.*, jamais!, nem que a vaca tussa!

Ése/a, **ésos**, **ésas**, *pron.,* esse, essa, isso, essas, esses, usado algumas vezes com sentido pejorativo.

Esencia, *s.f.,* essência ‖ ser, natureza ‖ perfume, extrato concentrado.

Esencial, *adj.*, essencial.

Esfera, *s.f.,* esfera, círculo, bola, globo ‖ posição, classe, condição.

Esfinge, *s.f.,* esfinge ‖ mistério, enigma.

Esfínter, *s.m.,* esfíncter.

Esforzar, *v.10,* esforçar, dar força ou vigor.

Esfuerzo, *s.m.,* esforço, empenho, vigor, diligência, zelo, ânimo, brio.

Esfumar, *v.5,* esfumar, atenuar, sombrear.

Esgrima, *s.f.,* esgrima.

Esgrimir, *v.7,* esgrimir, lutar, jogar, manejar.

Eslabón, *s.m.,* elo, ligação.

Eslabonar, *v.5,* encadear, agrilhoar, acorrentar, enlaçar.

Esmaltar, *v.5,* esmaltar.

Esmalte, *s.m.,* esmalte.

Esmerado/a, *adj.*, esmerado.

Esmeralda, *s.f.,* esmeralda, pedra preciosa ◆ *adj.* e *s.m.,* relativo à cor verde.

Esmerarse, *v.5,* esmerar-se, ter esmero.

Esmeril, *s.m.,* esmeril.

Esmerilar, *v.5,* esmerilhar, polir.

Esmero, *s.m.,* esmero, cuidado, apuro, capricho.

Esmirriado/a, *adj.*, fraco, franzino, raquítico.

Eso, *pron.,* isso, refere-se a objetos ou situações anteriormente aludidos ◆ *interj.*, *¡eso, eso!*, equivale a: isso mesmo! → *A eso de*, ao redor de, sobre, mais ou menos. *En eso*, então. *Eso mismo*, isso mesmo. *Eso sí*, afirmação reforçada. *Y eso que*, expressão concessiva.

Espabilar, *v.5,* espevitar, avivar, apressar.

Espacial, *adj.*, espacial, relativo ao espaço.

Espaciar, *v.5,* espaçar, espacejar, pôr distância.

Espacio, *s.m.,* espaço, extensão, distância, duração, período ‖ firmamento, céu ‖ demora, lapso de tempo.

Espacioso/a, *adj.*, dilatado, espaçoso, amplo.

Espada, *s.f.,* espada ◆ *s.m.,* aquele que mata o touro nas corridas de touros ◆ *s.f.pl.*, um dos naipes do baralho → *Entre la espada y la pared*, entre a espada e a parede. *Espada de Damocles*, espada de Dâmocles, perigo constante. *Espada de dos filos*, faca de dois gumes. *Primer espada*, entre os toureiros, o chefe maior da corrida.

Espadachín, *s.m.,* espadachim.

Espadaña, *s.f.,* planta, espada de São Jorge.

Espagueti, *s.m.,* espagueti, macarrão.

Espalda, *s.f.,* costas, espáduas, ombros ‖ avesso → *A espaldas de*, pelas costas. *Caer de espaldas*, assombrar-se, grande surpresa, cair de costas. *Cargado de espaldas*, um tanto corcunda. *Dar de espalda*, cair de barriga para cima. *Dar/tornar/volver la espalda/las espaldas*, virar a cara, ficar de mal. *Echar sobre las espaldas*, tomar conta de, ser de sua conta. *Guardar las espaldas*, proteger-se. *Medirle las espaldas*, dar uma surra, bater em alguém. *Por la espalda*, à traição, traiçoeiramente. *Tener buenas espaldas*, ser forte, resistente, duro. *Tener cubiertas las espaldas*, ter as costas quentes. *Tirar/tumbar de espaldas*, assombrar-se. *Guardaespaldas*, guarda-costas.

Espantajo, *s.m.*, espantalho.

Espantapájaros, *s.m.*, espantalho, espanta-pássaros.

Espantar, *v.5*, espantar, afugentar, amedrontar, assustar ‖ maravilhar.

Espanto, *s.m.*, espanto, terror, medo, susto, pasmo, aparição, assombro → *De espanto*, muito, intensamente.

Espantoso/a, *adj.*, espantoso.

Español/la, *adj.* e *s.*, espanhol.

Esparadrapo, *s.m.*, esparadrapo.

Esparcir, *v.7*, espargir, espalhar, borrifar, derramar, irradiar, difundir ‖ divertir, recrear.

Esparragal, *s.m.*, plantação de aspargos.

Espárrago, *s.m.*, aspargo ‖ pessoa magricela → *Enviar/mandar a freír espárragos*, vá pro inferno ou vá plantar batatas!

Esparto, *s.m.*, esparto.

Espasmo, *s.m.*, espasmo.

Espatarrarse, *v.5*, esparramar-se, cair ou deixar-se cair com as pernas abertas.

Espátula, *s.m.*, espátula.

Especia, *s.f.*, especiaria, substância vegetal aromática.

Especial, *adj.*, especial.

Especialidad, *s.f.*, especialidade.

Especialista, *adj.* e *s.m.* e *f.*, especialista ◆ *s.m.*, dublê de corpo.

Especializar, *v.5.15*, especializar.

Especie, *s.f.*, espécie, gênero, grupo, qualidade, ideia, modo ‖ dinheiro ‖ admiração.

Especificación, *s.f.*, especificação.

Especificar, *v.5.14*, especificar, determinar exatamente.

Especificidad, *s.f.*, especificidade.

Específico/a, *adj.*, específico.

Espécimen, *s.m.*, espécime, tipo, modelo, amostra, exemplar.

Espectacular, *adj.*, espetacular.

Espectáculo, *s.m.*, espetáculo.

Espectador/a, *adj.* e *s.*, espectador.

Espectro, *s.m.*, espectro.

Especulación, *s.f.*, especulação.

Especular, *v.5*, meditar, refletir ‖ especular, buscar lucro fácil ‖ comerciar, negociar ‖ fazer cabalas.

Espejo, *s.m.*, espelho ‖ modelo.

Espeluznar, *v.5*, amedrontar, assustar, arrepiar de medo.

Espera, *s.f.*, espera ‖ calma.

Esperanza, *s.f.*, esperança.

Esperanzar, *v.5.15*, dar ou ter esperanças.

Esperar, *v.5*, ter esperança ‖ esperar ‖ confiar em, contar com ‖ acreditar → *Esperarse*, prever, imaginar, antever. *Esperar sentado*, esperar sentado. *Ser de esperar*, é de se esperar.

Esperma, *s.m.* ou *f.*, esperma.

Espermatozoide/espermatozoo, *s.m.*, espermatozoide.

Esperpento, *s.m.*, pessoa extravagante e ridícula, espantalho ‖ absurdo, desatino.

Espesar, *v.5*, espessar, engrossar.

Espeso/a, *adj.*, espesso ‖ denso ‖ cerrado, compacto, condensado ‖ corpulento ‖ maciço ‖ engordurado ‖ sujo ‖ impertinente.

Espesor, *s.m.*, espessura, grossura, densidade.

Espetar, *v.5*, espetar, furar, trespassar, enfiar, atravessar.

Espetera, *s.f.*, tábua com pregos onde se colocam utensílios de cozinha ‖ cabide ‖ seios.

Espetón, *s.m.*, espeto.

Espía, *s.m.* e *f.*, espião, agente secreto, escuta.

Espiar, *v.5.16*, espiar, espionar, investigar.

Espichar, *v.5*, morrer, espichar as patas.

Espiga, *s.f.*, espiga ‖ prego sem cabeça ‖ espoleta.

Espigado/a, *adj.*, resultante de respigar ‖ assunto muito debatido e esgotado ‖ pessoa alta e magra.

Espigar, *v.5.18*, respigar, recolher as espigas → *Espigarse*, espichar, crescer repentinamente uma pessoa.

Espigón, *s.m.*, espigão, ferrão, pua, aguilhão, cumeeira.

Espina, *s.f.*, espinha, espinho, pua ‖ pesar, angústia ‖ coluna vertebral → *Darle [a alguien] mala espina*, temer, recear por alguma coisa ou fato, desconfiar.

Espinaca, *s.f.*, espinafre.

Espinal, *adj.*, espinhal, relativo à coluna vertebral.

Espinazo, *s.m.*, coluna vertebral → *Doblar el espinazo*, humilhar-se.

Espingarda, *s.f.*, arcabuz, bacamarte ‖ mulher alta, magra, feia e desengonçada, canhão.

Espinilla, *s.f.*, canela da perna ‖ acne.

Espinillera, *s.f.*, protetor usado pelos esportistas para proteger a canela da perna.

Espino, *s.m.*, espinheiro, planta, coroa de Cristo ‖ arame farpado.

Espinoso/a, *adj.*, espinhoso, árduo, difícil.

Espionaje, *s.m.*, espionagem.

Espiral, *adj.*, espiral.

Espirar, *v.5*, expirar.

Espiritismo, *s.m.*, espiritismo.

Espiritista, *adj.*, *s.m.* e *f.*, espírita.

Espíritu, *s.m.*, espírito ‖ vivacidade, ingênio ‖ ânimo, valor, brio ‖ ideia central, fundamento, essência ‖ sentido ‖ inclinação, tendência ‖ solidariedade ‖ hálito, dom ‖ alma ‖ ser, ente ‖ símbolo grego → *Dar el espíritu*, morrer. *Levantar el espíritu*, cobrar ânimos. *Pobre de espíritu*, pobre de espírito.

Espirituoso/a, *adj.*, bebida que contém alto teor alcoólico.

Espita, *s.f.*, pequena torneira colocada nos tonéis ‖ medida linear de um palmo ‖ beberrão.

Espléndido/a, *adj.*, esplêndido ‖ desinteressado ‖ liberal.

Esplendor, *s.m.*, esplendor, nobreza, magnificência.

Espliego, *s.m.*, alfazema.

Espolear, *v.5*, esporear, aguilhoar, incitar, estimular.

Espoleta, *s.f.*, espoleta.

Espolín, *s.m.*, espora fixa colocada nas botas.

Espolón, *s.m.*, esporão ‖ espigão ‖ contraforte ‖ dique ‖ frieira.

Espolvorear, *v.5*, polvilhar, pulverizar.

Esponja, *s.f.*, esponja → *Pasar la esponja*, esquecer, apagar.

Esponjar, *v.5*, tornar poroso ‖ gabar-se, empolar-se ‖ adquirir bom aspecto, de boa saúde.

Esponjera, *s.f.*, recipiente para colocar a esponja.

Esponsales, *s.m.pl.*, promessa de casamento, noivado.

Espontaneidad, *s.f.*, espontaneidade.

Espora, *s.f.*, espora, órgão reprodutor característico do reino vegetal.

Esporádico/a, *adj.*, esporádico, ocasional.

Esport, *s.m.*, esporte.

Esposar, *v.5*, algemar.

Esposo/a, *s.*, esposo ◆ *s.f.pl.*, algemas.

Espuela, *s.f.*, espora de metal presa à bota ‖ estímulo, incitação.

Espuma, *s.f.*, espuma → *Crecer como la espuma*, crescer muito alguma coisa.

Espumadera, *s.f.*, escumadeira.

Espumar, *v.5*, retirar a espuma.

Espumarajo, *s.m.*, saliva abundante expelida pela boca.

Espumoso/a, *adj.*, espumoso, espumante.

Esquejar, *v.5*, plantar mudas.

Esqueje, *s.m.*, muda de planta ou árvore.

Esquela, *s.f.*, anúncio fúnebre em jornal.

Esqueleto, *s.m.*, esqueleto, ossada ‖ armação, arcabouço, carcaça.

Esquema, *s.m.*, esquema.

Esquematizar, *v.5.15*, esquematizar.

Esquí, *s.m.*, esqui.

Esquiar, *v.5.16*, esquiar.

Esquife, *s.m.*, esquife.

Esquilar, *v.5*, tosar, tosquiar.

Esquimal, *adj.*, *s.m.* e *f.*, esquimó.

Esquina, *s.f.*, esquina.

Esquirol, *s.m.*, fura-greve.

Esquivar, *v.5*, esquivar, evitar.

Esquizofrenia, *s.f.*, esquizofrenia.

Estabilizar, *v.5.15*, estabilizar, dar estabilidade.

Estable, *adj.*, estável.

Establecer, *v.9*, estabelecer, fundar, instituir, ordenar, determinar, alojar, fixar, colocar, vulgarizar.

Establecimiento, *s.m.*, estabelecimento.

Establo, *s.m.*, estábulo.

Estaca, *s.f.*, estaca, pau, haste, varapau.

Estacada, *s.f.*, cerca, paliçada.

Estacazo, *s.m.*, paulada, golpe dado com uma estaca.

Estación, *s.f.*, estação ‖ parada de transporte coletivo ‖ emissora de rádio ou televisão ‖ temporada, período ‖ posto, agência ‖ estância, paragem ‖ época do ano → *Estación de servicio*, posto de gasolina.

Estacionamiento, *s.m.*, estacionamento, ação de estacionar.

Estacionar, *v.5*, estacionar.

Estada, *s.f.*, permanência de alguém em um lugar.

Estadía, *s.f.*, estância ou permanência.

Estadio, *s.m.*, estádio ‖ estágio, grau, nível.

Estadístico/a, *adj.*, estatístico, relativo à estatística ◆ *s.f.*, estatística, ciência e conjunto de dados.

Estado, *s.m.*, estado ‖ situação, condição social ‖ graduação, profissão ‖ governo ‖ gravidez ‖ medida → *Estar en estado*, gravidez.

Estafa, *s.f.*, estafa, fraude, logro.

Estafador/ra, *s.*, larápio, vigarista.

Estafar, *v.5*, estafar, fraudar, enganar, lograr.

Estafeta, *s.m.*, estafeta, correio, mensageiro.

Estallar, *v.5*, explodir, estourar, sobrevir, prorromper, rebentar, arrebentar, esborrachar.

Estambre, *s.m.*, estame.

Estampa, *s.f.*, estampa, figura, aparência ‖ reprodução, representação, exemplo ‖ molde, matriz ‖ impressão gráfica ‖ pegada.

Estampación, *s.f.*, estampagem.

Estampar, *v.5*, estampar ‖ gravar ‖ imprimir, impressionar ‖ chapar ‖ assinar ‖ arrojar ‖ chocar ‖ marcar.

Estampido, *s.m.*, estampido.

Estampilla, *s.f.*, estampilha, estampa ou selo pequeno ‖ carimbo.

Estampillar, *v.5*, pôr estampilha, carimbar.

Estancar, *v.5.14*, estancar, deter, parar.

Estancia, *s.f.*, estância, permanência ‖ mansão ‖ *Amér.*, fazenda.

Estanco/a, *adj.*, estanque, completamente fechado ♦ *s.m.*, depósito, arquivo ‖ tabacaria.

Estand, *s.m.*, estande.

Estándar, *adj.*, estandar, padrão, normal ♦ *s.m.*, *estándar de vida*, nível de vida.

Estandarte, *s.m.*, estandarte, bandeira, pavilhão.

Estanque, *s.m.*, tanque, pequena represa, depósito de água.

Estante, *s.m.*, estante, prateleira.

Estantería, *s.f.*, conjunto de estantes.

Estañar, *v.5*, estanhar.

Estaño, *s.m.*, estanho.

Estar, *v.2*, estar, ser, assistir ‖ entender ‖ ficar ‖ consistir ‖ parecer, permanecer, encontrar-se, achar ‖ custar, valer ‖ cair ‖ fazer ‖ residir ‖ aguardar ‖ jazer (verbo auxiliar com ampla gama de significados, de acordo com a função que desempenhe na oração).

Estático/a, *adj.*, relativo à estática ‖ estático, parado, pasmado ♦ *s.f.*, parte da mecânica.

Estatificar, *v.5.14*, estatizar.

Estatua, *s.f.*, estátua.

Estatuir, *v.11*, estatuir, estabelecer, determinar.

Estatura, *s.f.*, estatura, altura.

Estatuto, *s.m.*, estatuto.

Este/a, *pron.* e *adj.*, este, esta, quando referidos a objetos e pessoas, acentuado quando funciona como *pron.* ♦ *adj.*, indica reprovação quando precede um nome próprio ‖ posposto, assume valor pejorativo ♦ *s.m.*, este, ponto cardeal, oriente, nascente ♦ *adj.*, situado ao oriente → *A todas estas*, a estas alturas dos acontecimentos.

Estela, *s.f.*, monolito, monumento, lápide ‖ rastro, sulco, vestígio.

Estelar, *adj.*, estelar, sideral, relativo às estrelas.

Estenografía, *s.f.*, estenografia, taquigrafia.

Estepa, *s.f.*, estepe.

Estera, *s.f.*, esteira.

Estercolar, *v.5,* adubar a terra com estrume.

Estéreo, *s.m.,* estéreo.

Estereotipo, *s.m.,* estereótipo.

Estéril, *adj.,* estéril.

Esterilidad, *s.f.,* esterilidade.

Esterilizar, *v.5.15,* esterilizar.

Esterilla, *s.f.,* esteirinha, tecido de palha.

Esternón, *s.m.,* esterno, osso do peito.

Estertor, *s.m.,* estertor, respiração angustiosa, ruído do aparelho respiratório, a última respiração de quem está morrendo.

Estético/a, *adj.* e *s.m.,* estético ‖ estética.

Estetoscopio, *s.m.,* estetoscópio.

Estevado/a, *adj.,* zambro, cambaio, pernas tortas.

Estiaje, *s.m.,* estiagem.

Estibador/ra, *s.,* estivador, carregador e descarregador de navios.

Estibar, *v.5,* estivar, carregar navios.

Estiércol, *s.m.,* estrume, esterco, adubo.

Estigma, *s.m.,* estigma.

Estilar, *v.5,* usar, acostumar, ter por costume, estar ou vestir-se na moda.

Estilete, *s.m.,* estilete.

Estilista, *s.m.* e *f.,* estilista.

Estilizar, *v.5.15,* estilizar.

Estilo, *s.m.,* estilo, modo, maneira, forma ‖ uso, prática, costume, moda ‖ forma própria e particular de executar algo → *Por el estilo*, do tipo de. *Tener estilo*, ser elegante, ter personalidade.

Estilográfico/a, *adj.* e *s.f.,* esferográfico.

Estima, *s.f.,* estima ‖ estimativa.

Estimación, *s.f.,* estimativa, valoração ‖ apreço, estima.

Estimar, *v.5,* estimar, atribuir valor ‖ sentir afeto ‖ julgar, crer, acreditar.

Estimativo/a, *adj.,* relativo à estimativa ◆ *s.f.,* juízo, discernimento.

Estimular, *v.5,* estimular.

Estímulo, *s.m.,* estímulo.

Estío, *s.m.,* estiagem, verão.

Estipular, *v.5,* estipular, convir, acordar.

Estirar, *v.5,* esticar, alargar, tensionar, estender, alongar, distender ‖ gastar dinheiro com parcimônia ‖ espreguiçar → *Estirar más el brazo que la manga*, fazer algo superior às forças, querer abraçar o mundo com as mãos. *Estirar las piernas*, dar uma caminhada. *Estirar la pata*, morrer.

Estirón, *s.m.,* puxão ‖ esticada, crescer rapidamente.

Estirpe, *s.f.,* estirpe.

Esto, *pron.,* isto → *En esto*, então. *Esto es*, ou seja.

Estocada, *s.f.,* estocada, golpe de espada.

Estofado/a, *adj.,* estofado ‖ guisado.

Estofar, *v.5,* estofar ‖ guisar.

Estola, *s.f.,* estola.

Estomagar, *v.5.18,* causar indigestão ‖ encher o saco.

Estómago, *s.m.,* estômago → *Revolver el estómago*, virar o estômago, causar repugnância. *Tener estómago*, não ter escrúpulos. *Tener sentado en el estómago [a alguien]*, ter aversão, não gostar, não engolir alguém.

Estopa, *s.f.,* estopa.

Estoque, *s.m.,* arma branca, espada estreita.

Estorbar, *v.5,* estorvar, embaraçar, impedir, dificultar, obstar, molestar, incomodar.

Estorbo, *s.m.,* estorvo, embaraço, moléstia, incômodo.

Estornudar, *v.5,* espirrar.
Estornudo, *s.m.,* espirro.
Estrabismo, *s.m.,* estrabismo.
Estrado, *s.m.,* estrado ‖ sala dos tribunais.
Estragar, *v.5.18,* viciar, corromper.
Estrago, *s.m.,* dano moral.
Estrambótico/a, *adj.*, estrambólico.
Estrangular, *v.5,* estrangular.
Estraperlo, *s.m.,* contrabando.
Estratega, *s.m.,* estrategista.
Estrategia, *s.f.,* estratégia.
Estratificar, *v.5.14,* estratificar.
Estrato, *s.m.,* estrato, camada ‖ nuvem.
Estrechar, *v.5,* estreitar, restringir, apertar, unir, reduzir.
Estrechez, *s.f.,* estreiteza, escassez, carência, rigor.
Estrecho/a, *adj.*, estreito, apertado, acanhado, estricto, rígido ◆ *s.m.,* estreito, porção de mar entre terras próximas.
Estrella, *s.f.,* estrela, astro ‖ destino, sina, sorte ‖ guia ‖ norte → *Estrella de mar*, estrela-do-mar. *Levantarse con las estrellas*, acordar muito cedo. *Tener/nacer con estrella*, ter muita sorte. *Ver las estrellas*, sentir muita dor.
Estrellado/a, *adj.*, arrebentado, fracassado ‖ cheio de estrelas, estrelado.
Estrellar, *v.5,* atirar com violência ‖ estrelar ovos ‖ machucar ‖ contradizer, opor, ir contra ‖ fracassar.
Estremecer, *v.9,* estremecer.
Estrenar, *v.5,* estrear, inaugurar ‖ iniciar.
Estreno, *s.m.,* estreia.
Estreñimiento, *s.m.,* prisão de ventre.
Estreñir, *v.13,* produzir prisão de ventre.
Estrépito, *s.m.,* estrondo, estampido, fragor ‖ ostentação.
Estrés, *s.m.,* estresse.
Estría, *s.f.,* estria.
Estribar, *v.5,* apoiar-se, estribar-se, basear-se ‖ consistir.
Estribillo, *s.m.,* estribilho.
Estribo, *s.m.,* estribo, esteio, arrimo, fundamento ‖ osso do ouvido → *Perder los estribos*, rodar a baiana, perder as estribeiras.
Estricto/a, *adj.*, estricto, exato, rigoroso, preciso, severo ‖ apertado, estreito.
Estridente, *adj.*, estridente, sibilante, áspero, penetrante.
Estrofa, *s.f.,* estrofe.
Estropajo, *s.m.,* esfregão, bucha, palha de aço ‖ trapo, frangalho ‖ desprezível.
Estropear, *v.5,* estragar, deformar ‖ deteriorar ‖ maltratar.
Estructura, *s.f.,* estrutura, armadura, armação.
Estructurar, *v.5,* estruturar, armar, ordenar as partes.
Estruendo, *s.m.,* estrondo, estampido ‖ confusão ‖ ostentação, pompa, fama, aparato.
Estrujar, *v.5,* apertar, espremer, esmagar, oprimir ‖ esgotar ‖ apoquentar ‖ aproveitar.
Estuario, *s.m.,* estuário.
Estucar, *v.5.14,* passar massa fina.
Estuco, *s.m.,* massa fina.
Estuche, *s.m.,* estojo.
Estudiante, *s.m.* e *f.,* estudante.
Estudiar, *v.5,* estudar, cursar ‖ analisar, pensar ‖ receber instrução.
Estudio, *s.m.,* estudo ‖ estúdio ‖ ensaio ‖ aplicação, preparação ‖ saber → *Dar estudios [a alguien]*, custear os estudos. *En estudio*, em análise.

Estufa, *s.f.*, estufa, invernadeiro.
Estupefaciente, *s.m.*, entorpecente.
Estupefacto/a, *adj.*, estupefato, atônito.
Estupendo/a, *adj.*, estupendo, admirável, espantoso.
Estupidez, *s.f.*, estupidez.
Estúpido/a, *adj.*, estúpido.
Estupor, *s.m.*, estupor, paralisia, pasmo.
Estuprar, *v.5,* estuprar.
Estupro, *s.m.*, estupro.
Esturión, *s.m.*, esturjão.
Etapa, *s.f.*, etapa, período, época.
Etarra, *adj.*, *s.m.* e *f.*, relativo à ETA, organização vasca de caráter nacionalista.
Etcétera, *s.m.*, etecétera.
Éter, *s.m.*, éter.
Eternidad, *s.f.*, eternidade.
Eternizar, *v.5.15,* eternizar.
Eterno/a, *adj.*, eterno, interminável, perpétuo.
Ético/a, *adj.*, ético ◆ *s.f.*, ética.
Etílico/a, *adj.*, etílico.
Etimología, *s.f.*, etimologia.
Etiqueta, *s.f.*, etiqueta, rótulo, marca, cerimônia, solenidade → *De etiqueta*, de gala.
Étnico/a, *adj.*, étnico.
Eucalipto, *s.m.*, eucalipto.
Eucaristía, *s.f.*, eucaristia, comunhão.
Eufónico/a, *adj.*, eufônico, suave, melodioso.
Euforia, *s.f.*, euforia.
Eufórico/a, *adj.*, eufórico.
Europeo/a, *adj.* e *s.*, europeu.
Evacuar, *v.5,* evacuar ‖ defecar ‖ desocupar, despejar, esvaziar.
Evadir, *v.7,* evadir, escapar, evitar, desviar, fugir ‖ iludir.
Evaluación, *s.f.*, avaliação.
Evaluar, *v.5.11,* avaliar.
Evangelio, *s.m.*, evangelho.
Evaporación, *s.f.*, evaporação.
Evaporar, *v.5,* evaporar → *Evaporarse*, dissipar-se, desvanecer-se.
Evasión, *s.f.*, evasão, fuga ‖ saída ‖ escusa, evasiva.
Evento, *s.m.*, evento, sucesso.
Eventual, *adj.*, eventual, fortuito, casual, incerto.
Evidenciar, *v.5,* evidenciar, demonstrar, patentear.
Evitar, *v.5,* evitar, evadir, escapar, esquivar, impedir, atalhar.
Evocar, *v.5.14,* evocar.
Evolucionar, *v.5,* evoluir, desenvolver.
Exactitud, *s.m.*, exatidão.
Exacto/a, *adj.*, exato, pontual, perfeito, correto.
Exageración, *s.f.*, exagero.
Exagerar, *v.5,* exagerar.
Exaltar, *v.5,* exaltar.
Examen, *s.m.*, exame, prova, inspeção.
Examinar, *v.5,* examinar, averiguar, especular, inquirir, interrogar, sondar, observar, estudar.
Exangüe, *adj.*, exangue, débil.
Exasperar, *v.5,* exasperar.
Excarcelar, *v.5,* libertar do cárcere.
Excavar, *v.5,* escavar.
Excedente, *adj.* e *s.*, excedente, sobra.
Exceder, *v.6,* exceder → *Excederse*, ultrapassar, passar dos limites.
Excelencia, *s.f.*, excelência, qualidade de excelente → *Por excelencia*, por excelência.
Excelente, *adj.*, excelente, superior.
Excelentísimo/a, *adj.*, excelentíssimo.
Excelso/a, *adj.*, excelso, alto, sublime.

Excéntrico/a, *adj.*, excêntrico.
Excepción, *s.f.*, exceção.
Excepto, *prep.*, a exceção de, menos.
Exceptuar, *v.5.11*, excetuar, excluir.
Exceso, *s.m.*, excesso, excedente, sobre ‖ abuso, delito, crime.
Excitar, *v.5*, excitar ‖ intensificar ‖ incitar ‖ provocar.
Exclamación, *s.f.*, exclamação.
Exclamar, *v.5*, exclamar.
Exclamativo/a, *adj.*, exclamativo.
Excluir, *v.11*, excluir, eliminar, descartar.
Exclusión, *s.f.*, exclusão.
Exclusivo/a, *adj.*, exclusivo ‖ único ◆ *s.f.*, privilégio.
Excomulgar, *v.5.18*, excomungar, expulsar ‖ excluir.
Excoriar, *v.5*, produzir escoriação.
Excremento, *s.m.*, excremento.
Excretar, *v.5*, excretar.
Excursión, *s.f.*, excursão.
Excusa, *s.f.*, excusa, desculpa, pretexto.
Excusable, *adj.*, desculpável ‖ que pode ser omitido ou evitado.
Excusar, *v.5*, excusar, desculpar.
Execrar, *v.5*, execrar, amaldiçoar, abominar, detestar.
Exención, *s.f.*, isenção.
Exento/a, *adj.*, isento.
Exhalar, *v.5*, exalar, emanar ‖ suspirar ‖ queixar-se.
Exhaustivo/a, *adj.*, exaustivo.
Exhausto/a, *adj.*, exausto, esgotado.
Exhibición, *s.f.*, exibição ‖ manifestação.
Exhibir, *v.7*, exibir, mostrar.
Exhortar, *v.5*, exortar ‖ induzir.
Exhumar, *v.5*, exumar, desenterrar ‖ recordar.
Exigencia, *s.f.*, exigência.
Exigir, *v.7.15*, exigir ‖ pedir, reclamar.
Exiguo/a, *adj.*, exíguo, insuficiente, escasso.
Exilar/exiliar, *v.5*, exilar.
Exilio, *s.m.*, exílio.
Eximio/a, *adj.*, exímio, excelente.
Eximir, *v.7*, eximir, liberar, desobrigar.
Existencia, *s.f.*, existência, vida.
Existencial, *adj.*, existencial.
Existir, *v.7*, existir ‖ ser real ‖ ter vida ‖ ter realidade física.
Éxito, *s.m.*, êxito ‖ aprovação ‖ triunfo, sucesso.
Exonerar, *v.5*, exonerar.
Exorbitante, *adj.*, exorbitante, excessivo.
Exorcizar, *v.5.15*, exorcizar.
Exotérico/a, *adj.*, exotérico.
Exótico/a, *adj.*, exótico.
Expandir, *v.7*, expandir, estender, difundir, divulgar.
Expansión, *s.f.*, expansão ‖ diversão.
Expansionarse, *v.5*, abrir-se ‖ divertir-se, recrear-se ‖ expandir-se um fluido.
Expatriar, *v.5.16*, expatriar, expulsar, exilar.
Expectativa, *s.f.*, expectativa.
Expectorar, *v.5*, expectorar.
Expedición, *s.f.*, expedição ‖ envio, remessa ‖ viagem, excursão.
Expediente, *s.m.*, expediente.
Expedir, *v.13*, expedir, enviar.
Expeler, *v.6*, expelir.
Expender, *v.6*, vender no varejo.
Expensas, *s.f.pl.*, gastos, despesas → *A expensas*, à custa de.
Experiencia, *s.f.*, experiência ‖ experimento.

Experimentar, *v.5,* experimentar, fazer um experimento ‖ perceber, notar, sentir.

Experto/a, *adj.* e *s.*, experto, perito, entendido.

Expiación, *s.f.*, expiação.

Expiar, *v.5.16,* expiar, apagar as culpas, pagar os pecados, cumprir a pena.

Expirar, *v.5,* expirar, morrer ‖ acabar, terminar.

Explanación, *s.f.*, aplanação, nivelamento ‖ explanação, explicação.

Explanada, *s.f.*, esplanada, chapada, planalto.

Explanar, *v.5,* aplanar ‖ declarar, manifestar.

Explayar, *v.5,* espraiar, extender ‖ divertir, desabafar.

Explicación, *s.f.*, explicação.

Explicaderas, *s.f.pl.*, forma e maneira de uma pessoa se explicar ou se justificar.

Explicar, *v.5.14,* explicar ‖ expor ‖ explanar ‖ manifestar ‖ declarar ‖ ensinar.

Explicitar, *v.5,* explicitar, esclarecer.

Explorar, *v.5,* explorar, reconhecer, desbravar ‖ sondar.

Explosión, *s.f.*, explosão, detonação, rebentamento ‖ manifestação violenta ‖ expulsão repentina.

Explosionar, *v.5,* provocar uma explosão.

Explotar, *v.5,* explodir ‖ explorar ‖ examinar ‖ especular.

Exponente, *adj.* e *s.m.*, expoente.

Exponer, *v.34,* pôr de manifesto, manifestar ‖ expor, mostrar, apresentar ‖ arriscar, pôr em perigo ‖ dizer, explicar.

Exportación, *s.f.*, exportação.

Exportar, *v.5,* exportar.

Exposición, *s.f.*, exposição.

Expresar, *v.5,* expressar, dizer, explicar os sentimentos com palavras, gestos, modos.

Expresión, *s.f.*, expressão ‖ palavra, frase.

Expresivo/a, *adj.*, expressivo, afetuoso, significativo.

Exprimidor, *s.m.*, espremedor de frutas.

Exprimir, *v.7,* espremer, comprimir, reduzir o tamanho ‖ esgotar, aproveitar ao máximo.

Expropiar, *v.5,* expropriar, retirar a propriedade de alguém.

Expuesto/a, *adj.*, exposto, perigoso, arriscado.

Expugnar, *v.5,* expugnar, conquistar, vencer, render.

Expulsar, *v.5,* expulsar.

Expulsión, *s.f.*, expulsão.

Exquisito/a, *adj.*, excelente, delicioso, capaz de satisfazer ao paladar mais exigente.

Éxtasis, *s.m.*, êxtase.

Extender, *v.12,* estender, esticar ‖ dilatar ‖ espalhar ‖ aumentar, ampliar ‖ espargir, abranger ‖ propagar ‖ expedir, lavrar, escriturar → *Extenderse*, demorar-se ‖ manter-se ‖ difundir-se ‖ alcançar ‖ deitar-se esticado.

Extensión, *s.f.*, extensão, dimensão, ampliação, abrangência, alargamento, prolongação, superfície.

Extenso/a, *adj.*, extenso, longo, espaçoso, amplo.

Extenuar, *v.5.11,* extenuar, debilitar, abater, enfraquecer.

Exterior, *adj.*, exterior ‖ aparente ◆ *adj.* e *s.m.*, estrangeiro ◆ *s.m.*, exterioridade, parte externa ‖ aspecto ◆ *s.m.pl.*, cenas externas de um filme.

Exteriorizar, *v.5.15,* exteriorizar, externar, manifestar, expor.

Exterminar, *v.5,* exterminar, eliminar, devastar, desolar, destruir.

Externo/a, *adj.*, externo, do lado de fora, exterior.

Extinción, *s.f.*, extinção, anulação, supressão, extermínio.

Extinguir, *v.7.11,* extinguir, dissipar, apagar, abolir, exterminar.

Extintor/ra, *adj.* e *s.m.*, extintor.

Extirpar, *v.5,* extirpar, extrair, destruir, arrancar.

Extorsión, *s.f.*, extorsão.

Extorsionar, *v.5,* extorquir.

Extra, *adj.* e *s.m.*, extra, fora do normal ◆ *s.m.* e *f.*, mão de obra temporária.

Extracción, *s.f.*, extração ‖ origem, procedência.

Extracto, *s.m.*, extrato ‖ resumo, sinopse.

Extraer, *v.43,* extrair, tirar, colher, sacar, sugar ‖ deduzir, averiguar.

Extranjero, *adj.* e *s.*, estrangeiro.

Extrañar, *v.5,* estranhar ‖ sentir falta ‖ exprobar, desterrar, exilar, banir ‖ assombrar.

Extrañeza, *s.f.*, estranheza, surpresa, pasmo, espanto.

Extraño/a, *adj.* e *s.*, estranho, estrangeiro ‖ anormal, esquisito, raro ‖ alheio.

Extraordinario/a, *adj.* e *s.m.*, extraordinário, excepcional ‖ extra ‖ anormal ‖ inusitado ‖ imprevisto.

Extrapolar, *v.5,* extrapolar.

Extravagante, *adj.*, *s.m.* e *f.*, extravagante.

Extraviar, *v.5.16,* extraviar, perder ‖ desviar → *Extraviarse*, perverter-se.

Extravío, *s.m.*, extravio, perda, desvario.

Extremar, *v.5,* extremar, levar ao extremo, distinguir, determinar ‖ fazer com esmero.

Extremaunción, *s.f.*, extrema-unção.

Extremidad, *s.f.*, extremidade ‖ membros do corpo humano.

Extremo/a, *adj.*, extremo, que está no final, do lado oposto, máximo, elevado, excessivo ◆ *s.m.*, extremidade ‖ ápice ‖ jogador da linha de ataque ◆ *s.m.pl.*, exagero.

Exuberancia, *s.m.*, exuberância.

Exuberante, *adj.*, exuberante.

Exultar, *v.5,* exultar, alegrar-se.

Eyacular, *v.5,* ejacular.

Eyectar, *v.5,* ejetar.

Eyector, *s.m.*, ejetor.

Ezquerdear, *v.5,* esquerdear.

F

s.f., sexta letra do alfabeto espanhol com a qual se representa o som consonântico surdo que se articula apoiando os dentes superiores sobre o lábio inferior.

Fa, *s.m.*, fá, nota musical.

Faba, *s.f.*, fava ‖ feijão branco.

Fabada, *s.f.*, feijoada asturiana feita com feijão branco.

Fábrica, *s.f.*, fábrica ‖ fabricação ‖ manufatura ‖ estrutura ‖ edifício ‖ construção.

Fabricación, *s.f.*, fabricação.

Fabricar, *v.5.14*, fabricar ‖ construir ‖ elaborar ‖ fazer ‖ manufaturar ‖ edificar ‖ inventar.

Fábula, *s.f.*, fábula ‖ mito, lenda ‖ rumor ‖ falatório.

Fabuloso/a, *adj.*, fabuloso ‖ enorme, muito grande.

Faca, *s.f.*, facão.

Facción, *s.f.*, facção ‖ bando sedicioso ‖ partido ‖ ação militar ◆ *s.f.pl.*, cada uma das faces do rosto humano.

Faceta, *s.f.*, faceta ‖ face ‖ aspecto.

Facial, *adj.*, facial.

Fácil, *adj.*, fácil ‖ dócil, tratável, suave ‖ provável ‖ agradável ‖ mulher libertina ◆ *adv.*, com facilidade, sem esforço → *Es fácil*, é muito provável, é possível.

Facilidad, *s.f.*, facilidade, ocasião, oportunidade ◆ *s.f.pl.*, meios que fazem alguma coisa fácil.

Facón, *s.m.*, *Amér.*, adaga, punhal grande.

Factible, *adj.*, factível, viável, que se pode fazer.

Factor, *s.m.*, fator, causa, elemento que contribui ‖ encarregado de bagagem e de mercadorias nas estações de trens.

Factoría, *s.f.*, fábrica, estabelecimento comercial ou industrial de representação no exterior.

Factual, *adj.*, factual, relativo aos fatos.

Factura, *s.f.*, feitio, execução ‖ nota fiscal.

Facturación, *s.f.*, faturamento.

Facturar, *v.5*, faturar ‖ despachar bagagens.

Facultad, *s.f.*, aptidão, potência física ou moral ‖ poder, autoridade, direito ‖ ciência ou arte ‖ faculdade, escola superior.

Facultar, *v.5*, facultar, autorizar, conceder.

Facultativo/a, *adj.*, facultativo ◆ *s.m.*, médico.

Facha, *s.f.*, aspecto ridículo ou desmazelado, jeito desengonçado.

Fachada, *s.f.*, fachada, parte exterior, aspecto externo.

Faena, *s.f.*, faina, tarefa, trabalho, atividade física ou mental ‖ conjunto de atividades desenvolvidas pelo toureiro na tourada ‖ *Amér.*, horas extras feitas em fazendas → *Hacer una faena/una mala faena/una faena pesada*, coisa malfeita ou coisa feita para prejudicar alguém intencionalmente.

Faenar, *v.5*, realizar um trabalho, em especial os pescadores profissionais.

Fagot, *s.m.*, fagote.

Faisán, *s.m.*, faisão.

Faja, *s.f.*, faixa, fita, tira ‖ cinta, corpete ‖ porção de qualquer coisa mais comprida que larga ‖ talabarte.

Fajín, *s.m.*, faixa e galardão militar.

Fajo, *s.m.*, feixe, atilho, molho, gavela, braçado ◆ *s.m.pl.*, conjunto de roupas do recém-nascido.

Falange, *s.f.*, falange.

Falaz, *adj.*, falaz, mentiroso, falso, puxa-saco.

Falda, *s.f.*, saia ‖ regaço ◆ *s.f.pl.*, mulher ou mulheres, coisa própria de mulher, feminino em oposição ao masculino.

Faldero/a, *adj.* e *s.m.*, mulherengo, rabo de saia.

Faldón, *s.m.*, parte inferior de uma roupa, fraldas da camisa ‖ vertente do telhado → *Agarrarse* ou *asirse a los faldones [de alguien]*, ficar embaixo da asa de alguém, buscar a proteção de alguém.

Falo, *s.m.*, falo.

Falsear, *v.5*, falsificar ‖ fraquejar ‖ destoar, desafinar.

Falsedad, *s.f.*, falso, falsidade.

Falso/a, *adj.*, falso ‖ inadequado → *De/en/sobre falso*, contrário ao que se afirma.

Faltar, *v.5*, faltar ‖ morrer, consumir-se, acabar-se ‖ não comparecer ‖ ofender ‖ deixar de cumprir ‖ ser infiel ‖ ter sido assaltado → *Faltar poco para [algo]*, faltar pouco para. *Lo que faltaba para el duro*, a gota d'água. *No faltaría más*, expressão usada como assentimento ou recusa.

Falto/a, *adj.*, falto, defeituoso ‖ carência de algo ou ausência de alguém ‖ ato contrário, infração ‖ imperfeição, equivocação ‖ supressão de menstruação durante a gravidez → *A falta de*, em troca de, em substituição a. *Caer en falta*, não cumprir o prometido. *Echar en falta*, sentir necessidade de algo. *Hacer falta*, fazer falta, ser preciso, ser necessário. *Sin falta*, sem falta, pontualmente.

Faltriquera, *s.f.*, porta-dinheiro, carteira amarrada na cintura (*pochette*).

Falla, *s.f.*, falha, defeito ‖ fratura na crosta terrestre ‖ cada uma das esculturas das *fallas* ◆ *s.f.pl.*, festas regionais valencianas cujo auge ocorre no dia de São José.

Fallar, *v.5*, falhar, fracassar, não funcionar.

Fallecer, *v.9*, falecer.

Fama, *s.f.*, fama.

Familia, *s.f.*, família, prole ‖ dinastia, estirpe, linagem ‖ origem → *Cargarse de familia*, ter muitos filhos.

Familiar, *adj.*, familiar ◆ *adj.*, *s.m.* e *f.*, parente.

Famoso/a, *adj.*, famoso ‖ bom, excelente ‖ que chama a atenção.

Fan, *s.m.* e *f.*, fã.

Fanático/a, *adj.* e *s.*, fanático.

Fandango, *s.m.*, fandango, tipo de dança comum na Espanha ‖ escarcéu, bagunça.

Fanfarria, *s.f.*, bravata, jactância, fanfarrice.

Fanfarrón/na, *adj.* e *s.*, fanfarrão.

Fango, *s.m.*, lamaçal ‖ desonra.

Fangoso/a, *adj.*, enlamaçado.

Fantasear, *v.5*, fantasiar, devanear, vangloriar-se.

Fantasía, *s.f.*, fantasia, ficção ‖ composição instrumental → *De fantasía*, bijuteria.

Fantasma, *s.m.*, fantasma ‖ pessoa que não tem personalidade ou boa índole.

Fantástico/a, *adj.*, fantástico.

Fantoche, *s.m.*, fantoche, boneco ‖ pessoa ridícula, grotesca ‖ fanfarrão.

Faraón, *s.m.*, faraó.

Fardo, *s.m.*, fardo.

Farfolla, *s.f.*, folhas que revestem a espiga de milho.

Farfullar, *v.5*, falar muito e muito depressa sem que se entenda o que se diz ‖ fazer algo de forma atropelada e confusa.

Faringe, *s.f.*, faringe.

Faringitis, *s.f.*, faringite.

Farmacéutico/a, *adj.* e *s.*, farmacêutico.

Farmacia, *s.f.*, farmácia.

Faro, *s.f.*, farol ‖ guia.

Farol, *s.m.*, lanterna ‖ fanfarronice.

Farola, *s.f.*, poste de iluminação pública.

Farolero/a, *adj.* e *s.*, faroleiro ‖ fanfarrão, presunçoso.

Farolillo, *s.f.*, lanterninha pequena feita de papel para enfeite → *Farolillo rojo*, o lanterninha numa competição, o último colocado.

Farra, *s.f.*, farra, gandaia.

Fárrago, *s.m.*, bagunça, desordem.

Farsa, *s.f.*, farsa.

Fas, *interj.*, *por fas o por nefas*, por a ou por b, por uma coisa ou outra.

Fascículo, *s.m.*, fascículo.

Fascinación, *s.f.*, fascinação.

Fascinar, *v.5*, fascinar.

Fase, *s.f.*, fase, etapa, estágio, período ‖ cada um dos circuitos de um sistema elétrico.

Fastidiar, *v.5*, aborrecer, molestar, chatear, desagradar.

Fastidio, *s.m.*, aborrecimento, chateação, desagrado, desgosto ‖ tédio.

Fasto/a, *adj.*, memorável, inesquecível ◆ *s.m.* fausto, luxo, suntuosidade ◆ *s.m.pl.*, anais.

Fastuoso, *adj.*, fausto.

Fatal, *adj.*, fatal, inevitável ou necessário ‖ nefasto, funesto ‖ péssimo ‖ mortal.

Fatalidad, *s.f.*, fatalidade, destino, sina.

Fatídico/a, *adj.*, fatídico.

Fatiga, *s.f.*, fadiga, cansaço ‖ insuficiência respiratória ‖ dor, pena ‖ adversidade, dificuldade.

Fatigar, *v.5.18*, fatigar, cansar, exaurir.

Fatuo/a, *adj.*, e *s.*, fátuo, pessoa vazia, presunçosa, superficial.

Fauces, *s.f.pl.*, goela dos mamíferos.

Fauna, *s.f.*, fauna.

Fausto/a, *adj.*, fausto, que causa alegria e felicidade ◆ *s.m.*, suntuosidade, luxo.

Favor, *s.m.*, favor, ajuda, apoio, benefício, benevolência, proteção, aprovação ‖ aquiescência de uma mulher para um homem → *A/en favor de*, em benefício de. *Hacer el favor de*, quer fazer o favor de. *Por favor*, por favor. *Tener a su favor*, ter do seu lado.

Favorable, *adj.*, favorável, conveniente, propício.

Favorecer, *v.9*, favorecer, ajudar, socorrer, fazer um favor ‖ cair bem uma roupa ou qualquer coisa a uma pessoa.

Favorito/a, *adj.*, favorito, estimado com preferência ‖ nos esportes, o provável ganhador.

Faya, *s.f.*, tecido grosseiro de seda.

Faz, *s.f.*, face, rosto ‖ anverso, lado principal de algo ‖ aspecto, aparência.

Fe, *s.f.*, fé, confiança, crença, convicção, crédito ‖ documento que declara uma verdade, certidão, certificado → *A fe mía/por mi fe*, na verdade. *Buena fe*, boa intenção, ingenuidade. *Dar fe de vida*, dar notícias, aparecer. *Fe de erratas*, lista de erratas de um texto ou livro. *Mala fe*, malícia, segundas intenções.

Fealdad, *s.f.*, feiura.

Febrero, *s.m.*, fevereiro.

Febril, *adj.*, febril ‖ ardente ‖ inquieto.

Fecal, *adj.*, fecal.

Fécula, *s.f.*, fécula.

Fecundar, *v.5*, fecundar.

Fecundizar, *v.5.15*, tornar fecundo.

Fecha, *s.f.*, data, dia, mês e ano ‖ tempo, momento atual.

Fechar, *v.5*, datar, pôr data, determinar a data.

Fechoría, *s.f.*, ação especialmente malfeita.

Federación, *s.f.*, federação.

Federal, *adj.* e *s.m.* e *f.*, federal.

Federar, *v.5*, federar, formar federação.

Felicidad, *s.f.*, felicidade, sorte.

Felicitación, *s.f.*, felicitação, congratulação, parabéns.

Felicitar, *v.5*, felicitar, cumprimentar, parabenizar.

Feligrés/esa, *s.*, freguês, paroquiano.

Felino/a, *adj.*, felino.

Feliz, *adj.*, feliz ‖ acertado, afortunado ‖ que ocorre com felicidade.

Felonía, *s.f.*, ofensa, deslealdade, traição.

Felpa, *s.f.*, felpa ‖ repreensão, bronca.

Felpudo/a, *adj.*, felpudo ◆ *s.m.*, capacho da soleira das portas usado para limpar a sola dos sapatos.

Femenino/a, *adj.*, feminino.

Feminidad, *s.f.*, feminilidade.

Fémur, *s.m.*, fêmur.

Fenecer, *v.9*, fenecer, concluir, terminar ‖ morrer, falecer.

Fenomenal, *adj.*, fenomenal.

Fenómeno, *s.f.*, fenômeno.

Feo/a, *adj.*, feio ◆ *adj.*, sujo, indelicado, indevido ‖ aspecto desagradável ◆ *s.m.*, grosseria, grossura → *Dejar feo [a alguien]*, ser grosseiro com. *Sexo feo*, sexo masculino. *Tocarle [a alguien] bailar con el más feo*, ficar com a pior parte, ser o marmitão.

Feraz, *adj.*, extremamente fértil em especial terras.

Féretro, *s.m.*, féretro, caixão para defuntos.

Feria, *s.f.*, feira, exposição ‖ festa popular.

Ferial, *adj.*, feiral, relativo à feira.

Feriante, *adj.*, *s.m.* e *f.*, feirante, que vai à feira para comprar ou vender.

Feriar, *v.5*, feirar, fazer feira, comprar ou vender em feira ‖ não trabalhar um ou vários dias, de acordo com escalas, independentemente do fim de semana.

Fermentar, *v.5*, fermentar ‖ agitar ou alterar os ânimos.

Fermento, *s.m.*, fermento.

Ferocidad, *s.f.*, ferocidade, qualidade de feroz.

Feroz, *adj.*, feroz ‖ que causa terror ou destruição ‖ muito grande, exagerado.

Férreo/a, *adj.*, férreo, duro, tenaz.

Ferretería, *s.f.*, loja de ferragens.
Ferrocarril, *s.m.*, via férrea ‖ trem.
Fértil, *adj.*, fértil.
Fertilizar, *v.5.15*, fertilizar.
Férula, *s.f.*, férula ‖ pequena tábua usada para evitar movimento de uma articulação ou osso quebrado. → *Bajo la férula*, sob o jugo, sob a dominação de.
Ferviente, *adj.*, fervoroso.
Fervor, *s.m.*, fervor, ardor, zelo excessivo.
Festejar, *v.5*, festejar, celebrar, comemorar, solenizar ‖ cortejar, namorar.
Festejo, *s.m.*, festejo, festividade, festim ◆ *s.m.pl.*, comemoração pública.
Festín, *s.m.*, banquete normalmente com música e baile.
Festinar, *v.5*, *Amér.*, precipitar, apressar, aligeirar.
Festival, *s.m.*, festival.
Festividad, *s.f.*, festividade.
Festivo/a, *adj.*, feriado ‖ festivo ‖ jocoso, espirituoso ‖ alegre.
Festón, *s.m.*, guirlanda.
Festonar/festonear, *v.5*, enfeitar com guirlandas.
Fetal, *adj.*, fetal.
Fetén, *s.f.*, verdade ◆ *adj.*, verdadeiro, autêntico, sincero ‖ formidável, fantástico, extraordinário, estupendo.
Fetidez, *s.f.*, fedor.
Feto, *s.m.*, feto.
Fiable, *adj.*, fiável, digno de confiança.
Fiado/a, *adj.*, fiado.
Fiador/ra, *s.*, fiador ‖ seguro das armas colocado nos gatilhos.
Fiambre, *s.m.* e *adj.*, frios em geral ‖ cadáver, presunto.
Fiambrera, *s.f.*, marmita.
Fianza, *s.f.*, fiança.
Fiar, *v.5.16*, fiar, vender fiado, a crédito ‖ confiar ‖ dar fiança → *Ser de fiar*, ser de confiança, merecer confiança.
Fiasco, *s.m.*, fiasco.
Fibra, *s.f.*, fibra ‖ vigor, energia, caráter.
Ficción, *s.f.*, ficção.
Ficticio/a, *adj.*, fictício, falso, aparente, convencional.
Ficha, *s.f.*, ficha.
Fichar, *v.5*, preencher fichas ‖ desconfiar de alguém ‖ apontar as horas de entrada e saída de funcionários ‖ contratar um clube, um esportista.
Fichero, *s.m.*, fichário, arquivo de fichas.
Fidelidad, *s.f.*, fidelidade.
Fideo, *s.f.*, macarrão tipo cabelo de anjo para sopa ‖ pessoa muito magra.
Fiebre, *s.f.*, febre ‖ exaltação, agitação.
Fiel, *adj.*, fiel, probo, exato, seguro, firme, leal ◆ *s.m.* e *f.*, pessoa que professa uma religião ◆ *s.m.*, ponteiro da balança.
Fieltro, *s.m.*, feltro.
Fiereza, *s.f.*, ferocidade.
Fiero/a, *adj.*, feroz ‖ duro, cruel ‖ grande, excessivo ◆ *s.f.*, fera → *Ponerse hecho una fiera*, ficar uma fera. *Ser una fiera para/en [algo]*, ser um ás, ser o maior para algo.
Fiesta, *s.m.*, festa, regozijo, divertimento, diversão ‖ festejo, solenidade, comemoração ‖ feriado nacional ‖ brincadeira ◆ *s.f.pl.*, conjunto de festividades que abrangem vários dias → *Aguarse la fiesta*, estragar um negócio. *Estar de fiesta*, estar muito alegre e contente. *Fiesta nacional*, tourada. *Hacer fiesta*, fazer feriado

por conta própria. *No estar para fiestas*, estar de mau humor.

Figón, *s.m.*, bar ruim, espelunca, baiuca.

Figulina, *s.f.*, bibelôs de porcelana, *biscuit.*

Figura, *s.f.*, figura, aspecto, imagem, símbolo ‖ forma, exterioridade ‖ rosto, cara, feição ‖ pintura, retrato ‖ semblante.

Figuración, *s.f.*, imaginação, suposição.

Figurar, *v.5*, representar, delinear ‖ aparentar, supor, fingir, simular ‖ fazer parte, constar, estar incluído ‖ ser socialmente importante → *Figurarse*, imaginar-se, fantasiar, supor o que não se conhece.

Figurilla, *s.m.* e *f.*, pessoa pequena, ridícula ou sem importância ◆ *s.f.*, figura de barro, bronze, porcelana ou qualquer outro material, pequena.

Figurín, *s.m.*, figurino, tipo, modelo, exemplo ‖ pessoa vestida com elegância afetada ou ridícula.

Figurinista, *s.m.* e *f.*, figurinista, modelista.

Figurón, *s.m.*, pessoa convencida mas que não manda nada.

Fijación, *s.f.*, fixação.

Fijapelo, *s.m.*, fixador de cabelo.

Fijar, *v.5*, fixar, pregar, cravar, firmar, colar ‖ determinar ‖ limitar → *Fijarse*, fixar-se, prestar atenção, olhar com acuidade.

Fijeza, *s.f.*, firmeza, segurança ‖ continuidade.

Fijo/a, *adj.*, fixo, imóvel, imutável → *De fijo*, com certeza, sem dúvida.

Fila, *s.f.*, fila, fileira, enfiada ‖ ódio, antipatia ◆ *s.f.pl.*, bando, partido, agrupação → *En filas*, estar no serviço militar. *Fila india*, fila indiana.

Filarmonía, *adj*, filarmônico.

Filatelia, *s.f.*, filatelia.

Filete, *s.m.*, filete, nervura ‖ bife, filé ‖ acém, lombo.

Filetear, *v.5*, fazer nervuras.

Filiación, *s.f.*, filiação.

Filial, *adj.*, filial.

Filiar, *v.5*, fazer a ficha de alguém em especial a polícia.

Filmar, *v.5*, filmar.

Filme, *s.m.*, filme.

Filo, *s.m.*, fio, gume, corte → *Al filo de/por filo*, exatamente. *Dar filo/un filo*, afiar, amolar ‖ incentivar, incitar. *De doble filo/de dos filos,* faca de dois gumes.

Filología, *s.f.*, filologia.

Filón, *s.m.*, filão, fonte, veio.

Filosofía, *s.f.*, filosofia.

Filosofar, *v.5*, filosofar.

Filtrar, *v.5*, filtrar, coar, escoar, instilar, penetrar → *Filtrarse*, desaparecer, escoar o dinheiro ‖ infiltrar-se, deixar passar furtivamente ‖ vazar informações.

Filtro, *s.m.*, filtro ‖ beberagem, poção.

Fimosis, *s.f.*, fimose.

Fin, *s.m.* ou *f.*, termo ◆ *s.m.*, final, conclusão, extremo ‖ finalidade, objetivo, alvo → *A fin de*, para. *A fin de que*, com o objetivo de, para que, com a finalidade de. *Al fin*, finalmente. *Al fin y al cabo*, afinal de contas. *Al fin y a la postre*, de propósito. *Dar/poner fin [a algo]*, terminar, acabar algo. *Dar fin de*, destruir. *En fin de cuentas*, resumindo. *En fin/por fin*, por último.

Sin fin, incontável, grande quantidade ou número.
Finado/a, *s.*, defunto, finado.
Final, *adj.*, final, último ♦ *s.m.*, remate, término ♦ *s.f.*, última competição de um campeonato.
Finalizar, *v.5.15*, finalizar.
Financiar, *v.5*, financiar.
Finar, *v.5*, morrer, finar.
Finca, *s.f.*, propriedade rural ou urbana ‖ *Amér.*, chácara.
Fineza, *s.f.*, fineza, galanteria, amabilidade, delicadeza, obséquio, pureza, suavidade, doçura.
Fingir, *v.7.15*, fingir, imaginar, idear, inventar, simular, fantasiar.
Finiquitar, *v.5*, saldar, quitar um débito ‖ acabar, concluir, rematar.
Fino/a, *adj.*, fino, delgado, tênue ‖ acabado, apurado, aprimorado ‖ sutil, astuto, sagaz ‖ miúdo ‖ cortês, elegante ‖ amoroso ‖ liso, suave ♦ *adj.* e *s.m.*, tipo de vinho generoso, cor palha, aroma forte, delicado e transparente.
Finolis, *adj.*, *s.m.* e *f.*, pessoa que usa uma finura afetada e exagerada.
Firma, *s.f.*, assinatura, rubrica, chancela ‖ firma comercial.
Firmamento, *s.m.*, firmamento, céu.
Firmar, *v.5*, assinar, autenticar.
Firme, *adj.*, firme, invariável, constante, definitivo.
Fiscal, *adj.*, fiscal ♦ *s.m.* e *f.*, funcionário do fisco.
Fiscalizar, *v.5.15*, fiscalizar.
Fisgar, *v.5.18*, fisgar ‖ rastrear, investigar.
Fisgonear, *v.5*, xeretar a vida alheia.
Físico/a, *adj.*, relativo à física ♦ *s.f.*, ciência física ♦ *s.*, profissional da física ♦ *s.m.*, exterior de uma pessoa, constituição externa.
Fisiología, *s.f.*, fisiologia.
Fisión, *s.f.*, fissão.
Fisioterapeuta, *s.m.* e *f.*, fisioterapeuta.
Fisioterapia, *s.f.*, fisioterapia.
Fisonomía, *s.f.*, fisionomia.
Fisura, *s.f.*, fissura.
Flacidez, *s.f.*, flacidez.
Flaco/a, *adj.*, fraco, frouxo ‖ magro, débil.
Flacucho, *adj.*, fraquinho, magrinho.
Flacura, *s.f.*, fraqueza.
Flagelar, *v.5*, flagelar.
Flagrar, *v.5*, flagrar.
Flama, *s.f.*, chama ‖ paixão.
Flamante, *adj.*, vistoso ‖ novo, moderno, recente.
Flamear, *v.5*, soltar chamas, chamejar.
Flámula, *s.f.*, flâmula, bandeirola.
Flan, *s.m.*, pudim, flã.
Flanco, *s.m.*, flanco, lado, banda.
Flaquear, *v.5*, fraquejar, debilitar, perder forças.
Flaqueza, *s.f.*, fraqueza, fragilidade, debilidade.
Flauta, *s.f.*, flauta.
Fleco, *s.m.*, franja.
Flecha, *s.f.*, flecha, seta.
Flechar, *v.5*, flechar ‖ magoar, ferir ‖ inspirar repentino amor.
Flechazo, *s.m.*, flechada ‖ paixão súbita.
Flema, *s.f.*, escarro ‖ demora, lentidão ‖ calma, impassibilidade.
Flemático/a, *adj.*, fleumático, impassível.
Flequillo, *s.m.*, franja no cabelo, franjinha.
Fletar, *v.5*, fretar.
Flete, *s.m.*, frete.
Flexibilizar, *v.5.15*, flexibilizar.

Flexión, *s.f.*, flexão.
Flexionar, *v.5*, flexionar.
Flirtear, *v.5*, flertar, namorar.
Flirteo, *s.m.*, flerte, namoro.
Flojear, *v.5*, fraquejar.
Flojedad/flojera, *s.f.*, fraqueza, preguiça.
Flojo/a, *adj.*, frouxo, folgado, solto, mole, brando ‖ vacilante, fraco, negligente.
Flor, *s.f.*, flor ‖ escol, nata ‖ beleza, formosura, brilho, adorno, enfeite ‖ galanteio, gracejo ‖ virgindade ‖ parte externa da derme → *A flor de*, na superfície. *Dar en la flor de*, adquirir uma mania. *En flor,* planta florecida, madura. *Flor de cantueso*, coisa fútil, sem importância. *Flor de estufa/de invernadero*, pessoa cheia de mimos ou muito delicada. *Flor de la canela*, muito bom, excelente. *Flor de la edad/de la vida*, juventude, plenitude. *Flor de la maravilla*, cura rápida de uma doença ou rápida convalescença. *Flor y nata*, o melhor, o mais seleto, a fina flor da nata. *Ir de flor en flor*, não se deter em nada ou em ninguém. *Segar en flor*, destruir no auge. *Tener a flor de labios [la sonrisa, la palabra, etc.]*, estar sempre pronto para.
Flora, *s.f.*, flora.
Florar, *v.5*, florescer.
Florear, *v.5*, enfeitar com flores.
Florecer, *v.9*, florescer ‖ prosperar → *Florecerse*, mofar, criar mofo.
Floreo, *s.m.*, floreio.
Florero, *s.m.*, floreira, vaso para flores.
Floresta, *s.f.*, floresta.
Floristería, *s.f.*, floricultura, local onde se vendem flores.
Flota, *s.f.*, frota.
Flotador, *s.m.*, boia, flutuador.
Flotar, *v.5*, flutuar, boiar, não afundar ‖ pairar.
Flote, *loc.*, *a flote,* flutuar, manter sobre a água ‖ negócio, comércio, empresa que funciona sem riscos → *Salir/sacar/poner a flote*, salvar algo de um perigo ou dificuldade.
Flotilla, *s.f.*, frota de aviões ou barcos pequenos.
Fluctuar, *v.5.11*, oscilar, flutuar ‖ duvidar.
Fluidez, *s.f.*, fluidez, fluência.
Fluido/a, *adj.*, fluido, corrente, fluente, líquido.
Fluir, *v.11*, fluir, correr, brotar, surgir.
Flujo, *s.m.*, fluxo, jato, escoamento, movimento de saída.
Flúor, *s.m.*, fluor.
Fluorescencia, *s.f.*, fluorescência.
Fobia, *s.f.*, fobia, aversão.
Foca, *s.f.*, foca.
Focal, *adj.*, focal, relativo ao foco.
Foco, *s.m.*, foco, centro, sede, ponto central.
Fofo/a, *adj.*, fofo.
Fogón, *s.m.*, fogão.
Folía, *s.f.*, canto e dança típica das Ilhas Canárias.
Foliar, *v.5*, numerar páginas de um documento.
Folio, *s.m.*, folha de papel de um livro ou caderno.
Folklore, *s.m.*, folclore.
Follaje, *s.m.*, folhagem ‖ palavrório superficial de um discurso.
Follar, *v.10*, praticar o coito.
Folletín, *s.m.*, folhetim, novelesco.
Folleto, *s.m.*, folheto, prospecto.
Follón, *s.m.*, discussão, briga, confusão, desordem, bagunça.

Fomentar, *v.5*, fomentar.
Fonda, *s.f.*, estalagem, hospedaria.
Fondear, *v.5*, fundear, ancorar.
Fondillos, *s.m.pl.*, fundilhos, parte traseira das calças.
Fondo, *s.m.*, fundo, parte oposta à entrada ‖ profundidade ‖ base visual ou auditiva ‖ essencial, íntimo ‖ fundamento ‖ índole, interior ‖ dinheiro, capital, fundos ‖ conjunto de livros ou documentos de um editor ou autor ou biblioteca ‖ competição esportiva de longa distância → *A fondo*, completa e perfeitamente. *En el fondo,* no fundo. *Fondos públicos,* fundos públicos.
Fonema, *s.m.*, fonema.
Fonético/a, *adj.*, relativo à fonética ◆ *s.f.*, fonética.
Fónico/a, *adj.*, fônico.
Fonógrafo, *s.m.*, toca-discos.
Fontanero/a, *s.*, encanador.
Forajido/a, *s.*, foragido.
Forastero/a, *adj.* e *s.*, forasteiro.
Forcejear, *v.5*, forcejar, resistir.
Forestal, *adj.*, florestal.
Forja, *s.f.*, forja.
Forjar, *v.5*, forjar ‖ inventar, fingir, imaginar ‖ fabricar, formar.
Forma, *s.f.*, forma, aparência, modo, maneira ‖ condições físicas de um esportista ◆ *s.f.pl.*, configuração do corpo humano → *No hay forma*, não tem jeito. *En forma,* formalmente. *Sagrada forma,* hóstia.
Formación, *s.f.*, formação, constituição.
Formal, *adj.*, formal, sério, expresso, claro.
Formalidad, *s.f.*, formalidade, praxe, compostura, cerimônia.
Formalizar, *v.5.15*, formalizar, realizar, executar, organizar, concretizar.
Formar, *v.5*, formar, criar, construir ‖ adestrar, treinar, educar, ensinar ‖ agrupar tropas.
Formato, *s.m.*, formato, dimensão.
Formidable, *adj.*, enorme, extraordinário.
Formón, *s.m.*, formão, goiva.
Fórmula, *s.f.*, fórmula, regra, receita, bula, constituição → *Por pura fórmula*, sem convicção, para fazer de conta.
Formular, *v.5*, formular, expressar, manifestar, receitar.
Fornicar, *v.5.14*, fornicar.
Fornido/a, *adj.*, robusto, forte.
Foro, *s.m.*, foro, fórum.
Forraje, *s.m.*, forragem, feno, palha, erva.
Forrar, *v.5*, forrar → *Forrarse*, fartar-se, empanturrar-se ‖ enriquecer.
Forro, *s.m.*, forro, revestimento → *Ni por el forro,* de jeito nenhum, nem sonhando.
Fortalecer, *v.9*, fortalecer, fortificar, robustecer.
Fortaleza, *s.f.*, fortaleza.
Fortificar, *v.5.14*, fortificar, fortalecer, robustecer.
Fortuna, *s.f.*, fortuna, destino, acaso, eventualidade, sorte, riqueza → *Golpe de fortuna,* golpe de sorte. *Por fortuna*, por sorte. *Probar fortuna*, tentar a sorte. *Hacer fortuna,* ter sucesso.
Forúnculo, *s.m.*, furúnculo.
Forzar, *v.10*, forçar, obrigar, violentar, arrombar.
Fosa, *s.f.*, fossa.
Fosforecer, *v.9*, fosforecer.

Fósforo, *s.m.*, fósforo.
Fósil, *adj.* e *s.m.*, fóssil ‖ velho, antiquado.
Foso, *s.m.*, fosso, escavação, cova, vala, rego.
Foto, *s.f.*, foto, fotografia.
Fotocopiar, *v.5*, fotocopiar.
Fotografía, *s.f.*, fotografia.
Fotografiar, *v.5.16*, fotografar.
Fracasar, *v.5*, fracassar, destroçar, quebrar, arruinar, frustrar.
Fracaso, *s.m.*, fracasso.
Fracción, *s.f.*, fração, parte, fragmento.
Fraccionar, *v.5*, fracionar, partir, fragmentar.
Fractura, *s.f.*, fratura, ruptura, rompimento.
Fracturar, *v.5*, fraturar, quebrar, romper.
Fragancia, *s.f.*, fragrância, aroma, perfume.
Frágil, *adj.*, frágil, fraco, quebradiço, débil, pouco resistente, fácil de estragar.
Fragilidad, *s.f.*, fragilidade.
Fragmentar, *v.5*, fragmentar.
Fragor, *s.m.*, estrondo, ruído forte, estampido.
Fragoso/a, *adj.*, áspero ‖ intrincado, complicado ‖ ruidoso, estrepitoso.
Fragua, *s.f.*, frágua, fornalha da forja.
Fraguar, *v.5.17*, idear, imaginar, inventar ‖ consolidar, endurecer ‖ fraguar, forjar.
Fraile, *s.m.*, frade, monge ‖ dobra para fora nas roupas.
Frambuesa, *s.f.*, framboesa.
Frambueso, *s.m.*, pé de framboesa.
Franco/a, *adj.*, franco, sincero, livre, aberto, simples, leal.
Francotirador/ra, *s.*, franco-atirador.
Franela, *s.f.*, flanela.
Franja, *s.f.*, faixa, fímbria, enfeite de passamanaria.
Franquear, *v.5*, franquear, liberar, conceder, isentar, eximir, desembaraçar.
Franqueo, *s.m.*, franquia.
Franqueza, *s.f.*, franqueza.
Frasco, *s.m.*, frasco.
Frase, *s.f.*, frase.
Fraternidad, *s.f.*, fraternidade.
Fraternizar, *v.5.15*, fraternizar, confraternizar.
Fraude, *s.m.*, fraude.
Fray, *s.m.*, frei.
Frazada, *s.f.*, manta ‖ *Amér.*, cobertor.
Frecuencia, *s.f.*, frequência.
Frecuentar, *v.5*, frequentar.
Fregadero, *s.m.*, lugar para lavar a louça.
Fregar, *v.12*, lavar, limpar, esfregar.
Fregona, *s.f.*, esfregão ‖ mulher grosseira ‖ empregada doméstica.
Freír, *v.13*, fritar ‖ incomodar, importunar, exasperar ‖ matar, assassinar a tiros.
Frenar, *v.5*, frear, brecar, moderar, conter.
Frenazo, *s.m.*, freada, brecada.
Freno, *s.m.*, freio.
Frente, *s.f.*, frente, fronte, testa ‖ fisionomia, semblante ‖ fachada, parte frontal, dianteira ‖ vanguarda ‖ massa de ar ‖ anverso → *Hacer frente*, opor-se, resistir. *Ponerse al frente*, assumir o comando. *No tener dos dedos de frente*, pessoa burra. *Escrito en la frente*, escrito na testa.
Fresa, *s.f.*, morango, morangueiro ‖ fresa.
Fresar, *v.5*, fresar.
Fresco/a, *adj.*, fresco, frescura, aragem, recente, leve, viço, frescor ‖ sereno, tranquilo ‖ descaro ‖ afresco, mural ‖ insolência, ofensa → *Al fresco*, ao relento. *Estar/quedar fresco*, ficar frustrado.
Frescor, *s.m.*, frescor, viço.

Frescura, *s.f.*, frescura, frescor, viço.

Fresquera, *s.f.*, guarda-comidas ventilado.

Frialdad, *s.f.*, frio, friagem, frieza ‖ indiferença ‖ frigidez.

Fricción, *s.f.*, fricção, atrito.

Friccionar, *v.5*, friccionar.

Friega, *s.f.*, fricção, esfrega.

Frigidez, *s.f.*, frigidez.

Frigorífico/a, *adj.*, frigorífico, *freezer*.

Frijol/fríjol, *s.m.*, feijão.

Frío/a, *adj.*, frio ‖ gelado ‖ indiferente, insensível, impassível, distante ‖ inércia ‖ rude, pouco acolhedor → *Quedar/dejar frío*, absoluta indiferença ‖ ficar atônito, incrédulo.

Friolero/a, *adj.* e *s.*, friorento.

Fritar, *v.5*, *Amér.*, fritar.

Frito/a, *adj.*, frito, fritura → *Estar frito*, estar ferrado, estrepar-se ‖ estar muito cansado ‖ estar irritado.

Frívolo/a, *adj.*, frívolo.

Frontal, *adj.*, frontal.

Frontera, *s.f.*, fronteira, limite.

Frotar, *v.5*, esfregar, friccionar, roçar.

Fructífero/a, *adj.*, frutífero.

Fructificar, *v.5.14*, frutificar.

Frugal, *adj.*, frugal.

Fruncir, *v.7.12*, franzir.

Frustrar, *v.5*, frustrar, privar, deixar sem.

Fruta, *s.f.*, fruta → *Fruta de sartén*, qualquer massa frita. *Fruta del tiempo*, fruta da época.

Frutal, *s.m.* e *adj.*, frutífero.

Frutería, *s.f.*, local onde se vendem frutas.

Fruto, *s.m.*, fruto ‖ resultado ‖ feto em desenvolvimento ‖ utilidade, proveito, resultado.

Fu, *loc.*, *ni fu ni fa*, indica indiferença.

Fuego, *s.m.*, fogo, brasa, chama ‖ incêndio ‖ paixão, entusiasmo, ardor ‖ disparo com arma de fogo ‖ queimação ◆ *s.m.pl.*, fogos de artifício.

Fuelle, *s.m.*, fole → *Tener fuelle*, ter grande resistência física e ótimos pulmões.

Fuente, *s.f.*, fonte, manancial, bica, nascente de água ‖ chafariz ‖ origem, causa ‖ travessa, assadeira, tigela → *De buena fuente*, de fonte limpa, fidedigna.

Fuera, *adv.*, fora, para fora, do lado de fora.

Fuero, *s.m.*, foro, direito, privilégio ‖ jurisdição.

Fuerte, *adj.*, forte, robusto, vigoroso ‖ fortaleza para defesa militar, reduto ‖ varonil, fragoso, duro ‖ áspero ‖ entendido, versado ‖ difícil, árduo ‖ terrível, grande, importante ‖ gênio ou personalidade difícil ‖ dotado de poder e autoridade.

Fuerza, *s.f.*, força, vigor, robustez, resistência, energia, virilidade, valentia, poder ‖ violência ‖ influência ◆ *s.f.pl.*, conjunto dos exércitos de um estado.

Fuga, *s.f.*, fuga, escapatória, fugida, saída, folga, evasão ‖ composição musical.

Fugarse, *v.5.18*, escapar-se, fugir, safar-se.

Fugaz, *adj.*, fugaz, veloz, rápido.

Fugitivo/a, *adj.* e *s.*, fugitivo.

Fuguillas, *s.m.* e *f.*, pessoa impaciente e de personalidade viva e irrequieta, espoleta.

Fulano/a, *s.*, fulano ◆ *s.f.*, prostituta.

Fulcro, *s.m.*, fulcro, ponto de apoio, base.

Fulero/a, *adj.*, biscateiro ‖ farsante.

Fulgor, *s.m.*, fulgor, brilho.

Fulgurar, *v.5*, fulgurar.
Fulminar, *v.5*, fulminar.
Fullería, *s.f.*, trapaça, engodo, engano, mentira.
Fullero/a, *adj.* e *s.*, trapaceiro, mentiroso, embusteiro.
Fumador/ra, *adj.* e *s.*, fumante.
Fumar, *v.5*, fumar → *Fumarse*, esbanjar, consumir ‖ descuidar de uma obrigação.
Fumigar, *v.5.18*, fumigar.
Función, *s.f.*, função ‖ festa, festim ‖ exercício, prática, cargo, faculdade ou ofício ‖ sessão teatral ou cinematográfica.
Funcionar, *v.5*, funcionar, exercer, trabalhar.
Funcionario/a, *s.*, funcionário em cargo público.
Funda, *s.f.*, capa, coberta, bolsa, estojo, invólucro.
Fundamentar, *v.5*, fundamentar, dar fundamento.
Fundar, *v.5*, fundar, edificar, construir, erigir, firmar, instituir, estabelecer, arraigar.
Fundición, *s.f.*, fundição, derretimento.
Fundir, *v.7*, fundir, derreter, liquefazer ‖ unir ‖ arruinar.
Fúnebre, *adj.*, fúnebre.
Funeral, *s.m.*, funeral.
Funesto/a, *adj.*, funesto, aziago, fatal, infausto.
Funicular, *adj.* e *s.m.*, funicular, bondinho.
Furgón, *s.m.*, furgão ‖ vagão de carga.
Furgoneta, *s.f.*, caminhonete.
Furia, *s.f.*, fúria, cólera, ira, ímpeto.
Furor, *s.m.*, furor, fúria, cólera.
Furtivo/a, *adj.*, furtivo, feito às escondidas.
Fuselaje, *s.m.*, fuselagem.
Fusible, *s.m.*, fusível.
Fusil, *s.m.*, fuzil.
Fusilar, *v.5*, fuzilar ‖ plagiar, copiar.
Fusión, *s.f.*, fusão ‖ união.
Fusionar, *v.5*, fusionar, fundir ‖ unir.
Fusta, *s.f.*, chicote.
Fuste, *s.m.*, fuste, corpo de uma coluna.
Fustigar, *v.5.18*, fustigar, açoitar.
Fútbol/futbol, *s.m.*, futebol.
Futbolín, *s.m.*, pebolim.
Futbolista, *s.m.* e *f.*, jogador de futebol.
Fútil, *adj.*, fútil.
Futuro/a, *adj.*, futuro, destino, porvir, posteridade ‖ homem ou mulher prometido em casamento.

G

s.f., sétima letra do alfabeto espanhol; quando colocada na frente de *a*, *o*, *u* ou diante de *e*, *i* representa, respectivamente, os sons consonânticos sonoro ou surdo que são articulados aproximando a parte posterior do dorso da língua ao véu palatal.

Gabán, *s.m.*, sobretudo.

Gabardina, *s.f.*, gabardina.

Gabinete, *s.m.*, gabinete, escritório, camarim ‖ conjunto de ministros.

Gacela, *s.f.*, gazela, antílope.

Gaceta, *s.f.*, gazeta, periódico, jornal ‖ pessoa fofoqueira, linguaruda.

Gacetilla, *s.f.*, notícia curta em jornal ‖ fofoqueiro.

Gachí, *s.f.*, garota, mulher muito atraente.

Gacho/a, *adj.*, encurvado, curvado.

Gachó, *s.m.*, cara, homem, em especial o amante.

Gachón/ona, *adj.*, pessoa com muita graça, atraente e doce.

Gachupín, *s.m.*, apelido depreciativo dado no México aos espanhóis chegados à América.

Gafa, *s.f.*, grampo grosso de metal ◆ *s.f.pl.*, óculos.

Gafe, *adj.* e *s.m.* e *f.*, pé-frio, pessoa que atrai azar.

Gag, *s.m.*, piada, situação cômica.

Gaita, *s.f.*, gaita ‖ coisa árdua, difícil, embaraçosa → *Templar gaitas*, pôr panos quentes, apaziguar.

Gajes, *s.m.pl.*, emolumentos, vencimento, soldo → *Gajes del oficio*, ossos do ofício.

Gajo, *s.m.*, gomo, cacho, galho.

Galán/ana, *adj.*, formoso ou de agradável aspecto ◆ *s.m.*, galã, galanteador, namorado ‖ ator ‖ amoroso ‖ moço solteiro → *Galán de noche*, cabideiro móvel para colocar roupa, geralmente no quarto de dormir.

Galante, *adj.*, galante, atencioso, educado, gentil.

Galantear, *v.5*, paquerar uma mulher.

Galápago, *s.m.*, cágado.

Galardón, *s.m.*, galardão.

Galardonar, *v.5*, premiar.

Galaxia, *s.f.*, galáxia.

Galeno, *s.m.*, médico.

Galería, *s.f.*, galeria ◆ *s.f.pl.*, centro comercial.

Galgo/a, *adj.* e *s.m.*, galgo → *Échale un galgo*, coisa muito difícil de conseguir ou alcançar.

Galimatías, *s.m.*, linguagem obscura e incompreensível ‖ desordem, confusão.

Galo/a, *adj.* e s., gálico ◆ *s.f.*, gala, esmero, pompa, festa, ostentação ‖ festa nacional ◆ *s.f.pl.*, presente de casamento.

Galón, *s.m.*, galão.

Galopar, *v.5*, galopar.

Galvanizar, *v.5.15*, galvanizar.

Gallardear, *v.5*, dar-se de galhardo.

Gallardía, *s.f.*, galhardia.

Gallear, *v.5*, pavonear-se.

Galleta, *s.f.*, bolacha, biscoito ‖ tapa, bofetada.

Gallina, *s.f.*, galinha ◆ *s.m.* e *f.*, pessoa covarde → *Acostarse con las gallinas*, dormir muito cedo. *Estar como gallina en corral ajeno*, estar envergonhado e pouco à vontade. *Gallina ciega*, jogo da cabra-cega. *Matar la gallina de los huevos de oro*, destruir uma fonte de riqueza.

Gallinero, *s.m.*, galinheiro ‖ poleiro ‖ gritaria, confusão.

Gallito, *s.m.*, aquele que aparece em todos os lugares e chama a atenção sobre si.

Gallo, *s.m.*, galo ‖ mandachuva ‖ desafinação ‖ tipo de peixe ‖ *Amér.*, homem forte, valente → *A escucha gallo*, com muito cuidado e atenção. *Alzar/levantar el gallo*, manifestar arrogância. *En menos que canta un gallo*, num instante, rapidamente. *Otro gallo cantará [a alguien]*, se fosse diferente a história seria outra.

Gama, *s.f.*, gama, escala, graduação.

Gamba, *s.f.*, camarão.

Gamberrada, *s.f.*, vandalismo, sem-vergonhice.

Gamberro/a, *adj.* e *s.*, desordeiro, vândalo, sem-vergonha.

Gamella, *s.f.*, manjedoura ‖ gamela, canga ‖ tina.

Gamo, *s.m.*, gamo, veado.

Gamuza, *s.f.*, camurça ‖ cabra-montês.

Gana, *s.f.*, vontade, desejo, inclinação ‖ apetite, fome → *Abrírsele las ganas de comer*, sentir apetite. *Darle [a alguien] la gana*, ter vontade. *De buena gana*, com prazer. *De mala gana*, com repugnância.

Ganadería, *s.f.*, pecuária.

Ganadero/a, *adj.*, boiadeiro, criador de gado.

Ganado, *s.m.*, gado ‖ conjunto de abelhas ‖ conjunto de pessoas.

Ganador/ra, *adj.* e *s.*, ganhador.

Ganancia, *s.f.*, ganho, lucro.

Ganancial, *adj.*, *bienes gananciales*, bens adquiridos pelos cônjuges durante o matrimônio.

Ganapán, *s.m.*, ganha-pão, tarefeiro, jornaleiro ‖ homem rude e tosco.

Ganar, *v.5*, ganhar, lucrar ‖ adquirir ‖ grangear ‖ obter ‖ dilatar ‖ conseguir, captar, conquistar a vontade ‖ exceder, superar ‖ avançar, prosperar.

Ganchillo, *s.m.*, agulha e trabalho de crochê.

Gancho, *s.m.*, gancho, anzol, fisga, arpéu, bordão, cajado ‖ cúmplice, agente, agenciador ‖ *Amér.*, grampo de cabelo ‖ garrancho → *Echar el gancho*, seduzir.

Gandul/la, *adj.* e *s.*, folgado, vadio.

Gandulear, *v.5*, vadiar.

Ganga, *s.f.*, pechincha ‖ parte não metálica dos veios metalíferos.

Ganglio, *s.m.*, gânglio.

Gangoso/a, *adj.*, fanhoso, fanho.

Gangrena, *s.f.*, gangrena.

Ganguear, *v.5*, falar de forma fanhosa.

Ganso/a, *s.*, ganso, marreco ‖ pessoa descuidada, preguiçosa ‖ estúpido, grosseiro → *Hacer el ganso*, dizer bobagens para divertir os outros.

Ganzúa, *s.f.*, gazua, chave falsa ‖ ladrão manhoso ‖ pessoa hábil em descobrir segredos.

Gañán, *s.m.*, homem forte, rude, normalmente empregado na lavoura, pé de boi.

Gañido, *s.m.*, ganido.

Gañir, *v.19*, ganir.

Garabatear, *v.5*, fazer garranchos.

Garabato, *s.m.*, garrancho ‖ gancho de ferro ‖ sacho.

Garaje, *s.m.*, garagem ‖ oficina mecânica.

Garantizar, *v.5.15*, garantir, assegurar, afiançar, afirmar, asseverar, certificar.

Garañón/ona, *adj.* e *s.m.*, garanhão.

Garapiñar, *v.5*, caramelar.

Garbanzo, *s.m.*, grão-de-bico → *Garbanzo negro*, ovelha negra.

Garbeo, *loc.*, *dar un garbeo*, dar um passeio curto.

Garbo, *s.m.*, garbo, elegância, galhardia, donaire, gala, gentileza, brio, valor.

Garfio, *s.m.*, gancho, arpão.

Gargajear, *v.5*, escarrar.

Gargajo, *s.m.*, escarro.

Garganta, *s.f.*, garganta, gasganete, goela, laringe ‖ desfiladeiro ‖ voz ‖ parte estreita de uma coluna.

Gargantilla, *s.f.*, gargantilha ‖ cada uma das contas de um colar.

Gárgara, *s.f.*, gargarejo, bochecho → *Mandar a hacer gárgaras [a alguien]*, mandar para o inferno.

Gargarizar, *v.5.15*, gargarejar.

Garita, *s.f.*, guarita, sentinela ‖ latrina.

Garito, *s.m.*, casa de jogo.

Garlito, *s.m.*, tipo de rede de pescar ‖ cilada, armadilha.

Garra, *s.f.*, garra, unhas, dedos ‖ gadanho, grifa ‖ mãos ‖ gancho de arpão ‖ entusiasmo, decisão, determinação.

Garrafa, *s.f.*, garrafão ‖ *Amér.*, botijão para gás.

Garrafal, *adj.*, garrafal, muito grande, enorme.

Garrafón, *s.m.*, garrafa grande.

Garrapata, *s.f.*, carrapato.

Garrapato, *s.m.*, garrancho.

Garrido/a, *adj.*, garrido, vistoso, faceiro, elegante.

Garrotazo, *s.m.*, golpe dado com o garrote.

Garrote, *s.m.*, garrote, estrangulamento, pena de morte com o garrote, estaca ‖ ligadura para estancar hemorragia, torniquete.

Garrotillo, *s.m.*, difteria.

Garza, *s.f.*, garça.

Gas, *s.m.*, gás.

Gasa, *s.f.*, gaze.

Gaseoducto, *s.m.*, gasoduto.

Gaseoso/a, *adj.*, gasoso ◆ *s.f.*, refrigerante, tipo soda.

Gasóleo, *s.m.*, óleo diesel.

Gasolina, *s.f.*, gasolina.

Gasolinera, *s.f.*, posto de gasolina.

Gastar, *v.5*, gastar, usar, consumir, despender, deteriorar, esgotar, dilapidar, limar, puir ‖ ter ou usar habitualmente.

Gasto, *s.m.*, gasto, dispêndio, consumo ‖ carcomido, consumido, decrépito ‖ compra, despesa.

Gastritis, *s.f.*, gastrite.

Gastronomía, *s.f.*, gastronomia.

Gatear, *v.5*, engatinhar.

Gatera, *s.f.*, carteirista, que furta carteiras ‖ portinhola especial para gatos e cães.

Gatillo, *s.m.*, gatilho.

Gato/a, *s.*, gato ◆ *s.m.*, macaco para automóvel → *A gatas*, engatinhar. *Cuatro gatos*, poucas pessoas. *Dar gato por liebre*, vender gato por lebre, enganar. *Haber gato encerrado*, algo oculto. *Llevar el gato al agua*, ter coragem para superar um problema.

Gatuno/a, *adj.*, relativo ao gato.

Gaveta, *s.f.*, gaveta.

Gavilán, *s.m.*, gavião.

Gaviota, *s.f.*, gaivota.

Gazapera, *s.f.*, covil, toca, em especial do coelho.

Gazapo, *s.m.*, filhote de coelho ‖ engano absurdo, erro crasso.

Gaznate, *s.m.*, gasganete.

Gazpacho, *s.m.*, gaspacho, sopa fria típica do sul da Espanha.

Ge, *s.f.*, nome da letra G.

Gelatina, *s.f.*, gelatina.

Gema, *s.f.*, gema de pedra preciosa.

Gemelo/a, *adj.* e *s.*, gêmeo ◆ *adj.*, nome genérico dos músculos da parte posterior da perna ◆ *s.m.pl.*, abotoaduras ‖ binóculos.

Géminis, *s.m.*, gêmeos, signo do zodíaco.

Gemir, *v.13*, gemer.

Genealogía, *s.f.*, genealogia.

Generación, *s.f.*, geração.

Generador/ra, *adj.*, gerador.

General, *adj.*, geral, corrente, comum, usual ‖ general, prelado superior.

Generalidad, *s.f.*, generalidade, maioria.

Generalizar, *v.5.15*, generalizar.

Generar, *v.5*, gerar.

Generatriz, *s.f.* e *adj.*, geratriz.

Genérico/a, *adj.*, genérico, comum.

Género, *s.m.*, gênero, espécie, família, ordem, classe, geração, casta ‖ qualidade ‖ sorte, maneira, modo, estilo ‖ mercadoria.

Generosidad, *s.f.*, generosidade.

Genético/a, *adj.*, genético.

Genial, *adj.*, genial.

Genio, *s.m.*, gênio ‖ índole ‖ sublimidade ‖ aptidão, engenho, inclinação, temperamento, caráter ‖ feitio ‖ talento.

Genital, *adj.*, genital.

Gente, *s.f.*, gente, população, família, nação, povo, tribo, tropa, plebe → *Gente gorda*, pessoas influentes ou importantes. *Gente menuda*, as crianças.

Gentecilla, *s.f.*, gentinha.

Gentil, *adj.*, gentil, puro, nobre, airoso ‖ gentio, selvagem, idólatra, pagão, bárbaro.

Gentileza, *s.f.*, gentileza.

Gentilicio/a, *adj.* e *s.m.*, gentilício.

Gentío, *s.m.*, multidão, gente, turba.

Gentuza, *s.f.*, gentalha, gentinha.

Genuflexión, *s.f.*, genuflexão.

Genuino/a, *adj.*, genuíno.

Geocéntrico/a, *adj.*, geocêntrico.

Geografía, *s.f.*, geografia.

Geográfico/a, *adj.*, geográfico.

Geología, *s.f.*, geologia.

Geometría, *s.f.*, geometria.

Geranio, *s.m.*, gerânio.

Gerencia, *s.f.*, gerência.

Gerente, *s.m.* e *f.*, gerente.

Geriatría, *s.f.*, geriatria.

Germen, *s.m.*, gérmen, embrião, feto, princípio, origem, raiz, semente, causa.

Germinar, *v.5*, germinar.

Gerundio, *s.m.*, gerúndio, tempo verbal.

Gesta, *s.f.*, gesta.

Gestación, *s.f.*, gestação.
Gestarse, *v.5*, gestar, gestar-se.
Gesticulación, *s.f.*, gesticulação.
Gesticular, *v.5*, gesticular.
Gestión, *s.f.*, gestão, tramitação, administração.
Gestionar, *v.5*, tramitar, administrar.
Gesto, *s.m.*, gesto, expressão, mímica.
Giba, *s.f.*, corcova.
Giboso/a, *adj.* e *s.*, corcunda.
Gigante/a, *s.*, gigante ◆ *adj.*, de grande tamanho.
Gil, *s.m.*, *Amér.*, incauto.
Gilí, *adj.*, bobo, tonto.
Gilipollas, *adj.* e *s.m.*, estúpido, imbecil, aquele que tem o escroto no lugar do cérebro.
Gimnasia, *s.f.*, ginástica.
Gimnasio, *s.m.*, ginásio.
Gimnasta, *s.m.* e *f.*, ginasta.
Gimotear, *v.5*, gemer e choramingar.
Gincana, *s.f.*, gincana.
Ginebra, *s.f.*, gim.
Ginecología, *s.f.*, ginecologia.
Ginecólogo/a, *s.*, ginecologista.
Gingivitis, *s.f.*, gengivite.
Gira, *s.f.*, turnê.
Girar, *v.5*, girar, rodar, tornear, rotar, voltear, desviar-se, circundar ‖ sacar ou emitir letra ou qualquer documento de cobrança ‖ negociar, transferir.
Girasol, *s.m.*, girassol.
Giro, *s.m.*, giro, volta, direção ‖ transferência, remessa.
Gitano/a, *adj.* e *s.*, cigano.
Glacial, *adj.*, glacial.
Gladiolo/gladíolo, *s.m.*, gladíolo, palma-de-santa-rita.
Glande, *s.m.*, glande.
Glándula, *s.f.*, glândula.
Glasear, *v.5*, dar brilho a uma superfície ‖ cobrir com glacê.
Glauco/a, *adj.*, verde-claro.
Glicerina, *s.f.*, glicerina.
Global, *adj.*, global, total.
Globo, *s.m.*, globo, bola ‖ terra, urbe ‖ bexiga ‖ balão, aerostato.
Gloria, *s.f.*, glória, fama, celebridade ‖ pessoa célebre ‖ esplendor ‖ alegria, prazer, satisfação ‖ paraíso, céu.
Gloriarse, *v.5.16*, vangloriar-se.
Glorieta, *s.f.*, praça formada pelo cruzamento de alamedas.
Glorificar, *v.5.14*, glorificar.
Glosa, *s.f.*, glosa, comentário, censura, crítica.
Glosar, *v.5*, glosar, comentar, censurar, criticar.
Glosario, *s.m.*, glossário.
Glotis, *s.f.*, glote.
Glotón/na, *adj.* e *s.*, comilão.
Glotonear, *v.5*, comer com avidez e em excesso.
Glucosa, *s.f.*, glicose.
Glúteo/a, *adj.*, glúteo.
Gobernador/ra, *s.*, governador.
Gobernanta, *s.f.*, governanta.
Gobernar, *v.12*, governar, dirigir, administrar, dirigir.
Gobierno, *s.m.*, governo → *Mirar contra el gobierno*, ser vesgo.
Goce, *s.m.*, gozo, prazer, deleite.
Gol, *s.m.*, gol.
Golear, *v.5*, golear, fazer goleada.
Golf, *s.m.*, golfe.
Golfear, *v.5*, vagabundear.
Golfo/a, *s.*, vagabundo, sem-vergonha ◆ *s.m.*, golfo ◆ *s.f.*, prostituta.
Golondrina, *s.f.*, andorinha.

Golondrino, *s.m.*, inflamação das glândulas sudoríparas axilares.
Golosina, *s.f.*, guloseima, doce.
Goloso/a, *adj.* e *s.*, guloso ‖ apetitoso → *Tener muchos golosos*, alguma coisa muito desejada por todos.
Golpazo, *s.m.*, pancada violenta e barulhenta.
Golpe, *s.m.*, golpe, pancada ‖ infortúnio, desgraça repentina ‖ assalto ‖ admiração, surpresa → *A golpes*, na marra, na força. *Dar el golpe*, surpreender. *De golpe*, violentamente. *De golpe y porrazo*, precipitadamente, sem pensar. *De un golpe*, de uma vez. *Golpe de estado*, golpe de estado. *Golpe de gracia*, tiro de misericórdia. *Golpe de mano*, assalto brusco. *Golpe de vista*, sagacidade. *No dar golpe/sin dar golpe*, não trabalhar, não fazer nada. *Parar el golpe*, evitar um desgosto.
Golpear, *v.5*, dar golpes, bater.
Golpetazo, *s.m.*, golpe brusco, choque.
Goma, *s.f.*, goma ‖ borracha ‖ elástico.
Gomina, *s.f.*, brilhantina, fixador para o cabelo.
Góndola, *s.f.*, gôndola.
Gonorrea, *s.f.*, gonorreia.
Gordinflón/ona, *adj.*, gorducho.
Gordo/a, *adj.*, gordo, obeso, gorduroso, sebo ‖ influente, poderoso ‖ importante, grave, considerável → *Dedo gordo*, polegar. *El gordo*, maior prêmio da loteria. *Sin gorda*, sem dinheiro, duro. *Armar(se) la gorda*, fazer uma confusão, uma encrenca.
Gordura, *s.f.*, gordura.
Gorgoritear, *v.5*, gorjear.
Gorila, *s.m.*, gorila ‖ guarda-costas.
Gorjear, *v.5*, gorjear.
Gorjeo, *s.m.*, gorjeio.
Gorra, *s.f.*, gorro, boné → *De gorra*, grátis, à custa alheia.
Gorrear, *v.5*, filar dos outros, viver à custa alheia.
Gorrinera, *s.f.*, pocilga.
Gorrinería, *s.f.*, sujeira, porcaria.
Gorrino/a, *s.*, porco, sujo.
Gorrión, *s.m.*, pardal.
Gorro, *s.m.*, gorro, boné → *Hasta el gorro*, de saco cheio, cansado, farto.
Gota, *s.f.*, gota, pingo ‖ inflamação das articulações → *Cuatro gotas*, chuva breve e escassa. *Gota a gota*, muito lentamente. *Ni gota*, absolutamente nada. *Unas gotas*, pouca quantidade.
Gotear, *v.5*, gotejar, pingar.
Goteo, *s.m.*, gotejamento.
Gotera, *s.f.*, goteira.
Gótico/a, *adj.* e *s.*, gótico.
Gozada, *s.f.*, grande satisfação.
Gozar, *v.5.15*, gozar, deliciar-se, adorar, sentir satisfação e prazer ‖ ter, possuir, usufruir ‖ possuir carnalmente → *Gozarla*, divertir-se.
Gozne, *s.m.*, gonzo, dobradiça.
Gozo, *s.m.*, gozo, prazer, satisfação.
Grabado/a, *s.m.*, gravado.
Grabador/ra, *adj.* e *s.*, gravador.
Grabar, *v.5*, gravar, fixar, registrar.
Gracia, *s.f.*, graça, benefício, concessão ‖ benevolência, afabilidade, proteção ‖ indulto, perdão ‖ dádiva, milagre, bênção ‖ simpatia, atrativo ‖ habilidade, perícia ‖ espirituosidade, brincadeira, jocosidade ‖ nome de uma pessoa → *Dar las gracias*, agradecer. *En gracia a*, levando em conta. *¡Gracias!*, obrigado! *Gracias a*, por causa de, graças a. *¡Gracias a*

Dios!, graças a Deus! *Hacer gracia*, fazer-se simpático. *No hacer gracia*, desgostar. *No tener gracia*, é muito desagradável. *¡Qué gracia!*, veja só! *Reírle las gracias*, puxar o saco. *Tener gracia*, ser chocante. *¡Vaya gracia!*, que saco! *Y gracias*, e basta, é o suficiente.

Grácil, *adj.*, sutil, delicado.

Gracioso/a, *adj.*, gracioso.

Grada, *s.f.*, degrau, escada ‖ arquibancada ◆ *s.f.pl.*, escadaria.

Gradación, *s.f.*, graduação.

Grado, *s.m.*, grau, graduação, nível acadêmico, ordem, hierarquia, medida, escala, seção → *De buen grado*, com prazer. *De mal grado*, a contragosto.

Graduar, *v.5.11*, graduar, classificar, regular, ordenar.

Grafía, *s.f.*, grafia.

Gráfico/a, *adj.*, gráfico.

Grafito, *s.m.*, grafite.

Gragea, *s.f.*, drágea.

Grajo, *s.m.*, urubu.

Gramática, *s.f.*, gramática.

Gramo, *s.m.*, grama, unidade de peso.

Gran, *adj.*, apócope de *grande*, usado antes de *s.*

Grana, *s.m.* e *adj.*, cor vermelha.

Granada, *s.f.*, romã.

Grande, *adj.*, grande, vasto, alto, extenso ‖ ingente ‖ nobre ‖ generoso ‖ espaçoso, comprido ‖ heroico ‖ copioso, abundante ‖ poderoso ‖ egrégio, magno, insigne ‖ ótimo ‖ grandioso, magnífico ‖ relevante → *A lo grande*, com muito luxo. *Venir grande*, ser muito importante para alguém.

Granel, *loc.*, a granel.

Granero, *s.m.*, celeiro, silo.

Granito, *s.m.*, granito.

Granizar, *v.5.15*, cair granizo.

Granizo, *s.m.*, granizo.

Granja, *s.f.*, granja.

Granjear, *v.5*, granjear.

Granjero/a, *s.*, granjeiro.

Grano, *s.m.*, grão, semente ‖ acne, espinha.

Granuja, *s.m.* e *f.*, vadio, malandro, velhaco.

Granular, *adj.*, que tem grãos.

Grapa, *s.f.*, grampo para grampear.

Grasiento/a, *adj.*, engordurado.

Graso/a, *adj.*, gorduroso ◆ *s.f.*, gordura.

Gratificar, *v.5.14*, gratificar.

Gratinar, *v.5*, gratinar.

Gratis, *adv.*, grátis.

Gratitud, *s.f.*, gratidão.

Grato/a, *adj.*, grato, agradável, apreciado ‖ gratuito ‖ gracioso.

Gratuito/a, *adj.*, gratuito ‖ arbitrário, sem fundamento.

Gravar, *v.5*, pesar sobre alguém ‖ estabelecer gravame ou tributo.

Grave, *adj.*, grave ‖ muito doente ‖ sério, que causa respeito ‖ circunspecto ‖ paroxítono ‖ tom baixo.

Gravidez, *s.f.*, gravidez.

Gravitar, *v.5*, gravitar.

Gravoso/a, *adj.*, oneroso, custoso ‖ incômodo, pesado.

Graznar, *v.5*, grasnar, gralhar.

Graznido, *s.m.*, grasnido.

Grelo, *s.m.*, broto comestível do nabo.

Gremio, *s.m.*, grêmio.

Greña, *s.f.*, grenha, juba, cabelo em desalinho.

Greñudo/a, *adj.*, descabelado.

Gresca, *s.f.*, algazarra, bagunça ‖ briga, discórdia.

Grey, *s.f.*, rebanho ‖ grupo de pessoas com algo em comum.

Griego/a, *adj.* e *s.*, grego.

Grieta, *s.f.*, greta, fissura, rachadura, fenda.

Grifo, *s.m.*, torneira.

Grillo, *s.m.*, grilo.

Gripe, *s.f.*, gripe.

Gris, *adj.* e *s.m.*, cor cinza.

Gritar, *v.5*, gritar, berrar.

Griterío, *s.m.*, gritaria.

Grito, *s.m.*, grito, berro → *A grito limpio/pelado*, aos berros, para todo mundo ouvir. *Estar en un grito*, dor muito forte e incessante. *Pedir a gritos*, precisar muito e de forma clara. *Poner el grito en el cielo*, indignação, pôr a boca no trombone. *Último grito*, na última moda.

Gritón/ona, *adj.*, que grita ou berra muito.

Grosella, *s.f.*, groselha.

Grosería, *s.f.*, grosseria, grossura.

Grosero/a, *adj.*, grosseiro, rude, ordinário.

Grosor, *s.m.*, grossura, espessura, corpulência.

Grúa, *s.f.*, guincho, guindaste.

Grueso/a, *adj.*, grosso, corpulento, encorpado ‖ grande ◆ *s.m.*, espessura ‖ parte principal e maior de um todo ◆ *s.f.*, grosa.

Grumete, *s.m.*, grumete.

Grumo, *s.m.*, coágulo.

Gruñido, *s.m.*, grunhido ‖ voz do porco.

Gruñir, *v.19*, grunhir, rosnar.

Gruñón/ona, *adj.*, grunhão, resmungão.

Grupa, *s.f.*, garupa.

Grupo, *s.m.*, grupo, reunião, pluralidade de seres ou coisas que formam um conjunto.

Gruta, *s.f.*, gruta, caverna.

Gua, *s.m.*, jogo de bola de gude ◆ *interj.*, *Amér.*, uê!

Guacamol/guacamole, *s.m.*, *Amér.*, salada de abacate.

Guache, *s.m.*, guache.

Guadaña, *s.f.*, gadanha, foice.

Guadañador/ra, *adj.* e *s.*, que trabalha com a foice.

Guadañar, *v.5*, segar com a foice.

Guagua, *s.f.*, ônibus de transporte público.

Guaje, *s.m.*, garoto, guri na região de Astúrias.

Gualdo/a, *adj.*, relativo à cor amarela.

Guantada, *s.f.*/**Guantazo**, *s.m.*, bofetada, tapa.

Guante, *s.m.*, luva → *Arrojar/atirar el guante [a alguien]*, desafiar, provocar. *Más suave que un guante*, dócil, submisso. *Echar el guante*, lançar a mão para agarrar algo. *Regoger el guante*, aceitar um deafio. *Caer como un guante*, ficar perfeito.

Guantera, *s.f.*, porta-luvas dos automóveis.

Guapeza, *s.f.*, beleza.

Guapo/a, *adj.* e *s.*, bonito, belo, formoso ‖ ostentoso ‖ que despreza o perigo ◆ *s.*, fanfarrão.

Guapote/a, *adj.*, borrachão.

Guapura, *s.f.*, belezura.

Guaraní, *adj.*, *s.m.* e *f.*, guarani.

Guarda, *s.m.* e *f.*, guardião, vigia, guardar alguma coisa, defender, conservar, tutela ‖ copo da espada.

Guardabarros, *s.m.*, para-lamas.

Guardabosque, *s.m.* e *f.*, guarda-florestal.
Guardacoches, *s.m.* e *f.*, guardador de carros.
Guardacostas, *s.m.*, navio guarda-costas.
Guardador/ra, *adj.* e *s.*, guardador, guardião.
Guardaespaldas, *s.m.* e *f.*, guarda-costas.
Guardameta, *s.m.*, goleiro.
Guardapolvo, *s.m.*, guarda-pó, avental.
Guardar, *v.5*, guardar, defender, custodiar, cuidar, vigiar, observar, cumprir, preservar, ter, conservar, reter, recolher ‖ ser avaro, não gastar.
Guardarropa, *s.m.*, rouparia, chapelaria ‖ guarda-roupa ‖ vestuário.
Guardería, *s.f.*, creche.
Guardia, *s.f.*, guarda, vigia ‖ sentinela ‖ plantonista ‖ polícia, patrulha ‖ custódia, tutela → *Farmarcia de guardia*, farmácia de plantão.
Guardián/ana, *s.*, guardião.
Guardilla, *s.f.*, água-furtada.
Guarecer, *v.9*, dar guarida, acolher, preservar.
Guarida, *s.f.*, guarida, esconderijo, refúgio, proteção.
Guarismo, *s.m.*, algarismo.
Guarnecer, *v.9*, guarnecer, revestir, enfeitar.
Guarnición, *s.f.*, guarnição.
Guarro/a, *adj.* e *s.*, porco, sujo, nojento, asqueroso.
Guasa, *s.f.*, burla, ironia, zombaria, sarro.
Guasearse, *v.5*, tirar sarro, burlar-se, zombar.
Guasón/ona, *adj.* e *s.*, sarrista, zombador.
Guateque, *s.m.*, festinha em casa com comes e bebes e geralmente música para dançar.
Gubernamental, *adj.*, governamental.
Guerra, *s.f.*, guerra, luta, batalha, conflito ‖ rivalidade, hostilidade, inimizade → *Dar guerra*, dar muito trabalho.
Guerrear, *v.5*, guerrear, fazer guerra.
Guía, *s.m.* e *f.*, guia, cicerone ‖ norma, regra, padrão ‖ modelo ‖ guidão ‖ lista ‖ pontas do bigode viradas.
Guiar, *v.5.16*, guiar, conduzir, dirigir → *Guiarse*, orientar-se.
Guija, *s.f.*, pedregulho.
Guijarro, *s.m.*, seixo.
Guijo, *s.m.*, cascalho.
Guillotina, *s.f.*, guilhotina.
Guinda, *s.f.*, variedade da cereja, menor e mais doce.
Guindar, *v.5*, guindar, suspender, elevar, içar.
Guindilla, *s.f.*, pimenta-malagueta.
Guiñapo, *s.m.*, andrajo, farrapo.
Guiñar, *v.5*, piscar com os olhos.
Guiño, *s.m.*, piscada, piscadela.
Guión, *s.m.*, roteiro usado em comunicações de uma forma geral ‖ travessão, hífen.
Guionista, *s.m.* e *f.*, roteirista.
Guirigay, *s.m.*, confusa, bagunça resultante quando várias pessoas falam todas alto e ao mesmo tempo.
Guirlache, *s.m.*, tipo de torrone de amêndoas tostadas e caramelo.
Guirnalda, *s.f.*, guirlanda.
Guisa, *s.f.*, guisa, modo, maneira, jeito.
Guisado/a, *s.m.*, guisado.
Guisante, *s.m.*, ervilha.
Guisar, *v.5*, guisar, cozinhar, refogar.
Guiso, *s.m.*, prato, comida ‖ guisado, refogado, ensopado ‖ manjar apetitoso.

Guita, *s.f.*, dinheiro, moedas, grana.

Guitarra, *s.f.*, violão.

Gula, *s.f.*, gula.

Gusanillo, *s.m.*, mola pequena de arame → *Gusanillo de la conciencia*, remorso. *Matar el gusanillo*, tomar bebida alcoólica pela manhã em jejum.

Gusano, *s.m.*, verme ‖ pessoa desprezível e insignificante → *Gusano de la seda*, bicho-da-seda.

Gusarapo/a, *s.*, verme, nome coletivo que designa toda espécie de insetos pequenos que se criam em especial nos líquidos.

Gustar, *v.5*, provar, perceber o gosto, degustar ‖ experimentar ‖ agradar, satisfazer, dar prazer ‖ preferir, ter predileção → *¿Usted gusta?*, está servido?

Gustazo, *s.m.*, gostosura, prazer muito grande com algo.

Gustillo, *s.m.*, gostinho, satisfação produzida por alguma coisa com malícia, prazer na coisa malfeita.

Gusto, *s.m.*, gosto, paladar, sabor ‖ prazer, satisfação ‖ apreciação e sentido do belo ‖ vontade própria ou arbítrio ‖ desejo, capricho ‖ forma e maneira de apreciar as coisas → *A gusto*, confortavelmente. *Con mucho gusto*, com muito prazer. *Dar gusto*, fazer as vontades de outro. *De mal gusto*, grosseiro, cafona. *Despacharse a gusto*, dizer o que pensa, desengasgar. *Que es un gusto*, que dá gosto, pra valer. *Tener el gusto*, ter o prazer de. *Tomar gusto a*, aficionar-se.

Gustoso/a, *adj.*, que tem gosto ‖ saboroso ‖ agradável, divertido, entretido.

Gutural, *adj.*, gutural.

H

s.f., oitava letra do alfabeto espanhol, não apresenta nenhum som, seu nome é "*hache*".

Haba, *s.f.*, fava, vagem.

Habano/a, *adj.*, havano ◆ *s.m.*, charuto.

Haber, *v.3*, haver, possuir, ter ‖ verbo auxiliar usado com outros verbos nos tempos compostos ‖ acontecer, ocorrer ‖ verificar, efetuar ‖ existir, encontrar-se ◆ *s.m.pl.*, haveres, bens, posses.

Habichuela, *s.f.*, tipo de feijão de tamanho maior.

Hábil, *adj.*, hábil, capaz.

Habilidad, *s.f.*, habilidade, capacidade, inteligência ‖ destreza.

Habilitar, *v.5*, habilitar ‖ prover.

Habitación, *s.f.*, habitação, aposento, quarto, dormitório ‖ cada uma das partes que compõem uma moradia.

Habitar, *v.5*, habitar, viver, morar.

Hábito, *s.m.*, hábito de religioso ‖ costume.

Habitual, *adj.*, habitual, costumeiro.

Habituar, *v.5.11*, habituar, acostumar.

Habla, *s.f.*, fala ‖ idioma, língua ‖ ação de falar.

Habladuría, *s.f.*, falatório, fofoca, mexerico.

Hablar, *v.5*, falar, expressar-se ‖ tratar, convir ‖ murmurar, fofocar.

Hacendar, *v.12*, comprar terras ‖ dar ou conferir o domínio de terras ou bens.

Hacendoso/a, *adj.*, caprichoso e dedicado nas tarefas caseiras.

Hacer, *v.28*, fazer, produzir, criar ‖ fabricar, formar ‖ executar ‖ caber, conter ‖ causar, ocasionar ‖ dispor, compor ‖ imaginar, inventar ‖ desenvolver-se, crescer ‖ tempo transcorrido ‖ tempo atmosférico.

Hacia, *prep.*, em direção a ‖ ao redor de, perto de.

Hacienda, *s.f.*, terreno agrícola menor que uma fazenda e maior que um sítio ‖ bens, posses e riquezas de uma pessoa ‖ tarefa doméstica e caseira ‖ Ministério da Fazenda.

Hacha, *s.f.*, machado ‖ tocha.

Hachazo, *s.m.*, machadada.

Hache, *s.f.*, nome da letra H.

Hada, *s.f.*, fada.

Hala, *interj.*, eia!, emprega-se para dar ânimo ou pressa.

Halagar, *v.5.18*, adular ‖ afagar, acariciar ‖ agradar, deleitar.

Halago, *s.m.*, afago, mimo, carícia, meiguice, lisonja, agrado, adulação.

Halcón, *s.m.*, falcão.

Hale, *interj.*, vamos!, eia!, usada para dar ânimo ou pressa.

Hálito, *s.m.*, hálito, bafo, fôlego, alento, vapor, aragem.

Halo, *s.m.*, halo.

Hallar, *v.5*, achar, encontrar ‖ descobrir ‖ observar ‖ notar ‖ entender ‖ estar presente.

Hamaca, *s.f.*, rede oscilante de descanso ‖ espreguiçadeira.

Hambre, *s.f.*, fome, vontade de comer, falta de mantimentos ‖ penúria, escassez ‖ desejo ardente de algo → *Hambre canina*, apetite muito grande e exagerado. *Matar el hambre*, acabar com a fome, matar a fome. *Matar de hambre*, passar fome, dar pouca comida. *Morir de hambre*, passar muito mal e muita penúria. *Muerto de hambre*, pobre de espírito, sem iniciativa. *Ser más listo que el hambre*, ser muito esperto e sagaz.

Hambriento/a, *adj.* e *s.*, esfomeado.

Hamburguesa, *s.f.*, hambúrguer.

Hamburguesería, *s.f.*, lanchonete.

Hangar, *s.m.*, hangar.

Haragán/ana, *adj.* e *s.*, preguiçoso, folgado, que foge do trabalho.

Harapiento/a, *adj.*, esfarrapado, andrajoso.

Harapo, *s.m.*, farrapo.

Harén, *s.m.*, harém.

Harina, *s.f.*, farinha → *Hacer harina [algo]*, fazer caquinhos. *Harina de flor*, farinha refinada e de boa qualidade. *Meterse en harina*, entrar de sola em alguma coisa. *Ser [algo] harina de otro costal*, não ser farinha do mesmo saco, ser diferente.

Harnero, *s.m.*, peneira → *Hecho un harnero*, cheio de feridas.

Hartar, *v.5*, fartar, saciar, empanturrar ‖ encher, saturar ‖ incomodar, chatear, encher o saco ‖ dar, aplicar, usar ou dizer em grande quantidade → *Hartarse*, repetir alguma coisa muitas vezes.

Harto/a, *adj.*, farto, cheio, completo ‖ cansado, saturado, chateado ‖ muito conhecido ‖ bastante, muito.

Hasta, *prep.*, até ◆ *adv.*, inclusive → *¡Hasta luego!*, até logo!

Hastiar, *v.5.16*, enfastiar, cansar.

Hastío, *s.m.*, cansaço, fastio ‖ repugnância à comida, asco.

Hatajo, *s.m.*, pequeno rebanho ‖ montão.

Hato, *s.m.*, porção de gado ‖ trouxa de roupa ‖ paragem no campo ‖ víveres → *Andar con el hato a cuestas*, ter sempre a mala pronta, não parar em nenhum lugar. *Liar el hato*, arrumar a trouxa. *Revolver el hato*, arrumar encrencas.

Haya, *s.f.*, faia.

Haz, *s.m.*, feixe, facho ◆ *s.f.*, face, em especial de tecidos → *A dos haces*, com segundas intenções.

Hazaña, *s.f.*, façanha, ato heroico.

Hazmerreír, *s.m.*, pessoa ridícula que serve de diversão aos outros.

Hebilla, *s.f.*, fivela.

Hebra, *s.f.*, fio, fibra ‖ porção de linha que se coloca na agulha ‖ sequência de um assunto ou tema numa conversa ‖ cabelo ‖ fumo de corda cortado → *Pegar la hebra*, bate-papo.

Hebroso/a, *adj.*, fibroso.

Hecatombe, *s.f.*, hecatombe, desastre, tragédia.

Hectárea, *s.f.*, hectômetro.
Hectolitro, *s.m.*, hectolitro.
Hechicero/a, *s.* e *adj.*, feiticeiro.
Hechizado/a, *adj.* e *s.*, enfeitiçado.
Hechizar, *v.5.15*, enfeitiçar.
Hechizo, *s.m.*, feitiço ‖ feitiçaria ‖ fascínio.
Hecho/a, *adj.*, feito ◆ *s.m.*, fato, façanha, acontecimento, ocorrência, sucesso ◆ *interj.*, feito!, isso mesmo! → *De hecho*, de fato, de verdade. *Hecho consumado*, fato consumado. *Hecho de armas*, ataque bélico. *Hecho y derecho*, reforça uma qualidade de alguém.
Hechura, *s.f.*, confecção, obra, produto ‖ forma exterior, aparência ‖ configuração do corpo ‖ feitio da roupa ‖ pessoa que deve sua posição ou fortuna a outra.
Heder, *v.12*, feder.
Hediondo/a, *adj.*, hediondo, repugnante, sujo, obsceno.
Hedor, *s.m.*, fedor.
Heladero/a, *s.*, vendedor de sorvetes ◆ *adj.*, abundante em geadas ◆ *s.f.*, lugar onde faz muito frio ‖ geladeira ‖ máquina para fazer sorvetes.
Heladería, *s.f.*, fábrica de sorvetes.
Helado/a, *adj.*, gelado ‖ esquivo, desdenhoso ◆ *s.m.*, sorvete ◆ *s.f.*, geada.
Helar, *v.12*, gelar ‖ assombrar, pasmar ‖ desconsolar, desalentar, desanimar.
Helecho, *s.m.*, samambaia.
Hélice, *s.f.*, hélice.
Helicóptero, *s.m.*, helicóptero.
Helipuerto, *s.m.*, heliporto.
Hematíe, *s.m.*, hemácia.
Hematología, *s.f.*, hematologia.
Hematólogo/a, *s.* hematologista.
Hematoma, *s.m.*, hematoma.
Hembra, *s.f.*, fêmea.
Hemiciclo, *s.m.*, semicírculo.
Hemiplejía, *s.f.*, hemiplexia.
Hemisferio, *s.m.*, hemisfério.
Hemodiálisis, *s.f.*, hemodiálise.
Hemofilia, *s.f.*, hemofilia.
Hemorragia, *s.f.*, hemorragia.
Hemorroide, *s.f.*, hemorroidas.
Henchir, *v.13*, encher, preencher ‖ desempenhar dignamente um cargo.
Hender, *v.12*, fender, rachar, abrir, surcar.
Hendidura, *s.f.*, fenda, racha, abertura, surco.
Hendir, *v.12*, fender, rachar, abrir, surcar.
Heno, *s.m.*, feno.
Heñir, *v.13*, trabalhar a massa.
Hepatitis, *s.f.*, hepatite.
Herbaje, *s.m.*, mato, erva daninha.
Herbazal, *s.m.*, matagal, terreno cheio de erva daninha.
Herbicida, *s.m.*, herbicida.
Herbívoro/a, *adj.* e *s.*, herbívoro.
Herbolario/a, *s.*, pessoa que vende ervas ‖ herbário.
Hercúleo/a, *adj.*, hercúleo, muito forte.
Hércules, *s.m.*, homem muito forte.
Heredad, *s.f.*, herdade, propriedade rural, bens de raiz.
Heredar, *v.5*, herdar.
Heredero/a, *adj.* e *s.*, herdeiro.
Hereditario/a, *adj.*, hereditário.
Hereje, *s.m.* e *f.*, herege.

Herejía, *s.f.*, heresia ‖ ofensa, insulto ‖ absurdo, ação desacertada ‖ dano, prejuízo.

Herencia, *s.f.*, herança.

Herido/a, *adj.* e *s.*, ferido ◆ *s.f.*, ferida ‖ ofensa, agravo, dor, tristeza, desgosto → *Respirar por la herida*, desafogar-se, contar o que sente ou pensa.

Herir, *v.12*, ferir ‖ ofender ‖ chocar-se um corpo contra outro ‖ impressionar violenta e desagradavelmente os sentidos ‖ fazer soar as cordas de um instrumento musical.

Hermanar, *v.5*, irmanar, unir, juntar, harmonizar.

Hermanastro/a, *s.*, meio-irmão, irmão só por parte de um dos pais.

Hermandad, *s.f.*, irmandade ‖ fraternidade ‖ conformidade, correspondência de ideias.

Hermano/a, *s.*, irmão → *Hermano de leche*, irmão de leite.

Hermético/a, *adj.*, hermético ‖ impenetrável, fechado, reservado.

Hermosear, *v.5*, formosear, fazer formoso ou belo.

Hermoso/a, *adj.*, formoso, belo, bonito ‖ grande, abundante, farto ‖ tempo bom ou agradável.

Hermosura, *s.f.*, formosura, beleza.

Hernia, *s.f.*, hérnia.

Héroe, *s.m.*, herói.

Heroico/a, *adj.*, heroico.

Heroína, *s.f.*, heroína.

Heroísmo, *s.m.*, heroísmo.

Herpe/herpes, *s.m.*, herpes.

Herrado/a, *adj.*, ferrado ◆ *s.m.*, ação de pôr ferraduras nos animais ◆ *s.f.*, balde grande de madeira.

Herrador/ra, *s.*, ferrador, aquele que coloca ferraduras.

Herradura, *s.f.*, ferradura.

Herraje, *s.m.*, ferragem.

Herramental, *s.m.*, ferramental.

Herramienta, *s.f.*, ferramenta ‖ dentadura ‖ arma branca.

Herrar, *v.12*, ferrar ‖ marcar com ferro ‖ guarnecer de ferro.

Herrero, *s.m.*, ferreiro.

Herrumbre, *s.f.*, ferrugem.

Hervir, *v.12*, ferver ‖ multidão ‖ excitação.

Hervor, *s.m.*, fervura ‖ entusiasmo.

Hesitación, *s.f.*, hesitação, dúvida.

Hez, *s.f.*, sedimento, borra ‖ vil, escória, desprezível ◆ *s.f.pl.*, fezes, excremento.

Hiato, *s.m.*, hiato.

Hibernar, *v.5*, hibernar.

Híbrido/a, *adj.*, híbrido.

Hidalgo/a, *s.*, fidalgo.

Hidalguía, *s.f.*, fidalguia.

Hidratar, *v.5*, hidratar.

Hidrato, *s.m.*, hidrato.

Hidráulico/a, *adj.*, hidráulico.

Hídrico/a, *adj.*, hídrico.

Hidrocarburo, *s.m.*, hidrocarboneto.

Hidroeléctrico/a, *adj.*, hidroelétrico.

Hidrofobia, *s.f.*, hidrofobia.

Hidrógeno, *s.m.*, hidrogênio.

Hiedra, *s.f.*, hera.

Hiel, *s.f.*, fel, bílis ‖ amargura, tristeza segundas intenções, malvadeza ◆ *s.f.pl.*, adversidades, dificuldades, desgostos → *Echar/sudar la hiel*, dar duro, trabalhar duro e firme. *No tener hiel*, ser humilde e de gênio suave.

Hielo, *s.m.*, gelo ‖ indiferença, frieza → *Romper/quebrar el hielo*, quebrar o gelo, iniciar uma conversa, puxar conversa.

Hiena, *s.f.*, hiena ‖ pessoa que agride alguém indefeso.

Hierba, *s.f.*, erva, capim ‖ veneno de ervas ‖ droga suave feita de qualquer tipo de erva → *Como la mala hierba*, rápido e de qualquer jeito. *En hierba*, no broto, brotando. *Hierba buena*, hortelã. *Hierbas finas*, todas as ervas que se utilizam como condimento. *Ver crecer la hierba*, ser muito esperto. *Y otras hierbas*, expressão que indica uma série de seres da mesma espécie, etecétera.

Hierbabuena, *s.f.*, hortelã.

Hierro, *s.m.*, ferro ◆ *s.m.pl.*, algemas, grilhões → *Agarrarse a un hierro ardiendo*, valer-se de qualquer coisa para escapar de uma situação. *De hierro*, de boa saúde, muito forte. *Machacar/majar/martillar en hierro frío*, malhar em ferro frio. *Quitar hierro*, pôr panos quentes, tirar importância, acalmar os ânimos.

Higa, *s.f.*, figa ‖ nada.

Hígado, *s.m.*, fígado ‖ ânimo, valentia ‖ falta de escrúpulos → *Echar los hígados*, esforçar-se muito. *Malos hígados*, má vontade, má índole.

Higiene, *s.f.*, higiene ‖ limpeza.

Higienizar, *v.5.15*, higienizar.

Higo, *s.m.*, figo → *De higos a brevas*, de tempos em tempos, de vez em quando. *Estar hecho un higo*, todo estragado e amarfanhado.

Higuera, *s.f.*, figueira → *Estar en la higuera*, estar no mundo da lua.

Hijastro/a, *s.*, enteado.

Hijato, *s.m.*, broto.

Hijo/a, *s.*, filho ‖ obra, produto ‖ expressão afetuosa ◆ *s.m.pl.*, descendência → *Hijo de leche*, filho de leite. *Hijo de papá*, filhinho de papai. *Hijo de puta*, filho da puta. *Hijo de vecino*, qualquer um. *Hijo de su madre*, filho da mãe. *Hijo/a político/a*, genro/nora.

Hilacha, *s.f.*, fiapo.

Hilado/a, *adj.*, produto de fiar ‖ en forma de fio ‖ linho.

Hilar, *v.5*, fiar ‖ discursar ‖ atividade do bicho-da-seda.

Hilarante, *adj.*, hilariante.

Hilaridad, *s.f.*, hilariedade.

Hilera, *s.f.*, fileira.

Hilo, *s.m.*, fio, filamento, fibra têxtil ‖ linho ‖ filete ‖ série, sucessão de fatos ‖ curso de um relato → *Al hilo*, de acordo com a trama do tecido. *Al hilo de medianoche/mediodía*, às doze em ponto. *Colgar/pender de un hilo*, estar num grave risco. *Hilo de voz*, fio de voz, voz tênue. *Hilo perlé*, fio de algodão mercerizado.

Hilván, *s.m.*, alinhavo.

Hilvanar, *v.5*, alinhavar.

Himen, *s.m.*, hímen.

Himno, *s.m.*, hino.

Himpar, *v.5*, gemer com soluços.

Hinca, *s.f.*, ação de fincar, cravar.

Hincadura, *s.f.*, fincamento.

Hincapié, *s.m.*, ação de fincar os pés → *Hacer hincapié*, teimar, persistir.

Hincar, *v.5.14*, fincar, cravar → *Hincarse*, ajoelhar-se.

Hincha, *s.f.*, antipatia, ódio, inimizade ◆ *s.m.* e *f.*, fã, torcedor.

Hinchado/a, *adj.*, inchado ‖ enfático ◆ *s.f.*, torcida.

Hinchar, *v.5*, inchar, encher ‖ elevar, aumentar ‖ exagerar ‖ ampliar → *Hincharse*, inchar por causa de uma pancada ‖ empanturrar-se ‖ envaidecer-se.

Hinchazón, *s.f.*, inchaço.

Hiniesta, *s.f.*, giesta, retama ‖ firme, reto, ereto.

Hinojo, *s.m.*, funcho ‖ erva-doce → *De hinojos*, de joelhos.

Hipar, *v.5*, soluçar ‖ gemer ‖ desejar, ansiar.

Hipérbaton, *s.m.*, hipérbato.

Hipérbole, *s.f.*, hipérbole.

Hipermercado, *s.m.*, supermercado.

Hípico/a, *adj.*, hípico.

Hipnosis, *s.f.*, hipnose.

Hipnotizar, *v.5.15*, hipnotizar.

Hipo, *s.m.*, soluço ‖ aversão → *Quitar el hipo*, assustar, assombrar.

Hipocondría, *s.f.*, hipocondria.

Hipocresía, *s.f.*, hipocrisia.

Hipócrita, *adj.*, *s.m.* e *f.*, hipócrita.

Hipodermis, *s.f.*, hipoderme.

Hipódromo, *s.m.*, hipódromo.

Hipopótamo, *s.m.*, hipopótamo.

Hipoteca, *s.f.*, hipoteca.

Hipotecar, *v.5.14*, hipotecar.

Hipótesis, *s.f.*, hipótese.

Hipotético/a, *adj.*, hipotético.

Hispánico/a, *adj.* e *s.*, hispânico.

Hispanohablante, *adj.*, *s.m.* e *f.*, que tem como idioma materno o espanhol.

Histeria, *s.f.*, histeria.

Histología, *s.f.*. histologia.

Historia, *s.f.*, história → *Dejarse/quitarse de historias*, ir direto ao assunto. *Pasar a la historia*, entrar para a história ‖ passar de moda.

Historieta, *s.f.*, anedota, piada ‖ revista em quadrinhos.

Hito, *s.m.*, estaca, poste, mourão, marco ‖ fato importante que é ponto de referência → *Dar en el hito*, acertar no alvo. *Mirar de hito en hito*, olhar fixamente.

Hocicar, *v.5.14*, focinhar ‖ beijocar ‖ cair batendo a cara no chão ‖ tropeçar com uma dificuldade insuperável ‖ xeretar.

Hocico, *s.m.*, focinho ‖ beiço ‖ gesto de nojo ou asco → *Meter el hocico*, xeretar, bisbilhotar.

Hodierno/a, *adj.*, hodierno.

Hogaño, *adv.*, neste ano, nesta época.

Hogar, *s.m.*, lar ‖ lareira ‖ fogueira ‖ calor humano ‖ família ‖ economia doméstica.

Hogareño/a, *adj.*, familiar.

Hoguera, *s.f.*, fogueira.

Hoja, *s.f.*, folha ‖ lâmina ‖ pétala ‖ página → *Al caer la hoja*, no outono. *Hoja de afeitar*, lâmina de barbear. *Hoja de estudios*, histórico escolar. *Hoja de lata*, folha de flandres. *Hoja de parra*, artifício para encobrir ato vergonhoso.

Hoja de ruta, conhecimento de envio de mercadorias por rodovia. *Hoja de servicios*, relatório de atividades profissionais. *Hoja suelta*, encarte de uma só página. *Poner como hoja de perejil*, repreender severamente. *Volver la hoja*, mudar, trocar, modificar.

Hojalata, *s.f.*, chapa ou lâmina de ferro ‖ folha de flandres.

Hojalatería, *s.f.*, loja onde se vendem artigos feitos de chapas de ferro ou folha de flandres.

Hojaldre, *s.m.*, mil-folhas, massa folhada.

Hojear, *v.5*, folhear, passar os olhos.

Hola, *interj.*, oi!, olá!

Holgar, *v.10*, folgar, estar ocioso ‖ sobrar.

Holgazán, *adj.* e *s.*, folgado, vagabundo.

Holgura, *s.f.*, folga ‖ amplidão ‖ bem-estar econômico.

Hollar, *v.10*, pisar, calcar ‖ humilhar.

Hollín, *s.m.*, fuligem.

Hollinar, *v.5*, cobrir de fuligem.

Hombre, *s.m.*, homem ‖ humanidade ‖ varão, macho ‖ marido ‖ adulto ‖ ser humano ◆ *interj.*, denota surpresa ou dúvida → *Como un solo hombre*, quando uma multidão apresenta unanimidade. *Hacer hombre*, proteger. *Hombre bueno*, mediador nas brigas. *Hombre de pelo en pecho*, homem valente e forte. *Hombre hecho y derecho*, homem adulto. *Hombre medio/de la calle*, o vulgo, o homem da rua, uma pessoa comum. *Hombre público*, homem com cargo político. *Hombre rana*, homem-rã. *Pobre hombre*, um coitado. *Ser hombre al agua*, ficar sem poder agir.

Hombrera, *s.f.*, ombreira.

Hombría, *s.f.*, hombridade.

Hombro, *s.m.*, ombro → *A hombros*, carregar nos ombros. *Al hombro*, pendurado no ombro, a tiracolo. *Arrimar el hombro*, cooperar, ajudar. *Echarse al hombro [algo]*, fazer-se responsável por algo. *Encogerse de hombros*, encolher os ombros, não querer responder. *Hurtar el hombro*, fugir do trabalho, não cooperar. *Mirar [a alguien] por encima del hombro*, desprezar, ignorar.

Hombruno/a, *adj.*, machona.

Homenaje, *s.m.*, homenagem.

Homenajear, *v.5*, homenagear.

Homicidio, *s.m.*, homicídio.

Homófono/a, *adj.*, homófono.

Homogeneizar, *v.5.15*, homogeneizar.

Homologar, *v.5.18*, homologar.

Homónimo/a, *adj.* e *s.m.*, homônimo.

Hondo/a, *adj.*, fundo, profundo ‖ intenso, íntimo, verdadeiro ‖ oculto, recôndito ◆ *s.m.*, fundo de qualquer coisa oca ◆ *s.f.*, funda.

Honestidad, *s.f.*, honestidade.

Honesto/a, *adj.*, honesto.

Hongo, *s.m.*, fungo.

Honor, *s.m.*, honra, retidão, dignidade ‖ virgindade ‖ tributo, homenagem ‖ cargo ◆ *s.m.pl.*, honrarias, cerimonial → *Campo del honor*, campo de batalha. *Hacer honor*, fazer jus. *Hacer los honores*, fazer as honras da casa. *Tener a honor*, por orgulho.

Honorabilidad, *s.f.*, honorabilidade.

Honorario/a, *adj.*, honorário ◆ *s.m.pl.*, honorários.

Honra, *s.f.*, honra ‖ estima ‖ respeito ‖ fama, boa opinião ‖ pudor ‖ honestidade nas mulheres ◆ *s.f.pl.*, honras, exéquias solenes → *A mucha honra*, com muita honra. *Tener a mucha honra*, com muito orgulho ou satisfação.

Honrar, *v.5*, honrar.

Honrilla, *s.f.*, amor-próprio.

Hora, *s.f.*, hora ‖ últimos instantes de vida → *¡A buena hora!*, quanta demora! *A toda hora*, sempre, com frequência. *A última hora*, no último momento. *Dar hora*, fixar uma hora determinada. *En buena hora*, em boa hora, oportunamente. *En mala hora*, azar. *En su hora*, no momento adequado. *Entre horas*, entre cada uma das refeições do dia. *Hora extraordinaria*, hora extra. *Hora punta*, hora de maior movimento, hora do *rush*. *Hora suprema*, hora da morte. *Horas muertas*, tempo improdutivo, sem atividade.

Horario/a, *adj.*, horário.

Horca, *s.f.*, forca.

Horcajadas, *s.f.*, forma de sentar escarranchado como se fosse na cavalgadura.

Horchata, *s.f.*, refresco feito de chufas.

Horda, *s.f.*, horda, bando.

Horizontal, *adj.*, horizontal.

Horizonte, *s.m.*, horizonte.

Horma, *s.f.*, forma, molde → *Encontrar [alguien] la horma de su zapato*, encontrar sua cara-metade.

Hormiga, *s.f.*, formiga.

Hormigón, *s.m.*, concreto.

Hormigonera, *s.f.*, betoneira.

Hormiguear, *v.5*, formigar ‖ agitar-se uma multidão.

Hormiguero/a, *adj.* e *s.m.*, formigueiro.

Hormona, *s.f.*, hormônio.

Hornacina, *s.f.*, nicho.

Hornada, *s.f.*, fornada.

Hornear, *v.5*, pôr no forno.

Hornillo, *s.m.*, boca do fogão ‖ fogareiro.

Horno, *s.m.*, forno → *Alto horno*, alto-forno. *No estar el horno para bollos*, não é um bom momento, a maré não está pra peixe.

Horóscopo, *s.m.*, horóscopo.

Horquilla, *s.f.*, forquilha ‖ grampo de cabelo ‖ peça completa do guidão da bicicleta.

Hórreo, *s.m.*, celeiro, tulha, espigueiro.

Horripilar, *v.5*, horripilar.

Horror, *s.m.*, horror.

Horrorizar, *v.5.15*, horrorizar.

Hortaliza, *s.f.*, hortaliça.

Hortensia, *s.f.*, hortênsia.

Hortera, *adj.*, *s.m.* e *f.*, vulgar, bronco.

Horticultura, *s.f.*, horticultura.

Hosco/a, *adj.*, carrancudo, intratável, áspero ‖ fosco.

Hospedar, *v.5*, hospedar.

Hospedería, *s.f.*, hospedaria.

Hospiciano/a, *adj.*, órfão internado num orfanato.

Hospicio, *s.m.*, orfanato, asilo para crianças abandonadas.

Hospital, *s.m.*, hospital.

Hospitalario/a, *adj.*, hospitalário ‖ hospitaleiro, acolhedor.

Hospitalidad, *s.f.*, hospitalidade ‖ internação num hospital.

Hospitalizar, *v.5.15*, hospitalizar.

Hostal, *s.m.*, estalagem, pousada.

Hostelería, *s.f.*, hotelaria.

Hostia, *s.f.*, hóstia ‖ bofetão, tapa ‖ batida, choque.

Hostiar, *v.5*, bater, maltratar, dar uma surra.

Hostigar, *v.5.18*, fustigar, castigar.

Hostil, *adj.*, hostil.

Hostilidad, *s.f.*, hostilidade.

Hostilizar, *v.5.15*, hostilizar.

Hotel, *s.m.*, hotel.

Hoy, *adv.*, hoje ‖ atualidade → *Hoy día/hoy en día*, atualmente. *Hoy por hoy*, neste momento, na atualidade. *Por hoy*, por hoje, por agora.

Hoya, *s.f.*, fossa, cova, concavidade, sepultura ‖ sementeira.

Hoyo, *s.m.*, cova, concavidade, buraco natural, furo.

Hoyuelo, *s.m.*, covinhas das bochechas.

Hoz, *s.m.*, foice → *De hoz y de coz*, sem pedir licença, sem reparos.

Hucha, *s.f.*, pequeno cofre.

Hueco/a, *adj.*, oco, vazio ‖ esponjoso ‖ vaidoso, orgulhoso ‖ cheio de si ‖ o que tem som retumbante e profundo ‖ característica da linguagem vazia e fútil ◆ *s.m.*, cavidade, concavidade ‖ vão, abertura ‖ intervalo de tempo ‖ vaga no emprego → *Hacer un hueco*, fazer espaço para que alguém se sente. *Hueco de escalera*, debaixo da escada. *Hueco del ascensor*, poço do elevador. *Llenar un hueco*, preeencher um espaço, tapa-buraco.

Huelga, *s.f.*, greve → *Huelga de brazos caídos*, greve de trabalho. *Huelga de hambre*, greve de fome.

Huelgo, *s.m.*, folga.

Huelguista, *s.m.* e *f.*, grevista.

Huella, *s.f.*, pegada, pisada, pista, vestígio, sinal.

Huérfano/a, *adj.* e *s.*, órfão ◆ *adj.*, carente de amparo.

Huerta, *s.f.*, horta ‖ toda a terra de regadio.

Huerto, *s.m.*, horto.

Hueso, *s.m.*, osso ‖ caroço de fruta ‖ coisa inútil ‖ pessoa severa ‖ lição ou matéria difícil ◆ *s.m.pl.*, restos mortais ‖ corpo, pessoa → *Dar en hueso*, topar com alguém muito difícil. *Empapado hasta los huesos*, muito molhado, encharcado. *Estar en los huesos*, estar muito fraco e magro. *Estar por los huesos [de alguien]*, estar apaixonado, arrastar um bonde. *La sin hueso*, a língua. *Molerle/romperle los huesos [a alguien]*, dar uma surra. *No dejar hueso sano*, criticar alguém pelas costas.

Huésped/da, *s.*, hóspede ‖ anfitrião.

Hueste, *s.f.*, hoste, tropa.

Hueva, *s.f.*, ova.

Huevo, *s.m.*, ovo ◆ *s.m.pl.*, testículos.

Huido/a, *adj.*, foragido, fugitivo ◆ *s.f.*, fuga, escapada, evasão.

Huidizo/a, *adj.*, fugidio.

Huir, *v.11*, fugir, escapar ‖ evitar ‖ escoar, passar rapidamente, voar ‖ distanciar-se velozmente.

Hule, *s.m.*, oleado, linóleo → *Haber hule*, ter briga.

Hulla, *s.f.*, hulha.
Humanidad, *s.f.*, humanidade.
Humanizar, *v.5.15*, humanizar.
Humano/a, *adj.*, humano ‖ solidário, benévolo, compassivo ◆ *s.m.*, ser humano.
Humareda, *s.f.*, fumaceira.
Humear, *v.5*, fumegar, fumear.
Humedad, *s.f.*, umidade.
Humedecer, *v.9*, umedecer.
Húmedo/a, *adj.*, úmido.
Humildad, *s.f.*, humildade.
Humillación, *s.f.*, humilhação.
Humillar, *v.5*, humilhar.
Humo, *s.m.*, fumaça ◆ *s.m.pl.*, vaidade, orgulho → *A humo de pajas*, fogo de palha. *Bajarle los humos [a alguien]*, humilhar alguém.
Humor, *s.m.*, humor.
Humorista, *s.m.* e *f.*, humorista.
Humus, *s.m.*, húmus, adubo.
Hundir, *v.7*, afundar, naufragar, submergir ‖ abater, oprimir, arruinar, destruir, derrubar.
Huracán, *s.m.*, furacão.
Huraño/a, *adj.*, insociável, intratável.
Hurgar, *v.5.18*, remexer, esgaravatar, remover ‖ incitar, comover ‖ xeretar.
Hurra, *interj.*, hurra!, denota alegria, entusiasmo e aprovação.
Hurtadillas, *s.f.*, furtivamente, disfarçadamente.
Hurtar, *v.5*, furtar, roubar, esconder, ocultar.
Hurto, *s.m.*, furto, roubo.
Husmear, *v.5*, fuçar, xeretar, bisbilhotar, farejar.
Huso, *s.m.*, fuso → *Huso horario*, fuso horário.
Huy, *interj.*, ui!, denota dor ou surpresa.

I

s.f., nona letra do alfabeto espanhol, seu som vocálico é articulado com a parte anterior extrema do palatar → *I griega*, nome da letra Y.

Ibérico/a, *adj.*, ibérico.
Íbero/ibero, *adj.* e *s.*, ibero.
Iberoamericano/a, *adj.* e *s.*, ibero-americano.
Idea, *s.f.*, ideia, imaginação ‖ mania ‖ opinião, apreciação ‖ manha, engenho ‖ essência, fundo de uma doutrina ‖ esquema, projeto ♦ *s.f.pl.*, forma de pensar de uma pessoa.
Ideal, *adj.*, ideal ‖ excelente, perfeito ‖ aspiração, desejo ‖ objetivo, meta ‖ doutrina.
Idealizar, *v.5.15*, idealizar.
Idear, *v.5*, idear, pensar, discorrer.
Ídem, *pron.*, idem.
Identidad, *s.f.*, identidade.
Identificar, *v.5.14*, identificar → *Identificarse*, solidarizar-se.
Ideología, *s.f.*, ideologia.
Idilio, *s.m.*, idílio.
Idioma, *s.m.*, idioma.
Idiosincrasia, *s.f.*, idiossincrasia.
Idiota, *adj.*, *s.m.* e *f.*, idiota.
Idiotez, *s.f.*, idiotice.
Idiotizar, *v.5.15*, idiotizar.
Idólatra, *adj.*, *s.m.* e *f.*, idólatra.
Idolatrar, *v.5*, idolatrar.
Idolatría, *s.f.*, idolatria.
Ídolo, *s.m.*, ídolo.
Idoneidad, *s.f.*, idoneidade.
Iglesia, *s.f.*, igreja.
Iglú, *s.m.*, iglu.
Ignición, *s.f.*, ignição.
Ignorancia, *s.f.*, ignorância.
Ignorar, *v.5*, ignorar.
Igual, *adj.*, igual ‖ semelhante, muito parecido ‖ liso, nivelado ‖ proporcional ‖ constante, invariável ♦ *adj.*, *s.m.* e *f.*, pessoa de mesma condição e classe ♦ *adv.*, da mesma maneira ‖ possivelmente, provavelmente, talvez → *Al igual*, igualmente. *Por igual*, uniformemente. *Sin igual*, único, extraordinário.
Igualar, *v.5*, igualar ‖ ajustar, contratar ‖ rebaixar, reduzir ao mesmo nível → *Igualarse*, tratar alguém de igual para igual.
Igualdad, *s.f.*, igualdade.
Ilación, *s.f.*, ilação.
Ilegal, *adj.*, ilegal.
Ilegalidad, *s.f.*, ilegalidade ‖ ato ilegal.
Ilegible, *adj.*, ilegível.
Ilegitimidad, *s.f.*, ilegitimidade.
Ileso/a, *adj.*, ileso.
Iluminación, *s.f.*, iluminação.
Iluminar, *v.5.*, iluminar.
Ilusión, *s.f.*, ilusão ‖ alegria ‖ esperança → *Hacerse/forjarse ilusiones*, ter esperança sem base real.
Ilusionar, *v.5*, produzir ilusão.
Iluso/a, *adj.*, iludido.

Ilustrar, *v.5*, ilustrar ‖ instruir ‖ esclarecer ‖ incluir desenhos num texto.

Im, *forma do prefixo latino* ***in-*** *antes de* ***b*** *ou* ***p***.

Imagen, *s.f.*, imagem ‖ figura, escultura, pintura, estampa ‖ representação mental ‖ reflexo, sombra de um objeto no espelho ‖ cópia de algo existente ‖ impressão, lembrança, recordação, ideia → *A imagen y semejanza*, parecido, a imagem e semelhança. *Quedar para vestir imágenes*, ficar para vestir santos, ficar solteira.

Imaginación, *s.f.*, imaginação ‖ ideia falsa, ilusão, suspeita → *Ni por imaginación*, nem pensar. *Pasar por la imaginación*, imaginar algo.

Imaginar, *v.5*, imaginar ‖ idear, idealizar, inventar ‖ pensar, crer, acreditar.

Imaginería, *s.f.*, arte de fazer imagens religiosas, normalmente em escultura.

Imaginero/a, *s.*, escultor especializado em imagens religiosas.

Imán, *s.m.*, ímã ‖ atrativo, magnetismo.

Imbécil, *adj.*, *s.m.* e *f.*, imbecil ‖ inconveniente.

Imbecilidad, *s.f.*, imbecilidade.

Imberbe, *adj.*, imberbe.

Imbuir, *v.11*, imbuir.

Imitación, *s.f.*, imitação.

Imitar, *v.5*, imitar.

Impaciencia, *s.f.*, impaciência.

Impacientar, *v.5*, impacientar.

Impacto, *s.m.*, impacto.

Impagado/a, *adj.* e *s.m.*, que não foi pago, dívida.

Impago, *s.m.*, dívida, inadimplência.

Impar, *adj.* e *s.m.*, ímpar.

Imparcial, *adj.*, *s.m.* e *f.*, imparcial.

Impartir, *v.7*, impartir, repartir, comunicar, fazer participar.

Impecable, *adj.*, impecável, perfeito.

Impedimento, *s.m.*, impedimento, obstáculo.

Impedir, *v.13*, impedir.

Impeler, *v.6*, impelir, empurrar ‖ incitar, estimular.

Imperar, *v.5*, imperar ‖ dominar, mandar, preponderar.

Imperativo/a, *adj.*, imperativo, imperioso ◆ *adj.* e *s.m.*, tempo verbal ◆ *s.m.*, imposição, ditame, dever.

Imperdible, *adj.*, imperdível.

Imperfección, *s.m.*, imperfeição, defeito.

Imperio, *s.m.*, império → *Valer un imperio*, ser excelente ou de grandes méritos.

Impermeabilidad, *s.f.*, impermeabilidade.

Impermeabilizar, *v.5.15*, impermeabilizar.

Impermeable, *adj.*, impermeável ◆ *s.m.*, capa de chuva.

Impertinencia, *s.f.*, impertinência.

Impetrar, *v.5*, impetrar.

Ímpetu, *s.m.*, ímpeto.

Impetuosidad, *s.f.*, impetuosidade.

Impío/a, *adj.* e *s.*, ímpio, que não tem fé ‖ impio, que não tem piedade, cruel.

Implantar, *v.5*, implantar, estabelecer, instaurar ‖ fixar cirurgicamente um órgão ou parte dele.

Implicación, *s.f.*, implicância.

Implicar, *v.5.14*, implicar, envolver, enredar, conter, incluir ‖ obstar, envolver contradição.

Implorar, *v.5*, implorar.

Imponer, *v.34*, impor, obrigar ‖ infundir respeito ou medo ‖ batizar, dar nome ‖ investir dinheiro ‖ consagrar, abençoar → *Imponerse*, estar na moda, predominar, sobressair ‖ impor-se.

Importación, *s.f.*, importação.

Importancia, *s.f.*, importância, qualidade de importante → *Darse importancia*, fazer-se superior ou influente sem ser.

Importar, *v.5*, importar, convir, interessar, preocupar ‖ valer, preço total pago por uma coisa comprada ‖ comprar ou receber de um país estrangeiro produtos, bens ou serviços.

Importe, *s.m.*, custo, preço, valor, montante.

Importunar, *v.5*, importunar, incomodar.

Imposibilitar, *v.5*, impossibilitar.

Imposición, *v.f.*, imposição ‖ montante ‖ na liturgia, ato de estender as mãos para abençoar.

Impositor/ra, *s.*, depositante, aquele que deposita um montante numa instituição bancária.

Impostor/ra, *adj.* e *s.*, impostor ‖ caluniador.

Impotencia, *s.f.*, impotência.

Imprecación, *s.f.*, imprecação.

Imprecar, *v.5.14*, imprecar.

Imprecisión, *s.f.*, imprecisão.

Impregnar, *v.5*, impregnar.

Imprenta, *s.f.*, gráfica, tipografia.

Impresión, *s.f.*, impressão, ação de imprimir ‖ marca, sinal, vestígio ‖ sensação ‖ efeito ‖ opinião.

Impresionar, *v.5*, impressionar ‖ comover ‖ imprimir.

Impreso/a, *adj.*, impresso.

Imprimir, *v.7*, imprimir, estampar, reproduzir, publicar, editar, inculcar.

Improperio, *s.m.*, impropério, injúria.

Improvisar, *v.5*, improvisar.

Imprudencia, *s.f.*, imprudência.

Impuber, *adj.*, *s.m.* e *f.*, impúbere.

Impuesto/a, *adj.*, resultado de impor ◆ *s.m.*, imposto, taxa.

Impugnar, *v.5*, impugnar, contradizer, combater, refutar.

Impulsar, *v5*, impulsar, impelir.

Impulso, *s.m.*, impulso ‖ desejo, motivo, causa.

Impurificar, *v.5.14*, impurificar, tornar impuro.

Imputar, *v.5*, imputar, atribuir.

In, *prefixo latino que significa falta, ausência ou negação do que é expresso pela palavra primitiva. Anteposto em palavras que comecem por* ***b*** *ou* ***p****, se transforma em* ***im-*** *(impureza). Anteposto em palavras que comecem por* ***l****, perde o* ***n*** *(ilegal). Anteposto em palavras que comecem por* ***r****, perde o* ***n*** *e o* ***r*** *se duplica (irregular).*

Inanición, *s.f.*, inanição.

Inaudito/a, *adj.*, inaudito, surpreendente.

Inauguración, *s.f.*, inauguração.

Inaugurar, *v.5*, inaugurar.

Incandescencia, *s.f.*, incandescência ‖ ardor, efervescência.

Incautarse, *v.5*, embargar, tomar posse.

Incendiar, *v.5*, incendiar.

Incendio, *s.m.*, incêndio.

Incensar, *v.12*, incensar ‖ adular, puxar o saco, lustrar o ego.

Incentivo, *s.m.*, incentivo, estímulo.

Incesto, *s.m.*, incesto.

Incidir, *v.7*, incidir, incorrer ‖ cair sobre, chocar ‖ cortar, fazer incisão ‖ tocar, conectar, reforçar.
Incienso, *s.m.*, incenso ‖ adulação.
Incinerar, *v.5*, incinerar.
Incipiente, *adj.*, incipiente.
Incisión, *s.f.*, incisão.
Inciso/a, *adj.*, que tem incisões ◆ *s.m.*, inciso.
Incitar, *v.5*, incitar, estimular.
Inclemencia, *s.f.*, inclemência ‖ rigor do tempo atmosférico especialmente o inverno.
Inclinación, *s.f.*, inclinação ‖ afeto, carinho.
Inclinar, *v.5*, inclinar ‖ dobrar o corpo ‖ influir sobre alguém → *Inclinarse*, ter propensão.
Incluir, *v.11*, incluir ‖ conter.
Inclusa, *s.f.*, orfanato.
Inclusión, *s.f.*, inclusão.
Incluso/a, *adv.*, incluso.
Incógnito/a, *adj.* e *s.*, incógnita, valor que se deseja encontrar ‖ causa oculta ◆ *s.m.*, pessoa que oculta sua identidade.
Incomodar, *v.5*, incomodar.
Incordiar, *v.5*, incomodar, atrapalhar.
Incorporar, *v.5*, incorporar.
Increíble, *adj.*, incrível ‖ inconcebível.
Incrementar, *v.5*, incrementar, aumentar.
Incremento, *s.m.*, incremento, aumento.
Increpar, *v.5*, repreender com dureza e severidade.
Incriminar, *v.5*, incriminar.
Incrustar, *v.5*, incrustar ‖ fixar uma ideia.
Incubar, *v.5*, incubar ‖ estar latente.
Inculcar, *v.5.14*, fixar uma ideia pela repetição constante.
Inculpar, *v.5*, culpar, acusar.
Incumbir, *v.7*, incumbir, estar a cargo.
Incurrir, *v.7*, incorrer.
Incursión, *s.f.*, incursão, invasão.
Indagar, *v.5.18*, indagar.
Indemne, *adj.*, indene, sem danos.
Indemnización, *s.f.*, indenização.
Indemnizar, *v.5.15*, indenizar.
Indicación, *s.f.*, indicação.
Indicar, *v.5.14*, indicar ‖ prescrever ‖ dar a entender.
Índice, *s.m.*, índice ‖ indício, sinal ‖ relação, tabela, catálogo, lista ‖ segundo dedo da mão.
Indicio, *s.m.*, indício ‖ primeira manifestação de algo.
Indígena, *adj.*, *s.m.* e *f.*, indígena.
Indigente, *adj.*, *s.m.* e *f.*, indigente.
Indigesto/a, *adj.*, indigesto.
Indignación, *s.f.*, indignação.
Indignar, *v.5*, indignar, irritar.
Indio/a, *adj.* e *s.*, índio.
Individual, *adj.*, individual.
Individualizar, *v.5.15*, individualizar, caracterizar, particularizar.
Individuo, *s.m.*, indivíduo, cada um dos seres de uma espécie.
Índole, *s.f.*, índole, natureza.
Indolencia, *s.f.*, indolência.
Inducción, *s.f.*, indução.
Inducir, *v.9*, induzir.
Indulgencia, *s.f.*, indulgência.
Indultar, *v.5*, indultar, conceder indulto.
Indulto, *s.m.*, indulto.
Indumentaria, *s.f.*, indumentária.
Industria, *s.f.*, indústria ‖ facilidade ou destreza para fazer alguma coisa.
Industrial, *adj.*, industrial.
Industrializar, *v.5.15*, industrializar.
Inédito/a, *adj.*, inédito.

Inefable, *adj.*, inefável, indizível.
Inepto/a, *adj.* e *s.*, inepto, incapaz, inútil.
Inercia, *s.f.*, inércia ‖ inatividade.
Inerme, *adj.*, desarmado ‖ indefeso.
Inerte, *adj.*, inerte.
Inexorable, *adj.*, inexorável.
Inexperto/a, *adj.* e *s.*, inexperiente.
Infamar, *v.5*, difamar.
Infame, *adj.*, *s.m.* e *f.*, infame, vil, desprezível ‖ muito ruim em sua classe ou categoria.
Infamia, *s.f.*, infâmia.
Infancia, *s.f.*, infância.
Infante/a, *s.*, criança pequena ‖ infante, filho de rei não herdeiro ao trono ◆ *s.m.*, participante de infantaria.
Infantería, *s.f.*, infantaria.
Infantil, *adj.*, infantil.
Infarto, *s.m.*, infarte.
Infección, *s.f.*, infecção.
Infectar, *v.5*, infectar ‖ infeccionar ‖ transmitir ‖ contaminar.
Infecto/a, *adj.*, sujo, fétido, repugnante.
Infeliz, *adj.*, infeliz, desgraçado, desaventurado ◆ *s.m.* e *f.*, pessoa muito boa, ingênua e sem malícia.
Inferior, *adj.*, inferior ‖ subordinado, subalterno.
Inferioridad, *s.f.*, inferioridade.
Inferir, *v.12*, inferir ‖ provocar feridas ou ofensas.
Infernal, *adj.*, infernal ‖ muito ruim.
Infestar, *v.5*, infestar ‖ contaminar.
Inficionar, *v.5*, infeccionar ‖ infectar.
Infiernillo, *s.m.*, espiriteira.
Infierno, *s.m.*, inferno ‖ lugar onde há confusão ‖ série de fatos adversos.
Infiltrar, *v.5*, infiltrar ‖ penetrar.
Ínfimo/a, *adj.*, ínfimo.
Inflación, *s.f.*, inflação.
Inflamar, *v.5*, inflamar, queimar, inchar ‖ entusiasmar ‖ irritar.
Inflar, *v.5*, inflar, inchar, encher ‖ exagerar.
Inflexión, *s.f.*, inflexão.
Infligir, *v.7.15*, infligir.
Influenciar, *v.5*, influenciar.
Influenza, *s.f.*, gripe.
Influir, *v.11*, influir.
Influjo, *s.m.*, influxo, influência.
Influyente, *adj.*, influente.
Información, *s.f.*, informação, conhecimento, participação, relatório, parecer.
Informar, *v.5*, informar.
Informática, *s.f.*, informática.
Informe, *s.m.*, informação ‖ noticiário ‖ exposição ◆ *adj.*, disforme, defeituoso.
Infortunio, *s.m.*, infortúnio.
Infracción, *s.f.*, infração.
Infraestructura, *s.f.*, infraestrutura ‖ base.
Infrarrojo/a, *adj.*, infravermelho.
Infringir, *v.7.15*, infringir.
Infundir, *v.7*, infundir.
Infusión, *s.f.*, infusão, fervura.
Ingeniar, *v.5*, engenhar, maquinar, inventar.
Ingeniería, *s.f.*, engenharia.
Ingeniero/a, *s.*, engenheiro.
Ingenio, *s.m.*, talento, habilidade ‖ maquinário ‖ engenho de açúcar.
Ingenuidad, *s.f.*, ingenuidade.
Ingerir, *v.12*, ingerir, comer.
Ingle, *s.f.*, virilha.
Ingrediente, *s.m.*, ingrediente.
Ingresar, *v.5*, ingressar, entrar, ser admitido ‖ aprovar em um exame ‖ depo-

sitar dinheiro ‖ receber regularmente pagamento por trabalho feito.

Ingreso, *s.m.*, ingresso, admissão ‖ receita ◆ *s.m.pl.*, salário, renda, rendimentos.

Inhabilitar, *v.5*, inabilitar, incapacitar.

Inhalación, *s.f.*, inalação.

Inhalador, *s.m.*, inalador.

Inhalar, *v.5*, inalar.

Inherente, *adj.*, inerente.

Inhibición, *s.f.*, inibição.

Inhibir, *v.7*, inibir.

Inhóspito/a, *adj.*, inóspito, desagradável.

Inhumano/a, *adj.*, desumano.

Inhumar, *v.5*, inumar, enterrar, dar sepultura.

Iniciación, *s.f.*, iniciação.

Inicial, *adj.*, inicial.

Iniciar, *v.5*, iniciar, começar, admitir ‖ instruir, ensinar ‖ receber ordens menores.

Iniciativa, *s.f.*, iniciativa.

Inicio, *s.m.*, início, começo, princípio.

Inicuo/a, *adj.*, injusto.

Injertar, *v.5*, enxertar, implantar.

Injerto, *s.m.*, enxerto.

Injuria, *s.f.*, injúria, menosprezo.

Injuriar, *v.5*, injuriar, menosprezar.

Injusticia, *s.f.*, injustiça.

Inmaculado/a, *adj.*, imaculado.

Inmadurez, *s.f.*, imaturidade.

Inmaduro/a, *adj.*, imaturo.

Inmanente, *adj.*, imanente.

Inmediaciones, *s.f.pl.*, imediações, arredores.

Inmediato/a, *adj.*, imediato.

Inmensidad, *s.f.*, imensidão.

Inmenso/a, *adj.*, imenso, muito grande ou muito difícil.

Inmerecido/a, *adj.*, desmerecido.

Inmersión, *s.f.*, imersão, submersão.

Inmerso/a, *adj.*, imerso, submerso.

Inmigración, *s.f.*, imigração.

Inminencia, *s.f.*, iminência.

Inminente, *adj.*, iminente.

Inmiscuirse, *v.11*, imiscuir-se, intrometer-se.

Inmobiliaria, *s.f.*, imobiliária.

Inmolar, *v.5*, imolar, sacrificar.

Inmoral, *adj.*, *s.m.* e *f.*, imoral.

Inmortal, *adj.*, imortal.

Inmortalizar, *v.5.15*, imortalizar.

Inmóvil, *adj.*, imóvel.

Inmovilizar, *v.5.15*, imobilizar.

Inmueble, *adj.*, imóvel, propriedade ◆ *s.m.*, casa, prédio.

Inmundicia, *s.f.*, imundície, sujeira.

Inmundo/a, *adj.*, imundo, sujo.

Inmunidad, *s.f.*, imunidade.

Inmunizar, *v.5.15*, imunizar.

Inmutable, *adj.*, imutável, inalterável.

Inmutar, *v.5*, alterar, variar, transmudar ‖ perturbar-se, comover-se.

Innato/a, *adj.*, inato.

Innecesario/a, *adj.*, desnecessário.

Innovación, *s.f.*, inovação.

Innovar, *v.5*, inovar.

Inocencia, *s.f.*, inocência.

Inocentada, *s.f.*, engano, engodo ‖ brincadeira feita em especial no dia dos Santos Inocentes (28 de dezembro) que equivale ao dia da mentira no Brasil (1º de abril).

Inocente, *adj.*, *s.m.* e *f.*, inocente.

Inocular, *v.5*, inocular.

Inocuo/a, *adj.*, inócuo.

Inodoro/a, *adj.*, inodoro ♦ *s.m.*, privada, sanitário.
Inopia, *s.f.*, *estar en la inopia*, estar no mundo da lua.
Inquietar, *v.5*, inquietar.
Inquieto/a, *adj.*, inquieto, desassossegado, irrequieto.
Inquilino/a, *s.*, inquilino.
Inquina, *s.f.*, antipatia, raiva.
Inquirir, *v.8*, inquirir, questionar, perguntar, indagar.
Inri, *s.m.*, sarro, afronta, escárnio.
Insaciable, *adj.*, insaciável.
Insalubre, *adj.*, insalubre.
Insano/a, *adj.*, insano, insalubre.
Inscribir, *v.7*, inscrever.
Inscripción, *s.f.*, inscrição.
Insecticida, *adj.* e *s.m.*, inseticida.
Insecto, *s.m.*, inseto.
Inseminación, *s.f.*, inseminação.
Insertar, *v.5*, inserir.
Insignia, *s.f.*, insígnia.
Insinuar, *v.5.11*, insinuar.
Insípido/a, *adj.*, insípido ‖ sem graça.
Insistir, *v.7*, insistir.
Insolación, *s.f.*, insolação ‖ tempo em que brilha o sol sem nuvens.
Insolente, *adj.*, *s.m.* e *f.*, insolente.
Insólito/a, *adj.*, insólito.
Insolvente, *adj.*, *s.m.* e *f.*, insolvente, inadimplente, devedor.
Insomne, *adj.*, insone.
Insomnio, *s.m.*, insônia.
Insoslayable, *adj.*, inevitável, iniludível.
Inspección, *s.f.*, inspeção.
Inspeccionar, *v.5*, inspecionar.
Inspiración, *s.f.*, inspiração.
Inspirar, *v.5*, inspirar.
Instalar, *v.5*, instalar, situar, colocar, pôr, alojar ‖ fixar residência.
Instancia, *s.f.*, instância, foro, jurisdição.
Instantáneo/a, *adj.*, instantâneo.
Instante, *s.m.*, instante, momento, ocasião ‖ pequeno lapso de tempo → *A cada instante*, frequentemente. *Al instante*, imediatamente.
Instar, *v.5*, instar, repetir.
Instaurar, *v.5*, instaurar, fundar, instituir.
Instigar, *v.5.18*, instigar, incitar, provocar, induzir.
Instinto, *s.m.*, instinto, tendência, impulso natural.
Institución, *s.f.*, instituição, fundação, instituto ‖ cada um dos órgãos fundamentais de um estado.
Instituir, *v.11*, instituir, fundar, criar, estabelecer ‖ ensinar, instruir ‖ designar por testamento.
Instituto, *s.m.*, instituto, corporação, escola pública.
Instrucción, *s.f.*, instrução, ensino, educação ‖ conhecimentos ♦ *s.f.pl.*, norma, regra, explicação, ordens.
Instruir, *v.11*, instruir, educar, ensinar, doutrinar, adestrar ‖ formalizar um processo de acordo com as regras do Direito.
Instrumental, *adj.*, instrumental.
Instrumentar, *v.5*, instrumentar.
Instrumentista, *s.m.* e *f.*, instrumentista.
Instrumento, *s.m.*, instrumento.
Insuflar, *v.5*, insuflar, encher de ar ‖ sugerir, inspirar, infundir.
Insular, *adj.*, *s.m.* e *f.*, insular.
Insulina, *s.f.*, insulina.
Insulso/a, *adj.*, insípido, insosso ‖ desenxavido.
Insultar, *v.5*, insultar, xingar.

Insulto, *s.m.*, insulto, injúria, afronta.
Insumiso/a, *adj.*, insubmisso.
Insurrección, *s.f.*, insurreição, sublevação.
Intacto/a, *adj.*, intacto, inteiro, completo, pleno.
Intachable, *adj.*, irrepreensível, perfeito.
Intangible, *adj.*, intangível.
Integral, *adj.*, integral, inteiro.
Integrar, *v.5*, integrar.
Íntegro/a, *adj.*, íntegro.
Intelecto, *s.m.*, intelecto, inteligência, cérebro.
Intelectual, *adj.*, *s.m.* e *f.*, intelectual.
Inteligencia, *s.f.*, inteligência ‖ acordo, entente.
Inteligente, *adj.*, *s.m.* e *f.*, inteligente.
Inteligible, *adj.*, inteligível.
Intemperie, *s.f.*, intempérie, perturbação atmosférica → *A la intemperie*, a céu aberto, sem teto.
Intempestivo/a, *adj.*, fora de tempo e de razão, inconveniente.
Intención, *s.f.*, intenção, propósito, desígnio, vontade ‖ missa encomendada ‖ manha → *De primera intención*, no primeiro momento. *Doble/segunda intención*, segundas intenções.
Intencionado/a, *adj.*, intencionado.
Intencional, *adj.*, intencional, deliberado, proposital.
Intendencia, *s.f.*, intendência.
Intensidad, *s.f.*, intensidade.
Intensificar, *v.5.14*, intensificar.
Intensivo/a, *adj.*, intensivo.
Intenso/a, *adj.*, intenso.
Intentar, *v.5*, intentar, tentar.
Intento, *s.m.*, intento, propósito, plano, desígnio.
Interacción, *s.f.*, interação.
Intercalar, *v.5*, intercalar.
Intercambiar, *v.5*, intercambiar.
Intercambio, *s.m.*, intercâmbio.
Interceder, *v.6*, interceder, intervir.
Interceptar, *v.5*, interceptar, interromper, deter, obstruir.
Interdecir, *v.24*, interditar, vetar, proibir.
Interés, *s.m.*, interesse, valor, importância ‖ atração, curiosidade ‖ benefício, proveito ‖ juros ◆ *s.m.pl.*, bens materiais, rendimentos ‖ necessidade, conveniência.
Interesado/a, *adj.* e *s.*, interessado ‖ interesseiro.
Interesante, *adj.*, interessante ‖ atraente → *Hacer/hacerse el interesante*, exibir-se, ser um exibido, aparecer.
Interesar, *v.5*, interessar ‖ associar-se ‖ investir dinheiro ‖ afetar → *Interesarse*, perguntar pelo estado de saúde de alguém.
Interfecto/a, *s.*, assassinado.
Interferencia, *s.f.*, interferência.
Interferir, *v.12*, interferir.
Interfono, *s.m.*, interfone.
Ínterin, *s.m.*, ínterim.
Interino/a, *adj.* e *s.*, interino, temporário ◆ *s.f.*, empregada doméstica que não dorme no emprego.
Interior, *adj.*, interior, interno, dentro, íntimo ‖ espiritual ◆ *s.m.*, a parte de dentro ‖ parte central de um país.
Interjección, *s.f.*, interjeição.
Interlocutor/ra, *s.*, interlocutor.
Interludio, *s.m.*, interlúdio, intermeio dramático de uma obra.
Intermedio, *adj.*, intermeio, entreato, intervalo.
Intermitente, *adj.*, intermitente ◆ *s.m.*, pisca-pisca dos automóveis.

Internacional, *adj.*, internacional.

Internacionalizar, *v.5.15*, internacionalizar.

Internado/a, *adj.* e *s.*, internado ◆ *s.m.*, internato ◆ *s.f.*, avance rápido do jogador até a defesa contrária.

Internar, *v.5*, internar ‖ introduzir, penetrar, entranhar → *Internarse*, introduzir-se, entrar ‖ aprofundar-se.

Internista, *adj.*, *s.m.* e *f.*, médico especialista em medicina interna.

Interno/a, *adj.*, interno, interior ‖ parte da medicina que trata doenças genéricas que não requerem cirurgia ◆ *adj.* e *s.*, aluno que vive no internato ‖ médico que presta serviços em hospital.

Interpelación, *s.f.*, interpelação.

Interpelar, *v.5*, interpelar.

Interpolar, *v.5*, interpolar.

Interponer, *v.34*, interpor ‖ recurso judicial ‖ interferir.

Interpretar, *v.5*, interpretar ‖ executar, reproduzir ‖ traduzir.

Intérprete, *s.m.* e *f.*, intérprete.

Interrogación, *s.f.*, interrogação.

Interrogar, *v.5.18*, interrogar, questionar, inquirir.

Interrumpir, *v.7*, interromper, suspender, interceptar, impedir.

Interrupción, *s.m.*, interrupção.

Interruptor, *s.m.*, interruptor, chave elétrica.

Interurbano/a, *adj.*, interurbano → *Conferencia interurbana*, chamada telefônica interurbana.

Intervalo, *s.m.*, intervalo.

Intervención, *s.f.*, intervenção ‖ intercessão ‖ participação ‖ auditoria ‖ operação cirúrgica ‖ ação de um país em outro com o objetivo de ajudar.

Intervenir, *v.15*, intervir ‖ interpor ‖ mediar ‖ operar ‖ sobrevir, ocorrer, acontecer ‖ fiscalizar, examinar, auditar, contar, conferir.

Interventor/ra, *s.*, interventor ‖ auditor ‖ fiscal de votação.

Interviú, *s.f.*, entrevista para ser publicada.

Intestado/a, *adj.*, aquele que morre sem fazer testamento.

Intestino/a, *adj.*, interno ◆ *s.m.*, intestino.

Intimar, *v.5*, intimar, forçar, obrigar ‖ ter intimidade e amizade.

Intimidad, *s.f.*, intimidade ‖ privacidade, vida íntima ‖ amizade, confiança ◆ *s.f.pl.*, partes sexuais externas do corpo humano.

Intimidar, *v.5*, intimidar, assustar, amedrontar.

Íntimo/a, *adj.*, íntimo, interior, profundo, interno ‖ cordial, amigo.

Intoxicar, *v.5.14*, intoxicar, envenenar.

Intramuros, *adv.*, intramuros, dentro da cidade.

Intrépido/a, *adj.*, intrépido, valente, corajoso.

Intriga, *s.f.*, intriga, trama.

Intrigar, *v.5.18*, intrigar, tramar ‖ excitar.

Intrincado/a, *adj.*, intrincado, complicado, confuso.

Intríngulis, *s.m.*, dificuldade ou complicação que existe em algo.

Introducción, *s.f.*, introdução, iniciação, prefácio, apresentação.

Introducir, *v.9*, introduzir, apresentar ‖ ocasionar ‖ atrair ‖ penetrar ‖ infiltrar.

Intromisión, *s.f.*, intromissão.
Introspección, *s.f.*, introspecção.
Introvertido/a, *adj.* e *s.*, introvertido.
Intrusión, *s.f.*, intrusão.
Intruso/a, *adj.* e *s.*, intruso.
Intuición, *s.f.*, intuição.
Intuir, *v.11*, intuir.
Intuitivo/a, *adj.*, intuitivo.
Intuito, *s.m.*, objetivo, fim, intento, escopo.
Inundación, *s.f.*, inundação.
Inundar, *v.5*, inundar, alagar ‖ invadir ‖ encher.
Inusitado/a, *adj.*, inusitado.
Inútil, *adj.*, *s.m.* e *f.*, inútil ‖ inválido ‖ incapaz.
Inutilizar, *v.5.15*, inutilizar.
Invadir, *v.7*, invadir.
Invalidar, *v.5*, invalidar, inutilizar, tornar sem efeito, anular.
Invalidez, *s.f.*, invalidez.
Inválido/a, *adj.* e *s.*, inválido ‖ inutilizado ‖ nulo, sem valor.
Invariable, *adj.*, invariável.
Invasión, *s.f.*, invasão.
Invasor/ra, *adj.* e *s.*, invasor.
Invencible, *adj.*, invencível.
Invención, *s.f.*, invenção ‖ invento.
Inventar, *v.5*, inventar ‖ discorrer, contar ‖ urdir ‖ fingir.
Inventariar, *v.5.16*, inventariar, fazer inventário.
Inventario, *s.m.*, inventário.
Inventiva, *s.f.*, facilidade e disposição para inventar.
Invento, *s.m.*, invento, invenção, criação.
Inventor/ra, *adj.* e *s.*, inventor.
Invernadero, *s.m.*, estufa para plantas, invernadouro, hibernáculo.
Invernal, *adj.*, hibernal, relativo ao inverno.
Invernar, *v.12*, hibernar.
Inverosímil, *adj.*, inverossímil, inacreditável.
Inverosimilitud, *s.f.*, inverossimilhança.
Inversión, *s.f.*, investimento.
Inversionista, *adj.* e *s.m.* e *f.*, investidor.
Inverso/a, *adj.*, inverso, ao contrário.
Inversor/ra, *adj.* e *s.*, investidor.
Invertebrado/a, *adj.* e *s.m.*, invertebrado.
Invertido/a, *adj.*, invertido ◆ *adj.* e *s.*, homossexual.
Invertir, *v.12*, inverter, trocar a ordem ‖ investir, aplicar dinheiro ‖ ocupar o tempo.
Investidura, *s.f.*, investidura, nomeação.
Investigación, *s.f.*, investigação.
Investigar, *v.5.18*, investigar.
Investir, *v.13*, investir, conferir uma dignidade ou cargo importante.
Inveterado/a, *adj.*, inveterado, antigo, arraigado.
Inviable, *adj.*, inviável.
Invicto/a, *adj.*, invicto.
Invidente, *adj.* e *s.m.* e *f.*, cego.
Invierno, *s.m.*, inverno.
Invitación, *s.f.*, convite.
Invitado/a, *adj.* e *s.*, convidado.
Invitar, *v.5*, convidar ‖ pagar algo ‖ alojar gratuitamente ‖ pedir algo com cortesia ‖ intimar, obrigar ‖ incitar.
Invocación, *s.f.*, invocação.
Invocar, *v.5.14*, invocar ‖ pedir ajuda ‖ citar uma lei a seu favor.
Involución, *s.f.*, involução, regressão.
Involucrar, *v.5*, incluir, envolver, confundir.
Inyección, *s.f.*, injeção.

Inyectable, *adj.* e *s.m.*, injetável.
Inyectar, *v.5*, injetar.
Ir, *v.29*, ir, caminhar, andar, mover-se ‖ frequentar ‖ dirigir-se ‖ estender-se entre dois pontos de referência ‖ estar, funcionar, proceder, ser, suceder da forma que se expressa ‖ mudar, evoluir ‖ usar uma roupa ‖ ser alguma coisa adequada para alguém ‖ pôr em jogo, apostar ‖ entrar, corresponder, ser a vez → *Irse*, sair, deixar de estar ‖ escoar, escapar um líquido ou gás ‖ estar morrendo ‖ consumir-se, gastar-se, quebrar-se ‖ deslizar, perder o equilíbrio ‖ desaparecer uma mancha ‖ esquecer ‖ produzir uma manifestação física involuntária. *Ir de*, enfatiza o caráter do que se expressa. *Ir detrás*, perseguir o que se deseja. *Ir por/con*, dizer uma coisa especialmente dirigida a alguém. *No irle ni venirle*, não me importa, não me diz respeito. *¡Vamos!/¡Vaya!*, expressa desagrado, desilusão, protesto, simpatia, surpresa. *Vaya usted a saber/Vete a saber*, não faço ideia.
Ira, *s.f.*, ira, raiva.
Iris, *s.m.*, íris.
Ironía, *s.f.*, ironia ‖ oposição, contraste.
Irónico/a, *adj.*, irônico.
Ironizar, *v.5.15*, ironizar, usar de ironia.
Irracional, *adj.*, irracional.
Irradiar, *v.5*, irradiar, difundir, propagar.
Irreal, *adj.*, irreal.
Irremplazable, *adj.*, insubstituível.
Irrigar, *v.5.18*, irrigar, regar.
Irritación, *s.f.*, irritação.
Irritar, *v.5*, irritar, encolerizar, exacerbar, excitar ‖ arder, provocar assadura.
Irrompible, *adj.*, inquebrável.
Irrumpir, *v.7*, irromper, invadir.
Isla, *s.f.*, ilha.
Isleño/a, *adj.* e *s.*, insular.
Islote, *s.m.*, ilhota.
Isósceles, *adj.*, isósceles.
Istmo, *s.m.*, istmo.
Ítem, *adv.*, item.
Itinerante, *adj.*, itinerante, ambulante.
Itinerario, *s.m.*, itinerário.
Izar, *v.5.15*, içar, elevar.
Izquierdo/a, *adj.*, esquerdo, lado oposto ao direito ◆ *s.f.*, esquerda, canhota (mão, corrente política, parte, lado, etc.).

J

s.f., décima letra e oitava das consoantes do alfabeto espanhol, chama-se *"jota"* e pronuncia-se com forte aspiração.

Ja, *interj.*, onomatopeia da risada.

Jaba, *s.f.*, *Amér.*, cesto pequeno de junco.

Jabalí, *s.m.*, javali.

Jabalina, *s.f.*, dardo, lança pequena usada em competições esportivas.

Jabato/a, *s.*, filhote de javali ◆ *adj.* e *s.*, valente, corajoso.

Jabón, *s.m.*, sabão ‖ sabonete → *Dar jabón*, adular, rasgar a seda, jogar confete. *Dar un jabón*, repreender, passar um sabão. *Jabón de sastre*, giz de costura.

Jabonado/a, *s.*, ensaboado.

Jabonar, *v.5*, ensaboar.

Jaboncillo, *s.m.*, sabonete.

Jabonera, *s.f.*, saboneteira.

Jabonero, *adj.*, relativo ao sabão.

Jaca, *s.f.*, égua.

Jacarandá, *s.m.*, jacarandá, árvore.

Jacarandoso/a, *adj.*, jocoso, alegre, desenvolto.

Jacarero/a, *adj.*, alegre, jocoso, brincalhão.

Jacinto, *s.m.*, jacinto, flor ‖ jacinto, pedra preciosa de cor alaranjada.

Jacobeo/a, *adj.*, relativo ao apóstolo Santiago.

Jade, *s.m.*, jade, mineral.

Jadeante, *adj.*, arquejante, arfante, resfolegante, ofegante.

Jadear, *v.5*, arfar, resfolegar, ofegar.

Jadeo, *s.m.*, ofego.

Jaguar, *s.m.*, jaguar.

Jalar, *v.5*, gíria para comer.

Jalea, *s.f.*, geleia.

Jalear, *v.5*, animar com palmas ‖ incitar cachorros ao ataque.

Jaleo, *s.m.*, animação, alegria ‖ ruído, barulho, agitação, desordem.

Jalifa, *s.m.*, califa.

Jalifato, *s.m.*, califado.

Jalón, *s.m.*, baliza, estaca demarcatória.

Jalonamiento, *s.m.*, demarcação.

Jalonar, *v.5*, demarcar, balizar.

Jamar, *v.5*, gíria para comer.

Jamás, *adv.*, jamais, em tempo algum.

Jamón, *s.m.*, pata de porco curada, presunto cru → *Jamón de York*, presunto cozido. *Jamón serrano*, presunto defumado. *¡Y un jamón!*, expressão para negar alguma coisa. *¡Y un jamón con chorreras!*, expressão de negação de alguma coisa.

Jamona, *s.f.* e *adj.*, mulher madura, gorda e deselegante, equivale a: baleia.

Jaque, *s.m.*, cheque, lance do xadrez.

Jaqueca, *s.f.*, enxaqueca → *Dar jaqueca*, teimar, insistir ‖ dar dor de cabeça em alguém.

Jara, *s.f.*, esteva, flor dessa planta.

Jarabe, *s.m.*, xarope → *Jarabe de palo*, pessoa que merece uma surra em vez de remédio. *Jarabe de pico*, pessoa que fala muito.

Jarana, *s.f.*, diversão, brincadeira, algazarra, gritaria.

Jardín, *s.m.*, jardim.

Jardinería, *s.f.*, jardinagem.

Jardinero/a, *s.*, jardineiro, pessoa que cuida do jardim ‖ jardineira, espaço reservado para colocar plantas → *A la jardinera*, complemento de alimentos, em especial carnes, com verduras cozidas.

Jareta, *s.f.*, bainha.

Jaretón, *s.m.*, bainha larga, em especial a feita nas fronhas e lençóis.

Jarra, *s.f.*, jarra → *De jarra, en jarra, jarras*, com as mãos na cintura.

Jarro, *s.m.*, jarro → *A jarros*, em abundância. *Echarle un jarro de agua fría*, desanimar, jogar um balde de água fria.

Jarrón, *s.m.*, jarro largo especial para flores.

Jauja, *s.f.*, gíria empregada para designar lugar ou situação onde existe bem-estar e abundância.

Jaula, *s.f.*, gaiola, jaula ‖ engradado.

Jauría, *s.f.*, coletivo de cães de caça, matilha.

Jazmín, *s.m.*, jasmim.

Je, *interj.*, onomatopeia da risada.

Jefatura, *s.f.*, chefia de alguns organismos governamentais, em especial a polícia, chefatura de polícia, delegacia.

Jefe, *s.m.*, chefe, líder, cabeça, guia.

Jeque, *s.m.*, xeque, chefe árabe.

Jerarquía, *s.f.*, hierarquia.

Jerarquizar, *v.5.15*, hierarquizar, pôr ou dar hierarquia.

Jerga, *s.f.*, jargão, linguagem e termos especiais de algumas profissões.

Jeringa, *s.f.*, bisnaga, seringa.

Jeringuilla, *s.f.*, seringa especial para aplicar injeções.

Jeroglífico/a, *adj.* e *s.*, hieroglífico ‖ hieróglifo ‖ adivinhação, passatempo ‖ coisa ou ideia difícil de entender.

Jersey, *s.m.*, malha de lã de manga comprida, até a cintura.

Jesucristo, *s.m.*, Jesus Cristo.

Jesús, *interj.*, denota admiração, dor, susto, surpresa → *En un Jesús/En un decir Jesús*, num instante.

Jeta, *s.f.*, beiçudo ‖ cara ‖ focinho ‖ cara de pau.

Ji, *interj.*, onomatopeia da risada.

Jícara, *s.f.*, recipiente especial para tomar chocolate quente.

Jilguero/a, *s.*, pintassilgo.

Jinete, *s.m.*, ginete, cavaleiro, pessoa andando a cavalo.

Jira, *s.f.*, convescote, piquenique ‖ gira, viagem, excursão.

Jirafa, *s.f.*, girafa.

Jirón, *s.m.*, rasgão, retalho → *Hecho jirones*, em frangalhos.

Jo, *interj.*, denota surpresa, admiração, cólera, raiva.

Job, *s.m.*, Jó, significa pessoa de muita paciência.

Jocosidad, *s.f.*, jocoso, brincadeira, coisa engraçada.

Jocoso/a, *adj.*, engraçado, brincalhão.

Joder, *v.6*, foder, praticar o coito, relação sexual ‖ roubar, furtar ‖ incomodar, chatear ◆ *interj.*, denota surpresa, raiva, ódio, zanga → *Estar jodido*, estar mal de saúde, ter má sorte na vida, estar estrepado. *¡Jódete!*, vire-se, o problema é seu.

Jofaina, *s.f.*, bacia pequena, vaso redondo e largo especial para lavar o rosto e as mãos.

Jolgorio, *s.m.*, festa, alegria.

Jolín, *interj.*, denota susto, surpresa, alegria, zanga, equivale a: puxa vida!

Jornada, *s.f.*, jornada.

Jornal, *s.m.*, diária, pagamento por trabalho diário.

Jornalero/a, *s.*, pessoa que trabalha por dia, diarista.

Joroba, *s.f.*, corcova, corcunda.

Jorobado/a, *adj.*, corcunda, pessoa que tem corcunda.

Jorobar, *v.5*, chatear, irritar, encher o saco ‖ prejudicar ‖ suportar, aguentar.

Jota, *s.f.*, nome da letra J ‖ tipo de música de compasso 3/4 dançado em todas as regiões da Espanha.

Joven, *adj.*, *s.m.* e *f.*, jovem, moço, novo.

Jovial, *adj.*, jovial, contente.

Joya, *s.f.*, joia ‖ pessoa ou coisa de muito valor.

Joyería, *s.f.*, joalheria.

Joyero/a, *s.*, joalheiro ‖ ourives ‖ porta-joias.

Juanete, *s.m.*, joanete, proeminência nos ossos do pé.

Jubilación, *s.f.*, aposentadoria.

Jubilado/a, *adj.* e *s.*, aposentado.

Jubilar, *v.5*, aposentar ‖ desfazer-se de algo ‖ relativo a jubileu.

Jubileo, *s.m.*, jubileu ‖ certas indulgências concedidas pela Igreja.

Júbilo, *s.m.*, júbilo, alegria, contentamento.

Jubón, *s.m.*, jaqueta, normalmente de couro usada para as motos.

Judicial, *adj.*, judicial.

Judío/a, *adj.*, judeu ◆ *s.f.*, feijão → *Judías verdes*, vagem.

Juego, *s.m.*, jogo de qualquer tipo ‖ brincadeira ‖ conjunto de peças complementares ‖ combinação especial de algo ‖ intriga, maquinação ‖ articulação ou união de partes ◆ *s.m.pl.*, competição pública → *Conocer/descubrir/ver el juego*, adivinhar as intenções de alguém. *Entrar en juego*, intervir. *Estar en juego*, depender de, estar em jogo. *Hacer el juego*, fazer o jogo, deixar-se levar. *Hacer juego*, convir, adequar-se. *Juego de niños*, coisa boba, sem dificuldade e sem importância. *Poner en juego*, arriscar, expor.

Juerga, *s.f.*, farra, diversão.

Juerguista, *adj.* e *s.m.* e *f.*, farrista.

Jueves, *s.m.*, quinta-feira → *No ser cosa del otro jueves*, não ser nada do outro mundo, coisa sem importância.

Juez, *s.m.*, juiz ‖ árbitro ‖ magistrado → *Juez de línea*, juiz de futebol.

Jugada, *s.f.*, jogada, lance, negócio ‖ intriga, maquinação.

Jugador/ra, *adj.* e *s.*, jogador, quem joga.

Jugar, *v.30*, brincar, fazer algo por diversão ‖ jogar ‖ participar de esporte ‖ combinar coisas ou objetos entre si ‖ intervir em negócios ‖ não levar a sério ‖ manejar adequadamente ‖ movimento natural das articulações ‖ apostar ‖ perder ‖ investir → *Jugarla/jugársela a alguien*, intriga para prejudicar alguém. *Jugar sucio*, trapacear. *Jugar limpio*, jogar aberto, ser claro e franco.

Jugarreta, *s.f.*, engodo, engano, ludibriação.

Juglar/resa, *s.*, jogral.

Jugo, *s.m.*, extrato, sugo ‖ molho ‖ essência, parte mais importante de algo ‖ uso e proveito máximo de alguma coisa ‖ secreção de algumas glândulas.

Jugoso/a, *adj.*, que tem suco, molho, tempero.

Juguete, *s.m.*, brinquedo ‖ joguete, pessoa dominada por outra.

Juguetear, *v.5*, brincar, jogar, passar o tempo brincando.

Juguetería, *s.f.*, loja de brinquedos.

Juguetón/ona, *adj.*, brincalhão.

Juicio, *s.m.*, juízo, razão ‖ siso, sensatez, prudência ‖ opinião, critério ‖ julgamento → *Estar en su juicio*, ser normal, gozar de pleno juízo. *Perder el juicio*, enlouquecer.

Juicioso/a, *adj.*, sensato, ajuizado.

Julio, *s.m.*, julho.

Jumento, *s.m.*, jumento, asno, burro.

Jumera, *s.f.*, bebedeira.

Junco, *s.m.*, junco.

Junio, *s.m.*, junho.

Junta, *s.f.*, junta, articulação ‖ reunião ‖ união, associação, liga, comissão ‖ ponto de junção ‖ ligação ‖ costura.

Juntamente, *adv.*, juntamente, conjuntamente, ao mesmo tempo.

Juntar, *v.5*, juntar, unir ‖ unir-se, associar-se ‖ amontoar, reunir ‖ anexar ‖ aproximar ‖ agrupar.

Junto/a, *adj.*, junto, unido, pegado, perto ‖ em companhia.

Jura, *s.f.*, juramento.

Jurar, *v.5*, afirmar, prometer ‖ reconhecer soberania de alguém ‖ blasfemar, renegar → *Jurársela/jurárselas [a alguien]*, jurar vingança.

Jurisdicción, *s.f.*, jurisdição.

Jurisprudencia, *s.f.*, jurisprudência, ciência do Direito.

Jurista, *s.m.* e *f.*, jurista.

Justicia, *s.f.*, justiça.

Justiciero/a, *adj.*, justiceiro.

Justificable, *adj.*, justificável.

Justificación, *s.f.*, justificação.

Justificar, *v.5.14*, justificar, dar razões sobre algo.

Justipreciar, *v.5*, avaliar, dar o justo valor.

Justo/a, *adj.*, justo, exato, apertado, cingido ‖ moral, legal, lícito, fundamentado ‖ preciso, adequado, na medida exata ◆ *adj.* e *s.*, que respeita os cânones religiosos ◆ *adv.*, indica uma coincidência ◆ *s.f.pl.*, competição, certame.

Juvenil, *adj.*, juvenil.

Juventud, *s.f.*, juventude ‖ conjunto de jovens, condição de jovem ‖ energia, vigor, vitalidade, força.

Juzgado, *s.m.*, tribunal.

Juzgar, *v.5.18*, julgar, decidir na qualidade de juiz ‖ emitir opinião ‖ considerar ‖ acreditar, dar crédito.

K

s.f., décima primeira letra do abecedário espanhol e nona de suas consoantes. É usada apenas em algumas palavras de origem evidentemente estrangeira ‖ símbolo do quilo ‖ símbolo do potássio.

Kárate, *s.m.*, caratê.

Kibutz, *s.m.*, *kibutz*.

Kilo, *s.m.*, quilo.

Kilogramo, *s.m.*, quilograma.

Kilometraje, *s.m.*, quilometragem.

Kilómetro, *s.m.*, quilômetro.

Kilovatio, *s.m.*, quilowatt.

Kimono, *s.m.*, quimono.

Kiosco, *s.m.*, banca de jornais, quiosque.

L

s.f., décima segunda letra do alfabeto espanhol com que se representa o som consonântico sonoro, é articulada colocando a ponta da língua nos alvéolos dos dentes superiores, deixando em ambos lados da boca uma abertura por onde passa o ar, seu nome é "*ele*".

La, *art.f.*, a ◆ *pron.f.*, terceira pessoa ‖ funciona como complemento direto ◆ *s.m.*, lá, sexta nota da escala musical.

Laberinto, *s.m.*, labirinto ‖ assunto confuso ‖ estrutura interna do ouvido.

Labia, *s.f.*, lábia.

Labial, *adj.*, labial.

Labio, *s.m.*, lábio ‖ borda ‖ boca → *Cerrar los labios*, calar a boca. *Morderse los labios*, conter o riso ou a fala. *No descoser/despegar los labios*, manter-se calado, não responder. *Sellar los labios*, impedir que alguém fale.

Labor, *s.f.*, labor, trabalho ‖ obra ‖ trabalho manual ‖ tarefa, atividade ‖ agricultura e suas atividades próprias → *De labor*, apetrechos e animais usados na lavoura. *Día de labor*, dia de trabalho. *Sus labores*, prendas domésticas, do lar.

Laborable, *adj.*, *día laborable*, dia de trabalho.

Laboral, *adj.*, trabalhista.

Laboralista, *adj.*, *s.m.* e *f.*, advogado trabalhista.

Laborar, *v.5*, lavrar ‖ tentar algo com esforço.

Laboratorio, *s.m.*, laboratório.

Laborear, *v.5*, lavrar a terra ‖ escavar a mina.

Labrador/ra, *s.*, lavrador.

Labrar, *v.5*, lavrar ‖ arar ‖ entalhar, lapidar ‖ preparar ‖ conseguir ‖ bordar.

Labriego/a, *s.*, lavrador.

Laca, *s.f.*, laca ‖ verniz duro e brilhante ‖ laquê, fixador de cabelo em aerossol.

Lacayo, *s.m.*, lacaio, empregado ‖ pessoa servil.

Lacerar, *v.5*, lacerar, dilacerar, rasgar, ferir.

Lacio/a, *adj.*, cabelo que cai liso e suave ‖ murcho, flácido, fanado, desbotado ‖ sem vigor ou vitalidade.

Lacón, *s.m.*, pata dianteira do porco, salgada e curada.

Lacra, *s.f.*, sinal, marca, cicatriz devido à doença ‖ defeito, tara, vício.

Lacrar, *v.5*, lacrar.

Lacre, *s.m.*, lacre.

Lacrimal, *adj.*, lacrimal.

Lactante, *s.m.* e *f.*, lactante ‖ lactente.

Lactar, *v.5*, lactar, amamentar.

Lácteo/a, *adj.*, lácteo.

Lacustre, *adj.*, lacustre.

Lacha, *s.f.*, anchova ‖ vergonha, pudor.

Ladear, *v.5*, inclinar ou torcer para um lado.

Ladera, *s.f.*, declive de um monte ou de uma altura.

Ladilla, *s.f.*, chato, piolho ladro.

Ladino/a, *adj.*, ladino, sagaz, astuto ◆ *s.m.*, dialeto judeu-espanhol.

Lado, *s.m.*, lado, parte, direção, aspecto, banda, costado ‖ cara, face, superfície ‖ lugar em relação a outro ‖ meio, forma, maneira de se conseguir algo ‖ aspecto, ponto de vista ‖ ramo de parentesco ‖ cada uma das linhas de um ângulo ou polígono → *Al lado de [algo/alguien]*, próximo, muito perto. *Dar de lado*, esquivar-se, evitar alguém. *Dejar a un lado/de lado*, deixar de lado, não levar em consideração. *Echarse/hacerse a un lado*, separar-se para deixar passagem. *Ir cada uno por su lado*, separar-se, cada um segue seu caminho ‖ discordar. *Mirar de lado*, desprezar.

Ladrar, *v.5*, ladrar, latir ‖ ameaçar sem agredir ‖ berrar, insultar, criticar com aspereza.

Ladrido, *s.m.*, ladrido, latido ‖ grito ou expressão áspera.

Ladrillo, *s.m.*, tijolo.

Ladrón/ona, *s.*, ladrão ‖ qualquer dispositivo para escoamento de um líquido.

Ladronzuelo/a, *s.*, ladrãozinho, ladrão de roubos pequenos e sem importância.

Lagar, *s.m.*, lagar.

Lagartija, *s.f.*, lagartixa.

Lagarto/a, *s.*, lagarto ◆ *s.f.*, prostituta.

Lagartón/ona, *adj.* e *s.*, astuto, matreiro ◆ *s.f.*, prostituta.

Lago, *s.m.*, lago.

Lágrima, *s.f.*, lágrima ◆ *s.f.pl.*, padecimentos, sofrimentos, adversidades → *Deshacerse en lágrimas/llorar a lágrima viva*, desmanchar-se em lágrimas. *Lágrimas de cocodrilo*, arrependimento falso. *Saltar/saltársele [a alguien] las lágrimas*, começar a chorar.

Lagrimear, *v.5*, lacrimejar.

Laguna, *s.f.*, laguna, lagoa ‖ lacuna, falta, vazio, omissão, imperfeição.

Laico/a, *adj.* e *s.*, laico.

Laja, *s.f.*, lâmina de pedra ou rocha, lisa e plana.

Lama, *s.m.*, sacerdote budista ◆ *s.f.*, lama, lodo.

Lamentación, *s.f.*, lamentação.

Lamentar, *v.5*, lamentar.

Lamento, *s.m.*, lamento.

Lameplatos, *s.m.* e *f.*, paupérrimo.

Lamer, *v.6*, lamber ‖ tocar suavemente.

Lamido/a, *adj.*, lambido, seco, magro, esquálido.

Lámina, *s.f.*, lâmina, chapa ‖ estampa, gravura, ilustração.

Laminar, *adj.*, que tem o formato fino e comprido ◆ *v.5*, transformar em lâmina ou chapa.

Lámpara, *s.f.*, lâmpada, lustre ‖ mancha na roupa.

Lamparilla, *s.f.*, lamparina.

Lamparón, *s.m.*, mancha evidente na roupa especialmente de gordura.

Lampiño/a, *adj.*, imberbe, jovem, adolescente.

Lamprea, *s.f.*, lampreia.

Lana, *s.f.*, lã.

Lance, *s.m.*, lance, acontecimento, episódio, situação ‖ encontro ‖ desafio, briga ‖ cada uma das combinações num jogo → *De lance*, compra ou venda por preço inferior ao real. *Lance de fortuna*, casualidade, coisa inesperada. *Lance de honor*, desafio, questão de honra.

Lanceta, *s.f.*, bisturi especial usado para pequenas incisões.

Lancinante, *adj.*, lancinante, que desgarra.

Lancha, *s.f.*, lancha ‖ lasca de pedra de origem natural.

Langosta, *s.f.*, lagosta ‖ gafanhoto.

Langostino, *s.m.*, lagostim.

Languidecer, *v.9*, languescer.

Languidez, *s.f.*, languidez.

Lanilla, *s.f.*, lãzinha, tecido fino de lã.

Lanolina, *s.f.*, lanolina.

Lanza, *s.f.*, lança → *Lanza en ristre*, pronto para a briga. *Romper una lanza en favor [de alguien o algo]*, defender, comprar a briga do outro.

Lanzamiento, *s.m.*, lançamento.

Lanzar, *v.5.15*, lançar, atirar, arremessar ‖ divulgar, propagar, dar a conhecer → *Lanzarse*, precipitar-se sobre, lançar-se, avançar.

Lapa, *s.f.*, molusco ‖ bardana ‖ pessoa insistente e desagradável.

Lapicero, *s.m.*, lapiseira.

Lápida, *s.f.*, lápide.

Lapidar, *v.5*, apedrejar, matar com pedradas.

Lapidario/a, *adj.* e *s.*, lapidador ‖ lapidário.

Lápiz, *s.m.*, lápis.

Lapso, *s.m.*, lapso, curto espaço de tempo.

Lapsus, *s.m.*, erro, falta, equívoco.

Laquear, *v.5*, laquear.

Lar, *s.m.*, cada um dos deuses que protegem uma moradia ‖ lareira, fogão ◆ *s.m.pl.*, casa própria.

Largar, *v.5.18*, soltar, largar ‖ afrouxar, ir soltando pouco a pouco → *Largarse*, ir embora.

Largo/a, *adj.*, comprido ‖ demorado ‖ alto e magro ‖ liberal, generoso ‖ astuto, esperto ‖ abundante, excessivo ◆ *s.m.*, comprimento ‖ altura de tecido ◆ *adv.*, muito ◆ *s.f.*, um dos passes no toureio → *A la larga*, depois de um longo período de tempo ‖ no final das contas. *A lo largo*, no comprimento. *A lo largo de*, paralelamente em sentido longitudinal. *A lo largo y a lo ancho*, em toda sua extensão. *Cuan largo/todo lo largo que*, o corpo inteiro. *Dar largas*, atrasar propositalmente. *De largo*, faz muito tempo. *¡Largo de aquí!*, fora daqui! *Largo y tendido*, em profusão, em abundância. *Por largo*, com extensão e detalhes.

Largometraje, *s.m.*, longa-metragem.

Largueza, *s.f.*, largueza, generosidade.

Largura, *s.f.*, comprimento, extensão.

Laringe, *s.f.*, laringe.

Laringitis, *s.f.*, laringite.

Larva, *s.f.*, larva.

Las, *art.*, as ◆ *pron.* acusativo terceira pessoa feminino plural.

Lasaña, *s.f.*, lasanha.

Lasca, *s.f.*, lasca.

Laso/a, *adj.*, lasso, cansado, fatigado.

Lástima, *s.f.*, lástima, compaixão.

Lastimar, *v.5,* ferir superficialmente ‖ ofender.

Lastrar, *v.5,* lastrar, lastrear.

Lastre, *s.m.,* lastro.

Lata, *s.f.,* folha de flandres ‖ lata ‖ aborrecimento, fastio, enfado, chateação → *Dar la lata*, aborrecer, encher o saco.

Latazo, *s.m.,* aborrecimento.

Latente, *adj.,* latente.

Lateral, *adj.* e *s.m.,* lateral.

Látex, *s.m.,* látex.

Latido, *s.m.,* pulsação, latejamento ‖ cada uma das batidas do coração.

Latigazo, *s.m.,* chicotada.

Látigo, *s.m.,* chicote.

Latiguillo, *s.m.,* vício de linguagem, cacoete ao falar repetindo sempre a mesma palavra.

Latinoamericano/a, *adj.* e *s.,* latino-americano.

Latir, *v.7,* bater o coração ‖ latejar.

Latitud, *s.f.,* latitude.

Latón, *s.m.,* latão.

Latoso/a, *adj.,* enfadonho, pesado, maçante, cansativo.

Latrocinio, *s.m.,* latrocínio.

Laúd, *s.m.,* alaúde.

Laudable, *adj.,* louvável.

Laudo, *s.m.,* laudo, sentença.

Laurel, *s.m.,* louro, planta aromática ‖ glória, fama → *Dormirse sobre/en los laureles*, deixar de trabalhar depois de ter conseguido um triunfo.

Lava, *s.f.,* lava.

Lavabo, *s.m.,* pia, lavatório ‖ banheiro ‖ privada.

Lavadero, *s.m.,* tanque de lavar roupa ‖ área destinada à lavagem do minério de ouro.

Lavado/a, *s.m.,* lavagem → *Lavado de cerebro*, lavagem cerebral. *Lavado de estómago/gástrico*, lavagem estomacal.

Lavandería, *s.f.,* lavanderia.

Lavaplatos, *s.m.,* lava-louça.

Lavar, *v.5,* lavar, limpar ‖ purificar.

Lavavajillas, *s.m.,* lava-louça.

Laxante, *adj.* e *s.m.,* laxante.

Laya, *s.f.,* laia, qualidade, espécie, classe.

Lazada, *s.f.,* laçada.

Lazareto, *s.m.,* leprosário.

Lazarillo, *s.m.,* garoto que guia e dirige um cego.

Lazo, *s.m.,* laço, nó, atadura, laçada ‖ armadilha ‖ vínculo, obrigação → *Caer en el lazo*, ser enganado, cair na armadilha. *Tener un lazo*, atrair com armadilha para causar prejuízos.

Le, *pron.m.* e *f.,* terceira pessoa, lhe ◆ *pron.m.,* terceira pessoa, o. Pode funcionar como complemento direto e às vezes como indireto pessoal.

Leal, *adj., s.m.* e *f.,* leal, fiel.

Lealtad, *s.f.,* lealdade.

Lebrillo, *s.m.,* espécie de tina para lavar.

Lección, *s.f.,* lição, matéria, ensinamento ‖ aula ‖ conselho ‖ advertência, repreensão ‖ exemplo.

Lectivo/a, *adj.,* letivo.

Lector/ra, *adj.* e *s.,* leitor ◆ *s.,* no ensino de idiomas, o professor que ensina sua língua materna.

Lectura, *s.f.,* leitura ‖ interpretação.

Leche, *s.f.*, leite ‖ seiva → *De leche*, de leite, que ainda está sendo amamentado ou que amamenta. *Leche condensada*, leite condensado. *Leche frita*, docinhos feitos de farinha. *Leche malteado*, *Amér.*, leite batido. *Leche merengada*, leite preparado com ovos, açúcar e canela. *Mala leche*, mau humor, mau-caráter. *Ser la leche*, ser o máximo em algo, positivo ou negativamente.

Lechero/a, *adj.*, lácteo ‖ fêmea leiteira ◆ *s.m.*, leiteiro, quem vende leite ◆ *s.f.*, leiteira, vasilha para o leite.

Lecho, *s.m.*, leito, cama, colchão ‖ camada estratificada ‖ fundo de rio ‖ fundo de vale.

Lechón/ona, *s.*, leitão.

Lechoso/a, *adj.* leitoso.

Lechuga, *s.f.*, alface ‖ babados plissados que se colocam nos punhos e gola das camisas → *Como una lechuga*, viçoso, com vida, disposição e juventude. *Más fresco que una lechuga*, descarado, sem-vergonha, aproveitador.

Lechuguino/a, *s.*, pessoa jovem que se produz muito e com afetação, "franguinho".

Lechuza, *s.f.*, coruja.

Leer, *v.22*, ler ‖ interpretar ‖ descobrir, averiguar, compreender os sentimentos.

Legal, *adj.*, legal, legítimo.

Legalización, *s.f.*, legalização ‖ autenticação.

Legalizar, *v.5.15*, legalizar ‖ autenticar.

Legaña, *s.f.*, remela.

Legar, *v.5.18*, legar ‖ transmitir.

Legible, *adj.*, legível.

Legión, *s.f.*, legião.

Legislación, *s.f.*, legislação.

Legislar, *v.5*, legislar.

Legislativo/a, *adj.*, legislativo.

Legitimar, *v.5*, legitimar.

Legítimo/a, *adj.*, legítimo, legal, justo, lícito ‖ autêntico, verdadeiro ◆ *s.f.*, parte de uma herança que não pode ser contestada.

Lego/a, *adj.* e *s.*, leigo, laico ‖ ignorante.

Legua, *s.f.*, légua.

Legumbre, *s.f.*, legume ‖ hortaliça.

Lejanía, *s.f.*, qualidade de longínquo.

Lejano/a, *adj.*, afastado, distante, longínquo.

Lejía, *s.f.*, água sanitária, cândida.

Lejos, *adv.*, longe, distante → *A lo lejos/de lejos/de muy lejos/desde lejos*, a uma grande distância, ao longe. *Lejos de*, oposição ao que se diz.

Lema, *s.m.*, lema ‖ argumento ‖ senha ‖ inscrição de um emblema ‖ proposição preliminar.

Lencería, *s.f.*, conjunto das roupas íntimas, *lingerie*.

Lengua, *s.f.*, língua, órgão da fala ‖ idioma ‖ vocabulário, sintaxe, gramática, fonologia, filologia ‖ qualquer coisa que tenha seu formato → *Andar en lenguas*, falar, fofocar sobre alguém. *Atar la lengua*, calar a boca, impedir que fale. *Buscar la lengua*, provocar uma discussão. *Hacerse lenguas*, falar bem, enaltecer. *Irse de la lengua*, contar algo que não deveria ser contado, dar com a língua nos dentes. *Largo de lengua*, que fala com imprudência e sem pudor. *Lengua de escorpión/de hacha/de sierpe/de víbora/mala lengua*, pessoa maledicente, linguarudo. *Lengua de estropajo/de trapo*, falar normal das crianças quando estão aprendendo a falar, língua de trapos. *Lengua madre*, língua-mãe, origem de um idioma. *Lengua materna*, língua materna. *Lengua muerta*, língua morta. *Lengua viva*, idioma atual. *Ligero/suelto de lengua*, que fala sem pensar. *Malas lenguas*, más línguas. *Media lengua*, falar errado. *Morderse la lengua*, não falar, conter-se. *Sacar la lengua [a alguien]*, mostrar a língua, escarnecer, tirar sarro. *Tener en la lengua [algo]*, estar na ponta da língua. *Tener mala lengua*, falar palavrões. *Tirar de la lengua*, puxar o que se quer saber.

Lenguado, *s.m.*, linguado.

Lenguaje, *s.m.*, linguagem ‖ fala ‖ forma de expressão ‖ língua.

Lengüeta, *s.f.*, lingueta.

Lenificar, *v.5.14,* suavizar, abrandar.

Lenitivo/a, *adj.* e *s.*, lenitivo, que suaviza, que abranda.

Lenocinio, *s.m.*, lenocínio.

Lente, *s.f.*, lente ‖ cristal ‖ monóculo ‖ luneta ◆ *s.m.pl.*, óculos → *Lentes de contacto*, lentes de contato.

Lenteja, *s.f.*, lentilha.

Lentejuela, *s.f.*, lantejoula.

Lentilla, *s.f.*, lentes de contato.

Lentitud, *s.f.*, lentidão.

Lento/a, *adj.*, lento, demorado, vagaroso, parcimonioso.

Leña, *s.f.*, lenha ‖ pancadas numa surra, castigo físico → *Añadir/echar/poner leña al fuego*, instigar uma briga ou atiçar o mal.

Leñador/ra, *s.*, lenhador.

Leñazo, *s.m.*, porrada, pancada.

Leño, *s.m.*, lenho, madeiro ‖ pessoa burra, estúpida e grosseira.

Leo, *s.m.*, leão, quinto signo do zodíaco.

León/ona, *s.*, leão ‖ pessoa valente e audaz → *La parte del león*, a parte do leão, a maior parte, o melhor. *León marino*, leão-marinho.

Leonado/a, *adj.*, de cor alourado escuro semelhante ao pelo do leão.

Leonera, *s.f.*, jaula do leão ‖ lugar desarrumado, sujo e confuso.

Leopardo, *s.m.*, leopardo.

Leotardos, *s.m.pl.*, meia-calça.

Lepra, *s.f.*, lepra.

Leprosería, *s.f.*, leprosário.

Leproso/a, *adj.* e *s.*, leproso.

Lerdo/a, *adj.*, lerdo, lento.

Les, *pron.m.* e *f.pl.*, terceira pessoa, lhes ◆ *pron.m.pl.*, terceira pessoa, os.

Lesbiana, *s.f.*, lésbica.

Lesión, *s.f.*, lesão ‖ dano, prejuízo.

Lesionar, *v.5*, lesar, lesionar.

Letal, *adj.*, letal.

Letanía, *s.f.*, ladainha.

Letargo, *s.m.*, letargia, sonolência ‖ hibernação ‖ apatia, torpor, prostração.

Letra, *s.f.*, letra, forma de escrever, texto, caligrafia ‖ parte do lacre que leva a insígnia ‖ sentido literal ‖ composição musical, poética, artística ‖ letra de câmbio, duplicata, fatura ◆ *s.f.pl.*, conjunto de conhecimento, letrado, instruído → *Al pie de la letra/a la letra*, ao pé da letra, literalmente. *Bellas/buenas letras*, a literatura. *Dos/cuatro letras*, escrito breve e rápido. *Letra de imprenta/de molde*, letra de forma. *Letra de mano/manuscrita*, manuscrito. *Letra menuda*, sagacidade, esperteza. *Letra muerta*, coisa que não se cumpre ou que não tem valor. *Primeras letras*, primeiros estudos, estudos básicos, apenas alfabetizado.

Letrado/a, *adj.*, letrado, instruído ‖ advogado.

Letrero, *s.m.*, letreiro, cartaz.

Letrina, *s.f.*, latrina, privada.

Leucemia, *s.f.*, leucemia.

Leva, *s.f.*, leva ‖ ação de levantar âncoras.

Levadura, *s.f.*, levedura.

Levantar, *v.5*, levantar, içar ‖ colocar na vertical ‖ separar, descolar ‖ olhar ‖ desmontar ‖ construir, edificar ‖ elevar ‖ subir, dar intensidade ‖ ânimo, ajuda, apoio ‖ produzir, ocasionar, provocar ‖ caluniar ‖ adular ‖ sublevar, rebelar-se, insurgir-se ‖ recrutar para o exército ‖ suprimir pena ou proibição ‖ inchar, formar caroço ‖ cortar, dividir o baralho → *Levantarse*, pôr-se de pé, sair da cama ‖ sobressair ‖ começar a ventar. *Levantar el sitio/asedio*, recuar um ataque. *Levantar la caza*, obrigar a caça a fugir para poder atirar. *Levantarse en armas*, levantar as armas, preparar um ataque.

Levante, *s.m.*, oriente, levante.

Levar, *v.5*, zarpar, levantar âncoras.

Leve, *adj.*, leve, fino, sutil, pouco peso, pouca intensidade.

Levita, *s.f.*, sobrecasaca.

Léxico/a, *adj.*, léxico ◆ *s.m.*, conjunto de palavras de um idioma ‖ dicionário.

Ley, *s.f.*, lei, preceito, norma, disposição jurídica, estatuto ‖ religião ‖ proporção de metal nobre presente na aleação → *Con todas las de la ley*, com tudo a que se tem direito, plenamente. *Ley del embudo*, desigualdade no tratamento, tudo para um e nada para o outro. *Ley seca*, lei seca. *Ser de buena ley*, pessoa honrada, confiável, séria.

Leyenda, *s.f.*, lenda ‖ legenda, inscrição, refrão.

Liar, *v.5.16*, ligar, amarrar, atar, embrulhar ‖ fazer novelo de uma madeixa ‖ enredar, complicar ‖ envolver alguém numa confusão → *Liarse*, confundir-se, ficar confuso ‖ iniciar, começar algo ‖ manter um caso amoroso escondido.

Libélula, *s.f.*, libélula.

Liberal, *adj.*, liberal.

Liberalizar, *v.5.15*, liberalizar, fazer liberal.

Liberar, *v.5*, liberar, libertar, tornar livre.

Libertad, *s.f.*, liberdade ‖ livre-arbítrio ‖ autonomia, independência ‖ naturalidade, desenvoltura, desinibição ‖ confiança, familiaridade, intimidade → *Libertad condicional*, liberdade condicional. *Libertad provisional*, liberdade sob fiança.

Libertar, *v.5*, libertar.

Libertinaje, *s.m.*, libertinagem.

Liberto/a, *s.*, escravo alforriado.

Libido/líbido, *s.f.*, libido.

Libra, *s.f.*, libra.

Librar, *v.5,* livrar ‖ folgar ‖ emitir qualquer tipo de ordem de cobrança ‖ parir, dar à luz.

Libre, *adj.*, livre ‖ desobrigado ‖ absolvido ‖ desimpedido ‖ vago, desocupado ‖ solteiro ‖ ócio, lazer ‖ desonesto, despudorado → *Libre albedrío*, livre-arbítrio.

Librea, *s.f.*, uniforme de porteiros ou carregadores de hotéis.

Librecambio, *s.f.*, sistema de câmbio livre.

Librería, *s.f.*, livraria ‖ estante de livros.

Librero/a, *s.*, livreiro.

Libreta, *s.f.*, caderneta, caderno pequeno.

Libreto, *s.m.*, libreto.

Librillo, *s.m.*, conjunto de folhas de papel pequeno e fino ‖ papel para fazer cigarros.

Libro, *s.m.*, livro → *Ahorcar/colgar los libros*, abandonar os estudos. *Hablar como un libro*, falar muito bem e com conhecimento e sabedoria. *Libro de texto*, livro didático. *Libro sagrado*, sagradas escrituras. *Llevar los libros*, fazer a contabilidade de uma empresa. *Meterse en libros de caballería*, meter-se onde não se é chamado.

Licencia, *s.f.*, licença, autorização, permissão ‖ liberdade abusiva.

Licenciado/a, *adj.* e *s.*, bacharelado, bacharel.

Licenciar, *v.5,* dar dispensa aos soldados.

Licenciatura, *s.f.*, bacharelado.

Liceo, *s.m.*, liceu.

Licitar, *v.5,* fazer licitação.

Lícito/a, *adj.*, lícito.

Licor, *s.f.*, licor.

Licorera, *s.f.*, garrafa especial para colocar licor.

Licuadora, *s.f.*, liquidificador.

Licuar, *v.5.11,* liquidificar, bater no liquidificador.

Líder, *s.m.* e *f.*, líder, dirigente, chefe ‖ campeão.

Liderazgo, *s.m.*, liderança.

Lidia, *s.f.*, lida, batalha, luta.

Lidiar, *v.5,* lidiar, batalhar, lutar ‖ tourear.

Liebre, *s.f.*, lebre → *Levantar la liebre*, chamar a atenção sobre algo.

Liendre, *s.f.*, lêndea.

Lienzo, *s.m.*, tela ‖ quadro, pintura.

Liga, *s.f.*, liga, aliança, associação ‖ cinta, elástico ‖ competição esportiva ‖ visgo ‖ aleação, mistura.

Ligar, *v.5.18,* ligar, atar, unir, misturar, relacionar ‖ obrigar, comprometer ‖ alear metais ‖ paquerar.

Ligereza, *s.f.*, ligeireza, presteza, agilidade.

Ligero/a, *adj.*, ligeiro, rápido ‖ leve, de pouco peso ‖ fino, sutil, suave ‖ pouca intensidade ou profundidade ‖ pessoa inconstante e frívola → *A la ligera*, sem pensar, feito um louco. *De ligero*, irrefletidamente. *Peso ligero,* um dos níveis do boxe.

Ligón/ona, *s.* e *adj.*, pessoa paqueradora.

Ligue, *s.m.*, paquera.

Lija, *s.f.*, lixa.

Lijar, *v.5*, lixar.

Lila, *s.f.*, lilá ‖ cor lilás.

Lima, *s.f.*, lima, lixa ‖ lima, fruta → *Comer como una lima nueva*, comer muito.

Limaduras, *s.f.pl.*, limalha.

Limar, *v.5*, limar, passar a lima.

Limbo, *s.m.*, limbo → *Estar en el limbo*, viajando pelo astral, distraído.

Limero, *s.m.*, pé de lima.

Limitar, *v.5*, limitar, fixar limites, restringir, cercear, reduzir ‖ ajustar-se, ater-se ‖ fazer limites.

Límite, *s.m.*, limite.

Limo, *s.m.*, lodo.

Limón, *s.m.*, limão.

Limonada, *s.f.*, limonada.

Limonero, *s.m.*, limoeiro.

Limosna, *s.f.*, esmola.

Limosnear, *v.5*, pedir esmola.

Limpiabarros, *s.m.*, relha colocada nas entradas das casas para limpar o barro dos sapatos.

Limpiabotas, *s.m.* e *f.*, engraxate.

Limpiaparabrisas, *s.m.*, limpador de parabrisas.

Limpiar, *v.5*, limpar ‖ assear ‖ livrar ‖ roubar ‖ ganhar o dinheiro dos outros no jogo.

Limpieza, *s.f.*, limpeza ‖ destreza, perfeição, perícia para fazer algo.

Limpio/a, *adj.*, limpo, sem sujeira ‖ pessoa higiênica e asseada ‖ puro, sem mistura ‖ líquido, total, real ‖ aquele que perdeu o dinheiro no jogo ‖ livre, sem suspeita, sem culpa, isento ‖ honrado, decente, honesto ‖ claro, sem nuvens ‖ ignorante, sem preparo, sem conhecimento → *A grito/palo/golpe limpio*, usado para dar mais ênfase à palavra usada, foi só gritaria/pancadaria/porrada. *En limpio*, o que sobra, o que resta, o que fica ‖ passar a limpo, sem emendas ou rasuras.

Linaje, *s.m.*, linhagem, classe, espécie, índole.

Linaza, *s.f.*, linhaça.

Lince, *s.m.*, lince ‖ pessoa sagaz, esperta.

Linchar, *v.5*, linchar.

Lindante, *adj.*, limítrofe.

Lindar, *v.5*, limitar, fazer limites, ter fronteiras com.

Linde, *s.m.* ou *f.*, limite, fronteira ‖ onde acaba, ponto final.

Lindero/a, *adj.*, limítrofe.

Lindeza, *s.f.*, lindeza ◆ *s.f.pl.*, palavrões, impropérios, insultos ‖ palavras agradáveis, carinhosas e meigas.

Lindo/a, *adj.*, lindo → *De lo lindo*, muito, com excesso o que se indica na frase.

Línea, *s.f.*, linha, traço, reta, intersecção de dois planos ‖ fileira ‖ orientação ‖ conduta ‖ forma, silhueta ‖ série, classe, gênero, espécie, regra, categoria, valor ‖ ascendência, descendência ‖ limite, termo ◆ *s.f.pl.*, trincheiras ‖ carta ‖ formação de tropas → *En toda la línea*, completa e totalmente. *Leer entre líneas*, nas entrelinhas.

Lineal, *adj.*, linear → *Dibujo lineal*, desenho geométrico.

Lingüística, *s.f.*, linguística.

Lino, *s.m.*, linho.

Linóleo, *s.m.*, linóleo.

Linterna, *s.f.*, lanterna.

Lío, *s.m.*, liame, atilho ‖ confusão, problema ‖ fofoca ‖ caso amoroso ilícito → *Hacerse/estar hecho un lío*, não entender nada, estar por fora.

Lioso/a, *adj.*, encrenqueiro.

Lípido, *s.m.* e *adj.*, lipídio.

Liquidación, *s.f.*, liquidação.

Liquidar, *v.5*, liquidar, acabar ‖ liquefazer ‖ gastar ‖ findar, dar fim ‖ matar ‖ vender a preços inferiores.

Liquidez, *s.f.*, qualidade do que é líquido, ralo.

Líquido/a, *adj.* e *s.m.*, líquido ‖ livre de descontos ‖ bens de liquidez, dinheiro.

Lira, *s.f.*, lira.

Lírico/a, *adj.*, lírico.

Lirio, *s.m.*, lírio, copo-de-leite.

Lirón, *s.m.*, rato de bosque, galalau, arganaz → *Dormir como un lirón*, dormir muito e tranquilamente.

Lisiado/a, *adj.*, lesionado, alejado.

Lisiar, *v.5*, lesionar, alejar.

Liso/a, *adj.*, liso, macio, sem rugas ‖ sem estampas ‖ sem dificuldades → *Liso y llano*, simples e fácil.

Lisonja, *s.f.*, lisonja, louvor, adulação.

Lisonjear, *v.5*, lisonjear, adular, louvar, deleitar, agradar.

Listado/a, *adj.*, listrado, que tem listras.

Listeza, *s.f.*, esperteza.

Listín, *s.m.*, lista telefônica.

Listo/a, *adj.*, esperto ‖ hábil, diligente ‖ preparado, disposto, pronto para ◆ *s.f.*, tira ‖ listra ‖ lista, relação, rol → *Estar/ir listo*, estar ferrado, vai dar tudo errado. *Pasar lista*, fazer chamada na escola. *Pasarse de listo*, dar uma de esperto e ultrapassar os limites, exceder-se. *¡Listo!*, pronto!, acabei!

Listón, *s.m.*, sarrafo de madeira.

Lisura, *s.f.*, lisura.

Litera, *s.f.*, liteira ‖ beliche ‖ leito de trem.

Literal, *adj.*, literal.

Literario/a, *adj.*, literário.

Literatura, *s.f.*, literatura.

Litigar, *v.5.18*, estabelecer litígio.

Litigio, *s.m.*, litígio ‖ disputa ‖ briga.

Litoral, *adj.*, litoral.

Litri, *adj.*, pessoa muito cheia de si, filhinho de papai, pessoa ridícula e metida.

Litro, *s.m.*, litro.

Liturgia, *s.f.*, liturgia.

Liviano/a, *adj.*, leve, de pouco peso ‖ sem importância ‖ leviano, inconstante.

Lividecer, *v.9*, tornar-se lívido.

Lividez, *s.m.*, qualidade de lívido.

Lívido/a, *adj.*, lívido.

Llaga, *s.f.*, chaga, ferida, úlcera ‖ dor, infortúnio, aflição.

Llama, *s.f.*, chama, labareda ‖ ardor, violência de uma paixão ‖ lhama.

Llamada, *s.f.*, ato de chamar ‖ ato de reunir ‖ chamada, gesto, aceno, toque, chamamento.

Llamar, *v.5*, chamar, convocar, citar, invocar, nomear, denominar, dar nome, atrair, apelar, tocar.

Llamativo/a, *adj.*, chamativo, atraente ‖ apetitoso ‖ picante ‖ sensual.

Llameante, *adj.*, chamejante, flamejante.

Llanero/a, *s.*, habitante das planícies ‖ *Amér.*, habitante dos pampas da América do Sul.

Llaneza, *s.f.*, simplicidade ‖ franqueza.

Llano/a, *adj.*, plano, liso ‖ pessoa afável, simples, natural ‖ sem destaque, homogêneo ‖ fácil, comum, corriqueiro ‖ palavras com acento na penúltima sílaba, paroxítona ◆ *s.m.*, planície ◆ *s.f.*, plaina do pedreiro, marceneiro, carpinteiro.

Llanta, *s.f.*, roda, aro metálico que serve de apoio ao pneu.

Llanto, *s.m.*, pranto, choro, lágrimas → *Deshacerse en llanto*, desmanchar-se em lágrimas.

Llanura, *s.f.*, planície.

Llave, *s.f.*, chave (para abrir uma porta, para descobrir um mistério, princípio básico para desvendar alguma coisa, registro da água, golpe de alguns esportes, signo e sinal ortográfico, nome de várias ferramentas) → *Bajo llave*, trancado. *Bajo siete llaves*, superescondido. *Llave de paso*, registro geral de passagem de líquidos. *Llave inglesa*, chave inglesa. *Llave maestra*, chave mestra.

Llavero/a, *s.m.*, chaveiro ◆ *s.f.*, argola onde se guardam as chaves.

Llavín, *s.m.*, chave pequenina.

Llegada, *s.f.*, chegada, ação e efeito de chegar.

Llegar, *v.5.18*, chegar, vir, atingir, ser suficiente, bastar, começar ‖ ser capaz, conseguir, concluir, ter capacidade ‖ pode ter o sentido de que o que se diz a seguir é muito importante → *Llegarse*, aproximar-se de, achegar-se.

Llenar, *v.5*, encher, tornar cheio, ocupar ‖ satisfazer ‖ fecundar ‖ prodigalizar ‖ acumular ‖ preencher, abarrotar.

Lleno/a, *adj.*, cheio ‖ satisfeito de comida ‖ pessoa gorda ◆ *s.m.*, lotação de um espetáculo ◆ *s.f.*, lua cheia → *De lleno*, de cheio, de cabeça, totalmente.

Llevable, *adj.*, que se pode levar, suportável.

Llevada, *s.f.*, ação e efeito de levar ‖ leva.

Llevadero/a, *adj.*, passível de ser suportado, tolerado.

Llevar, *v.5*, levar, conduzir, transportar, guiar ‖ induzir ‖ impelir ‖ acompanhar, seguir ‖ haver, estar, permanecer ‖ vestir, usar ‖ trazer ‖ administrar, gerenciar ‖ suportar, sofrer, aguentar ‖ transmitir, comunicar ‖ causar ‖ seguir ritmo ‖ ser superior em ‖ requerer tempo ou trabalho ‖ cobrar por → *Llevarse*, conseguir ‖ levar ‖ estorquir ‖ roubar ‖ ser moda ‖ ter desgosto. *Llevar adelante*, ir em frente, realizar alguma coisa. *Llevar consigo*, ter como companhia. *Llevar las de perder*, desvantagem, não ter chance. *Llevarse bien/mal*, entender-se ou desentender-se com alguém.

Llorar, *v.5*, chorar, derramar lágrimas ‖ dor, aflição, desgosto pela morte de alguém ‖ queixar-se ou reclamar em excesso para despertar compaixão.

Llorica, *s.m.* e *f.*, chorão, pessoa que chora muito e por qualquer coisa.

Lloriquear, *v.5*, choramingar, chorar de forma baixa e monótona.

Lloro, *s.m.*, choro, ação de chorar.

Llorón/ona, *adj.*, chorão, que vive chorando sem motivos ◆ *s.m.*, chorão, árvore.

Lloroso/a, *adj.*, que apresenta sinais de ter chorado.

Llover, *v.10*, chover ‖ sucessão de fatos ou série de fatos ocorridos simultaneamente → *Como llovido del cielo*, como caído do céu. *Como quien oye llover*, ouvidos moucos. *Llover sobre mojado*, chover no molhado.

Llovizna, *s.f.*, garoa, chuvisco, chuva leve.

Lloviznar, *v.5*, garoar.

Lluvia, *s.f.*, chuva ‖ abundância de algo.

Lluvioso/a, *adj.*, chuvoso.

Lo, *art.*, o (quando anteposto a adjetivos e frases para indicar sua substantivação) ◆ *pron.* terceira pess., o (funciona como complemento direto e predicado nominal).

Loa, *s.f.*, louvação, louvor.

Loable, *adj.*, louvável.

Loar, *v.5*, louvar.

Lobanillo, *s.m.*, quisto sebáceo.

Lobato/lobezno, *s.m.*, cria, filhote de lobo.

Lobo/a, *s.*, lobo.

Lóbrego/a, *adj.*, lúgubre.

Lóbulo, *s.m.*, lóbulo.

Local, *adj.*, local, do lugar ‖ público, municipal e provincial ‖ situado, cercado a uma área ◆ *s.m.*, lugar fechado e coberto, loja, negócio.

Localidad, *s.f.*, localidade, cidade ‖ lugar público ‖ ingresso, entrada para um espetáculo.

Localizar, *v.5.15*, localizar ‖ circunscrever → *Localizarse*, fixar-se.

Locatis, *adj.*, *s.m.* e *f.*, louquinho, adoidado.

Loción, *s.f.*, loção.

Loco/a, *adj.* e *s.*, louco, doido ‖ imprudente, sem juízo ◆ *adj.*, arrebatado, forte estado emocional ‖ intenso, extraordinário, muito grande → *A lo loco/a locas*, sem reflexão. *Hacer el loco*, divertir-se de forma irreflexiva. *Hacerse el loco*, fingir que está distraído. *Volver loco*, aturdir, atrapalhar. *Volverse loco [por algo o alguien]*, ser louco por, ser fissurado.

Locomoción, *s.f.*, locomoção.

Locomotor/ra, *adj.*, locomotor ◆ *s.f.*, locomotiva.

Locución, *s.f.*, locução.

Locura, *s.f.*, loucura.

Locutor/ra, *s.*, locutor.

Lodazal, *s.m.*, lodaçal.

Lodo, *s.m.*, lodo, lama ‖ desonra, descrédito.

Logaritmo, *s.m.*, logaritmo.

Lógico/a, *adj.*, lógico, razoável, natural, normal ◆ *s.f.*, lógica.

Lograr, *v.5.18*, lograr, conseguir, atingir → *Lograrse*, realizar-se plenamente.

Loma, *s.f.*, outeiro, colina.

Lombriz, *s.f.*, lombriga ‖ minhoca.

Lomo, *s.m.*, lombo ‖ lombada dos livros ‖ costas → *Agachar/doblar el lomo*, trabalhar duramente.

Lona, *s.f.*, lona.

Loncha, *s.f.*, fatia.

Longaniza, *s.f.*, linguiça.

Longitud, *s.f.*, comprimento, extensão, dimensão ‖ longitude.

Lonja, *s.f.*, fatia.

Loor, *s.m.*, louvor.

Loro, *s.m.*, papagaio ‖ pessoa feia, canhão.

Losa, *s.f.*, laje ‖ sepulcro ‖ lousa.

Lote, *s.m.*, lote → *Darse/meterse/pegarse el lote*, dar um amasso, namorar.

Lotería, *s.f.*, loteria.

Loto, *s.m.*, flor de lótus.

Loza, *s.f.*, louça, porcelana.

Lozano/a, *adj.*, verdejante ‖ pessoa de aspecto são e juvenil.

Lubricante, *adj.* e *s.m.*, lubrificante.

Lubricar, *v.5.14*, lubrificar, azeitar, engraxar.

Lucero, *s.m.*, estrela, astro brilhante ◆ *s.m.pl.*, os olhos.

Lucidez, *s.f.*, lucidez.

Luciérnaga, *s.f.*, vaga-lume.

Lucir, *v.9*, luzir ‖ mostrar, ostentar ‖ sobressair, ressaltar ‖ *Amér.*, ter bom aspecto exterior → *Lucirse*, vestir-se bem e com elegância ‖ causar boa impressão, cair bem.

Lucrar, *v.5*, lucrar ‖ conseguir algo → *Lucrarse*, tirar proveito.

Lucubrar, *v.5*, elocubrar.

Luchar, *v.5*, lutar, brigar, batalhar, contrapor.

Luego, *adv.*, depois ‖ logo, em seguida ◆ *conj.*, denota dedução e consequência → *Desde luego*, com certeza, indiscutivelmente. *Hasta luego*, até logo. *Luego que*, em seguida que, assim que.

Lugar, *s.m.*, lugar, local, localidade ‖ situação, posição, hierarquia ‖ posto de trabalho, vaga, emprego, ofício ‖ tempo, ocasião, oportunidade ‖ causa, motivo → *En lugar de*, em substituição a. *En primer lugar*, primeiramente. *Fuera de lugar*, inoportuno, inadequado. *Hacer lugar*, dar um lugar, abrir espaço para mais uma pessoa. *Hacerse lugar*, buscar seu lugar ao sol. *Lugar común*, lugar comum, trivial, usual. *Tener lugar*, ocorrer, acontecer.

Lúgubre, *adj.*, lúgubre, triste, fúnebre.

Lujo, *s.m.*, luxo, riqueza, abundância.

Lujoso/a, *adj.*, luxuoso.

Lumbago, *s.m.*, lumbago.

Lumbar, *adj.*, lombar.

Lumbre, *s.f.*, fogo, lume, clarão ‖ brilho, claridade.

Lumbrera, *s.f.*, pessoa de talento ou sábia.

Luminaria, *s.f.*, luminária pública.

Luminoso/a, *adj.*, luminoso.

Luna, *s.f.*, lua ‖ vidros de uma vitrina → *Estar en la luna*, estar distraído. *Ladrar a la luna*, reclamar à toa. *Luna de miel*, lua de mel. *Luna llena*, lua cheia. *Luna nueva*, lua nova. *Pedir la luna*, querer algo impossível.

Lunación, *s.f.*, lunação, tempo lunar.

Lunar, *adj.*, lunar, relativo à lua ◆ *s.m.*, pinta, sarda ‖ defeito, pequena imperfeição.

Lunes, *s.m.*, segunda-feira.

Lupa, *s.f.*, lupa.

Lupanar, *s.m.*, prostíbulo.

Lustrar, *v.5*, lustrar, dar brilho.

Lustre, *s.m.*, lustro, brilho ‖ glória, distinção.

Lustro, *s.m.*, lustro, período de cinco anos.

Luto, *s.m.*, luto.

Luz, *s.f.*, luz, claridade natural ou artificial ‖ lâmpada ‖ modelo, guia ‖ janela ‖ parte clara ‖ diâmetro de um cano ou conduto ♦ *s.f.pl.*, cultura, sabedoria, conhecimento ‖ inteligência → *A toda luz*, por todos os lugares. *Arrojar/echar luz sobre [algo]*, aclarar, esclarecer alguma coisa. *Dar a luz*, parir, dar à luz. *Entre dos luces*, entre o amanhecer e o anoitecer ‖ meio bêbado. *Luz de la razón*, luz da razão. *Primera luz*, amanhecer. *Sacar a la luz*, publicar uma obra ‖ descobrir. *Salir a la luz*, aparecer publicada uma obra. *Ver la luz*, nascer, vir ao mundo.

M *s.f.*, décima terceira letra do alfabeto espanhol com a qual se representa o som consonântico sonoro que é articulado juntando os lábios ao mesmo tempo que o ar é expelido pelo nariz, seu nome é *"eme"*.

Maca, *s.f.*, defeito, machucão, machucadura especialmente a que apresentam as frutas.

Macabro/a, *adj.*, macabro.

Macaco/a, *s.*, macaco.

Macana, *s.f.*, *Amér.*, mentira, embuste.

Macanudo/a, *adj.*, assombroso, fantástico ‖ *Amér.*, boa pessoa, legal, camarada.

Macarrón, *s.m.*, macarrão tipo espaguete (usado normalmente no *pl.*).

Macerar, *v.5*, macerar, amolecer.

Maceta, *s.f.*, vaso para colocar plantas.

Macilento/a, *adj.*, macilento, murcho, pálido.

Macizo/a, *adj.*, maciço, inteiro, sólido ‖ pessoa que tem a carne dura, que não tem flacidez ◆ *s.m.*, conjunto de montanhas ‖ canteiro de plantas e flores ‖ muro divisório.

Mácula, *s.f.*, mácula, mancha ‖ engano, embuste, mentira.

Macuto, *s.m.*, mochila.

Machacar, *v.5.14*, esmagar, triturar, moer ‖ estudar com afinco ‖ insistir reiteradamente em algo.

Machacón/ona, *adj.*, insistente.

Machete, *s.m.*, facão.

Machismo, *s.m.*, machismo.

Macho, *s.m.*, macho ‖ valentão ‖ conquistador barato ‖ peça de dobradiça → *¡Macho!*, *interj.*, equivale a: cara!, rapaz!

Machote, *s.m.*, valentão, viril.

Machucar, *v.5.14*, machucar, ferir.

Machucho/a, *adj.*, velhote.

Madama, *s.f.*, madame, porém com conotação pejorativa e afetada.

Madeja, *s.f.*, madeixa ‖ mecha, porção de cabelos ◆ *s.m.*, homem preguiçoso → *Enredar la madeja*, complicar um assunto.

Madera, *s.f.*, madeira ‖ talento, disposição, determinação ‖ vinho proveniente da Ilha da Madeira.

Maderable, *adj.*, árvore ou bosque que produz madeira útil.

Maderamen/maderaje, *s.m.*, madeiramento.

Maderería, *s.f.*, empresa madeireira.

Maderero/a, *adj.*, relativo à indústria madeireira.

Madero, *s.m.*, tronco ou peça de madeira esquadriada.

Madona, *s.f.*, imagem da Virgem ‖ madona.

Madrastra, *s.f.*, madrasta.

Madraza, *s.f.*, mãezona, supermãe.

Madre, *s.f.*, mãe ‖ madre, superiora de convento ‖ causa, origem ‖ berço ‖ borra do vinho e do vinagre →

Ciento y la madre, um monte de gente. *La madre del cordero*, culpado ou autor de algo. *Sacar de madre [a alguien]*, inquietar, preocupar. *Salir[-se] de madre*, transbordar os rios por chuvas intensas ‖ passar dos limites. *¡Madre mía!*, Nossa Senhora! *Madre política*, sogra.

Madreperla, *s.f.*, madrepérola.

Madreselva, *s.f.*, madressilva.

Madrigal, *s.m.*, madrigal, tipo de composição poética.

Madriguera, *s.f.*, toca ‖ esconderijo.

Madrileño/a, *adj.* e *s.*, nascido em Madri (Espanha).

Madrina, *s.f.*, madrinha.

Madrinazgo, *s.m.*, função da madrinha.

Madroño, *s.m.*, medronho, planta arbustiva.

Madrugada, *s.f.*, madrugada.

Madrugar, *v.5.18*, madrugar ‖ antecipar-se, adiantar-se.

Madrugón, *s.m.*, ação de acordar excessivamente cedo.

Maduración, *s.f.*, maturação ‖ amadurecimento.

Madurar, *v.5*, madurar ‖ maturar ‖ amadurecer ‖ refletir, ponderar, pensar.

Madurez, *s.f.*, maturidade ‖ maturação ‖ sensatez.

Maduro/a, *adj.*, maduro, amadurecido → *Edad madura*, idade adulta, maturidade. *Estar a las duras y a las maduras*, pau pra toda obra, amigo pra tudo, para o que der e vier.

Maesa/e, *adj.*, mestre (antigo), anteposto ao nome da pessoa.

Maestral, *s.m.* e *adj.*, mistral.

Maestranza, *s.f.*, grupo de oficinas e fábricas bélicas.

Maestrazgo, *s.m.*, território de jurisdição de um superior de ordens militares.

Maestre, *s.m.*, superior de uma ordem militar, mestre.

Maestría, *s.f.*, maestria, destreza, grande aptidão.

Maestro/a, *adj.*, mestre ‖ principal, base ‖ professor, educador ‖ sábio ‖ encarregado, oficial de uma profissão ◆ *s.m.*, compositor ou intérprete de música ‖ matador de touros, toureiro → *Maestro de ceremonias*, mestre de cerimônias.

Mafia, *s.f.*, máfia.

Magdalena, *s.f.*, tipo de bolo pequeno → *Estar hecha una Magdalena*, estar chorosa e desconsolada. *Llorar como una Magdalena*, chorar desconsoladamente.

Magia, *s.f.*, magia ‖ mágica ‖ encanto, atrativo.

Mágico/a, *adj.*, mágico ‖ maravilhoso, fascinante.

Magisterio, *s.m.*, magistério.

Magistrado, *s.m.*, magistrado.

Magistral, *adj.*, magistral, magistratura ‖ feito com perícia.

Magistratura, *s.f.*, magistratura ‖ conjunto de magistrados → *Magistratura del trabajo*, delegacia do trabalho.

Magma, *s.m.*, magma.

Magnate, *s.m.*, magnata.

Magnesia, *s.f.*, magnésia.

Magnesio, *s.m.*, magnésio.

Magnetismo, *s.m.*, magnetismo.

Magnetizar, *v.5.15*, magnetizar.

Magnetofón/magnetófono, *s.m.*, aparelho de áudio usado com fitas magnetizadas, gravador.

Magnífico/a, *adj.*, magnífico.

Magnitud, *s.f.*, magnitude.

Magno/a, *adj.*, magno, grande, importante.

Magnolia, *s.f.*, magnólia.

Mago/a, *s.*, mago ‖ mágico.

Magrear, *v.5*, passar a mão buscando prazer sexual, bolinar.

Magreo, *s.m.*, ação de passar a mão pelo corpo de uma pessoa buscando prazer sexual, bolinagem.

Magro/a, *adj.*, magro, sem gordura ‖ pobre ‖ árido ◆ *s.m.*, carne magra do porco ◆ *s.f.*, fatia de presunto.

Magulladura, *s.f.*/**Magullamiento**, *s.m.*, machucado, batida, contusão.

Magullar, *v.5*, machucar, bater, contundir.

Maillot, *s.m.*, maiô ‖ roupa especial usada pelos ciclistas nas competições esportivas.

Maíz, *s.m.*, milho.

Maizal, *s.m.*, milharal.

Majada, *s.f.*, estrebaria.

Majadería, *s.f.*, insensatez, tolice, bobagem.

Majadero/a, *adj.*, insensato, bobo, tolo.

Majar, *v.5*, esmagar, espremer.

Majareta, *adj.* e *s.m.* e *f.*, maluquinho, doidinho.

Majestad, *s.f.*, majestade.

Majo/a, *adj.*, bonito, belo, formoso ‖ simpático, agradável.

Majuelo, *s.m.*, cardo branco, espinheiro alvar ‖ vinha nova, vide, bacelo.

Mal, *s.m.*, mal, nocivo, prejudicial, mau ‖ dano, prejuízo ‖ inconveniente ‖ desgraça, calamidade ‖ doença, dor ◆ *adj.*, apócope de *malo*, usado quando colocado antes de um *s.* singular ◆ *adv.*, contrariamente, desacertadamente ‖ contrário, impróprio, inadequado ‖ difícil, dificultoso ‖ pouco, insuficiente → *A mal*, ficar de mal, brigar, ficar sem falar com alguém. *De mal en peor*, de mal a pior. *Decir mal de [alguien]*, falar mal de alguém. *Mal que bien*, quer queira quer não. *Parar en mal*, acabar mal. *Tomar a mal*, levar a mal, interpretar de forma inadequada, ofender-se.

Malabarismo, *s.m.*, malabarismo.

Malacitano/a, *adj.* e *s.*, nascido em Málaga (Espanha).

Malacostumbrado/a, *adj.*, mal-acostumado.

Malagana, *s.f.*, falta de vontade, moral abatido.

Malagradecido/a, *adj.*, ingrato, mal-agradecido.

Malagueño/a, *adj.* e *s.*, relativo a Málaga (Espanha) ◆ *s.f.*, tipo de dança espanhola pertencente à família do fandango, cantada e acompanhada por violão com quatro versos.

Malandanza, *s.f.*, desgraça, adversidade, desdita.

Malandrín/ina, *adj.* e *s.*, pessoa mentirosa, traidora ou perversa.

Malapata, *s.m.* e *f.*, desajeitado, estabanado ‖ azar.

Malaquita, *s.f.*, malaquita.

Malaria, *s.f.*, malária.

Malasombra, *s.m.* e *f.*, pessoa chata, inoportuna, inadequada.

Malbaratar, *v.5*, vender a preço muito baixo, malbaratar ‖ desperdiçar dinheiro.

Malcomer, *v.6*, comer pouco, passar fome ‖ comer sem vontade.

Malcriar, *v.5.16*, educar mal, criar mal.

Maldad, *s.f.*, maldade.
Maldecir, *v.35*, maldizer, praguejar, lançar imprecações, amaldiçoar ‖ lastimar-se, lamentar-se.
Maldición, *s.f.*, maldição.
Maldito/a, *adj.*, maldito.
Maleable, *adj.*, maleável.
Maleante, *adj.* e *s.m.* e *f.*, meliante, delinquente.
Malear, *v.5*, perverter.
Malecón, *s.m.*, quebra-mar.
Maledicencia, *s.f.*, maledicência, falar mal de alguém.
Maleducado/a, *adj.* e *s.*, mal-educado, malcriado.
Maleficio, *s.m.*, malefício.
Malentendido, *s.m.*, mal-entendido.
Malestar, *s.m.*, indisposição, sentir-se mal.
Maleta, *s.f.*, mala ◆ *s.m.*, profissional ruim em especial os esportistas.
Maletero, *s.m.*, carregador de bagagens ‖ bagageiro, porta-malas.
Maletilla, *s.m.*, aprendiz de toureiro.
Maletín, *s.m.*, valise de mão.
Malevo/a, *adj.* e *s.*, *Amér.*, maléfico, facínora.
Malevolencia, *s.f.*, malevolência, aversão, antipatia, má vontade.
Maleza, *s.f.*, moita, mata brava, erva daninha, mato.
Malgastar, *v.5*, desbaratar, esbanjar, dissipar.
Malhablado/a, *adj.* e *s.*, maldizente, que maldiz.
Malhadado/a, *adj.*, malfadado, infeliz, desaventurado.
Malhechor/ra, *adj.*, delinquente.
Malherir, *v.12*, ferir gravemente.
Mahonesa, *s.f.* e *adj.*, maionese.
Malhumorado/a, *adj.*, mal-humorado, aborrecido, irritado.
Malicia, *s.f.*, malícia, maldade.
Maliciar, *v.5*, suspeitar, desconfiar de algo com maldade.
Malignidad, *s.f.*, qualidade de maligno.
Maligno/a, *adj.*, maligno, maldoso, malicioso, nocivo, pernicioso.
Malintencionado/a, *adj.* e *s.*, mal-intencionado.
Malmirado/a, *adj.*, malvisto.
Malo/a, *adj.*, mal, mau ‖ daninho, prejudicial ‖ oposto à razão e à lei ‖ doente, enfermo ‖ difícil ‖ desagradável, inconveniente ‖ traquina, travesso ‖ gasto, estragado, deteriorado ◆ *adj.* e *s.*, que tem vida desregrada e hábitos censuráveis ◆ *adv.*, indica desaprovação, contrariedade → *A malas*, atitude hostil. *De mala/malas*, com desacerto, desajeitado. *Lo malo es que*, indica que o que vem a seguir apresenta alguma dificuldade, equivale a: o pior de tudo é que. *Por las malas*, na marra, à força.
Malograr, *v.5*, malograr, inutilizar, frustrar.
Maloliente, *adj.*, fétido, malcheiroso, fedido.
Malquerencia, *s.f.*, malquerença, malevolência.
Malta, *s.m.*, malte.
Maltratar, *v.5*, maltratar ‖ estragar ‖ depreciar.
Malucho/a, *adj.*, adoentadinho, doentinho.
Malva, *s.f.*, malva ◆ *adj.* e *s.m.*, relativo à cor violeta-claro → *Como una malva*, dócil, tranquilo, cordato. *Estar criando malvas*, estar morto e enterrado.
Malvado/a, *adj.* e *s.*, malvado.

Malvasía, *s.f.*, tipo de uva muito doce da Europa.
Malversar, *v.5*, desviar fundos públicos, apropriação indébita.
Malvivir, *v.7*, viver mal e com dificuldade.
Malla, *s.f.*, malha, rede, cota ‖ urdidura, trama, tecido ‖ roupas colantes para ginástica ‖ tela metálica.
Mallo, *s.m.*, malho, maço, grande martelo de madeira.
Mallorquín/ina, *adj.* e *s.*, nascido em Palma de Mallorca (Espanha).
Mama, *s.f.*, mama, teta ‖ manhê.
Mamá, *s.f.*, mamãe.
Mamada, *s.f.*, mamada, ação de mamar.
Mamaíta, *s.f.*, mãezinha.
Mamar, *v.5*, mamar ‖ adquirir no berço, herdar → *Mamarse*, embebedar-se.
Mamarracho, *s.m.*, pessoa grotesca e ridícula ‖ pessoa desprezível ‖ coisa defeituosa, ridícula ou extravagante.
Mambo, *s.m.*, mambo.
Mameluco/a, *s.*, pessoa vil e desprezível.
Mamífero/a, *adj.* e *s.*, mamífero.
Mamón/ona, *adj.* e *s.*, que ainda mama.
Mampara, *s.f.*, biombo.
Mamporro, *s.m.*, golpe, pancada, soco violento dado com as mãos.
Manada, *s.f.*, manada.
Manantial, *s.m.*, manacial ‖ origem, princípio.
Manar, *v.5*, manar, brotar, correr, abundar.
Manazas, *s.m.* e *f.*, pessoa bruta e estabanada.
Mancebo/a, *adj.* e *s.*, jovem ◆ *s.m.*, auxiliar ou aprendiz de farmácia ◆ *s.f.*, concubina, amante.
Mancillar, *v.5*, manchar, desonrar, ofender.
Manco/a, *adj.* e *s.*, pessoa que não tem um dos braços ou mãos ou os dois, ou cujo braço ou mão está imobilizado ou inutilizado ◆ *adj.*, defeituoso, incompleto → *No ser manco*, ter talento, ser hábil.
Mancomunar, *v.5*, unir pessoas ou esforços para um fim específico.
Mancha, *s.f.*, mancha ‖ desonra → *Cundir como mancha de aceite*, correr a notícia, esparramar-se.
Manchar, *v.5*, manchar ‖ desonrar.
Manchego/a, *adj.* e *s.*, nascido em La Mancha (Espanha) ◆ *s.m.* e *adj.*, queijo de leite de cabra, sem ferver, prensado e salgado, típico de La Mancha.
Manda, *s.f.*, legado, oferta, disposição testamentária.
Mandamás, *adj.* e *s.m.* e *f.*, mandão, aquele que manda sem ter autoridade legal para tal.
Mandamiento, *s.m.*, mandamento.
Mandanga, *s.f.*, pachorra, indiferença ‖ fofoca, mexerico.
Mandado/a, *adj.* e *s.*, resultado de mandar, mandado ◆ *s.m.*, encargo, recado, mandado ‖ mandato, ordem.
Mandar, *v.5*, mandar, ordenar ‖ impor ‖ encomendar, encarregar, delegar ‖ enviar ‖ reger, governar, dirigir, comandar.
Mandarina, *s.f.* e *adj.*, mexerica, tangerina.
Mandato, *s.m.*, mandato.
Mandíbula, *s.f.*, mandíbula, maxilar → *Reír a mandíbula batiente*, morrer de rir.

Mandil, *s.m.*, avental.

Mandioca, *s.f.*, mandioca, tapioca.

Mando, *s.m.*, mando ‖ comando.

Mandón/ona, *adj.* e *s.*, mandão.

Mandril, *s.m.*, mandril, ferramenta semelhante ao escareador.

Manduca, *s.f.*, comida.

Manducar, *v.5.14*, comer.

Manecilla, *s.f.*, ponteiros do relógio ‖ pequena alavanca.

Manejar, *v.5*, manejar ‖ reger, dirigir ‖ dominar alguém ‖ cavalgar ‖ *Amér.*, dirigir, guiar automóvel → *Manejarse*, valer-se por si só, em especial após ter estado impossibilitado ‖ agir com desenvoltura. *Manejárselas*, virar-se para conseguir o que se quer.

Manejo, *s.m.*, manuseio, uso ‖ intriga.

Manera, *s.f.*, maneira, forma, jeito, modo ‖ estilo artístico → *A la manera de [alguien o algo]*, do jeito de [alguém ou alguma coisa]. *A manera de*, como se fosse. *A mi [tu/su] manera*, do meu jeito. *De/por manera que*, assim sendo. *De cualquier manera*, de qualquer jeito, descuidadamente. *De mala manera*, mal, de mau jeito, malfeito. *De ninguna manera/en manera alguna*, de jeito nenhum. *De todas maneras*, de todo jeito, em qualquer caso. *En cierta manera*, de certa forma. *No haber manera*, não tem jeito. *Sobre manera/en gran manera*, muito.

Manga, *s.f.*, manga da roupa que cobre total ou parcialmente o braço ‖ cada uma das rodadas de um esporte em competição ‖ fruto da mangueira → *Corte de mangas*, fazer gesto obsceno com as mãos e os braços. *En mangas de camisa*, sem paletó, em mangas de camisa. *Hacer mangas y capirotes*, resolver um assunto ao seu jeito e maneira. *Manga ancha*, pessoa benevolente e tolerante, em especial em assuntos morais. *Manga de riego*, mangueira para regar. *Manga de viento*, biruta, aparelho que indica a direção dos ventos nos aeroportos. *Manga por hombro*, descuido, desordem, descaso. *Traer en la manga*, ter algo guardado, a última cartada, a grande jogada.

Manganeso, *s.m.*, manganês.

Mangante, *adj.* e *s.m.* e *f.*, aproveitador, que tira vantagem de qualquer coisa.

Mangar, *v.5.18*, roubar.

Manglar, *s.m.*, mangue.

Mangle, *s.m.*, planta arbustiva rizoforácea com mais de 60 espécies, a mais conhecida no Brasil é o mangue-comum.

Mango, *s.m.*, cabo, empunhadura de arma ou ferramenta ‖ pé de manga, mangueira ‖ manga, fruto da mangueira.

Mangonear, *v.5*, mangonar, intrometer-se, mandar sem ter autoridade para tal.

Manguera, *s.f.*, mangueira.

Maní, *s.m.*, amendoim.

Manía, *s.f.*, mania, ideia fixa, obsessão, costume estereotipado ‖ gosto excessivo, exagero ‖ nojo, asco, repugnância de algo → *Manía persecutoria*, mania de perseguição.

Maniaco/maníaco/a, *adj.* e *s.*, maniático, que tem mania.

Maniatar, *v.5*, manietar, atar as mãos.

Manicomio, *s.m.*, manicômio, hospício.

Manicuro/a, *s.*, manicure.

Manifestación, *s.f.*, manifestação, demonstração.

Manifestar, *v.12,* manifestar, demonstrar, expressar → *Manifestarse*, organizar ou fazer uma manifestação, seu caráter é coletivo.

Manifiesto/a, *adj.*, evidente, certo ◆ *s.m.*, manifesto → *Poner de manifiesto*, dar a conhecer.

Manija, *s.f.*, cabo, empunhadura, alça de ferramentas ‖ trava da fechadura.

Manila, *s.m.*, cigarro feito nas Filipinas → *Papel manila*, papel de seda.

Manilargo/a, *adj.*, larápio, afanão, que rouba ‖ generoso, liberal, pródigo.

Manilla, *s.f.*, manilha, bracelete, pulseira ‖ algemas ‖ ponteiros do relógio.

Manillar, *s.m.*, guidão.

Maniobra, *s.f.*, manobra.

Maniobrar, *v.5,* manobrar.

Manipular, *v.5,* manipular ‖ governar ‖ intervir sem escrúpulos.

Maniquí, *s.m.*, manequim ◆ *s.m.* e *f.*, modelo.

Manirroto/a, *adj.*, esbanjador, pródigo.

Manitas, *s.m.* e *f.*, pessoa muito jeitosa para coisas manuais, pessoa caprichosa.

Manito/a, *s.*, *Amér.*, tratamento popular entre gente humilde, equivale a: "maninho".

Manjar, *s.m.*, manjar, comida ‖ tudo o que dá prazer e deleite.

Mano, *s.f.*, mão ‖ pata ‖ tromba do elefante ‖ direção, lado ‖ pilão ‖ camada de tinta, demão ‖ grupo de pessoas necessárias para fazer um trabalho ‖ meio, forma, caminho para atingir um fim ‖ habilidade, destreza ‖ poder, mando, autoridade ‖ intervenção, interferência, intromissão ‖ repreensão, castigo ‖ pedir em casamento ‖ partida de jogo ‖ jogador que começa uma partida ◆ *s.f.pl.*, trabalhadores → *A dos manos*, com muito interesse. *A la mano*, à mão, próximo. *A mano*, a mão, sem máquinas. *A mano airada*, com violência. *A mano armada*, com arma. *A manos llenas*, com generosidade. *Abrir la mano*, atenuar uma restrição ou castigo. *Alzar la mano*, levantar a mão ameaçando bater em alguém. *Apretar/estrechar las manos*, apertar as mãos, cumprimentar. *Atar/atarse las manos/de manos/estar atado de manos*, impedido, de mãos amarradas. *Bajo/por debajo mano*, escondido. *Buena/mala mano*, habilidade ou falta dela para fazer algo. *Cargar la mano*, muito condimento ou um determinado ingrediente na comida. *Mano sobre mano*, sem fazer nada, ocioso. *Con las manos en la cabeza*, sair escaldado de uma situação. *Con las manos en la masa*, com a mão na massa, em flagrante. *Con las manos vacías*, sem ter o que se desejava. *Con una mano atrás y otra delante*, uma mão na frente e outra atrás, sem nada, sem um tostão. *Cruzarse de manos*, ficar quieto, não fazer nada. *Dar de mano*, fim da jornada de trabalho. *Dar de manos*, cair de boca no chão. *Dar la mano [a alguien]*, ajudar alguém, dar uma mãozinha. *De la mano*, segurando na mão. *De mano en mano*, de uma pessoa para outra ‖ por tradição. *De manos a boca*, imprevisto. *De primera mano*, de primeira mão, na origem, sem intermediários. *De segunda mano*, de segunda mão, usado. *Dejar/poner [algo] en manos [de alguien]*, encarregar alguém de algo. *Echar la mano*, prender, pôr na cadeia ‖ recorrer, lançar mão de. *Echar una mano*, ajudar a fazer alguma coisa. *En buenas manos*, em boas mãos, com a pessoa certa. *Ensuciar/ensuciarse las manos*, sujar as mãos, cometer um ato ilegal, roubar. *Estar dejado de la mano de Dios*, pessoa desregrada e imprevidente. *Ganar por la mano [a alguien]*, antecipar-se, passar na frente. *Írsele/escapársele [a alguien] la mano*, não poder conter-se. *Lavarse las manos*, lavar as mãos, não querer saber das coisas ou das consequências. *Llegar/venir a las manos*, numa briga duas pessoas que chegam aos tapas. *Mano a mano*, em companhia, com familiaridade, afinidade e amizade. *Mano de obra*, mão de obra. *Mano de santo*, mão santa, muito eficaz. *Mano derecha*, pessoa que é muito útil ‖ mão direita. *Mano izquierda*, habilidade, astúcia para resolver coisas muito difíceis ‖ mão esquerda. *¡Manos a la obra!*, mãos à obra!, vamos lá! *¡Manos arriba!*, mãos ao alto! *Meter mano*, investigar a vida de uma pessoa para castigar um erro que se supõem tenha cometido ‖ bolinar alguém. *Morderse las manos*, roer as unhas de raiva por ter perdido uma oportunidade. *No saber cuál es/dónde tiene su mano derecha*, ser incapaz ou com pouco talento. *Poner en manos de [alguien]*, submeter-se ao mando de alguém. *Si a mano viene*, se calhar. *Tender la mano/una mano*, ajudar, socorrer. *Tener mucha mano*, grande importância ou habilidade. *Traer entre manos [algo]*, estar aprontando alguma coisa. *Untar las manos*, subornar, comprar alguém. *Venir a mano*, ter a oportunidade, vir a calhar. *Venir a la mano*, cair do céu, conseguir sem esforço.

Manojo, *s.m.*, molho, feixe, atilho, maço → *A manojos*, com abundância.

Manopla, *s.f.*, manopla.

Manotazo, *s.m.*, palmada.

Mansión, *s.f.*, mansão.

Manso/a, *adj.*, manso, tranquilo, sossegado.

Manta, *s.f.*, cobertor para a cama ‖ surra → *A manta*, em abundância, de montão. *Liarse la manta a la cabeza*, decidir-se pela aventura sem reflexão, jogar tudo para o alto e debandar. *Tirar de la manta*, tentar descobrir o que está oculto.

Manteca, *s.f.*, banha, gordura animal ‖ nata ‖ gordura excessiva das pessoas ‖ pomada gordurosa → *Como manteca*, mole. *Manteca de vaca*, manteiga.

Mantecado, *s.m.*, mantecado, doce feito de farinha, açúcar, ovos e banha de porco ‖ tipo de sorvete feito com leite, ovos e açúcar.

Mantel, *s.m.*, toalha de mesa → *A manteles*, comodamente, confortavelmente.

Mantelería, *s.f.*, jogo de toalha de mesa e guardanapos.

Manteleta, *s.f.*, chale pequeno feminino.

Mantener, *v.4*, manter ‖ custear ‖ conservar, preservar, guardar, resguardar ‖ sustentar ‖ afirmar, defender ‖ dar apoio, apoiar, suster ‖ ter, realizar, executar ‖ permanecer, ficar ‖ prosseguir, continuar ‖ defender uma opinião → *Mantenerse*, perseverar.

Mantenimiento, *s.m.*, manutenção ‖ sustento, alimento.

Mantequera, *s.f.*, mantegueira ‖ batedeira.

Mantequilla, *s.f.*, manteiga ‖ chantili.

Mantilla, *s.f.*, mantilha, véu longo de renda feminina ‖ manta com que se cobrem os bebês para sair.

Mantillo, *s.m.*, capa superior da crosta terrestre ‖ adubo resultante da putrefação do esterco.

Manto, *s.m.*, manto, capa feminina longa que cobre da cabeça aos pés ‖ véu grosso usado na cabeça como sinal de luto ‖ manto da crosta terrestre entre o córtex e o núcleo.

Mantón, *s.m.*, xale → *Mantón de Manila*, xale feito de seda com bordados coloridos na borda e longas franjas de seda.

Manual, *adj.*, feito com as mãos ♦ *s.m.*, manual, guia.

Manufactura, *s.f.*, manufatura ‖ fábrica.

Manufacturar, *v.5*, manufaturar ‖ fabricar.

Manuscrito/a, *adj.*, escrito à mão ♦ *s.m.*, documento manuscrito.

Manzana, *s.f.*, maçã ‖ quarteirão → *Manzana de la discordia*, pessoa ou coisa que provoca discórdia, brigas, desavenças. *Más sano que una manzana*, pessoa saudável, forte como um touro.

Manzanilla, *s.f.*, camomila ‖ vinho branco, variante do xerez feito em Sanlúcar de Barrameda (Espanha) ‖ tipo de azeitona muito pequena.

Manzano, *s.m.*, macieira.

Maña, *s.f.*, manha, habilidade, destreza ‖ ardil, astúcia (normalmente em *pl.*) ‖ desconfiança → *Darse maña*, inventar coisas novas para fazer algo melhor.

Mañana, *s.f.*, manhã, tempo entre o amanhecer e o meio-dia ‖ madrugada, tempo entre a meia-noite e o sair do sol ♦ *adv.*, amanhã, dia imediatamente seguinte ♦ *s.m.*, o amanhã, futuro indeterminado → *De mañana*, ao amanhecer. *Pasado mañana*, depois de amanhã.

Mañanear, *v.5*, madrugar.

Maño/a, *s.*, nascido em Aragão (Espanha).

Mapa, *s.m.*, mapa.

Maqueta, *s.f.*, maquete ‖ modelo.

Maquis, *s.m.* e *f.*, guerrilheiro.

Maquillaje, *s.m.*, maquiagem, maquilagem.

Maquillar, *v.5*, maquiar, maquilar.

Máquina, *s.f.*, máquina ‖ locomotiva → *A toda máquina*, a todo vapor, com máxima rapidez. *Máquina herramienta*, ferramentaria, matriz de estampo.

Maquinar, *v.5*, maquinar, urdir, tramar.

Maquinaria, *s.f.*, maquinária ‖ maquinário ‖ mecanismo.

Maquinilla, *s.f.*, máquina pequena geralmente a de barbear.

Maquinista, *s.m.* e *f.*, maquinista ‖ motorneiro.

Mar, *s.m.* e *f.*, mar ‖ marejada, marola ‖ abundância de alguma coisa → *A mares*, muito, demasiado. *Alta mar*, alto-mar. *Hablar de la mar*, fazer sonhos impossíveis. *Hacerse a la mar*, zarpar. *La mar de*, muito. *Mar de fondo*, marola ‖ inquietude, preocupação. *Picarse el mar*, alteração marítima provocando grandes ondas.

Marabunta, *s.f.*, migração massiva de formigas devastadoras.

Maraca, *s.f.*, maraca.

Maragato/a, *adj.* e *s.*, natural de Astorga (Espanha).

Maraña, *s.f.*, emaranhado.

Marasmo, *s.m.*, marasmo.

Maratón, *s.m.*, maratona.

Maravilla, *s.f.*, maravilha, coisa extraordinária ‖ admiração, ação de admirar ‖ macarrão muito pequeno especial para sopa → *A las maravillas/a las mil maravillas*, às mil maravilhas.

Maravillar, *v.5*, maravilhar, admirar, surpreender.

Marca, *s.f.*, marca, sinal, distintivo, etiqueta ‖ pegada, rastro, vestígio ‖ ação de marcar ‖ resultado de uma prova esportiva → *De marca/de marca mayor/de más marca*, maior é impossível, do tamanho de um bonde.

Marcador/ra, *adj.*, aquele ou o que marca ◆ *s.m.*, marcador, placar.

Marcapasos, *s.m.*, marcapasso.

Marcar, *v.5.14*, marcar ‖ deixar vestígio ‖ indicar caminho, direção ‖ discar o telefone ‖ indicar um peso, medida ou qualquer quantidade ‖ cadenciar, compassar, dar compasso ‖ colocar preço ‖ ressaltar ou chamar a atenção sobre algo ‖ fazer a marcação de pontos num jogo ‖ pentear o cabelo na cabeleireira.

Marco, *s.m.*, marco, moldura ‖ batente, caixilho, craveira, guarnição de porta ou janela ‖ unidade monetária alemã.

Marcha, *s.f.*, marcha ‖ forma de andar ‖ velocidade de uma máquina ‖ desenvolvimento de um assunto ‖ cada uma das posições da velocidade nos veículos ‖ tipo de exercício atlético ‖ ritmo musical → *A largas marchas/a marchas forzadas/a toda marcha*, a toda velocidade. *Dar/hacer marcha atrás*, retroceder, desistir deliberadamente. *Poner en marcha*, inaugurar ‖ pôr para funcionar. *Sobre la marcha*, improvisado, sem planejamento. *Tener marcha*, ser muito animado, farra, divertimento.

Marchar, *v.5*, andar, caminhar, viajar, ir ou partir de um lugar ‖ funcionar uma máquina ou artefato ‖ andar ou caminhar uma tropa ‖ evoluir, crescer, desenvolver, progredir.

Marchitar, *v.5*, murchar.

Marchito/a, *adj.*, murcho, seco, velho, sem vigor, sem vida.

Marchoso/a, *adj.* e *s.*, divertido, animado.

Marea, *s.f.*, maré ‖ multidão → *Marea alta*, preamar, maré alta. *Marea baja*, maré baixa, baixa-mar. *Marea negra*, derramamento de petróleo no mar.

Marear, *v.5*, enjoar ‖ aborrecer, molestar.

Maremoto, *s.m.*, maremoto.

Mareo, *s.m.*, enjoo ‖ desmaio ‖ estresse, cansaço mental.

Marfil, *s.m.*, marfim.

Margarina, *s.f.*, margarina.

Margarita, *s.f.*, margarida.

Margen, *s.m.* e *f.*, margem, extremidade, orla ‖ espaço em branco nas laterais de uma folha ‖ diferença, variância → *Al margen*, de fora, desligado, excluído.

Marginado/a, *adj.* e *s.*, marginal ‖ marginalizado.
Marginar, *v.5,* tornar, deixar marginal, separar da sociedade ‖ apostilar um documento ‖ fazer margem em documento ‖ prescindir, omitir.
Marica/maricón, *s.m.*, bicha, homossexual masculino, viado.
Mariconada, *s.f.*, passar a perna, ação mal-intencionada contra outro, jogada suja.
Marido, *s.m.*, marido.
Mariguana/marihuana/marijuana, *s.f.*, maconha, marijuana.
Marimacho, *s.m.*, mulher masculinizada, machona.
Marimandón/ona, *s.*, mandão, pessoa autoritária e dominadora.
Marimorena, *s.f.*, briga, desavença, querela, arenga.
Marinero/a, *s.m.*, marinheiro.
Marioneta, *s.f.*, marionete.
Mariposa, *s.f.*, mariposa ‖ borboleta ‖ lamparina ‖ estilo de natação.
Mariquita, *s.f.*, joaninha ◆ *s.m.*, bicha, homossexual.
Mariscal, *s.m.*, marechal.
Marisco, *s.m.*, marisco.
Marisma, *s.f.*, marisma, mangue.
Marisquería, *s.f.*, lugar onde se vendem mariscos.
Marítimo/a, *adj.*, marítimo.
Marmita, *s.f.*, panela de pressão.
Marmitón/ona, *s.*, ajudante e aprendiz de cozinha.
Mármol, *s.m.*, mármore ‖ escultura.
Marmolería, *s.f.*, marmoraria.
Marmota, *s.f.*, marmota ‖ dormilão.
Marqués/esa, *s.*, marquês.
Marquesina, *s.f.*, marquise.
Marquetería, *s.f.*, marchetaria.
Marramao/marramau/marramiau, *s.m.*, miau, onomatopeia do gato.
Marranada/marranería, *s.f.*, porcaria, sujeira ‖ jogada suja.
Marranear, *v.5,* enporcalhar, sujar ‖ comportar-se mal.
Marrano/a, *s.*, porco, suíno ◆ *adj.* e *s.*, pessoa suja, sem higiene ‖ pessoa sem caráter, malvada, escória.
Marrar, *v.5,* falhar, errar.
Marrón, *adj.* e *s.m.*, marrom.
Marroquinería, *s.f.*, arte de trabalhar o couro e fabricar artigos de couro.
Marta, *s.f.*, marta.
Martes, *s.m.*, terça-feira.
Martillar, *v.5,* martelar, bater com um martelo.
Martillazo, *s.m.*, martelada.
Martillear, *v.5,* martelar.
Martillo, *s.m.*, martelo ‖ estabelecimento onde se realiza um leilão ‖ esfera metálica usada em atletismo ‖ peça do piano que golpeia as cordas.
Martingala, *s.f.*, artimanha, artifício, engodo.
Mártir, *s.m.* e *f.*, mártir.
Martirio, *s.m.*, martírio.
Martirizar, *v.5.15,* martirizar, produzir martírio.
Marzo, *s.m.*, março.
Mas, *conj.*, porém.
Más, *s.m.*, adição ◆ *adv.* e *adj.*, mais, além, tão, melhor → *A lo más*, no máximo. *A más*, além disso. *A más y mejor*, muito e melhor. *De más*, de sobra. *El que más y el que menos*, todo mundo, qualquer um. *En más*, de preferência. *Es más/más aún*, muito

mais, mais ainda. *Más bien*, antes, em oposição, de preferência. *Más o menos*, mais ou menos, aproximadamente. *Más tarde o más temprano*, mais cedo ou mais tarde. *Más y más*, mais e mais, gradualmente em aumento. *Más bueno*, melhor. *Más malo*, pior. *Ni más ni menos*, nem mais nem menos, exatamente. *No más que*, não mais que, apenas, somente. *Por más que*, por mais que, não se consegue o que se deseja. *Sin más/sin más ni más*, sem motivo aparente. *Sus más y sus menos*, seus prós e contras, desvantagens.

Masa, *s.f.*, massa ‖ aglomeração ‖ conjunto ‖ magnitude e característica invariável dos corpos ◆ *s.f.pl.*, as classes trabalhadoras e populares → *En masa*, genericamente, sem detalhes.

Masacrar, *v.5*, massacrar.

Masacre, *s.f.*, massacre.

Masaje, *s.m.*, massagem.

Masajista, *s.m.* e *f.*, massagista.

Mascar, *v.5.14*, mascar, mastigar.

Máscara, *s.f.*, máscara ‖ pretexto, desculpa → *Quitar/quitarse la máscara*, tirar a máscara, mostrar-se como se é realmente.

Mascarada, *s.f.*, baile de fantasia ‖ farsa.

Mascarilla, *s.f.*, máscara especial usada pelos cirurgiões ‖ creme estético para recuperação dérmica ‖ forma usada para moldar o rosto para fazer escultura.

Mascarón, *s.m.*, carranca.

Mascota, *s.f.*, mascote.

Masculinizar, *v.5.15*, masculinizar.

Masculino/a, *adj.*, masculino ‖ varonil, enérgico ‖ gênero gramatical.

Mascullar, *v.5*, resmungar, falar entre os dentes.

Masía, *s.f.*, casa de campo isolada e encravada dentro de terreno agrícola e de gado ‖ herdade.

Masilla, *s.f.*, massa para fixar os vidros nas esquadrias.

Masticación, *s.f.*, mastigação.

Masticar, *v.5.14*, mastigar ‖ ruminar ‖ meditar, pensar, remoer.

Mástil, *s.m.*, mastro.

Mastín/ina, *adj.* e *s.m.*, mastim, relativo à raça canina.

Mastuerzo, *s.m.*, agrião ‖ pessoa estúpida, bronca, enfadonha.

Masturbar, *v.5*, masturbar.

Mata, *s.f.*, arbusto, raminho ou pé ‖ arvoredo → *Mata de pelo*, tufo de cabelo, cabeleira.

Matadero, *s.m.*, matadouro, abate.

Matador/ra, *adj.* e *s.*, matador ◆ *adj.*, feio, horrível, ridículo.

Matalahúga/matalahúva, *s.f.*, anis.

Matanza, *s.f.*, matança.

Matar, *v.5*, matar ‖ aparar arestas, quinas ‖ incomodar, molestar ‖ atenuar, extinguir ‖ alterar a saúde ‖ lance no jogo → *Matarse*, trabalhar duro. *Estar a matar con [alguien]*, estar muito bronqueado com [alguém]. *Matarlas callando*, boi-sonso que arrombou a porteira. *Matarse por [algo]*, fazer grande esforço para conseguir [algo]. *Que me maten*, com certeza absoluta, quero morrer se não digo a verdade.

Matarife, *s.m.*, abatedor e esquartejador de gado.

Matarratas, *adj.* e *s.m.*, veneno para ratos.

Matasanos, *s.m.* e *f.*, médico ruim, açougueiro.

Matasellos, *s.m.*, obliterador de selos ‖ obliteração.

Matasuegras, *s.m.*, língua de sogra.

Mate, *adj.*, opaco, sem brilho ◆ *s.m.*, mate, lance no jogo ‖ infusão, chá feito com erva-mate.

Matemático/a, *adj.*, matemático ‖ exato, preciso ◆ *s.*, especialista em matemática ◆ *s.f.*, ciência matemática.

Materia, *s.f.*, matéria, substância ‖ composição, material ‖ o oposto ao espírito ‖ assunto, tema, questão, ponto, aspecto ‖ disciplina, matéria, conjunto de conhecimentos → *Entrar en materia*, tratar do assunto principal. *Primeras materias/materias primas*, matéria-prima.

Material, *adj.*, material ◆ *s.m.*, ingrediente, matéria, objeto necessário para se fazer algo ‖ maquinária, ferramenta, utensílio.

Materializar, *v.5.15*, materializar ‖ realizar, concluir, levar a cabo, fazer.

Maternal, *adj.*, maternal ‖ materno.

Maternidad, *s.f.*, maternidade ‖ tipo de hospital.

Materno/a, *adj.*, materno → *Lengua materna*, língua materna.

Matinal, *adj.*, matinal, matutino.

Matiz, *s.m.*, matiz, tonalidade, tom, nuança ‖ mistura de cores ‖ estilo literário ‖ traços característicos.

Matizar, *v.5.15*, harmonizar tons e cores ‖ dar uma determinada característica ‖ expressar diferentes aspectos sobre um mesmo tema.

Matorral, *s.m.*, mato, moita, brejo, brenha, matagal.

Matraca, *s.f.*, matraca ‖ insistente ‖ pessoa chata, desagradável.

Matriarcal, *adj.*, matriarcal.

Matrícula, *s.f.*, registro, inscrição, relação, rol de nomes ‖ conjunto de pessoas inscritas ‖ placa ou chapa dos automóveis.

Matricular, *v.5*, inscrever, registrar.

Matrimonio, *s.m.*, matrimônio, união legítima de homem e mulher, casamento, consórcio.

Matriz, *s.f.*, útero ‖ canhoto do talão de cheques ‖ escritura, documento cartorial e jurídico ‖ tábua de matrizes matemáticas ‖ molde, forma, matriz ◆ *adj.* e *s.f.*, casa matriz, sede ‖ principal, geradora.

Matrona, *s.f.*, matrona, mãe de família ‖ parteira ‖ guarda feminina de presídio ou alfândega encarregada de vistoriar mulheres.

Matute, *s.m.*, contrabando.

Matutear, *v.5*, contrabandear.

Matutino/a, *adj.*, matutino, matinal.

Mau, *s.m.*, mio do gato.

Maullar, *v.5.13*, miar.

Maullido, *s.m.*, miado.

Maxilar, *adj.*, maxilar.

Máxime, *adv.*, mais ainda, com mais motivo ou mais razão.

Máximo/a, *adj.*, máximo ◆ *s.m.*, limite, ápice, auge ◆ *s.f.*, princípio moral ‖ regra de conduta, lema.

Mayar, *v.5*, miar.

Mayestático/a, *adj.*, majestático.

Mayo, *s.m.*, maio.

Mayonesa, *s.f.* e *adj.*, maionese.

Mayor, *adj.*, maior em qualquer aspecto material ou mais intenso ◆ *adj.* e *s.m.* e *f.*, mais velho ‖ idoso ◆ *s.m.*, major, grau militar ◆ *s.m.pl.*, antepassados → *Al por mayor*, no atacado.

Mayoral, *s.m.*, maioral, chefe de pastores, capataz.

Mayorazgo, *s.m.*, morgadio, morgado.

Mayordomo, *s.m.*, mordomo.

Mayoría, *s.f.*, maioria, a maior parte ‖ superioridade ‖ maioridade ‖ função de major no exército.

Mayorista, *s.m.* e *f.*, atacadista.

Mayoritario/a, *adj.* e *s.*, majoritário.

Mayúsculo/a, *adj.*, maior que o normal ◆ *adj.* e *s.f.*, letra maiúscula.

Maza, *s.f.*, maça, marreta, espadela, bate-estacas.

Mazacote, *s.m.*, coisa seca, dura e grudenta.

Mazapán, *s.m.*, marzipã.

Mazazo, *s.m.*, marretada.

Mazo, *s.m.*, maço ‖ martelo grande de madeira ‖ molho de coisas ‖ pessoa chata, maçante.

Mazorca, *s.f.*, espiga de milho ‖ sabugo.

Me, *pron.m.* e *f.*, me ‖ a/para mim.

Meada, *s.f.*, mijada.

Meadero, *s.m.*, mijador, mictório.

Meandro, *s.m.*, meandro, curva.

Mear, *v.5*, mijar.

Mecachis, *interj.*, denota contrariedade ou desgosto, equivale a: puxa vida!

Mecánico/a, *adj.*, relativo à mecânica ‖ atos e movimentos automáticos ◆ *s.*, mecânico, que conserta máquinas ◆ *s.f.*, mecânica como ciência.

Mecanizar, *v.5.15*, mecanizar.

Mecanografiar, *v.5.16*, escrever a máquina.

Mecanógrafo/a, *s.*, datilógrafo.

Mecedora, *s.f.*, cadeira de balanço.

Mecer, *v.6.12*, balançar ‖ ninar.

Mecha, *s.f.*, mecha de cabelo ‖ estopim, pavio, isca ‖ tira de toicinho para recheio → *Aguantar mecha*, aguentar com resignação as contrariedades, impertinências, brincadeiras de que se é alvo.

Mechar, *v.5*, rechear carne ou aves.

Mechero/a, *s.m.*, isqueiro ‖ fogareiro de laboratório ◆ *s.f.*, ladra de supermercado que oculta o roubo entre a roupa.

Mechón, *s.m.*, mecha de cabelo ou fios.

Medalla, *s.f.*, medalha.

Medallón, *s.m.*, medalhão.

Mediador/ra, *adj.* e *s.*, mediador.

Mediano/a, *adj.*, mediano, intermediário ‖ medíocre.

Medianoche, *s.f.*, meia-noite.

Mediante, *adv.*, mediante, através de, por meio de → *Dios mediante*, se Deus quiser.

Mediar, *v.5*, chegar até a metade ‖ intervir numa discussão ou questão ‖ interceder a favor de alguém ‖ interpor ‖ transcorrer.

Medicación, *s.f.*, medicação.

Medicar, *v.5.14*, medicar.

Medicina, *s.f.*, medicina ‖ remédio.

Medición, *s.f.*, medição.

Médico, *adj.* e *s.m.* e *f.*, médico.

Medida, *s.f.*, medida, grandeza, quantidade, magnitude ‖ métrica ‖ proporção, grau, intensidade ‖ correspondência de uma coisa com outra ‖ prevenção, prudência, sensatez → *A la medida*, feito na medida, por encomenda. *A medida que*, ao mesmo tempo, simultaneamente. *Colmarse/llenarse la medida*, encheu o saco, transbordou o copo, não é mais tolerável. *En gran medida*, muito, demasiado. *Sin medida*, com exagero.

Medidor/ra, *adj.* e *s.m.*, medidor.

Medievo, *s.m.*, Idade Média, período da história da humanidade.

Medio/a, *adj.*, médio, metade, meio ‖ incompleto, imperfeito ‖ elemento social pertencente à maioria ‖ grande quantidade ◆ *adj.* e *s.m.*, terceiro dedo da mão ◆ *s.m.*, uma das duas partes do inteiro ‖ ponto equidistante ‖ uso ou finalidade de algo ‖ ambiente social ‖ espaço e conjunto de fatores do lugar onde se vive ◆ *adv.*, incompleto, sem terminar, inacabado ◆ *s.f.*, espaço de tempo de trinta minutos ‖ meia, peça de roupa usada nos pés e nas pernas ◆ *s.m.pl.*, bens, renda ou remuneração disponível para viver → *A medias*, pela metade ‖ não tudo, incompleto, aproximado. *De medio a medio*, totalmente, por completo. *En medio de*, na metade ‖ entre dois, pelo meio ‖ entre vários, entre outros. *Por medio/por en medio/de por medio*, obstáculo ou algo que deve ser levado em consideração. *Por medio de*, através de, mediante. *Quitar de por medio [a alguien]*, excluir alguém ‖ matar, eliminar. *Quitarse de en medio*, excluir-se, sair, abandonar por vontade própria para evitar problemas.

Mediocre, *adj.*, medíocre ‖ médio, normal, comum.

Mediodía, *s.m.*, meio-dia ‖ sul.

Medir, *v.13*, medir, calcular, determinar extensão, volume ou capacidade ‖ pensar, refletir, analisar ‖ conter, moderar a linguagem, o tratamento, as palavras ‖ ter, apresentar determinada extensão → *Medir con la mirada*, medir com o olhar, medir de alto a baixo, dar uma secada.

Meditar, *v.5*, meditar.

Mediterráneo/a, *adj.*, mediterrâneo.

Medrar, *v.5*, crescer, desenvolver ‖ melhorar, especialmente de posição financeira.

Medroso/a, *adj.* e *s.*, medroso, temeroso, pusilâmine.

Médula, *s.f.*, medula ‖ âmago, essência.

Megafonía, *s.f.*, megafonia, conjunto de aparelhagem de som, alto-falantes, microfone.

Meigo/a, *s.*, bruxo, mago.

Mejilla, *s.f.*, bochecha.

Mejillón, *s.m.*, mexilhão, marisco.

Mejor, *adj.*, melhor ‖ preferível, mais conveniente ◆ *adv.*, bem, menos mal → *A lo mejor*, é provável. *Mejor que mejor*, muito melhor.

Mejora, *s.f.*, melhora, ação e efeito de melhorar.

Mejorar, *v.5*, melhorar ‖ restabelecer a saúde ‖ incrementar, beneficiar ‖ superar ‖ aperfeiçoar.

Mejoría, *s.f.*, melhoria, melhora, alívio ‖ superioridade ‖ vantagem.

Mejunje, *s.m.*, mistura de bebida, cosmético ou remédio, normalmente líquido de aspecto sujo e desagradável.

Melancolía, *s.f.*, melancolia, tristeza, nostalgia.

Melancólico/a, *adj.* e *s.*, melancólico.

Melaza, *s.f.*, melaço.

Melena, *s.f.*, cabeleira, cabelo longo e solto ‖ juba do leão ◆ *s.f.pl.*, cabelo despenteado e embaraçado.

Melillense, *adj.*, *s.m.* e *f.*, nascido em Melilla (Espanha).

Melindre, *s.m.*, melindre, delicadeza exagerada.

Melocotón, *s.m.*, pêssego.

Melocotonero, *s.m.*, pessegueiro.

Melodía, *s.f.*, melodia.

Melón, *s.m.*, melão.

Melonar, *s.m.*, plantação de melões.

Melopea, *s.f.*, bebedeira.

Meloso/a, *adj.*, melado, doce ‖ melífluo, puxa-saco.

Mella, *s.f.*, ruptura ‖ rombo, falta, cavidade resultante de ruptura ‖ abalo, impressão moral ‖ mossa → *Hacer mella*, impressionar, abalar.

Mellado/a, *adj.*, banguela, que falta dentes.

Mellar, *v.5*, marcar, romper ‖ abalar, impressionar.

Mellizo/a, *adj.* e *s.*, gêmeo.

Membrillo, *s.m.*, marmelo.

Memoria, *s.f.*, memória, lembrança, recordação ‖ lista, inventário, relação ‖ estudo, dissertação, resumo, relatório de atividades ◆ *s.f.pl.*, lembranças, recomendações para outro não presente ‖ obra biográfica → *Acudir/ traer a la memoria*, recordar. *Borrar/ borrarse/caerse de la memoria*, esquecer. *Conservar la memoria*, lembrar. *De memoria*, decoreba. *Hablar de memoria*, sem pensar no que diz. *Hacer memoria*, esforçar-se por lembrar. *Refrescar/ renovar la memoria*, refrescar a memória. *Ser flaco de memoria*, ser esquecido.

Memorizar, *v.5.15*, memorizar.

Menaje, *s.m.*, alfaias, móveis e utensílios de casa ‖ série de apetrechos usados em uma profissão.

Mención, *s.f.*, menção.

Mencionar, *v.5*, mencionar, referir.

Mendicante, *adj.* e *s.m.*, *f.*, mendicante, pedinte, esmoleiro.

Mendigar, *v.5.18*, pedir esmola, mendigar ‖ humilhar-se.

Mendigo/a, *s.*, mendigo, esmoleiro.

Mendrugo, *s.m.*, pedaço de pão duro ◆ *adj.* e *s.m.*, burro, tonto, duro de entendimento.

Menear, *v.5*, mover, agitar, mexer, chacoalhar ‖ apressar-se, agilizar-se, ter pressa.

Meneo, *s.m.*, movimento, gesto ‖ safanão.

Menester, *s.m.*, necessidade, falta ‖ trabalho, ocupação, azáfama natural de cada profissão ◆ *s.m.pl.*, necessidade fisiológica.

Menesteroso/a, *adj.* e *s.*, necessário, imprescindível, que carece, carente.

Menestra, *s.f.*, minestrone.

Mengano/a, *s.*, sicrano, uma pessoa qualquer.

Menguante, *adj.*, minguante, decrescente → *Luna menguante*, fase minguante da lua.

Menguar, *v.5.17*, minguar, diminuir, reduzir, decrescer.

Meningitis, *s.f.*, meningite.

Menisco, *s.m.*, menisco.

Menopausia, *s.f.*, menopausa, climatério.

Menor, *adj.*, menor ◆ *adj.*, *s.m.* e *f.*, que não é maior de idade → *Al por menor*, no varejo. *Por menor*, pormenor, miudeza.

Menos, *adv.*, menos ‖ oposto à preferência ◆ *prep.*, exceto ◆ *s.m.*, símbolo da subtração → *A menos que*, a não ser que. *Al/a lo/lo/cuando/ por lo menos*, pelo menos, como mínimo. *De menos*, a menos. *En menos*, em menos, abaixo de. *Nada menos*, nada menos. *Ni mucho menos,* algo que é absolutamente negado. *Y menos/y menos aún*, também não, menos ainda.

Menoscabar, *v.5,* estragar, deteriorar, minguar.

Menoscabo, *s.m.*, deterioração, redução, míngua.

Menospreciar, *v.5,* menosprezar.

Mensaje, *s.m.*, mensagem ‖ recado.

Mensajero/a, *adj.* e *s.*, mensageiro, contínuo, bói.

Menstruación, *s.f.*, menstruação.

Menstruar, *v.5.11,* menstruar.

Mensual, *adj.*, mensal.

Mensualidad, *s.f.*, mensalidade ‖ salário.

Menta, *s.f.*, menta, hortelã.

Mental, *adj.*, mental.

Mentalizar, *v.5.15,* mentalizar.

Mente, *s.f.*, mente, entendimento, mentalidade ‖ intenção, propósito, vontade, desejo, aspiração.

Mentir, *v.12,* mentir.

Mentira, *s.f.*, mentira ‖ mancha branca, lua das unhas.

Mentirijilla, *s.f.*, mentirinha.

Mentón, *s.m.*, queixo.

Mentor, *s.m.*, mentor.

Menú, *s.m.*, cardápio.

Menudear, *v.5,* fazer uma coisa repetidas vezes, ser frequente.

Menudencia, *s.f.*, miudeza, pequenez, ninharia, insignificância.

Menudeo, *s.m.*, repetição, constância, frequência.

Menudillos, *s.m.pl.*, miúdos de ave.

Menudo/a, *adj.*, miúdo ‖ pequeno ‖ insignificante ‖ exato, minucioso ◆ *s.m.pl.*, entranhas de gado → *A la menuda*, com muito detalhe. *A menudo*, muitas vezes, frequentemente. *¡Menudo!*, usado com significado de aprovação ou reprovação, equivale a: que encrenca! ou fantástico! *Por menudo*, venda em pequena quantidade, a varejo.

Meñique, *adj.* e *s.m.*, mínimo, mindinho, quinto dedo da mão humana.

Meollo, *s.m.*, medula ‖ substância, conteúdo ‖ essência ‖ opinião, entendimento.

Meón/ona, *adj.* e *s.*, mijão ◆ *s.*, recém-nascido, bebê.

Mercader, *s.m.* e *f.*, mercador.

Mercadería, *s.f.*, mercadoria.

Mercado, *s.m.*, mercado ‖ comércio.

Mercancía, *s.f.*, mercadoria.

Mercar, *v.5,* comprar.

Merced, *s.f.*, mercê, favor, benefício ‖ vontade, desejo, arbítrio de alguém ‖ tratamento de educação e cortesia → *Merced/muchas mercedes*, obrigado, muito obrigado. *Amerced de,* À mercê de.

Mercedario/a, *adj.* e *s.*, relativo à ordem religiosa de Santa Maria das Mercedes.

Mercenario/a, *s.* e *adj.*, mercenário.

Mercería, *s.f.*, loja de armarinhos, bazar.

Mercurio, *s.m.*, mercúrio.

Merecer, *v.9,* merecer ‖ conseguir ‖ apreciar, gostar ‖ fazer méritos para, ser digno de premiar.

Merendar, *v.12,* lanchar, tomar lanche ‖ derrotar alguém, jantar alguém.

Merengue, *s.m.,* suspiro (doce).

Merienda, *s.f.,* lanche, merenda.

Mérito, *s.m.,* mérito, valor, importância.

Merluza, *s.f.,* merluza, tipo de pescada.

Mermar, *v.5,* minguar, diminuir, consumir, reduzir.

Mermelada, *s.f.,* geleia.

Mero/a, *adj.,* mero, só, simples, sem mais nada ‖ si mesmo, próprio ◆ *s.m.,* tipo de peixe.

Merodear, *v.5,* vagar, deambular, perambular.

Mes, *s.m.,* mês ‖ mensalidade ‖ menstruação.

Mesa, *s.f.,* mesa ‖ comida, manutenção ‖ presidência, junta, banca examinadora ‖ altar → *A mesa puesta*, sem ter que trabalhar para o sustento. *Alzar/recoger la mesa*, limpar a mesa após as refeições ‖ dar por terminada uma reunião. *Estar/tener a mesa y mantel*, manter alguém vivendo à custa de outro. *Levantarse de la mesa*, abandonar, sair do lugar que se ocupa na mesa. *Mesa de noche*, criado-mudo. *Mesa redonda*, reunião, mesa-redonda. *Poner la mesa*, pôr a mesa para uma refeição. *Sentarse a la mesa*, sentar à mesa para uma refeição.

Mesada, *s.f.,* mensalidade, mesada.

Mesar, *v.5,* arrancar os cabelos de desespero.

Meseta, *s.f.,* planalto ‖ patamar de uma escada.

Mesías, *s.m.,* messias.

Mesilla, *s.f.,* criado-mudo, mesa de cabeceira.

Mesón, *s.m.,* estalagem, hospedaria, pousada.

Mestizo/a, *adj.* e *s.,* mestiço.

Meta, *s.f.,* meta, fim, objetivo, alvo, limite final.

Metáfora, *s.f.,* metáfora.

Metal, *s.m.,* metal → *El vil metal*, dinheiro. *Metales preciosos*, metais preciosos, ouro, prata, platina.

Metálico/a, *adj.,* metálico ◆ *s.m.,* papel-moeda, dinheiro vivo.

Metalurgia, *s.f.,* metalurgia, extração de minérios.

Metamorfosis, *s.f.,* metamorfose.

Meteoro/metéoro, *s.m.,* meteoro.

Meteorología, *s.f.,* meteorologia.

Meter, *v.6,* meter, pôr ‖ depositar ‖ ingressar ‖ internar ‖ envolver, comprometer ‖ intervir ‖ investir ‖ mentir, enganar ‖ causar, motivar, provocar algo ‖ suportar, aturar, aguentar ‖ fazer compreender à força ‖ bater ‖ dedicar-se a uma profissão ‖ diminuir, reduzir o tamanho de uma peça de vestuário → *A todo meter*, com muita velocidade. *Meterse*, intrometer-se, imiscuir-se ‖ enfiar-se ‖ seguir. *Meterse con*, provocar, instigar, incomodar. *Meterse en sí mismo*, abstrair-se, devanear. *Meterse en todo*, metido, curioso, intrometido.

Metido/a, *adj.,* metido ‖ abundante ◆ *s.m.,* repreensão dura → *Estar muy metido con [algo],* estar envolvido com alguma coisa. *Estar muy metido con [alguien],* ter muita familiaridade e intimidade com alguém.

Método, *s.m.,* método, modo.

Metomentodo, *adj., s.m.* e *f.,* pessoa metida, fofoqueira.

Metraje, *s.m.,* duração de um filme.

Metro, *s.m.*, metro ‖ objeto para medir ‖ apócope de metropolitano, metrô.

Mezcla, *s.f.*, mescla, mistura ‖ tecido de fios diferentes.

Mezclar, *v.5*, mesclar, misturar, juntar ‖ desordenar o que estava em ordem → *Mezclar en*, fazer cúmplice, envolver. *Mezclarse*, misturar-se, interpor-se entre outros ‖ intrometer-se no que não lhe diz respeito ‖ relacionar-se com algum tipo de pessoa ou grupo social.

Mezcolanza, *s.f.*, mistura estranha, confusa e incoerente, confusão.

Mezquindad, *s.f.*, mesquinharia, insignificância.

Mezquita, *s.f.*, mesquita.

Mi/mis, *adj.*, apócope de *mío/mía/míos/mías*, meu, minha e seus *pl.* ◆ *s.m.*, mi, terceira nota da escala musical.

Mí, forma do genitivo, dativo e acusativo do *pron. pess.* da primeira pessoa, mim, meu/minha, funciona como complemento preposicional → *¡A mí!*, pedido de socorro. *¡A mí qué!*, não é comigo, não dou a mínima. *Para mí*, de acordo com a minha opinião, no meu entender.

Miaja, *s.f.*, migalha.

Mialgia, *s.f.*, mialgia, algia, dor muscular.

Miasma, *s.m.*, miasma.

Miau, *interj.*, onomatopeia do gato, miau.

Mica, *s.f.*, mica.

Micción, *s.f.*, micção, urina.

Mico, *s.m.*, mico, macaco ‖ pessoa muito feia → *Dar el mico*, dar um fora. *Hecho un mico*, muito envergonhado. *Volverse mico*, ser para alguém uma coisa muito difícil de ser atingida.

Micosis, *s.f.*, micose.

Micra, *s.f.*, micro, milionésima parte do metro.

Micro, *s.m.*, apócope de *micrófono*.

Microbio, *s.m.*, micróbio.

Microbús, *s.m.*, micro-ônibus.

Micrófono, *s.m.*, microfone.

Microscopio, *s.m.*, microscópio.

Michino/a, *s.*, bichano, gato.

Miedo, *s.m.*, medo, temor, receio → *Cagarse/ciscarse/morirse de miedo*, cagar-se/morrer de medo. *De miedo*, fantasticamente bom ou bonito.

Miedoso/a, *adj.* e *s.*, medroso.

Miel, *s.f.*, mel, néctar ‖ doçura, suavidade ternura → *Dejar con la miel en los labios*, tirar aquilo que se gosta, ter gosto de pouco, de quero mais. *Miel sobre hojuelas*, melhorar o que é bom, melhor impossível.

Miembro, *s.m.*, membro ‖ indivíduo integrante de uma comunidade ‖ parte de um todo ‖ elemento → *Miembro viril*, pênis.

Mientras, *adv.*, durante, entretanto, enquanto ◆ *conj.*, une orações expressando simultaneidade entre elas → *Mientras que*, expressa oposição e contraste. *Mientras tanto*, entrementes.

Miércoles, *s.m.*, quarta-feira.

Mierda, *s.f.*, merda, fezes, excremento ‖ gordura, sujeira, porcaria ‖ um bosta, pessoa desprezível → *¡A la mierda!*, vá a merda! *Irse a la mierda*, arruinar, afundar, estrepar-se.

Mies, *s.f.*, messe, cereal ◆ *s.f.pl.*, campos plantados e férteis.

Miga, *s.f.*, miolo do pão ‖ migalha ‖ conteúdo, substância, essência ◆ *s.f.pl.*, comida feita com pão desfeito umedecido em água e depois frito → *Hacer buenas/malas migas*, dar-se bem/mal com, entender-se ou não bem com alguém. *Hacer migas*, provocar baixo astral, destruir moralmente alguém.

Migaja, *s.f.*, migalha ‖ fragmento ‖ nada ou quase nada ◆ *s.f.pl.*, sobras, resíduos.

Migar, *v.5.18*, esmigalhar, fazer migalhas, em especial o pão para ser comido junto com o café com leite.

Migrar, *v.5*, migrar.

Mijo, *s.m.*, tipo de milho originário da Índia ‖ comida pobre.

Mil, *adj.* e *s.m.*, mil ‖ milhar ‖ grande quantidade porém indefinida.

Milagro, *s.m.*, milagre → *De milagro*, por acaso.

Milésimo/a, *adj.*, milésimo.

Milhojas, *s.m.*, mil-folhas, massa folheada.

Mili, *s.f.*, serviço militar, alistamento.

Militar, *adj.*, militar.

Militarizar, *v.5.15*, militarizar.

Milla, *s.f.*, milha.

Millar, *s.m.*, milhar.

Millón, *s.m.*, milhão.

Millonario/a, *adj.* e *s.*, milionário, muito rico.

Mimar, *v.5*, mimar, dar mimo.

Mimbre, *s.m.*, vime.

Mimo, *s.m.*, mimo, carinho, afago.

Mimoso/a, *adj.*, mimoso, carinhoso, meigo, delicado.

Mina, *s.f.*, mina, jazida ‖ escavação, galeria ‖ carga explosiva ‖ grafite de lapiseira.

Minar, *v.5*, colocar explosivos em um terreno ‖ debilitar, destruir pouco a pouco ‖ abrir minas.

Miniatura, *s.f.*, miniatura, coisa pequena.

Minimizar, *v.5.15*, minimizar.

Mínimo/a, *adj.*, mínimo, o menor ◆ *s.m.*, limite inferior.

Minino/a, *s.*, gato ‖ animal mamífero carnívoro.

Ministerial, *adj.*, ministerial.

Ministerio, *s.m.*, ministério ‖ função, sacerdócio.

Ministro/a, *s.*, ministro.

Minoría, *s.f.*, minoria.

Minucia, *s.f.*, minúcia, detalhe, pormenor.

Minúsculo/a, *adj.*, minúsculo, muito pequeno ◆ *adj.* e *s.f.*, letra minúscula.

Minusválido/a, *adj.* e *s.*, inválido, deficiente físico ou mental.

Minuta, *s.f.*, minuta ‖ cardápio.

Minutero, *s.m.*, ponteiro do relógio que assinala os minutos.

Minuto, *s.m.*, minuto.

Mío/a, *adj.* e *pron.*, primeira *pess.*, meu, minha e seus *pl.* → *De las mías*, ação estapafúrdia cometida por quem fala. *De mío*, da minha natureza. *Los míos*, os meus, a família.

Miope, *adj.* e *s.m.* e *f.*, míope.

Miopía, *s.f.*, miopia.

Mira, *s.f.*, mira das armas ‖ objetivo, alvo, intenção ‖ régua graduada para levantamentos topográficos.

Miramiento, *s.f.*, educação, cortesia, tratamento diferenciado que se faz a uma pessoa por interesse ou deferência especial.

Mirar, *v.5*, olhar, fixar com os olhos ‖ registrar, vistoriar, revisar ‖ pensar, refletir, considerar mentalmente ‖ ter um objetivo, apontar, visar ‖ ter uma direção ou rumo ‖ ter relação, dizer respeito → *De mírame y no me* *toques*, muito delicado, que se quebra fácil. *Mirar por [algo o alguien]*, cuidar de (algo ou alguém), tomar conta, proteger. *Mirar por encima*, olhar superficialmente. *Si bien se mira*, olhando bem para a coisa, com atenção.

Miríada, *s.f.*, miríade.

Mirilla, *s.f.*, olho-mágico das portas.

Mirlo, *s.m.*, melro.

Mirra, *s.f.*, mirra.

Misa, *s.f.*, missa → *Cantar misa*, celebrar a primeira missa do dia. *Ir a misa [algo]*, alguma coisa irrefutável, indiscutível. *No saber de la misa la media/la mitad*, alguém que não sabe das coisas que deveria saber.

Misal, *s.m.*, missal.

Miscelánea, *s.f.*, miscelânea.

Miserable, *adj.*, miserável ♦ *adj.* e *s.m.* e *f.*, pão-duro, avaro, mesquinho ‖ canalha, perverso.

Miseria, *s.f.*, miséria, extrema pobreza ‖ desgraça, infortúnio ‖ avareza, mesquinharia ‖ insignificância.

Misericordia, *s.f.*, misericórdia.

Misión, *s.f.*, missão, obrigação ‖ expedição científica ‖ pregação religiosa ‖ capela ou casa dos que pregam uma religião.

Mismo/a, *pron.* e *adj.*, mesmo, igual, semelhante ♦ *adj.*, destaca enfaticamente o que se trata na frase ♦ *adv.*, precedido de um advérbio ou locução adverbial tem valor enfático ‖ precedido de *s.* ou *adv.* conota indiferença → *Por lo mismo*, por esta razão. *Ser/dar lo mismo*, dá na mesma, é indiferente.

Misterio, *s.m.*, mistério ‖ segredo ‖ charada ‖ dogma.

Misticismo, *s.m.*, misticismo.

Mistificar, *v.5.14*, mistificar ‖ falsificar, falsear.

Mitad, *s.f.*, metade ‖ meio → *En mitad*, no meio, durante o desenvolvimento. *Mitad y mitad*, meio a meio ‖ mais ou menos.

Mitigar, *v.5.18*, mitigar, moderar, acalmar.

Mitin, *s.m.*, encontro ‖ comício político.

Mito, *s.m.*, mito.

Mitología, *s.f.*, mitologia.

Mixto/a, *adj.*, misto.

Mixtura, *s.f.*, mistura, mescla.

Mocedad, *s.f.*, mocidade.

Mocetón/ona, *s.*, rapagão.

Moco, *s.m.*, muco, secreção ‖ catarro expelido pelo nariz → *Llorar a moco tendido*, chorar muito e com escândalo. *Moco de pavo*, saliência sobre o bico do pavão. *No ser moco de pavo*, não ser desprezível, ser muito importante, não deixar barato.

Mocoso/a, *adj.*, que tem o nariz soltando muco, escorrendo ♦ *s.*, garoto, rapazinho que quer aparentar ser adulto e experiente.

Mochila, *s.f.*, mochila.

Mochuelo, *s.m.*, coruja ‖ trabalho difícil, chato e desagradável que ninguém quer fazer.

Moda, *s.f.*, moda.

Modal, *adj.*, relativo ao modo, modal, em especial ao modo gramatical ♦ *s.m.pl.*, gestos, expressões e trejeitos de uma pessoa.

Modelar, *v.5*, modelar, dar forma.

Modelo, *s.m.*, modelo, tipo, categoria ◆ *adj.* e *s.m.*, pessoa que merece ser imitada pelas qualidades ◆ *s.m.* e *f.*, pessoa que posa para pintores ou escultores ‖ pessoa que desfila, que faz propaganda ou aparece em anúncios e propaganda.

Moderar, *v.5,* moderar.

Modernismo, *s.f.*, modernismo.

Modernizar, *v.5.15,* modernizar.

Moderno/a, *adj.*, moderno.

Modestia, *s.f.*, modéstia.

Modificar, *v.5.14,* modificar.

Modisto/a, *s.*, costureira, modista.

Modo, *s.m.*, modo, maneira ‖ categoria gramatical ◆ *s.m.pl.*, gestos, expressões e comportamentos de uma pessoa → *A modo*, como, semelhante. *De modo que*, em consequência, ou seja. *De todos modos*, apesar disso, apesar de tudo. *Grosso modo (latín)*, sem detalhes, genericamente. *Sobre modo*, no extremo, no auge.

Modorra, *s.f.*, modorra, grande sonolência.

Modular, *v.5,* modular.

Módulo, *s.m.*, módulo.

Mofa, *s.f.*, burla, sarro.

Mofarse, *v.5,* burlar-se, tirar sarro de alguém.

Moflete, *s.m.*, bochecha.

Mofletudo/a, *adj.*, bochechudo.

Mohín, *s.m.*, biquinho de zanga fingida, dengo.

Mohíno/a, *adj.*, dengoso, tristinho, chateado.

Moho, *s.m.*, mofo.

Moisés, *s.m.*, berço de vime para bebê.

Mojar, *v.5,* molhar → *Mojarse*, comprometer-se, adquirir um dever ou uma obrigação.

Mojicón, *s.m.*, pancada, porrada, tapão, soco.

Mojigato/a, *adj.* e *s.*, puritano, recatado, carola, beatão ‖ fingido, hipócrita, dissimulado.

Mojón, *s.m.*, baliza, marco divisório ‖ porção compacta de excremento.

Molar, *adj.*, molar.

Molde, *s.m.*, molde, forma, modelo.

Moldear, *v.5,* moldar, fundir, vazar.

Moldura, *s.f.*, moldura, marco, caixilho.

Molécula, *s.f.*, molécula.

Moler, *v.10,* moer, triturar ‖ maltratar ‖ cansar, fatigar.

Molestar, *v.5,* incomodar, aborrecer, chatear ‖ dor leve ‖ ofensa leve → *Molestarse*, incomodar-se, preocupar-se, dispor-se a fazer algum trabalho ou favor.

Molestia, *s.f.*, incômodo.

Molesto/a, *adj.*, incomodado, constrangido, chateado, aborrecido.

Molino, *s.m.*, moinho.

Molusco, *s.m.*, molusco.

Molla, *s.f.*, parte carnuda e mole ‖ gordurinhas das pessoas.

Molleja, *s.f.*, moela.

Mollera, *s.f.*, moleira.

Momento, *s.m.*, momento, instante ‖ ocasião, oportunidade ‖ tempo presente, agora → *A cada momento*, a cada instante, frequentemente. *Al momento*, imediatamente. *De momento/por el momento*, indica algo que acontece no presente e pode não ocorrer no futuro. *De un momento a otro*, a qualquer instante. *Desde el momento* *en que*, desde o instante em que. *Por momentos*, progressivamente.

Momia, *s.f.*, múmia.

Monada, *s.f.*, macacada ‖ mimo, dengo, chamego ‖ ação idiota ‖ gesto gracioso típico das crianças ‖ pessoa ou objeto bonito, delicado e gracioso.

Monaguillo, *s.m.*, coroinha de missa.

Monarca, *s.m.*, monarca.

Monarquía, *s.f.*, monarquia.

Monasterio, *s.m.*, mosteiro.

Mondadientes, *s.m.*, palito de dentes.

Mondar, *v.5*, descascar em especial frutas, legumes e tubérculos ‖ podar ‖ limpar um poço → *Mondarse de risa*, morrer de rir.

Mondongo, *s.m.*, intestino dos animais ‖ resíduos depositados no intestino humano.

Moneda, *s.f.*, moeda → *Pagar con/en la misma moneda*, pagar na mesma moeda, vigar-se. *Ser moneda corriente*, ser comum, vulgar, costumeiro.

Monedero/a, *s.*, pessoa que fabrica moedas ◆ *s.m.*, porta-moedas.

Monería, *s.f.*, macaquice.

Monetario/a, *adj.*, monetário.

Mongólico/a, *adj.* e *s.*, mongoloide.

Mongolismo, *s.m.*, mongolismo.

Monigote, *s.m.*, boneco ou figura grotesca ‖ pessoa insignificante e de pouco caráter ‖ escultura, pintura ou desenho caricato.

Monitor/ra, *s.*, monitor, supervisor ◆ *s.m.*, tela de vídeo usada para receber ou controlar dados e informações ‖ visor.

Monja, *s.f.*, freira, monja.

Monje, *s.m.*, monge, hermitão, anacoreta.

Mono, *prefixo grego que significa um.*

Mono/a, *s.*, macaco ◆ *adj.*, bonito, gracioso, gentil ◆ *s.m.*, macacão, peça de vestuário ◆ *s.m.pl.*, charge, tira cômica ◆ *s.f.*, bebedeira ‖ tipo de jogo de cartas → *Dormir la mona*, dormir uma bebedeira. *Estar de monos*, estar de mau humor. *Mono de imitación*, macaco de imitação, pessoa que copia gestos ou opiniões de outra pessoa. *Último mono*, pessoa insignificante e normalmente desconsiderada pelos outros.

Monstruo, *s.m.*, monstro.

Montaña, *s.f.*, montanha.

Montar, *v.5*, montar ‖ colocar uma coisa sobre outra ‖ armar, ajustar, encaixar ‖ cavalgar ‖ instalar, estabelecer ‖ mobiliar uma casa ‖ bater clara de ovo e outros ingredientes até o ponto de massa ‖ encenar uma peça teatral ‖ importar, ser importante ‖ somar, atingir um certo valor ou quantidade → *Tanto monta*, dá na mesma, não tem importância.

Monte, *s.m.*, monte, outeiro, elevação ‖ arvoredo, bosque ‖ jogo de cartas ‖ cartas que sobram após repartidas num jogo → *Monte de piedad*, casa de penhores. *Monte de Venus*, púbis feminino.

Montilla, *s.m.*, montila, tipo de vinho.

Montón, *s.m.*, montão, porção, monte, grande quantidade → *A montones*, em grande quantidade, com abundância. *A/de/en montón*, junto, de uma vez só, sem separação ou distinção. *Del montón*, vulgar, uma pessoa qualquer, sem destaque.

Monumento, *s.m.*, monumento.

Moño, *s.m.*, coque feito no cabelo ‖ topete de algumas aves.

Moqueta, *s.f.*, carpete.

Morado/a, *adj.* e *s.m.*, cor violeta, entre o vermelho e o azul ◆ *s.f.*, morada, lugar onde se vive ‖ permanência temporária em algum lugar → *Pasarlas moradas*, passar por um mau pedaço, difícil ou doloroso ou constrangedor. *Ponerse morado*, fartar-se de comer e beber, tirar a barriga da miséria.

Moradura, *s.f.*, marca na pele arroxeada por pancada recebida.

Moral, *s.m.*, terreno plantado de amoreiras ◆ *s.f.*, moral ‖ ânimo ‖ situação psicológica ◆ *s.m.*, relativo ao espírito em oposição ao físico e material ‖ que é conforme e favorável aos bons costumes ‖ relativo aos bons costumes e às regras de conduta.

Moralizar, *v.5.15*, moralizar.

Morar, *v.5*, morar, residir.

Morcilla, *s.f.*, morcela ‖ improvisação de um ator dentro de um papel → *Dar morcilla*, incomodar, encher a paciência de alguém.

Mordaz, *adj.*, mordaz.

Mordaza, *s.f.*, mordaça.

Mordedura, *s.f.*, mordida.

Morder, *v.10*, morder ‖ consumir, gastar ‖ murmurar ofendendo → *Estar que muerde*, estar uma fera, muito zangado ou encolerizado. *Morder el anzuelo*, deixar-se enganar. *Morderse los dedos*, arrepender-se.

Mordisco, *s.m.*, mordida.

Moreno/a, *adj.* e *s.*, moreno ◆ *s.*, pessoa de cor negra ◆ *adj.*, tostado, queimado ◆ *s.f.*, tipo de peixe.

Morera, *s.f.*, amoreira.

Morfema, *s.m.*, morfema.

Morfina, *s.f.*, morfina.

Morfología, *s.f.*, morfologia.

Moribundo/a, *adj.* e *s.*, moribundo.

Morir, *v.25*, morrer, perder a vida ‖ extinguir-se lentamente ‖ ter fim, findar ‖ estar dominado por um desejo, paixão ou necessidade.

Moro/a, *adj.*, mouro ‖ muçulmano ◆ *s.f.*, amora → *Haber moros en la costa*, cuidado, tem gente descalça, há pessoas que não podem ou não devem ouvir o que se fala.

Morral, *s.m.*, embornal, bornal, mochila ‖ homem tosco, burro, torpe.

Morriña, *s.f.*, nostalgia, saudade.

Morro, *s.m.*, focinho ‖ lábios carnudos ou salientes de uma pessoa ‖ parte dianteira saliente de alguma coisa ‖ penhasco escarpado ‖ outeiro → *Estar de/hacer morro/morros*, estar de mau humor, estar bravo.

Morrocotudo/a, *adj.*, de muita importância, magnitude ou dificuldade.

Morrón, *adj.*, variedade do pimentão de tipo grosso e carnudo ◆ *s.m.*, pancada, porrada.

Mortadela, *s.f.*, mortadela.

Mortaja, *s.f.*, mortalha.

Mortal, *adj.*, mortal, mortífero.

Mortalidad, *s.f.*, mortalidade.

Mortandad, *s.f.*, mortandade.

Mortero, *s.m.*, pilão ‖ argamassa ‖ peça de artilharia.

Mortificar, *v.5.14*, mortificar.

Mosaico/a, *adj.*, relativo a Moisés ◆ *s.m.* e *adj.*, mosaico.

Mosca, *s.f.*, mosca ‖ cavanhaque ‖ dinheiro, grana ‖ pessoa insistente, desagradável ‖ desconfiança, receio, desgosto ‖ isca artificial para pescar → *Cazar moscas*, fazer ou ocupar-se com coisas inúteis. *Con la mosca en/detrás de la oreja*, com a pulga atrás da orelha, desconfiado. *Mosca muerta*, boi sonso, pessoa sonsa que acaba fazendo as coisas sem parecer. *Picarle la mosca*, inquietar-se. *Por si las moscas*, por precaução. *Sacudirse las moscas*, livrar-se dos problemas e preocupações.

Moscarda/moscardón/moscón, *s.m.*, mosca-varejeira.

Mosquito, *s.m.*, mosquito.

Mostaza, *s.f.*, mostarda.

Mostrador, *s.m.*, balcão ou vitrine usado no comércio.

Mostrar, *v.10*, mostrar, expor, deixar ver ‖ manifestar, demonstrar ‖ explicar, ensinar.

Mote, *s.m.*, apelido, alcunha.

Motel, *s.m.*, albergue, estalagem.

Motivar, *v.5*, motivar.

Motivo, *s.m.*, motivo, causa, razão.

Moto/motocicleta, *s.f.*, moto, motocicleta.

Motor/ra, *adj.* e *s.*, motor.

Motorista, *s.m.* e *f.*, motociclista.

Mover, *v.10*, mover ‖ induzir ‖ produzir, provocar ‖ promover, suscitar → *Moverse*, apressar-se ‖ conseguir alguma coisa ‖ ser desenvolto ‖ mexer-se.

Movilizar, *v.5.15*, mobilizar ‖ pôr em prática ‖ pôr em atividade.

Movimiento, *s.m.*, movimento ‖ tráfego, circulação ‖ animação ‖ tendência ‖ sublevação, rebelião.

Mozalbete, *s.m.*, mocinho.

Mozo/a, *adj.* e *s.*, moço, pessoa jovem e solteira ◆ *s.m.*, ajudante secundário de qualquer tipo de empresa ◆ *s.f.*, empregada doméstica ou camareira de hotel.

Mucoso/a, *adj.*, mucoso.

Muchachada, *s.f.*, molecagem.

Muchacho/a, *adj.* e *s.*, adolescente, garoto, jovem.

Muchedumbre, *s.f.*, multidão.

Mucho/a, *adj.* e *pron.*, muito, numeroso ◆ *adv.*, intensamente, profundamente → *Como mucho*, no máximo. *Muy mucho*, muito mesmo. *Ni con mucho*, apesar de tudo não. *Ni mucho menos*, absolutamente não, jamais, nem pensar. *Por mucho que*, ainda que, por mais que.

Muda, *s.f.*, renovação total ou parcial dos tegumentos de um ser vivo ‖ troca de roupa íntima.

Mudar, *v.5*, mudar, cambiar, trocar, variar o aspecto.

Mudez, *s.f.*, qualidade de mudo.

Mudo/a, *adj.* e *s.*, mudo, que não fala.

Mueble, *adj.*, móvel, peça de mobília e bens imóveis.

Mueca, *s.f.*, gesto, muxoxo.

Muela, *s.f.*, dente molar ‖ mó, pedra de moinho.

Muelle, *adj.*, cômodo, mole, agradável ◆ *s.m.*, mola ‖ cais, doca ‖ plataforma ferroviária.

Muera, *s.f.*, sal de cozinha.

Muerte, *s.f.*, morte ‖ homicídio ‖ figura alegórica que caracteriza a morte ‖ destruição, aniquilamento → *A muerte*, violento, violentamente. *A muerte o vida/a vida o muerte*, caso de vida ou morte, grande decisão. *Dar muer-*

te, matar. *De mala muerte*, porcaria, de pouco valor, sem importância. *De muerte*, muito grande, espantoso. *Estar a la muerte/a las puertas de la muerte*, estar morrendo. *Hasta la muerte*, até a morte. *Ser una muerte*, ser alguma coisa muito desagradável.

Muerto/a, *adj.* e *s.*, morto, defunto, cadáver ‖ desanimado ◆ *s.m.*, tudo aquilo que num determinado momento é desagradável ou desconfortável para alguém → *Callarse como un muerto*, ficar calado, calar o bico, omitir-se. *Hacer el muerto*, na natação, flutuar, boiar. *Levantar un muerto*, cobrar ou receber uma aposta no jogo que não foi feita, trapacear. *Más muerto que vivo*, morto de medo, assustado. *Medio muerto*, morto de cansaço. *Muerto de hambre*, infeliz.

Muestra, *s.f.*, amostra ‖ fragmento ‖ sinal, indício.

Muestrario, *s.m.*, mostruário, coleção de amostras.

Muestreo, *s.m.*, amostragem.

Mugir, *v.7.15*, mugir.

Mugre, *s.f.*, sujeira gordurosa.

Mujer, *s.f.*, mulher ‖ fêmea ‖ adulto feminino ‖ esposa.

Mujeriego/a, *adj.*, mulherengo.

Mujerzuela, *s.f.*, prostituta.

Mulato/a, *adj.* e *s.*, mulato.

Muleta, *s.f.*, muleta.

Muletilla, *s.f.*, vício de linguagem que se repete sem necessidade.

Mulo/a, *s.*, mulo.

Multa, *s.f.*, multa.

Multar, *v.5*, multar.

Múltiple, *adj.*, múltiplo.

Multiplicación, *s.f.*, multiplicação.

Multiplicar, *v.5.14*, multiplicar.

Multitud, *s.f.*, multidão.

Mullir, *v.19*, afofar.

Mundo, *s.m.*, mundo, universo ‖ o planeta Terra ‖ a sociedade humana ‖ cada uma das partes em que pode ser dividido tudo o que existe ‖ grupo, conjunto de pessoas com um fator em comum ‖ a vida mundana ‖ baú muito grande ‖ globo terrestre ‖ experiência de vida → *Correr/ver mundo*, viajar pelo mundo sem deter-se num país. *Echar al mundo*, dar à luz. *Echarse al mundo*, prostituir-se. *El otro mundo*, a vida após a morte. *Gran mundo*, sociedade de gente rica, grã-fino. *Hacerse un mundo*, exagerada importância. *Hundírsele el mundo*, vir o mundo abaixo por um problema. *Irse/salir de este mundo*, morrer. *Medio mundo*, muita gente, todo mundo. *No ser nada del otro mundo*, coisa fácil, que não é do outro mundo. *Ponerse el mundo por montera*, ouvidos moucos, não dar a mínima importância para a opinião alheia. *Por nada del mundo*, jamais, em hipótese alguma, por nada deste mundo. *Tener mundo*, ter muita experiência. *Un mundo*, uma multidão. *Valer un mundo*, valer muito, ser muito importante. *Venir al mundo*, nascer.

Munición, *s.f.*, munição.

Municipal, *adj.*, municipal.

Municipio, *s.m.*, município ‖ prefeitura.

Muñeco/a, *s.*, boneco ◆ *s.m.*, homem de pouco caráter ◆ *s.f.*, munheca, parte que liga a mão ao antebraço ‖ mulher muito bonita e de pouco juízo.

Muñón, *s.m.*, coto de membro amputado.

Mural, *adj.* e *s.m.*, mural.
Muralla, *s.f.*, muralha.
Murciélago, *s.m.*, morcego.
Murmullo, *s.m.*, murmúrio.
Murmurar, *v.5*, murmurar, sussurrar ‖ fofocar.
Mus, *s.m.*, jogo de cartas.
Musa, *s.f.*, musa.
Musaraña, *s.f.*, musaranho, mamífero noturno parecido com o rato → *Mirar a las musarañas*, estar no mundo da lua.
Muscular, *adj.*, muscular.
Musculatura, *s.f.*, musculatura.
Músculo, *s.m.*, músculo.
Museo, *s.m.*, museu.
Musgo, *s.m.*, musgo.
Musical, *adj.*, musical.
Musicalidad, *s.f.*, musicalidade.
Músico/a, *adj.*, relativo à música ◆ *s.*, profissional da música ◆ *s.f.*, arte e composição musical → *Con la música a otra parte*, vá ver se estou na esquina, vá cantar em outro teatro. *Música celestial*, não dar atenção ao que dizem.
Musitar, *v.5*, murmurar, sussurrar.
Muslo, *s.m.*, coxa.
Mustiar, *v.5*, murchar.
Mustio/a, *adj.*, murcho, seco ‖ sem vitalidade ‖ triste, melancólico, abatido.
Mutilar, *v.5*, mutilar.
Mutismo, *s.m.*, atitude de quem permanece calado, mudo.
Mutuo/a, *adj.*, mútuo.
Muy, *adv.*, muito ◆ apócope de *mucho*.

N

s.f., décima quarta letra do alfabeto espanhol com a qual se representa o som consonântico sonoro que se articula colocando a ponta da língua nos alvéolos dos dentes superiores e soltando-se o ar pelo nariz, seu nome é *"ene"*.

Nabo, *s.m.*, nabo.

Nácar, *s.m.*, madrepérola.

Nacer, *v.9*, nascer ‖ brotar ‖ descender, ter berço ‖ ter princípios, originar-se ‖ proceder uma coisa de outra ‖ ser propenso, ter tendência → *Volver a nacer*, voltar a nascer, diz-se quando se passa por um perigo muito grande.

Naciente, *adj.*, nascente ◆ *s.m.*, ponto cardinal, oriente.

Nacimiento, *s.m.*, nascimento ‖ origem ‖ estirpe, linhagem ‖ presépio → *De nacimiento*, de nascença.

Nación, *s.f.*, nação, país ‖ raça, povo.

Nacionalizar, *v.5.15*, nacionalizar.

Nada, *pron.*, nada, coisa nenhuma, nenhuma quantidade ‖ ninharia, pouca coisa ◆ *adv.*, absolutamente nada, nem um pouco ◆ *s.f.*, o não ser, não existir →*Ahí es nada*, coisa muito importante. *Como si nada*, sem dar importância. *De nada*, de pouca importância, uma insignificância ‖ resposta para quem está agradecendo, de nada. *Nada más*, só, apenas, unicamente, mais nada. *Nada menos que*, nem mais nem menos, usado para dar importância ao que se fala.

Nadar, *v.5*, nadar, boiar, flutuar ‖ abundar.

Nadie, *pron.*, ninguém, nenhuma pessoa ◆ *s.m.*, pessoa de pouca importância, joão-ninguém.

Naipe, *s.m.*, naipe.

Nalga, *s.f.*, nádega ‖ anca.

Nana, *s.f.*, canção de ninar → *El año de la nana*, tempo longínquo, incerto e antigo, antigamente.

Nao, *s.f.*, nau, embarcação, nave.

Napias, *s.f.*, nariz, em especial quando é grande.

Naranja, *s.f.*, laranja ◆ *s.m.*, cor laranja → *Media naranja*, a cara-metade. *Naranjas de la China*, denota incredulidade e espanto, equivale a: uma ova!

Naranjal, *s.m.*, plantação de laranjeiras.

Naranjo, *s.m.*, laranjeira.

Narcotizar, *v.5.15*, narcotizar.

Nariz, *s.f.*, nariz ‖ olfato ‖ saliência → *Dar en las narices [a alguien]*, destratar alguém. *Darle en la nariz [algo a alguien]*, desconfiar, suspeitar. *Darse de narices*, cair de boca no chão ou bater com alguma coisa na cara. *En mis/tus/sus propias narices*, na minha/tua/sua frente, na cara. *Estar hasta las narices*, estar de saco cheio. *Hablar por la nariz*, ser fanho. *Hinchársele las narices*, ficar muito nervoso, perder as estribeiras. *Meter/asomar las narices*, intrometer-se no que não lhe diz respeito. *¡Narices!*, expressão que assevera uma negação, jamais!, sai daqui!, fora! *No ver [alguien] más allá de sus narices,* pessoa pouco esperta ou pouco perspicaz. *Quedar con un palmo de narices,* levar ou dar um fora. *Refregar por las narices [algo a alguien],* esfregar na cara [alguma coisa a alguém]. *Romper las narices,* ameaça de quebrar a cara. *Tener montado en las narices [a alguien],* pegar no pé, não deixar em paz.

Narración, *s.f.,* narração.

Narrar, *v.5,* narrar.

Nasal, *adj.,* nasal.

Nasalizar, *v.5.15,* nasalizar.

Natación, *s.f.,* natación.

Natal, *adj.,* relativo ao nascimento, Natal.

Natillas, *s.f.pl.,* doce de leite.

Natividad, *s.f.,* nascimento.

Nativo/a, *adj.* e *s.,* nativo, originário.

Nato/a, *adj.,* nato, inerente ◆ *s.f.,* nata ‖ fina-flor, a elite ‖ creme de leite.

Natural, *adj.,* natural ‖ genuíno, autêntico ‖ normal, comum ‖ filhos nascidos fora do casamento ‖ espontâneo ‖ nativo, originário ◆ *s.m.,* forma de ser de uma pessoa → *Al natural,* ao natural, sem artifícios.

Naturaleza, *s.f.,* natureza ‖ essência dos seres ‖ índole temperamento ‖ conjunto de instintos de uma espécie ‖ aspecto, aparência física do corpo ‖ sexo, apetite sexual ‖ cidadania.

Naturalizar, *v.5.15,* naturalizar, nacionalizar.

Naufragar, *v.5.18,* naufragar.

Náusea, *s.f.,* náusea, enjoo.

Navaja, *s.f.,* navalha ‖ língua de pessoa maledicente.

Navajada, *s.f.*/**Navajazo**, *s.m.,* navalhada.

Naval, *adj.,* naval.

Nave, *s.f.,* nave, embarcação.

Navegación, *s.f.,* navegação.

Navegar, *v.5.18,* navegar.

Navidad, *s.f.,* dia 25 de dezembro, dia de Natal.

Navideño/a, *adj.,* natalino.

Navío, *s.m.,* navio.

Neblí, *s.m.,* nebri, falcão adestrado.

Neblina, *s.f.,* neblina, névoa.

Nebuloso/a, *adj.,* nebuloso ‖ pouco claro ◆ *s.f.,* nebulosa.

Necedad, *s.f.,* teimosia.

Necesario/a, *adj.,* necessário.

Neceser, *s.m.,* frasqueira.

Necesidad, *s.f.,* necessidade ‖ ausência, carência ‖ precisão, apuro ‖ fome ‖ evacuação fisiológica.

Necesitar, *v.5,* necessitar, precisar.

Necio/a, *adj.* e *s.,* ignorante, teimoso, imprudente.

Nécora, *s.f.,* tipo de caranguejo marinho.

Necrosis, *s.f.,* necrose.

Néctar, *s.m.,* néctar.

Nefasto/a, *adj.,* nefasto, muito ruim.

Negación, *s.f.,* negação.

Negar, *v.12,* negar, recusar ‖ impedir, proibir ‖ ocultar ou dissimular.

Negligencia, *s.f.,* negligência.

Negociación, *s.f.,* negociação.

Negociante, *s.m.* e *f.,* negociante.

Negociar, *v.5,* negociar, comerciar ‖ descontar valores ‖ tratar um negócio pela via diplomática.

Negocio, *s.m.,* negócio, operação comercial ‖ estabelecimento comercial.

Negrilla/negrita, *s.f.* e *adj.,* letra em negrito.

Negro/a, *adj.* e *s.m.*, negro ◆ *adj.*, tudo o que está ou é mais escuro do que o normal de sua espécie ‖ escuro, perdeu a cor ‖ triste, desgraçado ◆ *adj.* e *s.*, indivíduo de raça negra ‖ pessoa que trabalha anonimamente para que outros levem a fama, em especial em obras literárias ◆ *s.f.*, figura musical com duração dupla à colcheia → *Negro espiritual*, canto espiritual dos negros. *Pasarlas negras*, estar numa situação difícil. *Tener la negra*, ter azar. *Verse negro para [hacer algo]*, ter dificuldade para [fazer alguma coisa].

Neis, *s.m.*, gnaisse.

Nene/a, *s.*, nenê, criança muito pequena.

Nervadura, *s.f.*, nervura ‖ feixe de nervos.

Nervio, *s.m.*, nervo ‖ tendão ‖ força, vigor físico ou mental ‖ cerne, núcleo, alma ‖ nervura das folhas ‖ cada uma dar cordas de encadernação de um livro ◆ *s.m.pl.*, nervosismo → *Ponérsele [a alguien] los nervios de punta*, ficar nervoso, irritar-se.

Nerviosidad, *s.f.*/**Nerviosismo**, *s.m.*, nervosismo.

Nervioso/a, *adj.*, nervoso ‖ inquieto, irrequieto, intranquilo.

Neto/a, *adj.*, claro, bem definido, puro, limpo ‖ peso líquido de uma carga ao ser transportada.

Neumático/a, *adj.*, relativo ao ar e a fluidos gasosos ‖ pneu dos automóveis.

Neumonía, *s.f.*, pneumonia.

Neuralgia, *s.f.*, nevralgia.

Neurología, *s.f.*, neurologia.

Neurona, *s.f.*, neurônio.

Neurosis, *s.f.*, neurose.

Neutral, *adj.*, *s.m.* e *f.*, neutro.

Neutralidad, *s.f.*, neutralidade.

Neutro/a, *adj.*, neutro ‖ indeterminado.

Nevar, *v.12,* nevar.

Nevera, *s.f.*, geladeira ‖ quarto muito frio.

Neviscar, *v.5.14,* nevar muito pouco.

Nexo, *s.m.*, nexo, união, vínculo.

Ni, *conj.*, nem, também não ‖ sequer.

Nicho, *s.m.*, nicho.

Nidada, *s.f.*, ninhada.

Nido, *s.m.*, ninho ‖ toca ‖ ninhada ‖ casa, lar ‖ covil ‖ trincheira ‖ esconderijo → *Caerse del nido*, ser muito inocente e crédulo. *Cama nido*, bicama. *Nido de abeja*, bordado tipo casinha de abelha.

Niebla, *s.f.*, névoa densa ‖ confusão.

Nieto/a, *n.*, neto.

Nieve, *s.f.*, neve.

Nimbo, *s.m.*, auréola ‖ cerco luminoso da lua ‖ tipo de nuvem.

Nimio/a, *adj.*, nímio, insignificante.

Ninfa, *s.f.*, ninfa.

Ningún, *adj.*, apócope de *ninguno*, usado diante de *s.m. sing.*

Ninguno/a, *adj.* e *pron.*, nenhum, nem uma pessoa ou coisa.

Niñera, *s.f.*, babá.

Niñería, *s.f.*, criancice.

Niñez, *s.f.*, infância, meninice.

Niño/a, *s.* e *adj.*, menino, criança ‖ jovem ‖ pessoa ingênua ◆ *s.f.*, menina dos olhos → *La niña bonita*, o número quinze nos sorteios. *Ni qué niño muerto*, absolutamente não. *Niñas de los ojos*, menina dos olhos, pessoa muito querida. *Niño gótico*, jovem afetado. *Niño mimado*, o preferido por outra pessoa.

Niquelar, *v.5,* niquelar.

Níspero, *s.m.*, ameixeiro ◆ *s.f.*, ameixa.

Nitidez, *s.f.*, nitidez.
Nítido/a, *adj.*, nítido.
Nivel, *s.m.*, nível, altura, grau de elevação ‖ categoria ‖ instrumento para verificar a horizontalidade → *A nivel*, na mesma altura. *Nivel de vida*, nível de vida.
Nivelar, *v.5*, nivelar.
Níveo/a, *adj.*, níveo, relativo à neve.
No, *adv.*, não ‖ não é? → *A que no*, quer ver como não? *No bien*, imediatamente, nem bem. *No más*, somente, apenas. *No menos*, como mínimo. *No sin*, com.
Noble, *adj.* e *s.m.* e *f.*, nobre ♦ *adj.*, distinção ‖ magnânimo, de sentimentos elevados ‖ emprega-se para alguns materiais muito finos ou seletos → *Gas noble*, gases nobres da tabela periódica. *Metal noble*, metais nobres, ouro e platina.
Nobleza, *s.f.*, nobreza.
Noblote/a, *adj.*, pessoa de caráter nobre, franco e aberto.
Noción, *s.f.*, noção, conhecimento, ideia ‖ conhecimento elementar.
Nocividad, *s.f.*, qualidade de nocivo.
Nocivo/a, *adj.*, nocivo.
Nocturno/a, *adj.*, noturno ♦ *s.m.*, tipo de composição musical.
Noche, *s.f.*, noite ‖ tristeza → *Ayer noche*, ontem à noite. *Buenas noches*, boa noite. *De la noche a la mañana*, de uma hora para outra. *Hacer noche*, pernoitar. *Nochebuena*, noite de Natal. *Noche toledana*, noite em claro, sem dormir. *Nochevieja*, noite de 31 de dezembro. *Noche y día*, sempre, a toda hora. *Pasar en claro la noche*, ficar sem dormir, noite em claro.
Nochebuena, *s.f.*, noite de Natal.
Nochevieja, *s.f.*, noite de 31 de dezembro.
Nodriza, *s.f.*, nutriz, ama de leite.
Nogal, *s.m.*, nogueira.
Nómada, *adj.*, *s.m.* e *f.*, nômade.
Nombrar, *v.5*, nomear, citar, fazer referência ‖ escolher, designar.
Nombre, *s.m.*, nome ‖ substantivo ‖ nome completo de uma pessoa ‖ alcunha ‖ fama, reputação → *Decir/llamar las cosas por su nombre*, ser franco e honesto. *En nombre [de alguien]*, em nome [de alguém], com a autoridade de outra pessoa. *No tener nombre*, coisa muito indigna. *Nombre de pila*, prenome, nome de batismo.
Nómina, *s.f.*, folha de pagamento.
Nominación, *s.f.*, nomeação.
Nominar, *v.5*, nomear.
Non, *adj.* e *s.m.*, número ímpar → *De non*, sem par.
Nonato/a, *adj.*, não nascido naturalmente, extraído após a mãe morta ou por cesárea.
Noquear, *v.5*, nocautear no boxe.
Noreste/nordeste, *s.m.*, nordeste.
Noria, *s.f.*, roda de moinho ‖ roda-gigante dos parques de diversões.
Norma, *s.f.*, norma, regra geral.
Normal, *adj.*, normal ♦ *adj.* e *s.f.*, escola normal, preparatória de professores para o primeiro grau.
Normalizar, *v.5.15*, normalizar, normatizar.
Noroeste, *s.m.*, noroeste.
Norte, *s.m.*, norte ‖ na direção da estrela polar ‖ vento que sopra desse lado ‖ direção, guia, rumo.
Nos, *pron.*, nos, forma átona do *pron. pess.* de primeira *pess. pl.* em função

de complemento direto e indireto ‖ usado como sujeito de primeira *pess.* mesmo que com concordância *pl.* por hierarquias eclesiásticas em ocasiões solenes → *Inter nos*, entre nós, segredo.

Nosotros/as, *pron.* primeira *pess. pl.*, nós, forma tônica para todas as funções gramaticais ‖ substitui ao *pron.* primeira *pess.* como *pl.* de modéstia.

Nostalgia, *s.f.*, nostalgia, tristeza, saudade.

Nota, *s.f.*, nota, bilhete ‖ notícia breve, comunicação sucinta ‖ conceito numérico ou não dado a um aluno ‖ conta, fatura ‖ aspecto, detalhe ‖ fama, renome, reputação ‖ signo musical e o som por ele representado → *Tomar nota*, tomar nota.

Notable, *adj.*, notável ◆ *s.m.*, pessoa principal numa coletividade ‖ nas escolas classificação equivalente à nota oito.

Notar, *v.5*, notar, ver, sentir, advertir, perceber.

Notaría, *s.f.*, cartório.

Notarial, *adj.*, cartorial.

Notario, *s.m.*, tabelião.

Noticia, *s.f.*, notícia.

Noticiario, *s.m.*, noticiário, programa de notícias da televisão.

Notificación, *s.f.*, notificação, intimação.

Notificar, *v.5.14*, notificar, intimar judicialmente.

Notoriedad, *s.f.*, notoriedade.

Novatada, *s.f.*, trote feito aos calouros de uma instituição.

Novato/a, *adj.* e *s.*, novato, calouro, principiante.

Novedad, *s.f.*, novidade, coisa nova, mudança introduzida ‖ sucesso recente, notícia.

Novela, *s.f.*, novela, romance ‖ gênero literário.

Novelar, *v.5*, romancear.

Novelería, *s.f.*, fantasia, ficção.

Novelero/a, *adj.* e *s.*, leitor de romances.

Novelesco/a, *adj.*, próprio e característico dos romances e novelas.

Novelístico/a, *s.f.* e *adj.*, relativo ao gênero literário novelístico, romanceiro.

Noviazgo, *s.m.*, namoro.

Noviciado, *s.m.*, noviciado.

Novicio/a, *adj.* e *s.*, noviço, principiante.

Noviembre, *s.m.*, novembro.

Novillo/a, *s.*, novilho, toro, boi ou vaca nova ◆ *s.m.*, marido traído pela mulher → *Hacer novillos*, cabular aula.

Novio/a, *s.*, namorado ‖ nubente → *Quedarse compuesta y sin novio*, ficar plantado, não acontecer algo que se espera como seguro e certo.

Nube, *s.f.*, nuvem ‖ sombra ‖ multidão ‖ qualquer coisa que escurece a vista → *Como caído de las nubes*, inesperado, repentino. *En las nubes*, distraído, aéreo, no mundo da lua. *Nube de verano*, chuva de verão ‖ desgosto passageiro. *Poner en las nubes*, enaltecer. *Por las nubes*, preço muito alto.

Nublado/a, *adj.*, nublado.

Nublar, *v.5*, nublar, anuviar ‖ dificultar a visão, enevoar ‖ confundir, obscurecer.

Nuca, *s.f.*, nuca.

Núcleo, *s.m.*, núcleo.

Nudillo, *s.m.*, nó dos dedos.

Nudo, *s.m.*, nó ‖ vínculo ‖ defeito ‖ ponto principal ‖ entroncamento ‖ milha marítima por hora → *Hacérsele un nudo en la garganta*, ter um nó na garganta. *Nudo gordiano*, nó gordiano, coisa difícil, insolúvel.

Nudoso/a, *adj.*, nodoso.

Nuera, *s.f.*, nora.

Nuestro/a, *adj.* e *pron.*, nosso, primeira *pess. pl.*, expressa a posse ou pertencimento atribuído a duas ou mais pessoas incluindo a que fala.

Nueve, *adj.* e *s.m.*, nove.

Nuevo/a, *adj.*, novo, recente, moderno, diferente, distinto ‖ recém-chegado ‖ principiante ‖ pouco ou nada usado ♦ *s.f.*, notícia, informação → *Cogerle de nuevas [a alguien algo]*, ter uma surpresa. *De nuevo*, outra vez, de novo. *Hacerse de nuevas*, fazer de conta que não se sabe uma coisa.

Nuez, *s.f.*, noz ‖ pomo-de-adão → *Nuez moscada*, noz-moscada.

Nulidad, *s.f.*, nulidade ‖ pessoa incapaz.

Nulo/a, *adj.*, nulo, sem valor ‖ incapaz, inútil.

Numeración, *s.f.*, numeração.

Numerador, *s.m.*, numerador.

Numerar, *v.5*, numerar.

Numerario/a, *adj.*, empregado com vínculo empregatício fixo ♦ *s.m.*, numerário, dinheiro, papel-moeda.

Número, *s.m.*, número ‖ quantidade ‖ algarismo ‖ categoria, classe ‖ parcela ‖ cena, quadro ‖ fascículo ‖ fração de bilhete de loteria ou rifa ‖ quarto livro do Pentateuco ‖ flexão gramatical ou verbal indicativa de singular ou plural → *De número*, empregado de uma empresa. *En números redondos*, quantidade aproximada. *Hacer número*, constar apenas, estar em absoluta impassividade. *Hacer números*, calcular, fazer contas sobre um orçamento disponível. *Hacer/ dar un número*, chamar a atenção, aparecer, fazer-se notar. *Ser el número uno*, sobressair-se. *Sin número*, incontável, muitos.

Numeroso/a, *adj.*, numeroso.

Nunca, *adv.*, nunca, jamais, em tempo algum ‖ em frases interrogativas usa-se com sentido positivo equivalente a alguma vez → *Nunca jamás*, enfático de negação, nunca jamais. *Nunca más*, enfático de negação referida ao futuro, nunca mais.

Nupcial, *adj.*, nupcial.

Nupcias, *s.f.pl.*, núpcias, casamento.

Nutria, *s.f.*, lontra, rato-do-banhado.

Nutrición, *s.f.*, nutrição.

Nutrido/a, *adj.*, nutrido, alimentado ‖ numeroso.

Nutrir, *v.7*, nutrir, alimentar ‖ manter, fomentar ‖ encher, abundar, culminar ‖ prover.

Nutritivo/a, *adj.*, nutritivo, alimentício.

Ñ

s.f., décima quinta letra do alfabeto espanhol e décima quarta de suas consoantes; pronuncia-se como o grupo *"nh"* em português.

Ñaco, *s.m.*, *Amér.*, fritura de farinha com aparência de batata.

Ñagaza, *s.f.*, isca, chamariz.

Ñame, *s.m.*, inhame, batata-doce.

Ñandú, *s.m.*, ema.

Ñaque, *s.m.*, montão de coisas inúteis ou ridículas.

Ñiquiñaque, *s.m.*, pessoa ou coisa muito desprezível.

Ñoñería, *s.f.*, bobagem, idiotice, coisa sem importância.

Ñoñez, *s.f.*, qualidade de bobo.

Ñoño/a, *adj.*, bobo, tonto, lelé da cuca.

O

s.f., décima sexta letra do alfabeto espanhol e quarta de suas vogais com a qual se representa o som vocálico articulado na parte posterior do palatar ◆ *conj.* ou, expressa exclusão, alternativa ou contraposição entre as orações ‖ expressa equivalência ou identidade ‖ expressa inclusão.

Oasis, *s.m.*, oásis ‖ lugar delicioso.

Obcecar, *v.5.14*, obcecar.

Obedecer, *v.9*, obedecer, acatar, cumprir ‖ responder um animal a um comando ‖ ceder, vergar ‖ estar motivado.

Obediencia, *s.f.*, obediência.

Obelisco, *s.m.*, obelisco.

Obertura, *s.f.*, abertura, peça sinfônica.

Obesidad, *s.f.*, obesidade.

Obeso/a, *adj.*, obeso, gordo.

Óbice, *s.m.*, óbice, obstáculo, impedimento.

Obispado, *s.m.*, bispado.

Obispo, *s.m.*, bispo → *Trabajar para el obispo*, trabalhar de graça, sem receber.

Óbito, *s.m.*, óbito.

Obituario, *s.m.*, obituário.

Objeción, *s.m.*, objeção, inconveniente.

Objetar, *v.5*, pôr objeções, objetar.

Objetivar, *v.5*, objetivar.

Objetivo/a, *adj.*, objetivo, imparcial ◆ *s.m.*, fim, propósito ‖ área a ser conquistada por um exército ‖ conjunto de espelhos e lentes fotográficos.

Objeto, *s.m.*, objeto ‖ objetivo.

Oblicuo/a, *adj.*, oblíquo.

Obligación, *s.f.*, obrigação, imposição, exigência, condição, dever, encargo ‖ reconhecimento, correspondência por favores recebidos ‖ título de rendimento, letra de câmbio.

Obligar, *v.5.18*, obrigar, forçar, sujeitar ‖ atrair ‖ penhorar → *Obligarse*, comprometer-se.

Obligatoriedad, *s.f.*, obrigatoriedade.

Oboe, *s.m.*, oboé.

Óbolo, *s.m.*, óbolo, esmola.

Obra, *s.f.*, obra, trabalho, criação ‖ livro ‖ virtude, feitio, meio ‖ construção, reforma, consertos de um edifício ‖ tempo de trabalho → *De obra*, com atos. *Por obra y gracia de*, graças a.

Obrar, *v.5*, obrar, realizar uma ação ‖ comportar-se ‖ edificar, fazer obras ‖ existir, estar sediado ‖ causar um efeito desejado ‖ defecar.

Obrero/a, *adj.*, relativo ao trabalhador ◆ *s.*, trabalhador manual assalariado ◆ *adj.* e *s.f.*, obreira, inseto estéril das abelhas e vespas.

Obscenidad, *s.f.*, obscenidade.

Obsceno/a, *adj.*, obsceno.

Obsequiar, *v.5*, presentear, gratificar, favorecer, galantear.

Obsequio, *s.m.*, obséquio, presente, gratificação, favor, galanteio, deferência especial.

Observación, *s.f.*, observação ‖ advertência ‖ objeção ‖ anotação feita à margem de um texto para chamar a atenção.

Observar, *v.5,* observar, examinar, cumprir ‖ advertir, reparar ‖ estudar ‖ contemplar ‖ acatar, obedecer.

Obsesión, *s.f.,* obsessão, ideia fixa.

Obsesionar, *v.5,* obsessionar, assediar.

Obsoleto/a, *adj.,* obsoleto, antiquado.

Obstaculizar, *v.5.15,* obstruir, obstar.

Obstáculo, *s.m.,* obstáculo, impedimento, empecilho, estorvo, embaraço, inconveniente.

Obstar, *v.5,* obstar.

Obstetricia, *s.f.,* obstetrícia.

Obstinación, *s.f.,* obstinação.

Obstinarse, *v.5,* obstinar-se.

Obstrucción, *s.f.,* obstrução.

Obstruir, *v.11,* obstruir.

Obtener, *v.4,* obter, conseguir, alcançar.

Obturar, *v.5,* obturar.

Obtuso/a, *adj.,* obtuso ‖ burro, tapado, torpe.

Obvio/a, *adj.,* óbvio, evidente.

Oca, *s.f.,* ganso ‖ tipo de jogo com dados e um tabuleiro, jogo da glória.

Ocasión, *s.f.,* ocasião, oportunidade, ensejo, conjuntura, motivo, causa ‖ risco, perigo.

Ocasionar, *v.5,* ocasionar, causar, motivar, arriscar, excitar.

Ocaso, *s.m.,* ocaso, pôr do sol, ocidente ‖ decadência, velhice.

Occidente, *s.m.,* ocidente.

Océano, *s.m.,* oceano.

Ocio, *s.m.,* ócio, folga, descanso.

Ocluir, *v.11,* fazer oclusão, fechar, obstruir.

Oclusión, *s.f.,* oclusão.

Ocre, *s.m.,* cor ocre.

Octubre, *s.m.,* outubro.

Ocular, *adj.,* ocular.

Oculista, *adj., s.m.* e *f.* oculista.

Ocultar, *v.5,* ocultar, esconder, sonegar, encobrir, tapar, reservar, disfarçar.

Oculto/a, *adj.,* oculto, escondido.

Ocupación, *s.f.,* ocupação, emprego, modo de vida.

Ocupar, *v.5,* ocupar, tomar posse, apoderar-se ‖ obter um emprego ‖ habitar, morar, residir ‖ incomodar, dar trabalho, embaraçar, estorvar.

Ocurrencia, *s.f.,* ideia, pensamento agudo ‖ ocorrência, fato, sucesso.

Ocurrir, *v.7,* ocorrer, suceder, acontecer.

Ochenta, *adj.* e *s.m.,* oitenta.

Ocho, *adj.* e *s.m.,* oito.

Oda, *s.f.,* ode.

Odalisca, *s.f.,* odalisca.

Odiar, *v.5,* odiar, detestar.

Odio, *s.m.,* ódio, rancor, antipatia, aversão.

Odisea, *s.f.,* odisseia.

Odontología, *s.f.,* odontologia.

Odontólogo/a, *s.* e *adj.,* odontologista, odontólogo.

Oeste, *s.m.,* oeste, ocaso, poente, ocidente.

Ofender, *v.6,* ofender, injuriar, lesar, ferir, magoar.

Ofensa, *s.f.,* ofensa.

Oferta, *s.f.,* oferta, oferenda, dádiva, proposta.

Ofertar, *v.5,* ofertar, oferecer.

Oficial/la, *s.,* oficial, operário ‖ oficial do exército.

Oficializar, *v.5.15,* oficializar.

Oficiar, *v.5,* oficiar o sacerdote a missa ‖ atuar.

Oficina, *s.f.*, escritório ‖ repartição pública.

Oficinista, *s.m.* e *f.*, escriturário, que trabalha no escritório.

Oficio, *s.m.*, ofício, ocupação, emprego, profissão ‖ habilidade ‖ missa → *Buenos oficios*, providências bem-sucedidas em prol de alguém. *De oficio*, à custa do Estado. *Ni oficio ni beneficio*, sem eira nem beira, sem profissão, sem futuro.

Ofrecer, *v.9*, oferecer, ofertar, presentear ‖ dedicar, consagrar ‖ obrigar-se.

Ofrenda, *s.f.*, oferenda ‖ presente, agrado.

Ofrendar, *v.5*, ofertar, dar em oferenda.

Oftalmología, *s.f.*, oftalmologia.

Oftalmólogo/a, *s.* e *adj.*, oftalmologista.

Ofuscar, *v.5.14*, ofuscar, deslumbrar, obscurecer ‖ transtornar, conturbar, alucinar.

Ogro/esa, *s.*, bicho-papão.

Oh, *interj.*, denota geralmente assombro, alegria ou dor.

Oíble, *adj.*, audível.

Oído, *s.m.*, ouvido ‖ audição → *Aguzar el oído/ser todo oídos*, escutar com muita atenção. *Al oído*, no ouvido, cochicho. *Aplicar el oído*, prestar atenção numa conversa, espichar o ouvido. *Cerrar los oídos*, não ouvir o que pedem, ouvidos moucos. *Dar oídos*, dar ouvidos. *De oído*, de ouvido, de orelhada. *Duro de oído*, meio surdo. *Entrar por un oído y salir por el otro*, entra por um ouvido e sai pelo outro. *Hacer oídos de mercader*, não querer entender por conveniência. *Llegar [algo] a los oídos [de alguien]*, tomar conhecimento, ficar sabendo. *Regalar al oído*, lisonjear, lustrar o ego. *Ser todo oídos*, ouvir com muita atenção. *Silbarle/zumbarle los oídos [a alguien]*, [alguém] deve estar com as orelhas quentes. *Tener oído/buen oído*, gostar de música, ter bom ouvido.

Oír, *v.31*, ouvir, escutar, perceber os sons ‖ atender, prestar atenção → *Como lo oyes*, do jeito que estou contando. *Como quien oye llover*, não dar a mínima.

Ojal, *s.m.*, casa do botão ‖ ilhós.

Ojalá, *interj.*, tomara.

Ojeada, *s.f.*, olhadela, olhada, espiadela.

Ojear, *v.5*, folhear ‖ dar uma olhada ‖ vigiar e levantar a caça.

Ojera, *s.f.*, olheira.

Ojeriza, *s.f.*, ojeriza, aversão.

Ojeroso/a, *adj.*, que tem olheiras.

Ojete, *s.m.*, buraco redondo pequeno ‖ bodoque para bordar ‖ ânus.

Ojo, *s.m.*, olho, vista, visão ‖ orifício ‖ cuidado, atenção ‖ buraco da agulha ‖ aro da chave ‖ buraco da fechadura ‖ nascente, olho-d'água, manancial ‖ gota de azeite que boia em outro líquido ‖ perspicácia ‖ ensaboada → *A ojo de buen cubero*, sem medida, aproximadamente. *A ojos cerrados/ a cierra ojos*, de forma impensada, irreflexiva. *A ojos vistas*, a olhos vistos. *Abrir el ojo*, fique esperto, cuidado. *Abrir los ojos [a alguien]*, contar algo que o outro não sabia. *Alegrársele [a alguien] los ojos*, olhar alegre. *Alzar los ojos al cielo*, pedir ajuda a Deus. *Bailarle [a alguien] los ojos*, ser muito alegre. *Bajar los* *ojos*, sentir vergonha ou humilhação. *Cerrar los ojos*, dormir. *Clavar los ojos*, olhar fixamente. *Comer con los ojos*, comer pelos olhos e não pelo apetite. *Comerse con los ojos [a alguien]*, comer com os olhos de desejo sexual. *Con buenos ojos*, com simpatia. *Costar un ojo de la cara*, muito caro, custar um olho da cara. *Cuatro ojos*, pessoa que usa óculos, quatro-olhos. *Dar en los ojos*, dar na vista. *Delante de los ojos*, em presença, na presença. *Dichosos los ojos*, quem é vivo sempre aparece. *Dormir con los ojos abiertos*, vigiar, estar alerta. *Echar el ojo*, cobiçar, invejar. *En un abrir y cerrar de ojos*, num instante, num pestanejar. *Estar/andar con cien ojos*, ter muita cautela e cuidado. *Hablar con los ojos*, falar com os gestos dos olhos. *Mirar con otros ojos*, ver com outros olhos, mudar de opinião. *No levantar los ojos*, ser humilde e servil. *No pegar ojo*, não dormir. *Ojo clínico*, perspicácia. *Pasar los ojos por*, olhar rapidamente. *Poner [algo] delante de los ojos [de alguien]*, convencer. *Poner los ojos*, escolher. *Sacarse los ojos*, exagerar a violência de uma briga, chegaram a arrancar os olhos. *Ser el ojo derecho*, ser o preferido. *Tener entre ojos*, aborrecer, encher. *Torcer los ojos*, olhar vesgo.

Ola, *s.f.*, onda formada pelo mar ‖ moda.

Ole/olé, *interj.*, olé!

Óleo, *s.m.*, substância utilizada para pintar quadros ‖ técnica da pintura a óleo.

Oler, *v.32*, cheirar ‖ suspeitar, pressentir, calcular, imaginar, parecer, aparentar ‖ bisbilhotar → *No oler bien*, inspirar suspeitas.

Olfatear, *v.5*, cheirar, farejar ‖ bisbilhotar.

Olfato, *s.m.*, olfato ‖ sagacidade, esperteza.

Olimpiada/olimpíada, *s.f.*, olimpíada.

Oliva, *s.f.*, oliva, azeitona.

Olivar, *s.m.*, plantação de oliveiras.

Olivo, *s.m.*, pé de azeitona.

Olmo, *s.m.*, olmeiro, olmo.

Olor, *s.m.*, cheiro, odor, aroma.

Oloroso/a, *adj.*, cheiroso, aromático, perfumado.

Olvidar, *v.5*, esquecer.

Olvido, *s.m.*, esquecimento.

Olla, *s.f.*, panela ‖ cozido espanhol → *Olla de grillos*, lugar de confusão, balaio de gatos.

Ombligo, *s.m.*, umbigo ‖ centro, meio.

Omisión, *s.f.*, omissão.

Omitir, *v.7*, omitir, ocultar, esquecer, postergar.

Ómnibus, *s.m.*, ônibus.

Omoplato/omóplato, *s.m.*, omoplata.

Once, *adj.* e *s.m.*, onze.

Onda, *s.f.*, onda, vaga, ondulação.

Ondear, *v.5*, formar ondas.

Ondulación, *s.f.*, ondulação.

Ondular, *v.5*, ondular.

Oneroso/a, *adj.*, oneroso, pesado ‖ incômodo.

Onomatopeya, *s.f.*, onomatopeia.

Opaco/a, *adj.*, opaco, sem brilho.

Ópalo, *s.m.*, opala.

Opción, *s.f.*, opção.

Ópera, *s.f.*, ópera.

Operación, *s.f.*, operação ‖ ação ‖ intervenção cirúrgica ‖ transação comercial ‖ cálculo matemático.

Operar, *v.5,* operar ‖ atuar ‖ negociar ‖ calcular ‖ executar ou submeter-se a uma cirurgia ‖ realizar, produzir um resultado.

Operario/a, *s.,* operário, trabalhador.

Opinar, *v.5,* opinar, emitir opinião.

Opinión, *s.f.,* opinião ‖ palpite.

Opio, *s.m.,* ópio.

Oponer, *v.35,* opor, pôr em contra.

Oportunidad, *s.f.,* oportunidade.

Oposición, *s.f.,* oposição, resistência, obstáculo, contradição, contraste ‖ exame de seleção, concurso público.

Opositar, *v.5,* prestar concurso, fazer exame de seleção.

Opositor/ra, *n.,* aspirante a uma vaga no exame de seleção.

Opresión, *s.f.,* opressão ‖ angústia ‖ dificuldade para respirar, falta de ar.

Oprimir, *v.7,* oprimir ‖ tiranizar ‖ afligir ‖ apertar.

Optar, *v.5,* optar, escolher.

Óptico/a, *adj.,* relativo à visão ◆ *s.,* pessoa que fabrica ou vende aparelhos ópticos, em especial óculos ◆ *s.f.,* óptica, parte da física ‖ opinião, ponto de vista.

Optimismo, *s.m.,* otimismo.

Óptimo/a, *adj.,* ótimo.

Opuesto/a, *adj.,* oposto, contrário.

Opulencia, *s.f.,* opulência, riqueza.

Oquedad, *s.f.,* vão, vazio, oco.

Ora, *conj.,* agora, ora, ou, quer. Anteposto a cada uma das várias alternativas, indica que todas conduzem à mesma consequência.

Oración, *s.f.,* oração, discurso, súplica, prece, rogo.

Orador/ra, *s.,* orador.

Oral, *adj.,* oral, verbal.

Orangután, *s.m.,* orangotango.

Orar, *v.5,* orar, rezar, rogar, pedir, suplicar.

Oratorio/a, *adj.,* relativo à oratória ou ao orador ◆ *s.m.,* capela particular ‖ composição musical religiosa ◆ *s.f.,* arte de falar com eloquência.

Orbe, *s.m.,* orbe, mundo, esfera, globo.

Órbita, *s.f.,* órbita ‖ orifício ‖ trajeto.

Órdago, *s.m.,* lance no jogo de cartas ◆ *loc., de órdago,* muito, em demasia.

Orden, *s.m.,* ordem, disposição ‖ correspondência harmônica ‖ normalidade, tranquilidade ‖ método, regularidade, sem exceção ‖ categoria, espécie ‖ sacramento eclesiástico ‖ disposição de uma obra arquitetônica ◆ *s.f.,* mandato ‖ mandado ‖ instituição religiosa ou militar criada para premiar ◆ *s.m.* ou *f.,* cada um dos três graus derivados do sacramento de ordenação → *A la orden,* às ordens. *Del orden de,* aproximadamente. *En orden a,* para. *Estar a la orden del día,* atual, moderno. *Llamar al orden,* repreender, chamar a atenção. *Orden del día,* ordem do dia, pauta de reunião ou assembleia. *Poner en orden,* arrumar. *Por su orden,* na ordem, sucessivamente.

Ordenación, *s.f.,* ordenação ‖ pôr em ordem.

Ordenador/ra, *adj.,* ordenador, arrumador ◆ *s.m.,* computador.

Ordenar, *v.5,* ordenar, pôr em ordem, arrumar ‖ mandar, dar uma ordem ‖

encaminhar ‖ conferir ou receber ordenação religiosa.

Ordeñar, *v.5,* ordenhar.

Ordeño, *s.m.,* ordenha.

Ordinal, *adj.,* ordinal.

Ordinario/a, *adj.,* ordinário, comum, frequente, habitual ◆ *s.m.,* mensageiro → *De ordinario*, com frequência.

Orégano, *s.m.,* orégano.

Oreja, *s.f.,* orelha ‖ apêndice flexível ou não de um objeto → *Aguzar las orejas*, prestar muita atenção. *Apearse por las orejas*, desatino, fazer sem pensar. *Asomar/descubrir/enseñar las orejas*, trair-se, descobrir-se sem querer. *Calentar las orejas*, repreender severamente. *Con las orejas caídas/gachas*, envergonhado, humilhado, desanimado. *Hacer orejas de mercader*, fazer-se de desentendido. *Mojar las orejas [a alguien]*, provocar briga. *Ver las orejas al lobo*, notar a iminência de um perigo, sentir medo.

Orejón, *s.m.,* puxão de orelhas.

Orejudo/a, *adj.,* orelhudo, que tem as orelhas grandes.

Orfanato, *s.m.,* orfanato.

Orfandad, *s.f.,* orfandade ‖ desamparo, carência.

Orfebre, *s.m.,* ourives.

Orfebrería, *s.f.,* ourivesaria.

Orfelinato, *s.m.,* orfanato.

Organdí, *s.m.,* organdi.

Orgánico/a, *adj.,* orgânico.

Organigrama, *s.m.,* organograma.

Organillero/a, *s.,* pessoa que toca o realejo.

Organillo, *s.m.,* realejo.

Organismo, *s.m.,* organismo ‖ corpo ‖ instituição.

Organizar, *v.5.15,* organizar, arrumar, dispor.

Órgano, *s.m.,* órgão ‖ meio ‖ instrumento.

Orgasmo, *s.m.,* orgasmo.

Orgía, *s.f.,* orgia.

Orgullo, *s.m.,* orgulho ‖ satisfação.

Orientación, *s.f.,* orientação ‖ direção ‖ diretriz.

Oriental, *adj., s.m.* e *f.,* oriental.

Orientar, *v.5,* orientar ‖ dirigir ‖ mandar ‖ conduzir ‖ informar → *Orientarse*, reconhecer, estudar a situação de um assunto ou questão.

Oriente, *s.m.,* oriente.

Orificio, *s.m.,* orifício, buraco.

Origen, *s.m.,* origem, princípio, causa, início ‖ ascendência ‖ país, lugar de nascimento.

Original, *adj.,* original.

Originar, *v.5,* originar, produzir, provocar, dar origem.

Orilla, *s.f.,* orla, beira, beirada.

Orillo, *s.m.,* ourela de tecido.

Orina, *s.f.,* urina.

Orinal, *s.m.,* penico.

Orinar, *v.5,* urinar.

Orla, *s.f.,* orla, debruado, enfeite.

Orlar, *v.5,* enfeitar, adornar.

Ornamentar, *v.5,* ornamentar, enfeitar.

Ornamento, *s.m.,* ornamento, enfeite.

Ornar, *v.5,* enfeitar, adornar.

Ornato, *s.m.,* enfeite, ornamento, adorno, ornato.

Oro, *s.m.,* ouro, metal ‖ joia ‖ riqueza, bens ◆ *s.m.pl.,* naipe do baralho → *Como oro en paño*, mais importante que uma gota d'água no deserto. *De* *oro*, muito bom. *El oro y el moro*, um exagero, um absurdo. *Hacerse de oro*, enriquecer muito. *Poner de oro y azul*, xingar, insultar.

Orondo/a, *adj.*, muito satisfeito de si mesmo ‖ gordo.

Orquesta, *s.f.*, orquestra.

Orquídea, *s.f.*, orquídea.

Ortiga, *s.f.*, urtiga.

Ortodoxia, *s.f.*, ortodoxia.

Ortografía, *s.f.*, ortografia.

Ortopedia, *s.f.*, ortopedia.

Oruga, *s.f.*, centopeia, lacraia.

Orujo, *s.m.*, borra da uva, azeitona, maçã ou qualquer outra fruta após prensada.

Orzuelo, *s.m.*, terçol.

Os, *pron.m.* e *f.pl.* segunda *pess.*, lhes. Funciona como complemento.

Osadía, *s.f.*, ousadia.

Osamenta, *s.f.*, ossada, esqueleto.

Osar, *v.5*, ousar.

Oscilar, *v.5*, oscilar, mover-se, variar, mudar, vacilar.

Oscurecer, *v.9*, escurecer.

Oscuridad, *s.f.*, escuridão.

Oscuro/a, *adj.*, escuro ‖ humilde ‖ difícil de entender ‖ vago, indistinto ‖ incerto, perigoso, arriscado ‖ nublado → *A oscuras*, sem luz ‖ na ignorância.

Óseo/a, *adj.*, ósseo.

Osezno, *s.m.*, cria do urso.

Ósmosis, *s.f.*, osmose.

Oso/a, *s.*, urso → *Hacer el oso*, fazer palhaçadas.

Ostentar, *v.5*, ostentar, mostrar, exibir.

Ostra, *s.f.*, ostra.

Otear, *v.5*, observar, investigar.

Otitis, *s.f.*, otite.

Otoño, *s.m.*, outono.

Otorgar, *v.5.18*, outorgar, atribuir, conceder, dar.

Otorrinolaringología, *s.f.*, otorrinolaringologia.

Otorrinolaringólogo/a, *s.*, otorrinolaringologista.

Otro/a, *adj.* e *pron.*, outro, diferente, aplica-se à pessoa ou coisa distinta daquela de que se fala.

Otrosí, *adv.*, outrossim, ademais.

Ovacionar, *v.5*, ovacionar.

Óvalo, *s.m.*, oval.

Ovario, *s.m.*, ovário.

Oveja, *s.f.*, ovelha, fêmea do carneiro → *Encomendar las ovejas al lobo*, encarregar alguém de fazer alguma coisa e a faz malfeita. *Oveja negra*, ovelha negra.

Ovillar, *v.5*, fazer novelos.

Ovillo, *s.m.*, novelo → *Hacerse un ovillo*, encolher-se de frio, medo ou dor.

Ovulación, *s.f.*, ovulação.

Óvulo, *s.m.*, óvulo.

Oxidación, *s.f.*, ferrugem.

Oxidar, *v.5*, enferrujar.

Oxigenar, *v.5*, oxigenar ‖ respirar ao ar livre.

Oxígeno, *s.m.*, oxigênio.

Oyente, *adj.*, *s.m.* e *f.*, ouvinte.

Ozono, *s.m.*, ozônio.

P

s.f., décima sétima letra do alfabeto espanhol com a qual se representa o som consonântico surdo articulado com os lábios; seu nome é "*pe*".

Pabellón, *s.m.*, pavilhão → *Pabellón del oído,* orelha.

Pabilo/pábilo, *s.m.*, pavio.

Paca, *s.f.*, fardo prensado.

Pacato/a, *adj.*, pacato, pacífico, tranquilo.

Pacer, *v.9*, pastar.

Paciencia, *s.f.*, paciência.

Pacificar, *v.5.14*, pacificar, apaziguar.

Pactar, *v.5*, pactuar.

Pacto, *s.m.*, pacto, acordo.

Pachanga, *s.m.*, bagunça.

Pachón/ona, *adj.* e *s.m.*, raça de cães parecida com o perdigueiro ◆ *s.*, pessoa calma e muito tranquila.

Pachorra, *s.f.*, calma, tranquilidade.

Pachucho/a, *adj.*, decaído física e moralmente, triste.

Padecer, *v.9*, padecer, sofrer.

Padrastro, *s.m.*, padrasto.

Padrazo, *s.m.*, paizão, pai muito bom e protetor.

Padre, *s.m.*, pai ‖ criador, iniciador, promotor ‖ padre, religioso, sacerdote ◆ *s.m.pl.*, pais, o pai e a mãe ‖ antepassados → *De padre y muy señor mío*, muito grande, extraordinário. *Padre espiritual,* pai espiritual, confessor. *Padre santo* ou *santo padre*, o Papa. *Padre de la patria*, título honorífico especial dado a alguém muito importante.

Padrear, *v.5*, puxar ao pai em aparência física ou hábitos.

Padrenuestro, *s.m.* pai-nosso, oração.

Padrinazgo, *s.m.*, apadrinhamento.

Padrino, *s.m.*, padrinho ‖ paraninfo, patrono ‖ protetor.

Paella, *s.f.*, paelha, comida típica espanhola.

Paga, *s.f.*, pagamento.

Pagaduría, *s.f.*, caixa, escritório onde se efetuam os pagamentos.

Pagano/a, *adj.* e *s.*, pagão.

Pagar, *v.5.18*, pagar ‖ custear, sufragar ‖ corresponder ‖ expiar → *Pagarlas toda juntas*, pagar as consequências de um ato malfeito.

Pagaré, *s.m.*, letra de câmbio, nota promissória.

Página, *s.f.*, página.

Paginar, *v.5*, paginar, numerar as páginas de um escrito ou impresso.

Pago, *s.m.*, pagamento, remuneração.

País, *s.m.*, país.

Paisaje, *s.m.*, paisagem.

Paisano/a, *adj.* e *s.*, conterrâneo, patrício, pessoa não militar → *De paisano*, à paisana, sem uniforme.

Paja, *s.f.*, palha ‖ canudinho para sorver líquido ‖ coisa insignificante → *Echar* *pajas*, jogo do palitinho. *En quítame allá esas pajas*, num instantinho, rapidamente. *Por un quítame allá esas pajas*, por uma coisinha à toa.

Pajar, *s.m.*, lugar onde se guarda a palha, palheiro.

Pájara, *s.f.*, mulher astuta ‖ pipa para empinar no ar.

Pajarita, *s.f.*, dobradura de papel ‖ gravata-borboleta.

Pájaro, *s.m.*, pássaro ‖ homem sem-vergonha → *Pájaro carpintero*, pica-pau.

Pala, *s.f.*, pá ‖ raquete ‖ espátula.

Palabra, *s.f.*, palavra ‖ promessa ‖ oratória, eloquência ◆ *s.f.pl.*, discurso → *Beber las palabras [a alguien]*, prestar muita atenção. *Cogerse a la palabra [de alguien]*, obrigar a cumprir a palavra dada. *Comerse las palabras*, omitir, ocultar. *Dar la palabra*, conceder o uso da palavra. *De palabra*, oralmente. *Dejar con la palabra en la boca*, ir embora e deixar a pessoa falando sozinha. *Dirigir la palabra [a alguien]*, falar com. *Empeñar la palabra*, comprometer-se. *En cuatro/dos/pocas/unas palabras*, com poucas palavras, brevemente. *En una palabra*, em resumo. *Medir las palabras*, falar com prudência e cuidado. *No ser más que palabras*, sem propósito ou convicção. *No tener palabra*, não cumprir o prometido. *Palabra de matrimonio*, compromisso de casamento. *Palabra por palabra*, literalmente. *Pedir la palabra*, pedir a palavra para falar em um ato, assembleia ou reunião. *Quitarle las palabras de la boca [a alguien]*, tirar as palavras da boca, antecipar-se no que alguém ia dizer. *Ser palabras mayores*, ser muito importante. *Tener unas palabras/trabarse de palabras*, discutir com alguém. *Tomar la palabra*, fazer uso da palavra numa assembleia ou reunião. *Última palabra*, decisão final.

Palabrota, *s.f.*, palavrão, impropério.

Palacete, *s.m.*, palacete.

Palaciego/a, *adj.*, palaciano.

Palacio, *s.m.*, palácio.

Paladar, *s.m.*, paladar.

Paladear, *v.5*, saborear, degustar.

Palafito, *s.m.*, palafita.

Palanca, *s.f.*, alavanca.

Palangana, *s.f.*, bacia.

Palanqueta, *s.f.*, pé de cabra.

Palco, *s.m.*, camarote ‖ cenário.

Paletilla, *s.f.*, omoplata.

Paleto/a, *adj.* e *s.*, caipira, interiorano ‖ pessoa inculta, tosca, bronca ◆ *s.f.*, espátula ‖ palheta ‖ cada uma das astes de uma hélice.

Paliar, *v.5*, paliar, atenuar.

Palidecer, *v.9*, empalidecer.

Palidez, *s.f.*, palidez.

Pálido/a, *adj.*, pálido.

Palillero, *s.m.*, paliteiro.

Palillo, *s.m.*, palito de dentes ‖ pessoa muito fraca ‖ baqueta ‖ castanhola ◆ *s.m.pl.*, palitos usados pelos orientais para comer.

Palio, *s.m.*, pálio.

Palique, *s.m.* bate-papo, conversa-fiada.

Paliza, *s.f.*, surra ‖ cansaço, esgotamento ‖ derrota esportiva.

Palma, *s.f.*, palma ‖ folha da palmeira ‖ palmito ‖ tamareira ‖ parte inferior do casco dos cavalos ‖ símbolo de glória

◆ *s.f.pl.*, aplausos ‖ palmas ‖ acompanhamento adicional de algumas músicas espanholas → *Como la palma de la mano*, muito liso e plano. *Conocer como la palma de la mano*, conhecer muito bem. *Traer/llevar en palmas [a alguien]*, tratar alguém com muita consideração e deferência especial.

Palmar, *s.m.*, plantação de palmeiras ◆ *v.5*, morrer.

Palmatoria, *s.f.*, castiçal pequeno para uma vela.

Palmero/a, *adj.* e *s.*, relativo à ilha de La Palma ◆ *s.m.*, pessoa que cuida da plantação de palmeiras ◆ *s.f.*, palmeira.

Palmeta, *s.f.*, palmatória, castigo dado nas escolas com uma vara.

Palmito, *s.m.*, rosto bonito de mulher, cara de boneca ‖ palmito.

Palmo, *s.m.*, palmo ‖ punhado, quantidade muito pequena de algo → *Con un palmo de lengua de fuera*, muito cansado, extenuado. *Dejar con un palmo de narices [a alguien]*, dar um fora em alguém. *Palmo a palmo*, lentamente, com esforço.

Palo, *s.m.*, pau, madeira, ripa, sarrafo, estaca ‖ paulada, cacetada ‖ prejuízo ‖ madeira de lei ‖ perna de uma letra ‖ naipe de baralho ‖ mastro ‖ variedade de vinho ‖ haste ‖ cajado → *A palo seco*, sem nada para acompanhar, só. *Dar palos de ciego*, atacar indiscriminadamente, ser irreflexivo. *Palo santo*, caqui.

Palomar, *s.m.*, pombal → *Alborotar el palomar*, fazer, criar confusão e bagunça.

Palometa, *s.f.*, tipo de peixe comestível que vive principalmente no Mediterrâneo.

Palomilla, *s.f.*, mariposa noturna ‖ peça em formato de triângulo retângulo que presa à parede serve como base e apoio para prateleiras ‖ borboleta de parafuso.

Palomina, *s.f.*, excremento de pomba usado como adubo.

Palomino, *s.m.*, cria do pombo.

Palomita, *s.f.*, pipoca.

Palomo/a, *s.*, pombo ◆ *s.f.*, pessoa tranquila.

Palpable, *adj.*, palpável.

Palpar, *v.5*, apalpar.

Palpitación, *s.f.*, palpitação.

Palpitar, *v.5*, palpitar.

Pálpito, *s.m.*, pressentimento, palpite.

Paludismo, *s.m.*, impaludismo, malária.

Palurdo/a, *adj.* e *s.*, caipira.

Pampa, *s.f.*, pampa, planície.

Pamplina, *s.f.*, bobagem, coisa à toa.

Pan, *s.m.*, pão ‖ alimento, sustento ‖ trigo ‖ folha de ouro ou prata → *Comer el pan [de alguien]*, ser sustentado por alguém. *Pan bendito*, coisa muito esperada e desejada. *Pan de los ángeles/de vida/del cielo/de los fuertes/eucarístico*, hóstia, eucaristia. *Ser bueno/más bueno que el pan/ser un pedazo de pan*, ser muito bom. *Ser el pan de cada día/el pan nuestro de cada día*, ser frequente, constante. *Ser pan comido*, coisa muito fácil e simples, não oferecer nenhum problema.

Pana, *s.f.*, veludo cotelê ‖ pane.

Panadería, *s.f.*, padaria.

Panadero/a, *s.*, padeiro.

Panal, *s.m.*, favo de mel.

Pancarta, *s.f.*, cartaz, faixa.

Pancho/a, *adj.*, tranquilo, sossegado ◆ *s.*, diminutivo familiar de Francisco.

Panda, *s.m.*, panda ◆ *s.f.*, turma, grupo.

Pandemónium, *s.m.*, pandemônio, confusão.

Pandereta, *s.f.*, pandeiro pequeno.

Pandero, *s.m.*, pandeiro ‖ bunda.

Pandilla, *s.f.*, turma, grupo, gangue, patota, bando.

Panecillo, *s.m.*, pãozinho, pão pequeno para lanche.

Panel, *s.m.*, painel, placa.

Pánico, *s.m.*, pânico, terror, medo.

Panificar, *v.5.14*, panificar, fazer pão.

Panocha/panoja, *s.f.*, sabugo de milho.

Panoli, *adj.*, *s.m.* e *f.*, pessoa boba e de pouca personalidade.

Panorama, *s.m.*, panorama.

Panqueque, *s.m.*, *Amér.*, panqueca.

Pantalón, *s.m.*, calça comprida (usado normalmente no *pl.*) ‖ calcinha ◆ *s.m.pl.*, homem → *Llevar los pantalones*, ser o que manda em especial numa casa.

Pantalla, *s.f.*, tela cinematográfica, telão ‖ disfarce, cobertura → *Pequeña pantalla*, televisão.

Pantano, *s.m.*, pântano.

Panteón, *s.m.*, panteão, mausoléu.

Pantera, *s.f.*, pantera.

Pantógrafo, *s.m.*, pantógrafo.

Pantómetro, *s.m.*, pantômetro.

Pantomimo/a, *s.*, palhaço, ator ◆ *s.f.*, pantomima.

Pantorrilla, *s.f.*, panturrilha, gastrocnêmio, barriga da perna.

Pantuflo/a, *s.*, pantufa.

Panza, *s.f.*, pança, barriga, ventre.

Pañal, *s.m.*, fralda, cueiro ◆ *s.m.pl.*, primeiros passos de uma criança → *Estar en pañales*, estar por fora, ter pouco conhecimento.

Pañería, *s.f.*, loja de tecidos.

Paño, *s.m.*, pano, tecido ‖ corte de um tecido ‖ parede ‖ mancha ◆ *s.m.pl.*, vestimenta ampla e folgada → *Conocer el paño*, conhecer bem a pessoa ou coisa de que se fala. *En paños menores*, só com a roupa de baixo. *Paño de lágrimas*, confidente. *Paños calientes*, panos quentes, atenuantes. *Ser del mismo paño*, ser ou ter as mesmas características ou qualidades.

Pañoleta, *s.f.*, lenço triangular para o pescoço.

Pañuelo, *s.m.*, lenço ‖ echarpe.

Papa, *s.m.*, papa, sumo pontífice ‖ pai ◆ *s.f.*, batata → *Ni papa*, nada, coisa nenhuma.

Papá, *s.m.*, papai.

Papagayo, *s.m.*, papagaio, tinhorão ‖ bico-de-papagaio ‖ espécie de víbora, cobra ‖ tipo de peixe → *Como el/un papagayo*, falar muito, como um papagaio, falar sem sentido, repetir o que os outros dizem.

Paparrucha/paparruchada, *s.f.*, bobagem.

Papayo/a, *s.m.*, espécie de mamoeiro ◆ *s.f.*, fruto dessa árvore.

Papel, *s.m.*, papel, folha ‖ credencial ‖ carta ‖ manuscrito ‖ título mobiliário negociável ‖ parte de uma peça que cada ator representa ‖ função que uma pessoa desempenha na vida ◆ *s.m.pl.*, documentos de identidade de uma pessoa ‖ jornal, periódico →

Embadurnar/embarrar/emborronar/manchar el papel, escrever bobagens. *Hacer buen/mal papel*, sair-se bem ou mal em alguma coisa. *Hacer el papel*, fingir, fazer de conta. *Hacer su papel*, cumprir com sua obrigação. *Papel biblia*, papel-bíblia, muito fino. *Papel cebolla*, papel de seda. *Papel de barba*, papel de baixa qualidade de acabamento e grande durabilidade. *Papel de calcar/de calco/carbón*, papel-carbono. *Papel de esmeril/de vidrio/de lija*, folha-de-lixa. *Papel de estraza*, papel de embrulho. *Papel del estado*, qualquer documento emitido pelo estado. *Papel higiénico*, papel higiênico. *Papel mojado*, coisa sem importância e sem valor. *Papel moneda*, papel-moeda, dinheiro. *Papel pintado*, papel de parede. *Papel secante*, mata-borrão.

Papeleo, *s.m.*, papelada, papelama.

Papelería, *s.f.*, papelaria.

Papelero/a, *adj.*, relativo ao papel ◆ *s.f.*, cesto de lixo ‖ fábrica de papéis.

Papeleta, *s.f.*, papeleta, bilhete, pequeno pedaço de papel com alguma informação ‖ assunto, situação difícil e desagradável ‖ cone de papel.

Paperas, *s.f.pl.*, caxumba, bócio.

Papila, *s.f.*, papila.

Papilla, *s.f.*, papinha, comida para bebês → *Echar la papilla*, vomitar. *Hacer papilla [a alguien]*, dar uma bronca de arrasar alguém. *Hecho papilla*, muito cansado física ou moralmente, destruído.

Papista, *loc.*, *ser más papista que el papa*, ser mais realista que o rei.

Papo, *s.m.*, papo, papada, bócio ‖ bucho das aves.

Paquete, *s.m.*, pacote, embrulho ‖ maço ‖ tipo de navio ‖ conjunto de medidas ou disposições governamentais → *Meter un paquete*, castigar, repreender.

Paquetear, *v.5*, *Amér.*, ir muito arrumado para aparecer.

Paquidermo, *s.m.*, paquiderme.

Par, *adj.*, par ‖ igual, semelhante ‖ número divisível por dois ◆ *s.m.*, duas unidades da mesma coisa ‖ parelha, coisas que se complementam ‖ quantidade total indefinida ‖ título honorífico em alguns países ◆ *s.f.*, igualdade de valor → *A la par/al par/a par*, ao mesmo tempo, simultâneo. *De par en par*, completamente aberto, em especial portas e janelas. *Jugar/echar a pares o nones*, tirar par ou ímpar. *Sin par*, inigualável.

Para, *prep.*, para ‖ de, em.

Parabién, *s.m.*, felicitação, congratulação.

Parabrisas, *s.m.*, para-brisa.

Paracaídas, *s.m.*, paraquedas.

Parachoques, *s.m.*, para-choque.

Paradero, *s.m.*, paradeiro.

Parado/a, *adj.*, parado ‖ calmo ‖ vacilante, indeciso ‖ com verbos de resultado e acompanhado de *bien, mal, mejor, peor*, beneficiado ou prejudicado ‖ *Amér.*, de pé, em posição vertical ◆ *adj.* e *s.*, desempregado ◆ *s.f.*, ação de parar ou deter-se ‖ lugar onde param veículos, ponto de ônibus ou táxi ‖ desfile militar.

Paradoja, *s.f.*, paradoxo.

Parador, *s.m.*, motel em beira de estrada.

Paraguas, *s.m.*, guarda-chuva.

Paragüero, *s.m.*, porta-guarda-chuvas, cabideiro.

Paraíso, *s.m.*, paraíso ‖ céu ‖ qualquer lugar onde alguém se sente especialmente bem, protegido, querido ‖ poleiro ou galeria nos teatros.

Paraje, *s.m.*, paragem, lugar.

Paralelo/a, *adj.* e *s.f.*, paralelo ◆ *s.m.*, comparação ◆ *s.f.pl.*, barras paralelas.

Parálisis, *s.f.*, paralisia.

Paralización, *s.f.*, paralisação.

Paralizar, *v.5.15*, paralisar, imobilizar.

Parámetro, *s.m.*, parâmetro.

Paraninfo, *s.m.*, paraninfo.

Paranoia, *s.f.*, paranoia.

Paranoico/a, *adj.* e *s.*, paranoico.

Parapetarse, *v.5*, resguardar-se, proteger-se.

Parapeto, *s.m.*, parapeito, peitoril de janela ‖ barricada, trincheira.

Paraplejia/paraplejía, *s.f.*, paraplegia.

Parapléjico/a, *adj.* e *s.*, paraplégico.

Parar, *v.5*, parar, deter ‖ chegar ‖ alojar-se, hospedar-se, pernoitar → *No parar*, estar sempre ocupado. *Parar mal*, chegar a uma situação ruim ou desagradável. *Pararse a pensar*, refletir, pensar sobre. *Sin parar*, continuamente, sem parar.

Pararrayos, *s.m.*, para-raios.

Parásito/a, *adj.* e *s.m.*, parasita ‖ pessoa que vive à custa alheia ◆ *s.m.pl.*, interferências ou perturbações das ondas de rádio.

Parasol, *s.m.*, guarda-sol.

Parcela, *s.f.*, porção pequena de terreno, lote.

Parcelación, *s.f.*, parcelamento.

Parcelar, *v.5*, dividir um terreno em lotes.

Parcial, *adj.*, parcial.

Parco/a, *adj.*, parco, pouco, moderado.

Parche, *s.m.*, remendo, emenda ‖ emplastro, curativo ‖ retoque ou conserto malfeito ‖ quebra-galho.

Parchís, *s.m.*, jogo espanhol composto de um tabuleiro colorido e várias fichas que andam de acordo com o número tirado num dado.

Pardiez, *interj.*, caramba!

Pardillo/a, *adj.* e *s.*, bobo, inocentão ◆ *s.m.*, pardal, pintarroxo.

Pardo/a, *adj.*, pardo.

Pardusco/a, *adj.*, pardacento.

Parecer, *s.m.*, parecer, opinião ‖ aparência exterior de uma pessoa ◆ *v.7*, opinar, crer, acreditar, ser possível ‖ ser ou ter parecido com alguém ou algo → *A lo que parece/al parecer*, pelo visto, ao que parece. *Por el buen parecer*, por conveniência. *Tomar parecer de [alguien]*, pedir a opinião de alguém.

Parecido/a, *adj.*, parecido, semelhante ◆ *s.m.*, semelhança → *Bien/mal parecido*, aspecto físico agradável ou desagradável de uma pessoa.

Pared, *s.f.*, parede ‖ muro ‖ lateral, lado, parte interna ‖ conjunto de coisas ou pessoas estreitamente unidas → *Darse contra las paredes*, fazer grande esforço por alguma coisa sem conseguir. *Entre cuatro paredes*, trancado, sem contato social. *Pared en/por medio*, em quarto ou casa vizinha, contíguo. *Subir por/darse contra las paredes*, estar enfurecido.

Paredaño/a, *adj.*, parede com parede, casas ou cômodos separados por uma parede.

Paredón, *s.m.*, paredão ‖ muro → *Llevar al paredón*, fuzilar.

Parejo/a, *adj.*, par, igual, semelhante ◆ *s.f.*, parelha ‖ conjunto de dois ‖ par, casal, dupla → *Correr parejas*, acontecer junto, simultaneamente.

Parentela, *s.f.*, parentela, parentes.

Parentesco, *s.m.*, parentesco.

Paréntesis, *s.m.*, parêntese ‖ aparte, interrupção, explicação.

Paria, *s.m.* e *f.*, pária.

Paridad, *s.f.*, paridade, igualdade, semelhança.

Pariente/a, *s.*, parente ‖ cônjuge.

Parihuela, *s.f.*, padiola, maca.

Paripé, *loc.*, *hacer el paripé*, paparicar alguém.

Parir, *v.7*, parir ‖ produzir, criar, em especial uma obra de arte ou literária.

Parlamentar, *v.5*, parlamentar, conversar.

Parlamento, *s.m.*, parlamento.

Parlanchín/ina, *adj.* e *s.*, falador, conversador.

Parlar/parlotear, *v.5*, conversar, bater papo.

Parmesano/a, *adj.* e *s.*, parmesão.

Parné, *s.m.*, grana, dinheiro.

Paro, *s.m.*, desemprego ‖ parada → *Paro laboral*, greve.

Parodiar, *v.5*, parodiar, fazer paródia.

Parpadear, *v.5*, pestanejar ‖ piscar uma luz.

Párpado, *s.m.*, pálpebra.

Parque, *s.m.*, parque ‖ jardim ‖ complexo industrial ‖ escola maternal → *Parque nacional,* reserva ecológica.

Parqué, *s.m.*, assoalho de tábua corrida e polida.

Parra, *s.f.*, parreira, cepa, videira → *Subirse a la parra*, encolerizar-se, enervar-se ‖ nariz empinado, mania de grandeza.

Párrafo, *s.m.*, parágrafo.

Parranda, *s.f.*, farra, gandaia ‖ banda musical.

Parrandear, *v.5*, farrear, cair na gandaia.

Parrilla, *s.f.*, grelha ‖ churrascaria ‖ churrasqueira ‖ grade de largada em competições esportivas.

Parrillada, *s.f.*, churrasco.

Párroco, *s.m.* e *adj.*, pároco, padre, vigário.

Parroquia, *s.f.*, paróquia ‖ freguesia, clientela.

Parroquiano/a, *s.*, freguês, cliente.

Parsimonia, *s.f.*, calma, tranquilidade.

Parte, *s.f.*, parte, porção ‖ quinhão, quota ‖ lugar, local ‖ facção, partido ‖ divisão de uma obra ‖ cada um dos papéis numa peça ◆ *s.m.*, relatório ‖ noticiário oficial ◆ *s.f.pl.*, órgãos genitais → *Dar parte*, comunicar a uma autoridade, dar parte, denunciar. *Dar parte [en algo]*, fazer participar, convidar. *De/por [mi/tu/su] parte*, no que [me/te/se] diz respeito. *De parte a parte*, de um extremo ao outro. *De parte [de alguien/algo]*, em benefício de quem se refere. *De un tiempo a esta parte*, desde algum tempo. *Echar/tomar a buena/mala parte*, interpretar bem ou mal alguma coisa. *Hacer/poner de [su] parte*, esforçar-se. *Llevar la mejor/peor parte*, estar prestes a ganhar ou perder. *Llevarse la mejor/peor parte*, sair beneficiado ou não. *No ir a ninguna* *parte*, não valer a pena dar importância. *No llevar a ninguna parte*, não ter utilidade, não contribuir, não ajudar. *Parte por parte*, tudo, inteiramente, completamente. *Ponerse de parte de [alguien]*, ser da mesma opinião que [alguém]. *Por otra parte*, além disso. *Por partes*, gradualmente, pouco a pouco. *Saber de buena parte*, saber de boa fonte. *Salva sea la parte*, bunda. *Tener de su parte*, contar com a ajuda ou a proteção de. *Tomar parte*, ter interesse por algo.

Partera, *s.f.*, parteira.

Partición, *s.f.*, partição.

Participación, *s.f.*, participação ‖ décimo de loteria ‖ comunicado, convite.

Participar, *v.5*, participar, tomar parte, intervir ‖ comunicar, convidar, informar ‖ receber uma parte de algo ‖ partilhar, compartilhar.

Partícipe, *adj.*, *s.m.* e *f.*, participante.

Partícula, *s.f.*, partícula.

Particular, *adj.*, individual, peculiar ‖ raro, incomum, extraordinário ‖ próprio, de posse de alguém ‖ privado ‖ concreto, determinado ◆ *adj.*, *s.m.* e *f.*, pessoa sem títulos ou cargos oficiais ◆ *s.m.*, assunto, tema → *Clase particular*, aula particular. *En particular*, especialmente. *Sin otro particular*, sem mais o que dizer.

Particularizar, *v.5.15*, particularizar, singularizar, individualizar, personalizar.

Partido/a, *adj.*, partido, quebrado, dividido ◆ *s.m.*, banda, grupo ‖ facção política ‖ jogo, competição esportiva ‖ pessoa casadeira ◆ *s.f.*, partida, saída, ir embora ‖ lote, carregamento ‖ lançamento, parcela de uma conta ‖ certidão, assentamento de registro civil ‖ jogada, mão no jogo ‖ conjunto de pessoas reunidas para um fim específico → *Mala partida*, ação injusta contra alguém. *Partido judicial*, território jurisdicional. *Sacar partido*, aproveitar, tirar proveito. *Tener partido*, ter adeptos. *Tomar partido*, tomar uma decisão ou adotar uma opinião.

Partir, *v.7*, partir, sair, distanciar-se ‖ separar, dividir ‖ fender, rachar ‖ quebrar ‖ dividir, distribuir, repartir ‖ basear-se, apoiar-se ‖ compartir, compartilhar ‖ cortar o baralho no jogo de cartas ‖ causar prejuízo ou desgosto a alguém → *A partir de*, desde.

Partitura, *s.f.*, partitura, texto musical.

Parto, *s.m.*, parto, ação de parir → *El parto de los montes*, demorou uma eternidade e pariu um ratinho.

Parturienta, *s.f.* e *adj.*, parturiente.

Parvo/a, *adj.*, parco, pouco, escasso.

Parvulario, *s.m.*, escola maternal, jardim da infância.

Párvulo/a, *adj.* e *s.*, criança até os seis anos de idade.

Pasacalle, *s.m.*, tipo de música espanhola, popular de ritmo muito vivo.

Pasadizo, *s.m.*, passagem.

Pasado/a, *adj.*, passado, ido, decorrido ◆ *s.m.*, tempo que passou, transcorreu, pretérito ◆ *s.f.*, demão ‖ alinhavo ‖ passo ‖ partida no jogo → *De pasada*, de passagem, sem muita atenção. *Mala pasada*, dar uma rasteira, enganar.

Pasador, *s.m.*, presilha de cabelo ‖ broche ‖ trava de portas e janelas ‖ coador.

Pasaje, *s.m.*, passagem, bilhete para viajar ‖ travessa de rua ‖ fragmento de obra literária ‖ ação de passar.

Pasajero/a, *adj.*, passageiro, que dura pouco tempo ◆ *s.*, viajante de transporte público.

Pasamanería, *s.f.*, passamanaria.

Pasamano/pasamanos, *s.m.*, corrimão, balaustrada.

Pasante, *s.m.* e *f.*, aprendiz, auxiliar, escrevente, estagiário em especial de advogado ou jurista.

Pasaporte, *s.m.*, passaporte → *Dar pasaporte [a alguien],* despedir, mandar embora.

Pasar, *v.5*, passar ‖ atravessar ‖ transpor ‖ introduzir, penetrar, enfiar, entrar ‖ conduzir ‖ transladar ‖ mudar ‖ exceder, exceder-se, superar, sobrepassar ‖ avantajar ‖ contrabandear ‖ transmitir, transferir, legar, entregar ‖ tolerar, suportar, aguentar, sofrer ‖ coar, filtrar, peneirar, depurar ‖ alcançar ‖ deglutir, engolir, ingerir ‖ omitir, calar, ocultar ‖ dissimular ‖ estudar, rever, repassar ‖ secar, dissecar ‖ circular, propagar-se ‖ converter-se ‖ decorrer ‖ durar ‖ morrer ‖ acontecer ‖ começar a apodrecer ‖ esquecer ‖ lance de alguns jogos → *Pasar a mejor vida*, morrer. *Pasar de largo*, não se deter. *Pasar por alto [algo]*, não levar em conta [alguma coisa]. *Pasar por*, ser considerado como. *Pasar por encima*, superar um obstáculo, passar por cima. *Pase lo que pase*, apesar de tudo que possa ocorrer, aconteça o que acontecer. *Un buen pasar*, bem-estar relativo.

Pasarela, *s.f.*, passarela.

Pasatiempo, *s.m.* passatempo, diversão, distração.

Pascua, *s.f.*, páscoa ◆ *s.f.pl.*, festas compreendidas entre o Natal, Páscoa e Pentecostes → *Dar las pascuas*, felicitações dadas nesse período. *De pascuas a ramos*, raramente, de vez em quando. *Estar como unas pascuas*, estar muito contente e alegre. *Hacer la pascua [a alguien]*, chatear alguém. *Y santas pascuas*, expressão com que se dá por encerrado um assunto, equivale a: e ponto final!

Pase, *s.m.*, passe, licença, permissão, salvo-conduto ‖ lance que o toureiro faz com a capa na tourada.

Pasear, *v.5*, passear, levar a passeio ‖ vagar, deambular ‖ exibir ‖ estar ocioso.

Paseíllo, *s.m.*, desfile inicial de uma corrida de touros.

Paseo, *s.m.*, passeio ‖ calçadão ‖ pequena distância ‖ desfile inicial da tourada → *Echar/enviar/mandar a paseo [a alguien]*, mandar embora, expulsar.

Pasillo, *s.m.*, corredor.

Pasión, *s.f.* paixão ‖ carinho, preferência, entusiasmo.

Pasivo/a, *adj.*, passivo, que recebe a ação ‖ inativo ◆ *s.m.*, haveres, créditos.

Pasmar, *v.5*, pasmar, produzir pasmo.

Pasmo, *s.m.*, pasmo, assombro, admiração.

Paso/a, *adj.*, passa, relativo à fruta seca ◆ *s.m.*, ação de passar ‖ passada, movimento com os pés e pernas, passo ‖ pegada, pisada ‖ passagem ‖ cruzamento de vias públicas, entroncamento, encruzilhada ‖ providências, diligências ‖ degrau ‖ progresso, avanço ‖ situação difícil, transe, crise

‖ autolírico ‖ cada uma das passagens da paixão de Cristo ◆ *adv.*, sussurro, em voz baixa ◆ *s.f.*, uva seca → *A buen paso/a paso largo/tirado/ligero*, rapidamente, com rapidez. *A cada paso*, com frequência. *A ese paso*, desse modo, dessa forma. *A paso de tortuga*, lentamente. *A pasos agigantados*, com rapidez. *A un/dos/cuatro pasos*, curta distância, bem perto. *Abrir(se) paso*, abrir caminho ‖ situar-se economicamente na vida ‖ impor-se, triunfar. *Al paso*, sem deter-se. *Al paso que*, ao mesmo tempo. *Dar un paso en falso*, errar. *De paso*, ao mesmo tempo. *Estar/quedarse hecho como una pasa*, estar amarfanhado, com aspecto ruim. *Llevar el paso*, seguir de acordo com as possibilidades. *Paso a paso/paso ante paso*, lentamente. *Salir del paso*, desvencilhar-se de alguma coisa. *Salirle [a alguien] al paso*, sair ao encontro, encontrar ‖ contradizer, negar.

Pasodoble, *s.m.*, tipo de música espanhola de passos rápidos e vivos.

Pasquín, *s.m.*, panfleto, pasquim.

Pasta, *s.f.*, pasta, massa ‖ macarrão ‖ bolacha, biscoito ‖ dinheiro, grana, salário ‖ índole, determinação ‖ tipo de encadernação especial feita com pelica ou tecido → *Buena pasta*, boa índole, bom coração, bons sentimentos.

Pastar, *v.5*, pastar os animais no campo.

Pastel, *s.m.*, bolo, doce, torta confeitada ‖ empadão, torta salgada ‖ tipo de lápis para desenho ‖ coisa malfeita, quebra-galho → *Descubrirse el pastel*, aparecer, descobrir o que se procurava ocultar.

Pastelear, *v.5*, contemporizar.

Pastelería, *s.f.*, confeitaria, doçaria.

Pastelero/a, *s.*, confeiteiro, doceiro.

Pasteurizar, *v.5.15*, pasteurizar.

Pastilla, *s.f.*, comprimido, medicamento ‖ confeito → *Pastilla de jabón*, sabonete. *A toda pastilla*, com muita rapidez.

Pasto, *s.m.*, pasto, pastagem.

Pastor/ora, *s.*, pastor ◆ *s.m.*, ministro de uma religião em especial protestante → *Pastor alemán*, raça de cães pastor alemão. *Perro pastor*, diversas raças de cães que ajudam no pastoreio.

Pastorear, *v.5*, pastorear, apascentar.

Pastoso/a, *adj.*, pastoso ‖ espesso, grudento ‖ timbre de voz agradável.

Pata, *s.f.*, pata, pé e perna ‖ base, apoio → *A cuatro patas*, de quatro no chão. *A la pata coja*, saltitando sobre um pé. *A la pata llana*, com naturalidade, sem artifícios. *A pata*, andando, a pé. *Estirar la pata*, morrer. *Mala pata*, azar ‖ desengonçado, sem graça. *Meter la pata*, dar um fora, enfiar o pé no balde, pisar no tomate. *Pata de gallo*, pés de galinha, arrugas no rosto em especial na região dos olhos ‖ crista-de-galo. *Patas arriba*, de cabeça pra baixo, confuso, desorganizado. *Poner de patitas en la calle*, expulsar, mandar embora com grosseria.

Patada, *s.f.*, patada, chute, pontapé → *A patadas*, com abundância, de montão ‖ com grosseria, sem educação. *Dar cien patadas*, desagradar muito. *Dar la patada*, despedir alguém, mandar embora, demitir.

Patalear, *v.5*, espernear, agitar pés e pernas ‖ fazer birra.

Pataleo, *s.m.*, birra, pateada.

Patán, *adj.* e *s.m.*, pessoa grosseira, bronca, rústica.

Patata, *s.f.*, batata.

Patatal/patatar, *s.m.*, plantação de batatas.

Patatín, *loc.*, *que patatín, que patatán/ que si patatín, que si patatán*, expressão que resume e reproduz conceitos vagos e imprecisos, equivale a: porque isto, porque aquilo e porque o outro.

Patatús, *s.m.*, chilique, faniquito, fricote.

Paté, *s.m.*, patê.

Patear, *v.5*, patear, pisotear, chutar ‖ bater pernas para resolver alguma coisa.

Patena, *s.f.*, patena → *Limpio como una patena/más limpio que una patena*, superlimpo, brilhante.

Patentar, *v.5*, patentear.

Patente, *adj.*, visível, manifesto ‖ óbvio, claro, evidente ◆ *s.f.*, licença, permissão ‖ patente.

Pateo, *s.m.*, esperneio.

Paternal, *adj.*, paternal.

Paternalismo, *s.m.*, paternalismo.

Paternidad, *s.f.*, paternidade.

Patético/a, *adj.*, patético.

Patiabierto/a, *adj.*, que tem as pernas abertas ou tortas.

Patíbulo, *s.m.*, patíbulo, cadafalso.

Patilla, *s.f.*, haste, cabo normalmente de pequeno tamanho ‖ costeleta, suíças.

Patín, *s.m.*, patim, patinete.

Patinar, *v.5*, patinar ‖ dar um fora.

Patio, *s.m.*, pátio ‖ quintal ‖ átrio ‖ plateia dos teatros.

Patitieso/a, *adj.*, duro de frio ‖ pregado no chão de susto ou medo ‖ nariz empinado, orgulhoso, fresco.

Patituerto/a, *adj.*, que tem as pernas tortas.

Patizambo/a, *adj.*, que tem as pernas tortas para fora.

Pato/a, *s.m.*, pato → *Pagar el pato*, pagar o pato, levar a culpa sem ter.

Patochada, *s.f.*, bobagem, besteira, grosseria.

Patoso/a, *adj.*, desajeitado, desengonçado, grosseiro.

Patraña, *s.f.*, mentira, lorota, engodo.

Patriarca, *s.m.*, patriarca.

Patrimonio, *s.m.*, patrimônio.

Patrio/a, *adj.*, pátrio ◆ *s.f.*, pátria → *Madre patria*, país do qual depende ou dependeu outro país. *Patria chica*, cidade de nascimento. *Patria potestad*, pátrio poder.

Patriota, *adj.*, *s.m.* e *f.*, patriota.

Patriotismo, *s.m.*, patriotismo.

Patrocinar, *v.5*, patrocinar.

Patrocinio, *s.m.*, patrocínio.

Patrón/ona, *s.*, patrão, amo, senhor, dono ‖ padroeiro ◆ *s.m.*, padrão, molde, modelo ‖ árvore para enxertos → *Cortados por el mismo patrón*, semelhantes totalmente.

Patrono/a, *s.*, padroeiro ‖ patrão.

Patronazgo, *s.m.*, patrocínio.

Patrulla, *s.f.*, patrulha ‖ ronda.

Patrullar, *v.5*, patrulhar, rondar.

Patrullero/a, *adj.*, patrulheiro.

Paulatino/a, *adj.*, paulatino, lento, gradual.

Pauperizar, *v.5.15*, depauperar, empobrecer.

Paupérrimo/a, *adj.*, paupérrimo.

Pausa, *s.f.*, pausa, interrupção.

Pauta, *s.f.*, pauta ‖ itens de uma reunião.

Pavesa, *s.f.*, pó, cinza levada pelo vento.

Pavimentación, *s.f.*, pavimentação.

Pavimentar, *v.5*, pavimentar.

Pavimento, *s.m.*, revestimento ‖ chão ‖ piso, andar de um edifício.

Pavito/a, *s.*, *Amér.*, adolescente ‖ *Amér.*, vagabundo, sem-vergonha.

Pavo/a, *s.*, peru ◆ *adj.* e *s.*, pessoa tonta, insossa, parada, sem vida ◆ *s.f.*, *Amér.*, chaleira → *Pavo real*, pavão. *Pelar la pava*, namorar. *Subírsele el pavo*, enrubescer, ficar vermelho de vergonha.

Pavón, *s.m.*, pavão, ave-do-paraíso ‖ mariposa noturna.

Pavonearse, *v.5*, ostentar.

Pavor, *s.m.*, pavor, medo, terror.

Payador, *s.m.*, poeta e músico popular na Argentina e Uruguai que faz desafios musicais.

Payasada, *s.f.*, palhaçada.

Payaso, *s.m.*, palhaço.

Payés/esa, *s.*, camponês da Catalunha ou de Baleares na Espanha.

Payo/a, *s.*, entre os ciganos nome dado a qualquer pessoa que não é de sua raça.

Paz, *s.f.*, paz, concórdia, tranquilidade, calma, silêncio, repouso, sossego →*¡A la paz de Dios!*, expressão normal de saudação na chegada ou na despedida, equivale a: salve! *Dejar en paz*, não atrapalhe. *Descansar/reposar en paz*, morrer. *Descanse en paz/en paz descanse*, expressão sempre acrescentada em espanhol quando se fala o nome de uma pessoa já morta. *Estar/quedar en paz*, empatar no jogo, ficar elas por elas ‖ liquidar uma dívida entre duas pessoas ‖ pagar um favor ou uma ofensa com a mesma moeda.

Pe, *s.f.*, pê, nome da letra P ◆ *loc.*, *de pe a pa*, completamente, do começo ao fim, tudo, integralmente.

Peaje, *s.m.*, pedágio.

Peatón, *s.m.*, pedestre.

Peca, *s.f.*, sarda, pinta.

Pecado, *s.m.*, pecado ‖ falta, erro, coisa lamentável → *De mis pecados*, expressão enfática de ironia ou afeto, equivale a: ah, meus pecados!

Pecador/ora, *adj.* e *s.*, pecador.

Pecar, *v.5.14*, pecar, errar, faltar às regras.

Peccata, *loc.*, *peccata minuta*, coisa pouca, erro ou falta sem importância.

Pecera, *s.f.*, aquário.

Pécora, *s.f.*, mulher astuta, maligna, prostituta.

Pecoso/a, *adj.*, sardento, que tem sardas.

Pecuario/a, *adj.*, pecuário.

Peculiar, *adj.*, peculiar.

Peculiaridad, *s.f.*, peculiaridade, particularidade, singularidade.

Peculio, *s.m.*, pecúlio, pecúnia, bens.

Pechar, *v.5*, afrontar, peitar, aturar, assumir alguma coisa desagradável.

Pechera, *s.f.*, peitilho, guarnição de renda no peito, colo.

Pechero, *s.m.*, babador para bebê.

Pecho, *s.m.*, peito, tórax, aparelho respiratório, caixa torácica ‖ cada uma das mamas da mulher ‖ coração como centro dos sentimentos → *Dar el pecho*, amamentar. *Echarse entre pecho y espalda [algo]*, comer e beber em demasia. *Tomar a pecho*, assumir alguma coisa com muito interesse e seriedade. *Tomar el pecho*, mamar.

Pechuga, *s.f.*, peito das aves ‖ colo feminino.

Padagogía, *s.f.*, pedagogia.

Pedal, *s.m.*, pedal ‖ alavanca.

Pedalear, *v.5*, pedalar.

Pedante, *adj.*, *s.m.* e *f.*, pedante, ignorante, que tem mania de aparentar o que não é.

Pedazo, *s.m.*, pedaço, parte, porção → *Caerse a pedazos*, cair aos pedaços, estar muito velho ‖ estar muito cansado. *Hacer pedazos*, quebrar ‖ destruir. *Hecho pedazos*, destruído, arrebentado ‖ muito cansado. *Pedazo de animal*, pessoa burra. *Pedazo de pan*, mínimo para o sustento ‖ pessoa muito boa e infeliz. *Saltar [algo] en pedazos/en mil pedazos*, explodir.

Pederasta, *s.m.*, pederasta.

Pedestal, *s.m.*, pedestal, base, suporte elevado → *Estar/poner/tener en un pedestal [a alguien]*, ter boa opinião sobre alguém.

Pedestre, *adj.*, que se faz a pé ‖ vulgar, comum, ordinário.

Pediatría, *s.f.*, pediatria.

Pedicuro/a, *s.*, pedicuro.

Pedido/a, *adj.*, resultado de pedir ◆ *s.m.*, pedido, encomenda ◆ *s.f.*, pedido de casamento.

Pedigüeño/a, *adj.* e *s.*, pidão, que pede muito.

Pedir, *v.13*, pedir ‖ mendigar, esmolar ‖ cobrar, pôr preço a uma mercadoria ‖ querer, desejar, apetecer ‖ pedir em casamento ‖ requerer, solicitar.

Pedo, *s.m.*, peido ‖ bebedeira.

Pedorreta, *s.f.*, som feito com a boca, em especial pelos bebês, imitando o som de peido.

Pedrada, *s.f.*, pedrada.

Pedregoso/a, *adj.*, pedregoso.

Pedrera, *s.f.*, pedreira.

Pedrería, *s.f.*, pedraria, conjunto de pedras preciosas.

Pedrisco, *s.m.*, granizo ‖ seixo.

Pedrusco, *s.m.*, pedregulho ‖ pedaço de pedra sem polir.

Pedúnculo, *s.m.*, pedúnculo.

Pega, *s.f.*, cola ‖ obstáculo, dificuldade, contratempo ‖ pergunta capciosa, difícil de responder, pegadinha → *De pega*, falso, fingido, de mentirinha.

Pegado/a, *adj.*, colado, grudado ◆ *s.m.*, emplastro medicamentoso ◆ *s.f.*, potência que um esportista tem nos punhos, no golpe, no tiro.

Pegajoso/a, *adj.*, grudento, pegajoso ‖ excessivamente carinhoso, meloso.

Pegamento, *s.m.*, cola.

Pegar, *v.5.18*, colar, unir, atar, grudar ‖ bater, maltratar ‖ contagiar, contaminar ‖ combinar, harmonizar ‖ estar próximo, vizinho ‖ tropeçar ‖ ter força ou impulso → *Pegarse*, grudar a comida na panela ‖ grudar em alguém chateando. *Pegársela [a alguien]*, enganar, em especial a infidelidade conjugal.

Pegatina, *s.f.*, adesivo, etiqueta autoadesiva.

Pego, *loc.*, *dar el pego*, enganar, passar pelo que não é com sucesso.

Pegote, *s.m.*, grude, gosma, emplastro ‖ pessoa impertinente, inconveniente ‖ serviço ou coisa malfeita ‖ remendo malfeito.

Peinado/a, *adj.*, resultado de pentear ◆ *s.m.*, penteado, forma de arrumar o cabelo.

Peinador, *s.m.*, capa que se coloca sobre os ombros para pentear o cabelo e não sujar a roupa.

Peinar, *v.5*, pentear ‖ cardar ‖ investigar com muito cuidado e atenção.

Peine, *s.m.*, pente ‖ qualquer peça que tenha forma semelhante.

Peineta, *s.f.*, pente pequeno, curvo, colocado no cabelo para enfeitar.

Pela, *s.f.*, gíria para peseta, dinheiro de uma forma geral.

Peladilla, *s.f.*, confeito de amêndoa ‖ seixo.

Pelado/a, *adj.*, careca ‖ limpo, sem enfeites ‖ simples, sem rodeios ◆ *adj.* e *s.*, pessoa pobre e sem dinheiro.

Pelagatos, *s.m.* e *f.*, morto de fome, pobretão, sem eira nem beira.

Pelagra, *s.f.*, pelagra.

Pelaje, *s.m.*, pelugem ‖ qualidade e natureza do pelo de um animal ‖ aspecto exterior de uma pessoa ‖ categoria social de alguém.

Pelambre, *s.m.* e *f.*, cabeleira em especial espessa e descabelada.

Pelandusca, *s.f.*, prostituta.

Pelar, *v.5*, pelar, arrancar ou cortar o pelo ou cabelo em especial de animais ‖ descarnar um animal ‖ machucar a pele ‖ descascar uma fruta ‖ depenar uma ave ‖ ganhar dinheiro no jogo → *Duro de pelar*, pessoa difícil de convencer. *Hacer un frío que pela/ pelarse de frío*, fazer um frio de rachar. *Pelárselas*, expressa que alguém faz alguma coisa, boa ou ruim, muito bem e frequentemente.

Peldaño, *s.m.*, cada um dos degraus que compõem uma escada.

Pelea, *s.f.*, peleja, briga, luta, combate.

Pelear, *v.5*, pelejar, brigar, lutar, combater, batalhar ‖ opor-se ‖ resistir-se ‖ trabalhar para conseguir alguma coisa → *Pelearse*, desentender-se, romper relações.

Pelele, *s.m.*, boneco de trapo ou palha ‖ pessoa simplória ou sem personalidade ‖ macacão infantil feito de tricô.

Peletería, *s.f.*, artigo de pele ‖ arte de preparar as peles de animais ‖ loja que vende artigos de pele de animais.

Peletero/a, *s.*, pessoa que trabalha a pele dos animais

Pelicano/pelícano, *s.m.*, pelicano

Película, *s.f.*, película, membrana ‖ filme.

Peligrar, *v.5*, perigar, estar em perigo.

Peligro, *s.m.*, perigo, risco, ameaça, obstáculo, contingência.

Peligrosidad, *s.f.*, periculosidade.

Peligroso/a, *adj.*, perigoso, turbulento.

Pelirrojo/a, *adj.*, ruivo.

Pelma, *s.m.*, *f.* e *adj*./**Pelmazo/a**, *s.* e *adj.*, pessoa desagradável e inconveniente.

Pelo, *s.m.*, pelo, cabelo ‖ filamento ‖ fio, fiapo ‖ crina ‖ penugem, lanugem ‖ pele de animais ‖ mola das armas de fogo ‖ risco interno de uma pedra preciosa ‖ fibra da madeira ‖ quantidade mínima, um pingo → *Al pelo*, muito bem, perfeitamente ‖ vir a calhar. *De medio pelo*, de pouca categoria. *De pelo en pecho*, homem forte e robusto. *Echar pelos a la mar*, fazer as pazes duas ou mais pessoas. *Hasta los pelos*, de saco cheio. *No tener pelos en la lengua*, dizer o que se pensa, não ter papas na língua. *No ver el pelo/ no vérsele el pelo [a alguien]*, denota a ausência de uma pessoa. *Pelo de la dehesa*, rústico, tosco, pouco fino. *Pelos y señales*, nos mínimos detalhes. *Ponérsele los pelos de punta*, arrepiar os cabelos de medo. *Relucirle el pelo*, estar robusto e forte. *Tener pelos*, apresentar dificuldades. *Tomar el pelo*, tirar sarro de alguém.

Pelón/ona, *adj.* e *s.*, careca ou que raspou o cabelo.

Pelota, *s.f.*, bola ‖ jogo de bola ◆ *s.m.* e *f.*, puxa-saco ◆ *s.f.pl.*, testículos → *Devolver la pelota*, pagar na mesma moeda. *Rechazar la pelota*, rebater com os mesmos argumentos. *Echarse/tirarse la pelota*, entregar a batata quente a outro. *En pelotas*, nu, pelado. *Estar la pelota en el tejado*, vitória duvidosa. *Hacerse una pelota*, enrolar-se todo de frio, medo ou dor ‖ confundir-se.

Pelotazo, *s.m.*, bolada, golpe dado com a bola.

Pelotear, *v.5*, bater bola, fazer uma pelada ‖ discutir, brigar, bater boca.

Pelotera, *s.f.*, briga, bate-boca.

Pelotilla, *s.f.*, puxar o saco de alguém.

Pelotillero/a, *adj.* e *s.*, puxa-saco.

Pelotón, *s.m.*, pelotão ‖ multidão.

Peluca, *s.f.*, peruca.

Peluche, *s.m.*, pelúcia.

Peludo/a, *adj.* e *s.*, peludo, cabeludo.

Peluquería, *s.f.*, cabeleireiro ‖ barbearia.

Peluquero/a, *s.*, cabeleireiro ‖ barbeiro.

Pelusa, *s.f.*, pelugem ‖ inveja, ciúme.

Pelvis, *s.f.*, pélvis, pelve, bacia.

Pella, *s.f.*, banha de porco pura, gordura de porco.

Pelleja, *s.f.*, pele de animal tratada e curtida.

Pellejo, *s.m.*, couro de animal ‖ pele humana ‖ odre ‖ pele de algumas frutas ‖ vida de uma pessoa → *Estar/hallarse [alguien] en el pellejo [de otro]*, estar na mesma situação. *Mudar el pellejo*, mudar de condição ou hábitos. *No caber en el pellejo*, não caber dentro de si mesmo de tão contente. *Quitar el pellejo*, criticar, falar mal ‖ roubar.

Pelliza, *s.f.*, casaco forrado de pele.

Pellizcar, *v.5.14*, beliscar.

Pellizco, *s.m.*, beliscão ‖ pequena quantidade de alguma coisa, pitada.

Pena, *s.f.*, pena, dor, castigo, sofrimento, mágoa, aflição, lástima ‖ dificuldade, trabalho, empenho → *So pena de*, sob a pena, correndo o risco de. *Sin pena ni gloria*, sem sobressair, nem bem nem mal. *Valer/merecer la pena*, valer a pena.

Penacho, *s.m.*, penacho.

Penado/a, *adj.*, resultante de penar ◆ *s.*, delinquente, condenado.

Penal, *adj.*, penal ‖ pênalti.

Penalizar, *v.5.15*, penalizar.

Penar, *v.5*, penar, padecer, sofrer ‖ castigar, condenar, punir → *Penar por [algo]*, sofrer de desejo por [algo].

Penca, *s.f.*, nervo grosso central de hortaliças.

Penco, *s.m.*, pessoa burra e torpe.

Pendejo, *s.m.* pelo do púbis, pentelho ‖ insulto depreciativo, pessoa indesejável e intratável.

Pendencia, *s.f.*, pendência.

Pender, *v.6*, pender, estar pendurado, gravitar ‖ estar pendente, faltar por resolver.

Pendiente, *adj.*, pendente, que pende, que está pendurado ◆ *s.m.*, brinco ◆ *s.f.*, declive, descida ‖ inclinação, ângulo de um telhado.

Pendón, *s.m.*, pendão, bandeira, estandarte ‖ pessoa de vida irregular e desordenada.

Péndulo, *s.m.*, pêndulo.

Pene, *s.m.*, pênis.

Penetrar, *v.5*, penetrar, introduzir ‖ compreender, aprofundar ‖ afetar os sentimentos.

Penicilina, *s.f.*, penicilina.

Península, *s.f.*, península.

Penitencia, *s.f.*, penitência.

Penitente, *s.m.* e *f.*, penitente.

Pensador/ora, *s.*, pensador.

Pensamiento, *s.m.*, pensamento ‖ mente, inteligência ‖ ideia principal ‖ máxima ‖ amor-perfeito → *Como el pensamiento*, fugaz. *En un pensamiento*, rápido, ligeiro. *Ni por pensamiento*, nem em pensamento.

Pensar, *v.12*, pensar, meditar, refletir ‖ projetar, imaginar, idealizar ‖ opinar ‖ supor → *Ni pensarlo*, jamais, nunca, de jeito nenhum. *Sin pensar/sin pensarlo*, de improviso, sem pensar.

Pensión, *s.f.*, pensão ‖ aposentadoria ‖ hospedagem ‖ diária da pensão → *Media pensión*, semi-internato ‖ meia pensão.

Pensionado/a, *adj.* e *s.*, pensionato.

Pentagrama/pentágrama, *s.m.*, pentagrama.

Penúltimo/a, *adj.*, penúltimo.

Penumbra, *s.f.*, penumbra.

Penuria, *s.f.*, penúria.

Peña, *s.f.*, rocha ‖ grupo de amigos, a turma.

Peñasco, *s.m.*, rochedo, penhasco.

Peón, *s.m.*, peão, trabalhador especializado, tarefeiro ‖ peça do xadrez ‖ pião ‖ *Amér.*, trabalhador rural.

Peonza, *s.f.*, pião que não possui a ponta metálica.

Peor, *adj.*, pior ◆ *adv.*, comparativo de mal.

Pepinillo, *s.m.*, pepino em conserva.

Pepino, *s.m.*, pepino → *Importar/no importar un pepino*, não ter a menor importância.

Pepita, *s.f.*, pepita ‖ semente.

Pequeño/a, *adj.*, pequeno ‖ inferior ‖ insignificante ‖ humilde ◆ *adj.* e *s.*, jovem, de curta idade ◆ *s.*, o irmão mais jovem.

Pera, *s.f.*, pera ‖ cavanhaque ‖ certo tipo de interruptor de luz ‖ certo tipo de bomba para injetar líquidos → *Pedirle peras al olmo*, esperar alguma coisa impossível. *Poner las peras a cuarto*, repreender duramente.

Peral, *s.m.*, pereira.

Percal, *s.m.*, percal, certo tipo de tecido.

Percalina, *s.f.*, morim.

Percance, *s.m.*, percalço.

Percatarse, *v.5*, advertir, levar em conta.

Percepción, *s.f.*, percepção.

Percibir, *v.7*, perceber ‖ receber ‖ cobrar.

Percusión, *s.f.*, percussão.

Percha, *s.f.*, cabide.

Perchero, *s.m.*, cabideiro.

Perder, *v.12*, perder, deixar de ter ‖ desperdiçar, dissipar, malgastar ‖ decair de conceito, perder a estima ou o crédito ‖ naufragar ‖ desbotar, esmaecer a cor ‖ entregar-se a vícios ‖ amar cegamente → *Perderse*, errar o caminho, perder-se ‖ distrair-se, esquecer o que se estava dizendo ‖ não perceber alguma coisa. *Echar a perder*, estragar ‖ desviar-se moralmente do bom caminho.

Perdición, *s.f.*, perdição, ruína.

Pérdida, *s.f.*, perda ‖ extravio ‖ prejuízo ‖ vazamento ◆ *s.f.pl.*, hemorragia ginecológica.

Perdigón, *s.m.*, perdigoto ‖ perdigão.

Perdiguero/a, *adj.* e *s.*, perdigueiro.

Perdiz, *s.f.*, perdiz.

Perdón, *s.m.*, perdão ‖ desculpa.

Perdonar, *v.5*, perdoar ‖ desculpar ‖ absolver, redimir.

Perdurar, *v.5*, perdurar, durar muito.

Perecer, *v.9*, perecer, morrer, deixar de existir.

Peregrinar, *v.5*, peregrinar.

Perejil, *s.m.*, salsinha, cheiro-verde → *Poner como hoja de perejil*, criticar severamente alguém.

Perendengue, *s.m.*, penduricalho, bijuteria barata.

Perengano/a, *s.*, uma pessoa qualquer, beltrano.

Perenne, *adj.*, perene, perpétuo.

Pereza, *s.f.*, preguiça, falta de vontade.

Perezoso/a, *adj.*, preguiçoso.

Perfección, *s.f.*, perfeição.

Perfeccionar, *v.5*, aperfeiçoar.

Perfecto/a, *adj.*, perfeito.

Perfidia, *s.f.*, perfídia, traição, deslealdade.

Perfil, *s.m.*, perfil, contorno, silhueta ‖ características gerais de algo ‖ desenho de corte lateral.

Perforar, *v.5*, perfurar, furar de lado a lado.

Perfumar, *v.5*, perfumar.

Perfume, *s.m.*, perfume, aroma, odor agradável.

Perfumería, *s.f.*, perfumaria.

Pérgola, *s.f.*, caramanchão.

Pericia, *s.f.*, perícia.

Perico, *s.m.*, aspargo grande ‖ periquito ‖ penico alto → *Perico de los palotes*, joão-ninguém.

Periferia, *s.f.*, periferia.

Perilla, *s.f.*, barbicha, cavanhaque → *De perilla/de perillas*, muito bem, fantasticamente.

Perímetro, *s.m.*, perímetro.

Periódico/a, *adj.*, periódico ◆ *s.m.*, jornal.

Periodismo, *s.m.*, jornalismo.

Periodista, *s.m.* e *f.*, jornalista.

Periodo/período, *s.m.*, período, espaço de tempo ‖ menstruação ‖ conjunto de orações de um texto.

Periquete, *loc.*, *en un periquete*, num instantinho.

Periquito, *s.m.*, periquito.

Perjudicar, *v.5.14*, prejudicar, causar prejuízo.

Perjuicio, *s.m.*, prejuízo, perda, dano.

Perjurar, *v.5*, perjurar, jurar em falso.

Perjurio, *s.m.*, perjúrio, juramento em falso.

Perla, *s.f.*, pérola ‖ pessoa extraordinária → *De perlas*, muito bem, perfeitamente.

Perlado/a, *adj.*, cheio de pérolas ou gotas.

Permanecer, *v.9*, permanecer, ficar, não mudar ou modificar.

Permanente, *adj.*, que permanece, dura ◆ *s.f.*, permanente do cabelo.

Permiso, *s.m.*, licença, afastamento ‖ permissão, autorização.

Permitir, *v.7*, permitir, autorizar, possibilitar.
Permutar, *v.5*, permutar, trocar.
Pernear, *v.5*, espernear.
Pernicioso/a, *adj.*, pernicioso.
Pernil, *s.m.*, pernil.
Pernoctar, *v.5*, pernoitar.
Pero, *s.m.*, variedade de maçã ‖ defeito ‖ objeção ◆ *conj.*, mas, porém.
Peroné, *s.m.*, perônio.
Perorar, *v.5*, perorar, discursar.
Perpendicular, *adj.* e *s.f.*, perpendicular.
Perpetrar, *v.5*, cometer, consumar um delito.
Perpetuar, *v.5.11*, perpetuar.
Perpetuo/a, *adj.*, perpétuo.
Perplejidad, *s.f.*, perplexidade.
Perplejo/a, *adj.*, perplexo, indeciso, confuso.
Perrería, *s.f.*, cachorrada, ingratidão.
Perrero/a, *s.*, funcionário municipal que trabalha na carrocinha recolhendo cães na rua ◆ *s.f.*, canil.
Perrillo, *s.m.*, gatilho de qualquer arma de fogo.
Perro/a, *s.*, cachorro, cão ‖ pessoa muito ruim ◆ *adj.*, qualquer coisa ruim ◆ *s.f.*, birra, choradeira, berreiro ‖ ideia fixa, capricho, obstinação ‖ dinheiro, grana → *A espeta perros*, de supetão, repentinamente. *Como perro y gato*, como cão e gato, que não se entendem. *De perros*, muito ruim. *Echar a perros*, desperdiçar, usar mal. *Perro caliente*, cachorro-quente. *Perro faldero*, cão pequeno que se carrega no colo ‖ homem que só anda atrás das mulheres.
Perruno/a, *adj.*, canino.
Persecución, *s.f.*, perseguição.
Perseguir, *v.13*, perseguir.
Perseverar, *v.5*, perseverar.
Persiana, *s.f.*, persiana.
Persignarse, *v.5*, persignar-se, benzer-se.
Persistir, *v.7*, persistir, perseverar.
Persona, *s.f.*, pessoa ‖ gente, indivíduo → *De persona a persona*, sem intermediários, diretamente. *En persona/por su persona*, em pessoa, estar presente, por mim mesmo.
Personaje, *s.m.*, personagem ‖ pessoa importante.
Personal, *adj.*, pessoal, privado, individual ‖ subjetivo ◆ *s.m.*, conjunto de pessoas que trabalham numa mesma empresa ‖ público.
Personalidad, *s.f.*, personalidade.
Personalizar, *v.5.15*, personalizar, individualizar.
Personarse, *v.5*, apresentar-se, comparecer.
Personificar, *v.5.14*, personificar, representar.
Perspectiva, *s.f.*, perspectiva ‖ ângulo, prisma ‖ panorama, paisagem ‖ expectativa, esperança ‖ aspecto, visão, opinião, ponto de vista.
Perspicacia, *s.f.*, perspicácia.
Persuadir, *v.7*, persuadir, convencer.
Pertenecer, *v.9*, pertencer ‖ fazer parte ‖ corresponder ‖ ser de propriedade de ‖ ser obrigação de.
Pertenencia, *s.f.*, pertence ‖ domínio ‖ atribuição ◆ *s.f.pl.*, pertences, objetos de propriedade de uma pessoa.
Pértiga, *s.f.*, vara, varapau.
Pertinaz, *adj.*, pertinaz, duradouro, persistente.
Pertinente, *adj.*, oportuno, adequado.

Pertrechar, *v.5*, providenciar apetrechos.
Pertrecho, *s.m.*, apetrecho.
Perturbación, *s.f.*, perturbação.
Perturbar, *v.5*, perturbar.
Pervertir, *v.12*, perverter.
Pesa, *s.f.*, peso, peça de metal ‖ pesos dos halterofilistas ‖ pesos do relógio.
Pesadez, *s.f.*, qualidade de pesado ‖ impertinência, chateação.
Pesadilla, *s.f.*, pesadelo ‖ desgosto, grande problema.
Pesado/a, *adj.*, pesado ‖ denso ‖ carregado ‖ lento ‖ volumoso ‖ gordo ‖ sono profundo ‖ árduo, difícil, duro ‖ aborrecido, chato, sem interesse ◆ *s.f.*, ação e efeito de pesar ‖ quantidade pesada de uma só vez.
Pesadumbre, *s.f.*, desgosto, mágoa, tristeza.
Pésame, *s.m.*, pêsames.
Pesar, *s.m.*, dor, tristeza ‖ arrependimento ◆ *v.5*, pesar, ter peso, determinar peso ‖ valer ‖ influir, importar ‖ incomodar ‖ arrepender-se ‖ averiguar, verificar, examinar → *A pesar/a pesar de/pese a*, apesar de, a despeito de. *Mal que le pese*, mesmo não querendo. *Pese a quien pese*, doa a quem doer.
Pesca, *s.f.*, pesca.
Pescadería, *s.f.*, peixaria.
Pescadilla, *s.f.*, cria da merluza.
Pescado/a, *adj.*, pesca, resultado de pescar ◆ *s.m.*, peixe em geral ◆ *s.f.*, merluza.
Pescador/ra, *adj.* e *s.*, pescador.
Pescante, *s.m.*, boleia.
Pescar, *v.5.14*, pescar ‖ fisgar ‖ apanhar, agarrar ‖ pegar, surpreender ‖ entender com rapidez.
Pescozón, *s.m.*, pescoçada, tapa dado na altura do pescoço.
Pescuezo, *s.m.*, pescoço → *Apretar/estirar /torcer/ retorcer el pescuezo*, torcer o pescoço.
Pesebre, *s.m.*, manjedoura ‖ presépio.
Pesetero/a, *adj.* e *s.*, pão-duro, aproveitador.
Pésimo/a, *adj.*, péssimo.
Peso, *s.m.*, peso ‖ gravidade ‖ ônus ‖ balança ‖ importância ‖ força ‖ moeda ‖ angústia, preocupação ‖ carga, obrigação ‖ esfera de metal usada em vários esportes ‖ categoria dos pugilistas → *A peso de oro/plata*, muito caro. *Caer de su peso*, ser claro e evidente, estar na cara. *De peso*, pessoa sensata e coerente ‖ pessoa influente.
Pespunte, *s.m.*, pesponto.
Pespuntear, *v.5*, pespontar.
Pesquisa, *s.f.*, investigação, indagação.
Pestaña, *s.f.*, pestana, cílio ‖ friso ‖ debrum ‖ ornato ‖ ourélia ‖ barbatana → *No mover pestaña*, prestar muita atenção. *No pegar pestaña*, não pregar o olho, não dormir. *Quemarse las pestañas*, fazer um trabalho com muito esforço.
Pestañear, *v.5*, pestanejar.
Peste, *s.f.*, peste, doença infecciosa ‖ fedor ‖ abundância de uma coisa ruim ‖ coisa incômoda → *Decir/echar/hablar pestes [de algo o de alguien]*, queixar-se ou criticar muito.
Pestillo, *s.m.*, aldraba, lingueta, tranqueta.
Pesuño, *s.m.*, úngula, casco.
Petaca, *s.f.*, estojo para tabaco, charuteiro.
Pétalo, *s.m.*, pétala.
Petanca, *s.f.*, jogo de bochas.

Petardo, *s.m.*, fogo de artifício, bomba ‖ coisa ou pessoa feia e desagradável.

Petate, *s.m.*, trouxa de roupa ‖ pessoa desprezível → *Liar el petate*, fazer a trouxa, ir embora.

Petenera, *s.f.*, tipo de música espanhola → *Salir por peteneras*, dizer ou fazer alguma coisa que não tem nada a ver com o que se está fazendo ou dizendo, desconversar.

Petición, *s.f.*, petição, pedido.

Peto, *s.m.*, peitilho ‖ couraça.

Petrificar, *v.5.14*, petrificar.

Petróleo, *s.m.*, petróleo.

Petulancia, *s.f.*, petulância.

Petunia, *s.f.*, petúnia.

Peúco, *s.m.*, sapatinho de lã sem cano usado para dormir.

Peyorativo/a, *adj.*, pejorativo.

Pez, *s.m.*, peixe ‖ pessoa astuta e pouco escrupulosa ◆ *s.f.*, breu, piche, betume → *Como pez en el agua*, à vontade, como um peixe dentro d'água. *Estar pez*, estar boiando num assunto. *Pez gordo*, peixão, pessoa importante.

Pezón, *s.m.*, pedúnculo ‖ bico do seio, mamilo.

Pezuña, *s.m.*, pata e casco de alguns animais.

Piano, *s.m.*, piano ◆ *adj.*, suave.

Piar, *v.5.16*, piar.

Piara, *s.f.*, coletivo de porcos.

Pibe/a, *s.*, *Amér.*, garoto, criança, rapaz.

Pica, *s.f.*, lança ‖ naipe do baralho.

Picadero, *s.m.*, escola de equitação.

Picadillo, *s.m.*, picadinho, comida feita de picado.

Picadura, *s.f.*, picada.

Picante, *adj.*, picante, ardido ◆ *s.m.*, pimenta.

Picapica, *s.f.*, pó de mico ‖ lã de vidro.

Picaporte, *s.m.*, aldraba, lingueta.

Picar, *v.5.14*, picar ‖ cavar ‖ bicar ‖ morder ‖ espetar ‖ morder o peixe a isca ‖ cortar em pedacinhos ‖ esporear ‖ coçar ‖ melindrar-se, magoar-se, importar-se.

Picardía, *s.f.*, malícia ‖ travessura ‖ *baby-doll.*

Pícaro/a, *adj.* e *s.*, ardiloso, patife, astuto, tratante, maroto ‖ cômico ‖ malicioso.

Picazón, *s.f.*, coceira ‖ inquietação, desassossego.

Pico, *s.m.*, bico das aves ‖ ponta, extremidade ‖ cume, cimo ‖ resto ‖ picareta ‖ pequena quantidade de qualquer coisa ‖ boca ‖ lábia → *Andar/irse de picos pardos*, cair na farra, andar na gandaia. *De pico*, contar vantagens, bom de bico. *Pico de oro*, boa lábia. *Tener mucho pico*, ser dedo-duro, contar tudo, ser linguarudo.

Picor, *s.m.*, coceira ‖ ardência.

Picotada, *s.f.*/**Picotazo**, *s.m.*, bicada dada pelas aves.

Picotear, *v.5*, bicar ‖ beliscar salgadinhos.

Picudo/a, *adj.*, bicudo, que tem bico.

Pichi, *s.m.*, jardineira, roupa feminina sem mangas e com decote que é usada com uma blusa por baixo.

Pichón, *s.m.*, filhote de pomba ‖ apelativo carinhoso, equivale a: benzinho.

Pie, *s.m.*, pé ‖ pata ‖ base ‖ haste ‖ medida ‖ árvore ‖ sedimento, borra ‖ o último a jogar ‖ parte de um verso ‖ ensejo, motivo, desculpa, pretexto ‖ regra, norma ‖ uso ‖ fundamento ‖ massa de uva pisada no lagar ‖ rodapé de um escrito ‖ parte oposta à cabeceira

‖ no teatro, deixa para uma fala → *A cuatro pies*, de quatro. *A pie/pie ante pie/pie tras otro*, andando. *A pie enjuto*, sem se molhar, sem riscos, sem perigos, sem esforço. *A pie firme*, determinado, decidido. *A pie/pies juntillas*, sem dúvida, com certeza absoluta. *A pie llano*, sem degraus, liso, reto, sem obstáculos. *Al pie de la letra*, literalmente, textualmente, ao pé da letra, com exatidão, sem distorcer ou variar nada. *Besar/estar a los pies [de alguien]*, beijar o chão que pisa, beijar os pés, dever muita cortesia e educação. *Buscar tres/cinco pies al gato*, procurar pelo em ovo. *Caer de pie*, sair ileso de um perigo, safar-se. *Cojear [alguien] del mismo pie [que otro]*, ter a mesma mania ou defeito. *Con buen pie/con el pie derecho*, com muita sorte, com o pé direito. *Con mal pie/con el pie izquierdo*, com azar, com o pé esquerdo. *Con pie/pies de plomo*, com muito cuidado e cautela. *Dar pie*, dar pé, dar a desculpa, ter ocasião para [algo], dar motivos. *De a pie*, comum, ordinário. *De/en pie/pies*, erguido, ereto, na vertical, em pé. *Echar pie a tierra*, descer de um veículo. *Hacer [algo] con los pies*, fazer [algo] malfeito, fazer nas coxas. *Hacer pie*, raso, fazer pé. *Irse/salir por pies/poner pies en polvorosa*, fugir, escapar, sair correndo. *Nacer de pie/pies*, nascer com a estrela, ter muita sorte. *No dar pie con bola*, errar, só dar foras. *No tener pies ni cabeza/sin pies ni cabeza*, sem pé nem cabeça, absurdo. *Pararle los pies [a alguien]*, pôr [alguém] no seu devido lugar. *Perder pie*, afundar, não dar pé na água. *Pie de banco*, desaforo. *Saber de que pie cojea [alguien]*, saber qual é o defeito de [alguém], conhecer as manhas. *Sacar con los pies por delante*, enterrar [alguém]. *Sacar los pies del plato/de las alforjas*, botar as manguinhas de fora. *Tenerse/sostenerse en pie/de pie*, ficar em pé, aguentar-se em pé.

Piedad, *s.f.*, piedade, compaixão.

Piedra, *s.f.*, pedra ‖ cálculo renal ‖ granizo → *Ablandar las piedras*, dar compaixão a todos. *De piedra*, paralisado, duro, estarrecido. *No dejar piedra por mover*, mover céus e terra. *No dejar/quedar piedra sobre piedra*, destruir tudo. *Piedra de escándalo*, fato, pessoa ou palavra que provoca um escândalo. *Piedra de toque*, pedra de toque. *Piedra fina*, pedra semipreciosa. *Piedra miliar*, mourão das estradas usado para demarcar distâncias, ponto de partida. *Piedra preciosa*, pedra preciosa. *Poner la primera piedra*, fundar as bases para uma nova empresa, pedra fundamental.

Piel, *s.f.*, pele ‖ epiderme ‖ couro ‖ casca fina de algumas frutas ‖ tegumento → *Dar la piel por*, dar o couro, matar-se por, esforçar-se muito. *Dejarse/jugarse la piel*, arriscar-se. *Piel roja*, pele-vermelha, índio. *Ser de la piel del diablo/demonio/satanás*, ser endiabrado, ser muito peralta.

Pienso, *s.m.*, ração para gado.

Pierna, *s.f.*, perna humana ‖ coxa, anca dos animais → *A pierna suelta*, tranquilamente, com despreocupação.

Estirar las piernas, esticar as pernas, andar depois de um longo período de quietude. *Hacer piernas*, andar.

Pieza, *s.f.*, peça ‖ parte, pedaço ‖ móvel ‖ joia ‖ artefato ‖ corte de tecido ‖ teia ‖ compartimento, quarto, aposento ‖ fichas ou figuras de um jogo ‖ obra dramática ‖ composição musical ‖ moeda ‖ metal lavrado → *Buena/menuda pieza*, ser muito peralta ou muito ruim, ser [alguém] uma peça. *Quedarse de una pieza*, assombrado.

Pigmentar, *v.5*, pigmentar, dar pigmento.

Pigmento, *s.m.*, pigmento, coloração.

Pignorar, *v.5*, penhorar, empenhar.

Pijama, *s.m.*, pijama.

Pijo/a, *adj.* e *s.*, mauricinho, patricinha ‖ tonto ◆ *s.m.*, pênis.

Pijotero/a, *adj.*, pessoa chata e impertinente.

Pila, *s.f.*, pia ‖ montão, grande quantidade de alguma coisa ‖ pilha ‖ pilastra.

Pilar, *s.m.*, pilar, apoio, proteção.

Pilastra, *s.f.*, pilastra.

Píldora, *s.f.*, pílula ‖ anticoncepcional → *Dorar la píldora*, amenizar uma má notícia. *Tragar la píldora*, acreditar no que se diz, engolir o que se diz.

Pileta, *s.f.*, *Amér.*, piscina.

Pilífero/a, *adj.*, piloso, capilar.

Pilotar, *v.5*, pilotar.

Pilote, *s.m.*, *pilotis*.

Piloto, *s.m.*, piloto ‖ luz que indica ligado/desligado de um mecanismo ‖ protótipo.

Piltrafa, *s.f.*, pelanca, dejetos, desperdícios em especial de carne ‖ farrapo humano.

Pillaje, *s.m.*, pilhagem, roubo.

Pillar, *v.5*, pilhar, roubar, furtar ‖ apanhar, pegar, agarrar.

Pillastre, *s.m.* e *f.*, malandro.

Pillo/a, *s.*, malandro, sagaz, astuto, especialmente uma criança.

Pimentero, *s.m.*, pé da pimenta.

Pimienta, *s.f.*, pimenta.

Pimiento, *s.m.*, pimenta ‖ pimentão.

Pimpante, *adj.*, satisfeito, alegre, feliz.

Pimpollo, *s.m.*, broto ‖ pinheiro novo ‖ botão de rosa ‖ criança bonita e graciosa.

Pinacoteca, *s.f.*, pinacoteca.

Pináculo, *s.m.*, pináculo, apogeu, ápice.

Pinar, *s.m.*, pinheiral.

Pinaza, *s.f.*, folhas caídas do pinheiro.

Pincel, *s.m.*, pincel.

Pinchar, *v.5*, cravar, espetar ‖ provocar ‖ aplicar injeção ‖ furar o pneu ‖ falhar, errar ‖ usar drogas injetáveis.

Pinchazo, *s.m.*, espetada, agulhada, alfinetada ‖ furo no pneu.

Pinche, *s.m.* e *f.*, ajudante de cozinha.

Pinchito, *s.m.*, petisco, aperitivo comestível pequeno que cabe num palito.

Pincho, *s.m.*, ferrão, aguilhão ‖ sonda ‖ espinho ‖ petisco.

Pindonga, *s.f.*, mulher de rua.

Pineda, *s.f.*, pinheiral.

Pingajo, *s.m.*, farrapo.

Pingo, *s.m.*, frangalho ‖ prostituta → *Poner como un pingo*, falar mal de alguém, criticar severamente.

Pingonear, *v.5*, vagabundear, deambular.

Pingpong, *s.m.*, pingue-pongue, tênis de mesa.

Pingüino, *s.m.*, pinguim.

Pinito, *s.m.*, primeiros passos de uma criança, de um doente na convalescença, de um ator, de qualquer atividade.

Pino/a, *adj.*, empinado, íngreme ◆ *s.m.*, pinho, pinheiro.

Pinocha, *s.f.*, folha ou galho do pinheiro.

Pintalabios, *s.m.*, batom.

Pintar, *v.5*, pintar ‖ descrever, representar ‖ cobrir com tinta ‖ desenhar ‖ perceber-se a qualidade de algo ‖ ter importância → *Pintarse*, manchar-se de pintura ou tinta ‖ maquiar-se ‖ expressar na fisionomia. *Pintarse solo para [algo]*, arranjar-se sozinho para [alguma coisa].

Pintarrajear, *v.5*, pintar de qualquer jeito, lambuzar.

Pinto/a, *adj.*, pintado, colorido ◆ *s.f.*, pinta, sinal na pele ‖ aspecto, aparência ‖ bolinhas de um tecido ‖ pingo, gota, gole ◆ *s.m.* e *f.*, sem-vergonha, crápula, cafajeste.

Pintor/ora, *s.*, pintor.

Pintoresco/a, *adj.*, pitoresco.

Pintura, *s.f.*, pintura ‖ quadro ‖ tinta ‖ descrição → *No poder ver ni en pintura*, não poder ver nem pintado.

Pinturero/a, *adj.*, vaidoso, afetado.

Pinza, *s.f.*, pinça ‖ pregador para roupa ‖ pence da roupa ‖ qualquer instrumento composto por duas peças móveis simétricas → *Coger con pinzas*, nojo, asco. *No sacar ni con pinzas*, não arrancar [algo de alguém].

Pinzar, *v.5.15*, segurar com pinças ‖ segurar algo com os dedos.

Piña, *s.f.*, pinha ‖ abacaxi ‖ ananás ‖ grupo apinhado de pessoas.

Piñón, *s.m.*, pinhão.

Piñuela, *s.f.*, pinha do cipreste.

Pío/a, *adj.*, pio, devoto, piedoso → *No decir ni pío*, não abrir a boca, não dizer um pio.

Piojo, *s.m.*, piolho.

Piojoso/a, *adj.* e *s.*, piolhento ‖ pão-duro, mesquinho, miserável.

Pionero/a, *s.*, pioneiro.

Piorrea, *s.f.*, piorreia.

Pipa, *s.f.*, cachimbo ‖ pipa, tonel, barrica ‖ caroço, semente.

Pipí, *s.m.*, xixi, urina.

Piquete, *s.m.*, piquete.

Pira, *s.f.*, pira, fogueira.

Pirámide, *s.f.*, pirâmide.

Piraña, *s.f.*, piranha.

Pirar, *v.5*, matar aula, cabular ‖ escapar, fugir.

Pirata, *adj.*, *s.m.* e *f.*, pirata.

Piro, *loc.*, *darse el piro*, matar aula escapar, fugir.

Piropear, *v.5*, elogiar, paquerar, galantear.

Piropo, *s.m.*, elogio, lisonja, paquera, galanteio.

Piruetear, *v.5*, fazer piruetas.

Pirulí, *s.m.*, pirulito.

Pis, *s.m.*, xixi.

Pisapapeles, *s.m.*, peso para segurar papéis.

Pisar, *v.5*, pisar, pôr os pés ‖ esmagar ‖ machucar ‖ calcar ‖ moer ‖ espezinhar ‖ cobrir ‖ desprezar ‖ assentar ‖ antecipar-se.

Piscina, *s.f.*, piscina.

Piscolabis, *s.m.*, aperitivo, canapé.

Piso, *s.m.*, pisada ‖ andar ‖ pavimento ‖ assoalho ‖ chão ‖ sola de calçado ‖ apartamento.

Pisotear, *v.5*, pisotear ‖ humilhar ‖ infringir uma lei.
Pisotón, *s.m.*, pisão.
Pista, *s.f.*, pista, rastro, sinal, indício.
Pistacho, *s.m.*, pistache.
Pisto, *s.m.*, guisado → *Darse pisto*, dar-se muita importância, jactar-se.
Pistola, *s.f.*, pistola, revólver.
Pistolero, *s.m.*, pistoleiro.
Pistón, *s.m.*, pistão, êmbolo.
Pistonudo/a, *adj.*, muito bom, extraordinário.
Pita, *s.f.*, agave ‖ vaia ‖ ave, galinha.
Pitada, *s.f.*, assobio ‖ vaia.
Pitar, *v.5*, apitar ‖ assobiar ‖ render, produzir → *Ir/salir/marchar pitando*, escapar, sair rapidamente.
Pitido, *s.m.*, assobio, apito.
Pitillera, *s.f.*, porta-cigarros ‖ cigarreira.
Pitillo, *s.m.*, cigarro.
Pitiminí, *adj.* e *s.m.*, variedade de rosas muito pequenas → *De pitiminí*, coisa insignificante.
Pito, *s.m.*, apito ‖ castanhola ‖ cigarro, pito ‖ pênis → *Dársele/no importarle un pito*, não ter a mínima importância. *Por pitos o por flautas*, por uma coisa ou outra. *Tomar por el pito del sereno*, não dar importância.
Pitón, *s.m.*, serpente ‖ bico dos botijões ‖ chifre do touro.
Pitonisa, *s.f.*, pitonisa, adivinha.
Pitorrearse, *v.5*, tirar sarro, zombar.
Pitorreo, *s.m.*, zombaria.
Pitorro, *s.m.*, bico de botijão, moringa e outras vasilhas semelhantes.
Pituso/a, *adj.* e *s.*, engraçadinho, bonitinho, em especial criança pequena.
Piyama, *s.m.* e *f.*, *Amér.*, pijama.
Pizarra, *s.f.*, ardósia, piçarra, xisto ‖ quadro-negro, lousa escolar.
Pizca, *s.f.*, pitada → *Ni pizca/ni una pizca*, nada.
Placa, *s.f.*, placa, lâmina, chapa.
Placenta, *s.f.*, placenta.
Placentero/a, *adj.*, prazeiroso, agradável.
Placer, *s.m.*, prazer, alegria, contentamento, agrado, satisfação, consentimento, vontade, beneplácito, entretenimento, diversão ♦ *v.9*, agradar, dar ou fazer o gosto → *A placer*, com plena satisfação.
Plácido/a, *adj.*, plácido, agradável, tranquilo.
Plafón, *s.m.*, sofito.
Plaga, *s.f.*, praga, peste, epidemia, desgraça pública, calamidade ‖ organismo animal ou vegetal que prejudica a agricultura ‖ abundância de uma coisa, em especial se é nociva ou desagradável.
Plagar, *v.5.18*, encher, cobrir, saturar.
Plagiar, *v.5*, plagiar, fazer plágio.
Plagio, *s.m.*, plágio.
Plan, *s.m.*, projeto, plano, programa ‖ tratamento médico prescrito ‖ forma de passar o tempo em especial por distração, encontro ‖ encontros sexuais ilícitos → *A todo plan*, com todo o luxo. *En plan de*, com disposição para. *No ser plan*, não ser conveniente ou aconselhável.
Plancha, *s.f.*, ferro de passar roupa ‖ chapa ou grelha para churrasco ‖ conjunto de roupas já passadas ‖ operação de passar roupa ‖ prancha de comunicação entre embarcações ‖ lâmina preparada para reprodução gráfica ‖ em ginástica, postura hori-

zontal do corpo ‖ em natação, boiar sobre a água.

Planchar, *v.5*, passar roupa.

Planchazo, *s.m.*, erro, desacerto, fora.

Planeador, *s.m.*, planador, avião sem motor.

Planeamiento, *s.m.*, planejamento.

Planear, *v.5*, planejar ‖ planar.

Planeta, *s.m.*, planeta.

Planicie, *s.f.*, planície.

Planificar, *v.5.14*, planificar.

Planisferio, *s.m.*, planisfério.

Plano/a, *adj.*, plano, liso, reto ◆ *s.m.*, superfície plana ‖ classe, posição social ‖ aspecto, ponto de vista ‖ representação gráfica de uma obra ‖ ângulo fotográfico ‖ em geometria, superfície plana ◆ *s.f.*, folha de papel, em especial impressa ou escrita.

Planta, *s.f.*, planta ‖ espécie vegetal ‖ parte inferior do pé ‖ cada um dos andares de uma casa ‖ pavimento ‖ projeto arquitetônico → *Buena planta*, boa presença. *De nueva planta*, nova construção. *Planta baja*, subsolo. *Planta industrial*, edifício fabril.

Plantación, *s.f.*, plantação.

Plantado/a, *adj.*, plantado → *Bien plantado*, bem apessoado, boa presença.

Plantar, *v.5*, plantar, semear ‖ fixar ‖ pôr, colocar ‖ bater ‖ dizer algo com brusquidão ‖ abandonar, romper, deixar em especial um namoro → *Plantarse*, fixar-se, ficar firme num lugar ‖ estancar, parar ‖ manter-se firme numa atitude, não mudar de ideia ‖ pôr uma roupa ou enfeite.

Plantear, *v.5*, propor, traçar, delinear, suscitar.

Plantel, *s.m.*, plantel, viveiro.

Plantificar, *v.5.14*, esbofetear ‖ estabelecer.

Plantilla, *s.f.*, conjunto dos funcionários de uma empresa ‖ palmilha do calçado.

Plantón, *loc.*, *dar un plantón*, deixar de plantão, deixar esperando sem aparecer.

Plañidero/a, *adj.*, pranteador, carpideira.

Plañido, *s.m.*, pranto, choro.

Plañir, *v.19*, prantear, chorar, gemer.

Plasma, *s.m.*, plasma.

Plasmar, *v.5*, plasmar, moldar, dar forma.

Plasta, *s.f.*, pasta, massa ‖ merda, excremento ‖ porcaria, coisa malfeita.

Plástico/a, *adj.*, dúctil ‖ mole, amoldável ‖ tipo de cirurgia ◆ *s.m.*, plástico, substância polímera ◆ *s.f.*, plástica, arte.

Plata, *s.f.*, prata ‖ dinheiro, grana ‖ objeto feito de prata → *Como una plata*, muito limpo, brilhando. *En plata*, sem rodeios, resumindo. *Plata alemana*, alpaca. *Plata de ley*, prata de lei.

Plataforma, *s.f.*, plataforma.

Platanal/platanar, *s.m.*, bananal.

Plátano *s.m.*, bananeira ‖ banana.

Platea, *s.f.*, plateia.

Platear, *v.5*, pratear.

Plática, *s.f.*, conversa ‖ sermão breve.

Platillo, *s.m.*, prato de balança ‖ pratos da orquestra → *Platillo volante*, disco voador.

Platina, *s.f.*, parte do microscópio onde se coloca o objeto a ser observado.

Platino, *s.m.*, platina ‖ platinado.

Plato, *s.m.*, prato ‖ comida, manjar ‖ sustento ‖ assunto, tema de uma conversa → *Comer en un mismo* *plato*, ter muita intimidade com uma pessoa. *No haber roto un plato*, não ter cometido nenhum erro. *Pagar los platos rotos*, pagar o pato, levar a culpa. *Plato llano/trinchero*, prato raso. *Plato sopero/hondo*, prato fundo, prato para sopa. *Ser plato de segunda mesa,* ser postergado, esquecido. *Ser/ no ser plato de gusto*, ser/não ser do agrado [de alguém, alguma coisa].

Plató, *s.m.*, estúdio de televisão ou cinema.

Plausible, *adj.*, plausível.

Playa, *s.f.*, praia ‖ *Amér.*, pátio, hangar.

Plaza, *s.f.*, praça ‖ mercado, feira ‖ compra diária para manutenção ‖ vaga ‖ lugares de um veículo ‖ emprego, posto de trabalho.

Plazo, *s.m.*, prazo, termo, vencimento, pagamento → *A plazos*, a prazo, em prestações.

Pleamar, *s.f.*, preamar, maré-cheia.

Plebe, *s.f.*, plebe.

Plegable, *adj.*, dobrável.

Plegar, *v.12,* dobrar → *Plegarse*, ceder, submeter-se.

Plegaria, *s.f.*, prece, oração, reza.

Pleitear, *v.5*, fazer litígio, pleitear.

Pleito, *s.m.*, litígio, disputa, briga.

Plenario/a, *adj.*, completo, cheio, total, pleno.

Plenilunio, *s.m.*, lua cheia.

Plenitud, *s.f.*, plenitude.

Pleno/a, *adj.*, pleno, total ◆ *s.f.*, reunião geral de uma corporação.

Pleonasmo, *s.m.*, pleonasmo.

Plétora, *s.f.*, pletora, abundância.

Pleura, *s.f.*, pleura.

Plexo, *s.m.*, plexo.

Pléyade, *s.f.*, plêiade.

Pliego, *s.m.*, folha de papel ‖ documento lacrado ‖ carta, ofício, documento.

Pliegue, *s.m.*, dobra, prega ‖ ruga da pele.

Plisar, *v.5*, preguear.

Plomada, *s.f.*, prumo usado pelos pedreiros.

Plomería, *s.f.*, encanamento de uma residência.

Plomo, *s.m.*, chumbo ‖ fusível elétrico ‖ pessoa maçante.

Pluma, *s.f.*, pena ‖ pluma ‖ caneta ‖ caligrafia ‖ atividade literária ‖ estilo, forma de escrever ‖ escritor ‖ pessoa ou coisa muito leve ou magra.

Plumaje, *s.m.*, plumagem, penugem.

Plumero, *s.m.*, espanador → *Enseñar/ verse el plumero*, transparecer as intenções de uma pessoa.

Plumier, *s.m.*, estojo porta-lápis e canetas usado pelos escolares.

Plural, *adj.* e *s.m.*, plural ‖ múltiplo.

Pluscuamperfecto, *s.m.* e *adj.*, mais-que-perfeito, tempo verbal.

Plusvalía, *s.f.*, mais-valia.

Pluvial, *adj.*, pluvial.

Población, *s.f.*, população ‖ cidade, vila, lugar habitado.

Poblado/a, *adj.* e *s.m.*, povoado.

Poblar, *v.10*, povoar, habitar ‖ encher.

Pobo, *s.m.*, álamo, choupo.

Pobre, *s.m.* e *f.*, pobre ‖ mendigo ◆ *adj.*, humilde, modesto ‖ escasso, insuficiente, medíocre ‖ quando anteposto a um *s.*, infeliz, digno de pena.

Pobreza, *s.f.*, pobreza.

Pocilga, *s.f.*, pocilga ‖ lugar sujo.

Pócima, *s.f.*, poção, beberagem.

Poción, *s.m.*, poção.

Poco/a, *adj.* e *pron.*, pouco, escasso, reduzido ◆ *adv.*, com escassez, insuficientemente → *A poco*, faz pouco tempo. *A poco de*, breve período de tempo. *Por poco que*, por pouco que. *De poco*, insignificante. *Dentro de poco*, daqui a pouco. *Estar en poco*, quase. *Poco a poco*, pouco a pouco, gradualmente. *Poco más o menos*, mais ou menos, aproximadamente. *Por poco*, por pouco, quase. *Tener en poco*, não gostar de alguém.

Pocho/a, *adj.*, podre, estragado ‖ murcho, pálido ‖ triste, abatido, decaído.

Pocholo/a, *adj.*, bonito, gracioso, engraçadinho.

Poda, *s.f.*, poda.

Podadera, *s.f.*, podadeira, ferramenta para podar.

Podar, *v.5*, podar.

Poder, *v.33*, poder, ser possível, ser provável, ser factível, ser permitido, ser legal, ser viável ◆ *s.m.*, autoridade ‖ império, domínio, governo, comando, chefia ‖ procuração, instrumento público ‖ capacidade, possibilidade ‖ vigor, potência, força, saúde, vitalidade ‖ posse, propriedade → *A más no poder*, com a máxima intensidade, o máximo. *No poder con*, não aguentar. *No poder más*, estar muito cansado, não aguentar mais. *No poder por menos de*, não conseguir evitar de [fazer/dizer algo]. *No poder tragar/ver*, não suportar [alguém ou algo]. *No poderse tener*, estar muito cansado ou debilitado. *No poderse valer*, estar impossibilitado fisicamente.

Podrido/a, *adj.*, podre.

Poema, *s.m.*, poema.

Poesía, *s.f.*, poesia.

Poeta, *s.m.* e *f.*, poeta.

Poetisa, *s.f.*, poetisa.

Polaina, *s.f.*, polaina.

Polar, *adj.*, polar.

Polarizar, *v.5.15*, polarizar, concentrar.

Polea, *s.f.*, polia, roldana.

Polemizar, *v.5.15*, polemizar, fazer polêmica.

Polen, *s.m.*, pólen.

Poli, *raiz grega "polys" que significa muito, numeroso* ◆ *raiz greco-latina "polis", que significa cidade, população.*

Policía, *s.f.*, polícia ◆ *s.m.* e *f.*, policial.

Policiaco/policíaco/policial, *adj.*, policial.

Polichinela, *s.m.*, polichinelo.

Poliéster, *s.m.*, poliéster.

Polilla, *s.f.*, traça.

Polinizar, *v.5.15*, polinizar.

Polio/poliomielitis, *s.f.*, poliomielite.

Pólipo, *s.m.*, carne esponjosa nas narinas.

Político/a, *adj.*, político ‖ política, arte de governar ‖ compostura, cortesia, educação ‖ parentesco por afinidade ◆ *s.*, pessoa que se dedica à política ◆ *s.f.*, ciência política.

Politiqueo, *s.m.*, politicagem.

Póliza, *s.f.*, apólice de seguros ‖ estampilha, selo.

Polizón, *s.m.*, passageiro clandestino.

Polizonte, *s.m.*, esbirro, policial, tira.

Polo, *s.m.*, polo, extremos de um eixo qualquer ‖ picolé, sorvete no palito → *De polo a polo*, de um extremo ao outro.

Poltrón/ona, *adj.*, poltrão, folgado, vagabundo ◆ *s.f.*, poltrona.

Polución, *s.f.*, poluição.

Polvera, *s.f.*, estojo para colocar pó de arroz, pó compacto ou talco.
Polvo, *s.m.*, pó ‖ pitada ◆ *s.m.pl.*, pó de arroz ou pó compacto → *Echar/tirar/pegar un polvo*, transar, fazer sexo. *Estar hecho polvo*, estar muito cansado e abatido. *Hacer morder el polvo [a alguien]*, humilhar [alguém]. *Hacer polvo*, destruir [alguém ou algo]. *Limpio de polvo y paja*, peso líquido, certo, total, limpo. *Sacudir el polvo [a alguien]*, bater ou repreender severamente. *Polvos de talco*, talco.
Pólvora, *s.f.*, pólvora.
Polvoriento/a, *adj.*, empoeirado.
Pollada, *s.f.*, cria de pintos, pintainhos.
Pollear, *v.5*, começar a namorar o adolescente.
Pollería, *s.f.*, avícola que vende aves abatidas e limpas.
Pollero/a, *s.*, pessoa que cria aves para venda ◆ *s.f.*, galinheiro ‖ *Amér.*, saia feminina.
Pollino/a, *s.*, cria do asno ou burro.
Pollo/a, *s.*, pinto, cria de ave, em especial da galinha ‖ pessoa jovem, franguinho ◆ *s.f.*, pênis.
Pomada, *s.f.*, pomada.
Pomar, *s.m.*, pomar.
Pomelo, *s.m.*, variedade da cidra, toronja, toronjo.
Pómez, *s.f.*, pedra-pomes.
Pomo, *s.m.*, maçaneta, puxador ‖ empunhadura ‖ frasco.
Pompa, *s.f.*, bola de sabão ‖ concavidade formada num tecido pelo vento ‖ pompa, ostentação → *Pompas fúnebres*, cerimônia fúnebre.
Pompón, *s.m.*, pompom.
Pómulo, *s.m.*, maçã do rosto.
Ponche, *s.m.*, ponche.
Ponchera, *s.f.*, poncheira.
Poncho, *s.m.*, poncho.
Ponderar, *v.5*, ponderar.
Ponencia, *s.f.*, seminário, palestra sobre um tema.
Ponente, *s.m.* e *f.*, palestrante, quem profere uma palestra.
Poner, *v.34*, pôr, colocar ‖ botar ‖ dispor, preparar, arrumar ‖ supor ‖ vestir, usar ‖ expor, explicar ‖ deixar para outro fazer ‖ estabelecer, determinar ‖ dar, batizar com um nome ‖ representar uma obra teatral ou passar no cinema ‖ contribuir ‖ dividir despesas ‖ avaliar, fazer juízo ‖ impor legalmente ‖ ligar, conectar, acender aparelhos elétricos ‖ escrever uma carta ‖ estar escrito ‖ instalar, estabelecer, mobiliar → *Ponerse a*, começar a [fazer o que se indica a seguir na frase]. *Ponerse*, ocultar-se o sol. *Ponerse perdido*, manchar, estragar [a roupa ou o que se indica]. *Ponerse al corriente*, informar-se, ficar sabendo das fofocas. *Poner por encima*, preferir, dar prioridade. *Ponerse a bien*, fazer as pazes, reconciliar-se. *Ponerse a mal*, brigar com alguém, indispor-se. *Ponerse bien*, recuperar a saúde, sarar, curar-se.
Poniente, *s.m.*, poente, ocidente.
Pontífice, *s.m.*, pontífice.
Pontón, *s.m.*, pontão ‖ barcaça.
Ponzoña, *s.f.*, veneno, peçonha.
Ponzoñoso/a, *adj.*, nocivo, peçonhento, venenoso.
Popa, *s.f.*, popa.
Popular, *adj.*, popular.
Popularizar, *v.5.15*, popularizar, tornar popular.

Por, *prep.*, por, introduz expressões e complementos tanto verbais como nominais e também usado como elemento de relação em muitos tipos de construção.

Porcelana, *s.f.*, porcelana ‖ cerâmica.

Porcentaje, *s.m.*, porcentagem.

Porción, *s.f.*, porção, parte, ração, quota ‖ montão, grande quantidade, muitos, vários.

Porche, *s.m.*, pórtico ‖ varanda.

Pordiosear, *v.5*, pedir esmola ‖ implorar.

Pordiosero/a, *adj.* e *s.*, esmoler, mendigo, pedinte.

Porfía, *s.f.*, obstinação, teima.

Porfiar, *v.5.16*, teimar.

Pormenor, *s.m.*, pormenor, detalhe.

Porno/pornografía, *s.f.*, pornografia.

Poro, *s.m.*, poro.

Porosidad, *s.f.*, porosidade.

Porque, *conj.*, por causa de, pela razão de que.

Porqué, *s.m.*, causa, razão, motivo.

Porquería, *s.f.*, porcaria, sujeira, imundície ‖ ação suja, podre, ruim ‖ grosseria, desatenção ‖ qualquer coisa de pouco valor ‖ qualquer coisa gostosa para comer, porém pouco nutritiva ‖ comida indigesta.

Porra, *s.f.*, cacetete, porrete ‖ tipo de churro → *Mandar a la porra*, mandar plantar batatas, mandar às favas.

Porrazo, *s.m.*, pancada, cacetada.

Porreta, *loc.*, *en porreta*, nu, despido.

Porro, *s.m.*, cigarro de maconha, baseado, marijuana, haxixe ou qualquer droga.

Porrón, *s.m.*, espécie de moringa feita de vidro usada para beber vinho.

Portaaviones, *s.m.*, porta-aviões.

Portada, *s.f.*, portada ‖ capa de livro ‖ folha de rosto de uma obra.

Portaequipajes, *s.m.*, bagageiro.

Portahelicópteros, *s.m.*, porta-helicópteros.

Portal, *s.m.*, saguão, átrio, *hall* de entrada.

Portar, *v.5*, portar, carregar, levar, trazer → *Portarse*, comportar-se, portar-se, causar boa impressão.

Portátil, *adj.*, portátil, móvel, fácil de levar.

Portavoz, *s.m.*, porta-voz.

Portazo, *s.m.*, batida dada com a porta ao fechar.

Porte, *s.m.*, porte, aspecto ‖ tamanho, dimensão ‖ ação de portar, levar ◆ *s.m.pl.*, importe, valor total de um frete.

Portear, *v.5*, fazer frete e transporte por um valor ajustado.

Portento, *s.m.*, portento, prodígio.

Portería, *s.f.*, portaria ‖ casa onde mora um porteiro ‖ trave do gol, meta.

Portero/a, *s.*, porteiro ‖ goleiro.

Porvenir, *s.m.*, porvir, futuro.

Pos, *loc.*, *en pos*, atrás, depois de.

Posada, *s.f.*, pousada ‖ hospedagem.

Posar, *v.5*, posar ‖ pôr, colocar ‖ pousar, hospedar-se → *Posarse*, pousar uma ave ‖ aterrissar uma aeronave ‖ depositar-se um sólido em suspensão.

Pose, *s.f.*, pose, atitude, maneira.

Poseer, *v.22*, possuir, ter, ser dono ‖ possuir sexualmente.

Posibilitar, *v.5*, possibilitar, facilitar.

Posible, *adj.*, possível, viável ◆ *s.m.pl.*, recursos para se fazer algo.

Posición, *s.f.*, posição, categoria ‖ postura, pose, maneira de ser.
Positivo/a, *adj.*, positivo, certo, real ‖ prático, útil ‖ maior que zero.
Poso, *s.m.*, sedimento, borra ‖ sinal, pegada.
Posponer, *v.34*, pospor, postergar ‖ diferir.
Postal, *adj.*, postal, relativo ao correio ◆ *s.f.* e *adj.*, cartão-postal.
Poste, *s.m.*, poste.
Postergar, *v.5.18*, postergar, adiar.
Posteridad, *s.f.*, posteridade.
Posterior, *adj.*, posterior.
Postilla, *s.f.*, casca de ferida.
Postín, *s.m.*, presunção, vaidade.
Postizo/a, *adj.*, postiço.
Postración, *s.f.*, prostração, abatimento físico ou moral.
Postrar, *v.5*, prostrar.
Postre, *s.m.*, sobremesa.
Postrero/a, *adj.* e *s.*, último.
Postular, *v.5*, postular, pedir.
Postura, *s.f.*, postura, pose, atitude.
Potable, *adj.*, potável.
Potaje, *s.m.*, guisado feito com legumes e verduras.
Potasio, *s.m.*, potássio.
Pote, *s.m.*, pote, vasilha.
Potencia, *s.f.*, potência, força, vigor ‖ poder, mando ‖ estado soberano ‖ capacidade.
Potenciar, *v.5*, facilitar, fomentar, impulsionar.
Potestad, *s.f.*, potestade, domínio, poder.
Potingue, *s.m.*, beberagem.
Potro, *s.m.*, potro.
Poyo, *s.m.*, banquinho colocado na frente das casas.
Poza, *s.f.*, poça.
Pozal, *s.m.*, balde especial para tirar água de poço.
Pozo, *s.m.*, poço ‖ buraco grande e fundo ‖ perfuração cilíndrica ‖ pessoa que tem grande quantidade de alguma coisa → *Caer en un pozo*, cair no esquecimento. *Pozo sin fondo*, saco sem fundo, pessoa insaciável.
Practicante, *adj.*, *s.m.* e *f.*, praticante, que pratica ◆ *s.m.* e *f.*, auxiliar de farmácia, auxiliar de enfermagem ‖ aquele que aplica injeções.
Practicar, *v.5.14*, praticar, realizar, exercer, exercitar.
Práctico/a, *adj.*, prático ‖ oposto a teórico ‖ experiente, hábil ◆ *s.f.*, prática, destreza, habilidade ‖ uso, hábito, costume → *En la práctica*, na realidade, na prática.
Pradera, *s.f.*, pradaria.
Prado, *s.m.*, prado, campina.
Pragmatismo, *s.m.*, pragmatismo.
Praxis, *s.f.*, práxis.
Pre, prefixo que indica anterioridade no tempo ou no espaço.
Preámbulo, *s.m.*, preâmbulo.
Preaviso, *s.m.*, aviso prévio.
Precaución, *s.f.*, precaução, cuidado, prudência.
Precaver, *v.5*, precaver, prevenir.
Preceder, *v.6*, preceder, estar na frente, anteceder.
Precepto, *s.m.*, preceito, norma, regra.
Preceptor/ora, *s.*, preceptor, mestre.
Preces, *s.f.pl.*, prece, rogo, súplica.
Precintar, *v.5*, lacrar, fechar hermeticamente.
Precinto, *s.m.*, lacre.
Precio, *s.m.*, preço, valor.

Preciosidad, *s.f.*, preciosidade, coisa preciosa.

Precioso/a, *adj.*, precioso, valioso ‖ muito bonito, muito lindo.

Precipicio, *s.m.*, precipício, abismo ‖ ruína, perda material ou espiritual.

Precipitar, *v.5*, precipitar, despencar, cair ‖ acelerar, agilizar ‖ expor à ruína → *Precipitarse*, apressar-se ‖ ser irrefletido.

Precisar, *v.5*, determinar com exatidão ‖ necessitar.

Precisión, *s.f.*, precisão.

Preconizar, *v.5.15*, preconizar.

Precoz, *adj.*, precoce.

Predecir, *v.35*, predizer.

Predestinar, *v.5*, predestinar.

Prédica, *s.f.*, sermão, discurso.

Predicamento, *s.m.*, prestígio, fama.

Predicar, *v.5.14*, fazer público e notório ‖ fazer sermão, pregar, predicar.

Predilección, *s.m.*, predileção.

Predio, *s.m.*, herdade, imóvel, quinta, fazenda.

Predisponer, *v.34*, predispor.

Predominar, *v.5*, predominar.

Preexistir, *v.7*, preexistir.

Prefacio, *s.m.*, prefácio.

Preferir, *v.12*, preferir.

Prefijar, *v.5*, prefixar.

Prefijo/a, *adj.* e *s.m.*, prefixo.

Pregón, *s.m.*, pregão ‖ propaganda ‖ discurso literário público.

Pregonar, *v.5*, apregoar.

Pregunta, *s.f.*, pergunta → *Andar/estar/quedar [alguien] a la cuarta/última pregunta*, não ter dinheiro, ser um duro.

Preguntar, *v.5*, perguntar.

Prejuicio, *s.m.*, preconceito.

Preludiar, *v.5*, iniciar, ensaiar.

Preludio, *s.m.*, prelúdio.

Prematuro/a, *adj.*, prematuro, precoce.

Premeditar, *v.5*, premeditar.

Premiar, *v.5*, premiar, dar prêmio.

Premio, *s.m.*, prêmio, recompensa → *Premio gordo*, prêmio maior da loteria.

Premisa, *s.f.*, premissa.

Premolar, *s.m.* e *adj.*, pré-molar.

Premonición, *s.f.*, premonição.

Premura, *s.f.*, pressa, urgência ‖ carência, necessidade.

Prenatal, *adj.*, pré-natal.

Prenda, *s.f.*, qualquer peça de roupa ou calçado ‖ penhor, peça dada como garantia ‖ cada uma das boas qualidades de uma pessoa, virtude, dom ‖ apelativo carinhoso ‖ prenda, pagamento, multa de certos jogos → *No soltar prenda*, não abrir o bico, não contar nada.

Prendar, *v.5*, gostar muito, impressionar favoravelmente.

Prendedor, *s.m.*, prendedor, broche, fivela.

Prender, *v.6*, prender ‖ deter, arrestar ‖ segurar ‖ brotar uma planta ‖ acender uma luz ou fogo ‖ propagar, estender ‖ agarrar.

Prensa, *s.f.*, prensa ‖ impressora ‖ imprensa ‖ prelo ‖ meios de comunicação jornalísticos → *Agencia de prensa*, agência noticiosa. *En prensa*, no prelo. *Tener buena/mala prensa*, ter boa/má fama.

Prensar, *v.5*, prensar.

Preñado/a, *adj.* e *s.*, prenhe, grávida.

Preñar, *v.5*, prenhar, engravidar, fecundar ‖ encher, ocupar totalmente.

Preñez, *s.f.*, prenhez, gravidez.

Preocupación, *s.f.*, preocupação.

Preocupar, *v.5*, preocupar.

Preparar, *v.5*, preparar ‖ estudar ‖ predispor ‖ dosar, misturar elementos químicos → *Prepararse*, preparar-se ‖ aprontar-se ‖ arrumar-se ‖ prevenir-se, precaver-se.

Preponderar, *v.5*, preponderar.

Preposición, *s.f.*, preposição.

Prepucio, *s.m.*, prepúcio.

Presagiar, *v.5*, pressagiar.

Prescindir, *v.7*, prescindir, renunciar, passar por cima.

Prescribir, *v.7*, prescrever.

Presencia, *s.f.*, presença ‖ frequência ‖ aspecto, figura, porte → *A/en presencia*, na presença de. *Presencia de ánimo*, presença de espírito.

Presenciar, *v.5*, presenciar.

Presentable, *adj.*, apresentável.

Presentación, *s.f.*, apresentação ‖ aspecto ‖ forma como se apresenta o feto no momento do parto.

Presentador/ora, *s.*, apresentador de programas de rádio ou televisão.

Presentar, *v.5*, apresentar ‖ expor, mostrar ‖ fazer público ‖ propor ‖ pôr em presença de ‖ dar a conhecer, oferecer → *Presentarse*, comparecer ‖ oferecer-se como voluntário ‖ apresentar-se ‖ surgir, aparecer uma doença.

Presente, *adj.*, *s.m.* e *f.*, diante, na presença de ◆ *adj.* e *s.m.*, o momento atual, agora ◆ *adj.* e *s.f.*, carta, missiva ◆ *s.m.*, presente, obséquio ◆ *interj.*, usado para responder uma chamada → *Al/de presente*, agora, neste momento. *Hacer presente*, recordar [alguma coisa a alguém]. *Mejorando lo presente*, forma de cortesia para enaltecer uma pessoa na frente de outra. *Tener presente*, levar em consideração.

Presentir, *v.12*, pressentir.

Preservar, *v.5*, preservar.

Presidencia, *s.f.*, presidência.

Presidente, *adj.*, *s.m.* e *f.*, presidente.

Presidiario/a, *s.*, presidiário.

Presidio, *s.m.*, presídio.

Presidir, *v.7*, presidir.

Presilla, *s.f.*, caseado ‖ presilha de colchete usada em roupas.

Presión, *s.f.*, pressão ‖ força.

Presionar, *v.5*, pressionar.

Preso/a, *adj.* e *s.*, preso, presidiário, prisioneiro, arrestado ◆ *s.f.*, ação de prender, pegar, segurar ‖ coisa presa ‖ represa.

Prestamista, *s.m.* e *f.*, agiota.

Préstamo, *s.m.*, empréstimo.

Prestancia, *s.f.*, excelência, qualidade superior.

Prestar, *v.5*, emprestar ‖ ajudar, contribuir, apoiar ‖ dar, comunicar, transmitir, tornar público ‖ esticar, espichar → *Prestarse*, oferecer-se, propor-se, apresentar-se voluntário ‖ concordar com [alguma coisa] ‖ dar motivos.

Preteza, *s.f.*, presteza, prontidão.

Prestigiar, *v.5*, prestigiar.

Prestigio, *s.m.*, prestígio.

Presto/a, *adj.*, disposto, rápido, ligeiro ◆ *adv.*, cedo, logo.

Presumir, *v.7*, presumir, supor, imaginar, conjecturar ‖ vangloriar-se ‖ ter vaidade.

Presunción, *s.m.*, presunção.

Presunto/a, *adj.* e *s.*, suposto, presumível, provável.

Presupuestar, *v.5*, orçar, fazer orçamento.

Presupuesto, *adj.*, orçado ◆ *s.m.*, orçamento ‖ pressuposto, base, motivo, pretexto.

Pretender, *v.12*, pretender ‖ pedir ‖ aspirar, desejar ‖ namorar.

Pretendiente/a, *adj.* e *s.*, pretendente ◆ *s.m.*, namorado.

Pretensión, *s.f.*, pretensão.

Pretérito/a, *adj.*, pretérito, passado.

Pretexto, *s.m.*, pretexto, desculpa.

Prevalecer, *v.9*, prevalecer.

Prevaricar, *v.5.14*, prevaricar.

Prevención, *s.f.*, prevenção.

Prevenir, *v.15*, prevenir, precaver, predispor.

Prever, *v.44*, prever, antever.

Previo/a, *adj.*, prévio.

Previsión, *s.f.*, previsão.

Prez, *s.m.* ou *f.*, apreço, estima, honra.

Prieto/a, *adj.*, apertado ‖ cor muito escura, quase preto.

Primacía, *s.f.*, primazia, excelência.

Primar, *v.5*, primar, sobressair.

Primario/a, *adj.*, principal, o primeiro na ordem ‖ primitivo, sem civilizar.

Primavera, *s.f.*, primavera ◆ *s.m.* e *f.*, inocentão, pessoa que se deixa enganar facilmente.

Primaveral, *adj.*, primaveril.

Primer, *adj.*, apócope de *primero*.

Primero/a, *adj.* e *s.*, primeiro ‖ melhor ◆ *adv.*, antes de mais nada, em primeiro lugar ‖ antes de, mais bem que, melhor ◆ *s.f.*, primeira marcha dos veículos → *A las primeras*, no início, de cara. *A primeros*, nos primeiros dias do mês, no começo do mês. *De primera*, ser o primeiro e na sua categoria. *De primero*, no começo, no início. *De buenas a primeras*, de repente. *No ser el primero*, não ser o único.

Primitivo/a, *adj.*, primitivo ‖ rústico ‖ atrasado.

Primo/a, *s.*, primo ‖ pessoa inocente e incauta que se deixa enganar com facilidade, otário ◆ *s.f.*, prêmio, pagamento extra em dinheiro ‖ pagamento de seguro ‖ primeira corda dos instrumentos musicais ‖ luvas pagas para os esportistas → *Hacer el primo*, deixar-se enganar. *Número primo*, número primo. *Ser [algo] primo hermano de [algo]*, ser muito parecido uma coisa com outra, ser da mesma espécie.

Primor, *s.m.*, primor, delicadeza.

Primordial, *adj.*, primordial.

Princesa, *s.f.*, princesa.

Principal, *adj.*, principal ‖ ilustre, nobre ‖ essencial, fundamental ◆ *adj.* e *s.*, andar térreo de um prédio ◆ *s.m.*, chefe, mandachuva.

Príncipe, *s.m.*, príncipe ‖ o primeiro em seu gênero, o mais importante.

Principiar, *v.5*, principiar, iniciar.

Principio, *s.m.*, princípio ‖ causa, origem ‖ conceito, base, fundamento ‖ norma ou regra de conduta ‖ numa refeição o segundo prato ‖ cada um dos componentes de uma substância ◆ *s.m.pl.*, noções básicas de uma ciência ‖ boa educação → *A principios*, no começo [do ano, mês, semana ou qualquer período de tempo]. *Al principio*, no começo, no início. *Dar principio*, começar, abrir um evento. *En principio*, em princípio.

Pringar, *v.5.14*, manchar com gotas normalmente de gordura ou óleo ‖ passar o pão pelo molho que sobra no prato ao fim da refeição ‖ envolver, comprometer alguém → *Pringarse*, estafar, roubar.

Pringue, *s.m.*, gordura, óleo ‖ sujeira, porcaria, gosma.

Prior/ora, *s.*, prior.

Prioridad, *s.f.*, prioridade.

Prisa, *s.f.*, pressa ‖ rapidez → *A/de prisa*, depressa. *A toda prisa*, com a maior rapidez possível. *Correr/dar prisa [algo]*, ser urgente [alguma coisa]. *Dar/meter prisa [a alguien]*, obrigar [alguém] a fazer rapidamente [alguma coisa]. *Darse prisa*, apressar-se. *De prisa y corriendo*, precipitadamente, de qualquer jeito. *Vivir de prisa*, viver sem cuidar da saúde ou fazendo coisas que a prejudiquem.

Prisión, *s.f.*, prisão, cárcere ‖ pena, condenação.

Prisionero/a, *s.*, prisioneiro, preso, detento.

Prisma, *s.m.*, prisma.

Prismáticos, *s.m.pl.* e *adj.*, binóculos.

Privación, *s.f.*, privação ‖ carência ‖ penúria.

Privado/a, *adj.*, privado, reservado, particular.

Privar, *v.5*, privar ‖ proibir, vetar ‖ comprazer ‖ estar de moda ‖ perder os sentidos, desmaiar.

Privilegio, *s.m.*, privilégio.

Pro, *prep.*, pró, prol, a favor de → *El pro y el contra*, os prós e os contras de [algo]. *En pro de*, a favor de. *Hombre de pro*, homem de bem.

Proa, *s.f.*, proa.

Probabilidad, *s.f.*, probabilidade.

Probable, *adj.*, provável, possível, viável.

Probador, *s.m.*, provador, lugar para experimentar roupas em lojas.

Probar, *v.10*, provar ‖ experimentar ‖ examinar ‖ demonstrar, dar evidências ‖ comprovar, indicar a veracidade ‖ comer ou beber algo ‖ testar ‖ tentar.

Probatura, *s.f.*, prova, experimento, ensaio.

Probeta, *s.f.*, proveta, tubo de ensaio.

Problema, *s.m.*, problema ‖ situação difícil ‖ proposição, questão.

Probo/a, *adj.*, probo, íntegro, honesto, honrado.

Procedencia, *s.f.*, procedência, origem.

Proceder, *s.m.*, forma de agir ◆ *v.6*, proceder, originar ‖ agir, comportar-se ‖ iniciar, começar a fazer ‖ ser oportuno, ser adequado ‖ iniciar processo judicial.

Prócer, *s.m.* e *f.*, prócere, elevado, magnata, ilustre.

Procesador, *s.m.*, processador, computador.

Procesar, *v.5*, processar, instruir processo contra.

Procesión, *s.f.*, procissão ‖ sucessão de pessoas, coisas, fatos.

Proceso, *s.m.*, processo, método, sistema ‖ período de tempo ‖ auto ‖ evolução, desenvolvimento ‖ causa.
Proclamar, *v.5*, proclamar.
Procrear, *v.5*, procriar, reproduzir.
Procurador/ora, *s.*, procurador.
Procurar, *v.5*, tentar, esforçar-se ‖ proporcionar, facilitar.
Prodigar, *v.5.14*, prodigar, dar muito de [algo], proporcionar em grande quantidade.
Prodigio, *s.m.*, prodígio.
Pródigo/a, *adj.* e *s.*, pródigo, que gasta muito ◆ *adj.*, generoso, que abunda.
Producción, *s.f.*, produção ‖ produto.
Producir, *v.9*, produzir ‖ fabricar ‖ causar, originar ‖ criar obras literárias ou artísticas → *Producirse*, ocorrer, ter lugar em.
Producto, *s.m.*, produto.
Productor/ora, *s.*, produtor.
Proeza, *s.f.*, proeza, façanha.
Profanar, *v.5*, profanar.
Profecía, *s.f.*, profecia.
Proferir, *v.12*, proferir.
Profesar, *v.5*, professar.
Profesión, *s.f.*, profissão.
Profesor/ora, *s.*, professor, mestre.
Profeta, *s.f.*, profeta.
Profético/a, *adj.*, profético.
Profetisa, *s.f.*, profetisa.
Profetizar, *v.5.15*, profetizar.
Profilaxis, *s.f.*, profilaxia.
Profundidad, *s.f.*, profundidade.
Profundizar, *v.5.15*, aprofundar.
Profundo/a, *adj.*, profundo ‖ fundo ‖ penetrante ‖ intenso ‖ não superficial ‖ extremo, total, completo ‖ notável ‖ difícil de compreender ‖ som baixo ou rouco.
Progenitor/ora, *s.*, progenitor.
Programa, *s.m.*, programa ‖ projeto, plano ‖ intenção ‖ planejamento ‖ libreto.
Programar, *v.5*, programar.
Progresar, *v.5*, progredir, fazer progressos.
Progreso, *s.m.*, progresso ‖ desenvolvimento ‖ crescimento.
Prohibir, *v.7.13*, proibir, vetar, impedir.
Prohijar, *v.5.12*, adotar um filho ‖ defender uma ideia.
Prójimo/a, *s.*, indivíduo, pessoa ◆ *s.m.*, as outras pessoas em relação a uma outra ◆ *s.f.*, prostituta.
Prole, *s.f.*, prole, descendência, filhos.
Proletario/a, *adj.* e *s.*, proletário.
Proliferar, *v.5*, proliferar.
Prolijo/a, *adj.*, prolixo, detalhista.
Prologar, *v.5.18*, escrever um prólogo.
Prólogo, *s.m.*, prólogo.
Prolongar, *v.5.18*, prolongar ‖ aumentar.
Promediar, *v.5*, extrair, calcular a média.
Promedio, *s.m.*, média.
Promesa, *s.f.*, promessa.
Prometer, *v.6*, prometer ‖ assegurar, certificar ‖ ser promissor → *Prometerse*, confiar-se ‖ ficar noivo, dar palavra de casamento.
Prometido/a, *adj.* e *s.*, prometido, compromissado ‖ noivo.
Prominencia, *s.f.*, proeminência.
Promiscuidad, *s.f.*, promiscuidade.
Promoción, *s.f.*, promoção ‖ aprovação de curso.
Promontorio, *s.m.*, promontório.
Promotor/ora, *adj.* e *s.*, promotor.
Promover, *v.10*, promover.

Promulgar, *v.5.18*, promulgar.
Pronombre, *s.m.*, pronome.
Pronosticar, *v.5.14*, prognosticar.
Pronóstico, *s.m.*, prognóstico.
Prontitud, *s.f.*, prontidão, presteza.
Pronto/a, *adj.*, rápido, imediato ‖ disposto, preparado, apto ◆ *s.m.*, arrebato, repente, decisão brusca, impulso ◆ *adv.*, logo, em seguida, em breve ‖ cedo → *Al pronto*, de primeira, no primeiro momento. *De pronto*, repentinamente. *Por de/lo pronto*, provisoriamente, de momento, por agora. *Tan pronto como*, simultaneamente, no mesmo instante.
Pronunciar, *v.5*, pronunciar.
Propaganda, *s.f.*, propaganda.
Propagar, *v.5.18*, propagar, difundir.
Propalar, *v.5*, propalar, propagar, difundir.
Propasarse, *v.5*, ultrapassar os limites da educação e do decoro.
Propender, *v.6*, propender, ser propenso, ser tendencioso a.
Propensión, *s.f.*, propensão.
Propiciar, *v.5*, propiciar.
Propicio/a, *adj.*, propício.
Propiedad, *s.f.*, propriedade.
Propietario/a, *adj.* e *s.*, proprietário.
Propina, *s.f.*, gorjeta.
Propinar, *v.5*, dar, administrar, oferecer.
Propio/a, *adj.*, próprio ‖ característico, particular, singular, individual ‖ apropriado, propício, adequado ‖ natural, não adquirido, não artificial ‖ de si mesmo, a pessoa que fala ◆ *s.m.*, mensageiro → *Nombre propio*, nome próprio.
Proponer, *v.34*, propor ‖ expor ‖ recomendar, aconselhar ‖ decidir.
Proporción, *s.f.*, proporção.
Proporcionar, *v.5*, proporcionar.
Proposición, *s.f.*, proposição ‖ proposta.
Propósito, *s.m.*, propósito ‖ objetivo, finalidade → *A propósito*, de acordo, oportuno. *A propósito de*, com relação a. *De propósito*, propositadamente. *Fuera de propósito*, despropósito.
Propuesto/a, *adj.*, proposto ◆ *s.f.*, proposta ‖ recomendação ‖ projeto.
Propulsar, *v.5*, propulsar.
Prórroga, *s.f.*, prorrogação.
Prorrogar, *v.5.18*, prorrogar.
Prosa, *s.f.*, prosa, estilo literário.
Proseguir, *v.13*, prosseguir, continuar.
Prospecto, *s.m.*, prospecto ‖ bula de remédio.
Prosperar, *v.5*, prosperar.
Próstata, *s.f.*, próstata.
Prostitución, *s.f.*, prostituição.
Prostituir, *v.11*, prostituir.
Prostituta, *s.f.*, prostituta.
Protagonizar, *v.5.15*, protagonizar.
Protección, *s.f.*, proteção.
Protector/ora, *adj.* e *s.*, protetor.
Proteger, *v.6.11*, proteger ‖ ajudar ‖ favorecer ‖ resguardar ‖ defender.
Proteína, *s.f.*, proteína.
Prótesis, *s.f.*, prótese.
Protesta, *s.f.*, protesto, movimento político.
Protestar, *v.5*, reclamar ‖ protestar.
Protesto, *s.m.*, protesto de um título no cartório.
Protocolo, *s.m.*, protocolo, conjunto de regras de cortesia e educação.
Prototipo, *s.m.*, protótipo.
Protozoo, *s.m.*, protozoário.
Protuberancia, *s.f.*, protuberância.

Provecho, *s.m.*, proveito, benefício ‖ efeito natural no organismo de uma comida ou bebida ‖ rendimento, aproveitamento.

Proveer, *v.22*, prover ‖ abastecer, munir ‖ nomear [alguém] para um cargo ‖ tramitar, resolver, diligenciar.

Provenir, *v.15*, provir, proceder, derivar-se, ter origem.

Proverbio, *s.m.*, provérbio.

Providencia, *s.f.*, providência ‖ autoridade divina, Deus.

Provincia, *s.f.*, província.

Provisión, *s.f.*, provisão ‖ mantimentos.

Provisional, *adj.*, provisório.

Provocar, *v.5.14*, provocar, incitar ‖ irritar ‖ excitar, despertar o desejo sexual ‖ ocasionar, causar ‖ *Amér.*, desejar, querer.

Proximidad, *s.f.*, proximidade.

Próximo/a, *adj.*, próximo, perto, não distante.

Proyección, *s.f.*, projeção.

Proyectar, *v.5*, projetar ‖ planejar ‖ elaborar.

Proyectil, *s.m.*, projétil.

Proyecto, *s.m.*, projeto, plano.

Proyector, *s.m.*, projetor.

Prudencia, *s.f.*, prudência.

Prueba, *s.f.*, prova ‖ ação de provar ‖ testemunho ‖ sinal, indício ‖ exame, teste ‖ justificativa da verdade num tribunal ‖ primeira amostra de uma tiragem ‖ copião cinematográfico ‖ operação matemática para se saber se a conta está certa ‖ competição → *A prueba*, submeter à prova. *A prueba de*, à prova de. *En prueba de*, como prova de. *Poner a prueba*, submeter à prova.

Psicología, *s.f.*, psicologia.

Psicólogo/a, *s.*, psicólogo.

Psicópata, *s.m.* e *f.*, psicopata.

Psicopatía, *s.f.*, psicopatia.

Psicosis, *s.f.*, psicose.

Psiquiatra, *s.m.* e *f.*, psiquiatra.

Psiquiatría, *s.f.*, psiquiatria.

Púa, *s.f.*, acúleo, espinho ‖ dente do pente ‖ pequena lâmina usada para tocar violão.

Púber, *adj.*, *s.m.* e *f.*, púbere.

Pubertad, *s.f.*, puberdade.

Pubis, *s.m.*, púbis.

Publicación, *s.m.*, publicação.

Publicar, *v.5.14*, publicar ‖ imprimir ‖ fazer público.

Publicidad, *s.f.*, publicidade.

Publicista, *s.m.* e *f.*, publicitário, profissional da publicidade.

Público/a, *adj.*, público ‖ comunitário ‖ notório, conhecido por todos ◆ *s.m.*, clientela, freguesia.

Pucherazo, *s.m.*, fraude, golpe em especial com os votos numa eleição.

Puchero, *s.m.*, panela de barro ‖ cozido, comida típica espanhola à base de grão-de-bico ‖ alimento diário, o prato de comida ‖ gesto facial característico que precede o choro, biquinho de choro.

Pucho, *s.m.*, *Amér.*, resto, resíduo ‖ *Amér.*, bituca de cigarro.

Pudiente, *adj.*, *s.m.* e *f.*, rico, abastado, poderoso.

Pudor, *s.m.*, pudor, vergonha, timidez.

Pudrir, *v.37*, apodrecer ‖ corromper ‖ irritar, chatear, impacientar.

Pueblerino/a, *adj.* e *s.*, interiorano, caipira.

Pueblo, *s.m.*, povo ‖ população ‖ povoado, vila ‖ plebe ‖ nação.

Puente, *s.m.*, ponte ‖ conexão, ligação ‖ coberta, uma das estruturas de um navio ‖ prótese dentária ‖ feriado prolongado → *Hacer/tender un puente de plata [a alguien]*, aproveitar a ocasião para puxar o tapete de alguém. *Puente aéreo*, ponte aérea. *Tender un puente*, tentar fazer as pazes com alguém.

Puerco/a, *s.* e *adj.*, pessoa desalinhada, porca, suja, sem educação ◆ *s.*, porco, suíno → *Puerco espín*, porco-espinho. *Puerco montés*, javali.

Puericultura, *s.f.*, puericultura.

Pueril, *adj.*, pueril, ingênuo.

Puérpera, *s.f.*, puérpera, parturiente.

Puerperio, *s.m.*, puerpério.

Puerro, *s.m.*, alho-poró.

Puerta, *s.f.*, porta ‖ abertura ‖ entrada ‖ meio, caminho, forma de alcançar alguma coisa ‖ meta, trave do gol → *A las puertas*, às portas, iminente. *A las puertas de la muerte*, às portas da morte, gravemente doente. *A puerta cerrada*, em segredo, secretamente. *Abrir la puerta para*, fazer alguma coisa possível. *Cerrar la puerta*, impossibilitar, fechar as portas. *Cerrársele todas las puertas*, fecharam-se todas as portas, em todos os lugares foi rechaçado. *Coger/tomar la puerta*, sair, ir embora. *Dar con la puerta en las narices/la cara*, bater com a porta na cara de alguém. *Echar las puertas abajo*, chamar com estrondo e muito barulho. *En puertas/estar/llamar a la puerta*, estar muito próximo de acontecer. *Enseñarle/poner en la puerta de la calle*, botar no olho da rua, expulsar. *Entrársele por las puertas*, acontecer de repente, inesperadamente. *Franquear las puertas*, acolher alguém, ajudar. *Llamar a las puertas [de alguien]*, pedir ajuda. *Por la puerta grande*, com pompas e honras.

Puerto, *s.m.*, porto ‖ desfiladeiro, garganta ‖ refúgio, amparo, defesa → *Llegar a puerto*, superar uma dificuldade. *Naufragar en el puerto*, morrer afogado na praia. *Tomar puerto*, chegar o navio ao porto ‖ refugiar-se em lugar seguro, encontrar guarida.

Pues, *conj.*, pois ◆ *interj.*, introduz expressões exclamativas, equivale a: ora!

Puesto/a, *adj.*, posto, resultante de pôr ◆ *s.m.*, lugar ocupado por algo ou alguém, cargo ‖ barraca de feira ou mercado ‖ lugar especial para vigiar a caça ‖ destacamento de guardas ◆ *s.f.*, ocaso, pôr do sol ‖ aposta → *Estar/mantener/guardar su puesto*, manter-se em seu devido lugar, não tomar confiança que não lhe cabem. *Puesto que*, posto que, assim sendo, portanto. *Puesta en marcha*, dar a partida ‖ iniciar um negócio, trabalhar por conta própria.

Púgil, *s.m.*, pugilista, boxeador.

Pugilato, *s.m.*, pugilato, boxe.

Pugna, *s.f.*, briga, luta.

Pugnar, *v.5*, brigar, lutar, combater ‖ procurar com afinco.

Puja, *s.f.*, aumento de preços das mercadorias.

Pujante, *adj.*, pujante, que cresce, que se desenvolve.

Pujar, *v.5*, aumentar o preço ‖ fazer esforços para conseguir algo.

Pulcro/a, *adj.*, asseado, limpo, esmerado.

Pulga, *s.f.*, pulga ‖ pião muito pequeno → *Buscar las pulgas*, chatear, encher o saco. *Sacudirse las pulgas*, fugir da responsabilidade. *Tener malas pulgas*, ter mau humor, personalidade difícil.

Pulgada, *s.f.*, polegada, unidade de medida.

Pulgar, *s.m.*, polegar → *Pulgarcito (Pequeno Polegar)*, história infantil.

Pulgarada, *s.f.*, golpe dado com o dedo polegar ‖ pitada, pequena porção.

Pulir, *v.16*, polir, lustrar, brunir ‖ aperfeiçoar ‖ educar → *Pulirse*, gastar todos os bens.

Pulmón, *s.m.*, pulmão.

Pulmonía, *s.f.*, pneumonia.

Pulpa, *s.f.*, polpa.

Púlpito, *s.m.*, púlpito.

Pulpo, *s.m.*, polvo.

Pulsación, *s.f.*, pulsação.

Pulsar, *v.5*, pulsar ‖ tocar, tanger ‖ sondar, averiguar ‖ ferir ‖ latejar, palpitar.

Pulsera, *s.f.*, pulseira.

Pulso, *s.m.*, pulso ‖ pulsação ‖ força, vigor ‖ habilidade, jeito, perícia → *A pulso*, com força e determinação, a pulso. *Echar un pulso*, prova de braço de ferro. *Tomar el pulso*, medir as pulsações de uma pessoa.

Pulverizar, *v.5.15*, pulverizar ‖ reduzir a pó ‖ destruir, aniquilar.

Pulla, *s.f.*, gracejo, piadinha de mau gosto.

Punción, *s.f.*, punção.

Puncionar, *v.5*, fazer punção.

Pundonor, *s.m.*, honra, amor-próprio, brio, decoro.

Punta, *s.f.*, ponta ‖ extremidade ‖ princípio ou fim ‖ chifre ‖ pitada ‖ cabo, porção de terra que avança sobre o mar ‖ porção pequena de gado ‖ bituca de cigarro ‖ prego ‖ instrumento para gravar ♦ *s.f.pl.*, renda ‖ ponta de pé, passo de balé → *A punta de lanza*, duramente ‖ exatamente. *De punta*, na ponta dos pés ‖ coisa difícil. *De punta a cabo*, do começo até o fim. *De punta a punta*, de um extremo ao outro. *De punta en blanco*, muito arrumado, com a roupa de domingo. *Estar/ponerse de punta con [otro]*, indispor-se com alguém. *Estar hasta la punta de los pelos de [alguien o algo]*, estar cheio, estar até a ponta dos cabelos com [alguém]. *Sacar punta a [algo]*, ver as coisas com malícia ou segundas intenções. *Tener en la punta de la lengua*, ter na ponta da língua.

Puntada, *s.f.*, pontada ‖ ponto de costura ‖ indireta → *No dar puntada*, não trabalhar, não fazer nada.

Puntal, *s.m.*, escora, pontal ‖ esteio, apoio.

Puntapié, *s.m.*, pontapé.

Puntería, *s.f.*, pontaria.

Puntero/a, *adj.* e *s.*, ponteiro ‖ indicador ‖ ponta, ponteira.

Puntilla, *s.f.*, renda ‖ pequeno punhal → *De puntillas*, na ponta dos pés, com muito cuidado.

Punto, *s.m.*, ponto ‖ parte muito pequena ‖ lugar indeterminado ‖ momento, instante ‖ estado, situação ‖ grau, intensidade de alguma coisa ‖ cada uma das partes de um escrito ‖ item, cláusula ‖ núcleo, miolo, centro ‖ fim, objetivo ‖ unidade das competições esportivas ‖ parada de ônibus ‖ pessoa capaz de enganar ou roubar ‖ cada uma das passadas numa costura ‖ tricô → *A buen punto*, a tempo, oportunamente. *A punto*, preparado, pronto. *A punto fijo*, com certeza. *Con puntos y comas*, com todos os detalhes. *Dar en el punto*, acertar. *De todo punto*, inteiramente. *Dos puntos*, dois-pontos. *En punto*, exatamente. *Estar a punto de*, estar prestes a acontecer em especial um perigo. *Estar en su punto*, estar no ponto uma comida. *Hacer punto de [algo]*, ser uma questão de honra. *Hasta cierto punto,* até certo ponto. *Hasta tal punto*, tanto que. *No perder punto*, prestar muita atenção ou cuidado. *Perder puntos/muchos puntos*, cair na consideração, perder o respeito. *Poner los puntos*, dirigir a atenção a uma coisa. *Poner los puntos sobre las íes*, pôr os pontos nos "is". *Poner punto final*, terminar, acabar. *Punto culminante*, ponto mais importante, ápice. *Punto de apoyo*, ponto de apoio material ou não. *Punto de contacto*, ponto de contato, ponto de afinidade. *Punto de mira*, coisa ou pessoa sobre a qual se dirigem as atenções. *Punto de arranque/partida*, ponto de partida. *Punto de referencia*, ponto de referência. *Punto de vista*, ponto de vista. *Punto débil/flaco*, ponto fraco. *Punto en boca*, cale a boca. *Punto filipino*, estafador, ladrão, enganador. *Punto muerto*, ponto morto, estacionar, parar. *Punto negro*, aspecto ou fato negativo. *Punto neurálgico*, parte difícil e delicada de alguma coisa. *Punto por punto*, em detalhes. *Punto y aparte*, ponto e parágrafo. *Punto y coma*, ponto e vírgula. *Punto y seguido*, ponto e na mesma linha. *Puntos suspensivos*, reticências.

Puntuación, *s.f.*, pontuação.

Puntualidad, *s.f.*, pontualidade.

Puntualizar, *v.5.15*, especificar.

Puntuar, *v.5.11*, pontuar.

Punzada, *s.f.*, pontada, alfinetada ‖ aflição, dor, sentimento.

Punzar, *v.5.15*, punçar, dar ou fazer punção ‖ magoar.

Punzón, *s.m.*, punção.

Puñado, *s.m.*, punhado, quantidade que cabe dentro de uma mão → *A puñados*, em grande quantidade, de montão.

Puñal, *s.m.*, punhal.

Puñalada, *s.f.*, punhalada, golpe de punhal ‖ desgosto ‖ traição → *Ser puñalada de pícaro [algo]*, ser muito urgente [alguma coisa].

Puñeta, *s.f.*, boca das mangas da toga ‖ bobagem, coisa sem importância → *Hacer la puñeta*, encher o saco, chatear. *Mandar/enviar [a alguien] a hacer puñetas*, vá plantar batatas.

Puñetazo, *s.m.*, soco.

Puño, *s.m.*, punho ‖ empunhadura das armas brancas ‖ parte inferior das mangas da camisa ‖ qualquer coisa muito pequena ◆ *s.m.pl.*, força, energia, temperança, domínio físico → *Apretar los puños*, esforçar-se muito. *Comerse los puños*, estar morto de fome. *Como puños*, muito grande. *De puño y letra*, de próprio punho. *Meter/tener [a alguien] en un puño*, oprimir, dominar.

Pupa, *s.f.*, pequena ferida na boca ‖ dodói.

Pupila, *s.f.*, pupila.

Pupilo/a, *s.*, órfão sob a custódia de um tutor.

Pupitre, *s.m.*, carteira escolar.

Puré, *s.m.*, purê → *Estar hecho puré*, estar muito cansado.

Purga, *s.f.*, purgante.

Purgar, *v.5.18*, tomar purgante ‖ limpar, purificar ‖ expiar uma culpa, pagar um castigo ‖ desentupir uma tubulação.

Purgatorio, *s.m.*, purgatório.

Purificar, *v.5.14*, purificar.

Puro/a, *adj.*, puro ‖ genuíno, autêntico ‖ casto ‖ livre, só ‖ belo, perfeito ◆ *s.m.*, charuto.

Purpurina, *s.f.*, purpurina.

Purulencia, *s.f.*, purulência.

Pus, *s.m.*, pus.

Puta, *s.f.*, puta, prostituta.

Putear, *v.5*, frequentar no trato com prostitutas.

Putrefacción, *s.f.*, putrefação, apodrecimento.

Puya, *s.f.*, aguilhão.

Puzle, *s.m.*, quebra-cabeças.

Q

s.f., décima oitava letra do alfabeto espanhol e décima sexta de suas consoantes, chama-se "*cu*".

Que, *pron.* e *conj.*, que, o qual, usado nas afirmações.

Qué, *pron.* e *conj.*, que, qual, usado nas interrogações e exclamações.

Quebracho, *s.m.*, maçã silvestre.

Quebrada, *s.f.*, quebrada ‖ recôncavo.

Quebradero, *s.m.*, problemático → *Quebradero de cabeza*, dor de cabeça por um problema.

Quebradizo/a, *adj.*, quebradiço, frágil.

Quebrado/a, *adj.*, quebrado, falido ‖ alquebrado, debilitado ‖ área desigual, tortuosa ‖ número fracionário.

Quebrantado/a, *adj.*, alquebrado, debilitado.

Quebrantahuesos, *s.m.*, abutre ‖ *fig.*, pessoa inoportuna, que atormenta.

Quebrantar, *v.5*, quebrar com violência, despedaçar sem que os pedaços se separem ‖ violar uma lei ‖ debilitar, alquebrar a saúde, a força ou a resistência ‖ transgredir.

Quebranto, *s.m.*, quebra ‖ dor moral, tristeza profunda.

Quebrar, *v.12*, quebrar ‖ cessar, parar, interromper ‖ requebrar ‖ virar ‖ perder → *Quebrarse*, falhar a voz por emoção ‖ interrupção de uma cordilheira ‖ ter hérnia.

Quechua, *adj.* e *s.m.*, quíchua, língua falada pelos índios andinos.

Quedar, *v.5*, ficar, permanecer ‖ restar, sobrar ‖ estar, haver ‖ acabar, terminar → *Quedar en*, expressa definição e comparação. *Quedar bien/mal/como*, comportar-se bem/mal/como. *Quedar para*, acordo, acerto, convênio para um encontro ou para algo. *Quedar por*, estar situado. *Quedar aún*, faltar para chegar. *Quedar por + infinitivo*, faltar fazer. *Estar + quedando con*, enganar ou abusar de. *Quedarse*, apoderar-se ‖ adquirir, conservar, guardar. *¿En qué quedamos?*, exige explicação ou esclarecimento. *Quedar a deber*, ficar devendo. *Quedar atrás*, assunto superado ou resolvido ‖ ficar para trás na competição. *Quedar algo por*, faltar por.

Quedo, *adj.*, suave ‖ silencioso, calado, quieto.

Quehacer, *s.m.*, ocupação, trabalho, tarefa.

Queja, *s.f.*, queixa, expressão de dor, sofrimento, angústia ‖ desconforto, desgosto, descontentamento.

Quejar, *v.5*, queixar.

Quejica, *adj.*, *s.m.* e *f.*, queixoso.

Quejido, *s.m.*, queixa, queixume, gemido, lamento.

Quema, *s.f.*, queima ‖ lugar onde se queimou o mato.

Quemado/a, *adj.* e *s.*, queimado, queimadura.

Quemadura, *s.f.*, queimadura, ferida ‖ destroços de queima.

Quemar, *v.5*, queimar ‖ bronzear ‖ arder ‖ requeimar ‖ destruir ‖ murchar, morrer uma planta ‖ corroer ‖ escaldar ‖ consumir ‖ irritar → *Quemarse*, ter uma grande paixão ‖ estar perto de alguma coisa que se procura. *Quemar etapas*, queimar etapas em uma atividade, cortar caminho.

Quemarropa, *loc.*, *a quemarropa*, à queima-roupa, cara a cara.

Quemazón, *s.f.*, queimação ‖ queimadura ‖ queima ‖ comichão ‖ mágoa ‖ palavra ou frase picante, de duplo sentido.

Quepis, *s.m.*, quepe.

Queratina, *s.f.*, queratina.

Querella, *s.f.*, querela, discórdia, queixa ‖ acusação, reclamação.

Querencia, *s.f.*, querença, pendor, tendência natural, inclinação.

Querer, *v.38*, querer, amar, gostar muito ‖ desejar, ter intenção ‖ decidir, determinar ‖ estabelecer ou dar valor, preço ‖ precisar, necessitar ‖ pretender, tentar ‖ aceitar, condescender ‖ requerer, pedir, complementar ‖ dar indícios, mostrar sinais ◆ *s.m.*, carinho, amor, bem-querer, afeto → *Do quiera/donde quiera*, em qualquer lugar. *Querer bien/mal*, querer ou não algo ou alguém. *Querer decir*, quer dizer, significar, isto é. *Quien quiera que*, quem quer que. *Quieras que no*, querendo ou não, à força. *Sin querer*, involuntariamente, sem querer.

Querido/a, *adj.* e *s.*, querido, amado ‖ amante, aquele que mantém relações sexuais extraconjugais → *¡Querido!*, *interj.*, apelativo carinhoso: meu bem!, benzinho!

Quermés, *s.f.*, quermesse.

Queroseno, *s.m.*, querosene.

Querube/querubín, *s.m.*, querubim, anjinho ‖ bebê.

Queso, *s.m.*, queijo.

Quia, *interj.*, descrença, equivale a: vá!, qual!

Quicio, *s.m.*, quina formada entre a porta e uma parede em ângulo → *Fuera de quicio*, fora do normal. *Sacar de quicio*, exasperar, irritar.

Quid, *s.m.*, razão ‖ o xis da questão.

Quiebra, *s.f.*, quebra, fratura, fenda, ruptura, rompimento ‖ perda ‖ falência.

Quiebro, *s.m.*, requebro.

Quien, *pron.* relativo, quem, qual, que ‖ o que, ao que ‖ aquele que.

Quién, *pron.*, quem, qual, que ‖ o que, introduz frases exclamativas e interrogativas e não possui valor adjetivo.

Quienes, *pron. relativo plural*, aqueles que.

Quienesquiera, *pron. indef. pl.*, de quem quer que.

Quienquiera, *pron. indef.*, quem quer que, qualquer um, algum, seja quem for.

Quieto/a, *adj.*, quieto, pacífico, sossegado ‖ sereno ‖ parado.

Quietud, *s.f.*, quietude, sossego, serenidade.

Quijada, *s.f.*, queixada.

Quilo, *s.m.*, quilo.

Quilómetro, *s.m.*, quilômetro.

Quilla, *s.f.*, quilha.

Quimbambas, *s.f.pl.*, lugar distante e indeterminado, equivale a: onde Judas perdeu as botas.

Quimera, *s.f.*, quimera, sonho, utopia, fantasia.

Químico/a, *adj.* e *s.*, químico ◆ *s.f.*, química.

Quina, *s.f.*, planta de onde se extrai o quinino.

Quincalla, *s.f.*, quinquilharia.

Quince, *adj.* e *s.m.*, quinze, dez mais cinco.

Quinceavo/a, *adj.* e *s.m.*, quinze avos.

Quincena, *s.f.*, quinzena.

Quincenal, *adj.*, quinzenal.

Quincuagésimo/a, *adj.*, quinquagésimo.

Quiniela, *s.f.*, jogo semelhante à loteria esportiva.

Quinientos/as, *adj.* e *s.m.*, quinhentos.

Quinina, *s.f.*, quinino.

Quinqué, *s.m.*, lampião de querosene.

Quinquenal, *adj.*, quinquenal.

Quinquenio, *s.m.*, quinquênio ‖ lustro.

Quintaesencia, *s.f.*, o que existe de mais puro, intenso e representativo de alguma coisa ‖ pessoa requintada ou perfeccionista.

Quinto/a, *adj.*, quinto ◆ *adj.* e *s.m.*, quinta parte, um quinto ◆ *s.m.*, recruta no serviço militar ‖ casa de campo.

Quíntuplo/a, *adj.* e *s.*, quíntuplo, cinco vezes maior.

Quiosco, *s.m.*, banca de jornais e revistas.

Quiquiriquí, *s.m.*, onomatopeia do galo e da galinha, cocoricó.

Quirófano, *s.m.*, sala de cirurgia.

Quiromancia/quiromancía, *s.f.*, quiromancia.

Quirúrgico/a, *adj.*, cirúrgico.

Quisquilla, *s.f.*, camarão ‖ reparo, dificuldade de pouca importância.

Quisquilloso/a, *adj.* e *s.*, pessoa muito sensível ou suscetível, cheio de dengo e de frescura ‖ meticuloso.

Quiste, *s.m.*, quisto, furúnculo.

Quitaipón, *loc.*, *de quitaipón*, que se pode tirar e colocar novamente.

Quitamanchas, *s.m.*, tira-manchas.

Quitanieve, *s.m.*, máquinas especiais para retirar a neve das ruas.

Quitar, *v.5*, tirar, separar, retirar ‖ destituir ‖ obstar, impedir ‖ fazer exceção ‖ deixar algo ‖ evitar ‖ abandonar ‖ sair de algum lugar → *¡Quita allá!*, *interj.*, recusa veemente: sai pra lá! *Quitar de delante*, retirar algo ou alguém que atrapalha. *Quitar el hipo*, algo impressionante, espantoso. *Quitarse de encima,* livrar-se, desvencilhar-se de algo ou alguém. *Quitarse la vida,* suicidar-se.

Quitasol, *s.m.*, guarda-sol, sombrinha.

Quizá/quizás, *adv.*, talvez, é provável, é possível.

Quórum, *s.m.*, quorum, número mínimo de pessoas requerido numa assembleia.

R *s.f.*, décima nona letra do alfabeto espanhol, é chamada "*ere*" ou "*erre*" e com ela se representa o som consonântico sonoro articulado aplicando-se a ponta da língua nos alvéolos dos dentes superiores, produzindo vibração.

Rabadilla, *s.f.*, parte inferior da coluna vertebral, rabo.

Rábano, *s.m.*, rabanete → *Importar un rábano*, não ter a mínima importância. *Tomar el rábano por las hojas*, entender tudo errado. *¡Un rábano!*, uma ova!

Rabia, *s.f.*, hidrofobia ‖ ira, cólera, raiva.

Rabiar, *v.5*, sentir ou padecer de raiva ‖ irritar-se, zangar-se → *A rabiar*, muito, com excesso. *Estar a rabiar*, estar muito zangadas as pessoas entre si. *Hacer rabiar [a alguien]*, fazer [alguém] se zangar. *Rabiar por [algo]*, desejar muito.

Rabieta, *s.f.*, birra, choro, capricho.

Rabillo, *s.m.*, ângulo externo do olho → *Mirar con el rabillo del ojo/mirar de rabillo*, olhar de esguelha.

Rabioso/a, *adj.*, raivoso.

Rabo, *s.m.*, rabo, cauda, em especial dos animais quadrúpedes ‖ qualquer apêndice com esse formato → *Con el rabo entre piernas*, com o rabo entre as pernas, humilhado, envergonhado. *Faltar/quedar el rabo por desollar*, faltar muito para acabar um trabalho ou em especial a parte mais difícil.

Rabón/ona, *adj.*, rabicó, que não tem rabo ou foi cortado.

Rácano/a, *adj.* e *s.*, pão-duro, muquirana.

Racial, *adj.*, racial.

Racimo, *s.m.*, cacho, penca ‖ qualquer conjunto de coisas dispostas como um cacho.

Raciocinar, *v.5*, raciocinar.

Raciocinio, *s.m.*, raciocínio.

Ración, *s.f.*, ração, porção ‖ diária alimentar.

Racionalizar, *v.5.15*, racionalizar.

Racionar, *v.5*, racionar.

Racismo, *s.m.*, racismo.

Racha, *s.f.*, rajada, em especial de vento.

Radar, *s.m.*, radar.

Radiación, *s.f.*, radiação.

Radiador, *s.m.*, radiador ‖ calefação, aquecimento.

Radiar, *v.5*, irradiar ‖ emitir raios ‖ transmitir por rádio.

Radical, *adj.*, radical.

Radicalizar, *v.5.15*, radicalizar.

Radicar, *v.5.14*, enraizar, infundir, firmar.

Radio, *s.m.*, raio, segmento da circunferência ‖ rádio, osso do braço ‖ varetas das rodas da bicicleta ‖ elemento atômico ‖ cabograma ◆ *s.f.*, radiofonia ‖ radiodifusão ‖ emissoras de radiodifusão ‖ aparelho para ouvir radiodifusão → *Radio de acción*, raio de ação.

Radiografía, *s.f.*, radiografia.

Radiología, *s.f.*, radiologia.
Radiólogo/a, *s.*, radiologista.
Radioscopia, *s.f.*, radioscopia.
Ráfaga, *s.f.*, rajada.
Rafia, *s.f.*, ráfia.
Raglán, *adj.*, raglã, tipo de manga cujo ombro avança até o colarinho.
Raído/a, *adj.*, gasto, puído, usado.
Raíl, *s.m.*, trilhos de via férrea.
Raíz, *s.f.*, raiz ‖ base, fonte ‖ radical ‖ origem, causa → *A raíz de*, em consequência. *Bienes raíces*, bens imóveis. *De raíz*, completamente. *Echar raíces*, fixar-se. *Tener raíces*, estar arraigado.
Raja, *s.f.*, rachadura, lasca, fenda, fatia → *Sacar raja*, sair ganhando, levar vantagem.
Rajar, *v.5*, rachar ‖ dividir ‖ falar muito ‖ *Amér.*, falar mal de alguém, fofocar → *Rajarse*, dar para trás, não fazer o que se deveria fazer.
Rajatabla, *loc.*, *a rajatabla*, rigorosamente, de forma absoluta.
Ralea, *s.f.*, espécie, classe ‖ raça, casta.
Ralentí, *s.m.*, ponto morto de um automóvel ‖ diminuição de energia ou intensidade ‖ câmara lenta.
Ralo/a, *adj.*, ralo, pouco espesso, claro.
Rallador, *s.m.*, ralador.
Rallar, *v.5*, ralar, passar pelo ralador.
Rama, *s.f.*, ramo, galho, ramificação ‖ área de uma ciência ‖ parte, subdivisão → *Andarse/irse por las ramas*, sair do assunto ou deter-se no que tem menos importância. *En rama*, produto vegetal não industrializado.
Ramaje, *s.m.*, ramagem, ramificação.
Ramal, *s.m.*, ramal, ramificação.
Ramalazo, *s.m.*, bordoada, pancada ‖ dor repentina e aguda.
Rambla, *s.f.*, alameda, em algumas regiões da Espanha ‖ leito e margem larga dos rios.
Ramera, *s.f.*, prostituta.
Ramificarse, *v.5.14*, ramificar-se.
Ramillete, *s.m.*, ramalhete.
Ramo, *s.m.*, ramo, galho ‖ divisão, subdivisão ‖ raminho, galhinho ‖ descendência, estirpe.
Rampa, *s.f.*, rampa.
Ramplón/ona, *adj.*, vulgar, ralé, tosco, grosseiro.
Ramplonería, *s.f.*, vulgaridade, grosseria.
Rana, *s.f.*, rã → *Salir rana*, defraudar, dar zebra.
Ranciedad, *s.f.*, ranço ‖ antigualha.
Rancio/a, *adj.*, rançoso ‖ velharia.
Rancho, *s.m.*, rancho, comida ‖ *Amér.*, granja, sítio → *Alborotar el rancho*, fazer confusão, desordem. *Hacer/formar rancho aparte*, separar-se, fazer sua turminha.
Randa, *s.m.*, ladrão ‖ tipo de renda.
Rango, *s.m.*, categoria social, classe, espécie.
Ranura, *s.f.*, ranhura, fenda.
Rapacidad, *s.f.*, rapacidade, que rouba.
Rapapolvo, *s.m.*, repreensão, pito.
Rapar, *v.5*, raspar ‖ barbear-se ‖ raspar o cabelo.
Rapaz/za, *s.*, rapaz, garoto, moço ◆ *s.f.* e *adj.*, ave de rapina ◆ *adj.*, ladrão.
Rapidez, *s.f.*, rapidez.
Rápido/a, *adj.*, rápido ‖ ligeiro, veloz ‖ trem expresso.
Rapiña, *s.f.*, rapina.

Rapiñar, *v.5*, rapinar ‖ roubar, afanar.
Raposa, *s.f.*, raposa ‖ pessoa astuta.
Raptar, *v.5*, raptar.
Rapto, *s.m.*, rapto ‖ impulso.
Raptor/ra, *s.*, raptor.
Raqueta, *s.f.*, raquete.
Raquídeo/a, *adj.*, raquídio.
Raquítico/a, *adj.* e *s.*, raquítico.
Raquitismo, *s.m.*, raquitismo.
Rareza, *s.f.*, raridade.
Rarificar, *v.5.14*, enrarecer.
Raro/a, *adj.*, raro ‖ rarefeito ‖ insigne ‖ extraordinário.
Ras, *s.m.*, plano de nível que alcança alguma coisa → *A/al ras de*, mais ou menos ao mesmo nível.
Rasar, *v.5*, nivelar, rasar, igualar.
Rascacielos, *s.m.*, arranha-céu.
Rascadura, *s.f.*, raspadura.
Rascar, *v.5.14*, coçar, esfregar, arranhar.
Rasera, *s.f.*, escumadeira.
Rasero, *s.m.*, medidor para sólidos → *Medir/llenar por el mismo rasero*, dar o mesmo tratamento sem diferenciar.
Rasgadura, *s.f.*, rasgão.
Rasgar, *v.5.18*, rasgar, romper, lacerar.
Rasgo, *s.m.*, risco, linha, traço ‖ feição, expressão do rosto de uma pessoa ‖ aspecto mais importante da personalidade de uma pessoa ◆ *s.m.pl.*, caligrafia → *A grandes rasgos*, em linhas gerais.
Rasguear, *v.5*, tanger as cordas do violão.
Rasguñar, *v.5*, arranhar ‖ esboçar.
Rasguño, *s.m.*, arranhão, raspão.
Raso/a, *adj.*, liso, nivelado, plano ‖ limpo, desanuviado ‖ rasante, tangenciando ‖ cheio, pleno, total ‖ raso, sem títulos ◆ *s.m.*, cetim → *Al raso*, a céu aberto.
Raspa, *s.f.*, espinha de peixe ‖ filamento do grão de trigo ‖ sabugo de milho ‖ pessoa irritável.
Raspar, *v.5*, roçar ‖ tirar, furtar ‖ alisar, raspar, lixar ‖ irritar, ser áspero, pinicar.
Rastra, *s.f.*, arrasto ‖ arrastão → *A la rastra/a rastras*, arrastando.
Rastrear, *v.5*, rastrear, seguir o rastro ‖ inquirir ‖ fazer arrastão com a rede no mar.
Rastrillar, *v.5*, passar o rastelo na terra.
Rastrillo, *s.m.*, rastelo, ancinho.
Rastro, *s.m.*, rastro, sinal, pegada, indício → *Ni rastro*, nada.
Rastrojo, *s.m.*, restolho.
Rasurar, *v.5*, barbear.
Rata, *s.f.*, rato ‖ ratazana ◆ *s.m.*, ladrão → *Más pobre que las ratas*, paupérrimo.
Ratear, *v.5*, roubar.
Ratería, *s.f.*, furto.
Ratero/a, *s.*, ladrão.
Ratificar, *v.5.14*, ratificar, confirmar.
Rato, *s.m.*, momento, instante, pequeno período de tempo → *A cada rato*, a cada instante. *A ratos/de rato en rato*, de vez em quando. *A ratos perdidos*, tempo livre entre as ocupações normais. *Al poco rato/al rato*, pouco tempo depois. *Buen rato*, um tempão, muito tempo. *Para rato*, para muito tempo. *Pasar el rato*, entreter-se, passar o tempo. *Un rato/un rato largo*, muito, com intensidade.
Ratón, *s.m.*, ratinho ‖ camundongo → *Ratón de biblioteca*, rato de biblioteca,

pessoa muito erudita e que estuda muito.

Ratonero/a, *adj.*, relativo aos roedores em geral ◆ *s.f.*, ratoeira ‖ toca dos ratos, ratazanas, camundongos ‖ engodo, isca, armadilha, cilada para enganar alguém.

Raudal, *s.m.*, caudal ‖ abundância de alguma coisa.

Raudo/a, *adj.*, rápido, veloz.

Raya, *s.f.*, risca, linha ‖ termo, fronteira, limite ‖ travessão ‖ raia → *A rayas*, listrado. *Dar quince a rayas*, superar alguém, ser melhor que o outro, ter mais habilidade. *Pasar de la raya*, ultrapassar os limites estabelecidos ou toleráveis. *Poner/tener a raya*, levar no cabresto, não permitir que saia da linha. *Tres en raya*, jogo da velha.

Rayano/a, *adj.*, limítrofe.

Rayar, *v.5*, riscar ‖ rabiscar ‖ grifar → *Rayar el alba*, raiar o dia.

Rayo, *s.m.*, raio ‖ faísca ‖ vivo, rápido, veloz, engenhoso, diligente → *Echar rayos/estar que echa rayos*, estar muito nervoso e irritado. *Rayo de luz*, ideia luminosa.

Rayuela, *s.f.*, jogo da amarelinha.

Raza, *s.f.*, raça, casta, estirpe, espécie, origem, geração → *De raza*, animais de raça.

Razón, *s.f.*, razão, inteligência, faculdade de pensar ‖ argumento, ideia central ‖ causa, motivo ‖ legal, preso às leis, equidade ‖ notícia, aviso, informação → *A razón de*, pela quantia de. *Asistir la razón*, ter a verdade de seu lado. *Atender a razones*, convencer-se, dar ouvidos. *Dar la razón*, dar a razão a. *En razón a/de*, por causa de, em consequência de. *Entrar en razón*, compreender. *Envolver en razones*, confundir alguém. *Perder la razón*, ficar doido. *Ponerse en razón*, chegar a um acordo. *Razón social*, razão social, nome de uma empresa. *Tener razón*, ter razão.

Razonar, *v.5*, raciocinar, arrazoar.

Re, *s.m.*, ré, segunda nota musical ◆ *prefixo, expressa repetição (recalentar). Pode expressar também: retrocesso, voltar para trás (refluir) ‖ inversão do significado do verbo primitivo (reprobar) ‖ intensificação da ação (recalcar) ‖ reunião ou concentração (represar) ‖ ponderação, geralmente em frases exclamativas (reguapa), algumas vezes se converte em enfático (requeteguapa).*

Rea, *s.f.*, ré, feminino de réu.

Reaccionar, *v.5*, reagir.

Reactor, *s.m.*, reator.

Real, *adj.*, real, relativo à realeza ‖ concreto, verdadeiro ◆ *s.m.*, antiga moeda espanhola → *No valer un real*, não valer um tostão, não valer nada.

Realidad, *s.f.*, realidade.

Realizar, *v.5.15*, realizar.

Reata, *s.f.*, reata, arreata.

Rebaja, *s.f.*, abaixar ◆ *s.f.pl.*, saldo, saldão, liquidação comercial.

Rebanada, *s.f.*, fatia.

Rebanar, *v.5*, fatiar.

Rebaño, *s.m.*, rebanho.

Rebasar, *v.5*, transbordar.

Rebatir, *v.7*, rebater.

Rebeca, *s.f.*, blusa de lã curta abotoada na frente.

Rebelarse, *v.5*, rebelar-se.

Rebelde, *s.m.*, *f.* e *adj.*, rebelde.

Rebeldía, *s.f.*, rebeldia.
Rebelión, *s.f.*, rebelião.
Rebobinar, *v.5*, rebobinar.
Rebosar, *v.5*, transbordar.
Rebotar, *v.5*, ricochetear, pular.
Rebozar, *v.5.15*, preparar alimentos à milanesa.
Rebuznar, *v.5*, zurrar.
Rebuzno, *s.m.*, zurro, voz do burro.
Recabar, *v.5*, arrecadar, recolher, coletar.
Recadero/a, *s.*, mensageiro.
Recado, *s.m.*, recado, mensagem.
Recambiar, *v.5*, repor, substituir.
Recapacitar, *v.5*, pensar detidamente em algo, meditar.
Recatar, *v.5*, recatar, ocultar.
Recato, *s.m.*, recato, pudor, reserva, timidez.
Recauchutar, *v.5*, recauchutar.
Recaudar, *v.5*, arrecadar.
Recelar, *v.5*, recear, temer, desconfiar, suspeitar.
Recelo, *s.m.*, receio, medo, suspeita, desconfiança.
Recepción, *s.f.*, recepção, recebimento, acolhida.
Recepcionista, *s.m.* e *f.*, recepcionista.
Recesión, *s.f.*, recessão.
Receso, *s.m.*, *Amér.*, recesso, paralisação temporária dos poderes governamentais.
Receta, *s.f.*, receita ‖ procedimento.
Recetar, *v.5*, receitar.
Recibidor, *s.m.*, vestíbulo, antessala, *hall*.
Recibir, *v.7*, receber, tomar, aceitar, admitir, adquirir, acolher, recolher ‖ casar ‖ fazer frente, enfrentar.
Recibo, *s.m.*, recepção ‖ recibo, quitação ‖ recebimento ‖ protocolo de recebimento.
Recién, *adv.*, recente, ocorrido pouco antes.
Reciente, *adj.*, recente ‖ acabado de fazer.
Recinto, *s.m.*, recinto.
Recio/a, *adj.*, forte, robusto, vigoroso ‖ gordo, grosso ‖ intenso, violento ◆ *adv.*, fortemente.
Recipiente, *s.m.*, recipiente.
Recíproco/a, *adj.*, recíproco.
Recital, *s.m.*, recital.
Recitar, *v.5*, recitar.
Reclamar, *v.5*, reclamar.
Reclinar, *v.5*, reclinar.
Reclinatorio, *s.m.*, genuflexório.
Recluir, *v.11*, recluir, fechar, trancafiar, prender.
Recluso/a, *s.*, recluso, preso.
Recluta, *s.m.*, recruta.
Reclutar, *v.5*, recrutar.
Recodo, *s.m.*, canto, ângulo, curva.
Recogedor, *s.m.*, pá para recolher o lixo.
Recoger, *v.6.11*, recolher, apanhar, guardar, juntar, receber ‖ fechar, dobrar ‖ asilar, albergar ‖ encolher, franzir → *Recogerse*, recolher-se, retirar-se, ir para casa, ir dormir, meditar, ensimesmar-se.
Recolectar, *v.5*, recolher, em especial os frutos da terra.
Recoleto/a, *adj.*, retirado, solitário, em geral referido a local.
Recomendar, *v.12*, aconselhar ‖ encarregar ‖ recomendar.
Recompensar, *v.5*, recompensar, gratificar.
Reconocer, *v.9*, reconhecer.
Reconvenir, *v.15*, censurar, criticar, repreender.

Recordar, *v.10*, recordar, relembrar, rememorar.

Recordatorio, *s.m.*, lembrete.

Recorrer, *v.6*, percorrer ‖ dar uma olhada rápida.

Recorrido, *s.m.*, percurso, trajeto, itinerário.

Recortar, *v.5*, recortar.

Recostar, *v.10*, reclinar, recostar.

Recoveco, *s.m.*, recôncavo, curva, ângulo ‖ rodeio, fingimento.

Recrear, *v.5*, recriar ‖ recrear, divertir.

Recreo, *s.m.*, divertimento ‖ recreio escolar.

Recriminar, *v.5*, recriminar.

Rectangular, *adj.*, retangular.

Rectángulo/a, *s.m.* e *adj.*, retângulo.

Rectificar, *v.5.14*, retificar, corrigir.

Recto/a, *adj.*, reto ‖ direito ‖ justiceiro ◆ *s.m.*, última parte do intestino.

Rector/ra, *s.*, reitor.

Rectoría, *s.f.*, reitoria.

Recua, *s.f.*, récua.

Recubrir, *v.7*, recobrir.

Recuerdo, *s.m.*, lembrança, obséquio, recordação ◆ *s.m.pl.*, cumprimentos.

Recular, *v.5*, retroceder, andar de ré.

Recuperar, *v.5*, recuperar.

Recurrir, *v.7*, recorrer.

Recurso, *s.m.*, recurso.

Recusar, *v.5*, recusar, negar.

Rechazar, *v.5.15*, rechaçar, repelir.

Rechifla, *s.f.*, burla, sarro.

Rechinar, *v.5*, rechinar, ranger.

Rechoncho/a, *adj.*, rechonchudo.

Rechupete, *loc.*, *de rechupete*, muito bom, fantástico, extraordinário.

Red, *s.f.*, rede ‖ malha ‖ conjunto de cabos, fios, encanamentos ‖ uma organização e suas ramificações ‖ conjunto viário ‖ ardil, armadilha.

Redacción, *s.f.*, redação.

Redactar, *v.5*, redigir.

Rededor, *loc.*, *al/en rededor*, ao redor, em volta.

Redención, *s.f.*, redenção.

Redil, *s.m.*, curral, redil.

Redimir, *v.7*, redimir.

Rédito, *s.m.*, rédito, renda, rendimento, juro, lucro.

Redoma, *s.f.*, redoma.

Redondear, *v.5*, arredondar.

Redondel, *s.m.*, círculo ‖ praça de touros.

Redondo/a, *adj.*, redondo, curvo ‖ sem rodeios ‖ exato.

Reducir, *v.9*, reduzir.

Reducto, *s.m.*, reduto.

Redundar, *v.5*, redundar.

Refajo, *s.m.*, saiote.

Referencia, *s.f.*, referência.

Referir, *v.12*, referir, fazer referência.

Refilón, *loc.*, *de refilón*, de passagem, de esguelha, de orelhada.

Refinar, *v.5*, refinar.

Refinería, *s.f.*, refinaria.

Refino, *s.m.*, refinação, refinamento.

Reflejar, *v.5*, refletir, repercutir ‖ meditar ‖ transparecer.

Reflejo/a, *adj.*, reflexo, reflexão, refletido.

Reflexión, *s.f.*, reflexão.

Reflexionar, *v.5*, refletir, pensar.

Reflexivo/a, *adj.*, reflexivo.

Reforma, *s.f.*, reforma.

Reformar, *v.5*, reformar, modificar.

Reformatorio, *s.m.*, reformatório.

Reforzar, *v.10*, reforçar.

Refractar, *v.5*, refratar.

Refractario/a, *adj.*, refratário.
Refrán, *s.m.*, refrão, provérbio, ditado popular.
Refregar, *v.12*, esfregar, lavar ‖ jogar na cara, humilhar.
Refregón, *s.m.*, esfregão, esfregada.
Refrendar, *v.5*, referendar.
Refrescar, *v.5.14*, refrescar.
Refresco, *s.m.*, refresco, refrigerante ‖ lanche, merenda.
Refriega, *s.f.*, briga, discussão.
Refrigerador/ra, *s.m.*, geladeira, frigorífico.
Refrigerar, *v.5*, refrigerar, esfriar.
Refuerzo, *s.m.*, reforço.
Refugiar, *v.5*, refugiar, acolher.
Refulgir, *v.7.15*, refulgir, brilhar.
Refunfuñar, *v.5*, resmungar.
Refutar, *v.5*, refutar.
Regadera, *s.f.*, regador → *Estar como una regadera*, estar doido varrido.
Regalar, *v.5*, presentear ‖ deleitar, extasiar.
Regalía, *s.f.*, regalia.
Regaliz, *s.m.*, alcaçuz.
Regalo, *s.m.*, presente.
Regañadientes, *loc.*, *a regañadientes*, de má vontade, reclamando, resmungando.
Regañar, *v.5*, brigar, chamar a atenção, bronquear ‖ resmungar, reclamar.
Regañón/na, *adj.* e *s.*, brigão, reclamão.
Regar, *v.12*, regar.
Regata, *s.f.*, regata.
Regatear, *v.5*, pechinchar.
Regato, *s.m.*, riacho, regato.
Regazo, *s.m.*, regaço, colo.
Regenerar, *v.5*, regenerar.
Regentar, *v.5*, dirigir, reger, exercer.
Regente, *adj.* e *s.m.* e *f.*, regente.
Régimen, *s.m.*, regime ‖ dieta ‖ regência ‖ sistema, modo ‖ fluxo.
Regimiento, *s.m.*, regimento, unidade orgânica de uma arma do exército.
Región, *s.f.*, região ‖ divisão territorial ‖ lugar, área.
Regir, *v.13*, reger ‖ guiar, conduzir ‖ ser vigente, ser válido ‖ estar em seu juízo perfeito.
Registrar, *v.5*, examinar, verificar, fiscalizar ‖ fazer registros em livros próprios, em especial contábeis ‖ gravar sons → *Registrarse*, inscrever-se, matricular-se ‖ observar-se, comprovar-se.
Registro, *s.m.*, exame ‖ livro especial para assentar registros ‖ registro, assentamento ‖ cartório ‖ válvula, chave, controle ‖ timbre musical ‖ marcador de livros.
Regla, *s.f.*, régua ‖ pauta ‖ norma, padrão ‖ regra, hábito, constância de uma ocorrência ‖ princípios básicos de vida ‖ menstruação → *En regla*, em ordem. *Las cuatro reglas*, as quatro operações básicas da aritmética. *Poner en regla*, arrumar, organizar. *Por regla general*, geralmente. *Regla de tres*, regra de três na matemática. *Salir de la regla*, exceder, passar dos limites.
Reglamentar, *v.5*, regulamentar, fazer regulamento.
Reglamento, *s.m.*, regulamento, regra, preceito.
Reglar, *v.5*, regular, submeter a regras, normatizar.
Regocijar, *v.5*, regozijar, festejar, alegrar.

Regocijo, *s.m.*, regozijo, alegria, festejo, festa.
Regoldar, *v.10*, arrotar.
Regordete/a, *adj.*, gordinho, rechonchudinho.
Regresar, *v.5*, voltar, regressar ‖ *Amér.*, restituir, devolver.
Regresión, *s.f.*, regressão.
Regreso, *s.m.*, regresso, volta, retorno.
Reguero, *s.m.*, regueira, rego ‖ rasto, trilha ‖ fio → *Como un reguero de pólvora*, com muita rapidez.
Regular, *v.5*, ajustar, pôr em ordem ◆ *adj.*, regular → *Por lo regular*, regularmente, de hábito.
Regularizar, *v.5.15*, regularizar.
Regurgitar, *v.5*, regurgitar.
Rehabilitar, *v.5*, reabilitar.
Rehén, *s.m.*, refém.
Rehogar, *v.5.18*, refogar.
Rehuir, *v.11*, fugir, evitar, esquivar.
Rehusar, *v.5*, recusar.
Reina, *s.f.*, rainha.
Reinar, *v.5*, reinar.
Reineta, *s.f.*, variedade de maçã comum na Europa.
Reino, *s.m.*, reino.
Reintegro, *s.m.*, reintegração ‖ devolução de quantia paga pela fração de um bilhete de loteria pela finalização.
Reír, *v.13*, rir ‖ divertir ‖ zombar.
Reiterar, *v.5*, reiterar.
Reivindicar, *v.5.14*, reivindicar.
Reja, *s.f.*, grade ‖ peça do arado.
Rejilla, *s.f.*, treliça ‖ grade.
Rejoneo, *s.m.*, arte de tourear a cavalo.
Relación, *s.f.*, relação, correspondência ‖ rol, lista ◆ *s.f.pl.*, noivado.
Relacionar, *v.5*, relacionar.
Relajar, *v.5*, relaxar → *Relajarse*, viciar-se.
Relámpago, *s.m.*, relâmpago ‖ coisa veloz.
Relatar, *v.5*, relatar.
Relente, *s.m.*, relento.
Relevar, *v.5*, relevar ‖ substituir ‖ destituir do cargo.
Relicario, *s.m.*, relicário.
Relieve, *s.m.*, relevo.
Religión, *s.f.*, religião.
Relinchar, *v.5*, relinchar.
Reliquia, *s.f.*, relíquia.
Reloj, *s.m.*, relógio → *Ser un/como un reloj*, coisa que funciona perfeitamente ‖ pessoa muito pontual.
Relojero/a, *s.*, relojoeiro.
Relucir, *v.9*, reluzir.
Rellano, *s.m.*, patamar ou descanso de uma escada.
Rellenar, *v.5*, encher ‖ preencher ‖ completar um formulário ‖ fartar de comer ou beber.
Relleno/a, *adj.*, recheio ‖ supérfluo.
Remachar, *v.5*, rebitar, pôr rebites.
Remache, *s.m.*, rebite.
Remanso, *s.m.*, remanso.
Remar, *v.5*, remar.
Rematar, *v.5*, rematar, acabar, finalizar.
Remate, *s.m.*, remate.
Rembolsar, *v.5*, reembolsar, devolver.
Remediar, *v.5*, remediar.
Remedio, *s.m.*, remédio ‖ ajuda, apoio → *Como último remedio*, como último recurso. *No encontrar para un remedio [algo]*, coisa muito difícil de encontrar. *No tener/haber más remedio*, não haver outra solução. *No tener/haber para un remedio*, ser

muito carente, não ter nada, nem para remédio. *Remedio casero*, remédio caseiro. *Remedio heroico*, remédio drástico dado pelo médico em último caso.

Remedo, *s.m.*, arremedo ‖ imitação ridícula.

Remembranza, *s.f.*, relembrança.

Rememorar, *v.5*, rememorar.

Remendar, *v.12*, remendar.

Remendón/ona, *adj.* e *s.*, remendão, costureiro ou sapateiro que remenda peças usadas.

Remero/a, *s.*, remador.

Remesa, *s.f.*, remessa.

Remeter, *v.6*, enfiar, empurrar [algo] para dentro de algum lugar.

Remiendo, *s.m.*, remendo.

Remilgo, *s.m.*, frescura típica de pessoas afetadas.

Remite, *s.m.*, lugar nas cartas onde se coloca o remetente.

Remitente, *adj.*, *s.m.* e *f.*, remetente.

Remitir, *v.7*, remeter ‖ enviar ‖ perder intensidade, em especial a febre.

Remo, *s.m.*, remo.

Remojo, *s.m.*, imerso em água, de molho.

Remolacha, *s.f.*, beterraba.

Remolcador/ra, *adj.* e *s.*, rebocador.

Remolcar, *v.5.14*, rebocar, levar a reboque.

Remolino, *s.m.*, rodamoinho.

Remolón/ona, *adj.* e *s.*, que demora a fazer algo, lerdo.

Remolque, *s.m.*, reboque.

Remordimiento, *s.m.*, remorso.

Remoto, *adj.*, remoto, distante, longínquo ‖ improvável, difícil.

Remplazar, *v.5.15*, substituir ‖ suceder alguém em um cargo.

Remunerar, *v.5*, remunerar.

Renacuajo, *s.m.*, girino ‖ criança pequena.

Renal, *adj.*, renal.

Rencor, *s.m.*, rancor.

Rendido/a, *adj.*, cansado, esgotado ‖ submisso.

Rendija, *s.f.*, brecha, fresta.

Rendimiento, *s.m.*, rendimento, renda ‖ submissão ‖ amabilidade.

Rendir, *v.13*, render, vencer ‖ cansar ‖ prestar contas ‖ submeter-se ‖ produzir lucro ‖ realizar, fazer ‖ substituir, revezar ‖ com *s.*, prestar, ofertar o que se indica.

Renegón/ona, *adj.* e *s.*, resmungão.

Renglón, *s.m.*, linha de texto ‖ tópico, item ◆ *s.m.pl.*, qualquer escrito ou impresso → *A renglón seguido*, ato seguido, na sequência. *Leer entre renglones*, ler nas entrelinhas.

Reno, *s.m.*, rena.

Renombre, *s.m.*, renome, fama.

Renovar, *v.10*, renovar ‖ consertar, arrumar ‖ substituir por novo.

Renta, *s.f.*, renda, benefício, lucro ‖ aluguel ‖ dívida pública.

Rentar, *v.5*, render, produzir renda e benefício.

Rentista, *s.m.* e *f.*, arrendatário.

Renuncia/renunciación, *s.f.*, renúncia.

Renunciar, *v.5*, renunciar.

Reñir, *v.13*, brigar, discutir, repreender, chamar a atenção.

Reo/a, *s.*, réu.

Reojo, *loc.*, *de reojo*, olhar com o rabo dos olhos, de esguelha.

Repanocha, *loc.*, *ser la repanocha*, ser alguém ou algo extraordinário de bom/ruim/estranho/absurdo.
Reparar, *v.5*, arrumar, consertar ‖ reparar, fixar, advertir ‖ pensar, repensar.
Reparo, *s.m.*, observação, dificuldade, inconveniente.
Repartir, *v.7*, repartir, dividir ‖ distribuir, entregar.
Repasar, *v.5*, repassar, voltar a examinar.
Repatriar, *v.5.16*, repatriar.
Repeler, *v.6*, repelir, recusar ‖ rejeitar ‖ causar aversão, nojo, asco, repugnância.
Repeluzno, *s.m.*, medo, repugnância.
Repercutir, *v.7*, repercutir, transcender.
Repertorio, *s.m.*, repertório.
Repetir, *v.13*, repetir.
Repicar, *v.5.16*, repicar em especial um sino.
Repisa, *s.f.*, estante ‖ sapata.
Repleto/a, *adj.*, repleto, cheio.
Réplica, *s.f.*, réplica.
Replicar, *v.5.14*, replicar, responder, pôr ou fazer objeções.
Repollo, *s.m.*, repolho.
Reponer, *v.34*, repor.
Reportaje, *s.m.*, reportagem.
Reportar, *v.5*, refrear, conter, moderar ‖ produzir [algo] um benefício.
Reportero/a, *adj.*, repórter, jornalista.
Reposar, *v.5*, repousar, descansar ‖ dormir ‖ jazer, estar enterrado → *Reposarse*, pousar as partículas sólidas em suspensão num líquido.
Reposo, *s.m.*, repouso, tranquilidade.
Repostar, *v.5*, repor em especial provisões.
Repostería, *s.f.*, confeitaria, doceria.
Repostero/a, *s.*, confeiteiro, doceiro.
Reprender, *v.6*, repreender.
Represalia, *s.f.*, represália.
Representación, *s.f.*, representação.
Representar, *v.5*, representar.
Represión, *s.f.*, repressão.
Reprimir, *v.7*, reprimir.
Reprobar, *v.10*, reprovar, censurar.
Reprochar, *v.5*, reprovar, censurar, queixar-se de alguém.
Reproche, *s.m.*, censura, recriminação, desaprovação, crítica.
Reproducción, *s.f.*, reprodução.
Reproducir, *v.9*, reproduzir.
Reptar, *v.5*, andar arrastando como fazem os répteis.
Reptil/réptil, *adj.* e *s.m.*, réptil.
República, *s.f.*, república.
Repudiar, *v.5*, repudiar.
Repudio, *s.m.*, repúdio.
Repuesto, *adj.*, reposto ◆ *s.m.*, estoque, provisão ‖ peça para reposição → *De repuesto*, estepe, de reserva.
Repugnancia, *s.f.*, repugnância.
Repugnar, *v.5*, repugnar.
Repujar, *v.5*, repuxar.
Repulsa, *s.f.*, repulsa, nojo, asco, repugnância.
Reputación, *s.f.*, reputação.
Reputar, *v.5*, reputar.
Requebrar, *v.12*, paparicar, lisonjear em especial o homem a uma mulher.
Requerir, *v.12*, requerer, pedir.
Requesón, *s.m.*, requeijão.
Requiebro, *s.m.*, galanteio, lisonja.
Requisito, *s.m.*, requisito.
Requisitoria, *s.f.*, requerimento.
Res, *s.f.*, rês, cabeça de gado.
Resabio, *s.m.*, ranço.
Resaca, *s.f.*, ressaca.

Resalado/a, *adj.*, gracioso.
Resaltar, *v.5*, ressaltar, destacar.
Resarcir, *v.7.12*, ressarcir.
Resbalar, *v.5*, escorregar, deslizar ‖ errar.
Resbalón, *s.m.*, escorregão.
Rescatar, *v.5*, resgatar.
Rescate, *s.m.*, resgate.
Rescindir, *v.7*, rescindir.
Rescoldo, *s.m.*, rescaldo ‖ mágoa, ressentimento.
Resentirse, *v.12*, ressentir-se.
Reseña, *s.f.*, resenha.
Reseñar, *v.5*, resenhar, fazer resenha.
Reserva, *s.f.*, reserva ‖ prevenção, guarda ‖ discrição, prudência ◆ *s.m.* e *f.*, suplente ◆ *s.f.pl.*, substâncias calóricas do organismo.
Reservar, *v.5*, reservar.
Resfriado/a, *adj.* e *s.*, resfriado.
Resfriar, *v.5.16*, pegar um resfriado.
Resguardar, *v.5*, resguardar.
Residencia, *s.f.*, residência ‖ casa, domicílio ‖ solar ‖ albergue ‖ pensão ‖ asilo.
Residir, *v.7*, residir, morar, viver.
Residuo, *s.m.*, resíduo, resto, sobra.
Resignar, *v.5*, entregar a autoridade a outra pessoa → *Resignarse*, conformar-se.
Resina, *s.f.*, resina.
Resistencia, *s.f.*, resistência.
Resistir, *v.7*, resistir ‖ opor-se ‖ suportar ‖ sofrer.
Resma, *s.f.*, resma.
Resol, *s.m.*, mormaço.
Resolución, *s.f.*, resolução.
Resolver, *v.10*, resolver ‖ tomar uma resolução.
Resonancia, *s.f.*, ressonância.
Resorte, *s.m.*, mola ‖ meio, ponto de apoio.
Respaldo, *s.m.*, encosto de um assento, espaldar ‖ verso de uma folha de papel.
Respectar, *v.5*, dizer respeito, ser da alçada.
Respetar, *v.5*, respeitar, ter respeito.
Respeto, *s.m.*, respeito, acato.
Respingo, *s.m.*, sacudida violenta do corpo, calafrio.
Respingón/na, *adj.*, relativo ao nariz arrebitado.
Respiración, *s.f.*, respiração.
Respirar, *v.5*, respirar ‖ sentir-se aliviado ‖ falar ‖ ter uma qualidade ou característica → *No dejar respirar [a alguien]*, não dar sossego, atazanar a vida. *No poder respirar*, estar muito cansado ‖ estar muito atarefado. *Sin respirar*, sem parada, sem descanso ‖ com muita atenção, sem pestanejar.
Respiro, *s.m.*, respiração ‖ alívio ‖ folga.
Resplandor, *s.m.*, resplendor, resplandecer, brilho.
Responder, *v.6*, responder, contestar, retorquir ‖ corresponder ‖ frutificar, render, produzir ‖ replicar.
Responsabilizar, *v.5.15*, responsabilizar.
Respuesta, *s.f.*, resposta.
Resquebrajadura, *s.f.*, fenda, racha, greta.
Resquicio, *s.m.*, abertura entre o batente e a porta ‖ fenda, abertura pequena ‖ ocasião, oportunidade favorável, momento oportuno.
Resta, *s.f.*, operação de diminuição na aritmética.

Restablecer, *v.9*, restabelecer → *Restablecerse*, recuperar-se de uma doença.

Restar, *v.5*, restar, diminuir ‖ faltar.

Restaurante, *s.m.*, restaurante.

Restaurar, *v.5*, restaurar.

Restituir, *v.11*, restituir ‖ recuperar, restabelecer → *Restituirse*, regressar, reincorporar-se.

Resto, *s.m.*, resto, sobra, resíduo ◆ *s.m.pl.*, sobras de comida ‖ restos mortais → *Echar el resto*, fazer o possível para conseguir algo.

Restregar, *v.12*, esfregar.

Restregón, *s.m.*, esfregão.

Restringir, *v.7.15*, restringir, reduzir, limitar.

Resucitar, *v.5*, ressuscitar.

Resuello, *s.m.*, fôlego, respiração → *Meterle el resuello en el cuerpo [a alguien]*, intimidar, amedrontar [a alguém].

Resulta, *s.f.*, vaga no emprego → *De resultas de*, como consequência.

Resultado, *s.m.*, resultado.

Resultar, *v.5*, resultar, derivar-se, chegar a ser ‖ ocorrer, produzir-se, suceder ‖ produzir efeito ‖ ter um resultado ‖ custar um determinado preço.

Resumen, *s.m.*, resumo, síntese.

Resumir, *v.7*, resumir.

Resurgir, *v.7.15*, ressurgir.

Retablo, *s.m.*, retábulo.

Retaguardia, *s.f.*, retaguarda.

Retahíla, *s.f.*, série de coisas que se sucedem uma atrás da outra de forma monótona ou excessiva.

Retal, *s.m.*, retalho.

Retar, *v.5*, reptar, desafiar.

Retardado/a, *adj.*, retardatário.

Retardar, *v.5*, diferir, frear, retardar, atrasar.

Retazo, *s.m.*, retalho, fragmento.

Retener, *v.4*, reter.

Retina, *s.f.*, retina.

Retirado/a, *adj.* e *s.*, retirado, aposentado.

Retirar, *v.5*, retirar, separar, tirar ‖ aposentar-se.

Reto, *s.m.*, desafio.

Retoñar, *v.5*, brotar.

Retoño, *s.m.*, broto ‖ jovem.

Retorcer, *v.10*, retorcer.

Retórico/a, *adj.* e *s.*, retórico ◆ *s.f.*, retórica.

Retortijón, *s.m.*, denominação popular da dor típica da cólica intestinal.

Retozar, *v.5.15*, brincar em especial crianças ou animais jovens ‖ entregar-se a jogos amorosos.

Retractación, *s.m.*, retratação, ação de retratar-se, arrepender-se.

Retractar, *v.5*, retratar-se, voltar atrás, arrepender-se.

Retraer, *v.43*, retrair, encolher, retirar.

Retransmitir, *v.7*, retransmitir.

Retrasar, *v.5*, atrasar, retroceder.

Retraso, *s.m.*, atraso → *Retraso mental*, retardado mental.

Retratar, *v.5*, retratar ‖ descrever.

Retrato, *s.m.*, retrato ‖ descrição ‖ fotografia ‖ cópia, similar.

Retrete, *s.m.*, mictório, privada.

Retribuir, *v.11*, retribuir.

Retroceder, *v.6*, retroceder.

Retrovisor, *s.m.* e *adj.*, retrovisor.

Retumbar, *v.5*, retumbar, soar.

Reuma/reúma, *s.m.* ou *f.*, reumatismo.

Reunión, *s.f.*, reunião.

Reunir, *v.7.14*, reunir, juntar, recolher, agrupar, agregar.

Revancha, *s.f.*, revanche.

Revelar, *v.5*, revelar, descobrir, manifestar, mostrar.

Revellón, *s.m.*, festa de final de ano.

Reventar, *v.12*, arrebentar, desmanchar, quebrar ‖ chatear, amolar ‖ causar grande dano ‖ fracassar ‖ quebrar as ondas do mar ‖ estar cheio de uma coisa ou um estado de espírito ‖ ter grande desejo ‖ cansar de tanto trabalhar ‖ morrer.

Reventón, *adj.*, a ponto de explodir, em especial quando se refere a flores ◆ *s.m.*, furo no pneu.

Reverberar, *v.5*, reverberar.

Reverenciar, *v.5*, reverenciar, fazer reverência.

Reverso, *s.m.*, reverso, verso de alguma coisa → *El reverso de la medalla*, a outra face da moeda.

Revertir, *v.12*, reverter.

Revés, *s.m.*, revés, reverso ‖ desgraça, infortúnio, contratempo.

Revestir, *v.13*, revestir.

Revisar, *v.5*, revisar, fazer revisão.

Revisión, *s.m.*, revisão.

Revisor/ra, *s.*, revisor, verificador ‖ pessoa encarregada no transporte público de verificar as passagens.

Revista, *s.f.*, revista ‖ inspeção ‖ tipo de espetáculo, cabaré.

Revistero, *s.m.*, porta-revistas.

Revocar, *v.5.14*, revogar, anular ‖ rebocar uma parede ‖ retroceder.

Revolcar, *v.10*, revolver ‖ derrubar, virar, maltratar ‖ reprovar ‖ indignar ‖ meditar, refletir.

Revólver, *s.m.*, revólver.

Revoque, *s.m.*, reboque.

Rey, *s.m.*, rei.

Rezagarse, *v.5.18*, ficar para trás.

Rezar, *v.5.15*, rezar, orar.

Rezo, *s.m.*, reza.

Rezongar, *v.5.18*, resmungar.

Rezumar, *v.5*, transpirar, ressumar, coar, gotejar, transpirar.

Ría, *s.f.*, foz.

Riachuelo, *s.m.*, riacho.

Ribera, *s.m.*, ribeira, margem.

Ribete, *s.m.*, orla, debrum.

Rico/a, *adj.* e *s.*, rico, opulento, nobre, magnífico ‖ fértil ‖ bom, delicioso, saboroso, gostoso, agradável ‖ belo, bonito ‖ feliz, contente.

Ridicularizar, *v.5.15*, ridicularizar.

Ridículo/a, *adj.*, ridículo.

Riego, *s.m.*, rega, regadio.

Riel, *s.m.*, barra de ferro ‖ trilho das estradas de ferro.

Rienda, *s.f.*, rédea ‖ prudência, moderação ◆ *s.f.pl.*, direção, governo, mando → *A rienda suelta*, com violência ou rapidez. *Aflojar las riendas*, diminuir o trabalho. *Dar rienda suelta*, dar liberdade. *Volver las riendas*, voltar para trás, arrepender-se.

Riesgo, *s.m.*, risco, perigo, azar.

Rifa, *s.f.*, rifa.

Rifar, *v.5*, rifar, sortear.

Rifle, *s.m.*, rifle.

Rigidez, *s.f.*, rigidez, dureza.

Rigor, *s.m.*, rigor, severidade, dureza ‖ exatidão, precisão → *De rigor*, indispensável, obrigatório. *En rigor*, realmente.

Riguroso/a, *adj.*, rigoroso.

Rima, *s.f.*, rima.

Rimar, *v.5*, rimar.
Rímel, *s.m.*, rímel.
Rincón, *s.m.*, ângulo, canto, rincão, cantinho, esconderijo ‖ lar.
Rinconera, *s.f.*, cantoneira.
Ring, *s.m.*, ringue.
Rinitis, *s.f.*, rinite.
Rinoceronte, *s.m.*, rinoceronte.
Riña, *s.f.*, briga.
Riñón, *s.m.*, rim ‖ parte central ou principal de alguma coisa ◆ *s.m.pl.*, parte lombar do corpo humano → *Costar un riñón*, custar muito, ser caro. *Dolor de riñones*, lumbago. *Riñón artificial*, rim artificial. *Tener cubierto el riñón*, dispor de boa situação econômica.
Río, *s.m.*, rio ‖ montão, abundância de alguma coisa.
Ripio, *s.m.*, palavras supérfluas em um discurso ‖ pedra britada ou cascalho usado em misturas da construção.
Riqueza, *s.f.*, riqueza.
Risa, *s.f.*, riso → *Muerto de risa*, inativo, esquecido, encostado. *Tomar a risa*, não dar importância ‖ tirar sarro.
Ristra, *s.f.*, réstia.
Ristre, *loc.*, *en ristre*, em riste.
Ritmo, *s.m.*, ritmo, marcha, cadência.
Rito, *s.m.*, rito, ritual, costume, hábito.
Rival, *s.m.*, rival.
Rivalizar, *v.5.15*, rivalizar.
Rivera, *s.f.*, riacho, ribeirão.
Rizar, *v.5.15*, encrespar, riçar, ondear, frisar.
Rizo, *s.m.*, caracol do cabelo, mecha encaracolada.
Rizoma, *s.m.*, rizoma.
Robar, *v.5*, roubar ‖ tirar ‖ raptar ‖ erodir ‖ atrair ou cativar a vontade e o afeto ‖ pegar cartas ou fichas em certos jogos.
Roble, *s.m.*, carvalho.
Robo, *s.m.*, roubo, furto.
Robot, *s.m.*, robô.
Roca, *s.f.*, rocha.
Roce, *s.m.*, roçadura, atrito, fricção ‖ trato, familiaridade ‖ desacordo.
Rociar, *v.5.16*, borrifar ‖ orvalhar ‖ espargir.
Rocín, *s.m.*, rocinante, pangaré.
Rocío, *s.m.*, orvalho.
Rocoso/a, *adj.*, rochoso.
Rodaja, *s.f.*, rodela, fatia.
Rodaje, *s.m.*, rodagem.
Rodapié, *s.m.*, rodapé.
Rodar, *v.10*, rodar, girar ‖ andar sobre rodas ‖ cair dando voltas ‖ não parar ‖ existir ‖ filmar ‖ abundar.
Rodear, *v.5*, rodear ‖ circundar.
Rodeo, *s.m.*, rodeio, circunlóquio, subterfúgio, perífrase ‖ desvio ◆ *Amér.*, festa de gado.
Rodilla, *s.f.*, joelho ‖ esfregão, pano para a faxina → *De rodillas*, ajoelhado ‖ humilhado.
Rodillazo, *s.m.*, joelhada.
Rodillera, *s.f.*, joelheira usada como proteção pelos esportistas ‖ marcas do joelho que ficam na calça comprida.
Rodillo, *s.m.*, rolo ‖ cilindro ‖ puxador de água.
Roer, *v.39*, roer ‖ gastar ‖ atormentar.
Rogar, *v.10*, rogar, pedir, implorar.
Rojo/a, *adj.* e *s.m.*, vermelho ‖ esquerdista ‖ ruivo → *Al rojo vivo*, incandescente.
Rol, *s.m.*, rol, lista, relação.
Roldana, *s.f.*, roldana, polia.

Rollo, *s.m.*, rolo ‖ cilindro ‖ coisa desagradável e chata ‖ filme fotográfico ‖ dobras de gordura do corpo humano ‖ manuscritos em papiro ou pergaminho.

Romance, *adj.* e *s.m.*, românico ‖ romance, aventura amorosa ‖ composição poética.

Rombo, *s.m.*, losango.

Romería, *s.f.*, romaria ‖ festa popular típica espanhola.

Rompecabezas, *s.m.*, quebra-cabeças.

Romper, *v.6*, romper, quebrar, partir, despedaçar ‖ usar, gastar ‖ sulcar, abrir, perfurar, furar ‖ começar, despontar, desabrochar → *De rompe y rasga*, pessoa desembaraçada e despachada.

Ron, *s.m.*, rum.

Roncar, *v.5.14*, roncar.

Ronco/a, *adj.*, rouco, afônico.

Roncha, *s.f.*, vergão, equimose, inchação ‖ fatia.

Ronda, *s.f.*, ronda ‖ algazarra noturna de jovens pela rua ‖ ruas, alamedas ou avenidas que rodeiam uma cidade ‖ rodada de bebidas ‖ partida em alguns jogos de cartas.

Rondalla, *s.f.*, conjunto de seresteiros.

Rondar, *v.5*, rondar ‖ perseguir ‖ vigiar ‖ paquerar.

Ronquear, *v.5*, estar rouco.

Ronquera, *s.f.*, rouquidão.

Ronquido, *s.m.*, ronco.

Ronronear, *v.5*, ronronear.

Ronzal, *s.m.*, cabresto.

Roña, *s.f.*, sarna ‖ sujeira, cascão ‖ dano moral ‖ mesquinharia.

Roñería, *s.f.*, mesquinharia.

Ropa, *s.f.*, roupa, vestes → *A quema ropa*, à queima-roupa ‖ na cara ‖ sem rodeios. *Nadar y guardar la ropa*, fazer e falar com precaução e astúcia para não comprometer-se. *Haber ropa tendida*, ter pessoas presentes que não devem ouvir a conversa. *No tocarle la ropa*, não encostar nem um dedo, não causar nenhum dano. *Ropa blanca*, roupas de cama, mesa e banho. *Ropa interior*, roupa de baixo.

Ropaje, *s.m.*, vestimenta ‖ roupa vistosa.

Ropero, *s.m.* e *adj.*, guarda-roupa ‖ associação beneficente que distribui roupas aos pobres.

Ropón, *s.m.*, roupão.

Rorro, *s.m.*, nenê, bebê.

Rosa, *s.f.*, rosa, flor da roseira ◆ *adj.* e *s.m.*, relativo à cor rosa ◆ *adj.*, relato ameno, água com açúcar, romance com final feliz → *Como una rosa*, saudável e agradável de ver ‖ refeito, tranquilo, reposto, sossegado. *Rosa de los vientos*, rosa dos ventos.

Rosal, *s.m.*, roseira.

Rosaleda/rosalera, *s.f.*, roseiral.

Rosario, *s.m.*, terço, rosário → *Acabar como el rosario de la aurora*, acabar mal, em confusão.

Rosbif, *s.m.*, rosbife.

Rosca, *s.f.*, rosca, argola ‖ parafuso ‖ pão, broa, bolo ‖ gordurinhas no corpo humano → *Hacer la rosca*, puxar o saco, adular. *Pasarse de rosca*, exceder-se.

Roscar, *v.5.14*, rosquear, fazer rosca em um parafuso.

Rosco, *s.m.* rosca doce ou broa.

Roseta, *s.f.*, vermelhidão típica das bochechas ◆ *s.f.pl.*, pipoca.

Rosquilla, *s.f.*, rosquinha doce.

Rostro, *s.m.*, rosto, face.
Rotación, *s.m.*, rotação.
Roto/a, *adj.*, roto, esfarrapado, rasgado, andrajoso.
Rótula, *s.f.*, rótula.
Rotulador/ra, *adj.*, rotulador, que rotula ◆ *s.m.*, pincel atômico, caneta para retroprojetor.
Rotular, *v.5*, rotular ◆ *adj.*, relativo à rótula.
Rótulo, *s.m.*, rótulo, etiqueta, título, nome.
Rotura, *s.f.*, ruptura.
Roza, *s.f.*, roça.
Rozadura, *s.f.*, roçadura, roçadela, atrito, fricção, escoriação.
Rozar, *v.5.15*, esfregar, escoriar ‖ estar relacionado com ‖ raspar ‖ roçar.
Rúa, *s.f.*, rua.
Rubéola, *s.f.*, rubéola.
Rubí, *s.m.*, rubi.
Rubiales, *adj.*, *s.m.* e *f.*, aloirado.
Rubio/a, *adj.*, da cor do ouro ou do trigo maduro ◆ *adj.* e *s.*, loiro, que tem os cabelos amarelos ◆ *s.m.*, cigarro feito de tabaco claro e suave.
Rubor, *s.m.*, rubor ‖ vergonha.
Ruborizar, *v.5.15*, ruborizar.
Rubricar, *v.5.14*, rubricar.
Rudo/a, *adj.*, rude, grosseiro ‖ duro, forte ‖ rigoroso, violento ‖ áspero, sem polimento.
Rueca, *s.f.*, roca de fiar.
Rueda, *s.f.*, roda ‖ aro ‖ círculo ‖ arena da praça de touros ‖ posta, fatia → *Comulgar con ruedas de molino*, acreditar nas coisas mais absurdas. *Rueda de prensa*, entrevista coletiva.
Ruedo, *s.m.*, rebordo, rodeamento, orla, limite ‖ arena da praça de touros.
Ruego, *s.m.*, rogo, petição, súplica.
Rugir, *v.7.15*, rugir.
Ruido, *s.m.*, ruído, barulho, som confuso e irregular ‖ alarde, importância exagerada.
Ruidoso, *adj.*, barulhento ‖ assunto com muita repercussão.
Ruin, *adj.*, ruim, vil, desprezível ‖ avaro, mesquinho ‖ raquítico, pequeno, pouco desenvolvido.
Ruina, *s.f.*, ruína, destroço, destruição ‖ perdição moral ou financeira ‖ decadência.
Ruindad, *s.f.*, ruindade.
Ruinoso/a, *adj.*, arruinado.
Ruiseñor, *s.m.*, rouxinol.
Ruleta, *s.f.*, roleta, jogo de azar → *Ruleta rusa*, roleta-russa.
Rulo, *s.m.*, rolo ‖ caracol do cabelo.
Rumba, *s.f.*, rumba.
Rumbo, *s.m.*, rumo, direção, caminho ‖ generosidade ‖ muito gasto e muito luxo em alguma coisa.
Rumiante, *s.m.*, ruminante.
Rumiar, *v.5*, ruminar.
Rumor, *s.m.*, rumor, falatório.
Rumorear, *v.5*, rumorejar.
Ruptura, *s.f.*, ruptura, quebra.
Rural, *adj.*, rural.
Rústico/a, *adj.* e *s.*, rústico ‖ tosco, grosseiro, inculto.
Ruta, *s.f.*, rota, caminho.
Rutilar, *v.5*, rutilar.
Rutina, *s.f.*, rotina, hábito, costume.
Rutinario/a, *adj.*, rotineiro.

S

s.f., vigésima letra do alfabeto espanhol com a qual se representa o som consonântico surdo articulado aplicando-se a ponta da língua nos alvéolos dos incisivos superiores. Seu nome é "*ese*" e nunca se usa dobrada.

Sábado, *s.m.*, sábado.
Sábana, *s.f.*, lençol.
Sabañón, *s.m.*, frieira.
Sabelotodo, *s.m.* e *f.*, sabichão, sabe-tudo.
Saber, *v.40*, saber, ter conhecimento ‖ ter notícias de alguém ‖ ter um determinado sabor ‖ ser capaz de adaptar-se às circunstâncias ‖ conhecer o caminho ‖ ser sagaz e astuto ◆ *s.m.*, sabedoria, conhecimento, sapiência → *A saber*, ou seja. *Hacer saber*, comunicar. *No saber cuántas son cinco*, ser muito burro ou ignorante. *No saber dónde meterse*, estar morto de vergonha ou medo, não saber aonde se enfiar. *No saber [alguien] lo que tiene*, enaltece o valor daquilo que [alguém] possui. *No saber [alguien] por dónde anda*, não acertar a resolver um problema. *No sé cuántos*, um não sei quem, substitui o nome de uma pessoa que se esqueceu. *No sé qué*, um não sei o que, substitui um substantivo que se esqueceu o nome. *Saber mal [algo a alguien]*, não gostar de uma determinada coisa. *Vete a saber*, vai lá saber.
Sabiduría, *s.f.*, sabedoria.
Sabiendas, *loc.*, *a sabiendas*, intencionadamente, de propósito.
Sabihondo/a, *adj.* e *s.*, sabichão.
Sabio/a, *adj.* e *s.*, sábio ‖ sensato ‖ animal amestrado.
Sablazo, *s.m.*, golpe dado com sabre ‖ ferida, corte profundo ‖ viver à custa alheia.
Sable, *s.m.*, sabre.
Sabor, *s.m.*, sabor, gosto ‖ prazer, deleite ‖ semelhança, parecido.
Saborear, *v.5*, saborear, degustar ‖ deleitar-se, recrear-se.
Sabotaje, *s.m.*, sabotagem.
Sabroso/a, *adj.*, saboroso, gostoso, delicioso ‖ ligeiramente salgado ‖ gracioso ‖ malicioso.
Sabueso/a, *adj.* e *s.m.*, raça de cães sabujo ◆ *s.m.*, tira, policial ‖ investigador.
Saca, *s.f.*, saca, saco para cereais.
Sacacorchos, *s.m.*, saca-rolha.
Sacapuntas, *s.m.*, apontador de lápis.
Sacar, *v.5.14*, sacar, extrair, tirar ‖ averiguar, descobrir ‖ escolher ‖ arranjar, obter, conseguir ‖ ganhar pela sorte ou sorteio ‖ expor uma parte do corpo ‖ alargar a roupa, soltar as costuras ‖ produzir, fabricar ‖ inventar, divulgar, lançar um produto ‖ atribuir defeitos a alguém ‖ exteriorizar, manifestar ‖ resolver um problema ou cálculo matemático ‖ deduzir por indícios ‖ eleger por sorteio ou votação ‖

citar, nomear ‖ extrair citações ‖ comprar entradas ou bilhetes ‖ fotografar ‖ no jogo de futebol a saída inicial da bola após uma interrupção → *Sacar a bailar*, tirar para dançar. *Sacar adelante*, manter alguém, ajudar até que possa se valer por si mesmo ‖ iniciar um negócio ou empresa ou salvá-lo da crise. *Sacar de la nada*, dar promoção a alguém que não é nada. *Sacar de sí [a alguien]*, indignar-se, enfurecer-se. *Sacar en claro/limpio*, esclarecer alguma coisa.

Sacarina, *s.f.*, sacarina.

Sacarosa, *s.f.*, sacarose.

Sacerdote, *s.m.*, sacerdote, padre.

Sacerdotisa, *s.f.*, sacerdotisa.

Saciar, *v.5*, saciar ‖ satisfazer.

Saco, *s.m.*, saco ‖ saque ‖ *Amér.*, paletó → *Entrar/meter a saco*, saquear, roubar. *No echar en saco roto*, não esquecer, levar em conta. *Saco de dormir*, saco de dormir.

Sacramento, *s.m.*, sacramento.

Sacrificar, *v.5.14*, sacrificar.

Sacrificio, *s.m.*, sacrifício.

Sacristán, *s.m.*, sacristão.

Sacristía, *s.f.*, sacristia.

Sacro/a, *adj.*, sacro, sagrado.

Sacudir, *v.7*, sacudir, agitar, golpear, bater.

Saeta, *s.f.*, seta, zarabatana ‖ modalidade de canto flamenco religioso especial de semana santa.

Saga, *s.f.*, saga.

Sagaz, *adj.*, sagaz.

Sagrado/a, *adj.*, sagrado.

Sagrario, *s.m.*, sacrário.

Sahumar, *v.5.13*, incensar, queimar ervas aromáticas, defumar.

Sajar, *v.5*, escarificar.

Sal, *s.f.*, sal ‖ graça, agudeza, ‖ viveza, desenvoltura ◆ *s.f.pl.*, sais de banho → *Con su sal y pimienta*, com o jeito próprio de falar e fazer.

Sala, *s.f.*, sala ‖ sala de estar, audiências, conferências, aposento de amplas dimensões.

Saladura, *s.f.*, salgadura.

Salame, *s.m.*, salame.

Salar, *v.5*, salgar ‖ temperar com sal.

Salario, *s.m.*, salário.

Salchicha, *s.f.*, salsicha.

Salchichón, *s.m.*, espécie de paio.

Saldar, *v.5*, saldar, quitar, liquidar, pagar dívida ‖ fazer saldos ‖ finalizar.

Saldo, *s.m.*, saldo ‖ resto de mercadoria.

Salero, *s.m.*, saleiro ‖ graça, simpatia.

Saleroso/a, *adj.*, gracioso, simpático.

Salida, *s.f.*, saída ‖ viagem, excursão, passeio ‖ pretexto ‖ saliência ‖ porta ‖ fim, conclusão ◆ *adj.*, fêmea no cio.

Salina, *s.f.*, salina.

Salir, *v.14*, sair ‖ partir ‖ brotar, nascer ‖ sobressair ‖ proceder ‖ concluir, terminar ‖ transbordar ‖ derramar ‖ desvencilhar-se, livrar-se ‖ aparecer, achar o que estava perdido ‖ desaparecer uma mancha ‖ originar-se ‖ dar resultado esperado ou não ‖ cobrar um preço determinado ‖ resultado, partes de uma divisão ‖ ser parecido com outra pessoa ‖ ocorrer a ocasião ‖ ser sorteado ou votado ‖ responder por, defender a ‖ desembocar ‖ ter um repente, uma tirada ‖ em alguns jogos, ser o primeiro a jogar → *A lo que salga/ salga lo que salga*, expressa a decisão de fazer uma coisa aconteça o que acontecer. *No salir de [alguien]*, calar-se. *Salir adelante*, vai-se indo, vai levando do jeito que dá. *Salir caro*, sair caro seja em prejuízo ou dano. *Salir pitando*, sair correndo. *Salirse [alguien] con la suya*, conseguir o que se quer por ser cabeça-dura.

Saliva, *s.f.*, saliva → *Gastar saliva*, falar à toa. *Tragar saliva*, engolir em seco.

Salivar, *v.5*, salivar.

Salmo, *s.m.*, salmo.

Salmón, *s.m.*, salmão.

Salmuera, *s.f.*, salmoura.

Salón, *s.m.*, salão, sala, peça principal de uma casa → *De salón*, de salão ‖ fútil, frívolo.

Salpicadero, *s.m.*, painel de controle dos automóveis.

Salpicar, *v.5.14*, salpicar, borrifar, espalhar ‖ manchar.

Salpicón, *s.m.*, mancha, respingo.

Salpullido, *s.m.*, urticária.

Salsa, *s.f.*, molho ‖ graça → *En su propia salsa*, com as coisas a seu favor, como um peixe dentro d'água.

Saltamontes, *s.m.*, gafanhoto.

Saltar, *v.5*, saltar, pular ‖ manifestar bruscamente irritação ‖ dizer algo inesperado ‖ ser destituído ‖ sobressair, aparecer ‖ atravessar, passar por cima ‖ passar bruscamente de uma coisa para outra ‖ soltar-se, desprender-se → *Estar a la que salta*, estar para qualquer parada.

Salteador, *s.m.*, assaltante.

Saltear, *v.5*, assaltar, roubar.

Salto, *s.m.*, salto, pulo → *A salto de mata*, escapando de um perigo. *A saltos*, aos solavancos. *En un salto*, num instantinho. *Salto de cama*, roupão. *Salto mortal*, salto mortal.

Salud, *s.f.*, saúde ‖ estado de uma coletividade ou ser abstrato ◆ *loc.*, usado para brindar: saúde! → *Curarse en salud*, prevenir-se contra alguma coisa.

Saludar, *v.5*, saudar, cumprimentar.

Saludo, *s.m.*/**Salutación**, *s.f.*, saudação, cumprimento.

Salvabarros, *s.m.*, para-lama.

Salvación, *s.f.*, salvação.

Salvaguardar, *v.5*, salvaguardar.

Salvajada, *s.f.*, selvageria.

Salvaje, *adj.*, selvagem.

Salvamanteles, *s.m.*, porta-panela, suporte colocado sob as panelas ou travessas à mesa para evitar que se queime ou suje a toalha de mesa.

Salvar, *v.5*, salvar ‖ livrar de condenação ‖ vencer um obstáculo, barreira ‖ percorrer uma distância.

Salvavidas, *s.m.* e *adj.*, boia.

Salve, *loc.*, salve ◆ *s.f.*, salve-rainha, oração.

Salvo/a, *adj.*, salvo, ileso ◆ *adv.*, exceto ◆ *s.f.*, salva, conjunto de disparos → *A salvo*, a salvo, fora de perigo. *Salva de aplausos*, salva de palmas.

Samba, *s.f.*, samba.

Sambenito, *s.m.*, difamação, descrédito.

San, *adj.*, são, apócope de *santo*.

Sanar, *v.5*, sanar, sarar, curar.

Sanatorio, *s.m.*, sanatório.

Sanción, *s.f.*, sanção.

Sancionar, *v.5*, sancionar.

Sandalia, *s.f.*, sandália.

Sándalo, *s.m.*, sândalo.

Sandez, *s.f.*, imbecilidade, idiotice.

Sandía, *s.f.*, melancia.

Sandial/sandiar, *s.m.*, plantação de melancias.

Sanear, *v.5*, sanear ‖ remediar, reparar, equilibrar.

Sangrar, *v.5*, sangrar ‖ sofrer desengano.

Sangre, *s.f.*, sangue ‖ linhagem, origem, família → *A sangre fría,* premeditadamente. *Bullirle [a alguien] la sangre*, ter vigor e entusiasmo. *Chorrear sangre*, injustiça. *Chupar la sangre [a alguien]*, aproveitar-se ou arruinar pouco a pouco [alguém]. *De sangre caliente*, nervoso. *Encender la sangre [a alguien]*, deixar [alguém] nervoso, exasperado. *Escribir con sangre*, escrever com mordacidade. *Hacer sangre*, ferir, causar dano físico ou moral. *Lavar con sangre*, vingar-se, lavar a honra. *Llevar algo en la sangre,* ser inato ou hereditário. *Mala sangre*, perversidade, pessoa ruim. *Sangre azul,* sangue azul, nobre. *Sangre fría*, serenidade, calma. *Subírsele la sangre a la cabeza [a alguien]*, irritar-se, perder a calma. *Sudar sangre*, sofrer muito. *Tener sangre de horchata*, ter sangue de barata.

Sangría, *s.f.*, sangria, sangramento ‖ gasto, perda ‖ bebida refrescante ‖ incisão ‖ parte da articulação do braço, oposta ao cotovelo ‖ escoamento, drenagem.

Sanguijuela, *s.f.*, sanguessuga.

Sanidad, *s.f.*, sanidade, saúde ‖ salubridade ‖ serviço de saúde pública.

Sano/a, *adj.*, são, sadio, saudável ‖ íntegro.

Sanseacabó, *interj.*, *y sanseacabó*, e fim de papo.

Santateresa, *s.f.*, louva-a-deus.

Santiamén, *interj.*, *en un santiamén*, num instantinho.

Santidad, *s.f.*, santidade.

Santificar, *v.5.14*, santificar.

Santiguar, *v.5.17*, fazer o sinal da cruz ‖ benzer, abençoar.

Santo/a, *adj.*, santo ‖ perfeito ‖ salutar ‖ cada um dos dias que compõem a semana santa ◆ *adj.* e *s.*, padroeiro ‖ pessoa virtuosa ◆ *s.*, imagem, ícone ◆ *s.m.*, vinheta, gravação, ilustração de uma publicação, figura ‖ dia onomástico → *A santo de qué*, a troco do que. *Desnudar a un santo para vestir a otro*, tirar de um para dar a outro. *Írsele el santo al cielo [a alguien]*, esquecer o que ia dizer. *No ser [alguien] santo de devoción [de otro]*, não ir com a cara. *Por todos los santos*, expressão popular, equivale a: pelo amor de Deus! *Quedarse para vestir santos*, ficar solteirona. *Santo y seña*, contrassenha.

Santuario, *s.f.*, santuário.

Santurrón/ona, *adj.* e *s.*, beato, santarrão.

Saña, *s.f.*, sanha, cólera, furor.

Sapo, *s.m.*, sapo → *Echar/soltar por la boca sapos y culebras*, dizer cobras e lagartos.

Saque, *s.m.*, saque, jogada inicial.

Saquear, *v.5*, saquear, roubar, assaltar.

Saqueo, *s.m.*, saqueio, roubo, assalto.

Saquería, *s.f.*, sacaria, fabricação de sacos.

Sarampión, *s.m.*, sarampo.

Sarape, *s.m.*, poncho usado no México.

Sarasa, *s.m.*, bicha, homossexual.

Sarcasmo, *s.m.*, sarcasmo, ironia.

Sarcófago, *s.m.*, sarcófago.

Sarcoma, *s.m.*, sarcoma.

Sardana, *s.m.*, sardana, música e dança típica da Catalunha (Espanha).

Sardina, *s.f.*, sardinha.

Sarga, *s.f.*, sarja.

Sargazo, *s.m.*, sargaço.

Sargento, *s.m.*, sargento ‖ pessoa autoritária.

Sarmiento, *s.m.*, sarmento, vide.

Sarna, *s.f.*, sarna → *Más viejo que la sarna*, muito velho, arcaico.

Sarro, *s.m.*, tártaro.

Sarta, *s.f.*, fieira, série, fileira, réstia.

Sartén, *s.f.*, frigideira → *Tener la sartén por el mango*, ser aquele que decide, ter a decisão nas mãos.

Sartenazo, *s.m.*, bofetão, tapão.

Sastre/a, *s.*, alfaiate.

Sastrería, *s.f.*, alfaiataria.

Satélite, *s.m.*, satélite → *Ciudad satélite*, cidade-satélite. *Satélite artificial*, satélite artificial.

Satén, *s.m.*, cetim.

Satinar, *v.5*, acetinar.

Sátira, *s.f.*, sátira.

Satisfacción, *s.f.*, satisfação.

Satisfacer, *v.41*, satisfazer ‖ liquidar uma dívida ‖ agradar ‖ solucionar, resolver um problema ou impasse ‖ vingar-se → *Satisfacerse*, contentar-se.

Satisfecho/a, *adj.*, satisfeito.

Saturar, *v.5*, saturar, encher.

Sauce, *s.m.*, salgueiro, chorão.

Sauna, *s.f.*, sauna.

Savia, *s.f.*, seiva ‖ vigor, energia.

Saxo/saxofón/saxófono, *s.m.*, saxofone.

Saya, *s.f.*, anágua.

Sayón, *s.m.*, verdugo, carrasco.

Sazón, *s.f.*, sazão, maturação ‖ gosto, sabor, paladar.

Sazonar, *v.5*, amadurecer ‖ temperar.

Se, *pron.m.* e *f.*, se ◆ *pron.* reflexivo de terceira pessoa.

Sebo, *s.m.*, sebo, gordura ‖ sujeira, encardido.

Seborrea, *s.f.*, seborreia.

Secador, *s.m.*, secador.

Secante, *adj.* e *s.m.*, mata-borrão ◆ *s.m.*, secante ◆ *s.f.*, reta que corta uma curva.

Secar, *v.5.14*, secar ‖ enxugar → *Secarse*, secar um rio ‖ morrer uma planta ‖ enfraquecer, debilitar-se uma pessoa.

Sección, *s.f.*, seção, corte ‖ departamento, setor ‖ segmento, parte ‖ plano, intersecção.

Seccionar, *v.5*, seccionar, cortar, dividir.

Seco/a, *adj.*, seco ‖ enxuto ‖ murcho ‖ desidratado ‖ sem chuva ou umidade ‖ magro ‖ sem amabilidade ou educação ‖ rigoroso, estrito ‖ sem rodeios → *A secas*, sem acompanhamento. *Dejar/quedar seco*, deixar morto no ato. *En seco*, repentino.

Secreción, *s.f.*, secreção.

Secretaría, *s.f.*, secretaria.

Secretario/a, *s.*, secretário.

Secretear, *v.5*, cochichar, contar segredos, segredar.

Secreter, *s.m.*, escrivaninha.

Secreto/a, *adj.*, oculto, escondido ‖ reservado, confidencial, particular, privado ◆ *s.m.*, segredo → *En secreto*, em segredo. *Secreto a voces*, coisa que já é pública.

Secta, *s.f.*, seita.

Sector, *s.m.*, setor ‖ parte, zona ‖ campo, ramo, âmbito.

Secuaz, *s.m.* e *f.*, sequaz, sectário, partidário, cupincha.

Secuela, *s.f.*, sequela ‖ consequência.

Secuencia, *s.f.*, sequência ‖ série.

Secuestrar, *v.5*, sequestrar.

Secuestro, *s.m.*, sequestro.

Secundar, *v.5*, ajudar, apoiar.

Sed, *s.f.*, sede, secura ‖ desejo, apetite ‖ vontade ardente.

Seda, *s.f.*, seda.

Sedal, *s.m.*, fio da vara de pescar.

Sedante, *adj.* e *s.m.*, sedativo.

Sedar, *v.5*, sedar, acalmar.

Sede, *s.m.*, sé, sede, casa matriz.

Sedimentar, *v.5*, sedimentar.

Sedimento, *s.m.*, sedimento.

Seducción, *s.f.*, sedução.

Seducir, *v.9*, seduzir ‖ persuadir, convencer ‖ fascinar, influir, atrair.

Seductor/ra, *adj.* e *s.*, sedutor.

Sefardí/sefardita, *adj.*, *s.m.* e *f.*, sefardita, judeu espanhol.

Segador/ra, *s.*, cevador, segador ‖ colheitadeira.

Segar, *v.12*, segar, ceifar.

Segmentar, *v.5*, segmentar, cortar, dividir.

Segmento, *s.m.*, segmento, porção, parte.

Segregar, *v.5.18*, segregar, separar.

Seguido/a, *adj.*, seguido, contínuo, sucessivo ‖ reto, sem desvios ◆ *adv.*, a seguir, a continuação → *En seguida*, logo, em seguida.

Seguidor/ra, *adj.* e *s.*, seguidor.

Seguir, *v.13*, seguir, ir depois ‖ acompanhar, ir com ‖ acompanhar com o olhar ‖ imitar ‖ estudar ou ter uma profissão ‖ perseguir, acossar → *Seguir adelante [en algo]*, perseverar. *Seguir el rastro*, perseguir.

Según, *prep.*, segundo, de acordo com ◆ *adv.*, como, tal como, de acordo com, conforme, consoante ‖ depende, conforme ‖ assim como → *Según y como*, expressa eventualidade, dependendo de [algo].

Segundero, *s.m.*, ponteiro do relógio que marca os segundos.

Segundo/a, *adj.*, segundo, depois do primeiro ◆ *s.*, preposto ◆ *s.m.*, segundo, unidade de medida de tempo ‖ medida de ângulo e arco → *Con segundas*, com segundas intenções.

Seguridad, *s.f.*, segurança.

Seguro/a, *adj.*, seguro, certo, firme, indubitável, livre ◆ *s.m.*, confiança, certeza, segurança ‖ garantia, contrato ‖ salvo-conduto ‖ trava, travão, cadeado.

Seis, *adj.* e *s.m.*, seis.

Selección, *s.f.*, seleção.

Seleccionar, *v.5*, selecionar.

Selva, *s.f.*, selva.

Sellar, *v.5*, selar ‖ imprimir, estampar ‖ corroborar ‖ cobrir, fechar, tapar.

Sello, *s.m.*, selo ‖ firma, brasão ‖ divisa ‖ carimbo, sinete ‖ fecho, lacre.

Semáforo, *s.m.*, semáforo.

Semana, *s.f.*, semana → *Entre semana*, durante a semana, qualquer dia da semana.

Semblanza, *s.f.*, semelhança.

Sembrar, *v.12*, semear.

Semejante, *adj.*, semelhante, parecido.

Semejar, *v.5*, assemelhar, parecer.

Semen, *s.m.*, sêmen, esperma.

Semestre, *s.m.*, semestre.

Semilla, *s.f.*, semente.

Seminario, *s.m.*, seminário.

Seminarista, *s.m.*, seminarista.

Sémola, *s.f.*, sêmola, semolina.
Senado, *s.m.*, senado.
Senador/ra, *s.*, senador.
Sencillez, *s.f.*, singeleza, simplicidade.
Sencillo/a, *adj.*, singelo ‖ simples, sem luxo ‖ natural, espontâneo.
Senda, *s.f.*/**Sendero**, *s.m.*, vereda, caminho.
Sendos, *adj. pl.*, um para cada qual de duas ou mais coisas ou pessoas.
Senectud, *s.f.*, senilidade, decrepitude.
Senil, *adj.*, senil.
Seno, *s.m.*, concavidade, buraco ‖ curva ‖ regaço ‖ mama da mulher, seio ‖ útero ‖ amparo, refúgio ‖ parte interna de algo material ou não ‖ cavidade ou espaço oco de um osso ‖ ordenada da extremidade de um arco.
Sensación, *s.f.*, sensação.
Sensatez, *s.f.*, sensatez, qualidade de sensato.
Sensato/a, *adj.*, sensato.
Sensibilidad, *s.f.*, sensibilidade.
Sensiblizar, *v.5.15*, sensibilizar.
Sensiblería, *s.f.*, sentimentalismo ou sensibilidade exacerbada e fora de propósito.
Sensual, *adj.*, sensual.
Sensualidad, *s.f.*, sensualidade.
Sentado/a, *adj.*, sentado ‖ sensato, ajuizado → *Dar por sentado*, dar por certo. *De una sentada*, de uma só vez.
Sentar, *v.12*, sentar, assentar ‖ fundamentar ‖ digerir alimentos ‖ ser bom ou ruim alguma coisa a alguém ‖ agradar, gostar, impressionar → *Sentar como un tiro [algo a alguien]*, ficar zangado [alguém com alguma coisa].
Sentencia, *s.f.*, sentença.
Sentenciar, *v.5*, sentenciar ‖ condenar.
Sentido/a, *adj.*, com sentimento ◆ *s.m.*, órgão do sentido ‖ senso, bom senso ‖ razão, motivo, finalidade ‖ significado ‖ direção, caminho → *Con los cinco sentidos*, prestando muita atenção. *Doble sentido*, duplo sentido. *Perder el sentido*, desmaiar-se. *Sentido del humor*, senso de humor. *Sexto sentido*, sexto sentido, intuição.
Sentimiento, *s.m.*, sentimento ‖ afeto, amor ‖ aflição, dor, tristeza.
Sentir, *v.12*, sentir ‖ lamentar ‖ opinar, acreditar, crer ◆ *s.m.*, opinião, parecer → *Sin sentir*, sem perceber.
Seña, *s.f.*, senha, sinal ‖ indício, gesto, aceno ◆ *s.f.pl.*, endereço.
Señal, *s.f.*, sinal, marca ‖ limite ‖ nota ‖ bandeira ‖ cicatriz ‖ prodígio ‖ dinheiro pago adiantado → *En señal*, como prova. *Ni señal,* nem sinal.
Señalar, *v.5*, assinalar → *Señalarse*, destacar-se.
Señalizar, *v.5.15*, sinalizar, pôr sinais.
Señero/a, *adj.*, notório, melhor que todos os demais.
Señor/ra, *s.*, senhor, dono, amo ◆ *adj.* e *s.*, tratamento de respeito ‖ pessoa importante e destacada ◆ *adj.*, coisa nobre e distinta ◆ *s.m.*, homem ◆ *s.f.*, mulher casada ‖ esposa ‖ mulher.
Señorear, *v.5*, assenhorar-se, apossar-se, dominar.
Señoría, *s.f.*, senhoria, tratamento de dignidade.
Señorito/a, *s.*, pessoa jovem de família abastada ◆ *adj.* e *s.f.*, senhorita, mulher solteira ‖ tratamento especial à professora.
Seo, *s.f.*, sé, catedral.

Sépalo, *s.m.*, sépala.
Separación, *s.f.*, separação → *Separación conyugal,* separação conjugal.
Separar, *v.5*, separar ‖ apartar ‖ diferenciar ‖ destituir, depor → *Separarse*, separar-se, afastar-se.
Sepelio, *s.m.*, funeral.
Septiembre, *s.m.*, setembro.
Séptimo/a, *adj.* e *s.m.*, sétimo → *Séptimo arte*, cinema. *Séptimo cielo*, o éden, a glória.
Septo, *s.m.*, septo.
Sepulcro, *s.m.*, sepulcro → *Ser un sepulcro*, ser um túmulo, não contar um segredo.
Sepultar, *v.5*, sepultar ‖ ocultar, encobrir, esconder.
Sepultura, *s.f.*, sepultura, cova → *Dar sepultura*, enterrar.
Sepulturero/a, *s.*, coveiro.
Sequedad, *s.f.*, secura.
Sequía, *s.f.*, seca, estiagem.
Ser, *s.m.*, ser, ente, indivíduo ◆ *v.1*, ser.
Serenar, *v.5*, acalmar, serenar.
Serenata, *s.f.*, serenata.
Sereno/a, *adj.*, claro, sem nuvens ou névoa ‖ tranquilo, sem agitação ◆ *s.m.*, sereno, garoa fina ‖ guarda-noturno → *Al sereno*, ao relento.
Serial, *s.m.*, seriado de rádio ou televisão, programação em capítulos.
Serie, *s.f.*, série, conjunto de coisas ‖ sucessão de fatos ou coisas → *En serie*, em série. *Fuera de serie*, fora de série.
Serio/a, *adj.*, sério, responsável, sensato ‖ preocupado ‖ importante, grave, digno de atenção ‖ austero, tradicional ‖ convencional → *En serio*, com seriedade.
Sermón, *s.m.*, sermão.
Serpentear, *v.5*, serpentear, ondular.
Serpentín, *s.m.*, serpentina de refrigeração ou calefação.
Serpentina, *s.f.*, serpentina de papel.
Serpiente, *s.f.*, serpente.
Serraduras, *s.f.pl.*, serragens.
Serranía, *s.f.*, cordilheira.
Serrar, *v.12*, serrar.
Serrería, *s.f.*, serraria.
Serrín, *s.m.*, serragem.
Serrucho, *s.m.*, serrote.
Servicio, *s.m.*, serviço ‖ criadagem ‖ conjunto que se leva à mesa, baixela ‖ talher completo de cada pessoa ‖ uso, proveito ‖ privada, mictório, banheiro.
Servidumbre, *s.f.*, criadagem.
Servilleta, *s.f.*, guardanapo.
Servilletero, *s.m.*, porta-guardanapos.
Servir, *v.13*, servir ‖ ajudar ‖ aproveitar, valer ‖ exercer ‖ obsequiar ‖ atender ‖ pôr comida ou bebida nos pratos.
Sesera, *s.f.*, cérebro, crânio ‖ inteligência.
Sesión, *s.f.*, sessão ‖ ato, representação pública → *Abrir la sesión*, abrir a sessão/ato. *Levantar la sesión*, fechar a sessão/ato.
Seso, *s.m.*, miolo, cérebro ‖ sisudez, prudência ‖ inteligência → *Beberse los sesos*, endoidar. *Devanarse los sesos*, meditar, estudar muito, rachar de estudar. *Tener sorbido el seso*, dominar [a alguien], ter muita influência.
Sestear, *v.5*, fazer a sesta.
Seta, *s.f.*, cogumelo.
Seto, *s.m.*, sebe.
Seudónimo, *s.m.*, pseudônimo.
Severo/a, *adj.*, severo ‖ estrito ‖ sério, compenetrado.
Sexo, *s.m.*, sexo ‖ genitália.

Si, *s.m.*, si, sétima nota da escala musical ♦ *conj.*, se.

Sí, *pron.* terceira pessoa *s.*, com preposição funciona como complemento ♦ *adv.*, afirmação, sim ♦ *s.m.*, consentimento, permissão.

Sicoanálisis, *s.m.*, psicanálise.

Sicoanalista, *s.m.* e *f.*, psicanalista.

Sicoanalizar, *v.5.15*, psicanalisar.

Sicodrama, *s.m.*, psicodrama.

Sicología, *s.f.*, psicologia.

Sicólogo/a, *s.*, psicólogo.

Sicópata, *s.m.* e *f.*, psicopata.

Sicosis, *s.f.*, psicose.

Sicosomático/a, *adj.*, psicossomático.

Sicoterapia, *s.f.*, psicoterapia.

Siderurgia, *s.f.*, siderurgia.

Sidra, *s.f.*, sidra.

Siega, *s.f.*, ceifa, sega.

Siembra, *s.f.*, semeadura, plantio.

Siempre, *adv.*, sempre ‖ ainda ‖ todavia ‖ pelo menos, quando menos ‖ enfático de afirmação → *De siempre*, de costume. *De/desde siempre*, desde que se lembra. *Para/por siempre jamás*, pra toda vida, indefinidamente. *Siempre y cuando*, com tanto que, com a condição de. *Siempre que*, cada vez que.

Sien, *s.f.*, têmpora.

Sierpe, *s.f.*, serpente, réptil.

Sierra, *s.f.*, serra ‖ formação montanhosa.

Siervo/a, *s.*, servo, escravo.

Siesta, *s.f.*, sesta.

Siete, *adj.* e *s.m.*, sete.

Sietemesino/a, *adj.* e *s.*, prematuro, criança que nasce aos sete meses ‖ raquítico, magro, subnutrido.

Sifón, *s.m.*, sifão.

Sigilo, *s.m.*, sigilo, segredo.

Sigla, *s.f.*, sigla.

Siglo, *s.m.*, século.

Significar, *v.5.14*, significar ‖ expressar ‖ denotar ‖ representar ‖ destacar.

Signo, *s.m.*, signo, símbolo ‖ caráter ‖ destino, sina.

Siguiente, *adj.*, *s.m.* e *f.*, seguinte, o que segue.

Sílaba, *s.f.*, sílaba.

Silba, *s.f.*, vaia.

Silbar, *v.5*, assobiar, apitar, vaiar.

Silbato, *s.m.*, apito.

Silbido/silbo, *s.m.*, apito, silvo, assobio.

Silenciar, *v.5*, silenciar, calar.

Silencio, *s.m.*, silêncio ‖ omissão ‖ sossego.

Silo, *s.m.*, silo, depósito de cereais.

Silueta, *s.f.*, silhueta, perfil.

Silla, *s.f.*, cadeira → *Silla de la reina*, cadeirinha, brincadeira infantil. *Silla de montar*, sela. *Silla de tijera*, cadeira dobrável. *Silla eléctrica*, cadeira elétrica.

Sillín, *s.m.*, selim da bicicleta.

Sillón, *s.m.*, poltrona.

Simbolizar, *v.5.15*, simbolizar, significar, representar.

Símbolo, *s.m.*, símbolo, significado, representação.

Simetría, *s.f.*, simetria.

Simiente, *s.f.*, semente.

Similar, *adj.*, similar, parecido.

Similitud, *s.f.*, semelhança, similitude.

Simio/a, *s.*, símio, macaco.

Simpatía, *s.f.*, simpatia ‖ agrado ‖ inclinação.

Simpático/a, *adj.*, simpático ♦ *s.m.* e *adj.*, uma das partes do sistema nervoso vegetativo.

Simpatizar, *v.5.15*, simpatizar.

Simple, *adj.*, simples ‖ puro, sem mistura ‖ sem complicação ‖ singelo ‖ único ‖ parvo ‖ insípido.
Simplificar, *v.5.14*, simplificar.
Simposio, *s.m.*, simpósio.
Simulación, *s.f.*, simulação.
Simulacro, *s.m.*, simulacro, aparência, fingimento.
Simular, *v.5*, simular.
Simultaneidad, *s.f.*, simultaneidade.
Sin, *prep.*, sem.
Sincerarse, *v.5*, abrir-se, justificar-se, confessar-se.
Sinceridad, *s.f.*, sinceridade.
Sincero/a, *adj.*, sincero.
Sincronizar, *v.5.15*, sincronizar.
Sindicar, *v.5.14*, sindicalizar.
Sindicato, *s.m.*, sindicato.
Síndico, *s.m.*, síndico ‖ depositante fiduciário.
Síndrome, *s.m.*, síndrome.
Sinfín, *s.m.*, infinidade, sem-fim.
Sinfonía, *s.f.*, sinfonia.
Singular, *adj.*, singular ‖ extraordinário ‖ único ‖ só ‖ excelente ‖ raro ◆ *s.m.* e *adj.*, número gramatical.
Singularizar, *v.5.15*, singularizar ‖ individualizar.
Siniestro/a, *adj.*, sinistro, esquerdo ‖ perverso ‖ funesto, desgraçado ◆ *s.m.*, desgraça, acidente, infortúnio ◆ *s.f.*, mão esquerda.
Sinnúmero, *s.m.*, inúmero, incalculável.
Sino, *s.m.*, sina, destino ◆ *conj.*, senão, porém, mas ‖ exceto, a não ser que ‖ apenas, só, somente.
Sinónimo/a, *adj.*, sinônimo.
Sinopsis, *s.f.*, sinopse, resumo.
Sinrazón, *s.f.*, ação injusta cometida por alguém que detém o poder.
Sinsabores, *s.m.pl.*, desgosto, pesar, tristeza.
Sintaxis, *s.f.*, sintaxe.
Síntesis, *s.f.*, síntese, resumo, sinopse.
Sintetizar, *v.5.15*, sintetizar, resumir.
Síntoma, *s.m.*, sintoma ‖ indício ‖ sinal.
Sintonía, *s.f.*, sintonia ‖ vinheta musical.
Sintonizar, *v.5.15*, sintonizar.
Sinuosidad, *s.f.*, sinuosidade, curvatura.
Sinusitis, *s.f.*, sinusite.
Sinvergüencería, *s.f.*, sem-vergonhice.
Sinvergüenza, *adj.* e *s.m.* e *f.*, sem--vergonha.
Sique, *s.f.*, psique.
Siquiatra, *s.m.* e *f.*, psiquiatra.
Siquiatría, *s.f.*, psiquiatria.
Siquiera, *conj.*, ainda que, se bem que ◆ *adv.*, pelo menos, tão somente, nem que.
Sirena, *s.f.*, sereia ‖ sirene.
Sirimiri, *s.m.*, garoa.
Sirviente/a, *s.*, servente ‖ criado, serviçal.
Sisa, *s.f.*, cava da manga ‖ pequeno furto feito normalmente com o troco de uma compra que não se devolve ao proprietário.
Sisal, *s.m.*, sisal.
Sisar, *v.5*, furtar ‖ fazer cava nas roupas.
Sistema, *s.m.*, sistema ‖ procedimento.
Sistematizar, *v.5.15*, sistematizar ‖ estruturar, organizar.
Sístole, *s.f.*, sístole.
Sitiar, *v.5*, sitiar.
Sitio, *s.m.*, lugar, local ‖ localidade ‖ cerco, ação de sitiar.
Situación, *s.f.*, situação, localização ‖ condição de uma pessoa ‖ circunstância, estado.

Situar, *v.5.11*, situar ‖ pôr ‖ localizar ‖ destinar verba → *Situarse*, conseguir boa posição econômica e social.

So, *prep.*, sob, debaixo de ◆ *interj.*, enfático do que vem a seguir, equivale a: seu!

Soba, *s.f.*, sova, surra.

Sobaco, *s.m.*, sovaco, axila.

Sobado/a, *adj.*, gasto, batido, surrado.

Sobaquina, *s.f.*, cheiro forte e desagradável de suor.

Sobar, *v.5*, sovar, manusear muito, surrar, gastar, usar em demasia ‖ bater, dar uma sova.

Soberanía, *s.f.*, soberania.

Soberano/a, *adj.*, soberano, elevado ‖ supremo, excelente, fantástico ‖ grande, enorme ◆ *s.*, governante de um país.

Soberbio/a, *adj.*, soberbo, altivo, arrogante ‖ alto ‖ magnífico, fantástico ◆ *s.f.*, arrogância, orgulho ‖ ira, raiva, cólera.

Sobornar, *v.5*, subornar.

Soborno, *s.m.*, suborno.

Sobra, *s.f.*, sobra, excesso ◆ *s.f.pl.*, restos ‖ desperdícios ‖ dejetos → *De sobra,* em abundância.

Sobrado/a, *adj.*, que sobra, que tem em abundância ◆ *s.m.*, sótão, desvão.

Sobrar, *v.5*, sobrar ‖ incomodar, entorpecer, estorvar ‖ restar, ficar.

Sobre, *prefixo que expressa aumento ou reforço, posição superior ou o tempo em que o fato ocorre, algumas vezes escreve-se separado.*

Sobre, *s.m.*, envelope ◆ *prep.*, sobre, por volta de, acerca, em cima de → *Dar sobre*, em direção a.

Sobrecoger, *v.6.11*, assustar, espantar, causar medo.

Sobrehilar, *v.5.12*, alinhavar.

Sobrellevar, *v.5*, suportar, aguentar.

Sobremesa, *s.f.*, tempo que se está à mesa depois da refeição terminada.

Sobrenombre, *s.m.*, apelido, alcunha.

Sobrepujar, *v.5*, exceder, superar, sobrepujar.

Sobresaliente, *adj.*, que sobressai ◆ *s.m.*, nota escolar equivalente a 9 ou 10.

Sobresalir, *v.14*, sobressair.

Sobresalto, *s.m.*, surpresa, susto.

Sobretodo, *s.m.*, sobretudo, casaco.

Sobriedad, *s.f.*, sobriedade.

Sobrino/a, *s.*, sobrinho.

Sobrio/a, *adj.*, sóbrio, moderado, sério ‖ que não bebe ‖ sem enfeites, em especial a roupa.

Socapa, *loc.*, *a/de socapa*, disfarçadamente.

Socarrón/ona, *adj.* e *s.*, pessoa que tira sarro dos outros de forma dissimulada.

Socavar, *v.5*, socavar, cavar por baixo.

Socavón, *s.m.*, socavão ‖ depressão profunda no terreno.

Sociabilidad, *s.f.*, sociabilidade.

Social, *adj.*, social.

Socializar, *v.5.15*, socializar.

Sociedad, *s.f.*, sociedade.

Socio/a, *s.*, sócio ‖ camarada, companheiro, amigo.

Sociología, *s.f.*, sociologia.

Sociólogo/a, *s.*, sociólogo.

Socorrer, *v.6*, socorrer, ajudar, auxiliar.

Socorro, *s.m.*, socorro ‖ ajuda ◆ *interj.*, socorro!

Soda, *s.f.*, soda.

Sodio, *s.m.*, sódio.
Soez, *adj.*, soez, grosseiro, ofensivo.
Sofá, *s.m.*, sofá.
Sofisticación, *s.f.*, sofisticação.
Sofisticar, *v.5.14*, sofisticar.
Sofocación, *s.f.*, sufoco.
Sofocante, *adj.*, sufocante.
Sofocar, *v.5.14*, sufocar ‖ dominar, extinguir, impedir o desenvolvimento ‖ envergonhar-se.
Sofocón, *s.m.*, susto ‖ desgosto ‖ medo.
Sofreír, *v.13*, refogar.
Soga, *s.f.*, corda grossa → *Dar soga*, dar corda a alguém para que fale. *Estar con la soga al cuello*, estar numa situação muito difícil ‖ estar duro, sem dinheiro, estar enforcado.
Soja, *s.f.*, soja.
Sojuzgar, *v.5.18*, subjugar.
Sol, *s.m.*, sol ‖ quinta nota da escala musical → *Al sol puesto*, no final da tarde. *Arrimarse al sol que más calienta*, puxar o saco do mais forte ou de quem manda. *De sol a sol*, de sol a sol, o dia inteiro. *No dejar ni a sol ni a sombra*, perseguir alguém. *Tomar el sol*, tomar sol, bronzear-se.
Solamente, *adv.*, somente, só, apenas → *Solamente que*, com a única condição de que.
Solapa, *s.f.*, lapela.
Solapar, *v.5*, solapar, ocultar, esconder, enganar.
Solar, *adj.* e *s.m.*, solar, casa nobre ◆ *adj.*, relativo ao sol ◆ *s.m.*, solo, chão, terra ‖ terreno onde está construído um edifício ‖ linhagem, descendência, família ◆ *v.5*, ladrilhar ‖ colocar sola no calçado.
Soldado, *s.m.*, soldado.
Soldador/ra, *s.*, soldador ◆ *s.m.*, instrumento para fazer solda.
Soldadura, *s.f.*, solda.
Soldar, *v.10*, soldar ‖ unir.
Soledad, *s.f.*, solidão.
Solemne, *adj.*, solene.
Solemnidad, *s.f.*, solenidade.
Solemnizar, *v.5.15*, fazer solenidade, celebrar, festejar.
Soler, *v.42*, ter por hábito, acostumar a, ocorrer com frequência.
Solera, *s.f.*, soleira ‖ frechal ‖ lia do vinho ‖ tradição.
Solfear, *v.5*, solfejar.
Solfeo, *s.m.*, solfejo.
Solicitación, *s.m.*, solicitação.
Solicitar, *v.5*, solicitar, pedir ‖ requerer.
Solícito/a, *adj.*, solícito, diligente.
Solicitud, *s.f.*, solicitude, diligência, cuidado.
Solidaridad, *s.f.*, solidariedade.
Solidarizar, *v.5.15*, ser solidário.
Solidificar, *v.5.14*, solidificar.
Sólido/a, *adj.*, sólido, duro, firme, resistente ◆ *s.m.*, sólido, objeto de volume e forma fixos.
Solista, *adj.* e *s.m.* e *f.*, solista.
Solitario/a, *adj.*, solitário, sem companhia ◆ *s.m.*, diamante montado em anel ‖ jogo de cartas ‖ eremita-bernardo, ave ◆ *s.f.*, solitária, tênia.
Soliviantar, *v.5*. sublevar, incitar à rebelião.
Solo/sólo, *adv.*, somente, apenas.
Solo/a, *adj.*, só, sozinho ‖ único, ímpar ‖ sem mais nada ‖ pessoa sem família ◆ *s.m.*, solo, tipo de composição musical → *A solas*, a sós. *Quedarse solo*, sem competição, ficar sozinho na parada.

Solomillo, *s.m.*, acém, carne do lombo.

Soltar, *v.10*, soltar ‖ desprender ‖ deixar ir ou sair → *Soltarse*, perder a compostura na linguagem e nos gestos ‖ adquirir habilidade. *Soltarse la lengua*, falar muito. *Soltarse a gusto*, fazer o que quer e do jeito que quer. *Soltarse el pelo*, grito de independência ‖ perder os complexos.

Soltero/a, *adj.* e *s.*, solteiro.

Solterón/ona, *adj.* e *s.*, solteirão.

Soltura, *s.f.*, soltura, agilidade, desenvoltura, perícia, habilidade.

Solucionar, *v.5*, solucionar, resolver.

Solventar, *v.5*, resolver, dar solução, solucionar ‖ pagar, liquidar uma dívida.

Solvente, *adj.*, livre de dívidas ‖ aquele que está em situação econômica estável ‖ capaz de cumprir com as responsabilidades de um cargo ◆ *s.m.*, solvente químico.

Sollozar, *v.5.15*, soluçar.

Sollozo, *s.m.*, soluço, pranto.

Sombra, *s.f.*, sombra ‖ falta de luz, escuridão ‖ lembrança, recordação vaga ‖ quantidade muito pequena, pitada ‖ ignorância, falta de esclarecimento ‖ preocupação, inquietação ‖ clandestinidade ‖ mácula, defeito ‖ sorte ‖ graça ‖ pessoa que persegue outra → *A la sombra*, na cadeia, no xadrez. *A la sombra de*, sob a proteção de. *Hacer sombra*, fazer sombra. *Ni por sombra*, de jeito nenhum. *No ser [alguien] ni sombra de lo que era*, ter mudado muito. *No tener ni sombra de*, carecer de alguma coisa. *Sombras chinescas*, teatro de sombras e silhuetas.

Sombrero, *s.m.*, chapéu.

Sombrilla, *s.f.*, sombrinha, guarda-sol.

Somero/a, *adj.*, sumário ‖ superficial, com pouco detalhe.

Someter, *v.6*, submeter ‖ subjugar ‖ sujeitar ‖ subordinar ‖ humilhar.

Somnolencia, *s.f.*, sonolência.

Son, *s.m.*, som ‖ estilo → *Al son de*, ao som de um instrumento. *Bailar [alguien] al son que le tocan*, dançar conforme a música. *En son de*, na atitude de. *Sin ton ni son*, sem razão.

Sonajero, *s.m.*, chocalho para crianças.

Sanámbulo/a, *adj.* e *s.*, sonâmbulo.

Sonar, *v.10*, soar ‖ mencionar, nomear, citar ‖ parecer ‖ relembrar ‖ haver rumor, falatório ‖ tocar ‖ pronunciar ‖ assoar ◆ *s.m.*, sonar, tipo de radar.

Sonata, *s.f.*, sonata, composição musical.

Sonda, *s.f.*, sonda.

Sondar, *v.5*, sondar, examinar com sonda.

Sondear, *v.5*, averiguar, pesquisar com cuidado e atenção.

Soneto, *s.m.*, soneto.

Sonido, *s.m.*, som, sensação produzida no ouvido.

Soniquete, *s.m.*, som monótono e cansativo.

Sonoridad, *s.f.*, sonoridade.

Sonorizar, *v.5.15*, sonorizar, pôr som em filmes.

Sonoro/a, *adj.*, sonoro.

Sonreír, *v.13*, sorrir ‖ ter a expressão alegre ‖ ser favorável.

Sonriente, *adj.*, sorridente.

Sonrisa, *s.f.*, sorriso.

Sonrojar, *v.5*, ruborizar, ficar vermelho.

Sonrojo, *s.m.*, rubor.

Sonrosado/a, *adj.*, rosado.

Sonsonete, *s.m.*, som monótono e desagradável.

Soñador/a, *adj.* e *s.*, sonhador, idealista, romântico.

Soñar, *v.10*, sonhar ‖ idealizar, imaginar ‖ fantasiar ‖ desejar muito → *Ni soñarlo*, nem por sonho, jamais.

Soñoliento/a, *adj.*, sonolento.

Sopa, *s.f.*, sopa → *Andar a la sopa boba*, viver à custa alheia. *Como una sopa/ hecho una sopa*, encharcado, molhado até os ossos. *Dar sopas con honda*, demonstrar superioridade.

Sopapo, *s.m.*, bofetão.

Sopero/a, *adj.* e *s.m.*, prato fundo para sopa ◆ *s.m.*, sopeira.

Sopesar, *v.5*, calcular o peso de alguma coisa levantando-a com as mãos ‖ avaliar os prós e os contras de uma situação.

Sopetón, *interj.*, *de sopetón*, de supetão.

Soplamocos, *s.m.*, bofetão.

Soplar, *v.5*, soprar, assoprar ‖ bufar ‖ mover-se o vento ‖ encher com ar ‖ beber ou comer em excesso ‖ furtar, roubar ‖ inspirar, sugerir ‖ dizer em voz baixa, sussurrar ‖ acusar, delatar, denunciar ‖ dar uma pancada, um tapa.

Soplete, *s.m.*, maçarico.

Soplillo, *s.m.*, abano.

Soplo, *s.m.*, sopro ‖ instante breve de tempo ‖ som percebido durante a auscultação.

Soplón/na, *adj.* e *s.*, dedo-duro, linguarudo.

Soponcio, *s.m.*, chilique, desmaio, síncope.

Sopor, *s.m.*, torpor, dormência ‖ sonolência.

Soportal, *s.m.*, soleira, pórtico.

Soportar, *v.5*, suportar, aguentar, aturar, tolerar.

Soporte, *s.m.*, suporte, apoio.

Soprano, *s.m.*, soprano.

Sor, *s.f.*, soror.

Sorber, *v.6*, sorver ‖ absorver ‖ ensopar, empapar ‖ sugar.

Sorbo, *s.m.*, gole, trago, sorvo → *A sorbos*, aos goles.

Sordera, *s.f.*, surdez.

Sórdido/a, *adj.*, sórdido.

Sordina, *s.f.*, surdina → *A la/Con sordina*, na surdina.

Sordo/a, *adj.* e *s.*, surdo ◆ *adj.*, silencioso ‖ pessoa que se faz de desentendida ‖ sentimentos e paixões mantidos ocultos.

Sordomudo/a, *adj.* e *s.*, surdo-mudo.

Soriasis, *s.f.*, psoríase.

Sorna, *s.f.*, ironia, burla, sarro.

Sorprender, *v.6*, surpreender.

Sorpresa, *s.f.*, surpresa.

Sortear, *v.5*, sortear ‖ esquivar, driblar.

Sorteo, *s.m.*, sorteio.

Sortija, *s.f.*, anel ‖ caracol, cacho do cabelo.

Sosegar, *v.12*, sossegar, apaziguar, tranquilizar.

Sosia, *s.m.*, sósia.

Sosiego, *s.m.*, sossego, tranquilidade, calma.

Soslayar, *v.5*, passar por algo, uma dificuldade.

Soso/a, *adj.*, insulso, insípido ‖ sem vivacidade ou graça.

Sospecha, *s.f.*, suspeita.

Sospechar, *v.5*, suspeitar, desconfiar.

Sostén, *s.m.*, apoio ‖ alimento, sustento ‖ sutiã.

Sostener, *v.4*, suster ‖ sustentar ‖ manter ‖ tolerar ‖ defender.

Sota, *s.f.*, dama do baralho.

Sotana, *s.f.*, batina.
Sótano, *s.m.*, porão.
Soterrar, *v.12*, soterrar ‖ esconder.
Su, *adj.*, apócope de seu, sua.
Suave, *adj.*, suave ‖ liso ‖ mole ‖ dócil.
Suavidad, *s.f.*, suavidade.
Suavizar, *v.5.15*, suavizar.
Sub, *prefixo que significa imediatamente inferior em situação e categoria ‖ também pode expressar posterioridade.*
Subasta, *s.f.*, leilão.
Subastar, *v.5*, leiloar.
Súbdito/a, *adj.* e *s.*, súdito.
Subir, *v.7*, subir ‖ elevar ‖ levantar ‖ ascender ‖ aumentar ‖ montar ‖ receber promoção.
Súbito/a, *adj.*, súbito ‖ repentino.
Subjetivo/a, *adj.*, subjetivo.
Subjuntivo/a, *adj.* e *s.*, subjuntivo.
Sublevar, *v.5*, sublevar, rebelar-se.
Sublimar, *v.5*, sublimar, engrandecer.
Sublime, *adj.*, sublime.
Submarino, *s.m.*, submarino.
Subnormal, *adj.* e *s.m.* e *f.*, anormal, deficiente.
Subordinar, *v.5*, subordinar.
Subrayar, *v.5*, grifar ‖ recalcar, chamar a atenção.
Suburbio, *s.m.*, subúrbio.
Subvencionar, *v.5*, subvencionar, financiar.
Subvertir, *v.12*, subverter ‖ transtornar, perturbar.
Subyugar, *v.5.18*, subjugar.
Succión, *s.f.*, sucção.
Suceder, *v.6*, suceder ‖ acontecer ‖ ocorrer ‖ vir depois.
Suceso, *s.m.*, sucesso ‖ decurso ‖ lapso de tempo ‖ êxito, triunfo.
Sucesor/ra, *adj.* e *s.*, sucessor.
Suciedad, *s.f.*, sujeira ‖ imundície ‖ gesto grotesco.
Sucinto/a, *adj.*, sucinto, conciso.
Sucio/a, *adj.*, sujo, manchado ‖ desonesto ‖ obsceno.
Suculento/a, *adj.*, suculento, gostoso.
Sucumbir, *v.7*, sucumbir.
Sucursal, *s.f.*, sucursal.
Sudar, *v.5*, suar, transpirar ‖ trabalhar muito ‖ destilar.
Sudor, *s.m.*, suor ‖ seiva das plantas ‖ fadiga, trabalho.
Sudoroso/a, *adj.*, suarento, suado.
Suegro/a, *s.*, sogro.
Suela, *s.f.*, sola do sapato.
Sueldo, *s.m.*, salário.
Suelo, *s.m.*, solo, chão, terra ‖ base, fundo ‖ piso, pavimento, andar ‖ terreno → *Arrastrar/tirar por los suelos*, difamar. *Arrastrarse por los suelos*, humilhar-se. *Dar [alguien] en el suelo*, cair, levar um tombo. *Suelo natal/patrio*, a pátria, o lugar onde nasceu.
Suelto/a, *adj.*, solto ‖ livre ‖ pouco compacto, disperso ‖ hábil ‖ ágil ‖ separado, isolado ‖ troco ‖ que tem diarreia.
Sueño, *s.m.*, sono ‖ sonho ‖ coisa fantástica → *Caerse de sueño, tener un sueño que no ve*, estar morto de sono. *Coger el sueño*, pegar no sono. *Conciliar el sueño*, conseguir dormir. *Descabezar un sueño, echarse un sueño*, tirar uma soneca. *En/entre sueños*, sonhando. *Entregarse al sueño*, dormir. *Ni en sueños, ni por sueños*, jamais, nem em sonho. *Perder el sueño, quitar el sueño [por algo]*, estar preocupado

[por algo]. *Sueño dorado*, sonho dourado. *Sueño eterno*, a morte.

Suero, *s.m.*, soro.

Suerte, *s.f.*, sorte, sucessão fortuita de fatos, condição, estado ‖ bilhete de loteria ‖ maneira, jeito, forma de fazer alguma coisa → *Mala suerte*, azar.

Suficiente, *adj.*, suficiente, bastante.

Sufijo, *s.m.*, sufixo.

Sufragar, *v.5.18*, sufragar, favorecer.

Sufragio, *s.m.*, sufrágio.

Sufrimiento, *s.m.*, sofrimento.

Sufrir, *v.7*, sofrer, padecer ‖ suportar, resistir ‖ consentir.

Sugerencia, *s.f.*, sugestão.

Sugerir, *v.12*, sugerir, inspirar.

Sugestionar, *v.5*, sugestionar.

Suicida, *s.m.* e *f.*, suicida.

Suicidarse, *v.5*, suicidar-se.

Suicidio, *s.m.*, suicídio.

Sujeción, *s.f.*, sujeição, dependência ‖ prisão ‖ união.

Sujetador, *s.m.*, sutiã.

Sujetar, *v.5*, sujeitar, submeter ‖ segurar, conter ‖ firmar.

Sujeto/a, *adj.*, seguro, preso, unido, firme ◆ *s.m.*, sujeito, indivíduo.

Sulfatar, *v.5*, sulfatar.

Sulfato, *s.m.*, sulfato.

Sulfhídrico/a, *adj.*, ácido sulfídrico.

Sulfurar, *v.5*, irritar, chatear, irar.

Sumar, *v.5*, somar, adir, adicionar.

Sumergible, *adj.*, à prova d'água.

Sumergir, *v.7.15*, submergir, mergulhar ‖ afundar.

Sumidero, *s.m.*, sarjeta ‖ ralo.

Suministrar, *v.5*, fornecer, prover.

Suministro, *s.m.*, fornecimento, abastecimento.

Sumir, *v.7*, submergir, afundar.

Sumisión, *s.f.*, submissão.

Sumiso/a, *adj.*, submisso, obediente, dócil.

Sumo/a, *adj.*, sumo, supremo, altíssimo, enorme ◆ *s.f.*, soma, adição → *A lo sumo*, no máximo. *En suma*, resumindo.

Supeditar, *v.5*, sujeitar, avassalar, oprimir.

Superar, *v.5*, superar, exceder, vender, sobrepujar.

Superchería, *s.f.*, superstição ‖ engano, fraude, dolo.

Superficie, *s.f.*, superfície.

Superfluo/a, *adj.*, supérfluo.

Superior, *adj.*, superior, mais elevado ‖ excelente.

Superlativo/a, *adj.*, superlativo.

Superstición, *s.f.*, superstição.

Supervisar, *v.5*, supervisionar.

Supervisión, *s.f.*, supervisão.

Superviviente, *adj.* e *s.m.* e *f.*, sobrevivente.

Suplantar, *v.5*, substituir ilegalmente ‖ adulterar, falsificar ‖ usurpar.

Suplementario/a, *adj.*, suplementar.

Súplica, *s.f.*, súplica, petição ‖ requerimento.

Suplicar, *v.5.14*, suplicar, rogar.

Suplicio, *s.m.*, suplício, tortura, punição ‖ pena.

Suplir, *v.7*, acrescentar, suprir, remediar.

Suponer, *v.34*, supor, significar ‖ fingir, fazer de conta ‖ ter importância, importar ‖ calcular.

Supositorio, *s.m.*, supositório.

Supremacía, *s.f.*, supremacia.

Supremo/a, *adj.*, supremo.

Suprimir, *v.7*, suprimir, omitir, impedir.

Supuesto/a, *adj.*, hipotético ◆ *s.m.*, suposição → *Por supuesto*, claro, lógico, certamente.

Supurar, *v.5*, supurar.

Sur, *s.m.*, sul, ponto cardeal ‖ vento austral.

Surcar, *v.5.14*, sulcar ‖ singrar ‖ sulcar, riscar.

Surco, *s.m.*, sulco, rego, fenda, risco, ruga, sinal.

Surgir, *v.7.15*, surgir ‖ nascer ‖ irromper, emergir ‖ ancorar ‖ sair, aparecer.

Surtidor, *s.m.*, repuxo d'água, fonte, bica ‖ bomba de gasolina.

Surtir, *v.7*, prover, abastecer, sortir → *Surtir efecto*, obter-se o efeito que se deseja.

Suscitar, *v.5*, suscitar.

Suscribir, *v.7*, subscrever.

Susodicho/a, *adj.* e *s.*, citado, mencionado.

Suspender, *v.6*, suspender, suster, pendurar, sustar ‖ reprovar num exame.

Suspense, *s.m.*, suspense.

Suspensión, *s.f.*, suspensão ‖ censura ‖ privação.

Suspicaz, *adj.*, desconfiado.

Suspirar, *v.5*, suspirar ‖ desejar, ansiar.

Suspiro, *s.m.*, suspiro ‖ doce ‖ coisa imperceptível → *Dar el último suspiro*, morrer.

Sustancia, *s.f.*, substância → *En sustancia*, resumindo. *Sin sustancia*, sem juízo.

Sustantivo/a, *adj.*, substantivo.

Sustentar, *v.5*, manter ‖ sustentar ‖ alimentar, custear.

Sustento, *s.m.*, sustento, manutenção, amparo, alimento.

Sustitución, *s.f.*, substituição.

Sustituir, *v.11*, substituir.

Susto, *s.m.*, susto.

Sustraer, *v.43*, subtrair ‖ roubar.

Sustrato, *s.m.*, substrato.

Susurrar, *v.5*, sussurrar.

Susurro, *s.m.*, sussurro.

Sutil, *adj.*, sutil, fino, tênue, ligeiro ‖ perspicaz.

Sutileza, *s.f.*, sutileza.

Sutura, *s.f.*, sutura.

Suturar, *v.5*, suturar.

Suyo/a, *adj.* e *pron. terceira pess.*, seu, sua → *De las suyas*, das suas. *De suyo*, por si mesmo. *Hacer suyo*, aderir, juntar-se. *Los suyos*, os familiares.

T

s.f., vigésima primeira letra do alfabeto espanhol com a qual se representa o som consonântico surdo que é articulado quando se aplica a ponta da língua sobre a parte interna dos dentes superiores. Seu nome é "*te*".

Taba, *s.f.*, astrágalo ‖ espécie de jogo infantil com pequenas peças que se jogam para o ar.

Tabaco, *s.m.*, tabaco ‖ fumo ‖ rapé ‖ cigarro de forma geral.

Taberna, *s.f.*, taberna.

Tabique, *s.m.*, tapume ‖ divisória ‖ parede fina.

Tabla, *s.f.*, tábua ‖ mesa, bancada, balcão ‖ prega macho, dobra ‖ índice, lista, rol, catálogo ‖ tabela ‖ tabuada ◆ *s.f.pl.*, empate nos jogos ‖ cenário teatral, palco, tablado → *Hacer tabla rasa*, esquecer, fazer pouco. *Tener tablas*, ter jogo de cintura em público.

Tablado, *s.m.*, tablado ‖ estrado ‖ palco.

Tablazón, *s.f.*, madeirame, madeiramento.

Tablero, *s.m.*, tabuleiro ‖ lousa ‖ ábaco ‖ prancheta ‖ mural.

Tableta, *s.f.*, tablete ‖ comprimido, remédio ‖ barra de chocolate.

Tablón, *s.m.*, tábua grossa ‖ bebedeira → *Tablón de anuncios*, quadro de avisos.

Tabú, *s.m.*, tabu.

Taburete, *s.m.*, tamborete, banqueta, banquinho.

Tacada, *s.f.*, tacada.

Tacañería, *s.f.*, mesquinhez, avareza.

Tacaño/a, *adj.*, mesquinho, avaro.

Tácito/a, *adj.*, tácito.

Taciturno/a, *adj.*, taciturno.

Taco, *s.m.*, taco ‖ toco ‖ cacete ‖ calendário de parede ‖ canhoto no bloco ‖ confusão ‖ palavrão ‖ salgadinho cortado em cubinho ‖ bucha ‖ fora dado por uma pessoa → *Armarse/hacerse un taco*, confundir-se. *Dejar hecho un taco [a alguien]*, confundir, derrotar, vencer [alguém] numa discussão.

Tacón, *s.m.*, salto do sapato.

Taconear, *v.5*, sapatear ‖ andar com o nariz empinado, ser arrogante ‖ bater pernas, andar.

Taconeo, *s.m.*, sapateado.

Tacto, *s.m.*, tato ‖ toque ‖ acerto, prudência ‖ manha, habilidade.

Tacha, *s.f.*, falta, defeito, nódoa ‖ prego.

Tachar, *v.5*, censurar, culpar ‖ riscar, apagar, suprimir.

Tachón, *s.m.*, riscão, risco feito numa escrita ‖ prego.

Tachonado/a, *adj.*, salpicado de alguma coisa expressa.

Tachonar, *v.5*, salpicar, enfeitar, adornar.

Tachuela, *s.f.*, tachinha, percevejo ‖ tacho pequeno.

Tafetán, *s.m.*, tafetá.

Tahalí, *s.m.*, talabarte, boldrié, talim.

Tahona, *s.f.*, padaria.

Tahúr/úra, *s.*, trapaceiro do jogo.

Taimado/a, *adj.* e *s.*, pessoa astuta e malévola.

Tajada, *s.f.*, pedaço, porção cortada de algo comestível ‖ bebedeira ‖ talho, corte → *Sacar tajada*, tirar ou levar vantagem.

Tajador, *s.m.*, destrinchador de carnes.

Tajamar, *s.m.*, quebra-mar.

Tajante, *adj.*, cortante, em especial entonação, palavras ou gestos ‖ total, que não aceita meio-termo.

Tajar, *v.5*, cortar, dividir, separar.

Tajo, *s.m.*, corte, talho ‖ tarefa, trabalho, ocupação ‖ tacho ‖ cepo ‖ fio, gume.

Tal, *adj.* e *pron.*, tal, semelhante, igual, assim, mesmo, tão, tanto → *Con tal de que*, com a condição de que. *Tal como/tal cual*, assim como. *Una tal*, prostituta.

Tala, *s.f.*, poda, corte em especial da vegetação.

Taladrar, *v.5*, perfurar, verrumar, brocar.

Taladro, *s.m.*, broca, verruma.

Talante, *s.m.*, vontade, desejo, afã.

Talar, *v.5*, podar, cortar ‖ destruir, arrasar ◆ *adj.*, relativo aos paramentos eclesiásticos.

Talco, *s.m.*, talco.

Talega, *s.f.*, taleigo, saco ‖ pé-de-meia, dinheiro guardado.

Talego, *s.m.*, taleigo, saco, sacola ‖ pessoa gorda.

Talento, *s.m.*, talento, aptidão.

Talgo, *s.m.*, sigla de *Tren Articulado Ligero Goicoechea-Oriol*, também chamado trem-taturana pelo seu aspecto. Tem estrutura triangular, seus eixos são dirigíveis, ligados cada um ao anterior por duas barras encaixadas no centro do eixo.

Talismán, *s.m.*, talismã.

Talo, *s.m.*, talo, corpo vegetativo de uma planta.

Talón, *s.m.*, calcanhar ‖ talão, bloco ‖ extremo anterior da culatra do fuzil ‖ borda do pneu reforçada que encaixa na roda → *Apretar los talones*, botar para correr. *Pisar los talones*, perseguir, seguir de perto alguém. *Talón de Aquiles*, calcanhar de aquiles, ponto fraco.

Talonario, *s.m.*, talão, bloco → *Talonario de cheques*, talão de cheques.

Talla, *s.f.*, talha, entalhe ‖ resgate ‖ prêmio, recompensa ‖ altura, estatura de uma pessoa ‖ operação → *Dar la talla*, estar apto para algo.

Tallar, *v.5*, talhar, entalhar, gravar, esculpir ‖ medir.

Talle, *s.m.*, cintura ‖ parte do corpo humano entre o tórax e os quadris ‖ proporção geral do corpo humano ‖ parte da cintura nas roupas ‖ medida entre o ombro até a cintura.

Taller, *s.m.*, oficina ‖ escola de artes e ofícios.

Tallista, *s.m.* e *f.*, entalhador.

Tallo, *s.m.*, talo das plantas.

Tamaño/a, *adj.*, semelhante, tal, parecido ◆ *s.m.*, tamanho, magnitude, volume.

Tambalearse, *v.5*, cambalear-se, oscilar.

También, *adv.*, também.

Tambor, *s.m.*, tambor, bumbo ‖ bastidor ‖ cilindro, caixa ‖ tímpano → *A tambor batiente*, com ar triunfal.

Tamboril, *s.m.*, caixa de rufo, caixa de guerra ou repique.

Tamborilear, *v.5*, tamborilar ‖ elogiar, exaltar.

Tamiz, *s.m.*, crivo muito fechado, peneira fina.

Tamizar, *v.5.15*, peneirar, crivar ‖ selecionar, depurar.

Tamo, *s.m.*, pó depositado debaixo dos móveis por falta de limpeza.

Tampoco, *adv.*, também não.

Tampón, *s.m.*, almofada para carimbos.

Tamtan, *s.m.*, atabaque.

Tan, *adv.*, apócope de *tanto*, tão, tanto → *Tan siquiera*, pelo menos.

Tanda, *s.f.*, turno, alternativa ‖ tarefa ‖ camada, capa ‖ turma ‖ quantidade indeterminada ‖ ordem.

Tándem, *s.m.*, bicicleta para duas pessoas com duplo jogo de pedais.

Tanga, *s.m.*, tanga.

Tangente, *adj.* e *s.f.*, tangente → *Salirse por la tangente*, escapar, sair pela tangente.

Tango, *s.m.*, tango.

Tanque, *s.m.*, tanque de combate ‖ caminhão-pipa ‖ depósito de água ou petróleo.

Tantear, *v.5*, comparar, calcular aproximadamente ‖ ensaiar, treinar, pesquisar, investigar, sondar.

Tanteo, *s.m.*, sondeio, treino, ensaio, pesquisa ‖ placar do jogo → *A/por tanteo*, aproximadamente, mais ou menos.

Tanto/a, *adj.* e *adv.*, tanto ◆ *adj.* e *s.*, quantidade indeterminada ◆ *pron.*, isso ◆ *s.m.*, quantidade determinada ‖ placar, ponto em jogos ◆ *adv.*, seguido de *mejor, peor, mayor, menor, más*, reforça a desigualdade na comparação → *Al tanto de*, informado, ao par. *Apuntarse [alguien] un tanto a su favor*, ter um ponto a favor. *En tanto/en tanto que*, enquanto, durante. *Las tantas*, uma hora qualquer, qualquer hora distante da estabelecida. *Ni tanto así*, nada, coisa nenhuma, normalmente é acompanhado com o gesto de juntar-se o dedo polegar à ponta da unha do dedo indicador. *Ni tanto ni tan calvo*, critica o exagero cometido por alguém. *Otro tanto*, a mesma coisa. *Por lo tanto*, assim sendo. *Un tanto*, alguma coisa, um pouco. *Y tanto*, expressa acordo com o que foi dito, equivale a: e como!

Tañer, *v.6.13*, tanger.

Tañido, *s.m.*, tangido.

Tapa, *s.f.*, tampa ‖ capa de livro ‖ petisco, aperitivo ‖ capa de filé ‖ salto exterior do sapato, saltinho → *Levantar/saltar la tapa de los sesos*, matar com um tiro na cabeça.

Tapacubos, *s.m.*, calota das rodas.

Tapadera, *s.f.*, tampa de um recipiente ‖ pessoa usada como escudo ou encobridora de algo.

Tapadillo, *loc.*, *de tapadillo*, clandestinamente, às escondidas.

Tapar, *v.5*, tampar, tapar, cobrir ‖ encobrir, esconder, ocultar.

Taparrabo/taparrabos, *s.m.*, tanga fio-dental.

Tapete, *s.m.*, forro ou centro para mesas ou qualquer tipo de móveis, feito de tecido ou de qualquer outro material → *Tapete de ganchillo*, toalha de crochê. *Estar sobre el tapete*, estar em pauta, estar sobre a mesa, assunto em discussão. *Poner sobre el tapete*, trazer um assunto à baila, pôr em pauta, discutir. *Tapete verde*, mesa de jogo de azar.

Tapiar, *v.5*, murar, levantar muros.

Tapicería, *s.f.*, tapeçaria.

Tapicero/a, *s.*, tapeceiro.

Tapioca, *s.f.*, tapioca.

Tapiz, *s.m.*, obra de tapeçaria.

Tapizar, *v.5.15*, forrar ‖ estofar ‖ fazer tapeçaria.

Tapón, *s.m.*, tampão, tampa ou tampo de qualquer material.

Taponar, *v.5*, fechar com tampa, tampo ou tampão.

Taponazo, *s.m.*, barulho da rolha ao ser retirada da garrafa de champanhe.

Tapujo, *s.m.*, dissimulação, bioco, desculpa esfarrapada.

Taquicardia, *s.f.*, taquicardia.

Taquigrafía, *s.f.*, taquigrafia.

Taquilla, *s.f.*, guichê, bilheteria ‖ série de escaninhos classificatórios.

Taquillero/a, *s.*, pessoa que trabalha na bilheteria ou guichê.

Tara, *s.f.*, tara, peso ‖ defeito físico ou psicológico, hereditário.

Tarado/a, *adj.*, tonto, idiota, bobo.

Tarambana, *s.m.* e *f.*, pessoa de pouca seriedade e sem juízo.

Tarar, *v.5*, determinar o peso da tara em uma mercadoria.

Tararear, *v.5*, cantarolar.

Tardanza, *s.f.*, demora.

Tardar, *v.5*, demorar ‖ tardar ‖ atrasar, retrasar ‖ adiar → *A más tardar*, no máximo até.

Tarde, *adv.*, tarde, hora avançada, depois do momento ◆ *s.f.*, período após o meio dia até o anoitecer → *Buenas tardes*, boa tarde. *De tarde*, roupa social ‖ sessão vespertina. *De tarde en tarde*, de vez em quando. *Más tarde o más temprano*, mais cedo ou mais tarde.

Tardío/a, *adj.*, tardio ‖ retardatário ‖ temporão.

Tardo/a, *adj.*, pausado, calmo ‖ lento.

Tarea, *s.f.*, tarefa ‖ obra, trabalho.

Tarifa, *s.f.*, tarifa ‖ tabela de preços.

Tarifar, *v.5*, tarifar.

Tarima, *s.f.*, estrado.

Tarjeta, *s.f.*, cartão de visita ‖ placa de computador.

Tarlatana, *s.f.*, entretela.

Tarro, *s.m.*, pote.

Tarso, *s.m.*, tarso.

Tarta, *s.f.*, bolo doce.

Tartaja, *adj.*, *s.m.* e *f.*, gago.

Tartajear, *v.5*, gaguejar.

Tartajeo, *s.m.*, gagueira.

Tartamudear, *v.5*, gaguejar.

Tartamudeo, *s.m.*/**Tartamudez**, *s.f.*, gagueira.

Tartamudo/a, *adj.* e *s.*, gago.

Tártaro/a, *adj.* e *s.*, de origem turco-mongol ‖ molho tártaro ◆ *s.m.*, tártaro dos dentes.

Tartera, *s.f.*, marmita.

Tarugo, *s.m.*, naco, pedaço de madeira ou pão duro ‖ pessoa burra e grosseira.

Tasa, *s.f.*, taxa ‖ medida, regra ‖ preço fixo tabelado.

Tasación, *s.f.*, taxação, fixação de preços.

Tasar, *v.5*, taxar ‖ avaliar ‖ valorar ‖ limitar.

Tasca, *s.f.*, taberna.

Tatarabuelo/a, *s.*, tataravô.

Tataranieto/a, *s.*, tataraneto.

Tate, *interj.*, usado para demonstrar diversos estados de ânimo, equivale a: olha aí!, veja só!

Tato/a, *s.*, mano, maninho ◆ *s.f.*, babá.

Tatuaje, *s.m.*, tatuagem.
Tatuar, *v.5.11*, tatuar.
Tauro, *s.m.*, touro, signo do zodíaco.
Tauromaquia, *s.f.*, técnica e arte do toureio.
Taxativo/a, *adj.*, taxativo.
Taxi, *s.m.*, táxi.
Taxidermia, *s.f.*, taxidermia.
Taxímetro, *s.m.*, taxímetro.
Taxista, *s.m.* e *f.*, taxista.
Taxonomía, *s.f.*, taxonomia.
Taza, *s.f.*, xícara, chávena ‖ pia das fontes públicas ‖ privada.
Tazón, *s.m.*, vasilha em forma de cuia.
Te, *s.f.*, nome da letra T ‖ nome de diversos objetos que têm o formato dessa letra ◆ *pron. m.* e *f.*, segunda *pess.*, funciona como complemento direto e indireto, te.
Té, *s.m.*, chá → *Dar el té*, encher a paciência, cansar alguém.
Tea, *s.f.*, archote.
Teatro, *s.m.*, teatro → *Hacer/tener teatro*, fazer fita, fazer gênero.
Tebeo, *s.m.*, gibi.
Tecla, *s.f.*, tecla.
Teclado, *s.m.*, teclado.
Teclear, *v.5*, dedilhar, tocar um teclado.
Técnico/a, *adj.*, técnico ◆ *s.*, profissão técnica ◆ *s.f.*, técnica ‖ perícia ‖ meio, forma para conseguir alguma coisa.
Tecnócrata, *s.m.*, *f.* e *adj.*, tecnocrata.
Tecnología, *s.f.*, tecnologia.
Tecnológico/a, *adj.*, tecnológico.
Techado, *s.m.*, telhado, cobertura.
Techar, *v.5*, pôr telhado, pôr cobertura.
Techo, *s.m.*, teto ‖ cobertura de um edifício ‖ altura máxima que uma aeronave pode alcançar ‖ capacidade máxima.
Techumbre, *s.m.*, teto, cobertura de um edifício.
Tedio, *s.m.*, tédio.
Tedioso/a, *adj.*, entediante.
Tegumento, *s.m.*, tegumento.
Teja, *s.f.*, telha ‖ certo tipo de chapéu usado pelos cléricos → *A toca teja*, pagamento à vista. *De tejas abajo*, neste mundo. *De tejas arriba*, no outro mundo, na vida após a morte.
Tejadillo, *s.m.*, telhado de meia inclinação.
Tejado, *s.m.*, telhado.
Tejar, *v.5*, telhar, cobrir de telhas ◆ *s.m.*, fábrica de telhas.
Tejedor/ra, *adj.* e *s.*, tecelão.
Tejemaneje, *s.m.*, realizar muitas coisas ao mesmo tempo ‖ intriga, ardil.
Tejer, *v.6*, tecer ‖ entrelaçar ‖ tricotar ou fazer crochê ‖ compor ‖ tramar ‖ cruzar ‖ maquinar, urdir → *Tejer y destejer*, fazer e desmanchar as coisas, não se decidir.
Tejido, *s.m.*, tecido ‖ textura ‖ entremeado, entrelaçado.
Tejón, *s.m.*, texugo.
Tejonera, *s.f.*, toca do texugo.
Tela, *s.f.*, tecido, pano, tela, teia ‖ quadro, pintura ‖ tema, assunto, pauta → *Estar/poner en tela*, duvidar que alguma coisa aconteça ou dê certo. *Haber mucha tela que cortar*, ter muito o que falar sobre um assunto. *Llegar a las telas del corazón*, fato que impressiona profundamente alguém. *Tela de cebolla*, casca da cebola.
Telar, *s.m.*, tear ‖ parte superior do cenário onde ficam presos os telões.
Telaraña, *s.f.*, teia de aranha ‖ não exergar o que está muito perto.

Tele, *s.f.*, apócope de *televisión*, equivale a: TV.

Telecomunicación, *s.f.*, telecomunicação.

Telediario, *s.m.*, noticioso diário na televisão.

Teledirigido/a, *adj.*, acionado por controle remoto.

Telefilm, *s.m.*, filme feito para a televisão.

Telefonazo, *s.m.*, chamada telefônica.

Telefonear, *v.5*, telefonar.

Telefonía, *s.f.*, telefonia.

Telefónico/a, *adj.*, telefônico.

Telefonista, *s.m.* e *f.*, telefonista.

Teléfono, *s.f.*, telefone.

Telegrafía, *s.f.*, telegrafia.

Telegrafiar, *v.5.16*, telegrafar.

Telegrafista, *s.m.* e *f.*, telegrafista.

Telégrafo, *s.m.*, telégrafo.

Telegrama, *s.m.*, telegrama.

Telele, *s.m.*, chilique.

Telepatía, *s.f.*, telepatia.

Telescopio, *s.m.*, telescópio.

Telespectador/ra, *s.*, telespectador.

Televidente, *s.m.* e *f.*, telespectador.

Televisar, *v.5*, televisar, transmitir por televisão.

Televisión, *s.f.*, sistema de retransmissão por meio de ondas magnéticas.

Televisor, *s.m.*, televisão.

Télex, *s.m.*, telex.

Telón, *s.f.*, telão → *Telón de acero*, cortina de ferro.

Telonero/a, *adj.* e *s.*, nos espetáculos pessoa que faz de cortina para os grandes artistas.

Tema, *s.m.*, tema, assunto, matéria ‖ argumento ‖ base musical ‖ mania, teimosia.

Temario, *s.m.*, temário.

Tembladera, *s.f.*, tremor, tremedeira.

Temblar, *v.12*, tremer, agitar-se ‖ vacilar ‖ assustar-se.

Tembleque, *s.m.*, tremor, tremedeira.

Temblón/ona, *adj.*, que treme facilmente ‖ medroso.

Temblor, *s.m.*, tremor ‖ terremoto.

Temer, *v.6*, temer ‖ recear.

Temeridad, *s.f.*, temeridade.

Temor, *s.m.*, temor, medo ‖ receio, suspeita, apreensão.

Temperamento, *s.m.*, temperamento, personalidade ‖ vitalidade, vivacidade, alegria ‖ capacidade expressiva de um artista.

Temperatura, *s.f.*, temperatura.

Tempestad, *s.f.*, tempestade, tormenta ‖ agitação violenta ‖ ação impetuosa ‖ alteração do ânimo.

Templado/a, *adj.*, moderado ‖ morno ‖ valente ‖ afinado ‖ adequado.

Temple, *s.m.*, têmpera ‖ fortaleza, valentia, intrepidez ‖ temperatura.

Templete, *s.m.*, palanque.

Templo, *s.m.*, templo.

Témpora, *s.f.*, período de jejum na igreja católica.

Temporada, *s.f.*, temporada ‖ período de tempo → *De temporada*, sazonal.

Temporal, *adj.*, temporário ‖ secular, profano, não religioso ◆ *s.m.*, temporal, tempestade ◆ *adj.*, relativo às têmporas ◆ *adj.* e *s.m.*, osso duplo regular que forma a calota craniana → *Capear el temporal*, enfrentar as dificuldades da vida.

Temporero/a, *adj.* e *s.*, empregado temporário.

Temprano/a, *adj.*, prematuro ‖ precoce ◆ *adv.*, cedo.

Tenacidad, *s.f.*, tenacidade ‖ resistência.
Tenacillas, *s.f.pl.*, espevitador ‖ permanente a quente.
Tenaz, *adj.*, tenaz, firme, perseverante ‖ persistente.
Tenaza, *s.f.*, torquês ‖ pinças ‖ instrumento com duas peças especiais articuladas entre si para pegar qualquer objeto.
Tendedero/tendedor, *s.m.*, varal, lugar para estender e secar.
Tendencia, *s.f.*, tendência, pendor.
Tender, *v.12*, estender, desdobrar, esticar, espalhar, desenrolar ‖ propender ‖ pôr no varal ‖ deitar-se, estirar-se, pôr-se na horizontal → *Tender la mano*, estender a mão, pedir ou dar ajuda. *Tender un cable*, ajudar, salvar de um apuro, passar cola na prova.
Tenderete, *s.m.*, barraca de feira.
Tendero/a, *s.*, lojista, balconista.
Tendido/a, *adj.*, estendido ◆ *s.m.*, fiação, cabos que estejam instalados ‖ parte descoberta das praças de touros → *Largo y tendido*, extensamente.
Tendón, *s.m.*, tendão.
Tenebrosidad, *s.f.*, tenebrosidade, escuridão.
Tenedor/ra, *s.*, possuidor ◆ *s.m.*, garfo → *Tenedor de libros*, contador.
Tenencia, *s.f.*, porte ‖ intendência ‖ tendência.
Tener, *v.4*, ter, possuir ‖ pegar ‖ deter, parar ‖ conter ‖ cumprir ‖ guardar ‖ hospedar ‖ julgar ‖ entender ‖ reputar ‖ apreciar ‖ estimar → *Esas tenemos*, expressão de surpresa ou zanga pelo que alguém fez ou disse, equivale a: então, é isso mesmo? *No tenerlas todas consigo*, sentir receio ou temor, ter dúvida, não estar seguro. *Tener a bien*, forma de cortesia, equivale a: quer ter a bondade? *Tener a mal*, desaprovar, recriminar. *Tener mucho gusto en/de*, forma de cortesia, equivale a: com muito prazer, com certeza. *Tener para sí*, pensar ou suspeitar aquilo que se expressa, falar com seus botões. *Tener presente*, não esquecer, ter na memória. *Tenerla tomada con [alguien]*, cismar com alguém, perseguir, chatear. *Tenerse tieso/firme*, manter em posição vertical, ereto ‖ manter a opinião, não voltar atrás.
Tenería, *s.f.*, curtume.
Tenia, *s.f.*, tênia.
Teniente, *s.m.*, tenente.
Tenis, *s.m.*, tênis.
Tenista, *s.m.* e *f.*, tenista.
Tenor, *s.m.*, tenor ‖ teor → *A este tenor*, deste modo, do mesmo jeito.
Tensar, *v.5*, esticar, dar tensão.
Tensión, *s.f.*, tensão, tenso ‖ rigidez ‖ concentração física ou mental ‖ voltagem ‖ conflito nas relações sociais.
Tenso/a, *adj.*, tenso ‖ retesado ‖ rígido ‖ duro.
Tentación, *s.f.*, tentação ‖ impulso.
Tentáculo, *s.m.*, tentáculo.
Tentar, *v.12*, instigar ‖ seduzir, atrair, excitar ‖ incitar ao mal ‖ apalpar ‖ experimentar os touros para conhecer sua bravura.
Tentempié, *s.m.*, aperitivo.
Tenue, *adj.*, tênue, fino ‖ delicado, sutil.
Teñir, *v.13*, tingir ‖ colorir ‖ matizar.
Teología, *s.f.*, teologia.
Teólogo/a, *s.*, teólogo.
Teorema, *s.m.*, teorema.
Teoría, *s.f.*, teoria ‖ conhecimento → *En teoría*, na teoria.

Teorizar, *v.5.15*, teorizar, fazer teoria.
Tequila, *s.m.*, tequila.
Terapeuta, *s.m.* e *f.*, terapeuta.
Terapia, *s.m.*, terapia.
Tercer, *adj.*, apócope de *tercero* → *Tercer Mundo*, Terceiro Mundo.
Tercermundista, *adj.*, relativo ao Terceiro Mundo.
Tercero, *adj.*, *adv.* e *s.*, terceiro.
Terciado/a, *adj.*, intermediado ‖ com um terço já gasto.
Terciana, *s.f.*, febre terçã.
Terciar, *v.5*, intermediar ‖ intervir ‖ atravessar ‖ equilibrar ‖ dividir por três → *Terciarse*, vir a calhar.
Terciario/a, *adj.*, setor terciário da economia.
Tercio, *s.m.*, cada uma das três partes em que se divide um todo.
Terciopelo, *s.m.*, veludo.
Terco/a, *adj.* e *s.*, obstinado, tenaz, persistente.
Tergal, *s.m.*, tergal.
Tergiversar, *v.5*, alterar, modificar os fatos dando uma interpretação errada a palavras e acontecimentos.
Termal, *adj.*, relativo às termas.
Termas, *s.f.pl.*, termas, caldas.
Terminación, *s.f.*, término ‖ extremo, parte final.
Terminar, *v.5*, terminar, acabar, concluir, finalizar, rematar.
Término, *s.m.*, término ‖ extremo, limite ‖ fim, conclusão ‖ termo ‖ palavra, vocábulo ‖ ponto final ou inicial de uma linha de transporte ‖ comarca, região, distrito ‖ prazo ‖ forma, procedimento, modo ◆ *s.m.pl.*, locução, expressão verbal ‖ condição, situação → *Dar término*, acabar. *En último término*, se não tem outro jeito. *Estar en buenos/malos términos*, estar de bem ou de mal com alguém. *Invertir los términos*, inverter a questão. *Llevar a término*, fazer totalmente, por completo. *Poner término*, determinar o fim. *Por término medio*, na média.
Terminología, *s.f.*, terminologia.
Termo, *s.m.*, garrafa térmica.
Termodinámica, *s.f.*, termodinâmica.
Termómetro, *s.m.*, termômetro.
Termostato, *s.m.*, termostato.
Terna, *s.f.*, lista tríplice para que se escolha uma pessoa para um cargo.
Ternario/a, *adj.*, ternário.
Ternasco, *s.m.*, cordeiro novo que ainda mama.
Ternero/a, *s.*, bezerro que ainda tem dentição de leite ◆ *s.f.*, vitela.
Ternilla, *s.f.*, cartilagem.
Terno, *s.m.*, conjunto de três ‖ voto, juramento, blasfêmia.
Ternura, *s.f.*, ternura.
Terquedad, *s.f.*, tenacidade, persistência ‖ cabeça-dura, turrão.
Terrado, *s.m.*, terraço, terrado.
Terraplén, *s.m.*, terraplanagem, aterramento.
Terráqueo/a, *adj.*, corpo que está composto por terra e água.
Terrateniente, *s.m.* e *f.*, latifundiário, fazendeiro.
Terraza, *s.f.*, terraço, terrado, ‖ espaço ocupado por mesas de um bar, lanchonete, restaurante ao ar livre para uso dos clientes.
Terrazo, *s.m.*, piso pavimentado de cacos de cerâmica colorida.
Terremoto, *s.m.*, terremoto.
Terrenal, *adj.*, relativo à terra, terrestre.

Terreno/a, *adj.*, terreal, terrestre ◆ *s.m.*, terreno ‖ área de terra destinada a um fim específico ‖ campo, raio de ação ‖ área, conjunto de atividades, ideias ou conhecimentos de uma classe ‖ campo de futebol → *Estar/encontrarse en su propio terreno*, levar vantagem ‖ discutir algo que se conhece bem. *Ganar terreno*, difundir-se, expandir-se ‖ progredir. *Minar el terreno*, trabalhar por baixo dos panos. *Perder terreno*, ser rebaixado, perder campo. *Preparar/trabajar el terreno*, precaver-se, preparar com antecedência uma ação. *Saber [alguien] el terreno que pisa*, conhecer bem o assunto ‖ conhecer bem as pessoas ao redor. *Sobre el terreno*, na prática ‖ no local, no lugar onde a coisa ocorre. *Terreno abonado*, terreno ou área fértil.

Térreo/a, *adj.*, terroso.

Terrestre, *adj.*, terrestre, relativo à terra ◆ *s.m.* e *f.*, terráqueo, habitante da Terra.

Terrible, *adj.*, terrível ‖ atroz, desmesurado, difícil de tolerar.

Terrícola, *adj.* e *s.m.* e *f.*, terráqueo, que vive e se desenvolve na terra.

Territorio, *s.m.*, território.

Terrón, *s.m.*, torrão.

Terror, *s.m.*, terror.

Terrorismo, *s.m.*, terrorismo.

Terroso/a, *adj.*, terroso, terrulento.

Terruño, *s.m.*, torrão natal ‖ terra trabalhada e da qual se vive.

Terso/a, *adj.*, terso, liso, sem arrugas, jovem ‖ limpo ‖ puro ‖ fluente ‖ correto.

Tersura, *s.f.*, lisura, juventude.

Tertulia, *s.f.*, tertúlia.

Tesina, *s.f.*, dissertação de mestrado.

Tesis, *s.f.*, proposição mantida com argumentos ‖ tese de doutoramento.

Tesón, *s.m.*, firmeza, constância, determinação, perseverança para fazer ou dizer algo.

Tesorería, *s.f.*, tesouraria.

Tesorero/a, *s.*, tesoureiro.

Tesoro, *s.m.*, tesouro ‖ erário de um país ‖ pessoa merecedora de grande amor ‖ apelativo carinhoso ‖ nome dado a alguns catálogos científicos.

Test, *s.m.*, teste.

Testa, *s.f.*, cabeça humana → *Testa coronada*, cabeça coroada, rei.

Testado/a, *adj.*, pessoa que ao morrer deixa testamento.

Testador/ra, *s.*, pessoa que faz testamento.

Testaferro, *s.m.*, testa de ferro.

Testamento, *s.m.*, testamento.

Testar, *v.5*, fazer testamento.

Testarada, *s.f.*, batida, golpe dado na cabeça.

Testarazo, *s.m.*, batida, golpe dado na cabeça.

Testarudez, *s.f.*, teimosia.

Testarudo/a, *adj.* e *s.*, teimoso, cabeça-dura.

Testículo, *s.m.*, testículo.

Testificar, *v.5.14*, testemunhar.

Testigo, *s.m.* e *f.*, testemunha → *Testigo de cargo*, testemunha de acusação.

Testimoniar, *v.5*, testemunhar.

Testimonio, *s.m.*, testemunho.

Teta, *s.m.*, teta, mama ‖ mamilo → *De teta*, que mama. *Quitar la teta*, desmamar.

Tetania, *s.f.*, tetania.

Tetánico/a, *adj.* e *s.*, tetânico.

Tétano/tétanos, *s.m.*, tétano.

Tetera, *s.f.*, chaleira ‖ *Amér.*, bico de mamadeira.

Tetilla, *s.f.*, cada uma das tetas dos mamíferos machos ‖ bico de mamadeira.

Tetina, *s.f.*, bico de mamadeira.

Tétrico/a, *adj.*, tétrico, lúgubre, triste, deprimente.

Tetudo/a, *adj.*, que tem grandes mamas, peitudo.

Textil, *adj.*, têxtil.

Texto, *s.m.*, texto ‖ escrito ‖ obra escrita, livro ‖ livro adotado na escola em uma matéria.

Textual, *adj.*, textual ‖ exato.

Textura, *s.f.*, textura ‖ estrutura.

Tez, *s.f.*, tez, cútis, superfície da pele.

Ti, *pron.*, *s.m.* e *f.*, segunda *pess.*, ti → *De ti para mí*, expressa que o que se vai dizer é um segredo entre as duas pessoas que falam. *Hoy por ti y mañana por mí*, hoje por você amanhã por mim, expressa reciprocidade das ações.

Tiara, *s.f.*, tiara, diadema real.

Tiberio, *s.m.*, ruído, barulho, bagunça, confusão.

Tibia, *s.f.*, tíbia.

Tibieza, *s.f.*, tibieza.

Tibio/a, *adj.*, tíbio, morno, tépido ‖ indiferente, pouco veemente ou afetuoso → *Poner tibio [a alguien]*, insultar, criticar, repreender [alguém].

Tiburón, *s.m.*, tubarão.

Tic, *s.m.*, tique nervoso.

Tictac, *s.m.*, tique-taque, onomatopeia do relógio.

Tiempo, *s.m.*, tempo ‖ existência ‖ idade ‖ duração de uma ação ‖ período, espaço ‖ parte do dia ‖ momento, oportunidade, ocasião ‖ época, era ‖ atmosfera, clima, estação ‖ parte, componente de um movimento ‖ parte de uma competição esportiva ‖ forma verbal → *A su tiempo*, no momento certo. *A tiempo*, no momento oportuno ‖ ainda não é tarde. *A un tiempo*, simultaneamente. *Acomodarse al tiempo*, conformar-se com o que acontece. *Al correr el tiempo*, mais para frente, depois de certo tempo. *Con el tiempo*, com o tempo. *Con tiempo*, com antecipação. *Correr el tiempo*, transcorrer o tempo. *Dar tiempo*, dar tempo ‖ dispor de tempo suficiente. *Dar tiempo al tiempo*, dar tempo ao tempo. *De algún tiempo a esta parte*, desde faz algum tempo. *De tiempo*, faz tempo. *De tiempo en tiempo*, de vez em quando. *Dejar [algo] al tiempo*, deixar que o tempo arrume as coisas. *En tiempos*, no passado. *Faltarle tiempo [a alguien] para [algo]*, fazer imediatamente, no ato. *Fuera de tiempo*, fora da hora. *Ganar tiempo*, ganhar tempo. *Gastar/perder el tiempo*, não aproveitar o tempo. *Hacer tiempo*, fazer hora. *Meterse el tiempo en agua*, época de chuvas constantes. *Pasar el tiempo*, fazer alguma coisa sem interesse só para se distrair. *Perder tiempo*, atrasar alguma coisa que deve ser feita rápido. *Sin perder tiempo*, no ato, rapidamente. *Tiempo perdido*, tempo perdido. *Tomarse tiempo*, deixar para mais tarde ou depois. *Un tiempo*, numa outra época.

Tienda, *s.f.*, loja ‖ barraca de lona ‖ toldo.

Tienta, *s.f.*, prova feita com as reses para comprovar a bravura → *A tientas*, tateando ‖ incerteza.

Tiento, *s.m.*, tino, tato, habilidade ‖ bengala dos cegos ♦ *s.m.pl.*, modalidade de canto flamenco → *Dar un tiento*, tomar um gole.

Tierno/a, *adj.*, terno, delicado, frágil ‖ tenro, novo ‖ afetuoso, carinhoso.

Tierra, *s.f.*, terra ‖ terreno ‖ solo ‖ país, pátria, nação ‖ campo arado, terra cultivada ‖ a vida carnal em oposição à vida eterna ‖ condutor elétrico de potencial nulo → *Dar en tierra*, cair. *Echar por tierra*, destruir ‖ difamar. *Echar tierra [a algo]*, ocultar, esconder [algo]. *Faltar la tierra debajo de los pies*, estar inseguro, não sentir firmeza. *Poner tierra por medio*, ausentar-se ‖ fugir, escapar. *Quedarse en tierra*, não conseguir entrar em um meio de transporte qualquer ‖ frustrar os planos. *Tierra adentro*, lugar distante da costa. *Tierra de alfareros*, argila pronta para a modelagem. *Tierra de labor*, terra arável. *Tomar tierra*, aterrissar um avião. *Trágame tierra*, expressa uma grande vergonha, equivale a: querer abrir um buraco e entrar dentro para se esconder.

Tieso/a, *adj.*, teso, erguido, firme ‖ pouco flexível, rígido ‖ sério, frio, circunspecto ‖ arrogante ‖ com boa saúde → *Dejar tieso [a alguien]*, matar.

Tiesto, *s.m.*, vaso de barro cozido especial para plantas.

Tifón, *s.m.*, tufão.

Tifus, *s.m.*, tifo.

Tigre/esa, *s.*, tigre ‖ pessoa cruel e sanguinária.

Tigrillo, *s.m.*, gato-do-mato.

Tijeras, *s.f.*, tesoura ‖ qualquer objeto formado por duas peças cruzadas e articuladas.

Tijeretazo, *s.m.*, tesourada, corte único dado com a tesoura.

Tijereteo, *s.m.*, som da tesoura quando movimentada diversas vezes seguidas, por exemplo quando se corta o cabelo.

Tila, *s.f.*, tília, tilha, flores usadas como chá calmante.

Tilde, *s.m.* ou *f.*, til, sinal gráfico ‖ falta, defeito, nódoa ♦ *s.f.*, coisa insignificante.

Tilín, *s.m.*, onomatopeia do sino → *Hacer tilín*, estar caído por, estar apaixonado por alguém.

Timador/ra, *s.*, estafador, escroque.

Timar, *v.5*, estafar, roubar, enganar → *Timarse*, pintar um clima, paquerar com o olhar.

Timbrar, *v.5*, carimbar.

Timbrazo, *s.m.*, toque forte de uma campainha.

Timbre, *s.m.*, timbre da voz ‖ campainha ‖ sinal ‖ selo ‖ estampilha ‖ rendimento do tesouro nacional ‖ ação ou comportamento nobre e honroso.

Timidez, *s.f.*, timidez.

Tímido/a, *adj.* e *s.*, tímido.

Timo, *s.m.*, engano, engodo ‖ timo, glândula.

Timón, *s.m.*, timão, leme ‖ direção, governo, mando ‖ orientação, sentido.

Timonel, *s.m.*, timoneiro.

Timonero/a, *adj.*, penas mais longas da cauda das aves.

Tímpano, *s.m.*, tímpano ‖ membrana que separa o ouvido médio do conduto auditivo ‖ instrumento musical.

Tina, *s.f.*, tina, caldeira, banheira.

Tinaja, *s.f.*, tinalha, tina, talha, dorna.

Tinción, *s.f.*, tintura, ato de tingir.

Tinglado, *s.m.*, coberta das embarcações ‖ tablado ‖ intriga, tramoia.

Tinieblas, *s.f.pl.*, trevas, escuridão ‖ ignorância, confusão, ofuscamento.

Tino, *s.m.*, tino, acerto ‖ destreza, habilidade ‖ juízo, seriedade ‖ moderação, temperança → *Sacar de tino*, tirar do sério, exasperar.

Tinta, *s.f.*, tinta ◆ *s.f.pl.*, matizes de uma cor → *Cargar las tintas*, exagerar um fato. *Medias tintas*, respostas vagas que revelam precaução ou medo. *Saber de buena tinta*, saber de fonte fidedigna. *Sudar tinta*, custar muito esforço alguma coisa. *Tinta china*, tinta nanquim.

Tintar, *v.5*, tingir, entintar.

Tinte, *s.m.*, tintura, ação e efeito de tingir ‖ tinturaria ‖ matiz, traço característico ‖ conhecimento superficial.

Tintero, *s.m.*, tinteiro → *Dejar/quedar algo en el tintero*, esquecer ou omitir alguma coisa.

Tinto/a, *adj.*, tingido ◆ *adj.* e *s.m.*, vinho tinto.

Tintorería, *s.f.*, tinturaria.

Tintorero/a, *s.*, tintureiro.

Tintura, *s.f.*, tintura, líquido para tingir.

Tiña, *s.f.*, tinha, micose ‖ traça ‖ mesquinharia → *Más viejo que la tiña*, mais velho que andar para frente, muito antigo.

Tiñoso/a, *adj.* e *s.*, tinhoso ‖ mesquinho.

Tío/a, *s.*, tio ‖ rústico, grosseiro ‖ cara, chapa, camarada ‖ qualquer pessoa do sexo masculino cujo nome se desconhece → *No hay tu tía*, não tem essa não.

Tiovivo, *s.m.*, carrossel dos parques de atrações.

Tipejo/a, *s.*, pessoa ridícula e desprezível, um tipinho qualquer.

Típico/a, *adj.*, típico, peculiar, característico.

Tipificar, *v.5.14*, tipificar, caracterizar.

Tiple, *s.m.*, o timbre mais agudo da voz humana.

Tipo, *s.m.*, tipo, modelo, exemplar ideal ‖ classe, categoria, modalidade ‖ traços característicos de uma raça ‖ figura, silhueta ‖ representação artística de uma pessoa ‖ pessoa, indivíduo, sujeito ‖ peças de metas usadas em gráficas → *Aguantar/mantener el tipo*, manter a pose, segurar as pontas, não perder a compostura, a classe e a calma. *Jugarse el tipo*, arriscar a vida.

Tipografía, *s.f.*, tipografia.

Tipógrafo/a, *s.*, tipógrafo.

Tique/tiquet, *s.m.*, tíquete, vale, nota, recibo ‖ *Amér.*, passagem, ingresso.

Tira, *s.f.*, tira, faixa, filete, ourela, lista ‖ história em quadrinhos.

Tirabuzón, *s.m.*, cacho de cabelo.

Tirachinas/tirachinos, *s.m.*, estilingue.

Tirado/a, *adj.*, jogado ‖ excedente de mercadoria que é vendido muito barato ‖ coisa muito fácil de fazer ◆ *s.*, pessoa moralmente degradada ◆ *s.f.*, jogada, ação de jogar ‖ tiragem, quantidade de uma edição ‖ período longo de tempo ‖ grande distância entre dois lugares ‖ série ininterrupta de coisas → *Escribir tirado*, escrever muito depressa ou com rapidez.

Tirador/ra, *s.*, atirador ◆ puxador de portas, janelas, gavetas ‖ tira-linhas do compasso.

Tiragomas, *s.m.*, estilingue.

Tiraje, *s.m.*, tiragem, impressão.

Tiralíneas, *s.m.*, tira-linhas.

Tiranía, *s.f.*, tirania ‖ abuso da autoridade.

Tiranizar, *v.5.15*, tiranizar.

Tirano/a, *adj.* e *s.*, tirano.

Tirante, *adj.*, tenso ‖ esticado ‖ retesado ◆ *s.m.*, suspensórios ‖ arreios, tirante, correias das cavalgaduras.

Tirar, *v.5*, atirar, lançar, arremessar, jogar ‖ derrubar, derramar ‖ desfazer-se de alguma coisa ‖ esbanjar, malgastar ‖ traçar, desenhar linhas ‖ imprimir ‖ publicar, editar ‖ disparar ‖ atrair, gostar ‖ puxar, fazer força para trazer para si alguma coisa ‖ levantar, avivar o fogo ‖ dirigir-se, tomar uma direção ‖ ser parecido, assemelhar-se ‖ estar caminhando para alguma coisa ‖ apertar uma roupa ou ser curta ‖ capacidade de um motor ‖ viver precariamente ‖ fazer fotografia ‖ jogar na respectiva vez → *Tirarse*, deixar-se cair ‖ atirar-se contra ‖ deitar-se ‖ passar o tempo de um certo modo ‖ ter relações sexuais. *A todo tirar*, no limite, no máximo que é possível. *Tira y afloja*, forma de conduzir um negócio, umas vezes rígido outras benevolente. *Tirar a matar*, fazer as coisas com a intenção de magoar alguém.

Tirilla, *s.f.*, tira fina e estreita.

Tirita, *s.f.*, curativo autoadesivo, *bandaid*.

Tiritar, *v.5*, tremer de frio ou pelo efeito de febre.

Tiro, *s.m.*, tiro ‖ disparo ‖ explosão, estampido ‖ carga de arma de fogo ‖ direção do tiro, mira, alvo ‖ peça de artilharia ‖ conjunto de animais que puxam uma carroça ‖ lançamento vigoroso em alguns esportes ‖ lance de escada ‖ corrente de ar de uma chaminé ‖ cavalo das calças → *A tiro*, a curta distância ‖ dentro das possibilidades de quem fala. *A tiro hecho*, de propósito. *De tiros largos*, muito bem vestido. *Errar el tiro*, fracassar, errar no que se deseja. *Ni a tiros*, de jeito nenhum. *Salir el tiro por la culata*, sair o tiro pela culatra. *Sentar como un tiro*, produzir dano físico ou moral. *Tiro de gracia*, tiro de misericórdia.

Tiroides, *s.m.*, tiroide.

Tirón, *s.m.*, puxão → *De un tirón*, de uma vez só.

Tiroteo, *s.m.*, tiroteio.

Tirria, *s.f.*, antipatia injustificada.

Tisana, *s.f.*, tisana, infusão medicinal.

Tisis, *s.f.*, tísica, tuberculose.

Títere, *s.m.*, títere, boneco móvel ‖ truão, bobo, fantoche ‖ palhaço ‖ saltimbancos.

Titilar, *v.5*, cintilar.

Titiritero/a, *s.*, pessoa que move as cordas dos títeres ‖ acrobata circense.

Titubear, *v.5*, titubear, vacilar, duvidar ‖ balbuciar, gaguejar.

Titular, *adj.*, *s.m.* e *f.*, titular ◆ *v.5*, registrar ‖ intitular → *Titularse*, formar-se, tirar o diploma.

Título, *s.m.*, título ‖ nome de profissão, grau ou categoria ‖ diploma acadêmico ‖ alínea, parágrafo de lei ‖ rótulo ‖ pretexto ‖ causa, motivo ‖ dignidade → *A título de*, na qualidade de.

Tiza, *s.f.*, giz.

Tiznar, *v.5*, tisnar, manchar com carvão.
Tizne, *s.m.* ou *f.*, tisne, fuligem.
Tizón, *s.m.*, tição.
Tizona, *s.f.*, espada.
Toalla, *s.f.*, toalha para enxugar → *Arrojar/lanzar la toalla*, abandonar a luta, desistir.
Toallero, *s.m.*, porta-toalhas.
Tobera, *s.f.*, tubeira, bocal.
Tobillera, *s.f.*, tornozeleira.
Tobillo, *s.m.*, tornozelo.
Tobogán, *s.m.*, tobogã.
Toca, *s.f.*, touca.
Tocadiscos, *s.m.*, toca-discos.
Tocado/a, *adj.*, ligeiramente estragado ou bêbado ou louco ‖ penteado do cabelo ‖ qualquer coisa usada como enfeite na cabeça ‖ aparência, em especial da mulher.
Tocador, *s.m.*, tocador, penteadeira.
Tocante, *loc.*, *tocante a*, com respeito a.
Tocar, *v.5.14*, tocar ‖ palpar ‖ atingir ‖ soar ‖ avisar ‖ ensaiar ‖ inspirar ‖ pentear ‖ mexer ‖ sofrer as consequências ‖ aludir, fazer menção ‖ comover ‖ chegar ‖ corresponder, ser o momento ‖ dizer respeito, interessar, importar ‖ ganhar na loteria ou na sorte → *Tocarse*, cobrir a cabeça em sinal de respeito. *Tocar de cerca*, ter conhecimento no assunto. *Tocárselas [alguien]*, escapar, fugir.
Tocata, *s.f.*, tocata.
Tocateja, *loc.*, *a tocateja*, pagamento no ato, a vista.
Tocayo/a, *s.*, xará.
Tocino, *s.m.*, toucinho.
Tocón, *s.m.*, toco de árvore.
Todavía, *adv.*, ainda, todavia, contudo, não obstante, porém.
Todo/a, *pron.* e *adj.*, tudo ◆ *s.m.*, total, todo ◆ *adv.*, completamente, inteiramente, exclusivamente composto de ◆ *s.m.pl.*, todo o mundo, todas as pessoas → *A todo esto/a todas estas*, ao mesmo tempo, simultaneamente. *Ante/por encima de/sobre todo*, primeiro ou principalmente. *Así y todo/con eso y todo/con todo/con todo y con eso*, apesar de tudo isso. *De todas todas*, com certeza absoluta. *De todo*, de tudo, de todas as coisas. *De todo en todo/en todo y por todo*, completamente. *Después de todo*, expressão usada para diminuir a importância de alguma coisa, não ser para tanto. *Jugarse el todo por el todo*, arriscar-se muito para conseguir alguma coisa. *No tenerlas todas consigo*, medo ou desconfiança com relação a alguma coisa. *O todo o nada*, tudo ou nada, sem concessão parcial. *Por todo lo alto*, com muito luxo ou muito caro. *Ser todo uno*, ao mesmo tempo, simultaneamente. *Todo lo más*, no máximo. *Todos los*, cada um dos. *Y todo*, também, até.
Todopoderoso/a, *adj.*, todo-poderoso, onipotente ◆ *s.m.*, Deus.
Tojo, *s.m.*, espécie de urtiga típica da Europa.
Toldo, *s.m.*, toldo.
Tolerancia, *s.f.*, tolerância.
Tolerar, *v.5*, tolerar, suportar ‖ aceitar, suportar a presença de alguém que não se gosta ‖ permitir ‖ padecer, aguentar ‖, admitir outras ideias.
Toma, *s.f.*, tomada, posse ‖ dose, porção ‖ desvio, secção → *Toma de corriente*,

fonte de energia. *Toma de posesión*, tomada de posse. *Toma de tierra*, aterrissagem ‖ ligação terra.

Tomadura, *s.f.*, *tomadura de pelo*, sarro, burla, chacota.

Tomar, *v.5*, tomar, pegar, agarrar com as mãos ‖ receber, aceitar, admitir ‖ servir-se de um meio de transporte ‖ perceber, receber pagamento por serviço ‖ conquistar, ocupar, adquirir algo pela força ‖ adotar uma decisão, usar ‖ adquirir, comprar ‖ contrair ‖ fotografar, retratar ‖ calcular uma magnitude com instrumentos ‖ contratar, empregar, dar emprego ‖ alugar ‖ entender, julgar, interpretar o sentido ‖ receber os efeitos de algo ‖ começar a ter sentimentos por alguém, positivos ou negativos ‖ beber, comer, ingerir alimento ‖ beber bebidas alcoólicas ‖ encaminhar-se, dirigir-se, ir em uma determinada direção ‖ prender as plantas, brotar → *Toma*, *interj.*, de assombro ou surpresa, equivale a: nossa! *Toma y daca*, expressão com a que se declara que houve uma troca simultânea, equivale a: toma lá dá cá. *Tomar marido/tomar por marido/mujer*, casar-se. *Tomar por*, acreditar, confundir, pensar que é uma coisa. *Tomar sobre sí*, assumir, tomar como causa ou responsabilidade sua. *Tomarla con [alguien]*, contradizer e culpar [alguém].

Tomate, *s.m.*, tomate → *Haber tomate*, ter confusão, encrenca.

Tomatera, *s.f.*, pé de tomate.

Tómbola, *s.f.*, tômbola, rifa.

Tomillo, *s.m.*, tomilho.

Tomo, *s.m.*, tomo, volume ‖ livro → *De tomo y lomo*, de muita importância e consideração.

Tomografía, *s.f.*, tomografia.

Ton, *s.m.*, *sin ton ni son*, sem motivo, sem causa aparente.

Tonada, *s.f.*, toada, composição musical.

Tonadilla, *s.f.*, toada popular.

Tonalidad, *s.f.*, tom, tonalidade.

Tonel, *s.m.*, tonel, barrica ‖ pessoa muito gorda.

Tonelada, *s.f.*, tonelada.

Tonelaje, *s.m.*, tonelagem.

Tónico/a, *adj.*, tônico, revigorante ‖ tonal, relativo ao tom ‖ fonema acentuado ◆ *s.m.*, loção adstringente ‖ remédio reconstituinte ◆ *s.f.*, tônica, tendência geral, estilo.

Tonificar, *v.5.14*, tonificar, dar forças.

Tono, *s.m.*, tom, grau de elevação de um som ‖ inflexão, modulação, timbre ‖ estilo, escola, forma de uma obra ‖ intensidade da cor ‖ estado de um organismo → *A tono*, combinando, de acordo. *Bajar el tono*, falar com mais moderação. *Darse tono*, dar-se importância. *De buen/mal tono*, próprio de gente bem/mal-educada. *Fuera de tono*, desacerto. *Salida de tono*, despropósito. *Subir de tono*, arrogante, zangado, irritado.

Tontada, *s.f.*, tontice, bobagem, tolice.

Tontaina, *adj.*, *s.m.* e *f.*, pessoa tonta, boba, tola.

Tontear, *v.5*, fazer ou dizer tontices, bobagens, tolices.

Tontería, *s.f.*, tontice, bobagem, tolice, idiotice ‖ qualidade de tonto ‖ frescura, melindre → *Dejarse de tonterías*, deixar as bobagens de lado.

Tonto/a, *adj.* e *s.*, tonto, bobo ‖ ingênuo ‖ chato ‖ coisa sem sentido → *A lo tonto*, como quem não faz nada, disfarçadamente. *A tontas y a locas*, sem reflexão, de forma aloucada. *Dejar tonto a [alguien]*, assombrar, cair o queixo, ficar bobo, ficar estarrecido. *Hacer el tonto*, fazer bobagens. *Hacerse el tonto*, aparentar ignorância, fazer-se passar por bobo. *Ponerse tonto*, ser inconveniente, petulante ou vaidoso.

Topacio, *s.m.*, topázio.

Topar, *v.5*, topar, chocar-se, dar contra alguma coisa ‖ encontrar casualmente.

Tope, *s.m.*, limite máximo, auge, topo ‖ ponto de contato ‖ obstáculo, impedimento, limitação → *A tope/al tope/ basta los topes*, muito cheio, repleto.

Tópico/a, *adj.*, comum ◆ *adj.* e *s.m.*, tópico, remédio de uso externo ◆ *s.m.*, princípio comum, base de argumentação ‖ lugar-comum, vulgar, característica ‖ frase feita usada por todos ‖ preconceito tomado como verdade ‖ vícios e hábitos de moda ‖ *Amér.*, assunto da moda.

Topo, *s.m.*, topeira ‖ bolas ou pintas coloridas em tecido.

Topografía, *s.f.*, topografia.

Topógrafo/a, *s.*, topógrafo.

Toque, *s.m.*, toque, contato ‖ aplicação medicinal ‖ detalhe característico ‖ som em especial de sinos ‖ ponto central, o "x" da questão ‖ prova, exame → *A toque de campana*, pontualmente. *Dar un toque a [alguien]*, dar um toque, avisar. *Toque de atención*, chamar a atenção.

Toquetear, *v.5*, manusear, tocar repetidamente com as mãos, xeretear.

Toquilla, *s.f.*, xale ‖ lenço de cabeça ‖ manta ou xale usado para os bebês.

Toráx, *s.m.*, tórax.

Torbellino, *s.m.*, turbilhão, redemoinho ‖ pessoa espevitada.

Torcedura, *s.f.*, torção, torcimento, distensão.

Torcer, *v.10*, torcer, curvar, dobrar ‖ inclinar ‖ retorcer ‖ mudar, trocar ‖ perverter ‖ desviar ‖ desagradar ‖ girar, voltar, retroceder ‖ tergiversar, distorcer, interpretar mal → *Torcerse*, frustrar, sair mal, dar errado, estragar ‖ deslocar um membro.

Torear, *v.5*, tourear.

Torero/a, *adj.*, relativo ao touro ◆ *s.*, toureiro ◆ *s.f.*, casaco curto e justo até a cintura, jaqueta → *Saltarse a la torera [algo]*, não levar em conta, não levar a sério.

Toril, *s.m.*, lugar, nas praças de touros, destinado a guardar os touros.

Tormenta, *s.f.*, tormenta.

Tormento, *s.m.*, tormento ‖ aflição, preocupação.

Tornado, *s.m.*, tornado, furacão.

Tornar, *v.5*, voltar, regressar, retornar ‖ devolver, restituir ‖ mudar, transformar → *Tornar en sí,* voltar a si.

Tornas, *s.f.pl.*, *volver las tornas*, inverter, ao contrário.

Tornear, *v.5*, tornear, passar pelo torno.

Torneo, *s.m.*, torneio, competição esportiva.

Tornero/a, *s.*, torneiro, operário de torno ◆ *s.f.* e *adj.*, freira que trabalha nas rodeiras dos conventos de clausura.

Tornillo, *s.m.*, parafuso → *Apretarle los tornillos a [alguien]*, apressar [alguém] no trabalho. *Faltarle un tornillo a [alguien]/tener los tornillos flojos*, ter um parafuso solto ou um parafuso de menos, ser doido.

Torniquete, *s.m.*, torniquete.

Torno, *s.m.*, torno ‖ rodeiras para conversar colocadas nos conventos de clausura → *En torno*, ao redor.

Toro, *s.m.*, touro ‖ homem forte e robusto ◆ *s.f.pl.*, corrida de touros → *Agarrar/coger/tomar el toro por los cuernos*, enfrentar um assunto difícil com coragem. *Echarle/soltarle el toro [a alguien]*, soltar os cachorros, chamar a atenção duramente. *Ver los toros desde la barrera*, assistir de camarote, ver as coisas sem intervir.

Torpe, *adj.*, torpe, tardo, inábil, desajeitado ‖ sem agilidade ‖ difícil de aprender, lento.

Torpeza, *s.f.*, lentidão, vagar, torpor, torpeza.

Torre, *s.f.*, torre → *Torre de marfil*, redoma de vidro, isolamento voluntário.

Torrefactar, *v.5*, torrefatar, torrar.

Torrente, *s.m.*, torrente, corrente de água ‖ multidão.

Torrentera, *s.f.*, leito de torrente.

Torrezno, *s.m.*, torresmo.

Torrija, *s.f.*, rabanada.

Torsión, *s.f.*, torção.

Torso, *s.m.*, dorso, tronco.

Torta, *s.f.*, torta → *Costar la torta un pan*, custar muito mais do que vale.

Tortazo, *s.m.*, bofetão, tapão ‖ golpe violento provocado numa queda.

Tortícolis, *s.m.*, torcicolo.

Tortilla, *s.f.*, omelete, fritada de ovos e batatas típica espanhola → *Cambiar/volverse la tortilla*, ocorrer ao contrário do que se esperava ‖ mudar de lado a sorte.

Tórtola, *s.f.*, rola.

Tórtolo, *s.m.*, homem muito apaixonado ◆ *s.m.pl.*, dupla de apaixonados, pombinhos.

Tortuga, *s.f.*, tartaruga.

Tortura, *s.f.*, tortura ‖ dor física ou psicológica ‖ sofrimento físico ou moral.

Torturar, *v.5*, torturar.

Tos, *s.f.*, tosse → *Tos ferina*, coqueluche.

Tosco/a, *adj.*, tosco ‖ rústico.

Toser, *v.6*, tossir.

Tostador, *s.m.*/**Tostadora**, *s.f.*, torradeira doméstica.

Tostar, *v.10*, tostar, torrar ‖ tomar sol, ficar queimado ou moreno.

Tostón, *s.m.*, cubinho de pão torrado para colocar na sopa ‖ leitão assado ‖ pessoa chata.

Total, *adj.*, completo, pleno, todo, inteiro ◆ *s.m.*, total da soma ◆ *adv.*, em suma, concluindo.

Totalizar, *v.5.15*, totalizar.

Tóxico/a, *adj.*, tóxico.

Toxina, *s.f.*, toxina.

Tozudez, *s.f.*, teimosia.

Tozudo/a, *adj.*, teimoso, cabeça-dura, obstinado.

Traba, *s.f.*, trava ‖ dificuldade ‖ obstáculo.

Trabajador/ra, *adj.*, trabalhador.

Trabajar, *v.5*, trabalhar ‖ arar a terra ‖ estudar.

Trabajo, *s.m.*, trabalho, ocupação, profissão, labor ‖ obra, produto, exercício ‖ esforço ◆ *s.m.pl.*, miséria, dificuldade, apuros.

Trabar, *v.5*, prender ‖ travar ‖ começar, iniciar ‖ impedir ‖ espessar.

Trabazón, *s.m.*, conexão ‖ travamento.

Trabilla, *s.f.*, presilha.

Traca, *s.f.*, fiada de fogos de artifício.

Tracción, *s.f.*, tração.

Tracoma, *s.m.*, tracoma.

Tractor, *s.m.*, trator.

Tradición, *s.f.*, tradição.

Tradicional, *adj.*, tradicional.

Traducción, *s.f.*, tradução.

Traducir, *v.9*, traduzir ‖ expressar ‖ converter, mudar, transformar.

Traductor/ra, *s.*, tradutor.

Traer, *v.43*, trazer ‖ causar, ocasionar ‖ provocar ‖ levar ‖ vestir, usar → *Traerse*, planejar sorrateiramente, maquinar. *Traérselas*, ter más intenções.

Traficar, *v.5.14*, traficar, comerciar ilegalmente.

Tráfico, *s.m.*, tráfico ‖ tráfego.

Tragaperras, *s.m.f.* e *adj.*, caça-níqueis.

Tragar, *v.5.18*, tragar, engolir ‖ devorar ‖ tolerar ‖ acreditar, crer ‖ absorver, embeber ‖ fingir, fazer de conta ‖ consumir muito.

Tragedia, *s.f.*, tragédia.

Trágico/a, *adj.*, trágico.

Trago, *s.m.*, gole, trago ‖ adversidade, pena, desgosto.

Traición, *s.f.*, traição.

Traicionar, *v.5*, trair ‖ delatar.

Traicionero/a, *adj.*, traiçoeiro.

Traído/a, *adj.*, muito usado, moda ◆ *s.f.*, ação de trazer, trazido.

Traidor/ra, *adj.* e *s.*, traidor.

Trainera, *s.f.*, traineira.

Traje, *s.m.*, traje, roupa completa, vestes.

Trajín, *s.m.*, faina, azáfama ‖ tráfego ‖ transporte.

Trajinar, *v.5*, carregar, transportar ‖ lidar, trabalhar ‖ fadigar-se de trabalhar muito.

Tralla, *s.f.*, látego, chicote.

Trallazo, *s.m.*, chicotada.

Trama, *s.f.*, trama, urdidura ‖ intriga, confabulação.

Tramar, *v.5*, tramar, urdir, preparar com sigilo.

Tramitar, *v.5*, fazer diligências, tramitar.

Tramo, *s.m.*, tramo, lance, canal, caminho, trecho, desvio.

Trampa, *s.f.*, armadilha, alçapão, ardil, trapaça, cilada.

Trampear, *v.5*, trapacear.

Trampilla, *s.f.*, alçapão.

Trampolín, *s.m.*, trampolim.

Tramposo/a, *adj.* e *s.*, trapaceiro.

Tranca, *s.f.*, tranca → *A trancas y barrancas*, aos trancos e barrancos.

Trance, *s.m.*, transe, lance, momento.

Tranco, *s.m.*, passada larga.

Tranquilidad, *s.f.*, tranquilidade.

Tranquilizar, *v.5.15*, tranquilizar.

Tranquilo/a, *adj.*, tranquilo.

Trans, prefixo cujo significado principal é "passar para o lado oposto" ou "situação no lado oposto". Pode ser decomposto nos seguintes significados: através de (transparente, transfixión); passar de um lado ao outro (transbordar, transcribir); situado do outro lado (transgangético, transtibetano); situado atrás no tempo ou no espaço (trasabuelo, trasaltar, trascorral, trashoguero); mudança ou desordem (traseñalar, trastejar, trastocar, trastornar). Na maior parte das palavras, este prefixo foi simplificado e perdeu o "n", dando origem a uma segunda forma em "tras", porém isto não é uma regra. Além disso, parece que normalmente uma é usada na linguagem culta e outra, na popular, mas também não é regra.

Transeúnte, *adj.*, transeunte, pedestre.

Transido/a, *adj.*, afetado, abalado por dor física ou moral.

Transigir, *v.7.15*, transigir, ceder, convir, condescender.

Tránsito, *s.m.*, trânsito ‖ trajeto ‖ paragem ‖ marcha ‖ morte de uma pessoa santa.

Transportador, *s.m.*, transferidor.

Tranvía, *s.m.*, ônibus elétrico.

Trapacear, *v.5*, trapacear.

Trapecio, *s.m.*, trapézio.

Trapero/a, *s.*, trapeiro, farrapeiro.

Trapezoide, *s.m.*, trapezoide.

Trapiche, *s.m.*, engenho de açúcar.

Trapichear, *v.5*, fazer cambalachos.

Trapicheo, *s.m.*, cambalacho.

Trapo, *s.m.*, trapo, pano, retalho ‖ pano de prato ‖ rodilha ‖ farrapo ◆ *s.m.pl.*, roupas em especial as femininas → *A todo trapo*, a toda vela, a todo pano. *Estar hecho un trapo*, estar morto de cansaço ou fatigado. *Poner como un trapo*, insultar alguém. *Sacar/salir todos los trapos a relucir*, dizer tudo o que se pensa de uma pessoa. *Soltar el trapo*, desatar a chorar.

Tráquea, *s.f.*, traqueia.

Tras, *prep.*, trás, atrás, detrás, após, depois ‖ além de.

Trascender, *v.12*, exalar ‖ transparecer ‖ manifestar-se.

Trasegar, *v.12*, revirar, transtornar.

Trasero/a, *adj.*, traseiro, situado na parte de trás ◆ *s.m.*, bunda, nádegas ◆ *s.f.*, os fundos de uma casa.

Trasmitir, *v.7*, transmitir.

Trasnochar, *v.5*, passar grande parte da noite sem dormir.

Trasparente, *adj.*, transparente.

Traspasar, *v.5*, transpassar, atravessar ‖ voltar a passar ‖ vender.

Traspaso, *s.m.*, traspasso, venda ‖ angústia.

Traspié, *s.m.*, escorregão.

Traspiración, *s.f.*, transpiração, suor.

Traspirar, *v.5*, transpirar, suar.

Traspunte, *s.m.* e *f.*, apontador do teatro.

Trasquilar, *v.5*, cortar mal o cabelo ‖ tosquiar.

Trastada, *s.f.*, travessura ‖ fraude.

Trastazo, *s.m.*, pancada, golpe, bordoada.

Trastear, *v.5*, remexer ‖ entreter.

Trastero, *adj.* e *s.m.*, lugar onde se guardam coisas inservíveis, depósito, despensa.

Trasto, *s.m.*, traste, coisa inservível ‖ pessoa inútil ◆ *s.m.pl.*, objetos e ferramentas próprias para uma profissão específica → *Tirarse los trastos a la cabeza*, brigar feio duas ou mais pessoas.

Trastornar, *v.5*, transtornar ‖ gostar muito, ser doido por ‖ inquietar ‖ apaixonar-se.

Trata, *s.f.*, tráfico de seres humanos → *Trata de blancas*, comércio de mulheres para a prostituição.

Tratado, *s.m.*, tratado ‖ acordo.

Tratamiento, *s.m.*, tratamento.

Tratar, *v.5*, tratar ‖ combinar ‖ comunicar ‖ relacionar-se ‖ assistir, cuidar, curar, sarar ‖ discorrer, versar ‖ conduzir-se ‖ tentar, pretender.

Trato, *s.m.*, trato, ajuste, pacto ‖ tratado ‖ tratamento, cortesia ‖ comércio, negócio.

Trauma, *s.m.*, trauma.

Traumatizar, *v.5.15*, traumatizar.

Través, *loc.*, *a/de través*, de esguelha, de soslaio ‖ revés ‖ através.

Travesaño, *s.m.*, travessa, trave, travessão.

Travesía, *s.f.*, travessia ‖ viagem por mar ou ar.

Travestí, *s.m.* e *f.*, travesti.

Travesura, *s.f.*, travessura.

Travieso/a, *adj.*, travesso, que faz travessuras ◆ *s.f.*, dormente dos trilhos de trem.

Trayecto, *s.m.*, trajeto, roteiro.

Traza, *s.f.*, traçado, desenho, planta arquitetônica ‖ habilidade, perícia.

Trazar, *v.5.15*, desenhar ‖ descrever sumariamente ‖ estabelecer, traçar planos.

Trazo, *s.m.*, traço, linha traçada ‖ delineamento ‖ traços do rosto.

Trébol, *s.m.*, trevo.

Trece, *adj.* e *s.m.*, treze.

Trecho, *s.m.*, trecho, intervalo, distância.

Tregua, *s.f.*, trégua ‖ descanso.

Treinta, *adj.* e *s.m.*, trinta.

Tremendo/a, *adj.*, tremendo, terrível, formidável ‖ extraordinário ‖ criança muito travessa → *Tomar las cosas por la tremenda*, levar as coisas muito a sério.

Trementina, *s.f.*, terebintina.

Tren, *s.m.*, trem ‖ velocidade, ritmo.

Trenza, *s.f.*, trança, trançado.

Trenzar, *v.5.15*, trançar, fazer trança.

Trepar, *v.5*, trepar, subir, elevar-se.

Trepidar, *v.5*, trepidar.

Tres, *adj.* e *s.m.*, três.

Tresillo, *s.m.*, jogo de sofá e duas poltronas.

Treta, *s.f.*, treta, engano, engodo.

Tríada, *s.f.*, tríade.

Triángulo, *s.m.*, triângulo ‖ triângulo amoroso.

Triar, *v.5.16*, fazer triagem, escolher, separar.

Tribu, *s.f.*, tribo.

Tribuna, *s.f.*, tribuna.

Tribunal, *s.m.*, tribunal.

Tributar, *v.5*, tributar ‖ pagar impostos ‖ oferecer.

Tributo, *s.m.*, tributo ‖ imposto ‖ homenagem.

Tricot, *s.m.*, tricô.

Tricotar, *v.5*, tricotar, fazer tricô.

Tricotosa, *s.f.* e *adj.*, máquina de fazer tricô.

Trifulca, *s.f.*, disputa, briga, encrenca.

Trigal, *s.m.*, trigal, campo plantado de trigo.

Trigo, *s.m.*, trigo → *No ser trigo limpio*, a coisa não cheira bem, tem gato escondido.

Trigonometría, *s.f.*, trigonometria.

Trigueño/a, *adj.*, trigueiro, moreno.

Trilla, *s.f.*, debulha do trigo e da cevada.

Trillar, *v.5*, debulhar e triturar o trigo e a cevada.

Trimestre, *s.m.*, trimestre.

Trinar, *v.5*, trinar, cantar as aves.

Trinca, *s.f.*, trinca.

Trincar, *v.5.14*, deter, prender.

Trinchar, *v.5*, destrinchar, cortar em pedaços a comida.

Trinchera, *s.f.*, trincheira.

Trinchero, *s.m.*, guarda-louça, cristaleira.

Trineo, *s.m.*, trenó.

Trinidad, *s.f.*, trindade.

Trino, *s.m.*, trinado, gorjeio.

Trío, *s.m.*, trio.

Tripa, *s.f.*, tripa ‖ intestino ‖ ventre, barriga ‖ gravidez, prenhez ‖ bojo de uma vasilha → *Echar las tripas*, vomitar. *Echar tripa*, ficar barrigudo pela riqueza. *Hacer de tripas corazón*, fazer das tripas coração. *Revolver las tripas*, sentir nojo, repugnância.

Triple, *adj.* e *s.m.*, triplo.

Triplicar, *v.5.14*, triplicar.

Tripudo/a, *adj.*, barrigudo.

Tripulación, *s.f.*, tripulação.

Tripular, *v.5*, tripular, conduzir.

Tris, *s.m.*, ser iminente, por pouco, por um triz.

Triste, *adj.*, triste ‖ insignificante ‖ desbotado, pálido, murcho.

Tristeza, *s.f.*, tristeza.

Triturar, *v.5*, triturar, moer ‖ maltratar ‖ rebater, criticar.

Triunfar, *v.5*, triunfar, vencer.

Triunfo, *s.m.*, triunfo ‖ troféu ‖ curinga do baralho.

Trivial, *adj.*, trivial.

Triza, *s.f.*, migalha, pedacinho → *Hacer trizas [algo]*, destruir, despedaçar. *Hacer trizas [a alguien]*, deixar alguém humilhado.

Trocar, *v.10*, trocar, mudar, variar.

Trocear, *v.5*, dividir em pedaços.

Trocha, *s.f.*, atalho, caminho, vereda → *Trocha angosta*, bitola estreita das ferrovias.

Troche, *interj.*, *a troche y moche*, sem ordem ou medida.

Trole, *s.m.*, suspensório dos ônibus elétricos.

Trolebús, *s.m.*, ônibus elétrico.

Trombón, *s.m.*, trombone.

Trombosis, *s.f.*, trombose.

Trompa, *s.f.*, trompa ‖ pião ‖ bebedeira.

Trompazo, *s.m.*, trombada, pancada, encontrão, murro.

Trompeta, *s.f.*, trompete.

Trompetilla, *s.f.*, corneta.

Trompicón, *s.m.*, tropeção.

Trompo, *s.m.*, pião.

Tronar, *v.10*, troar, trovejar ‖ estrondear ‖ estourar.

Tronco, *s.m.*, tronco ‖ caule, talo, haste ‖ tórax ‖ linhagem, família → *Estar/dormido como un tronco*, profundamente adormecido.

Tronchar, *v.5*, partir, quebrar sem ferramentas ‖ truncar, impedir → *Troncharse*, morrer de rir.

Troncho, *s.m.*, talo em especial de hortaliças.

Trono, *s.m.*, trono ‖ dignidade.

Tropa, *s.f.*, tropa ‖ multidão.

Tropel, *s.m.*, tropel, balbúrdia, tumulto.

Tropelía, *s.f.*, atropelo ‖ dolo, engano.

Tropezar, *v.12*, tropeçar, esbarrar ‖ encontrar dificuldade ‖ errar ‖ discordar, opor-se ‖ topar ‖ advertir.

Tropezón, *s.m.*, tropeção ‖ erro, equívoco ‖ pedaço pequeno de carne numa comida em especial na sopa.

Tropical, *adj.*, tropical.

Trópico, *s.m.*, trópico.

Tropiezo, *s.m.*, tropeço ‖ estorvo ‖ impedimento ‖ erro.

Trotar, *v.5*, trotar.

Trote, *s.m.*, trote ‖ ocupação, trabalho → *A/al trote*, muito depressa, rápido. *De mucho trote*, forte, resistente. *Para todo trote*, de uso diário, para bater.

Trova, *s.f.*, trova, verso.

Trovador, *s.m.*, trovador, poeta.

Trozo, *s.m.*, pedaço, parte, porção.

Truco, *s.m.*, truque → *Coger el truco*, pegar o truque, saber qual é a artimanha certa.

Truculencia, *s.f.*, truculência.

Trucha, *s.f.*, truta.

Trueno, *s.m.*, trovão.

Trueque, *s.m.*, troca, permuta.

Truhán/ana, *adj.*, impostor, trapaceiro ‖ truão, palhaço, bobo.

Truncar, *v.5.14*, truncar, cortar, decepar, mutilar ‖ decapitar ‖ omitir.

Truque, *s.m.*, truco, jogo de cartas.

Trust, *s.m.*, truste.

Tu/tus, *pron.poss.*, apócope de *tuyo/tuya/tuyos/tuyas*, teu, tua, teus, tuas só se emprega antes de *s*.

Tú, *pron.m.* e *f.* de segunda *pess.*, tu, funciona como sujeito ou como predicado nominal.

Tubérculo, *s.m.*, tubérculo.

Tuberculosis, *s.f.*, tuberculose.

Tubería, *s.f.*, encanamento.

Tubo, *s.m.*, tubo.

Tucán, *s.m.*, tucano.

Tuerca, *s.f.*, porca de parafuso.

Tuerto/a, *adj.* e *s.*, caolho, vesgo, zarolho.

Tueste, *s.m.*, torrefação.

Tuétano, *s.m.*, tutano, medula.

Tufillas, *s.m.* e *f.*, pessoa melindrosa, cheia de dedos.

Tufo, *s.m.*, vapor, emanação, exalação ‖ vaidade, orgulho ‖ mecha de cabelo ‖ suspeita.

Tugurio, *s.m.*, choça, palhoça, cabana, casa paupérrima.

Tul, *s.m.*, tule.

Tulipán, *s.m.*, tulipa.

Tullir, *v.19*, tolher ‖ paralisar.

Tumba, *s.f.*, tumba, túmulo, sepulcro ‖ pessoa muito discreta e que guarda segredos.

Tumbar, *v.5*, tombar, derrubar ‖ reprovar num exame ‖ perturbar, entontecer → *Tumbarse*, deitar-se ‖ encostar-se, abandonar os esforços.

Tumbona, *s.f.*, espreguiçadeira.

Tumefacción, *s.f.*, intumescência.

Tumor, *s.m.*, tumor.

Túmulo, *s.m.*, túmulo, sepultura.

Tumulto, *s.m.*, tumulto.

Túnel, *s.m.*, túnel.

Túnica, *s.f.*, túnica.

Tuno/a, *adj.* e *s.*, tunante, bagunceiro ◆ *s.m.*, estudante que faz parte da tuna ◆ *s.f.*, grupo de estudantes que tocam e fazem serestas.

Tuntún, *interj.*, *al tuntún*, sem repressão, sem certeza, por mero palpite.

Tupé, *s.m.*, topete ‖ atrevimento.

Tupido/a, *adj.*, espesso, povoado ‖ conjunto de coisas muito próximas, juntas.

Tupir, *v.7*, encher, espessar, povoar.

Turba, *s.f.*, turfa ‖ turba.

Turbación, *s.f.*, turbação ‖ confusão.

Turbante, *s.m.*, turbante.

Turbar, *v.5*, turbar ‖ turvar ‖ toldar ‖ atordoar.

Turbina, *s.f.*, turbina.

Turbio/a, *adj.*, turvo ‖ opaco, embaciado ‖ duvidoso.

Turgente, *adj.*, túrgido.

Turismo, *s.m.*, turismo ‖ automóvel de passeio particular.

Turista, *s.m.* e *f.*, turista.

Turma, *s.f.*, testículo.

Turnarse, *v.5*, revezar-se, alternar-se.

Turno, *s.m.*, turno, turma.

Turquesa, *s.f.*, turquesa, mineral.

Turrón, *s.m.*, doce típico espanhol à base de amêndoas.

Tute, *s.m.*, tipo de jogo de cartas → *Dar el tute*, usar muito alguma coisa. *Darse un tute*, fazer um grande esforço trabalhando duro em alguma coisa.

Tutear, *v.5*, tratar com intimidade.

Tutela, *s.f.*, tutela.

Tutelar, *adj.*, tutelar.

Tutiplén, *interj.*, *a tutiplén*, em abundância, aos montes.

Tutor/ra, *s.*, tutor.

Tuyo/a, *pron.poss.*, *tuyo/tuya/tuyos/tuyas*, teu, tua, teus, tuas → *La tuya*, chegou a tua hora, é a tua vez, aproveite. *Lo tuyo*, o que uma pessoa faz bem, o seu negócio. *Los tuyos*, parentes ou familiares da pessoa com quem se fala.

U

s.f., vigésima segunda letra do alfabeto espanhol e última de suas vogais; é letra muda nas sílabas *que, qui, gue, gui*; quando uma dessas sílabas for pronunciada coloca-se trema ◆ *conj.* disjuntiva *ou* usada no lugar de *o* para evitar cacofonia quando a palavra seguinte começa por *o*.

Ubérrimo/a, *adj.*, ubérrimo, fertilíssimo.

Ubicación, *s.f.*, localização física no espaço de um corpo ou ser.

Ubicar, *v.5.14,* situar, localizar.

Ubicuidad, *s.f.*, onipresença, estar em todos os lugares, ubiquidade.

Ubre, *s.f.*, úbere, glândula mamária.

Uf, *interj.*, indica cansaço, equivale a: ufa!

Ufanarse, *v.5*, vangloriar-se, jactar-se, ufanar-se.

Ufanía, *s.f.*, ato ou efeito de vangloriar-se.

Ufano/a, *adj.*, convencido ‖ satisfeito, alegre ‖ viçoso.

Ujier, *s.m.*, porteiro de edifício público.

Úlcera, *s.f.*, úlcera, ferida, chaga.

Ulterior, *adj.*, ulterior, posterior.

Ultimación, *s.f.*, terminação, conclusão, finalização.

Ultimar, *v.5*, terminar, acabar, concluir, finalizar.

Ultimátum, *s.m.*, ultimato, condições irrevogáveis, resolução definitiva.

Último/a, *adj.*, último, derradeiro, final ‖ o mais recente ‖ supremo ‖ decisivo ‖ preço mínimo.

Ultra, prefixo, dá conotação de além de, muito mais ◆ *adv.*, ultra, além de ‖ demais.

Ultrajar, *v.5*, ultrajar, afrontar, difamar, injuriar, insultar.

Ultraje, *s.m.*, injúria, insulto, ofensa.

Ultramar, *s.m.*, além-mar, do outro lado do oceano ou mar.

Ultramarino/a, *adj.*, de além-mar ◆ *s.m.pl.*, conserva em geral → *Tienda de ultramarinos*, armazém de venda de comestíveis em geral.

Ultrasonido, *s.m.*, ultrassom.

Ultratumba, *loc.*, *de ultratumba,* além-túmulo.

Ultravioleta, *s.m.* e *adj.*, ultravioleta.

Umbilical, *adj.*, umbilical, relativo ao umbigo.

Umbral, *s.m.*, umbral ‖ princípio, começo ‖ limite.

Un/una, *art.* indeterminado, um, uma, indica coisa ou pessoa de modo indeterminado ‖ serve para introduzir uma expressão indeterminada ◆ *adj.*, apócope do numeral *uno* ◆ *adj.pl.*, expressa número indeterminado, não muito grande, de coisas ou pessoas.

Unánime, *adj.*, unânime.

Unanimidad, *s.f.*, unanimidade.

Unción, *s.f.*, unção, ato de ungir → *Extremaunción*, extrema-unção.

Undécimo/a, *adj.*, décimo primeiro.

Ungir, *v.7.15,* ungir.

Ungüento, *s.m.*, unguento, bálsamo.

Unicelular, *adj.*, monocelular.

Unicidad, *s.f.*, unicidade, qualidade de único.

Único/a, *adj.*, único ‖ singular, excepcional, fora do comum, sem comparação.

Unidad, *s.f.*, unidade ‖ todo ‖ primeiro número da série ordinal ‖ concórdia, convergência ‖ cada uma das partes que compõem o todo ‖ grandeza tomada como comparação → *Unidad de vigilancia intensiva*, unidade de terapia intensiva.

Unido/a, *adj.*, unido, resultante de unir ‖ duas ou mais pessoas que se entendem muito bem, carinho, amizade.

Unificación, *s.f.*, unificação, ação de unificar.

Unificador/ra, *adj.*, aquele ou o que unifica.

Unificar, *v.5.14*, unificar, reunir, pôr junto ‖ reduzir a um único tipo.

Uniformado, *adj.*, uniformizado, que usa uniforme.

Unigénito/a, *adj.* e *s.*, filho único.

Unilateral, *adj.*, unilateral.

Unión, *s.f.*, união ‖ associação ‖ casamento.

Unir, *v.7*, unir, reunir, agrupar ‖ misturar, ligar, juntar → *Unirse*, comunicar-se, aliar-se, confederar-se, associar-se, casar-se, juntar-se.

Unísono, *loc.*, *al unísono*, sem discrepância, uníssono, igual.

Unitario/a, *adj.*, unitário, a unidade, composto por uma só substância.

Universal, *adj.*, universal.

Universalidad, *s.f.*, universalidade.

Universidad, *s.f.*, universidade.

Universo, *s.m.*, universo, mundo, cosmos ‖ ambiente.

Uno/a, *adj.* e *s.*, número um ◆ *adj.*, primeiro ‖ único ◆ *pron.*, qualquer um, uma pessoa indeterminada ‖ em correlação com a palavra *otro*, indica contraposição ◆ *pron.f.*, usado enfaticamente na linguagem coloquial com o significado de encrenca, rolo, problema ◆ *adj.pl.*, anteposto a um numeral cardinal significa mais ou menos → *A cada uno*, para cada um. *A una*, todos juntos, unidamente. *Cada uno*, cada um de nós. *A uno*, a gente, nós. *De una*, de uma só vez. *De uno en uno, uno a uno, uno por uno*, um a um, um por vez. *Más de uno*, alguns ou muitos. *No dar una, no acertar una, no tocar una*, não acerta nenhuma, só dá fora. *Ser todo uno, ser uno y lo mismo*, nada muda, tudo igual. *Una de dos*, das duas, uma. *Una de las suyas*, aprontou uma das suas, sempre diz respeito a algo censurável. *Uno de tantos*, uma pessoa qualquer, um entre muitos sem qualidade alguma. *Uno que otro*, um ou outro, algum entre muitos. *Uno y otro*, ambos, os dois, um e outro. *Unos cuantos*, poucos.

Untadura, *s.f.*, ato e efeito de besuntar, lambuzar.

Untamiento, *s.m.*, ação de untar.

Untar, *v.5*, untar, besuntar, lambuzar ‖ subornar, comprar alguém, corromper com dinheiro → *Untarse*, corromper-se, ficar com dinheiro por algo feito.

Unto, *s.m.*, substância usada para besuntar ou untar em especial medicamentosa, pomada, unguento.

Uña, *s.f.*, unha ‖ ponta curva de algumas ferramentas ‖ buril pequeno usado pelos chaveiros → *Afilarse las uñas*, grande esforço mental. *A uña de caballo*, a grande velocidade. *De uñas*, hostil, inimigo, arisco. *Dejarse las uñas*, matar-se de trabalhar. *Enseñar las uñas*, ter caráter ou personalidade agressiva. *Hacer las uñas*, fazer as unhas, ir à manicura. *Largo de uñas*, larápio, gatuno, ladrão. *Ser uña y carne*, ser inseparável, ser unha e carne.

Uñada, *s.f.*, unhada ‖ arranhão.

Uranio, *s.m.*, urânio, metal radioativo.

Urbanidad, *s.f.*, cortesia, educação, urbanidade

Urbanización, *s.f.*, urbanização.

Urbanizar, *v.5.15*, urbanizar.

Urbano/a, *adj.*, urbano, relativo à vida na cidade.

Urbe, *s.f.*, urbe, cidade grande e importante.

Urdimbre, *s.f.*, urdume, tecelagem.

Urdir, *v.7*, urdir, fabricar tecido ‖ maquinar, montar intriga.

Urea, *s.f.*, ureia.

Uréter, *s.m.*, ureter.

Uretra, *s.f.*, uretra.

Urgencia, *s.f.*, urgência ‖ falta, necessidade premente ◆ *s.f.pl.*, pronto-socorro.

Urgente, *adj.*, urgente.

Urgir, *v.7.15*, urgir, premência.

Úrico/a, *adj.*, úrico, ácido da urina.

Urinario/a, *adj.*, urinário, relativo à urina.

Urna, *s.f.*, urna, caixa, redoma.

Urología, *s.f.*, urologia.

Urólogo/a, *s.*, urologista.

Urraca, *s.f.*, gralha.

Urticaria, *s.f.*, urticária.

Uruguayo/a, *adj.* e *s.*, uruguaio.

Usado/a, *adj.*, usado.

Usanza, *s.f.*, hábito, costume, moda → *A usanza*, tradição.

Usar, *v.5*, usar, utilizar ‖ vestir ‖ valer-se, aproveitar-se → *Usarse*, estar na moda, ser moda.

Usmear, *v.5*, xeretear, ser muito curioso e indiscreto.

Uso, *s.m.*, uso, ação de usar ‖ usufruto ‖ utilização ‖ capacidade ‖ emprego ‖ treinamento, prática ‖ hábito, costume → *Al uso*, na moda. *De uso externo*, uso externo. *De uso personal*, uso pessoal e particular. *En el uso de la palabra*, uso da palavra em especial numa conferência. *En uso*, em utilização, em uso. *En uso de su derecho*, no uso de seu direito. *Estar en buen uso*, estar em bom estado. *Estar en uso/estar fuera de uso*, ser moda ou estar fora de moda. *Uso de razón*, uso da razão, discernimento.

Usted, *pron.m.* e *f.*, pronome de tratamento da 3.ª pessoa do singular, o senhor, a senhora, pode equivaler também a Vossa Senhoria ◆ *pl.*, *ustedes*.

Usual, *adj.*, usual, de uso frequente, comum, fácil.

Usuario/a, *adj.*, usuário.

Usufructo, *s.m.*, usufruto.

Usufructuar, *v.5.11*, usufruir, ter usufruto.

Usufructuario/a, *adj.*, pessoa que possui usufruto, usufrutuário.

Usura, *s.f.*, usura, juro excessivo, ágio.

Usurero/a, s., agiota.

Usurpación, *s.f.*, usurpação.

Usurpador/ra, *adj.* e *s.*, usurpador, que usurpa, que se apropria com violência de bens alheios.

Usurpar, *v.5,* usurpar, apropriar-se.

Utensilio, *s.m.*, utensílio, objeto usado para trabalho manual.

Uterino/a, *adj.*, uterino, relativo ao útero.

Útero, *s.m.*, útero.

Útil, *adj.*, útil, proveitoso, benefício, comodidade, interesse ‖ dias úteis da semana ◆ *s.m.*, ferramenta, utensílio para trabalho.

Utilidad, *s.f.*, utilidade, qualidade de útil ‖ proveito, lucro.

Utilitario/a, *adj.*, utilitário, utilitarista ◆ *adj.* e *s.m.*, veículo pequeno e funcional de carga tipo furgão.

Utilizable, *adj.*, utilizável, usável.

Utilizar, *v.5.15,* utilizar, usar.

Utillaje, *s.m.*, conjunto de instrumentos e ferramentas necessários a um trabalho, arte ou profissão.

Utopía, *s.f.*, utopia.

Utópico/a, *adj.*, utópico, relativo à utopia.

Uva, *s.f.*, uva, fruto da videira → *De uvas a peras/De uvas a brevas*, uma vez na vida outra na morte, raramente. *Estar de mala uva*, estar de mau humor. *Tener mala uva*, ter mau-caráter ou má intenção.

Uve, *s.f.*, nome da letra V.

V

s.f., vigésima terceira letra do alfabeto espanhol com a qual se representa o som consonântico sonoro articulado com os lábios, é idêntico ao som da letra *"b"*. Seu nome é *"ve baja"* ou *"uve"*.

Vaca, *s.f.*, vaca → *Vacas gordas o vacas flacas*, vacas gordas ou vacas magras, épocas boas ou ruins.

Vacación, *s.f.*, férias do trabalho ou escolar, se usa normalmente no plural.

Vacante, *adj.*, vago ◆ *adj.* e *s.f.*, vaga disponível num emprego.

Vaciar, *v.5.16*, esvaziar ‖ tirar, extrair ‖ afiar.

Vacilación, *s.f.*, vacilação, dúvida.

Vacilar, *v.5*, vacilar, oscilar, cambalear, titubear, hesitar.

Vacío/a, *adj.*, vazio, livre, desocupado ‖ vão ‖ vago ‖ desocupado ‖ vácuo ‖ vaidoso, frívolo ‖ carência → *Caer en el vacío*, ser em vão, não ter repercussão. *De vacío*, sem carga. *Hacer el vacío [a alguien]*, botar alguém na geladeira, ignorar.

Vacunar, *v.5*, vacinar.

Vacuno/a, *adj.* e *s.*, gado bovino ◆ *s.f.*, vacina.

Vacuo/a, *adj.*, vácuo ‖ frívolo, insubstancial.

Vado, *s.m.*, vau, parte rasa dos rios ‖ guia rebaixada.

Vagabundear, *v.5*, deambular ‖ perambular.

Vagabundeo, *s.m.*, levar vida de andarilho

Vagabundo/a, *adj.*, andarilho, errante.

Vagar, *v.5.18*, vagar, deambular, perambular ◆ *s.m.*, tempo livre.

Vagido, *s.m.*, vagido, gemido do recém-nascido.

Vagina, *s.f.*, vagina.

Vago/a, *adj.* e *s.*, vagabundo, que não gosta de trabalhar ◆ *adj.*, vago, impreciso, indefinido, indeterminado ‖ errante, andarilho.

Vagón, *s.m.*, vagão.

Vaguear, *v.5*, vagabundear, vaguear.

Vahído, *s.m.*, desmaio.

Vaho, *s.m.*, bafo, vapor, emanação, exalação ‖ hálito ◆ *s.m.pl.*, inalação medicinal para problemas pulmonares.

Vaina, *s.f.*, bainha, estojo ‖ vagem, cápsula ‖ *Amér.*, contrariedade, chateação ◆ *s.m.* e *f.*, pessoa chata, desagradável, desprezível.

Vainilla, *s.f.*, baunilha.

Vajilla, *s.f.*, baixela ‖ aparelho de jantar.

Vale, *s.m.*, vale, ingresso gratuito ‖ recibo ◆ *interj.*, expressa aprovação e consentimento, equivale a: tá legal!

Valencia, *s.f.*, valência de elemento químico.

Valentía, *s.f.*, valentia.

Valer, *v.14*, valer, servir, ser útil ‖ custar ‖ produzir ‖ proteger ‖ importar ‖ render ‖ equivaler ‖ correr ‖ prestar ‖ prevalecer ◆ *s.m.*, valor, valia → *Valerse*, valer-se, servir-se de algo ou alguém. *Hacer valer*, fazer valer. *Hacerse valer*, impor-se. *Más valiera*, era preferível. *No valer la pena*, não valer a pena. *No valer para nada*, ser inútil, não valer para nada. *Valer lo que pesa*, vale quanto pesa.

Valía, *s.f.*, valia, valor.

Validez, *s.f.*, validade.

Valido, *s.m.*, valido, protegido, preferido.

Válido/a, *adj.*, válido ‖ forte, robusto.

Valiente, *adj.*, *s.m.* e *f.*, valente ♦ *adj.*, forte, robusto ‖ em sentido irônico, grande, excessivo, intenso.

Valija, *s.f.*, valise ‖ malote → *Valija diplomática*, malote consular ou diplomático.

Valor, *s.m.*, valor ‖ preço ‖ qualidade ‖ alcance, significado ‖ intensidade ‖ qualidade de valente ‖ descaramento, sem-vergonhice ♦ *s.m.pl.*, títulos, valores.

Valoración, *s.f.*, avaliação.

Valorar, *v.5*, avaliar ‖ apreciar ‖ prever, calcular.

Valorizar, *v.5.15*, valorizar, aumentar o valor de algo.

Vals, *s.m.*, valsa.

Valsar, *v.5*, valsar, dançar valsa.

Valuar, *v.5.11*, avaliar, valorar.

Válvula, *s.f.*, válvula.

Valla, *s.f.*, vala ‖ barreira ‖ obstáculo → *Romper/saltar la valla*, passar por cima das conveniências. *Valla publicitaria*, painel de propaganda, *outdoor*.

Vallar, *v.5*, cercar, fazer vala.

Valle, *s.m.*, vale.

Vampiro, *s.m.*, vampiro.

Vanagloria, *s.f.*, vanglória, vaidade, jactância.

Vanagloriarse, *v.5*, vangloriar-se, envaidecer-se.

Vanguardia, *s.f.*, vanguarda.

Vanidad, *s.f.*, vaidade, orgulho.

Vanidoso/a, *adj.* e *s.*, vaidoso.

Vano/a, *adj.*, vão, inexistente, vazio, oco, inútil ‖ arrogante, fútil, falso, frívolo ♦ *s.m.*, vão de porta, janela ou qualquer abertura numa parede → *En vano*, em vão.

Vapor, *s.m.*, vapor ‖ navio → *A todo vapor*, com rapidez.

Vaporizar, *v.5.15*, vaporizar.

Vaporoso/a, *adj.*, tênue, fino, transparente.

Vaquería, *s.f.*, vacaria.

Vaquero/a, *adj.* e *s.*, vaqueiro.

Vaqueta, *s.f.*, vaqueta, couro de vitela curtido.

Vara, *s.f.*, vara, bastão ‖ autoridade.

Variable, *adj.*, variável.

Variación, *s.f.*, variação.

Variante, *s.f.*, desvio, variante, variação.

Variar, *v.5.16*, variar, mudar, modificar, transformar.

Varicela, *s.f.*, varicela.

Varilla, *s.f.*, vareta.

Varillaje, *s.m.*, conjunto de varetas.

Vario/a, *adj.*, diverso, diferente, variado, distinto.

Variopinto/a, *adj.*, misturado, multiforme, coisas diferentes misturadas.

Varita, *s.f.*, varinha → *Varita mágica*, varinha mágica, varinha de condão.

Variz, *s.f.*, variz.

Varón, *s.m.*, varão, macho.

Varonil, *adj.*, varonil.

Vasallo, *s.m.*, vassalo.

Vasar, *s.m.*, estante, cantoneira, prateleira.

Vasectomía, *s.f.*, vasectomia.

Vaselina, *s.f.*, vaselina.

Vasija, *s.f.*, vasilha.

Vaso, *s.m.*, copo ‖ vaso, urinol ‖ artéria ‖ jarra, jarrão ‖ conduto.

Vástago, *s.m.*, broto, muda, rebento ‖ vareta, haste.

Vasto/a, *adj.*, vasto, amplo, dilatado, extenso.

Váter, *s.m.*, privada, mictório.

Vaticinar, *v.5*, vaticinar, adivinhar.

Vatio, *s.m.*, Watt.

Ve, *s.f.*, nome da letra V.

Vecinal, *adj.*, vicinal.

Vecindad, *s.f.*, vizinhança ‖ arredores.

Vecino/a, *adj.* e *s.*, vizinho ‖ habitante, morador, conterrâneo ◆ *adj.*, próximo, imediato, parecido, semelhante.

Vector, *s.m.*, vetor.

Vedar, *v.5*, vetar, proibir por lei.

Vega, *s.f.*, várzea, margem alagadiça e fértil dos rios.

Vegetación, *s.f.*, vegetação.

Vegetal, *adj.*, vegetal ◆ *s.m.*, planta.

Vegetar, *v.5*, germinar, crescer, desenvolver-se as plantas ‖ vegetar, viver uma pessoa só com as mínimas funções orgânicas ‖ ter uma vida tranquila e sossegada.

Vegetariano/a, *adj.* e *s.*, vegetariano.

Vegetativo/a, *adj.*, vegetativo.

Vehemencia, *s.f.*, veemência.

Vehículo, *s.m.*, veículo ‖ excipiente ‖ meio de transporte, comunicação.

Veinte, *adj.* e *s.m.*, vinte.

Vejación, *s.f.*/**Vejamen**, *s.m.*, vexame.

Vejar, *v.5*, vexar, humilhar.

Vejestorio/a, *s.m.*, pessoa muito velha.

Vejete, *s.m.*, velhinho.

Vejez, *s.f.*, velhice.

Vejiga, *s.f.*, bexiga urinária ‖ bolha na pele.

Vela, *s.f.*, veladura, serão, vigília ‖ sentinela ‖ vela ‖ círio ◆ *s.f.pl.*, muco do nariz → *A dos velas*, com muita carência. *A toda vela*, a toda velocidade, com rapidez. *Arriar/recoger velas*, reprimir-se, retroceder. *No darle vela para este entierro*, ficar quieto por não ter autoridade para falar ou fazer.

Velada, *s.f.*, vigília ‖ reunião, encontro noturno entre amigos.

Velamen, *s.m.*, conjunto de velas de uma embarcação.

Velar, *v.5*, velar ‖ cuidar ‖ cobrir com véu ‖ ocultar ‖ atenuar, diminuir alguma coisa ◆ *adj.*, relativo ao céu da boca.

Velatorio, *s.m.*, velório.

Veleidad, *s.f.*, veleidade, capricho.

Velero, *s.m.*, veleiro.

Veleta, *s.f.*, grimpa, cata-vento ◆ *s.m.* e *f.*, pessoa volúvel, inconstante.

Velo, *s.m.*, véu ‖ manto ‖ mantilha ‖ pálio ‖ cortina ‖ tule ‖ pretexto, desculpa → *Tomar velo*, fazer-se freira. *Velo del paladar*, céu da boca.

Velocidad, *s.f.*, velocidade.

Velocímetro, *s.m.*, velocímetro.

Velocípedo, *s.m.*, velocípede.

Velón, *s.m.*, lamparina.

Veloz, *adj.*, veloz.

Vello, *s.m.*, pelo, penugem, lanugem.

Vena, *s.f.*, veia, vaso sanguíneo ‖ filão, faixa de terra ‖ nervura ‖ corrente de água ‖ inspiração, tendência.

Venado, *s.m.*, veado, gamo, cervo.

Venal, *adj.*, venal, que se deixa corromper ‖ vendável.

Vencedor/ra, *adj.*, vencedor, ganhador.

Vencer, *v.6.12*, vencer ‖ dominar ‖ sujeitar ‖ superar ‖ suportar, aguentar ‖ prevalecer ‖ avantajar ‖ subir ‖ render ‖ ladear, torcer, inclinar, afundar sob o peso ‖ terminar um prazo ‖ terminar um contrato ‖ refrear, reprimir paixões.

Vencimiento, *s.m.*, vencimento.

Venda, *s.f.*, faixa, bandagem, tira de pano ou gaze → *Caérsele la venda de los ojos [a alguien]*, enxergar a verdade, cair a venda dos olhos. *Tener una venda delante de los ojos*, ignorar a verdade, não enxergar a verdade.

Vendaje, *s.m.*, bandagem.

Vendar, *v.5*, vendar, enfaixar.

Vendaval, *s.m.*, vendaval.

Vendedor/ra, *adj.* e *s.*, vendedor.

Vender, *v.6*, vender ‖ sacrificar, entregar ‖ trair → *Venderse*, deixar-se subornar, vender-se. *Venderse caro*, ser duro na briga ou fazer-se rogar.

Vendimia, *s.f.*, vindima, colheita da uva.

Veneno, *s.m.*, veneno ‖ malevolência.

Venerar, *v.5*, venerar, adorar.

Venéreo/a, *adj.*, venéreo.

Venero, *s.m.*, veio mineral ‖ bica de água.

Vengador/ra, *adj.* e *s.*, vingador.

Venganza, *s.f.*, vingança.

Vengar, *v.5.18*, vingar.

Venir, *v.15*, vir, chegar ‖ voltar, regressar ‖ comparecer ‖ concordar ‖ acomodar-se ‖ acudir ‖ convir ‖ acompanhar ‖ nascer ‖ proceder → *No venirle [a alguien] de [algo]*, não causar problemas. *Venga*, expressão com que se pede alguma coisa que alguém tem, equivale a: vai! *Venir a menos*, decair. *Venir a parar*, finalizar, acabar. *Venir al pelo*, ser proveitoso, vir a calhar. *Venir ancho/grande*, ser excessivo para sua capacidade ou mérito. *Venir bien*, ser legal, ser bom, estar de acordo. *Venir [alguien] bien en [algo]*, aceitar, dar permissão. *Venir clavado [una cosa]*, ser adequado e conveniente. *Venir [a alguien] con [algo]*, vir contar uma novidade. *Venir rodado*, acontecer uma casualidade. *Venirse abajo*, destruir-se, arruinar-se.

Venta, *s.f.*, venda ‖ loja ‖ estalagem.

Ventaja, *s.f.*, vantagem ‖ superioridade ‖ melhoria.

Ventajoso/a, *adj.*, vantajoso.

Ventana, *s.f.*, janela ‖ narina, venta.

Ventanal, *s.m.*, janela grande.

Ventanilla, *s.f.*, guichê ‖ venta ‖ janelinha ‖ postigo.

Ventear, *v.5*, farejar um animal.

Ventilación, *s.f.*, ventilação.

Ventilador, *s.m.*, ventilador.

Ventilar, *v.5*, ventilar, arejar ‖ debater, discutir ‖ aventar.

Ventisca, *s.f.*, nevasca.

Ventolera, *s.f.*, rajada de vento, lufada ‖ veneta, capricho.

Ventosa, *s.f.*, respiradouro ‖ ventosa.

Ventosear, *v.5*, peidar.

Ventosidad, *s.f.*, peido.

Ventrículo, *s.m.*, ventrículo.

Ventrílocuo/a, *adj.* e *s.*, ventríloquo.

Ventrudo/a, *adj.*, barrigudo.

Ventura, *s.f.*, ventura, felicidade, fortuna, sorte ‖ contingência, casualidade → *A la ventura*, sem plano, ao Deus dará. *Por ventura*, afortunadamente.

Ver, *v.44*, ver ‖ perceber ‖ conhecer ‖ considerar ‖ conceber ‖ observar ‖ indagar ‖ visitar, frequentar ‖ atender ‖ imaginar ‖ julgar ‖ adquirir ‖ testemunhar ‖ reconhecer ‖ prever, pressentir, antever, prevenir ‖ levar em conta ‖ provar → *Verse*, deixar-se ver, ver-se refletido no espelho. *A más ver*, até mais ver. *A ver*, deixa ver. *Darse a ver*, chamar a atenção. *Echar de ver [algo]*, notar, perceber. *Estarse viendo*, suspeitar. *Hacerle ver*, fazer alguém mudar de ideia, convencer. *No poder ver*, sentir antipatia. *No ver [alguien] de [sueño/hambre]*, estar caindo de [sono/ fome]. *Ser de ver*, digno de ser visto. *Tener que ver*, estar relacionado, ter a ver. *Vamos a ver*, usado para chamar a atenção, equivale a: prestem atenção! *Ver venir*, adivinhar a intenção de alguém. *Ver para creer*, ver para crer. *Verás*, introduz uma explicação, equivale a: aí então ‖ ameaça, equivale a: você vai ver! *Veremos*, vamos ver, duvido.

Vera, *s.f.*, beira, borda, beirada de rio ou mar ‖ indica proximidade à pessoa que fala, ao lado.

Veranear, *v.5*, veranear.

Verano, *s.m.*, verão ‖ estio.

Veras, *s.f.pl.*, verdade, realidade → *De veras*, realmente, sinceramente.

Veraz, *adj.*, veraz, verídico, verdadeiro.

Verbal, *adj.*, oral ‖ verbal.

Verbena, *s.f.*, verbena ‖ festa popular, arraial.

Verbo, *s.m.*, verbo *(ver apéndice 2)* ‖ linguagem, a palavra falada.

Verborrea, *s.f.*, verborreia.

Verdad, *s.f.*, verdade, veracidade ‖ conformidade, exatidão ‖ axioma ‖ máxima ‖ realidade ◆ *s.f.pl.*, verdades, desaforos → *A decir verdad*, na realidade. *De verdad*, em sério, seriamente. *En verdad*, verdadeiramente. *Faltar a la verdad*, mentir. *La hora de la verdad*, na hora da verdade, na hora do vamos ver. *Una verdad como un puño/catedral/templo*, verdade evidente e óbvia.

Verdadero/a, *adj.*, verdadeiro, verídico, exato, autêntico, real.

Verde, *adj.* e *s.m.*, relativo à cor verde ◆ *adj.*, lenha úmida ‖ não maduro ‖ fresco, viçoso ‖ juvenil ‖ obsceno ‖ libertino → *Espacio verde*, área verde, reserva florestal. *Poner verde*, criticar severamente.

Verdear, *v.5*, verdejar ‖ brotar, florescer.

Verdín, *s.m.*, limo esverdeado das águas doces.

Verdor, *s.m.*, verdor ‖ vigor ‖ mocidade.

Verdoso/a, *adj.*, esverdeado.

Verdugón, *s.m.*, vergão.

Verdulería, *s.f.*, quitanda.

Verdulero/a, *s.*, quitandeiro ◆ *s.f.*, mulher descarada e sem compostura.

Verdura, *s.f.*, verdura, hortaliça.

Vereda, *s.f.*, vereda, caminho, senda.

Veredicto, *s.m.*, veredicto ‖ parecer.

Verga, *s.f.*, verga, arco da besta ‖ vara.

Vergel, *s.m.*, vergel, pomar, jardim.

Vergonzoso/a, *adj.*, vergonhoso ‖ envergonhado.

Vergüenza, *s.f.*, vergonha, pudor, timidez ◆ *s.f.pl.*, partes pudendas, genitália.

Verídico/a, *adj.*, verídico.

Verificar, *v.5.14*, verificar ‖ comprovar ‖ efetuar, realizar.

Verja, *s.f.*, grade, gradil, cerca.

Vermú/vermut, *s.m.*, vermute.

Verosímil, *adj.*, verossímil, crível, provável, semelhante.

Verosimilitud, *s.f.*, verossimilhança.
Verraco, *s.m.*, porco macho reprodutor.
Verruga, *s.f.*, verruga.
Versar, *v.5*, versar, tratar.
Versátil, *adj.*, versátil.
Versículo, *s.m.*, versículo.
Versificar, *v.5.14*, versificar, compor versos.
Versión, *s.f.*, versão ‖ tradução.
Verso/a, *adj.*, verso, reverso ◆ *s.m.*, verso ‖ poesia.
Vértebra, *s.f.*, vértebra.
Vertebrado/a, *adj.*, vertebrado.
Verter, *v.12*, verter, derramar, esvaziar, despejar ‖ traduzir ‖ dizer máximas ou conceitos ‖ desembocar.
Vertical, *adj.* e *s.m.*, vertical.
Vértice, *s.m.*, vértice.
Vertiente, *s.m.* ou *f.*, vertente, ladeira, encosta, declive ‖ manancial.
Vértigo, *s.m.*, vertigem.
Vesícula, *s.f.*, vesícula.
Vespertino/a, *adj.*, vespertino.
Vestíbulo, *s.m.*, vestíbulo ‖ parte do ouvido interno.
Vestido/a, *adj.*, resultado de vestir ◆ *s.m.*, vestido ‖ vestimenta ‖ vestes ‖ roupa em geral.
Vestigio, *s.m.*, vestígio, pegada, rasto ‖ resto.
Vestir, *v.13*, vestir ‖ adornar, enfeitar ‖ cobrir ‖ disfarçar ‖ trajar ‖ ostentar → *El mismo que viste y calza*, eu mesmo em pessoa.
Vestuario, *s.m.*, vestuário ‖ vestiário ‖ vestimenta ‖ camarim ‖ uniforme, farda.
Veta, *s.f.*, veia, filão, veio mineral.
Vetar, *v.5*, vetar, proibir.
Veterano/a, *adj.*, veterano.
Veterinario/a, *s.*, veterinário ◆ *s.f.*, veterinária, ciência.
Veto, *s.m.*, veto, oposição.
Vetusto/a, *adj.*, vetusto, velho, antigo.
Vez, *s.f.*, vez ‖ turno, ocasião, oportunidade → *A la vez*, simultaneamente. *Alguna vez*, alguma vez. *En veces*, em parcelas, aos poucos. *En vez de*, em substituição a. *Érase una vez*, era uma vez. *Hacer las veces de*, em substituição a. *Tal vez*, possivelmente. *Tomarle la vez*, passar na frente.
Vía, *s.f.*, via, rota, caminho, rumo, direção ‖ carril de via férrea ‖ conduto, canal ‖ meio, modo, forma, maneira, procedimento ‖ percurso, itinerário, roteiro → *Dar vía libre*, deixar livre a passagem. *De vía estrecha*, pessoa medíocre. *En vías de*, em via de. *Por vía de*, através de. *Vía crucis*, via-crúcis.
Viable, *adj.*, viável, factível.
Viaducto, *s.m.*, viaduto.
Viajante, *s.m.* e *f.*, viajante.
Viajar, *v.5*, viajar.
Viaje, *s.m.*, viagem ‖ passeio ‖ caminhada ‖ carga, carregamento ‖ passar da vida para a morte → *Buen viaje*, boa viagem. *Rendir viaje*, chegar ao destino.
Viajero/a, *adj.*, viajante.
Vianda, *s.f.*, qualquer tipo de comida, alimento, refeição.
Viario/a, *adj.*, viário.
Víbora, *s.f.*, víbora, serpente ‖ pessoa maledicente.
Vibración, *s.f.*, vibração.
Vibrante, *adj.*, vibrante.
Viceversa, *adv.*, vice-versa.
Viciar, *v.5*, viciar ‖ deformar.

Vicio, *s.m.*, vício, imperfeição ‖ defeito ‖ falsidade, engano, erro ‖ vigor, viço ‖ manha, costume, mimo ‖ estrume, adubo.

Vicioso/a, *adj.*, viciado.

Víctima, *s.f.*, vítima.

Victoria, *s.f.*, vitória, triunfo.

Vid, *s.f.*, vide, videira.

Vida, *s.f.*, vida ‖ modo de viver ‖ alimento necessário para existir ‖ ser ‖ essência ‖ biografia ‖ energia, força ‖ animação, vivacidade, alegria → *A vida o muerte*, caso de vida ou morte. *Abrirse a la vida*, nascer. *Arrancar/quitar la vida [a alguien]*, matar. *Buscarse la vida*, ganhar a vida honestamente, trabalhar. *Calidad de vida*, qualidade de vida, tipo de vida, nível de vida. *Complicarse la vida*, buscar sarna para se coçar. *Consumir la vida [a alguien]*, encher o saco, aporrinhar a vida de alguém. *Con la vida en un hilo*, estar em muito perigo. *Con vida*, vivo. *Costar la vida*, à custa da própria vida. *Dar [algo] la vida [a alguien]*, animar, sarar, curar [alguém]. *Dar [alguien] la vida por [alguien]*, dar a vida por [alguém]. *Dar mala vida [a alguien]*, maltratar, dar maus-tratos. *Dar vida*, criar. *Darse [alguien] buena vida*, levar boa vida, viver na opulência. *De mala vida*, de vida alegre, conduta imoral, prostituta. *De mi vida*, frase ponderativa, equivale a: meu filho! *De por vida*, por toda vida, eternamente. *De toda la vida*, desde sempre, desde que me conheço por gente. *Dejarse la vida*, dar a vida no emprego, perder a vida trabalhando para a mesma empresa. *Echarse a la vida*, cair na prostituição. *En la vida*, de jeito nenhum, jamais. *En vida*, enquanto viver. *Enterrarse [alguien] en vida*, isolar-se do convívio social. *Entre la vida y la muerte*, entre a vida e a morte, em estado grave. *Escapar/salir [alguien] con vida*, sair ileso, sair com vida de um grande perigo. *Hacer vida en común*, morar junto. *Media vida*, um grande prazer. *Mi vida, vida mía*, expressão carinhosa, equivale a: meu amorzinho, meu benzinho. *Mudar de vida [alguien]*, deixar a vida desregrada e endireitar-se. *Pasar a mejor vida*, morrer. *Perder la vida*, morrer tragicamente. *Quitarse la vida*, suicidar-se. *Vender cara la vida*, defender-se com unhas e dentes. *Vida arrastrada*, vida penosa. *Vida de perros*, vida de cachorro. *Vida futura, la otra vida*, vida da alma depois da morte. *Vida privada*, vida privada. *Vida social*, vida social. *Vida y milagros*, conduta, modo de viver de uma pessoa.

Vidente, *adj.* e *s.m.* e *f.*, vidente, adivinho.

Video, *s.m.*, vídeo ‖ videocassete.

Vidorra, *s.f.*, vidão, uma vida que dá gosto.

Vidriar, *v.5*, vitrificar.

Vidriera, *s.f.*, vidraça ‖ vitral ‖ mostrador ‖ vitrine.

Vidrio, *s.m.*, vidro ‖ vitral ‖ garrafa, frasco → *Pagar los vidrios rotos*, pagar o pato, levar a culpa.

Vidrioso/a, *adj.*, vitrificado.

Viejo/a, *adj.*, velho, idoso ‖ usado, estragado, antigo.

Viento, *s.m.*, vento, ar, ares ‖ vaidade ‖ suspensório, estirante ‖ peido ‖ rumo → *A los cuatro vientos*, aos quatro ventos. *Beber los vientos*, estar maluco por [algo ou alguém]. *Como el viento*, veloz. *Contra viento y marea*, contra todos os riscos e inconvenientes. *Correr malos vientos*, situação adversa. *Viento en popa*, de vento em popa, com muita sorte.
Vientre, *s.m.*, ventre, barriga, abdome ‖ intestinos ‖ prenhez, gravidez ‖ bojo ‖ mãe.
Viernes, *s.m.*, sexta-feira.
Viga, *s.f.*, viga.
Vigencia, *s.f.*, vigência.
Vigente, *adj.*, vigente.
Vigía, *s.f.*, atalaia, torre, mirante ◆ *s.m.* e *f.*, vigia, vigilante.
Vigilancia, *s.f.*, vigilância.
Vigilar, *v.5*, vigiar.
Vigilia, *s.f.*, vigília.
Vigor, *s.m.*, vigor, força ‖ vitalidade ‖ energia ‖ viveza, eficácia ‖ intensidade.
Vigorizador/ra, *adj.*, revigorante.
Vigorizar, *v.5.15*, revigorar, dar vigor, vitalidade, energia.
Vil, *adj.*, vil.
Vilipendiar, *v.5*, vilipendiar.
Vilo, *interj.*, *en vilo*, em suspenso, no ar.
Villa, *s.f.*, casa-grande, solar.
Villancico, *s.m.*, canção popular típica do Natal.
Vinagre, *s.m.*, vinagre.
Vinagrera, *s.f.*, vinagreira ◆ *s.f.pl.*, galheteiro.
Vinagreta, *s.f.*, molho à vinagrete.
Vincular, *v.5*, vincular.
Vínculo, *s.m.*, vínculo.
Vino, *s.m.*, vinho.
Viña, *s.f.*, vinha.
Viñedo, *s.m.*, vinhedo.
Viñeta, *s.f.*, vinheta.
Violar, *v.5*, violar, violentar, profanar.
Violencia, *s.f.*, violência, violação.
Violentar, *v.5*, violentar, estuprar, violar ‖ deturpar.
Violento/a, *adj.*, violento, irascível, impetuoso ‖ arrebatado ‖ torcido.
Violeta, *adj.* e *s.m.*, cor lilás ◆ *s.f.*, violeta, planta.
Violín, *s.m.* violino.
Violón, *s.m.*, contrabaixo.
Violoncelo, *s.m.*, violoncelo.
Virgen, *adj.*, *s.m.* e *f.*, virgem ‖ donzela, moça ‖ terra não arada ‖ Nossa Senhora.
Virginidad, *s.f.*, virgindade.
Virgulilla, *s.f.*, qualquer acento usado na escrita.
Viril, *adj.*, viril.
Virilidad, *s.f.*, virilidade.
Virtud, *s.f.*, virtude ‖ força, eficácia ‖ poder ‖ retidão.
Viruela, *s.f.*, varíola.
Virulé, *interj.*, *a la virulé*, de mau jeito, troncho, torto.
Virulento/a, *adj.*, virulento ‖ agressivo.
Virus, *s.m.*, vírus.
Viruta, *s.f.*, apara, serragem.
Vis, *interj.*, *de vis a vis*, cara a cara ‖ veia, tendência.
Visa, *s.f.*, *Amér.*, visto.
Visado/a, *adj.*, vistado ‖ visado.
Visaje, *s.m.*, careta, jeito, trejeito.
Visar, *v.5*, visar ‖ vistar.
Víscera, *s.f.*, víscera.
Visera, *s.f.*, viseira, pala de boné ou chapéu.

Visibilidad, *s.f.*, visibilidade.

Visillo, *s.m.*, cortina *brise-bise*.

Visión, *s.f.*, sentido da visão ‖ alucinação ‖ ponto de vista ‖ pessoa feia ou ridícula.

Visita, *s.f.*, visita.

Visitar, *v.5*, visitar ‖ frequentar.

Vislumbrar, *v.5*, vislumbrar.

Viso, *s.m.*, reflexo.

Visor, *s.m.*, mira das armas de fogo ‖ visor da máquina fotográfica.

Víspera, *s.f.*, véspera.

Vistazo, *s.m.*, olhada ‖ ato de passar os olhos.

Visto/a, *adj.*, visto ‖ usado ◆ *s.f.*, vista, sentido da visão ‖ ação de ver, olhar ‖ olhada ‖ aspecto, aparência ‖ olhada ‖ quadro, paisagem, panorama ◆ *s.m.*, fiscal de alfândega → *Alzar la vista*, levantar a cabeça. *Comerse con la vista*, olhar fixamente, comer com os olhos. *Corto de vista*, míope. *Hasta la vista*, até logo. *Tener vista*, ser largo de vista, ser perspicaz. *Poner la vista*, olhar. *Saltar a la vista*, ser evidente, saltar aos olhos. *Vista de águila*, enxergar longe. *Vista de lince*, visão crítica. *Volver la vista atrás*, recordar o passado, olhar para trás.

Vistoso/a, *adj.*, vistoso, agradável ‖ aparatoso.

Visual, *adj.*, visual.

Vitalidad, *s.f.*, vitalidade ‖ energia, força.

Vitamina, *s.f.*, vitamina.

Vitela, *s.f.*, pergaminho feito de pele de bezerro curtido.

Vito, *s.m.*, dança popular andaluza.

Vitola, *s.f.*, bitola.

Vitorear, *v.5*, aclamar, aplaudir, cantar vitória.

Vitral, *s.m.*, vitral.

Vitrificar, *v.5.14*, vitrificar.

Vitrina, *s.f.*, vitrine.

Vituperar, *v.5*, vituperar, criticar, repreender.

Viudedad, *s.f.*, pensão de viuvez.

Viudez, *s.f.*, viuvez.

Viudo/a, *adj.* e *s.*, viúvo.

Vivacidad, *s.f.*, vivacidade, viveza.

Vivaz, *adj.*, perspicaz, arguto.

Vivencia, *s.f.*, vivência, experiência de vida.

Víveres, *s.m.pl.*, víveres.

Vivero, *s.m.*, viveiro, canteiro.

Viveza, *s.f.*, viveza, esperteza, vivacidade.

Vividor/ra, *s.*, vivaz, aproveitador.

Vivienda, *s.f.*, moradia, morada, habitação.

Vivir, *v.7*, viver, existir ‖ manter, passar ‖ habitar, morar, residir ‖ ter na memória, recordar ‖ conjunto de meios de vida ‖ coabitar ◆ *s.m.*, vida ‖ subsistência → *No dejar vivir*, incomodar. *Vivir al día*, gastar o que ganha. *Vivir para ver,* viver para ver.

Vivo/a, *adj.*, vivo ‖ brilhante ‖ forte ‖ sutil ‖ fogoso ‖ ágil, diligente ‖ expressivo ◆ *s.m.*, friso, debrum, orla.

Vocablo, *s.m.*, vocábulo ‖ palavra ‖ termo.

Vocabulario, *s.m.*, vocabulário.

Vocación, *s.f.*, vocação ‖ talento ‖ predestinação ‖ tendência.

Vocal, *adj.*, vogal ‖ vocal ◆ *s.m.* e *f.*, parlamentar, membro de junta ou corporação.

Vocalizar, *v.5.15*, vocalizar, pronunciar.

Vocear, *v.5*, dar gritos, falar em voz alta ou aos berros.

Vocerío, *s.m.*, gritaria.

Vociferar, *v.5*, vociferar.

Volador/ra, *adj.*, voador.
Volandas, *interj.*, *en volandas*, no ar, acima do chão ‖ num instante.
Volante, *adj.*, voador, que voa ◆ *s.m.*, volante, direção de um automóvel ‖ babado colocado na roupa de enfeite ‖ comunicação interna ‖ recado.
Volar, *v.10*, voar ‖ correr velozmente ‖ desaparecer, sumir ‖ sobressair ‖ propalar, propagar ‖ transcorrer o tempo rapidamente ‖ explodir, estilhaçar → *Volando*, exclamação com que incita à rapidez, equivale a: vamos, rápido!
Volátil, *adj.*, volátil.
Volatín, *s.m.*, acrobacia.
Volantinero/a, *s.*, acrobata.
Volcán, *s.m.*, vulcão.
Volcar, *v.10*, virar, tombar, entornar ‖ perturbar, irritar.
Volframio, *s.m.*, volfrâmio.
Voltaje, *s.m.*, voltagem.
Voltear, *v.5*, dar voltas, voltear ‖ voltar, mudar de direção.
Voltereta, *s.f.*, pirueta, cambalhota.
Voltímetro, *s.m.*, voltímetro.
Voltio, *s.m.*, volt.
Voluble, *adj.*, volúvel.
Volumen, *s.m.*, volume ‖ corpulência ‖ intensidade.
Voluminoso/a, *adj.*, volumoso.
Voluntad, *s.f.*, vontade ‖ livre-arbítrio ‖ eleição ‖ carinho ‖ desejo, anseio ‖ consentimento, aquiescência.
Voluntario/a, *adj.*, voluntário.
Voluptuoso/a, *adj.*, voluptuoso.
Voluta, *s.f.*, espiral, em especial as formadas pela fumaça do cigarro.
Volver, *v.10*, voltar ‖ volver ‖ girar ‖ pagar, retribuir ‖ traduzir, verter ‖ repor, mudar, transformar ‖ vomitar ‖ converter ‖ recambiar ‖ dissuadir ‖ regressar, retornar ‖ reviver ‖ devolver ‖ reiniciar ‖ retroceder → *Volver en sí*, voltar a si depois de um desmaio. *Volver de vacío*, voltar com as mãos abanando.
Vomitar, *v.5*, vomitar ‖ lançar com violência ‖ escarrar ‖ injuriar ‖ contar, declarar, revelar.
Vómito, *s.m.*, vômito.
Voracidad, *s.f.*, voracidade.
Vorágine, *s.f.*, voragem, redemoinho.
Voraz, *adj.*, voraz.
Vórtice, *s.m.*, vórtice, centro de um furacão.
Vos, *pron.* segunda pessoa do singular, vós, usado em lugar de *usted*.
Vosotros/as, *pron.* segunda pessoa do plural, vós.
Votación, *s.f.*, votação.
Votar, *v.5*, votar.
Voto, *s.m.*, voto, sufrágio ‖ promessa ‖ ditame, parecer ‖ blasfêmia, jura ‖ rogo, petição.
Voz, *s.f.*, voz ‖ som ‖ timbre ‖ queixa ‖ grito ‖ vocábulo, fonema ‖ cantor, músico ‖ poder, autoridade ‖ opinião, fama ‖ sugestão ‖ motivo → *A media voz*, sussurrando. *A una voz*, por unanimidade. *A voces, a voz en grito*, aos gritos. *Anudársele la voz*, não poder falar pela emoção, voz embargada. *Estar pidiendo a voces*, necessitar desesperadamente. *Llevar la voz cantante*, ser aquele que manda. *Voz pública*, a voz do povo.
Vozarrón, *s.m.*, vozeirão.
Vuelco, *s.m.*, tombo ‖ ruína, falência ‖ transtorno → *Dar un vuelco el corazón*, pular o coração.

Vuelo, *s.m.*, voo, ação de voar ‖ espaço percorrido voando ‖ conjunto de penas das aves usadas no voo ‖ asa ‖ roda do vestido ‖ babado de enfeite colocado nas roupas, babadinho → *Cortar los vuelos*, tirar a liberdade, cortar as asas. *De altos vuelos*, de muita importância. *Muchas horas de vuelo*, muita experiência. *No oírse el vuelo de una mosca*, grande silêncio. *Cazar la mosca al vuelo*, pegar as coisas no ar. *Tener muchos vuelos en la cabeza*, ter mania de grandeza.

Vuelto/a, *s.f.*, volta, giro ‖ curvatura, curva ‖ regresso, retorno ‖ recompensa ‖ devolução, troco ‖ repetição ‖ demasia ‖ turno, vez ‖ sova, surra ‖ fechadura ‖ mudança de estado, de ideia, de parecer, de opinião ‖ trato à terra ‖ forro de roupa → *A la vuelta*, na volta. *A vuelta de*, depois de. *Andar a vueltas*, brigar. *Andar a vueltas con*, resolvendo algum problema. *Cogerle las vueltas*, pegar a manha. *Dar cien vueltas*, superar alguém ou algo. *Dar media vuelta*, ir embora. *Dar vueltas*, procurar sem achar. *Dar vueltas a la cabeza*, pensar muito. *Poner de vuelta y media*, falar mal de alguém.

Vuestro/a, *adj.* e *pron.* segunda pessoa do plural, vosso, vossa e seus respectivos plurais.

Vulgar, *adj.*, vulgar, comum ‖ geral, trivial.

Vulgaridad, *s.f.*, vulgaridade.

Vulgarizar, *v.5.15*, vulgarizar.

Vulgo, *s.m.*, vulgo, plebe, povo.

Vulnerabilidad, *s.f.*, vulnerabilidade.

Vulnerar, *v.5*, vulnerar, prejudicar ‖ ferir, ofender.

Vulva, *s.f.*, vulva.

W

s.f., vigésima quarta letra do alfabeto espanhol. Chamada de *uve doble* ou *doble uve*. Símbolo de *vatio* (em maiúscula)

Watt, ver *Vatio*.
Water, ver *Váter*.
Water-polo, ver *Polo*.
Wolframio, ver *Volframio*.

X

s.f., vigésima quinta letra do alfabeto espanhol e vigésima primeira de suas consoantes; chama-se *"equis"*, representa o som contínuo de *k* final de sílaba mais *s* inicial da seguinte (K^s; no início de palavra ela se suaviza tornando-se quase apenas um *s*).

Xana, *s.f.*, ninfa das fontes e dos montes na mitologia asturiana (lê-se "chana").

Xenofobia, *s.f.*, xenofobia.

Xenófobo/a, *adj.*, xenófobo.

Xerocopia, *s.f.*, xerocópia.

Xerocopiar, *v.5*, xerocopiar.

Xerografía, *s.f.*, xerografia, xerox.

Xilófago/a, *adj.*, xilófago, insetos que se alimentam da madeira.

Xilofón, *s.m.*, xilofone.

Xilofonista, *s.m.* e *f.*, xilofonista, pessoa que toca o xilofone.

Xilófono, *s.m.*, xilofone.

Xilografía, *s.f.*, xilografia, arte de gravar em madeira.

Xuxona, *s.f.*, voz galega para avozinha (lê-se "chuchona").

Y

s.f., vigésima sexta letra do alfabeto espanhol e vigésima segunda das suas consoantes; pronuncia-se como *i*; chama-se *"i griega"*; usada como conjunção e no fim de sílaba tem o mesmo som da vogal *i* ◆ *conj.* copulativa *e*.

Ya, *adv.*, já, denota tempo passado, tempo presente ou ainda tempo futuro ‖ logo, imediatamente ‖ ultimamente, finalmente.

Yacente, *adj.*, que jaz.

Yacer, *v.45*, estar deitado ou estendido ‖ fixo sobre o chão ‖ pessoa morta enterrada ‖ estar em algum lugar fixo ‖ coabitar.

Yacimiento, *s.m.*, jazida de minério.

Yaguar, *s.m.*, jaguar.

Yantar, *v.5*, comer, especialmente ao meio-dia.

Yarda, *s.f.*, jarda.

Yate, *s.m.*, iate.

Yayo/a, *s.*, avô.

Ye, *s.f.*, nome da letra Y.

Yedra, *s.f.*, hera, trepadeira.

Yegua, *s.f.*, égua.

Yeguada, *s.f.*, coletivo de cavalos, récua ‖ *Amér.*, *fig.*, disparate, burrada, bobagem.

Yelmo, *s.m.*, elmo, armadura antiga para a cabeça dos cavaleiros.

Yema, *s.f.*, gema ‖ broto ‖ lado oposto à unha no dedo ‖ gemada.

Yerba, *s.f.*, erva ‖ grama.

Yermo/a, *adj.*, ermo, desabitado, despovoado.

Yerno, *s.m.*, genro.

Yerro, *s.m.*, erro, falta, equívoco.

Yerto/a, *adj.*, hirto, rígido, duro por causa do frio.

Yesca, *s.f.*, matéria orgânica seca usada como combustível.

Yeso, *s.m.*, sulfato de cálcio hidratado, gesso.

Yo, *pron.pess.m.* e *f.*, primeira pessoa do singular, eu, funciona como sujeito e como predicado nominal.

Yodo, *s.m.*, iodo.

Yoga, *s.m.*, ioga.

Yogur, *s.m.*, iogurte.

Yoyó, *s.m.*, ioiô.

Yugo, *s.m.*, jugo, canga ‖ lei despótica.

Yugular, *adj.* e *s.f.*, jugular ‖ cortar bruscamente o desenvolvimento de alguma coisa.

Yunque, *s.m.*, bigorna.

Yunta, *s.f.*, parelha de bois, mulas usadas no campo presas pela canga ◆ *adv.*, junto.

Yute, *s.m.*, juta.

Yuxtaponer, *v.34*, justapor.

Yuxtaposición, *s.f.*, justaposição.

Z

s.f., vigésima sétima e última letra do alfabeto espanhol e vigésima terceira das suas consoantes, o seu nome é *"zeda"* ou *"zeta"*.

Zafarrancho, *s.m.*, destroço, estrago.
Zafarse, *v.5,* livrar-se, safar-se.
Zafio/a, *adj.*, bruto, tosco, inculto, grosseiro ‖ *Amér.*, desalmado.
Zafiro, *s.m.*, safira.
Zafra, *s.f.*, garrafão grande com torneira na parte inferior ‖ safra, colheita.
Zaga, *s.f.*, zaga, parte de trás, retaguarda.
Zagal/la, *s.*, adolescente.
Zaguán, *s.m.*, vestíbulo, saguão.
Zaguero/a, *adj.*, retardatário, que está situado atrás de todos ‖ zagueiro.
Zaherir, *v.12,* ferir, repreender, censurar com humilhação.
Zahorí, *s.m.* e *f.*, adivinho, vidente.
Zaino/a, *adj.*, traidor, falso, pouco digno de confiança.
Zalamería, *s.f.*, dengo, carinhos afetados.
Zalamero/a, *adj.* e *s.*, dengoso.
Zamarra, *s.f.*, colete grosso de pele ‖ casaco grosso forrado de pele por dentro.
Zambo/a, *adj.* e *s.*, pessoa que tem as pernas tortas para fora a partir dos joelhos.
Zambomba, *s.f.*, zabumba.
Zambullido/a, *adj.*, mergulho rápido, entrar e sair da água.
Zambullir, *v.19,* mergulhar rapidamente ‖ *fig.*, esconder-se, enfiar-se.
Zamorano/a, *adj.* e *s.*, aquele que nasceu em Zamora, cidade da Espanha.
Zampabollos, *s.m.* e *f.*, pessoa glutona, gulosa.
Zampoña, *s.f.*, instrumento musical de sopro, flauta de Pã.
Zanahoria, *s.f.*, cenoura.
Zanca, *s.f.*, sanco, perna de ave desde a garra até a junta da coxa ‖ gambito, perna muito fina de pessoa.
Zancada, *s.f.*, passo mais longo que o normal, passada.
Zancadilla, *s.f.*, passar a perna para que alguém caia ‖ armadilha, engodo ◆ *s.m.*, engano, fraude.
Zancos, *s.m.pl.*, perna de pau.
Zancudo/a, *adj.*, perna longa, pernas compridas.
Zanganear, *v.5,* vagabundear.
Zángano/a, *s.*, pessoa folgada, vagabundo ‖ pessoa sem graça ◆ *s.m.*, zangão, abelha macho.
Zanja, *s.f.*, vala, escavação, fosso, dreno para escoar água.
Zanjar, *v.5,* finalizar, acabar, terminar, superar, suplantar um problema.
Zapapico, *s.m.*, picareta, instrumento para trabalhar a terra.
Zapata, *s.f.*, calço, cunha.
Zapateado, *s.m.*, sapateado ‖ tipo de música e dança espanhola.
Zapatear, *v.5,* sapatear.

Zapatería, *s.f.*, oficina que conserta, faz ou vende calçados.

Zapatero/a, *s.*, sapateiro, pessoa que conserta, faz ou vende calçados ‖ móvel especial para guardar sapatos ◆ *adj.*, qualquer alimento que passou do ponto ficando duro.

Zapatilla, *s.f.*, chinelo ‖ sapatilha ‖ tênis.

Zapato, *s.m.*, sapato → *No llegarle a la suela del zapato*, ser muito inferior. *Saber dónde le aprieta el zapato*, conhecer bem as circunstâncias, saber onde dói o calo.

Zape, *interj.*, denota assombro e estranheza, equivale a: nossa!

Zar/rina. *s.*, czar.

Zaranda, *s.f.*, crivo, peneira.

Zarandajas, *s.f.pl.*, coisas insignificantes e sem importância que não merecem preocupação.

Zarandear, *v.5*, sacudir algo ou alguém de um lado para outro.

Zarcillo, *s.m*, brincos em forma de aro ‖ *Amér.*, sinal com que se marca o gado.

Zarco/a, *adj.*, azul-claro.

Zarpa, *s.f.*, garras de animais como o leão, o tigre e similares.

Zarpar, *v.5*, zarpar, sair um navio do porto.

Zarpazo, *s.m.*, agarrar arranhando com as unhas ‖ arranhão ‖ ruído muito forte.

Zarrapastroso/a, *adj.* e *s.*, maltrapilho.

Zarza, *s.f.*, sarça, planta espinhuda.

Zarzamora, *s.f.*, fruto da sarça.

Zarzuela, *s.f.*, opereta rápida e cômica, estilo lírico espanhol ‖ caldeirada, comida feita só com frutos do mar.

Zas, *interj.*, expressa o som de algo que produz uma batida.

Zigzag, *s.m.*, zigue-zague.

Zinc, *s.m.*, zinco.

Zíngaro/a, *adj.* e *s.*, cigano.

Zipizape, *s.m.*, briga, discussão de pouca importância ‖ tumulto.

Zócalo, *s.m.*, rodapé, base, friso.

Zona, *s.f.*, zona, área.

Zonzo/a, *adj.*, pessoa sem graça.

Zoo, *s.m.*, forma apocopada de zoológico.

Zoología, *s.f.*, zoologia.

Zoológico, *adj.*, relativo à zoologia → *Parque zoológico*, jardim zoológico.

Zopas, *s.m.* e *f.pl.*, pessoa de língua presa e que não pronuncia os esses.

Zopenco/a, *adj.* e *s.*, pessoa burra ou grossa, inculta.

Zoquete, *s.m.*, pedaço de madeira que sobra quando se faz um objeto ◆ *adj.*, pessoa burra, torpe, débil mental.

Zorrería, *s.f.*, sem-vergonhice.

Zorro/a, *adj.* e *s.*, astuto, velhaco ◆ *s.m.*, macho da raposa ◆ *s.f.*, fêmea da raposa, pele da raposa ‖ prostituta ‖ bebedeira ◆ *s.m.pl.*, látego especial formado por várias tiras para limpar tapetes.

Zozobra, *s.f.*, intranquilidade, desassossego, inquietude.

Zozobrar, *v.5*, naufragar um navio ‖ fracassar um programa ou projeto.

Zueco, *s.m.*, tamanco.

Zumba, *s.f.*, burla, sarro, sarcasmo, vaia.

Zumbador/ra, *adj.*, sarrista, que usa de sarcasmo.

Zumbar, *v.5*, zumbir, provocar zumbido.

Zumbido, *s.m.*, zumbido.

Zumo, *s.m.*, suco, caldo proveniente de frutas, legumes ou hortaliças.

Zurcido, *adj.*, cerzido.

Zurcir, *v.7.12,* cerzir → *Que (te) zurzan*, exclamação de zanga com que se expressa o desinteresse por alguma coisa, equivale a: vá tomar banho!, não me enche o saco!

Zurdo/a, *adj.* e *s.*, pessoa canhota ‖ esquerdo → *No ser zurdo*, ser inteligente, não ser burro ou bobo.

Zurra, *s.f.*, surra.

Zurrapa, *s.f.*, borras de alguns líquidos como o vinho, vinagre.

Zurrar, *v.5,* curtir e trabalhar a pele ‖ dar uma surra.

Zurriago, *s.m.*, chicote.

Zurrón, *s.m.*, mochila, bolsa grande de couro.

Zutano/a, *s.*, uma pessoa qualquer, sicrano, fulano.

2ª parte

PORTUGUÉS ESPAÑOL

PRESENTACIÓN

Siguiendo el mismo pensar de la primera parte de este Diccionario, esta segunda etapa también está centrada en las palabras más comunes y corrientes empleadas en portugués y que podrían presentar dudas o problemas para los lusoparlantes al leer un texto en Español.

Así, fueron escogidas, con mucho cuidado, las 15 000 palabras más comunes del portugués para que éstas, en especial, compusieran esta segunda parte.

No nos hemos detenido en los verbos, como en la parte anterior, por suponer, creemos que acertadamente, que los profesores y alumnos saben las características de éstos en portugués, pero tuvimos el cuidado de incluir la mayor parte de ellos con su respectiva significación, pues para nosotros el verbo es la palabra por excelencia en la construcción y empleo de cualquier idioma.

En compensación, nos hemos preocupado con los nombres (o sustantivos) y los adjetivos que por una u otra razón son diferentes en uno y otro idioma.

No podemos ocultar nuestra satisfacción al ofrecer esta obra al público, ha sido un trabajo duro y difícil, no por no saber el idioma pero por el esfuerzo de ofrecer el máximo dentro del menor espacio posible. Solo así tendríamos dentro de una forma práctica y manejable algo que, efectivamente, valiese la pena. Muchas fueron las dificultades, muchos los azares (en el sentido español), pero creemos que nuestro objetivo fue alcanzado.

Nuestros lectores nos lo dirán con más acierto.

Los autores

ABREVIATURAS

En esta segunda parte del Diccionario, están siendo usadas las siguientes abreviaturas:

a. .... = auxiliar
adj. .... = adjetivo
adv. .... = adverbio/adverbial
af. .... = afirmativo
Amér. .... = significado en América
art. .... = artículo
ca. .... = cantidad
card. .... = cardinal
conj. .... = conjunción
dem. .... = demostrativo
det. .... = determinativo
du. .... = dubitativo
ex. .... = exclamativo
f. .... = femenino
fig. .... = sentido figurado
i. .... = irregular
in. .... = interrogativo
indef. .... = indefinido
interj. .... = interjección
loc. .... = locución
lu. .... = lugar
m. .... = masculino
mo. .... = modo
n. .... = nombre
ne. .... = negativo
num. .... = numeral
ord. .... = ordinal
part. .... = partitivo
pe. .... = personal
pl. .... = plural
pos. .... = posesivo
prep. .... = preposición
pro. .... = pronombre
r. .... = regular
re. .... = relativo
rec. .... = recíproco
ref. .... = reflexivo
s. .... = singular
ti. .... = tiempo
v. .... = verbo

Además, serán empleados los siguientes símbolos que indican:
‖ .... = otro significado para la misma palabra;
◆ = cambio de clase gramatical;
→ = empleo en expresiones.

PORTUGUÉS
ESPAÑOL

A

À, contracción del *art.f.* la y la *prep.* a: a la.

A, *n.m.*, primera letra del alfabeto ◆ *prep.*, a, con, para, por, en, sobre, de, hacia ◆ *art.det.f.s.*, la.

Aba, *n.f.*, borde, orilla, orla, ala, falda de la montaña.

Abacate, *n.m.*, aguacate.

Abade, *n.m.*, abad.

Abadessa, *n.f.*, abadesa.

Abadia, *n.f.*, abadía, monasterio.

Abafar, *v.*, sofocar, asfixiar, amortiguar, ahogar.

Abaixar, *v.*, bajar, agacharse, apearse, reducir.

Abaixo, *adv.*, abajo, debajo → *Abaixo de zero*, bajo cero.

Abalar, *v.*, emocionar, impresionar, estremecer, conmover.

Abalo, *n.m.*, temblor, sacudida, emoción, estremecimiento.

Abalroar, *v.*, chocarse.

Abanador, *n.m.*, abanico.

Abanar, *v.*, abanicar, sacudir, menear.

Abandonar, *v.*, abandonar, dejar, desamparar.

Abandono, *n.m.*, abandono, renuncia.

Abano, *n.m.*, abanico.

Abarrotar, *v.*, abarrotar, llenarse, hartarse.

Abastado, *adj.*, rico, adinerado.

Abastecer, *v.*, abastecer, proveer.

Abater, *v.*, abatir, derribar, echar por tierra ‖ caer, descender ‖ inclinar, tumbar, tender.

Abatido, *adj.*, abatido, derribado, derrocado, cabizbajo, humillado ‖ bajar de precio las mercancías.

Abatimento, *n.m.*, abatimiento, humillación, afrenta, bajeza ‖ descuento.

Abcesso, *n.m.*, tumor, infección.

Abdome, *n.m.*, abdomen, vientre, barriga.

Abecedário, *n.m.*, abecedario, abecé.

Abelha, *n.f.*, abeja.

Abelhudo, *adj.*, curioso, indiscreto, entrometido, metepatas, metomentodo.

Abençoar, *v.*, bendecir, alabar, engrandecer.

Aberração, *n.f.*, aberración.

Abertura, *n.f.*, abertura, apertura.

Abismo, *n.m.*, abismo ‖ inmenso, insondable, incomprensible.

Abóbada, *n.f.*, bóveda.

Abobalhado, *adj.*, abobado, atontado.

Abóbora, *n.f.*, calabaza.

Abobrinha, *n.f.*, calabacín ‖ tontería.

Abocanhar, *v.*, abocar, asir, tomar o coger con la boca, morder ‖ desgarrar.

Abolição, *n.f.*, abolición.

Abolir, *v.*, abolir, derogar, anular.

Abominar, *v.*, abominar, odiar, aborrecer.

Abominável, *adj.*, abominable.

Abonado, *adj.*, rico, acaudalado.

Abonar, *v.*, abonar, acreditar, garantizar, asegurar.
Abordagem, *n.f.*, abordaje, planteo, proposición.
Aborrecer, *v.*, aborrecer, aburrir, fastidiar, molestar.
Aborrecido, *adj.*, fastidioso, molesto.
Aborrecimento, *n.m.*, aborrecimiento, aburrimiento.
Abortar, *v.*, abortar ‖ fracasar, malograr.
Aborto, *n.m.*, aborto ‖ engendro, monstruo.
Abotoadura, *n.f.*, botonadura, gemelos.
Abotoar, *v.*, abotonar, cerrar, unir, ajustar.
Abraçar, *v.*, abrazar, ceñir, rodear, prender.
Abraço, *n.m.*, abrazo.
Abrandar, *v.*, ablandar, poner blando ‖ suavizar ‖ acobardarse.
Abranger, *v.*, abarcar, ceñir, rodear, contener, encerrar en sí ‖ percibir, dominar con la vista.
Abrasar, *v.*, abrasar, reducir a brasa, quemar.
Abreviação, *n.f.*, abreviación.
Abreviar, *v.*, abreviar, hacer breve, acortar, acelerar, apresurar, darse prisa.
Abreviatura, *n.f.*, abreviatura.
Abridor, *adj.*, abridor ◆ *n.m.*, abrelatas.
Abrigar, *v.*, abrigar, resguardar, amparar.
Abrigo, *n.m.*, abrigo.
Abril, *n.m.*, abril.
Abrir, *v.*, abrir, romper, hender ‖ comenzar, inaugurar ‖ declarar, descubrir, confiar → *Abrir-se com [alguém]*, confiarse, sincerarse. *Num abrir e fechar de olhos*, en un santiamén.
Abrupto, *adj.*, abrupto, escarpado, áspero, violento, rudo.
Absolver, *v.*, absolver, indultar.
Absolvição, *n.f.*, absolución, indulto, perdón.
Absorver, *v.*, absorber, sorber ‖ consumir ‖ atraer a sí, cautivar, prender la atención.
Abstenção, *n.f.*, abstención.
Abster, *v.*, abstener, contener, retener, refrenar, detener, apartar, privarse.
Abstrair, *v.*, abstraer ‖ omitir, callar.
Abundância, *n.f.*, abundancia.
Abundar, *v.*, abundar.
Abusar, *v.*, abusar ‖ hacer trato deshonesto.
Abuso, *n.m.*, abuso, infidelidad.
Abutre, *n.m.*, buitre ‖ carcamal.
Acabamento, *n.m.*, remate ‖ término, fin.
Acabar, *v.*, acabar, terminar, concluir ‖ apurar, consumir ‖ matar, morir ‖ rematar, finalizar, aniquilar.
Acabrunhar, *v.*, abatir, enflaquecer, afligir.
Acácia, *n.f.*, acacia.
Academia, *n.f.*, academia, gimnasio.
Açafrão, *n.m.*, azafrán.
Acaju, *n.m.*, caoba ‖ que tiene color castaño enrojecido.
Acalmar, *v.*, calmar, sosegar, adormecer, tranquilizar.
Acalorado, *adj.*, acalorado ‖ encendido, vehemente.
Acampamento, *n.m.*, campamento.
Acampar, *v.*, acampar.
Acanhado, *adj.*, tímido, medroso, temeroso.
Acanhar, *v.*, avergonzar, causar vergüenza.
Ação, *n.f.*, acción, acto.

Acariciar, *v.*, acariciar.
Acarinhar, *v.*, acariciar.
Ácaro, *n.m.*, ácaro.
Acarretar, *v.*, acarrear, ocasionar.
Acasalar, *v.*, emparejar, unir en parejas.
Acaso, *n.m.*, acaso, casualidad ◆ *adv.*, por casualidad, accidentalmente ‖ quizá, tal vez.
Acatar, *v.*, acatar, aceptar con sumisión.
Aceder, *v.*, acceder, consentir, ceder ‖ tener acceso.
Aceitação, *n.f.*, aceptación.
Aceitar, *v.*, aceptar, aprobar.
Aceite, *n.m.*, aceptación.
Aceleração, *n.f.*, aceleración.
Acelerar, *v.*, acelerar.
Acelga, *n.f.*, acelga.
Acém, *n.m.*, solomillo.
Acenar, *v.*, gesticular, hacer ademanes.
Acender, *v.*, encender ‖ incendiar ‖ incitar, inflamar, enardecer ‖ ponerse colorado, ruborizarse.
Aceno, *n.m.*, gesto, ademán, seña.
Acento, *n.m.*, acento, tilde, virgulilla ‖ modulación, entonación ‖ deje.
Acentuação, *n.f.*, acentuación.
Acentuado, *adj.*, acentuado.
Acentuar, *v.*, acentuar, recalcar, realzar, resaltar, abultar.
Acepção, *n.f.*, acepción, significado, sentido.
Acerca, *adv.*, acerca, acerca de, cerca.
Acercar, *v.*, acercar, poner cerca, aproximar.
Acertar, *v.*, acertar, encontrar, hallar.
Acerto, *n.m.*, acierto ‖ habilidad, destreza ‖ prudencia, tino, cordura.
Acervo, *n.m.*, acervo.
Aceso, *adj.*, encendido.
Acessível, *adj.*, accesible, inteligible.
Acesso, *n.m.*, acceso, entrada, paso → *Acesso de*, ataque de.
Acessório, *adj.*, accesorio, secundario ‖ utensilio.
Acetato, *n.m.*, acetato.
Acético, *adj.*, acético.
Acetileno, *n.m.*, acetileno.
Acetinado, *adj.*, sedoso, suave, satinado.
Acetona, *n.f.*, acetona.
Achado, *adj.*, encontrado ‖ hallado, descubierto.
Achaque, *n.m.*, achaque, indisposición, enfermedad.
Achar, *v.*, encontrar, hallar, descubrir, creer, parecer.
Achatamento, *n.m.*, achatamiento, aplastamiento.
Achatar, *v.*, achatar, aplastar.
Achegar, *v.*, unir, ajustar, aproximarse.
Achego, *n.m.*, auxilio, ayuda, socorro, amparo.
Achincalhar, *v.*, ridiculizar, ofender.
Acicatar, *v.*, estimular con espuela, incitar.
Acicate, *n.m.*, acicate ‖ espuela ‖ incentivo.
Acidentar, *v.*, accidentar.
Acidente, *n.m.*, accidente ‖ indisposición o enfermedad ‖ irregularidad del terreno ‖ accidente gramatical.
Acidez, *n.f.*, acidez.
Ácido, *adj.*, ácido, áspero.
Acima, *adv.*, arriba, a lo alto, hacia lo alto → *Ladeira acima,* cuesta arriba.
Acinte, *n.m.*, provocación, adrede, de propósito.
Acintoso, *adj.*, provocador, irritante.

Acinzentado, *adj.*, grisáceo, cenizo.
Acirrar, *v.*, irritar, incitar.
Aclamação, *n.f.*, aclamación.
Aclamar, *v.*, aclamar.
Aclaração, *n.f.*, aclaración.
Aclarar, *v.*, aclarar, disipar.
Aclive, *n.m.*, pendiente ◆ *adj.*, inclinado.
Aço, *n.m.*, acero.
Acobertado, *adj.*, encubierto, escondido, protegido.
Acobertar, *v.*, encubrir, resguardar, esconder.
Acocorar, *v.*, agacharse.
Açoitar, *v.*, azotar.
Açoite, *n.m.*, azote.
Acolá, *adv.*, allá, más allá ◆ *prep.*, más allá de, de la parte de allá.
Acolchoado, *n.m.*, acolchado ‖ edredón.
Acolhedor, *adj.*, acogedor.
Acolher, *v.*, acoger, admitir ‖ hospedar ‖ aceptar.
Acolhida, *n.f.*, acogida, recibimiento ‖ hospitalidad.
Acometer, *v.*, acometer, embestir ‖ emprender, intentar.
Acomodação, *n.f.*, acomodación.
Acomodar, *v.*, acomodar ‖ proveer ‖ *fig.*, amoldar.
Acompanhado, *adj.*, acompañado.
Acompanhamento, *n.m.*, acompañamiento ‖alimento presentado como complemento.
Acompanhar, *v.*, acompañar ‖ participar ‖ juntar, agregar.
Aconchegante, *adj.*, abrigado ‖ confortable, cómodo.
Aconchegar, *v.*, abrigar ‖ acoger.
Aconchego, *n.m.*, abrigo ‖ acogido.
Aconselhar, *v.*, aconsejar, dar consejo.
Aconselhável, *adj.*, aconsejable.
Acontecer, *v.*, acontecer, suceder, efectuarse un hecho ‖ ocurrir.
Acontecimento, *n.m.*, acontecimiento, hecho o suceso.
Acordado, *adj.*, despierto ‖ resultado de un acuerdo ‖ sensato, prudente.
Acordar, *v.*, acordar, determinar ‖ resolver ‖ despertar del sueño.
Acorde, *adj.*, acorde musical o sonoro ‖ conforme, concorde.
Acordeão, *n.m.*, acordeón.
Acordo, *n.m.*, acuerdo, resolución, conformidad, unanimidad.
Acorrentado, *adj.*, encadenado, atado.
Acorrentar, *v.*, encadenar ‖ *fig.*, trabar, unir.
Acorrer, *v.*, acudir ‖ venir, presentarse ‖ socorrer.
Acossar, *v.*, acosar, perseguir ‖ importunar.
Acostumado, *adj.*, acostumbrado.
Acostumar, *v.*, acostumbrar.
Açougueiro, *n.*, carnicero ‖ cirujano malo ‖ asesino.
Acreditar, *v.*, acreditar ‖ abonar ‖ creer ‖ pensar, juzgar, sospechar.
Acreditável, *adj.*, creíble, que se puede acreditar o creer.
Acrescentar, *v.*, agregar, aumentar ‖ mejorar, enriquecer.
Acrescer, *v.*, agregar, hacer mayor, aumentar.
Acréscimo, *n.m.*, aumento.
Acrobacia, *n.f.*, acrobacia.
Acrobata, *n.m.* y *f.*, acróbata.
Acróstico, *adj.*, acróstico.
Acuado, *adj.*, arrinconado, acorralado.

Acuar, *v.*, arrinconar, acorralar ‖ intimidar, acobardar.

Açúcar, *n.m.*, azúcar.

Açucarado, *adj.*, azucarado ‖ *fig.*, blando, afable, acaramelado, empalagoso.

Açucareiro, *adj.*, azucarero.

Açude, *n.m.*, estanque, represa, regadío.

Acudir, *v.*, acudir ‖ ir, asistir ‖ socorrer ‖ atender.

Acúleo, *n.m.*, espino, púa.

Acumulação, *n.f.*, acumulación.

Acumular, *v.*, acumular, juntar, amontonar.

Acumulativo, *adj.*, acumulativo.

Acurar, *v.*, cuidar a alguien o algo con dedicación ‖ perfeccionar.

Acusação, *n.f.*, acusación.

Acusar, *v.*, acusar ‖ denunciar, delatar ‖ manifestar, censurar.

Acústico, *adj.*, acústico.

Adaga, *n.f.*, daga, puñal.

Adágio, *n.m.*, adagio.

Adaptação, *n.f.*, adaptación, acomodar, ajustar una cosa a otra.

Adaptável, *adj.*, adaptable.

Adega, *n.f.*, bodega ‖ almacén, tienda, venta de vino ‖ despensa.

Ademais, *adv.*, además, a más de esto o de aquello ‖ con demasía o exceso.

Adendo, *n.m.*, aditamento, añadidura.

Adensar, *v.*, adensar, espesar, engrosar.

Adentrar, *v.*, adentrarse, penetrar ‖ entrar.

Adentro, *adv.*, adentro, en lo interior.

Adepto, *adj.*, adepto, iniciado ‖ afiliado ‖ partidario.

Adequação, *n.f.*, adecuación.

Adequado, *adj.*, adecuado, apropiado, acomodado.

Adequar, *v.*, adecuar, proporcionar, acomodar, apropiar.

Adereço, *n.m.*, aderezo, adorno ‖ condimento ‖ juego de joyas.

Aderência, *n.f.*, adherencia, unión, pegadura.

Aderente, *adj.*, adherente, anexo, unido, pegado ‖ adhesivo.

Aderir, *v.*, adherir, unir ‖ filiarse, alinharse.

Adesão, *n.f.*, adhesión ‖ declaración pública de apoyo.

Adesivo, *adj.*, adhesivo ‖ pegatina.

Adestramento, *n.m.*, adiestramiento.

Adestrar, *v.*, adiestrar, instruir ‖ amaestrar, domar ‖ guiar, encaminar.

Adeus, *interj.*, ¡adiós!

Adiamento, *n.m.*, aplazamiento.

Adiantado, *adj.*, adelantado ‖ precoz, aventajado ‖ anticipado.

Adiantamento, *n.m.*, adelantamiento, adelantado ‖ *fig.*, adelanto, mejora, anticipo.

Adiantar, *v.*, adelantar ‖ acelerar, apresurar ‖ *fig.*, aventajar.

Adiante, *adv.*, adelante, más allá ‖ hacia delante ‖ de aquí en adelante.

Adiar, *v.*, prorrogar, aplazar, diferir, postergar.

Adição, *n.f.*, adición ‖ añadidura ‖ suma.

Adicionar, *v.*, adicionar, añadir, agregar, sumar.

Adido, *n.m.*, agregado, funcionario diplomático.

Adir, *v.*, distribuir ‖ acrecentar, aumentar.

Aditamento, *n.m.*, aditamento, añadidura.

Aditar, *v.*, adicionar, añadir.

Aditivo, *adj.*, aditivo, añadido.

Adivinhação, *n.f.*, adivinanza, acertijo.
Adivinhar, *v.*, adivinar, predecir ‖ descubrir ‖ acertar algo por azar.
Adivinho, *n.*, adivino, persona que adivina.
Adjacências, *n.f.pl.*, cercanías, alrededores, aledaños ‖ vecindad, proximidades.
Adjetivação, *n.f.*, adjetivación.
Adjetivar, *v.*, adjetivar.
Adjetivo, *n.m.*, adjetivo, clase gramatical.
Adjunto, *adj.*, adjunto, clase gramatical ‖ persona que acompaña ‖ auxiliar, ayudante.
Administração, *n.f.*, administración.
Administrador, *n.*, administrador.
Administrar, *v.*, administrar, gobernar ‖ ordenar, disponer, organizar.
Admiração, *n.f.*, admiración ‖ apreciación, reconocimiento, estima.
Admirador, *adj.*, admirador.
Admirar, *v.*, admirar, causar sorpresa ‖ ver, contemplar, considerar con estima.
Admirável, *adj.*, admirable.
Admissível, *adj.*, admisible.
Admitir, *v.*, admitir, recibir, dar entrada ‖ aceptar ‖ permitir, sufrir.
Adoção, *n.f.*, adopción.
Adoçar, *v.*, endulzar ‖ dulcificar ‖ *fig.*, suavizar.
Adoecer, *v.*, adolecer, enfermar.
Adoidado, *adj.*, alocado, atontado ‖ aturdido.
Adolescência, *n.f.*, adolescencia.
Adolescente, *adj.*, adolescente.
Adonde, *adv.*, adonde, donde.
Adoração, *n.f.*, adoración.
Adorar, *v.*, adorar, reverenciar, honrar ‖ *fig.*, amar, querer, gustar mucho.
Adorável, *adj.*, adorable.
Adormecer, *v.*, adormecer ‖ dormir ‖ *fig.*, acallar, entretener, calmar, sosegar.
Adornar, *v.*, adornar, engalanar ‖ embellecer, enaltecer.
Adotar, *v.*, adoptar.
Adotivo, *adj.*, adoptivo.
Adquirido, *adj.*, adquirido.
Adquirir, *v.*, adquirir, comprar, conseguir ‖ ganar ‖ coger, lograr.
Adrenalina, *n.f.*, adrenalina.
Adscrito, *adj.*, adscrito, inscrito, agregado.
Adstringente, *adj.*, astringente.
Adstringir, *v.*, astringir, apretar, estrechar ‖ *fig.*, sujetar, obligar.
Adubação, *n.f.*, adobación, fertilización.
Adubar, *v.*, adobar, disponer, preparar, arreglar, aderezar ‖ fertilizar.
Adubo, *n.m.*, adobo ‖ caldo, salsa con que se sazona un manjar ‖ fertilizante.
Adulador, *adj.*, adulador, pelotero.
Adular, *v.*, adular ‖ deleitar.
Adulteração, *n.f.*, adulteración, falsificación.
Adulterar, *v.*, adulterar ‖ *fig.*, viciar, falsificar.
Adultério, *n.m.*, adulterio ‖ fraude, falsificación.
Adulto, *adj.*, adulto.
Adunco, *adj.*, curvado, cheposo.
Adusto, *adj.*, quemado, abrasado ‖ encendido.
Aduzir, *v.*, aducir, presentar, traer.
Advento, *n.m.*, advenimiento, venida, llegada.
Adverbial, *adj.*, adverbial.

Advérbio, *n.m.*, adverbio, clase gramatical.
Adversário, *adj.*, adversario.
Adverso, *adj.*, adverso, contrario, enemigo, desfavorable.
Advertência, *n.f.*, advertencia ‖ escrito en el que se advierte.
Advertido, *adj.*, advertido, avisado.
Advertir, *v.*, advertir, aconsejar, enseñar, prevenir, amonestar.
Advir, *v.*, advenir, sobrevenir, resultar ‖ suceder, ocurrir ‖ venir, llegar.
Advocacia, *n.f.*, abogacía.
Advogado, *adj.* y *n.*, abogado ‖ *fig.*, intercesor, medianero.
Advogar, *v.*, abogar, defender en juicio ‖ *fig.*, interceder.
Aéreo, *adj.*, aéreo ‖ sutil, ligero, fantástico, sin fundamento.
Aeromoça, *n.f.*, azafata.
Aeronáutica, *n.f.*, aeronáutica.
Aeronave, *n.f.*, aeronave.
Aeroporto, *n.m.*, aeropuerto.
Aerossol, *n.m.*, aerosol.
Afã, *n.m.*, afán ‖ fatiga, penalidad, apuro ‖ empeño, deseo ‖ prisa, diligencia.
Afabilidade, *n.f.*, afabilidad.
Afagar, *v.*, acariciar ‖ tocar, rozar.
Afago, *n.m.*, caricia ‖ halago, agasajo, demostración amorosa.
Afamado, *adj.*, afamado, famoso.
Afamar, *v.*, afamar, hacer famoso, dar fama.
Afanar, *v.*, afanar, hurtar, estafar, robar.
Afastado, *adj.*, alejado ‖ lejano, distante ‖ ahuyentado, apartado.
Afastamento, *n.m.*, alejamiento.
Afastar, *v.*, alejar, distanciar ‖ ahuyentar ‖ apartar, rehuir, evitar.
Afável, *adj.*, afable, agradable, dulce.
Afazeres, *n.m.pl.*, quehaceres, ocupación, negocio, tarea, trabajo.
Afeição, *n.f.*, afección ‖ afecto, cariño ‖ afición, apego.
Afeiçoado, *adj.*, afectado, encariñado.
Afeiçoar, *v.*, afectar, causar afecto, encariñar.
Afeito, *adj.*, acostumbrado, habituado.
Afeminado, *adj.*, afeminado, marica, homosexual.
Aferição, *n.f.*, aferición, contrastación, comprobación.
Aferido, *adj.*, aferido, contrastado, comprobado.
Aferir, *v.*, aferir, contrastar, comprobar su exactitud.
Aferrar, *v.*, aferrar, agarrar, asir ‖ *fig.*, insistir con tenacidad, empeñarse en algo.
Aferroar, *v.*, aguijar, picar.
Aferrolhar, *v.*, aherrojar, cerrar con cerrojo ‖ *fig.*, oprimir.
Aferventar, *v.*, herventar, herver, volver a hervir.
Afetação, *n.f.*, afectación, extravagancia presuntuosa.
Afetado, *adj.*, afectado ‖ fingido, aparente ‖ molestado, aquejado.
Afetar, *v.*, afectar, fingir, aparentar ‖ atañer, tocar ‖ perjudicar.
Afeto, *n.m.*, afecto, amor, cariño.
Afetuoso, *adj.*, afectuoso, amoroso, cariñoso.
Afiançador, *adj.*, afianzador.
Afiançar, *v.*, afianzar, abonar ‖ afirmar, asegurar, apoyar, sostener ‖ asir, agarrar.
Afiançável, *adj.*, afianzable, abonable.

Afiar, *v.*, afilar, sacar filo ‖ aguzar, sacar punta ‖ perfeccionarse.
Aficionado, *adj.*, aficionado.
Afigurar, *v.*, figurar ‖ imaginarse, fantasear.
Afilhado, *n.*, ahijado.
Afiliar, *v.*, afiliar, juntar, unir, asociar.
Afim, *adj.*, afín, semejante.
Afinação, *n.f.*, afinación, finura, delicadeza, cortesía.
Afinado, *adj.*, afinado, entonado ‖ fino, cortés.
Afinador, *adj.*, afinador.
Afinal, *adv.*, al fin, por fin, al fin y al cabo, en fin.
Afinar, *v.*, afinar, perfeccionar ‖ entonar.
Afinco, *n.m.*, ahínco.
Afinidade, *n.f.*, afinidad, proximidad ‖ atracción, adecuación.
Afirmação, *n.f.*, afirmación.
Afirmar, *v.*, afirmar, asegurar.
Afirmativo, *adj.*, afirmativo.
Afivelar, *v.*, hebillar.
Afixar, *v.*, fijar, hincar, clavar.
Aflição, *n.f.*, aflicción.
Afligir, *v.*, afligir ‖ atormentar, acongojar.
Aflito, *adj.*, afligido, ansioso.
Aflorar, *v.*, aflorar, brotar, asomar ‖ surgir.
Afluência, *n.f.*, afluencia, abundancia.
Afluente, *adj.*, afluente ◆ *n.m.*, arroyo.
Afluir, *v.*, afluir, acudir ‖ verter.
Afluxo, *n.m.*, aflujo, afluencia.
Afobação, *n.f.*, agobio ‖ apuro, aprieto ‖ agotamiento, cansancio.
Afobado, *adj.*, apurado ‖ agobiado ‖ cansado.
Afobar, *v.*, apurar, apremiar, agobiar.
Afofar, *v.*, ablandar, poner fofo ‖ engreir.
Afogado, *adj.*, ahogado.
Afogamento, *n.m.*, ahogamiento.
Afogar, *v.*, ahogar ‖ extinguir, apagar ‖ oprimir, acongojar, fatigar.
Afogueado, *adj.*, abrasado, quemado, ardiente.
Afoguear, *v.*, abrasar, quemar, calentar.
Afoito, *adj.*, precipitado, alocado, atropellado.
Afonia, *n.f.*, afonía.
Afônico, *adj.*, afónico.
Afora, *adv.*, afuera, fuera.
Afrentar, *v.*, afrontar ‖ afrentar.
Afresco, *n.m.*, pintura al fresco.
Africar, *v.*, pronunciar de forma fricativa.
Afrodisíaco, *adj.*, afrodisíaco o afrodisiaco.
Afronta, *n.f.*, afronta.
Afrontamento, *n.m.*, afrontamiento.
Afrontar, *v.*, afrontar.
Afrouxar, *v.*, aflojar ‖ acobardarse.
Afugentar, *v.*, ahuyentar.
Afundado, *adj.*, ahondado, hundido.
Afundamento, *n.m.*, ahondamiento, hundimiento.
Afundar, *v.*, ahondar ‖ hundir, sumergirse.
Afunilado, *adj.*, embudado ‖ acanalado.
Afunilar, *v.*, embudar, acanalar.
Agachado, *adj.*, agachado, encogido.
Agachar-se, *v.*, agacharse, encogerse.
Agarração, *n.f.*, agarrón, manoseo.
Agarrado, *adj.*, agarrado ‖ *fig.*, tacaño, mezquino.
Agarramento, *n.m.*, agarrón, manoseo.
Agarrar, *v.*, agarrar, asir, coger fuertemente.
Agasalhado, *adj.*, abrigado, agasajado.
Agasalhar, *v.*, abrigar, agasajar.
Agasalho, *n.m.*, abrigo.

Agência, *n.f.*, agencia ‖ oficina ‖ sucursal.
Agenciador, *adj.* y *n.*, agente, representante.
Agenciar, *v.*, agenciar ‖ procurar, conseguir.
Agenda, *n.f.*, agenda.
Agente, *n.m.*, agente.
Agigantado, *adj.*, agigantado.
Agigantar, *v.*, agigantar.
Ágio, *n.m.*, agio, beneficio ‖ especulación.
Agiota, *n.m.*, agiotista, usurero, ganancioso.
Agiotagem, *n.f.*, usura, ganancia.
Agir, *v.*, actuar, obrar.
Agitação, *n.f.*, agitación, inquietación, desasosiego, ajetreo.
Agitador, *adj.*, agitador.
Agitar, *v.*, agitar ‖ inquietar, turbar, mover.
Aglomeração, *n.f.*, aglomeración.
Aglomerado, *adj.*, aglomerado, amontonado.
Aglomerar, *v.*, aglomerar, amontonar, juntar.
Aglutinação, *n.f.*, aglutinación.
Aglutinar, *v.*, aglutinar, unir, pegar.
Agonia, *n.f.*, agonía, angustia ‖ pena, aflicción ‖ ansia, deseo.
Agoniado, *adj.*, afligido.
Agoniar, *v.*, afligir ‖ preocupar, inquietar.
Agonizante, *adj.*, agonizante.
Agonizar, *v.*, agonizar ‖ extinguirse, terminarse.
Agora, *adv.*, ahora ◆ *conj.*, pero, sin embargo.
Agorinha, *adv.*, *Amér.*, ahorita, ahora mismo.
Agosto, *n.m.*, agosto.
Agourar, *v.*, agorar, predecir.
Agourento, *adj.*, agorero, adivino, supersticioso.
Agouro, *n.m.*, agüero, adivinación ‖ presagio ‖ pronóstico.
Agraciado, *adj.*, agraciado ‖ bien parecido ‖ afortunado, que tiene suerte.
Agraciar, *v.*, agraciar.
Agradar, *v.*, agradar, contentar, gustar.
Agradável, *adj.*, agradable ‖ afable.
Agradecer, *v.*, agradecer.
Agradecimento, *n.m.*, agradecimiento.
Agrado, *n.m.*, agrado, afabilidad ‖ voluntad, gusto.
Agrados, *n.m.pl.*, regalos, dádivas, mimos, cariños.
Agrário, *adj.*, agrario.
Agravação, *n.f.*, agravación, agravamiento.
Agravado, *adj.*, agravado, empeorado.
Agravante, *adj.*, agravante.
Agravar, *v.*, agravar, empeorar, agudizar.
Agravo, *n.m.*, agravio, ofensa ‖ humillación, menosprecio.
Agredir, *v.*, agredir, atacar.
Agregado, *adj.* y *n.*, agregado, añadido.
Agregar, *v.*, agregar, unir, juntar, anexar.
Agremiação, *n.f.*, agremiación.
Agressividade, *n.f.*, agresividad.
Agressão, *n.f.*, agresión ‖ ataque.
Agressivo, *adj.*, agresivo.
Agressor, *n.m.*, agresor.
Agreste, *adj.*, agreste ‖ áspero, inculto ‖ rudo, tosco, grosero.
Agrião, *n.m.*, berro.
Agrícola, *adj.*, agrícola.
Agricultor, *n.m.*, agricultor.
Agricultura, *n.f.*, agricultura, labranza.
Agrimensor, *n.m.*, agrimensor.

Agrimensura, *n.f.*, agrimensura.

Agronomia, *n.f.*, agronomía.

Agrônomo, *n.m.*, agrónomo.

Agropecuária, *n.f.*, agropecuaria.

Agrupamento, *n.m.*, agrupamiento.

Agrupar, *v.*, agrupar, reunir en grupo, apiñar.

Agrura, *n.f.*, agrura ‖ agrio ‖ dificultad, problema.

Água, *n.f.*, agua ‖ sopa, caldo ‖ cada una de las vertientes de un tejado ‖ zumo, jugo ‖ limpidez, brillo ‖ cosa fácil ‖ infusión, cualquier medicamento líquido ‖ lágrimas → *Água de barrela*, agua sucia, agua de patatas. *Água forte*, buhardilla, desván. *Água de telhado*, agua de lluvia. *Água do monte*, corriente de la lluvia. *Água mineral*, agua mineral. *Água oxigenada*, agua oxigenada. *Água dura*, agua de cal. *Água sanitária*, lejía. *Água termal*, termas. *Até debaixo d'água*, siempre, de cualquier forma, hasta debajo del agua. *Claro como água*, clarísimo. *Com água na boca*, con ganas, con hambre. *Dar em água*, dar en nada, malograrse. *Ir por água abaixo*, malograrse. *Pôr água na fervura*, tranquilizar, calmar. *Verter águas*, mear.

Água benta, *n.f.*, agua bendita.

Água-bruta, *n.f.*, aguardiente.

Aguaceiro, *n.m.*, aguacero, chaparrón, chubasco, lluvia repentina.

Aguado, *adj.*, rociado ‖ persona sosa, sin viveza ni gracia.

Aguar, *v.*, aguar, regar, rociar ‖ estropear, defraudar ‖ desear, ansiar.

Aguardar, *v.*, aguardar, esperar.

Aguardente, *n.f.*, aguardiente.

Aguarrás, *n.f.*, aguarrás.

Águas, *n.f.pl.*, mar, océano ‖ marea, mareas ‖ líquido amniótico expulso durante un parto.

Aguçado, *adj.*, aguzado ‖ agudo, perspicaz, despierto, listo.

Aguçar, *v.*, aguzar ‖ sacar filo, afilar ‖ estimular, incitar.

Agudeza, *n.f.*, agudeza ‖ perspicacia, viveza, ligereza, velocidad.

Agudo, *adj.*, agudo, afilado ‖ tilde ‖ vivo, gracioso ‖ estado crítico de una enfermedad.

Aguentar, *v.*, aguantar, sostener, sustentar ‖ reprimir, contener ‖ soportar, tolerar.

Águia, *n.f.*, águila.

Aguilhão, *n.m.*, aguijón, púa.

Agulha, *n.f.*, aguja ‖ púa, varilla de metal ‖ manecilla del reloj.

Agulhada, *n.f.*, punzada, pinchazo ‖ estímulo.

Agulheiro, *n.m.*, alfiletero.

Ah, *interj.*, ¡ah!, denota ánimo, pena, admiración, sorpresa, alegría, tristeza, deseo, duda.

Ai, *interj.*, ¡ay! → *Ai de mim*, ¡ay de mí! *Num ai*, en un pestañear, en menos que canta un gallo.

Aí, *adv.*, ahí, en ese lugar, a ese lugar, en ese punto ‖ junto, en compañía ‖ con relación, con respecto a ‖ entonces, en ese momento, en esa oportunidad → *Aí!*, ¡muy bien! *Aí bem!*, encierra malicia y segundas intenciones. *Aí por*, alrededor de, más o menos. *Por aí*, por ahí, por el mundo, en cualquier sitio.

Ainda, *adv.*, hasta ahora, hasta el momento, aún, todavía ‖ un día, en el futuro ‖ más, además de eso ‖ por fin, finalmente ‖ exactamente ‖ no obstante, sin embargo ‖ por lo menos ‖ incluso → *Ainda agora*, un momento atrás. *Ainda agorinha*, ahorita mismo. *Ainda assim*, no obstante, a pesar de. *Ainda quando*, aum cuando, aunque.

Aipo, *n.m.*, apio.

Airado, *adj.*, airado, con ira ‖ agitado.

Airoso, *adj.*, airoso ‖ garboso, gallardo.

Ajeitar, *v.*, acomodar, arreglar ‖ conseguir, lograr ‖ adaptar, adecuar → *É necessário ajeitar as coisas*, hace falta acomodar las cosas. *Eu me ajeitarei,* yo me las arreglaré.

Ajoelhar, *v.*, arrodillar, hincar la o las rodillas.

Ajuda, *n.f.*, ayuda, auxilio → *Dar uma ajuda,* dar, echar una mano, arrimar el hombro.

Ajudante, *adj.* y *n.*, ayudante, auxiliar, asistente.

Ajudar, *v.*, ayudar, cooperar, auxiliar, socorrer.

Ajuizado, *adj.*, ajuiciado ‖ cuerdo.

Ajuntamento, *n.m.*, ajuntamiento, ajuntarse.

Ajuntar, *v.*, ajuntar, juntar ‖ amancebarse.

Ajustado, *adj.*, ajustado ‖ justo, recto.

Ajustamento, *n.m.*, ajustamiento.

Ajustar, *v.*, ajustar ‖ conformar, acomodar ‖ apretar ‖ arreglar, moderar ‖ capitular, concordar ‖ concertar el precio.

Ajustável, *adj.*, ajustable.

Ajuste, *n.m.*, ajuste ‖ encaje ‖ arreglo → *Ajuste de contas,* arreglo de cuentas.

Ala, *n.f.*, ala ‖ hilera, fila.

Alado, *adj.*, alado ‖ ligero, veloz.

Alagação, *n.f.*, inundación.

Alagadiço, *adj.*, alagadizo, encharcado, pantanoso.

Alagado, *adj.*, inundado, encharcado.

Alagar, *v.*, alagar, inundar, encharcar.

Alambique, *n.m.*, alambique, destilería.

Alambrado, *adj.*, alambrado, cerco de alambres.

Alambrar, *v.*, alambrar, cercar con alambre.

Alameda, *n.f.*, alameda.

Álamo, *n.m.*, álamo, abeto.

Alar, *v.*, volar, alzar.

Alaranjado, *adj.*, anaranjado, de color naranja.

Alarde, *n.m.*, alarde.

Alardear, *v.*, alardear ‖ ostentar, presumir.

Alargamento, *n.m.*, ensanchamiento.

Alargar, *v.*, alargar ‖ dilatar, ensanchar ‖ estirar, desencoger ‖ prolongar.

Alarido, *n.m.*, alarido, grito.

Alarmante, *adj.*, alarmante, alarmista.

Alarmar, *v.*, alarmar ‖ asustar, sobresaltar, inquietar.

Alarme, *n.m.*, alarma ‖ sirena, pito.

Alastrar, *v.*, difundir, extender, esparcir, propagar.

Alaúde, *n.m.*, laúd, instrumento de cuerda.

Alavanca, *n.f.*, palanca ‖ pértiga ‖ trampolín.

Alazão, *adj.*, alazán, alazano, canela ‖ caballo o yegua de pelo alazán.

Albatroz, *n.m.*, albatros.

Albergar, *v.*, albergar, hospedar ‖ alojar, cobijar.

Albergue, *n.m.*, albergue, cobijo, alojamiento ‖ establecimiento hotelero.

Albinismo, *n.m.*, albinismo.

Albino, *adj.*, albino.

Álbum, *n.m.*, álbum.

Albumina, *n.f.*, albúmina.

Alça, *n.f.*, asa ‖ tirante.

Alcachofra, *n.f.*, alcachofa.

Alcaçuz, *n.m.*, regaliz, orozuz, rabazuz.

Alçada, *n.f.*, alzada, juez de alzada ‖ jurisdicción, fuero, competencia.

Alçado, *adj.*, alzado, levantado, erguido.

Alcaguetar, *v.*, alcahuetear.

Alcaguete, *n.m.*, alcahuete, delator ‖ correveidile, chismoso.

Alcalino, *adj.*, alcalino.

Alcançar, *v.*, alcanzar ‖ coger ‖ ser suficiente.

Alcance, *n.m.*, alcance, capacidad, búsqueda, persecución ‖ inteligencia, acuidad ‖ importancia, valor.

Alçapão, *n.m.*, escotilla, trampa, cepo, trampilla.

Alçar, *v.*, alzar, levantar, edificar ‖ ensalzar, engrandecer, enaltecer, aclamar ‖ elevarse, alzarse.

Alcateia, *n.f.*, manada de lobos.

Alcatra, *n.f.*, cuarto trasero del buey.

Alce, *n.m.*, alce.

Álcool, *n.m.*, alcohol.

Alcoólatra, *n.m.* y *f.*, alcohólico, alcoholizado.

Alcoolismo, *n.m.*, alcoholismo.

Alcovitar, *v.*, alcahuetear.

Alcoviteira, *n.f.*, alcahueta, celestina.

Alcunha, *n.f.*, mote, apodo, sobrenombre.

Aldeão, *adj.* y *n.*, aldeano, pueblerino ‖ inculto, rústico.

Aldeia, *n.f.*, aldea, pueblo.

Aleatório, *adj.*, aleatorio.

Alecrim, *n.m.*, alecrín, romero.

Alegação, *n.f.*, alegación, alegato, argumento.

Alegoria, *n.f.*, alegoría.

Alegórico, *adj.*, alegórico.

Alegrado, *adj.*, alegroso, alegre.

Alegrão, *n.m.*, alegrón, alegría intensa y repentina.

Alegrar, *v.*, alegrar, causar alegría ‖ avivar, hermosear, dar esplendor.

Alegre, *adj.*, alegre, contento, satisfecho.

Alegria, *n.f.*, alegría, júbilo, sentimiento grato.

Aleijado, *adj.*, minusválido, lisiado.

Aleijão, *n.m.*, lesionado, incapacitado, que tiene defecto físico, daño o detrimento corporal.

Aleijar, *v.*, lesionar, lisiar, causar lesión ‖ minusvaler.

Aleitamento, *n.m.*, amamantamiento.

Aleitar, *v.*, amamantar.

Aleluia, *n.f.*, aleluya, voz o cántico ‖ noticia que alegra.

Além, *adv.*, allá, más allá ‖ allende, de la parte de allá → *Além disso, além do mais,* además.

Além-mar, *n.m.*, ultramar, de la otra parte del mar.

Além-mundo, *n.m.*, en el otro mundo.

Além-túmulo, *n.m.*, el más allá, ultratumba.

Alentado, *adj.*, alentado, animoso, valiente.

Alentar, *v.*, alentar, respirar, aspirar aire, cobrar aliento.

Alento, *n.m.*, aliento, respiración ‖ espíritu, alma ‖ vida, impulso vital ‖ inspiración, estímulo creativo.
Alergia, *n.f.*, alergia.
Alerta, *adv.*, alerta ◆ *n.m.*, situación de vigilancia o atención ◆ *adj.*, atento, vigilante.
Alertar, *v.*, alertar.
Alfabético, *adj.*, alfabético.
Alfabetização, *n.f.*, alfabetización.
Alfabetizar, *v.*, alfabetizar.
Alfabeto, *n.m.*, alfabeto, abecedario.
Alface, *n.f.*, lechuga.
Alfafa, *n.f.*, alfalfa.
Alfaiate, *n.m.*, sastre.
Alfândega, *n.f.*, aduana.
Alfazema, *n.f.*, espliego.
Alfinetada, *n.f.*, alfilerazo ‖ pulla ‖ expresión aguda y picante.
Alfinetar, *v.*, pinchar, picar, punzar ‖ estimular, enojar.
Alfinete, *n.m.*, alfiler ‖ joya que se usa como broche.
Alforje, *n.m.*, alforja, talega.
Alforriar, *v.*, franquear, liberar, libertar.
Alga, *n.f.*, alga.
Algarismo, *n.m.*, guarismo ‖ signo, cifra arábiga.
Algazarra, *n.f.*, algazara, algarabía, gritería confusa ‖ enredo, maraña.
Álgebra, *n.f.*, álgebra.
Algema, *n.f.*, esposas, manillas de hierro.
Algo, *pro.indef.*, algo.
Algodão, *n.m.*, algodón ‖ seda deshilada.
Algodão-doce, *n.m.*, barbas de azúcar.
Algodoal, *n.m.*, algodonal.
Algodoeiro, *n.m.*, algodonero ‖ persona que cultiva o negocia el algodón.
Algoz, *n.m.*, verdugo.
Alguém, *pro.indef.*, alguien ‖ una persona determinada ‖ persona de importancia ‖ ser, persona, ente.
Algum, *pro.indef.*, alguno, uno entre otros ‖ algún ‖ uno cualquiera ‖ uno determinado ‖ un poco → *Algum tanto*, un poquito.
Alguma, *pro.indef.*, alguna ◆ *s.f.*, novedad, noticia nueva.
Alguns, *pro.indef.pl.*, algunos, unos cuantos, varios.
Alhear, *v.*, enajenar ‖ desposeerse, privarse ‖ apartarse ‖ olvidarse, distraerse.
Alheio, *adj.*, ajeno, perteneciente a otro ‖ distante, lejano ‖ impropio, extraño ‖ exento, libre.
Alho, *n.m.*, ajo → *Misturar alhos com bugalhos*, mezclar ajos con bodajos.
Ali, *adv.*, allí, en aquel lugar, a aquel sitio → *Até ali*, a más no poder, lo máximo.
Aliado, *adj.*, aliado, unido, coligado.
Aliança, *n.f.*, alianza → *Aliança de casamento*, anillo matrimonial.
Aliar, *v.*, aliar, unirse, coligarse.
Aliás, *adv.*, mejor dicho, de otro modo ‖ además ‖ dicho sea de paso ‖ por otra parte, por el contrario.
Álibi, *n.m.*, coartada ‖ pretexto, disculpa.
Alicate, *n.m.*, alicate, tenaza.
Alicerce, *n.m.*, cimiento, base ‖ fundamento.
Aliciar, *v.*, atraer la atención, seducir, solicitar, corromper, sobornar.
Alienação, *n.f.*, alienación, enajenación, distracción, falta de atención.
Alienado, *adj.*, alienado, loco, demente, enajenado, entorpecido, sacado de sí.

Alijar, *v.*, aligerar, aliviar ‖ sacar fuera, tirar.

Alimentação, *n.f.*, alimentación.

Alimentar, *v.*, alimentar ‖ suministrar ‖ fomentar.

Alimentício, *adj.*, alimenticio.

Alimento, *n.m.*, alimento, comida.

Alinhado, *adj.*, alineado ‖ vinculado.

Alinhavar, *v.*, hilvanar ‖ enlazar, coordinar ideas.

Alinhavo, *n.m.*, hilván.

Alinho, *n.m.*, aliño, adorno ‖ aseo ‖ condimento.

Alisado, *adj.*, alisado, liso.

Alisar, *v.*, alisar, estirar.

Alistamento, *n.m.*, alistamiento ‖ quinta.

Alistar, *v.*, alistar ‖ sentar plaza en la milicia.

Aliviado, *adj.*, aliviado, aligerado.

Aliviar, *v.*, aliviar, aligerar.

Alívio, *n.m.*, alivio, respiro ‖ consuelo ‖ desahogo ‖ tranquilidad, descanso.

Alma, *n.f.*, alma, espíritu, energía, vida humana ‖ esencia, ánimo, entusiasmo.

Almeirão, *n.m.*, achicoria.

Almejar, *v.*, anhelar, ansiar, desear.

Almirante, *n.m.*, almirante.

Almoçar, *v.*, almorzar, comer.

Almoço, *n.m.*, almuerzo, comida.

Almofada, *n.f.*, almohada, colchonillo, cojín.

Almofadão, *n.m.*, almohadón.

Almôndega, *n.f.*, albóndiga.

Alojamento, *n.m.*, alojamiento, hospedaje ‖ cuartel.

Alojar, *v.*, alojar, hospedar.

Alongado, *adj.*, alargado, estirado, desencogido, prolongado.

Alongamento, *n.m.*, alargamiento.

Alongar, *v.*, alargar, estirar, desencoger, prolongar.

Alopatia, *n.f.*, alopatía.

Aloprado, *adj.*, alocado, loco, inquieto, aturdido.

Aloucado, *adj.*, alocado, perturbado, aturdido.

Alpargata, *n.f.*, alpargata.

Alquebrado, *adj.*, agobiado ‖ rendido, deprimido, abatido.

Alquebrar, *v.*, agobiar, inclinar, encorvar ‖ rendir, deprimir, abatir.

Alta-roda, *n.f.*, alta sociedad, nata, elite de la sociedad.

Altaneiro, *adj.*, altanero ‖ altivo, soberbio.

Altar, *n.m.*, altar → *Altar-mor,* altar mayor.

Alteração, *n.f.*, alteración, modificación ‖ alboroto, tumulto, motín.

Alterar, *v.*, alterar, modificar ‖ enojar, excitar ‖ estropear, dañar.

Altercar, *v.*, altercar, disputar, porfiar, importunar.

Alternar, *v.*, alternar, variar.

Alternativa, *n.f.*, alternativa.

Altitude, *n.f.*, altitud.

Altivez, *n.f.*, altivez, altiveza, orgullo, soberbia.

Altivo, *adj.*, altivo, orgulloso, soberbio ‖ erguido, elevado.

Alto-falante, *s.m.*, altavoz, altoparlante.

Alto, *adj.*, alto, levantado, elevado ‖ espigado, de gran estatura ‖ importante, serio ‖ que se sitúa al norte ‖ grave ‖ distante, remoto ‖ borracho ◆ *n.m.*, cumbre, cima ‖ contralto ‖ cielo ‖ monte → *Alto-relevo*, alto relieve.

altibajos. *Por alto*, por encima, sin detalles.

Altos, *n.m.pl.*, altitudes, alturas, elevaciones del terreno.

Altruísta, *adj.*, altruista.

Altura, *n.f.*, altura, estatura, elevación, cima ‖ mérito, valor ‖ altitud.

Alturas, *n.f.pl.*, alturas, cielo, mansión de los bienaventurados → *Pôr nas alturas*, ensalzar, endiosar.

Alucinação, *n.f.*, alucinación.

Alucinante, *adj.*, alucinante, fantástico, asombroso.

Alucinar, *v.*, alucinar, ofuscar, seducir o engañar ‖ sorprender, asombrar, deslumbrar ‖ confundirse, desvariarse ‖ apasionarse, enamorarse.

Aludir, *v.*, aludir, mencionar, referirse.

Alugado, *adj.*, alquilado, arrendado.

Alugar, *v.*, alquilar, arrendar.

Aluguel, *n.m.*, alquiler, arrendamiento, arriendo.

Alumínio, *n.m.*, aluminio.

Aluno, *n.*, alumno, discípulo.

Alusão, *n.f.*, alusión.

Alva, *n.f.*, alba, amanecer ‖ lucero, primera luz del día.

Alvará, *n.m.*, albarán ‖ patente, licencia.

Alvejante, *adj.*, blanqueador ◆ *n.m.*, legía.

Alvejar, *v.*, albear, blanquear, poner blanco.

Alvenaria, *n.f.*, albañilería, mampostería.

Alvitre, *n.m.*, consejo, sugestión, opinión.

Alvo, *adj.*, albo, blanco, claro ‖ puro, inocente ◆ *n.m.*, mosca, mira, punto donde se dirige un tiro → *Tiro ao alvo*, tiro al blanco.

Alvorada, *n.f.*, alborada, alba, amanecer, rayar del día.

Alvoroçado, *adj.*, alborotado, revuelto, enmarañado ‖ inquieto, revoltoso.

Alvoroçar, *v.*, alborotar, inquietar, alterar, conmover, amotinar.

Ama-seca, *n.f.*, nodriza, niñera.

Amabilidade, *n.f.*, amabilidad.

Amaciar, *v.*, ablandar, suavizar.

Amado, *n.m.f.*, amado, querido.

Amador, *adj.*, amador ‖ aficionado.

Amadurecer, *v.*, madurar ‖ adquirir pleno desarrollo físico e intelectual.

Âmago, *n.m.*, meollo ‖ centro ‖ esencia.

Amaldiçoar, *v.*, maldecir.

Amalucado, *adj.*, aturdido, chiflado.

Amamentação, *n.f.*, amamantamiento.

Amamentar, *v.*, amamantar.

Amanhã, *adv.*, mañana → *Amanhã de manhã*, mañana por la mañana. *Depois de amanhã*, pasado mañana.

Amanhecer, *v.*, amanecer ◆ *n.m.*, el amanecer.

Amansar, *v.*, amansar, hacer manso, domesticar.

Amante, *adj.*, amante ‖ querido.

Amar, *v.*, amar, querer.

Amarelado, *adj.*, amarillento, que tira a amarillo.

Amarelinha, *n.f.*, rayuela.

Amarelo, *adj.*, amarillo.

Amargar, *v.*, amargar ‖ *fig.*, afligir, disgustar.

Amargo, *adj.*, amargo, afligido, disgustado.

Amargura, *n.f.*, amargura ‖ aflicción, disgusto.

Amargurar, *v.*, amargurarse.

Amarra, *n.f.*, amarra, correa ‖ cuerda, cable.
Amarração, *n.f.*, amarradura.
Amarrado, *adj.*, amarrado, atado, sujetado.
Amarrar, *v.*, amarrar, atar, sujetar ‖ *fig.*, casarse, juntarse.
Amarrotado, *adj.*, arrugado, estrujado, aplastado.
Amarrotar, *v.*, arrugar, estrujar, aplastar.
Amassar, *v.*, amasar.
Amável, *adj.*, amable, digno de ser amado ‖ afable, complaciente, afectuoso.
Âmbar, *n.m.*, ámbar.
Ambição, *n.f.*, ambición, codicia.
Ambicionar, *v.*, ambicionar, codiciar.
Ambicioso, *adj.*, ambicioso, codicioso.
Ambientar, *v.*, ambientar ‖ adaptar, acostumbrar.
Ambiente, *adj.*, ambiente ♦ *n.m.*, aire, atmósfera → *Mudar de ambiente*, cambiar de aire.
Ambíguo, *adj.*, ambiguo ‖ incierto, dudoso.
Âmbito, *n.m.*, ámbito, contorno, perímetro ‖ *fig.*, espacio ideal.
Ambos, *pro.*, ambos, el uno y el otro, los dos.
Ambulância, *n.f.*, ambulancia.
Ambulatório, *adj.*, ambulatorio ♦ *n.m.*, dispensario.
Ameaça, *n.f.*, amenaza.
Ameaçar, *v.*, amenazar.
Ameixa, *n.f.*, ciruela.
Ameixeira, *n.f.*, ciruelo.
Amém, *loc.*, amén, así sea.
Amêndoa, *n.f.*, almendra.
Amendoado, *adj.*, almendrado.
Amendoal, *n.m.*, almendral.
Amendoeira, *n.f.*, almendro.
Amendoim, *n.m.*, cacahuete, cacahué.
Amenizar, *v.*, amenizar.
Ameno, *adj.*, ameno ‖ *fig.*, grato, placentero, deleitable, agradable.
Amestrar, *v.*, amaestrar, enseñar o adiestrar ‖ domar.
Amido, *n.m.*, almidón.
Amigar, *v.*, amigar, amistar ‖ amancebarse.
Amígdala, *n.f.*, amígdala.
Amigo, *adj.*, amigo.
Amigo da onça, *n.m.*, hipócrita, falso amigo.
Amigo-oculto, *n.m.*, amigo secreto.
Amistoso, *adj.*, amistoso, amigable ‖ encuentro deportivo amistoso.
Amiúde, *adv.*, a menudo, muchas veces.
Amizade, *n.f.*, amistad, afecto personal ‖ merced, favor.
Amnésia, *n.f.*, amnesia.
Amo, *n.*, amo, dueño, patrón.
Amolação, *n.f.*, aborrecimiento, molestia, fastidio → *Que amolação!*, ¡qué lata!
Amolador, *n.m.*, amolador, afilador.
Amoldar, *v.*, amoldar, ajustar al molde.
Amolecer, *v.*, amollecer, ablandar.
Amoníaco, *n.m.*, amoníaco o amoniaco.
Amontoado, *adj.*, amontonado.
Amontoar, *v.*, amontonar ‖ apiñar ‖ *fig.*, juntar, reunir, allegar, mezclar.
Amor, *n.m.*, amor.
Amor-perfeito, *n.m.*, pensamiento, violeta.
Amor-próprio, *n.m.*, amor propio, orgullo.
Amora, *n.f.*, mora.
Amoral, *adj.*, amoral.

Amordaçar, *v.*, amordazar, poner mordaza ‖ impedir de hablar o expresarse.

Amoreco, *adj.*, enamorado.

Amoreira, *n.f.*, morera.

Amoreiral, *n.m.*, moreral.

Amores, *n.m.pl.*, amorío, noviazgo.

Amorfo, *adj.*, amorfo.

Amoroso, *adj.*, amoroso, que siente amor.

Amortalhar, *v.*, amortajar, poner mortaja al difunto.

Amortecedor, *adj.*, amortiguador.

Amortecer, *v.*, amortiguar, amenguar.

Amortizar, *v.*, amortizar, redimir o extinguir ‖ recuperar o compensar.

Amostra, *n.f.*, muestra ‖ porte, ademán, apostura ‖ *fig.*, señal, indicio, demostración.

Amparar, *v.*, amparar, favorecer, proteger ‖ defenderse, guarecerse.

Amparo, *n.m.*, amparo, protección.

Ampère, *n.m.*, amperio.

Ampliação, *n.f.*, ampliación.

Ampliar, *v.*, ampliar, extender, dilatar.

Amplidão, *n.f.*, amplitud, extensión, dilatación.

Amplificador, *n.m.*, amplificador.

Amplitude, *n.f.*, amplitud.

Amplo, *adj.*, amplio, extenso, dilatado, espacioso.

Ampola, *n.f.*, ampolla, vejiga ‖ vasija de vidrio.

Amputar, *v.*, amputar, quitar, suprimir.

Amuado, *adj.*, aborrecido, aburrido.

Amuleto, *n.m.*, amuleto, talismán.

Amuo, *n.m.*, mohína, enojo, disgusto, tristeza.

Amurada, *n.f.*, amura, costados del buque.

Amuralhar, *v.*, amurallar, rodear de murallas.

Anã, *n.f.*, enana.

Anacoluto, *n.m.*, anacoluto.

Anáfora, *n.f.*, anáfora, repetición, figura retórica.

Anagrama, *n.m.*, anagrama, palabra o sentencia.

Anágua, *n.f.*, enagua.

Anais, *n.m.pl.*, anales.

Anal, *adj.*, anal, relativo al ano.

Analfabetismo, *n.m.*, analfabetismo.

Analfabeto, *adj.*, analfabeto, ignorante, sin cultura.

Analgésico, *adj.*, analgésico.

Analisar, *v.*, analizar, hacer análisis.

Análise, *n.f.*, análisis.

Analista, *n.m.* y *f.*, analista.

Analogia, *n.f.*, analogía.

Anão, *n.m.*, enano.

Anarquia, *n.f.*, anarquía.

Anarquismo, *n.m.*, anarquismo.

Anatomia, *n.f.*, anatomía.

Anatômico, *adj.*, anatómico.

Anca, *n.f.*, anca, grupa.

Ancestral, *adj.*, ancestral, relativo a los antepasados.

Anciã, *n.f.*, anciana.

Ancião, *n.m.*, anciano.

Ancinho, *n.m.*, rastrillo.

Âncora, *n.f.*, áncora, ancla.

Ancoradouro, *n.m.*, atracadero, fondeadero.

Ancorar, *v.*, ancorar, anclar.

Anda, *interj.*, ¡anda!, ¡vete!

Andador, *adj.*, andador.

Andaime, *n.m.*, andamio.

Andança, *n.f.*, andada, caminata.
Andar, *v.*, andar, caminar, marchar ◆ *n.m.*, piso.
Andarilho, *adj.*, andarín, andariego ‖ mensajero.
Andor, *n.m.*, angarillas, armazón.
Andorinha, *n.f.*, golondrina.
Anedota, *n.f.*, anécdota, relato breve, historieta.
Anemia, *n.f.*, anemia.
Anestesia, *n.f.*, anestesia.
Anexar, *v.*, anexar, unir o agregar.
Anexo, *adj.*, anexo, anejo, unido o agregado ‖ propio, inherente, concerniente.
Anfíbio, *adj.*, anfibio.
Anfiteatro, *n.m.*, anfiteatro.
Anfitriã, *n.f.*, anfitriona.
Anfitrião, *n.m.*, anfitrión.
Ânfora, *n.f.*, ánfora.
Angariar, *v.*, agenciar, obtener ‖ procurar o conseguir con maña ‖ recaudar efectos, asegurar, alcanzar.
Angélica, *n.f.*, angélica.
Angelical, *adj.*, angelical.
Angélico, *adj.*, angélico, angelical.
Angina, *n.f.*, angina, inflamación.
Angra, *n.f.*, ensenada ‖ abra, bahía.
Angu, *n.m.*, masa de harina de maíz.
Angu de caroço, *n.m.*, confusión, perturbación, desorden.
Angular, *adj.*, angular, de ángulo.
Ângulo, *n.m.*, ángulo.
Angústia, *n.f.*, angustia, aflicción, congoja, ansiedad.
Angustiar, *v.*, angustiar, afligir, acongojar.
Anil, *n.m.*, añil, índigo ‖ azulete.
Animação, *n.f.*, animación.
Animado, *adj.*, animado, alegre, divertido.
Animador, *adj.*, animador, estimulante ‖ presentador.
Animal, *adj.*, animal ◆ *n.m.*, animal irracional.
Animar, *v.*, animar, excitar, estimular.
Ânimo, *n.m.*, ánimo.
Aninhar, *v.*, anidar ‖ *fig.*, morar, habitar.
Aniquilação, *n.f.*, aniquilación.
Aniquilar, *v.*, aniquilar ‖ *fig.*, destruir, arruinar ‖ extenuar, agotar.
Anis, *n.m.*, anís.
Anistia, *n.f.*, amnistía.
Anistiar, *v.*, amnistiar, conceder amnistía.
Aniversário, *n.m.*, cumpleaños ◆ *adj.*, aniversario (conmemorativo anual) ‖ santo.
Anjinho, *n.m.*, angelito.
Anjo, *n.m.*, ángel.
Ano, *n.m.*, año.
Ano-novo, *n.m.*, año nuevo.
Anoitecer, *v.*, anochecer, oscurecer.
Anómalo, *adj.*, anómalo, irregular, extraño.
Anônimo, *adj.*, anónimo.
Anormal, *adj.*, anormal, infrecuente.
Anotação, *n.f.*, anotación.
Anotar, *v.*, anotar, apuntar ‖ marcar tantos en deportes.
Anseio, *n.m.*, anhelo, deseo vehemente.
Ânsia, *n.f.*, ansia, congoja, fatiga ‖ náusea.
Ansiar, *v.*, ansiar, desear con ansia.
Ânsias, *n.f.pl.*, náuseas.
Ansiedade, *n.f.*, ansiedad, inquietud, zozobra.
Ansioso, *adj.*, ansioso.
Anta, *n.f.*, anta ‖ *fig.*, tonto, persona torpe.

Antagonismo, *n.m.*, antagonismo, contrariedad, rivalidad.
Ante, *prep.*, ante, en presencia de, delante.
Antebraço, *n.m.*, antebrazo.
Antecedência, *n.f.*, antecedencia, acción o dicho anterior ‖ ascendencia.
Anteceder, *v.*, anteceder, preceder.
Antecessor, *adj.*, antecesor ◆ *n.m.*, antepasado, ascendiente.
Antecipação, *n.f.*, anticipación, anticipo.
Antecipado, *adj.*, anticipado.
Antecipar, *v.*, anticipar ‖ anteponer, preferir ‖ aventajar, adelantarse.
Antegozar, *v.*, anticipar el goce.
Antemão, *adv.*, (de) antemano, con anticipación, anteriormente.
Antena, *n.f.*, antena.
Anteontem, *adv.*, anteayer, antes de ayer → *Anteontem à noite*, anteanoche.
Antepassado, *adj.*, antepasado, anterior a otro tiempo pasado ya ◆ *n.m.*, ascendiente.
Antepassados, *n.m.pl.*, antepasados, ascendientes.
Antepenúltimo, *adj.*, antepenúltimo.
Antepor, *v.*, anteponer, poner delante, antes.
Anteprojeto, *n.m.*, anteproyecto.
Anterior, *adj.*, anterior, que precede.
Antes, *adv.*, antes, anteriormente.
Antever, *v.*, prever.
Antiácido, *adj.* y *n.*, antiácido.
Antibiótico, *adj.* y *n.*, antibiótico.
Antídoto, *n.m.*, antídoto.
Antigamente, *adv.*, antiguamente, en tiempo remoto, en el pasado.
Antigo, *adj.*, antiguo.
Antigualha, *n.f.*, antigualla.
Antiguidade, *n.f.*, antigüedad.
Antílope, *n.m.*, antílope.
Antiquário, *n.m.*, anticuario.
Antítese, *n.f.*, antítesis.
Antologia, *n.f.*, antología.
Antônimo, *adj.* y *n.*, antónimo.
Antro, *n.m.*, antro, caverna, cueva, gruta ‖ *fig.*, local de mal aspecto.
Antropofagia, *n.f.*, antropofagia.
Antropófago, *adj.* y *n.*, antropófago.
Antúrio, *n.m.*, aráceo.
Anual, *adj.*, anual.
Anuência, *n.f.*, anuencia, consentimiento, permisión.
Anuidade, *n.f.*, anualidad.
Anuir, *v.*, consentir, permitir.
Anular, *adj.*, anular, relativo al anillo ◆ *n.m.*, anular (dedo) ◆ *v.*, anular, dar por nulo, suspender, incapacitar.
Anunciar, *v.*, anunciar, publicar, proclamar ‖ pronosticar.
Anúncio, *n.m.*, anuncio ‖ pronóstico.
Anuro, *adj.* y *n.*, anuro, que carece de cola.
Ânus, *n.m.*, ano.
Anverso, *n.m.*, anverso.
Anzol, *n.m.*, anzuelo.
Ao, *art.*, al.
Aonde, *adv.*, adonde, adónde, donde.
Aos, *art.*, a los.
Apagar, *v.*, apagar, extinguir ‖ borrar ‖ interrumpir.
Apaixonado, *adj.* y *n.*, apasionado, poseído.
Apaixonar, *v.*, apasionar ‖ encantar, enamorar.
Apalavrar, *v.*, apalabrar, concertar de palabra.

Apalermado, *adj.*, bobo, tonto, estúpido.
Apalpação, *n.f.*, palpación.
Apalpadela, *n.f.*, palpadura, palpación → *Às apalpadelas*, a cierra ojos.
Apalpar, *v.*, palpar.
Apanha, *n.f.*, cosecha.
Apanhado, *adj.* y *n.*, cogido ‖ *fig.*, hábil, adecuado.
Apanhador, *adj.*, cosechador.
Apanhar, *v.*, cosechar, coger, recoger.
Apara, *n.f.*, viruta, limadura, recorte, retal.
Aparado, *adj.*, desbastado.
Aparador, *n.m.*, aparador, escaparate.
Aparafusar, *v.*, atornillar.
Aparar, *v.*, aparar, recoger, retomar ‖ alargar, aparejar, disponer, adornar.
Aparato, *n.m.*, ostentación, pompa, lujo.
Aparecer, *v.*, aparecer, manifestares, dejarse ver ‖ encontrarse.
Aparecimento, *n.m.*, aparecimiento.
Aparelhagem, *n.f.*, aparejo, aparato.
Aparelhar, *v.*, aparejar, preparar, prevenir, disponer ‖ adornar.
Aparelho, *n.m.*, aparato.
Aparência, *n.f.*, apariencia ‖ aspecto, parecer.
Aparentar, *v.*, aparentar.
Aparição, *n.f.*, aparición.
Apartamento, *n.m.*, apartamento, piso, habitación, vivienda.
Apartar, *v.*, apartar, separar, desunir, dividir.
Aparte, *adv.*, aparte, en otro lugar ‖ a distancia, desde lejos ‖ separadamente.
Aparvalhado, *adj.*, atontado, abobado.
Apascentar, *v.*, apacentar, dar pasto.
Apassivar, *v.*, tornar pasivo, inerte, inactivo ‖ poner en voz pasiva.
Apatia, *n.f.*, apatía, dejadez, indolencia.
Apavorar, *v.*, amedrentar, atemorizar, aterrorizar.
Apaziguador, *adj.* y *n.*, apaciguador.
Apaziguar, *v.*, apaciguar, sosegar, aquietar.
Apear, *v.*, apear.
Apedrejar, *v.*, apedrear.
Apego, *n.m.*, apego, afición, inclinación ‖ afecto.
Apelação, *n.f.*, apelación.
Apelante, *adj.*, apelante, que apela.
Apelar, *v.*, apelar, recurrir.
Apelativo, *adj.*, apelativo, recursivo, engañoso.
Apelidar, *v.*, apodar, nombrar, llamar.
Apelido, *n.m.*, apodo, mote.
Apelo, *n.m.*, llamamiento, llamado, invocación.
Apenar, *v.*, apenar, dar pena ‖ padecer, sufrir.
Apenas, *adv.*, apenas, difícilmente, escasamente, solo ◆ *conj.*, en cuanto, al punto que.
Apêndice, *n.m.*, apéndice, cosa adjunta, añadida.
Apendicite, *n.m.*, apendicitis.
Apequenar, *v.*, menguar, disminuir.
Aperceber, *v.*, percibir, notar ‖ comprender.
Aperfeiçoar, *v.*, perfeccionar ‖ *fig.*, mejorar.
Aperitivo, *adj.*, aperitivo ◆ *n.m.*, tapa, pincho, tentempié, piscolabis.
Aperreação, *n.f.*, importunación.
Aperreado, *adj.*, importuno, inoportuno ‖ molesto.
Apertado, *adj.*, apretado ‖ *fig.*, arduo, peligroso, estrecho, miserable.

Apertão, *n.m.*, apretón.
Apertar, *v.*, apretar, estrechar, oprimir.
Aperto, *n.m.*, aprieto, apretura ‖ *fig.*, estrechez ‖ apuro.
Apesar, *loc.*, a pesar, a pesar de, no obstante.
Apetite, *n.m.*, apetito, ambición, deseo.
Apetitoso, *adj.*, apetitoso ‖ gustoso, sabroso.
Apetrechos, *n.m.pl.*, pertrechos, enseres.
Apiário, *n.m.*, apiario, colmenar.
Ápice, *n.m.*, ápice, extremo.
Apícola, *adj.* y *n.*, apícola.
Apicultor, *n.m.*, apicultor.
Apicultura, *n.f.*, apicultura.
Apiedar, *v.*, apiadar, causar o tener piedad.
Apimentar, *v.*, sazonar con pimienta.
Apinhar, *v.*, apiñar, amontonar, juntar, agrupar.
Apitar, *v.*, pitar, silbar.
Apito, *n.m.*, pito, silbato.
Aplacar, *v.*, aplacar, amansar, suavizar.
Aplainar, *v.*, cepillar, desbastar.
Aplanar, *v.*, aplanar, allanar, aplastar.
Aplaudir, *v.*, aplaudir, palmotear.
Aplauso, *n.m.*, aplauso.
Aplicação, *n.f.*, aplicación ‖ *fig.*, afición, asiduidad.
Aplicado, *adj.*, aplicado ‖ *fig.*, aficionado, asiduo.
Aplicar, *v.*, aplicar ‖ emplear, administrar ‖ atribuir, destinar.
Aplicável, *adj.*, aplicable.
Apócope, *n.f.*, apócope, supresión.
Apócrifo, *adj.*, apócrifo ‖ supuesto, fingido.
Ápode, *adj.*, ápodo, falto de pies.
Apoderar, *v.*, apoderar.
Apodrecer, *v.*, podrir, pudrir.
Apogeu, *n.m.*, apogeo.
Apoiado, *adj.*, apoyado, sostenido.
Apoiar, *v.*, apoyar, sostener.
Apoio, *n.m.*, apoyo, soporte, sostén ‖ apoyadura ‖ *fig.*, protección, auxilio, favor.
Apólice, *n.f.*, póliza.
Apologia, *n.f.*, apología, justificativa.
Apontado, *adj.*, apuntado.
Apontador, *n.m.*, apuntador, sacapuntas.
Apontamento, *n.m.*, apuntes.
Apor, *v.*, aponer, poner junto, sobreponer.
Aporrinhação, *n.f.*, aborrecimiento.
Aportar, *v.*, aportar, arribar al puerto ‖ llevar, conducir, traer.
Após, *adv.*, después ♦ *prep.*, tras, después de.
Aposentado, *adj.* y *n.*, jubilado.
Aposentadoria, *n.f.*, jubilación, retiro.
Aposentar, *v.*, jubilar.
Aposento, *n.m.*, aposento, cuarto, posada, habitación.
Aposta, *n.f.*, apuesta.
Apostar, *v.*, apostar, jugar, arriesgar.
Apostila, *n.f.*, apostilla.
Aposto, *adj.*, apuesto, que está en aposición, añadido.
Apostólico, *adj.*, apostólico.
Apóstrofe, *n.f.*, apóstrofe.
Apoteose, *n.f.*, apoteosis.
Aprazar, *v.*, aplazar, emplazar, citar ‖ diferir un acto.
Aprazível, *adj.*, apacible, agradable.
Apreciação, *n.f.*, apreciación.
Apreciar, *v.*, apreciar, evaluar ‖ *fig.*, reconocer, estimar.
Apreciável, *adj.*, apreciable.

Apreço, *n.m.*, aprecio, apreciación ‖ acción de apreciar, reconocer, estimar.
Apreender, *v.*, aprehender, coger, asir, prender, confiscar.
Apreensivo, *adj.*, aprehensivo.
Apregoar, *v.*, pregonar, publicar.
Aprender, *v.*, aprender.
Aprendiz, *n.m.* y *f.*, aprendiz.
Aprendizado, *n.m.*, aprendizaje.
Aprendizagem, *n.f.*, aprendizaje.
Apresentação, *n.f.*, presentación.
Apresentador, *adj.*, presentador, que presenta ◆ *n.*, persona que presenta.
Apresentar, *v.*, presentar, presentarse.
Apresentável, *adj.*, presentable.
Apressado, *adj.*, apresurado.
Apressar, *v.*, apresurar, acelerar, dar prisa.
Aprisionar, *v.*, aprisionar, encerrar.
Aprofundar, *v.*, ahondar, profundizar.
Aprontar, *v.*, aprontar, prevenir ‖ preparar, dejar listo → *Já me aprontei*, ya estoy listo.
Apropriado, *adj.*, apropiado, acomodado.
Apropriar, *v.*, apropiar, acomodar.
Aprovação, *n.f.*, aprobación, prueba.
Aprovar, *v.*, aprobar, consentir, autorizar.
Aproveitador, *adj.*, aprovechador.
Aproveitar, *v.*, aprovechar.
Aproximação, *n.f.*, aproximación.
Aproximado, *adj.*, aproximado, aproximativo.
Aproximar, *v.*, aproximar, arrimar, acercar.
Aprumar, *v.*, aplomar.
Aprumo, *n.m.*, aplomo, gravedad, serenidad.
Aptidão, *n.f.*, aptitud.
Apto, *adj.*, apto, idóneo, hábil.
Apunhalar, *v.*, apuñalar.
Apuração, *n.f.*, apuración.
Apurar, *v.*, apurar, averiguar ‖ extremar ‖ acabar, agotar ‖ *fig.*, apremiar, dar prisa.
Apuro, *n.m.*, apuro, aprieto, conflicto, dificultad.
Aquarela, *n.f.*, acuarela.
Aquário, *n.m.*, acuario, pecera.
Aquartelar, *v.*, acuartelar.
Aquático, *adj.*, acuático.
Aquecedor, *n.m.*, calentador.
Aquecer, *v.*, calentar.
Aquecimento, *n.m.*, calentamiento, acaloramiento.
Aquela, *pro.dem.f.*, aquella.
Aquele, *pro.dem.m.*, aquel.
Aquém, *adv.*, en un nivel inferior ‖ aquende, de la parte de acá.
Aqui, *adv.*, aquí, en este lugar, acá.
Aquietar, *v.*, aquietar, sosegar, apaciguar.
Aquilatar, *v.*, aquilatar ‖ juzgar ‖ mejorar.
Aquilo, *pro.dem.*, aquello.
Aquinhoar, *v.*, repartir en partes, cuotas, dividir.
Aquoso, *adj.*, acuoso.
Ar, *n.m.*, aire ‖ viento ‖ aspecto → *Ar-condicionado*, aire acondicionado. *Voar pelos ares*, explotar, estallar.
Arabesco, *adj.*, arabesco, arábigo, de Arabia.
Arado, *n.m.*, arado.
Aramar, *v.*, alambrar.
Arame, *n.m.*, alambre.
Aranha, *n.f.*, araña → *Teia de aranha*, telaraña.
Arapuca, *n.f.*, trampa, armadijo ‖ antro ‖ emboscada.

Araque, *adj.*, mentirilla, falsedad.
Araruta, *n.f.*, arruruz.
Araucária, *n.f.*, araucaria.
Arbitragem, *n.f.*, arbitraje.
Arbítrio, *n.m.*, arbitrio, albedrío.
Árbitro, *n.m.*, árbitro, juez.
Arbusto, *n.m.*, arbusto.
Arca, *n.f.*, arca, caja.
Arcaico, *adj.*, arcaico, anticuado.
Arcar, *v.*, arcar, arquear.
Arcebispo, *n.m.*, arzobispo.
Arco, *n.m.*, arco, vara, aro ‖ meta, portería (deportes).
Arco-íris, *n.m.*, arcoiris.
Ardente, *adj.*, ardiente ‖ *fig.*, fervoroso, activo, eficaz ‖ apasionado, fogoso.
Arder, *v.*, arder, abrasar, quemar ‖ picar (herida) ‖ *fig.*, resplandecer.
Ardido, *adj.*, ardido, valiente, intrépido ‖ *Amér.*, irritado, enojado, ofendido.
Ardil, *adj.*, ardid, maña, astucia, sagacidad.
Árduo, *adj.*, arduo, muy difícil.
Areia, *n.f.*, arena.
Arena, *n.f.*, arena, sitio, tendido (toreo).
Argila, *n.f.*, arcilla.
Argola, *n.f.*, argolla, aro.
Arguir, *v.*, argüir, sacar en claro ‖ descubrir, probar.
Argumentação, *n.f.*, argumentación.
Argumentar, *v.*, argumentar.
Argumento, *n.m.*, argumento, razonamiento, asunto, sumario.
Árido, *adj.*, árido, seco, estéril.
Arisco, *adj.*, arisco, áspero, intratable.
Aristocracia, *n.f.*, aristocracia.
Aristocrata, *n.m.f.*, aristócrata.
Aritmética, *n.f.*, aritmética.
Arlequim, *n.m.*, arlequín, personaje cómico ‖ bufón, gracioso.
Arma, *n.f.*, arma.
Armação, *n.f.*, armazón, armadura.
Armadilha, *n.f.*, armadijo, trampa.
Armadura, *n.f.*, armadura.
Armarinho, *n.m.*, mercería.
Armário, *n.m.*, armario.
Armazém, *n.m.*, almacén.
Armazenar, *v.*, almacenar.
Arminho, *n.m.*, armiño.
Arnica, *n.f.*, árnica.
Aro, *n.m.*, aro, argolla, anillo.
Aroma, *n.m.*, aroma, fragancia, perfume.
Aromático, *adj.*, aromático, oloroso.
Aromatizar, *v.*, aromatizar.
Arpão, *n.m.*, arpón.
Arpoar, *v.*, arponar.
Arquear, *v.*, arquear.
Arquejante, *adj.*, jadeante.
Arqueologia, *n.f.*, arqueología.
Arquibancada, *n.f.*, graderío.
Arquiduque, *n.m.*, archiduque.
Arquipélago, *n.m.*, archipiélago.
Arquiteto, *n.*, arquitecto.
Arquitetura, *n.f.*, arquitectura.
Arquivar, *v.*, archivar.
Arquivo, *n.m.*, archivo.
Arrabalde, *n.m.*, arrabal.
Arraial, *n.m.*, acampamiento de fiestas típicas.
Arraigar, *v.*, arraigar, enraizar.
Arranca-rabo, *n.m.*, riña, pelea, gresca.
Arrancar, *v.*, arrancar.
Arranha-céu, *n.m.*, rascacielos.
Arranhão, *n.m.*, arañazo, rasgadura.
Arranhar, *v.*, arañar, raspar, rasgar.

Arranjar, *v.*, arreglar, ajustar, componer ‖ conseguir, obtener.
Arranjo, *n.m.*, arreglo → *Arranjos*, preparativos.
Arrasado, *adj.*, arrasado, aniquilado, arruinado, humillado.
Arrasar, *v.*, arrasar, allanar ‖ echar por tierra, destruir.
Arrasta-pé, *n.m.*, arrastrapiés ‖ baile.
Arrastado, *adj.*, arrastrado ‖ *fig.*, pobre, desastrado y azaroso ‖ pícaro, tunante, bribón.
Arrastão, *n.m.*, arrastramiento, arrastre.
Arrastar, *v.*, arrastrar.
Arrazoar, *v.*, razonar, discutir, alegar.
Arre, *interj.*, ¡arre!
Arrear, *v.*, arrear, adornar, hermosear, engalanar.
Arrebatar, *v.*, arrebatar.
Arrebentação, *adj.*, reventón.
Arrebitado, *adj.*, remachado ‖ respingón.
Arrebitar, *v.*, remachar, machacar, sujetar con remaches.
Arrecadação, *n.f.*, recaudación.
Arrecadar, *v.*, recaudar.
Arredar, *v.*, arredrar, apartar, separar ‖ *fig.*, retraer, amedrentar, atemorizar.
Arredio, *adj.*, alejado, esquivo, huidizo.
Arredondar, *v.*, redondear, arredondear.
Arredor, *adv.*, alrededor.
Arredores, *n.m.pl.*, alrededores, afueras, cercanías.
Arrefecer, *v.*, enfriar.
Arreganhar, *v.*, mostrar, enseñar los dientes.
Arreio, *n.m.*, arreo, atavío ‖ adorno.
Arrelia, *n.f.*, riña, pleito.
Arreliar, *v.*, reñir, molestar.
Arrematar, *v.*, rematar.
Arremate, *n.m.*, remate.
Arremessar, *v.*, arrojar, lanzar.
Arremesso, *n.m.*, arrojo, osadía, intrepidez.
Arrendamento, *n.m.*, arrendamiento, alquiler.
Arrendar, *v.*, arrendar, alquilar.
Arrepender-se, *v.*, arrepentirse.
Arrependido, *adj.*, arrepentido.
Arrepiado, *adj.*, escalofriado, erizado, encrespado.
Arrepiar, *v.*, escalofriar, erizar, encrespar, con carne de gallina.
Arrepio, *n.m.*, escalofrío, carne de gallina.
Arriar, *v.*, apear, desmontar, bajar.
Arribação, *n.f.*, arribo, llegada.
Arribar, *v.*, arribar, aterrizar ‖ llevar, conducir.
Arrimo, *n.m.*, arrimo, apoyo, sostén ‖ apego, auxilio, afición.
Arriscar, *v.*, arriesgar ‖ *fig.*, enfurecerse, encresparse → *Arriscar a pele*, arriesgar el pellejo.
Arrochar, *v.*, agarrotar, apretar.
Arrocho, *n.m.*, garrote, bastón, palo ‖ *fig.*, atropello, opresión económica.
Arroio, *n.m.*, arroyo, caudal, cauce.
Arrojado, *adj.*, osado, atrevido.
Arrojar, *v.*, arrojar, lanzar ‖ osar, atreverse.
Arromba, *n.f.*, espanto, asombro.
Arrombamento, *n.m.*, rompimiento, derrumbamiento.
Arrombar, *v.*, romper, derrumbar, forzar, abrir a la fuerza.
Arroto, *n.m.*, eructo.
Arroubo, *n.m.*, arrobo, arrobamiento, éxtasis.
Arroxeado, *adj.*, morado, amoratado.

Arroz, *n.m.*, arroz → *Arroz-doce*, arroz con leche.
Arruaceiro, *n.m.*, gamberro, disoluto.
Arruda, *n.f.*, ruda.
Arruela, *n.f.*, arandela.
Arruinar, *v.*, arruinar, causar ruina ‖ *fig.*, destruir.
Arrumação, *n.f.*, arreglo, orden, ajuste.
Arrumadeira, *n.f.*, camarera, empleada.
Arrumado, *adj.*, arreglado, ajustado, ordenado.
Arrumar, *v.*, arreglar, ajustar, ordenar.
Arsenal, *n.m.*, arsenal.
Arte, *n.f.*, arte, virtud, habilidad, maña.
Arteiro, *adj.*, artero, mañoso, astuto.
Artéria, *n.f.*, arteria.
Artes, *n.f.pl.*, provocamientos ‖ *fig.*, habilidades, mañas.
Artesanato, *n.m.*, artesanía.
Artesão, *adj.* y *n.*, artesano.
Articulação, *n.f.*, articulación.
Articular, *v.*, articular, pronunciar ‖ unir, enlazar.
Articulista, *n.m.* y *f.*, articulista, que escribe artículos.
Artificial, *adj.*, artificial.
Artifício, *n.m.*, artificio, ingenio, arte, primor.
Artigo, *n.m.*, artículo.
Artimanha, *n.f.*, artimaña, destreza, argucia, sutileza.
Artista, *n.m.* y *f.*, artista ◆ *adj.*, mañoso.
Artrite, *n.f.*, artritis.
Árvore, *n.f.*, árbol.
Arvoredo, *adj.*, arbolado.
As, *art.deter.f.pl.*, las.
Ás, *n.m.*, as (baraja) ‖ campeón.
Às, *art.f.pl.*, a las.
Asa, *n.f.*, ala ‖ asa, asidero, empuñadura → *Bater as asas*, huir.
Ascender, *v.*, ascender, subir.
Ascensorista, *n.m.* y *f.*, ascensorista.
Asco, *n.m.*, asco, repugnancia.
Asfaltar, *v.*, asfaltar.
Asfalto, *n.m.*, asfalto.
Asfixiar, *v.*, asfixiar, sofocar.
Asilo, *n.m.*, asilo, refugio ‖ *fig.*, amparo, protección, favor.
Asma, *n.f.*, asma.
Asneira, *n.f.*, idiotez, burrada, tontería.
Asno, *n.m.*, asno, burro.
Aspargo, *n.m.*, espárrago.
Aspas, *n.f.pl.*, comillas.
Aspecto, *n.m.*, aspecto, apariencia, aire.
Áspero, *adj.*, áspero, insuave ‖ escabroso (terreno).
Aspiração, *n.f.*, aspiración.
Aspirador, *adj.*, aspirador ◆ *n.m.*, aparato electrodoméstico que aspira.
Aspirar, *v.*, aspirar.
Assadeira, *n.f.*, fuente, plato hondo que va al horno.
Assadura, *n.f.*, escozor, quemazón.
Assalariado, *adj.*, asalariado.
Assaltar, *v.*, asaltar, atracar.
Assalto, *n.m.*, asalto, atraco.
Assanhamento, *n.m.*, atrevimiento, insinuación.
Assanho, *n.m.*, ira, furia.
Assar, *v.*, asar.
Assassinar, *v.*, asesinar.
Assassinato, *n.m.*, asesinato.
Assassino, *adj.* y *n.*, asesino.
Assear, *v.*, asear, limpiar.
Assegurar, *v.*, asegurar.
Assembleia, *n.f.*, asamblea.
Assemelhar, *v.*, asemejar, parecerse.

Assentar, *v.*, asentar, sentarse ‖ situar, fundar ‖ aplanar, alisar.
Assentir, *v.*, asentir, admitir.
Assento, *n.m.*, asiento.
Assessor, *n.m.*, asesor.
Assessorar, *v.*, asesorar.
Assim, *adv.*, así, de esta o de esa manera.
Assimilação, *n.f.*, asimilación.
Assimilar, *v.*, asimilar, asemejar, comparar.
Assinado, *adj.*, firmado.
Assinalado, *adj.*, señalado, indicado.
Assinalar, *v.*, señalar, indicar.
Assinante, *adj.*, firmante ◆ *n.m.* y *f.*, suscriptor, abonado.
Assinar, *v.*, firmar ‖ suscribirse, abonarse.
Assinatura, *n.f.*, firma ‖ suscripción, abono.
Assistência, *n.f.*, asistencia.
Assistente, *adj.* y *n.m.* y *f.*, asistente.
Assistir, *v.*, asistir, acompañar ‖ socorrer, ayudar.
Assoalho, *n.m.*, parqué, entarimado.
Assoar, *v.*, sonar (la nariz).
Assobiar, *v.*, silbar.
Assobio, *n.m.*, silbido, silbato.
Associação, *n.f.*, asociación.
Associar, *v.*, asociar, juntarse.
Assolar, *v.*, asolar, destruir, arrasar ‖ secar.
Assombração, *adj.*, temor, pavor que causa espanto o sobresalto ◆ *n.f.*, fantasma.
Assombrar, *v.*, espantar, asombrar, asustar.
Assombro, *n.m.*, asombro, susto, espanto.
Assoprar, *v.*, soplar.
Assopro, *n.m.*, soplo.
Assunto, *n.m.*, asunto, tema, argumento.
Assustador, *adj.*, asustador, que causa susto.
Assustar, *v.*, asustar.
Asterisco, *n.m.*, asterisco.
Astro, *n.m.*, astro, estrella.
Astúcia, *n.f.*, astucia.
Astuto, *adj.*, astuto, vivo, listo.
Ata, *n.f.*, acta.
Atacadista, *n.m.*, mayorista.
Atacado, *adj.*, atacado ‖ al por mayor (ventas).
Atacante, *n.m.*, delantero.
Atacar, *v.*, atacar, embestir ‖ *fig.*, contradecir.
Atadura, *n.f.*, atadura ‖ *fig.*, unión, enlace.
Atalho, *n.m.*, atajo.
Ataque, *n.m.*, ataque.
Atar, *v.*, atar, unir, juntar.
Atarefado, *adj.*, atareado.
Atarracado, *adj.*, achaparrado, rechoncho.
Atarraxar, *v.*, aterrajar, atornillar.
Ataúde, *n.m.*, ataúd, féretro.
Ataviar, *v.*, ataviar, asear, adornar.
Até, *prep.*, hasta ◆ *adv.*, incluso, aún más.
Atear, *v.*, encender, avivar.
Ateliê, *n.m.*, estudio.
Atemorizar, *v.*, atemorizar.
Atenção, *n.f.*, atención ‖ cortesía, urbanidad.
Atenciosamente, *adv.*, atentamente.
Atender, *v.*, atender ‖ esperar, aguardar ‖ acoger.
Atentar, *v.*, atentar, tentar.
Atento, *adj.*, atento, que se fija.
Atenuado, *adj.*, atenuado ‖ *fig.*, minorado, disminuido.

Atenuar, *v.*, atenuar, poner tenue, sutil ‖ *fig.*, minorar, disminuir.

Ater, *v.*, atener.

Aterrado, *adj.*, aterrado.

Aterrar, *v.*, aterrar, derribar, abatir ‖ aterrorizar.

Aterrissagem, *n.f.*, aterrizaje.

Aterro, *n.m.*, terraplén.

Aterrorizar, *v.*, aterrorizar.

Atestado, *n.m.*, atestado, certificado ◆ *adj.*, terco, obstinado, testarudo.

Atestar, *v.*, atestar, henchir, colmar ‖ testificar, atestiguar.

Ateu, *adj.* y *n.*, ateo.

Atiçar, *v.*, atizar, despabilar ‖ avivar, instigar.

Átimo, *n.m.*, instante, momento.

Atinar, *v.*, atinar.

Atingir, *v.*, alcanzar, lograr ‖ afligir, oprimir.

Atino, *n.m.*, tino, juicio.

Atirado, *adj.*, tirado.

Atirar, *v.*, tirar, disparar, arrojar.

Atitude, *n.f.*, actitud.

Ativa, *adj.*, activa ‖ diligente, eficaz.

Ativar, *v.*, activar, avivar, excitar, acelerar.

Atividade, *n.f.*, actividad ‖ diligencia, eficacia.

Ativo, *adj.*, activo, dinámico.

Atlas, *n.m.*, atlas.

Atleta, *n.m.* y *f.*, atleta.

Atletismo, *n.m.*, atletismo.

Atmosfera, *n.f.*, atmósfera.

Ato, *n.m.*, acto, acción.

À-toa, *loc.adv.*, sin hacer nada, tirar una cana al aire.

Atolar, *v.*, atascar ‖ obstruir ‖ *fig.*, detener, impedir.

Atoleiro, *n.m.*, atascadero, atolladero.

Atônito, *adj.*, atónito, pasmado o espantado.

Ator, *n.m.*, actor.

Atordoado, *adj.*, atolondrado, atontado.

Atordoar, *v.*, atolondrar, atontar, aturdir.

Atormentação, *n.f.*, tormento.

Atormentar, *v.*, atormentar, acosar.

Atração, *n.f.*, atracción.

Atracar, *v.*, atracar, acercar.

Atraiçoar, *v.*, traicionar.

Atrair, *v.*, atraer.

Atrancar, *v.*, trancar.

Atrapalhação, *n.f.*, confusión, embrollo, enredo, estorbo.

Atrapalhado, *adj.*, confuso, desconcertado, dudoso.

Atrapalhar, *v.*, confundir, estorbar, desconcertar.

Atrás, *adv.*, atrás, detrás.

Atrasado, *adj.*, atrasado.

Atraso, *n.m.*, atraso, retraso, tardanza.

Atrativo, *adj.*, atractivo.

Atravancar, *v.*, estorbar.

Através, *loc.*, a través, por medio de.

Atravessar, *v.*, atravesar, cruzar ‖ obstruir, acaparar.

Atrelar, *v.*, unir, juntar.

Atrever-se, *v.*, atreverse, osar.

Atrevido, *adj.*, atrevido, osado.

Atrevimento, *n.m.*, atrevimiento, osadía, audacia.

Atribuição, *n.f.*, atribución.

Atribuir, *v.*, atribuir ‖ asignar, señalar.

Atribulado, *adj.*, aflicto, atormentado.

Atributo, *n.m.*, atributo.

Atritar, *v.*, causar atrito, refregar, rozar.

Atrito, *n.m.*, atrito, roce, fricción.

Atriz, *n.f.*, actriz.

Atrofiar, *v.*, atrofiar.

Atropelar, *v.*, atropellar.
Atropelo, *n.m.*, atropello.
Atroz, *adj.*, atroz, cruel, inhumano ‖ enorme.
Atuação, *n.f.*, actuación.
Atual, *adj.*, actual.
Atualidade, *n.f.*, actualidad.
Atualização, *n.f.*, actualización.
Atualizar, *v.*, actualizar.
Atuante, *adj.*, actuante.
Atuar, *v.*, actuar.
Atum, *n.m.*, atún.
Aturar, *v.*, aguantar, soportar.
Audácia, *n.f.*, audacia, osadía, atrevimiento.
Audaz, *adj.*, audaz, osado, atrevido.
Audição, *n.f.*, audición.
Audiência, *n.f.*, audiencia.
Áudio, *n.m.*, audio, sonido.
Audiovisual, *adj.*, audiovisual.
Auditivo, *adj.*, auditivo, auricular.
Auditor, *adj.* y *n.*, auditor.
Auditoria, *n.f.*, auditoría.
Auditório, *n.m.*, auditorio.
Auge, *n.m.*, auge, apogeo.
Aula, *n.f.*, clase, lección → *Sala de aula*, aula.
Aumentar, *v.*, aumentar.
Aumentativo, *adj.*, aumentativo.
Aumento, *n.m.*, aumento, acrecentamiento, incremento.
Auréola, *n.f.*, aureola, resplandor.
Aurora, *n.f.*, aurora.
Ausência, *n.f.*, ausencia.
Ausentar-se, *v.*, ausentarse.
Ausente, *adj.*, ausente ‖ distraído, ensimismado.
Austero, *adj.*, austero ‖ agrio, áspero al gusto ‖ severo, sobrio.
Autarquia, *n.f.*, autarquía.
Autenticação, *n.f.*, autenticación.
Auto, *n.m.*, auto, proceso ‖ automóvil, coche ‖ propio, por uno mismo.
Automação, *n.f.*, automación.
Automático, *adj.*, automático.
Automobilismo, *n.m.*, automovilismo.
Automóvel, *n.m.*, automóvil, coche.
Autor, *n.m.*, autor.
Autoridade, *n.f.*, autoridad.
Autorização, *n.f.*, autorización.
Autorizar, *v.*, autorizar.
Auxiliar, *adj.* y *n.*, auxiliar.
Auxílio, *n.m.*, auxilio, ayuda, socorro, amparo.
Avacalhação, *n.f.*, desmoralización, ridiculización.
Avacalhar, *v.*, desmoralizar, ridiculizar.
Aval, *n.m.*, aval.
Avalanche, *n.f.*, avalancha, alud.
Avaliação, *n.f.*, evaluación ‖ valuación, valorización.
Avaliar, *v.*, evaluar ‖ valuar, valorar.
Avalista, *n.m.* y *f.* y *adj.*, avalista.
Avançar, *v.*, avanzar, adelantar, progresar ‖ acometer, embestir.
Avanço, *n.m.*, avance.
Avantajado, *adj.*, aventajado, adelantado ‖ ventajoso, provechoso, conveniente.
Avantajar, *v.*, aventajar, adelantar ‖ anteponer, preferir.
Avarento, *adj.*, avaricioso, tacaño, pesetero.
Avareza, *n.f.*, avaricia.
Avaria, *n.f.*, avería, daño.
Avariar, *v.*, averiar, estropear.
Avaro, *adj.*, avaro.
Ave, *interj.*, ¡ave!
Aveia, *n.f.*, avena.

Avelã, *n.f.*, avellana.
Aveludado, *adj.*, aterciopelado, terciopelado.
Aveludar, *v.*, poner terciopelo.
Avenca, *n.f.*, culantrillo.
Avenida, *n.f.*, avenida.
Avental, *n.m.*, delantal, guardapolvo.
Aventar, *v.*, aventar.
Aventura, *n.f.*, aventura, acaecimiento.
Averiguar, *v.*, averiguar.
Avermelhado, *adj.*, rojizo.
Aversão, *n.f.*, aversión.
Avessas, *loc.*, al revés.
Avesso, *adj.*, revés, contrario, opuesto.
Avestruz, *n.m.* y *f.*, avestruz.
Aviação, *n.f.*, aviación.
Aviamento, *n.m.*, avío ‖ prevención ‖ apresto.
Avião, *n.m.*, avión.
Avícola, *adj.*, avícola, pollería.
Avicultura, *n.f.*, avicultura.
Avidez, *n.f.*, avidez, ansia, codicia.
Ávido, *adj.*, ávido, ansioso, codicioso.
Aviltar, *v.*, envilecer.
Avisar, *v.*, avisar ‖ advertir, aconsejar.
Aviso, *n.m.*, aviso, indicio, señal ‖ advertencia, consejo.
Avivar, *v.*, avivar, animar, excitar ‖ *fig.*, encender, acalorar.
Avó, *n.f.*, abuela.
Avô, *n.m.*, abuelo.
Avolumar, *v.*, abultar.
Avulso, *adj.*, suelto, separado.
Axila, *n.f.*, axila, sobaco.
Azálea, *n.f.*, azalea.
Azar, *n.m.*, azar, casualidad, mala suerte, infortunio, acaso.
Azarado, *adj.*, desafortunado, desdichado.
Azarar, *v.*, azarar, conturbar, sobresaltar, avergonzar.
Azedar, *v.*, acedar, agriar, acidular.
Azedo, *adj.*, agrio, ácido, amargo.
Azeite, *n.m.*, aceite.
Azeitona, *n.f.*, aceituna.
Azia, *n.f.*, acidez, acedía.
Azul, *adj.* y *n.m.*, azul.
Azulão, *n.m.*, pájaro azul.
Azulejo, *n.m.*, *azulejo*.

B

n.m., consonante bilabial oclusiva sonora, segunda letra del abecedario portugués ‖ símbolo químico del boro.

Baba, *n.f.*, baba, saliva.
Babá, *n.f.*, aya, niñera.
Babado, *n.m.*, volante, vuelo.
Babador, *n.m.*, babero.
Babão, *adj.*, baboso ‖ *fig.*, adulador, pelotillero.
Babar, *v.*, babear → *Estar babando*, se le cae la baba.
Babau, *interj.*, ¡acaba ya!, ¡sanseacabó!
Babosa, *n.f.*, babosa (molusco).
Baboseira, *n.f.*, tontería, majadería, ñoñería.
Bacalhau, *n.m.*, bacalao.
Bacharel, *n.m.*, licenciado.
Bacharelado, *n.m.*, licenciatura.
Bacia, *n.f.*, palangana, jofaina ‖ cuenca.
Bacilo, *n.m.*, bacilo.
Baço, *n.m.*, bazo, víscera.
Bactéria, *n.f.*, bacteria.
Badalada, *n.f.*, badajazo, golpe de badajo ‖ *fig.*, persona o cosa muy importante.
Badalar, *v.*, badajear (badajo) ‖ adular, agradar.
Badalo, *n.m.*, badajo.
Badejo, *n.m.*, abadejo, bacalao.
Badulaque, *n.m.*, colgajo, bisutería.
Bafejar, *v.*, vahar, vahear.
Bafejo, *n.m.*, vahaje, vaharada.
Bafo, *n.m.*, vaho, aliento, hálito.
Baforada, *n.f.*, vaharada.
Baga, *n.f.*, baya, gota de sudor, de rocío.
Bagaço, *n.m.*, bagazo, residuo de frutas → *Estar um bagaço,* estar hecho polvo/un trapo.
Bagageiro, *n.m.*, maletero, portaequi-pajes, baca.
Bagagem, *n.f.*, equipaje, bagaje.
Bagatela, *n.f.*, bagatela, baratija, niñería.
Bago, *n.m.*, baya ‖ testículo.
Bagulho, *n.m.*, trasto, ñiqueñaque.
Bailar, *v.*, bailar.
Bailarina, *n.f.*, bailarina.
Baile, *n.m.*, baile.
Bainha, *n.f.*, dobladillo ‖ vaina (armas).
Baio, *adj.*, bayo ‖ amarillento.
Bairrista, *adj.*, arrabalero, localista.
Bairro, *n.m.*, barrio.
Baixada, *n.f.*, bajada, pendiente, rampa.
Baixa-mar, *n.f.*, bajamar.
Baixar, *v.*, bajar, apear ‖ rebajar.
Baixela, *n.f.*, vajilla.
Baixinho, *adj.*, bajito.
Baixo, *adj.*, bajo, pequeño.
Baixote, *n.m.*, bajete.
Bajulação, *n.f.*, adulación, lisonja, zalamería.
Bajulador, *adj.*, adulador, lisonjero, pelotillero.
Bajular, *v.*, adular, lisonjear.
Bala, *n.f.*, caramelo, confite ‖ bala, proyectil.
Balada, *n.f.*, balada, canción, melodía.

Balaio, *n.m.*, cesto, canasta.
Balança, *n.f.*, balanza, báscula ‖ libra (signo del zodiaco).
Balançar, *v.*, equilibrar, oscilar, vacilar.
Balancear, *v.*, balancear, columpiar.
Balancete, *n.m.*, balance parcial, balanza comercial.
Balanço, *n.m.*, balance ‖ columpio ‖ bamboleo.
Balão, *n.m.*, balón, globo.
Balaústre, *n.m.*, balaustre o balaústre.
Balbuciar, *v.*, balbucear, balbucir, tartamudear.
Balbúrdia, *n.f.*, barbulla, gritería.
Balcão, *n.m.*, balcón, barandilla.
Balde, *n.m.*, balde, cubo ‖ presa de embalse.
Baldeação, *n.f.*, transbordo.
Baldio, *adj.*, baldío, yermo, deshabitado.
Baleia, *n.f.*, ballena.
Balido, *n.m.*, balido.
Balir, *v.*, balar.
Baliza, *n.f.*, baliza, demarcador.
Balizar, *v.*, balizar, poner marcas.
Balneário, *adj.* y *n.m.*, balneario.
Balofo, *adj.*, gordinflón.
Balsa, *n.f.*, balsa ‖ plataforma.
Bálsamo, *n.m.*, bálsamo.
Bambo, *adj.*, flojo, suelto.
Bambolear, *v.*, bambolear.
Bambu, *n.m.*, bambú.
Banal, *adj.*, banal, común.
Banalidade, *n.f.*, banalidad.
Banana, *n.f.*, plátano.
Bananal, *n.m.*, platanero, bananal.
Bananeira, *n.f.*, bananera, banano.
Banca, *n.f.*, banco, banqueta.
Bancada, *n.f.*, bancada, mesa.
Bancário, *adj.* y *n.*, bancario.
Bancarrota, *n.f.*, bancarrota, quiebra.
Banco, *n.m.*, banco ‖ asiento.
Banda, *n.f.*, banda, grupo → *Outras bandas*, otros lados.
Bandalheira, *n.f.*, indignidad, libertinaje, sinvergüencería.
Bandeira, *n.f.*, bandera → *Dar bandeira*, meter la pata, llamar la atención.
Bandeja, *n.f.*, bandeja.
Bandido, *adj.* y *n.*, bandido ‖ bandolero.
Bando, *n.m.*, bando, facción ‖ pandilla.
Bandoleiro, *n.m.*, bandolero, ladrón, salteador, bandido.
Bandolim, *n.m.*, bandolina, bandolín.
Banha, *n.f.*, grasa, gordura, manteca.
Banhar, *v.*, bañar, lavar.
Banheira, *n.f.*, bañera, pila.
Banheiro, *n.m.*, servicios, bañero, cuarto de baño.
Banhista, *n.m.* y *f.*, bañista.
Banho, *n.m.*, baño.
Banir, *v.*, desterrar, explusar, suprimir, excluir.
Banqueiro, *n.m.*, banquero.
Banqueta, *n.f.*, banquillo, banqueta.
Banquete, *n.m.*, banquete.
Baque, *n.m.*, baque, golpe, batacazo.
Baqueta, *n.f.*, baqueta, varilla ‖ palillos para tocar un instrumento.
Bar, *n.m.*, bar.
Baralhar, *v.*, barajar.
Baralho, *n.m.*, baraja, naipe.
Barão, *n.m.*, barón.
Barata, *n.f.*, cucaracha.
Baratear, *v.*, baratear, abaratar, rebajar.
Barato, *adj.*, barato → *É um barato,* es muy divertido.
Barba, *n.f.*, barba → *Fazer a barba*, afeitarse.

Barbado, *adj.*, barbado, barbudo ‖ *fig.*, ser hombre hecho y derecho.
Barbante, *n.m.*, cordel, cordón.
Barbarismo, *n.m.*, barbarismo, barbarie.
Bárbaro, *adj.*, bárbaro.
Barbatana, *n.f.*, aleta.
Barbear, *v.*, barbear, afeitarse.
Barbicha, *n.f.*, barba escasa.
Barca, *n.f.*, barca, embarcación.
Barco, *n.m.*, barco.
Barganha, *n.f.*, trueque, negociación.
Baronesa, *n.f.*, baronesa.
Barqueiro, *n.m.*, barquero.
Barra, *n.f.*, barra, tableta, pastilla ‖ friso, dobladillo → *Barra pesada,* dificultad, problemas. *Segurar a barra*, hacer frente a una dificultad.
Barraca, *n.f.*, barraca, caseta.
Barracão, *n.m.*, barracón, caseta rústica.
Barragem, *n.f.*, represa.
Barranco, *n.m.*, barranco, despeñadero, precipicio.
Barreira, *n.f.*, barrera, compuerta, valla ‖ obstáculo.
Barrica, *n.f.*, barrica, tonel.
Barriga, *n.f.*, barriga, vientre, panza → *Barriga da perna,* pantorrilla.
Barrigudo, *adj.*, barrigudo.
Barril, *n.m.*, barril, cuba, tonel.
Barro, *n.m.*, barro.
Barulheira, *n.f.*, gritería, confusión.
Barulho, *n.m.*, ruido, barullo, desorden.
Base, *n.f.*, base → *Tremer nas bases,* acobardarse.
Baseado, *adj.*, basado, asentado, fundado ◆ *n.m.*, canuto, porro.
Basear, *v.*, basar, asentar, fundar.
Básico, *adj.*, básico.
Basta, *interj.*, ¡basta!
Bastante, *adv.* y *adj.*, bastante.
Bastão, *n.m.*, bastón.
Bastar, *v.*, bastar, ser suficiente.
Bastardo, *adj.*, bastardo.
Bastidor, *n.m.*, bastidor ‖ armazón.
Batalha, *n.f.*, batalla, combate.
Batalhão, *n.m.*, batallón ‖ multitud.
Batalhar, *v.*, batallar, pelear, luchar ‖ *fig.*, disputar, debatir.
Batata, *n.f.*, patata → *É batata!*, es fácil, es cierto. *Vá plantar batatas!*, ¡vete a freír espárragos!
Batata-doce, *n.f.*, boniato.
Batatal, *n.m.*, patatal, patatar.
Batateiro, *adj.* y *n.*, patatero.
Batatudo, *adj.*, pantorrilludo.
Batedeira, *n.f.*, batidora.
Bateia, *n.f.*, criba.
Batente, *n.m.*, batiente, marco.
Bater, *v.*, batir, golpear ‖ mover, revolver ‖ golpear ‖ agitar ‖ vencer ‖ alcanzar ‖ usar una ropa de diario ‖ castigar, pegar ‖ chocarse ‖ palpitar, pulsar ‖ ganar en el juego ‖ luchar, combatir ‖ mantener discusión o polémica ‖ sonar ‖ atacar → *Bater à máquina*, escribir a máquina, mecanografiar. *Bater as botas*, estirar la pata, morir. *Bater carteira*, robar. *Bater o pé*, patalear, zapatear. *Bater papo*, charlar.
Bateria, *n.f.*, batería ‖ pila.
Batida, *n.f.*, golpe, zarpazo, trompazo ‖ bebida, cóctel.
Batido, *adj.*, batido, usado, desgastado, conocido.
Batina, *n.f.*, sotana.
Batismo, *n.m.*, bautismo, bautizo.
Batizado, *adj.*, bautizado.
Batizar, *v.*, bautizar.
Batom, *n.m.*, lápiz para los labios, pintalabios.

Batota, *n.f.*, trampa ‖ pandilla.
Batráquio, *n.m.*, batracio.
Batucada, *n.f.*, ritmo musical brasileño.
Batucar, *v.*, percutir, golpear.
Batuta, *n.f.*, batuta.
Baú, *n.m.*, baúl.
Baunilha, *n.f.*, vainilla.
Bazar, *n.m.*, bazar, tienda.
Beata, *n.f.*, beata.
Bêbado, *adj.*, borracho, bebido, embriagado.
Bebê, *n.m.*, bebé, nene.
Bebedeira, *n.f.*, borrachera, embriaguez, mona.
Beber, *v.*, beber, chupar.
Beberagem, *n.f.*, brebaje, bebida desagradable.
Bebericar, *v.*, beborrotear.
Beberrão, *adj.*, beberrón, borrachón.
Bebida, *n.f.*, bebida.
Beca, *n.f.*, beca, toga.
Beco, *n.m.*, callejón.
Bedel, *n.m.*, bedel, ordenanza, botones.
Beiço, *n.m.*, bezo, labio grueso ‖ hocico.
Beiçudo, *adj.*, bezudo, morrazo.
Beija-flor, *n.m.*, picaflor.
Beijar, *v.*, besar.
Beijo, *n.m.*, beso.
Beijoca, *n.f.*, besito, beso.
Beira, *n.f.*, borde, orilla, margen → *Beira-mar*, litoral, costa.
Bela, *adj.*, bella, hermosa.
Beldade, *n.f.*, beldad, belleza.
Beleza, *n.f.*, belleza, hermosura.
Beliche, *n.m.*, litera.
Bélico, *adj.*, bélico, guerrero.
Beliscão, *n.m.*, pellizcón.
Beliscar, *v.*, pellizcar.
Belisco, *n.m.*, pellizco.
Belo, *adj.*, bello ‖ bueno, excelente.
Beltrano, *n.m.*, mengano, fulano.
Bem, *adv.*, bien, correcto, sano ◆ *n.m.*, bienestar, favor → *Bem melhor*, mucho mejor.
Bem-me-quer, *n.m.*, margarita.
Bem-querer, *v.*, bienquerer, estimar, apreciar ◆ *n.m.*, bienquerencia, cariño.
Bem-vindo, *adj.*, bienvenido.
Bênção, *n.f.*, bendición.
Bendito, *adj.*, bendito, santo, bienaventurado, dichoso.
Beneficência, *n.f.*, beneficencia.
Beneficente, *adj.*, beneficente.
Beneficiar, *v.*, beneficiar, favorecer.
Benefício, *n.m.*, beneficio.
Benéfico, *adj.*, benéfico.
Benévolo, *adj.*, benévolo, afectuoso.
Benfeitor, *s.m.*, bienhechor, caritativo.
Bengala, *n.m.*, bastón, cacha, cayado.
Bentinho, *n.m.*, escapulario.
Bento, *adj.*, bendecido ◆ *n.m.*, benedictino.
Benzer, *v.*, bendecir ‖ persignarse, santiguarse.
Benzina, *n.f.*, bencina.
Berço, *n.m.*, cuna.
Berinjela, *n.f.*, berenjena.
Berloque, *n.m.*, pendiente, colgante.
Berrar, *v.*, gritar, berrear, vociferar.
Berreiro, *n.m.*, berreo, berrinche, griterío.
Berro, *n.m.*, grito ‖ berrido, bramido.
Besouro, *n.m.*, abejorro, escarabajo.
Besta, *n.f.*, bestia, animal cuadrúpedo ‖ monstruo ‖ *fig.*, rudo, ignorante.
Besuntar, *v.*, untar, ensuciar, engrasar.
Betume, *n.m.*, betún.
Betuminoso, *adj.*, bituminoso.

Bexiga, *n.f.*, vejiga, ampolla ‖ globo, balón.

Bexiguento, *adj.*, aquel que tiene viruela.

Bezerro, *n.m.*, becerro, novillo.

Biblioteca, *n.f.*, biblioteca.

Bica, *n.f.*, fuente.

Bicar, *v.*, picotear.

Bicarbonato, *n.m.*, bicarbonato.

Bicha, *n.m.* y *f.*, marica, maricón ◆ *n.f.*, sanguijuela ‖ lombriz.

Bichano, *n.m.*, michino, gatito.

Bicharada, *n.f.*, animalada, animalero.

Bicharoco, *n.m.*, verme, gusano, parásito ‖ bicharraco.

Bicho, *n.m.*, bicho, animal → *Bicho-de--sete-cabeças*, un rollo, asunto enredado. *Bicho-papão*, coco, bu, ogro. *Virar bicho,* enfurecerse, enfadarse.

Bicicleta, *n.f.*, bicicleta, bici.

Bico, *n.m.*, pico → *Abrir o bico*, confesar. *Bico calado,* boca cerrada, callarse.

Bicudo, *adj.*, puntiagudo, picudo.

Bife, *n.m.*, filete, bistec.

Bifurcação, *n.f.*, bifurcación.

Bigamia, *n.f.*, bigamia.

Bigode, *n.m.*, bigote, mostacho.

Bigorna, *n.f.*, bigornia, yunque.

Bijuteria, *n.f.*, bisutería.

Bilha, *n.f.*, botijo, cántaro.

Bilhar, *n.m.*, billar.

Bilhete, *n.m.*, billete ‖ tarjeta ‖ cédula.

Bilheteiro, *n.m.*, billetero, cartera ‖ taquillero.

Bilheteria, *n.f.*, taquilla, ventanilla.

Bilhão, *num.*, mil milhones.

Bílis, *n.f.*, bilis.

Bilro, *n.m.*, bolillo.

Bimbalhar, *v.*, repiquetear, repicar.

Binário, *adj.*, binario.

Binóculo, *n.m.*, binóculo, anteojo, prismáticos.

Biografia, *n.f.*, biografía.

Biologia, *n.f.*, biología.

Biombo, *n.m.*, biombo, mampara.

Bípede, *adj.* y *n.*, bípedo.

Biqueira, *n.f.*, remate, punta, boquera.

Birra, *n.f.*, maña, facha ‖ tema, capricho.

Birrento, *adj.*, obstinado.

Bis, *adv.* e *interj.*, bis, dos veces.

Bisar, *v.*, bisar, repetir.

Bisavó, *n.f.*, bisabuela.

Bisavô, *n.m.*, bisabuelo.

Bisbilhotar, *v.*, fisgonear, husmear.

Bisbilhoteiro, *adj.*, fisgón, chismoso.

Biscate, *n.m.*, chapuza, trabajo extra.

Biscoito, *n.m.*, bizcocho.

Bisnaga, *n.f.*, tubo ‖ barra de pan.

Bispo, *n.m.*, obispo.

Bissexto, *adj.*, bisiesto.

Bisturi, *n.m.*, bisturí.

Bitola, *n.f.*, vitola ‖ trocha.

Bizarro, *adj.*, bizarro ‖ valiente, esforzado ‖ generoso ‖ raro, extraño, desusado.

Blasfemar, *v.*, blasfemar, maldecir.

Blasfêmia, *n.f.*, blasfemia.

Blindado, *adj.*, blindado, protegido.

Blindar, *v.*, blindar, proteger.

Bloco, *n.m.*, bloque.

Boa, *adj.*, buena ◆ *n.f.*, boa, serpiente.

Boas-noites, *n.f.pl.*, buenas noches.

Boas-vindas, *n.f.pl.*, bienvenidas.

Boato, *n.m.*, rumor, alboroto, ruido.

Bobagem, *n.f.*, tontería, idiotez.

Bobear, *v.*, atontarse ‖ equivocarse.

Bobina, *n.f.*, bobina, carretel.

Bobo, *adj.*, bobo, tonto → *Dar uma de bobo,* hacerse el tonto, desentendido.

Boca, *n.f.*, boca, abertura, entrada → *Bater boca*, discutir.

Bocado, *n.m.*, bocado, pedazo, mordedura → *Um bocado de*, grande, mucho, en exceso.

Bocal, *adj.*, bocal, bucal, boquilla.

Boçal, *adj.*, bozal ‖ bisoño, inexperto, simple, idiota.

Bocejar, *v.*, bostezar.

Bocejo, *n.m.*, bostezo.

Boceta, *n.f.*, petaca, cajilla redonda ‖ jeta ‖ coño.

Bochecha, *n.f.*, moflete.

Bochecho, *n.m.*, buche ‖ enjuague ‖ enjuaguadientes.

Bochechudo, *adj.*, mofletudo.

Bode, *n.m.*, macho cabrío, chivo.

Bodoque, *n.m.*, bodoque, burujo, pelotilla.

Bofe, *n.m.*, bofe, pulmón de las reses ‖ *fig.*, pelma, pesado.

Bofes, *n.m.pl.*, entrañas ‖ ascos.

Bofetada, *n.f.*, bofetada, manotazo, puñetazo.

Bofetão, *n.m.*, bofetón.

Boi, *n.m.*, buey.

Bói, *n.m.*, botones, mensajero.

Boia, *n.f.*, flotador ‖ boya, corcho → *Boia-fria*, trabajador rural.

Boiada, *n.f.*, manada de bueyes.

Boiar, *v.*, boyar, flotar.

Boicotar, *v.*, boicotear.

Bojo, *n.m.*, barriga, vientre, panza.

Bojudo, *adj.*, barrigudo, panzudo.

Bola, *n.f.*, bola, balón, pelota → *Não dar bola,* no hacer caso. *Ora bolas!*, ¡caramba!, ¡jolín! *Pisar na bola*, meter la pata en el zancajo.

Bolacha, *n.f.*, galleta ‖ bofetada, tortazo.

Bolacheiro, *n.m.*, galletero ‖ galletería.

Bolachudo, *adj.*, rechoncho, mofletudo.

Bolada, *n.*, pelotazo ‖ disparate ‖ suma grande de dinero.

Bolar, *v.*, idear, inventar, ingeniar, arquitectar.

Bolear, *v.*, volear.

Boleia, *n.f.*, volea, pescante.

Boletim, *n.m.*, boletín, boleta.

Bolha, *n.f.*, ampolla ‖ burbuja.

Bolo, *n.m.*, pastel, tarta.

Bolor, *n.m.*, moho.

Bolota, *n.f.*, bellota ‖ borla.

Bolsa, *n.f.*, bolsa, talega, saco.

Bolsinho, *n.m.*, bolsillo.

Bolsista, *adj.* y *n.*, becario.

Bolso, *n.m.*, bolso, bolsillo.

Bom, *adj.*, buen, bueno ‖ gustoso, apetecible, agradable ‖ sano ◆ *n.m.*, bonachón, simple → *Muito bom,* muy bueno. *Bom dia*, buenos días.

Bom-tom, *n.m.*, trato distinto, delicadeza, educación, cortesía, de buen gusto.

Bomba, *n.f.*, bomba ‖ *fig.*, éxito rotundo, suceso.

Bombardeio, *n.m.*, bombardeo.

Bombeiro, *n.m.*, bombero.

Bombom, *n.m.*, bombón.

Bondade, *n.f.*, bondad, blandura, apacibilidad.

Bondoso, *adj.*, bondadoso.

Boné, *n.m.*, gorra, boina.

Boneca, *n.f.*, muñeca.

Boneco, *n.m.*, muñeco.

Boniteza, *n.f.*, lindeza, hermosura.

Bonito, *adj.*, bonito, lindo.

Boquiaberto, *adj.*, boquiabierto, pasmado, embobado.
Boquinha, *n.f.*, boquilla ‖ besito, beso ‖ tapas.
Borboleta, *n.f.*, mariposa.
Borbulha, *n.f.*, burbuja.
Borbulhar, *v.*, burbujear, borbotar.
Borda, *n.f.*, borda, borde, orilla.
Bordado, *adj.*, bordado, bordadura.
Bordar, *v.*, bordar, adornar.
Bordejar, *v.*, bordear ‖ navegar por la borda.
Bordel, *n.m.*, burdel, lupanar.
Bordoada, *n.f.*, porrazo, trompazo.
Boro, *n.m.*, boro.
Borra, *n.f.*, borra, hez, sedimento de algunos líquidos.
Borracha, *n.f.*, goma, caucho.
Borrachudo, *n.m.*, mosquito.
Borrada, *adj.*, manchado, porquería ‖ sandez, idiotez.
Borrador, *adj.*, borrador.
Borralho, *n.m.*, borrajo, rescoldo, brasa.
Borrão, *n.m.*, borrón, borrador.
Borrar, *v.*, borrar, manchar, ensuciar.
Borrasca, *n.f.*, borrasca, tempestad, tormenta, temporal.
Borrifar, *v.*, rociar, esparcir.
Borrifo, *n.m.*, rocío.
Bosque, *n.m.*, bosque.
Bossa, *n.f.*, chichón ‖ aptitud, vocación ‖ salero, gracia, donaire.
Bosta, *n.f.*, estiércol, mierda.
Bota, *n.f.*, bota.
Bota-fora, *n.m.*, fiesta de despedida.
Botânica, *n.f.*, botánica.
Botão, *n.m.*, botón ‖ capullo, brote, yema de un vegetal.
Botar, *v.*, botar ‖ arrojar, echar fuera ‖ poner, colocar.
Bote, *n.m.*, bote, barco pequeño.
Botequim, *n.m.*, tasca, taberna.
Botica, *n.f.*, botica, farmacia.
Boticário, *n.m.*, boticario.
Botija, *n.f.*, botija, vasija de barro.
Botijão, *n.m.*, bombona, garrafa, vasija.
Bovino, *adj.*, bovino, vacuno.
Boxe, *n.m.*, boxeo.
Braçada, *n.f.*, brazada.
Bracejar, *v.*, bracear.
Bracelete, *n.m.*, brazalete, pulsera, brazal.
Braço, *n.m.*, brazo.
Bradar, *v.*, gritar, clamar, chillar.
Brado, *n.m.*, grito, ruido, clamor.
Braguilha, *n.f.*, bragueta.
Bramar, *v.*, bramar, gritar.
Branco, *adj.*, blanco.
Brancura, *n.f.*, blancura.
Brando, *adj.*, blando, tierno, flojo, suave, dulce.
Brandura, *n.f.*, blandura ‖ *fig.*, dulzura, delicadeza.
Branquear, *v.*, blanquear, blanquecer.
Branquia, *n.f.*, branquia, agalla.
Brasa, *n.f.*, brasa, leña, carbón en ascuas.
Brasão, *n.m.*, blasón, escudo ‖ honor o gloria.
Brasileiro, *adj.*, brasileño.
Braveza, *n.f.*, braveza, bravura, fiereza.
Bravo, *adj.*, bravo, valiente ‖ enojado, enfadado ◆ *interj.*, ¡bravo! (aplauso).
Bravura, *n.f.*, bravura, fiereza.
Brecha, *n.f.*, brecha, rotura, abertura ‖ ranura, grieta.
Brejeiro, *n.m.*, pillo, galante, tunante.

Brejo, *n.m.*, pantano, charco ‖ brezo (arbusto).

Breque, *n.m.*, freno.

Breu, *n.m.*, brea, alquitrán ‖ oscuridad total.

Breve, *adj.*, breve, corto ♦ *adv.*, en breve, dentro de poco tiempo, muy pronto.

Brevidade, *n.f.*, brevedad.

Briga, *n.f.*, pelea, riña, camorra.

Brigadeiro, *n.m.*, brigadier.

Brigão, *adj.*, peleador.

Brigar, *v.*, pelear, reñir, combatir, batallar.

Briguento, *adj.*, peleón, camorrista, pendenciero.

Brilhante, *adj.* y *n.m.*, brillante, diamante ‖ *fig.*, admirable, sobresaliente.

Brilhantina, *n.f.*, brillantina.

Brilhar, *v.*, brillar, relucir ‖ sobresalirse, lucirse.

Brilho, *n.m.*, brillo ‖ *fig.*, lucimiento, gloria.

Brim, *n.m.*, brin.

Brincadeira, *n.f.*, broma, juego, chiste.

Brincalhão, *adj.* y *n.m.*, juguetón, bromista, dicharachero.

Brincar, *v.*, jugar, bromear, juguetear.

Brinco, *n.m.*, pendiente, arete.

Brindar, *v.*, brindar.

Brinde, *n.m.*, brindis.

Brinquedo, *n.m.*, juguete.

Brio, *n.m.*, brío, pujanza ‖ *fig.*, espíritu, garbo, desembarazo, gallardía.

Brioso, *adj.*, brioso.

Brisa, *n.f.*, brisa, airecillo.

Britadeira, *n.f.*, martillo neumático.

Britador, *adj.*, despedazador ♦ *n.m.*, martillo neumático.

Britar, *v.*, despedazar.

Broa, *n.f.*, borona, pan de maíz.

Broca, *n.f.*, broca, barrena, taladro.

Brocha, *n.f.*, tachuela, punta, clavo corto ‖ brocha, escobrilla de cerda.

Brochar, *v.*, encuadernar, coser un libro.

Broche, *n.m.*, broche, corchete, alfiler.

Brochura, *n.f.*, apuntes ‖ libro sin encuadernar.

Brócolis, *n.m.pl.*, brécol, bróculi.

Bronco, *adj.*, bronco, tosco.

Brônquios, *n.m.pl.*, bronquios.

Bronquite, *n.f.*, bronquitis.

Bronze, *n.m.*, bronce.

Bronzeador, *adj.* y *n.m.*, bronceador.

Bronzear, *v.*, broncear, tostarse.

Brotar, *v.*, brotar.

Broto, *n.m.*, brote, retoño.

Brotoeja, *n.f.*, espinilla, erupción cutánea.

Bruços, *loc.adv.*, a/de bruces, boca abajo.

Bruma, *n.f.*, bruma, niebla.

Bruscamente, *adv.*, bruscamente.

Brusco, *adj.*, brusco, repentino, áspero.

Brutal, *adj.*, brutal.

Brutalidade, *n.f.*, brutalidad ‖ *fig.*, barbaridad.

Bruto, *adj.*, bruto, necio, torpe, incapaz.

Bruxaria, *n.f.*, brujería, hechicería.

Bruxo, *n.* y *adj.*, brujo, hechicero.

Bruxuleante, *adj.*, brillante.

Bruxulear, *v.*, brillar, lucir.

Bucal, *adj.*, bucal.

Bucha, *n.f.*, estropajo.

Buchada, *n.f.*, asadura, asadurilla (hígado y bofes), mondongo.

Bucho, *n.m.*, buche, estómago, panza ‖ comida hecha con callos.

Buço, *n.m.*, bozo, vello.

Bucólico, *adj.*, bucólico.

Bueiro, *n.m.*, alcantarilla, sumidero.
Bufa, *n.f.*, bufa, burla, bufonada.
Bufão, *n.m.*, bufón, truhán, fanfarrón, chocarrero.
Bufar, *v.*, bufar, soplar, resoplar.
Bufete, *n.m.*, tortazo.
Bugiganga, *n.f.*, baratija, trasto.
Bula, *n.f.*, bula, receta ‖ prospecto.
Bule, *n.m.*, vasija, cafetera, tetera.
Bulha, *n.f.*, bulla, gritería.
Buliçoso, *adj.*, bullicioso, inquieto, desasosegado.
Bulir, *v.*, bullir ‖ *fig.*, agitarse, moverse.
Bumba, *interj.*, ¡zas!
Bumbo, *n.m.*, bombo, tambor.
Bunda, *n.f.*, culo, nalgas.
Buraco, *n.m.*, agujero, hoyo, poza, fosa.
Burburinho, *n.m.*, bullicio, alboroto, ruido confuso, desorden.
Buril, *n.m.*, buril.
Burilar, *v.*, burilar, grabar con buril ‖ manosear.
Burla, *n.f.*, burla, engaño, chanza.
Burlar, *v.*, burlar, chasquear, zumbar ‖ engañar, esquivar.
Burocracia, *n.f.*, burocracia.
Burocrata, *n.m.* y *f.*, burócrata.
Burrada, *n.f.*, burrada, asnería ‖ *fig.*, barbaridad, necedad, tontería.
Burro, *n.*, burro, asno.
Busca, *n.f.*, busca, búsqueda.
Buscapé, *n.m.*, buscapié.
Buscar, *v.*, buscar.
Bússola, *n.f.*, brújula.
Busto, *n.m.*, busto, pecho ‖ estatua.
Buzina, *n.f.*, bocina, claxon.
Buzinar, *v.*, bocinar, tocar el claxon.

C

n.m., consonante oral oclusiva sorda o oral fricativa sorda, tercera letra del abecedario portugués ‖ en números romanos equivale a 100 ‖ símbolo químico del carbono.

Cá, *adv.*, aquí ‖ *Amér.*, acá.
Cã, *n.m.*, mandarín ◆ *n.f.*, cana, pelo blanco.
Caatinga, *n.f.*, tipo de vegetación del Nordeste de Brasil.
Cabaça, *n.f.*, calabacino, calabazo ‖ *Amér.*, totumo o güira.
Cabal, *adj.*, cabal, completo, perfecto.
Cabana, *n.f.*, cabaña, choza.
Cabaré, *n.m.*, cabaret.
Cabeça, *n.f.*, cabeza ‖ *fig.*, cráneo, inteligencia, memoria ◆ *n.m.*, jefe, líder → *Cabeça fria*, tranquilo, pancho. *Esquentar a cabeça*, calentarse el coco, la cuca. *Meter na cabeça*, empollar. *Cabeça feita*, maduro, enrollado. *Cabeça-dura*, cabezón, testarudo.
Cabeçada, *n.f.*, cabezada, cabezazo.
Cabeça de vento, *n.m.* y *f.*, chalado, cabeza de chorlito.
Cabeçalho, *n.m.*, encabezamiento.
Cabeção, *n.m.*, cabezón, cabezotas.
Cabecear, *v.*, cabecear.
Cabeceira, *n.f.*, cabecera ‖ nacimiento (río).
Cabedal, *n.m.*, capacidad ‖ capital, dinero.
Cabeleira, *n.f.*, cabellera, melena.
Cabeleireiro, *n.*, peluquero.
Cabelo, *n.m.*, pelo, cabello.
Caber, *v.*, caber ‖ ser oportuno ‖ corresponder ‖ convenir.
Cabide, *n.m.*, percha.
Cabimento, *n.m.*, cabida, aceptación, oportunidad.
Cabine, *n.f.*, cabina, camarote, caseta.
Cabineiro, *n.m.*, guarda, vigía de cabinas ‖ ascensorista.
Cabisbaixo, *adj.*, cabizbajo.
Cabível, *adj.*, cabida, oportuno.
Cabo, *n.m.*, cabo ‖ mango, extremidad, empuñadura ‖ cable.
Caboclo, *n.m.*, mestizo.
Cabra, *n.f.*, cabra ◆ *n.m.*, valentón, tío, tipo → *Cabra-cega*, gallinita ciega.
Cabresto, *n.m.*, cabestro, ronzal.
Cabriolé, *n.m.*, carreta.
Cabrito, *n.*, cabrito.
Cabuloso, *adj.*, irritante, molesto, aborrecido.
Caça, *n.f.*, caza, cacería ‖ busca.
Caçada, *n.f.*, cacería.
Caçador, *adj.* y *n.*, cazador.
Caçamba, *n.f.*, cubo, cangilón, palangana ‖ carrocería basculante.
Caça-níqueis, *n.m.*, tragaperras.
Cação, *n.m.*, cazón, tiburón.
Caçar, *v.*, cazar.
Cacareco, *n.m.*, trasto, trapo, cachivache.
Cacarejar, *v.*, cacarear.
Caçarola, *n.f.*, cacerola, cazuela.
Cacatua, *n.f.*, cacatúa.

Cacau, *n.m.*, cacao.
Cacaueiro, *n.m.*, cacao (árbol).
Cacetada, *n.f.*, trompazo, porrazo, cachiporrazo.
Cacete, *n.m.*, cachiporra, palo, garrote, porra ‖ *fig.*, pene, picha.
Cachaça, *n.f.*, aguardiente, orujo.
Cachalote, *n.m.*, cachalote.
Cacheado, *n.m.*, ondulado, encaracolado, rizado.
Cachecol, *n.m.*, bufanda.
Cachimbo, *n.m.*, pipa.
Cacho, *n.m.*, racimo ‖ mechón, rizo ‖ lío.
Cachoeira, *n.f.*, cascada, catarata.
Cachola, *n.f.*, cabeza, cráneo.
Cachorrada, *n.f.*, perrería ‖ putada, cabronada.
Cachorro-quente, *n.m.*, perrito caliente.
Cachorro, *n.*, perro ‖ canalla, cabrón → *Matar cachorro a grito*, estar en aprietos, en dificultades. *Soltar os cachorros*, agredir, reñir.
Caco, *n.m.*, pedazo (vidrio), añicos ‖ trasto, cachivache.
Caçoada, *n.f.*, broma, burla, chanza.
Caçoar, *v.*, burlar, bromear, zumbar.
Cacoete, *n.m.*, tic, mueca.
Cacófato, *n.m.*, cacofónico, malsonante.
Cacto, *n.m.*, cactus.
Caçula, *n.m.* y *f.*, benjamín, el hijo menor, pequeño.
Cada, *pro.indef.*, cada.
Cadarço, *n.m.*, cordón.
Cadastrar, *v.*, censar, empadronar.
Cadastro, *n.m.*, catastro, registro, censo, empadronamiento.
Cadáver, *n.m.*, cadáver.
Cadê, *loc.pop.*, ¿adónde está?, ¿qué es de él?
Cadeado, *n.m.*, candado.
Cadeia, *n.f.*, cadena ‖ serie, red ‖ cárcel, prisión, chirona.
Cadeira, *n.f.*, silla ‖ clase, asignatura ‖ asiento, butaca → *Cadeira cativa*, silla abonada. *Cadeira de balanço*, mecedora. *De cadeira*, con conocimiento de causa.
Cadeiras, *n.f.pl.*, nalgas, caderas.
Cadela, *n.f.*, perra ‖ puta.
Cadência, *n.f.*, cadencia, ritmo, compás.
Cadenciar, *v.*, cadenciar, acompasar, compasar.
Cadente, *adj.*, cadente, cadencioso.
Caderneta, *n.f.*, libreta, cuadernillo, carnet → *Caderneta de poupança*, cartilla o libreta de ahorros.
Caderno, *n.m.*, cuaderno.
Caducar, *v.*, caducar, chochear, envejecer ‖ perecer ‖ perder validez una ley.
Caduco, *adj.*, caduco, viejo.
Cafajeste, *n.m.* y *f*, canalla, cabrón, vil.
Café, *n.m.*, café → *Café da manhã*, desayuno. *Café puro*, café solo.
Cafeeiro, *n.m.*, cafeto.
Cafeteira, *n.f.*, cafetera.
Cafezal, *n.m.*, cafetal.
Cafezinho, *n.m.*, café corto.
Cáfila, *n.f.*, cáfila, rebaño de camellos.
Cafona, *adj.*, *n.m.* y *f.*, cursi, pueblerino, de mal gusto.
Cafundó, *n.m.*, caminejo, en el fin del mundo.
Cafuné, *n.m.*, caricia, cariño, rascazón.
Cágado, *n.m.*, galápago.
Cagar, *v.*, cagar, evacuar ‖ *fig.*, acobardarse.

Caiar, *v.*, blanquear, encalar.
Caibro, *n.m.*, cabria.
Cãibra, *n.f.*, calambre.
Caipira, *n.m.* y *f.*, pueblerino, rústico, paleto, cateto.
Cair, *v.*, caer, tumbar ‖ bajar, sentar → *Cair em si*, volver a la realidad, reconocer. *Cair duro*, quedarse seco. *Cair fora*, marcharse, largarse, pirarse.
Cais, *n.m.*, muelle, andén.
Caixa, *n.f.*, caja, estuche, envase ♦ *n.m.*, libro diario, mayor, cajero, haber → *Caixa Econômica*, caja de ahorros. *Caixa de correio*, buzón. *Caixa postal*, apartado de correos.
Caixa-d'água, *n.f.*, depósito de agua ‖ *Amér.*, tanque, pila.
Caixão, *n.m.*, ataúd, caja, féretro.
Caixeiro, *n.m.*, dependiente, vendedor, entregador.
Caixilho, *n.m.*, marco, moldura.
Caixinha, *n.f.*, propina ‖ caja pequeña.
Caixote, *n.m.*, cajón.
Cajado, *n.m.*, cayado, bastón.
Caju, *n.m.*, nuez, almendra (fruto).
Cajueiro, *n.m.*, anacardo, marañón.
Cal, *n.f.*, cal.
Calabouço, *n.m.*, calabozo.
Calada, *n.f.*, callada, silencio.
Calado, *adj.*, callado, silencioso.
Calafetar, *v.*, calafatear.
Calafrio, *n.m.*, escalofrío.
Calamidade, *n.f.*, calamidad.
Calão, *n.m.*, deje, dejo, jerga, argot, caló de gitanos.
Calar, *v.*, callar.
Calça, *n.f.*, pantalón.
Calçada, *n.f.*, acera ‖ *Amér.*, vereda.
Calçadeira, *n.f.*, calzador.
Calçado, *n.m.*, calzado, zapato.
Calçamento, *n.m.*, calzadura ‖ pavimentación, pavimento.
Calcanhar, *n.m.*, calcañar, talón.
Calção, *n.m.*, calzón, pantalón corto.
Calcar, *v.*, calcar, comprimir, oprimir.
Calçar, *v.*, calzar, vestir ‖ pavimentar.
Calcário, *adj.*, calcáreo ‖ calcinado.
Calceiro, *n.m.*, pantalonera.
Calcificação, *n.f.*, calcificación.
Calcificar, *v.*, calcificar.
Calcinhas, *n.f.pl.*, bragas ‖ *Amér.*, calzones.
Cálcio, *n.m.*, calcio.
Calço, *n.m.*, calzo, calce, cuña.
Calculador, *adj.* y *n.*, calculador.
Calcular, *v.*, calcular.
Cálculo, *n.m.*, cálculo, cómputo, conjetura.
Calda, *n.f.*, almíbar → *Pêssego em calda*, melocotón en almíbar.
Caldear, *v.*, caldear ‖ soldar ‖ calentar.
Caldeira, *n.f.*, caldera.
Caldeirada, *n.f.*, guiso hecho con pescado, zarzuela.
Caldeirão, *n.m.*, calderón, cacerola.
Caldo, *n.m.*, caldo, zumo, jugo ‖ sopa.
Calefação, *n.f.*, calefacción.
Calejar, *v.*, encallecer, endurecer.
Calendário, *n.m.*, calendario, almanaque.
Calha, *n.f.*, caño, canalón.
Calhamaço, *n.m.*, mamotreto ‖ armatoste.
Calhambeque, *n.m.*, carricoche.
Calhar, *v.*, entrar, encajarse ‖ ser oportuno, coincidir ‖ suceder, ocurrir.
Calhorda, *adj.* y *n.*, canalla, ordinario.
Calibrar, *v.*, calibrar, medir, evaluar.
Calibre, *n.m.*, calibre.
Cálice, *n.m.*, cáliz.

Cálido, *adj.*, cálido, caluroso, ardiente.
Caligrafia, *n.f.*, caligrafía.
Calista, *n.m.* y *f.*, callista.
Calma, *n.f.*, calma, serenidad, sosiego.
Calmante, *adj.* y *n.m.*, calmante.
Calmar, *v.*, calmar, sosegar, serenar.
Calmaria, *n.f.*, calmaría, calma.
Calmo, *adj.*, calmo, sosegado, tranquilo.
Calo, *n.m.*, callo ‖ *fig.*, dureza.
Calombo, *n.m.*, hinchazón, tumefacción, bulto.
Calor, *n.m.*, calor.
Calorento, *adj.*, caluroso, ardiente.
Caloria, *n.f.*, caloría.
Calosidade, *n.f.*, callosidad.
Calota, *n.f.*, plato de llanta, tapacubos.
Calote, *n.m.*, timo, estafa, trampa.
Caloteiro, *n.*, estafador, tramposo.
Calouro, *adj.*, novato, principiante, aprendiz.
Caluda, *interj.*, ¡silencio!, ¡chitón!, ¡chis!
Calunga, *n.f.*, cosilla ◆ *n.m.*, muñequín, pelele.
Calúnia, *n.f.*, calumnia.
Caluniar, *v.*, calumniar.
Calva, *n.f.*, calva.
Calvário, *n.m.*, calvario, martirio.
Calvície, *n.f.*, calvicie.
Calvo, *adj.*, calvo.
Cama, *n.f.*, cama, lecho.
Camada, *n.f.*, capa, estrato, categoría, clase.
Camaleão, *n.m.*, camaleón.
Câmara, *n.f.*, cámara ‖ ayuntamiento ‖ habitación ‖ compartimiento.
Camarada, *n.m.* y *f.*, camarada, colega, compañero.
Camarão, *n.m.*, gamba, langostino ‖ *Amér.*, camarón.
Camareira, *n.f.*, camarera, empleada.
Camarim, *n.m.*, camarín, camerino.
Camarote, *n.m.*, camarote.
Cambada, *n.f.*, sarta ‖ manojo ‖ montón ‖ camarilla.
Cambalacho, *n.m.*, cambalache, trueque.
Cambalear, *v.*, tambalear, oscilar.
Cambalhota, *n.f.*, voltereta, brinco, cabriola.
Cambiar, *v.*, cambiar, mudar, alterar, volver, poner al contrario.
Câmbio, *n.m.*, cambio, permuta.
Cambito, *n.m.*, pernil, anca del puerco ‖ piernas finas de una mujer, palitroques.
Cambraia, *n.f.*, batista, cambray.
Camélia, *n.f.*, camelia ‖ *Amér.*, amapola.
Camelo, *n.m.*, camello.
Camelô, *n.m.*, vendedor ambulante, chapucero.
Caminhada, *n.f.*, caminata.
Caminhante, *n.m.* y *f.*, caminante.
Caminhão, *n.m.*, camión.
Caminhar, *v.*, caminar.
Caminho, *n.m.*, camino, ruta.
Caminhonete, *n.f.*, camioneta, furgoneta.
Camisa, *n.f.*, camisa → *Camisa de vênus*, condón, preservativo. *Vestir a camisa*, defender, ser hincha.
Camisaria, *n.f.*, camisería.
Camiseiro, *n.m.*, camisero.
Camiseta, *n.f.*, camiseta.
Camisola, *n.f.*, camisón.
Camomila, *n.f.*, manzanilla.
Campa, *n.f.*, losa, sepulcro de cadáver.
Campainha, *n.f.*, timbre, campanilla, sonajero.
Campal, *adj.*, campal, campero.
Campanário, *n.m.*, campanario.
Campanha, *n.f.*, campaña, cruzada.

Campânula, *n.f.*, farolillo, campánula.
Campeão, *n.m.*, campeón, as.
Campeonato, *n.m.*, campeonato, liga.
Campesino, *adj.*, campesino.
Campestre, *adj.*, campestre.
Campina, *n.f.*, campiña.
Campo, *n.m.*, campo, materia, asunto.
Camponês, *adj.* y *n.*, campesino.
Camuflar, *v.*, camuflar, disimular, disfrazar.
Camundongo, *n.m.*, ratón.
Camurça, *n.f.*, gamuza.
Cana, *n.f.*, caña ‖ chirona, cárcel.
Cana-de-açúcar, *n.f.*, caña de azúcar.
Canal, *n.m.*, canal, cauce ‖ tubo, conducto ‖ recurso.
Canalha, *adj.* y *n.*, canalla, ruin, despreciable.
Canalização, *n.f.*, canalización.
Canalizar, *v.*, canalizar, encauzar.
Canapé, *n.m.*, canapé, diván.
Canário, *n.m.*, canario.
Canastra, *n.f.*, canasta, cesto.
Canastrão, *n.m.*, canasto ‖ mal actor.
Canavial, *n.m.*, cañaveral.
Canção, *n.f.*, canción.
Cancela, *n.f.*, cancela.
Cancelar, *v.*, cancelar, anular.
Câncer, *n.m.*, cáncer.
Cancha, *n.f.*, cancha.
Cancioneiro, *n.m.*, cancionero.
Candeeiro, *n.m.*, candelero.
Candeia, *n.f.*, candela, candil.
Candelabro, *n.m.*, candelabro, candelero.
Candidatar-se, *v.*, presentarse por candidato.
Candidato, *n.m.*, candidato.
Candidatura, *n.f.*, candidatura.
Cândido, *adj.*, cándido, sencillo, puro.
Candor, *n.m.*, albor, candidez.
Candura, *n.f.*, albura, blancura, inocencia.
Caneca, *n.f.*, taza, tazón.
Caneco, *n.m.*, cubo.
Canela, *n.f.*, canela ‖ canilla, espinilla.
Canelada, *n.f.*, patada en la canilla.
Caneta, *n.f.*, estilográfica, pluma → *Caneta ponta porosa*, rotulador, marcador. *Caneta-tinteiro*, pluma. *Caneta esferográfica*, bolígrafo.
Cânfora, *n.f.*, alcanfor.
Canga, *n.f.*, yugo.
Cangote, *n.m.*, cogote.
Canguru, *n.m.*, canguro.
Cânhamo, *n.m.*, cáñamo.
Canhão, *n.m.*, cañón ‖ desfiladero.
Canhestro, *adj.*, hecho al revés, torpe, desastrado.
Canhota, *n.f.*, la mano izquierda.
Canhoto, *adj.* y *n.*, zurdo, izquierdo ‖ torpe.
Canibal, *n.m.* y *f.*, caníbal, antropófago.
Caniço, *n.m.*, caña de pescar ‖ esmirriado, flaco, delgado.
Canil, *n.m.*, perrera.
Caninha, *n.f.*, aguardiente, orujo ‖ carajillo.
Canino, *adj.*, canino.
Canivete, *n.m.*, navaja ‖ cortaplumas → *Nem que chovam canivetes*, ocurra lo que ocurrir, haya lo que haya, ni por asomo.
Canja, *n.f.*, caldo de gallina ‖ *fig.*, cosa fácil.
Canjica, *n.f.*, gacha de maíz tierno (choclo).
Cano, *n.m.*, caño, tubo → *Dar o cano*, dejar plantado, dar calabazas, mal

negocio. *Entrar pelo cano*, salirse mal, fastidiarse, jorobarse.
Canoa, *n.f.*, canoa, bote.
Canoeiro, *n.m.*, canoero.
Canônico, *adj.*, canónico ‖ canónigo.
Cansaço, *n.m.*, cansancio, fatiga.
Cansar, *v.*, cansar, fatigarse, aborrecerse, enfadarse.
Cansativo, *adj.*, cansino, cansado, fatigado, pesado.
Canseira, *n.f.*, cansera, cansancio, galbana, fatiga.
Cantador, *adj.*, cantador, cantor.
Cantar, *v.*, cantar, entonar.
Cântaro, *n.m.*, cántaro, vasija.
Cantarolar, *v.*, canturrear.
Canteiro, *n.m.*, cantero ‖ cuadro de un jardín o de una huerta.
Cântico, *n.m.*, cántico, oda.
Cantiga, *n.f.*, cantiga.
Cantil, *n.m.*, cantimplora.
Cantina, *n.f.*, cantina, taberna, bodegón.
Canto, *n.m.*, canto, canción, copla ‖ cantón, esquina, rincón ‖ borde, filo.
Cantoneira, *n.f.*, cantonera, rinconera.
Cantor, *n.*, cantor, cantante, poeta.
Cantoria, *n.f.*, canturía.
Canudo, *n.m.*, canuto, tubo.
Cão, *n.m.*, perro, can, chucho.
Caolho, *adj.*, tuerto, bizco, bisojo.
Caos, *n.m.*, caos, desorden, confusión.
Caótico, *adj.*, caótico.
Capa, *n.f.*, capa, abrigo ‖ cubierta, forro ‖ portada, tapa.
Capacete, *n.m.*, capacete, casco.
Capacho, *n.m.*, capacho, felpudo, capazo.
Capacidade, *n.f.*, capacidad.
Capacitar, *v.*, capacitar, persuadir, convencer.
Capado, *adj.*, capado, castrado.
Capanga, *n.m.*, valentón, sicario ◆ *n.f.*, bolsa, talega.
Capão, *n.m.*, capón.
Capar, *v.*, capar, castrar, extirpar.
Capaz, *adj.*, capaz, competente, adecuado.
Capcioso, *adj.*, capcioso, mañoso, envolvente.
Capela, *n.f.*, capilla.
Capelão, *n.m.*, capellán.
Capenga, *adj.*, *n.m.* y *f.*, cojo, manco, destartalado, incompleto.
Capengar, *v.*, cojear, mancar ‖ llevar a rastras.
Capeta, *adj.*, *n.m.* y *f.*, diablillo, travieso, revoltoso.
Capiau, *n.m.* y *f.*, pueblerino, rústico, paleto, cateto.
Capilar, *adj.*, capilar.
Capim, *n.m.*, forraje, hierba, césped.
Capinar, *v.*, segar, escardar, limpiar.
Capinzal, *n.m.*, matorral, hierbal.
Capital, *adj.*, capital, principal, fundamental ◆ *n.f.*, cabecera ◆ *n.m.*, caudal, bienes.
Capitão, *n.m.*, capitán.
Capitular, *adj.* y *v.*, capitular.
Capítulo, *n.m.*, capítulo ‖ junta, asamblea.
Capô, *n.m.*, capó.
Capota, *n.f.*, capota.
Capotar, *v.*, volcar.
Capote, *n.m.*, capote, gabán.
Caprichar, *v.*, encapricharse, obstinarse ‖ esmerarse.
Capricho, *n.m.*, capricho ‖ antojo ‖ esmero.
Caprichoso, *adj.*, caprichoso ‖ esmerado ‖ cuidadoso ‖ encaprichado.
Caprino, *adj.*, caprino, cabruno.

Cápsula, *n.f.*, cápsula.
Captar, *v.*, captar, notar, atraer.
Capturar, *v.*, capturar, prender, aprehender.
Capuchinho, *n.m.*, capuchino.
Capuz, *n.m.*, capuz, capucha.
Caqui, *n.m.*, caqui.
Cáqui, *adj.*, caqui, marrón claro ‖ tela de este color.
Caquizeiro, *n.m.*, caqui (árbol).
Cara, *n.f.*, cara, rostro ‖ semblante, fisonomía ‖ aspecto, aire ◆ *n.m.*, tío, tipo, jeta → *Cara ou coroa*, cara o cruz/culo. *Cara de pau*, caradura. *Estar na cara*, ser evidente, muy claro.
Cara a cara, *loc.adv.*, frente a frente, cara a cara, *vis a vis*.
Carabina, *n.f.*, carabina, espingarda, escopeta.
Caracol, *n.m.*, caracol ‖ rizo de pelo.
Caracteres, *n.m.pl.*, caracteres, marcas o señales, cualidades.
Característico, *adj.*, característico.
Caracterizar, *v.*, caracterizar, distinguir.
Caradura, *adj.*, caradura, sinvergüenza.
Caramanchão, *n.m.*, pérgola, glorieta.
Caramba, *interj.*, ¡caramba!, ¡caray!, ¡mecachis!
Carambola, *n.f.*, carambola (fruto) ‖ lance del juego de billar ‖ chiripa, casualidad.
Caramelo, *n.m.*, caramelo, golosina.
Caraminholas, *n.f.pl.*, fantasías, mentiras.
Caramujo, *n.m.*, caracol, percebe.
Caranguejo, *n.m.*, cangrejo.
Carão, *n.m.*, carantamaula, carantoña ‖ vergüenza ‖ reprensión.
Carapaça, *n.f.*, carapacho, caparazón.
Carapuça, *n.f.*, capucha, capuz.
Caráter, *n.m.*, carácter.
Caravana, *n.f.*, caravana.
Caravela, *n.f.*, carabela.
Carboidrato, *n.m.*, carbohidrato.
Carbonífero, *adj.*, carbonífero.
Carbonizar, *v.*, carbonizar.
Carbono, *n.m.*, carbono → *Papel-carbono*, papel copia/carbón.
Carburador, *n.m.*, carburador.
Carcaça, *n.f.*, esqueleto óseo, armadura.
Cárcere, *n.m.*, cárcel, calabozo, chirona.
Carcereiro, *n.m.*, carcelero.
Carcomer, *v.*, carcomer, roer.
Cardápio, *n.m.*, menú, carta.
Cardar, *v.*, cardar, peinar, cepillar.
Cardeal, *n.m.*, cardenal, prelado ◆ *adj.*, principal, fundamental.
Cardíaco, *adj.*, cardíaco/cardiaco.
Cardinal, *adj.*, cardinal.
Cardiologia, *n.f.*, cardiología.
Cardiologista, *n.m.* y *f.*, cardiólogo.
Cardo, *n.m.*, cardo.
Cardume, *s.m.*, cardumen, banco de peces.
Careca, *n.f.*, calva, pelada ◆ *adj.*, *n.m.* y *f.*, calvo.
Carecer, *v.*, carecer, tener falta.
Careiro, *adj.*, carero.
Carestia, *n.f.*, carestía.
Careta, *n.f.*, careta, mueca ‖ máscara, mascarilla ‖ *fig.*, antiguo, viejo, atrasado.
Carga, *n.f.*, carga, cargamento ‖ peso ‖ ataque.
Cargo, *n.m.*, cargo, función ‖ responsabilidad, obligación.
Cargueiro, *n.m.* y *adj.*, carguero, arriero, buque de carga.
Cariar, *v.*, cariar, producir caries ‖ corromper.

Caricatura, *n.f.*, caricatura.
Carícia, *n.f.*, caricia, halago, agasajo.
Caridade, *n.f.*, caridad, benevolencia, limosna.
Cárie, *n.f.*, caries.
Carijó, *adj.*, urogallo.
Carimbar, *v.*, timbrar, estampar timbre, sello o membrete.
Carimbo, *n.m.*, timbre ‖ sello estampado.
Carinho, *n.m.*, cariño, afecto, halago.
Carinhoso, *adj.*, cariñoso, amoroso, afectuoso.
Carisma, *n.m.*, carisma.
Carismático, *adj.*, carismático.
Caritativo, *adj.*, caritativo.
Carmesim, *adj.* y *n.m.*, carmesí, grana, rojo.
Carmim, *n.m.*, carmesí.
Carnal, *adj.*, carnal, lascivo, lujurioso ‖ relativo a la carne.
Carnaúba, *n.f.*, caranday o carandaí.
Carnaval, *n.m.*, carnaval.
Carne, *n.f.*, carne.
Carnê, *n.m.*, carné, librillo de apuntes (bloc).
Carne de sol, *n.f.*, carne salada y seca, chacina.
Carneiro, *n.m.*, carnero.
Carne-seca, *n.f.*, cecina, chacina.
Carniça, *n.f.*, mondongo.
Carniceiro, *adj.* y *n.m.*, carnicero ‖ *fig.*, asesino, matador.
Carnificina, *n.f.*, carnicería, mortandad, masacre.
Carnívoro, *adj.*, carnívoro.
Carnudo, *adj.*, carnudo, carnoso.
Caro, *adj.*, caro ‖ amado, querido.
Caroço, *n.m.*, hueso de las frutas ‖ grano, bulto.
Carola, *n.m.* y *f.*, santurrón, santorro, santero, beato.
Carona, *n.f.*, autostop, autostopista → *Pedir carona*, hacer dedo.
Carpa, *n.f.*, carpa.
Carpideira, *n.f.*, plañidera, llorona.
Carpintaria, *n.f.*, carpintería.
Carpinteiro, *n.m.*, carpintero.
Carpir, *v.*, plañir ‖ arrancar, mondar ‖ *Amér.*, limpiar, escardar.
Carpo, *n.m.*, carpo.
Carrada, *n.f.*, carrada, carretada.
Carranca, *n.f.*, ceño, semblante sombrío, cara fea.
Carrancudo, *adj.*, ceñoso, ceñudo.
Carrapato, *n.m.*, garrapata.
Carrapeta, *n.f.*, perinola, peonza pequeña.
Carrapicho, *n.m.*, moño ‖ planta con espinillos.
Carrasco, *n.m.*, verdugo ‖ pedregal.
Carregado, *adj.*, cargado, lleno, pesado.
Carregador, *n.m.*, cargador, portador.
Carregamento, *n.m.*, cargamento.
Carregar, *v.*, cargar, llevar, transportar ‖ saturar, soportar, aumentar.
Carreira, *n.f.*, carrera ‖ hilera ‖ curso superior.
Carreta, *n.f.*, carreta.
Carretel, *n.m.*, carrete, carretel.
Carretilha, *n.f.*, carretilla.
Carrilhão, *n.m.*, carillón, reloj musical.
Carrinho, *n.m.*, coche de niño ‖ juguete infantil ‖ coche de muñeca.
Carro, *n.m.*, coche, auto, automóvil.
Carroça, *n.f.*, carro, carreta.
Carroceria, *n.f.*, carrocería.
Carrossel, *n.m.*, tiovivo.

Carta, *n.f.*, carta, misiva ‖ naipe de la baraja ‖ mapa → *Carta de motorista*, carné o permiso de conducir.

Cartada, *n.f.*, jugada, lance de juego, de negocio.

Cartão, *n.m.*, cartón, tarjeta → *Cartão de visita*, tarjeta de visita.

Cartão-postal, *n.m.*, tarjeta postal.

Cartaz, *n.m.*, cartel, anuncio, letrero.

Cartear, *v.*, jugar o dar las cartas en el juego ‖ tener correspondencia.

Carteira, *n.f.*, cartera, monedero, billetera ‖ pupitre → *Carteira de identidade*, carné, tarjeta, documento, cédula de identidad. *Batedor de carteira*, carterista, ladrón de carteras.

Carteiro, *n.m.*, cartero.

Cartilagem, *n.f.*, cartílago.

Cartilha, *n.f.*, cartilla, abecé.

Cartografia, *n.f.*, cartografía.

Cartola, *n.f.*, sombrero de copa alta.

Cartolina, *n.f.*, cartulina.

Cartonagem, *n.f.*, cartonaje.

Cartório, *n.m.*, notaría, escribanía ‖ archivo.

Cartucheira, *n.f.*, cartuchera.

Cartucho, *n.m.*, cartucho.

Carvalho, *n.m.*, roble.

Carvão, *n.m.*, carbón.

Carvoaria, *n.f.*, carbonería, puesto, almacén de carbón.

Carvoeiro, *n.m.*, carbonero.

Cãs, *n.f.pl.*, canas.

Casa, *n.f.*, casa, vivienda, lar, hogar ‖ establecimiento ‖ ojal del botón ‖ familia, linaje ‖ casilla de tablero, escaque → *Casa de campo*, quinta, estancia, villa.

Casa-grande, *n.f.*, casa señorial, caserío.

Casaca, *n.f.*, casaca.

Casaco, *n.m.*, abrigo, chaqueta, sobretodo.

Casado, *adj.*, casado ‖ emparejado.

Casal, *n.m.*, pareja, par, matrimonio.

Casamento, *n.m.*, boda, casamiento, matrimonio.

Casar, *v.*, casar ‖ contraer matrimonio, desposar ‖ unir, juntar.

Casarão, *n.m.*, caserón, casaron, caserío.

Casario, *n.m.*, caserío.

Casca, *n.f.*, cáscara, corteza, piel → *Casca de ovo*, cascarón. *Casca-grossa*, grosero, mal educado. *Casca de ferida*, persona quisquillosa.

Cascalho, *n.m.*, cascajo, guijarro, guijo.

Cascão, *n.m.*, costra dura ‖ grosero ‖ roña.

Cascata, *n.f.*, cascada ‖ *fig.*, fanfarronada, mentira.

Cascavel, *n.f.*, cascabel ‖ *fig.*, culebra, víbora ‖ persona malediciente.

Casco, *n.m.*, casco ‖ envase.

Cascudo, *adj.*, costra endurecida ◆ *n.m.*, coscorrón.

Casear, *v.*, hacer ojales.

Casebre, *n.m.*, casucha, cabaña.

Casinhola, *n.f.*, casilla, casa pequeña.

Caso, *n.m.*, caso, acontecimiento, suceso ‖ cuento, anécdota ◆ *conj.*, si acaso, por si acaso.

Caspa, *n.f.*, caspa.

Cassação, *n.f.*, casación, anulación.

Cassar, *v.*, casar, anular, derogar.

Cassino, *n.m.*, casino, club.

Castanha, *n.f.*, castaña.

Castanho, *adj.*, castaño, del color de la cáscara de la castaña.

Castelo, *n.m.*, castillo, fortaleza.

Castiçal, *n.m.*, candelero.

Castidade, *n.f.*, castidad, pureza.

Castigar, *v.*, castigar, punir, escarmentar, advertir.
Castigo, *n.m.*, castigo.
Casto, *adj.*, casto, puro.
Castor, *n.m.*, castor.
Castrar, *v.*, castrar, capar, extirpar.
Casual, *adj.*, casual, fortuito.
Casualidade, *n.f.*, casualidad.
Casulo, *n.m.*, capullo, envoltura.
Cata, *n.f.*, búsqueda.
Cata-vento, *n.m.*, veleta.
Cataclismo, *n.m.*, cataclismo.
Catalisador, *n.m.*, catalizador.
Catalogar, *v.*, catalogar, apuntar, registrar.
Catálogo, *n.m.*, catálogo.
Cataplasma, *n.f.*, cataplasma.
Catapora, *n.f.*, varicela.
Catar, *v.*, buscar, catear, procurar, descubrir ‖ coger, asir, agarrar.
Catarata, *n.f.*, catarata, cascada.
Catarro, *n.m.*, catarro.
Catástrofe, *n.f.*, catástrofe.
Catecismo, *n.m.*, catecismo.
Cátedra, *n.f.*, cátedra.
Catedral, *n.f.*, catedral.
Catedrático, *adj.* y *n.*, catedrático.
Categoria, *n.f.*, categoría, clase, tipo.
Categórico, *adj.*, categórico, explícito, claro.
Catequese, *n.f.*, catequesis, catequismo.
Catequista, *adj.*, *n.m.* y *f.*, catequista.
Catequizar, *v.*, catequizar, instruir, doctrinar.
Caterva, *n.f.*, caterva, multitud.
Cateter, *n.m.*, catéter, sonda, tienta.
Catinga, *n.f.*, catinga ‖ olor fuerte desagradable.
Cativante, *adj.*, atractivo.
Cativar, *v.*, cautivar, aprisionar ‖ atraer, ganar ‖ gustar.
Cativeiro, *n.m.*, cautiverio, encarcelamiento ‖ esclavitud.
Cativo, *adj.*, cautivo, aprisionado ◆ *n.*, esclavo.
Católico, *adj.*, católico.
Catorze, *num.*, catorce.
Catrapus, *interj.*, ¡cataplum!
Catre, *n.m.*, catre, cama ligera.
Caução, *n.f.*, caución ‖ prevención, precaución, cautela.
Cauda, *n.f.*, cola, rabo.
Caudal, *adj.*, caudal, caudaloso ◆ *n.m.*, torrente.
Caudaloso, *adj.*, caudaloso, acaudalado.
Caule, *n.m.*, tallo.
Causa, *n.f.*, causa, motivo, razón ‖ litigio, pleito judicial.
Causador, *adj.* y *n.*, causador, ocasionador, causante.
Causal, *adj.*, causal.
Causalidade, *n.f.*, causalidad.
Causar, *v.*, causar, motivar.
Cáustico, *adj.*, cáustico ‖ mordaz, agresivo.
Cautela, *n.f.*, cautela, precaución ‖ seña, certificado.
Cauteloso, *adj.*, cauteloso, prudente.
Cauterização, *n.f.*, cauterización.
Cauterizar, *v.*, cauterizar ‖ corregir.
Cava, *n.f.*, cava ‖ cueva ‖ foso, excavación ‖ hoyo ‖ bodega.
Cavaco, *n.m.*, astilla ‖ charla.
Cavala, *n.f.*, caballa.
Cavalar, *adj.*, caballar.
Cavalete, *n.m.*, caballete.
Cavalgar, *v.*, cabalgar.
Cavalheiro, *n.m.*, caballero, hidalgo.

Cavalo, *n.m.*, caballo ‖ tiro del pantalón → *Cair do cavalo*, sorprenderse, decepcionarse ‖ terminar en agua de borrajas. *Tirar o cavalo da chuva*, desistir de algo.

Cavanhaque, *n.m.*, perilla.

Cavar, *v.*, excavar, ahondar ‖ escotar, hacer escote en la ropa.

Caveira, *n.f.*, calavera.

Caverna, *n.f.*, caverna, cueva, gruta.

Cavernoso, *adj.*, cavernoso, sonido bronco y sordo.

Cavidade, *n.f.*, cavidad, agujero, grieta.

Cavo, *adj.*, cóncavo, hondo ‖ vacío, hueco.

Cavoucar, *v.*, cavar, ahondar, penetrar.

Caxumba, *n.f.*, paperas, bocio.

Cê, *n.m.*, ce, nombre de la letra C.

Cê-cedilha, *n.m.* cedilla, virgulilla en la letra C.

Cear, *v.*, cenar.

Cebola, *n.f.*, cebolla.

Cebolinha, *n.f.*, cebolleta.

Cecear, *v.*, cecear.

Ceder, *v.*, ceder ‖ transferir ‖ dar.

Cedo, *adv.*, temprano, adelantado, anticipado.

Cedro, *n.m.*, cedro.

Cédula, *n.f.*, cédula, billete, papel moneda ‖ boleto, papeleta, póliza.

Cegar, *v.*, cegar ‖ turbar ‖ ofuscar, deslumbrar.

Cego, *adj.*, ciego ‖ *fig.*, alucinado, ofuscado ◆ *n.m.*, individuo ciego → *Faca cega*, cuchillo sin corte. *Às cegas*, a tientas.

Cegonha, *n.f.*, cigüeña.

Cegueira, *n.f.*, ceguera, ceguedad.

Ceifar, *v.*, segar.

Cela, *n.f.*, celda, aposento.

Celebrar, *v.*, celebrar, conmemorar, festejar.

Célebre, *adj.*, célebre, famoso.

Celebridade, *n.f.*, celebridad, notoriedad.

Celeiro, *n.m.*, granero.

Célere, *adj.*, célere, veloz, rápido.

Celeste, *adj.*, celeste, divino.

Celestial, *adj.*, celestial, divino.

Celeuma, *n.f.*, griterío, algazara, vocería.

Celibato, *adj.* y *n.m.*, celibato, soltería.

Celofane, *n.m.*, celofán.

Célula, *n.f.*, célula.

Celulite, *n.f.*, celulitis.

Celuloide, *n.m.*, celuloide ‖ película.

Celulose, *n.f.*, celulosa.

Cem, *num.*, cien, ciento.

Cemitério, *n.m.*, cementerio, camposanto.

Cena, *n.f.*, escena, escenario ‖ suceso, incidente, escándalo.

Cenário, *n.m.*, escenario ‖ panorama.

Cenho, *n.m.*, ceño, rostro, semblante.

Cenoura, *n.f.*, zanahoria.

Censo, *n.m.*, censo ‖ padrón, empadronamiento.

Censor, *n.m.*, censor, crítico.

Censura, *n.f.*, censura, crítica.

Censurar, *v.*, censurar ‖ condenar ‖ criticar.

Centavo, *n.m.*, centavo, céntimo, centésimo → *Não valer um centavo*, no valer una perra.

Centeio, *n.m.*, centeno.

Centelha, *n.f.*, centella, rayo, chispa.

Centena, *n.f.*, centena, centenar.

Centenário, *adj.* y *n.m.*, centenario.

Centesimal, *adj.*, centesimal.

Centésimo, *num.*, centésimo.

Centígrado, *adj.* y *n.m.*, centígrado.

Centigrama, *n.m.*, centigramo.
Centilitro, *n.m.*, centilitro.
Centímetro, *n.m.*, centímetro.
Cento, *num.*, cien, ciento.
Centopeia, *n.f.*, ciempiés.
Central, *adj.*, central ‖ fundamental, esencial → *Central de abastecimento*, mercado de abastos.
Centralizar, *v.*, centralizar ‖ reunir.
Centrar, *v.*, centrar.
Centrífugo, *adj.*, centrífugo.
Centrípeto, *adj.*, centrípeto.
Centro, *n.m.*, centro.
Centroavante, *n.m.*, delantero centro.
Centuplicar, *v.*, centuplicar.
Cêntuplo, *num.*, céntuplo.
Cepa, *n.f.*, cepa.
Cera, *n.f.*, cera.
Cerâmica, *n.f.*, cerámica.
Cerca, *n.f.*, cerca, vallado, muro, tapia ◆ *adv.*, alrededor de, cerca de, junto a.
Cercado, *adj.*, cercado, cerrado.
Cercanias, *n.f.pl.*, alrededores, cercanías.
Cercar, *v.*, cercar, rodear, circunvalar.
Cercear, *v.*, cercenar, disminuir, acortar.
Cerco, *n.m.*, cerco, aro ‖ asedio.
Cerdas, *n.f.pl.*, cerdas.
Cereal, *n.m.*, cereal, grano.
Cerebral, *adj.*, cerebral.
Cérebro, *n.m.*, cerebro, cabeza ‖ *fig.*, inteligencia, talento, competencia.
Cereja, *n.f.*, cereza.
Cerejeira, *n.f.*, cerezo.
Cerimônia, *n.f.*, ceremonia ‖ ademán.
Cerimonial, *adj.* y *n.m.*, ceremonial.
Cerne, *n.m.*, meollo.
Ceroula, *n.f.*, calzoncillos, calzón.
Cerração, *n.f.*, cerrazón, cerrajón, oscuridad, niebla, bruma.
Cerrar, *v.*, cerrar, tapar, encerrar.
Cerro, *n.m.*, cerro.
Certa, *n.f.*, cierta, sin duda, ciertamente.
Certame, *n.m.*, certamen, desafío.
Certeiro, *adj.*, certero, seguro, cierto.
Certeza, *n.f.*, seguridad, certeza, conocimiento seguro.
Certidão, *n.f.*, partida, certificación, certificado.
Certificado, *adj.*, certificado.
Certificar, *v.*, certificar, afirmar, asegurar ‖ atestiguar.
Certo, *adj.*, cierto, exacto, correcto, puntual ‖ certero ◆ *pro.indef.*, algún, cualquier ◆ *adv.*, con certeza, ciertamente, seguramente.
Cerveja, *n.f.*, cerveza, caña.
Cervejaria, *n.f.*, cervecería.
Cervical, *adj.*, cervical.
Cerviz, *n.f.*, cerviz, nuca.
Cervo, *n.m.*, ciervo.
Cerzido, *adj.*, zurcido, remendado.
Cerzir, *v.*, zurcir, remendar.
Cesariana, *n.f.*, cesárea.
Cessão, *n.f.*, cesión, concesión.
Cessar, *v.*, cesar, acabar, interrumpir.
Cesta, *n.f.*, cesta, canasta.
Cesteiro, *n.m.*, sestero.
Cesto, *n.m.*, cesto, cabás.
Cetáceo, *adj.*, cetáceo.
Cetim, *n.m.*, satén.
Cetro, *n.m.*, cetro, vara, bastón.
Céu, *n.m.*, cielo, firmamento → *Céu da boca*, paladar, gusto.
Céus, *interj.*, ¡Jesús!, ¡Dios mío!
Cevada, *n.f.*, cebada.
Chá, *n.m.*, té, infusión → *Tomar chá de cadeira*, quedarse plantado, llevar

un plantón. *Chá de sumiço*, desaparecer, esfumarse.
Chã, *n.f.*, planicie, llanura.
Chacal, *n.m.*, chacal.
Chácara, *n.f.*, finca, alquería, granja.
Chacareiro, *n.m.*, granjero, labrador.
Chacina, *n.f.*, masacre, matanza.
Chacota, *n.f.*, chacota, burla, bulla.
Chafariz, *n.m.*, chafariz, pila, fuente.
Chaga, *n.f.*, llaga, herida, úlcera.
Chalé, *n.m.*, chalet o chalé.
Chaleira, *n.f.*, tetera.
Chama, *n.f.*, llama, claridad ‖ luz ‖ idea.
Chamada, *n.f.*, llamada, llamamiento.
Chamado, *n.m.*, llamado.
Chamar, *v.*, llamar, nombrar ‖ invocar, convocar ‖ sonar el teléfono.
Chamariz, *n.m.*, reclamo ‖ trampa, coartada.
Chamativo, *adj.*, llamativo, vistoso.
Chamego, *n.m.*, apego, cariñín, caricia.
Chamejar, *v.*, llamear, arder.
Chaminé, *n.f.*, chimenea.
Champanhe, *n.m.* y *f.*, champán, champaña.
Chamuscado, *adj.*, chamuscado, quemado.
Chamuscar, *v.*, chamuscar, quemar.
Chamusco, *n.m.*, chamusquina.
Chance, *n.f.*, oportunidad, ocasión favorable.
Chancela, *n.f.*, sello, estampilla, rúbrica.
Chanceler, *n.m.*, canciller.
Chanchada, *n.f.*, chapuza, cosa grotesca.
Chanfradura, *n.f.*, chanflón.
Chanfrar, *v.*, achaflanar.
Chantagem, *n.f.*, chantaje.
Chantagista, *adj.*, *n.m.* y *f.*, chantajista.
Chão, *adj.*, llano, sencillo, liso ◆ *n.m.*, suelo, piso, tierra.
Chapa, *n.f.*, placa, chapa ‖ planilla, nómina ‖ insignia, emblema ‖ matrícula de coche ‖ camarada, colega.
Chapada, *n.f.*, planicie, meseta.
Chapadão, *n.m.*, planicie extensa, loma.
Chapear, *v.*, chapear ‖ marcar, acuñar.
Chapelaria, *n.f.*, sombrerería.
Chapeleiro, *n.m.*, sombrerero.
Chapéu, *n.m.*, sombrero.
Chapinhar, *v.*, chapotear.
Charada, *n.f.*, acertijo, enigma.
Charanga, *n.f.*, carromato.
Charco, *n.m.*, charco, atolladero, atasquero.
Charcutaria, *n.f.*, charcutería.
Charlatão, *n.m.*, charlatán, embaucador.
Charme, *n.m.*, atractivo, encanto, gracia → *Fazer charme*, coquetear, ligar.
Charque, *n.m.*, chacina, cecina.
Charutaria, *n.f.*, tabaquería, estanco.
Charuto, *n.m.*, puro, habano.
Chassi, *n.m.*, chasis.
Chata, *n.f.*, barcaza.
Chatear, *v.*, dar la lata, fastidiar, jorobar, molestar.
Chato, *adj.*, llano, plano, rastrero ‖ desagradable, fastidioso ◆ *n.m.*, piojo, ladilla.
Chavão, *n.m.*, llave grande ‖ molde, modelo ‖ tópico.
Chave, *n.f.*, llave, clave → *Chave de fenda*, destornillador.
Chaveiro, *n.m.*, llavero.
Checar, *v.*, chequear, conferir, comprobar, certificarse.
Chefatura, *n.f.*, jefatura.
Chefe, *n.m.*, jefe, patrón ‖ líder, cabecilla.
Chefia, *n.f.*, jefatura.

Chefiar, *v.*, mandar, ordenar, liderar.
Chega, *interj.*, ¡basta!
Chegada, *n.f.*, llegada → *Dar uma chegada*, acercarse.
Chegado, *adj.*, llegado, cercano, próximo ‖ allegado.
Chegar, *v.*, llegar, venir ‖ alcanzar ‖ bastar, ser suficiente.
Cheia, *n.f.*, llena, crecida, inundación.
Cheio, *adj.*, lleno ‖ henchido ‖ saturado ‖ satisfecho (comida) ‖ *fig.*, harto, aborrecido.
Cheirar, *v.*, oler ‖ husmear, fisgonear.
Cheiroso, *adj.*, oloroso, aromático.
Cheque, *n.m.*, cheque → *Talão de cheques*, talonario de cheques.
Chiado, *n.m.*, chirrido, chillido, rechino.
Chiar, *v.*, chillar, chirriar, rechinar ‖ protestar.
Chiclete, *n.m.*, chicle.
Chicória, *n.f.*, achicoria.
Chicotada, *n.f.*, latigazo.
Chicote, *n.m.*, látigo.
Chifrada, *n.f.*, cornada.
Chifre, *n.m.*, cuerno.
Chifrudo, *adj.*, cornudo.
Chilique, *n.m.*, patatús, desmayo.
Chilrear, *v.*, pipiar, gorjear ‖ charlotear, charlar.
Chimpanzé, *n.m.*, chimpancé.
Chinelada, *n.f.*, chinelazo.
Chinelo, *n.m.*, chinela, chancleta, zapatilla.
Chinfrim, *adj.*, insignificante, baladí ◆ *n.m.*, algazara.
Chio, *n.m.*, chirrido, chillido.
Chique, *adj.*, chic, elegante, distinguido, a la moda.
Chiqueiro, *n.m.*, chiquero, pocilga, establo ‖ cuchitril.
Chispa, *n.f.*, chispa, centella, rayo.
Chita, *n.f.*, percal, tela de algodón.
Choça, *n.f.*, choza, cabaña.
Chocadeira, *n.f.*, incubadora.
Chocalhar, *v.*, cencerrear, sonajear.
Chocalho, *n.m.*, cencerro, sonajero.
Chocante, *adj.*, chocante, sorprendente, extraño.
Chocar, *v.*, chocar, encontrarse ‖ incubar, empollar ‖ impresionar, emocionar → *Ficar chocado*, quedarse pasmado.
Chocho, *adj.*, sin gracia ‖ pachucho, lelo ‖ vacío, hueco.
Choco, *n.m.*, incubación ◆ *adj.*, huevo huero ‖ podrido.
Chocolate, *n.m.*, chocolate.
Chofer, *n.m.*, chófer o chofer.
Chofre, *n.m.*, choque repentino, tacazo → *De chofre*, repentinamente, de pronto.
Chope, *n.m.*, caña, corto.
Choque, *n.m.*, choque, encuentro violento ‖ reencuentro ‖ colisión ‖ contienda, disputa, riña ‖ calambre ‖ descarga eléctrica.
Choradeira, *n.f.*, lloradera, lamentación ‖ maña.
Chorado, *adj.*, lloroso, lamentoso ‖ llanto.
Choramingar, *v.*, lloriquear.
Choramingas, *n.m.* y *f.*, llorica ‖ lloriqueo.
Chorão, *adj.*, llorón ◆ *n.m.*, sauce llorón.
Chorar, *v.*, llorar, lamentar ‖ dolerse → *Chorar as mágoas/pitangas*, lamentarse, lloraduelos.
Chorinho, *s.m.*, ritmo musical brasileño ‖ *fig.*, escurridita, chorrillo, escurrida, trago, dosis extra de bebida.
Choro, *n.m.*, lloro, llanto ‖ ritmo musical brasileño.

Choupana, *n.f.*, choza, cabaña.
Choupo, *n.m.*, chopo, álamo.
Chouriço, *n.m.*, morcilla.
Chover, *v.*, llover ‖ abundar → *Chover canivete*, caer un chaparrón.
Chuchu, *n.m.*, chayote → *Chuchu beleza*, bárbaro, extraordinario, muy bien hecho. *Pra chuchu*, tela marinera, de montón, en cantidad, en abundancia.
Chulé, *n.m.*, mal olor de los pies, chotuno.
Chumaço, *n.m.*, copo ‖ mechón, porción ‖ grumo, coágulo.
Chumbar, *v.*, emplomar, cubrir, asegurar, soldar con plomo.
Chumbo, *n.m.*, plomo.
Chupar, *v.*, chupar, absorber, humedecer.
Chupeta, *n.f.*, chupete, tetilla del biberón.
Churrasco, *n.m.*, churrasco, parrillada.
Churrasqueira, *n.f.*, parrilla.
Chutar, *v.*, patear.
Chute, *n.m.*, patada, puntapié.
Chuteira, *n.f.*, bota o zapatilla de fútbol.
Chuva, *n.f.*, lluvia.
Chuveirada, *n.f.*, mojada, remojón, ducha.
Chuveiro, *n.m.*, ducha.
Chuviscar, *v.*, lloviznar.
Chuvisco, *n.m.*, llovizna.
Chuvoso, *adj.*, lluvioso.
Ciático, *adj.*, ciático.
Cibernético, *adj.*, cibernética.
Cicatriz, *n.f.*, cicatriz.
Cicatrizar, *v.*, cicatrizar.
Cicerone, *n.m.*, cicerone, guía.
Cíclico, *adj.*, cíclico.
Ciclismo, *n.m.*, ciclismo.
Ciclista, *adj.*, *n.m.* y *f.*, ciclista.
Ciclo, *n.m.*, ciclo, período.
Ciclone, *n.m.*, ciclón, huracán.
Cicuta, *n.f.*, cicuta ‖ veneno.
Cidadão, *n.m.*, ciudadano ‖ individuo ‖ tío.
Cidade, *n.f.*, ciudad, urbe → *Cidade do interior*, pueblo.
Ciência, *n.f.*, ciencia ‖ materia ‖ conocimiento.
Ciente, *adj.*, enterado, sabedor → *Estar ciente*, estar al tanto, al corriente.
Cientificar, *v.*, informar, dar conocimiento, tomar conocimiento.
Científico, *adj.*, científico.
Cientista, *n.m.* y *f.*, científico.
Cifra, *n.f.*, cifra, número, dígito, guarismo ‖ abreviatura ‖ suma ‖ compendio ‖ cantidad de dinero.
Cifrado, *adj.*, cifrado, jeroglífico.
Cifrão, *n.m.*, señal, signo, marca.
Cifrar, *v.*, cifrar ‖ resumir, sintetizar ‖ hacer jeroglífico.
Cigano, *n.m.*, gitano.
Cigarra, *n.f.*, chicharra, cigarra.
Cigarreira, *n.f.*, cigarrera, pitillera, petaca.
Cigarrilha, *n.f.*, cigarro.
Cigarro, *n.m.*, cigarrillo, pitillo → *Maço de cigarros*, paquete de tabaco, cajetilla. *Cigarro com filtro*, tabaco emboquillado. *Toco de cigarro*, colilla.
Cilada, *n.f.*, emboscada.
Cilindrada, *n.f.*, cilindrada.
Cilíndrico, *adj.*, cilíndrico.
Cilindro, *n.m.*, cilindro.
Cílio, *n.m.*, pestaña.
Cima, *n.f.*, cima, cumbre ◆ *adv.*, arriba → *Para cima*, hacia arriba. *Ainda por cima*, y encima. *De cima para baixo*, de arriba abajo.
Cimentar, *v.*, cimentar.
Cimento, *n.m.*, cemento.

Cimo, *n.m.*, cima, alto.
Cinco, *num.*, cinco.
Cineasta, *n.m.* y *f.*, cineasta.
Cinema, *n.m.*, cine.
Cingido, *adj.*, ceñido, apretado, ajustado ‖ cercado.
Cingir, *v.*, ceñir, apretar ‖ rodear, cercar.
Cínico, *adj.*, cínico.
Cinismo, *n.m.*, cinismo, impudencia.
Cinquenta, *num.*, cincuenta.
Cinquentão, *n.m.*, cincuentón.
Cinquentenário, *n.m.*, cincuentenario.
Cinta, *n.f.*, cinta, faja ‖ corsé.
Cintilante, *adj.*, centelleante, fulgurante, resplandeciente.
Cintilar, *v.*, centellear, fulgurar, resplandecer.
Cinto, *n.m.*, cinto, cinturón.
Cintura, *n.f.*, cintura, talle.
Cinturão, *n.m.*, cinturón.
Cinza, *n.f.*, ceniza ◆ *adj.*, gris ◆ *n.f.pl.*, cenizas, restos mortales.
Cinzeiro, *n.m.*, cenicero.
Cinzel, *n.m.*, cincel.
Cinzento, *adj.*, cenizo, cenizos ‖ gris.
Cio, *n.m.*, celo, brama.
Cioso, *adj.*, celoso, receloso, cuidadoso.
Cipó, *n.m.*, bejuco, liana.
Cipreste, *n.m.*, ciprés.
Ciranda, *n.f.*, criba, zaranda ‖ corro, juego infantil.
Circo, *n.m.*, circo.
Circuito, *n.m.*, circuito ‖ perímetro ‖ contorno, circunferencia.
Circulação, *n.f.*, circulación.
Circular, *adj.*, circular ◆ *n.f.*, carta, aviso ◆ *v.*, andar, moverse, transitar ‖ cercar, rodear.
Círculo, *n.m.*, círculo, circunferencia.
Circundar, *v.*, circundar, cercar, rodear.
Circunferência, *n.f.*, circunferencia ‖ contorno.
Circunflexo, *adj.*, circunflejo.
Circunscrever, *v.*, circunscribir.
Circunstância, *n.f.*, circunstancia ‖ agravante, requisito.
Cirurgia, *n.f.*, cirugía → *Sala de cirurgia*, quirófano.
Cirurgião, *n.m.*, cirujano.
Cirúrgico, *adj.*, quirúrgico.
Cisão, *n.f.*, escisión, rompimiento, desavenencia.
Ciscar, *v.*, escarbar.
Cisco, *n.m.*, cisco.
Cisma, *n.m.*, cisma, separación, división ◆ *n.f.*, desconfianza, sospecha.
Cismar, *v.*, cavilar, reflexionar, meditar ‖ *fig.*, desconfiar, sospechar, preocuparse.
Cisne, *n.m.*, cisne.
Cisto, *n.m.*, quiste.
Citação, *n.f.*, citación, cita, mención.
Citar, *v.*, citar, mencionar ‖ notificar.
Cítrico, *adj.*, cítrico.
Ciúme, *n.m.*, celos.
Ciumento, *adj.*, celoso.
Civil, *adj.*, civil, ciudadano, urbano ◆ *n.m.*, paisano.
Civilidade, *n.f.*, civilidad, urbanidad, cortesía.
Civilização, *n.f.*, civilización.
Civilizar, *v.*, civilizar ‖ educar.
Civismo, *n.m.*, civismo, patriotismo.
Clã, *n.m.*, clan, tribu.
Clamar, *v.*, clamar, llamar ‖ gritar ‖ protestar.
Clamor, *n.m.*, clamor, grito.
Clamoroso, *adj.*, clamoroso.
Clandestino, *adj.*, clandestino, oculto.
Clara, *n.f.*, clara.

Claraboia, *n.f.*, claraboya, tragaluz.
Clarão, *n.m.*, resplandor, claridad.
Clarear, *v.*, clarear, aclararse ‖ amanecer ‖ blanquear.
Clareira, *n.f.*, claro.
Clareza, *n.f.*, claridad.
Claridade, *n.f.*, claridad ‖ luz.
Clarificar, *v.*, clarificar, aclarar, esclarecer ‖ iluminar, alumbrar.
Clarim, *n.m.*, clarín.
Clarineta, *n.f.*, clarinete.
Claro, *adj.*, claro, luminoso ‖ iluminado ‖ limpio, puro ‖ evidente ◆ *n.m.*, espacio, intermedio ‖ claridad ◆ *adv.*, con claridad, claramente → *Mas é claro!*, ¡por supuesto!, ¡claro que sí! *Passar a noite em claro*, pasar la noche en vela, desvelarse.
Classe, *n.f.*, clase, categoría, grupo ‖ aula.
Classificar, *v.*, clasificar, catalogar.
Claustro, *n.m.*, claustro.
Cláusula, *n.f.*, cláusula.
Clava, *n.f.*, clava, palo.
Clave, *n.f.*, clave.
Clavícula, *n.f.*, clavícula.
Clemente, *adj.*, clemente, indulgente ‖ clemencia, compasión.
Cleptomania, *n.f.*, cleptomanía.
Clerical, *adj.*, clerical.
Clero, *n.m.*, clero.
Clichê, *n.m.*, cliché, clisé de imprenta.
Cliente, *n.m.* y *f.*, cliente ‖ parroquiano.
Clientela, *n.f.*, clientela.
Clima, *n.m.*, clima ‖ aires ‖ ambiente.
Clínica, *n.f.*, clínica.
Cloaca, *n.f.*, cloaca.
Clorar, *v.*, tratar las aguas con cloro.
Cloro, *n.m.*, cloro.
Clorofila, *n.f.*, clorofila.
Clube, *n.m.*, club, círculo, asociación.
Coabitar, *v.*, cohabitar, convivir.
Coação, *n.f.*, coacción.
Coador, *adj.* y *n.m.*, colador, coladero.
Coagir, *v.*, constreñir, obligar, coaccionar.
Coagular, *v.*, coagular, cuajar.
Coágulo, *n.m.*, coágulo.
Coalhada, *n.f.*, cuajada.
Coalhado, *adj.*, coagulado.
Coar, *v.*, colar.
Coaxar, *v.*, croar.
Coaxo, *n.m.*, acto de croar, croó.
Cobaia, *n.f.*, cobaya, conejillo de Indias.
Coberta, *n.f.*, cubierta, colcha.
Coberto, *adj.*, cubierto, tapado ‖ vestido, protegido.
Cobertor, *n.m.*, manta ‖ *Amér.*, frazada.
Cobertura, *n.f.*, cobertura, cubierta ‖ ático, azotea.
Cobiça, *n.f.*, codicia, avaricia.
Cobra, *n.f.*, culebra, serpiente ‖ víbora.
Cobrador, *n.m.*, cobrador.
Cobrança, *n.f.*, cobro.
Cobrar, *v.*, cobrar, recibir ‖ recuperar ‖ reclamar.
Cobre, *n.m.*, cobre.
Cobres, *n.m.pl.*, dinero, pelas, pasta, guita.
Cobrir, *v.*, cubrir, tapar ‖ proteger, defender ‖ pagar.
Cocar, *v.*, espiar, acechar ◆ *n.m.*, penacho, adorno de plumas.
Coçar, *v.*, rascar, refregar.
Cócegas, *n.f.pl.*, cosquillas.
Coceira, *n.f.*, picazón, escocedura, comezón.
Cochichar, *v.*, murmurar, susurrar, cuchichear.
Cochicho, *n.m.*, murmullo, susurro, cuchicheo.

Cochilar, *v.*, dormitar, cabecear ‖ descuidarse.
Cochilo, *n.m.*, siesta, cabeceo ‖ descuido.
Cocho, *n.m.*, tablero, pesebre ◆ *adj.*, cojo.
Coco, *n.m.*, coco.
Cocô, *n.m.*, caca, mierda, excremento.
Cocorocó, *n.m.*, quiquiriquí.
Cocuruto, *n.m.*, cocorota, coronilla, cogote ‖ cucurucho.
Codificar, *v.*, codificar, cifrar.
Código, *n.m.*, código.
Codorna, *n.f.*, codorniz.
Coelho, *n.m.*, conejo → *Neste mato tem coelho*, aquí hay gato encerrado.
Coentro, *n.m.*, cilantro, culantro.
Coerção, *n.f.*, coerción, coacción.
Coerente, *adj.*, coherente.
Coesão, *n.f.*, cohesión, enlace, unión.
Coeso, *adj.*, cohesivo.
Cofre, *n.m.*, cofre, caja, arca ‖ baúl.
Cognome, *n.m.*, cognombre, sobrenombre, apodo, mote.
Cogumelo, *n.m.*, hongo, champiñón, seta.
Coice, *n.m.*, coz, patada.
Coifa, *n.f.*, cofia, redecilla, gorra.
Coincidência, *n.f.*, coincidencia, casualidad.
Coincidir, *v.*, coincidir.
Coisa, *n.f.*, cosa, objeto, asunto ‖ trasto → *Coisa-feita*, embrujo, hechizo.
Coitado, *adj.* y *n.m.*, cuitado, afligido, mísero, pobre.
Coito, *n.m.*, coito, cópula sexual.
Cola, *n.f.*, pegamento, cola ‖ *fig.*, chuleta de estudiante para los exámenes.
Colaboração, *n.f.*, colaboración.
Colaborar, *v.*, colaborar, cooperar.
Colapso, *n.m.*, colapso.
Colar, *n.m.*, collar ◆ *v.*, pegar ‖ copiar.
Colarinho, *n.m.*, cuello (de una camisa).
Colateral, *adj.*, colateral.
Colcha, *n.f.*, colcha.
Colchão, *n.m.*, colchón.
Colchete, *n.m.*, corchete, broche.
Coleção, *n.f.*, colección.
Colecionar, *v.*, coleccionar.
Colega, *n.m.* y *f.*, colega, compañero, amigo, camarada.
Colegial, *adj.* y *n.m.*, colegial, alumno ‖ bachillerato.
Colégio, *n.m.*, colegio, escuela.
Coleira, *n.f.*, collera.
Cólera, *n.f.*, cólera, ira, enfado.
Coleta, *n.f.*, colecta, recaudación.
Coletar, *v.*, colectar, recaudar.
Colete, *n.m.*, chaleco.
Coletividade, *n.f.*, colectividad.
Coletivo, *adj.*, colectivo ‖ autobús ‖ *Amér.*, ómnibus, micro ‖ camión.
Colheita, *n.f.*, cosecha.
Colher, *n.f.*, cuchara ◆ *v.*, cosechar → *Colher de chá*, oportunidad, regalía.
Colherada, *n.f.*, cucharada.
Colidir, *v.*, chocar, tropezar.
Coligação, *n.f.*, coligación, unión, liga.
Coligar, *v.*, coligarse, unirse, confederarse.
Coligir, *v.*, colegir, juntar ‖ chocar.
Colina, *n.f.*, colina.
Colírio, *n.m.*, colirio.
Colisão, *n.f.*, colisión, choque.
Colmeia, *n.f.*, colmena.
Colo, *n.m.*, cuello, pescuezo ‖ regazo ‖ cariño.
Colocação, *n.f.*, colocación, ubicación ‖ empleo, uso, posición, utilización.
Colocar, *v.*, colocar, poner, usar, emplear.

Colônia, *n.f.*, colonia.
Colonizar, *v.*, colonizar.
Coloquial, *adj.*, coloquial.
Colóquio, *n.m.*, coloquio.
Coloração, *n.f.*, coloración.
Colorau, *n.m.*, pimentón.
Colorido, *adj.*, colorido, coloreado ◆ *n.m.*, coloración.
Colorir, *v.*, colorear, colorir, colorar.
Colossal, *adj.*, colosal, enorme, extraordinario.
Colosso, *n.m.*, coloso.
Coluna, *n.f.*, columna.
Com, *prep.*, con.
Coma, *n.f.*, coma.
Comadre, *n.f.*, comadre, madrina ‖ partera ‖ *fig.*, alcahueta.
Comandante, *n.m.*, comandante.
Comandar, *v.*, comandar.
Comarca, *n.f.*, comarca.
Combalir, *v.*, enflaquecer, debilitar, abatir.
Combate, *n.m.*, combate.
Combater, *v.*, combatir, pelear, luchar.
Combinação, *n.f.*, combinación.
Combinar, *v.*, combinar, unir ‖ pactar ‖ armonizar.
Combustão, *n.f.*, combustión.
Combustível, *adj.* y *n.m.*, combustible.
Começar, *v.*, comenzar, empezar, iniciar, principiar.
Começo, *n.m.*, comienzo, principio, origen.
Comédia, *n.f.*, comedia ‖ *fig.*, farsa, fingimiento.
Comemorar, *v.*, conmemorar ‖ festejar, celebrar.
Comentar, *v.*, comentar.
Comentário, *n.m.*, comentario.
Comer, *v.*, comer, tomar ‖ gastar, consumir ‖ corroer ‖ alimentarse.
Comercial, *adj.*, comercial ◆ *n.m.*, anuncio publicitario.
Comerciante, *adj.* y *n.m.*, comerciante, mercader, tratante.
Comércio, *n.m.*, comercio.
Comestível, *adj.* y *n.m.*, comestible.
Cometa, *n.m.*, cometa.
Cometer, *v.*, cometer, perpetrar.
Comichão, *n.m.*, comezón, picazón ‖ desazón, intranquilidad.
Comício, *n.m.*, comicio, mitin.
Cômico, *adj.*, cómico, divertido ◆ *n.m.*, comediante.
Comida, *n.f.*, comida.
Comigo, *pro.pe.*, conmigo.
Comilão, *adj.* y *n.m.*, comilón, tragón.
Cominho, *n.m.*, comino.
Comissão, *n.f.*, comisión, comité ‖ gratificación, pago.
Comissário, *n.m.*, comisario.
Comitiva, *n.f.*, comitiva, acompañamiento, cortejo.
Como, *adv.*, como, cómo ◆ *conj.*, como, que.
Cômoda, *n.f.*, cómoda.
Comodidade, *n.f.*, comodidad, confort, bienestar.
Cômodo, *adj.*, cómodo, conveniente, acomodado ◆ *n.m.*, aposento, cuarto, habitación.
Comover, *v.*, conmover, ‖ enternecer.
Compacto, *adj.*, compacto, apretado, condensado.
Compadecer, *v.*, compadecer, apiadar.
Compadre, *n.m.*, compadre, padrino.
Compaixão, *n.f.*, compasión.
Companheiro, *adj.*, compañero, camarada, compinche.

Companhia, *n.f.*, compañía ‖ acompañante ‖ sociedad.
Comparar, *v.*, comparar, confrontar, cotejar.
Comparativo, *adj.*, comparativo.
Comparecer, *v.*, comparecer, presentarse, aparecer.
Comparsa, *n.m.* y *f.*, comparsa.
Compartilhar, *v.*, compartir.
Compartimento, *n.m.*, compartimento o compartimiento.
Compartir, *v.*, compartir, participar.
Compasso, *n.m.*, compás.
Compatível, *adj.*, compatible.
Compatriota, *adj.* y *n.m.* y *f.*, compatriota.
Compelir, *v.*, compeler, obligar.
Compêndio, *n.m.*, compendio.
Compenetrar-se, *v.*, compenetrarse ‖ convencerse, concentrarse.
Compensador, *adj.*, compensador.
Compensar, *v.*, compensar, recompensar.
Competência, *n.f.*, competencia, incumbencia ‖ aptitud.
Competente, *adj.*, competente, adecuado.
Competição, *n.f.*, competición, torneo.
Competidor, *adj.*, competidor ♦ *n.m.*, contrincante, rival, adversario.
Competir, *v.*, competir, contender, rivalizar.
Compilar, *v.*, compilar, allegar, reunir, juntar.
Complacência, *n.f.*, complacencia.
Complementar, *adj.*, complementario.
Completar, *v.*, completar, añadir, terminar ‖ cumplir (años).
Completo, *adj.*, completo, perfecto, acabado.
Complexidade, *n.f.*, complejidad, dificultad.
Complexo, *adj.*, complejo, complicado ♦ *n.m.*, conjunto, unión.
Complicar, *v.*, complicar, dificultar, enredar.
Componente, *adj.* y *n.m.* y *f.*, componente.
Compor, *v.*, componer, formar, constituir.
Comporta, *n.f.*, compuerta.
Comportamento, *n.m.*, comportamiento.
Comportar, *v.*, comportar, permitir, admitir ‖ portarse.
Composição, *n.f.*, composición ‖ redacción u obra escrita.
Compositor, *n.m.*, compositor.
Composto, *adj.*, compuesto, constituido, circunspecto ♦ *n.m.*, cuerpo compuesto.
Compostura, *n.f.*, compostura.
Compota, *n.f.*, compota.
Compra, *n.f.*, compra, adquisición → *Compra e venda*, compraventa.
Comprar, *v.*, comprar, adquirir ‖ sobornar → *Comprar briga*, meterse en jaleos, líos.
Comprazer, *v.*, complacer.
Compreender, *v.*, comprender, contener ‖ abrazar, rodear ‖ entender, notar.
Compressa, *n.f.*, compresa.
Comprido, *adj.*, largo, extenso.
Comprimento, *n.m.*, largura, extensión, longitud.
Comprimido, *adj.*, comprimido ♦ *n.m.*, pastilla, píldora.
Comprimir, *v.*, comprimir, apretar ‖ contener.
Comprometer, *v.*, comprometer, obligar ‖ asumir ‖ arriesgar.

Compromisso, *n.m.*, compromiso ‖ cita.
Comprovante, *adj.*, comprobante ◆ *n.m.*, recibo, documento.
Comprovar, *v.*, comprobar, verificar, confirmar.
Comum, *adj.*, común, ordinario, vulgar.
Comungar, *v.*, comulgar.
Comunhão, *n.f.*, comunión.
Comunicar, *v.*, comunicar, informar ‖ transmitir ‖ propagar.
Comunidade, *n.f.*, comunidad.
Côncavo, *adj.*, cóncavo ◆ *n.m.*, concavidad.
Conceber, *v.*, concebir, embarazar ‖ imaginar ‖ crear.
Conceder, *v.*, conceder, dar, otorgar.
Conceito, *n.m.*, concepto, idea, pensamiento.
Conceituar, *v.*, conceptuar.
Concentrar, *v.*, concentrar, reunir ‖ reconcentrar.
Concertar, *v.*, concertar, dar concierto.
Concertista, *n.m.* y *f.*, concertista.
Concerto, *n.m.*, concierto.
Concessão, *n.f.*, concesión, otorgamiento.
Concha, *n.f.*, concha ‖ cucharón.
Conchavo, *n.m.*, acuerdo, ajuste ‖ maquinación, trama, enredo.
Conciliábulo, *n.m.*, conciliábulo, aquelarre.
Conciliar, *v.*, conciliar.
Conciso, *adj.*, conciso, breve.
Concluir, *v.*, concluir, acabar, finalizar ‖ deducir, inferir.
Conclusão, *n.f.*, conclusión, término, fin.
Concordância, *n.f.*, concordancia, conformidad.
Concordar, *v.*, concordar.
Concordata, *n.f.*, concordato, suspensión de pagos.
Concórdia, *n.f.*, concordia, armonía, paz.
Concorrer, *v.*, concurrir, juntarse ‖ contribuir, competir.
Concretizar, *v.*, concretizar, concretar.
Concreto, *adj.*, concreto, material, consistente ◆ *n.m.*, hormigón.
Concubina, *n.f.*, concubina.
Concurso, *n.m.*, concurso, concurrencia ‖ cooperación, ayuda → *Prestar/fazer concurso*, hacer oposiciones.
Condão, *n.m.*, virtud, poder misterioso, don, dádiva → *Vara de condão*, varita mágica.
Conde, *n.m.*, conde.
Condenação, *n.f.*, condenación, condena.
Condenar, *v.*, condenar ‖ reprobar.
Condensar, *v.*, condensar, sintetizar, resumir.
Condescender, *v.*, condescender, acomodar, ceder.
Condessa, *n.f.*, condesa.
Condição, *n.f.*, condición, índole, estado, situación, circunstancia.
Condimentar, *v.*, condimentar, sazonar.
Condimento, *n.m.*, condimento, sazón.
Condoer, *v.*, condoler, compadecer, lastimarse.
Condor, *n.m.*, cóndor.
Condução, *n.f.*, conducción, transporte, vehículo.
Conduta, *n.f.*, conducta, comportamiento.
Conduto, *n.m.*, conducto, canal.
Condutor, *n.m.*, conductor, chófer, guía.
Conduzir, *v.*, conducir, guiar, llevar, dirigir.
Cone, *n.m.*, cono.
Conexão, *n.f.*, conexión, enlace, vínculo.
Confecção, *n.f.*, confección.

Confederar, *v.*, confederar.
Confeitaria, *n.f.*, confitería.
Confeito, *n.m.*, confitura.
Conferência, *n.f.*, conferencia, plática, cotejo.
Conferir, *v.*, conferir, confrontar, verificar, cotejar ‖ conceder, otorgar.
Confessar, *v.*, confesar ‖ reconocer, declarar.
Confete, *n.m.*, confeti.
Confiança, *n.f.*, confianza ‖ seguridad ‖ esperanza.
Confiar, *v.*, confiar ‖ esperar.
Confidência, *n.f.*, confidencia.
Configurar, *v.*, configurar.
Confinar, *v.*, confinar, limitar ‖ recluir.
Confins, *n.m.pl.*, confín, término, raya ‖ aledaños.
Confirmar, *v.*, confirmar, corroborar.
Confiscar, *v.*, confiscar.
Confissão, *n.f.*, confesión.
Conflito, *n.m.*, conflicto, combate, lucha, pelea.
Conformar, *v.*, conformar, formar, configurar.
Conforme, *adj.*, conforme, igual, idéntico ‖ resignado ◆ *adv.*, en conformidad ◆ *conj.*, según y conforme, como.
Confortar, *v.*, confortar, dar vigor, fuerza ‖ animar, consolar.
Confortável, *adj.*, confortable.
Conforto, *n.m.*, confort ‖ consuelo, alivio.
Confraternizar, *v.*, confraternizar.
Confrontar, *v.*, confrontar, carear ‖ comparar, cotejar.
Confronto, *n.m.*, confrontación, careo, cotejo ‖ comparación.
Confundir, *v.*, confundir, mezclar, fundir ‖ perturbar, desordenar.
Confusão, *n.f.*, confusión, lío, jaleo ‖ perplejidad, desasosiego.
Confuso, *adj.*, confuso, desordenado, revuelto ‖ perplejo, turbado.
Congelar, *v.*, congelar, helar.
Congestão, *n.f.*, congestión.
Congestionamento, *n.m.*, congestión ‖ embotellamiento, atasco.
Congratulações, *n.f.pl.*, congratulaciones, felicitaciones ‖ enhorabuena.
Congratular, *v.*, congratular, felicitar.
Congregar, *v.*, congregar, juntar, reunir.
Congresso, *n.m.*, congreso, reunión, encuentro ‖ asamblea.
Congruência, *n.f.*, congruencia, armonía, coherencia.
Conhaque, *n.m.*, coñac o coñá.
Conhecer, *v.*, conocer.
Conhecido, *adj.*, distinguido, ilustre ◆ *n.m.*, conocido.
Conhecimento, *n.m.*, conocimiento.
Cônico, *adj.*, cónico.
Conjectura, *n.f.*, conjetura, juicio, suposición.
Conjugação, *n.f.*, conjugación.
Conjugal, *adj.*, conyugal.
Conjugar, *v.*, conjugar.
Cônjuge, *n.m.* y *f.*, cónyuge.
Conjunção, *n.f.*, conjunción, unión.
Conjuntivite, *n.f.*, conjuntivitis.
Conjunto, *adj.*, conjunto, junto, unido ◆ *n.m.*, totalidad.
Conjuntura, *n.f.*, coyuntura.
Conjurar, *v.*, conjurar.
Conluio, *n.m.*, colusión, confabulación ‖ trama.
Conosco, *pro.pe.*, con nosotros.
Conquanto, *conj.*, con tal de que, si bien que ‖ aunque.
Conquista, *n.f.*, conquista.

Conquistar, *v.*, conquistar.
Consagrar, *v.*, consagrar.
Consciência, *n.f.*, conciencia.
Consciente, *adj.*, consciente.
Consecutivo, *adj.*, consecutivo.
Conseguir, *v.*, conseguir, alcanzar, obtener, lograr.
Conselho, *n.m.*, consejo, aviso ‖ tribunal, junta.
Consenso, *n.m.*, consenso.
Consentir, *v.*, consentir, permitir, autorizar.
Consequência, *n.f.*, consecuencia, resultado.
Consertar, *v.*, arreglar, reparar, corregir.
Conserto, *n.m.*, arreglo, reparo, restauración.
Conserva, *n.f.*, conserva.
Conservador, *adj.* y *n.m.*, conservador.
Conservar, *v.*, conservar.
Consideração, *n.f.*, consideración, respeto.
Considerar, *v.*, considerar, respetar.
Consigo, *pro.pe.*, consigo.
Consistente, *adj.*, consistente, sólido.
Consistir, *v.*, consistir.
Consoante, *adj.* y *n.f.*, consonante ◆ *conj.pre.*, según, conforme.
Consolação, *n.f.*, consolación ‖ limosna.
Consolar, *v.*, consolar, aliviar.
Consolidar, *v.*, consolidar.
Consolo, *n.m.*, consuelo ‖ consola.
Consorte, *n.m.* y *f.*, consorte, cónyuge.
Conspirar, *v.*, conspirar, maquinar, tramar.
Consta, *n.m.*, rumoreo ‖ existe ‖ cierto.
Constância, *n.f.*, constancia, firmeza, perseverancia, persistencia.
Constante, *adj.*, constante, incesante.
Constar, *v.*, constar ‖ consistir.
Constatar, *v.*, constatar, establecer, comprobar.
Constelação, *n.f.*, constelación.
Consternar, *v.*, consternar, conturbar, desalentar.
Constipação, *n.f.*, catarro ‖ prisión de vientre, estreñimiento.
Constituição, *n.f.*, constitución.
Constituir, *v.*, constituir, formar, componer ‖ establecer.
Construção, *n.f.*, construcción.
Construir, *v.*, construir, edificar ‖ formar, organizar.
Cônsul, *n.m.*, cónsul.
Consulado, *n.m.*, consulado.
Consulta, *n.f.*, consulta, parecer ‖ conferencia, dictamen.
Consultar, *v.*, consultar, pedir parecer, consejo.
Consultório, *n.m.*, consultorio.
Consumar, *v.*, consumar, terminar, acabar.
Consumir, *v.*, consumir, destruir, extinguir ‖ apurar.
Consumo, *n.m.*, consumo.
Conta, *n.f.*, cuenta, cálculo → *Acertar contas*, ajustar cuentas. *À conta de*, a la cuenta de, por causa de. *Afinal de contas*, en resumidas cuentas, al fin y al cabo. *Não dar conta*, no dar abasto.
Conta-gotas, *n.m.*, cuentagotas.
Contabilidade, *n.f.*, contabilidad.
Contador, *adj.*, contable ◆ *n.m.*, tenedor de libros.
Contagem, *n.f.*, cómputo, cuento, recuento, escrutinio → *Contagem regressiva*, cuenta atrás.
Contagiar, *v.*, contagiar, contaminar.
Contágio, *n.m.*, contagio.

Contaminar, *v.*, contaminar, contagiar, infectar.
Contanto que, *loc.*, con tal que, con la condición de que.
Contar, *v.*, contar, calcular ‖ narrar.
Contato, *n.m.*, contacto ‖ conexión ‖ enlace.
Contenção, *n.f.*, contención ‖ contienda ‖ esfuerzo.
Contenda, *n.f.*, contienda, debate, disputa, pelea, riña.
Contentamento, *n.m.*, contentamiento, contento, alegría, satisfacción.
Contentar, *v.*, contentar, satisfacer.
Contente, *adj.*, contento, satisfecho, alegre.
Conter, *v.*, contener, incluir ‖ reprimir, sujetar.
Conterrâneo, *n.m.*, coterráneo, paisano.
Contestação, *n.f.*, contestación, debate, disputa, polémica, respuesta.
Contestar, *v.*, contestar, responder, replicar, impugnar.
Conteúdo, *n.m.*, contenido.
Contexto, *n.m.*, contexto, entorno.
Contigo, *pro.pe.*, contigo.
Contíguo, *adj.*, contiguo, unido, vecino, junto.
Continente, *adj.* y *n.m.*, continente.
Continuar, *v.*, continuar, proseguir, seguir, extenderse.
Contínuo, *adj.*, continuo, seguido ◆ *n.m.*, mensajero, botones, ujier.
Conto, *n.m.*, cuento ‖ embuste, engaño, timo → *Conto do vigário*, timo de la estampita, engañifa.
Contorcer, *v.*, contorcerse.
Contornar, *v.*, contornar, contornear, rodear.
Contorno, *n.m.*, contorno, perfil ‖ periferia ‖ circunferencia.
Contra, *prep.*, contra ◆ *n.m.*, obstáculo, dificultad.
Contrabando, *n.m.*, contrabando.
Contradição, *n.f.*, contradicción.
Contraditório, *adj.*, contradictorio.
Contradizer, *v.*, contradecir.
Contrafeito, *adj.*, sin ganas, indispuesto ‖ constreñido.
Contragosto, *n.m.*, de mala gana, de mala leche, a disgusto.
Contrair, *v.*, contraer, adquirir, estrechar ‖ asumir ‖ encogerse, apretarse.
Contramão, *n.f.*, a contramano, dirección prohibida, sentido contrario.
Contrapor, *v.*, contraponer, oponerse ‖ comparar.
Contrariar, *v.*, contrariar, contradecir, refutar ‖ aborrecer, disgustar.
Contrariedade, *n.f.*, contrariedad.
Contrário, *adj.*, contrario, opuesto ‖ diferente, desfavorable ◆ *n.m.*, adversario, contrincante → *Ao contrário*, al revés. *Do contrário*, de no ser así.
Contrastar, *v.*, contrastar, resistir ‖ arrostrar.
Contraste, *n.m.*, contraste.
Contratar, *v.*, contratar.
Contratempo, *n.m.*, contratiempo.
Contrato, *n.m.*, contrato.
Contribuição, *n.f.*, contribución ‖ cuota.
Contribuir, *v.*, contribuir, cooperar, dar.
Controlar, *v.*, controlar.
Controle, *n.m.*, control, dominio, mando.
Controvérsia, *n.f.*, controversia.
Contudo, *conj.*, sin embargo, no obstante.

Contundir, *v.*, contundir, magullar, golpear, lesionar.
Conturbar, *v.*, conturbar, perturbar, alterarse.
Contusão, *n.f.*, contusión, lesión, daño.
Convalescer, *v.*, convalecer.
Convenção, *n.f.*, convención, pacto, tratado ‖ congreso.
Convencer, *v.*, convencer.
Convencido, *adj.*, convencido, persuadido ‖ creído, engreído.
Convencional, *adj.*, convencional.
Conveniente, *adj.*, conveniente, útil, oportuno.
Convênio, *n.m.*, convenio, ajuste, convención.
Convento, *n.m.*, convento.
Convergir, *v.*, convergir, dirigirse, concurrir.
Conversa, *n.f.*, conversación, charla → *Levar na conversa*, liar, timar, enrollar.
Conversão, *n.f.*, conversión.
Conversar, *v.*, conversar, platicar, charlar.
Conversível, *adj.*, convertible ‖ descapotable.
Converter, *v.*, convertir, transformar, cambiar.
Convés, *n.m.*, combés.
Convescote, *n.m.*, banquete, merienda, jira.
Convexo, *adj.*, convexo.
Convicção, *n.f.*, convicción, convencimiento.
Convidar, *v.*, convidar, invitar ‖ convocar ‖ solicitar.
Convir, *v.*, convenir, concordar, admitir.
Convite, *n.m.*, invitación, convite.
Conviver, *v.*, convivir, cohabitar.
Convívio, *n.m.*, convivencia, convivir.
Convocar, *v.*, convocar, citar, llamar.
Convosco, *pro.pe.*, con vosotros.
Convulsão, *n.f.*, convulsión.
Cooperar, *v.*, cooperar, colaborar.
Coordenar, *v.*, coordinar.
Copa, *n.f.*, copa, comedor.
Copas, *n.f.pl.*, cartas del palo de copas en los naipes (baraja).
Copázio, *n.m.*, copón, copa grande.
Copeiro, *n.m.*, camarero.
Cópia, *n.f.*, copia, reproducción ‖ imitación.
Copiar, *v.*, copiar, reproducir ‖ imitar.
Copo, *n.m.*, vaso.
Cópula, *n.f.*, cópula, unión carnal.
Copular, *v.*, copular, juntar, unir.
Coque, *n.m.*, coque ‖ coscorrón.
Coqueiral, *n.m.*, cocotal.
Coqueiro, *n.m.*, cocotero.
Coqueluche, *n.f.*, tos convulsa ‖ tos ferina.
Coquetel, *n.m.*, cóctel o coctel.
Cor, *n.f.*, color, colorido.
Cor-de-rosa, *n.m.* y *adj.*, de color rosa.
Coração, *n.m.*, corazón.
Corado, *adj.*, colorado, encarnado, rojizo ‖ que tiene las mejillas encendidas.
Coragem, *n.f.*, coraje, valor, temple.
Corajoso, *adj.*, valiente, intrépido, arrojado.
Coral, *adj.* y *n.m.*, coral.
Corante, *adj.* y *n.m.*, colorante.
Corar, *v.*, enrojecer, ruborizar.
Corço, *n.m.*, corzo.
Corcel, *n.m.*, corcel, caballo.
Corcova, *n.f.*, joroba.
Corcunda, *n.f.*, chepa, joroba ◆ *adj.*, cheposo, jorobado.
Corda, *n.f.*, cuerda.
Cordão, *n.m.*, cordel, cordón.

Cordato, *adj.*, cuerdo, prudente.
Cordeiro, *n.m.*, cordero, corderillo.
Cordel, *n.m.*, cordel.
Cordial, *adj.*, cordial.
Cordilheira, *n.f.*, cordillera.
Cordura, *n.f.*, cordura, prudencia, buen sentido.
Coreto, *n.m.*, quiosco de plaza.
Corisco, *n.m.*, chispa, relámpago, centella ‖ rapidez, rápido.
Coriza, *n.f.*, catarro.
Corja, *n.f.*, chusma, gente canalla.
Córnea, *n.f.*, córnea.
Corneta, *n.f.*, corneta.
Corno, *n.m.*, cuerno.
Coro, *n.m.*, coro.
Coroa, *n.f.*, corona ‖ cumbre ◆ *fig.*, *n.m.* y *f.*, carroza, viejo, vejestorio.
Coroar, *v.*, coronar.
Coroinha, *n.m.*, monaguillo.
Coronel, *n.m.*, coronel.
Corpo, *n.m.*, cuerpo ‖ tronco, talle ‖ cadáver ‖ estructura, contextura → *Tirar o corpo fora*, salir por la tangente. *Corpo docente*, profesorado.
Corpo a corpo, *n.*, lucha de cuerpo a cuerpo.
Corpulento, *adj.*, gordo, obeso ‖ fuerte, robusto.
Corre-corre, *n.m.*, prisa, agobio.
Correção, *n.f.*, corrección.
Corredor, *adj.*, corredor ◆ *n.m.*, pasillo.
Córrego, *n.m.*, reguero, arroyo.
Correia, *n.f.*, correa, tira, cincha.
Correio, *n.m.*, correo ‖ correspondencia.
Correlação, *n.f.*, correlación.
Corrente, *adj.*, corriente ‖ fluyente ‖ vulgar, común ◆ *n.f.*, cadena → *Ano corrente*, el año en curso. *Remar contra a corrente*, nadar contra la marea.
Correr, *v.*, correr ‖ escurrir ‖ recorrer ‖ circular → *Corre-corre*, prisa, ajetreo, trajín. *Correr o risco*, arriesgarse, correr el riesgo.
Correspondência, *n.f.*, correspondencia.
Correto, *adj.*, correcto, cierto, derecho.
Corrida, *n.f.*, carrera.
Corrigir, *v.*, corregir, rectificar ‖ castigar ‖ enmendarse.
Corrimão, *n.m.*, pasamano, barandilla, listón.
Corriqueiro, *adj.*, corriente, común, vulgar.
Corroer, *v.*, corroer, desgastar, carcomer ‖ consumir.
Corromper, *v.*, corromper.
Corrupio, *n.m.*, carrerilla, jugar al remolino.
Cortador, *adj.*, cortador, cortante ◆ *n.m.*, carnicero.
Cortante, *adj.*, cortante, cortador ‖ muy frío, helado.
Cortar, *v.*, cortar, dividir, separar ‖ herirse ‖ acortar, atajar ‖ interrumpir.
Corte, *n.m.*, corte, tajo ‖ filo ‖ interrupción ◆ *n.f.*, corte real ‖ galanteo.
Cortejar, *v.*, cortejar, ligar, galantear.
Cortejo, *n.m.*, cortejo, comitiva.
Cortês, *adj.*, cortés, atento, amable, educado.
Cortesia, *n.f.*, cortesía, delicadeza, amabilidad.
Cortiça, *n.f.*, corcho.
Cortiço, *n.m.*, colmena ‖ cortijo ‖ pocilga.
Cortina, *n.f.*, cortina.
Coruja, *n.f.*, lechuza, búho, mochuelo ◆ *n.m.* y *f.*, padres que elogian a sus hijos.
Corvo, *n.m.*, cuervo.
Cós, *n.m.*, faja, tira.

Coser, *v.*, coser.
Cosmo, *n.m.*, cosmos, universo, mundo.
Costa, *n.f.*, costa ‖ litoral, orilla.
Costas, *n.f.pl.*, espaldas.
Costear, *v.*, costear, subvencionar.
Costela, *n.f.*, costilla.
Costeleta, *n.f.*, chuleta, costilla ‖ patilla (barba).
Costumar, *v.*, acostumbrar, soler.
Costume, *n.m.*, costumbre, uso, hábito ‖ traje.
Costumeiro, *adj.*, acostumbrado, usual, habitual.
Costura, *n.f.*, costura.
Costurar, *v.*, coser.
Cota, *n.f.*, cota, cuota.
Cotar, *v.*, acotar, cotizar.
Coto, *n.m.*, resto, sobra.
Cotó, *adj.*, paralítico, mutilado.
Cotovelo, *n.m.*, codo.
Cotovia, *n.f.*, alondra moñuda.
Couraça, *n.f.*, coraza, armadura.
Couro, *n.m.*, cuero.
Couve, *n.f.*, col, lombarda.
Couve-flor, *n.f.*, coliflor.
Cova, *n.f.*, cueva, agujero, caverna ‖ tumba, sepultura.
Covarde, *adj.*, *n.m.* y *f.*, cobarde, miedoso.
Coveiro, *n.m.*, sepulturero.
Covil, *n.m.*, cueva, cubil, antro, madriguera.
Coxa, *n.f.*, muslo.
Coxear, *v.*, cojear.
Coxo, *adj.* y *n.*, cojo.
Cozer, *v.*, cocer.
Cozido, *adj.* y *n.m.*, cocido.
Cozinha, *n.f.*, cocina.
Cozinhar, *v.*, cocinar.
Cozinheiro, *n.m.*, cocinero.
Crachá, *n.m.*, insignia, distintivo ‖ credencial.
Crânio, *n.m.*, cráneo.
Crápula, *n.m.*, crápula, canalla ◆ *n.f.*, disipación, libertinaje.
Craque, *n.m.*, as, estrella, el mejor, el mayor.
Crase, *n.f.*, contracción, sinéresis.
Crasso, *adj.*, craso, grueso, gordo, espeso.
Cratera, *n.f.*, cráter.
Cravar, *v.*, clavar, hincar, fijar.
Cravo, *n.m.*, clavel ‖ grano, espina, acné.
Creche, *n.f.*, guardería.
Credencial, *adj.*, credencial.
Creditar, *v.*, acreditar.
Crédito, *n.m.*, crédito, confianza ‖ ascenso ‖ prestigio, reputación.
Credo, *n.m.*, credo, oración ◆ *interj.*, ¡hombre!, ¡vaya!, ¡qué asco!
Credor, *adj.*, merecedor, digno ◆ *n.m.*, acreedor.
Creme, *n.m.*, crema, nata ‖ natillas (dulce) ‖ pomada, pasta ◆ *adj.* y *n.m.*, castaño claro, marrón claro.
Crença, *n.f.*, creencia, fe.
Crepitar, *v.*, crepitar, dar chasquidos.
Crepúsculo, *n.m.*, crepúsculo ‖ decadencia.
Crer, *v.*, creer, confiar ‖ juzgar, suponer, sospechar.
Crescente, *adj.*, creciente ◆ *n.m.*, cuarto o luna creciente.
Crescer, *v.*, crecer, aumentar ‖ hinchar.
Crespo, *adj.*, rizado, ensortijado.
Cretino, *adj.* y *n.*, cretino, estúpido, imbécil, necio, idiota.
Cria, *n.f.*, cría.
Criação, *n.f.*, cría, crianza ◆ creación, invento.

Criado, *adj.*, criado, educado ‖ creado, inventado ◆ *n.m.*, empleado, criado, peón → *Criado-mudo*, mesilla.
Criança, *n.f.*, niño, chiquillo, chavalín, nene, chiquitín.
Criançada, *n.f.*, chiquillada.
Criancice, *n.f.*, niñería ‖ tontería, bobada.
Criar, *v.*, criar, engendrar, nutrir, educar, alimentar ‖ crear, inventar ‖ fundar, introducir ‖ dar vida.
Criatura, *n.f.*, criatura, niño ‖ ser, individuo.
Crime, *n.m.*, crimen, delito.
Crina, *n.f.*, crin.
Crise, *n.f.*, crisis, ataque ‖ escasez, carencia.
Crisma, *n.m.*, crisma ‖ aceite, bálsamo ◆ *n.f.*, confirmación.
Crismar, *v.*, crismar.
Crispar, *v.*, encrespar, fruncir.
Crista, *n.f.*, cresta, copete.
Cristal, *n.m.*, cristal, vidrio.
Cristaleira, *n.f.*, cristalera, aparador.
Cristalino, *adj.* y *n.m.*, cristalino.
Cristão, *adj.* y *n.*, cristiano.
Critério, *n.m.*, criterio, juicio, discernimiento.
Crítica, *n.f.*, crítica, censura.
Criticar, *v.*, criticar
Crivar, *v.*, cribar, acribillar.
Crivo, *n.m.*, criba.
Crochê, *n.m.*, ganchillo.
Crocodilo, *n.m.*, cocodrilo.
Cromo, *n.m.*, pegatina ‖ cromo, metal.
Crônica, *n.f.*, crónica.
Crônico, *adj.*, crónico.
Croquete, *n.m.*, croqueta:
Cru, *adj.*, crudo ‖ cruel.
Crucificar, *v.*, crucificar, sacrificar, torturar.
Crucifixo, *n.m.*, crucifijo, Cristo.
Cruel, *adj.*, cruel, inhumano.
Crustáceo, *adj.* y *n.m.*, crustáceo.
Cruz, *n.f.*, cruz, Cristo.
Cruzar, *v.*, cruzar, atravesar ‖ acoplar ‖ encontrarse.
Cuba, *n.f.*, cuba, cubo, vasija.
Cúbico, *adj.*, cúbico.
Cubículo, *n.m.*, cubículo, aposento o alcoba de pequeño tamaño.
Cúbito, *n.m.*, cúbito.
Cubo, *n.m.*, cubo, elevado a la tercera potencia.
Cuca, *n.f.*, cabeza, coco, cholla → *Queimar/fundir a cuca*, romperse el coco, devanarse los sesos.
Cuco, *n.m.*, cuco, cuclillo.
Cuecas, *n.f.pl.*, calzoncillos.
Cueiro, *n.m.*, culero, pañal, pañales.
Cuia, *n.f.*, cuenco, tazón, vasija.
Cuíca, *n.f.*, zambomba.
Cuidado, *n.m.*, cuidado, atención, cautela ‖ esmero ◆ *n.m.pl.*, atenciones.
Cuidadoso, *adj.*, cuidadoso, atento ‖ esmerado, meticuloso.
Cuidar, *v.*, cuidar ‖ imaginar, meditar ‖ atender, hacerse cargo ‖ juzgar ‖ asistir, tratar ‖ echar ojo, mirar.
Cujo, *pro.re.*, cuyo → *Dito-cujo*, tipo extraño, individuo, susodicho.
Culatra, *n.f.*, culata.
Culinária, *n.f.*, arte culinaria.
Culminar, *v.*, culminar.
Culpa, *n.f.*, culpa.
Culpar, *v.*, culpar, incriminar, acusar.
Cultivar, *v.*, cultivar, plantar, sembrar ‖ educar, instruir.
Culto, *adj.*, culto, instruido, ilustrado.
Cultura, *n.f.*, cultura, cultivo, educación.

Cumbuca, *n.f.*, calabacino ‖ vasija de calabaza.
Cume, *n.m.*, cumbre, cima.
Cúmplice, *n.m.* y *f.*, cómplice.
Cumprir, *v.*, cumplir, ejecutar ‖ obedecer, acatar.
Cúmulo, *n.m.*, colmo, montón ‖ auge, apogeo, cumbre.
Cunha, *n.f.*, zapata, calzo.
Cunhado, *n.m.*, cuñado.
Cunhar, *v.*, acuñar.
Cupim, *n.m.*, carcoma, comején, hormiga blanca ‖ carne de la giba o corcova del buey típica del ganado de Brasil y región de los Pampas.
Cupom, *n.m.*, cupón.
Cúpula, *n.f.*, cúpula ‖ bóveda ‖ cumbre.
Cura, *n.f.*, cura, curación ‖ tratamiento, medicamento ◆ *n.m.*, cura, sacerdote, párroco.
Curar, *v.*, curar, sanar ‖ ahumar.
Curativo, *n.m.*, curativo, medicación.
Curió, *n.m.*, pájaro trapaza.
Curiosa, *n.f.*, partera, comadrona.
Curiosidade, *n.f.*, curiosidad ‖ raro.
Curioso, *adj.*, curioso, que llama la atención ‖ indiscreto ‖ singular, extraño.
Curral, *n.m.*, corral.
Cursar, *v.*, cursar, recorrer, andar ‖ estudiar.
Curso, *n.m.*, curso, recorrido ‖ flujo ‖ carrera.
Curtir, *v.*, curtir, endurecer, tostar ‖ padecer, sufrir ‖ aprovechar, divertirse.
Curto, *adj.*, corto, breve, escaso, pequeño ‖ *fig.*, limitado → *Curto-circuito*, cortocircuito. *Curta-metragem*, cortometraje.
Curtume, *n.m.*, curtiduría.
Curva, *n.f.*, curva ‖ vuelta.
Curvar, *v.*, curvar, encorvar ‖ doblar, torcer.
Curvo, *adj.*, curvo, arqueado, corvo.
Cuscuz, *n.m.*, comida típica brasileña.
Cusparada, *n.f.*, escupitajo, escupida.
Cuspe, *n.m.*, escupitajo, esputo, saliva.
Cuspir, *v.*, escupir.
Custar, *v.*, costar.
Custear, *v.*, costear.
Custeio, *n.m.*, coste, gasto.
Custo, *n.m.*, costo, precio, valor ‖ dificultad ‖ tardanza, retardo.
Custódia, *n.f.*, custodia.
Custoso, *adj.*, costoso, caro.
Cutâneo, *adj.*, cutáneo.
Cutelaria, *n.f.*, cuchillería.
Cutelo, *n.m.*, cuchilla, hacha.
Cutícula, *n.f.*, cutícula.
Cútis, *n.f.*, cutis, piel, dermis.
Cutucão, *n.m.*, pinchazo, toque, punzada.
Cutucar, *v.*, pinchar, tocar, azuzar.
Czar, *n.m.*, zar.
Czarina, *n.f.*, zarina, emperatriz.

D

n.m., consonante interdental oclusiva sonora, cuarta letra del abecedario portugués. En números romanos equivale a 500.

Da, *contracción del art.f.* la y la *prep.* de: de la.

Dádiva, *n.f.*, dádiva, donativo, regalo, propina.

Dado, *n.m.*, dado, cubo ‖ dato, elemento, información ◆ *adj.*, dado, regalado, ofrecido ‖ permitido ‖ determinado ‖ supuesto ‖ aficionado.

Daí, *contracción de la prep.* de y el *adv.* ahí: de ahí, desde ahí ‖ por eso, por ello ‖ en consecuencia, en resumidas cuentas.

Dalém, *contracción de la prep.* de y el *adv.* allá: de allá, de allende ‖ además ‖ más adelante ‖ aparte.

Dali, *contracción de la prep.* de y el *adv.* allí: de allí, desde allí.

Dália, *n.f.*, dalia.

Daltônico, *adj.*, daltoniano.

Dama, *n.f.*, dama, señora, mujer noble ‖ dueña ‖ actriz ‖ pareja femenina en el baile ‖ reina en la baraja.

Damas, *n.f.pl.*, damas (juego).

Damasco, *n.m.*, damasco ‖ albaricoque.

Danação, *n.f.*, dañación, condenación ‖ infelicidad.

Danado, *adj.*, damnificado ‖ irado, rabioso ‖ malo, jodido ‖ travieso, vivo, listo.

Danar, *v.*, dañar, perjudicar ‖ joderse, estropearse ‖ irritarse, enfurecerse → *Que se dane!*, ¡que se fastidie!, ¡que se joda!

Dança, *n.f.*, baile, danza → *Entrar na dança*, meterse en líos/jaleos, enrollarse.

Dançar, *v.*, bailar, danzar ‖ balanzar, oscilar.

Dançarino, *n.m.*, bailarín, danzarín.

Danificar, *v.*, dañar, damnificar.

Daninho, *adj.*, dañino, dañoso, perjudicial.

Dano, *n.m.*, daño, maleficio, ofensa, perjuicio.

Dantes, *contracción de la prep.* de y el *adv.* antes: de antes, de tiempo anterior, antaño.

Daquele, *contracción de la prep.* de y el *pro. dem.* aquél: de aquél.

Daquém, *contracción de la prep.* de y el *adv.* aquén: de aquén, de la parte de acá, más acá.

Daqui, *contracción de la prep.* de y el *adv.* aquí: de aquí, desde aquí, de acá.

Daquilo, *contracción de la prep.* de y el *pro. dem.* aquello: de aquello.

Dar, *v.*, dar ‖ donar, entregar, regalar ‖ conceder, otorgar ‖ producir ‖ sonar ‖ manifestar, revelar ‖ lanzar, brotar ‖ aplicar, administrar, poner ‖ presentar, sugerir ‖ determinar, causar ‖ registrar, trazar ‖ enseñar ‖ fructificarse ‖ suministrar ‖ ser suficiente, alcanzar ‖ fornicar, joder ‖ entenderse, llevarse bien, convivir → *Dar certo*, salir bien, conseguir algo. *Dar na vista*, llamar la atención. *Dar com*, topar, chocar, encontrar. *Dar duro*, trabajar a tope, trabajar mucho, de lo lindo. *Dar em cima de*, ligar, cortejar. *Dar em nada*, no conseguir, no lograr. *Dar licença*, permitir, dar permiso. *Dar o fora/no pé*, marcharse, largarse. *Dar pé na água*, tocar el fondo del agua. *Dar um fora*, dejar plantado, meter la pata. *Dar a palavra*, comprometerse de palabra. *Dar o sangue*, sudar la gota gorda.

Dardo, *n.m.*, dardo, pequeña lanza.

Data, *n.f.*, fecha, data.

Datar, *v.*, fechar, datar ‖ durar, existir, remontarse, originarse.

Datilografia, *n.f.*, mecanografía.

De, *prep.*, de.

Debaixo, *adv.*, debajo, bajo, debajo de.

Debandar, *v.*, dispersar, diseminar, separar.

Debate, *n.m.*, debate, discusión, controversia.

Debater, *v.*, debatir, discutir ‖ contestar, cuestionar ‖ agitarse, menearse.

Debelar, *v.*, vencer, dominar.

Débil, *adj.*, débil, flojo, flaco → *Débil mental*, retrasado mental, subnormal ‖ loco de remate, idiota, bobo.

Debilitar, *v.*, debilitar, enflaquecer.

Debitar, *v.*, deber, adeudar, tener deuda ‖ cargar en cuenta.

Débito, *n.m.*, débito, deuda.

Debochado, *adj.*, burlón, guasón.

Deboche, *n.m.*, burla, guasa.

Debruar, *v.*, repulgar, galonear.

Debruçar, *v.*, inclinar, poner de bruces ‖ asomarse.

Debrum, *n.m.*, dobladillo, galón, repulgo.

Debulhar, *v.*, trillar, desgranar.

Década, *n.f.*, década.

Decadência, *n.f.*, decadencia, declinación, menoscabo.

Decair, *v.*, decaer, abatir, declinar.

Decalque, *n.m.*, calco ‖ pegatina.

Decantar, *v.*, filtrar ‖ purificar, decantar ‖ inclinar ‖ celebrar, exaltar.

Decapitar, *v.*, decapitar.

Decente, *adj.*, decente, correcto.

Decepar, *v.*, descepar, extirpar, cortar, amputar.

Decepção, *n.f.*, decepción, desengaño, engaño.

Decerto, *adv.*, ciertamente, con certeza, seguro, seguramente, con seguridad.

Decidido, *adj.*, decidido, resuelto.

Decidir, *v.*, decidir, resolver, determinar ‖ solucionar ‖ juzgar, sentenciar ‖ deliberar ‖ optar, escoger.

Decifrar, *v.*, descifrar.

Décima, *n.f.*, décima, diezmo.

Decimal, *adj.*, decimal.

Décimo, *num.*, décimo.

Decisão, *n.f.*, decisión, determinación, resolución ‖ sentencia, juzgamiento.

Decisivo, *adj.*, decisivo, resuelto ‖ grave, crítico ‖ definitivo.

Declamar, *v.*, declamar, recitar.

Declaração, *n.f.*, declaración.

Declarar, *v.*, declarar, manifestar, exponer ‖ anunciar, proclamar ‖ manifestarse ‖ exponer.

Declinar, *v.*, declinar, desviarse, inclinarse ‖ decaer, menguar ‖ rehusar.
Declínio, *n.m.*, declinación ‖ caída, descenso ‖ decadencia.
Declive, *n.m.*, declive, pendiente, cuesta, inclinación.
Decolar, *v.*, despegar, separarse del suelo al iniciar un vuelo.
Decompor, *v.*, descomponer, separar los componentes ‖ corromperse, estropearse.
Decomposição, *n.f.*, descomposición, separación ‖ putrefacción, estropeo.
Decoração, *n.f.*, decoración, decorado.
Decorar, *v.*, memorizar, aprender de carrerilla ‖ adornar, hermosear, decorar.
Decoro, *n.m.*, decoro, compostura, decencia.
Decorrer, *v.*, transcurrir, correr, pasar el tiempo.
Decotado, *adj.*, escotado ‖ cortado, podado.
Decotar, *v.*, escotar ‖ cortar, podar.
Decote, *n.m.*, escote.
Decrépito, *adj.*, decrépito, caduco, viejo.
Decrescer, *v.*, decrecer, menguar, disminuir.
Decréscimo, *n.m.*, disminución.
Decretar, *v.*, decretar.
Decreto, *n.m.*, decreto, resolución, decisión, determinación.
Dedal, *n.m.*, dedal.
Dedicação, *n.f.*, dedicación, devoción ‖ cuidado.
Dedicar, *v.*, dedicar, consagrar.
Dedilhar, *v.*, pulsar, puntear, rasguear.
Dedo, *n.m.*, dedo → *Dedo-duro*, chivato, soplón.
Dedução, *n.f.*, deducción.
Dedutivo, *adj.*, deductivo.
Deduzir, *v.*, deducir, concluir, inferir ‖ disminuir, restar, reducir, rebajar ‖ alegar.
Defasagem, *n.f.*, diferencia ‖ descompás ‖ hiato.
Defecar, *v.*, defecar, evacuar.
Defeito, *n.m.*, defecto, imperfección ‖ vicio ‖ avería, falla.
Defender, *v.*, defender ‖ amparar, sostener.
Defensiva, *n.f.*, defensiva.
Defensivo, *adj.*, defensivo.
Defensor, *n.*, defensor.
Deferência, *n.f.*, deferencia, consideración ‖ condescendencia.
Deferir, *v.*, deferir, otorgar, atender, conceder.
Defesa, *n.f.*, defensa ‖ amparo, protección.
Deficiência, *n.f.*, deficiencia, falta, carencia.
Definhar, *v.*, enflaquecer, extenuar ‖ consumirse, abatirse.
Definição, *n.f.*, definición.
Definido, *adj.*, definido.
Definitivo, *adj.*, definitivo, decisivo.
Deflagrar, *v.*, deflagrar, arder, inflamarse ‖ iniciar.
Deflorar, *v.*, desflorar, desvirgar ‖ estuprar.
Deformar, *v.*, deformar, desfigurar.
Deformidade, *n.f.*, deformidad.
Defraudar, *v.*, defraudar ‖ expoliar, usurpar ‖ perder la confianza ‖ desilusionar.
Defrontar, v., afrontar, confrontar ‖ encontrarse, darse de cara con [algo o alguien].

Defronte, *adv.*, enfrente, frente a frente, delante.
Defumado, *adj.*, ahumado.
Defumar, *v.*, ahumar.
Defunto, *n.m.*, difunto, muerto, cadáver.
Degelar, *v.*, deshelar, descongelar.
Degenerar, *v.*, degenerar ‖ estropearse, corromperse.
Deglutir, *v.*, deglutir, tragar.
Degolar, *v.*, degollar, decapitar.
Degradar, *v.*, degradar ‖ humillar, envilecer ‖ rebajarse.
Degrau, *n.m.*, escalón, peldaño.
Degustação, *n.f.*, degustación.
Degustar, *v.*, degustar, probar, catar, saborear.
Deitar, *v.*, echar, tumbar, acostar, recostar, inclinar.
Deixa, *n.f.*, legado, herencia ‖ palabra o actitud del que habla para que otro hable o intervenga.
Deixar, *v.*, dejar, retirarse, apartarse ‖ soltar ‖ consentir, permitir ‖ omitir, abandonar → *Deixar a desejar*, dejar algo que desear. *Deixar uma esperança*, dejar una puerta abierta. *Deixar de lado*, dejar aparte, ignorar, apartar, olvidar. *Deixar pra lá*, no hacer ni pizca de caso.
Dela, *contracción de la prep.* de y el *pro. pe.* ella: de ella.
Delatar, *v.*, delatar, denunciar, revelar.
Dele, *contracción de la prep.* de y el *pro. pe.* él: de él.
Delegação, *n.f.*, delegación.
Delegacia, *n.f.*, comisaría.
Delegado, *n.m.*, delegado, representante ‖ comisario.
Delegar, *v.*, delegar.
Deleitar, *v.*, deleitar, encantar, deliciarse.
Deleite, *n.m.*, deleite, placer del ánimo o sensual, gozo, delicia.
Delgado, *adj.*, delgado, flaco, esmirriado.
Deliberar, *v.*, deliberar, decidir, solucionar, resolver.
Delicado, *adj.*, delicado ‖ delgado, flaco, fino ‖ exquisito ‖ tierno ‖ sutil ‖ cortés.
Delícia, *n.f.*, delicia, deleite.
Deliciar, *v.*, deliciar, deleitar.
Delicioso, *adj.*, delicioso, exquisito, excelente.
Delimitar, *v.*, delimitar.
Delinear, *v.*, delinear, proyectar, planear.
Delinquência, *n.f.*, delincuencia.
Delinquente, *adj.*, *n.m.* y *f.*, delincuente.
Delirar, *v.*, delirar, desvariar.
Delírio, *n.m.*, delirio.
Delito, *n.m.*, delito, crimen, culpa.
Delonga, *n.f.*, tardanza, dilación.
Delongar, *v.*, retardar, tardar, dilatar.
Delta, *n.m.*, delta.
Demagogia, *n.f.*, demagogia.
Demais, *adv.*, demasiado, en demasía, por demás, excesivamente ‖ además ◆ *pro. indef. pl.*, los demás, los otros.
Demanda, *n.f.*, demanda, litigio.
Demandar, *v.*, demandar, pedir, rogar ‖ preguntar ‖ necesitar.
Demão, *n.f.*, mano de pintura.
Demarcar, *v.*, demarcar, delimitar.
Demasia, *n.f.*, demasía, exceso, sobra.
Demência, *n.f.*, demencia, locura.
Demente, *adj.*, *n.m.* y *f.*, demente, loco, pirado, zumbado.
Demérito, *n.m.*, demérito.
Demissão, *n.f.*, dimisión, renuncia, despido.

Demitir, *v.*, dimitir ‖ renunciar ‖ echar, exonerar.
Demo, *n.m.*, demonio, diablo.
Democracia, *n.f.*, democracia.
Demolir, *v.*, demoler, derribar, arruinar, destruir.
Demônio, *n.m.*, demonio, diablo.
Demonstrar, *v.*, demostrar, probar ‖ mostrar, enseñar.
Demonstrativo, *adj.*, demostrativo.
Demora, *n.f.*, tardanza, retraso, dilación.
Demorar, *v.*, tardar, retardar, retrasar.
Demover, *v.*, disuadir, inducir, mover de lugar.
Denegar, *v.*, denegar, negar, rechazar.
Denegrir, *v.*, ennegrecer, denigrar.
Dengo, *n.m.*, dengue, melindre.
Dengoso, *adj.*, melindroso, dengoso, mañoso.
Denominar, *v.*, denominar, nombrar.
Denotar, *v.*, denotar, indicar.
Densidade, *n.f.*, densidad.
Denso, *adj.*, denso, craso, espeso.
Dentada, *n.f.*, dentellada, mordedura, mordisco.
Dentadura, *n.f.*, dentadura.
Dental, *adj.*, dental.
Dente, *n.m.*, diente → *Dente do siso/do juízo*, muela del juicio. *Dente molar*, muela. *Palito de dente*, escarbadientes, mondadientes. *Com unhas e dentes*, con todas las fuerzas. *Dente de coelho*, misterio, dificultad.
Dentição, *n.f.*, dentición.
Dentifrício, *n.m.*, dentífrico.
Dentista, *n.m.* y *f.*, dentista.
Dentro, *adv.*, dentro, en la parte interior. → *Dentro de mim*, en mis entrañas. *Estar por dentro*, estar al tanto, estar enterado. *Não dar uma dentro*, no dar pie con bola. *Para dentro!*, ¡adentro!
Dentuda, *n.f.*, dentuda, dentona.
Dentudo, *adj.* y *n.m.*, dentudo, dentón.
Denúncia, *n.f.*, denuncia, acusación, delación.
Denunciar, *v.*, denunciar, acusar, delatar.
Deparar, *v.*, deparar, encontrar inesperadamente, afrontar, topar.
Departamento, *n.m.*, departamento.
Depenar, *v.*, pelar, desplumar ‖ rapar ‖ *fig.*, robar, atrapar.
Dependência, *n.f.*, dependencia, subordinación.
Depender, *v.*, depender.
Depilar, *v.*, depilar, arrancar el pelo, pelar.
Deplorar, *v.*, deplorar ‖ llorar, lastimar, lamentar.
Deplorável, *adj.*, deplorable, lastimable, lamentable.
Depoimento, *n.m.*, testimonio, deposición, declaración.
Depois, *adv.*, después, posteriormente, luego, más tarde, más adelante → *Depois de*, después de.
Depor, *v.*, deponer, separar, apartar de sí ‖ destituir ‖ atestiguar, declarar en juicio ‖ poner o depositar.
Deportar, *v.*, deportar, desterrar.
Depositar, *v.*, depositar ‖ guardar ‖ poner, colocar ‖ confiar, fiarse.
Depósito, *n.m.*, depósito ‖ sedimento de un líquido ‖ estanque, tanque ‖ almacén.
Depravação, *n.f.*, depravación.
Depravar, *v.*, depravar, damnificar, corromper, pervertir, degenerar.

Depreciar, *v.* depreciar, disminuir, rebajar (precio).
Depredar, *v.*, depredar, devastar ‖ robar, saquear.
Depreender, *v.*, deducir, comprender.
Depressa, *adv.*, deprisa, aprisa, rápidamente.
Depressão, *n.f.*, depresión ‖ crisis ‖ bache.
Deprimir, *v.*, deprimir ‖ rebajar, abatir ‖ debilitar, enflaquecer ‖ angustiar, desanimar ‖ hundirse.
Depurar, *v.*, depurar, limpiar, purificar, refinar.
Deputado, *n.m.*, diputado.
Derivar, *v.*, derivar, desviarse ‖ originarse, provenir, resultar.
Derradeiro, *adj.*, postrero, último, final.
Derramar, *v.*, derramar, esparcir, desmandarse ‖ divulgar (noticia).
Derrame, *n.m.*, derramamiento ‖ derrame.
Derrapar, *v.*, derrapar, patinar, resbalar.
Derreter, *v.*, derretir ‖ consumir, gastar ‖ deshacerse.
Derrocada, *n.f.*, derrumbamiento, desmoronamiento, derribo, ruina.
Derrota, *n.f.*, derrota.
Derrotar, *v.*, derrotar, destrozar, romper ‖ vencer.
Derrubada, *n.f.*, derrumbamiento, derrocamiento, derribo.
Derrubar, *v.*, derribar, derrumbar.
Desabafar, *v.*, desahogar, aliviar ‖ ventilar, airear.
Desabafo, *n.m.*, desahogo, alivio ‖ confidencia.
Desabar, *v.*, echar abajo ‖ caer, desmoronarse, derrumbarse, desplomarse.
Desabitado, *adj.*, deshabitado, desierto.
Desabotoar, *v.*, desabotonar, desabrochar.
Desabrigar, *v.*, desabrigar, desamparar.
Desabrochar, *v.*, abrirse, florecer, despuntar, nacer en especial las plantas o flores.
Desacato, *n.m.*, desacato, irreverencia.
Desacertar, *v.*, desacertar, errar.
Desacerto, *n.m.*, desacierto, error ‖ idiotez, burrada.
Desacompanhado, *adj.*, desacompañado, solo.
Desacompanhar, *v.*, desacompañar.
Desaconselhar, *v.*, desaconsejar, disuadir.
Desacordo, *n.m.*, desacuerdo, discordia, disconformidad.
Desacostumar, *v.*, desacostumbrar.
Desacreditar, *v.*, descreer.
Desafeito, *adj.*, desacostumbrado.
Desafeto, *adj.* y *n.m.*, desafecto, malquerencia ‖ enemigo, adversario.
Desafiar, *v.*, desafiar, retar, provocar ‖ enfrentar.
Desafinar, *v.*, desafinar, desentonar.
Desafio, *n.m.*, desafío, reto.
Desafivelar, *v.*, desceñir, desatar.
Desaforo, *n.m.*, descaro, desvergüenza, atrevimiento, insolencia.
Desafortunado, *adj.*, desafortunado, infeliz.
Desagradar, *v.*, desagradar, disgustar, fastidiar.
Desagradável, *adj.*, desagradable.
Desajeitado, *adj.*, desastrado, torpe, inhábil.
Desajustar, *v.*, desajustar, desigualar, soltar.

Desalinhado, *adj.*, desaliñado.
Desamparar, *v.*, desamparar, abandonar.
Desanimar, *v.*, desanimar, desalentar.
Desaparecer, *v.*, desaparecer ‖ ocultar, esconderse.
Desarranjar, *v.*, desarreglar, desordenar.
Desassossego, *adj.*, desasosiego, inquietud.
Desastrado, *adj.*, desastrado, infausto ‖ funesto ‖ patoso, inhábil, inepto.
Desastre, *n.m.*, desastre, desgracia, accidente.
Desatarraxar, *v.*, destornillar.
Desavença, *n.f.*, desavenencia, discordia, enemistad, riña, pelea.
Descalçar, *v.*, descalzar.
Descarga, *n.f.*, descarga.
Descascado, *adj.*, mondado, descascarillado.
Descascar, *v.*, mondar, descascarar.
Descendência, *n.f.*, descendencia, casta, linaje, estirpe.
Descida, *n.f.*, bajada, descenso, caída.
Descoberto, *adj.*, descubierto, destapado ‖ inventado, creado ◆ *n.*, descubrimiento, invención.
Descobrir, *v.*, descubrir, destapar ‖ encontrar, hallar ‖ revelar, delatar.
Desconfiança, *n.f.*, desconfianza, sospecha.
Desconforto, *n.m.*, incómodo, incomodidad, molestia.
Descongelar, *v.*, descongelar, deshelar.
Desconhecido, *adj.*, desconocido, ignorado ◆ *n.*, irreconocible.
Desconsiderar, *v.*, desconsiderar.
Desconsolado, *adj.*, desconsolado, triste, afligido.
Desconsolar, *v.*, desconsolar, afligir.
Desconsolo, *n.m.*, desconsuelo, angustia, aflicción.
Descontentamento, *n.m.*, descontento, disgusto, desagrado, insatisfacción.
Desconversar, *v.*, huir del trato o de la conversación, hacerse de desentendido.
Descrença, *n.f.*, incredulidad, descreimiento.
Descrer, *v.*, descreer.
Descrever, *v.*, describir, narrar ‖ definir, exponer.
Descrição, *n.f.*, descripción.
Descuidar, *v.*, descuidar ‖ olvidarse, distraerse.
Descuido, *n.m.*, descuido, inadvertencia, olvido ‖ desliz ‖ lapsus ‖ falta, error.
Desculpa, *n.f.*, disculpa, excusa, perdón ‖ pretexto, coartada → *Pedir desculpas*, pedir perdón, disculparse.
Desculpar, *v.*, disculpar, perdonar, excusar.
Desde, *prep.*, desde → *Desde que*, después de que.
Desdém, *n.m.*, desdén, indiferencia, menosprecio.
Desdentado, *adj.*, desdentado.
Desdita, *n.f.*, desdicha, desgracia.
Desditoso, *adj.*, desgraciado, desdichado.
Desdobrar, *v.*, desdoblar, desplegar, extenderse ‖ fraccionar.
Desejar, *v.*, desear, aspirar, anhelar querer, ambicionar.
Desejo, *n.m.*, deseo, gana, anhelo, antojo.
Deselegante, *adj.*, deselegante, desgarbado, paleto.
Desembarcar, *v.*, desembarcar.
Desembocar, *v.*, desembocar.

Desembrulhar, *v.*, desenvolver, desembalar, desempaquetar.

Desencadear, *v.*, desencadenar, soltar, romper, desatar, desunir.

Desengonçado, *adj.*, desastrado, torpe.

Desengonçar, *v.*, entorpecer, desgobernar.

Desenhar, *v.*, dibujar.

Desenho, *n.m.*, dibujo ‖ diseño (trazado, trazo, delineación, bosquejo, proyecto).

Desentender, *v.*, desentenderse → *Fazer-se de desentendido*, hacerse el bobo, disimular.

Desenvolto, *adj.*, desenvuelto, desembarazado, ágil.

Desenvolver, *v.*, desenvolver, desarrollar ‖ prosperar ‖ ejercer, producir.

Desenvolvimento, *n.m.*, desarrollo, desenvolvimiento.

Deserto, *adj.* y *n.m.*, desierto, despoblado, inhabitado.

Desfalque, *n.m.*, desfalco.

Desfazer, *v.*, deshacer, descomponer ‖ destruir, destrozar.

Desfecho, *n.m.*, desenlace, conclusión, remate, cierre.

Desferir, *v.*, descargar ‖ lanzar, tirar, disparar.

Desfiar, *v.*, deshilar, deshilachar.

Desfiladeiro, *n.m.*, desfiladero, garganta.

Desfile, *n.m.*, desfile.

Desforra, *n.f.*, desquite, venganza, desagravio.

Desforrar, *v.*, desquitarse, vengarse, desagraviar.

Desgosto, *n.m.*, disgusto, desazón ‖ fastidio, tedio, enfado.

Desgraça, *n.f.*, desgracia, desastre, infortunio.

Designar, *v.*, designar, nombrar ‖ indicar, señalar ‖ fijar, marcar.

Desigual, *adj.*, desigual, diferente ‖ variable, diverso ‖ inconstante, voluble ‖ desproporcionado.

Desilusão, *n.f.*, desilusión, decepción, desengaño.

Desinteresse, *n.m.*, desinterés, desapego, desprendimiento.

Desjejum, *n.m.*, desayuno.

Deslizar, *v.*, deslizar, resbalar, escurrir, patinar.

Deslize, *n.m.*, desliz.

Deslumbrar, *v.*, deslumbrar, ofuscar.

Desmaio, *n.m.*, desmayo, desfallecimiento ‖ desaliento, desánimo.

Desmanchar, *v.*, deshacer, destruir, demoler → *Desmancha-prazeres*, aguafiestas.

Desmentir, *v.*, desmentir, negar.

Desmontar, *v.*, desmontar, desarmar ‖ apearse.

Desodorante, *adj.* y *n.m.*, desodorante.

Desonesto, *adj.*, deshonesto.

Desordem, *n.f.*, desorden, desbarajuste ‖ confusión, alboroto, motín ‖ tumulto, riña, pelea.

Desossar, *v.*, deshuesar.

Desova, *n.f.*, desove.

Desovar, *v.*, desovar.

Despachante, *n.m.*, gestor, agente.

Despedaçar, *v.*, despedazar, destrozar, desgarrar.

Despedir, *v.*, despedir, despachar ‖ echar, destituir ‖ apartarse ‖ decir adiós ‖ dimitir.

Despensa, *n.f.*, despensa.

Despertador, *adj. y n.m.*, despertador.

Despertar, *v.*, despertar ‖ excitar, estimular, suscitar ◆ *n.m.*, despertamiento.

Despir, *v.*, desnudar.

Despótico, *adj.*, despótico, tiránico.

Despovoado, *adj.*, despoblado, inhabitado ◆ *n.m.*, despoblación, desierto.

Despreocupado, *adj.*, despreocupado.

Desprezar, *v.*, despreciar, desdeñar.

Desprezível, *adj.*, despreciable, vil.

Desprezo, *n.m.*, desprecio, desdén.

Desquitar, *v.*, separar.

Desquite, *n.m.*, separación.

Desse, *contracción de la prep.* de y el *pro. dem.* ese: de ese, de ése.

Dessecar, *v.*, desecar, secar, extraer la humedad.

Desta, *contracción de la prep.* de y el *pro. dem.* esta: de esta, de ésta.

Destacar, *v.*, destacar, separar, apartar ‖ sobresalir.

Destaque, *n.m.*, destaque, realce, relieve.

Deste, *contracción de la prep.* de y el *pro. dem.* este: de este, de éste.

Destemido, *adj.*, intrépido, temerario.

Destemperar, *v.*, destemplar.

Desterro, *n.m.*, destierro.

Destilar, *v.*, filtrar, destilar.

Destilaria, *n.f.*, destilería.

Destinar, *v.*, destinar, señalar, determinar.

Destino, *n.m.*, destino, hado, suerte ‖ empleo, ocupación ‖ dirección, rumbo.

Destituir, *v.*, destituir ‖ dimitir ‖ privar.

Destoar, *v.*, desentonar, desafinar ‖ disonar ‖ discordar.

Destra, *n.f.*, diestra, derecha.

Destratar, *v.*, maltratar, insultar.

Destro, *adj.*, diestro, derecho ‖ hábil ‖ sagaz, astuto.

Destroço, *n.m.*, destrozo.

Destruir, *v.*, destruir.

Desumano, *adj.*, inhumano, deshumano.

Desunir, *v.*, desunir, separar, apartar.

Desuso, *n.m.*, desuso.

Desvairado, *adj.*, desvariado, delirante, desorientado.

Desvalia, *n.f.*, desvalimiento, desvalía.

Desvalido, *adj.*, desvalido, desamparado, abandonado, desgraciado.

Desvalorizar, *v.*, desvalorizar ‖ devaluar (moneda).

Desvantagem, *n.f.*, desventaja, inferioridad.

Desvão, *n.m.*, desván, buhardilla.

Desvelar, *v.*, desvelar.

Desvencilhar, *v.*, desvencijar, desatarse, desprenderse.

Desvendar, *v.*, desvendar ‖ revelar.

Desviar, *v.*, desviar ‖ apartarse, alejarse.

Desvio, *n.m.*, desvío.

Detalhar, *v.*, detallar.

Detalhe, *n.m.*, detalle, pormenor.

Detenção, *n.f.*, detención ‖ dilación, tardanza.

Detento, *n.m.*, detenido, preso.

Deter, *v.*, detener ‖ parar, interrumpir ‖ retener ‖ suspender, privar.

Deteriorar, *v.*, deteriorar, estropear.

Determinação, *n.f.*, determinación, resolución.

Determinado, *adj.*, determinado.

Determinar, *v.*, determinar, señalar, fijar.

Detetive, *n.m.* y *f.*, detective.

Detrás, *adv.*, detrás, en la parte posterior ‖ después.

Detrito, *n.m.*, detrito, detritus, restos.
Deus, *n.m.*, Dios, creador del universo → *Ao deus-dará*, al tun tun, a la buena de Dios. *Meu Deus!*, ¡Dios mío! *Pelo amor de Deus!*, ¡por Dios!
Devagar, *adv.*, despacio, lentamente.
Devanear, *v.*, devanear, vaguear, delirar, soñar.
Devaneio, *n.m.*, devaneo, delirio, quimera, sueño.
Devastar, *v.*, devastar, destruir.
Devedor, *adj.* y *n.*, deudor.
Dever, *v.*, deber ‖ obligación ‖ tener deuda.
Devoção, *n.f.*, devoción.
Devorar, *v.*, devorar.
Dez, *num.*, diez.
Dezembro, *n.m.*, diciembre.
Dezena, *n.f.*, decena.
Dezenove, *num.*, diecinueve.
Dezesseis, *num.*, dieciséis.
Dezessete, *num.*, diecisiete.
Dezoito, *num.*, dieciocho.
Dia, *n.m.*, día → *Bom dia!*, ¡buenos días! *Dia e noite*, noche y día. *Dia útil*, día laborable. *Dia de cão*, un día horrible. *Estar em dia*, estar al tanto del día. *Hoje em dia*, hoy día, hoy en día, hoy por hoy.
Diabo, *n.m.*, diablo, demonio.
Diabrura, *n.f.*, diablura, travesura.
Diacho, *interj.*, ¡qué diablos!, ¡cojones!, ¡diantre!
Diadema, *n.m.*, diadema, corona.
Diagnóstico, *n.m.*, diagnóstico.
Dialeto, *n.m.*, dialecto.
Dialogar, *v.*, dialogar, conversar.
Diálogo, *n.m.*, diálogo, plática, conversación.
Diamante, *n.m.*, diamante.
Diâmetro, *n.m.*, diámetro.
Diante, *prep.*, delante, enfrente → *Diante de*, delante de, a la vista, en presencia de, ante.
Dianteira, *n.f.*, delantera ‖ frente.
Diária, *n.f.*, diaria, correspondiente a todos los días ‖ jornal, paga diaria ‖ valor de pensión, hotel, hospedaje ‖ valor de internación en hospital.
Diário, *adj.*, diario ◆ *n.m.*, periódico ‖ memorias.
Diarista, *n.m.* y *f.*, diarista.
Diarreia, *n.f.*, diarrea, cagalera.
Didático, *adj.*, didáctico.
Dieta, *n.f.*, dieta.
Difamar, *v.*, difamar, denigrar.
Diferença, *n.f.*, diferencia.
Diferente, *adj.*, diferente.
Difícil, *adj.*, difícil.
Dificuldade, *n.f.*, dificultad.
Difusão, *n.f.*, difusión, divulgación.
Digerir, *v.*, digerir.
Digestão, *n.f.*, digestión.
Digital, *adj.*, digital.
Dígito, *n.m.*, dígito.
Dignidade, *n.f.*, dignidad.
Digno, *adj.*, digno, merecedor ‖ apropiado, adecuado.
Dilacerar, *v.*, dilacerar, desgarrar, despedazar.
Dileto, *adj.*, dilecto, amado.
Diligência, *n.f.*, diligencia ‖ cuidado ‖ prontitud, agilidad, prisa.
Diluir, *v.*, diluir, disolver.
Dilúvio, *n.m.*, diluvio.
Dimensão, *n.f.*, dimensión ‖ tamaño, volumen.
Diminuir, *v.*, disminuir ‖ abreviar, acortar ‖ restar.
Diminutivo, *adj. y n.m.*, diminutivo.

Dinheiro, *n.m.*, dinero, pasta, tela, perras → *Em dinheiro*, a toca teja, al contado, en efectivo. *Dinheiro trocado*, suelto.

Dique, *n.m.*, dique.

Direção, *n.f.*, dirección ‖ cargo de director, directiva ‖ camino o rumbo.

Direita, *n.f.*, derecha, diestra.

Direito, *adj.*, derecho, diestro, recto ◆ *n.m.*, derecho, prerrogativa ‖ abogacía → *Andar direito*, portarse bien, comportarse.

Direto, *adj.*, directo, recto ‖ inmediato ‖ claro, sin rodeos ni pamplinas ◆ *adv.*, directamente, al grano.

Diretor, *adj.* y *n.*, director ‖ guía, mentor.

Dirigir, *v.*, dirigir, gobernar ‖ conducir, orientar ‖ enviar, enderezar, remitir (cartas).

Discar, *v.*, marcar un número en el teléfono.

Discernimento, *n.m.*, discernimiento.

Disciplina, *n.f.*, disciplina, doctrina ‖ orden ‖ asignatura.

Disco, *n.m.*, disco.

Discórdia, *n.f.*, discordia, divergencia ‖ desavenencia ‖ desorden, lucha.

Discoteca, *n.f.*, discoteca.

Discrepância, *n.f.*, discrepancia, diferencia, desigualdad.

Discreto, *adj.*, discreto, modesto, pacato.

Discurso, *n.m.*, discurso.

Discussão, *n.f.*, discusión.

Discutir, *v.*, discutir, debatir ‖ examinar, cuestionar.

Disfarce, *n.m.*, disfraz, máscara ‖ *fig.*, disimulo.

Disparo, *n.m.*, disparo, tiro, explosión.

Dispensa, *n.f.*, dispensa, permiso, licencia, consentimiento.

Dispor, *v.*, disponer, acomodar, adecuar ‖ ordenar, preparar, organizar ‖ establecer, predisponer ‖ deshacerse ‖ decidirse.

Disposto, *adj.*, dispuesto, apuesto, preparado ‖ propenso, determinado.

Disputa, *n.f.*, disputa.

Disso, *contracción de la prep.* de y el *pro. dem.* eso: de eso.

Distância, *n.f.*, distancia, alejamiento, longitud.

Distanciar, *v.*, distanciar, alejar, apartar.

Distante, *adj.*, distante, apartado, remoto, lejano.

Disto, *contracción de la prep.* de y el *pro. dem.* esto: de esto.

Distorcer, *v.*, distorsionar, torcer.

Distração, *n.f.*, distracción, desatención, descuido ‖ recreación, diversión.

Distrito, *n.m.*, distrito.

Dita, *n.f.*, dicha, felicidad, fortuna, suerte → *Dita-cuja*, fulana.

Ditado, *n.m.*, dictado ‖ proverbio, sentencia, adagio, refrán.

Diurno, *adj.*, diurno.

Divã, *n.m.*, diván.

Divagar, *v.*, vagar, errar ‖ separarse del asunto de que se trata.

Diversão, *n.f.*, diversión, pasatiempo, recreo, entretenimiento, distracción.

Diversões, *n.f.pl.*, atracciones → *Parque de diversões*, parque de atracciones.

Divertir, *v.*, divertir, recrear, entretener, distraerse.

Dívida, *n.f.*, deuda ‖ obligación, deber.

Dividir, *v.*, dividir, partir, separar, repartir en partes.

Divino, *adj.*, divino ‖ encantador.

Divisa, *n.f.*, divisa, separación ◆ *n.f.pl.*, divisas, dinero.

Divisão, *n.f.*, división.

Dizer, *v.*, decir, expresar, opinar ‖ trovar, versificar ‖ contar, narrar, relatar → *Dizer tudo o que se sabe*, cantar las cuarenta. *Diz que diz que*, dimes y diretes, boato, réplica, chismorreteo. *Não dizer uma palavra*, no decir ni pío, no abrir la boca. *Por assim dizer*, como quien dice. *Nem é preciso dizer*, ni que decir tiene.

Do, *contracción de la prep.* de y el *art.* el: del ‖ *contracción de la prep.* de y el *pro. dem.* aquel: de aquel, de aquél ‖ *contracción de la prep.* de y el *pro. dem. neutro* aquello: de aquello.

Dó, *n.m.*, do (nota musical) ‖ pena, dolor, lástima, tristeza, luto.

Doação, *n.f.*, donación.

Doar, *v.*, donar, regalar.

Dobradiça, *n.f.*, bisagra.

Dobradinha, *n.f.*, comida hecha con callos y alubias blancas.

Dobrar, *v.*, doblar, duplicar ‖ encorvar, plegar ‖ domar, amansar ‖ convencer.

Dobro, *n.m.*, doble, duplo.

Doca, *n.f.*, dársena.

Doce, *adj.*, dulce ‖ mimoso, tierno, melindroso ‖ ameno, blando ◆ *n.m.*, confitura, golosina.

Doceiro, *n.*, confitero.

Docente, *adj.*, docente.

Dócil, *adj.*, dócil, obediente.

Documento, *n.m.*, documento.

Doçura, *n.f.*, dulzura, suavidad, deleite ‖ mimo, cariño.

Dodói, *n.m.*, dolencia, pupa, enfermedad ◆ *adj.*, enfermo, dolorido.

Doença, *n.f.*, enfermedad, dolencia, achaque, indisposición ‖ vicio, defecto.

Doer, *v.*, doler ‖ causar pesar ‖ quejarse ‖ arrepentirse ‖ compadecerse.

Doido, *adj.* y *n.*, loco, demente, chiflado, pirado ‖ extravagante, insensato. → *Doido varrido*, loco de remate.

Doído, *adj.*, dolido, dolorido, afligido.

Dois, *num.m.*, dos.

Doloroso, *adj.*, doloroso.

Dom, *n.m.*, don, dádiva, regalo ‖ cualidad innata ‖ mérito, talento, aptitud ‖ señor.

Domar, *v.*, domar, domesticar ‖ sujetar ‖ refrenar, reprimir.

Doméstica, *n.f.*, chacha, criada, marmota.

Doméstico, *adj.*, doméstico, casero, familiar ‖ interno, nacional ◆ *n.m.*, criado, empleado en casa de familia.

Dominar, *v.*, dominar ‖ reprimir.

Domingo, *n.m.*, domingo.

Domínio, *n.m.*, dominio, autoridad, poder, control ‖ bienes, propiedades, jurisdicción ‖ territorio del Estado ‖ ámbito.

Dominó, *n.m.*, dominó (juego) ‖ traje talar con capucha, túnica.

Donde, *contracción de la prep.* de y del *adv.* donde: de donde, de dónde.

Dono, *n.m.* y *f.*, dueño, propietario, señor ‖ jefe de casa, amo.

Dor, *n.f.*, dolor → *Dor de cotovelo*, celos a más no poder, envidia. *Dor muscular*, agujetas.

Dorminhoco, *adj.* y *n.m.*, dormilón, gandul.

Dormir, *v.*, dormir, estar en reposo ‖ distraerse, vivir en el mundo de la luna ‖ pernoctar.

Dormitório, *n.m.*, dormitorio, habitación.

Dosar, *v.*, dosificar, dividir, graduar en dosis.

Dose, *n.f.*, dosis → *Ser dose*, ser insoportable.

Dotar, *v.*, dotar ‖ favorecer, dar ‖ equipar.

Dote, *n.m.*, dote, caudal.

Dourado, *adj.*, dorado.

Doutor, *n.*, doctor ‖ médico.

Doze, *num.*, doce.

Drágea, *n.f.*, gragea, comprimido, pastilla, medicamento.

Drama, *n.m.*, drama.

Dramalhão, *n.m.*, dramón.

Dreno, *n.m.*, drenaje.

Droga, *n.f.*, droga ‖ mierda, porquería, asquerosidad.

Drogaria, *n.f.*, farmacia y perfumería.

Duas, *num.f.*, dos.

Ducha, *n.f.*, ducha.

Duelo, *n.m.*, duelo, combate, lucha.

Dum, *contracción de prep.* de y el *art. indef.* un: de un, de uno.

Duna, *n.f.*, duna.

Duplicata, *n.f.*, factura.

Duplo, *num.*, duplo ◆ *n.m.*, doble.

Duque, *n.m.*, duque.

Duquesa, *n.f.*, duquesa.

Dura, *n.f.*, duración, dura ‖ *fig.*, llamar la atención, reprender con dureza y severidad.

Duramente, *adv.*, duramente, con dureza.

Durante, *prep.*, durante.

Durar, *v.*, durar, continuar siendo ‖ vivir, existir.

Dureza, *n.f.*, dureza, crueldad.

Duro, *adj.*, duro ‖ rígido ‖ áspero ‖ sólido ‖ riguroso ‖ violento, insensible → *Dar duro*, trabajar de lo lindo, trabajar a tope. *Ficar duro*, quedarse sin ni una pela/perra, a verlas venir ‖ quedarse de piedra, llevar un choque. *No duro*, de veras, seguro.

Dúvida, *n.f.*, duda, vacilación.

Duvidar, *v.*, dudar, vacilar, no creer, desconfiar, sospechar.

Duzentos, *num.*, doscientos.

Dúzia, *n.f.*, docena → *Meia dúzia*, media docena, seis.

E

n.m., vocal palatal, quinta letra del abecedario portugués, puede ser oral o nasal, su intensidad es variada y el timbre puede ser abierto, cerrado o reducido.

E, *n.m.*, e ◆ *conj.*, y, e.
Ébano, *n.m.*, ébano.
Ebulição, *n.f.*, hervor, ebullición.
Eclipse, *n.m.*, eclipse.
Eco, *n.m.*, eco ‖ repercusión ‖ aceptación.
Ecoar, *v.*, hacer eco, resonar, repercutir.
Economia, *n.f.*, economía ‖ ahorro.
Economizar, *v.*, economizar, ahorrar.
Eczema, *n.m.*, eccema.
Edema, *n.m.*, edema, hinchazón.
Edição, *n.f.*, edición, reproducción.
Edificar, *v.*, edificar, construir.
Edifício, *n.m.*, edificio.
Editar, *v.*, editar ‖ publicar.
Educação, *n.f.*, educación ‖ enseñanza ‖ cultura ‖ cortesía.
Educar, *v.*, educar, instruir, enseñar.
Efeito, *n.m.*, efecto, resultado ‖ eficacia → *Com efeito*, con/en efecto, efectivamente. *Levar a efeito*, llevar a cabo. *Sem efeito*, sin valor, nulo.
Efêmero, *adj.*, efímero, pasajero.
Efeminado, *adj.*, afeminado, marica, maricón.
Efetivar, *v.*, hacer efectivo, llevar a efecto ‖ realizarse.
Efetivo, *adj.*, efectivo, real, verdadero ‖ positivo ‖ permanente, fijo.
Efetuar, *v.*, efectuar, ejecutar ‖ cumplirse.
Eficaz, *adj.*, eficaz.
Efusivo, *adj.*, efusivo, expansivo.
Egoísmo, *n.m.*, egoísmo.
Égua, *n.f.*, yegua.
Eh, *interj.*, ¡eh!
Ei, *interj.*, ¡eh!, ¡hola!
Eia, *interj.*, ¡hala!, ¡hala, hala!, ¡ánimo!
Eis, *adv.*, aquí está, aquí lo tienes, míralo.
Eixo, *n.m.*, eje ‖ centro, meollo, punto principal ‖ línea imaginaria → *Entrar nos eixos*, enderezarse, corregirse, entrar en sus cabales. *Fora dos eixos*, desquiciado, loco. *Pôr nos eixos*, enderezar, corregir. *Sair dos eixos*, desmadrarse.
Ejacular, *v.*, eyacular, expeler.
Ela, *pro.pe.f.*, ella → *Agora é que são elas*, ahí está lo jodido. *Ela por ela*, una por la otra. *Elas por elas*, pagar con la misma moneda.
Elaborar, *v.*, elaborar.
Elástico, *adj.*, elástico, flexible, maleable ◆ *n.m.*, cinta o cordón elástico ‖ tirantes.
Ele, *n.m.*, nombre de la letra L ‖ el diablo ◆ *pro.pe.m.*, él.
Elefante, *n.m.*, elefante ‖ *fig.*, persona muy gorda.
Elegância, *n.f.*, elegancia, gracia, encanto, salero ‖ buen gusto ‖ cortesía, educación ‖ proporción adecuada, armonía.
Eleger, *v.*, elegir, preferir ‖ escoger ‖ votar.

Eleição, *n.f.*, elección, votación.

Elementar, *adj.*, elemental, fundamental, primordial ‖ simple, fácil, claro.

Elemento, *n.m.*, elemento, fundamento ‖ medio, ambiente, recurso ‖ persona, individuo ‖ recurso, información.

Elenco, *n.m.*, elenco ‖ catálogo, índice, rol ‖ nómina.

Eletivo, *adj.*, electivo.

Eletricidade, *n.f.*, electricidad.

Eletricista, *n.m.* y *f.*, electricista.

Elétrico, *adj.*, eléctrico ‖ rapidísimo, veloz ‖ trole, tranvía ‖ persona agitada, nerviosa.

Eletrodoméstico, *adj.* y *n.m.*, electrodoméstico.

Eletrônica, *n.f.*, electrónica.

Elevação, *n.f.*, elevación ‖ alza, aumento ‖ ascensión, promoción ‖ distinción, nobleza ‖ alto, altura, altitud ‖ consagración de la hostia.

Elevador, *adj.*, elevador ◆ *n.m.*, ascensor.

Elevar, *v.*, elevar, alzar, levantar ‖ aumentar, subir el precio ‖ ascender el tono de la voz ‖ exaltar, engrandecer, ensalzar ‖ construir, erguir.

Eliminar, *v.*, quitar, sacar ‖ eliminar, suprimir, excluir ‖ expulsar, alejar ‖ matar, asesinar.

Elipse, *n.f.*, elipsis (omisión) ‖ elipse (curva geométrica).

Elite, *n.f.*, elite.

Elixir, *n.m.*, elixir o elíxir.

Elmo, *n.m.*, yelmo.

Elo, *n.m.*, eslabón, anilla ‖ unión, ligación.

Elogiar, *v.*, elogiar, alabar, encomiar.

Elogio, *n.m.*, elogio, alabanza, encomio.

Eloquência, *n.f.*, elocuencia.

Elucidar, *v.*, elucidar, aclarar, esclarecer.

Em, *prep.*, en.

Ema, *n.f.*, ñandú (avestruz americano).

Emagrecer, *v.*, adelgazar, enflaquecer.

Emanar, *v.*, emanar, proceder ‖ desprenderse, exhalarse, rezumar.

Emaranhar, *v.*, enmarañar, enredar ‖ mezclar, confundir.

Embaçar, *v.*, empañar ‖ atascar, detener ‖ burlar, engañar ‖ enfadarse.

Embaixada, *n.f.*, embajada.

Embaixador, *n.m.*, embajador.

Embaixatriz, *n.f.*, embajadora.

Embaixo, *adv.*, debajo ‖ abajo.

Embalagem, *n.f.*, embalaje, envase, empaque.

Embalar, *v.*, acunar, mecer ‖ embalar, envasar, empaquetar, envolver ‖ entretener, encantar ‖ acariciar ‖ adquirir velocidad ‖ *fig.*, drogarse, entonarse, ponerse.

Embalo, *n.m.*, balanceo ‖ impulso ‖ *fig.*, movida.

Embaraçoso, *adj.*, embarazoso, incómodo.

Embaralhar, *v.*, barajar, mezclar.

Embarcação, *n.f.*, embarcación.

Embarcar, *v.*, embarcar.

Embargar, *v.*, embargar ‖ dificultar, impedir, detener, estorbar.

Embargo, *n.m.*, embargo ‖ dificultad, obstáculo.

Embarque, *n.m.*, embarque, embarco.

Embebedar, *v.*, emborrachar, embriagar, achispar, mamarse, empinar el codo.

Embeber, *v.*, embeber, absorber ‖ encharcarse, empaparse, ensoparse ‖ compenetrarse ‖ insinuarse.

Embelezar, *v.*, embellecer, hermosear, adornar.
Embicar, *v.*, dar forma de pico, hacer picudo ‖ beber, emborracharse, darle al codo ‖ arrimarse ‖ parar ‖ reñir, pelear, desentenderse ‖ tropezar ‖ dirigirse, encaminarse.
Emblema, *n.m.*, emblema, símbolo.
Embolar, *v.*, caer por tierra rodando como una bola ‖ engancharse, agarrarse, pelearse.
Embolia, *n.f.*, embolia.
Êmbolo, *n.m.*, émbolo.
Embolsar, *v.*, embolsar ‖ cobrar, reembolsar.
Embonecar, *v.*, arreglarse, engalanarse, adornarse.
Embora, *conj.*, aunque ◆ *adv.*, en buena hora, en hora buena ◆ *prep.*, a pesar de ◆ *interj.*, ¡tanto da!, ¿qué importa?, ahora.
Emboscada, *n.f.*, emboscada, trampa, traición, engaño.
Emboscar, *v.*, emboscar.
Embreagem, *n.f.*, embrague.
Embrear, *v.*, embragar.
Embrenhar, *v.*, meterse, esconderse (en breñas).
Embriagar, *v.*, embriagar, emborrachar ‖ extasiar, embelesar.
Embriaguez, *n.f.*, embriaguez ‖ enajenación, éxtasis.
Embrião, *n.m.*, embrión, zigoto, huevo, semilla ‖ principio, origen, comienzo.
Embromar, *v.*, retardar ‖ engañar, embaucar ‖ bromear, guasearse ‖ andar con indolencia.
Embrulhada, *n.f.*, embrollo, enredo, confusión, maraña, desorden, lío.
Embrulhar, *v.*, envolver, empaquetar, empacar ‖ complicar, embarazar, estorbar ‖ tartamudear.
Embrulho, *n.m.*, paquete, lío, envoltorio, fardo ‖ embrollo, enredo, confusión → *Papel de embrulho*, papel de estraza.
Emburrar, *v.*, enfurruñarse, enfadarse, aborrecerse.
Embuste, *n.m.*, embuste, mentira, engaño.
Embutido, *adj.*, empotrado, incrustado.
Embutir, *v.*, empotrar, incrustar.
Emenda, *n.f.*, enmienda, corrección ‖ remiendo, parche, pegote.
Emendar, *v.*, enmendar, rectificar, modificar, corregir ‖ empalmar, pegar ‖ arrepentirse.
Emergência, *n.f.*, emergencia ‖ nacimiento ‖ suceso, incidente, momento crítico ‖ pelea, riña.
Emergir, *v.*, emerger, brotar, salir, nacer.
Emigração, *n.f.*, emigración.
Emigrante, *adj.* y *n.m.* y *f.*, emigrante.
Emigrar, *v.*, emigrar.
Emissão, *n.f.*, emisión.
Emissor, *n.m.*, emisor.
Emissora, *n.f.*, emisora ‖ difusora.
Emitir, *v.*, emitir, trasmitir ‖ arrojar, lanzar, soltar ‖ enviar, encaminar, expedir, despachar ‖ pronunciar, enunciar, expresar ‖ acuñar.
Emoção, *n.f.*, emoción.
Emocionar, *v.*, emocionar, conmover.
Emoldurar, *v.*, encuadrar, encajar.
Emotivo, *adj.*, emotivo.
Empacar, *v.*, emperrarse, empacarse.
Empachar, *v.*, empachar, llenarse, empapuzarse.

Empacotar, *v.*, empaquetar, envolver, embalar, empacar.

Empada, *n.f.*, empanada, empanadilla.

Empalidecer, *v.*, palidecer.

Empanturrar, *v.*, empapuzar ‖ empacharse, llenarse, hartarse.

Empapar, *v.*, empapar, embeber, encharcar ‖ ensoparse.

Empatar, *v.*, empatar, igualar ‖ estorbar, embarazar ‖ invertir.

Empate, *n.m.*, empate.

Empecilho, *n.m.*, estorbo, impedimento, obstáculo.

Empenhar, *v.*, empeñar, hipotecar, pignorar, prendar ‖ prometer, obligarse ‖ endeudarse.

Empenho, *n.m.*, empeño, hipoteca, pignoración, obligación ‖ gran interés, afán, ahínco ‖ recursos ‖ recomendación.

Emperrar, *v.*, emperrarse, obstinares, empecinarse, aferrarse ‖ hacer difícil y dificultoso ‖ hacer duro, insensible, empedernir ‖ enfadarse.

Empilhar, *v.*, apilar, amontonar.

Empinado, *adj.*, empinado, derecho, recto, estirado, levantado ‖ orgulloso.

Empinar, *v.*, empinar, erguir, alzar, levantar, enderezar.

Empipocar, *v.*, llenarse de granos, espinillas, pústulas.

Empírico, *adj.*, empírico.

Emplastrar, *v.*, emplastar.

Emplastro, *n.m.*, emplasto.

Empolgar, *v.*, agarrar, asir, sujetar ‖ arrebatar ‖ conmover, impresionar ‖ atraer, absorber, ocupar ‖ animarse, entusiasmarse.

Emporcalhar, *v.*, ensuciar.

Empório, *n.m.*, emporio, almacén, tienda.

Empreender, *v.*, emprender, comenzar, acometer, intentar.

Empreendimento, *n.m.*, empresa ‖ intento, designio ‖ obra, realización.

Empregado, *n.*, empleado, criado, dependiente, funcionario, sirviente ◆ *adj.*, usado.

Empregador, *adj.* y *n.m.*, empleador, patrono, dueño.

Empregar, *v.*, emplear ‖ usar, utilizar, servirse ‖ aprovechar ‖ ocupar ‖ gastar, aplicar.

Emprego, *n.m.*, empleo, trabajo, colocación ‖ ocupación, oficio.

Empresa, *n.f.*, empresa ‖ entidad comercial o industrial, firma, sociedad.

Emprestar, *v.*, prestar, ceder.

Empréstimo, *n.m.*, préstamo.

Empurrão, *n.m.*, empujón, empuje.

Empurrar, *v.*, empujar, impeler ‖ meter, colocar.

Emudecer, *v.*, enmudecer, callarse.

Emulsão, *n.f.*, emulsión, suspensión.

Enamorar, *v.*, enamorarse, enamoricarse, apasionarse.

Encabeçar, *v.*, encabezar ‖ presidir ‖ poner encabezamiento.

Encabular, *v.*, avergonzarse, cortarse.

Encadear, *v.*, encadenar, ligar, atar.

Encadernação, *n.f.*, encuadernación.

Encadernar, *v.*, encuadernar.

Encaixar, *v.*, encajar, encajonar ‖ coincidir, cuadrar.

Encaixe, *n.m.*, encaje ‖ juntura, unión.

Encaixotar, *v.*, encajonar.

Encalacrar, *v.*, meterse en dificultades ‖ endeudarse.

Encalço, *n.m.*, huella, rastro, pista.

Encalhar, *v.*, encallar, varar (embarcación) ‖ parar.

Encaminhar, *v.*, encaminar, guiar, conducir, orientar ‖ dirigirse, guiarse.

Encanamento, *n.m.*, cañería, fontanería.

Encanar, *v.*, encanalar, canalizar ‖ escayolar (huesos rotos) ‖ encarcelar, enchironar.

Encantar, *v.*, encantar, hechizar ‖ fascinar, seducir, atraer.

Encanto, *n.m.*, encanto, encantamiento, hechizo.

Encargo, *n.m.*, encargo, incumbencia, obligación ‖ cargo, empleo ‖ sentimiento de culpa, remordimiento ‖ interés.

Encarregar, *v.*, encargar, incumbir.

Encasquetar, *v.*, encasquetar, encasquillar.

Enceradeira, *n.f.*, enceradora.

Encerar, *v.*, encerar.

Encerrar, *v.*, encerrar, meter, guardar ‖ incluir, contener ‖ concluir, terminar ‖ enclaustrarse, apartarse.

Encharcar, *v.*, encharcar, alagar ‖ ensoparse, empaparse.

Enchente, *n.f.*, inundación, llena, crecida ‖ montón de gente.

Encher, *v.*, llenar ‖ ocupar, rellenar, completar ‖ esparcirse, difundirse ‖ saciarse, hartarse ‖ cumplir, desempeñar, satisfacer ‖ existir en gran cantidad ‖ *fig.*, preñar → *Encher o saco*, joder, fastidiar, jorobar, molestar. *Encher-se de grana*, forrarse. *Encher a paciência*, cansar, marear, irritar, aburrir.

Enchova, *n.f.*, anchoa.

Encobrir, *v.*, encubrir, ocultar, esconder ‖ disfrazar, disimular.

Encolher, *v.*, encoger, retraer ‖ acortar, estrechar, achicar, disminuir.

Encomenda, *n.f.*, encomienda, encargo.

Encomendar, *v.*, encomendar, encargar.

Encompridar, *v.*, alargar, prolongar.

Encontrão, *n.m.*, encontrón, topetada ‖ empujón.

Encontrar, *v.*, encontrar, hallar ‖ tropezar, chocarse ‖ atinar, dar con, descubrir ‖ entrechocarse.

Encontro, *n.m.*, encuentro, cita ‖ choque, encontrón ‖ confluencia.

Encosta, *n.f.*, vertiente, cuesta, pendiente.

Encravar, *v.*, enclavar, sujetar, fijar con clavo o punta ‖ meterse, entrometerse, inmiscuirse.

Encrenca, *n.f.*, lío, intriga, jaleo, enredo ‖ pelea, riña ‖ embrollo, mogollón.

Encruzilhada, *n.f.*, encrucijada.

Encurralar, *v.*, encorralar, acorralar, encerrar.

Encurtar, *v.*, acortar, disminuir.

Endereçar, *v.*, poner la dirección o señas ‖ dirigir, enviar, remitir.

Endereço, *n.m.*, dirección, señas.

Endireitar, *v.*, enderezar ‖ enmendar, corregir, rectificar ‖ encaminar.

Endividar, *v.*, endeudarse.

Endossar, *v.*, endosar.

Endosso, *n.m.*, endoso.

Energia, *n.f.*, energía, fuerza, vigor ‖ firmeza.

Enervar, *v.*, debilitar ‖ irritar.

Enfado, *n.m.*, enfado, enojo ‖ malestar ‖ cansancio, aburrimiento.

Enfadonho, *adj.*, enfadoso, aburrido, enojoso, incómodo, molesto.

Ênfase, *n.f.*, énfasis.

Enfastiar, *v.*, enojar ‖ aborrecerse, enfadarse.
Enfático, *adj.*, enfático.
Enfeitar, *v.*, adornar, embellecer, engalanar, hermosear.
Enfeite, *n.m.*, adorno, ornato, atavío.
Enfeitiçar, *v.*, hechizar, embrujar, encantar ‖ seducir, fascinar.
Enfermagem, *n.f.*, arte y función de cuidar de los enfermos, enfermería.
Enfermaria, *n.f.*, enfermería.
Enfermeiro, *n.*, enfermero.
Enfermo, *adj.* y *n.m.*, enfermo, pachucho, enfermucho, malo.
Enferrujar, *v.*, oxidar, aherrumbrar.
Enfezar, *v.*, encanijar ‖ irritarse.
Enfiar, *v.*, meter, introducir ‖ enhebrar ‖ vestir, calzar ‖ ensartar.
Enfileirar, *v.*, enfilar ‖ alinearse.
Enfim, *adv.*, al fin, en fin, finalmente, por fin.
Enfocar, *v.*, enfocar.
Enforcar, *v.*, ahorcar ‖ estrangular, asfixiar.
Enfraquecer, *v.*, enflaquecer, debilitar ‖ desanimar.
Enfrentar, *v.*, afrontar, enfrentar ‖ atacar de frente ‖ encarar.
Engabelar, *v.*, embelecar, engañar, aludir, burlar.
Engaiolar, *v.*, enjaular.
Engajar, *v.*, contratar, emplear ‖ enganchar, alistarse.
Enganador, *adj.* y *n.m.*, engañador.
Enganar, *v.*, engañar ‖ aludir, burlar.
Enganchar, *v.*, enganchar ‖ trabarse, enlazarse.
Engano, *n.m.*, engaño ‖ error, fraude.
Enganoso, *adj.*, engañoso, ilusorio.
Engasgar, *v.*, atragantar ‖ sofocarse, turbarse.
Engatinhar, *v.*, gatear, andar a gatas.
Engavetar, *v.*, encajonar.
Engenharia, *n.f.*, ingeniería.
Engenheiro, *n.m.*, ingeniero.
Engenho, *n.m.*, ingenio, genio, talento ‖ habilidad, destreza ‖ molienda de caña de azúcar.
Engenhoso, *adj.*, ingenioso, talentoso.
Engessar, *v.*, escayolar, enyesar.
Engodo, *n.m.*, cebo ‖ engatusamiento.
Engomar, *v.*, almidonar.
Engordar, *v.*, engordar, engrosar.
Engraçado, *adj.*, divertido, gracioso, chistoso.
Engradado, *n.m.*, vallado, cercado.
Engravidar, *v.*, embarazar, preñar.
Engraxar, *v.*, engrasar, untar ‖ lustrar ‖ dar betún.
Engraxate, *n.m.*, limpiabotas.
Engrenar, *v.*, engranar, acoplar.
Engrossar, *v.*, engrosar, engruesar ‖ aumentar ‖ adular.
Enguia, *n.f.*, anguila, angula.
Enguiçar, *v.*, desarreglarse, descomponerse, estropear, corromperse.
Enguiço, *n.m.*, quebranto, mal de ojo, ser gafe ‖ desarreglo, desconcierto.
Enigma, *n.m.*, enigma, misterio, acertijo, adivinanza.
Enjoado, *adj.*, nauseabundo, mareado ‖ malhumorado, antipático.
Enjoar, *v.*, nausear, marearse ‖ aborrecerse, aburrirse, enfadarse.
Enjoo, *n.m.*, náusea, mareo ‖ aburrimiento, enfado, hastío ‖ asco.

Enlaçar, *v.*, prender, atar, enlazar ‖ sujetar, apretar ‖ enredar, atraer ‖ conciliar, armonizar ‖ abrazar ‖ unirse, casarse.

Enlace, *n.m.*, enlace, conexión, empalme ‖ casamiento, boda.

Enlamear, *v.*, enlodar, embarrar.

Enlatar, *v.*, enlatar ‖ envasar.

Enlevar, *v.*, embelesar, extasiar, cautivar ‖ arrebatarse.

Enlevo, *n.m.*, embeleso, encanto, deleite, éxtasis.

Enlouquecer, *v.*, enloquecer.

Enlouquecido, *adj.*, enloquecido.

Enluarado, *adj.*, bañado por la luz de la luna.

Enlutar, *v.*, enlutar ‖ entristecer ‖ oscurecer.

Enobrecer, *v.*, ennoblecer.

Enorme, *adj.*, enorme ‖ extraordinario, descomunal, desmedido, desproporcionado, desmesurado ‖ monstruoso.

Enquadrar, *v.*, cuadrar ‖ encajar ‖ ajustarse.

Enquanto, *conj.*, mientras → *Enquanto isso*, mientras tanto, entre tanto. *Enquanto*, mientras, en cambio. *Por enquanto*, por ahora, de pronto, por lo pronto, por el momento.

Enraivecer, *v.*, encolerizar, enrabiar, enfurecer, ensoberbecer.

Enraizar, *v.*, enraizar, arraigar.

Enrascada, *n.f.*, apuro, aprieto, conflicto, dificultad, jaleo.

Enrascar, *v.*, enredar, enmarañar.

Enredar, *v.*, enredar, entretejer ‖ prender, atar ‖ intrigar.

Enredo, *n.m.*, enredo, complicación, maraña ‖ intriga, embrollo.

Enriquecer, *v.*, enriquecer.

Enrolado, *adj.*, confuso, mezclado, revuelto, desconcertado.

Enrolar, *v.*, enrollar, arrollar ‖ rizar, marcar (pelo) ‖ envolver, empaquetar ‖ complicar.

Enroscar, *v.*, enroscar, retorcer ‖ encogerse.

Enrubescer, *v.*, enrojecer ‖ ruborizarse.

Enrustido, *adj.*, introvertido, abstraído, ensimismado.

Ensaboar, *v.*, jabonar, enjabonar.

Ensaiar, *v.*, ensayar, entrenar.

Ensaio, *n.m.*, ensayo.

Enseada, *n.f.*, ensenada, bahía, cala.

Ensebar, *v.*, ensuciar con sebo, tener mugre, estar mugriento, estar seboso.

Ensejo, *n.m.*, oportunidad, ocasión.

Ensinar, *v.*, enseñar, instruir, educar, dar o impartir lección, dar clases ‖ entrenar, amaestrar ‖ castigar, punir, escarmentar.

Ensino, *n.m.*, enseñanza.

Ensolarado, *adj.*, soleado.

Ensopado, *adj.*, ensopado, empapado, mojado ◆ *n.m.*, guiso, estofado.

Ensopar, *v.*, ensopar, empapar ‖ guisar.

Ensurdecer, *v.*, ensordecer.

Entalar, *v.*, atollar, atascar ‖ meterse en dificultades.

Entalhador, *n.m.*, tallador, grabador.

Entalhar, *v.*, tallar, grabar, esculpir.

Entalho, *n.m.*, talla, grabado, escultura.

Entanto, *adv.*, mientras tanto ◆ *conj.*, todavía, aún → *No entanto*, sin embargo, no obstante.

Então, *adv.*, entonces, en tal tiempo u ocasión ‖ en tal caso, siendo así → *E então?*, ¿y bien?. *Com que então*, así es que, en consecuencia, así que.

Entardecer, *v.* y *n.m.*, atardecer.

Ente, *n.m.*, ente, ser ‖ persona ‖ lo que existe.

Enteado, *n.m.*, hijastro, entenado.

Entediar, *v.*, aburrir, tediar ‖ aborrecerse.

Entender, *v.*, entender, comprender ‖ conocer ‖ encontrar, pensar, concluir ‖ oír, discurrir ‖ percibir ‖ entenderse, avenirse ◆ *n.m.*, entendimiento.

Entendido, *adj.*, entendido, sabio, docto, perito ‖ homosexual → *Mal-entendido*, malentendido, equivocación.

Entendimento, *n.m.*, entendimiento ‖ juicio, opinión ‖ combinación, ajuste.

Enterrar, *v.*, enterrar, sepultar, inhumar ‖ sobrevivir a ‖ clavar, hincar ‖ hundirse, arruinarse ‖ penetrar, introducirse.

Enterro, *n.m.*, entierro, inhumación, sepulcro, dar sepultura.

Entidade, *n.f.*, entidad, ente, ser.

Entoar, *v.*, entonar, cantar, modular.

Entojo, *n.m.*, fastidio, asco, hastío.

Entonação, *n.f.*, entonación, modulación.

Entornar, *v.*, entornar, volcar, desparramar, verter, derramar.

Entorpecer, *v.*, entorpecer, entumecer.

Entorse, *n.f.*, torsión.

Entortar, *v.*, torcer.

Entrada, *n.f.*, entrada ‖ ingreso, admisión ‖ billete, boleto ‖ puerta, portón ‖ comienzo, principio ‖ caudal ‖ primer plato ‖ expedición.

Entranha, *n.f.*, entraña, víscera.

Entranhas, *n.f.pl.*, vísceras, vientre.

Entrar, *v.*, entrar, ir o pasar de fuera adentro ‖ iniciarse ‖ encajar, ajustarse ‖ ser parte componente de un todo ‖ inscribirse, matricularse, apuntarse ‖ considerar, sopesar, ponderar ‖ solucionar, descifrar ‖ causar buena impresión ‖ penetrar, introducirse ‖ envolverse, meterse → *Entrar bem*, darse mal. *Entre!*, ¡pase!, ¡adelante!, ¡venga, venga! *Entrar em acordo*, hacer un trato. *Um entra e sai de gente*, un ir y venir de gente.

Entrave, *n.m.*, estorbo, obstáculo, impedimento.

Entre, *prep.*, entre.

Entreabrir, *v.*, entreabrir.

Entrega, *n.f.*, entrega.

Entregar, *v.*, entregar ‖ traicionar, chivarse, denunciar, delatar ‖ devolver, restituir ‖ confiar, fiarse ‖ dedicarse, consagrarse, rendirse.

Entrelinha, *n.f.*, entrelínea.

Entreposto, *n.m.*, emporio, almacén, depósito, mercado de abastos.

Entretanto, *adv.*, mientras, entre tanto, mientras tanto ◆ *conj.*, todavía, no obstante, sin embargo ◆ *n.m.*, intervalo.

Entretela, *n.f.*, entretela.

Entretenimento, *n.m.*, entretenimiento, pasatiempo.

Entreter, *v.*, entretener, distraer ‖ divertirse.

Entrevado, *adj.* y *n.*, paralítico, minusválido, tullido.

Entrever, *v.*, entrever, ver confusamente ‖ presentir, prever.

Entrevista, *n.f.*, entrevista ‖ cita → *Entrevista coletiva*, rueda de prensa.

Entrevistar, *v.*, entrevistar.

Entristecer, *v.*, entristecerse, afligirse.

Entroncamento, *n.m.*, entroncamiento.

Entrosamento, *n.m.*, incorporación, integración ‖ coincidencia.

Entrosar, *v.*, engranar, encajar ‖ armonizarse.
Entulhar, *v.*, amontonar con desorden ‖ llenar, abarrotar, hartar.
Entulho, *n.m.*, escombro, broza, desecho, cascote ‖ basura.
Entupir, *v.*, entupir, obstruir, atascar.
Entusiasmar, *v.*, entusiasmar.
Entusiasmo, *n.m.*, entusiasmo.
Entusiasta, *adj.* y *n.*, entusiasta.
Enumeração, *n.f.*, enumeración ‖ cómputo, cuenta.
Enumerar, *v.*, enumerar.
Enunciado, *n.m.*, enunciación, enunciado.
Enunciar, *v.*, enunciar.
Envaidecer, *v.*, envanecer, enorgullecer.
Envasilhar, *v.*, envasar, embotellar.
Envelhecer, *v.*, envejecer.
Envelopar, *v.*, poner en el sobre.
Envelope, *n.m.*, sobre, cubierta.
Envenenar, *v.*, envenenar.
Envergar, *v.*, curvar, arquear ‖ vestir, usar, trajear.
Envergonhar, *v.*, avergonzar, tener vergüenza.
Envernizar, *v.*, barnizar.
Enviado, *n.m.*, enviado, mensajero, portador ‖ agente diplomático.
Enviar, *v.*, enviar, dirigir, encaminar, remitir.
Envio, *n.m.*, envío, remesa.
Enviuvar, *v.*, enviudar.
Envolto, *adj.*, envuelto, empaquetado, arrollado.
Envoltório, *n.m.*, envoltorio, envoltura.
Envolver, *v.*, envolver, arrollar, empaquetar ‖ abarcar, rodear ‖ seducir, cautivar ‖ enredar, comprometer, complicar ‖ entrometerse.
Enxada, *n.f.*, azada.
Enxadão, *n.m.*, azadón.
Enxadrismo, *n.m.*, arte o gusto por el juego de ajedrez.
Enxadrista, *n.*, ajedrecista.
Enxaguar, *v.*, enjuagar, aclarar.
Enxame, *n.m.*, enjambre.
Enxaqueca, *n.f.*, jaqueca, cefalalgia.
Enxergar, *v.*, ver ‖ entrever ‖ distinguir, divisar, avistar ‖ adivinar.
Enxerido, *adj.*, entrometido, metepatas, metomentodo, catacaldos, cotilla.
Enxertar, *v.*, injertar.
Enxerto, *n.m.*, injerto, enjerto.
Enxofre, *n.m.*, azufre.
Enxotar, *v.*, ahuyentar, espantar, expulsar.
Enxoval, *n.m.*, ajuar.
Enxugar, *v.*, enjugar, secar.
Enxurrada, *n.f.*, riada, inundación, avenida, crecida.
Enxuto, *adj.*, enjuto, seco ‖ flaco, delgado.
Enzima, *n.f.*, enzima.
Épico, *adj.*, épico ‖ digno de epopeya.
Epidemia, *n.f.*, epidemia.
Epígrafe, *n.f.*, epígrafe, inscripción ‖ título, rótulo.
Epílogo, *n.m.*, epílogo, recapitulación ‖ último, fin.
Episódio, *n.m.*, episodio, incidente, suceso.
Epíteto, *n.m.*, epíteto.
Época, *n.f.*, época ‖ era ‖ periodo ‖ fase ‖ edad, siglo ‖ estación → *Época atual*, la actualidad, actualmente. *Naquela época*, en los buenos tiempos, en aquel entonces.
Epopeia, *n.f.*, epopeya.
Equação, *n.f.*, ecuación.

Equilibrar, *v.*, equilibrar.
Equilíbrio, *n.m.*, equilibrio.
Equipagem, *n.f.*, equipaje.
Equipar, *v.*, equipar, guarnecer, proveer, abastecer.
Equiparar, *v.*, equiparar, comparar.
Equipe, *n.f.*, equipo.
Equivalente, *adj.* y *n.m.*, equivalente.
Equivaler, *v.*, equivaler.
Equivocar, *v.*, equivocar.
Equívoco, *adj.*, equívoco, ambiguo ♦ *n.m.*, engaño, error.
Era, *n.f.*, época ‖ periodo ‖ fase ‖ edad ‖ siglo ‖ estación ‖ tiempo ‖ fecha.
Ereto, *adj.*, erecto, enderezado, rígido.
Erguer, *v.*, erguir, levantar, elevar ‖ erigir, edificar.
Ermida, *n.f.*, ermita.
Ermo, *adj.* y *n.m.*, yermo, inhabitado, desierto.
Erosão, *n.f.*, erosión, desgaste, corrosión.
Erradicar, *v.*, erradicar, arrancar ‖ eliminar.
Errar, *v.*, errar, equivocarse, engañarse ‖ vagar.
Erro, *n.m.*, error.
Erudição, *n.f.*, erudición.
Erva, *n.f.*, hierba, yerba.
Erva-doce, *n.f.*, hinojo, anís.
Erva-mate, *n.f.*, mate, hierba de América ‖ *Amér.*, yerba mate.
Ervilha, *n.f.*, guisante.
Esbaforido, *adj.*, que tiene prisa, agobiado.
Esbanjar, *v.*, derrochar, malgastar, despilfarrar.
Esbarrar, *v.*, tropezar, chocarse, topar, encontrarse.
Esbelto, *adj.*, esbelto.
Esboçar, *v.*, esbozar, bosquejar.
Esboço, *n.m.*, esbozo, bosquejo.
Esbofetear, *v.*, abofetear.
Esbórnia, *n.f.*, orgía, festín.
Esborrachar, *v.*, aplastar, reventar, estrellar, estrujar, deshacerse.
Esbravejar, *v.*, bramar, gritar, vocear, vociferar.
Esbugalhado, *adj.*, saltón, saltado, abierto.
Esbugalhar, *v.*, abrir desmesuradamente los ojos.
Escabeche, *n.m.*, escabeche.
Escabroso, *adj.*, escabroso ‖ difícil, arduo.
Escada, *n.f.*, escalera, escalerilla.
Escadaria, *n.f.*, escalinata, gradería.
Escafeder-se, *v.*, escabullirse, apartarse, esfumarse.
Escala, *n.f.*, escala ‖ graduación ‖ puerto, parada.
Escalada, *n.f.*, escalada, escalamiento.
Escalão, *n.m.*, escalón, grado ‖ escalafón.
Escalar, *v.*, escalar, subir, trepar ‖ escalonar, designar.
Escaldado, *adj.*, escaldado, quemado, escarmentado, receloso ♦ *n.m.*, comida de patatas y berzas.
Escaldar, *v.*, escaldar, quemar, abrasar ‖ guisar, rehogar, sofreír.
Escama, *n.f.*, escama.
Escamoso, *adj.*, escamoso.
Escancarar, *v.*, abrir de par en par ‖ franquear.
Escandalizar, *v.*, escandalizar, conturbar, consternar, ofender.
Escândalo, *n.m.*, escándalo ‖ alboroto, tumulto ‖ asombro, pasmo.

Escangalhar, *v.*, desarreglar, desordenar, dislocar ‖ estropear, romper.
Escanhoar, *v.*, descañonar.
Escaninho, *n.m.*, compartimiento, casillero, taquilla ‖ escondite, escondrijo, rincón.
Escapar, *v.*, escapar, huir ‖ librarse, evitar, evadirse ‖ soltarse, sobrevivir.
Escapatória, *n.f.*, escapatoria, excusa, efugio.
Escape, *n.m.*, escape.
Escápula, *n.f.*, alcayata ‖ arrimarse ‖ omóplato.
Escapulir, *v.*, huir, zafarse, escabullirse.
Escarafunchar, *v.*, escarabajear, escarbar, rayar o remover.
Escaramuça, *n.f.*, escaramuza, refriega, riña, disputa, contienda.
Escaravelho, *n.m.*, escarabajo.
Escarcéu, *n.m.*, escarceo, agitación ‖ gritería, vocerío.
Escarlate, *adj.* y *n.*, escarlata, color carmesí fino.
Escarlatina, *n.f.*, escarlatina.
Escárnio, *n.m.*, escarnio, befa, desprecio, desdén.
Escarpa, *n.f.*, escarpa, declive.
Escarpado, *adj.*, escarpado, pendiente.
Escarranchar, *v.*, escarrancharse, esparramarse.
Escarrar, *v.*, expectorar, esgarrar, esputar, escupir.
Escarro, *n.m.*, esputo, escupitajo, expectoración.
Escassear, *v.*, escasear, enrarecer.
Escasso, *adj.*, escaso, corto, poco, limitado, falto, raro, parco.
Escavação, *n.f.*, excavación.
Escavar, *v.*, excavar.
Esclarecer, *v.*, esclarecer, iluminar, clarificar, alumbrar ‖ aclarar, explicar.
Esclerosado, *adj.*, esclerosado.
Esclerosar, *v.*, esclerosar.
Escoar, *v.*, escurrir ‖ transcurrir, pasar.
Escola, *n.f.*, escuela, establecimiento público ‖ doctrina, método y sistema.
Escolar, *adj.*, escolar ◆ *n.m.*, estudiante.
Escolha, *n.f.*, elección, escogimiento, selección, opción, preferencia.
Escombros, *n.m.pl.*, escombro, desecho, broza, cascote, basura.
Esconderijo, *n.m.*, escondite, escondrijo.
Escondido, *adj.*, escondido, oculto.
Escopo, *n.m.*, objeto, objetivo.
Escora, *n.f.*, escora, línea del fuerte, puntal.
Escorar, *v.*, escorar, apuntalar ‖ afrontar, enfrentar, emboscar ‖ arrimarse, ampararse.
Escore, *n.m.*, resultado, tanteo.
Escória, *n.f.*, escoria, residuo ‖ ralea, plebe.
Escorpião, *n.m.*, escorpión, alacrán.
Escorraçar, *v.*, expeler, expulsar.
Escorregar, *v.*, resbalar, deslizar.
Escorrer, *v.*, escurrir ‖ chorrear, gotear.
Escova, *n.f.*, cepillo.
Escovar, *v.*, acepillar, cepillar, escobar.
Escovinha, *n.f.*, escobilla.
Escravidão, *n.f.*, esclavitud.
Escravizar, *v.*, esclavizar.
Escravo, *adj.* y *n.m.*, esclavo ‖ sometido.
Escrever, *v.*, escribir, redactar.
Escrevinhar, *v.*, borrajear, garabatear, borronear.
Escrita, *n.f.*, escritura, grafía, caligrafía.
Escritório, *n.m.*, oficina, gabinete, estudio, despacho, sucursal, secretaría,

escritorio → *Empregado de escritório*, oficinista. *Escritório de advogado*, bufete.

Escriturário, *n.m.*, escribiente, escribano, secretario.

Escrivaninha, *n.f.*, escritorio.

Escroque, *n.m.*, tramposo, trapacista.

Escroto, *n.m.*, escroto.

Escrúpulo, *n.m.*, escrúpulo, duda o recelo.

Escrutínio, *n.m.*, escrutinio, apuración.

Esculpir, *v.*, esculpir, grabar, pulir.

Escultura, *n.f.*, escultura.

Escumadeira, *n.f.*, espumadera, rasera.

Escurecer, *v.*, oscurecer ‖ anochecer.

Escuridão, *n.f.*, oscuridad.

Escuro, *adj.*, oscuro ‖ confuso, misterioso ◆ *n.m.*, oscuridad, tinieblas.

Escutar, *v.*, escuchar, oír.

Esfaquear, *v.*, acuchillar.

Esfarrapado, *adj.*, harapiento, andrajoso, roto ‖ sin ton ni son, incoherente.

Esfera, *n.f.*, esfera, círculo, redondel.

Esférico, *adj.*, esférico.

Esferográfica, *adj.* y *n.f.*, bolígrafo, rotulador.

Esfolar, *v.*, desollar.

Esfomeado, *adj.* y *n.*, hambriento, famélico.

Esforçar, *v.*, esforzar, alentar, animar.

Esforço, *n.m.*, esfuerzo, ánimo, vigor, brío.

Esfrega, *n.f.*, friega, fregadura ‖ tunda, zurra, soba, aporreamiento.

Esfregão, *n.m.*, estropajo.

Esfregar, *v.*, fregar, restregar, estregar, frotar ‖ rozarse.

Esfriar, *v.*, enfriar, resfriar ‖ entibiar, templar, atenuar.

Esfuziante, *adj.*, alegrete, alegrón.

Esganado, *adj.*, ávido, codicioso ‖ estrangulado.

Esgar, *n.m.*, careta, máscara, mascarilla, ademán, mueca.

Esgarçar, *v.*, deshilar, destejer.

Esgotar, *v.*, agotar, acabar ‖ consumir, gastar, derrochar ‖ extenuarse.

Esgoto, *n.m.*, alcantarilla, cloaca, desagüe, desaguadero, albañal.

Esguelha, *n.f.*, sesgo, oblicuo, torcido → *De esguelha*, al sesgo, oblicuamente, de soslayo, de reojo.

Esguichar, *v.*, surtir, brotar, chorrear.

Esguicho, *n.m.*, surtidor, chorro, bomba.

Esguio, *adj.*, esmirriado, alto y delgado, flaco.

Esmagar, *v.*, aplastar, machacar ‖ estrujar, reventar, triturar ‖ oprimir, tiranizar.

Esmaltar, *v.*, esmaltar.

Esmalte, *n.m.*, esmalte → *Esmalte de unhas*, pintauñas, laca.

Esmeralda, *n.f.*, esmeralda.

Esmeril, *n.m.*, esmeril, lima.

Esmero, *n.m.*, esmero, sumo cuidado, primor.

Esmigalhar, *v.*, despedazarse.

Esmiuçar, *v.*, desmenuzar ‖ examinar ‖ explicar en detalles.

Esmo, *n.m.*, estima, cálculo → *A esmo*, al acaso, al azar, al ojo de buen cubero, al tuntún.

Esmola, *n.f.*, limosna.

Esmoler, *adj.*, limosnero, caritativo ◆ *n.*, mendigo, pordiosero.

Esmurrar, *v.*, pegar, atizar, zurrar.

Esnobar, *v.*, encopetarse, engreírse.

Esnobe, *adj.*, *n.m.* y *f.*, esnob, encopetado, engreído.

Espaçar, *v.*, espaciar.

Espaço, *n.m.*, espacio, distancia ‖ extensión, transcurso ‖ recreo, intervalo → *Ir para o espaço*, esfumarse, pirarse, desaparecer.
Espadas, *n.f.pl.*, espadas, uno de los naipes de las cartas de la baraja.
Espádua, *n.f.*, espalda ‖ hombro.
Espaguete, *n.m.*, espagueti.
Espaldar, *n.m.*, respaldo, espaldar.
Espalhar, *v.*, esparcir, extender, dispersar ‖ divulgar, publicar, difundir.
Espalmar, *v.*, despalmar, espalmar ‖ allanar ‖ achaflanar.
Espancar, *v.*, apalear, golpear, pegar ‖ varear (frutos del árbol).
Espanhol, *adj.* y *n.*, español.
Espantalho, *n.m.*, espantajo, espantapájaros.
Espantar, *v.*, espantar, asustar.
Espanto, *n.m.*, espanto, susto, asombro, pasmo ‖ admiración, perplejidad.
Espargir, *v.*, esparcir, derramar, dispersar.
Esparramar, *v.*, desparramar.
Esparrela, *n.f.*, trampa, cepo, armadijo.
Esparso, *adj.*, esparcido, disperso, desparramado.
Esparto, *n.m.*, esparto.
Espatifar, *v.*, destrozar, despedazar, hacerse añicos.
Espátula, *n.f.*, espátula.
Especial, *adj.*, especial.
Especialidade, *n.f.*, especialidad.
Especialista, *n.*, especialista.
Especializar, *v.*, especializar.
Especiaria, *n.f.*, especiería, droguería, especia.
Espécie, *n.f.*, especie, género, clase, tipo, naturaleza, calidad ‖ casta, linaje ‖ calaña, índole.
Especificar, *v.*, especificar.
Específico, *adj.* y *n.*, específico, especial, característico.
Espécime, *n.m.*, espécimen, muestra, modelo, ejemplar.
Espectador, *n.m.*, espectador.
Especular, *v.*, especular, averiguar ‖ indagar, pesquisar ‖ meditar, reflexionar ◆ *adj.*, especular, diáfano, transparente.
Espelhar, *v.*, espejar, reflejar ‖ pulir ‖ retratar ‖ brillar.
Espelho, *n.m.*, espejo ‖ modelo, patrón, molde ‖ imagen, reflejo, representación ‖ parte vertical de un escalón ‖ tapa, remate, cubierta de un enchufe.
Espelunca, *n.f.*, antro, pocilga, cueva, gruta, lupanar, madriguera, conejera.
Espera, *n.f.*, espera ‖ expectativa ‖ demora ‖ emboscada, asechanza.
Esperança, *n.f.*, esperanza.
Esperar, *v.*, esperar.
Esperma, *n.m.*, esperma.
Espernear, *v.*, patalear.
Espertalhão, *adj.* y *n.*, vivo, listo, socarrón, vivales, sabelotodo.
Esperteza, *n.f.*, viveza, vivacidad, agudeza, perspicacia.
Esperto, *adj.*, despierto, levantado ‖ inteligente, vivo, listo, perspicaz.
Espessar, *v.*, espesar.
Espesso, *adj.*, espeso, grueso, denso, macizo ‖ basto, cerrado ‖ compacto.
Espessura, *n.f.*, espesor, grosor.
Espetáculo, *n.m.*, espectáculo.
Espetar, *v.*, espetar, pinchar, clavar.
Espeto, *n.m.*, espeto, asador, espetón ‖ complicación, hueso.
Espia, *n.m.* y *f.*, espía ‖ centinela, vigía ◆ *n.f.*, cabo para espiar.

Espião, *n.*, espía, agente, persona que acecha.
Espiar, *v.*, espiar, acechar, observar, mirar.
Espichar, *v.*, estirar, alargar ‖ morir ‖ ensartar.
Espiga, *n.f.*, espiga ‖ contratiempo.
Espinafrar, *v.*, reprender, amonestar, criticar.
Espinafre, *n.m.*, espinaca.
Espingarda, *n.f.*, espingarda, escopeta.
Espinha, *n.f.*, espina ‖ espinazo, columna vertebral ‖ espinilla, grano, granillo.
Espinhaço, *n.m.*, espinazo ‖ espaldas ‖ cordillera.
Espinhal, *adj.*, espinal.
Espinho, *n.m.*, espina, púa, astilla, pincho ‖ dificultad.
Espionar, *v.*, espiar, acechar.
Espiral, *n.f.*, espiral.
Espírito, *n.m.*, espíritu, alma ‖ imaginación, inteligencia ‖ gracia, humor.
Espirrar, *v.*, expeler, arrojar, lanzar ‖ estornudar ‖ salpicar, chorrear.
Espirro, *n.m.*, estornudo.
Esplanada, *n.f.*, planicie, explanada.
Esplêndido, *adj.*, espléndido, admirable, excelente.
Esplendor, *n.m.*, esplendor, resplandor, fulgor.
Espoleta, *n.f.*, espoleta.
Espólio, *n.m.*, espolio ‖ bienes.
Esponja, *n.f.*, esponja.
Espontâneo, *adj.*, espontáneo, voluntario.
Espora, *n.f.*, espuela.
Esporão, *n.m.*, espolón ‖ contrafuerte.
Esporte, *n.m.*, deporte.
Esportista, *n.*, deportista.
Esposa, *n.f.*, esposa, mujer.
Esposar, *v.*, desposar, contraer matrimonio, casarse.
Esposo, *n.m.*, esposo, marido.
Espreguiçadeira, *n.f.*, tumbona.
Espreguiçar-se, *v.*, desperezarse, despabilarse, estirarse.
Espreita, *n.f.*, acecho.
Espreitar, *v.*, acechar, espiar.
Espremer, *v.*, exprimir, estrujar, apretar.
Espuma, *n.f.*, espuma.
Esquadra, *n.f.*, escuadra, armada.
Esquadrão, *n.m.*, escuadrón.
Esquadria, *n.f.*, marco.
Esquadrinhar, *v.*, escudriñar.
Esquadro, *n.m.*, escuadra, cartabón.
Esquartejar, *v.*, descuartizar.
Esquecer, *v.*, olvidarse.
Esquecimento, *n.m.*, olvido.
Esqueleto, *n.m.*, esqueleto.
Esquentado, *adj.*, caliente, calentado ‖ acalorado, irritado, irascible.
Esquentar, *v.*, calentar, acalorar.
Esquerdo, *adj.* y *n.*, izquierdo, zurdo, siniestra.
Esqui, *n.m.*, esquí.
Esquiar, *v.*, esquiar.
Esquilo, *n.m.*, ardilla.
Esquina, *n.f.*, esquina, ángulo.
Esquisito, *adj.*, raro, extravagante, excéntrico, estrafalario.
Esquivar, *v.*, esquivar, evitar.
Essa, *pro.dem.f.*, ésa, esa ◆ *n.f.*, catafalco, tumba.
Esse, *pro.dem.m.*, ése, ese ◆ *n.m.*, nombre de la letra S.
Essência, *n.f.*, esencia, sustancia ‖ existencia ‖ perfume.
Estabanado, *adj.*, imprudente, alocado, atolondrado ‖ desastrado, infausto.

Estabelecer, *v.*, establecer ‖ instituir, criar, producir ‖ determinar, instalar ‖ organizar, disponer ‖ ubicar, radicarse ‖ crear, instituir, fundar.

Estabelecimento, *n.m.*, establecimiento.

Estábulo, *n.m.*, establo.

Estaca, *n.f.*, estaca, mojón → *Voltar à estaca zero*, volver a empezar, volver al punto de partida.

Estação, *n.f.*, estación, parada, paraje ‖ emisora de transmisión ‖ época, temporada ‖ puesto de policía ‖ estaciones del año ‖ ocasión, oportunidad ‖ vía crucis ‖ centralita de teléfonos → *Estação rodoviária*, estación de autobuses.

Estacionamento, *n.m.*, aparcamiento, estacionamiento ‖ *Amér.*, parqueo.

Estacionar, *v.*, aparcar, estacionar ‖ parar, no evolucionar.

Estada, *n.f.*, estada, permanencia.

Estadia, *n.f.*, estadía.

Estádio, *n.m.*, estadio, campo de fútbol ‖ antigua medida itineraria.

Estado, *n.m.*, estado ‖ situación ‖ condición ‖ gobierno ‖ división territorial, provincia ‖ lujo, ostentación ‖ relación, rol ‖ conjunto de los poderes públicos ‖ nación políticamente constituida.

Estafa, *n.f.*, fatiga, cansancio.

Estafar, *v.*, fatigar, cansarse.

Estagiário, *n.m.*, practicante, aprendiz ‖ becario.

Estágio, *n.m.*, aprendizaje, prácticas ‖ beca.

Estagnar, *v.*, estancar, paralizar.

Estalagem, *n.f.*, hostelería, posada, fonda.

Estaleiro, *n.m.*, astillero.

Estalo, *n.m.*, estallido, estampido ‖ crepitación, crujido.

Estampa, *n.f.*, estampa, grabado.

Estampado, *adj.* y *n.m.*, estampado, grabado.

Estampar, *v.*, estampar, imprimir, grabar.

Estancar, *v.*, estancar, detener, parar ‖ secar.

Estância, *n.f.*, estancia, vivienda ‖ estrofa.

Estandarte, *n.m.*, estandarte, bandera, insignia ‖ pendón.

Estanho, *n.m.*, estaño.

Estanque, *adj.*, estancado, parado, tapado ◆ *n.m.*, depósito.

Estante, *n.f.*, estante, estantería.

Estapafúrdio, *adj.*, extravagante, raro.

Estar, *v.*, estar, hallarse, encontrarse ‖ permanecer, quedar, mantenerse ‖ dedicarse, consagrarse ‖ situarse ‖ seguir, tener una profesión ‖ tener disposición ‖ esperar ‖ vestir, usar, trajear ‖ comparecer, presentarse, presenciar ‖ haber, existir ‖ consistir, residir ‖ concordar, hacer ‖ ser favorable ‖ ajustarse ‖ tener relaciones sexuales, copular ‖ hacer ‖ vivir → *Estar bem*, tener salud, estar bien. *Estar a par*, estar al tanto, estar de ojo. *Estar ferrado/frito*, estar mal, verse en camisa de once varas. *Estar de jejum*, estar en ayunas. *Estar sobrando*, estar de más. *Estar sujo*, caer mal, persona que no se confía. *Estar de prontidão*, estar de sobreaviso, estar al acecho. *Aqui está*, aquí está, he aquí. *Não estar nem aí*, no importarle un bledo.

Estardalhaço, *n.m.*, gritería, bulla, rumor.

Estarrecer, *v.*, asustar, aterrorizar.

Estatelar, *v.*, dar un trompazo, caer, derribar, tirarse.

Estática, *n.f.*, estática.

Estatística, *n.f.*, estadística ‖ censo, recuento.

Estatístico, *adj.* y *n.m.*, estadístico.

Estátua, *n.f.*, estatua.

Estatura, *n.f.*, estatura, altura.

Estatuto, *n.m.*, estatuto.

Estável, *adj.*, estable, constante, firme, permanente, inalterable.

Este, *n.m.*, este, levante, oriente ◆ *pro. dem.*, éste, este.

Esteira, *n.f.*, estera, esterilla ‖ rastro, rumbo, dirección.

Estender, *v.*, extender ‖ desplegar, desenrollar, desdoblar ‖ alargar, estirar ‖ prolongar, dilatar, tender.

Estepe, *n.f.*, estepa ◆ *n.m.*, rueda de recambio, de repuesto.

Esterco, *n.m.*, estiércol, excremento.

Estéril, *adj.*, estéril ‖ yermo.

Esterilizar, *v.*, esterilizar.

Esterno, *n.m.*, esternón.

Estertor, *n.m.*, estertor.

Estética, *n.f.*, estética.

Estiar, *v.*, despejar, escampar, aclararse ‖ secar, no llover.

Estibordo, *n.m.*, estribor.

Esticar, *v.*, estirar, alargar, extender, tensar.

Estilete, *n.m.*, estilete, puñal, navaja.

Estilhaço, *n.m.*, astilla, lasca.

Estilo, *n.m.*, estilo ‖ manera ‖ forma ‖ arista → *Grande estilo*, con mucha pompa, con abolengo, por todo lo alto.

Estima, *n.f.*, estima, aprecio.

Estimar, *v.*, estimar, apreciar ‖ evaluar, valorar.

Estimativa, *n.f.*, estimativa, evaluación, valoración ‖ cómputo.

Estimular, *v.*, estimular, incitar, excitar, animar.

Estio, *n.m.*, estío, verano, sequía.

Estirar, *v.*, estirar, alargar, dilatar, extender.

Estirpe, *n.f.*, estirpe, raíz, origen, raza, linaje, familia.

Estivador, *n.m.*, estibador.

Estofar, *v.*, acolchar ‖ tapizar muebles.

Estofo, *n.m.*, estofa, tejido, entretela ‖ clase social, laya ‖ tapiz de muebles.

Estojo, *n.m.*, estuche, caja o envoltura, cajita.

Estola, *n.f.*, estola.

Estômago, *n.m.*, estómago.

Estopa, *n.f.*, estopa.

Estopim, *n.m.*, estopín.

Estoque, *n.m.*, almacenamiento (conjunto de mercancías) ‖ estoque (espada).

Estorvo, *n.m.*, estorbo, embarazo, obstáculo.

Estourar, *v.*, estallar, reventar, restallar, chasquear, detonar ‖ explotar.

Estouro, *n.m.*, estallo, estallido, estruendo ‖ explosión, chasquido ‖ confusión, alboroto, discusión → *Ser um estouro*, ser un gran éxito, ser bárbaro.

Estouvado, *adj.*, atolondrado, desastrado, imprudente, alocado.

Estrabismo, *n.m.*, estrabismo.

Estrábico, *adj.*, bizco, bisojo.

Estraçalhar, *v.*, destrozar, despedazar ‖ escarrancharse, despatarrarse, esparrancarse.

Estrada, *n.f.*, carretera, estrada → *Estrada de ferro*, ferrocarril. *Autoestrada*, autovía.

Estrado, *n.m.*, estrado, tarima, tablado.

Estragar, *v.*, estropear, arruinar, averiar, dañar, deteriorar, estragar ‖ desperdiciar ‖ corromper, viciar, depravar, pervertir ‖ destruir, asolar.

Estrago, *n.m.*, prejuicio, daño, avería ‖ ruina, asolamiento ‖ desperdicio.

Estrambótico, *adj.*, estrambótico, extravagante.

Estrangeiro, *adj.* y *n.m.*, extranjero.

Estrangular, *v.*, estrangular, ahogar.

Estranhar, *v.*, extrañar, desconocer ‖ esquivarse, retraerse, retirarse.

Estranheza, *n.f.*, extrañeza ‖ espanto, pasmo.

Estranho, *adj.* y *n.m.*, extraño, raro, anormal ‖ forastero, ajeno, desconocido ‖ singular, extravagante ‖ misterioso.

Estratégia, *n.f.*, estrategia.

Estrato, *n.m.*, estrato, nube.

Estrear, *v.*, estrenar.

Estrebaria, *n.f.*, cuadra, caballeriza.

Estrebuchar, *v.*, patalear, rebullir.

Estreia, *n.f.*, estreno.

Estreitar, *v.*, estrechar.

Estreito, *adj.*, estrecho, delgado, fino, angosto ◆ *n.m.*, canal.

Estrela, *n.f.*, estrella ‖ destino, suerte ‖ actriz principal → *Estrela cadente*, estrella fugaz.

Estrela-do-mar, *n.f.*, estrella de mar.

Estremecer, *v.*, estremecer.

Estrepar, *v.*, jorobar, fastidiar.

Estribo, *n.m.*, estribo.

Estridente, *adj.*, estridente, agudo.

Estrondo, *n.m.*, estruendo, estallido, fragor ‖ alarde, pompa.

Estropiar, *v.*, estropear.

Estropício, *n.m.*, estropicio, destrozo ‖ prejuicio, maleficio.

Estrutura, *n.f.*, estructura.

Estuário, *n.m.*, estuario.

Estudante, *n.*, estudiante.

Estudar, *v.*, estudiar.

Estúdio, *n.m.*, estudio, despacho, taller.

Estudo, *n.m.*, estudio, aprendizaje, instrucción.

Estufa, *n.f.*, estufa.

Estupidez, *n.f.*, estupidez, tontería, chorrada.

Estupro, *n.m.*, estupro ‖ violación.

Estuque, *n.m.*, estuco.

Esturricar, *v.*, tostar, torrar.

Esvaziar, *v.*, vaciar.

Esvoaçar, *v.*, revolotear, aletear.

Eta, *interj.*, ¡hale!, ¡hala!, ¡ánimo!, ¡vaya!

Etapa, *n.f.*, etapa.

Éter, *n.m.*, éter.

Eternidade, *n.f.*, eternidad.

Eterno, *adj.*, eterno.

Etiqueta, *n.f.*, etiqueta, ceremonia ‖ rótulo.

Eu, *pro.pe.*, yo ◆ *n.m.*, el sujeto humano en cuanto persona.

Euforia, *n.f.*, euforia.

Evacuar, *v.*, evacuar, desocupar, vaciar ‖ defecar, cagar.

Evadir, *v.*, evadir, huir ‖ fugarse.

Evangelho, *n.m.*, evangelio.

Evaporação, *n.f.*, evaporación.

Evaporar, *v.*, evaporar ‖ desaparecer.

Evasão, *n.f.*, evasión, fuga.

Evento, *n.m.*, evento, acaecimiento, suceso, eventualidad.

Eventual, *adj.*, eventual, casual.

Evidente, *adj.*, evidente, cierto, claro.

Evitar, *v.*, evitar, impedir.

Evocar, *v.*, evocar.
Exagerar, *v.*, exagerar.
Exaltar, *v.*, exaltar, enaltecer, elevar, realzar ‖ alabar, elogiar.
Exame, *n.m.*, examen, prueba, test.
Examinar, *v.*, examinar, analizar, investigar ‖ observar, sondar.
Exasperar, *v.*, exasperar, lastimar, irritarse.
Exato, *adj.*, exacto.
Exaustor, *n.m.*, extractor de aire ‖ cofia.
Exceção, *n.f.*, excepción → *Com exceção de*, a excepción de.
Exceder, *v.*, exceder, sobrepasar ‖ enfurecerse, ensoberbecerse, esmerarse.
Excelente, *adj.*, excelente, sobresaliente.
Excepcional, *adj.*, excepcional, insólito, excelente ◆ *n.m.*, deficiente, minusválido.
Excesso, *n.m.*, exceso.
Exceto, *prep.*, excepto, a excepción de, fuera de, menos.
Exclamação, *n.f.*, exclamación, voz, grito → *Ponto de exclamação*, signo de admiración.
Exclamar, *v.*, exclamar, clamar ‖ vocear, gritar.
Excluir, *v.*, excluir, descartar, abandonar.
Excreção, *n.f.*, excreción.
Excursão, *n.f.*, excursión.
Execução, *n.f.*, ejecución.
Executar, *v.*, ejecutar, llevar a cabo ‖ cumplir.
Exemplar, *adj.* y *n.m.*, ejemplar ‖ ejemplificar.
Exemplo, *n.m.*, ejemplo ‖ modelo.
Exercer, *v.*, ejercer.
Exercício, *n.m.*, ejercicio ‖ práctica.
Exército, *n.m.*, ejercito, tropa ‖ multitud.
Exibir, *v.*, exhibir, mostrar ‖ pasar (película) ‖ presentarse.
Exigir, *v.*, exigir, reclamar, cobrar.
Exíguo, *adj.*, exiguo, diminuto ‖ escaso.
Exílio, *n.m.*, exilio, expatriación ‖ destierro.
Exímio, *adj.*, eximio, excelso, excelente.
Eximir, *v.*, eximir, librar, exentarse, desobligarse.
Existência, *n.f.*, existencia.
Existir, *v.*, existir, ser, haber ‖ vivir, estar ‖ subsistir, durar, permanecer.
Êxito, *n.m.*, éxito, resultado, consecuencia ‖ triunfo, victoria, suceso.
Êxodo, *n.m.*, éxodo, emigración.
Exonerar, *v.*, exonerar, dimitir.
Exótico, *adj.*, exótico, extranjero, peregrino ‖ extraño, extravagante, excéntrico.
Expansão, *n.f.*, expansión.
Expedição, *n.f.*, expedición ‖ envío, despacho ‖ excursión.
Expediente, *n.m.*, expediente ‖ medio, arbitrio, forma, manera, recurso ‖ horario de funcionamiento ‖ correspondencia ‖ cuota de trabajo de un día.
Expedir, *v.*, expedir, remitir ‖ enviar, despachar.
Expelir, *v.*, expeler.
Experiência, *n.f.*, experiencia.
Experimentar, *v.*, experimentar, probar, examinar ‖ ensayar ‖ intentar, practicar ‖ vestir (ropa).
Expiar, *v.*, expiar, sufrir, padecer.
Explícito, *adj.*, explícito, claro.
Explodir, *v.*, explosionar, estallar, explotar.
Explorar, *v.*, explorar, descubrir, reconocer, averiguar ‖ pesquisar, estudiar.

Expor, *v.*, exponer, arriesgar, aventurar ‖ presentar, contar, narrar, interpretar ‖ explicar ‖ mostrar, exhibir, pasar (película).

Exportar, *v.*, exportar.

Expressar, *v.*, expresar, exprimir.

Expresso, *adj.*, expreso, claro, patente, especificado, categórico ◆ *n.m.*, tren expreso.

Expulsar, *v.*, expulsar, expeler.

Extasiar, *v.*, extasiar, embelesar.

Extensão, *n.f.*, extensión, amplitud ‖ dimensión, tamaño ‖ duración ‖ importancia, alcance ‖ línea conectada a una centralita.

Extenso, *adj.*, extenso, vasto, amplio.

Extenuar, *v.*, extenuar, enflaquecer, debilitar.

Exterior, *adj.* y *n.m.*, exterior, externo ‖ aspecto, porte, apariencia ‖ superficial.

Externar, *v.*, exteriorizar.

Externato, *n.m.*, externado.

Externo, *adj.*, externo, exterior.

Extinguir, *v.*, extinguir, apagar ‖ amortecer, ablandar ‖ aniquilar, exterminar ‖ cesar, morir ‖ acabar, terminar, finalizar.

Extintor, *n.m.*, extintor.

Extorquir, *v.*, extorsionar, usurpar, arrebatar.

Extra, *adj.* y *n.*, extra, extraordinario, inesperado ‖ accidental ‖ suplementario.

Extração, *n.f.*, extracción ‖ consumo ‖ venta ‖ sorteo.

Extrair, *v.*, extraer, sacar.

Extraordinário, *adj.* y *n.m.*, extraordinario ‖ raro, singular, extravagante ‖ fantástico.

Extrato, *n.m.*, extracto ‖ trecho, pedazo, fragmento ‖ resumen ‖ reproducción, copia ‖ esencia aromática, perfume.

Extravagante, *adj.*, extravagante, raro, singular.

Extravasar, *v.*, transbordar, desbordar, derramar ‖ expandir.

Extraviar, *v.*, extraviar, descaminar ‖ perderse.

Extrema-unção, *n.f.*, extremaunción.

Extremidade, *n.f.*, extremidad, fin, término, grado extremo ‖ punta.

Extremo, *adj.* y *n.m.*, extremo ‖ remoto, distante ‖ máximo.

Exuberância, *n.f.*, exuberancia, superabundancia.

Exultar, *v.*, exultar, alborozar.

Exumar, *v.*, exhumar, desenterrar.

F *n.m.*, consonante oral labiodental fricativa sorda, sexta letra del abecedario portugués ‖ símbolo químico del flúor.

Fá, *n.m.*, fa (cuarta voz de la escala musical).

Fã, *n.m.* y *f.*, fan, fanático, admirador, hincha.

Fábrica, *n.f.*, fábrica, fabricación, manufactura.

Fabricar, *v.*, fabricar, producir, manufacturar ‖ crear, inventar.

Fábula, *n.f.*, fábula, cuento, novela ‖ mitología, leyenda, ficción ‖ *fig.*, fortuna.

Fabuloso, *adj.*, fabuloso.

Faca, *n.f.*, cuchillo → *Estar com a faca e o queijo na mão*, estar con todas, tener la baza, tener la sartén por el mango.

Facada, *n.f.*, cuchillada, navajada.

Façanha, *n.f.*, hazaña.

Facão, *n.m.*, facón, sable, espada.

Facção, *n.f.*, facción, bando, pandilla.

Face, *n.f.*, rostro, cara, faz ‖ semblante ‖ anverso ‖ superficie ‖ aspecto → *Face a face*, cara a cara. *Em face de*, en razón a, en virtud de.

Faceiro, *adj.*, chuleras, majete, currutaco.

Faceta, *n.f.*, faceta, cara, aspecto.

Fachada, *n.f.*, fachada ‖ paramento ‖ presencia, aspecto.

Facho, *n.m.*, hacho, manojo, antorcha.

Facial, *adj.*, facial.

Fácil, *adj.*, fácil.

Facilitar, *v.*, facilitar.

Facínora, *n.m.*, facineroso, hombre malvado.

Faculdade, *n.f.*, facultad, aptitud, don ‖ universidad.

Facultar, *v.*, facultar, facilitar, permitir.

Fada, *n.f.*, hada, maga.

Fado, *n.m.*, hado, destino, estrella ‖ fado (canción portuguesa).

Fagueiro, *adj.*, mimoso, tierno ‖ agradable.

Fagulha, *n.f.*, chispa, rayo.

Faina, *n.f.*, faena, labor, tarea, quehacer.

Faisão, *n.m.*, faisán.

Faísca, *n.f.*, chispa, rayo.

Faiscar, *v.*, chispear, relucir, brillar.

Faixa, *n.f.*, faja, tira, cinta ‖ atadura, venda ‖ porción ‖ margen, orilla ‖ pancarta, telón ‖ nivel, categoría → *Faixa de terra*, parcela de tierra.

Fala, *n.f.*, habla, lengua ‖ lenguaje ‖ voz.

Falação, *n.f.*, habladuría, rumor ‖ charla, discurso.

Falange, *n.f.*, falange.

Falar, *v.*, hablar, charlar ‖ decir, comunicarse → *Falar pelas costas*, hablar por las espaldas/por detrás. *Falar baixinho*, murmurar, criticar. *Falar pelos cotovelos*, hablar por los codos. *Falou!*, ¡vale!. *Falar por falar,* hablar por hablar, decir por decir.

Falcão, *n.m.*, halcón.

Falcatrua, *n.f.*, trampa, estafa, timo.

Falda, *n.f.*, vertiente de la montaña.

Falecer, *v.*, fallecer, morir.
Falência, *n.f.*, quiebra, bancarrota, ruina ‖ suspensión de pagos.
Falha, *n.f.*, falla, grieta, fisura, ranura ‖ defecto, falta.
Falhar, *v.*, fallar ‖ fracasar ‖ errar ‖ rajar.
Falir, *v.*, quebrar, fracasar ‖ arruinarse.
Falsear, *v.*, falsear, falsificar, adulterar ‖ engañar.
Falsificar, *v.*, falsificar, falsear ‖ adulterar.
Falso, *adj.*, falso, engañoso, fingido, simulado.
Falta, *n.f.*, falta, carencia, privación ‖ error → *Sem falta*, sin falta, con seguridad.
Faltar, *v.*, faltar.
Fama, *n.f.*, fama, renombre, gloria.
Família, *n.f.*, familia.
Faminto, *adj.*, hambriento.
Famoso, *adj.*, famoso, célebre, insigne.
Fanático, *adj.* y *n.m.*, fanático.
Fanfarrão, *adj.* y *n.m.*, fanfarrón.
Fanhoso, *adj.*, gangoso ‖ *Amér.*, fañoso.
Faniquito, *n.m.*, telele, patatús.
Fantasia, *n.f.*, fantasía, ficción, imaginación ‖ bisutería ‖ disfraz.
Fantasma, *n.m.*, fantasma ‖ espantajo ‖ calavera.
Fantástico, *adj.*, fantástico ‖ magnífico, increíble.
Fantoche, *n.m.*, fantoche, títere, figurilla.
Faqueiro, *n.m.*, juego de cubiertos.
Farda, *n.f.*, uniforme, traje militar.
Fardo, *n.m.*, fardo, paquete.
Farejar, *v.*, olfatear, husmear ‖ adivinar, presentir.
Farelo, *n.m.*, salvado.
Farfalhar, *v.*, susurrar ‖ farfullar.
Faringe, *n.f.*, faringe.
Farinha, *n.f.*, harina.
Farmácia, *n.f.*, farmacia.
Faro, *n.m.*, olfato ‖ intuición, instinto.
Farofa, *n.f.*, harina de maíz o mandioca con condimentos ‖ *Amér.*, fariña ‖ *fig.*, liar, enredar, amancebar.
Farol, *n.m.*, semáforo ‖ faro (de las costas y de los coches).
Faroleiro, *n.m.*, farolero, mentiroso.
Farolete, *n.m.*, farolillo.
Farpa, *n.f.*, astilla.
Farra, *n.f.*, farra, juerga, jarana, parranda.
Farrapo, *n.m.*, andrajo, jirón, trapo, harapo.
Farrear, *v.*, farrear, salir de juerga.
Farrista, *adj.* y *n.*, farrista, juerguista.
Farsa, *n.f.*, farsa.
Farsante, *n.m.* y *f.*, farsante.
Fartar, *v.*, hartar, saciar, satisfacer.
Farto, *adj.*, harto, saciado, satisfecho, lleno ‖ abundante → *Estar farto*, estar hasta la coronilla/los cojones.
Fascículo, *n.m.*, fascículo.
Fascinar, *v.*, fascinar, alucinar, seducir, encantar.
Fase, *n.f.*, fase.
Fastio, *n.m.*, hastío ‖ enojo, tedio.
Fastuoso, *adj.*, fastuoso, ostentoso, pomposo.
Fatal, *adj.*, fatal ‖ malo ‖ inevitable ‖ funesto, nefasto.
Fatalidade, *n.f.*, fatalidad.
Fatia, *n.f.*, porción, pedazo ‖ loncha ‖ rodaja ‖ tajada ‖ raja.
Fatigar, *v.*, fatigar, cansarse, aborrecerse.

Fato, *n.m.*, hecho, suceso, acontecimiento, hado ‖ hato (ropa) ‖ rebaño (de cabras) ‖ mondongo.

Fator, *n.m.*, factor ‖ elemento, concausa.

Fátuo, *adj.*, fatuo, necio, insensato, presuntuoso, vanidoso.

Fatura, *n.f.*, factura.

Faturar, *v.*, facturar ‖ *fig.*, aprovecharse.

Fauna, *n.f.*, fauna.

Fausto, *adj.*, feliz, afortunado ◆ *n.m.*, fausto, lujo, pompa.

Fava, *n.f.*, haba, judía verde → *Mandar às favas*, mandar a la mierda, a freír espárragos, al rayo que te parta.

Favela, *n.f.*, chabola ‖ tugurio.

Favo, *n.m.*, panal.

Favor, *n.m.*, favor ‖ ayuda, socorro ‖ honra, beneficio ‖ gracia.

Favorecer, *v.*, favorecer, ayudar, amparar.

Favorito, *adj.* y *n.m.*, favorito, preferido, predilecto.

Faxina, *n.f.*, limpieza ‖ fajo, haz, atado, manojo (leña) ‖ destrucción ‖ desfalque.

Faxineiro, *n.m.*, limpiador.

Faz-tudo, *n.*, factótum, mangoneador, manitas.

Fazenda, *n.f.*, hacienda, finca agrícola ‖ bienes, haberes, rentas, riquezas ‖ paño, tejido ‖ Ministerio de Hacienda.

Fazer, *v.*, hacer, producir, crear ‖ construir, edificar ‖ tajar, podar ‖ preparar comida ‖ trabajar en algo ‖ conseguir, obtener, lograr ‖ inspirar, despertar ‖ formar, concebir ‖ viajar, andar ‖ haber, existir ‖ transcurrir tiempo ‖ convertir, reducir ‖ causar, provocar, ocasionar ‖ atañer, interesar ‖ destinar, nombrar ‖ esforzarse, hacer diligencias ‖ fingir, simular, hacer de cuenta ‖ portarse, comportarse ‖ fabricar, manufacturar ‖ ejecutar, realizar → *Fazer de conta*, imaginar, suponer. *Fazer falar*, tirar de la lengua. *Fazer tudo por alguém*, desvivirse por alguien. *Fazer-se em pedaços*, hacerse añicos/astillas/cachos.

Fé, *n.f.*, fe ‖ confianza ‖ testigo, declaración de un hecho → *À fé*, en verdad. *Boa-fé*, rectitud, honradez. *Dar fé de*, atestiguar. *Má-fé*, alevosía, malicia. *Ter fé em*, fiarse, confiar. *Fazer uma fezinha*, hacer una apuesta.

Febre, *n.f.*, fiebre ‖ exaltación, agitación.

Febril, *adj.*, febril ‖ ardoroso, desasosegado.

Fechadura, *n.f.*, cerradura.

Fechar, *v.*, cerrar ‖ juntar, aproximar ‖ encajar ‖ asegurar ‖ estorbar ‖ cerrarse ‖ tapar ‖ concluir.

Fecho, *n.m.*, cierre ‖ cerrojo, pestillo.

Fechecler, *n.m.*, cremallera.

Fécula, *n.f.*, fécula.

Fecundar, *v.*, fecundar ‖ fertilizar.

Fedelho, *n.m.*, chiquillo ‖ chiquillada.

Feder, *v.*, heder, apestar ‖ *fig.*, fastidiar.

Federação, *n.f.*, federación.

Fedor, *n.m.*, hedor, peste, fetidez.

Fedorento, *adj.*, hediondo, apestoso, pestilente.

Feição, *n.f.*, aspecto, forma ‖ afección, actitud, gesto, ademán ‖ modo, índole, carácter, rasgo.

Feijão, *n.m.*, judía, alubia, habichuela, fréjol.

Feijoada, *n.f.*, plato brasileño con alubias negras y carne de cerdo.

Feijoal, *n.m.*, plantación de judías.

Feijoeiro, *n.m.*, judía (planta).
Feio, *adj.*, feo ◆ *n.m.*, desaire manifiesto, grosero.
Feioso, *adj.*, feote.
Feira, *n.f.*, feria ‖ mercado de abastos ‖ exposición, muestra ‖ mercadillo.
Feirante, *n.m.* y *f.*, mercader ‖ feriante.
Feita, *n.f.*, hecha, hecho ‖ acción, obra → *Roupa bem-feita*, ropa con buena hechura.
Feitiçaria, *n.f.*, brujería, hechicería.
Feiticeiro, *n.m.*, brujo, hechicero → *Virar o feitiço contra o feiticero*, salir el tiro por la culata.
Feitiço, *n.m.*, hechizo ‖ fascinación, encantamiento.
Feitio, *n.m.*, forma, aspecto ‖ hechura, talle ‖ modo, manera de ser, índole.
Feito, *n.m.*, hecho, acción, acto ‖ hazaña ◆ *adj.*, hecho, acabado, maduro.
Feiura, *n.f.*, fealdad.
Feixe, *n.m.*, fajo ‖ haz, atado, manojo, gavilla.
Fel, *n.m.*, hiel, bilis ‖ vesícula de la hiel ‖ amargura, aspereza.
Felicidade, *n.f.*, felicidad, suerte feliz, éxito.
Felicidades, *n.f.pl.*, felicitaciones, congratulaciones ◆ *interj.*, ¡enhorabuena!
Felicitar, *v.*, felicitar, congratular, cumplimentar.
Felino, *adj.*, felino.
Feliz, *adj.*, feliz, dichoso, afortunado.
Felizardo, *n.m.*, muy feliz, próspero, suertero.
Felpa, *n.f.*, felpa ‖ pelusa, vello.
Felpudo, *adj.*, felpudo, aterciopelado.
Feltro, *n.m.*, fieltro.
Fêmea, *n.f.*, hembra ‖ mujer.
Feminino/a, *adj.* y *n.*, femenino.
Fêmur, *n.m.*, fémur.
Fenda, *n.f.*, fenda, raja, hendedura ‖ grieta, surco.
Fender, *v.*, hender, rajar, agrietarse ‖ surcar.
Fenecer, *v.*, fenecer, terminarse ‖ fallecer, morir.
Feno, *n.m.*, heno.
Fenomenal, *adj.*, fenomenal, tremendo, asombroso, sorprendente.
Fenômeno, *n.m.*, fenómeno.
Fera, *n.f.*, fiera, animal.
Féretro, *n.m.*, féretro.
Féria, *n.f.*, día de la semana ‖ sueldo, jornal ‖ caja.
Feriado, *adj.* y *n.m.*, feriado, día festivo.
Férias, *n.f.pl.*, vacaciones.
Ferida, *n.f.*, herida, pupa → *Pôr o dedo na ferida*, poner el dedo en la llaga.
Ferino, *adj.*, ferino, feroz, cruel, deshumano.
Ferir, *v.*, herir, dañar, romper.
Fermentação, *n.f.*, fermentación.
Fermentar, *v.*, fermentar.
Fermento, *n.m.*, fermento, levadura.
Ferocidade, *n.f.*, ferocidad.
Feroz, *adj.*, feroz.
Ferra, *n.f.*, herraje.
Ferrador, *n.m.*, herrador.
Ferradura, *n.f.*, herradura.
Ferragem, *n.f.*, herraje → *Loja de ferragens*, ferretería.
Ferramenta, *n.f.*, herramienta.
Ferrão, *n.m.*, aguijón.
Ferreiro, *n.m.*, herrero
Ferro, *n.m.*, hierro → *Ferro de passar*, plancha. *A ferro e fogo*, a sangre y fuego. *Mão de ferro*, mano dura.
Ferro-velho, *n.m.*, ferretería, chatarrería ‖ chatarra.

Ferroada, *n.f.*, aguijonazo, punzada de aguijón ‖ burla, reproche hiriente.
Ferrolho, *n.m.*, cerrojo.
Ferrovia, *n.m.*, línea, vía férrea, ferrocarril.
Ferrugem, *n.f.*, óxido, herrumbre.
Fértil, *adj.*, fértil.
Fertilizante, *adj.*, fertilizante ◆ *n.m.*, abono.
Fervente, *adj.*, hirviente ‖ ardiente.
Ferver, *v.*, hervir ‖ excitarse.
Fervor, *n.m.*, hervor ‖ ardor ‖ animosidad ‖ ahínco.
Festa, *n.f.*, fiesta, festividad, solemnidad → *Festa popular*, verbena. *Fazer a festa*, hacer su agosto. *Festas públicas*, festejos. *Ser uma festa*, ser un cachondeo.
Festejar, *v.*, festejar, celebrar, conmemorar ‖ acariciar.
Festim, *n.m.*, festín, banquete.
Festival, *n.m.*, festival.
Fetiche, *n.m.*, fetiche ‖ ídolo, objeto de culto.
Fétido, *adj.*, fétido, hediondo.
Feto, *n.m.*, feto.
Fevereiro, *n.m.*, febrero.
Fezes, *n.f.pl.*, heces, excrementos.
Fiado, *adv.*, fiado, al fiado, a crédito.
Fiador, *n.m.*, fiador, avalista.
Fiambre, *n.m.*, fiambre, embutido.
Fiança, *n.f.*, fianza.
Fiapo, *n.m.*, hilacha ‖ hebra.
Fiar, *v.*, hilar, urdir, tejer ‖ fiar, vender fiado ‖ afianzar, confiar.
Fiasco, *n.m.*, fiasco, chasco, fracaso.
Fibra, *n.f.*, fibra ‖ vigor, energía, carácter.
Ficar, *v.*, quedarse, permanecer, estar ‖ sobrar, restar ‖ concertar, ajustar ‖ sentar, caer (ropa) ‖ adquirir, comprar → *Ficar tranquilo*, quedarse tan campante. *Ficar bem*, ser adecuado/conveniente. *Ficar de mal*, reñir, pelearse. *Ficar duro/limpo/liso*, quedarse sin una perra/sin un duro. *Ficar fora*, no meterse, no enredar. *Ficar frio*, estarse quieto, no calentarse el coco. *Ficar por fora*, no entender ni jota. *Ficar quieto*, estar quieto, callarse.
Ficção, *n.f.*, ficción.
Ficha, *n.f.*, ficha, tarjeta, papeleta ‖ cédula de cartulina o papel ‖ tanto en el juego.
Fichar, *v.*, fichar, catalogar.
Fichário, *n.m.*, fichero.
Fictício, *adj.*, ficticio, imaginario, fingido ‖ fabuloso.
Fidelidade, *n.f.*, fidelidad.
Fiel, *adj.*, fiel, leal, honrado ‖ seguro ‖ creyente ‖ puntual, exacto ‖ verdadero ◆ *n.*, encargado de tesorería ◆ *n.m.*, aguja de la balanza o romana ◆ *n.m.pl.*, grey, rebaño, feligreses.
Figa, *n.f.*, higa, amuleto ‖ dije ‖ relicario, escapulario.
Fígado, *n.m.*, hígado.
Figo, *n.m.*, higo.
Figueira, *n.f.*, higuera.
Figura, *n.f.*, figura ‖ bulto ‖ cara, rostro ‖ imagen, representación ‖ ilustración ‖ elementos de la baraja (as, rey, caballo, sota).
Figurado, *adj.*, figurado, alegórico, hipotético.
Figurante, *n.*, figurante, actor, comparsa de teatro.
Figurar, *v.*, figurar, delinear ‖ significar ‖ aparentar, fingir ‖ participar.
Fila, *n.f.*, fila, cola.

Filamento, *n.m.*, filamento.
Filantropia, *n.f.*, filantropía.
Filão, *n.m.*, filón, vena, veta.
Filar, *v.*, prender, asir, agarrar ‖ conseguir de balde ‖ fingir ‖ acechar.
Filé, *n.m.*, filete, chuleta, bife, bistec.
Fileira, *n.f.*, hilera, fila.
Filete, *n.m.*, filete, línea o lista fina ‖ solomillo.
Filha, *n.f.*, hija ‖ muchacha.
Filharada, *n.f.*, hijos, descendientes.
Filho, *n.m.*, hijo ‖ descendiente ‖ hombre ◆ *adj.*, procedente, heredero → *Filho da puta*, hijo de puta. *Filhinho de papai*, niño, señoritingo.
Filhote, *n.m.*, cachorro, cría.
Filiação, *n.f.*, filiación.
Filial, *adj.*, filial ◆ *n.f.*, sucursal.
Filmar, *v.*, filmar, impresionar una película.
Filme, *n.m.*, película, filme.
Filó, *n.m.*, tejido de seda, algodón o nailon.
Filosofia, *n.f.*, filosofía.
Filtrar, *v.*, filtrar, penetrar.
Filtro, *n.m.*, filtro, colador.
Fim, *n.m.*, fin, término, final ‖ límite, confín ‖ causa, mira ‖ muerte, óbito → *Fim de papo*, sanseacabó. *No fim das contas*, en resumidas cuentas, al fin y al cabo. *Estar a fim de*, tener ganas de. *Dar/pôr fim*, acabar con. *Ser o fim da picada*, ser el colmo. *Por fim*, finalmente.
Fímbria, *n.f.*, fimbria, orla, franja.
Fimose, *n.f.*, fimosis.
Finado, *adj.*, finado ◆ *n.m.*, difunto, cadáver.
Final, *adj.*, final ‖ último ◆ *n.m.*, fin, remate → *No final do (mês, ano, século)*, a fin/fines del (mes, año, siglo).
Finalidade, *n.f.*, finalidad.
Finalizar, *v.*, finalizar.
Finalmente, *adv.*, finalmente, últimamente.
Finca-pé, *n.m.*, hincapié.
Findar, *v.*, finalizar, acabar, concluir, terminar.
Fineza, *n.f.*, fineza ‖ amabilidad, delicadeza, primor.
Fingir, *v.*, fingir, inventar ‖ simular, aparentar.
Finito, *adj.*, finito, finiquito.
Fino, *adj.*, fino ‖ delgado, sutil ‖ delicado, amable, cortés ‖ esbelto ‖ astuto, sagaz.
Fio, *n.m.*, hilo, hebra ‖ cable, alambre ‖ chorro (líquidos) ‖ filo, corte → *Perder o fio da meada*, perder el hilo de la madeja. *Por um fio*, por poco, por un pelín.
Firma, *n.f.*, firma ‖ nombre y apellido ‖ razón social, empresa.
Firmamento, *n.m.*, firmamento, cielo.
Firmar, *v.*, firmar ‖ afirmar ‖ fijar ‖ corroborar ‖ ajustar ‖ poner uno su firma.
Firme, *adj.*, firme, seguro, fijo ‖ estable ‖ inalterable ‖ decidido.
Fiscal, *adj.*, fiscal ◆ *n.*, inspector.
Fisco, *n.m.*, fisco.
Fisgar, *v.*, fisgar, pescar con fisga o arpón ‖ notar con rapidez.
Física, *n.f.*, física.
Físico, *adj.* y *n.m.*, físico.
Fisionomia, *n.f.*, fisonomía.
Fita, *n.f.*, cinta ‖ fingimiento.
Fitar, *v.*, fijar o clavar la vista, mirar.
Fiteiro, *adj.* y *n.m.*, fingido.

Fivela, *n.f.*, hebilla.
Fixador, *adj.* y *n.m.*, fijador.
Fixar, *v.*, fijar, hincar, clavar ‖ determinar, establecer ‖ memorizar ‖ atender, fijarse.
Fixo, *adj.*, fijo, firme, asegurado, estable.
Flácido, *adj.*, flácido, flaco, flojo, sin consistencia.
Flagrar, *v.*, flagrar.
Flamejante, *adj.*, flamante, vistoso.
Flâmula, *n.f.*, llama ‖ banderola, flámula.
Flanar, *v.*, pasear tranquilamente, matar el rato.
Flanco, *n.m.*, flanco, lado, costado.
Flanela, *n.f.*, franela.
Flauta, *n.f.*, flauta.
Flecha, *n.f.*, flecha.
Flertar, *v.*, flirtear, enamoricarse, ligar, ligotear.
Flerte, *n.m.*, flirteo, enamoradizo, ligue.
Flexão, *n.f.*, flexión.
Flexível, *adj.*, flexible.
Floco, *n.m.*, copo.
Flor, *n.f.*, flor ‖ la parte más fina de una sustancia ‖ elite, gran persona ‖ nata → *A fina flor da nata*, la flor y nata.
Flor-de-lis, *n.f.*, lirio, flor de lis.
Flora, *n.f.*, flora.
Florada, *n.f.*, florada, floración.
Florear, *v.*, florear.
Floreira, *n.f.*, florero, maceta, tiesto.
Florescer, *v.*, florecer, florar.
Floresta, *n.f.*, floresta.
Floricultura, *n.f.*, floricultura, floristería.
Florido, *adj.*, florido ‖ brillante ‖ espléndido.
Florir, *v.*, florear, florecer.
Florista, *n.*, florista, florero.
Flotilha, *n.f.*, flotilla.
Fluente, *adj.*, fluente ‖ corriente, fluido ‖ natural, espontáneo.
Fluidez, *n.f.*, fluidez.
Fluido, *adj.* y *n.m.*, fluido, fluente.
Fluir, *v.*, fluir, correr (líquido).
Flutuar, *v.*, fluctuar.
Fluvial, *adj.*, fluvial.
Fluxo, *n.m.*, flujo.
Foca, *n.f.*, foca.
Focal, *adj.*, focal.
Focalizar, *v.*, enfocar.
Focinho, *n.m.*, hocico, morro.
Foco, *n.m.*, foco, centro, enfoque.
Foder, *v.*, joder ‖ *Amér.*, coger.
Fofo, *adj.*, fofo.
Fofoca, *n.f.*, chisme, chismorreo.
Fofocagem, *n.f.*, chismoteo.
Fofocar, *v.*, chismorrear, chismotear.
Fofoqueiro, *adj.* y *n.*, chismoso.
Fogão, *n.m.*, fogón, cocina ‖ chimenea.
Fogareiro, *n.m.*, hornillo, brasero.
Fogaréu, *n.m.*, hoguera, fogata.
Fogo, *n.m.*, fuego ‖ ascua ‖ llama ‖ incendio → *Fogos de artifício*, fuegos artificiales. *Em fogo brando*, a fuego lento. *Estar de fogo*, estar borracho, estar chispa. *Ser fogo*, ser complicado, muy difícil.
Fogos, *n.m.pl.*, cohetes.
Fogoso, *adj.*, fogoso.
Fogueira, *n.f.*, hoguera, fogata.
Foguete, *n.m.*, cohete.
Foice, *n.f.*, hoz, guadaña, dalle.
Folclore, *n.m.*, folklore.
Fole, *n.m.*, fuelle.
Fôlego, *n.m.*, huelgo, aliento, respiración, resuello ‖ ánimo, coraje.
Folga, *n.f.*, holgura ‖ descanso ‖ anchura.
Folgado, *adj.*, holgado, holgazán, haragán, gandul ‖ ancho.
Folgar, *v.*, holgar, descansar ‖ ensanchar.
Folha, *n.f.*, hoja ‖ folio, página ‖ diario, periódico → *Folha de pagamento*,

nómina, plantilla de pagos. *Novo em folha*, nuevecito, vivito y coleando.

Folhagem, *n.f.*, follaje.

Folhear, *v.*, hojear ‖ ojear, echar un vistazo.

Folhetim, *n.m.*, folletín, boletín.

Folheto, *n.m.*, folleto.

Folhinha, *n.f.*, calendario.

Folia, *n.f.*, juerga, parranda, jarana.

Folião, *n.m.*, juerguista.

Fome, *n.f.*, hambre.

Fonação, *n.f.*, fonación.

Fonador, *adj.*, fónico.

Fone, *n.m.*, teléfono ‖ auricular.

Fonema, *n.m.*, fonema.

Fonte, *n.f.*, fuente, manantial ‖ origen, causa ‖ pila ‖ sien → *De fonte limpa*, de fuente segura.

Fora, *adv.*, fuera ◆ *prep.*, fuera de, salvo, excepto ◆ *n.m.*, fiasco, chasco, gafe → *Fora!*, ¡fuera!, ¡afuera!, ¡largo! *Fora da hora*, a deshora o deshoras. *Fora da lei*, maleante. *Dar o fora*, largarse, irse ‖ dejar plantado. *Cair fora*, escabullirse, pirarse. *Dar um fora*, meter la pata/el zancajo. *De fora a fora*, de punta a punta. *Estar por fora*, desconocer el tema/el asunto. *Jogar fora*, tirar, deshacerse de algo. *Pôr para fora*, echar, sacar, desahogarse ‖ vomitar. *Ser fora do comum*, ser raro, ser punto y aparte. *Fora dos eixos*, fuera de quicio.

Foragir-se, *v.*, escabullirse, escaparse ‖ esconderse ‖ emigrar.

Forasteiro, *adj.* y *n.m.*, forastero.

Forca, *n.f.*, horca.

Força, *n.f.*, fuerza, vigor, esfuerzo → *Dar uma força*, echar una mano, ayudar.

Forçar, *v.*, forzar, obligar ‖ esforzarse.

Forcejar, *v.*, forzar, forcejar ‖ luchar, pelear.

Forja, *n.f.*, fragua ‖ herrería.

Forjar, *v.*, forjar, fabricar ‖ inventar, crear ‖ falsificar.

Forma, *n.f.*, forma ‖ horma ‖ figura ‖ disposición ‖ manera, modo ‖ patrón, molde, modelo → *De forma alguma*, de ninguna manera. *Letra de fôrma*, letra de molde o de imprenta.

Formação, *n.f.*, formación.

Formal, *adj.*, formal.

Formalizar, *v.*, formalizar, formar ‖ ser formal, serio, compenetrado.

Formão, *n.m.*, formón.

Formar, *v.*, formar ‖ poner en orden ‖ imaginar ‖ criar, educar ‖ fabricar ‖ acabar la carrera, diplomarse, graduarse.

Formato, *n.m.*, formato, forma.

Formatura, *n.f.*, final de carrera, graduarse.

Formicida, *n.m.*, veneno contra hormigas.

Formidável, *adj.*, formidable, colosal, magnífico.

Formiga, *n.f.*, hormiga.

Formigar, *v.*, hormiguear ‖ pulular.

Formigueiro, *n.m.*, hormiguero.

Formoso, *adj.*, hermoso, bello.

Formosura, *n.f.*, hermosura.

Fórmula, *n.f.*, fórmula.

Formular, *v.*, formular.

Formulário, *n.m.*, formulario ‖ impreso, planilla.

Fornalha, *n.f.*, horno, fogón.

Fornecer, *v.*, proveer, abastecer ‖ suministrar, suplir.

Forno, *n.m.*, horno, hornillo.

Forquilha, *n.f.*, horca, horquilla.

Forra, *n.f.*, tunda, castigo.
Forrado, *adj.*, forrado.
Forrar, *v.*, forrar ‖ *fig.*, enriquecer.
Forro, *n.m.*, forro, funda ◆ *adj.*, horro, libre, exento, desembarazado.
Fortalecer, *v.*, fortalecer.
Fortaleza, *n.f.*, fortaleza, fuerza, vigor ‖ solidez.
Forte, *adj.*, fuerte, robusto, vigoroso ‖ valiente, poderoso, duro ◆ *n.m.*, recinto fortificado, fortaleza ◆ *adv.*, con fuerza, abundantemente.
Fortificar, *v.*, fortificar.
Fortuito, *adj.*, fortuito, casual, accidental, eventual.
Fortuna, *n.f.*, fortuna, casualidad, acaso ‖ destino, suerte ‖ *fig.*, adversidad ‖ riqueza.
Fosco, *adj.*, hosco, opaco, empañado.
Fósforo, *n.m.*, fósforo, cerilla.
Fossa, *n.f.*, fosa, sepulcro, hoyo ‖ *fig.*, fuerte depresión moral.
Fóssil, *adj.* y *n.m.*, fósil ‖ momia.
Fosso, *n.m.*, foso, hoyo, cuneta.
Foto, *n.f.*, foto, retrato.
Fotografar, *v.*, fotografiar.
Fotografia, *n.f.*, fotografía.
Foz, *n.f.*, desembocadura.
Fração, *n.f.*, fracción.
Fracassar, *v.*, fracasar, destrozar ‖ fallar.
Fracionar, *v.*, fraccionar, dividir.
Fraco, *adj.*, flaco, frágil, débil, flojo, endeble ◆ *n.m.*, flaqueza, debilidad, flojedad.
Frade, *n.m.*, fraile.
Fraga, *n.f.*, peñasco, roca.
Fragata, *n.f.*, fragata, buque.
Frágil, *adj.*, frágil, quebradizo ‖ débil.
Fragmentar, *v.*, fragmentar.
Fragmento, *n.m.*, fragmento, parte, porción, trozo.
Fragor, *n.m.*, fragor, ruido estruendoso.
Fralda, *n.f.*, pañal.
Framboesa, *n.f.*, frambuesa.
Franco, *adj.*, franco, espontáneo, sincero, leal ‖ libre ‖ dadivoso ‖ exento ◆ *n.m.*, franco (moneda).
Frangalho, *n.m.*, harapo, andrajo, trapo, guiñapo.
Frango, *n.m.*, pollo.
Franja, *n.f.*, franja ‖ flequillo, fleco.
Franquear, *v.*, franquear.
Franzino, *adj.*, fino, delgado, debilucho, flojo, flaco, cenceño, enjuto.
Fraque, *n.m.*, frac, esmoquin.
Fraquejar, *v.*, flaquear, aflojar ‖ desfallecer.
Frasco, *n.m.*, frasco.
Frase, *n.f.*, frase.
Fraseado, *adj.* y *n.m.*, fraseo.
Frasear, *v.*, frasear.
Frasqueira, *n.f.*, frasquera, neceser.
Fraternal, *adj.*, fraternal.
Fratura, *n.f.*, fractura, rotura.
Fraudar, *v.*, fraudar, engañar.
Fraude, *n.f.*, fraude, estafa, timo.
Freguês, *n.m.*, cliente.
Frei, *n.m.*, fray, fraile.
Freio, *n.m.*, freno ‖ frenillo.
Freira, *n.f.*, monja, madre, religiosa.
Frenético, *adj.*, frenético, poseído de frenesí ‖ furioso, rabioso.
Frente, *n.f.*, frente ‖ fachada ‖ cara, rostro ‖ vanguardia → *Frente a frente*, cara a cara. *Passar à frente*, coger la vez. *Ir à frente*, ponerse al frente, delante. *Ir em frente*, seguir adelante, hacia delante. *Na frente*, antes. *Bola pra frente*, seguir adelante, progresar.

Frequência, *n.f.*, frecuencia ‖ repetición.
Frequentar, *v.*, frecuentar, acudir ‖ cursar, asistir a clase.
Frequente, *adj.*, frecuente, usual, común.
Fresca, *n.f.*, fresca, frescura.
Fresco, *adj.*, fresco, fresquito, frío ‖ lozano, verde ‖ sano, vigoroso ‖ reciente ‖ *fig.*, marica.
Frescor, *n.m.*, frescor ‖ lozanía, verdor.
Frescura, *n.f.*, frescura, frescor ‖ chanza ‖ *fig.*, pamplina, melindre ‖ chulería.
Fresta, *n.f.*, rendija, hendidura, raja, abertura.
Fretar, *v.*, fletar.
Frete, *n.m.*, flete.
Friagem, *n.f.*, frialdad.
Fricção, *n.f.*, fricción, roce ‖ atrito.
Friccionar, *v.*, friccionar, restregar.
Frieira, *n.f.*, sabañón, hinchazón.
Frigideira, *n.f.*, sartén.
Frigidez, *n.f.*, frigidez, frialdad.
Frigir, *v.*, freír.
Frio, *adj.* y *n.m.*, frío → *Frio de rachar*, frío bárbaro, espantoso. *Entrar/meter-se numa fria*, meterse en líos, en jaleos, en camisa de once varas.
Frisa, *n.f.*, frisa.
Frisar, *v.*, frisar ‖ rizar ‖ subrayar ‖ hacer hincapié.
Friso, *n.m.*, friso, faja.
Fritada, *n.f.*, fritada, parrillada ‖ tortilla.
Fritar, *v.*, freír.
Frito, *adj.*, frito → *Estar frito*, estar jodido.
Fritura, *n.f.*, fritura.
Frívolo, *adj.*, frívolo, ligero, fútil, vano ‖ insustancial.
Fronde, *n.f.*, fronda, copa (árboles).
Frondoso, *adj.*, frondoso, abundante.
Fronha, *n.f.*, funda, almohada.
Frontal, *adj.* y *n.m.*, frontal.
Fronte, *n.f.*, frente.
Fronteira, *n.f.*, frontera ‖ confín ‖ fachada.
Frota, *n.f.*, flota.
Frouxo, *adj.*, flojo, blando, flaco.
Frugal, *adj.*, frugal, parco.
Fruir, *v.*, fruir, gozar, disfrutar.
Frustrar, *v.*, frustrar.
Fruta, *n.f.*, fruta.
Fruta-do-conde, *n.f.*, anona ‖ *Amér.*, chirimoya, guanábana.
Fruteira, *n.f.*, frutero, canastilla de frutas.
Frutificar, *v.*, fructificar.
Fruto, *n.m.*, fruto, fruta ‖ resultado, consecuencia ‖ renta, lucro, beneficio.
Fubá, *n.m.*, harina de maíz, borona.
Fuça, *n.f.*, hocico, morro, cara, rostro.
Fuçar, *v.*, revolver ‖ husmear, fisgonear.
Fuga, *n.f.*, fuga, huida.
Fugaz, *adj.*, fugaz.
Fugir, *v.*, huir, fugarse, escaparse.
Fuinha, *n.f.*, garduña.
Fujão, *adj.*, huidero, huidizo, fugaz.
Fulgir, *v.*, fulgir, resplandecer ‖ sobresalir.
Fulgor, *n.m.*, fulgor, resplandor, brillo.
Fulgurar, *v.*, fulgurar, relampaguear, brillar, resplandecer.
Fuligem, *n.f.*, hollín.
Fulminar, *v.*, fulminar.
Fulvo, *adj.*, leonado, de color rubio oscuro.
Fumaça, *n.f.*, humo, humarada, humareda.
Fumar, *v.*, fumar.
Fumeiro, *n.m.*, fumadero, humero ‖ chimenea.
Fumigar, *v.*, fumigar, ahumar, desinfectar.
Fumo, *n.m.*, humo ‖ tabaco.
Função, *n.f.*, función.
Funcho, *n.m.*, hinojo.

Funcional, *adj.*, funcional.
Funcionar, *v.*, funcionar.
Funda, *n.f.*, funda ‖ honda.
Fundação, *n.f.*, fundación, institución.
Fundamentar, *v.*, fundamentar, fundarse, basarse.
Fundamento, *n.m.*, fundamento, base ‖ cimiento, apoyo ‖ razón, motivo.
Fundão, *n.m.*, poza, charca, hondura ‖ sitio distante.
Fundar, *v.*, fundar, edificar, construir, erigir ‖ crear, establecer ‖ apoyar.
Fundear, *v.*, fondear ‖ ancorar ‖ ahondar.
Fundição, *n.f.*, fundición.
Fundilho, *n.m.*, fondillos, culo.
Fundir, *v.*, fundir, derretir, licuar (metales) ‖ vaciar ‖ juntarse, unirse.
Fundo, *adj.*, hondo, profundo ◆ *n.m.*, hondura, fondo ‖ amago, íntimo.
Fundos, *n.m.pl.*, fondos, caudal.
Fúnebre, *adj.*, fúnebre.
Funeral, *adj.*, funerario, fúnebre ◆ *n.m.*, funeral, entierro.
Funesto, *adj.*, funesto, triste.
Fungar, *v.*, jadear ‖ refunfuñar.
Fungo, *n.m.*, hongo, seta.
Funicular, *n.m.*, funicular, teleférico.
Funil, *n.m.*, embudo.
Funilaria, *n.f.*, taller de chapa y pintura.
Funileiro, *n.m.*, chapista.
Fura-bolos, *n.m.*, dedo índice.
Furacão, *n.m.*, huracán.
Furadeira, *n.f.*, barrena, taladro.
Furão, *n.m.*, hurón ‖ fisgón, cotilla.
Furar, *v.*, horadar, agujerear, perforar ‖ penetrar ‖ frustrarse, estropearse un plan → *Furar a fila*, colarse, no respetar la cola.
Furgão, *n.m.*, furgón, furgoneta.
Fúria, *n.f.*, furia.
Furioso, *adj.*, furioso, enfurecido ‖ violento, impetuoso.
Furna, *n.f.*, caverna, gruta.
Furo, *n.m.*, agujero, orificio ‖ noticia de primera mano, bomba.
Furor, *n.m.*, furor, cólera, ira ‖ arrebato, delirio, alucinación.
Furta-cores, *adj.* y *n.*, tornasol, cambiante, reflejo, viso.
Furtar, *v.*, hurtar, robar, chorizar ‖ falsificar ‖ desviar.
Furto, *n.m.*, hurto.
Furúnculo, *n.m.*, furúnculo, divieso.
Fusão, *n.f.*, fusión.
Fusível, *adj.* y *n.m.*, fusible.
Fuso, *n.m.*, huso.
Fustão, *n.m.*, fustán.
Fuste, *n.m.*, fuste, vara, palo.
Fustigar, *v.*, fustigar, azotar.
Futebol, *n.m.*, fútbol o futbol.
Fútil, *adj.*, fútil, frívolo, vano.
Futricar, *v.*, intrigar, intrometerse ‖ hablar mal de la vida ajena.
Futuro, *n.m.*, futuro ‖ porvenir ◆ *adj.*, venidero.
Fuxicar, *v.*, hilvanar ‖ arrugar, estrujar ‖ revolver ‖ chismorrear.
Fuxico, *n.m.*, intriga, chisme.
Fuzarca, *n.f.*, juerga, cachondeo.
Fuzil, *n.m.*, fusil ‖ relámpago.
Fuzilar, *v.*, fusilar.
Fuzuê, *n.m.*, juerga, follón, jarana, parranda.

Gamar, *v.*, enamorarse, chiflarse, colgarse.

Gambá, *n.m.*, zorrillo, hurón, mofeta.

Gambiarra, *n.f.*, crespa de luces del palco ‖ echo de cualquier manera.

Gambito, *n.m.*, pata de cerdo, jamón ‖ pierna fina.

Gamela, *n.f.*, gamella, plato de madera.

Gamo, *n.m.*, gamo.

Ganância, *n.f.*, ganancia, ambición, usura.

Gancho, *n.m.*, gancho.

Gandaia, *n.f.*, juerga, parranda, jarana.

Gandaiar, *v.*, parrandear, jaranear.

Ganga, *n.f.*, ganga.

Gânglio, *n.m.*, ganglio.

Gangorra, *n.f.*, columpio.

Gangrena, *n.f.*, gangrena.

Gangrenar, *v.*, gangrenarse ‖ corromper.

Ganha-pão, *n.m.*, sustento, trabajo asalariado, curro.

Ga[illegible]r, *v.*, ganar ‖ vencer ‖ conquistar.

Ganh[illegible], *n.m.*, gano, ganancia ‖ lucro, benef[illegible]

Ganido, *n.m.*, [illegible]do, aullido ‖ quejido.

Ganir, *v.*, gañ[illegible] ‖ quejarse.

Ganso, *n.m.*, ganso.

Garagem, *n.f.*, garaje, coch[illegible]

Garagista, *n.m.*, cochero.

Garanhão, *n.m.*, garañón.

Garantia, *n.f.*, garantía, fianza ‖ seguridad.

Garantir, *v.*, garantir, garantizar ‖ responsabilizarse.

Garapa, *n.f.*, guarapo, garapiña.

Garatuja, *n.f.*, garabato, careta, máscara, garrapato.

Garatujar, *v.*, garabatear.

Garbo, *n.m.*, garbo, salero, gallardía, gentileza ‖ brío.

Garça, *n.f.*, garza.

Garçom, *n.m.*, camarero.

Garçonete, *n.f.*, camarera.

Gardênia, *n.f.*, gardenia.

Garfada, *n.f.*, bocado de comida.

Garfo, *n.m.*, tenedor.

Gargalhada, *n.f.*, carcajada.

Gargalhar, *v.*, reírse.

Gargalo, *n.m.*, cuello de la botella.

Garganta, *n.f.*, garganta, laringe ‖ desfiladero.

Gargantilha, *n.f.*, gargantilla, collar.

Gargarejar, *v.*, gargarear, gargarizar.

Gargarejo, *n.m.*, gárgara.

Gari, *n.m.*, barrendero.

Garimpar, *v.*, buscar diamantes y oro en el cascajo ‖ socavar, excavar ‖ buscar.

Garimpo, *n.m.*, mina, socavón.

Garoa, *n.f.*, llovizna.

Garoar, *v.*, lloviznar.

Garota, *n.f.*, chica, niña, chavala ‖ enamorada, novia.

Garotada, *n.f.*, chiquillería, chiquillada.

Garoto, *n.m.*, chico, niño, chaval.

Garra, *n.f.*, garra, uña ‖ chinche ‖ mano o pie del animal, zarpa ‖ fibra, raza.

Garrafa, *n.f.*, botella, garrafa → *Garrafa térmica*, termo.

Garrafada, *n.f.*, botellazo.

Garrafão, *n.m.*, garrafón.

Garrote, *n.m.*, garabato.

Garrucha, [illegible] garrote ‖ becerro. [illegible] pistola que se carga por la boca.

Garupa, *n.f.*, grupa, [illegible]ca, alforja.

Gás, *n.m.*, gas.

Gasolina, *n.f.*, gasolina → *Posto de gasolina*, gasolinera.

Gastador, *adj.* y *n.m.*, gastador.

Gastar, *v.*, gastar ‖ consumir, dañar ‖ estropear ‖ servirse de, emplear.
Gasto, *adj.*, gastado, consumido ◆ *n.m.*, gasto, despesa, dispendio.
Gastrite, *n.f.*, gastritis.
Gastronomia, *n.f.*, gastronomía.
Gata, *n.f.*, gata ‖ *fig.*, tía buena, cojonuda.
Gatilho, *n.m.*, gatillo, disparador.
Gatinhas, *n.f.pl.*, a gatas.
Gato, *n.m.*, gato ‖ *fig.*, tío bueno, atractivo → *Gato-pingado*, casi nadie, poca gente. *Fazer gato-sapato*, maltratar.
Gatunar, *v.*, hurtar, robar, ratear.
Gatuno, *n.m.*, ratero, ladrón, fullero, tramposo.
Gávea, *n.f.*, gavia.
Gaveta, *n.f.*, cajón, gaveta.
Gaveteiro, *n.m.*, cajonera, mueble.
Gavião, *n.m.*, gavilán.
Gaze, *n.f.*, gasa.
Gazear, *v.*, graznar ‖ faltar a clase.
Gazela, *n.f.*, gacela.
Gazeta, *n.f.*, gaceta, noticia ‖ periódico.
Gazetear, *v.*, pirarse, hacer novillos, faltar a clase ‖ fugarse.
Gazua, *n.f.*, ganzúa.
Geada, *n.f.*, helada, escarcha.
Gear, *v.*, helar, escarchar.
Geladeira, *n.f.*, frigorífico, nevera ‖ heladera.
Gelado, *adj.*, helado, frío ◆ *n.m.*, helado, bebida fría.
Gelar, *v.*, helar, congelar ‖ quedarse tieso ‖ aterrorizarse.
Gelatina, *n.f.*, gelatina.
Geleia, *n.f.*, jalea.
Gelo, *n.m.*, hielo ‖ frialdad, indiferencia.
Gelosia, *n.f.*, celosía.
Gema, *n.f.*, yema (del huevo) ‖ gema (piedra preciosa).
Gemada, *n.f.*, dulce de yema.
Gêmeo, *adj.*, gemelo, mellizo ‖ idéntico ◆ *n.m.*, géminis (signo del zodiaco).
Gemer, *v.*, gemir ‖ quejarse.
Gemido, *n.m.*, gemido.
Genebra, *n.f.*, ginebra.
General, *n.m.*, general.
Generalizar, *v.*, generalizar ‖ difundirse, extenderse.
Genérico, *adj.*, genérico, común ‖ general.
Gênero, *n.m.*, género ‖ clase, tipo.
Gêneros, *n.m.pl.*, géneros, productos agrícolas ‖ víveres, provisiones.
Generosidade, *n.f.*, generosidad.
Generoso, *adj.*, generoso.
Gênese, *n.f.*, génesis, origen, principio.
Genético, *adj.*, genético.
Gengibre, *n.m.*, jengibre.
Gengiva, *n.f.*, encía.
Genial, *adj.*, genial, magnífico, estupendo.
Gênio, *n.m.*, genio, gran ingenio ‖ índole, carácter ‖ malhumor, mala leche.
Genital, *adj.*, genital.
Genitor, *n.m.*, genitor, el padre (papá).
Genocídio, *n.m.*, genocidio.
Genro, *n.m.*, yerno.
Gentalha, *n.f.*, gentuza, ralea, escoria.
Gente, *n.f.*, gente → *A gente*, nosotros.
Gentil, *adj.*, gentil, amable, cortés ‖ gracioso, galán, elegante → *Gentil-homem*, gentilhombre.
Gentileza, *n.f.*, gentileza, amabilidad, cortesía ‖ delicadeza, finura → *Por gentileza*, por favor.

Gentio, *n.m.*, gentío, que profesa el paganismo ‖ la gente, las personas en general.

Genuflexão, *n.f.*, genuflexión.

Genuflexório, *n.m.*, reclinatorio.

Genuíno, *adj.*, genuino, puro ‖ natural, legítimo.

Geografia, *n.f.*, geografía.

Geologia, *n.f.*, geología.

Geometria, *n.f.*, geometría.

Geração, *n.f.*, generación, casta, género, especie ‖ descendencia.

Gerador, *adj.* y *n.m.*, generador.

Geral, *adj.*, general, común, frecuente, usual ‖ genérico, universal ◆ *n.m.*, generalidad, la mayor parte ◆ *n.f.*, localidad, galería → *Em geral*, en general, por lo general, generalmente. *Dar uma geral*, arreglar todo, ordenar, limpiar.

Gerânio, *n.m.*, geranio.

Gerar, *v.*, generar, procrear, engendrar.

Gerência, *n.f.*, gerencia ‖ cargo, gestión, oficina del gerente.

Gerenciar, *v.*, dirigir, regir, dar reglas, administrar como gerente.

Gergelim, *n.m.*, ajonjolí, alegría, sésamo.

Geriatria, *n.f.*, geriatría.

Geringonça, *n.f.*, jerga ‖ cachivache.

Gerir, *v.*, regir, dirigir, administrar, gobernar.

Germe, *n.m.*, germen, embrión ‖ microorganismo.

Germicida, *adj.* y *n.m.*, germicida.

Germinar, *v.*, germinar, brotar ‖ desarrollarse.

Gerúndio, *n.m.*, gerundio, tiempo verbal.

Gesso, *n.m.*, yeso, escayola.

Gestação, *n.f.*, gestación ‖ embarazo, preñez.

Gestante, *adj.* y *n.f.*, embarazada.

Gesticular, *v.*, gesticular.

Gesto, *n.m.*, gesto, movimiento, ademán ‖ acto, hecho.

Giba, *n.f.*, giba.

Gibão, *n.m.*, jubón, casaca ‖ gibón.

Gibi, *n.m.*, tebeo, → *Não estar no gibi*, ser impresionante, increíble.

Gigante, *n.m.*, gigante, gigantón.

Gigantesco, *adj.*, gigantesco, prodigioso, grandioso.

Gigolô, *n.m.*, rufián.

Gilete, *n.f.*, hoja, lámina de afeitar.

Gim, *n.m.*, ginebra.

Ginásio, *n.m.*, gimnasio ‖ instituto.

Ginasta, *n.m.* y *f.*, gimnasta.

Ginástica, *n.f.*, gimnasia.

Ginecologia, *n.f.*, ginecología.

Ginete, *n.m.*, jinete, caballo castizo.

Gingar, *v.*, bambolearse, contonearse.

Gira, *n.f.*, gira, paseo.

Girafa, *n.f.*, jirafa.

Girar, *v.*, girar, circular, dar vueltas.

Girassol, *n.m.*, girasol.

Gíria, *n.f.*, argot, jerga, caló, modismo.

Giro, *n.m.*, giro, rodeo ‖ paseo.

Giz, *n.m.*, tiza.

Glacial, *adj.*, glacial.

Glândula, *n.f.*, glándula.

Glicose, *n.f.*, glucosa.

Global, *adj.*, global, integral, total.

Globo, *n.m.*, globo, esfera ‖ Tierra, planeta.

Glória, *n.f.*, gloria, fama, reputación ‖ honra, orgullo ‖ homenaje.

Gloriar, *v.*, gloriarse, glorificarse.

Glorificar, *v.*, glorificar ‖ honrar.
Glorioso, *adj.*, glorioso.
Glosa, *n.f.*, glosa ‖ explicación, comentario.
Glossário, *n.m.*, glosario, catálogo de palabras.
Glote, *n.f.*, glotis.
Glutão, *n.m.*, glotón.
Glúteo, *adj.*, glúteo.
Gnomo, *n.m.*, gnomo.
Goela, *n.f.*, garganta, fauces.
Gogó, *n.m.*, nuez de la garganta.
Goiaba, *n.f.*, guayaba.
Goiabada, *n.f.*, dulce de la guayaba.
Goiabeira, *n.f.*, guayabo.
Gol, *n.m.*, gol, portería, meta.
Gola, *n.f.*, cuello.
Gole, *n.m.*, trago, sorbo.
Goleiro, *n.m.*, portero, guardameta.
Golfada, *n.f.*, borbotón ‖ vómito.
Golfar, *v.*, vomitar ‖ chorrear.
Golfinho, *n.m.*, delfín.
Golfo, *n.m.*, golfo.
Golpe, *n.m.*, golpe, trompazo.
Golpear, *v.*, golpear.
Goma, *n.f.*, goma → *Goma de mascar*, chicle.
Gomar, *v.*, engomar.
Gomo, *n.m.*, gajo.
Gôndola, *n.f.*, góndola.
Gongo, *n.m.*, bongo.
Gonzo, *n.m.*, gozne, bisagra, quicio.
Gorar, *v.*, malograrse, frustrarse, fallar.
Gordo, *adj.* y *n.*, gordo, craso, abultado.
Gorducho, *adj.*, regordete, rechoncho.
Gordura, *n.f.*, gordura, grasa ‖ obesidad.
Gorduroso, *adj.*, graso, grasoso.
Gorgorão, *n.m.*, gorgorán.
Gorila, *n.m.*, gorila.
Gorjear, *v.*, gorjear.
Gorjeio, *n.m.*, gorjeo.
Gorjeta, *n.f.*, propina.
Gororoba, *n.f.*, comistrajo.
Gorro, *n.m.*, gorro, caperuza.
Gosma, *n.f.*, gargajo ‖ mejunje.
Gostar, *v.*, gustar ‖ probar ‖ amar, querer.
Gosto, *n.m.*, gusto ‖ sabor, paladar ‖ criterio, opinión.
Gostoso, *adj.*, gustoso, rico, sabroso, exquisito, agradable → *Dar uma de gostoso,* hacerse el importante, creerse, darse aires.
Gostosura, *n.f.*, delicia, placer muy intenso, cosa gustosa.
Gota, *n.f.*, gota ‖ poco, pizca.
Goteira, *n.f.*, gotera.
Gotejar, *v.*, gotear.
Gotícula, *n.f.*, gotita.
Governador, *n.m.*, gobernador.
Governamental, *adj.*, gubernamental.
Governanta, *n.f.*, gobernanta, ama de llaves.
Governar, *v.*, gobernar.
Governo, *n.m.*, gobierno.
Gozação, *n.f.*, broma, burla, mofa, escarnio, timo, gracia, chanza, engaño → *Fazer gozação*, burlarse.
Gozador, *adj.*, guasón, bromista, burlón.
Gozar, *v.*, gozar, tener o poseer ‖ aprovechar, disfrutar ‖ reírse.
Gozo, *n.m.*, goce, gozo, placer, satisfacción, deleite.
Grã-fino, *adj.* y *n.*, chulo.
Graça, *n.f.*, gracia ‖ nombre ‖ beneficio, don ‖ garbo, broma ‖ merced, dádiva ‖ chiste → *De graça*, de balde, por la gorra, gratis. *Ficar sem graça*,

quedarse pasmado, cortarse, perder la gracia.

Graças, *n.f.pl.*, gracias, agradecimientos.

Gracejar, *v.*, bromear.

Gracejo, *n.m.*, gracejo, gracia.

Grácil, *adj.*, grácil, sutil, delgado, menudo.

Gracioso, *adj.*, gracioso, saleroso, chistoso.

Grade, *n.f.*, reja, verja → *Atrás das grades*, en la cárcel.

Gradear, *v.*, enrejar, alambrar.

Gradil, *n.m.*, gradilla.

Grado, *n.m.*, grado, voluntad, gusto, ganas ◆ *adj.*, notable, importante, granado, ilustre → *De bom grado*, con muchas ganas, con placer.

Graduação, *n.f.*, graduación.

Graduar, *v.*, graduar, dividir, ordenar, clasificar ‖ graduarse, diplomarse.

Grafia, *n.f.*, grafía, modo de escribir, ortografía.

Gráfica, *n.f.*, gráfica, imprenta.

Gráfico, *adj.* y *n.m.*, gráfico.

Gralha, *n.f.*, grajo ‖ *fig.*, persona parlanchina, cotorra.

Grama, *n.f.*, hierba, grama ◆ *n.m.*, gramo.

Gramado, *adj.* y *n.m.*, grama, prado, páramo, césped.

Gramar, *v.*, plantar hierba ‖ soportar, saturar, tragar.

Gramática, *n.f.*, gramática.

Gramínea, *n.f.*, gramínea.

Grampear, *v.*, grapar, poner grapa.

Grampo, *n.m.*, grapa, horquilla, gancho.

Granada, *n.f.*, granada.

Grande, *adj.* y *n.m.*, grande, gran.

Grandeza, *n.f.*, grandeza.

Granel, *n.m.*, granero → *A granel*, a granel, de montón, en abundancia ‖ sin envase, sin empaquetar.

Granito, *n.m.*, granito.

Granizo, *n.m.*, granizo.

Granja, *n.f.*, granja, hacienda, finca.

Granjear, *v.*, granjear, adquirir, conseguir, obtener, captar.

Granular, *adj.* y *v.*, granular.

Grão, *n.m.*, grano, semilla, fruto ◆ *adj.*, gran.

Grão-de-bico, *n.m.*, garbanzo.

Grasnar, *v.*, graznar.

Grassar, *v.*, propagarse, divulgarse, extenderse.

Gratidão, *n.f.*, gratitud.

Gratificação, *n.f.*, gratificación, recompensa, remuneración ‖ propina.

Gratificar, *v.*, gratificar, recompensar, dar propina.

Grátis, *adv.*, gratis, de gracia o de balde.

Grato, *adj.*, grato, agradable, agradecido.

Grau, *n.m.*, grado → *Primeiro grau*, estudios primarios de Enseñanza General Básica (EGB). *Segundo grau*, bachillerato. *Terceiro grau*, estudios superiores, universidad.

Graúdo, *adj.*, grande, crecido, desenvuelto ‖ importante, influyente → *Peixe graúdo*, persona influyente, pez gordo.

Graúna, *n.f.*, nombre común de los pájaros ictéridos.

Gravação, *n.f.*, grabación.

Gravador, *n.m.*, magnetófono ‖ entallador.

Gravar, *v.*, grabar, entallar ‖ filmar.

Gravata, *n.f.*, corbata → *Gravata-borboleta*, pajarita. *Prendedor de gravata,* alfiler de corbata.
Grave, *adj.*, grave.
Graveto, *n.m.*, astilla, leña de sarmiento.
Grávida, *adj.*, embarazada.
Gravidez, *n.f.*, embarazo ‖ gestación.
Gravura, *n.f.*, estampa, grabado.
Graxa, *n.f.*, grasa, betún.
Grelha, *n.f.*, parrilla.
Grêmio, *n.m.*, gremio, asociación, corporación, club, junta.
Grená, *adj.* y *n.*, color rojo, colorado, carmesí.
Greta, *n.f.*, grieta, hendedura.
Greve, *n.f.*, huelga.
Grevista, *adj.* y *n.*, huelguista.
Grifar, *v.*, subrayar, recalcar.
Grifo, *adj.*, subrayado.
Grilhão, *n.m.*, cadena, corriente ‖ lazo, prisión.
Grilo, *n.m.*, grillo.
Grinalda, *n.f.*, guirnalda.
Gringo, *n.m.*, gringo, extranjero.
Gripar, *v.*, subir, trepar ‖ saltar.
Gripar-se, *v.*, acatarrarse, resfriar, constipar.
Gripe, *n.f.*, gripe, catarro, resfriado, constipado.
Grisalho, *adj.*, canoso ‖ grisáceo.
Gritante, *adj.*, chillón.
Gritar, *v.*, gritar ‖ protestar, reprender.
Gritaria, *n.f.*, gritería, algarabía, bulla, alarido.
Grito, *n.m.*, grito.
Grogue, *n.m.*, tambaleante.
Grosa, *n.f.*, gruesa ‖ lima, escofina.
Groselha, *n.f.*, grosella ‖ jarabe de grosella.
Grosseiro, *adj.*, grosero, basto, ordinario ‖ tosco ‖ maleducado, inmoral.
Grosseria, *n.f.*, grosería, tosquedad.
Grosso, *adj.*, grueso, fuerte, duro ‖ denso, espeso, abultado ◆ *n.m.*, la mayor parte, al por mayor ‖ grosero ◆ *adv.*, con voz gruesa, tosca.
Grossura, *n.f.*, grosor, grueso ‖ grosería.
Grotesco, *adj.*, grotesco, ridículo, extravagante.
Grudar, *v.*, pegar, adherir.
Grude, *n.m.*, pegote, engrudo, grumo, parche.
Grunhido, *n.m.*, gruñido.
Grunhir, *v.*, gruñir, chirriar.
Grupo, *n.m.*, grupo.
Gruta, *n.f.*, gruta, caverna.
Guaiamu, *n.m.*, cangrejo.
Guarda, *n.f.*, guarda, tutela ‖ protección ◆ *n.*, guardia, vigía, centinela → *Guarda-noturno*, sereno. *Guarda--livros*, tenedor de libros, contable.
Guarda-chuva, *n.m.*, paraguas.
Guarda-comida, *n.m.*, despensa ‖ fresquera.
Guarda-costas, *n.m.* y *f.*, guardaespaldas.
Guarda-louça, *n.m.*, aparador.
Guarda-pó, *n.m.*, guardapolvo, delantal.
Guarda-roupa, *n.m.*, guardarropa, ropero.
Guarda-sol, *n.m.*, parasol, sombrilla.
Guardanapo, *n.m.*, servilleta.
Guardar, *v.*, guardar.
Guardião, *n.m.*, guardián.
Guarita, *n.f.*, garita.
Guarnecer, *v.*, guarnecer.
Gude, *n.m.*, juego de las canicas.
Guerra, *n.f.*, guerra.
Guerrear, *v.*, guerrear.

Guerrilha, *n.f.*, guerrilla, escaramuza, pelea.

Guia, *n.f.*, guía ‖ modelo ‖ impreso ‖ bordillo (acera) ◆ *n.*, cicerone ◆ *n.m.*, manual, guión.

Guião, *n.m.*, pendón, insignia, estandarte.

Guiar, *v.*, guiar, orientar, dirigir, conducir, manejar.

Guichê, *n.m.*, ventanilla, taquilla.

Guidão, *n.m.*, manillar.

Guilhotina, *n.f.*, guillotina.

Guinada, *n.f.*, cambiazo.

Guinar, *v.*, oscilar, dar un cambiazo.

Guinchar, *v.*, chillar, chirriar.

Guincho, *n.m.*, chillido ‖ grúa ‖ *Amér.*, guinche.

Guindar, *v.*, guindar, levantarse, subir, lograr.

Guindaste, *n.m.*, guindaste, grúa.

Guisado, *n.m.*, guisado, guiso.

Guitarra, *n.f.*, guitarra.

Guizo, *n.m.*, cascabel, sonajero.

Gula, *n.f.*, gula.

Gulodice, *n.f.*, glotonería.

Guloseima, *n.f.*, golosina.

Guloso, *adj.*, goloso, glotón.

Gume, *n.m.*, filo, corte.

Guri, *n.*, chiquillo, chaval, nene, niño.

Gustação, *n.f.*, gustación ‖ probadura.

Gustativo, *adj.*, gustativo.

H

n.m., octava letra del abecedario portugués y sexta de las consonantes; no tiene sonido, es muda. Símbolo químico del hidrógeno.

Hã, *interj.*, ¡ha!, ¡ah!
Hábil, *adj.*, hábil, habilidoso, capaz.
Habilitação, *n.f.*, habilitación, capacitación → *Carteira de habilitação*, carné de conducir.
Habilitar, *v.*, habilitar, capacitar.
Habitação, *n.f.*, habitación.
Habitante, *n.m.* y *f.*, habitante.
Habitar, *v.*, habitar, vivir.
Hábito, *n.m.*, hábito, costumbre ‖ sotana.
Habitual, *adj.*, habitual.
Habituar, *v.*, habituar, acostumbrar.
Hálito, *n.m.*, hálito, aliento.
Hangar, *n.m.*, hangar, cobertizo.
Haras, *n.m.*, caballeriza.
Harém, *n.m.*, harén.
Harmonia, *n.f.*, armonía, harmonía.
Harmônica, *n.f.*, armónica.
Harmonizar, *v.*, armonizar.
Harpa, *n.f.*, arpa.
Harpia, *n.f.*, arpía.
Haste, *n.f.*, asta, mango, palo.
Hastear, *v.*, alzar (astas).
Haurir, *v.*, agotar, sorber.
Hausto, *n.m.*, trago, sorbo.
Haver, *v.*, haber, poseer, tener.
Hectare, *n.m.*, hectárea.
Hectograma, *n.m.*, hectogramo.
Hectolitro, *n.m.*, hectolitro.
Hectômetro, *n.m.*, hectómetro.
Hediondo, *adj.*, hediondo, asqueroso, sórdido, repugnante.
Hein, *interj.*, ¡eh!, ¿qué?
Hélice, *n.f.*, hélice.
Helicóptero, *n.m.*, helicóptero.
Heliporto, *n.m.*, helipuerto.
Hem, *interj.*, ¡eh!, ¿cómo?
Hematoma, *n.m.*, hematoma.
Hematose, *n.f.*, hematosis.
Hemisfério, *n.m.*, hemisferio.
Hemorragia, *n.f.*, hemorragia.
Hemorroidas, *n.f.pl.*, almorranas, hemorroides.
Hepático, *adj.*, hepático.
Hepatite, *n.f.*, hepatitis.
Hera, *n.f.*, yedra, hiedra.
Heráldica, *adj.* y *n.f.*, heráldica.
Herança, *n.f.*, herencia.
Herbáceo, *adj.*, herbáceo.
Herbário, *adj.*, herbario, herbolario.
Herbívoro, *adj.*, herbívoro.
Hercúleo, *adj.*, hercúleo.
Herdade, *n.f.*, herencia.
Herdar, *v.*, heredar.
Herdeiro, *adj.*, heredero.
Hereditariedade, *n.f.*, herencia.
Herege, *adj.*, hereje ‖ *fig.*, desvergonzado, descarado.
Heresia, *n.f.*, herejía.
Hermético, *adj.*, hermético.
Hérnia, *n.f.*, hernia.
Herói, *n.m.*, héroe.
Heroína, *n.f.*, heroína.
Heroísmo, *n.m.*, heroísmo.

Herpes, *n.m.*, herpe o herpes.
Hesitar, *v.*, hesitar, vacilar, dudar.
Heterogêneo, *adj.*, heterogéneo.
Heterônimo, *n.m.*, heterónimo.
Heureca, *interj.*, ¡eureka!
Hiato, *n.m.*, hiato.
Hibernação, *n.f.*, hibernación.
Hibernar, *v.*, hibernar, invernar.
Híbrido, *adj.*, híbrido.
Hidratar, *v.*, hidratar.
Hidráulica, *n.f.*, hidráulica.
Hidroelétrica, *n.f.*, hidroeléctrica.
Hidrofobia, *n.f.*, hidrofobia.
Hidrogênio, *n.m.*, hidrógeno.
Hidrografia, *n.f.*, hidrografía.
Hiena, *n.f.*, hiena.
Hierarquia, *n.f.*, jerarquía.
Hierarquizar, *v.*, jerarquizar.
Hífen, *n.m.*, guión.
Higiene, *n.f.*, higiene.
Hilaridade, *n.f.*, hilaridad, risa.
Hímen, *n.m.*, himen.
Hino, *n.m.*, himno.
Hipersensível, *adj.*, hipersensible.
Hipertensão, *n.f.*, hipertensión.
Hipertrofia, *n.f.*, hipertrofia.
Hípico, *adj.*, hípico.
Hipismo, *n.m.*, hipismo.
Hipnose, *n.f.*, hipnosis.
Hipnotizar, *v.*, hipnotizar.
Hipocondria, *n.f.*, hipocondría.
Hipocrisia, *n.f.*, hipocresía.
Hipócrita, *adj.*, hipócrita.
Hipódromo, *n.m.*, hipódromo.
Hipopótamo, *n.m.*, hipopótamo.
Hipoteca, *n.f.*, hipoteca.
Hipótese, *n.f.*, hipótesis.
Hirto, *adj.*, yerto, rígido, tieso, duro, inmóvil.
Hispano-americano, *adj.*, hispanoamericano.
Histeria, *n.f.*, histeria, histerismo.
História, *n.f.*, historia → *Cheio de histórias*, con mucho cuento.
Historiar, *v.*, historiar.
Historieta, *n.f.*, historieta, fábula, cuento.
Histrião, *n.m.*, histrión, bufón, payaso.
Hoje, *adv.*, hoy → *Hoje de manhã*, hoy por la mañana.
Holofote, *n.m.*, farol, linterna para distancias.
Homem, *n.m.*, hombre.
Homenagear, *v.*, homenajear.
Homenzarrão, *n.m.*, hombrón.
Homeopatia, *n.f.*, homeopatía.
Homicídio, *n.m.*, homicidio.
Homogêneo, *adj.*, homogéneo.
Homologar, *v.*, homologar.
Homúnculo, *n.m.*, homúnculo, hombrecillo.
Honesto, *adj.*, honesto, decente, decoroso.
Honorário, *adj.*, honorario ◆ *n.m.*, gaje, sueldo de honor.
Honorífico, *adj.*, honorífico.
Honra, *n.f.*, honra.
Honrar, *v.*, honrar.
Hora, *n.f.*, hora.
Horário, *n.m.*, horario.
Horda, *n.f.*, horda.
Horizontal, *adj.*, horizontal.
Horizonte, *n.m.*, horizonte.
Horóscopo, *n.m.*, horóscopo.
Horrendo, *adj.*, horrendo, muy feo.
Horrível, *adj.*, horrible.
Horror, *n.m.*, horror ‖ *fig.*, atrocidad, monstruosidad.
Horrorizar, *v.*, horrorizar.

Horta, *n.f.*, huerta.
Hortaliça, *n.f.*, hortaliza.
Hortelã, *n.f.*, menta, hierbabuena.
Hortelão, *n.m.* y *adj.*, hortelano.
Hortênsia, *n.f.*, hortensia.
Horto, *n.m.*, huerto.
Hosana, *interj.*, ¡salve!
Hospedagem, *n.f.*, hospedaje, hospedería.
Hospedar, *v.*, hospedar.
Hóspede, *n.*, huésped.
Hospício, *n.m.*, hospicio.
Hospital, *n.m.*, hospital.
Hospitalar, *adj.*, hospitalario.
Hospitalidade, *n.f.*, hospitalidad.
Hoste, *n.f.*, tropa, hueste.
Hóstia, *n.f.*, hostia.
Hostil, *adj.*, hostil, enemigo, agresor.
Hostilizar, *v.*, hostilizar, agredir, atacar.
Hotel, *n.m.*, hotel.
Hoteleiro, *adj.*, hotelero.
Hulha, *n.f.*, hulla.
Hum, *interj.*, ¡hum!, de probación, gusto.
Humanidade, *n.f.*, humanidad.
Humano, *adj.*, humano.
Humildade, *n.f.*, humildad, sumisión, rendimiento.
Humilde, *adj.*, humilde.
Humilhar, *v.*, humillar, degradar.
Humo, *n.m.*, humo.
Humor, *n.m.*, humor ‖ *fig.*, genio, índole.
Humorismo, *n.m.*, humorismo.
Hurra, *interj.*, ¡hurra!

I

n.m., vocal oral y nasal, algunas veces es semivocal, novena letra del abecedario portugués. En números romanos equivale a 1. Símbolo químico del yodo.

Iate, *n.m.*, yate.
Içá, *n.m.* y *f.*, hormiga roja.
Icterícia, *n.f.*, ictericia.
Ictiologia, *n.f.*, ictiología.
Ida, *n.f.*, ida, salida, partida → *Ida e volta,* ida y vuelta.
Idade, *n.f.*, edad.
Ideal, *adj.*, ideal ‖ excelente.
Idealizar, *v.*, idealizar, fantasear.
Idear, *v.*, idear ‖ trazar, inventar.
Ideia, *n.f.*, idea ‖ imagen o representación ‖ conocimiento, intención.
Idêntico, *adj.*, idéntico, semejante, análogo, parecido.
Identidade, *n.f.*, identidad.
Identificação, *n.f.*, identificación.
Identificar, *v.*, identificar, identificarse.
Ideologia, *n.f.*, ideología.
Idílio, *n.m.*, idilio ‖ *fig.*, sueño amoroso.
Idioma, *n.m.*, idioma.
Idiota, *adj.*, idiota, tonto, corto.
Idiotice, *n.f.*, idiotez.
Idólatra, *adj.* y *n.m.*, idólatra.
Idolatrar, *v.*, idolatrar, adorar ‖ *fig.*, apasionado.
Ídolo, *n.m.*, ídolo.
Idôneo, *adj.*, idóneo, adecuado, apropiado.
Idoso, *adj.* y *n.m.*, anciano, viejo.
Igarapé, *n.m.*, canal, cauce.
Ígneo, *adj.*, ígneo, de fuego o de su color.
Ignição, *n.f.*, ignición.
Ignóbil, *adj.*, innoble, vil, abyecto.
Ignorante, *adj.* y *n.m.*, ignorante.
Ignorar, *v.*, ignorar.
Igreja, *n.f.*, iglesia.
Igual, *adj.*, igual.
Igualar, *v.*, igualar.
Igualdade, *n.f.*, igualdad.
Igualha, *n.f.*, igualdad (social).
Igualitário, *adj.*, igualitario.
Iguaria, *n.f.*, iguaria, manjar delicado, exquisito.
Ih, *interj.*, designa admiración, ironía, espanto.
Ilação, *n.f.*, ilación, deducción, conclusión.
Ilegal, *adj.*, ilegal.
Ilegítimo, *adj.*, ilegítimo.
Ilegível, *adj.*, ilegible.
Ileso, *adj.*, ileso.
Iletrado, *adj.*, analfabeto, iletrado.
Ilha, *n.f.*, isla.
Ilhar, *v.*, aislar, apartarse.
Ilhós, *n.m.*, ojal, remache, roblón.
Ilíaco, *adj.*, ilíaco, iliaco (íleon).
Ilibado, *adj.*, intacto, puro, incorrupto.
Ilícito, *adj.*, ilícito, ilegítimo.
Ilimitado, *adj.*, ilimitado, sin límites.
Ilógico, *adj.*, ilógico.

Iludir, *v.*, aludir, ilusionarse, burlar.
Iluminação, *n.f.*, iluminación, alumbrado.
Iluminar, *v.*, iluminar, alumbrar.
Ilusão, *n.f.*, ilusión ‖ sueño, esperanza.
Ilusório, *adj.*, ilusorio, engañoso, falso, ficticio.
Ilustração, *n.f.*, ilustración ‖ estampa, dibujo.
Ilustrador, *adj.* y *n.*, ilustrador.
Ilustrar, *v.*, ilustrar ‖ aclarar ‖ instruir.
Ilustre, *adj.*, ilustre ‖ renombrado, célebre.
Ímã, *n.m.*, imán, óxido de hierro.
Imã, *n.m.*, imán, título de ciertos soberanos musulmanos.
Imaculado, *adj.*, inmaculado, puro, inocente.
Imagem, *n.f.*, imagen.
Imaginação, *n.f.*, imaginación.
Imaginar, *v.*, imaginar, inventar, fantasear ‖ presumir, sospechar.
Imaginoso, *adj.*, imaginativo.
Imantar, *v.*, imantar.
Imaterial, *adj.*, inmaterial.
Imaturo, *adj.*, inmaturo, inmaduro.
Imbecil, *adj.*, *n.m.* y *f.*, imbécil, tonto, idiota.
Imberbe, *adj.*, imberbe.
Imbuia, *n.f.*, ocotea (árbol).
Imbuir, *v.*, imbuir, infundir ‖ persuadir, sugerir.
Imediação, *n.f.*, inmediación (inmediato) ◆ *n.f.pl.*, inmediaciones, alrededores.
Imediato, *adj.*, inmediato, próximo ◆ *n.m.*, segundo (militares).
Imemorial, *adj.*, inmemorial.
Imensidão, *n.f.*, inmensidad, infinitud.
Imenso, *adj.*, inmenso.
Imerecido, *adj.*, inmerecido.
Imergir, *v.*, sumergir ‖ zambullir, hundir.
Imersão, *n.f.*, inmersión, sumersión.
Imerso, *adj.*, inmerso, sumergido.
Imigrar, *v.*, inmigrar.
Iminente, *adj.*, inminente.
Imitar, *v.*, imitar.
Imobiliária, *n.f.*, inmobiliaria.
Imobilizar, *v.*, inmovilizar.
Imolar, *v.*, inmolar, sacrificar.
Imoral, *adj.*, inmoral.
Imortal, *adj.*, inmortal.
Imortalizar, *v.*, inmortalizar, perpetuar.
Imóvel, *adj.*, inmóvil, parado, estático ‖ inmueble.
Impacientar, *v.*, impacientar.
Impaciente, *adj.*, impaciente.
Impacto, *n.m.*, impacto.
Impagável, *adj.*, impagable ‖ apreciable.
Impalpável, *adj.*, impalpable.
Impaludismo, *n.m.*, paludismo, malaria.
Impar, *v.*, hipar ‖ hincharse, hartarse ‖ resoplar.
Ímpar, *adj.*, impar ‖ único.
Imparcial, *adj.*, imparcial.
Impasse, *n.m.*, duda, obstáculo, dificultad, inconveniente.
Impávido, *adj.*, impávido, sereno.
Impecável, *adj.*, impecable.
Impedir, *v.*, impedir, imposibilitar, estorbar.
Impelir, *v.*, impeler, impulsar, incitar.
Impenetrável, *adj.*, impenetrable.
Impenitente, *adj.*, impenitente.
Imperador, *n.m.*, emperador.
Imperar, *v.*, imperar, mandar, dominar.
Imperatriz, *n.f.*, emperatriz.
Imperceptível, *adj.*, imperceptible.
Imperdoável, *adj.*, imperdonable.

Imperfeição, *n.f.*, imperfección.
Impermeável, *adj.*, impermeable.
Impertinente, *adj.*, impertinente, inoportuno.
Imperturbável, *adj.*, imperturbable.
Impessoal, *adj.*, impersonal.
Ímpeto, *n.m.*, ímpetu, arrebato, brío.
Impetrar, *v.*, impetrar, rogar, suplicar.
Impetuoso, *adj.*, impetuoso, arrebatado, precipitado.
Impingir, *v.*, imponer, encajar ‖ inculcar.
Impio, *adj.*, impío, que no tiene piedad.
Ímpio, *adj.*, incrédulo.
Implacável, *adj.*, implacable.
Implantar, *v.*, implantar, plantar, encajar, injertar.
Implante, *n.m.*, implante, implantación.
Implicação, *n.f.*, implicación.
Implicância, *n.f.*, implicancia, berrinche, maña.
Implicar, *v.*, implicar, enredar, suponer, envolver.
Implícito, *adj.*, implícito.
Implorar, *v.*, implorar.
Implume, *adj.*, implume.
Imponderável, *adj.*, imponderable.
Imponente, *adj.*, imponente, majestuoso, formidable.
Impor, *v.*, imponer, establecer, fijar.
Importação, *n.f.*, importación.
Importância, *n.f.*, importancia, mérito, interés ‖ cantidad, costo.
Importante, *adj.*, importante.
Importunar, *v.*, importunar, incomodar, molestar.
Imposição, *n.f.*, imposición.
Impossível, *adj.*, imposible, irrealizable, inaguantable, insoportable.
Imposto, *n.m.*, impuesto, tributo, carga ‖ obligatorio.
Impostor, *adj.* y *n.*, impostor, farsante, charlatán.
Impotência, *n.f.*, impotencia, incapacidad.
Impraticável, *adj.*, impracticable.
Imprecar, *v.*, imprecar ‖ rogar.
Imprecisão, *n.f.*, imprecisión.
Impregnar, *v.*, impregnar.
Imprensa, *n.f.*, prensa, imprenta.
Imprescindível, *adj.*, imprescindible.
Impressão, *n.f.*, impresión, sensación ‖ efecto, alteración ‖ obra impresa, edición → *Impressão digital*, huella digital o dactilar.
Impressionar, *v.*, impresionar, conmover.
Impressionável, *adj.*, impresionable.
Imprestável, *adj.*, imprestable, inservible.
Impreterível, *adj.*, riguroso, inaplazable.
Imprevisível, *adj.*, imprevisible.
Imprimir, *v.*, imprimir, estampar.
Improcedente, *adj.*, improcedente, inadecuado.
Improdutivo, *adj.*, improductivo.
Improfícuo, *adj.*, inútil, inaprovechable.
Impropério, *n.m.*, improperio, insulto, injuria.
Impróprio, *adj.*, impropio, ajeno.
Improrrogável, *adj.*, improrrogable.
Improvável, *adj.*, improbable.
Improvisar, *v.*, improvisar.
Imprudência, *n.f.*, imprudencia.
Impugnar, *v.*, impugnar, refutar, combatir.
Impulsionar, *v.*, impulsar, impeler, estimular.
Impulso, *n.m.*, impulso, empuje, estímulo.
Impune, *adj.*, impune.
Impureza, *n.f.*, impureza.

Imputação, *n.f.*, imputación.
Imputar, *v.*, imputar, achacar.
Imundo, *adj.*, inmundo, sucio, asqueroso.
Imune, *adj.*, inmune, exento.
Imunizar, *v.*, inmunizar.
Imutável, *adj.*, inmutable, inmudable.
Inacabado, *adj.*, inacabado, incompleto.
Inacreditável, *adj.*, increíble.
Inalar, *v.*, inhalar, aspirar.
Inalterável, *adj.*, inalterable.
Inanição, *n.f.*, inanición, enflaquecimiento, debilidad.
Inanimado, *adj.*, inanimado, muerto.
Inapetência, *n.f.*, inapetencia.
Inativo, *adj.*, inactivo, inerte, ocioso.
Inato, *adj.*, innato, congénito.
Inaudito, *adj.*, inaudito ‖ extraordinario, increíble.
Inauguração, *n.f.*, inauguración, apertura.
Inaugurar, *v.*, inaugurar, abrir, iniciar.
Incalculável, *adj.*, incalculable, inestimable, innumerable.
Incandescente, *adj.*, incandescente, abrasador, ardiente.
Incansável, *adj.*, incansable, infatigable.
Incapaz, *adj.*, incapaz.
Incauto, *n.m.*, incauto, imprudente.
Incendiar, *v.*, incendiar, quemar.
Incenso, *n.m.*, incienso.
Incentivar, *v.*, incentivar, estimular.
Incentivo, *adj.*, incentivo, estímulo, aliciente.
Incerto, *adj.*, incierto, desconocido, dudoso, indeterminado.
Incesto, *adj.*, incesto.
Inchação, *n.f.*, hinchazón, anasarca, ‖ *fig.*, vanidad, presunción, arrogancia.
Inchar, *v.*, hinchar, inflamar ‖ orgullo, arrogancia.
Incidente, *adj.*, incidente.
Incidir, *v.*, incidir, sobrevenir, caer, ocurrir.
Incinerar, *v.*, incinerar.
Incipiente, *adj.*, incipiente.
Incisão, *n.f.*, incisión, corte, cisura.
Incitar, *v.*, incitar, instigar, impeler.
Inclinação, *n.f.*, inclinación.
Inclinar, *v.*, inclinar, desviar ‖ agacharse.
Incluir, *v.*, incluir, contener, abarcar.
Inclusão, *n.f.*, inclusión.
Incoerente, *adj.*, incoherente ‖ contradictorio.
Incógnita, *n.f.*, incógnita.
Incolor, *adj.*, incoloro.
Incólume, *adj.*, incólume, ileso, sano.
Incomodar, *v.*, incomodar, importunar ‖ molestar, fastidiar.
Incômodo, *adj.*, incómodo, desagradable, molesto.
Incomparável, *adj.*, incomparable.
Incompatível, *adj.*, incompatible.
Incompreensível, *adj.*, incomprensible.
Inconveniente, *adj.*, inconveniente, inoportuno.
Incorporar, *v.*, incorporar, agregarse, juntarse.
Incorrer, *v.*, incidir.
Incorrigível, *adj.*, incorregible.
Incredulidade, *n.f.*, incredulidad.
Incrédulo, *adj.*, incrédulo.
Incrível, *adj.*, increíble ‖ extraordinario.
Incrustar, *v.*, incrustar, cubrir de costra ‖ embutir ‖ empotrar.
Incubadora, *n.f.*, incubadora.
Inculcar, *v.*, inculcar.

Inculto, *adj.*, inculto, sin cultivo, agreste, árido.
Indagar, *v.*, indagar, intentar, averiguar, inquirir.
Indecente, *adj.*, indecente, indecoroso, obsceno.
Indecisão, *n.f.*, indecisión, irresolución.
Indefeso, *adj.*, indefenso ‖ desarmado, debilitado.
Indene, *adj.*, indemne, ileso, íntegro.
Indesejável, *adj.*, indeseable.
Indeterminado, *adj.*, indeterminado, indefinido, indeciso.
Indevido, *adj.*, indebido, impropio.
Indicar, *v.*, indicar, apuntar, designar, mostrar.
Índice, *n.m.*, índice ‖ lista, enumeración ‖ catálogo.
Indiciar, *v.*, indiciar, sospechar, denunciar.
Indício, *n.m.*, indicio, señal, vestigio.
Indiferente, *adj.*, indiferente, apático, desinteresado.
Indigente, *adj.*, indigente, pobre, necesitado.
Indigestão, *n.f.*, indigestión, empacho.
Indignação, *n.f.*, indignación, enojo, enfado, ira.
Indignar, *v.*, indignar, irritar, enfadar.
Índio, *adj.* y *n.m.*, indio, indígena.
Indiretamente, *adv.*, indirectamente.
Indireto, *adj.*, indirecto, disfrazado, ‖ ambiguo, dudoso.
Indisciplina, *n.f.*, indisciplina.
Indiscreto, *adj.*, indiscreto, inconveniente.
Indispensável, *adj.*, indispensable, imprescindible.
Indispor, *v.*, indisponer, irritar, aborrecer, enemistar.
Individual, *adj.*, individual, particular, característico.
Indivíduo, *adj.* y *n.m.*, individuo.
Indivisível, *adj.*, indivisible.
Indócil, *adj.*, indócil, rebelde.
Índole, *n.f.*, índole, naturaleza, carácter.
Indolor, *adj.*, indoloro.
Indução, *n.f.*, inducción.
Indulgência, *n.f.*, indulgencia, tolerancia, perdón.
Indulto, *n.m.*, indulto, gracia, perdón.
Indústria, *n.f.*, industria, fábrica ‖ maña, destreza.
Induzir, *v.*, inducir, instigar, persuadir.
Inédito, *adj.*, inédito, nuevo, original.
Inegável, *adj.*, innegable, evidente.
Inepto, *adj.*, inepto, necio, torpe.
Inércia, *n.f.*, inercia, flojedad, inacción, pereza.
Inerte, *adj.*, inerte, inactivo, ineficaz.
Inevitável, *adj.*, inevitable, fatal.
Inexorável, *adj.*, inexorable, austero, rígido.
Infalível, *adj.*, infalible, seguro, cierto, inevitable.
Infame, *adj.*, infame, vil, torpe.
Infância, *n.f.*, infancia, niñez.
Infantil, *adj.*, infantil ‖ *fig.*, inocente, cándido, ingenuo.
Infarto, *n.m.*, infarto.
Infecção, *n.f.*, infección.
Infelicidade, *n.f.*, infelicidad, desgracia.
Infeliz, *adj.*, infeliz, desdichado, desgraciado.
Inferior, *adj.*, inferior.
Inferiorizar, *v.*, menospreciar, ser inferior, disminuir.
Infernal, *adj.*, infernal, diabólico, atroz, terrible.

Infernizar, *v.*, infernar, irritar, perturbar, atormentar.
Inferno, *n.m.*, infierno.
Infestar, *v.*, infestar, asolar, apestar.
Infiel, *adj.*, infiel, desleal.
Infiltrar, *v.*, infiltrar, introducir, penetrar.
Infinito, *adj.* y *n.m.*, infinito.
Inflação, *n.f.*, inflación.
Inflamação, *n.f.*, inflamación, edema, hinchazón.
Inflamar, *v.*, inflamar, hinchar, acalorar.
Inflexão, *n.f.*, inflexión, inclinación.
Influência, *n.f.*, influencia, poder, predominio.
Influir, *v.*, influir, inspirar, sugerir, entusiasmar.
Informação, *n.f.*, información.
Informar, *v.*, informar, comunicar.
Informe, *n.m.*, informe ‖ amorfo ‖ noticia, información.
Infortúnio, *n.m.*, infortunio, infelicidad, desdicha.
Infraestrutura, *n.f.*, infraestructura.
Infração, *n.f.*, infracción, transgresión, falta.
Infrator, *adj.* y *n.m.*, infractor.
Infusão, *n.f.*, infusión.
Ingenho, *adj.*, ingenio, intuición, maña.
Ingenuidade, *n.f.*, ingenuidad, sinceridad, inocencia.
Ingênuo, *adj.*, ingenuo, inocente, franco, sincero.
Ingerir, *v.*, ingerir, engullir ‖ interferir, meterse.
Ingestão, *n.f.*, ingestión.
Ingrato, *adj.*, ingrato, desagradecido, desagradable, áspero.
Ingrediente, *n.m.*, ingrediente.
Íngreme, *adj.*, empinado, escarpado.
Ingressar, *v.*, ingresar, entrar.
Ingresso, *n.m.*, ingreso, entrada ‖ boleto ‖ admisión, iniciación.
Íngua, *n.f.*, adenitis (adenia), buba.
Inhaca, *n.f.*, catinga, hedor.
Inhame, *adj.*, aráceo (arísaro, cala).
Inibir, *v.*, inhibir, impedir, reprimir ‖ avergonzarse.
Inicial, *adj.*, inicial.
Iniciar, *v.*, iniciar, comenzar, empezar ‖ admitir, entrar.
Início, *n.m.*, inicio, comienzo, principio.
Inimigo, *adj.* y *n.m.*, enemigo, adversario.
Ininteligível, *adj.*, ininteligible.
Iníquo, *adj.*, perverso, injusto, cruel.
Injeção, *n.f.*, inyección.
Injetar, *v.*, inyectar.
Injúria, *n.f.*, injuria, agravio, infamia.
Injuriar, *v.*, injuriar, agraviar, difamar, insultar.
Injustiça, *n.f.*, injusticia.
Injusto, *adj.*, injusto, infundado.
Inocência, *n.f.*, inocencia, candor, sencillez.
Inocentar, *v.*, disculpar, justificar, considerar inocente.
Inocente, *adj.*, inocente, inofensivo, cándido, puro.
Inócuo, *adj.*, inocuo, inofensivo.
Inodoro, *adj.*, inodoro, sin olor.
Inofensivo, *adj.*, inofensivo, pacífico, incapaz.
Inovação, *n.f.*, innovación, novedad.
Inovar, *v.*, innovar, renovar.
Inquérito, *n.m.*, averiguación, información.
Inquietação, *n.f.*, inquietud, desasosiego, nerviosismo.
Inquieto, *adj.*, inquieto, desasosegado.

Insaciável, *adj.*, insaciable, ávido, avaro.
Insalubre, *adj.*, insalubre, malsano, enfermo.
Insano, *adj.*, insano, loco, demente.
Inscrever, *v.*, inscribir, grabar ‖ matricularse.
Inscrição, *n.f.*, inscripción, letrero ‖ matrícula, alistamiento.
Inseparável, *adj.*, inseparable, único, íntimo.
Inserir, *v.*, inserir, injerir, introducir, incluir.
Inseticida, *adj.* y *n.m.*, insecticida.
Inseto, *n.m.*, insecto.
Insígnia, *n.f.*, insignia, señal, distintivo, divisa ‖ estandarte, pendón.
Insignificante, *adj.*, insignificante, pequeño, despreciable.
Insinuar, *v.*, insinuar, acusar, aludir.
Insípido, *adj.*, insípido, soso.
Insistir, *v.*, insistir, persistir, perseverar.
Insolação, *n.f.*, insolación.
Insone, *adj.*, insomne, desvelado.
Insônia, *n.f.*, insomnio.
Inspeção, *n.f.*, inspección.
Inspecionar, *v.*, inspeccionar, examinar.
Inspetor, *adj.* y *n.m.*, inspector, fiscal, auditor.
Instalar, *v.*, instalar, establecer.
Instante, *n.m.*, instante, momento.
Instigar, *v.*, instigar, incitar, provocar.
Instinto, *n.m.*, instinto, impulso, intuición.
Instituição, *n.f.*, institución, establecimiento.
Instituir, *v.*, instituir, establecer.
Instituto, *n.m.*, instituto.
Instrução, *n.f.*, instrucción.
Instruir, *v.*, instruir, enseñar, habilitar.
Instrumento, *n.m.*, instrumento, utensilio.
Instrutivo, *adj.*, instructivo.
Insubordinação, *n.f.*, insubordinación, rebelión.
Insuficiente, *adj.*, insuficiente, incompetente, incapaz.
Insular, *adj.*, insular.
Insultar, *v.*, insultar, ofender, injuriar.
Insulto, *n.m.*, insulto, ofensa, injuria.
Intato, *adj.*, intacto, ileso, puro.
Íntegra, *n.f.*, totalidad ♦ *adv.*, integralmente.
Integral, *adj.*, integral, total, entero.
Integrar, *v.*, integrar, completar, incorporarse.
Inteirar, *v.*, enterar, completar, informar.
Inteiriço, *adj.*, enterizo, hirsuto, rígido.
Inteiro, *adj.*, entero, completo, íntegro.
Intelecto, *n.m.*, intelecto, entendimiento, inteligencia.
Intelectual, *adj.*, *n.m.* y *f.*, intelectual, literario, científico.
Inteligência, *n.f.*, inteligencia.
Inteligente, *adj.*, inteligente, hábil, perspicaz.
Intenção, *n.f.*, intención, intento, deseo.
Intencional, *adj.*, intencional, deliberado.
Intensidade, *n.f.*, intensidad, fuerza, energía.
Intensivo, *adj.*, intensivo, intenso, vehemente.
Intenso, *adj.*, intenso, activo, enérgico ‖ duro, violento, potente.
Intentar, *v.*, intentar, tentar, planear, formular.
Intento, *adj.* y *n.m.*, intento, tentativa, plano, intención.
Intercalar, *v.*, intercalar, interponer.

Interceder, *v.*, interceder, pedir, rogar.
Interditar, *v.*, prohibir, vedar.
Interessante, *adj.*, interesante, atrayente, simpático.
Interessar, *v.*, interesar, dedicar, preocupar.
Interesse, *n.m.*, interés, importancia, valor ‖ ganancia, provecho.
Interior, *adj.*, interior, interno ◆ *n.m.*, índole, carácter.
Internar, *v.*, internar, introducir, trasladar, hospitalizar.
Internato, *n.m.*, colegio de alumnos internos, internado.
Interno, *adj.* y *n.m.*, interno, interior.
Interpretar, *v.*, interpretar, explicar, declarar.
Intérprete, *n.m.* y *f.*, intérprete, traductor ‖ cantante.
Interrogação, *n.f.*, interrogación, pregunta.
Interrogar, *v.*, interrogar, preguntar, inquirir.
Interromper, *v.*, interrumpir, suspender, romper.
Interrupção, *n.f.*, interrupción, suspensión, rompimiento.
Interruptor, *adj.* y *n.m.*, interruptor.
Interurbano, *adj.*, interurbano ◆ *n.m.*, conferencia o llamada telefónica, de larga distancia.
Intervalo, *n.m.*, intervalo, entreacto, pausa.
Intervir, *v.*, intervenir, interceder, interponer ‖ participar, operar.
Intestino, *n.m.*, intestino.
Intimidade, *n.f.*, intimidad, familiaridad, amistad.
Íntimo, *adj.* y *n.m.*, íntimo, confidente → *No íntimo,* en las entrañas.
Intolerável, *adj.*, intolerable.
Intoxicar, *v.*, intoxicar, envenenarse.
Intranquilidade, *n.f.*, intranquilidad, inquietud, zozobra.
Intratável, *adj.*, intratable, insociable.
Intriga, *n.f.*, intriga, enredo, embrollo.
Introduzir, *v.*, introducir, penetrar, adentrar.
Intruso, *adj.*, intruso.
Inundação, *n.f.*, inundación, crecida.
Inundar, *v.*, inundar.
Inútil, *adj.*, inútil, vano, desnecesario ◆ *n.m.* y *f.*, inservible, inutilidad.
Invadir, *v.*, invadir, penetrar, entrar.
Inválido, *adj.*, inválido, nulo ◆ *n.m.*, minusvalía, paralítico, flojo.
Inveja, *n.f.*, envidia, codicia.
Invejar, *v.*, envidiar, codiciar.
Invenção, *n.f.*, invención, invento ‖ mentira, engaño.
Inventar, *v.*, inventar, crear, fabricar.
Inventário, *n.m.*, inventario.
Invento, *n.m.*, invento, creación, idea.
Inventor, *adj.* y *n.m.*, inventor, creador.
Inverno, *n.m.*, invierno.
Inversão, *n.f.*, inversión, alteración, cambio.
Inverso, *adj.*, inverso, contrario, invertido.
Invertebrado, *adj.* y *n.m.*, invertebrado.
Inverter, *v.*, invertir, girar ‖ alterar, poner al revés.
Invés, *n.m.*, revés, reverso ◆ *loc.*, lado.
Investida, *n.f.*, embestida, ataque.
Investigador, *adj.* y *n.m.*, investigador, agente de la policía.

Investigar, *v.*, investigar, averiguar ‖ examinar.

Investimento, *n.m.*, inversión.

Investir, *v.*, embestir, atacar, acometer ‖ invertir.

Invicto, *adj.*, invicto, invencible, insuperable.

Invocar, *v.*, invocar, suplicar ‖ rogar, alegar, citar.

Invólucro, *n.m.*, involucro, envoltura, envoltorio.

Involuntário, *adj.*, involuntario.

Iodo, *n.m.*, yodo.

Ioga, *n.f.*, yoga.

Iogurte, *n.m.*, yogur.

Ioiô, *n.m.*, yoyo.

Ir, *v.*, ir, caminar, andar, desplazarse ‖ irse, partir, marcharse → *Não ir com a cara,* no caer bien, no tragar. *Ir embora,* irse, marcharse. *Ir levando,* ir tirando. *Ir longe,* llegar lejos, salir adelante.

Ira, *n.f.*, ira, cólera, rabia.

Iracundo, *adj.*, iracundo, furioso.

Íris, *n.m.f.*, iris, pupila ‖ arco iris.

Irmã, *n.f.*, hermana ‖ monja.

Irmão, *n.m.*, hermano ‖ fray.

Ironia, *n.f.*, ironía, burla.

Irra, *interj.*, ¡arrea!

Irracional, *adj.*, irracional.

Irreal, *adj.*, irreal, imaginario.

Irrecusável, *adj.*, irrecusable, incontestable.

Irreflexão, *n.f.*, irreflexión.

Irreverente, *adj.*, irreverente, desatento.

Irrevogável, *adj.*, irrevocable.

Irrigador, *n.m.* y *adj.*, irrigador ‖ regadío, riego.

Irrigar, *v.*, irrigar, regar, rociar.

Irritar, *v.*, irritar, excitar, enojarse ‖ provocar, importunar.

Irritável, *adj.*, irritable, irascible.

Isca, *n.f.*, atractivo, yesca, pizca, cebo, carnada ‖ gancho, anzuelo ‖ trocitos fritos, tapa → *Laçar a isca*, echar el anzuelo. *Morder a isca*, caer en, tragar el anzuelo.

Isento, *adj.*, exento, libre ‖ imparcial.

Isolado, *adj.*, aislado, apartado, separado, solo.

Isolante, *adj.* y *n.m.*, aislante, aislador.

Isolar, *v.*, aislar, apartar.

Isósceles, *adj.*, isósceles.

Isqueiro, *n.m.*, mechero, encendedor.

Isso, *pro.dem.*, eso → *Isso mesmo*, eso es, exacto, correcto.

Isto, *pro.dem.*, esto, esta cosa → *Isto é*, o sea, es decir.

Item, *adv.*, ítem, también, de la misma forma ◆ *n.m.*, aditamento, añadidura, circular, renglón.

Itinerante, *adj.*, itinerante, ambulante ‖ titiritero.

Itinerário, *adj.* y *n.m.*, itinerario, camino, ruta, trayecto.

J

n.m., consonante palatal fricativa sonora, décima letra del abecedario portugués.

Já, *adv.*, ya, ahora ◆ *conj.*, ora.
Jabota, *n.f.*, galápago, tortuga ‖ hembra del jabuti.
Jaburu, *n.m.*, trepajuncos cayama, ‖ *fig.*, persona alta y flaca.
Jabuti, *n.m.*, galápago, tortuga.
Jaca, *n.f.*, jirasal (fruto de la yaca).
Jacá, *n.m.*, alforja.
Jacarandá, *n.m.*, jacarandá.
Jacaré, *n.m.*, cocodrilo, caimán.
Jacente, *adj.*, yacente.
Jacinto, *n.m.*, jacinto.
Jactância, *n.f.*, jactancia.
Jactar-se, *v.*, jactarse, vanagloriarse.
Jade, *n.m.*, jade.
Jaez, *n.m.*, jaez, adorno.
Jaguar, *n.m.*, jaguar.
Jagunço, *n.m.*, pueblerino pago para proteger o matar, matón, guardaespaldas.
Jaleco, *n.m.*, delantal, guardapolvo ‖ chaleco, chaquetilla, torera.
Jamais, *adv.*, jamás, nunca.
Jamegão, *n.m.*, firma, suscripción.
Janeiro, *n.m.*, enero.
Janela, *n.f.*, ventana.
Jangada, *n.f.*, jangada, balsa.
Jangadeiro, *n.m.*, balsero.
Janota, *adj.* y *n.m.*, currutaco, majete, elegante.
Janta, *n.f.*, cena.
Jantar, *v.*, cenar ◆ *n.m.*, cena → *Sala de jantar*, comedor.
Japona, *n.f.*, cazadora, chaquetón.
Jaqueira, *n.f.*, yaca.
Jaqueta, *n.f.*, chaqueta, cazadora.
Jaquetão, *n.m.*, chaquetón.
Jararaca, *n.f.*, culebra, víbora.
Jarda, *n.f.*, yarda.
Jardim, *n.m.*, jardín.
Jardinagem, *n.f.*, jardinería.
Jardinar, *v.*, ajardinar.
Jardineira, *n.f.*, jardinera ‖ maceta.
Jardineiro, *n.m.*, jardinero.
Jargão, *n.m.*, jerga, argot.
Jarra, *n.f.*, jarra, tiesto, florero.
Jarro, *n.m.*, jarro, botijo.
Jasmim, *n.m.*, jazmín.
Jasmim-do-cabo, *n.m.*, gardenia.
Jasmineiro, *n.m.*, jazminero, jazmín, gemela.
Jaspe, *n.m.*, jaspe, mármol.
Jato, *n.m.*, chorro.
Jaula, *n.f.*, jaula.
Javali, *n.m.*, jabalí.
Javalina, *n.f.*, jabalina.
Jazer, *v.*, yacer.
Jazida, *n.f.*, yacimiento, mina.
Jazigo, *n.m.*, yacija, sepultura, túmulo.
Jeca, *n.m.*, pueblerino, rústico.
Jegue, *n.m.*, asno, jumento.

Jeito, *n.m.*, modo, manera ‖ aspecto, índole, carácter ‖ maña, habilidad → *Dar um jeito,* arreglar, rebuscar. *Com jeito,* con cuidado. *De jeito nenhum,* ni pensar, de ninguna manera. *Não ter jeito,* no tener arreglo, no hay como/manera.

Jeitoso, *adj.*, mañoso, manitas, habilidoso.

Jejuar, *v.*, ayunar, dejar de comer.

Jejum, *n.m.*, ayuno.

Jequi, *n.m.*, cesta, canastilla de pesca.

Jerimum, *n.m.*, calabaza.

Jeropiga, *n.f.*, bebida de mosto, aguardiente y azúcar ‖ mostillo, vino peleón.

Jesuíta, *adj.* y *n.m.*, jesuita.

Jia, *n.f.*, rana.

Jiboia, *n.f.*, boa.

Jiboiar, *v.*, reposar, digerir en reposo.

Jipe, *n.m.*, jeep.

Joalheiro, *n.m.*, joyero.

Joalheria, *n.f.*, joyería.

Joanete, *n.m.*, juanete ‖ mastelerillo.

Joaninha, *n.f.*, mariquita.

João-de-barro, *n.m.*, hornero.

João-ninguém, *n.m.*, pelele, don nadie, perico de los palotes.

Joça, *n.f.*, trasto ‖ cosa vieja, complicada.

Jocoso, *adj.*, jocoso, gracioso, chistoso.

Joeira, *n.f.*, criba.

Joeirar, *v.*, cribar.

Joelhada, *n.f.*, rodillada.

Joelheira, *n.f.*, rodillera.

Joelho, *n.m.*, rodilla.

Jogada, *n.f.*, jugada, lance, partida → *Fazer boa jogada,* hacer un buen negocio.

Jogado, *adj.*, tirado, abandonado.

Jogador, *n.*, jugador.

Jogar, *v.*, jugar ‖ tirar ‖ apostar, arriesgar ‖ deshacerse, tirar ‖ armonizar ‖ atirarse.

Jogatina, *n.f.*, juego, vicio de jugar.

Jogo, *n.m.*, juego, partido ‖ pasatiempo, diversión → *Jogo da velha,* las tres en raya. *Abrir o jogo,* hablar claramente. *Esconder o jogo,* ocultar las intenciones.

Jogo do bicho, *n.m.*, lotería de números.

Jogral, *n.m.*, juglar, trovador.

Joguete, *n.m.*, juguete ‖ chanza, burla.

Joia, *n.f.*, joya, alhaja ◆ *interj.*, ¡bárbaro!

Joio, *n.m.*, cizaña.

Jóquei, *n.m.*, yóquey, yoqui, jinete.

Jornada, *n.f.*, jornada.

Jornal, *n.m.*, periódico, diario ‖ sueldo, salario.

Jornaleiro, *n.m.*, vendedor de periódicos, quiosquero.

Jornalismo, *n.m.*, periodismo.

Jornalista, *n.m.* y *f.*, periodista.

Jorrar, *v.*, chorrear, borbotar.

Jorro, *n.m.*, chorro, borbotón, borbollón.

Jovem, *adj.* y *n.m.* y *f.*, joven, juvenil.

Jovial, *adj.*, jovial, alegre, chistoso.

Juba, *n.f.*, melena, crin.

Jubilar, *v.*, jubilar, alegrarse, regocijarse.

Jubileu, *n.m.*, jubileo.

Júbilo, *n.m.*, júbilo, alegría.

Judiar, *v.*, maltratar, atormentar.

Judiaria, *n.f.*, judería, judiada.

Judicial, *adj.*, judicial.

Jugo, *n.m.*, yugo ‖ dominación.

Jugular, *adj.* y *n.f.*, yugular.

Juiz, *n.m.*, juez, árbitro.

Juizado, *n.m.*, juzgado.

Juízo, *n.m.*, juicio ‖ seso, opinión, quicio.
Julgado, *adj.* y *n.*, juzgado, sentenciado, pensado.
Julgar, *v.*, juzgar, estimar, creer.
Julho, *n.m.*, julio.
Jumento, *n.m.*, burro, asno, mulo.
Junção, *n.f.*, juntura, unión.
Junco, *n.m.*, junco.
Jungir, *v.*, emparejar, unir, atar (con yugo).
Junho, *n.m.*, junio.
Junta, *n.f.*, junta, articulación ‖ pareja ‖ consejo.
Juntar, *v.*, juntar, reunir, acumular, unir.
Junto, *adj.*, junto, unido, anexo ◆ *adv.*, cerca, al lado.
Jura, *n.f.*, jura, juramento.
Jurado, *adj.* y *n.m.*, jurado.
Juramento, *n.m.*, juramento.
Jurar, *v.*, jurar.
Júri, *n.m.*, jurado, tribunal.
Jurídico, *adj.*, jurídico.
Jurisdição, *n.f.*, jurisdicción.
Juriti, *n.f.*, paloma torcaz.
Juro, *n.m.*, interés, rendimiento, rédito.
Jururu, *adj.*, atontado, triste, melancólico, mustio.
Jus, *n.m.*, derecho, merecimiento.
Justapor, *v.*, yuxtaponer, sobreponer.
Justaposição, *n.f.*, yuxtaposición, sobreposición.
Justeza, *n.f.*, exactitud, precisión.
Justiça, *n.f.*, justicia.
Justiçar, *v.*, justiciar, ajusticiar.
Justiceiro, *adj.*, justiciero, severo, inflexible.
Justificação, *n.f.*, justificación, razón, causa.
Justificar, *v.*, justificar, legitimar.
Justificativo, *adj.*, justificativo.
Justo, *adj.*, justo, apretado ◆ *n.m.*, hombre virtuoso.
Juta, *n.f.*, yute.
Juvenil, *adj.*, juvenil, mozo ◆ *n.m.*, equipo juvenil.
Juventude, *n.f.*, juventud, mocedad.

L

n.m., consonante lateral alveolar sonora, duodécima letra del abecedario portugués ‖ en números romanos equivale a 50.

Lá, *adv.*, allí, allá ◆ *n.m.*, la (sexta voz de la escala musical).
Lã, *n.f.*, lana.
Labareda, *n.f.*, llamarada, llama.
Lábaro, *n.m.*, lábaro, estandarte, bandera.
Lábia, *n.f.*, labia, astucia, maña.
Labial, *adj.*, labial.
Lábio, *n.m.*, labio ‖ hocico, morro.
Labirinto, *n.m.*, laberinto.
Labor, *n.m.*, labor, trabajo, faena.
Laborar, *v.*, laborar, labrar, trabajar.
Laboratório, *n.m.*, laboratorio, oficina, taller.
Labuta, *n.f.*, labor, faena, curro ‖ afán.
Labutar, *v.*, trabajar, labrar, ‖ afanar, entregarse al trabajo.
Laca, *n.f.*, laca.
Laçada, *n.f.*, lazada, nudo.
Lacaio, *n.m.*, lacayo, criado de librea.
Laçar, *v.*, lazar ‖ enlazarse.
Laçarote, *n.m.*, lazo grande.
Lacear, *v.*, hacer flojo, suelto.
Laço, *n.m.*, lazo, nudo ‖ trampa para cazar ‖ alianza, vínculo, obligación.
Lacônico, *adj.*, lacónico, breve, conciso.
Lacraia, *n.f.*, ciempiés, cardador.
Lacrar, *v.*, lacrar, cerrar con lacre.
Lacre, *n.m.*, lacre, pasta sólida, sello.
Lacrimal, *adj.*, lacrimal ◆ *n.m.*, lagrimal.
Lacrimejar, *v.*, lloriquear, lagrimear.
Lacrimoso, *adj.*, lacrimoso, lloroso.
Lactar, *v.*, lactar, amamantar, mamar.
Lácteo, *adj.*, lácteo, lechoso.
Lacuna, *n.f.*, falta, omisión, vacío.
Lacustre, *adj.*, lacustre.
Ladainha, *n.f.*, letanía, rogativa, oración, retahíla ‖ *fig.*, tirria.
Ladear, *v.*, ladear, declinar ‖ contornar.
Ladeira, *n.f.*, ladera, cuesta, declive de un terreno, rampa.
Lado, *n.m.*, lado, costado ‖ cara ‖ dirección, rumbo ‖ sitio, lugar ‖ partido, grupo → *Do lado de lá*, del otro lado.
Ladra, *adj.* y *n.m.*, ladrona, ratera.
Ladrão, *adj.* y *n.m.*, ladrón ‖ chorizo, ratero ‖ grifo, llave de purga, purgador.
Ladrar, *v.*, ladrar.
Ladrilhar, *v.*, ladrillar, enladrillar ‖ embaldosar.
Ladrilho, *n.m.*, ladrillo fino, baldosa para el suelo, losa ‖ azulejo (para levantar paredes).
Ladroeira, *n.f.*, ladronera, robo, hurto.
Lagar, *n.m.*, lagar.
Lagarta, *n.f.*, oruga, lagarta de las mariposas.
Lagartixa, *n.f.*, lagartija.
Lagarto, *n.m.*, lagarto.
Lago, *n.m.*, lago.
Lagoa, *n.f.*, laguna.
Lagosta, *n.f.*, langosta.

Lagostim, *n.m.*, langostín, langostino.
Lágrima, *n.f.*, lágrima.
Laguna, *n.f.*, laguna.
Laia, *n.f.*, laya, calidad, especie, clase ‖ calaña, casta, ralea.
Laico, *adj.*, laico, lego.
Laivo, *n.m.*, mancha, señal sucio.
Laje, *n.f.*, baldosa, losa ‖ lancha de piedra, laja, adoquín.
Lajear, *v.*, embaldosar, enlosar, adoquinar.
Lajota, *n.f.*, baldosín.
Lama, *n.f.*, lama, lodo, fango, barro ◆ *n.m.*, sacerdote budista.
Lamaçal, *n.m.*, lodazal.
Lamacento, *adj.*, lodoso.
Lambada, *n.f.*, palo, golpe, porrazo, castañazo ‖ garrotazo, latigazo ‖ tipo de danza popular.
Lambão, *n.m.* y *adj.*, lamerón, lametón, goloso ‖ tonto, idiota.
Lambari, *n.m.*, tipo de pescado común.
Lamber, *v.*, lamer, chupar ‖ tocar suavemente, rozar → *Lamber os beiços*, lamerse el morro, relamerse ‖ saber de rechupete.
Lambida, *n.f.*, lamida, chupada.
Lambiscar, *v.*, lamiscar ‖ pinchar, picar.
Lambris, *n.m.pl.*, revestimiento de ensambladura, de mármol, de azulejos, etc. que se aplica en las paredes internas.
Lambuzar, *v.*, pringar, manchar, ensuciarse, emporcarse.
Lameiro, *n.m.*, llameado, lodazal, cenagal ‖ charca.
Lamentar, *v.*, lamentar, llorar, lastimar ‖ quejarse.
Lamento, *n.m.*, lamento, quejido ‖ sollozo, llanto, lloro.
Lâmina, *n.f.*, lámina, plancha delgada ‖ hoja, cuchilla → *Lâmina de barbear*, hoja de afeitar.
Lâmpada, *n.f.*, lámpara, bombilla.
Lamparina, *n.f.*, lamparilla, mariposa con mecha, candil.
Lampeiro, *adj.*, metomentodo, bullicioso, inquieto, desasosegado.
Lampejar, *v.*, centellear, chispear, relampaguear.
Lampejo, *n.m.*, resplandor, claridad ‖ chispa, centella, relámpago ‖ *fig.*, idea brillante, repentina, chispazo.
Lampião, *n.m.*, candil, farol, linterna.
Lamúria, *n.f.*, queja, lamentación ‖ lloradera.
Lamuriar, *v.*, lamentarse, aquejarse, lloriquear.
Lança, *n.f.*, lanza ‖ vara de madera de un carruaje → *Lança-foguetes*, lanzacohetes.
Lança-chamas, *n.m.*, lanzallamas.
Lança-perfume, *n.m.*, frasco de éter perfumado con presión.
Lançadeira, *n.f.*, lanzadera.
Lançamento, *n.m.*, lanzamiento.
Lançar, *v.*, lanzar, arrojar ‖ arremeter ‖ divulgar ‖ vomitar ‖ echar, brotar ‖ pasar (una película) ‖ arrojarse, soltarse.
Lance, *n.m.*, lance, jugada ‖ suceso, acontecimiento ‖ trance, ocasión crítica.
Lancha, *n.f.*, lancha.
Lanchar, *v.*, merendar.
Lanche, *n.m.*, bocadillo, merienda.
Lanchonete, *n.f.*, bar, cafetería, merendero.
Langor, *n.m.*, languidez.

Languidez, *n.f.*, languidez, flaqueza, debilidad.
Lânguido, *adj.*, lánguido, flaco, débil, fatigado.
Lanifício, *n.m.*, lanificio.
Lanoso, *adj.*, lanoso, lanudo.
Lanterna, *n.f.*, linterna.
Lapa, *n.f.*, lancha, piedra grande en forma de abrigo.
Lapela, *n.f.*, solapa.
Lapidar, *v.*, tallar, abrillantar ‖ pulir, educar ‖ apedrear, matar a pedradas.
Lápide, *n.f.*, lápida.
Lapinha, *n.f.*, nacimiento (representación del nacimiento de Jesucristo en el portal de Belén).
Lápis, *n.m.*, lápiz.
Lapiseira, *n.f.*, lapicero, lápiz, ‖ portalápiz.
Lapso, *n.m.*, lapso, espacio de tiempo ‖ lapsus, equivocación cometida por descuido.
Laquear, *v.*, laquear.
Lar, *n.m.*, hogar ‖ lar, sitio de la lumbre en la cocina ‖ chimenea, fogón ‖ casa propia.
Laranja, *n.f.*, naranja → *Suco de laranja*, zumo o jugo de naranja.
Laranjada, *n.f.*, naranjada.
Laranjal, *n.m.*, naranjal.
Laranjeira, *n.f.*, naranjo → *Flor de laranjeira*, azahar.
Laranjeiro, *n.m.*, naranjero.
Larápio, *n.m.*, ladrón, chorizo.
Lardo, *n.m.*, lardo del tocino.
Lareira, *n.f.*, chimenea ‖ lar, hogar o fogón.
Larga, *n.f.*, ancha, ‖ liberalidad.
Largar, *v.*, soltar ‖ dejar ‖ abandonar.
Largo, *adj.*, ancho, amplio, vasto, espacioso ‖ liberal, dadivoso, generoso ◆ *n.m.*, plaza pública, plazuela.
Largueza, *n.f.*, largura, liberalidad, generosidad.
Largura, *n.f.*, anchura.
Laringe, *n.f.*, laringe.
Laringite, *n.f.*, laringitis.
Larva, *n.f.*, larva, gusano.
Lasanha, *n.f.*, lasaña.
Lasca, *n.f.*, astilla, lasca, lancha (piedra) ‖ lonja, rodaja, tajada.
Lascar, *v.*, rajar, astillar ‖ henderse.
Lascivo, *adj.*, lascivo, sensual, resbaladizo, libidinoso ‖ juguetón.
Lassidão, *n.f.*, lasitud, desfallecimiento, cansancio, fatiga.
Lasso, *adj.*, laso, cansado, fatigado ‖ flojo, relajado.
Lástima, *n.f.*, lástima, enternecimiento, compasión ‖ tristeza, piedad ‖ lamento.
Lastimar, *v.*, lastimar, lamentar, deplorar ‖ afligir, angustiar, agraviar ‖ compadecerse.
Lastimável, *adj.*, lamentable, lastimoso, deplorable.
Lastrar, *v.*, lastrar, poner lastre.
Lastro, *n.m.*, lastre, piedra, arena, agua u otra cosa que se pone en el fondo de una embarcación.
Lata, *n.f.*, lata, hoja de lata ‖ envase hecho de hojalata → *Lata de lixo*, cubo de la basura. *Lata velha*, chatarra, armatoste, coche estropeado.
Latão, *n.m.*, latón.
Látego, *n.m.*, látigo, cuerda, correa.
Latejar, *v.*, palpitar, pulsar, latir.
Latente, *adj.*, latente, oculto, escondido.

Lateral, *adj.* y *n.m.* y *f.*, lateral, lado → *Lateral direito*, extremo derecho (fútbol).

Látex, *n.m.*, látex.

Laticínio, *n.m.*, lechería, quesería.

Latido, *n.m.*, ladrido, latido.

Latifúndio, *n.m.*, latifundio.

Latir, *v.*, ladrar.

Latitude, *n.f.*, latitud.

Lato, *adj.*, ancho, amplio.

Latrina, *n.f.*, letrina.

Latrocínio, *n.m.*, latrocinio, hurto.

Lauda, *n.f.*, cuartilla, folio, hoja de papel.

Láudano, *n.m.*, láudano, opio.

Laudo, *n.m.*, laudo, decisión, fallo ‖ dictamen.

Láurea, *n.f.*, láurea, hoja de laurel.

Laurear, *v.*, laurear, coronar con laurel ‖ *fig.*, premiar, honrar.

Laurel, *n.m.*, laurel.

Lauto, *adj.*, lauto, rico, espléndido, opulento ‖ opíparo.

Lava, *n.f.*, lava.

Lavabo, *n.m.*, lavabo, pila ‖ cuarto de baño, retrete ‖ lavatorio.

Lavadeira, *n.f.*, lavandera.

Lavagem, *n.f.*, lavado, lavaje ‖ resto de comida que se da a los cerdos → *Lavagem cerebral*, lavado de cerebro.

Lavanda, *n.f.*, lavanda, agua de colonia.

Lavanderia, *n.f.*, lavandería, lavadero.

Lava-pés, *n.m.*, lavar los pies.

Lavar, *v.*, lavar, limpiar ‖ bañarse, ducharse → *Lava-louça*, lavaplatos. *Máquina de lavar*, lavadora.

Lavatório, *n.m.*, lavatorio, lavabo ‖ pila, lavamanos, palangana.

Lavoura, *n.f.*, agricultura, labor, labranza, labrantío.

Lavra, *n.f.*, labor, laboreo.

Lavrador, *n.m.*, labrador, labriego, agricultor.

Lavrar, *v.*, labrar, arar, cultivar ‖ redactar ‖ difundirse, propagarse, propalarse.

Laxante, *n.m.* y *adj.*, laxante.

Laxativo, *n.m.*, laxativo, laxante.

Laxo, *adj.*, laxo, flojo.

Lazarento, *adj.*, lázaro, leproso, que tiene pústulas o llagas ‖ *fig.*, hambriento ‖ tío que trae mala suerte, miserable.

Lazer, *n.m.*, ocio, descanso, pasatiempo, entretenimiento, recreación.

Leal, *adj.*, leal, sincero, franco, honesto ‖ fiel, fidedigno.

Leão, *n.m.*, león ‖ leo (signo del zodiaco) → *Leão-marinho*, león marino.

Leão de chácara, *n.m.*, guardián de casa de diversiones, cachas.

Lebracho, *n.m.*, liebre nueva.

Lebrão, *n.m.*, grande, macho de la liebre.

Lebre, *n.f.*, liebre.

Lecionar, *v.*, enseñar, instruir ‖ dar clases.

Ledo, *adj.*, ledo, alegre, contento, risueño.

Ledor, *adj.* y *n.m.*, lector.

Legado, *n.m.*, legado.

Legal, *adj.*, legal, lícito, justo ‖ legítimo ‖ *fig.*, cierto, verdadero ‖ puede dar idea apreciativa de: óptimo, perfecto, leal, digno → *Que legal!*, ¡qué bien!, ¡no veas!

Legalidade, *n.f.*, legalidad.

Legalizar, *v.*, legalizar ‖ legitimar ‖ certificar, autenticar.

Legar, *v.*, legar ‖ transmitir.

Legenda, *n.f.*, leyenda, historia, relato de los santos ‖ letrero, inscripción ‖ texto.
Legião, *n.f.*, legión ‖ multitud.
Legislação, *n.f.*, legislación.
Legista, *n.*, legista.
Legitimar, *v.*, legitimar.
Legítimo, *adj.*, legítimo ‖ legal.
Legível, *adj.*, legible.
Légua, *n.f.*, legua.
Legume, *n.m.*, legumbre ‖ judía verde ‖ hortaliza.
Lei, *n.f.*, ley, regla, norma.
Leigo, *adj.*, lego, laico.
Leilão, *n.m.*, subasta, remate, almoneda, puja.
Leiloar, *v.*, subastar, rematar, pujar.
Leitão, *n.m.*, cochinillo, lechón.
Leite, *n.m.*, leche ‖ savia.
Leiteira, *n.f.*, lechera.
Leiteiro, *adj.* y *n.m.*, lechero.
Leiteria, *n.f.*, lechería.
Leito, *n.m.*, lecho, cama ‖ cauce de un río ‖ camino, carretera.
Leitoa, *n.f.*, lechona, hembra del lechón.
Leitor, *adj.* y *n.m.*, lector.
Leitura, *n.f.*, lectura.
Lema, *n.m.*, lema ‖ sentencia, emblema, letra, mote.
Lembrança, *n.f.*, recuerdo ‖ recordación ‖ reminiscencia ‖ inspiración, idea ‖ regalo.
Lembrar, *v.*, recordar, traer a la memoria, acordarse ‖ sugerir, proponer, alertar.
Lembrete, *n.m.*, membrete, anotación, apunte.
Leme, *n.m.*, timón para gobernar una nave ‖ dirección, gobierno.
Lenço, *n.m.*, pañuelo ‖ moquero.
Lençol, *n.m.*, sábana ‖ depósito natural (capa) de petróleo o agua (yacimiento) → *Estar em maus lençóis*, vérselas negras.
Lenda, *n.f.*, leyenda, fábula, mito ‖ mentira, trola.
Lêndea, *n.f.*, huevo de piojo, liendre.
Lengalenga, *n.f.*, charlatanería, locuacidad, narración o discurso aburrido o mentecato ‖ *fig.*, y dale que te pego, retahíla.
Lenha, *n.f.*, leña → *Pôr lenha na fogueira*, poner ascuas al fuego, atizar.
Lenhador, *n.m.*, leñador.
Lenho, *n.m.*, tallo ‖ leño, madero, tarugo.
Lenhoso, *adj.*, leñoso.
Lenitivo, *adj.* y *n.m.*, lenitivo ‖ calmante.
Lenocínio, *n.m.*, lenocinio.
Lente, *n.f.*, lente ◆ *n.*, profesor de bachillerato → *Lente de contato*, lente de contacto, lentilla.
Lentejoula, *n.f.*, lentejuela.
Lentidão, *n.f.*, lentitud.
Lentilha, *n.f.*, lenteja.
Lento, *adj.*, lento, tardo, ‖ blando, flojo, manso.
Leoa, *n.f.*, leona.
Leonino, *adj.*, leonino.
Leopardo, *n.m.*, leopardo.
Lépido, *adj.*, alegre, risueño, jovial ‖ ligero, rápido, ágil.
Leporino, *adj.*, leporino.
Lepra, *n.f.*, lepra.
Leproso, *adj.* y *n.m.*, leproso ‖ andrajoso ‖ miserable.
Leque, *n.m.*, abanico.
Ler, *v.*, leer.
Lerdo, *adj.*, lerdo, torpe, pasmado.

Lesão, *n.f.*, lesión, herida, pupa ‖ daño, detrimento, prejuicio.

Lesar, *v.*, lesionar, contundir, herir, dañar ‖ burlar, defraudar.

Lésbica, *n.f.*, lesbiana.

Lesivo, *adj.*, lesivo.

Lesma, *n.f.*, babosa ‖ lerdo, pasmado, indolente.

Leso, *adj.*, leso, ofendido, lastimado ‖ *fig.*, idiota, mameluco.

Leste, *adj.* y *n.m.*, este.

Letal, *adj.*, letal, mortífero, fatal ‖ lúgubre.

Letargia, *n.f.*, letargo, hibernación ‖ *fig.*, modorra, sopor, apatía.

Letivo, *adj.*, lectivo.

Letra, *n.f.*, letra, signo gráfico ‖ manera de escribir ‖ caligrafía ‖ conjunto de las palabras en música ‖ letra de cambio → *Letra redonda*, redondilla. *Letra pequena*, letra menuda.

Letrado, *adj.* y *n.m.*, letrado, sabio, docto, instruido ‖ erudito.

Letreiro, *n.m.*, letrero.

Léu, *n.m.*, inactividad, ociosidad ‖ lentitud, ocasión, oportunidad → *Ao léu*, sin hacer nada ‖ tirar una cana al aire ‖ a gusto ‖ al descubierto, corito.

Leva, *n.f.*, leva ‖ reclutamiento ‖ grupo.

Leva e traz, *n.*, persona intrigante, embrollón ‖ chismoso, entremetido.

Levada, *n.f.*, levada ‖ cascada, catarata.

Levadiço, *adj.*, levadizo.

Levado, *adj.*, travieso, inquieto, revoltoso ‖ perillán.

Levantar, *v.*, levantar, alzar, elevar, erguir ‖ construir, fabricar, edificar ‖ provocar, suscitar ‖ obtener, conquistar ‖ ponerse en pie, erguirse ‖ dejar la cama ‖ sublevar, rebelarse ‖ clarear, amanecer → *Levantar voo*, alzar vuelo.

Levante, *n.m.*, levante, oriente ‖ motín, rebelión.

Levar, *v.*, llevar ‖ transportar ‖ cargar ‖ retirar, apartar ‖ conducir, guiar ‖ transmitir ‖ obtener, recibir ‖ necesitar ‖ ganar, lucrar ‖ exhibir, escenificar → *Levar a sério/na brincadeira*, ser de veras/de mentirilla, tomárselo en serio, en broma. *Levar en consideração*, tener en cuenta. *Levar na conversa*, timar, engañar.

Leve, *adj.*, leve, ligero, de poco peso ‖ fino, sutil, tenue, delicado ‖ de poca importancia, venial → *De leve*, por encima, de refilón, superficialmente.

Lêvedo, *n.m.*, levadura.

Levedura, *n.f.*, levadura, fermento.

Leveza, *n.f.*, levedad, lividez.

Leviandade, *n.f.*, liviandad.

Leviano, *adj.*, liviano, inconstante ‖ voluble, versátil.

Levitar, *v.*, levitar, elevarse.

Léxico, *n.m.*, léxico, vocabulario, diccionario abreviado.

Lexicografia, *n.f.*, lexicografía.

Lhama, *n.f.*, lama (tela de oro o plata) ◆ *n.m.*, llama (mamífero andino).

Lhano, *adj.*, llano, libre, franco, sencillo ‖ afable.

Lhanos, *n.m.pl.*, planicie extensa, pradera, especialmente del norte de América del Sur. ‖ pampa argentina.

Lhe, *pro.pe.*, le, a él, a ella, a usted ‖ se.

Lhes, *pro.pe.pl.*, les ‖ os ‖ se.

Lho, *contracción del pro.pe.* se y el *pro. dem.* lo, se lo.

Liame, *n.m.*, ligazón, unión, trabazón, enlace, lazo.

Libação, *n.f.*, libación.

Libar, *v.*, libar, beber, chupar.
Libelo, *n.m.*, libelo.
Libélula, *n.f.*, libélula, caballito del diablo.
Liberal, *adj.* y *n.*, liberal.
Liberar, *v.*, liberar, libertar, librar.
Liberdade, *n.f.*, libertad.
Libertar, *v.*, libertar, poner en libertad, librarse.
Libertino, *adj.*, libertino, disoluto, licencioso.
Liberto, *adj.*, liberto, libre ◆ *n.m.*, esclavo libre.
Libidinagem, *n.f.*, libídine, lujuria, lascivia, sensualidad.
Libidinoso, *adj.*, libidinoso, lujurioso, lascivo, sensual.
Libido, *n.f.*, libido, instinto, deseo sexual.
Libré, *n.f.*, librea, vestido uniforme, traje señorial (para criados).
Libreto, *n.m.*, libreto.
Lição, *n.f.*, lección, asignatura, tema enseñado por el profesor al alumno ‖ enseñanza, consejo, ejemplo → *Lição de casa*, deber, tarea.
Licença, *n.f.*, permiso, licencia, consentimiento, autorización ‖ desenfreno, libertinaje → *Com licença*, con permiso, ¿me permite?, ¿se puede?
Licenciar, *v.*, licenciar, dar permiso, licencia ‖ recibir el grado de licenciado.
Licenciatura, *n.f.*, licenciatura, grado de licenciado.
Liceu, *n.m.*, instituto de enseñanza media.
Licitar, *v.*, licitar, ofrecer precio en subasta o almoneda.
Lícito, *adj.*, lícito, legal.
Licor, *n.m.*, licor.
Licoroso, *adj.*, licoroso.
Lida, *n.f.*, trabajo, faena, labor, curro, lid.
Lidar, *v.*, trabajar, dedicarse a ‖ esforzarse ‖ lidiar, batallar.
Lide, *n.f.*, lid, combate, contienda, pelea, disputa ‖ pleito judicial.
Líder, *n.m.*, líder, guía, jefe.
Liga, *n.f.*, liga, alianza, unión, pacto ‖ asociación, confederación ‖ cinta, banda elástica ‖ mezcla, unión de metales fundidos (aleación).
Ligação, *n.f.*, ligación, liga ‖ nexo, relación, vínculo ‖ amistad ‖ relación amorosa ‖ llamada telefónica.
Ligadura, *n.f.*, ligadura ‖ venda, faja, atadero.
Ligamento, *n.m.*, ligamento.
Ligar, *v.*, ligar, atar, unir ‖ enlazar, fijar ‖ juntar, prender ‖ alear, mezclar (metales) ‖ conectar (hilos eléctricos), enchufar (aparatos) ‖ *fig.*, hacer girar el disco (del teléfono) para efectuar una llamada ‖ prestar atención, atender ‖ unirse, confederarse ‖ adherirse → *Não ligar a mínima*, no dar importancia.
Ligeiro, *adj.*, ligero, leve ‖ ágil, veloz.
Lilás, *n.m.*, lila, arbusto, flor ◆ *adj.*, de color lila o morado claro.
Lima, *n.f.*, lima, escofina (herramienta) ‖ lima (fruto).
Limalha, *n.f.*, limalla, conjunto de limaduras.
Limão, *n.m.*, limón.
Limar, *v.*, limar, gastar.
Limbo, *n.m.*, limbo.
Limeira, *n.f.*, limero, árbol que da la lima.
Limiar, *n.m.*, referente al umbral, a la entrada.

Limitar, *v.*, limitar.
Limite, *n.m.*, límite, término, confín o lindero de demarcación ‖ fin, término.
Limítrofe, *adj.*, limítrofe.
Limo, *n.m.*, limo, lodo, lama.
Limoeiro, *n.m.*, limonero.
Limonada, *n.f.*, limonada.
Limpar, *v.*, limpiar.
Limpeza, *n.f.*, limpieza.
Límpido, *adj.*, límpido ‖ transparente ‖ nítido, claro ‖ limpio, puro.
Limpo, *adj.*, limpio, sin mancha ‖ aseado ‖ límpido ‖ visible, despejado (cielo) ‖ bien hecho, bien acabado ‖ exento, libre ‖ puro, inmaculado ‖ honrado, decente → *Ficar limpo*, quedarse sin un duro/sin una perra. *Passar em limpo*, pasar en limpio, en claro.
Lince, *n.m.*, lince.
Linchar, *v.*, linchar.
Lindeza, *n.f.*, lindeza.
Lindo, *adj.*, lindo, hermoso, bello.
Linear, *adj.*, lineal.
Linfa, *n.f.*, linfa.
Lingote, *n.m.*, lingote.
Língua, *n.f.*, lengua, habla ‖ idioma.
Linguado, *n.m.*, lenguado.
Linguagem, *n.f.*, lenguaje.
Lingual, *adj.*, lingual.
Linguarudo, *adj.* y *n.m.*, deslenguado, charlatán.
Lingueta, *n.f.*, lengüeta.
Linguiça, *n.f.*, chorizo, longaniza.
Linha, *n.f.*, hilo ‖ línea, cordel, cable ‖ contorno, silueta ‖ raya, trazo ‖ renglón (de lado a lado de la página) ‖ camino, vía ‖ parentesco (clase, género, especie) ‖ proceso, técnica ‖ orientación, dirección, tendencia.
Linhaça, *n.f.*, linaza, simiente del lino.
Linhagem, *n.f.*, linaje, genealogía, estirpe ‖ familia.
Linho, *n.m.*, lino.
Linimento, *n.m.*, linimento.
Liquefazer, *v.*, licuar.
Líquen, *n.m.*, liquen.
Liquidação, *n.f.*, rebajas, liquidación ‖ venta al por menor con grandes rebajas.
Liquidar, *v.*, liquidar ‖ ajustar (cuentas) ‖ rebajar ‖ saldar, pagar ‖ apurar ‖ aniquilar, matar ‖ romper, terminar (relaciones, asuntos desagradables), acabar, desistir (negocios).
Liquidificador, *n.m.*, licuadora.
Líquido, *adj.* y *n.m.*, líquido.
Lira, *n.f.*, lira.
Lírico, *adj.*, lírico.
Liso, *adj.*, liso ‖ lacio (cabello).
Lisonja, *n.f.*, lisonja ‖ adulación.
Lisonjear, *v.*, lisonjear, adular ‖ deleitar, agradar.
Lista, *n.f.*, lista, relación, rol ‖ tira → *Lista telefônica*, listín, guía de teléfonos.
Listado, *adj.*, listado.
Listra, *n.f.*, lista, raya, tira.
Listrado, *adj.*, listado, rayado.
Lisura, *n.f.*, lisura ‖ honradez, franqueza, sinceridad.
Liteira, *n.f.*, litera.
Literário, *adj.*, literario.
Literatura, *n.f.*, literatura.
Litígio, *n.m.*, litigio, pleito ‖ disputa, contienda.
Litoral, *adj.* y *n.m.*, litoral, costa del mar.
Litro, *n.m.*, litro.
Lívido, *adj.*, amoratado, lívido.
Livrar, *v.*, librar, soltar ‖ liberar, libertar.

Livraria, *n.f.*, librería.
Livre, *adj.*, libre, suelto ‖ exento, dispensado ‖ independiente ‖ licencioso ‖ soltero, célibe.
Livreco, *n.m.*, libraco, librejo.
Livreiro, *n.m.* y *adj.*, librero.
Livro, *n.m.*, libro.
Lixa, *n.f.*, lija, lima → *Lixa de unhas*, limpiaúñas.
Lixar, *v.*, lijar, limar ‖ desgastar, pulir ‖ *fig.*, indignarse, joderse.
Lixeiro, *n.m.*, basurero.
Lixo, *n.m.*, basura.
Lo, forma arcaica del *art. def. m. s.*, lo ◆ forma arcaica del *pro. pe.*, acusativo de tercera *pe. m.* neutro *s.*, lo.
Loa, *n.f.*, loa, loor, elogio, alabanza ‖ apología.
Loba, *n.f.*, loba.
Lobinho, *n.m.*, quiste sebáceo, grano, espina ‖ hijo de la loba.
Lobisomem, *n.m.*, hombre que se transforma en lobo por la noche.
Lobo, *n.m.*, lobo.
Lôbrego, *adj.*, lóbrego, oscuro, tenebroso ‖ triste, melancólico.
Locador, *n.m.*, locador, arrendador.
Local, *adj.*, local, perteneciente al lugar ◆ *n.m.*, sitio, lugar ◆ *n.f.*, noticia local.
Localidade, *n.f.*, localidad, lugar, pueblo.
Localizar, *v.*, localizar, ubicar ‖ averiguar el lugar ‖ fijarse, situarse.
Loção, *n.f.*, loción.
Locar, *v.*, alquilar ‖ localizar.
Locatário, *n.m.*, alquilador.
Locomotiva, *n.f.*, locomotora.
Locomover-se, *v.*, desplazarse, trasladarse, moverse, dislocarse.
Locução, *n.f.*, locución, modo de hablar.
Locutor, *n.m.*, locutor.
Lodaçal, *n.m.*, lodazal, barrizal, charco.
Lodo, *n.m.*, lodo, lama, barro, fango, cieno.
Lógica, *n.f.*, lógica.
Lógico, *adj.*, lógico → *Lógico!*, ¡por supuesto!, ¡claro!
Logo, *adv.*, luego, inmediatamente, prontamente ‖ de aquí a poco, en seguida ‖ ciertamente, encima, para colmo, justo ◆ *conj.*, por consiguiente, así que, por lo tanto → *Logo, logo*, ya, ya, luego, luego, ahora mismo. *Logo que*, así que, tan pronto como. *Até logo*, hasta luego, hasta más ver.
Lograr, *v.*, lograr, gozar, disfrutar ‖ conseguir, alcanzar, obtener ‖ engañar, burlar.
Logro, *n.m.*, logro, ganancia, lucro ‖ burla ‖ trapaza, fraude, engaño.
Loiro, *adj.* y *n.*, rubio.
Loja, *n.f.*, tienda, negocio, comercio, establecimiento → *Loja de brinquedos*, juguetería. *Loja maçônica*, logia.
Lojista, *n.*, tendero.
Lombada, *n.f.*, lomo, espinazo del buey ‖ canto ‖ loma, lomada de poca altura.
Lombar, *adj.*, lomoso, relativo al lomo ‖ espinazo, columna vertebral ‖ costilla.
Lombo, *n.m.*, lomo, solomillo ‖ costillas.
Lombriga, *n.f.*, tenia armada, solitaria, parásito en forma de lombriz.
Lona, *n.f.*, lona.
Longe, *adv.*, lejos ◆ *adj.*, lejano, distante, apartado → *Ao longe*, a lo lejos. *De longe*, desde lejos, a la legua.
Longínquo, *adj.*, longincuo, remoto, distante.

Longitude, *n.f.*, longitud, distancia.
Longo, *adj.*, largo, luengo ‖ duradero.
Lonjura, *n.f.*, largura, longitud.
Lontra, *n.f.*, nutria, ludria, lutria.
Loquaz, *adj.*, locuaz.
Lorde, *n.m.*, lord.
Lorota, *n.f.*, mentira, trola ‖ chiste, cuento.
Lotação, *n.f.*, tasación, presupuesto ‖ capacidad, cabida, cupo ‖ aforo (capacidad total de localidades en el teatro y otros recintos) ‖ plazas en un vehículo.
Lotar, *v.*, lotear ‖ valuar, tasar.
Lote, *n.m.*, lote.
Lotear, *v.*, lotear, dividir en lotes.
Loteria, *n.f.*, lotería.
Loto, *n.m.*, juego de azar, rifa.
Lótus, *n.m.*, loto, planta acuática (flor y fruto).
Louça, *n.f.*, loza, barro fino, porcelana ‖ trastos, vajilla.
Louco, *adj.*, loco, chiflado, pirado ‖ insensato ‖ apasionado, enamorado ‖ excéntrico, extravagante, raro → *Louco demais*, loco de remate.
Loureiro, *n.m.*, laurel.
Louro, *n.m.*, laurel, láureo (de hoja de laurel) ‖ loro, cotorra, papagayo ◆ *adj.*, rubio, dorado.
Louros, *n.m.pl.*, laureola, lauréola (aureola) ‖ laureles, triunfos, premios.
Lousa, *n.f.*, losa, baldosa ‖ pizarra.
Louva-a-deus, *n.m.*, santateresa.
Louvação, *n.f.*, alabar, loor, elogio, alabanza.
Louvar, *v.*, alabar, elogiar ‖ exaltar, glorificar.
Louvor, *n.m.*, loor, elogio, alabanza.
Lua, *n.f.*, luna → *Lua de mel*, luna de miel. *Estar de lua*, estar de mala hostia, andar cabreado, de malhumor.
Luar, *n.m.*, lunar, claro de luna.
Lúbrico, *adj.*, lúbrico, lascivo, sensual.
Lubrificante, *adj.* y *n.m.*, lubricante.
Lúcido, *adj.*, lúcido, luciente, brillante.
Lúcifer, *n.m.*, lucifer.
Lucrar, *v.*, lucrar, ganar, aprovechar.
Lucrativo, *adj.*, lucrativo.
Lucro, *n.m.*, lucro, ganancia, provecho.
Lucubração, *n.f.*, lucubración, meditación.
Ludibriar, *v.*, tratar con ludibrio, escarnio (escarnecer), desprecio (despreciar), mofa (mofarse, burlarse).
Lufa-lufa, *n.f.*, gran afán, mucha prisa, apremio, atropello ‖ batahola (mucha bulla), barahúnda (mucho ruido).
Lufada, *n.f.*, ráfaga, soplo de viento.
Lugar, *n.m.*, lugar, espacio ocupado ‖ sitio, paraje ‖ ambiente ‖ ciudad, villa, aldea ‖ posición, situación ‖ puesto, empleo, oficio ‖ asiento, localidad ‖ oportunidad, ocasión → *Em nenhum lugar*, en ninguna parte. *No lugar que quiser*, dondequiera.
Lugarejo, *n.m.*, aldea, pueblo pequeño.
Lúgubre, *adj.*, lúgubre, fúnebre, funesto, sombrío.
Lula, *n.f.*, calamar, jibia, sepia.
Lumbago, *n.m.*, lumbago.
Lume, *n.m.*, lumbre, fuego ‖ luz, fulgor.
Luminar, *n.m.*, iluminar, lucero.
Luminária, *n.f.*, luminaria, lámpara.
Luminoso, *adj.*, luminoso.
Lunar, *adj.*, lunar.
Lunático, *adj.*, lunático.
Luneta, *n.f.*, luneta.

Lupa, *n.f.*, lupa, lente.

Lupanar, *n.m.*, lupanar, mancebía, prostíbulo.

Lusco-fusco, *n.m.*, crepúsculo.

Lustrar, *v.*, lustrar, purificar, pulir.

Lustre, *n.m.*, lustre, brillo, esplendor ‖ candelabro, luminaria.

Lustro, *n.m.*, lustro, quinquenio ‖ lustre.

Luta, *n.f.*, lucha, pelea.

Lutar, *v.*, luchar, pelear.

Luto, *n.m.*, luto.

Luva, *n.f.*, guante → *Cair como uma luva*, caer como anillo al dedo.

Luxação, *n.f.*, luxación, dislocación.

Luxar, *v.*, luxar, dislocar un hueso ‖ ostentar lujo.

Luxo, *n.m.*, lujo, pompa ‖ *fig.*, capricho, melindre.

Luxúria, *n.f.*, lujuria, vicio ‖ lascivia, sensualidad.

Luz, *n.f.*, luz.

Luzir, *v.*, lucir, brillar, resplandecer ‖ iluminar.

M

n.m., consonante bilabial nasal sonora, decimotercera letra del abecedario portugués ‖ en números romanos equivale a 1 000.

Ma, *contracción de los pronombres* me y a, me la.

Má, *adj.* y *n.f.*, mala.

Maca, *n.f.*, hamaca, litera, maca, camilla, catre.

Maçã, *n.f.*, manzana ‖ maza ‖ clava → *Maçã do rosto*, mejillas, pómulo.

Macabro, *adj.*, macabro, fúnebre.

Macaca, *n.f.*, mona, macaca ‖ *fig.*, mala potra, mala suerte → *Estar com a macaca*, echar chispas.

Macacão, *n.m.*, mono (traje de faena).

Macaco, *n.m.*, mono, primate ‖ gato, cric (para levantar pesos), martinete → *Macaco velho*, perro viejo. *Cada macaco no seu galho*, poner a alguien en su sitio, cada uno en su lugar.

Maçada, *n.f.*, mazada, mazazo (golpe) ‖ trabajo jodido/aburrido.

Macambúzio, *adj.*, triste, afligido, apesadumbrado.

Maçaneta, *n.f.*, picaporte, manija ‖ *Amér.*, perilla.

Maçante, *adj.*, latoso, patoso, machacador, sobón.

Maçapão, *n.m.*, mazapán.

Macaquear, *v.*, remedar.

Macaquice, *n.f.*, remedo.

Maçarico, *n.m.*, soplete ‖ chorlito, alción (aves).

Maçaroca, *n.f.*, mazorca, panoja.

Macarrão, *n.m.*, macarrón, fideo.

Macarronada, *n.f.*, iguaria hecha con macarrón y tomate.

Macaxeira, *n.f.*, mandioca.

Macerar, *v.*, macerar, ablandar.

Maceta, *n.f.*, balde, cubo de hierro usado por los albañiles.

Macetar, *v.*, macear, golpear con el mazo o la maza.

Macete, *n.m.*, mazo, maza, martillo ‖ truco, ardid.

Machadada, *n.f.*, hachazo.

Macho, *n.m.*, macho, hombre, varón, viril, varonil ‖ masculino, valentón ‖ parte del corchete que se encaja en la hembra.

Machucar, *v.*, machacar, aplastar ‖ herir.

Maciço, *adj.* y *n.m.*, macizo, sólido ‖ compacto.

Maciez, *n.f.*, suavidad, blandura, ternura.

Macilento, *adj.*, delgado, flaco y pálido, triste, mustio.

Macio, *adj.*, suave al tacto, tierno ‖ dulce, blando, manso, esponjoso (tarta).

Maço, *n.m.*, mazo, martillo ‖ cajetilla, paquete de tabaco ‖ manojo, haz, ramillete, ramo.

Maconha, *n.f.*, mariguana o marihuana.

Maconheiro, *n.m.*, vendedor o fumante de mariguana.

Mácula, *n.f.*, mácula, mancha.

Madeira, *n.f.*, madera → *Farelo de madeira*, serrín.

Madeiro, *n.m.*, madero, leño, tronco.

Madeixa, *n.f.*, madeja, mechón.

Madona, *n.f.*, madona, Virgen María.

Madraço, *adj.* y *n.m.*, holgazán, perezoso.

Madrasta, *n.f.*, madrastra.

Madre, *n.f.*, madre, religiosa, monja.

Madrepérola, *n.f.*, madreperla ‖ nácar de la concha.

Madressilva, *n.f.*, madreselva.

Madrigal, *n.m.*, madrigal.

Madrinha, *n.f.*, madrina.

Madrugada, *n.f.*, madrugada ‖ el alba, el amanecer → *De madrugada*, al amanecer, muy de mañana, de madrugada.

Madrugar, *v.*, madrugar, levantarse al amanecer.

Madurar, *v.*, madurar.

Maduro, *adj.*, maduro, sazonado ‖ prudente, juicioso.

Mãe, *n.f.*, madre, mamá ‖ origen, causa, raíz → *Filho da mãe!*, ¡la madre que te/lo/os/los parió! *Nossa mãe!*, ¡mi, su madre! *Xingar a mãe*, mentar la madre a uno, decir insultos contra su madre.

Maestro, *n.m.*, maestro, director de orquesta ‖ compositor.

Magano, *adj.* y *n.m.*, cachondo, divertido.

Magia, *n.f.*, magia ‖ brujería ‖ magnetismo, hechizo, encanto o atractivo.

Mágica, *n.f.*, mágica, prestidigitación.

Mágico, *adj.*, mágico, extraordinario, sobrenatural, maravilloso, estupendo ‖ encantador ◆ *n.m.*, mago, prestidigitador.

Magistério, *n.m.*, magisterio, profesorado de Enseñanza General Básica.

Magistrado, *n.m.*, magistrado ‖ juez, desembargador, ministro.

Magnata, *n.m.*, magnate.

Magnético, *adj.*, magnético (piedra imán).

Magnetizar, *v.*, magnetizar ‖ atraer, fascinar.

Magnífico, *adj.*, magnífico, excelente, extraordinario.

Magnitude, *n.f.*, magnitud.

Magno, *adj.*, magno, grande, importante.

Magnólia, *n.f.*, magnolia.

Mago, *n.m.*, mago, hechicero, brujo ‖ mágico.

Mágoa, *n.f.*, pesar, congoja, disgusto, amargura ‖ dolor, pena, aflicción.

Magoar, *v.*, herir, contundir ‖ ofender ‖ afligir, disgustar, amargurar.

Magricela, *adj.* y *n.*, delgaducho, flacucho.

Magro, *adj.*, delgado, flaco, esmirriado, enjuto, magro.

Maio, *n.m.*, mayo.

Maionese, *n.f.*, mayonesa, salsa.

Maior, *adj.*, mayor, grande ◆ *n.m.*, mayor (persona que excede en edad a otra).

Maioria, *n.f.*, mayoría.

Mais, *adv.*, más ‖ a parte de eso, también, igualmente ‖ preferentemente, antes ‖ otra vez, de nuevo ◆ *n.m.*, el más, el resto, lo restante ◆ *conj.*, mas, pero, sino ◆ *pro. indef.*, en mayor cantidad o número, además ‖ los demás, los otros o los restantes, las otras →

A mais, a más o a más de. *Sem mais nem menos*, sin más ni menos, de repente. *Mais exatamente*, ni más ni menos, justamente, exactamente. *Mais ou menos*, más o menos, de manera aproximada. *De mais a mais*, de más a más. *Mais-valia*, mayor valía, plusvalía.

Mais-que-perfeito, *n.m.*, pluscuamperfecto.

Maitaca, *n.f.*, loro del Brasil, papagayo del Paraguay, cotorra.

Maiúscula, *adj.* y *n.f.*, mayúscula.

Majestade, *n.f.*, majestad, grandeza, superioridad.

Major, *n.m.*, mayor.

Mal, *n.m.*, mal ‖ maldad ‖ enfermedad, dolencia ‖ desgracia, calamidad ◆ *adv.*, mal, difícilmente, insuficientemente, poco ◆ *conj.*, apenas, así que, tan luego como → *Mal-humorado*, malhumorado

Mal-acabado, *adj.*, malhecho, contra-hecho.

Mal-ajambrado, *adj.*, malvestido, malpuesto.

Mal-assombrado, *adj.*, maléfico, hechicero, embrujado, encantado ‖ embobado.

Mal-aventurado, *adj.*, malaventurado, desventurado, desgraciado, infeliz.

Mal-educado, *adj.*, maleducado, descortés.

Mal-encarado, *adj.*, cara de malo, mala leche.

Mal-estar, *n.m.*, malestar, desazón.

Mala, *n.f.*, maleta, valija.

Malacacheta, *n.f.*, mica.

Malagueta, *n.f.*, ají, guindilla picante.

Malandragem, *n.f.*, picaresca, holgazanería, haraganería, granujería.

Malandro, *n.m.*, granuja, tunante, holgazán, haragán, malandrín, bellaco, pícaro, pillo, pilluelo, títere.

Malar, *adj.* y *n.m.*, malar, pómulo.

Malária, *n.f.*, malaria, paludismo.

Malbaratar, *v.*, malbaratar, derrochar, malgastar.

Malcheiroso, *adj.*, maloliente.

Malcriação, *n.f.*, malcriadez, indecencia.

Malcriado, *adj.*, malcriado, maleducado, descortés, incivil.

Maldade, *n.f.*, maldad, malicia, perver-si-dad.

Maldição, *n.f.*, maldición, imprecación ‖ infortunio.

Maldito, *adj.*, maldito, perverso.

Maldizer, *v.*, maldecir.

Maldoso, *adj.*, malévolo, malicioso, malintencionado.

Maleável, *adj.*, maleable.

Maléfico, *n.m.*, maléfico.

Maleita, *n.f.*, malaria.

Maleta, *n.f.*, maletín.

Malevolente, *adj.*, malevolente.

Malfadado, *adj.*, malhadado, desgraciado, desafortunado.

Malfeito, *adj.*, malhecho.

Malfeitor, *n.m.*, malhechor.

Malgrado, *prep.*, mala voluntad, desagrado, descontento.

Malha, *n.f.*, malla, tejido de punto ‖ jersey, suéter ‖ chandal (de deporte).

Malhada, *n.f.*, machaqueo, machacón.

Malhado, *adj.*, pintado, manchado.

Malhar, *v.*, machacar, majar, martillar.

Malho, *n.m.*, majadero, mallo, mazo.

Malícia, *n.f.*, malicia, maldad, sagacidad, sutileza.
Maligno, *adj.*, maligno, pernicioso, nocivo.
Malmequer, *v.*, malquerer ◆ *n.m.*, aversión, enemistad, odio → *Bem-me-quer*, caléndula, maravilla (planta).
Maloca, *n.f.*, choza, tugurio.
Malograr, *v.*, malograr, frustrarse.
Malogro, *n.m.*, malogro, fracaso.
Malote, *n.m.*, saca, maletín, valija.
Malta, *n.f.*, bando, cuadrilla, tuna ‖ rancho (comida para muchos).
Malte, *n.m.*, malta, cebada.
Maltrapilho, *adj.*, harapiento, andrajoso.
Maluco, *adj.*, loco, chiflado, zumbado, alocado.
Malva, *n.f.*, malva.
Malvado, *adj.*, malvado.
Mama, *n.f.*, mama, teta.
Mamadeira, *n.f.*, biberón, mamadera (tetilla del biberón).
Mamãe, *n.f.*, mamá, mama.
Mamão, *adj.*, mamón, chupetón ◆ *n.m.*, papaya.
Mamar, *v.*, mamar, chupar.
Mamário, *adj.*, mamario.
Mamata, *n.f.*, chanchullo, sinecura (empleo fácil), mamandurria, ganga permanente ‖ negocio ilícito, negociado, fraude ‖ robo.
Mambembe, *adj.* y *n.m.*, lugar lejano, yermo ‖ actor o teatro mediocre, teatro de bolsillo, de poca monta, ordinario, común.
Mameluco, *adj.*, mameluco ‖ mestizo.
Mamífero, *adj.* y *n.m.*, mamífero.
Mamilo, *n.m.*, pezón ‖ mamila, tetilla.
Maminha, *n.f.*, mamila ‖ la parte más tierna del cuarto trasero del buey.
Mamoeiro, *n.m.*, papayo.
Mamute, *n.m.*, mamut.
Mana, *n.f.*, hermana.
Maná, *n.m.*, maná.
Manada, *n.f.*, manada, hato o rebaño.
Manancial, *n.m.*, manantial, fuente, pilón.
Manar, *v.*, manar, brotar.
Mancada, *n.f.*, metedura de pata, lapsus, gafe.
Mancar, *v.*, cojear ‖ quedarse cojo ‖ *fig.*, enterarse, percatarse, darse cuenta.
Mancebo, *n.m.*, mancebo, juvenil, mozo, chaval.
Mancha, *n.f.*, mancha, borrón, tachón (tinta), mácula.
Manchar, *v.*, manchar, ensuciar, pringar.
Manchete, *n.f.*, título o noticia, novedad, suceso reciente.
Manco, *adj.*, manco (del brazo o de la mano) ‖ cojo (del pie o de la pierna).
Mancomunar, *v.*, mancomunar, obligarse de mancomún.
Mandachuva, *n.m.*, mandamás, mandón, mandarín.
Mandamento, *n.m.*, mandamiento.
Mandão, *adj.* y *n.m.*, mandón, mandarín.
Mandar, *v.*, mandar ‖ ordenar ‖ legar, determinar ‖ comandar, regir, gobernar ‖ enviar, remitir ‖ irse, pirarse → *Mandar embora*, echar de patitas a la calle.
Mandato, *n.m.*, mandato ‖ procuración ‖ misión, incumbencia ‖ orden o precepto ‖ encargo o representación ‖ mando.
Mandíbula, *n.f.*, mandíbula.
Mandioca, *n.f.*, mandioca ‖ *Amér.*, yuca, guacamote.

Mando, *n.m.*, mando ‖ autoridad, comando, orden.
Mané, *n.m.*, cantamañanas, persona inepta, necia o incapaz ‖ idiota, bobo, gilipollas, mamarracho, birria.
Maneira, *n.f.*, manera, modo de ser → *Boas maneiras*, buenos modales.
Maneiro, *adj.*, manero, manejable.
Manejar, *v.*, manejar.
Manejo, *n.m.*, manejo.
Manequim, *n.m.*, maniquí ‖ talla.
Maneta, *adj.* y *n.*, manco, cojo, minusválido.
Manga, *n.f.*, manga ‖ mango, fruta ‖ manga, cómic de origem japonés.
Mangar, *v.*, burlarse, bromear ‖ escarnecer, mofarse.
Mangue, *n.m.*, manglar.
Mangueira, *n.f.*, manguera ‖ mango (árbol).
Manha, *n.f.*, maña, destreza, habilidad ‖ tirria, dengue, melindre.
Manhã, *n.f.*, mañana. → *Amanhã de manhã*, mañana por la mañana.
Manhoso, *adj.*, mañoso, habilidoso, ser un manitas ‖ melindroso, dengoso.
Mania, *n.f.*, manía.
Maníaco, *adj.*, maníaco, enajenado.
Manicômio, *n.m.*, manicomio.
Manicura, *n.f.*, manicura.
Manifestação, *n.f.*, manifestación.
Manifestar, *v.*, manifestar, declarar.
Manilha, *n.f.*, manilla, ajorca, pulsera, corriente, eslabón, tubo.
Manipular, *v.*, manipular ‖ sobar, manosear.
Manivela, *n.f.*, manivela, manija, manubrio, cigüeña, manillar (de la bicicleta).
Manjar, *n.m.*, manjar (comida exquisita) ♦ *v.*, enterarse, entender.
Manjedoura, *n.f.*, pesebre.
Manjericão, *n.m.*, albahaca.
Mano, *n.m.*, hermano ‖ amigo, camarada, colega.
Manobra, *n.f.*, maniobra.
Manobrar, *v.*, maniobrar.
Manopla, *n.f.*, manopla, guante.
Manquejar, *v.*, cojear.
Mansão, *n.f.*, mansión, palacete ‖ morada, albergue.
Manso, *adj.*, manso.
Manta, *n.f.*, manta, cobija, mantilla.
Manteiga, *n.f.*, manteca, mantequilla (manteca de la leche de la vaca).
Manteigueira, *n.f.*, mantequera.
Manter, *v.*, mantener.
Mantilha, *n.f.*, mantilla, pañuelo (de la cabeza), pañoleta.
Mantimentos, *n.m.pl.*, provisiones, víveres, comestibles, ultramarinos.
Manto, *n.m.*, manto.
Mantô, *n.m.*, manto, abrigo, gabardina (para lluvia).
Manual, *adj.* y *n.m.*, manual.
Manufatura, *n.f.*, manufactura.
Manuscrito, *adj.* y *n.m.*, manuscrito.
Manusear, *v.*, manosear, usar ‖ hojear.
Manuseio, *n.m.*, manoseo.
Manutenção, *n.f.*, mantenimiento ‖ manutención.
Mão, *n.f.*, mano ‖ dominio, control ‖ dirección o situación, lado ‖ capa (de yeso, cal, color, barniz) ‖ lance → *Mão-fechada*, tacaño, pesetero. *Com as mãos abanando*, sin una perra. *Mão dupla*, doble vía. *Contramão*, a contramano, dirección prohibida. *Passar a mão em*, chorizar, robar, meter la mano en una cosa (apropiarse de ella) ‖ meter mano a una cosa (tantear).

Mão-aberta, *n.*, manilargo ‖ manirroto.
Mão de obra, *n.f.*, mano de obra.
Mapa, *n.m.*, mapa → *Não estar no mapa*, no estar en el mapa una cosa (ser desusada y extraordinaria). *Mapa-múndi*, mapamundi.
Mapoteca, *n.f.*, colección de mapas.
Maquete, *n.f.*, maqueta.
Máquina, *n.f.*, máquina.
Maquinação, *n.f.*, maquinación.
Maquinal, *adj.*, maquinal.
Maquinar, *v.*, maquinar, proyectar ‖ urdir, tramar.
Maquinário, *n.m.*, maquinaria.
Maquinista, *n.*, maquinista.
Mar, *n.m.*, mar.
Marasmo, *n.m.*, marasmo.
Maratona, *n.f.*, maratón.
Maravilha, *n.f.*, maravilla.
Maravilhar, *v.*, maravillar.
Marca, *n.f.*, marca, señal.
Marcar, *v.*, marcar ‖ indicar, apuntar ‖ delimitar, demarcar ‖ prescribir, fijar, determinar ‖ herir, contundir → *Marcar encontro*, citarse, tener una cita.
Marcenaria, *n.f.*, carpintería, ebanistería, mueblería.
Marceneiro, *n.m.*, carpintero, ebanista, mueblista.
Marcha, *n.f.*, marcha → *Marcha a ré*, marcha atrás.
Marchar, *v.*, marchar, caminar, andar ‖ ir, progresar, avanzar, mejorar.
Marchetaria, *n.f.*, marquetería.
Marcial, *adj.*, marcial, bélico, guerrero.
Marco, *n.m.*, mojón, lindero, marco (moneda).
Março, *n.m.*, marzo.
Maré, *n.f.*, marea → *Maré baixa*, bajamar.
Marear, *v.*, marear ‖ deslustrar, deslucir, empañar, ofuscar.
Marechal, *n.m.*, mariscal.
Maremoto, *n.m.*, maremoto.
Maresia, *n.f.*, marea.
Marfim, *n.m.*, marfil.
Margarida, *n.f.*, margarita.
Margarina, *n.f.*, margarina.
Margear, *v.*, marginar.
Margem, *n.f.*, margen ‖ orilla, borde.
Marginal, *adj.*, marginal.
Maria-sem-vergonha, *n.f.*, cardo de María, cardo mariano.
Maricas, *n.m.*, marica, maricón, afeminado, amariconado.
Marido, *n.m.*, marido.
Marimba, *n.f.*, marimba, xilófono.
Marimbondo, *n.f.*, avispón.
Marinha, *n.f.*, marina.
Marinheiro, *n.m.*, marinero.
Marinho, *adj.*, marino, marítimo.
Marionete, *n.f.*, títere, fantoche, marioneta.
Mariposa, *n.f.*, bicho de luz, gusano de luz.
Marisco, *n.m.*, marisco.
Marital, *adj.*, marital.
Marítimo, *adj.*, marítimo, marino.
Marmanjo, *n.m.*, mozo, muchachote.
Marmelada, *n.f.*, mermelada ‖ arreglo ventaja, tongo (trampa en deportes) negociado, fraude.
Marmeleiro, *n.m.*, membrillero.
Marmelo, *n.m.*, membrillo.
Marmita, *n.f.*, marmita.
Mármore, *n.m.*, mármol.
Marmota, *n.f.*, marmota.
Marola, *n.f.*, marola.
Maromba, *n.f.*, maroma, balancín volatín.
Marosca, *n.f.*, trampa, ardid, logro.

Maroto, *adj.* y *n.m.*, granuja, perillán, travieso, pillo, tunante, veleta.
Marquês, *n.m.*, marqués.
Marquesa, *n.f.*, marquesa.
Marquise, *n.f.*, marquesina, cobertizo.
Marreca, *n.f.*, marreca.
Marreco, *n.m.*, marreco.
Marretada, *n.f.*, mazazo.
Marrom, *adj.*, marrón.
Marroquim, *n.m.*, tafilete, marroquí (cuero bruñido).
Marsupial, *adj.* y *n.m.*, marsupial.
Marta, *n.f.*, marta.
Martelada, *n.f.*, martillazo, martillada.
Martelar, *v.*, martillar, martillear.
Martelete, *n.m.*, martillejo, martillo pequeño.
Martelo, *n.m.*, martillo.
Mártir, *n.*, mártir.
Martírio, *n.m.*, martirio, tormento, sufrimiento.
Martirizar, *v.*, martirizar, atormentar.
Maruja, *n.f.*, marinaje, marinería.
Marujo, *n.m.*, marinero, marino ◆ *adj.*, marítimo.
Mas, *conj.*, pero, sino, mas ◆ *n.m.*, pero, obstáculo, estorbo ◆ *contracción del pro.pe.*, me y del *pro.pe.*, las, me las.
Mascar, *v.*, mascar, masticar, rumiar.
Máscara, *n.f.*, máscara, careta, antifaz (máscara para el rostro).
Mascarar, *v.*, enmascarar ‖ disfrazar, disimular.
Mascate, *n.m.*, vendedor ambulante, mercader, tratante.
Mascavo, *adj.*, mascabado.
Mascote, *n.f.*, mascota, talismán.
Masculino, *adj.* y *n.m.*, masculino, varón o macho.
Masmorra, *n.f.*, mazmorra, prisión subterránea, calabozo.
Massa, *n.f.*, masa, pasta ‖ macarrón, fideo, amasijo → *Massa para vedação*, masilla. *Massa folhada*, hojaldre.
Massacrar, *v.*, masacrar, matar.
Massacre, *n.m.*, masacre, matanza.
Massagem, *n.f.*, masaje.
Massapé, *n.m.*, tierra negra, mantillo.
Massas, *n.f.pl.*, multitud, montón de gente ‖ la gente.
Mastigar, *v.*, masticar, mascar, mascullar, triturar ‖ refunfuñar.
Mastim, *n.m.*, mastín (perro).
Mastodonte, *n.m.*, mastodonte.
Mastro, *n.m.*, mástil ‖ palo, asta (de la bandera).
Mata, *n.f.*, floresta, selva ‖ matorral, mato → *Mata virgem*, floresta virgen.
Mata-borrão, *n.m.*, papel secante.
Mata-burro, *n.m.*, puente de travesaños para vedar animales.
Mata-piolho, *n.m.*, el dedo pulgar.
Matacão, *n.m.*, roca o piedra, peñasco suelto y arredondado.
Matadouro, *n.m.*, matadero.
Matagal, *n.m.*, matorral, zarzal ‖ mato.
Matança, *n.f.*, matanza, mortandad.
Matar, *v.*, matar ‖ asesinar ‖ marchitar ‖ saciar, satisfacer ‖ suicidarse → *Matar aula*, hacer corrales, pirarse, hacer novillos. *Matar dois coelhos de uma cajadada*, matar dos pájaros de un tiro. *Matar cachorro a grito*, estar jodido, estar como tres con un zapato, meterse en camisa de once varas.
Mate, *n.m.*, mate ‖ infusión de yerba mate ◆ *adj.* y *n.*, amortiguado, sin brillo.
Matemática, *n.f.*, matemáticas.

Matéria, *n.f.*, materia, substancia ‖ pus ‖ asunto ‖ causa, objeto ‖ texto, artículo, nota ‖ disciplina científica, asignatura.
Matéria-prima, *n.f.*, materia prima.
Material, *adj.* y *n.m.*, material.
Maternal, *adj.*, maternal.
Maternidade, *n.f.*, maternidad.
Materno, *adj.*, materno.
Matilha, *n.f.*, jauría.
Matinal, *adj.*, matinal, matutino.
Matinê, *n.f.*, matiné.
Matiz, *n.m.*, matiz, rasgo, tono.
Matizar, *v.*, matizar.
Mato, *n.m.*, mato, matorral, zarzal → *No mato sem cachorro*, solo ante el peligro y con gran dificultad. *Nesse mato tem coelho*, aquí hay gato encerrado.
Matraca, *n.f.*, matraca ‖ burla, chasco ‖ baturro, parlanchín, charlatán.
Matraquear, *v.*, matraquear.
Matreiro, *adj.*, matrero, astuto, resabido.
Matriarcado, *n.m.*, matriarcado.
Matrícula, *n.f.*, matrícula, matriculación, inscripción.
Matricular, *v.*, matricular, inscribirse.
Matrimônio, *n.m.*, matrimonio, casamiento, boda.
Matriz, *n.f.*, matriz, molde ‖ entidad principal ‖ sede, oficina central.
Maturação, *n.f.*, maduración, madurez.
Maturar, *v.*, madurar.
Maturidade, *n.f.*, madurez ‖ edad madura.
Matutino, *adj.* y *n.m.*, matutino, matinal.
Matuto, *adj.* y *n.m.*, cazurro, baturro, rústico, pueblerino.
Mau, *adj.*, mal, malo ‖ malhecho ‖ imperfecto ‖ funesto ‖ malevolente ‖ grosero, basto ‖ incapaz ◆ *n.m.*, malo, hombre malo → *Mau-caráter*, malcriadez, sinvergüenza. *Mau humor*, malhumor.
Mau-olhado, *n.m.*, mal de ojo.
Mavioso, *adj.*, dulce, tierno, suave, armonioso, enternecedor.
Maxilar, *adj.* y *n.m.*, maxilar.
Máxima, *n.f.*, máxima, principio o proposición ‖ apotegma, sentencia ‖ aforismo ‖ proverbio, adagio, refrán.
Máximo, *adj.* y *n.m.*, máximo ‖ sumo, superlativo de grande → *No máximo*, a lo más ‖ a tope, a todo tirar.
Mazela, *n.f.*, herida, llaga, pupa, mancilla ‖ enfermedad ‖ disgusto ‖ penuria, desgracia.
Me, forma átona del *pro.pe.* de primera persona (yo), me ‖ a mí, para mí.
Meada, *n.f.*, madeja.
Meado, *n.m.*, medio, mediano, mediado → *Em meados de*, a mediados del, hacia la mitad del.
Mealheiro, *n.m.*, hucha, alcancía.
Meandro, *n.m.*, meandro.
Mecânica, *n.f.*, mecánica.
Mecânico, *adj.* y *n.m.*, mecánico.
Mecha, *n.f.*, mecha ‖ mechón (del pelo).
Medalha, *n.f.*, medalla.
Medalhão, *n.m.*, medallón.
Média, *n.f.*, media, promedio ‖ vaso de café con leche.
Mediação, *n.f.*, mediación, intercesión, intervención.
Mediador, *adj.* y *n.m.*, mediador, medianero ‖ árbitro, interventor.
Mediante, *prep.*, mediante.
Mediar, *v.*, mediar.
Medicação, *n.f.*, medicación.
Medicamento, *n.m.*, medicamento.
Medição, *n.f.*, medición.

Medicar, *v.*, medicar, medicinar.
Medicina, *n.f.*, medicina.
Medicinal, *adj.*, medicinal.
Médico, *adj.* y *n.m.*, médico, doctor → *Médico geral*, médico de cabecera. *Médico-cirurgião*, médico cirujano.
Medida, *n.f.*, medida → *Sob medida*, a medida o a la medida.
Medidor, *adj.* y *n.m.*, medidor.
Médio, *adj.*, medio.
Medíocre, *adj.*, mediocre.
Medir, *v.*, medir ‖ comedir, refrenar, moderar ‖ valuar, evaluar, calcular ‖ medirse ‖ competir, luchar.
Meditar, *v.*, meditar.
Medo, *n.m.*, miedo, pavor, temor, pánico.
Medonho, *adj.*, asustador ‖ horrendo, horroroso, horrible ‖ funesto, fatal.
Medrar, *v.*, medrar, crecer.
Medroso, *adj.*, medroso, miedoso.
Medula, *n.f.*, medula o médula.
Megera, *n.f.*, mujercilla, mujer cruel ‖ mujer desnaturalizada.
Meia, *n.f.*, calcetín, media ◆ *num.*, seis, media docena → *Meia-calça*, leotardo. *Fazer o pé-de-meia*, hacer ahorro, guaca, hucha o alcancía para un futuro próximo, hacer uno su pacotilla. *De meia-tigela*, de pacotilla, de poca monta.
Meia-água, *n.f.*, mediagua o media agua.
Meia-direita, *n.*, medio derecho.
Meia-esquerda, *n.*, medio izquierdo.
Meia-idade, *n.f.*, media edad, media vida.
Meia-lua, *n.f.*, medialuna.
Meia-noite, *n.f.*, las doce en punto de la noche.
Meigo, *adj.*, amable, afable, agradable ‖ tierno, suave, cariñoso, dulce.
Meio-dia, *n.m.*, mediodía, las doce de la mañana.
Meio-fio, *n.m.*, encintado, bordillo.
Meio-termo, *n.m.*, término medio.
Meio, *adj.*, medio, mitad ‖ centro, parte central ‖ intermedio ‖ método ‖ capacidad ◆ *adj.*, incompleto, inacabado ◆ *num.*, la mitad de la unidad ◆ *adv.*, un poco, un tanto, casi → *Meio a meio*, mitad y mitad. *Meia-estação*, entretiempo.
Meios, *n.m.pl.*, hacienda, caudal, conjunto de bienes.
Mel, *n.m.*, miel.
Melaço, *n.m.*, melaza.
Melado, *n.m.*, melote, melado ◆ *adj.*, meloso, pegajoso, zalamero.
Melancia, *n.f.*, sandía.
Melancolia, *n.f.*, melancolía ‖ tristeza, pesar, morriña.
Melão, *n.m.*, melón.
Melar, *v.*, melar, enmelar, endulzar.
Melena, *n.f.*, melena, pelo largo.
Melhor, *adj.* y *n.m.* y *adv.*, mejor → *Na melhor das hipóteses*, a lo mejor, quien sabe. *Levar a melhor*, quedarse con lo mejor, ganar, vencer. *Ir desta para melhor*, morir, estirar la pata.
Melhora, *n.f.*, mejora, mejoría.
Melhorar, *v.*, mejorar.
Meliante, *n.*, tunante, granuja, vagabundo.
Melindrar, *v.*, melindrear.
Melindre, *n.m.*, melindre.
Melodia, *n.f.*, melodía.
Melro, *n.m.*, mirlo.
Membrana, *n.f.*, membrana.
Membro, *n.m.*, miembro.
Memória, *n.f.*, memoria.
Memorizar, *v.*, memorizar.

Menção, *n.f.*, mención ‖ referencia.

Mencionar, *v.*, mencionar, citar, nombrar, mentar.

Mendicância, *n.f.*, mendicidad, mendiguez.

Mendigar, *v.*, mendigar.

Mendigo, *n.m.*, mendigo.

Menear, *v.*, menear.

Meneio, *n.m.*, meneo.

Menina, *n.f.*, niña, chica, chavala, joven.

Meninice, *n.f.*, niñez, infancia ‖ infantilidad.

Menino, *n.m.*, niño, chico, chaval, joven.

Menopausa, *n.f.*, menopausia.

Menor, *adj.* y *n.m.*, menor.

Menos, *adv.* y *pro.indef.*, menos ◆ *adv.*, excepto, a excepción de, salvo, aparte.

Menosprezar, *v.*, menospreciar.

Menosprezo, *n.m.*, menosprecio.

Mensageiro, *n.m.*, mensajero, recadero, botones (del hotel).

Mensagem, *n.f.*, mensaje.

Mensal, *adj.*, mensual.

Menstruação, *n.f.*, menstruación.

Mensurar, *v.*, medir, mensurar.

Mental, *adj.*, mental.

Mentalidade, *n.f.*, mentalidad.

Mente, *n.f.*, mente, intelecto.

Mentecapto, *adj.*, mentecato.

Mentir, *v.*, mentir.

Mentira, *n.f.*, mentira, cuento.

Mentiroso, *adj.*, mentiroso.

Mentol, *n.m.*, mentol.

Mentor, *n.m.*, mentor, consejero o guía.

Mequetrefe, *n.m.*, mequetrefe.

Mercado, *n.m.*, mercado.

Mercadoria, *n.f.*, mercancía.

Mercearia, *n.f.*, tienda de ultramarinos/de comestibles ‖ almacén.

Mercúrio, *n.m.*, mercurio.

Merecer, *v.*, merecer.

Merecimento, *n.m.*, merecimiento, mérito.

Merenda, *n.f.*, merienda.

Merendar, *v.*, merendar.

Meretrício, *n.m.*, meretricio.

Meretriz, *n.f.*, meretriz, prostituta, ramera.

Mergulhador, *adj.*, zambullidor ◆ *n.m.*, buzo.

Mergulhar, *v.*, zambullir, chapuzar (meter a alguien de cabeza en el agua) ‖ bucear ‖ sumergir, hundir.

Mergulho, *n.m.*, zambullida, chapuzón ‖ buceo.

Meridiano, *n.m.*, meridiano.

Mérito, *n.m.*, mérito.

Mero, *adj.*, mero, puro, simple, cazurro.

Mês, *n.m.*, mes.

Mesa, *n.f.*, mesa.

Mesa de cabeceira, *n.f.*, mesa de luz, mesa de noche, mesilla.

Mesada, *n.f.*, paga, mesada, mensualidad.

Mescla, *n.f.*, mezcla, mixtura.

Mesclar, *v.*, mezclar.

Mesmo, *pro.dem.* y *adj.*, mismo, exactamente igual, idéntico ‖ parecido, semejante ‖ tal cual ◆ *adv.*, exactamente ‖ hasta ‖ aún ‖ realmente, verdaderamente, de veras → *Mesmo quando*, incluso cuando. *Dar na mesma*, dar o ser lo mismo, ser indiferente. *Agora mesmo*, ahora mismo, ya. *Mesmo que*, aunque. *Estar/ficar na mesma*, quedarse igual, estar, o hallarse, en las mismas.

Mesquinhez, *n.f.*, mezquindad.

Mesquinho, *adj.*, mezquino.
Messias, *n.m.*, Mesías.
Mestiço, *adj.* y *n.m.*, mestizo.
Mestra, *n.f.*, maestra, profesora.
Mestre, *n.m.*, maestro, profesor, guía ◆ *adj.*, fundamental, principal → *Mestre-cuca*, cocinero jefe. *Mestre de obras*, aparejador, capataz.
Mestria, *n.f.*, maestría, pericia, destreza.
Mesura, *n.f.*, mesura, reverencia, cortesía.
Meta, *n.f.*, meta ‖ objetivo, término.
Metabolismo, *n.m.*, metabolismo.
Metade, *n.f.*, mitad → *Cara-metade*, cara mitad, media naranja.
Metáfora, *n.f.*, metáfora.
Metal, *n.m.*, metal.
Metálico, *adj.*, metálico.
Metalurgia, *n.f.*, metalurgia.
Metamorfose, *n.f.*, metamorfosis.
Metediço, *adj.*, meticón, entrometido, metepatas.
Meteoro, *n.m.*, meteoro o metéoro.
Meteorologia, *n.f.*, meteorología.
Meter, *v.*, meter, introducir ‖ poner, colocar ‖ incluir ‖ guardar ‖ causar, provocar ‖ esconderse, ocultarse ‖ entrometerse → *Meter-se sem ser chamado*, meterse uno donde no lo llaman o donde nadie lo llama, o en lo que no le importa, o en lo que no le toca, o en lo que no le va ni le viene. *Meter o bedelho*, meter alguien su cuchara, introducirse inoportunamente en la conversación de otros o en asuntos ajenos. *Meter a mão*, chorizar, robar.
Meticuloso, *adj.*, meticuloso, medroso ‖ escrupuloso, minucioso.
Metido, *adj.*, metido, entrometido ‖ esnob.
Metódico, *adj.*, metódico.
Método, *n.m.*, método.
Metralhadora, *n.f.*, ametralladora.
Métrica, *n.f.*, métrica.
Métrico, *adj.*, métrico.
Metrificar, *v.*, metrificar, hacer versos.
Metro, *n.m.*, metro, unidad de longitud.
Metrô, *n.m.*, metro, metropolitano, ferrocarril o tranvía subterráneo.
Metrópole, *n.f.*, metrópoli.
Meu, *pro.*, mí, mío, mi ◆ *n.m.*, el mío, a mí.
Mexer, *v.*, mover ‖ agitar, menear, mezclar ‖ dislocar, desplazar, trasladar ‖ tocar, revolver ‖ moverse, agitarse → *Mexer com*, provocar. *Mexer os pauzinhos*, tantear todos los medios para un fin, tener enchufe.
Mexericar, *v.*, enredar, chismear, chismorrear, intrigar.
Mexerico, *n.m.*, chisme, intriga, enredo, embrollo.
Mexeriqueiro, *adj.* y *n.*, chismoso, alcahuete, parlanchín, cuentista.
Mexilhão, *n.m.*, mejillón.
Mi, *n.m.*, mi (nota musical).
Miado, *n.m.*, maúllo, maullido.
Miar, *v.*, maullar.
Miasma, *n.m.*, miasma.
Miau, *n.m.*, miado, maúllo.
Mica, *n.f.*, mica.
Micagem, *n.f.*, cara de mico, monería ‖ ademán, gestero.
Miçanga, *n.f.*, mostacilla, abalorio de cuentecillas muy menudas.
Micção, *n.f.*, micción.
Mico, *n.m.*, mico, mono de cola larga.

Micróbio, *n.m.*, microbio.
Microfone, *n.m.*, micrófono.
Microscópio, *adj.*, microscópico.
Mictório, *n.m.*, urinario.
Micuim, *n.m.*, garrapata.
Migalha, *n.f.*, miga, migaja.
Migração, *n.f.*, migración.
Mijada, *n.f.*, meada.
Mijar, *v.*, mear, orinar.
Mijo, *n.m.*, orina, meado.
Mil, *num.*, mil.
Milagre, *n.m.*, milagro.
Milenar, *adj.*, milenar.
Milésimo, *num.*, milésimo.
Milha, *n.f.*, milla.
Milhão, *n.m.*, millón.
Milhar, *n.m.*, millar.
Milharal, *n.m.*, maizal.
Milheiro, *n.m.*, millar.
Milho, *n.m.*, maíz, borona, mijo → *Milho verde*, choclo, elote, mazorca tierna de maíz.
Milícia, *n.f.*, milicia.
Miligrama, *n.m.*, miligramo.
Mililitro, *n.m.*, mililitro.
Milímetro, *n.m.*, milímetro.
Milionário, *adj.* y *n.m.*, millonario, muy rico.
Milionésimo, *num.*, millonésimo.
Militar, *adj.* y *n.m.*, militar, soldado.
Milongas, *n.f.pl.*, chismes, tratos, intrigas, embrollos, rollos.
Mim, *pro.pe.*, mí, para mí.
Mimar, *v.*, mimar.
Mímica, *n.f.*, mímica.
Mimo, *n.m.*, mimo ‖ regalo ‖ cariño, halago, ternura.
Mimosa, *n.f.*, mimosa, planta exótica.
Mimoso, *adj.*, mimoso, tierno, dulce ‖ gracioso, encantador.
Mina, *n.f.*, mina, yacimiento, excavación ‖ explosivo ‖ naciente de agua, fuente, manantial ‖ gachí → *Mina de sal*, salina.
Mindinho, *adj.*, dedo meñique.
Mineiro, *adj.* y *n.m.*, minero ‖ natural de Minas Gerais (Brasil).
Mineral, *adj.* y *n.m.*, mineral.
Minerar, *v.*, minar, explotar (mina).
Minério, *n.m.*, mineral.
Mingau, *n.m.*, papilla, papa, gacha.
Míngua, *n.f.*, mengua ‖ penuria, escasez ‖ falta, carencia.
Minguante, *adj.* y *n.m.*, menguante.
Minguar, *v.*, menguar.
Minhoca, *n.f.*, lombriz de la tierra, gusano.
Miniatura, *n.f.*, miniatura ‖ pequeñez.
Mínimo, *adj.* y *n.m.*, mínimo, menor.
Ministério, *n.m.*, ministerio.
Ministrar, *v.*, ministrar.
Minorar, *v.*, aminorar, minorar, ablandar, atenuar.
Minúcia, *n.f.*, minucia, menudencia, cortedad.
Minúsculo, *adj.*, minúsculo, menudo.
Minuta, *n.f.*, minuta, extracto o borrador.
Minuto, *n.m.*, minuto.
Mio, *n.m.*, maullido, miau.
Miolo, *n.m.*, miga (del pan), pulpa (de las frutas) ‖ meollo, medula, tuétano ‖ seso ‖ juicio, inteligencia.
Míope, *adj.*, miope.
Miopia, *n.f.*, miopía.
Miosótis, *n.m.*, miosotis, nomeolvides, raspilla.
Mira, *n.m.*, mira.
Mirabolante, *adj.*, despampanante, llamativo, cojonudo.
Miragem, *n.f.*, espejismo, ilusión óptica.

Mirante, *n.m.*, mirador, galería, pabellón o terrado, balcón.
Mirar, *v.*, mirar, observar ‖ avistar, ver ‖ apuntar.
Mirim, *adj.* y *n.m.*, pequeñín.
Mirra, *n.f.*, mirra.
Mirrar, *v.*, resecar, enflaquecer ‖ consumir ‖ encoger.
Misantropia, *n.f.*, misantropía.
Miscelânea, *n.f.*, miscelánea.
Miserável, *adj.*, miserable, mezquino, infame.
Miséria, *n.f.*, miseria ‖ estrechez, penuria ‖ avaricia, mezquindad.
Misericórdia, *n.f.*, misericordia.
Mísero, *adj.*, mísero, tacaño, pesetero, desdichado, infeliz.
Missa, *n.f.*, misa → *Missa das almas*, misa de difuntos.
Missão, *n.f.*, misión, cometido.
Míssil, *n.m.*, misil, proyectil.
Missiva, *n.f.*, misiva.
Mistério, *n.m.*, misterio.
Místico, *adj.*, místico.
Misto, *adj.*, mixto, mezclado ◆ *n.m.*, mixtura, juntura → *Misto-quente*, bocadillo, sándwich.
Misturar, *v.*, mezclar, entremezclar ‖ confundirse.
Mitigar, *v.*, mitigar.
Mito, *n.m.*, mito, fábula, ficción alegórica.
Mitologia, *n.f.*, mitología.
Miudeza, *n.f.*, minucia, menudencia, pequeñez ‖ pormenor, minuciosidad.
Miúdo, *adj.*, menudo, diminuto, pequeño, chico, ‖ minucioso.
Mixórdia, *n.f.*, mixtura, mezcla ‖ confusión, embrollón.
Mo, *contracción del pro.pe.* me y del *pro. dem.* lo, me lo.
Mó, *n.f.*, muela (del molino y para afilar herramientas).
Moagem, *n.f.*, moledura, molienda.
Mobília, *n.f.*, muebles, mobiliario.
Mobiliar, *v.*, amueblar.
Mobilizar, *v.*, movilizar, movimentar.
Moça, *n.f.*, señorita, joven, niña, chavala, rapaza.
Moção, *n.f.*, moción.
Mocetão, *n.m.*, mocetón.
Mocetona, *n.f.*, mocetona.
Mochila, *n.f.*, mochila, morral, talega.
Mocho, *n.m.*, mochuelo, lechuza o búho ◆ *adj.*, mocho (que carece de astas).
Mocidade, *n.f.*, mocedad, juventud.
Moço, *adj.* y *n.m.*, mozo, joven, chaval, mozalbete.
Mocotó, *n.m.*, caldo del pie del buey.
Moda, *n.f.*, moda → *Estar na moda*, ser moda o de moda, estar de moda. *Sair de moda*, pasar o pasarse de moda. *Estar fora de moda*, estar muy visto.
Modelar, *adj.*, modelar, ejemplar ◆ *v.*, modelar, tallar ‖ moldar, moldear, vaciar.
Modelo, *n.m.*, modelo ‖ molde ‖ maniquí.
Moderar, *v.*, moderar, comedir.
Modernismo, *n.m.*, modernismo.
Modernizar, *v.*, modernizar.
Moderno, *adj.*, moderno, reciente, actual.
Modéstia, *n.f.*, modestia.
Módico, *adj.*, módico, moderado, escaso, limitado.
Modificar, *v.*, modificar.
Modista, *n.*, modista.
Modo, *n.m.*, modo, manera, forma ‖ sistema, método ‖ estado, situación ‖

medio, estilo, modalidad → *De modo que*, de modo que, de suerte que, conque. *De modo geral*, por regla general. *De modo algum*, de ningún modo, de ninguna manera.

Modorra, *n.f.*, modorra, somnolencia ‖ apatía.

Modos, *n.m.pl.*, modales, modos, maneras.

Moeda, *n.f.*, moneda ‖ billete (de papel) ‖ dinero.

Moedeiro, *n.m.*, monedero.

Moela, *n.f.*, molleja.

Moenda, *n.f.*, molienda.

Moer, *v.*, moler ‖ triturar, machacar.

Mofar, *v.*, enmohecer ‖ burlar, cachondearse, guasearse.

Mofino, *adj.*, desgraciado, infeliz.

Mofo, *n.m.*, moho.

Mogno, *n.m.*, caoba.

Moído, *adj.*, molido ‖ hecho polvo, exhausto, agotado.

Moinho, *n.m.*, molino.

Moita, *n.f.*, maleza, zarza ◆ *interj.*, ¡chitón!, ¡a la chita callando!, ¡a la chiticallando!

Mola, *n.f.*, muelle, resorte, pieza elástica.

Molar, *adj.*, molar (para moler) ◆ *n.m.*, muela (diente posterior).

Moldar, *v.*, moldar (ajustar a un molde) ‖ moldear (hacer molduras).

Molde, *n.m.*, molde, modelo ‖ matriz.

Moldura, *n.f.*, marco (cuadros) ‖ moldura (ornato de arquitectura).

Mole, *adj.*, flojo, blando, suave, tierno ‖ lento.

Moleca, *n.f.*, granuja, chiquilla, chavalina.

Molecagem, *n.f.*, chiquillería, granujería, bellaquería, malicia, picaresca.

Molécula, *n.f.*, molécula.

Moleira, *n.f.*, mollera.

Moleirão, *adj.* y *n.m.*, flojeras.

Molenga, *adj.*, flojera, perezoso, blando, flácido.

Moleque, *n.m.*, negrito ‖ mocete, chiquillo, chavalín, mocoso, niño ‖ granuja, bellaco, malo, canalla, pillo, pícaro, bribón ◆ *adj.*, chistoso, gracioso → *Pé-de-moleque*, cacahuete con azúcar quemado.

Molestar, *v.*, molestar, ofender.

Moléstia, *n.f.*, molestia, incómodo ‖ desazón, enfermedad, malestar, enfado.

Moleza, *n.f.*, poca gana ‖ blandura, suavidad ‖ flacidez, pereza, flojera.

Molhar, *v.*, mojar → *Molhar as plantas*, regar.

Molho, *n.m.*, salsa, moje ‖ remojo ‖ manojo, haz, mazo.

Molusco, *n.m.*, molusco.

Momentâneo, *adj.*, momentáneo, instantáneo.

Momento, *n.m.*, momento, ocasión, instante.

Monarquia, *n.f.*, monarquía.

Monção, *n.f.*, monzón, viento periódico.

Monetário, *adj.*, monetario.

Monge, *n.m.*, monje.

Monitor, *n.m.*, monitor, instructor, guía.

Monja, *n.f.*, monja.

Monjolo, *n.m.*, molinillo, ingenio tosco.

Monologar, *v.*, monologar, soliloquiar.

Monopolizar, *v.*, monopolizar, acaparar.

Monótono, *adj.*, monótono, uniforme.

Monstrengo, *n.m.*, esperpento.

Monstro, *n.m.*, monstruo.

Monta, *n.f.*, monta, importancia ‖ suma ‖ precio o valor, estimación, coste.

Montagem, *n.f.*, montaje.
Montanha, *n.f.*, montaña.
Montão, *n.m.*, montón, mogollón, pila.
Montar, *v.*, montar, subir ‖ cabalgar ‖ sobreponer ‖ armar, instalar, aprontar ‖ elevar ‖ escenificar, poner en escena.
Monte, *n.m.*, monte, montaña ‖ sierra, cerro ‖ montón.
Mora, *n.f.*, mora, dilación o tardanza.
Morada, *n.f.*, morada, habitación, domicilio.
Moradia, *n.f.*, vivienda, morada, casa, residencia.
Moral, *n.* y *adj.*, moral → *Moral da história*, moraleja.
Moralizar, *v.*, moralizar.
Morango, *n.m.*, fresa ‖ *Amér.*, frutilla (fresón).
Morangueiro, *n.m.*, fresal.
Morar, *v.*, vivir, habitar, residir, morar.
Mórbido, *adj.*, mórbido.
Morcego, *n.m.*, murciélago.
Mordaça, *n.f.*, mordaza.
Mordaz, *adj.*, mordaz.
Morder, *v.*, morder, clavar los dientes.
Mordida, *n.f.*, mordisco, mordida, mordedura → *Mordida de inseto*, picadura.
Mordomo, *n.m.*, mayordomo.
Moreno, *adj.*, moreno, mulato, trigueño, bronceado.
Morfético, *adj.* y *n.m.*, leproso.
Morfina, *n.f.*, morfina, opio.
Morfologia, *n.f.*, morfología.
Moribundo, *adj.* y *n.m.*, moribundo.
Moringa, *n.f.*, botijo ‖ porrón (de cristal, para beber agua o vino).
Mormaço, *n.m.*, bochorno.
Morno, *adj.*, tibio, templado ‖ flojo.
Moroso, *adj.*, moroso, lento, tardo.
Morrer, *v.*, morir, fallecer → *Morrer de rir*, mondarse/troncharse de risa.
Morrinha, *n.f.*, morriña, sarna, comalia ‖ tristeza.
Morro, *n.m.*, morro, monte pequeño, cerro.
Mortadela, *n.f.*, mortadela.
Mortal, *adj.* y *n.m.*, mortal, letal, mortífero.
Mortalha, *n.f.*, mortaja.
Morte, *n.f.*, muerte, fallecimiento, defunción, óbito ‖ término, fin ‖ destrucción, ruina ‖ pesar profundo → *Ser de morte*, ser de pena.
Morteiro, *n.m.*, mortero.
Mortiço, *adj.*, mortecino, apagado.
Mosaico, *n.m.*, mosaico.
Mosca, *n.f.*, mosca → *Acertar na mosca*, hacer blanco, dar en el blanco. *Ficar às moscas*, estar vacío, en ociosidad.
Moscatel, *adj.* y *n.m.*, moscatel.
Mosquito, *n.m.*, mosquito, zancudo → *Moscão*, moscón, tábano.
Mostarda, *n.f.*, mostaza.
Mosteiro, *n.m.*, monasterio.
Mosto, *n.m.*, mosto, zumo de uva.
Mostrador, *adj.* y *n.m.*, mostrador ‖ esfera del reloj.
Mostrar, *v.*, mostrar, enseñar, manifestar, exhibir ‖ apuntar, indicar ‖ aparentar ‖ demostrar ‖ revelarse.
Mostruário, *n.m.*, muestrario.
Mote, *n.m.*, mote, apodo, sobrenombre.
Motel, *n.m.*, motel.
Motim, *n.m.*, motín.
Motivar, *v.*, motivar.
Motivo, *n.m.*, motivo, causa, razón → *Por motivo de*, por causa de.
Motocicleta, *n.f.*, moto, motocicleta.

Motor, *adj.* y *n.m.*, motor.
Motorista, *n.*, chófer, conductor.
Motorneiro, *n.m.*, motorista de tranvia (que cuida del motor).
Mouco, *adj.*, sordo, tapia.
Movediço, *adj.*, movedizo.
Móvel, *adj.*, móvil, movible ◆ *n.m.*, mueble, mobiliario.
Mover, *v.*, mover, desplazar ‖ dislocar ‖ remover ‖ menear, mover ‖ inducir o determinar ‖ conmover ‖ decidirse.
Movimentar, *v.*, movilizar, mover ‖ maniobrar, poner en marcha.
Muamba, *n.f.*, alijo, matute, contrabando.
Muar, *adj.* y *n.m.*, mula.
Muco, *n.m.*, moco.
Mucosa, *n.f.*, mucosa.
Muda, *adj.* y *n.f.*, muda ‖ brote, renuevo, vástago, retoño.
Mudança, *n.f.*, mudanza, cambio, traslación, traslado, transformación → *Mudança de casa*, mudada, mudanza de casa.
Mudar, *v.*, cambiar, mudar, remover o apartar ‖ virar, alterar ‖ variar → *Mudar de assunto*, cambiar de tema, cambiar de rollo. *Mudar o sentido*, girar. *Mudar de casa*, trasladar de casa.
Mudez, *n.f.*, mudez.
Mudo, *adj.* y *n.m.*, mudo, callado.
Mugido, *n.m.*, mugido.
Mugir, *v.*, mugir, bramar.
Muito, *pro.indef.* y *adv.*, mucho, muy → *Muito obrigado*, muchas gracias, muy agradecido. *Muito prazer*, mucho gusto, encantado. *Muita gente*, ciento y la madre
Mula, *n.f.*, mula.
Mulato, *adj.* y *n.m.*, mulato, mestizo, pardo, moreno.
Muleta, *n.f.*, muleta.
Mulher, *n.f.*, mujer ‖ *Amér.*, mina → *Mulher àtoa*, mujercilla. *Mulher esperta*, lagarta, pizpireta. *Mulher bonita*, maja, diosa, ángel.
Mulherengo, *adj.* y *n.m.*, mujeriego, faldero.
Mulo, *n.m.*, mulo.
Multa, *n.f.*, multa.
Multar, *v.*, multar.
Multidão, *n.f.*, multitud, muchedumbre, gentío, montón de gente.
Multiplicação, *n.f.*, multiplicación.
Multiplicar, *v.*, multiplicar.
Múmia, *n.f.*, momia.
Mundano, *adj.*, mundano.
Mundão, *n.m.*, gran extensión de tierra, latifundio.
Mundial, *adj.*, mundial.
Mundo, *n.m.*, mundo ‖ la Tierra → *O outro mundo*, el otro mundo, la otra vida, el más allá. *Mundos e fundos*, gran cantidad, un absurdo. *Meio mundo*, medio mundo, mucha gente.
Munheca, *n.f.*, muñeca, pulso.
Munição, *n.f.*, munición.
Municipal, *adj.*, municipal.
Município, *n.m.*, municipio.
Munir, *v.*, municionar, abastecer, proveer, guarnecer ‖ proveerse, prevenirse.
Muque, *n.m.*, fuerza muscular, músculos, bíceps.
Muquirana, *n.f.*, piojo, chinche.
Mural, *adj.* y *n.m.*, mural.
Muralha, *n.f.*, muralla.
Murar, *v.*, cercar.
Murchar, *v.*, marchitar.
Muriçoca, *n.f.*, mosquito.
Murmurar, *v.*, murmurar, susurrar, hablar quedo.

Murmúrio, *n.m.*, murmuro, murmujeo, murmullo.
Muro, *n.m.*, muro, pared o tapia.
Murro, *n.m.*, puñetazo, castañazo.
Muscular, *adj.*, muscular.
Musculatura, *n.f.*, musculatura.
Músculo, *n.m.*, músculo.
Museu, *n.m.*, museo.
Musgo, *n.m.*, musgo.
Música, *n.f.*, música → *Dançar conforme a música*, bailar uno al son que le tocan.
Musical, *adj.*, musical ‖ armonioso.
Músico, *adj.* y *n.m.*, músico.
Mutável, *adj.*, mudable, mutable.
Mutilar, *v.*, mutilar, cortar o cercenar ‖ truncar.
Mutirão, *n.m.*, grupo de trabajo cooperativo en provecho de uno.
Mutismo, *n.m.*, mutismo, mudez ‖ silencio ‖ sosiego.
Mútuo, *adj.*, mutuo, recíproco.
Muxiba, *n.f.*, piltrafa, carne flaca para perros.
Muxoxo, *n.m.*, besuqueo, besucón ‖ hacer el buz, estallido con la lengua y los labios que indica desprecio o desdén.

N *n.m.*, consonante alveolar nasal sonora, decimocuarta letra del abecedario portugués. Símbolo químico del nitrógeno.

Na, *contracción de la prep.* en y *art.* la, en la ◆ *pro.pe.*, la.
Nabo, *n.m.*, nabo.
Nação, *n.f.*, nación, país.
Nacional, *adj.*, nacional.
Nada, *pro.indef.*, ninguna cosa, nada ◆ *adv.*, de ninguna manera, de ningún modo, nada ◆ *n.m.*, el no ser, la nada → *De nada*, de nada o por nada.
Nadadeira, *n.f.*, aleta, nadadera.
Nadar, *v.*, nadar ‖ *fig.*, abundar, tener en abundancia.
Nádega, *n.f.*, nalga ◆ *n.f.pl.*, culo, trasero.
Nafta, *n.f.*, nafta, gasolina.
Náilon, *n.m.*, nailon.
Naipe, *n.m.*, naipe (baraja) ‖ clase.
Namorada, *n.f.*, novia, enamorada.
Namorado, *n.m.*, novio, enamorado.
Namorador, *adj.*, amoroso, coqueto.
Namorar, *v.*, coquetear, enamorar.
Namoro, *n.m.*, enamoro.
Nanar, *v.*, acunar, dormir.
Nanico, *adj.*, pequeñajo, enano.
Nanquim, *n.m.*, tinta china.
Não, *adv.* y *n.m.*, no → *Não mesmo*, de ningún modo. *Ainda não*, todavía no, aún no. *Pois não*, como no, claro, por supuesto. *Pois não?*, ¿qué desea?, ¿en qué puedo servirle?
Naquele, *contracción de prep.* en y *pro. dem.* aquel, en aquel.
Naquilo, *contracción de prep.* en y *pro. dem.* aquello, en aquello, en lo → *Naquilo que for*, en lo que sea.
Narcótico, *adj.* y *n.*, narcótico.
Narcotizar, *v.*, narcotizar, drogarse.
Narigão, *n.m.*, narizón, narizotas.
Narigudo, *adj.*, narigudo, narigón.
Narina, *n.f.*, narina, orificio nasal.
Nariz, *n.m.*, nariz, olfato → *Dar com o nariz na porta*, encontrar la puerta cerrada. *Meter o nariz em*, entremeterse, meter la nariz donde no le mandan. *Torcer o nariz*, poner mala cara, cara de asco.
Narração, *n.f.*, narración ‖ novela, cuento.
Narrar, *v.*, narrar, contar, referir.
Nasal, *adj.*, nasal.
Nascença, *n.f.*, nacencia, origen, linaje → *De nascença*, de nacimiento.
Nascente, *adj.*, naciente, que nace ◆ *n.m.*, este, oriente ◆ *n.f.*, nacimiento, manantial.
Nascer, *v.*, nacer.
Nata, *n.f.*, nata, crema ‖ *fig.*, flor, la mejor parte, lo principal.
Natação, *n.f.*, natación.
Natal, *adj.*, natal ◆ *n.m.*, Navidad, Natividad → *Feliz Natal*, ¡Felices Navidades! *Noite de Natal*, Nochebuena.
Natalino, *adj.*, navideño.
Nativo, *adj.*, nativo, congénito, innato ◆ *n.m.*, natural.

Nato, *adj*., nato, nacido, congénito.
Natural, *adj*., natural ‖ lógico ‖ innato, congénito ◆ *n.m.*, nativo.
Naturalizar, *v*., naturalizar, nacionalizarse.
Natureza, *n.f.*, naturaleza ‖ especie ‖ origen, calidad.
Nau, *n.m.*, navío, nave, barco.
Naufragar, *v*., naufragar, irse a pique ‖ perderse.
Naufrágio, *n.m.*, naufragio.
Náusea, *n.f.*, náusea, asco.
Náutica, *n.f.*, náutica.
Naval, *adj*., naval.
Navalha, *n.f.*, navaja, cacha.
Navalhada, *n.f.*, navajada, navajazo.
Nave, *n.f.*, nave.
Navegação, *n.f.*, navegación ‖ náutica.
Navegar, *v*., navegar.
Navio, *n.m.*, navío, embarcación, barco, nave → *Navio de carga*, navío de carga, carguero, buque de carga. *Ficar a ver navios*, quedarse a verlas venir.
Neblina, *n.f.*, neblina, niebla.
Nebuloso, *adj*., nebuloso ‖ oscurecido ‖ sombrío, tétrico.
Necessário, *adj*., necesario, indispensable, inevitable.
Necessidade, *n.f.*, necesidad, carencia, falta → *Haver/ter necessidade*, hacer falta. *Passar necessidade*, pasar duras penas, estar necesitado.
Necessitar, *v*., necesitar.
Necrose, *n.f.*, necrosis, mortificación o gangrena.
Necrotério, *n.m.*, morgue.
Néctar, *n.m.*, néctar.
Nefasto, *adj*., nefasto ‖ triste, funesto.
Nefrite, *n.f.*, nefritis.
Negação, *n.f.*, negación, negativa → *Ser uma negação*, ser una inutilidad.
Negar, *v*., negar → *Negar de pés juntos*, negar a pies juntos.
Negligência, *n.f.*, negligencia, descuido, omisión.
Negligenciar, *v*., descuidarse, omitirse.
Negociar, *v*., negociar.
Negócio, *n.m.*, negocio, relación comercial ‖ asunto, trato ‖ caso, cosa.
Negro, *adj*., negro, de color negro ‖ oscuro u oscurecido ◆ *n.m.*, moreno, esclavo.
Nele, *contracción de prep.* en y *pro.pe.* él, en él → *Nele se fala*, en él se dice.
Nem, *conj.* y *adv*., ni, no ‖ tampoco, ni siquiera → *Nem mais nem menos*, ni más ni menos. *Nem que*, por más que. *Sem mais nem menos*, sin más ni menos, de pronto, de repente.
Nenê, *n.m.*, nene, niño, bebé.
Nenhum, *pro.indef.*, ningún, ninguno.
Nervo, *n.m.*, nervio ‖ fuerza, energía.
Nervosismo, *n.m.*, nerviosismo.
Nervura, *n.f.*, moldura, nervura.
Nesse, *contracción de prep.* en y *pro. dem.* ese, en ese.
Neste, *contracción de prep.* en y *pro. dem.* este, en este.
Neto, *n.m.*, nieto.
Neurologia, *n.f.*, neurología.
Neurose, *n.f.*, neurosis.
Neutral, *adj*., neutral, neutro.
Neutralizar, *v*., neutralizar ‖ anular.
Neutro, *adj*., neutro, indefinido ‖ indiferente.
Nevada, *n.f.*, nevada.
Nevar, *v*., nevar.
Nevasca, *n.f.*, nevasca, ventisca.

Neve, *n.f.*, nieve.
Névoa, *n.f.*, niebla.
Nevoeiro, *n.m.*, neblina, niebla.
Nevralgia, *n.f.*, neuralgia.
Nexo, *n.m.*, nexo, unión o vínculo.
Nicho, *n.m.*, nicho, concavidad.
Nicotina, *n.f.*, nicotina.
Nímio, *adj.*, nimio, excesivo, exagerado.
Ninar, *v.*, acunar, mecer.
Ninguém, *pro.indef.*, nadie, ninguno.
Ninhada, *n.f.*, nidada.
Ninharia, *n.f.*, bagatela, nadería, cosa de poca monta, chuchería, pamplina.
Ninho, *n.m.*, nido ‖ abrigo, lar.
Níquel, *n.m.*, níquel → *Sem um níquel,* sin una perra, sin un céntimo.
Nisso, *contracción de prep.* en y *pro.dem.* eso, en eso.
Nisto, *contracción de prep.* en y *pro.dem.* esto, en esto.
Nítido, *adj.*, nítido, resplandeciente ‖ limpio, claro, puro.
Nível, *n.m.*, nivel.
Nivelar, *v.*, nivelar, igualar ‖ allanar, aplanar.
Níveo, *adj.*, níveo, de nieve.
No, *contracción de prep.* en y *art.* el, en el ◆ *pro.pe.*, lo.
Nó, *n.m.*, nudo.
Nobre, *adj.* y *n.m.*, noble, hidalgo ‖ ilustre, célebre.
Noção, *n.f.*, noción, conocimiento, idea.
Nocaute, *n.m.*, noqueo.
Nocivo, *adj.*, nocivo, dañoso, pernicioso, perjudicial.
Nódoa, *n.f.*, mácula, mancha.
Nódulo, *n.m.*, nódulo.
Nogueira, *n.f.*, nogal.
Noitada, *n.f.*, juerga, verbena.
Noite, *n.f.*, noche → *Anteontem à noite*, anteanoche. *Da noite para o dia*, de la noche a la mañana. *Ontem à noite*, anoche. *De/à noite*, por la noche. *Passar a noite em claro*, pasar la noche en vela, trasnochar, desvelar.
Noiva, *n.f.*, novia.
Noivado, *n.m.*, noviazgo.
Noivar, *v.*, quedarse novios.
Noivo, *n.m.*, novio.
Nojento, *adj.*, asqueroso.
Nojo, *n.m.*, asco ‖ náusea, mareo ‖ repugnancia.
Nome, *n.m.*, nombre → *Qual é o seu nome?*, ¿cómo te llamas?
Nomear, *v.*, nombrar ‖ designar, llamar.
Nonagésimo, *num.*, nonagésimo.
Nono, *num.*, nono, noveno.
Nora, *n.f.*, nuera.
Nordeste, *n.m.*, nordeste.
Norma, *n.f.*, norma, principio, regla.
Normal, *adj.*, normal ‖ habitual.
Noroeste, *n.m.*, noroeste.
Norte, *n.m.*, norte.
Nortear, *v.*, nortear ‖ orientar, guiar.
Nos, *pro.pe.*, nos.
Nós, *pro.pe.*, nosotros.
Nosso, *pro.pos.*, nuestro.
Nostalgia, *n.f.*, nostalgia, pena de verse ausente.
Nota, *n.f.*, nota → *Nota fiscal*, factura comercial. *Nota promissória*, letra de cambio. *Custar uma nota preta*, valer muchas perras, costar una fortuna. *Tomar nota,* apuntar, anotar, coger apuntes.
Notabilizar, *v.*, volverse notable, sobresalir, volverse célebre.
Notação, *n.f.*, notación.

Notar, *v.*, notar, reparar, observar ‖ apuntar.

Notário, *n.m.*, notario, escribano.

Notável, *adj.*, notable, digno de nota ‖ esencial, importante ‖ ilustre, extraordinario.

Notícia, *n.f.*, noticia.

Noticiário, *n.m.*, noticiario ‖ noticiero ‖ telediario.

Notificar, *v.*, notificar ‖ enterarse.

Notório, *adj.*, notorio ‖ público, sabido.

Noturno, *adj.* y *n.m.*, nocturno.

Nova, *n.f.*, nueva ‖ noticia, novedad.

Novato, *n.m.*, novato, principiante.

Nove, *num.*, nueve.

Novecentos, *num.*, novecientos.

Novela, *n.f.*, novela.

Novelo, *n.m.*, ovillo.

Novembro, *n.m.*, noviembre.

Novena, *n.f.*, novena.

Noventa, *num.*, noventa.

Noviça, *n.f.*, novicia.

Novidade, *n.f.*, novedad ‖ innovación ‖ noticia, suceso.

Novilha, *n.f.*, ternera, novilla.

Novo, *adj.*, nuevo, recién hecho ‖ joven ‖ principiante ‖ distinto, original.

Noz, *n.f.*, nuez, fruto del nogal.

Noz-moscada, *n.f.*, nuez moscada.

Nu, *adj.*, desnudo, corito ◆ *n.m.*, desnudez → *Nu e cru*, tal como es. *Nu em pelo,* en cueros, en pelotas.

Nuança, *n.f.*, matiz, rasgo, tono.

Nubente, *adj.*, núbil, nubilidad ‖ casadero, casamentero.

Nublado, *adj.*, nublado ‖ oscuro.

Nublar, *v.*, nublar, anublar ‖ oscurecer.

Nuca, *n.f.*, nuca.

Nuclear, *adj.*, nuclear.

Núcleo, *n.m.*, núcleo, almendra o parte mollar ‖ parte o punto central.

Nudez, *n.f.*, desnudez.

Nulo, *adj.*, nulo ‖ inútil ‖ incapaz.

Num, *contracción de prep.* en y *art.* un, en un.

Numeração, *n.m.*, numeración.

Numerar, *v.*, numerar.

Número, *n.m.*, número.

Nunca, *adv.*, nunca, jamás → *Antes tarde do que nunca,* más vale tarde que nunca.

Núpcias, *n.f.pl.*, nupcias, casamiento, boda.

Nutrição, *n.f.*, nutrición, sustento, alimento.

Nutrir, *v.*, nutrir, alimentar, sustentar ‖ llenar, colmar.

Nuvem, *n.f.*, nube.

O

n.m., vocal anterior, oral y nasal, decimoquinta letra del abecedario portugués y cuarta de sus vocales.

O, *n.m.*, o (vocal) ◆ *art.*, el ◆ *pro.pe.*, le, lo.
Ó, *interj.*, ¡eh!, ¡hola!
Oásis, *n.m.*, oasis ‖ *fig.*, tregua, descanso.
Obcecar, *v.*, obcecar, cegar, deslumbrar, ofuscar.
Obedecer, *v.*, obedecer.
Obeso, *adj.*, obeso.
Óbito, *n.m.*, óbito, fallecimiento.
Objeção, *n.f.*, objeción, reparo.
Objetar, *v.*, objetar, oponer, contestar.
Objetivar, *v.*, objetivar, pretender.
Objetivo, *adj.*, objetivo.
Objeto, *n.m.*, objeto.
Obra, *n.f.*, obra → *Em obras*, en reparos.
Obra-prima, *n.f.*, obra maestra.
Obrar, *v.*, obrar, trabajar, ejecutar.
Obreira, *n.f.*, obrera.
Obreiro, *n.m.*, obrero.
Obrigação, *n.f.*, obligación.
Obrigado, *adj.*, grato, agradecido → *Muito obrigado*, muchas gracias.
Obrigar, *v.*, obligar.
Obrigatório, *adj.*, obligatorio.
Obsceno, *adj.*, obsceno, impúdico, torpe.
Obscurecer, *v.*, oscurecer.
Obsequiar, *v.*, obsequiar, agasajar.
Observação, *n.f.*, observación.
Observar, *v.*, observar, examinar.
Obsoleto, *adj.*, obsoleto, anticuado, inadecuado.
Obstáculo, *n.m.*, obstáculo, impedimento, dificultad.
Obstetrícia, *n.f.*, obstetricia.
Obstinar, *v.*, obstinar, perseverar.
Obstruir, *v.*, obstruir, estorbar, impedir.
Obter, *v.*, obtener, alcanzar, conseguir.
Obturar, *v.*, obturar, tapar, cerrar.
Óbvio, *adj.*, obvio, elemental.
Ocasião, *n.f.*, ocasión, oportunidad.
Ocasionar, *v.*, ocasionar, mover.
Ocaso, *n.m.*, ocaso.
Oceano, *n.m.*, océano.
Ócio, *n.m.*, ocio.
Oclusão, *n.f.*, oclusión.
Oco, *adj.*, hueco, vacío.
Ocorrência, *n.f.*, ocurrencia, encuentro, suceso casual → *Fazer ocorrência*, denuncia, diligencia policial.
Ocorrer, *v.*, ocurrir, suceder.
Octogésimo, *num.*, octogésimo.
Ocular, *adj.*, ocular.
Oculista, *n.m.* y *f.*, oculista, oftalmólogo.
Óculos, *n.m.pl.*, gafas.
Ocultar, *v.*, ocultar, esconder, tapar.
Oculto, *adj.*, oculto, escondido.
Ocupar, *v.*, ocupar, entretenerse.
Odiar, *v.*, odiar.
Ódio, *n.m.*, odio, antipatía, aversión.
Odisseia, *n.f.*, odisea.
Odontologia, *n.f.*, odontología.
Odor, *n.m.*, olor.
Oeste, *n.m.*, oeste, occidente.

Ofegar, *v.*, jadear, resoplar.
Ofender, *v.*, ofender.
Ofensa, *n.f.*, ofensa.
Oferecer, *v.*, ofrecer.
Ofertar, *v.*, ofertar, ofrecer.
Oficial, *adj.* y *n.m.*, oficial.
Oficializar, *v.*, oficializar.
Oficiar, *v.*, oficiar.
Oficina, *n.f.*, taller.
Ofício, *n.m.*, oficio, ocupación ‖ circular, memorándum.
Oftalmologia, *n.f.*, oftalmología.
Ofuscar, *v.*, ofuscar, deslumbrar, turbar.
Oh, *interj.*, ¡oh!
Oi, *interj.*, ¡hola!
Oitava, *n.f.*, octava.
Oitavo, *num.*, octavo.
Oitenta, *num.*, ochenta.
Oito, *num.*, ocho.
Oitocentos, *num.*, ochocientos.
Ojeriza, *n.f.*, ojeriza, enojo.
Olá, *interj.*, ¡hola!, ¡buenas!
Olaria, *n.f.*, alfarería.
Olear, *v.*, olear.
Óleo, *n.m.*, óleo.
Olfato, *n.m.*, olfato.
Olhar, *v.*, mirar, ver ◆ *n.m.*, mirada.
Olheiras, *n.f.pl.*, ojeras.
Olho, *n.m.*, ojo.
Olimpíada, *n.f.*, olimpiada u olimpíada.
Oliveira, *n.f.*, olivera, olivo.
Olor, *n.m.*, olor.
Olvidar, *v.*, olvidar.
Ombrear, *v.*, hombrear.
Ombro, *n.m.*, hombro.
Omelete, *n.f.*, tortilla.
Omissão, *n.f.*, omisión, abstención.
Omitir, *v.*, omitir, abstenerse.
Omoplata, *n.f.*, omóplato u omoplato.
Onça, *n.f.*, jaguar ‖ onza (peso).
Onda, *n.f.*, ola, onda.
Onde, *conj.*, por lo cual ◆ *adv.*, donde, dónde.
Ondear, *v.*, ondear.
Ondulação, *n.f.*, ondulación.
Ondular, *v.*, ondular.
Onerar, *v.*, encarecer.
Oneroso, *adj.*, oneroso, pesado, molesto, gravoso.
Ônibus, *n.m.*, autobús, ómnibus.
Ontem, *adv.*, ayer → *Antes de ontem*, anteayer.
Ônus, *n.m.*, carga, peso.
Onze, *num.*, once.
Opa, *interj.*, ¡opa!, ¡aúpa!, ¡upa!
Opaco, *adj.*, opaco, oscuro, sombrío.
Opção, *n.f.*, opción, alternativa.
Ópera, *n.f.*, ópera.
Operação, *n.f.*, operación.
Operar, *v.*, operar, ejecutar.
Operário, *n.m.*, operario, obrero, peón.
Opinar, *v.*, opinar.
Opinião, *n.f.*, opinión, dictamen, juicio, parecer.
Ópio, *n.m.*, opio.
Opor, *v.*, oponer.
Oportunidade, *n.f.*, oportunidad, conveniencia.
Oposição, *n.f.*, oposición.
Opositor, *n.m.*, opositor.
Oposto, *adj.*, opuesto.
Opressão, *n.f.*, opresión.
Oprimir, *v.*, oprimir.
Optar, *v.*, optar, escoger, elegir.
Óptica, *n.f.*, óptica.
Opulência, *n.f.*, opulencia, abundancia.
Ora, *conj.*, ora, ahora.
Oração, *n.f.*, oración.
Orador, *n.m.*, orador.
Oral, *adj.*, oral.

Orangotango, *n.m.*, orangután.
Orar, *v.*, orar, rezar ‖ rogar, pedir, suplicar.
Orbe, *n.m.*, orbe ‖ redondez, círculo.
Órbita, *n.f.*, órbita.
Orçar, *v.*, presupuestar.
Ordem, *n.f.*, orden, concierto, arreglo ‖ mandato.
Ordenado, *adj.*, ordenado, arreglado ◆ *n.m.*, sueldo.
Ordenar, *v.*, ordenar.
Ordinal, *adj.*, ordinal.
Ordinário, *adj.*, ordinario, común, basto, vulgar.
Orelha, *n.f.*, oreja.
Orelhudo, *adj.*, orejudo, orejón.
Orfanato, *n.m.*, orfanato.
Órfão, *n.m.*, huérfano.
Organismo, *n.m.*, organismo.
Organização, *n.f.*, organización.
Organizar, *v.*, organizar.
Órgão, *n.m.*, órgano.
Orgia, *n.f.*, orgía, festín, juerga.
Orgulho, *n.m.*, orgullo, arrogancia, vanidad.
Orientar, *v.*, orientar ‖ *fig.*, dirigir, encaminar.
Orifício, *n.m.*, orificio, boca, agujero.
Origem, *n.f.*, origen, principio, nacimiento.
Originar, *v.*, originar.
Orla, *n.f.*, orla, orilla, borde, margen.
Ornamento, *n.m.*, ornamento, adorno, atavío.
Ornar, *v.*, adornar.
Orquestra, *n.f.*, orquesta.
Orquídea, *n.f.*, orquídea.
Ortografia, *n.f.*, ortografía.
Orvalhar, *v.*, rociar.
Orvalho, *n.m.*, rocío.
Oscilar, *v.*, oscilar ‖ *fig.*, titubear, vacilar.
Oscular, *v.*, besar, dar ósculos.
Ossada, *n.f.*, osamenta.
Ósseo, *adj.*, óseo.
Osso, *n.m.*, hueso.
Ostentar, *v.*, ostentar, lucir.
Ostra, *n.f.*, ostra.
Otário, *adj.*, otario, tonto, necio.
Ótimo, *adj.*, óptimo, excelente.
Ou, *conj.*, o, ó, u → *Ou seja*, o sea, es decir. *Ou então*, o entonces, o si no.
Ourela, *n.f.*, orla, orilla.
Ouriço, *n.m.*, erizo.
Ourives, *n.m.*, orfebre.
Ouro, *n.m.*, oro.
Ousar, *v.*, osar, atreverse.
Outeiro, *n.m.*, otero, cerro.
Outono, *n.m.*, otoño.
Outorgar, *v.*, otorgar, consentir, condescender, conceder.
Outro, *adj.* y *pro.*, otro.
Outrora, *adv.*, otrora, en otro tiempo antaño.
Outros, *adj.* y *pro.*, otros.
Outrossim, *adv.*, otrosí, además, asimismo.
Outubro, *n.m.*, octubre.
Ouvido, *n.m.*, oído.
Ouvir, *v.*, oír, escuchar.
Ovacionar, *v.*, ovacionar, aclamar.
Oval, *adj.*, oval, ovalado.
Ovário, *n.m.*, ovario.
Ovelha, *n.f.*, oveja.
Ovo, *n.m.*, huevo.
Oxalá, *interj.*, ¡ojalá!
Oxidar, *v.*, oxidar.
Oxigênio, *n.m.*, oxígeno.
Oxigenar, *v.*, oxigenar ‖ *fig.*, airearse.

P

n.m., consonante oral bilabial oclusiva sorda, decimosexta letra del abecedario portugués ‖ símbolo químico del fósforo.

Pá, *n.f.*, pala, paleta → *Uma pá de gente*, un montón de gente, una muchedumbre, ciento y la madre.
Pacato, *adj.*, pacato, pacífico, sosegado.
Pachorra, *n.f.*, pachorra, flema, tardanza, indolencia, lentitud.
Paciência, *n.f.*, paciencia.
Paciente, *adj.* y *n.*, paciente.
Pacificar, *v.*, pacificar, apaciguar ‖ serenar, sosegar.
Paço, *n.m.*, palacio, palacete.
Pacote, *n.m.*, paquete, fardo ‖ lío, envoltorio.
Pacto, *n.m.*, pacto, ajuste, concierto, tratado.
Pactuar, *v.*, pactar, acordar ‖ combinar, ajustar.
Padaria, *n.f.*, panadería.
Padecer, *v.*, padecer, soportar, aguantar ‖ sufrir.
Padeiro, *n.m.*, panadero.
Padiola, *n.f.*, camilla, parihuela ‖ maca, hamaca.
Padrão, *n.m.*, patrón, modelo ‖ estampa.
Padrasto, *n.m.*, padrastro.
Padre, *n.m.*, cura, sacerdote, padre.
Padrinho, *n.m.*, padrino.
Padroeiro, *adj.* y *n.m.*, patrón, defensor, protector, patrono.
Padronizar, *v.*, normalizar, uniformar.
Pagamento, *n.m.*, pago, paga ‖ remuneración, retribución.
Pagão, *adj.* y *n.m.*, pagano.
Pagar, *v.*, pagar, remunerar, retribuir, satisfacer → *Pagar à vista*, pagar al contado, pagar a toca teja, en dinero contante.
Página, *n.f.*, página.
Paginar, *v.*, paginar, numerar páginas.
Pai, *n.m.*, padre, papá → *Pai-nosso,* padre nuestro. *Tal pai, tal filho*, de tal palo, tal astilla.
Pai de todos, *n.m.*, el dedo corazón.
Pai dos burros, *n.m.*, diccionario.
Painel, *n.m.*, mural, pintura, cuadro ‖ panel.
Paio, *n.m.*, chorizo, embuchado.
Pairar, *v.*, pairar, soportar, aguantar ‖ amenazar.
Pais, *n.m.pl.*, papás, padres.
País, *n.m.*, país.
Paisagem, *n.f.*, paisaje, panorama.
Paixão, *n.f.*, pasión.
Palacete, *n.m.*, palacete.
Palácio, *n.m.*, palacio.
Paladar, *n.m.*, paladar, gusto, sabor.
Palanque, *n.m.*, palenque, tribuna.
Palato, *n.m.*, palatal.
Palavra, *n.f.*, palabra ‖ término, vocablo ‖ habla → *Palavra de honra*, palabra de honor. *Palavras cruzadas*, crucigrama. *Tirar a palavra da boca*, quitarle a uno la palabra, o las palabras, de la boca.

Palavrão, *n.m.*, palabrota, dicho ofensivo, indecente y grosero.
Palco, *n.m.*, palco, tablado, palenque, escenario.
Palerma, *adj.* y *n.*, paleto, rústico, pueblerino, tonto, bobo de capirote, idiota.
Palestra, *n.f.*, conferencia, charla.
Paleta, *n.f.*, paleta.
Paletó, *n.m.*, chaqueta, paletó, gabán.
Palha, *n.f.*, paja.
Palhaçada, *n.f.*, payasada → *Fazer palhaçadas*, hacer el ganso, hacer chucherías.
Palhaço, *n.m.*, payaso.
Palhoça, *n.f.*, chabola, choza, caseta.
Paliativo, *adj.* y *n.m.*, paliativo.
Pálido, *adj.*, pálido, pocho, marchito.
Palitar, *v.*, escarbar, mondar, limpiar los dientes.
Paliteiro, *n.m.*, palillero.
Palito, *n.m.*, palillo, varilla → *Palito de dentes*, mondadientes, escarbadientes. *Palito de fósforo*, cerilla, fósforo ‖ *Amér.*, mixto.
Palma, *n.f.*, palma, palmera.
Palmada, *n.f.*, palmada.
Palmas, *n.f.pl.*, palmas (batir palmas), aplaudir, dar palmadas de aplauso (salva de palmas o de aplausos).
Palmatória, *n.f.*, palmatoria, palmeta.
Palmear, *v.*, palmear (dar golpes con las palmas de las manos).
Palmeira, *n.f.*, palmera.
Palmilha, *n.f.*, palmilla, plantilla del zapato.
Palmito, *n.m.*, palmito.
Palmo, *n.m.*, palmo.
Palpar, *v.*, palpar.
Pálpebra, *n.f.*, párpado, pálpebra.
Palpitar, *v.*, palpitar, titilar, centellear.
Pança, *n.f.*, panza, barriga, vientre.
Pancada, *n.f.*, golpe brusco, choque, topetazo, coscorrón ‖ castañazo, porrazo ◆ *n.*, zoquete, chiflado, alocado, mamarracho → *Pancada de chuva*, chaparrón de agua.
Pâncreas, *n.m.*, páncreas.
Pandemônio, *n.m.*, pandemónium.
Pane, *n.f.*, parada por avería.
Panela, *n.f.*, cazuela, cacerola, olla → *Panela de pressão*, olla exprés, olla a presión. *Jogo de panelas*, batería de cocina, conjunto de cazuelas necesario para la cocina.
Panelinha, *n.f.*, corrillo.
Panfleto, *n.m.*, panfleto, libelo difamatorio, volante (pantalla publicitaria) pasquín (escrito anónimo).
Pangaré, *n.m.*, mula, mulo.
Pânico, *n.m.*, pánico.
Panificação, *n.f.*, panificación, panadería.
Panorama, *n.m.*, panorama, paisaje vista.
Panqueca, *n.f.*, crepe, panqueque, en América.
Pântano, *n.m.*, pantano, lodazal ciénaga.
Panteão, *n.m.*, panteón ‖ *Amér.*, cementerio.
Pantera, *n.f.*, pantera, leopardo.
Pão, *n.m.*, pan → *Pão de fôrma*, pan de molde (para emparedados y bocadillos). *O pão nosso de cada dia*, el pan nuestro de cada día.
Pão-duro, *n.m.*, tacaño, pesetero, agarrado.
Papa, *n.m.*, papa, Sumo Pontífice ◆ *n.f.* papa, papilla.
Papada, *n.f.*, papada.

Papagaio, *n.m.*, papagayo, loro ‖ parlanchín, cotorra ‖ cometa, pajarita de papel, pandorga ‖ letra de cambio → *Falar como papagaio*, hablar hasta por los codos, hablar como una cotorra, como un loro.

Papai, *n.m.*, papá, papaíto.

Papar, *v.*, papar, comer.

Paparicar, *v.*, mimar, halagar.

Papear, *v.*, papear, tartamudear, balbucir.

Papel, *n.m.*, papel, pliego, hoja ‖ personaje ‖ billete (dinero) ‖ carta, credencial, título, documento, manuscrito → *Papel almaço*, pliego de papel, cuaderno. *Papel pautado*, papel rayado o pautado. *Papel timbrado*, papel sellado. *Papel-carbono*, papel carbón, de calcar o de calco. *Papel--manteiga*, papel cebolla, papel vegetal. *Cesto para papéis*, cesto de los papeles, papelera. *Papel-ofício*, papel de pago, papel del estado.

Papel-moeda, *n.m.*, papel moneda, billete.

Papelão, *n.m.*, papelón, cartón delgado ‖ actuación deslucida o ridícula de alguien.

Papelaria, *n.f.*, papelería.

Papo, *n.m.*, papo, buche ‖ papera, bocio → *Bater/levar um papo*, charlar. *Ficar de papo pro ar*, quedarse tan ancho, tan campante. *Papo furado*, cuento, paparrucha, ser un papanatas. *E fim de papo*, y sanseacabó.

Papoula, *n.f.*, amapola.

Paquiderme, *n.m.*, paquidermo.

Par, *adj.*, par, igual, semejante ◆ *n.m.*, par, pareja → *Estar a par de*, estar al tanto de, estar al corriente, estar enterado.

Para, *prep.*, para, hacia.

Para-brisa, *n.m.*, parabrisas, guardabrisas.

Para-choque, *n.m.*, parachoques.

Para-lama, *n.m.*, guardabarros.

Paraquedas, *n.m.*, paracaídas.

Para-raios, *n.m.*, pararrayos.

Parabéns, *n.m.pl.*, enhorabuena, parabién, felicitaciones, congratulaciones.

Parábola, *n.f.*, parábola.

Parada, *n.f.*, parada, interrupción, suspensión o pausa → *Parada dura*, tarea ardua.

Paradeiro, *n.m.*, paradero, parador.

Paradoxo, *n.m.*, paradoja.

Parafina, *n.f.*, parafina

Parafusar, *v.*, atornillar.

Parafuso, *n.m.*, tornillo → *Ter um parafuso a menos*, faltarle a uno un tornillo o tener flojos los tornillos.

Paragem, *n.f.*, paraje, lugar, sitio.

Parágrafo, *n.m.*, párrafo.

Paraíso, *n.m.*, paraíso ‖ edén ‖ cielo.

Paralela, *n.f.*, paralela.

Paralelepípedo, *n.m.*, paralelepípedo, adoquín.

Paralisar, *v.*, paralizar ‖ detener, entorpecer.

Parapeito, *n.m.*, parapeto, antepecho, baranda.

Parar, *v.*, parar.

Parasita, *adj.* y *n.m.* y *f.*, parásito.

Parceiro, *n.m.*, socio, colega, compañero, camarada.

Parcela, *n.f.*, parcela, porción, fracción.

Parcelar, *v.*, parcelar, dividir en parcelas.

Parcial, *adj.*, parcial.

Parco, *adj.*, parco, ahorrador, económico ‖ escaso, sobrio.

Pardal, *n.m.*, gorrión, pardal, pardillo.
Pardieiro, *n.m.*, edificio en ruinas, casa vieja.
Pardo, *adj.*, pardo, oscuro ◆ *n.m.*, mulato.
Parecer, *v.*, parecer, asemejarse ◆ *n.m.*, parecer, opinión, juicio, dictamen.
Parede, *n.f.*, pared, tapia → *Encostar na parede*, acojonar, agobiar, acosar.
Parelha, *n.f.*, pareja, par.
Parente, *n.m.*, pariente, allegado, familiar.
Parênteses, *n.m.pl.*, paréntesis.
Páreo, *n.m.*, cada una de las pugnas o disputas en las carreras de caballos.
Pária, *n.m.*, paria.
Parir, *v.*, parir.
Parlamentar, *adj.*, parlamentario ◆ *n.m.*, persona que va a parlamentar (ministro o individuo de un parlamento) ◆ *v.*, parlamentar.
Pároco, *n.m.*, párroco, cura.
Parodiar, *v.*, parodiar, remedar, imitar.
Paróquia, *n.f.*, parroquia, feligresía, grey (conjunto de feligreses).
Paroxítona, *adj.* y *n.f.*, grave, llana, paroxítona.
Parque, *n.m.*, parque.
Parra, *n.f.*, parra, hoja de la vid, majuelo (viña).
Parte, *n.f.*, parte, porción → *À parte*, aparte, separadamente. *De minha parte*, de mi parte, por mi parte, por lo que a mí me toca.
Parteira, *n.f.*, partera, comadre.
Participar, *v.*, participar, tomar parte ‖ dar parte, noticiar, comunicar.
Particular, *adj.* y *n.m.*, particular, propio y privativo.
Partida, *n.f.*, partida, salida ‖ manos de un juego ‖ partido (deportes) ‖ cantidad o porción de géneros (lote de mercancías) → *Dar partida*, arrancar.
Partido, *n.m.* y *adj.*, partido, dividido → *Partido ao meio*, dividido en la mitad, partido o abierto en dos. *Tirar partido*, sacar provecho o partido.
Partilhar, *v.*, compartir, repartir, distribuir, departir (dividir en partes).
Partir, *v.*, partir, dividir, repartir ‖ irse, marcharse ‖ romperse, cascarse (frutos).
Partitura, *n.f.*, partitura.
Parto, *n.m.*, parto.
Páscoa, *n.f.*, Pascua, resurrección.
Pasmar, *v.*, pasmar, asombrar ‖ espantar, admirar.
Paspalhão, *adj.* y *n.m.*, alelado, lelo, bobo, cazurro.
Passa, *n.f.*, pasa, uva pasa.
Passada, *n.f.*, pasada, paso → *Dar uma passada*, dar una vuelta, dar un último repaso o retoque.
Passado, *adj.*, pasado, ocurrido ‖ anticuado (moda), antiguo ‖ seco ‖ cocido o asado ◆ *n.m.*, pretérito, el tiempo que pasó.
Passageiro, *adj.*, pasajero, transitorio, efímero ◆ *n.m.*, pasajero, viajero transeúnte, viajante.
Passagem, *n.f.*, pasaje, paso ‖ sitio, lugar por donde se pasa ‖ precio (cantidad que se paga) ‖ boleto, billete ‖ trozo (de un escrito).
Passaporte, *n.m.*, pasaporte.
Passar, *v.*, pasar ‖ transponer, trasladar, mudar ‖ penetrar, traspasar ‖ colar, filtrar (líquidos) ‖ alisar planchando

(ropa) ‖ expedir, despachar ‖ padecer ‖ disfrutar ‖ llevar, conducir ‖ introducirse ‖ acabar, desaparecer ‖ aprobar ‖ recorrer, ocurrir, transcurrir → *Passar adiante*, ir más lejos, ir más allá. *Passar a mão em*, tantear, palpar ‖ robar, chorizar, mangar, limpiar. *Passar muito bem*, pasárselo a lo grande/bomba. *Passar bem*, estar bien, tener salud ‖ ¡que le/te vaya bien! *Passar roupa*, planchar. *Passar por cima*, pasar por encima, por alto. *Passar raspando*, aprobar de pura chorra, aprobar por un pelo, pasar justo. *Passar por*, pasar por (enterarse), darse una vueltecilla. *Não passar de*, no ser más que, no pasarse de listo.

Passarela, *n.f.*, pasarela.

Pássaro, *n.m.*, pájaro.

Passatempo, *n.m.*, pasatiempo, diversión, entretenimiento.

Passeio, *n.m.*, paseo, vueltecilla ‖ acera.

Passo, *n.m.*, paso, pasada ‖ pasaje ‖ desfiladero.

Pasta, *n.f.*, pasta, masa ‖ carpeta, portafolio, cartapacio ‖ cargo de ministro.

Pastar, *v.*, pastar, pacer (ganado).

Pastel, *n.m.*, pastel, empanada, croqueta ‖ lápiz (pintura al pastel).

Pastelaria, *n.f.*, pastelería ‖ confitería, repostería.

Pasteleiro, *n.m.*, pastelero ‖ confitero.

Pasto, *n.m.*, pasto, hierba, forraje.

Pastor, *n.m.*, pastor.

Pata, *n.f.*, pata (hembra del pato) ‖ pata (pie y pierna de los animales).

Patada, *n.f.*, patada, puntapié.

Patamar, *n.m.*, descansillo (escalera), rellano ‖ nivel, altura.

Patavina, *pro.indef.*, nada, ninguna cosa.

Patear, *v.*, patalear (piernas o patas), patear (pies).

Patente, *adj.*, patente, visible, accesible ‖ claro, evidente, perceptible ♦ *n.f.*, título o despacho oficial ‖ puesto (militar) ‖ divisa.

Patentear, *v.*, patentizar.

Paternal, *adj.*, paternal ‖ paterno.

Pateta, *adj.* y *n.*, cazurro, majadero, tonto, imbécil, alelado, lelo.

Patife, *n.m.*, tratante, bellaco, granuja, maleante, tunante, bribón, haragán, perillán.

Patim, *n.m.*, patín, patinete.

Patinar, *v.*, patinar, deslizarse o resbalar.

Pátio, *n.m.*, patio.

Pato, *n.m.*, pato ‖ tonto, cazurro.

Patrão, *n.m.*, patrón, jefe, dueño, amo, señor ‖ patrono.

Pátria, *n.f.*, patria.

Patrimônio, *n.m.*, patrimonio.

Patroa, *n.f.*, señora, dueña, patrona ‖ esposa.

Patrocinar, *v.*, patrocinar, sufragar.

Patrono, *n.m.*, patrono, defensor, protector.

Patrulha, *n.f.*, patrulla ‖ ronda de soldados ‖ grupo de buques o aviones.

Pau, *n.m.*, palo, trozo de madera, bastón, vara, cayado, cachava, cachiporra ‖ reprobación, suspenso (reprobado) ‖ penis, picha, polla, pija → *Pau a pau*, mano a mano. *Baixar/descer o pau em*, terciar uno el palo. *Meter o pau*, dar palo, meter bronca, zurrar, criticar. *Pôr no pau*, protestar. *Quebrar o pau*, andar a palos, reñir, agarrarse, pelearse.

Pau-d'água, *n.m.*, borrachín, ebrio, embriagado.
Pau de sebo, *n.m.*, cucaña.
Pau-mandado, *n.m.*, bienmandado, persona que hace todo lo que le mandan.
Paulada, *n.f.*, porrazo, castañazo.
Pausa, *n.f.*, pausa ‖ interrupción.
Pausar, *v.*, pausar, interrumpir, retardar.
Pauta, *n.f.*, pauta, raya o conjunto de rayas ‖ pentagrama o pentágrama ‖ lista, rol ‖ orden del día ‖ tarifa aduanera.
Pautar, *v.*, pautar, rayar.
Pavão, *n.m.*, pavo real, pavón ‖ *fig.*, engreído, creído.
Pavimentar, *v.*, solar, pavimentar.
Pavio, *n.m.*, pábilo o pabilo, mecha.
Pavor, *n.m.*, pavor, temor, espanto, sobresalto, miedo, pánico, terror.
Paz, *n.f.*, paz ‖ sosiego, serenidad.
Pé, *n.m.*, pie, pinrel ‖ pata ‖ tallo (plantas), tronco (árbol) → *Pé ante pé*, a la chita callando, de puntillas. *A pé*, a pie, a pata. *Pé na bunda*, patada en el culo. *Pé-quente*, tener buena pata. *Ao pé da letra*, al pie de la letra. *Bater o pé*, patalear. *Com o pé na cova*, estar uno con el pie en la sepultura, con un pie en el hoyo, en el sepulcro. *Da cabeça aos pés*, de pies a cabeza. *Dar no pé*, pirarse, largarse, marcharse. *De pés juntos*, a pie junto. *Meter os pés pelas mãos*, no dar pie con bola. *Tirar o pé da lama*, sacarle de un apuro, tirarle de la miseria. *Com o pé-direito*, con pie derecho, con buen agüero. *Dar pé*, hacer pie, hallar fondo. *Não chegar aos pés de*, no llegarle a la suela del zapato. *Um pontapé no saco*, una patada en los cojones. *Um pé no saco*, un tío pelma, un pelmazo.
Pé de boi, *n.m.*, trabajador.
Pé de cabra, *n.m.*, palanqueta.
Pé de galinha, *n.m.*, pata de gallo, arrugas en el ángulo extremo de cada ojo.
Pé-de-meia, *n.m.*, ahorro, economías para el futuro.
Pé de pato, *n.m.*, aleta.
Pé de vento, *n.m.*, ventolera, ráfaga, golpe de viento.
Pé-frio, *n.m.*, tener mala pata.
Pé-rapado, *n.m.*, pordiosero, pobretón.
Peão, *n.m.*, peón, jornalero.
Peça, *n.f.*, pieza, pedazo, parte ‖ porción de tejido ‖ figura (damas, ajedrez) ‖ sala, aposento (de una casa) ‖ obra literaria → *Peça de reposição*, pieza de recambio, de repuesto. *Peça de vestuário*, prenda. *Ser uma peça rara*, ser un tío raro, un figura.
Pecado, *n.m.*, pecado.
Pecar, *v.*, pecar.
Pechincha, *n.f.*, ganga, ocasión.
Pechinchar, *v.*, regatear, pichulear.
Peçonha, *n.f.*, ponzoña, veneno.
Peculiar, *adj.*, peculiar.
Pedaço, *n.m.*, pedazo, trozo, parte, porción → *Cair aos pedaços*, estar uno hecho pedazos, estar hecho polvo. *Feito em pedaços*, hacerse añicos.
Pedágio, *n.m.*, peaje.
Pedagogia, *n.f.*, pedagogía.
Pedal, *n.m.*, pedal.
Pedalar, *v.*, pedalear.
Pedante, *adj.* y *n.*, pedante, engreído.
Pedestal, *n.m.*, pedestal.
Pedestre, *adj.* y *n.*, peatón, pedestre → *Passagem de pedestres*, paso de peatones, paso de cebra.
Pediatria, *n.f.*, pediatría.
Pedicuro, *n.m.*, pedicuro.

Pedido, *n.m.*, pedido, encargo, petición.

Pedinte, *adj.* y *n.*, pedidor, mendigo, pordiosero.

Pedir, *v.*, pedir, rogar, demandar ‖ solicitar.

Pedra, *n.f.*, piedra ‖ trozo de roca ‖ pizarra, encerado ‖ pieza (damas, ajedrez).

Pedra-pomes, *n.f.*, piedra pómez.

Pedrada, *n.f.*, pedrada.

Pedregulho, *n.m.*, pedrejón.

Pedreira, *n.f.*, cantera, pedrera.

Pedreiro, *n.m.*, albañil, pedrero (que labra las piedras).

Pega-pega, *n.m.*, riña, pelea, conflicto.

Pegada, *n.f.*, huella, pisada ‖ vestigio, rastro.

Pegajoso, *adj.*, pegajoso.

Pegar, *v.*, coger, asir, agarrar ‖ pillar, atrapar ‖ pegar, adherir, unir, juntar ‖ contagiar, transmitir una enfermedad ‖ tomar, aceptar ‖ buscar, apañar ‖ entender ‖ comenzar a hacer, a ejecutar ‖ ir, seguir ‖ lanzar, prender, echar raíz ‖ generalizarse, difundirse ‖ inflamarse, encender → *Pegar bem/mal*, caer, sentar bien, mal (ropa) ‖ estar o ser bien o mal visto. *Pegar fogo*, incendiar, quemarse. *Pegar no batente*, trabajar, poner en marcha.

Peito, *n.m.*, pecho, tórax ‖ teta, seno ‖ coraje, ánimo, gallardía → *Peito do pé*, empeine. *Amigo do peito*, amigo del alma, del corazón. *De peito aberto*, de todo corazón. *No peito*, por la cara, gratis.

Peixaria, *n.f.*, pescadería.

Peixe, *n.m.*, pez, pescado → *Peixe-boi*, pez mujer, manatí. *Não ter nada a ver com o peixe*, no estar al par, no tener nada a ver con el asunto.

Peixes, *n.m.pl.*, piscis (zodiaco).

Pejorativo, *adj.*, peyorativo.

Pela, *contracción de la prep.* por y el *art.* la, por la.

Pelada, *n.f.*, partido de fútbol.

Pelado, *adj.*, desnudo, corito, pelado, en cueros, en pelotas.

Pelanca, *n.f.*, piltrafa (carne flaca), piel flácida.

Pelar, *v.*, descascar, mondar, pelar.

Pele, *n.f.*, piel, pellejo ‖ monda, cáscara (frutos), hollejo (uvas) → *Estar em pele e osso*, no tener uno más que el pellejo, estar uno en los huesos.

Peleja, *n.f.*, pelea, batalla, lucha.

Pelejar, *v.*, pelear, trabajar de lo lindo, batallar, luchar, buscarse la vida.

Pelica, *n.f.*, pellica, pellico (abrigo de pieles finas).

Pelicano, *n.m.*, pelícano o pelicano.

Pelo, *contracción de la prep.* por y el *art.* el, por el ‖ por lo → *Pelo contrário*, al contrario.

Pelo, *n.m.*, pelo, cabello, vello ‖ pelaje, lana (ovejas) ‖ pelusa (frutas).

Pelota, *n.f.*, pelota (bola pequeña), balón.

Pena, *n.f.*, pena, pluma (aves) ‖ castigo, lástima ‖ sufrimiento, dolor, tristeza, pena → *Que pena!*, ¡qué lástima!

Penal, *adj.*, penal.

Penalizar, *v.*, penalizar.

Penar, *v.*, penar, padecer, sufrir.

Penca, *n.f.*, racimo.

Pender, *v.*, pender, estar colgado, suspendido, inclinado ‖ tender, propender.

Pêndulo, *adj.* y *n.m.*, péndulo.

Pendurar, *v.*, colgar, suspender, dejar pendiente.

Peneira, *n.f.*, criba, cedazo, tamiz.

Peneirar, *v.*, cribar, cerner, tamizar.

Penetrar, *v.*, penetrar, atravesar ‖ entrañarse ‖ notar ‖ entender ‖ colarse.
Penhor, *n.m.*, lo que se da o se deja en prenda, embargo, secuestro de bienes.
Penhorar, *v.*, dejar en prenda, pignorar, embargar.
Penicilina, *n.f.*, penicilina.
Penico, *n.m.*, orinal, perico, bacín.
Península, *n.f.*, península.
Pênis, *n.m.*, pene, picha, polla, pija.
Penitenciar, *v.*, penitenciar.
Pensamento, *n.m.*, pensamiento, idea.
Pensão, *n.f.*, pensión, renta, jubilación ‖ albergue, pupilaje (casa de huéspedes), hospedaje.
Pensar, *v.*, pensar, recapacitar → *Nem pensar*, ni hablar, ni pensarlo.
Pente, *n.m.*, peine ‖ carda.
Pentear, *v.*, peinar, peinarse.
Penteadeira, *n.f.*, tocador, peinador.
Penúltimo, *adj.*, penúltimo.
Penumbra, *n.f.*, penumbra.
Pepino, *n.m.*, pepino.
Pepita, *n.f.*, pepita.
Pequena, *n.f.*, niña ‖ pequeña ‖ novia.
Pequenino, *adj.*, pequeñín.
Pequeno, *adj.*, pequeño, corto, diminuto ◆ *n.m.*, niño.
Pequerrucho, *n.m.*, pequenín, pequeñuelo.
Perambular, *v.*, deambular, vagar, callejear.
Perante, *prep.*, ante, en presencia de, delante de, respecto de.
Perceber, *v.*, notar, percibir, advertir, darse cuenta ‖ captar, divisar.
Percepção, *n.f.*, percepción.
Percevejo, *n.m.*, chinche, chincheta.
Percorrer, *v.*, recorrer.
Percurso, *n.m.*, trayecto, recorrido ‖ ruta, itinerario.
Perdão, *n.m.*, perdón, remisión de una pena.
Perder, *v.*, perder.
Perdigão, *n.f.*, perdigón, perdiz macho.
Perdigoto, *n.m.*, pollo de la perdiz, perdiz nueva.
Perdigueiro, *adj.* y *n.m.*, perdiguero.
Perdiz, *n.f.*, perdiz.
Perdurar, *v.*, perdurar, durar mucho ‖ subsistir.
Perecer, *v.*, perecer, acabar, fenecer, dejar de ser.
Peregrinar, *v.*, peregrinar.
Pereira, *n.f.*, peral.
Perene, *adj.*, perenne, perpetuo.
Perereca, *n.f.*, batracio, rana.
Perfazer, *v.*, rehacer.
Perfeito, *adj.*, perfecto ‖ óptimo, excelente → *Pretérito-mais-que-perfeito*, pretérito pluscuamperfecto.
Perfil, *n.m.*, perfil.
Perfumar, *v.*, perfumar, aromatizar.
Perfumaria, *n.f.*, perfumería.
Perfume, *n.m.*, perfume, olor agradable.
Perfurar, *v.*, perforar, agujerear.
Pergunta, *n.f.*, pregunta, interrogación.
Perguntar, *v.*, preguntar.
Perícia, *n.f.*, pericia.
Periferia, *n.f.*, periferia ‖ contorno ‖ vecindad, cercanías.
Perigo, *n.m.*, peligro.
Perímetro, *n.m.*, perímetro.
Período, *n.m.*, período o periodo.
Peripécia, *n.f.*, peripecia.
Perito, *adj.* y *n.m.*, perito, experimentado, sabio, hábil.
Perjurar, *v.*, perjurar, jurar en falso.

Permanecer, *v.*, permanecer.

Permeável, *adj.*, permeable.

Permeio, *n.m.*, medio → *De permeio,* en medio, entre dos o varios.

Permissão, *n.f.*, permiso.

Permutar, *v.*, permutar, cambiar.

Perna, *n.f.*, pierna → *Barriga da perna*, pantorrilla. *Bater pernas*, estirar uno las piernas, pasear, pernear. *De pernas pro ar*, patas arriba. *Passar a perna*, engañar.

Perneta, *n.*, cojo, persona a quien le falta una pierna.

Pernil, *n.m.*, pernil, anca y muslo del animal → *Pernil defumado*, jamón.

Pernilongo, *n.m.*, mosquito, zancudo.

Pernoitar, *v.*, pernoctar, trasnochar.

Pernóstico, *adj.*, presumido ‖ pedante.

Pérola, *n.f.*, perla.

Perpendicular, *adj.* y *n.f.*, perpendicular.

Perpetuar, *v.*, perpetuar, eternizar.

Perseguir, *v.*, perseguir ‖ molestar, incomodar.

Persiana, *n.f.*, persiana.

Persignar-se, *v.*, santiguarse, signar, persignar.

Persistir, *v.*, persistir, perseverar.

Personagem, *n.*, personaje.

Personalidade, *n.f.*, personalidad.

Personalizar, *v.*, personalizar.

Perspectiva, *n.f.*, perspectiva.

Perspicaz, *adj.*, perspicaz.

Persuadir, *v.*, persuadir, inducir.

Pertencer, *v.*, pertenecer.

Pertinaz, *adj.*, pertinaz, obstinado, terco.

Perto, *adv.*, cerca ◆ *adj.*, próximo, cercano → *Perto de*, cerca de, alrededor de.

Perturbar, *v.*, perturbar, inmutar, trastornar, alterar, cambiar, modificar.

Peru, *n.m.*, pavo.

Perua, *n.f.*, pava ‖ camioneta ‖ mujer de mal gusto.

Peruar, *v.*, palpitar.

Peruca, *n.f.*, peluca, peluquín.

Perversão, *n.f.*, perversión ‖ corrupción, depravación.

Perverter, *v.*, pervertir, depravar, corromper.

Pesadelo, *n.m.*, pesadilla.

Pesado, *adj.*, pesado.

Pêsames, *n.m.pl.*, pésame, condolencia.

Pesar, *v.*, pesar, ponderar ◆ *n.m.*, pesar, disgusto, tristeza.

Pescar, *v.*, pescar.

Pescaria, *n.f.*, pesca.

Pescoção, *n.m.*, sopapo, pescozón, pescozada, bofetada, tortazo.

Pescoço, *n.m.*, pescuezo, cuello → *Estar até o pescoço*, estar hasta la coronilla. *Estar com a corda no pescoço*, estar pendiente de un cabello, estar en riesgo inminente.

Peso, *n.*, peso, balanza ‖ fuerza ‖ pesa (pieza metálica) → *Peso líquido*, peso neto. *Peso na consciência*, cargo de conciencia, remordimiento, gusano de la conciencia.

Pespontar, *v.*, pespuntar, coser.

Pesquisar, *v.*, pesquisar, investigar, averiguar.

Pêssego, *n.m.*, melocotón, durazno → *Pêssego em calda*, melocotón en almíbar.

Pessegueiro, *n.m.*, melocotonero.

Pessoa, *n.f.*, persona.

Pessoal, *adj.*, personal, particular, individual ◆ *n.m.*, conjunto de las personas.

Pestana, *n.f.*, pestaña → *Queimar as pestanas*, estudiar mucho, empollar. *Tirar uma pestana*, echarse una siesta.
Pestanejar, *v.*, pestañear.
Peste, *n.f.*, peste ‖ víbora, persona mala → *Pestinha*, demonio.
Peta, *n.f.*, mentira, trola.
Pétala, *n.f.*, pétalo.
Peteleco, *n.m.*, coscorrón, cachete.
Petição, *n.f.*, petición ‖ requerimiento.
Petiscar, *v.*, picar, pinchar (un pincho o aperitivo).
Petisco, *n.m.*, pincho, aperitivo, tentempié.
Petrificar, *v.*, petrificar.
Petróleo, *n.m.*, petróleo.
Petulante, *adj.*, petulante, insolente, atrevido, descarado.
Pez, *n.m.*, pez, brea ‖ alquitrán.
Pia, *n.f.*, pila, lavamanos, pilón.
Piada, *n.f.*, chiste.
Piano, *n.m.*, piano.
Pião, *n.m.*, peón, trompo, peonza.
Piar, *v.*, piar.
Pica-pau, *n.m.*, pájaro carpintero.
Picadeiro, *n.m.*, picadero.
Picar, *v.*, picar, pinchar, herir, punzar.
Picareta, *n.f.*, pico, piqueta, zapapico ◆ *n.*, pillo, granuja, caradura, chanchullero.
Pichar, *v.*, pintarrajar, pintarrajear.
Piche, *n.m.*, pez, alquitrán, brea.
Picles, *n.m.pl.*, avinagrados.
Picolé, *n.m.*, polo, helado.
Picotar, *v.*, picar, picotear, agujerear, punzar.
Piedade, *n.f.*, piedad.
Pigarrear, *v.*, carraspear.
Pigarro, *n.m.*, carraspera.
Pigmento, *n.m.*, pigmento.
Pijama, *n.m.*, pijama.
Pilão, *n.m.*, mortero.
Pilar, *n.m.*, pilar, pilastra, columna.
Pileque, *n.m.*, borrachera, mona, embriaguez.
Pilhar, *v.*, pillar, coger, agarrar, robar, hurtar, chorizar.
Pilotar, *v.*, pilotar.
Piloto, *n.m.*, piloto.
Pílula, *n.f.*, píldora.
Pimenta, *n.f.*, pimienta, guindilla.
Pimenta-do-reino, *n.f.*, pimienta en grano.
Pimentão, *n.m.*, pimentón, pimiento.
Pimpolho, *n.m.*, pimpollo ‖ niño, joven
Pinça, *n.f.*, pinza, tenacilla.
Pincel, *n.m.*, pincel.
Pincelar, *v.*, pincelar.
Pinga, *n.f.*, aguardiente, cachaza (de la caña).
Pingar, *v.*, pingar, gotear ‖ lloviznar.
Pingue-pongue, *n.m.*, ping-pong.
Pinguim, *n.m.*, pingüino, pájaro bobo.
Pinha, *n.f.*, piña (fruto del pino).
Pinhal, *n.m.*, piñal.
Pinhão, *n.m.*, piñón, pipa.
Pinheiral, *n.m.*, piñal.
Pinheiro, *n.m.*, pino.
Pinho, *n.m.*, madera de pino.
Pino, *n.m.*, pasador, varilla ‖ cenit, zenit, auge.
Pinote, *n.m.*, bote, salto, coz ‖ pirueta, voltereta.
Pinta, *n.f.*, pinta, lunar, señal ‖ aspecto, facha.
Pintar, *v.*, pintar, teñir.
Pintassilgo, *n.m.*, jilguero.

Pinto, *n.m.*, pollito ‖ pene, polla, picha, pija.
Pintor, *n.*, pintor.
Pintura, *n.f.*, pintura.
Pio, *adj.*, pío, devoto, misericordioso, compasivo ◆ *n.m.*, pío (voz del pollo) → *Não dar um pio*, no decir pío, ni pío, no chistar.
Piolho, *n.m.*, piojo.
Pioneiro, *n.m.*, pionero, precursor.
Pior, *adj.*, peor, malo ◆ *n.m.*, peor, de mala condición o de inferior calidad ◆ *adv.*, peor, mal, más mal (peor todavía).
Piorar, *v.*, peorar, empeorar.
Pipa, *n.f.*, pipa, tonel, barril, cuba.
Pipeta, *n.f.*, pipeta.
Pipi, *n.m.*, pipí, orina, chis ◆ *interj.*, ¡os!
Pipoca, *n.f.*, palomitas de maíz ‖ *Amér.*, pororó (rosetas de maíz), alborotos.
Pique, *n.m.*, pica, pique ‖ gana → *A pique*, a tope, a los piques (con mucha prisa). *Ir a pique*, echar a pique, sumergir, naufragar, irse a pique, hundirse.
Piquenique, *n.m.*, jira, merienda.
Pira, *n.f.*, pira, hoguera.
Pirâmide, *n.f.*, pirámide.
Pirar, *v.*, enloquecer, zumbar, chalarse, chiflarse.
Piratear, *v.*, piratear.
Pires, *n.m.*, platillo, plato para la taza.
Pirilampo, *n.m.*, luciérnaga.
Pirraça, *n.f.*, adrede.
Pirralho, *n.m.*, chiquillo, mocoso, pibe, chaval, joven.
Pirueta, *n.f.*, pirueta, cabriola.
Pirulito, *n.m.*, pirulí.
Pisar, *v.*, pisar, machacar.
Pisca-pisca, *n.m.*, intermitente.
Piscar, *v.*, guiñar ‖ parpadear, pestañear.
Piscina, *n.f.*, piscina.
Piso, *n.m.*, piso, suelo, pavimento.
Pista, *n.f.*, pista, huella, rastro ‖ carril, pista.
Pistão, *n.m.*, pistón, émbolo.
Pistola, *n.f.*, pistola.
Pito, *n.m.*, pipa de fumar, pito.
Pitoresco, *adj.*, pintoresco.
Pitu, *n.m.*, gamba de río.
Pivete, *n.m.*, pebete, ladronzuelo.
Pivô, *n.m.*, pivote.
Pixaim, *adj.* y *n.m.*, crespo, rizado, encaracolado.
Placa, *n.f.*, placa, lámina, chapa ‖ matrícula de los coches.
Placar, *n.m.*, tanteador.
Placenta, *n.f.*, placenta.
Plácido, *adj.*, plácido, sereno, quieto, sosegado.
Plagiar, *v.*, plagiar.
Plaina, *n.f.*, cepillo.
Planalto, *n.m.*, altiplano, meseta.
Planejar, *v.*, planear, planificar.
Planeta, *n.m.*, planeta.
Planger, *v.*, plañir, gemir, llorar.
Planície, *n.f.*, planicie, terreno llano.
Plano, *adj.*, plano, llano, raso ◆ *n.m.*, plan, proyecto.
Planta, *n.f.*, planta, vegetal.
Plantação, *n.f.*, plantación.
Plantão, *n.m.*, turno, guardia, plantón.
Plantar, *v.*, sembrar, plantar.
Plasma, *n.m.*, plasma.
Plasmar, *v.*, plasmar, moldear.
Plástica, *n.f.*, plástica ‖ cirugía plástica.
Plateia, *n.f.*, platea, público asistente.
Platina, *n.f.*, platino, platina.

Plausível, *adj.*, plausible.
Plebe, *n.f.*, plebe.
Plebeu, *adj.* y *n.m.*, plebeyo.
Pleitear, *v.*, pleitear, litigar.
Pleito, *n.m.*, pleito, elección.
Pleno, *adj.*, pleno, completo, lleno.
Plissado, *n.m.*, plisado.
Pluma, *n.f.*, pluma.
Plural, *adj.* y *n.m.*, plural.
Pluvial, *adj.* y *n.m.*, pluvial.
Pneu, *n.m.*, neumático, cubierta.
Pneumonia, *n.f.*, pulmonía, neumonía.
Pó, *n.m.*, polvo.
Pó de arroz, *n.m.*, polvo finísimo para pintar la cara o el rostro.
Pobre, *adj.* y *n.*, pobre.
Pobre-diabo, *n.m.*, pobre diablo, pobre hombre.
Pobreza, *n.f.*, pobreza.
Poça, *n.f.*, charca, poza.
Pocilga, *n.f.*, pocilga, cuchitril.
Poço, *n.m.*, pozo, hoyo.
Podar, *v.*, podar, cortar o quitar las ramas.
Poder, *n.m.*, poder, fuerza, dominio ◆ *v.*, poder.
Podre, *adj.*, podrido, putrefacto.
Poema, *n.m.*, poema.
Poente, *n.m.*, poniente.
Poesia, *n.f.*, poesía.
Pois, *conj.*, pues → *Pois então*, en tal caso, de ser así. *Pois não!*, sí, con mucho gusto, cómo no, claro. *Pois não?*, ¿qué desea?, ¿diga?, ¿dígame? *Pois sim!*, ¡no faltaba más!, ¡solo faltaba eso!
Polar, *adj.*, polar.
Polegada, *n.f.*, pulgada.
Polegar, *n.m.*, pulgar.
Poleiro, *n.m.*, palo del gallinero.
Pólen, *n.m.*, polen.
Polemizar, *v.*, polemizar.
Polia, *n.f.*, polea.
Polícia, *n.f.*, policía.
Policiar, *v.*, vigilar, refrenar.
Polido, *adj.*, pulido, liso, alisado.
Polir, *v.*, pulir.
Político, *adj.* y *n.*, político.
Polo, *n.m.*, polo.
Polpa, *n.f.*, pulpa.
Poltrona, *n.f.*, sillón, butaca, asiento, silla, poltrona.
Poluição, *n.f.*, polución, contaminación.
Poluir, *v.*, contaminar, ensuciar ‖ profanar.
Polvilhar, *v.*, empolvar, polvorear.
Polvo, *n.m.*, pulpo.
Pólvora, *n.f.*, pólvora.
Pomada, *n.f.*, pomada, crema.
Pomar, *n.m.*, pomar, huerta, plantación de árboles frutales.
Pomba, *n.f.*, paloma.
Pombal, *n.m.*, palomar.
Pombo-correio, *n.m.*, paloma mensajera.
Pomo de adão, *n.m.*, manzana de Adán, nuez de la garganta.
Pompa, *n.f.*, pompa.
Pompom, *n.m.*, pompón, borla.
Ponche, *n.m.*, ponche.
Poncho, *n.m.*, poncho, abrigo, capote.
Ponderar, *v.*, ponderar, sopesar, examinar con cuidado.
Ponta, *n.f.*, punta, extremo ◆ *n.m.*, delantero, puntero.
Ponta-direita, *n.m.*, delantero derecho.
Ponta-esquerda, *n.m.*, delantero izquierdo.
Pontal, *n.m.*, puntal.
Pontapé, *n.m.*, puntapié, patada.
Ponte, *n.f.*, puente.

Ponteiro, *n.m.*, puntero, aguja, manilla, manecilla ‖ cincel, punzón.

Pontificar, *v.*, pontificar.

Ponto, *n.m.*, punto, puntada (costura) ‖ tanto (en juegos) ‖ sitio, lugar, paraje → *Ponto e vírgula*, punto y coma. *Ponto/sinal de exclamação*, exclamación, admiración. *Ponto/sinal de interrogação*, interrogación. *Entregar os pontos*, rendirse.

Pontuar, *v.*, puntuar, tantear (hacer tantos).

População, *n.f.*, población.

Popular, *adj.* y *n.*, popular.

Por, *prep.*, por → *Por acaso*, por si, por si acaso, de chiripa, de casualidad. *Por bem ou por mal*, por las buenas o por las malas. *Por enquanto*, por ahora. *Por via das dúvidas*, por si las moscas, por si acaso.

Pôr, *v.*, poner, colocar, echar → *Pôr a perder*, echar a perder. *Pôr na rua*, poner de patitas en la calle.

Porão, *n.m.*, sótano.

Porca, *n.f.*, tuerca ‖ cerda, cochina, marrana.

Porcalhão, *n.m.*, porquería, suciedad, inmundicia.

Porção, *n.f.*, porción, ración ‖ montón.

Porcaria, *n.f.*, porquería, tirria, marranada.

Porcelana, *n.f.*, porcelana.

Porcentagem, *n.f.*, porcentaje.

Porco, *n.m.*, cerdo, cochino, marrano, puerco.

Porém, *conj.*, sin embargo, pero, sino ◆ *n.m.*, pero, obstáculo.

Pormenor, *n.m.*, pormenor.

Poro, *n.m.*, poro.

Porquanto, *conj.*, por que, por eso que (equivale a el cual, la cual, los cuales o las cuales).

Porque, *conj.*, porque, para que, por causa o razón de que (introduce oraciones que explican la causa de otra principal).

Porquê, *n.m.*, porqué, causa, razón o motivo ‖ ¿por qué?, usado en interrogaciones ‖ por que, por cual razón, causa o motivo.

Porquinho-da-índia, *n.m.*, conejillo de Indias, cobaya.

Porra, *interj.*, ¡porra!, ¡porras!

Porrada, *n.f.*, porrada, porrazo.

Porre, *n.m.*, chispa, borrachera, tajada.

Porrete, *n.m.*, cachiporra, porra.

Porta, *n.f.*, puerta → *Porta-bagagem*, portaequipajes. *Porta-luvas*, guantera. *Dar com a porta na cara*, dar con la puerta en las narices.

Porta-níqueis, *n.m.*, monedero.

Porta-retratos, *n.m.*, portarretratos.

Porta-voz, *n.m.*, portavoz.

Portal, *n.m.*, portal, zaguán.

Portanto, *conj.*, por lo tanto, por consiguiente.

Portão, *n.m.*, portón, portada, portalón.

Portar, *v.*, portar, llevar, traer.

Portaria, *n.f.*, portería, conserjería.

Portátil, *adj.*, portátil.

Porte, *n.m.*, porte, flete ‖ talla.

Porteiro, *n.*, portero, conserje ‖ portón, portilla → *Porteiro eletrônico*, portero automático o eléctrico.

Portinhola, *n.f.*, puertecilla.

Porto, *n.m.*, puerto.

Porventura, *adv.*, por ventura, quizá, acaso.

Porvir, *n.m.*, porvenir.
Posar, *v.*, posar.
Pose, *n.f.*, posesión.
Posição, *n.f.*, posición.
Positivo, *adj.* y *n.m.*, positivo ◆ *adv.*, sí.
Pospor, *v.*, posponer, postergar.
Possível, *adj.*, posible.
Possuir, *v.*, poseer, tener.
Posta, *n.f.*, posta.
Postal, *adj.*, postal ◆ *n.m.*, tarjeta postal.
Postar, *v.*, apostar, poner, colocar.
Poste, *n.m.*, poste → *Poste de luz*, farola.
Postergar, *v.*, postergar.
Posterior, *adj.*, posterior.
Postiço, *adj.*, postizo.
Posto, *adj.*, puesto ◆ *n.m.*, puesto, cargo, posición ‖ agencia, taller → *Posto de gasolina*, gasolinera, estación de servicio. *Posto policial*, jefatura de policía.
Potável, *adj.*, potable.
Pote, *n.m.*, pote, tarro.
Potro, *n.m.*, potro.
Pouca-vergonha, *n.f.*, descaro, sinvergüencería, desfachatez.
Pouco, *adj.*, *n.m.*, *adv.* y *pro.indef.*, poco, escaso, limitado → *Pouco a pouco*, despacio. *Daqui a pouco*, dentro de un rato, poco más o menos. *Pouco-caso*, desinterés.
Poupança, *n.f.*, ahorro → *Caderneta de poupança*, libreta o cartilla de ahorros.
Poupar, *v.*, ahorrar, economizar ‖ eximir, perdonar.
Pousada, *n.f.*, posada, albergue.
Pousar, *v.*, poner, colocar ‖ posar, aterrizar ‖ pernoctar.
Povo, *n.m.*, pueblo.
Povoado, *adj.*, poblado, habitado ◆ *n.m.*, pueblo, población.
Povoar, *v.*, poblar.
Praça, *n.f.*, plaza.
Prado, *n.m.*, prado, pradera.
Praga, *n.f.*, plaga, calamidad ‖ maldición, peste ‖ hierba dañina.
Praguejar, *v.*, maldecir, jurar, echar pestes.
Praia, *n.f.*, playa.
Prancha, *n.f.*, tablón, tabla.
Prancheta, *n.f.*, mesa para dibujo.
Prantear, *v.*, llorar, plañir.
Pranto, *n.m.*, llanto, planto.
Prata, *n.f.*, plata.
Pratear, *v.*, platear.
Prateleira, *n.f.*, repisa, estante, anaquel.
Prática, *n.f.*, práctica, experiencia.
Praticar, *v.*, practicar.
Prático, *adj.*, práctico ◆ *n.*, practicante.
Prato, *n.m.*, plato, vajilla ‖ vianda, comida, alimentación → *Prato fundo*, plato hondo. *Prato raso*, plato llano.
Praxe, *n.f.*, práctica, uso, costumbre, rutina.
Prazer, *n.m.*, placer, goce, disfrute espiritual → *Muito prazer*, mucho gusto, encantado.
Prazo, *n.m.*, plazo.
Precário, *adj.*, precario.
Precaução, *n.f.*, precaución.
Precaver, *v.*, precaver, prevenir.
Preceder, *v.*, preceder, ir delante, anteceder.
Preceituar, *v.*, preceptuar.
Precioso, *adj.*, precioso, excelente, exquisito, primoroso.

Precipício, *n.m.*, precipicio, despeñadero.
Precipitação, *n.f.*, precipitación.
Precipitar, *v.*, precipitar.
Precisar, *v.*, necesitar, hacer falta, ser necesario.
Preciso, *adj.*, necesario, indispensable.
Preço, *n.m.*, precio, valor, costo.
Precoce, *adj.*, precoz.
Preconceito, *n.m.*, prejuicio.
Predestinar, *v.*, predestinar.
Predicado, *n.m.*, predicado.
Predileção, *n.f.*, predilección ‖ preferencia, cariño.
Prédio, *n.m.*, edificio, rascacielos.
Predispor, *v.*, predisponer.
Predizer, *v.*, predecir.
Predominar, *v.*, predominar.
Preencher, *v.*, rellenar, completar, llenar.
Preexistir, *v.*, preexistir.
Prefaciar, *v.*, prologar, hacer prefacio o introducción.
Prefeito, *n.*, alcalde.
Prefeitura, *n.f.*, ayuntamiento.
Preferir, *v.*, preferir.
Prefixar, *v.*, prefijar.
Prega, *n.f.*, pliegue, doblez.
Pregador, *n.m.*, pinza, prendedor.
Pregar, *v.*, plegar, clavar, afianzar ‖ coser (botones) ‖ predicar, evangelizar, pregonar.
Prego, *n.m.*, punta, clavo.
Preguear, *v.*, plegar, doblar.
Preguiça, *n.f.*, pereza, haraganería.
Preguiçoso, *adj.* y *n.*, perezoso, haragán, holgazán.
Prejudicar, *v.*, perjudicar.
Prejuízo, *n.m.*, perjuicio, daño, pérdida.
Preliminar, *adj.* y *n.*, preliminar.
Prelo, *n.m.*, prensa.
Premeditar, *v.*, premeditar.
Premiar, *v.*, premiar.
Prêmio, *n.m.*, premio.
Prenda, *n.f.*, prenda, regalo, dádiva.
Prender, *v.*, prender, atar, amarrar.
Prenhez, *n.f.*, preñez.
Prenome, *n.m.*, nombre de pila, nombre, prenombre.
Prensa, *n.f.*, prensa.
Prenunciar, *v.*, predecir.
Preocupação, *n.f.*, preocupación.
Preocupar, *v.*, preocupar, afligir.
Preparação, *n.f.*, preparación.
Preparar, *v.*, preparar.
Preponderar, *v.*, preponderar.
Preposição, *n.f.*, preposición.
Prepúcio, *n.m.*, prepucio.
Presa, *n.f.*, presa ‖ colmillo ‖ caza.
Prescindir, *v.*, prescindir, dispensar.
Prescrever, *v.*, prescribir, preceptuar, ordenar.
Presença, *n.f.*, presencia.
Presenciar, *v.*, presenciar, asistir.
Presente, *adj.*, presente ‖ actual ◆ *n.m.*, regalo, obsequio.
Presentear, *v.*, regalar, obsequiar.
Presépio, *n.m.*, nacimiento, corral, pesebre.
Preservar, *v.*, preservar.
Presidência, *n.f.*, presidencia.
Presídio, *n.m.*, presidio, cárcel.
Presidir, *v.*, presidir.
Presilha, *n.f.*, presilla, hebilla, broche, pasador.
Preso, *adj.* y *n.m.*, preso, atado ‖ prisionero.

Pressa, *n.f.*, prisa, prontitud y rapidez → *Às pressas*, aprisa, a prisa, a toda prisa, de prisa. *Ter pressa,* dar prisa, darse uno prisa.

Pressagiar, *v.*, presagiar, anunciar, prever.

Pressão, *n.f.*, presión, fuerza, coacción.

Pressentir, *v.*, presentir.

Pressupor, *v.*, presuponer.

Prestar, *v.*, prestar, ayudar, asistir, contribuir, conceder, servir ‖ rendir (cuentas), ofrecerse.

Prestes, *adj.* y *n.*, dispuesto, a punto de ‖ presto, pronto, ligero, rápido ◆ *adv.*, luego, al instante, de presto (prontamente).

Prestigiar, *v.*, prestigiar, adular.

Prestígio, *n.m.*, prestigio, renombre, realce, estimación, buen crédito.

Presumir, *v.*, presumir, sospechar.

Presunto, *n.m.*, jamón.

Pretender, *v.*, pretender.

Preterir, *v.*, preterir, hacer caso omiso ‖ despreciar.

Pretextar, *v.*, pretextar.

Pretexto, *n.m.*, pretexto.

Preto, *adj.* y *n.*, negro.

Prevalecer, *v.*, prevalecer, predominar, durar ‖ aprovecharse.

Prevenir, *v.*, prevenir.

Prever, *v.*, prever.

Prezar, *v.*, estimar, apreciar ‖ ufanarse, engreírse, gloriarse.

Primar, *v.*, primar, prevalecer, predominar, sobresalir.

Primavera, *n.f.*, primavera.

Primeiro, *num.*, primero, primer ◆ *adj.*, primero, que precede a las demás ◆ *adv.*, primeramente, antes, más bien.

Primo, *n.*, primo.

Primor, *n.m.*, primor.

Primordial, *adj.*, primordial, básico.

Principal, *adj.* y *n.m.*, principal.

Principiar, *v.*, principiar, comenzar.

Princípio, *n.m.*, principio, comienzo.

Prisão, *n.f.*, prisión, cárcel.

Prisioneiro, *n.*, prisionero.

Privação, *n.f.*, privación.

Privada, *n.f.*, letrina, retrete.

Privar, *v.*, privar, despojar.

Privilegiar, *v.*, privilegiar.

Pró, *adv.* y *n.m.*, pro, a favor.

Problema, *n.m.*, problema.

Proceder, *v.*, proceder, provenir.

Processar, *v.*, procesar, accionar.

Proclamar, *v.*, proclamar.

Procriar, *v.*, procrear.

Procurar, *v.*, buscar, procurar.

Prodígio, *n.m.*, prodigio.

Produzir, *v.*, producir, fabricar.

Profanar, *v.*, profanar.

Professar, *v.*, profesar.

Professor, *n.m.*, profesor.

Profissão, *n.f.*, profesión.

Profundo, *adj.*, profundo, hondo.

Programa, *n.m.*, programa.

Programar, *v.*, programar.

Progredir, *v.*, progresar.

Proibir, *v.*, prohibir.

Projeção, *n.f.*, proyección.

Projetar, *v.*, proyectar.

Projeto, *n.m.*, proyecto, plan.

Prole, *n.f.*, prole.

Prolongar, *v.*, prolongar, alargar.

Promessa, *n.f.*, promesa.

Prometer, *v.*, prometer.

Promissória, *n.f.*, pagaré, letra de cambio.

Promover, *v.*, promover, fomentar.
Promulgar, *v.*, promulgar.
Pronome, *n.m.*, pronombre, clase gramatical.
Prontificar-se, *v.*, aprontarse.
Pronto, *adj.*, pronto, veloz, ligero, listo.
Pronto-socorro, *n.m.*, hospital de urgencias, emergencias.
Pronunciar, *v.*, pronunciar.
Propaganda, *n.f.*, propaganda.
Propagar, *v.*, propagar, multiplicar.
Propalar, *v.*, propalar, divulgar.
Propender, *v.*, propender.
Propiciar, *v.*, propiciar, ablandar.
Propina, *n.f.*, propina.
Propor, *v.*, proponer.
Proporção, *n.f.*, proporción.
Proporcionar, *v.*, proporcionar.
Propósito, *n.m.*, propósito.
Proposta, *n.f.*, propuesta.
Próprio, *adj.* y *n.m.*, propio.
Prorrogar, *v.*, prorrogar.
Prosa, *n.f.*, prosa ‖ charla, plática.
Prosperar, *v.*, prosperar, mejorar, progresar.
Prosseguir, *v.*, proseguir.
Prostituição, *n.f.*, prostitución.
Prostituir, *v.*, prostituir.
Prostituta, *n.f.*, prostituta, ramera, puta.
Prostrar, *v.*, postrar.
Proteção, *n.f.*, protección, amparo.
Proteger, *v.*, proteger, amparar, favorecer.
Protestar, *v.*, protestar.
Protesto, *n.m.*, protesto.
Protetor, *adj.* y *n.m.*, protector.
Protocolar, *adj.*, protocolar.
Prova, *n.f.*, examen, prueba.
Provar, *v.*, probar.
Provedor, *n.m.*, proveedor.
Proveito, *n.m.*, provecho → *Bom proveito!*, ¡que aproveche!, ¡buen provecho!
Prover, *v.*, proveer, providenciar.
Provérbio, *n.m.*, proverbio, refrán.
Proveta, *n.f.*, probeta.
Providenciar, *v.*, providenciar, proveer.
Província, *n.f.*, provincia.
Provir, *v.*, provenir, proceder.
Provisão, *n.f.*, provisión.
Provocar, *v.*, provocar.
Próximo, *adj.*, próximo, cercano, siguiente ◆ *n.*, prójimo, semejante.
Prudência, *n.f.*, prudencia.
Prumada, *n.f.*, plomada.
Prumo, *n.m.*, plomada, plomo.
Psicologia, *n.f.*, psicología.
Psiu, *interj.*, ¡psss!, ¡chis!, ¡chitón!
Pua, *n.f.*, púa.
Puberdade, *n.f.*, pubertad.
Púbis, *n.m.*, pubis.
Pública, *n.f.*, pública.
Publicar, *v.*, publicar.
Público, *adj.*, público, notorio, manifiesto ◆ *n.m.*, pueblo.
Pudera, *interj.*, ¡claro!, ¡como no!
Pudim, *n.m.*, flan, budín.
Pudor, *n.m.*, pudor.
Pueril, *adj.*, pueril.
Puf, *interj.*, ¡puf!
Pugilato, *n.m.*, pugilato, contienda o pelea (a puñetazos).
Pugnar, *v.*, pugnar, batallar, pelear.
Puir, *v.*, pulir, desgastar.
Pular, *v.*, saltar, brincar → *Pular corda*, saltar a la soga, jugar a la comba.
Pulga, *n.f.*, pulga → *Deixar alguém com a pulga atrás da orelha*, echar a uno la pulga detrás de la oreja.

Pulmão, *n.m.*, pulmón.
Pulo, *n.m.*, salto, brinco.
Pulôver, *n.m.*, jersey, chaleco (sin mangas).
Pulsação, *n.f.*, pulsación.
Pulsar, *v.*, pulsar.
Pulseira, *n.f.*, pulsera.
Pulso, *n.m.*, pulso.
Pulverizar, *v.*, pulverizar.
Pum, *n.m.*, pedo ◆ *interj.*, ¡pum!
Punhal, *n.m.*, puñal.
Punho, *n.m.*, puño.
Punir, *v.*, castigar.
Pupila, *n.f.*, pupila.
Purê, *n.m.*, puré.
Purificar, *v.*, purificar.
Puro, *adj.*, puro, casto.
Púrpura, *n.f.*, púrpura.
Pus, *n.m.*, pus.
Puxa, *interj.*, ¡caramba!, ¡joder!, ¡caray!
Puxar, *v.*, tirar ‖ extraer, arrancar → *Puxar conversa*, charlar, platicar, conversar. *Puxar o saco*, hacer la pelotilla, zalamero, lameculos.
Puxa-saco, *adj.*, adulón, adulador.

Q

n.m., decimoséptima letra del abecedario portugués; solo se usa seguida de *"u"*, es oral oclusiva velar sorda.

Quadra, *n.f.*, manzana ‖ cancha ‖ copla, cuarteto.
Quadrado, *adj.* y *n.m.* y *f.*, cuadrado.
Quadragésimo, *num.*, cuadragésimo.
Quadrícula, *n.f.*, cuadrícula.
Quadricular, *v.* y *adj.*, cuadricular.
Quadril, *n.m.*, cuadril, cadera, anca.
Quadro, *n.m.*, cuadro, marco ‖ cuadrado ‖ *fig.*, espectáculo.
Quadro-negro, *n.m.*, pizarra.
Quadrúpede, *adj.*, cuadrúpedo.
Quádruplo, *num.* y *n.m.*, cuádruple.
Qual, *pro.*, cual ◆ *conj.*, así como, cómo ‖ tal o cual, tal cual.
Qualidade, *n.f.*, cualidad ‖ calidad.
Qualificar, *v.*, calificar, apreciar ‖ expresar, declarar, juzgar ‖ cualificar.
Qualquer, *pro.*, cualquier, cualquiera.
Quando, *adv.* y *conj.*, cuando → *Quando de,* con ocasión de. *Quando menos,* al menos. *Quando muito,* si mucho, a lo sumo.
Quantia, *n.f.*, cuantía, suma, importe.
Quantidade, *n.f.*, cantidad.
Quanto, *pro.* y *adv.*, cuanto, todo lo que → *Quanto a,* en cuanto a.
Quarar, *v.*, blanquear, blanquecer.
Quarenta, *num.*, cuarenta.
Quarentena, *n.f.*, cuarentena.
Quarta, *num.*, cuarta.
Quarta-feira, *n.f.*, miércoles.
Quarteirão, *n.m.*, manzana ‖ postigo.
Quartel, *n.m.*, cuartel.
Quarteto, *n.m.*, cuarteto.
Quarto, *num.*, cuarto ◆ *n.m.*, habitación.
Quartos, *n.m.pl.*, cuartos, habitaciones.
Quase, *adv.*, casi por poco → *Quase não,* apenas.
Quatorze, *num.*, catorce.
Quatro, *num.*, cuatro.
Quatrocentos, *num.*, cuatrocientos.
Que, *pro.adv.* y *conj.*, que → *Ao passo que,* mientras que. *Se bem que,* aunque.
Quê, *interj.* y *n.m.*, qué, algo.
Quebra, *n.f.*, quiebra, rotura → *Quebra-nozes,* cascanueces. *Quebra-pau,* pelea.
Quebra-cabeça, *n.m.*, rompecabezas.
Quebrada, *n.f.*, bocacalle, paso estrecho, hendidura.
Quebradiço, *adj.*, quebradizo.
Quebrado, *adj.*, roto ‖ bancarrota, quiebra ‖ debilitado.
Quebranto, *n.m.*, quebranto.
Quebra-quebra, *n.m.*, alboroto, riña.
Quebrar, *v.*, quebrar, romper ‖ traspasar, violar (ley) ‖ *fig.*, interrumpir,

estorbar → *Quebrar o galho*, ayudar a resolver.

Queda, *n.f.*, caída, disminución → *Queda-d'água*, cascada, salto.

Queijo, *n.m.*, queso.

Queima-roupa, *loc.*, a quemarropa.

Queimada, *n.f.*, quemada.

Queimadura, *n.f.*, quemadura.

Queimar, *v.*, quemar.

Queixa, *n.f.*, queja → *Dar queixa*, dar parte.

Queixada, *n.f.*, quijada, mandíbula.

Queixar-se, *v.*, quejarse.

Queixo, *n.m.*, barbilla, mentón → *Queixo caído*, boquiabierto, pasmado.

Quem, *pro.*, quien, el que, la que.

Quente, *adj.*, caliente, caluroso.

Quepe, *n.m.*, quepis, gorra, visera.

Quer, *conj.*, así, ya sea que.

Queratina, *n.f.*, queratina.

Querela, *n.f.*, querella, discordia, pendencia.

Querelar, *v.*, querellarse.

Querença, *n.f.*, querencia, tendencia.

Querer, *v.*, querer → *Quer dizer,* es decir, o sea.

Querido, *n.m.* y *adj.*, querido.

Quermesse, *n.f.*, kermés.

Querosene, *n.m.*, queroseno.

Querubim, *n.m.*, querubín.

Questão, *n.f.*, cuestión, pregunta → *Fazer questão*, insistir, hacer hincapié.

Questionar, *v.*, cuestionar, plantear.

Questionário, *n.m.*, cuestionario.

Quiçá, *adv.*, quizá.

Quietar, *v.*, quietar, sosegar, callarse.

Quieto, *adj.*, quieto ‖ *fig.*, pacífico, sosegado.

Quilate, *n.m.*, quilate.

Quilha, *n.f.*, quilla.

Quilo, *n.m.*, kilo.

Quilograma, *n.m.*, kilogramo.

Quilometragem, *n.f.*, kilometraje.

Quilômetro, *n.m.*, kilómetro.

Quimera, *n.f.*, quimera, monstruo.

Químico, *adj.* y *n.*, químico.

Quimono, *n.m.*, quimono.

Quina, *n.f.*, quina, quicio.

Quinhão, *n.m.*, quiñón, parte, porción.

Quinhentos, *num.*, quinientos.

Quinina, *n.f.*, quinina.

Quinquagésimo, *num.*, quincuagésimo.

Quinquenal, *adj.*, quinquenal.

Quinquênio, *n.m.*, quinquenio.

Quinquilharia, *n.f.*, quincallería, quincalla.

Quinta, *n.f.*, quinta, casa de recreo.

Quinta-feira, *n.f.*, jueves.

Quintal, *n.m.*, patio trasero.

Quintessência, *n.f.*, quinta esencia, lo más puro, más fino.

Quinteto, *n.m.*, quinteto.

Quinto, *num.*, quinto.

Quíntuplo, *num.*, quíntuplo.

Quinze, *num.*, quince.

Quinzena, *n.f.*, quincena.

Quinzenal, *adj.*, quincenal.

Quiosque, *n.m.*, quiosco, kiosco ‖ abrigo.

Quiproquó, *n.m.*, equívoco, confusión.

Quiromancia, *n.f.*, quiromancia.

Quisto, *n.m.*, quiste.

Quitanda, *n.f.,* tienda, frutería, verdulería.

Quitar, *v.,* quitar, tomar, coger ‖ liquidar (cuenta).

Quitute, *n.m.,* aperitivo, tentempié, pincho, tapa ‖ manjar, exquisitez.

Quociente, *n.m.,* cociente.

R

n.m., consonante alveolar oral, vibrante sonora (simple o doble), decimoctava letra del abecedario portugués.

Rã, *n.f.*, rana.
Rabada, *n.f.*, rabadilla ‖ comida hecha con la rabadilla.
Rabanada, *n.f.*, rebanada, torrija.
Rabanete, *n.m.*, rábano.
Rabiscar, *v.*, garabatear.
Rabo, *n.m.*, rabo, cola ‖ cabo, mango ‖ nalgas, culo → *Rabo de cavalo*, coleta.
Rabugento, *adj.*, refunfuñón, quisquilloso, gruñón, regañón.
Raça, *n.f.*, raza, casta, linaje ‖ categoría, índole, calidad, calaña.
Ração, *n.f.*, ración, porción.
Rachadura, *n.f.*, raja, grieta, hendedura.
Rachar, *v.*, rajar, hender, agrietar ‖ partir, dividir, ratear, escotar → *Rachar o bico*, mondarse, troncharse de risa.
Racial, *adj.*, racial.
Raciocinar, *v.*, raciocinar, razonar.
Raciocínio, *n.m.*, raciocinio.
Racional, *adj.*, racional.
Racionalizar, *v.*, racionalizar.
Racionar, *v.*, racionar.
Racismo, *n.m.*, racismo.
Radiador, *n.m.*, radiador.
Radial, *adj.*, radial.
Radiar, *v.*, radiar, resplandecer, brillar, centellear.
Radical, *adj.*, radical ◆ *n.*, extremoso, tajante, intransigente ◆ *n.m.*, raíz, fonema.
Radicar, *v.*, radicar, arraigar.
Rádio, *n.m.*, radio ‖ metal radioactivo ‖ emisora de radiodifusión.
Radiografia, *n.f.*, radiografía.
Raia, *n.f.*, raya, línea, señal, trazo ‖ límite, confín, término ‖ pez ‖ pista de carrera de caballos.
Raiar, *v.*, rayar, irradiar, brillar, centellear ‖ amanecer, alborear.
Rainha, *n.f.*, reina.
Raio, *n.m.*, rayo ‖ luz intensa, claridad ‖ chispa eléctrica ‖ radio (geometría).
Raiva, *n.f.*, rabia, ira, enojo, cólera, enfado.
Raiz, *n.f.*, raíz ‖ parte inferior ‖ causa, origen.
Rajada, *n.f.*, ráfaga.
Rajado, *adj.*, rayado, listado.
Ralador, *n.m.*, rallador.
Ralar, *v.*, rallar, desmenuzar ‖ afligir, molestar, fastidiar ‖ importunar.
Ralé, *n.f.*, ralea, plebe, populacho.
Ralhar, *v.*, regañar, reñir, reprender.
Ralo, *adj.*, no espeso ◆ *n.m.*, rallador ‖ criba, rejilla ‖ desaguadero.
Rama, *n.f.*, rama, ramaje.
Ramagem, *n.f.*, ramaje.
Ramal, *n.m.*, ramal, ramificación.
Ramalhete, *n.m.*, ramillete, ramo, manojo.

Rameira, *n.f.*, ramera, prostituta, meretriz.
Ramificação, *n.f.*, ramificación.
Ramificar, *v.*, ramificar, dividirse.
Ramo, *n.m.*, rama ‖ ramo, manojo ‖ actividad, especialidad, oficio.
Rampa, *n.f.*, rampa, inclinado, cuesta, pendiente.
Rancho, *n.m.*, junta de personas ‖ albergue ‖ comida para muchos ‖ choza.
Ranço, *n.m.*, rancio ‖ moho.
Rancor, *n.m.*, odio, rencor.
Ranger, *v.*, rechinar, chirriar, crujir.
Rangido, *n.m.*, rechino, chirrido, crujido.
Ranheta, *adj.* y *n.*, refunfuñón.
Ranhura, *n.f.*, ranura, hendedura, muesca.
Ranzinza, *adj.*, birria, zaharrón, moharracho, mala leche, tiñoso.
Rapadura, *n.f.*, raspadura ‖ dulce.
Rapagão, *n.m.*, muchachote.
Rapar, *v.*, raspar, rasurar, afeitar.
Rapaz, *n.m.*, muchacho, chico, mozo, rapaz.
Rapaziada, *n.f.*, muchachada, chiquillería.
Rapidez, *n.f.*, rapidez, ligereza, presteza ‖ brevedad.
Rápido, *adj.*, rápido, ligero ‖ efímero, pasajero ◆ *n.m.*, correderas del río.
Rapina, *n.f.*, pillaje, rapiña, robo, saqueo.
Rapinagem, *n.f.*, pillastre, pillada, rapiñador.
Rapinar, *v.*, rapiñar, robar, hurtar, saquear.
Raposa, *n.*, zorra.
Raptar, *v.*, raptar, secuestrar.
Rapto, *n.m.*, rapto, secuestro, arrebato.
Raptor, *adj.* y *n.m.*, raptor, secuestrador.
Raqueta, *n.f.*, raqueta.
Raquítico, *adj.*, raquítico.
Raquitismo, *n.m.*, raquitismo.
Rarear, *v.*, rarear.
Rarefazer, *v.*, rarear.
Raridade, *n.f.*, rareza, cosa rara.
Raro, *adj.*, raro, escaso ◆ *adv.*, raramente.
Rascunhar, *v.*, rasguñar, esbozar, bosquejar.
Rascunho, *n.m.*, rasguño, esbozo, bosquejo.
Rasgão, *n.m.*, rasgadura, rotura, rasgón.
Rasgar, *v.*, romper, desgarrar ‖ romperse, abrirse.
Raso, *adj.* y *n.m.*, raso, plano, liso ‖ cortado a ras → *Prato raso*, plato llano.
Raspão, *n.m.*, raspón, rasponazo.
Raspar, *v.*, raspar, raer, rasar, rapar, rasurar, afeitar.
Rasteiro, *adj.*, rastrero ◆ *n.f.*, zancadilla.
Rastejar, *v.*, rastrear ‖ arrastrarse ‖ ratear.
Rasto, *n.m.*, rastro, vestigio, señal, indicio.
Rastrear, *v.*, rastrear.
Rasura, *n.f.*, tachón, borrón.
Rasurar, *v.*, tachar, borrar.
Rata, *n.f.*, error, engaño
Rataplã, *interj.*, ¡rataplán!
Ratazana, *n.f.*, rata.
Ratear, *v.*, ratear, distribuir, repartir.
Ratificar, *v.*, ratificar.
Rato, *n.*, ratón.

Ratoeira, *n.f.*, ratonera ‖ trampa, engaño.
Ravina, *n.f.*, barranca, hondonada.
Raviòli, *n.m.*, ravioles.
Razão, *n.m.*, razón, motivo.
Razoável, *adj.*, razonable.
Ré, *n.f.*, rea ‖ popa ◆ *n.m.*, re (escala musical) → *Marcha a ré*, marcha atrás.
Reabastecer, *v.*, reponer.
Reabilitar, *v.*, rehabilitar, restituir.
Reabrir, *v.*, reabrir.
Reação, *n.f.*, reacción.
Reagir, *v.*, reaccionar ‖ oponerse.
Reajustar, *v.*, reajustar.
Real, *adj.*, real, regio ‖ grandioso, suntuoso.
Realçar, *v.*, realzar, ilustrar.
Realejo, *n.m.*, organillo.
Realizar, *v.*, realizar, efectuar, ejecutar.
Reanimar, *v.*, reanimar, confortar.
Reaparecer, *v.*, reaparecer.
Reassumir, *v.*, reasumir.
Reatar, *v.*, reatar ‖ reanudar.
Reaver, *v.*, rever, recuperar.
Reavivar, *v.*, reavivar.
Rebaixar, *v.*, rebajar ‖ disminuir el precio ‖ humillar, abatir.
Rebanho, *n.m.*, rebaño, hato de ganado ‖ grey.
Rebarba, *n.f.*, resalto, arista, reborde.
Rebater, *v.*, rebatir, rechazar, contrarrestar, refutar.
Rebelar, *v.*, rebelarse, sublevarse.
Rebentar, *v.*, reventar ‖ explotar ‖ manar, brotar ‖ nacer, surgir.
Rebite, *n.m.*, remache.
Rebocador, *n.m.*, remolcador.
Rebocar, *v.*, revocar, enlucir ‖ remolcar.
Reboco, *n.m.*, revoque.
Rebolado, *n.m.*, meneo, vapuleo, zarandeo.
Rebolar, *v.*, menear, contornearse, zarandear.
Reboque, *n.m.*, remolque.
Rebuliço, *n.m.*, alboroto, bulla, algarabía, algazara.
Rebuscar, *v.*, rebuscar.
Recado, *n.m.*, recado, mensaje.
Recaída, *n.f.*, recaída.
Recair, *v.*, recaer.
Recalcar, *v.*, recalcar ‖ contener, reprimir.
Recambiar, *v.*, recambiar.
Recanto, *n.m.*, retiro.
Recatar, *v.*, recatar.
Recato, *n.m.*, recato, reserva ‖ honestidad, modestia.
Recauchutar, *v.*, recauchutar.
Recear, *v.*, temer, sospechar, recelar, desconfiar.
Receber, *v.*, recibir, tomar, aceptar, admitir ‖ hospedar, acoger ‖ salir a encontrarse ‖ someterse, obedecer.
Receio, *n.m.*, recelo, sospecha, temor, aprehensión, desconfianza.
Receita, *n.f.*, recaudación, recaudo, colecta ‖ renta ‖ nota prescrita, fórmula médica, receta.
Receitar, *v.*, recetar, prescribir.
Recensear, *v.*, empadronar, censar.
Recente, *adj.*, reciente.
Recepção, *n.f.*, recepción ‖ dependencia, oficina ‖ reunión mundana, guateque.
Recepcionista, *n.*, recepcionista.
Receptar, *v.*, receptar, adquirir, acoger ‖ ocultar, encubrir.
Recesso, *n.m.*, receso, retiro ‖ vacación, suspensión temporal.
Rechear, *v.*, rellenar, henchir.

Recheio, *n.m.*, relleno.
Rechonchudo, *adj.*, rechoncho, regordete.
Recibo, *n.m.*, recibo, resguardo → *Recibo de quitação*, finiquito.
Recinto, *n.m.*, recinto.
Recipiente, *n.m.*, recipiente.
Recíproco, *adj.*, recíproco.
Recitar, *v.*, recitar, declamar.
Reclamação, *n.f.*, reclamación, protesta.
Reclamar, *v.*, reclamar, protestar ‖ reivindicar.
Recolher, *v.*, recoger, guardar ‖ cosechar ‖ juntar, congregar ‖ retirar de circulación ‖ retirarse a casa.
Recomendar, *v.*, recomendar, aconsejar, indicar ‖ encargar → *Ser recomendado*, ser enchufado.
Recompor, *v.*, recomponer, reparar ‖ reconciliar.
Recôncavo, *n.m.*, concavidad, gruta ‖ ensenada.
Reconhecer, *v.*, reconocer ‖ admitir, confesar ‖ examinar.
Recordar, *v.*, recordar, traer a la memoria.
Recorde, *n.m.*, récord, marca.
Recorrer, *v.*, recorrer ‖ recurrir, acudir, acogerse, valerse ‖ interponer.
Recortar, *v.*, recortar.
Recrear, *v.*, recrear, divertir, alegrar.
Recreio, *n.m.*, recreo, recreación, diversión.
Recruta, *n.m.*, recluta, soldado novato.
Recrutar, *v.*, reclutar, alistar reclutas.
Récua, *n.f.*, recua.
Recuar, *v.*, retroceder ‖ ceder terreno.
Recuperar, *v.*, recuperar, recobrar.
Recurso, *n.m.*, recurso, auxilio, ayuda.
Recusa, *n.f.*, rehuso, rechazo.
Recusar, *v.*, rehusar, rechazar, denegar.
Redação, *n.f.*, redacción.
Rede, *n.f.*, red, malla ‖ cadena ‖ hamaca, mecedora.
Rédea, *n.f.*, rienda.
Redemoinho, *n.m.*, remolino, torbellino.
Redentor, *adj.*, redentor.
Redigir, *v.*, redactar.
Redil, *n.m.*, redil, aprisco, corral.
Redimir, *v.*, redimir, rescatar, sacar.
Redoma, *n.f.*, redoma.
Redondeza, *n.f.*, alrededores, cercanías, vecindad.
Redondo, *adj.*, redondo.
Redor, *n.m.*, rededor, alrededor.
Redução, *n.f.*, reducción.
Redundância, *n.f.*, redundancia.
Reduto, *n.m.*, reducto.
Reduzir, *v.*, reducir, restringir ‖ estrechar, ceñir.
Refazer, *v.*, rehacer.
Refeição, *n.f.*, comida.
Refeitório, *n.m.*, comedor, refectorio.
Refém, *n.m.*, rehén.
Referir, *v.*, referir ‖ citar ‖ reportarse, aludir.
Refinar, *v.*, refinar ‖ apurar ‖ perfeccionar ‖ esmerar.
Refletir, *v.*, reflejar ‖ reflexionar, meditar.
Reflexão, *n.f.*, reflexión.
Refogado, *adj.*, sofrito, rehogado.
Refogar, *v.*, sofreír, rehogar.
Reforçar, *v.*, reforzar.
Reforço, *n.m.*, refuerzo.
Reforma, *n.f.*, reforma ‖ cambio, modificación ‖ jubilación militar.

Reformar, *v.*, reformar, rehacer ‖ enmendar, corregir ‖ restaurar, reparar.

Refrão, *n.m.*, refrán, sentencia, dicho ‖ estribillo.

Refrescar, *v.*, refrescar ‖ refrigerarse.

Refresco, *n.m.*, refresco, refrigerio.

Refrigerador, *adj.*, refrigerador ◆ *n.m.*, nevera, frigorífico.

Refrigerante, *adj.*, refrigerante ◆ *n.m.*, refresco.

Refrigerar, *v.*, refrigerar ‖ enfriar ‖ refrescarse, enfriarse.

Refugiar-se, *v.*, refugiarse ‖ abrigarse ‖ asilarse, albergar, expatriarse.

Refúgio, *n.m.*, refugio, asilo, acogida, amparo.

Refugo, *n.m.*, resto, residuo, sobra.

Refutar, *v.*, refutar, contradecir, rebatir.

Regaço, *n.m.*, regazo.

Regador, *n.m.*, regadera.

Regalar, *v.*, regalar.

Regalia, *n.f.*, regalía, privilegio, prerrogativa.

Regalo, *n.m.*, regalo, obsequio, dádiva ‖ gusto, complacencia, placer, alegría.

Regar, *v.*, regar, esparcir.

Regata, *n.f.*, regata.

Regatear, *v.*, regatear.

Regato, *n.m.*, reguero, arroyo, regato, cauce.

Reger, *v.*, regir, dirigir, gobernar, mandar.

Região, *n.f.*, región, comarca.

Regime, *n.m.*, régimen.

Registrar, *v.*, registrar ‖ contabilizar, enumerar.

Rego, *n.m.*, hoyo, reguero.

Regra, *n.f.*, regla, precepto, principio ‖ estatuto, constitución, modo ‖ método → *Via de regra*, por regla general.

Regras, *n.f.pl.*, menstruación.

Regressar, *v.*, regresar, volver.

Régua, *n.f.*, regla.

Regular, *adj.*, ajustado, uniforme ‖ medido, arreglado, medio ◆ *n.m.*, regularidad ◆ *v.*, regular, medir, ajustar ‖ reajustar ‖ regularizar ‖ guiarse, orientarse.

Regurgitar, *v.*, regurgitar, eructar, expeler.

Rei, *n.m.*, rey, monarca o príncipe de un reino, soberano de un Estado.

Reinação, *n.f.*, travesura.

Reinar, *v.*, reinar, gobernar, regir, dominar.

Reitor, *n.m.*, rector.

Reivindicar, *v.*, reivindicar, reclamar, recuperar.

Rejeitar, *v.*, rechazar, arrojar, desechar, rehusar, denegar, recusar.

Relação, *n.f.*, relación, relato ‖ lista, rol, nómina ‖ semejanza, vínculo, conexión, enlace.

Relacionar, *v.*, relacionar, referir, narrar, relatar.

Relâmpago, *n.m.*, relámpago, resplandor.

Relance, *n.m.*, relance, ojeada.

Relancear, *v.*, ojear de relance.

Relapso, *adj.*, relapso.

Relatar, *v.*, relatar, mencionar, referir narrar.

Relativo, *adj.*, relativo.

Relato, *n.m.*, relato, relación ‖ narración cuento.

Relatório, *n.m.*, informe, exposición, relato.
Relaxar, *v.*, relajar, aflojar, ablandar.
Relegar, *v.*, relegar.
Relembrar, *v.*, recordar.
Relento, *n.m.*, sereno, relente.
Reles, *adj.* y *n.*, ordinario, vil, despreciable.
Relevar, *v.*, relevar, resaltar ‖ perdonar, disculpar ‖ sobresalir.
Relevo, *n.m.*, relieve ‖ importancia, renombre, distinción.
Relha, *n.f.*, reja.
Relho, *n.m.*, azote, vara, verga, látigo.
Relicário, *n.m.*, relicario.
Relinchar, *v.*, relinchar.
Religião, *n.f.*, religión.
Relógio, *n.m.*, reloj.
Relojoeiro, *n.m.*, relojero.
Reluzir, *v.*, relucir, brillar, resplandecer.
Relva, *n.f.*, césped, hierba.
Remanso, *n.m.*, remanso ‖ paz, sosiego, flema.
Remar, *v.*, remar.
Remarcar, *v.*, remarcar, volver a marcar.
Rematar, *v.*, rematar, concluir, terminar.
Remediar, *v.*, remediar, curar ‖ corregir, enmendar
Remédio, *n.m.*, remedio, medicamento ‖ recurso, auxilio.
Remela, *n.f.*, legaña.
Remelexo, *n.m.*, requiebro, meneo, vapuleo.
Remendão, *n.m.*, remendón, remiendo, parche.
Remendar, *v.*, remendar, enmendar.
Remeter, *v.*, remitir, enviar.
Remexer, *v.*, remecer ‖ mezclar, agitar, menear.
Remisso, *adj.*, remiso, negligente, indolente.
Remitir, *v.*, remitir, perdonar, indultar ‖ quitar ‖ disminuir, ablandar ‖ ceder, perder.
Remo, *n.m.*, remo.
Remoçar, *v.*, remozar, rejuvenecer.
Remorso, *n.m.*, remordimiento, arrepentimiento, pesar.
Remover, *v.*, remover, pasar, mudar ‖ quitar, apartar.
Rena, *n.f.*, reno hembra.
Renal, *adj.*, renal.
Renascer, *v.*, renacer.
Renda, *n.f.*, renta, rédito ‖ encaje, puntilla.
Render, *v.*, rendir, vencer ‖ sustituir ‖ lucrar, ganar, dar fruto.
Renegar, *v.*, renegar, renunciar ‖ detestar, abominar.
Renovar, *v.*, renovar.
Rente, *adj.*, muy corto, muy próximo, vecino ◆ *adv.*, al rape, a ras.
Renunciar, *v.*, renunciar.
Reparar, *v.*, arreglar, reparar, concertar ‖ enmendar, corregir, remediar ‖ mirar con cuidado, notar, advertir, fijarse.
Repartir, *v.*, repartir, distribuir.
Repelir, *v.*, repeler, rechazar.
Repente, *n.m.*, repente, súbito, impensado ‖ improvisación.
Repercutir, *v.*, repercutir, reverberar, reflejarse.
Repertório, *n.m.*, repertorio, colección, recopilación.
Repetir, *v.*, repetir.
Repisar, *v.*, pisar otra vez.
Repleto, *adj.*, repleto, lleno, abarrotado, atiborrado.

Réplica, *n.f.*, réplica, contestación ‖ reproducción.
Replicar, *v.*, replicar.
Repolho, *n.m.*, repollo, col, berza.
Repor, *v.*, reponer.
Reportagem, *n.f.*, reportaje.
Reportar, *v.*, reportar ‖ atribuir ‖ referirse, aludir.
Repórter, *n.*, reportero.
Repousar, *v.*, reposar, descansar, calmar ‖ estar enterrado, yacer ‖ dormir.
Repreender, *v.*, reprender, advertir, amonestar.
Represa, *n.f.*, represa, acequia ‖ embalse, azud.
Represália, *n.f.*, represalia.
Representar, *v.*, representar, interpretar ‖ presentar.
Repressão, *n.f.*, represión.
Reprimir, *v.*, reprimir, contener, refrenar, cohibir.
Reproduzir, *v.*, reproducir, multiplicar ‖ procrear.
Reprovar, *v.*, reprobar, desaprobar ‖ suspender.
Réptil, *adj.* y *n.m.*, reptil.
Repudiar, *v.*, repudiar, rechazar.
Repugnar, *v.*, repugnar, rehusar.
Repulsa, *n.f.*, repulsa, repulsión ‖ aversión.
Reputação, *n.f.*, reputación.
Reputar, *v.*, reputar, juzgar, considerar.
Repuxar, *v.*, empujar, retirar, arrancar, apartar, separar con violencia ‖ empujar hacia atrás ‖ estirar, alargar ‖ borbotar.
Repuxo, *n.m.*, empujón ‖ estirón ‖ borbollón.
Requebrar, *v.*, menear, zarandear, contornearse.
Requebro, *n.m.*, requiebro, meneo, zarandeo.
Requeijão, *n.m.*, requesón, cuajada.
Requerer, *v.*, requerir, intimar ‖ reclamar, exigir.
Requerimento, *n.m.*, petición, aviso.
Requinte, *n.m.*, esmero, primor ‖ refinamiento, perfección.
Requisitar, *v.*, requerir, solicitar.
Requisito, *n.m.*, requisito, condición, circunstancia.
Rés, *adj.*, raso, ras ◆ *adv.*, al rape, a ras.
Rês, *n.f.*, res.
Rescindir, *v.*, rescindir, anular.
Reserva, *n.f.*, reserva, guardia, custodia ‖ parque nacional ‖ recato, cautela, retraimiento, comedimiento, discreción ◆ *n.*, jugador sustituto.
Reservar, *v.*, reservar, guardar ‖ guardarse, precaverse.
Reservatório, *adj.*, reservado ◆ *n.m.*, depósito, estanque.
Reservista, *n.m.*, reservista.
Resfolegar, *v.*, cobrar aliento, respirar con esfuerzo o ruido ‖ tener descanso, reposar, echarse la siesta.
Resfriar, *v.*, enfriar, refrescar ‖ resfriarse, acatarrarse, constiparse.
Resgatar, *v.*, rescatar.
Resgate, *n.m.*, rescate.
Resguardar, *v.*, resguardar, abrigar ‖ defenderse, protegerse, precaverse.
Residência, *n.f.*, residencia, vivienda, domicilio.
Residir, *v.*, residir, vivir, habitar ‖ radicar, consistir.
Resíduo, *n.m.*, residuo, resto, detrito, desecho, basura.
Resignar, *v.*, resignar, renunciar.
Resina, *n.f.*, resina.

Resistência, *n.f.*, resistencia, fuerza ‖ obstáculo, dificultad.
Resistir, *v.*, resistir, durar, pervivir, subsistir, aguantar.
Resma, *n.f.*, resma.
Resmungar, *v.*, refunfuñar, gruñir.
Resolução, *n.f.*, resolución, decisión ‖ intento.
Resolver, *v.*, resolver, solucionar, esclarecer ‖ decidirse ‖ deshacer, destruir.
Respeitar, *v.*, respetar.
Respirar, *v.*, respirar.
Resplendor, *n.m.*, resplandor ‖ aureola ‖ brillo, gloria, fama.
Responder, *v.*, responder, contestar ‖ replicar ‖ corresponder ‖ responsabilizarse.
Responsabilizar, *v.*, responsabilizar.
Resposta, *n.f.*, respuesta, contestación ‖ réplica, refutación, contradicción.
Ressaca, *n.f.*, resaca.
Ressaltar, *v.*, resaltar, destacar ‖ sobresalir, distinguirse.
Ressalvar, *v.*, prevenir con reparo, reserva, restricción ‖ exceptuar, excluir.
Ressarcir, *v.*, resarcir, indemnizar, compensar.
Ressecar, *v.*, resecar.
Ressentir, *v.*, resentirse.
Ressoar, *v.*, resonar.
Ressurgir, *v.*, resurgir, reaparecer ‖ recobrar.
Ressuscitar, *v.*, resucitar.
Restar, *v.*, restar, sobrar ‖ quedar ‖ faltar para completar.
Restaurante, *n.m.*, restaurante.
Restaurar, *v.*, restaurar, recuperar, recobrar ‖ reparar, renovar.
Réstia, *n.f.*, ristra, trenza ‖ haz de luz.
Restinga, *n.f.*, albufera ‖ marisma.
Restituir, *v.*, restituir.
Restringir, *v.*, restringir, estrechar, restriñir ‖ limitar, delimitar, reducirse ‖ cohibirse, abstenerse, cortarse.
Resultado, *n.m.*, resultado → *Ter resultado*, surtir efecto.
Resultar, *v.*, resultar, redundar.
Resumir, *v.*, resumir, reducir ‖ representar, simbolizar ‖ sintetizar ‖ limitar, restringir.
Reta, *n.f.*, recta.
Retaguarda, *n.f.*, retaguardia.
Retalhar, *v.*, retajar, cortar ‖ golpear, herir con algo cortante ‖ fraccionar, dividir.
Retalho, *n.m.*, retal, retazo, jira, jirón.
Retângulo, *adj.*, rectángulo ◆ *n.m.*, paralelogramo.
Retardado, *adj.*, retrasado.
Retardar, *v.*, retardar, retrasar, atrasar.
Reter, *v.*, retener, conservar, mantener.
Retesar, *v.*, atiesar, endurecer ‖ estirarse.
Reticências, *n.f.pl.*, puntos suspensivos.
Retificar, *v.*, rectificar.
Retina, *n.f.*, retina.
Retirar, *v.*, retirar, retroceder ‖ apartar, separar ‖ resguardarse, desdecirse.
Reto, *adj.* y *n.m.*, recto, tieso ‖ justo, severo, íntegro ‖ recto, última parte del intestino.
Retocar, *v.*, retocar, restaurar.
Retrair, *v.*, retraer, retroceder ‖ apartarse.
Retratar, *v.*, retratar, fotografiar.
Retrato, *n.m.*, retrato, fotografía.
Retribuir, *v.*, retribuir, recompensar, pagar.
Retroceder, *v.*, retroceder.
Retrós, *n.m.*, bobina de hilo ‖ torzal ‖ cordoncillo.
Retrospecto, *n.m.*, retrospección.
Retrucar, *v.*, retrucar.

Retumbar, *v.*, retumbar, resonar.
Réu, *n.m.*, reo, acusado, culpado.
Reunião, *n.f.*, reunión.
Reunir, *v.*, reunir, aunar, juntar, amontonar.
Revelar, *v.*, revelar, descubrir, manifestar.
Rever, *v.*, rever, corregir, revisar.
Reverso, *adj.* y *n.m.*, reverso, revés ‖ parte opuesta.
Reverter, *v.*, revertir, regresar, retroceder.
Revés, *n.m.*, revés, reverso ‖ infortunio, desgracia.
Revestir, *v.*, revestir, cubrir, tapar.
Revezar, *v.*, reemplazar, sustituir, turnarse.
Revirar, *v.*, torcer.
Revisar, *v.*, revisar, repasar.
Revista, *n.f.*, revista, inspección ‖ publicación periódica.
Revistar, *v.*, revisar.
Revoar, *v.*, revolotear.
Revoltar, *v.*, rebelar, sublevar ‖ indignarse.
Revolução, *n.f.*, revolución.
Revólver, *n.m.*, revólver.
Rezar, *v.*, rezar, orar.
Riacho, *n.m.*, riacho, riachuelo, arroyo.
Ribalta, *n.f.*, luces, focos, reflectores del palco ‖ proscenio.
Ribeira, *n.f.*, ribera, margen, orilla.
Ribeirão, *n.m.*, riacho, arroyo.
Rico, *adj.*, rico, acaudalado ‖ fértil, abundante ‖ opulento ‖ pomposo ‖ caro.
Ricota, *n.f.*, requesón.
Ridicularizar, *v.*, ridiculizar, burlarse.
Rifa, *n.f.*, rifa, sorteo, tómbola.
Rifle, *n.m.*, rifle, escopeta.
Rígido, *adj.*, rígido ‖ riguroso, severo.
Rigor, *n.m.*, rigor, rigidez, dureza, tiesura ‖ precisión, exactitud ‖ intensidad → *Traje a rigor*, traje de etiqueta, de ceremonia.
Rijo, *adj.*, recio, fuerte, robusto, riguroso ‖ áspero.
Rim, *n.m.*, riñón.
Rima, *n.f.*, rima, consonancia.
Rimar, *v.*, rimar, componer en verso.
Ringue, *n.m.*, cuadrilátero.
Rinite, *n.f.*, rinitis.
Rinoceronte, *n.m.*, rinoceronte.
Rio, *n.m.*, río.
Ripa, *n.f.*, tabla delgada, listón.
Riqueza, *n.f.*, riqueza.
Rir, *v.*, reír.
Risada, *n.f.*, risa, carcajada.
Riscar, *v.*, rayar, trazar ‖ borrar, tachar ‖ subrayar ‖ excluir, descartar, eliminar, expulsar.
Risco, *n.m.*, raya, trazo, línea ‖ trazado, diseño ‖ riesgo, peligro.
Riso, *n.m.*, risa, alegría.
Risonho, *adj.*, risueño.
Ríspido, *adj.*, intratable, áspero.
Ritmo, *n.m.*, ritmo.
Ritual, *adj.* y *n.m.*, ritual.
Rixa, *n.f.*, riña, conflicto, confusión ‖ desorden, pelotera, contienda.
Robalo, *n.m.*, róbalo o robalo.
Robe, *n.m.*, albornoz, bata, batín.
Robusto, *adj.*, robusto, fuerte, vigoroso.
Roca, *n.f.*, rueca (instrumento para hilar) ‖ roca (piedra), peñasco.
Roça, *n.f.*, roza ‖ zona rural, campo.
Roçadura, *n.f.*, rozadura.
Rocambole, *n.m.*, brazo de gitano.
Roçar, *v.*, rozar, segar, cortar ‖ tocar, frotar, rasar.
Rocha, *n.f.*, roca, peña.

Rochedo, *n.m.*, peñasco.

Roda, *n.f.*, rueda ‖ círculo, corro, redondel → *Roda-gigante*, noria. *Brincar de roda*, jugar al corro.

Roda-viva, *n.f.*, prisa, trajín, tropel, barahúnda.

Rodapé, *n.m.*, friso, zócalo → *Nota de rodapé*, al pie de la página.

Rodar, *v.*, rodar, girar ‖ recorrer, circular ‖ imprimir.

Rodear, *v.*, rodear.

Rodela, *n.f.*, rodaja (alimentos, frutas) ‖ rodela (escudo) ‖ rótula (hueso).

Rodo, *n.m.*, rodillo, rastro, rastrillo.

Rodopiar, *v.*, revolotear.

Rodovia, *n.f.*, autovía, carretera, autopista.

Roedor, *adj.* y *n.m.*, roedor.

Roer, *v.*, roer, cortar, descantillar con los dientes ‖ gastar, corroer.

Rogar, *v.*, rogar, suplicar.

Rojão, *n.m.*, lío, jaleo, ajetreo ‖ cohete.

Rol, *n.m.*, rol, lista, nómina.

Rola, *n.f.*, tórtola.

Rolar, *v.*, rolar, rodar.

Roldana, *n.f.*, roldana, rodaja, rodete, polea.

Roldão, *n.m.*, tropel → *De roldão*, atropello.

Roleta, *n.f.*, ruleta.

Rolha, *n.f.*, tapón de corcho → *Tirar a rolha*, descorchar.

Rolo, *n.m.*, rollo, cilindro, rodillo ‖ embrollo, embuste, lío.

Romã, *n.f.*, granada.

Romance, *n.m.*, novela, romance ‖ relación amorosa, amorío, enredo.

Romaria, *n.f.*, romería, peregrinación.

Rombo, *n.m.*, agujero ‖ desfalco.

Romper, *v.*, romper, despedazar, destrozar.

Roncar, *v.*, roncar ‖ retumbar.

Ronco, *n.m.*, ronco, ronquido.

Ronda, *n.f.*, ronda ‖ patrulla.

Rondar, *v.*, rondar.

Rosa, *adj.* y *n.f.*, rosa.

Rosa dos ventos, *n.f.*, rosa de los vientos.

Rosal, *n.m.*, rosaleda.

Rosário, *n.m.*, rosario.

Rosca, *n.f.*, rosca, espiral del tornillo o tuerca ‖ roscón (dulce).

Roseira, *n.f.*, rosal.

Rosnar, *v.*, gruñir, refunfuñar, roznar, aullar.

Rosto, *n.m.*, rostro, cara, semblante.

Rota, *n.f.*, ruta, camino, dirección, rumbo.

Roteiro, *n.m.*, itinerario, trayecto ‖ esquema.

Rotina, *n.f.*, rutina.

Roto, *adj.*, roto, andrajoso.

Rótula, *n.f.*, rótula ‖ celosía (enrejado).

Rotular, *v.*, rotular.

Rótulo, *n.m.*, rótulo, título ‖ letrero, inscripción.

Roubar, *v.*, robar, chorizar, quitar ‖ raptar.

Rouco, *adj.*, ronco.

Roupa, *n.f.*, ropa → *Roupa íntima*, ropa interior, paños menores.

Roupão, *n.m.*, albornoz, bata, ropón.

Rouparia, *n.f.*, ropero.

Rouxinol, *n.m.*, ruiseñor.

Roxo, *adj.* y *n.m.*, morado, violado.

Rua, *n.f.*, calle.

Rubi, *n.m.*, rubí.

Rubor, *n.m.*, rubor.

Ruborizar, *v.*, ruborizar.

Rubrica, *n.f.*, rúbrica ‖ epígrafe, título.

Rubricar, *v.*, rubricar.

Rubro, *adj.*, rubro, encarnado, colorado, rojo.

Rude, *adj.*, rudo, tosco ‖ áspero, grosero.

Rudimentar, *adj.*, rudimentario.

Ruela, *n.f.*, callejuela, calleja.

Rufar, *v.*, redoblar, plegar.

Rugir, *v.*, rugir, bramar ‖ crujir, rechinar.

Ruído, *n.m.*, ruido, bulla.

Ruim, *adj.*, ruin, malo ‖ nocivo, vil ‖ estropeado, deteriorado.

Ruína, *n.f.*, ruina.

Ruir, *v.*, desmoronarse, derrumbarse.

Ruivo, *adj.* y *n.m.*, pelirrojo.

Rum, *n.m.*, ron.

Rumar, *v.*, tomar el rumbo ‖ orientarse, encaminarse, dirigirse.

Ruminante, *adj.* y *n.*, rumiante.

Ruminar, *v.*, rumiar.

Rumo, *n.m.*, rumbo, camino, dirección → *Sem rumo*, a la deriva, al Dios dirá, a la merced de las circunstancias.

Rumor, *n.m.*, rumor, murmullo, ruido ‖ voz que corre (noticia, fama).

Ruptura, *n.f.*, ruptura, quiebra, rompimiento.

Rústico, *adj.* y *n.m.*, rústico, pueblerino ‖ rudo, tosco, grosero, campechano.

Rutilar, *v.*, rutilar, brillar, resplandecer.

S

n.m., consonante oral constrictiva fricativa sonora cuando esté simple y sorda cuando esté doble, pero siempre alveolar, decimonona letra del abecedario portugués ‖ símbolo químico del azufre.

Sábado, *n.m.*, sábado → *Sábado de Aleluia*, Sábado de Gloria.

Sabão, *n.m.*, jabón → *Bolha de sabão*, pompa de jabón.

Sabedoria, *n.f.*, sabiduría.

Saber, *n.m.*, saber, sabiduría ◆ *v.*, saber.

Sabiá, *n.m.*, tordo.

Sabichão, *n.m.*, sabidillo, sabihondo, sabelotodo.

Sábio, *adj.* y *n.m.*, sabio, cuerdo, docto, erudito, ilustrado.

Sabonete, *n.m.*, jabón de olor o de tocador.

Saboneteira, *n.f.*, jabonera.

Sabor, *n.m.*, sabor, gusto, paladar.

Saborear, *v.*, saborear, degustar ‖ deleitarse.

Sabotar, *v.*, sabotear.

Sabugo, *n.m.*, sabugo, saúco, borona, panocha.

Saca, *n.f.*, saca.

Saca-rolhas, *n.m.*, sacacorchos.

Sacada, *n.f.*, balcón, terraza.

Sacar, *v.*, sacar, tirar, quitar, extraer.

Sacerdote, *n.m.*, sacerdote, cura.

Saciar, *v.*, saciar, hartar, satisfacer.

Saco, *n.m.*, saco, bolsa, receptáculo ‖ huevos, cojones, pelotas ‖ lata, fastidio → *Encher o saco*, joder, fastidiar, jorobar, dar la lata. *Estar de saco cheio*, estar hasta los huevos, hasta los cojones, estar harto. *Puxar o saco*, ser pelotero, hacer la pelota. *Que saco!*, ¡qué lata!

Sacola, *n.f.*, bolsa, bolso.

Sacramentar, *v.*, sacramentar.

Sacrário, *n.m.*, sagrario.

Sacrificar, *v.*, sacrificar.

Sacrifício, *n.m.*, sacrificio.

Sacristão, *n.m.*, sacristán.

Sacristia, *n.f.*, sacristía.

Sacudir, *v.*, sacudir, menear, agitar ‖ bambolearse, menearse.

Sadio, *adj.*, sano, saludable.

Safado, *adj.*, gastado, usado, deteriorado, estropeado ‖ jeta, descarado, desvergonzado, tunante ‖ indecente, guarro, fulero, chapucero.

Safanão, *n.m.*, sacudida, empujón, coscorrón.

Safar, *v.*, zafar, librar, esquivar, quitar, sacar, tirar.

Safira, *n.f.*, zafiro.

Safra, *n.f.*, cosecha, zafra.

Sagaz, *adj.*, sagaz, perspicaz ‖ astuto, mañoso.

Sagrado, *adj.*, sagrado, sacro.

Saguão, *n.m.*, zaguán ‖ vestíbulo, atrio, portal.

Saia, *n.f.*, falda → *Minissaia*, minifalda.

Saída, *n.f.*, salida.

Sair, *v.*, salir, partir ‖ ausentarse, irse, marcharse ‖ nacer, brotar, surgir ‖ pu-

blicarse ‖ dimitirse, desvincularse → *Sair de fininho*, escabullirse.
Sal, *n.m.*, sal ◆ *n.m.pl.*, sales.
Sala, *n.f.*, sala, cuarto de estar ‖ salón ‖ aula → *Sala de jantar*, comedor. *Sala de espera*, antesala, antecámara.
Saladeira, *n.f.*, ensaladera, fuente.
Salame, *n.m.*, salchichón.
Salário, *n.m.*, salario, paga, sueldo, jornal → *Salário mínimo*, salario base. *Décimo terceiro salário*, paga extra de Navidad, paga extraordinaria.
Saldar, *v.*, saldar, liquidar, pagar, finiquitar.
Saldo, *n.m.*, saldo ‖ pago, finiquito.
Saleiro, *n.m.*, salero.
Saleta, *n.f.*, saleta.
Salgadinhos, *n.m.pl.*, croquetas, tapas, pinchos.
Salgar, *v.*, salar.
Salientar, *v.*, resaltar, acentuar ‖ sobresalirse.
Salina, *n.f.*, salina.
Salitre, *n.m.*, salitre.
Saliva, *n.f.*, saliva → *Gastar saliva à toa*, hablar inútilmente.
Salivar, *v.*, salivar.
Salmão, *n.m.*, salmón.
Salpicar, *v.*, salpicar, rociar.
Salsa, *n.f.*, perejil.
Salseiro, *n.m.*, desorden, confusión, lío.
Salsicha, *n.f.*, salchicha.
Saltar, *v.*, saltar ‖ apearse, bajar ‖ brotar, borbotar.
Saltitar, *v.*, saltar, brincar.
Salto, *n.m.*, salto, bote ‖ cascada ‖ tacón ‖ brinco.
Salubre, *adj.*, salubre.
Salutar, *adj.*, saludable.
Salva, *n.f.*, salva, reata ‖ saludo, bienvenida ‖ bandeja.
Salva-vidas, *n.m.*, salvavidas, flotador.
Salvação, *n.f.*, salvación.
Salvar, *v.*, salvar, librar ‖ hacer la salva.
Salve, *interj.*, ¡salve!
Sanar, *v.*, sanar, curar.
Sanatório, *n.m.*, sanatorio.
Sanção, *n.f.*, sanción, autorización, aprobación ‖ pena, penalidad.
Sancionar, *v.*, sancionar.
Sandália, *n.f.*, sandalia.
Sanduíche, *n.m.*, bocadillo, emparedado, sándwich.
Sanear, *v.*, sanear, remediar.
Sanfona, *n.f.*, acordeón.
Sangrar, *v.*, sangrar.
Sangue, *n.m.*, sangre → *Ter sangue de barata*, tener sangre de horchata, de chinches.
Sangue-frio, *n.m.*, sangre fría, con premeditación, con frialdad.
Sanha, *n.f.*, saña, furor, ira.
Sanitário, *adj.*, sanitario, sanidad ‖ cuarto de baño, váter, aseo, retrete.
Santificar, *v.*, santificar, consagrar.
Santo, *adj.* y *n.m.*, santo, sagrado ‖ puro, inocente ‖ bondadoso, virtuoso → *Ter santo forte*, ser inmune, no atacable.
São, *adj.*, sano, saludable ‖ entero, no estropeado ◆ *n.m.*, san, santo.
Sapataria, *n.f.*, zapatería.
Sapatear, *v.*, zapatear.
Sapateiro, *n.m.*, zapatero.
Sapatilha, *n.f.*, zapatilla.
Sapato, *n.m.*, zapato.
Sapé, *n.m.*, hierba, paja.
Sapeca, *adj.* y *n.f.*, enamoradiza.

Sapo, *n.m.*, sapo.
Saque, *n.m.*, saque, saqueo, pillaje, piratería ‖ giro, transferencia.
Saquear, *v.*, saquear ‖ hurtar, robar, chorizar.
Saracotear, *v.*, contornearse, menearse, zarandarse.
Sarampo, *n.m.*, sarampión.
Sarar, *v.*, sanar, curar.
Sarcasmo, *n.m.*, sarcasmo.
Sarda, *n.f.*, peca.
Sardinha, *n.f.*, sardina.
Sargaço, *n.m.*, sargazo.
Sarjeta, *n.f.*, cuneta, zanja de desagüe ‖ foso, hoyo, arroyo ‖ perdición.
Sarna, *n.f.*, sarna → *Procurar sarna para se coçar*, meterse en camisa de once varas.
Sarrafo, *n.m.*, viga, listón, madero.
Sarrista, *adj.*, bromista, chistoso.
Sarro, *n.m.*, sarro, borra, pez ‖ costra ‖ guasa, broma, burla, cachondeo → *Ser um sarro*, ser cachondo, chistoso, gracioso. *Tirar um sarro*, guasearse, tomar el pelo.
Satélite, *n.m.*, satélite.
Sátira, *n.f.*, sátira.
Satirizar, *v.*, satirizar.
Satisfação, *n.f.*, satisfacción ‖ placer, vanagloria, presunción → *Dar satisfação*, dar explicación. *Tirar satisfação*, sacar en claro, en limpio.
Satisfazer, *v.*, satisfacer ‖ realizar, desempeñar, cumplir ‖ pagar, liquidar, saldar ‖ agradar, contentarse ‖ saciarse, hartarse.
Saturar, *v.*, saturar, hartarse, saciarse.
Saudação, *n.f.*, saludo, salutación, salva.
Saudade, *n.f.*, añoranza, nostalgia, pesar, querencia ‖ saudade (en Galicia).
Saudar, *v.*, saludar.
Saudável, *adj.*, saludable, sano.
Saúde, *n.f.*, salud ‖ brindis ◆ *interj.*, ¡salud!
Saudoso, *adj.*, nostálgico, añorante.
Sauna, *n.f.*, sauna.
Saxofone, *n.m.*, saxofón, saxo.
Sazonal, *adj.*, estacional, sazonadamente, ocasión.
Se, *pro.pe.*, se ◆ *conj.*, si.
Seara, *n.f.*, campo, mies, sembrado.
Sebe, *n.f.*, cerca, vallado, vedado.
Sebo, *n.m.*, sebo, grasa, gordura → *Passar sebo nas canelas*, huir, pirarse, escabullirse.
Seca, *n.f.*, seca, sequía ‖ estiaje.
Seção, *n.f.*, sección, división, parte ‖ departamento, ramo.
Secar, *v.*, secar.
Seccionar, *v.*, seccionar.
Secessão, *n.f.*, separación, desunión.
Secreção, *n.f.*, secreción.
Secretaria, *n.f.*, secretaría, oficina.
Secretária, *n.f.*, secretaria → *Secretária eletrônica*, contestador automático.
Secretariar, *v.*, ser secretario ‖ escribir, transcribir.
Secreto, *adj.*, secreto, escondido, ignorado, oculto ‖ íntimo, particular, confidencial.
Século, *n.m.*, siglo ‖ *fig.*, montón de tiempo, una eternidad.
Secundar, *v.*, secundar, ayudar, auxiliar, apoyar.
Seda, *n.f.*, seda → *Bicho-da-seda*, gusano de la seda, oruga de la mariposa de la seda.
Sedativo, *adj.* y *n.m.*, sedativo, sedante ‖ calmante.

Sede, *n.f.*, sede, asiento, trono ‖ oficina central ‖ sed, apetito, deseo, gana.
Sedimentar, *v.*, sedimentar ◆ *adj.*, sedimentario.
Sedoso, *adj.*, sedoso.
Sedução, *n.f.*, seducción.
Seduzir, *v.*, seducir.
Segar, *v.*, segar, cortar.
Segmentar, *v.*, segmentar.
Segmento, *n.m.*, segmento, porción, parte.
Segredar, *v.*, secretear.
Segredo, *n.m.*, secreto ‖ confidencia, reserva, sigilo ‖ misterio ‖ escondrijo.
Seguir, *v.*, seguir, acompañar ‖ proseguir, continuar ‖ recorrer ‖ partir, ir ‖ originarse, causarse.
Segunda, *n.f.*, segunda.
Segunda-feira, *n.f.*, lunes.
Segundo, *num.*, segundo ◆ *adj.*, secundario, accesorio ◆ *n.m.*, segundo lugar ◆ *prep.* y *conj.*, según, conforme.
Segurador, *adj.* y *n.m.*, asegurador.
Segurança, *n.f.*, seguridad, confianza.
Segurar, *v.*, asegurar ‖ fijar ‖ amparar, apoyar ‖ sujetar, asir, sostener ‖ agarrarse, aferrarse, aguantarse → *Segurar as pontas/a barra*, aguantarse, tener buenas aguantaderas, buen aguante.
Seio, *n.m.*, seno ‖ regazo.
Seis, *num.*, seis.
Seiscentos, *num.*, seiscientos.
Seita, *n.f.*, secta.
Seiva, *n.f.*, savia ‖ vigor.
Seixo, *n.m.*, china, guijarro.
Sela, *n.f.*, silla de montar.
Selar, *v.*, ensillar ‖ sellar, timbrar, estampillar ‖ cerrar, tapar ‖ concluir ‖ pactar.
Seleção, *n.f.*, selección, elección.
Selecionar, *v.*, seleccionar, elegir, escoger.
Selo, *n.m.*, sello, estampilla ‖ timbre.
Selva, *n.f.*, selva.
Sem, *prep.*, sin → *Sem-fim*, sinfín, infinidad. *Sem modos*, maleducado, descortés.
Sem-vergonha, *adj.* y *n.*, sinvergüenza, pícaro, bribón, perillán, granuja.
Sem-vergonhice, *n.f.*, sinvergüencería, desfachatez.
Semáforo, *n.m.*, semáforo.
Semana, *n.f.*, semana.
Semanal, *adj.*, semanal.
Semblante, *n.m.*, semblante, cara, rostro ‖ apariencia, aspecto.
Semear, *v.*, sembrar.
Semelhança, *n.f.*, parecido, similitud.
Semelhar, *v.*, semejar, parecer.
Sêmen, *n.m.*, semen, esperma ‖ semilla.
Semente, *n.f.*, semilla, simiente, germen, origen, principio, semen.
Semestral, *adj.*, semestral.
Semestre, *n.m.*, semestre.
Seminário, *n.m.*, seminario.
Sêmola, *n.f.*, sémola.
Sempre, *adv.*, siempre.
Senda, *n.f.*, senda, sendero, camino, vereda.
Senha, *n.f.*, seña, señal, ademán.
Senhor, *n.*, señor, amo, dueño ‖ noble, caballero ‖ Dios.
Senhorita, *n.f.*, señorita.
Senil, *adj.*, senil, viejo ‖ decrépito.
Sensação, *n.f.*, sensación.
Sensato, *adj.*, sensato, prudente, discreto.
Sensibilidade, *n.f.*, sensibilidad, delicadeza.

Sensibilizar, *v.*, sensibilizar, conmoverse.
Sensível, *adj.*, sensible, emotivo.
Senso, *n.m.*, sentido, entendimiento, razón, seso → *Senso comum*, sentido común.
Sensual, *adj.*, sensual.
Sentar, *v.*, sentar.
Sentença, *n.f.*, sentencia, dictamen, parecer ‖ declaración, resolución.
Sentenciar, *v.*, sentenciar, condenar ‖ juzgar, decidir.
Sentido, *adj.*, sentido, pesaroso, arrepentido, molesto, triste ◆ *n.m.*, órgano corporal ‖ propósito, objetivo ‖ acepción, significado ‖ dirección, rumbo.
Sentimento, *n.m.*, sentimiento.
Sentinela, *n.f.* y *m.*, centinela, guardia, vigía.
Sentir, *v.*, sentir, percibir ‖ experimentar ‖ juzgar, opinar ◆ *n.m.*, parecer, opinión, dictamen.
Separar, *v.*, separar ‖ apartar, desunir ‖ interrumpir ‖ retirarse.
Septo, *n.m.*, septo.
Septuagésimo, *num.*, septuagésimo.
Sepulcro, *n.m.*, sepulcro.
Sepultar, *v.*, sepultar.
Sepultura, *n.f.*, sepultura.
Sequaz, *n.*, secuaz.
Sequência, *n.f.*, secuencia, continuidad ‖ sucesión.
Sequer, *adv.*, siquiera, por lo menos.
Sequestrar, *v.*, secuestrar.
Sequestro, *n.m.*, secuestro, embargo, confisco, retención.
Séquito, *n.m.*, séquito, comitiva, cortejo.
Ser, *v.*, ser ‖ estar, quedarse ‖ haber, existir ◆ *n.m.*, esencia, naturaleza ‖ individuo, persona → *Ser maior e vacinado*, ser dueño de sus narices.
Serão, *n.m.*, velada.
Sereia, *n.f.*, sirena.
Serenar, *v.*, serenar, tranquilizar.
Serenata, *n.f.*, serenata.
Serenidade, *n.f.*, serenidad.
Sereno, *adj.*, sereno, tranquilo ‖ claro, despejado ◆ *n.m.*, sereno, relente, intemperie.
Serial, *adj.*, serial.
Sericicultura, *n.f.*, sericicultura.
Série, *n.f.*, serie, sucesión, serial.
Seriedade, *n.f.*, seriedad.
Seringa, *n.f.*, jeringa ‖ jeringuilla.
Seringal, *n.m.*, plantación de caucho.
Seringueira, *n.f.*, caucho.
Sério, *adj.*, serio, grave, importante ‖ real, verdadero, sincero → *A sério*, en serio.
Sermão, *n.m.*, sermón ‖ amonestación, reprensión.
Serpente, *n.f.*, serpiente, culebra, víbora.
Serpentina, *n.f.*, serpentín, serpentina.
Serra, *n.f.*, sierra, serrucho.
Serração, *n.f.*, niebla.
Serrador, *adj.* y *n.m.*, serrador, serrería.
Serragem, *n.f.*, aserradura, aserrín, serrín.
Serralharia, *n.f.*, cerrajería, herrería.
Serralheiro, *n.m.*, cerrajero, herrero.
Serrania, *n.f.*, serranía.
Serrar, *v.*, aserrar, serrar.
Serraria, *n.f.*, serrería, aserradero.
Serrilha, *n.f.*, borde dentado.
Serrilhar, *v.*, dentar, cercenar.
Serrote, *n.m.*, serrucho.
Servente, *adj.*, sirviente, servidor, criado ◆ *n.m.*, obrero, peón.
Serventia, *n.f.*, utilidad, uso, empleo, aplicación.

Serviço, *n.m.*, servicio ‖ trabajo, curro, empleo, tarea ‖ obsequio, favor ‖ conjunto de vajilla ‖ *fig.*, embrujo, hechizo → *Serviço malfeito*, hacer chapuza, chapucería.
Servir, *v.*, servir ‖ ayudar, auxiliar ‖ usar.
Sessão, *n.f.*, sesión.
Sessenta, *num.*, sesenta.
Sesta, *n.f.*, siesta.
Seta, *n.f.*, saeta, flecha, saetilla.
Sete, *num.*, siete.
Setecentos, *num.*, setecientos.
Setembro, *n.m.*, septiembre.
Setenta, *num.*, setenta.
Sétimo, *num.* y *n.m.*, séptimo.
Setor, *n.m.*, sector, sección ‖ esfera, ramo de actividad.
Seu, *adj.* y *pro.*, su, suyo ‖ tu, tuyo ‖ don, señor.
Seu-vizinho, *n.m.*, el dedo anular.
Seus, *pro.indef.*, suyos ◆ *n.m.pl.*, los suyos, la familia.
Severo, *adj.*, severo, rígido, riguroso ‖ grave, serio ‖ áspero, duro ‖ implacable.
Sexagésimo, *num.* y *n.m.*, sexagésimo.
Sexo, *n.m.*, sexo.
Sexta, *n.f.*, sexta.
Sexta-feira, *n.f.*, viernes.
Sexto, *num.* y *n.m.*, sexto.
Sexual, *adj.*, sexual.
Si, *n.m.*, si (nota musical).
Sibilar, *v.*, silbar.
Sicrano, *n.m.*, zutano.
Siderurgia, *n.f.*, siderurgia.
Sidra, *n.f.*, sidra.
Sifão, *n.m.*, sifón.
Sigilo, *n.m.*, sigilo, secreto.
Sigla, *n.f.*, sigla.
Significado, *n.m.*, significado.
Significar, *v.*, significar.
Signo, *n.m.*, signo, señal, símbolo.
Sílaba, *n.f.*, sílaba.
Silenciar, *v.*, silenciar, callar, omitir.
Silêncio, *n.m.*, silencio ◆ *interj.*, ¡silencio!, ¡chitón!, ¡chis! → *Em silêncio*, a la chita callando.
Silhueta, *n.f.*, silueta, perfil.
Silo, *n.m.*, silo, granero.
Silvar, *v.*, silbar.
Silvestre, *adj.*, silvestre.
Silvo, *n.m.*, silbo, silbido.
Sim, *adv.*, sí ◆ *n.m.*, el sí.
Simbolizar, *v.*, simbolizar.
Símbolo, *n.m.*, símbolo.
Simetria, *n.f.*, simetría.
Similar, *adj.*, similar, semejante.
Símio, *n.m.*, mono, simio.
Simpatia, *n.f.*, simpatía, atractivo.
Simpatizar, *v.*, simpatizar.
Simples, *adj.*, sencillo, simple ‖ puro, mero ‖ solo, único ◆ *n.m.* y *f.*, humilde.
Simplificar, *v.*, simplificar.
Simpósio, *n.m.*, simposio.
Simulacro, *n.m.*, simulacro.
Simular, *v.*, simular, fingir, aparentar.
Simultâneo, *adj.*, simultáneo.
Sina, *n.f.*, sino, suerte, destino, hado.
Sinal, *n.m.*, señal ‖ aviso, advertencia indicio, muestra, vestigio, impresión signo, distintivo, marca ‖ seña, ade mán ‖ cicatriz ‖ semáforo → *Por sinal* a propósito, por decir.
Sinal da cruz, *n.m.*, señal de la cruz.
Sinalização, *n.f.*, señalización.
Sinalizar, *v.*, señalizar.
Sincero, *adj.*, sincero, verdadero, auténtico.
Síncope, *n.f.*, patatús ‖ síncope, síncopa

Sincronizar, *v.*, sincronizar.
Sindicalizar, *v.*, sindicar, sindicarse.
Sindicância, *n.f.*, sindicatura ‖ averiguación, inspección.
Sindicar, *v.*, sindicar, averiguar, inspeccionar.
Sindicato, *n.m.*, sindicato.
Síndico, *n.m.*, síndico.
Sineta, *n.f.*, campanilla.
Sinfonia, *n.f.*, sinfonía.
Singrar, *v.*, cinglar, navegar.
Singular, *adj.* y *n.m.*, singular, único, raro, extraordinario.
Sinistra, *n.f.*, siniestra, la mano izquierda.
Sinistro, *adj.*, siniestro ‖ infeliz, funesto, aciago ‖ malintencionado ◆ *n.m.*, desastre, ruina, avería.
Sino, *n.m.*, campana, campanilla.
Sinônimo, *adj.* y *n.m.*, sinónimo.
Sintaxe, *n.f.*, sintaxis.
Síntese, *n.f.*, síntesis.
Sintetizar, *v.*, sintetizar.
Sintoma, *n.m.*, síntoma.
Sintonizar, *v.*, sintonizar.
Sinuca, *n.f.*, billar americano ‖ *fig.*, lío, jaleo, enredo.
Sinuoso, *adj.*, sinuoso, tortuoso.
Sinusite, *n.f.*, sinusitis.
Sirene, *n.f.*, sirena, pito.
Siri, *n.m.*, cangrejo de mar, cámbaro.
Sirigaita, *n.f.*, pizpireta, vivales, cantamañanas.
Sisal, *n.m.*, sisal.
Sismo, *n.m.*, sismo, terremoto, sacudida.
Siso, *n.m.*, juicio, quicio, tino, prudencia.
Sistema, *n.m.*, sistema.
Sistematizar, *v.*, sistematizar.
Sisudo, *adj.*, sesudo, prudente, sensato, juicioso ‖ serio, circunspecto.
Sitiar, *v.*, sitiar, cercar.
Sítio, *n.m.*, sitio, lugar, terreno ‖ casa campestre, hacienda, estancia, finca ‖ cerco, asedio.
Sito, *adj.*, sito, situado, fundado.
Situação, *n.f.*, situación ‖ localización, ubicación, distribución ‖ estado, constitución, condición ‖ jugada, coyuntura.
Situar, *v.*, situar, colocar, establecer ‖ asignar, determinar ‖ localizar.
Só, *adj.* y *n.m.*, solo, solitario ‖ único ◆ *adv.*, solo, únicamente, solamente.
Soalho, *n.m.*, entarimado, piso, suelo.
Soar, *v.*, sonar, resonar ‖ repercutir.
Sob, *prep.*, so, bajo, debajo de.
Sobejar, *v.*, sobrar, superabundar, exceder.
Soberania, *n.f.*, soberanía.
Soberba, *n.f.*, soberbia, altivez, orgullo ‖ arrogancia.
Sobpor, *v.*, poner por debajo ‖ menospreciar, despreciar.
Sobra, *n.f.*, sobra, demasía, exceso.
Sobraçar, *v.*, prender entre el brazo y el tórax.
Sobrado, *n.m.*, sobrado, casa de dos pisos, chalet.
Sobrancelha, *n.f.*, ceja.
Sobrar, *v.*, sobrar, quedar, exceder.
Sobre, *prep.*, sobre, encima de, acerca de.
Sobreaviso, *n.m.*, precaución, cautela ◆ *adj.*, cuidadoso, prevenido, cauteloso.
Sobreiro, *n.m.*, alcornoque.
Sobreloja, *n.f.*, entresuelo, entrepiso.
Sobremesa, *n.f.*, postre.
Sobrenome, *n.m.*, apellido.
Sobrepor, *v.*, sobreponer.
Sobressair, *v.*, sobresalir, distinguirse.
Sobressaltar, *v.*, sobresaltar, asustarse.

Sobretudo, *n.m.*, sobretodo, bata ◆ *adv.*, sobre todo, principalmente.
Sobrevir, *v.*, sobrevenir.
Sobreviver, *v.*, sobrevivir.
Sobrinho, *n.m.*, sobrino.
Sóbrio, *adj.*, sobrio, moderado ‖ que no está borracho.
Socapa, *n.f.*, socapa, disfraz ‖ maña, astucia, picardía.
Socar, *v.*, machacar, golpear, sobar, majar ‖ zurrar.
Socavar, *v.*, socavar, excavar.
Social, *adj.*, social.
Socializar, *v.*, socializar.
Sociedade, *n.f.*, sociedad.
Sócio, *n.m.*, socio ‖ compañero, colega ◆ *adj.*, asociado.
Sociologia, *n.f.*, sociología.
Soco, *n.m.*, puñetazo, guantazo, castañazo.
Socorrer, *v.*, socorrer.
Socorro, *n.m.*, socorro, ayuda, auxilio, amparo → *Pronto-socorro*, urgencias.
Soda, *n.f.*, sosa ‖ gaseosa.
Sofá, *n.m.*, sofá, sillón.
Sofisticação, *n.f.*, sofisticación.
Sofrer, *v.*, sufrir, padecer, penar ‖ aguantar, tolerar, soportar.
Sofrimento, *n.m.*, sufrimiento, pena.
Sogro, *n.*, suegro.
Soja, *n.f.*, soja.
Sol, *n.m.*, sol ‖ quinta voz de la escala musical.
Sola, *n.f.*, suela ‖ planta del pie.
Solapar, *v.*, solapar ‖ arruinar.
Solar, *n.m.*, solar, palacete ◆ *adj.*, perteneciente al sol ◆ *v.*, echar suelas al calzado.
Solavanco, *n.m.*, traqueteo, retumbo.
Solda, *n.f.*, soldadura.
Soldado, *adj.* y *n.m.*, soldado.
Soldar, *v.*, soldar.
Soleira, *n.f.*, solera.
Solene, *adj.*, solemne, majestuoso, imponente.
Solenidade, *n.f.*, solemnidad.
Soletrar, *v.*, deletrear.
Solfejar, *v.*, solfear.
Solfejo, *n.m.*, solfeo.
Solicitar, *v.*, solicitar, buscar, pedir, pretender.
Solidão, *n.f.*, soledad.
Solidarizar, *v.*, solidarizar.
Solidificar, *v.*, solidificar.
Sólido, *adj.* y *n.m.*, sólido, denso, fuerte, firme.
Solo, *n.m.*, suelo ‖ solo.
Solstício, *n.m.*, solsticio.
Soltar, *v.*, soltar, desatar, desasir ‖ aflojar ‖ emitir ‖ largar, desprenderse.
Solteirão, *n.m.*, solterón.
Solteiro, *adj.* y *n.*, soltero ‖ suelto, libre.
Soltura, *n.f.*, soltura, agilidad.
Solução, *n.f.*, solución, resolución, resultado.
Soluçar, *v.*, tener hipo, sollozar, lloriquear.
Solucionar, *v.*, solucionar ‖ resolver.
Soluço, *n.m.*, hipo, sollozo, llanto.
Solúvel, *adj.*, soluble.
Solver, *v.*, resolver.
Som, *n.m.*, sonido, son, ruido → *Alto e bom som*, alto y claro.
Soma, *n.f.*, suma, adición ‖ monte, montón.
Somar, *v.*, sumar.
Sombra, *n.f.*, sombra.
Sombrear, *v.*, sombrear.

Submergir, *v.*, sumergir, hundir, abismar.
Submeter, *v.*, someter, sujetar.
Submissão, *n.f.*, sumisión.
Subordinado, *adj.* y *n.m.*, subordinado, subalterno.
Subordinar, *v.*, subordinar, sujetar.
Subornar, *v.*, sobornar.
Suborno, *n.m.*, soborno.
Subsidiar, *v.*, subsidiar.
Subsídio, *n.m.*, subsidio, socorro, ayuda.
Subsistir, *v.*, subsistir.
Subsolo, *n.m.*, subsuelo.
Substância, *n.f.*, sustancia.
Substantivar, *v.*, sustantivar.
Substantivo, *n.m.*, nombre, sustantivo, substantivo, clase gramatical.
Substituir, *v.*, sustituir.
Subterfúgio, *n.m.*, subterfugio, efugio, escapatoria.
Subterrâneo, *adj.* y *n.m.*, subterráneo.
Subtração, *n.f.*, sustracción ‖ resta.
Subtrair, *v.*, sustraer ‖ restar.
Subúrbio, *n.m.*, suburbio, arrabal, afueras, cercanías.
Subvencionar, *v.*, subvencionar.
Subverter, *v.*, subvertir.
Sucata, *n.f.*, chatarra.
Sucateiro, *n.m.*, chatarrero.
Suceder, *v.*, suceder, ocurrir.
Sucessão, *n.f.*, sucesión.
Sucesso, *n.m.*, suceso, éxito.
Suco, *n.m.*, zumo, jugo.
Sucumbir, *v.*, sucumbir, ceder, rendirse.
Sucursal, *n.f.*, sucursal.
Sudeste, *adj.* y *n.m.*, sudeste.
Súdito, *n.*, súbdito, vasallo.
Sudoeste, *adj.* y *n.m.*, sudoeste.
Suéter, *n.m.*, jersey, suéter.
Suficiente, *adj.*, suficiente, capaz.
Sufixo, *adj.* y *n.m.*, sufijo.
Sufocar, *v.*, sofocar, ahogar, asfixiar.
Sufrágio, *n.m.*, sufragio, voto ‖ apoyo, socorro, favor, adhesión, soporte.
Sugar, *v.*, succionar, absorber, chupar.
Sugerir, *v.*, sugerir.
Sugestão, *n.f.*, sugestión, sugerencia, idea.
Sugestionar, *v.*, sugestionar.
Suicida, *n.*, suicida.
Suicidar-se, *v.*, suicidarse.
Suicídio, *n.m.*, suicidio.
Suíno, *adj.*, porcino, ◆ *n.m.*, puerco, cerdo, cochino, marrano.
Suíte, *n.f.*, habitación, dormitorio, cuarto, aposento.
Sujar, *v.*, ensuciar.
Sujeira, *n.f.*, suciedad, inmundicia, porquería, marranada ‖ cabronada.
Sujeitar, *v.*, sujetar, someter ‖ conformarse.
Sujeito, *adj.*, sujeto ‖ cautivo, aprisionado ‖ obligado ◆ *n.m.*, tío, macho, individuo.
Sujo, *adj.*, sucio, manchado, cochino, marrano, mugriento.
Sul, *n.m.*, sur.
Sulcar, *v.*, surcar.
Sumariar, *v.*, resumir, sintetizar, sumariar.
Sumiço, *n.m.*, desaparición, ocultación.
Sumir, *v.*, sumir, desaparecer, esfumarse ‖ olvidarse ‖ esconder, ocultar ‖ consumir, gastar ‖ eliminar.
Sumo, *adj.*, sumo, supremo, altísimo, excelente, extraordinario ◆ *n.m.*, zumo, jugo.
Sunga, *n.f.*, tanga, pantalón corto.
Suor, *n.m.*, sudor ‖ *fig.*, trabajo, fatiga.
Superar, *v.*, superar.

Superficial, *adj.*, superficial.
Superfície, *n.f.*, superficie.
Supérfluo, *adj.* y *n.m.*, superfluo, inútil.
Superior, *adj.*, superior, más alto, más elevado ‖ excelente, muy bueno ◆ *n.m.*, persona que manda, gobierna o dirige → *Curso superior*, curso, carrera universitaria.
Superioridade, *n.f.*, superioridad.
Superlativo, *adj.* y *n.m.*, superlativo.
Supermercado, *n.m.*, supermercado.
Superstição, *n.f.*, superstición.
Supervisão, *n.f.*, supervisión.
Supervisionar, *v.*, supervisar.
Supetão, *n.m.*, sopetón, súbito, improviso.
Suplantar, *v.*, calcar, apretar, pisar ‖ superar.
Súplica, *n.f.*, súplica, ruego.
Suplicar, *v.*, suplicar, rogar, implorar.
Suplício, *n.m.*, suplicio, martirio, tormento.
Supor, *v.*, suponer, conjeturar.
Suportar, *v.*, soportar, sostener ‖ sufrir, tolerar, aguantar.
Suporte, *n.m.*, soporte, apoyo, sostén.
Suposição, *n.f.*, suposición, hipótesis.
Supositório, *n.m.*, supositorio.
Supremo, *adj.*, supremo.
Suprimir, *v.*, suprimir, eliminar ‖ anular.
Suprir, *v.*, suplir, completar, rellenar ‖ proveer, abastecer.
Surdez, *n.f.*, sordera, sordez.
Surdina, *n.f.*, sordina, escondite.
Surdo, *adj.* y *n.m.*, sordo → *Surdo-mudo*, sordomudo.
Surgir, *v.*, surgir, aparecer, brotar, emerger ‖ nacer, manifestarse.
Surpreender, *v.*, sorprender, coger desprevenido ‖ maravillar.
Surpresa, *n.f.*, sorpresa.
Surra, *n.f.*, zurra, tunda, paliza, friega.
Surrupiar, *v.*, hurtar, robar, chorizar.
Surtir, *v.*, causar, producir efecto.
Suspeita, *n.f.*, sospecha.
Suspeitar, *v.*, sospechar, desconfiar, recelar, dudar.
Suspender, *v.*, suspender, levantar, colgar ‖ detener ‖ interrumpir ‖ anular, invalidar.
Suspensão, *n.f.*, suspensión, interrupción.
Suspensórios, *n.m.pl.*, tirantes.
Suspirar, *v.*, suspirar.
Suspiro, *n.m.*, suspiro, aspiración ‖ merengue.
Sussurrar, *v.*, susurrar, murmurar.
Sussurro, *n.m.*, susurro, murmullo.
Sustar, *v.*, suspender, interrumpir, parar, cesar.
Sustentar, *v.*, sustentar, sostener, soportar, aguantar ‖ defender ‖ mantenerse.
Sustento, *n.m.*, sustento, mantenimiento, alimento.
Suster, *v.*, sostener, sustentar ‖ sufrir, tolerar, mantener ‖ mantenerse, conservarse.
Susto, *n.m.*, susto, espanto, pavor.
Sutiã, *n.m.*, sostén, sujetador.
Sutil, *adj.*, sutil, delgado, tenue ‖ agudo, perspicaz, delicado.
Sutura, *n.f.*, sutura.
Suturar, *v.*, suturar.

T

n.m., consonante interdental oclusiva sorda, vigésima letra del abecedario portugués ‖ símbolo de la tonelada.

Ta, *contracción del pro.pe.* te y del *pro. dem.* la, te la.
Tá, *interj.*, equivale a: ¡basta!, ¡vale!
Tabacaria, *n.f.*, estanco, cigarrería.
Tabaco, *n.m.*, tabaco, cigarro, cigarrillo.
Tabefe, *n.m.*, tortazo, bofetada, bofetón, cachete.
Tabela, *n.f.*, tabla, lista, catálogo ‖ tablilla, cuadro.
Tabelar, *v.*, abrir precio, poner precio, tarifar.
Tabelião, *n.m.*, notario.
Tabu, *n.m.*, tabú, prohibición.
Tábua, *n.f.*, tabla, tablón.
Tabuada, *n.f.*, tabla de multiplicar.
Tabuleiro, *n.m.*, tablero ‖ altiplanicie, meseta.
Tabuleta, *n.f.*, tablilla con letrero, letrero, pancarta.
Taça, *n.f.*, copa, vaso.
Tacada, *n.f.*, tacada ‖ ganancia, lucro, beneficio ‖ golpe de suerte → *De uma tacada*, de un plumazo, de un tiro, de una santa vez.
Tacanho, *adj.*, tacaño, mezquino, miserable, pesetero, amarrete.
Tacão, *n.m.*, tacón.
Tacha, *n.f.*, tachuela, clavo corto ‖ tacha, mancha, mácula, defecto.
Tacho, *n.m.*, tacho, cubo, vasija.
Taco, *n.m.*, taco ‖ tarugo, zoquete.
Tafetá, *n.m.*, tafetán.
Tagarela, *adj.* y *n.*, hablador, loro, cotorra, parlanchín, charlatán.
Tagarelar, *v.*, charlar, parlar.
Taipa, *n.f.*, adobe, barro.
Tal, *pro.*, tal, semejante, igual ‖ este, aquel ‖ eso, aquello ◆ *n.*, el tal, el as, un gran tipo.
Talão, *n.m.*, talón, calcañar ‖ talonario, bloque.
Talar, *adj.*, talar ◆ *v.*, talar, arrasar, destruir, devastar.
Talco, *n.m.*, talco, polvos.
Talento, *n.m.*, talento, inteligencia, capacidad intelectual, don.
Talha, *n.f.*, talla ‖ tajo, astilla ‖ cántaro, vasija de barro, alcarraza, arcilla.
Talhadeira, *n.f.*, tajadera.
Talhar, *v.*, tallar, golpear, cortar ‖ grabar, esculpir.
Talhe, *n.m.*, talle, talla ‖ forma.
Talher, *n.m.*, cubierto.
Talho, *n.m.*, tajo, corte ‖ poda.
Talismã, *n.m.*, talismán.
Talo, *n.m.*, tallo ‖ tronco.
Taludo, *adj.*, talludo, crecido, fuerte corpulento.
Talvez, *adv.*, tal vez, acaso, quizá.
Tamanco, *n.m.*, zueco, chanclo.
Tamanho, *adj.*, tamaño, tan grande, tan pequeño ◆ *n.m.*, mayor o menor en volumen, grandeza, cuerpo, dimensión.

Tâmara, *n.f.*, dátil, támara.
Tamareira, *n.f.*, palmera, datilera.
Também, *adv.*, también, de la misma forma ‖ igualmente, tanto, así ‖ aparte de eso, aún ‖ por otro lado.
Tambor, *n.m.*, tambor, bombo, timbal.
Tamborete, *n.m.*, taburete.
Tamborilar, *v.*, tamborilear.
Tamborim, *n.m.*, tamboril.
Tampa, *n.f.*, tapa, tapadera.
Tampão, *n.m.*, tapón ‖ tampón.
Tampar, *v.*, tapar, taponar.
Tampo, *n.m.*, tapa, buzón.
Tampouco, *adv.*, tampoco.
Tangente, *adj.* y *n.f.*, tangente.
Tanger, *v.*, tañer, tocar.
Tangerina, *n.f.*, mandarina, clementina.
Tanque, *n.m.*, estanque, alberca, cisterna, lavadero, pilón ‖ tanque de guerra.
Tantã, *adj.*, loco de remate, chiflado, pirado.
Tanto, *pro. indef.*, tanto, tan grande, muy grande ◆ *n.m.*, porción indeterminada ‖ igual cantidad, número, volumen, tamaño, extensión ◆ *adv.*, de tal modo, en tal grado, tal cantidad → *Se tanto*, cuando mucho, a lo sumo. *Um entre tantos*, uno de tantos.
Tão, *adv.*, tan, tanto → *Tão logo*, así que, luego que.
Tapa, *n.m.* y *f.*, torta, tortazo, bofetada, bofetón, guantazo, cachete ◆ *n.f.*, tapa, tapón.
Tapar, *v.*, tapar, cubrir, cerrar ‖ taponar, entupir ‖ encubrir, esconderse ‖ vendar.
Tapear, *v.*, engañar, timar, burlar, hacer trampa.
Tapeçaria, *n.f.*, tapicería.
Tapeceiro, *n.m.*, tapicero.
Tapete, *n.m.*, alfombra, tapete.
Tapume, *n.m.*, cerca, vallado, cercado, cerco ‖ tabique.
Taquigrafar, *v.*, taquigrafiar, estenografiar.
Taquigrafia, *n.f.*, taquigrafía, estenografía.
Tara, *n.f.*, tara ‖ defecto físico, psíquico.
Tarado, *adj.*, tarado, anormal, cachondo, alocado → *Ser tarado por*, ser aficionado a, ser loco por.
Tarar, *v.*, tarar, señalar la tara, peso.
Tardar, *v.*, tardar.
Tarde, *adv.* y *n.f.*, tarde → *Tarde demais*, demasiado tarde. *À tarde*, por la tarde. *Antes tarde do que nunca*, más vale tarde que nunca. *Boa tarde*, buenas tardes.
Tardinha, *n.f.*, tardecica, final de la tarde.
Tardio, *adj.*, tardío ‖ tardo, lento.
Tarefa, *n.f.*, tarea → *Por tarefa*, a destajo.
Tarifa, *n.f.*, tarifa.
Tarifar, *v.*, tarifar.
Tarja, *n.f.*, franja, adorno ‖ orla, guarnición.
Tarrafa, *n.f.*, esparavel.
Tarraxa, *n.f.*, terraja, tornillo.
Tartaruga, *n.f.*, tortuga.
Tascar, *v.*, morder, roer ‖ dar ‖ asestar.
Tataraneto, *n.m.*, tataranieto.
Tataravó, *n.f.*, tatarabuela.
Tataravô, *n.m.*, tatarabuelo.
Tatear, *v.*, palpar, tentar ‖ tantear, sondar, examinar.
Tatibitate, *adj.* y *n.*, tartamudo, tartaja.
Tática, *n.f.*, táctica.

Tático, *adj.*, táctico.
Táctil, *adj.*, táctil.
Tato, *n.m.*, tacto ‖ cuidado, tiento, tino, prudencia.
Tatu, *n.m.*, armadillo, tatú.
Tatuagem, *n.f.*, tatuaje.
Tatuar, *v.*, tatuar.
Taturana, *n.f.*, oruga.
Taverna, *n.f.*, taberna, tasca.
Taxa, *n.f.*, tasa, impuesto, tributo.
Taxar, *v.*, tasar, fijar precio ‖ tarifar.
Táxi, *n.m.*, taxi.
Tchau, *interj.*, ¡chao!, adiós, hasta luego.
Te, *pro.pe.*, segunda persona del *s.*, te.
Tear, *n.m.*, telar, máquina de tejer.
Teatral, *adj.*, teatral.
Teatro, *n.m.*, teatro.
Tecelagem, *n.f.*, tejeduría, hilandería.
Tecer, *v.*, tejer, entrelazar hilos ‖ urdir.
Tecido, *adj.* y *n.m.*, tejido ‖ urdido, preparado ◆ *n.m.*, textura de una tela, tejido (célula).
Tecla, *n.f.*, tecla → *Bater na mesma tecla*, machacar, insistir sobre lo mismo.
Técnica, *n.f.*, técnica.
Teco-teco, *n.m.*, avioneta, monomotor.
Tédio, *n.m.*, tedio, aburrimiento, hastío, disgusto, fastidio.
Teia, *n.m.*, tela, hilado ‖ enredo, maraña, embuste ‖ intriga ‖ trama, malla, red → *Teia de aranha*, telaraña.
Teima, *n.f.*, porfía, obstinación, terquedad, pertinacia, contumacia, tenacidad.
Teimar, *v.*, obstinarse, porfiar, encasquetar, entercarse, emperrarse.
Teimoso, *adj.*, obstinado, perseverante, tenaz, porfiado, terco.
Tela, *n.f.*, tela, tejido ‖ lienzo ‖ pantalla.
Telecomunicação, *n.f.*, telecomunicación.
Telefonar, *v.*, telefonear.
Telefone, *n.m.*, teléfono.
Telefonema, *n.m.*, telefonazo, llamada telefónica.
Telefonista, *n.*, telefonista.
Telégrafo, *n.m.*, telégrafo.
Telegrama, *n.m.*, telegrama, cablegrama.
Telenovela, *n.f.*, telenovela.
Telescópio, *n.m.*, telescopio.
Televisão, *n.f.*, televisión ‖ televisor, tele.
Televisor, *n.m.*, televisor.
Telha, *n.f.*, teja → *Dar na telha*, dar la gana, dar en la vena, picarle la vena, ocurrírsele, antojársele.
Telhado, *n.m.*, tejado.
Tema, *n.m.*, tema, proposición, texto que se toma por asunto o materia de un discurso.
Temer, *v.*, temer.
Temor, *n.m.*, temor.
Têmpera, *n.f.*, temple ‖ témpera, pintura al temple.
Temperamento, *n.m.*, temperamento ‖ constitución moral, carácter, índole, temple.
Temperar, *v.*, condimentar, sazonar, adobar, aliñar, aderezar ‖ mezclar, templar, moderar.
Temperatura, *n.f.*, temperatura, clima, fiebre.
Tempero, *n.m.*, condimento, sazón, adobo, aliño, aderezo.
Tempestade, *n.f.*, tempestad, borrasca, aguacero ‖ tormenta.
Templo, *n.m.*, templo.
Tempo, *n.m.*, tiempo → *Tempo de casa*, años de trabajo, de servicio. *En*

tempos remotos, en tiempos de Maricastaña, antaño. *Melhorar o tempo*, alzar o abrir el tiempo, serenarse. *Fechar o tempo*, nublar ‖ armarse la de San Quintín.

Têmporas, *n.f.pl.*, sienes.

Tenaz, *adj.*, tenaz, firme, pertinaz, porfiado ‖ tenaza.

Tencionar, *v.*, intentar, pretender ‖ proyectar.

Tenda, *n.f.*, tienda de campaña ‖ barraca de feria.

Tendão, *n.m.*, tendón.

Tendência, *n.f.*, tendencia, propensión, inclinación ‖ vocación.

Tender, *v.*, tender, estirar, alargar ‖ extender ‖ encaminarse, dirigirse ‖ propender.

Tênis, *n.m.*, tenis ‖ zapatilla.

Tenro, *adj.*, tierno, blando ‖ delicado ‖ reciente, de poco tiempo.

Tensão, *n.f.*, tensión.

Tentação, *n.f.*, tentación.

Tentáculo, *n.m.*, tentáculo.

Tentar, *v.*, intentar, procurar, buscar ‖ tentar, probar, experimentar, examinar ‖ seducir

Tentativa, *n.f.*, tentativa, intento, ensayo.

Tento, *n.m.*, tiento, tacto ‖ tino, moderación, cuidado, atención ‖ tanto, punto.

Tênue, *adj.*, tenue, delgado, débil.

Teologia, *n.f.*, teología.

Teor, *n.m.*, tenor.

Teoria, *n.f.*, teoría.

Ter, *v.*, tener, poseer ‖ disfrutar ‖ dominar, sujetar ‖ recibir, hospedar ‖ haber ‖ juzgar, considerar → *Ter a ver*, tener que ver. *Que é que tem?*, ¿qué pasa?, ¿qué hay?

Terapia, *n.f.*, terapéutica, terapia.

Terça, *num.*, tercera, tercia parte.

Terçã, *adj.* y *n.f.*, terciana, fiebre, calentura que se repite cada tercer día.

Terça-feira, *n.f.*, martes.

Terceiro, *num.*, tercero ◆ *n.m.*, alcahuete, intercesor.

Terço, *num.*, tercio ◆ *n.m.*, una de las tres partes del rosario ‖ tercer.

Terçol, *n.m.*, orzuelo, divieso pequeño.

Terebintina, *n.f.*, trementina, resina.

Termas, *n.f.pl.*, termas, baños.

Terminação, *n.f.*, terminación ‖ desinencia.

Terminar, *v.*, terminar, acabar, cesar.

Término, *n.m.*, término, fin, límite.

Termo, *n.m.*, término, límite ‖ palabra, vocablo ‖ forma, modo, tenor → *Meio-termo*, medio término, término medio.

Termômetro, *n.m.*, termómetro.

Terno, *adj.*, tierno, afectuoso, cariñoso ‖ blando, suave ◆ *n.m.*, terno, conjunto de tres ‖ traje.

Ternura, *n.f.*, ternura, afecto.

Terra, *n.f.*, tierra, planeta ‖ suelo, piso ‖ patria, terruño ‖ localidad, población ‖ territorio, terreno.

Terraço, *n.m.*, balcón ‖ terraza, azotea ‖ terrado.

Terreno, *adj.*, terreno, terrenal, terrestre ◆ *n.m.*, sitio, espacio, parcela, lote, terrón ‖ campo, esfera.

Térreo, *adj.*, térreo, de tierra ‖ de un solo piso ◆ *n.m.*, planta baja, primer piso.

Terrina, *n.f.*, barreño, lebrillo ‖ cuenco.

Território, *n.m.*, territorio.

Terrível, *adj.*, terrible, atroz.

Terror, *n.m.*, terror, miedo, pavor.

Tese, *n.f.*, tesis, proposición, conclusión ‖ tesina.
Teso, *adj.*, tieso, estirado, duro, firme, rígido.
Tesoura, *n.f.*, tijera.
Tesoureiro, *n.m.*, tesorero.
Tesouro, *n.m.*, tesoro → *Tesouro público,* erario de la nación.
Testa, *n.f.*, testa, frente.
Testa de ferro, *n.*, testaferro.
Testamento, *n.m.*, testamento.
Testar, *v.*, testar, hacer testamento ‖ probar, someter a examen, experimentar.
Teste, *n.m.*, teste, examen, prueba.
Testemunha, *n.f.*, testigo.
Testemunhar, *v.*, testimoniar, atestiguar.
Testículos, *n.m.pl.*, testículos, huevos, cojones.
Testificar, *v.*, testificar, atestiguar.
Teta, *n.f.*, teta ‖ ubre.
Tétano, *n.m.*, tétanos, tétano.
Teteia, *n.f.*, adorno, colgante, festón ‖ *fig.*, persona cachonda.
Teto, *n.m.*, techo ‖ casa, habitación, domicilio ‖ altura, límite máximo, tope.
Tétrico, *adj.*, tétrico, triste ‖ lúgubre.
Teu, *pro. pos*, tuyo ◆ *adj.*, tu.
Têxtil, *adj.*, textil.
Texto, *n.m.*, texto.
Textura, *n.f.*, textura ‖ tejido, trama.
Tez, *n.f.*, tez, cutis, piel.
Ti, *pro.pe*, ti, contigo.
Tiara, *n.f.*, tiara ‖ diadema.
Tíbia, *n.f.*, tibia.
Tíbio, *adj.*, tibio, templado ‖ flojo, flaco ‖ indiferente, indolente.
Tição, *n.m.*, tizón.
Tico, *n.m.*, cachito, pedacito.
Tico-tico, *n.m.*, especie de gorrión.
Tifo, *n.m.*, tifus.
Tigela, *n.f.*, fuente, vasija, cuenco ‖ palangana → *De meia-tigela*, de morondanga, de pacotilla, de poco valor, de valor despreciable.
Tigre, *n.m.*, tigre ‖ *Amér.*, jaguar.
Tijolo, *n.m.*, ladrillo, adobe.
Til, *n.m.*, tilde, virgulilla.
Tilintar, *v.*, tintinar, hacer tilín, tintín.
Timão, *n.m.*, timón ‖ *fig.*, gran equipo.
Timbre, *n.m.*, timbre, insignia ‖ sello ‖ honra, orgullo.
Time, *n.m.*, equipo → *Tirar o time de campo*, retirarse, apartarse.
Tímpano, *n.m.*, tímpano ‖ tambor, atabal.
Tina, *n.f.*, tina, tinaja, vasija de barro ‖ pila para bañarse.
Tingir, *v.*, teñir.
Tinir, *v.*, tintinar, sonar ‖ tiritar, temblar.
Tino, *n.m.*, tino, tiento.
Tinta, *n.f.*, tinta.
Tinteiro, *n.m.*, tintero.
Tintim por tintim, *loc. adv.*, punto por punto, pelo por pelo.
Tintura, *n.f.*, tintura, tinta para teñir.
Tinturaria, *n.f.*, tintorería ‖ lavandería.
Tintureiro, *n.m.*, tintorero.
Tio, *n.*, tío ‖ señorita, señora → *Ficar para tia*, quedarse para vestir santos.
Típico, *adj.*, típico, característico, representativo.
Tipo, *n.m.*, tipo, modelo, ejemplar ‖ persona extraña ‖ individuo, hombre.
Tipografia, *n.f.*, tipografía ‖ imprenta.
Tipoia, *n.f.*, pañuelo o tira de paño que se cuelga en el pescuezo para sujetar un brazo o una mano lastimada o herida.
Tique, *n.m.*, tic.
Tique-taque, *n.m.*, tictac.

Tíquete, *n.m.*, tique, billete, boleto.

Tira, *n.f.*, tira, cinta, faja, venda ◆ *n.m.*, agente de policía, polizonte, gendarme → *Tira de couro*, cincha, cinturón. *Tira de pano*, jira.

Tira-teimas, *n.m.pl.*, argumento decisivo, sumario ‖ diccionario.

Tiracolo, *loc.*, *a tiracolo*, al hombro, sobre él o colgado de él.

Tirania, *n.f.*, tiranía.

Tiranizar, *v.*, tiranizar.

Tirano, *n.m.*, tirano.

Tirar, *v.*, tirar, quitar, despojar, sacar ‖ arrojar, echar ‖ sacar, arrancar ‖ imprimir → *Tirar de letra*, realizar, ejecutar con facilidad. *Tirar férias*, coger vacaciones. *Tirar o corpo fora*, lavarse uno las manos. *Tirar sarro*, hacer guasa, ser guasón, tomar el pelo. *Tira-gosto*, aperitivo, pincho, tapa, tentempié, piscolabis.

Tiririca, *n.f.*, hierba dañina, hierba de los lazarosos, de los pordioseros, del Paraguay ◆ *adj.*, irritado, furioso, rabioso, de mala hostia.

Tiritar, *v.*, tiritar.

Tiro, *n.m.*, tiro, disparo.

Tísica, *n.f.*, tisis, tuberculosis pulmonar.

Tisnar, *v.*, tiznar.

Títere, *n.m.*, títere, fantoche.

Titio, *n.*, tío.

Titubear, *v.*, titubear, oscilar ‖ tropezar, vacilar.

Titular, *adj.* y *n.*, titular ◆ *v.*, poner título, intitular.

Título, *n.m.*, título → *A título de*, a título de, con pretexto, motivo o causa de, en calidad de.

To, *contracción del pro.pe.* te y del *pro. dem.* lo: te lo.

Toada, *n.f.*, tonada, tonadilla.

Toalete, *n.f.*, acto de arreglarse ◆ *n.m.*, cuarto de baño.

Toalha, *n.f.*, toalla ‖ mantel, tapete, hule.

Tobogã, *n.m.*, tobogán.

Toca, *n.f.*, cueva, madriguera ‖ choza, chabola.

Toca-discos, *n.m.*, tocadiscos.

Toca-fitas, *n.m.*, magnetófono, casete.

Tocaia, *n.f.*, emboscada, celada, trampa.

Tocar, *v.*, tocar, palpar, tantear ‖ ejecutar, interpretar ‖ conmover, sensibilizar ‖ referirse a ‖ rozar, chocarse, tocarse ‖ sonar.

Tocha, *n.f.*, antorcha, cirio, hachón.

Toco, *n.m.*, tocón, cepa, tronco ‖ cepo, madero, palo ‖ resto, cacho, pedazo.

Todavia, *conj.*, todavía, con todo, sin embargo, no obstante, entre tanto.

Todo, *adj.*, todo, entero ◆ *pro.indef.*, cada, cualquier ◆ *adv.*, enteramente ◆ *n.m.*, conjunto, cosa íntegra → *Todo-poderoso*, todopoderoso, Dios. *Ao todo*, en total, en resumidas cuentas.

Todos, *pro.indef.*, todos, todo el mundo.

Toga, *n.f.*, toga, toca.

Toucinho, *n.m.*, tocino, lardo.

Toldar, *v.*, toldar, entoldar, manchar, enturbiar.

Toldo, *n.m.*, toldo.

Tolerar, *v.*, tolerar, consentir, soportar.

Tolher, *v.*, embarazar, dificultar, impedir, estorbar.

Tolice, *n.f.*, tontería, tontera.

Tolo, *adj.* y *n.m.*, tonto, lelo, jilipollez, bobo de capirote, simple.

Tom, *n.m.*, tono → *Em tom de*, en plan de, a son de qué.

Tomada, *n.f.*, toma ‖ enchufe.

Tomar, *v.*, tomar, coger, asir ‖ agarrar, sujetar ‖ apoderarse, alquilar, ocupar ‖ beber, tragar, ingerir ‖ consumir → *Tomar nota*, apuntar.

Tomara, *interj.*, ¡ojalá!

Tomate, *n.m.*, tomate.

Tomateiro, *n.m.*, tomatera.

Tombar, *v.*, tumbar, caer, derribar ‖ poner bajo guardia, custodia.

Tombo, *n.m.*, caída, tropezón ‖ inventario, archivo, catastro.

Tômbola, *n.f.*, tómbola.

Tomo, *n.m.*, tomo ‖ valor, estima.

Tonalidade, *n.f.*, tonalidad, entonación.

Tonel, *n.m.*, tonel, cuba.

Tonelada, *n.f.*, tonelada.

Tônica, *n.f.*, tónica.

Tonificar, *v.*, tonificar, entonar, dar vigor ‖ fortalecer.

Tonteira, *n.f.*, patatús, desmayo, mareo.

Tonto, *adj.*, tonto, mentecato, atolon-drado, idiota, bobo, demente, simple.

Tontura, *n.f.*, patatús, desmayo, mareo.

Topada, *n.f.*, topetazo, choque, encontrón.

Topar, *v.*, topar, aceptar ‖ encontrar, hallar, chocarse, deparar ‖ estar de acuerdo, concordar.

Topázio, *n.m.*, topacio.

Topete, *n.m.*, copete, tupé ‖ moño, penacho de plumas ‖ atrevimiento, descaro, audacia, osadía.

Topo, *n.m.*, cima, cumbre.

Topografia, *n.f.*, topografía.

Toque, *n.m.*, toque.

Tora, *n.f.*, tronco, tarugo.

Torácico, *adj.*, torácico.

Tórax, *n.m.*, tórax, pecho.

Torção, *n.f.*, torsión, torcedura.

Torcedor, *adj.*, torcedor ◆ *n.m.*, hincha, aficionado.

Torcer, *v.*, torcer ‖ encorvar, doblar ‖ desviar, tergiversar.

Torcicolo, *n.m.*, tortícolis o torticolis.

Torcida, *n.f.*, hinchada, aficionados ‖ mecha.

Tormenta, *n.f.*, tormenta, tempestad, borrasca.

Tormento, *n.m.*, tormento ‖ angustia, dolor, congoja.

Tornado, *n.m.*, tornado, huracán.

Tornar, *v.*, tornar, volver, devolver ‖ convertirse, transformarse ‖ recobrar.

Tornear, *v.*, tornear ‖ redondear, pulir, labrar.

Torneio, *n.m.*, torneo.

Torneira, *n.f.*, grifo, canilla.

Torniquete, *n.m.*, torniquete.

Torno, *n.m.*, torno → *Em torno de*, alrededor de.

Tornozelo, *n.m.*, tobillo.

Toro, *n.m.*, tronco, cepa.

Toró, *n.m.*, chaparrón, aguacero.

Torpe, *adj.*, torpe, deshonesto, impúdico ‖ infame.

Torpor, *n.m.*, torpor, entumecimiento, entorpecimiento.

Torrada, *n.f.*, tostada.

Torrão, *n.m.*, terrón, terruño.

Torrar, *v.*, tostar, achicharrar ‖ liquidar, rebajar ‖ dar la lata.

Torre, *n.f.*, torre.

Torreão, *n.m.*, torreón.

Torrefazer, *v.*, tostar, torrefactar.

Torrente, *n.f.*, torrente ‖ abundancia ‖ muchedumbre.

Torresmo, *n.m.*, torrezno.
Tórrido, *adj.*, tórrido, ardiente.
Torso, *n.m.*, torso, tronco.
Torta, *n.f.*, pastel, tarta ‖ torta.
Torto, *adj.*, torcido, oblicuo, inclinado ‖ atravesado.
Tortuoso, *adj.*, tortuoso.
Tortura, *n.f.*, tortura.
Torturar, *v.*, torturar, atormentar.
Torvelinho, *n.m.*, torbellino, remolino.
Tosar, *v.*, esquilar, tonsurar, trasquilar ‖ zurrar.
Tosco, *adj.*, tosco, grosero, basto ‖ inculto, paleto.
Tosquiar, *v.*, esquilar, tonsurar, trasquilar.
Tosse, *n.f.*, tos → *Tosse comprida*, tos ferina. *Tosse de cachorro*, tos perruna.
Tossir, *v.*, toser.
Tostão, *n.m.*, tostón, moneda → *Não ter um tostão*, no tener una perra, no tener ni un duro.
Total, *adj.*, total, general ‖ completo ◆ *n.m.*, suma.
Totalidade, *n.f.*, totalidad.
Touca, *n.f.*, toca, cofia, tocado.
Touceira, *n.f.*, mata, mato ‖ ramita, pie ‖ cepa.
Toucinho, *n.m.*, tocino.
Toupeira, *n.f.*, topo.
Toureiro, *n.m.*, torero ‖ relativo al toreo.
Touro, *n.m.*, toro, bovino, buey ‖ hombre muy robusto y fuerte.
Tóxico, *adj.*, tóxico ◆ *n.m.*, veneno.
Trabalhar, *v.*, trabajar, ocuparse en algo, aplicarse.
Trabalho, *n.m.*, trabajo, ocupación retribuida, empleo, curro, labor ‖ sitio donde se trabaja ‖ obra, cosa producida ‖ esfuerzo humano ‖ brujería.
Traça, *n.f.*, polilla.
Tração, *n.f.*, tracción.
Traçar, *v.*, trazar, describir, dibujar, exponer ‖ delinear, diseñar.
Tracejar, *v.*, trazar.
Traço, *n.m.*, trazado, trazo ‖ línea, raya ‖ delineación ‖ rasgo, huella.
Tradição, *n.f.*, tradición.
Tradução, *n.f.*, traducción.
Tradutor, *n.m.*, traductor.
Traduzir, *v.*, traducir, trasladar, convertir ‖ explicar, interpretar.
Trafegar, *v.*, traficar ‖ andar, errar, correr mundo.
Tráfego, *n.m.*, tráfico, circulación, transporte de mercancías.
Traficante, *n.*, traficante, tratante.
Traficar, *v.*, traficar, comerciar, negociar.
Tráfico, *n.m.*, tráfico, comercio, negocio.
Tragar, *v.*, tragar, engullir, ingerir ‖ soportar, tolerar ‖ absorber, consumir ‖ aspirar humo del tabaco.
Tragédia, *n.f.*, tragedia, drama.
Trago, *n.m.*, trago, pinta.
Traição, *n.f.*, traición.
Traidor, *adj.* y *n.m.*, traidor, traicionero.
Trair, *v.*, traicionar.
Trajar, *v.*, trajear.
Traje, *n.m.*, traje.
Trajeto, *n.m.*, trayecto.
Tralha, *n.f.*, tralla, cuerda, trencilla ‖ *fig.*, trasto, chisme.
Trama, *n.f.*, trama, urdimbre ‖ argumento, enredo, tramoya.
Tramar, *v.*, tramar, atravesar los hilos, urdir ‖ maquinar.
Trambolho, *n.m.*, armatoste, mamotreto ‖ estorbo.

Tramela, *n.f.*, tarabilla ‖ cítola del molino ◆ *n.*, charlatán, parlanchín.
Tramitar, *v.*, tramitar.
Tramoia, *n.f.*, tramoya, enredo, disimulo, maña, tejemaneje, tinglado, maquinación.
Trampolim, *n.m.*, trampolín.
Tranca, *n.f.*, tranca, cerrojo.
Trança, *n.f.*, trenza.
Trançado, *adj.* y *n.m.*, trenzado, trenza.
Trancafiar, *v.*, prender, encarcelar, encerrar.
Trancar, *v.*, trancar, cerrar ‖ prender, encerrar, encarcelar, enchironar.
Tranquilizar, *v.*, tranquilizar, sosegar.
Tranquilo, *adj.*, tranquilo, quieto, sosegado, sereno.
Transbordar, *v.*, desbordar, derramarse ‖ exaltarse, desmandarse.
Transbordo, *n.m.*, transbordo.
Transcender, *v.*, trascender, transcender.
Transcorrer, *v.*, transcurrir, pasar, correr.
Transe, *n.m.*, trance, momento crítico.
Transeunte, *adj.* y *n.m.*, transeúnte.
Transferidor, *adj.*, transferidor ◆ *n.m.*, transportador.
Transferir, *v.*, transferir, diferir, desplazar, dislocar.
Transfusão, *n.f.*, transfusión.
Transgredir, *v.*, transgredir, quebrantar, violar.
Transição, *n.f.*, transición.
Transigir, *v.*, transigir, consentir.
Transitar, *v.*, transitar, pasar, andar.
Trânsito, *n.m.*, tránsito, paso, tráfico → *Engarrafamento de trânsito*, embotellamiento.
Transmitir, *v.*, transmitir, transferir ‖ expedir, despachar ‖ difundir.
Transpirar, *v.*, transpirar, sudar.
Transplante, *n.m.*, trasplante.
Transpor, *v.*, transponer.
Transportar, *v.*, transportar, llevar, portear.
Transporte, *n.m.*, transporte.
Transtorno, *n.m.*, trastorno.
Trapaça, *n.f.*, trapaza, fraude, engaño.
Trapacear, *v.*, trapacear, engañar, engatusar.
Trapalhada, *n.f.*, confusión, equivocación, error.
Trapalhão, *adj.* y *n.m.*, confuso, revuelto, desconcertado ‖ turbado, temeroso.
Trapeiro, *n.m.*, trapero.
Trapézio, *n.m.*, trapecio.
Trapo, *n.m.*, trapo → *Estar um trapo*, estar hecho polvo.
Traqueia, *n.f.*, tráquea.
Traquejar, *v.*, perseguir, acosar.
Traquejo, *n.m.*, práctica, desenvoltura.
Traquinas, *n.m.pl.*, travieso.
Trás, *prep.* y *adv.*, tras, después de, atrás, detrás.
Traseiro, *n.*, trasero ‖ culo, nalgas.
Traste, *n.m.*, trasto, traste.
Tratamento, *n.m.*, tratamiento, trato ‖ medicación.
Tratar, *v.*, tratar, curar, medicar ‖ manejar
Trato, *n.m.*, trato, tratado ‖ región, extensión.
Trator, *n.m.*, tractor.
Trava, *n.f.*, traba, freno.
Travar, *v.*, trabar, frenar, prender, agarrar
Trave, *n.f.*, traba, viga, travesaño.
Través, *n.m.*, través, inclinación, torcimiento, soslayo.
Travessa, *n.f.*, traviesa, travesaño ‖ callejuela.

Triplo, *adj.* y *n.m.*, triple, triplo.
Tripulação, *n.f.*, tripulación.
Tripular, *v.*, tripular.
Tristeza, *n.f.*, tristeza.
Triturar, *v.*, triturar, machacar.
Triunfar, *v.*, triunfa, vencer.
Triunfo, *n.m.*, triunfo, victoria, éxito.
Trivial, *adj.*, trivial, vulgarizado, común.
Triz, *loc.adv.*, *por um triz*, por un hilo, por un pelillo.
Troca, *n.f.*, cambio, canje, trueque ‖ permuta, intercambio.
Troça, *n.f.*, burla, chanza, zumba ‖ chasco ‖ *fig.*, jarana, cachondeo.
Trocadilho, *n.m.*, retruécano.
Trocado, *adj.*, mudado, cambiado ◆ *n.m.*, dinero de pequeño valor, suelto.
Trocar, *v.*, cambiar ‖ mudar, permutar ‖ alterar, variar → *Trocar as bolas*, confundirse, meter la pata. *Trocar ideias*, charlar.
Troçar, *v.*, burlarse, bromear, cachondearse, guasearse.
Troco, *n.m.*, cambio, suelto ‖ vuelta ‖ *fig.*, réplica, revancha → *Dar o troco*, dar la vuelta/la calderilla.
Troço, *n.m.*, trozo ‖ *fig.*, traste, trasto, cosa boba.
Troféu, *n.m.*, trofeo.
Tromba, *n.f.*, trompa ‖ hocico, morro.
Trombada, *n.f.*, trompazo, encontrón.
Trombeta, *n.f.*, trompeta, clarín.
Trombone, *n.m.*, trombón → *Pôr a boca no trombone*, poner el grito en el cielo.
Trompa, *n.f.*, trompa.
Troncho, *n.m.*, troncho, tallo de las hortalizas ◆ *adj.*, sin ramas, mutilado.
Tronco, *n.m.*, tronco, tallo, madero, leño ‖ torso ‖ origen, raza, casta.
Trono, *n.m.*, trono.
Tropeção, *n.m.*, tropezón ‖ topetazo, topetada.
Tropeçar, *v.*, tropezar, resbalarse.
Tropeço, *n.m.*, tropiezo, desliz ‖ obstáculo, estorbo.
Trotar, *v.*, trotar.
Trouxa, *n.m.*, fardo, lío ◆ *adj.* y *n.*, bobo, idiota, pasmado, tonto.
Trovão, *n.m.*, trueno, estruendo, tronido, estallido.
Trovejar, *v.*, tronar.
Truncar, *v.*, truncar, cortar una parte ‖ mutilar.
Truque, *n.m.*, truco ‖ estratagema, ardid.
Truta, *n.f.*, trucha.
Tu, *pro.pe*, segunda persona del *s.*, tú.
Tuba, *n.f.*, tuba.
Tubarão, *n.m.*, tiburón ‖ *fig.*, pez gordo.
Tuberculose, *n.f.*, tuberculosis.
Tubo, *n.m.*, tubo, caño.
Tubulação, *n.f.*, tubería, cañería.
Tudo, *pro.indef.*, todo, todas las cosas, la totalidad.
Tufo, *n.m.*, tufo, mechón, haz, manojo, fajina.
Tumba, *n.f.*, tumba, sepulcro.
Tumor, *n.m.*, tumor, hinchazón.
Tumulto, *n.m.*, tumulto, motín, confusión, alboroto, algarabía.
Tumultuar, *v.*, tumultuar.
Tunda, *n.f.*, tunda, zurra, friega.
Túnel, *n.m.*, túnel.
Túnica, *n.f.*, túnica.
Turismo, *n.m.*, turismo.
Turista, *n.m.* y *f.*, turista.

Turma, *n.f.*, pandilla, basca ‖ tanda.

Turno, *n.m.*, turno, vez ‖ liga (deportes).

Turrão, *adj.*, cabezón, terco, obstinado.

Turvar, *v.*, turbar, enturbiar.

Tutano, *n.m.*, tuétano, médula ósea.

Tutear, *v.*, tutear, tratar de tú.

Tutelar, *adj.*, que guía, ampara, defiende ◆ *v.*, tutelar, proteger.

Tutor, *n.m.*, tutor, protector, defensor.

U

n.m., vocal oral, nasal y algunas veces semivocal, es la quinta y última de las vocales y la vigésima primera letra del abecedario portugués ‖ símbolo químico del uranio.

Uai, *interj.*, indica dolor, espanto, satisfacción, equivale a: ¡uh!

Úbere, *n.f.*, ubre, teta.

Ué, *interj.*, indica dolor, espanto, satisfacción, equivale a: ¡oh!

Ufanar, *n.m.*, ufanarse, gloriarse, jactarse.

Ufano, *adj.*, ufano, arrogante, presuntuoso ‖ *fig.*, satisfecho, alegre.

Ui, *interj.*, indica dolor, espanto, satisfacción, equivale a: ¡huy!

Uísque, *n.m.*, whisky, güisqui.

Uivar, *v.*, aullar.

Uivo, *n.m.*, aullido, aúllo.

Úlcera, *n.f.*, úlcera ‖ herida.

Ulcerar, *v.*, ulcerar ‖ herir.

Ulterior, *adj.*, ulterior.

Ultimar, *v.*, ultimar.

Último, *adj.*, último.

Ultrassom, *n.m.*, ultrasonido.

Ultrajar, *v.*, ultrajar, injuriar.

Ultraje, *n.m.*, ultraje, injuria, desprecio.

Ultramar, *n.m.*, ultramar.

Ultrapassar, *v.*, adelantar, pasar, transponer.

Ultravioleta, *adj.*, ultravioleta.

Um, *art.*, un ◆ *adj.*, uno.

Uma, *art.*, una ◆ *adj.*, una → *Dar uma de*, dárselas de.

Umbigo, *n.m.*, ombligo.

Umbilical, *adj.*, umbilical.

Umbral, *n.m.*, umbral.

Umedecer, *v.*, humedecer.

Úmero, *n.m.*, húmero.

Umidade, *n.f.*, humedad.

Úmido, *adj.*, húmedo.

Unânime, *adj.*, unánime.

Unção, *n.f.*, unción, extremaunción.

Ungir, *v.*, ungir, untar.

Unguento, *n.m.*, ungüento.

Unha, *n.f.*, uña ‖ pezuña.

Unha de fome, *adj.*, tacaño, pesetero, amarrete.

Unhada, *n.f.*, uñada, arañazo.

Unhar, *v.*, arañar.

União, *n.f.*, unión.

Único, *adj.*, único ‖ *fig.*, singular, extraordinario.

Unidade, *n.f.*, unidad ‖ unión, conformidad.

Unificar, *v.*, unificar.

Uniforme, *adj.*, uniforme, semejante parejo ‖ traje peculiar.

Uniformizar, *v.*, uniformar.

Unilateral, *adj.*, unilateral.

Unir, *v.*, unir, juntar, casar.

Uníssono, *adj.*, unísono, junto, unido.

Unitário, *adj.*, unitario.

Universal, *adj.*, universal.

Universalidade, *n.f.*, universalidad.

Universidade, *n.f.*, universidad.

Universo, *n.m.*, universo.

Uno, *adj.*, uno, único.
Untar, *v.*, untar.
Upa, *interj.*, indica ánimo, fuerza, equivale a: ¡upa!, ¡arre! (animales).
Urânio, *n.m.*, uranio.
Urbanidade, *n.f.*, urbanidad, cortesía, educación.
Urbanização, *n.f.*, urbanización.
Urbanizar, *v.*, urbanizar.
Urbano, *adj.*, urbano.
Urbe, *n.f.*, urbe, ciudad.
Urdir, *v.*, urdir, tejer ‖ maquinar.
Ureia, *n.f.*, urea.
Ureter, *n.m.*, uréter.
Uretra, *n.f.*, uretra.
Urgente, *adj.*, urgente.
Urgir, *v.*, urgir.
Úrico, *adj.*, úrico, urinario.
Urina, *n.f.*, orina, orín.
Urinol, *n.m.*, orinal, urinal.
Urna, *n.f.*, urna.
Urrar, *v.*, rugir, bramar.
Urro, *n.m.*, rugido, bramido.
Ursada, *n.f.*, traición.
Urso, *n.*, oso.
Urticária, *n.f.*, urticaria.
Urtiga, *n.f.*, ortiga.
Urubu, *n.m.*, buitre.
Usar, *v.*, usar, utilizar ‖ soler, estilar.
Usina, *n.f.*, planta.
Uso, *n.m.*, uso, utilización, hábito, costumbre.
Usual, *adj.*, usual.
Usuário, *adj.*, usuario.
Usufruir, *v.*, usufructuar, disfrutar.
Usufruto, *n.m.*, usufructo, utilidades.
Usura, *n.f.*, usura, interés ‖ *fig.*, ganancia, fruto.
Usurpar, *v.*, usurpar, apoderarse, adueñarse.
Utensílio, *n.m.*, utensilio, instrumento.
Útero, *n.m.*, útero, matriz.
Útil, *adj.*, útil, provechoso ◆ *n.m.*, utensilio, herramienta.
Utilidade, *n.f.*, utilidad, provecho, conveniencia.
Utilitário, *adj.*, utilitario.
Utilitarismo, *n.m.*, utilitarismo.
Utilizar, *v.*, utilizar, usar, aprovecharse.
Utopia, *n.f.*, utopía o utopia.
Utópico, *adj.*, utópico.
Uva, *n.f.*, uva.
Úvula, *n.f.*, úvula.

V

n.m., consonante oral labiodental fricativa sonora, vigésima segunda letra del abecedario portugués ‖ en números romanos equivale a 5.

Vã, *adj.*, en balde, sin resultado ‖ vacua, vacía, vacante.

Vá, *interj.*, indica admiración, incredulidad, equivale a: ¡bah!, ¡vaya!

Vaca, *n.f.*, vaca → *Mão de vaca*, tacaño, pesetero, amarrete.

Vacilar, *v.*, vacilar, titubear.

Vacina, *n.f.*, vacuna.

Vacinar, *v.*, vacunar.

Vácuo, *adj.*, vacuo, vacío, hueco ‖ vacante.

Vadiagem, *n.f.*, vagabundeo, holgazanería.

Vadiar, *v.*, vagabundear, holgazanear.

Vadio, *adj.* y *n.m.*, holgazán, vagabundo.

Vaga, *n.f.*, vaga, ola ‖ vacante, puesto de trabajo vacío.

Vaga-lume, *n.m.*, luciérnaga.

Vagabundear, *v.*, vagabundear.

Vagabundo, *adj.* y *n.m.*, vagabundo, vago, holgazán.

Vagalhão, *n.m.*, oleada.

Vagão, *n.m.*, vagón.

Vagar, *v.*, vagar, deambular.

Vagem, *n.f.*, judía verde, haba, frijol.

Vagido, *n.m.*, vagido, gemido, llanto.

Vagina, *n.f.*, vagina.

Vagir, *v.*, gemir.

Vago, *adj.*, vago, indeciso, dudoso ‖ vacante.

Vaguear, *v.*, vaguear, holgazanear ‖ vagar, deambular, errar.

Vaia, *n.f.*, abucheo, siseo, silbo.

Vaiar, *v.*, silbar, abuchear, chiflar.

Vaidade, *n.f.*, vanidad, arrogancia, presunción.

Vaivém, *n.m.*, vaivén.

Vala, *n.f.*, zanja, foso, hoyo.

Vale, *n.m.*, valle ‖ vale, bono, tarjeta ‖ adelanto parcial del sueldo.

Valente, *adj.*, valiente, fuerte, robusto, bravo.

Valentia, *n.f.*, valentía, esfuerzo, aliento, gallardía.

Valer, *v.*, valer, costar ‖ merecer ‖ tener importancia, ser importante.

Valeta, *n.f.*, cuneta, zanja.

Valete, *n.m.*, caballo (figura de la baraja) ‖ ayudante de cámara.

Valia, *n.f.*, valía, valor.

Validar, *v.*, validar.

Valioso, *adj.*, valioso ‖ importante ‖ acaudalado, rico.

Valise, *n.f.*, maleta, valija ‖ neceser.

Valor, *n.m.*, valor.

Valorizar, *v.*, valorizar, valorar, reconocer.

Valsa, *n.f.*, vals ‖ baile → *Pé de valsa*, buen bailarín.

Válvula, *n.f.*, válvula.

Vampiro, *n.m.*, vampiro.

Vendar, *v.*, vendar, atar, ligar ‖ cubrir.
Vendaval, *n.m.*, vendaval, ventisca, vientos.
Vender, *v.*, vender.
Veneno, *n.m.*, veneno.
Venerar, *v.*, venerar, adorar, idolatrar.
Veneta, *n.f.*, vena, capricho, antojo, gana.
Veneziana, *n.f.*, rejilla, celosía, contraventana, persiana.
Ventania, *n.f.*, ventarrón, ventolera.
Ventar, *v.*, ventear, aventar.
Ventilar, *v.*, ventilar, airear.
Vento, *n.m.*, viento, aire, airecillo → *Beber os ventos por*, deshacerse por, estar chiflado por. *De vento em popa*, muy bien, a tutiplén, va que chuta.
Ventosa, *n.f.*, ventosa.
Ventre, *n.m.*, vientre.
Ventura, *n.f.*, ventura, felicidad, suerte → *À ventura*, a la ventura, a la buena de Dios.
Ver, *v.*, conocer ‖ ver, alcanzar con la vista ‖ asistir, atestiguar ‖ visitar, viajar ‖ encontrarse ‖ reconocer, comprender ‖ atender, examinar ‖ observar, notar ‖ observar ‖ deducir, concluir ‖ imaginar ‖ investigar ‖ calcular, prever ‖ estudiar, leer ‖ considerar ‖ planear, idealizar ‖ conocer, saber ‖ juzgar ‖ notar, sentir, percibir ‖ percibir las cosas con la vista.
Veracidade, *n.f.*, veracidad.
Veranear, *v.*, veranear.
Veraneio, *n.m.*, veraneo, vacaciones.
Verão, *n.m.*, verano.
Veraz, *adj.*, veraz, verdadero.
Verbal, *adj.*, verbal ‖ oral.
Verbo, *n.m.*, verbo ‖ palabra ‖ tono de la voz ‖ la segunda persona de la Santísima Trinidad ‖ la sabiduría eterna ‖ expresión ‖ palabra que designa la acción, el estado, calidad, existencia de personal, cosas, animales → *Deitar o verbo*, hacer discurso ‖ vomitar, devolver.
Verdade, *n.f.*, verdad.
Verdadeiro, *adj.*, verdadero.
Verde, *adj.* y *n.m.*, verde.
Verdejar, *v.*, verdecer, florecer.
Verdor, *n.m.*, verdor ‖ *fig.*, vigor, lozanía.
Verdugo, *n.m.*, verdugo.
Verdura, *n.f.*, verdura, hortaliza ‖ verdor.
Vergão, *n.m.*, cardenal, mancha amoratada.
Vergar, *v.*, envergar, curvar.
Vergonha, *n.f.*, vergüenza, deshonra, humillación → *Sem-vergonha*, sinvergüenza.
Verificação, *n.f.*, verificación, comprobación.
Verificar, *v.*, verificar, comprobar, examinar.
Verme, *n.m.*, verme, gusano, lombriz intestinal.
Vermelhão, *n.m.*, cinabrio, bermellón.
Vermelhidão, *adj.*, enrojecido, amoratado ‖ encendido.
Vermelho, *adj.*, rojo, colorado, encarnado.
Verniz, *n.m.*, barniz.
Verruga, *n.f.*, verruga.
Versão, *n.f.*, versión.
Versar, *v.*, versar, tratar, practicar.
Verso, *n.m.*, verso ‖ dorso, revés.
Vertebrado, *adj.* y *n.m.*, vertebrado.
Verter, *v.*, verter, derramar, vaciar traducir.
Vertical, *adj.*, vertical.

Vime, *n.m.*, mimbre.
Vinagre, *n.m.*, vinagre.
Vincar, *v.*, plegar, surcar, doblar.
Vinco, *n.m.*, pliegue, surco, doblez.
Vincular, *v.*, vincular, sujetar, atar, relacionar.
Vindimar, *v.*, vendimiar.
Vingança, *n.f.*, venganza.
Vingar, *v.*, vengar, vengarse.
Vinha, *n.f.*, viña, cepa.
Vinho, *n.m.*, vino.
Vinte, *num.*, veinte.
Viola, *n.f.*, vihuela.
Violão, *n.m.*, guitarra.
Violar, *v.*, violar, infringir o quebrantar.
Violência, *n.f.*, violencia.
Violentar, *v.*, violentar.
Violeta, *n.f.*, violeta.
Violino, *n.m.*, violín.
Vir, *v.*, venir, llegar, regresar.
Vira-casaca, *n.m.*, chaquetero, adulador.
Vira-lata, *n.m.*, perro callejero.
Virabrequim, *n.m.*, cigüeñal.
Virar, *v.*, girar, voltear, volver.
Virgem, *n.f.*, virgen.
Vírgula, *n.f.*, coma.
Viril, *adj.*, viril, varonil.
Virilha, *n.f.*, ingle.
Virtude, *n.f.*, virtud.
Vírus, *n.m.*, virus.
Visão, *n.f.*, visión.
Visar, *v.*, visar, reconocer, examinar.
Víscera, *n.f.*, víscera, entrañas.
Visco, *n.m.*, visco ‖ muérdago.
Viseira, *n.f.*, visera, gorra.
Visita, *n.f.*, visita.
Visitar, *v.*, visitar.
Visível, *adj.*, visible.
Vislumbrar, *v.*, vislumbrar.
Visor, *n.m.*, visor ‖ prisma, sistema óptico.
Vista, *n.f.*, vista, visión → *À vista*, al contado, en metálico.
Visto, *adj.*, visto ◆ *n.m.*, visado, visa.
Vistoria, *n.f.*, revista, inspección.
Vistoriar, *v.*, revisar, inspeccionar, registrar.
Visual, *adj.*, visual.
Vital, *adj.*, vital.
Vitalidade, *n.f.*, vitalidad.
Vitamina, *n.f.*, vitamina.
Vitela, *n.f.*, vitela, ternera.
Vítima, *n.m.* y *f.*, víctima.
Vitimar, *v.*, victimar, asesinar, matar.
Vitória, *n.f.*, victoria.
Vitral, *n.m.*, vitral, vidriera.
Vitrina, *n.f.*, vitrina, escaparate, mostrador.
Viúvo, *adj.*, viudo.
Viva, *interj.*, exprime aprobación, alegría, satisfacción, equivale a: ¡viva!, ¡olé!, ¡bravo!
Vivaz, *adj.*, vivaz, vigoroso, agudo, pícaro.
Viveiro, *n.m.*, vivero, criadero.
Vivenda, *n.f.*, vivienda, morada.
Viver, *v.*, vivir, tener vida ‖ residir, morar radicarse ‖ existir, durar ‖ alimentarse mantenerse ‖ dedicarse, trabajar para comer y sobrevivir ‖ convivir ‖ pasar la vida, disfrutar de la vida.
Vivificar, *v.*, vivificar, estimular, alentar fortalecer, confortar, refrigerar.
Vizinhança, *n.f.*, vecindad.
Vizinho, *adj.*, vecino.
Voador, *adj.*, volador, volante → *Disco voador*, platillo volante.
Voar, *v.*, volar ‖ correr ‖ propagarse con velocidad ‖ disiparse, desaparecer olvidar ‖ reventar, explotar ‖ elevarse

en pensamiento, enajenarse ‖ ir, dirigir con rapidez y alta velocidad ‖ transportar en avión ‖ tirar, arrojar → *Voar alto*, ser optimista. *Voar baixinho*, tener pocos deseos. *Voar em cima de*, ligar. *Voar para cima de*, agarrarse, pelearse, reñir, engancharse.

Vocabulário, *n.m.*, vocabulario, glosario, léxico.

Vocal, *adj.* y *n.f.*, vocal.

Você, *pro.pe.*, tú ‖ usted.

Vociferar, *v.*, vociferar, gritar, chillar.

Voga, *n.f.*, remada, arrancada, boga ‖ moda.

Vogal, *adj.* y *n.f.*, vocal.

Vogar, *v.*, remar, bogar.

Volátil, *adj.*, volátil ‖ *fig.*, inconstante.

Voleibol, *n.m.*, voleibol, balonvolea.

Volta, *n.f.*, vuelta.

Voltar, *v.*, volver, regresar.

Voltear, *v.*, dar vueltas ‖ volver al revés.

Volume, *n.m.*, volumen ‖ tomo.

Voluntário, *adj.*, voluntario.

Volúvel, *adj.*, voluble, versátil.

Volver, *v.*, volver.

Vomitar, *v.*, vomitar, devolver.

Vômito, *n.m.*, vómito.

Vontade, *n.f.*, voluntad, gana ‖ capricho, fantasía ‖ deseo, aspiración, deseo ‖ decisión, arbitrio ‖ empeño, deseo, celo ‖ inclinación, tendencia → *À vontade*, con gusto, con placer. *Boa vontade*, buena voluntad.

Voo, *n.m.*, vuelo ‖ viaje.

Voraz, *adj.*, voraz.

Vós, *pro.pe.*, vosotros.

Vos, *pro.pe.*, os ‖ *Amér.*, vos, *pro.pe.* de segunda persona.

Vosso, *pro.pos.*, vuestro.

Votação, *n.f.*, votación.

Votar, *v.*, votar, dar voto.

Voto, *n.m.*, voto.

Vovó, *n.f.*, abuela.

Vovô, *n.m.*, abuelo.

Voz, *n.f.*, voz, sonido.

Vozerio, *n.m.*, vocerío, gritería, vocería.

Vulcão, *n.m.*, volcán.

Vulgar, *adj.*, vulgar, común, general.

Vulgarizar, *v.*, vulgarizar.

Vulgo, *n.m.*, vulgo.

Vulnerar, *v.*, vulnerar, herir, transgredir ‖ *fig.*, dañar.

Vulto, *n.m.*, bulto, rostro, cara, semblante ‖ sombra, fantasma ‖ bulto, volumen, tamaño ‖ importancia.

X

n.m., consonante oral palatal fricativa sorda, vigésima cuarta letra del abecedario portugués ‖ en números romanos equivale a 10 ‖ símbolo químico del xenón.

Xadrez, *n.m.*, ajedrez ‖ cárcel.

Xale, *n.m.*, chal de seda o lana, toquilla, mantilla.

Xampu, *n.m.*, champú.

Xará, *n.m.* y *f.*, tocayo.

Xarope, *n.m.*, jarabe.

Xenofobia, *n.f.*, xenofobia.

Xeque, *n.m.*, jaque.

Xereta, *adj.*, fisgón, curioso, metomentodo, catacaldos, cotilla.

Xeretar, *v.*, fisgonear, husmear.

Xerife, *n.m.*, *sheriff.*

Xerocar, *v.*, fotocopiar, xerocopiar.

Xerocópia, *n.f.*, fotocopia.

Xerocopiar, *v.*, fotocopiar.

Xerografia, *n.f.*, fotocopia.

Xi, *interj.*, denota espanto, admiración, rehusa, miedo, recelo, equivale a: ¡vaya!, ¡oh!

Xícara, *n.f.*, taza.

Xilindró, *n.m.*, chirona, cárcel.

Xilografia, *n.f.*, xilografía.

Xingar, *v.*, insultar, injuriar, faltar.

Xisto, *n.m.*, esquisto.

Xô, *interj.*, usada para hacer salir, echar para fuera, equivale a: ¡cho, cho!

Xodó, *n.m.*, cariño, amor.

Xucro, *adj.*, tosco, ignorante, grosero.

Z

n.m., consonante interdental fricativa sonora, vigésima sexta letra y última del abecedario portugués.

Zabumba, *n.f.*, zambomba, bombo.
Zaga, *n.f.*, defensa ‖ azagaya.
Zagueiro, *n.m.*, defensor ‖ zaguero, medio de campo.
Zanga, *n.f.*, enojo, enfado, rabia.
Zangão, *n.m.*, zángano ‖ holgazán.
Zangar, *v.*, enojarse, enfadarse, irritarse.
Zarolho/a, *adj.*, bizco, bisojo.
Zarpar, *v.*, zarpar, desprender el ancla, salir, marchar.
Zás, *interj.*, imitativa de un golpe: ¡zas!
Zás-trás, *interj.*, que indica rapidez: en un periquete, en un santiamén.
Zé-povinho, *n.m.*, ralea, populacho.
Zebra, *n.f.*, cebra.
Zebrar, *v.*, rayar, poner rayas ‖ meter la pata ‖ salir mal un negocio.
Zebu, *n.m.*, cebú.
Zelador, *adj.* y *n.*, celador, conserje, portero.
Zelar, *v.*, velar, cuidar.
Zelo, *n.m.*, celo, cuidado, esmero.
Zênite, *n.m.*, cenit o zenit.
Zero, *n.m.*, cero → *Ficar a zero,* quedarse sin perras.
Zigoto, *n.m.*, zigoto, célula huevo.
Ziguezague, *n.m.*, zigzag.
Zinco, *n.m.*, zinc, cinc.
Zodíaco, *n.m.*, zodiaco o zodíaco.
Zombar, *v.*, burlarse, mofarse, tomar el pelo.
Zombaria, *n.f.*, burla, broma, guasa.
Zona, *n.f.*, zona, área, región.
Zonzeira, *n.f.*, zoncería, zonzo ‖ soso, mentecato.
Zoologia, *n.f.*, zoología.
Zumbido, *n.m.*, zumbido.
Zumbir, *v.*, zumbar, atizar.
Zunir, *v.*, silbar.

3ª parte

APÉNDICES

Apéndice 1

REFRANERO ESPAÑOL

REFRÁN ESPAÑOL	SIGNIFICADO OU EQUIVALÊNCIA EM PORTUGUÊS
A buen compañero, buena compañía.	Aquele que for bom, sempre terá e recolherá coisas boas.
A buen entendedor, pocas palabras.	Para bom entendedor, meia palavra basta.
A caballo regalado no hay que mirarle el diente.	Cavalo dado não se olham os dentes.
A dineros tomados, brazos quebrados.	Não pague um serviço adiantado, pois quem trabalha perde o estímulo.
A Dios rogando y con el mazo dando.	Cada um deve fazer o possível por aquilo que deseja e não esperar por um milagre.
A donde te quieren mucho, no entres a menudo.	Não se deve abusar do carinho dos amigos e nem de sua hospitalidade.
A dos palabras, tres pedradas.	Quem é ignorante só fala bobagem.
A falta de pan, buenas son tortas.	Já que não se tem o que se deseja, serve outra coisa no lugar para quebrar o galho.
A gran salto, gran quebranto.	Quando se obtém uma posição muito elevada repentinamente e sem merecer, o risco de perdê-la é muito grande.
A la ocasión la pintan calva.	Aproveite sempre as oportunidades.
A la tercera va la vencida.	Na terceira, a vencida. Faz referência às tentativas por se conseguir alguma coisa, na terceira se consegue. Ou na terceira se desiste. Ou, já houveram dois erros e não se perdoará um terceiro.
A la vejez, viruelas.	Se usa quando alguém de uma certa idade faz ou lhe ocorre alguma coisa que não é própria ou comum em sua idade.
A lo hecho, pecho.	Arque com as consequências de seus atos.
A mal tiempo, buena cara.	Sorria quando nada mais der certo.

REFRÁN ESPAÑOL	SIGNIFICADO OU EQUIVALÊNCIA EM PORTUGUÊS
A otro perro con ese hueso.	Vá a outro com essa história, eu não sou trouxa.
A pan de quince días, hambre de tres semanas.	Quando a fome é muita, não se escolhe. Quando a necessidade é muita, ninguém faz luxo.
A pan duro, diente agudo.	Não reclame, enfrente as coisas conforme elas acontecem.
A quien madruga, Dios le ayuda.	Deus ajuda a quem cedo madruga.
A rey muerto, rey puesto.	Rei morto, rei posto.
A río revuelto, ganancia de pescadores.	No meio da confusão quem é esperto e precavido sai sempre com lucro.
Abril, aguas mil.	Faz referência às chuvas do mês de abril, muito frequentes na Espanha.
Acometer hace vencer.	Ganha mais quem batalha pelo que quer.
Adonde no está el dueño, ahí está su duelo.	O funcionário só furta quando o dono não está.
Agua pasada no mueve molino.	Águas passadas não movem moinho.
Agua vertida, no toda cogida.	Não se pode remediar o dano causado por uma indiscrição por muito que se faça.
Al hombre harto la miel le amarga.	Quem tem muito põe defeito em tudo.
Al pan, pan, y al vino, vino.	Pão, pão, queijo, queijo.
Al que al cielo escupe, en la cara le cae.	Não cuspa para cima que cai na cara.
Allégate a los buenos, y serás uno de ellos.	Enaltece o proveito de andar em boas companhias.
Amor con amor se paga.	Amor com amor se paga. Devolva na mesma moeda.
Ande yo caliente y ríase la gente.	Não ligo a mínima para o que os outros dizem.

REFRÁN ESPAÑOL	SIGNIFICADO OU EQUIVALÊNCIA EM PORTUGUÊS
Antes podrido, que comido.	Fala daquele que guarda o que tem sem aproveitar e sem ajudar aqueles que precisam.
Antes quebrar que doblar.	Não se venda nem se deixe levar por maus conselhos quando tiver que cumprir um dever.
Así se mete, como piojo en costura.	Refere-se às pessoas metidas e curiosas que são piores do que piolhos.
Aún está el rabo por desollar.	Ainda falta a pior parte da coisa.
Aunque la mona se vista de seda, mona es y mona se queda.	Não adianta as pessoas tentarem esconder os defeitos, eles sempre aparecem.
Bien ama quien nunca olvida.	O carinho verdadeiro não desaparece nunca e é independente das adversidades da vida.
Buey suelto, bien se lame.	Enaltece o valor da liberdade para as pessoas.
Cabeza loca no quiere toca.	A pessoa maluca nunca leva em consideração nem a lei nem o bom senso.
Cada gorrión con su espigón.	No momento de necessidade as amizades nos esquecem, ninguém ajuda quem realmente precisa, nem os amigos.
Cada loco con su tema y cada lobo por su senda.	Cada um sabe onde o calo dói. Cada um dá mais atenção às próprias coisas.
Cada mochuelo a su olivo.	Já é tempo que cada um faça seu trabalho.
Cada palo aguante su vela.	Cada um deve arcar com os próprios trabalhos e a responsabilidade de seus atos.
Cada uno cuenta de la feria como le va en ella.	Cada um conta a história como a perceber, ninguém é dono da verdade absoluta.

REFRÁN ESPAÑOL	SIGNIFICADO OU EQUIVALÊNCIA EM PORTUGUÊS
Cada uno en su casa, y Dios en la de todos.	É aconselhável que cada família tenha sua própria casa para evitar confronto.
Casa con dos puertas, mala es de guardar.	Sentido literal: casa que tem duas portas é difícil de ser vigiada e guardada.
Cierra tu puerta, y alaba a tu vecino.	Aconselha como norma de vida tratar bem os vizinhos e guardar a intimidade do próprio lar.
Comida hecha, compañía deshecha.	Poucas vezes a amizade continua quando a benesse acaba.
Con pan y vino se anda el camino.	É necessário que se pague adequadamente o trabalhador quando se espera que ele trabalhe bem.
Cría cuervos y te sacarán los ojos.	A crueldade natural não se perde com boa criação ou boa educação.
Cuando el río suena, agua lleva.	Toda fofoca tem um fundo de verdade.
Cuando las barbas de tu vecino vieres pelar, echa las tuyas a remojar.	Aconselha que se aprenda com o que ocorre aos outros para precaver-se.
Cuando pelean los ladrones, descúbrense los hurtos.	Quando se briga ou discute é quando saem as verdades ocultas.
Cuando uno no quiere, dos no barajan.	Quando um não quer, dois não brigam.
Cuanto abasto, tanto a gasto.	Quanto menos se trabalhou para se conseguir o que se tem, menos valor se dá e mais se gasta.
Dádivas y buenas razones, ablandan piedras y corazones.	Tudo se alcança com interesse, dedicação e comprometimento.
Dame pan y dime tonto.	Comenta a conduta de uma pessoa que não se ofende com insultos ou desacatos se com isso ela acaba conseguindo o que deseja.
De amigo a amigo, sangre en el ojo.	Fala da ingratidão que se recebe daqueles que se dizem amigos.

REFRÁN ESPAÑOL	SIGNIFICADO OU EQUIVALÊNCIA EM PORTUGUÊS
De casta le viene al galgo el ser rabilargo.	Comenta a herança de determinados hábitos.
De desagradecidos está el infierno lleno.	Critica a ingratidão das pessoas.
De fuera vendrá quien de casa nos echará.	Adverte sobre as pessoas intrometidas e fofoqueiras.
De hombre arraigado, no te verás vengado.	É muito difícil vingar-se de pessoas poderosas.
De hora a hora, Dios mejora.	De hora em hora, Deus melhora.
De los cuarenta para arriba, no te mojes la barriga.	A partir de uma certa idade, tome cuidado com os exageros.
De tal palo, tal astilla.	Filho de peixe, peixinho é.
Debajo de una mala capa, hay un buen vividor.	As aparências podem enganar nossa opinião sobre uma pessoa.
Decir y hacer, no es para todos los hombres.	É muito difícil cumprir todas as promessas, uma coisa é falar, outra é fazer.
Del árbol caído todos hacen leña.	É fácil chutar um cachorro morto.
Del dicho al hecho hay mucho trecho.	Dizer é fácil. Fazer é difícil.
Del río manso me guarde Dios; que del fuerte me guardo yo.	Deus me livre da raiva da pessoa calma, porque daquele que é nervoso eu cuido.
Dime con quién andabas y te diré de qué hablabas.	Pela companhia de uma pessoa se sabe do que ela gosta e quais são suas paixões.
Dime con quién andas y te diré quién eres.	Diz-me com quem andas e te direi quem és.
Dio Dios almendras a quien no tiene muelas.	A propósito das pessoas que não sabem aproveitar as coisas que possuem.
Dios los cría y ellos se juntan.	Os semelhantes se atraem.
Dios me dé contienda con quien me entienda.	Devemos discutir apenas com pessoas que tenham os mesmos princípios e conhecimentos que nós.

REFRÁN ESPAÑOL	SIGNIFICADO OU EQUIVALÊNCIA EM PORTUGUÊS
Donde fueres haz como vieres.	Na Inglaterra, faça como os ingleses.
Donde hay patrón no manda marinero.	Onde há chefe, não manda o subordinado.
Donde las dan las toman.	O que semeares, colherás.
¿Dónde le dio? Donde le acudió.	O remédio que o matou. Muitas vezes com o que se espera ajudar, se prejudica uma pessoa.
Donde menos se piensa salta la liebre.	As coisas acontecem quando menos se espera.
Donde nada nos deben, buenos son cinco dineros.	Tudo que é grátis deve ser agradecido e não desprezado.
Dueña que mucho mira, poco hila.	Diz respeito às pessoas que se preocupam com a vida alheia e se esquecem das próprias responsabilidades.
Duerme con tu enemigo y no con tu vecino.	Preocupe-se com os inimigos.
Echa otra sardina, que otro ruin viene.	Lá vem mais um que não foi convidado.
Échate a enfermar, verás quién te quiere bien o quién te quiere mal.	Os verdadeiros amigos se conhecem nos momentos de aperto e necessidade.
El bien no es conocido hasta que no es perdido.	Só se valoriza o que se tem depois de perdê-lo.
El bien suena, y el mal vuela.	As notícias ruins voam.
El buen pagador es señor de lo ajeno.	Se pagar em dia, terá crédito amanhã.
El caballo harto no es comedor.	A constância nos prazeres provoca fastio.
El casado casa quiere.	Quem casa quer casa.
El conejo ido, y el consejo venido.	Agora que não preciso, vem a ajuda.
El deudor no muera, que la deuda en pie se queda.	Manifesta a esperança de receber uma dívida só enquanto o devedor vive, depois que ele morre ninguém quer pagar.

REFRÁN ESPAÑOL	SIGNIFICADO OU EQUIVALÊNCIA EM PORTUGUÊS
El hábito no hace al monje.	O hábito não faz o monge.
El mal entra a brazadas y sale a pulgaradas.	É fácil uma doença se instalar mas é muito demorado e custoso ela nos abandonar.
El mal vecino ve lo que entra, y no lo que sale.	A pessoa mal-intencionada só vê o que quer julgar mal.
El miedo guarda la viña.	O temor muitas vezes espanta onde não há o que temer.
El muerto al hoyo y el vivo al bollo.	Morreu, enterra que a vida continua.
El ojo del amo, engorda el caballo.	Quem engorda o cavalo é o olhar do dono.
El oro majado luce, y el remojado reluce.	Quanto mais padecer uma pessoa, mais sábia ela se torna e mais aprecia o que tem na vida.
El perro del hortelano, ni come las berzas, ni las deja comer.	Repreende aqueles que não se aproveitam das coisas nem deixam os outros se aproveitarem.
El que compra y miente, en su bolsa lo siente.	Você pode enganar todo mundo, menos a você mesmo.
El que da primero, da dos veces.	Chega primeiro quem sai antes.
El que la sigue, la consigue.	Aquele que persiste, consegue o desejado.
El que no está hecho a bragas, las costuras le hacen llagas.	Quando a pessoa não está habituada, estranha mesmo que sejam coisas boas.
El que no llora no mama.	Quem não chora, não mama.
El que tuvo, retuvo y guardó para la vejez.	Há virtudes da juventude que não se perdem com a idade.
El rey llega donde puede, no donde quiere.	Nem todo poder é querer.
El saber no ocupa lugar.	Saber cada vez mais nunca faz mal.
El usar saca oficial.	A prática faz mestres.
En boca cerrada no entra mosca.	Em boca fechada não entra mosca.
En casa del herrero, cuchillo de madero.	Em casa de ferreiro, espeto de pau.

REFRÁN ESPAÑOL	SIGNIFICADO OU EQUIVALÊNCIA EM PORTUGUÊS
En extrema necesidad, no se guarda amistad.	Nos momentos de penúria, cuide primeiro de você.
En martes ni te cases ni te embarques.	A terça-feira, para o espanhol, é dia de azar. As coisas importantes não devem ser feitas nesse dia.
En nombrando al rey de Roma luego asoma.	Falou no diabo, apareceu o rabo.
En tierra de ciegos el tuerto es rey.	Em terra de cego quem tem um olho é rei.
Entre todos la mataron y ella sola se murió.	Não se deve culpar uma só pessoa pelo mal causado a outra a qual ninguém está disposto a resolver.
Éramos pocos y parió mi abuela.	Desgraça pouca é bobagem.
Esa es [o no es] la madre del cordero.	Estabelece ser ou não ser uma coisa a razão real de um fato que se comenta.
Gallo que no canta algo tiene en la garganta.	Avisa que quando alguém não dá sua opinião numa conversa é porque tem algo a temer.
Gato maullador, nunca buen cazador.	Quem fala muito faz pouco.
Grano a grano llena la gallina el papo.	De grão em grão a galinha enche o papo.
Hablen cartas y callen barbas.	Não há necessidade de argumentos quando os documentos falam por si só.
Hambre y frío entregan al hombre a su enemigo.	A necessidade é a maior escola, se fazem coisas que juramos não fazer.
Haz bien y no mires a quién.	Faça o bem e não olhes a quem.
Hijo fuiste, padre serás; cual hiciste, tal tendrás.	Como você tratar a seus pais, assim você será tratado pelos seus filhos.
Hijo no tenemos y nombre le ponemos.	Dispor de antemão das coisas que ainda não se tem; contar com o ovo da galinha.
Hombre prevenido vale por dos.	Pessoa precavida vale por duas.

REFRÁN ESPAÑOL	SIGNIFICADO OU EQUIVALÊNCIA EM PORTUGUÊS
Ir por lana y volver trasquilado.	Ir buscar lã e sair tosquiado.
Juan Palomo: yo me lo guiso y yo me lo como.	Comenta que alguém pretende fazer tudo sozinho sem ajuda ou intervenção de outras pessoas.
La avaricia rompe el saco.	Quem muito quer, tudo perde.
La caridad bien ordenada empieza por uno mismo.	É natural que se pense nas próprias necessidades antes de pensar nos outros.
La letra con sangre entra.	Para aprender tem que apanhar.
La mala llaga, sana; la mala fama, mata.	Uma doença sara mas a desonestidade não se apaga.
La ocasión hace al ladrón.	A ocasião faz o ladrão.
La ociosidad es la madre de todos los vicios.	Cabeça vazia, oficina do diabo.
La palabra se olvida, y la letra es cosa viva.	As palavras voam, mas os escritos ficam.
La ropa sucia se debe lavar en casa.	Roupa suja se lava em casa.
Lo que atrás viene, rabo semeja y parece.	Sempre se pensa que o que ocorre por último é o pior.
Lo que de noche se hace, a la mañana se ve.	Não adianta esconder-se quando se atua mal.
Lo que en la leche se mama, en la mortaja se derrama.	É de pequenino que se torce o pepino.
Lo que manos no toman, paredes arrojan.	O que foi perdido e não foi roubado, um dia aparece.
Lo que otro suda, a mí poco me dura.	Ninguém enriquece com a riqueza alheia.
Lo que sea, sonará.	Não se preocupe, o que será, será.
Los duelos con pan son menos.	O trabalho é suportável quando a recompensa é boa.
Mal de muchos, consuelo de tontos.	Significa que as coisas ruins, mesmo atingindo um grande número de pessoas, são mais fáceis.

REFRÁN ESPAÑOL	SIGNIFICADO OU EQUIVALÊNCIA EM PORTUGUÊS
Mal me quieren mis comadres, porque digo las verdades.	Dizer a verdade nua e crua sempre traz inimigos.
Malo vendrá que bueno me hará.	Um dia todos mudamos de opinião com relação às pessoas que conhecemos.
Manos blancas no ofenden.	Tapa de mulher bonita não dói.
Manos duchas, comen truchas.	A prática faz mestres.
Más da el duro, que el desnudo.	Mesmo o avaro acaba dando mais do que aquele que nada tem.
Más hay días que longaniza.	As coisas boas devem ser dosadas em seu uso para que durem muito.
Más presto se coge al mentiroso que al cojo.	Antes se apanha o mentiroso que o cocho.
Más sabe el diablo por ser viejo que por ser diablo.	Mais sabe o diabo por velho que por velhacaria.
Más sabe el loco en su casa que el cuerdo en la ajena.	Mais sabe o dono de sua casa que o seu vizinho.
Más vale algo que nada.	Pouco é melhor do que nada.
Más vale caer en gracia que ser gracioso.	Muitas vezes a oportunidade é mais importante que a competência.
Más vale con mal asno contender, que la leña a cuestas traer.	É preferível contar com a ajuda de um péssimo ajudante do que fazer o trabalho sozinho.
Más vale malo conocido que bueno por conocer.	É preferível ruim conhecido do que bom desconhecido.
Más vale maña que fuerza.	É mais importante o jeitinho do que a força.
Más vale pájaro en mano, que ciento volando.	Mais vale um pássaro na mão do que dois voando.
Más vale prevenir que curar.	Mais vale prevenir do que remediar.
Más vale quien Dios ayuda, que quien mucho madruga.	Mais vale quem Deus ajuda do que quem cedo madruga.
Más vale rato presuroso, que día perezoso.	É necessário a cada dia a sua tarefa.
Más vale tarde que nunca.	Antes tarde do que nunca.

REFRÁN ESPAÑOL	SIGNIFICADO OU EQUIVALÊNCIA EM PORTUGUÊS
Más vale tuerto, que ciego.	Mais vale um olho que cego.
Más vale un toma que dos te daré.	Mais vale o certo do que o duvidoso.
Muchos son los llamados, y pocos los escogidos.	Muitos são os chamados, mas poucos os escolhidos.
Muerte no venga, que achaques no tenga.	Sempre existe uma desculpa para uma coisa desagradável.
Muerto el perro se acabó la rabia.	Quando a causa acaba, acabam também seus efeitos.
Nadar, nadar y a la orilla ahogar.	Nadar para morrer afogado na praia.
Nadie diga de esta agua no beberé.	Não diga desta água não hei de beber.
Ni en burlas ni en veras, con tu amo no partas peras.	Ensina que é conveniente manter distância com os superiores e nunca ter intimidade.
Ni mozo goloso, ni potro sarnoso.	Cuidado quem você coloca dentro da tua casa.
Ni quito ni pongo rey.	Pessoa que não emite opinião numa discussão entre rivais, ficar em cima do muro.
Ni sirvas a quien sirvió, ni pidas a quien pidió.	Quem já foi servo ou mendigo quando enriquece tende a humilhar os subordinados, assim não trabalhe para eles.
Ni tanto ni tan calvo que se le vean los sesos.	Não exagere nas coisas.
Ni voy ni vengo; cual seso tuve, tal casa mantengo.	O bem-viver na idade adulta depende do trabalho feito na juventude.
No con quien naces, sino con quien paces.	Não interessa onde se nasce, interessa onde se é criado e educado.
No digo quién eres, que tú te lo dirás.	As ações definem a pessoa que as pratica.
No es oro todo lo que reluce.	Nem tudo que reluz é ouro.

REFRÁN ESPAÑOL	SIGNIFICADO OU EQUIVALÊNCIA EM PORTUGUÊS
No es tan fiero el león como lo pintan.	O leão não é tão feroz quanto dizem.
No hay atajo sin trabajo.	Um atalho acaba dando mais trabalho que o caminho normal.
No hay bien ni mal que cien años dure.	Não há bem nem mal que sempre dure.
No hay espada sin vuelta, ni puta sin alcahueta.	Cada coisa tem suas circunstâncias próprias e inseparáveis.
No hay mal que por bien no venga.	Não há mal que não tenha bem.
No hay peor burla que la verdadera.	Não jogue na cara as verdades, nem de brincadeira.
No hay peor sordo, que el que no quiere oír.	Pior cego é o que não quer ver.
No hay reina sin su vecina.	Mesmo os mais importantes precisam de outras pessoas. Não haveria os grandes se não houvesse os pequenos.
No hay rosas sin espinas.	Todas as rosas tem espinhos.
No por mucho madrugar amanece más temprano.	Não adianta ter pressa, cada coisa tem seu tempo próprio.
No quiebra delgado, sino gordo y mal hilado.	Tem gente que tem prazer em fazer as coisas malfeitas.
No se hace la boda de hongos, sino de buenos bollos redondos.	As coisas importantes normalmente custam muito, seja dinheiro, trabalho ou esforço.
No se hizo la miel para la boca del asno.	Critica quem não sabe apreciar as coisas boas da vida por ignorância ou mau gosto.
Nuestro gozo metido en el pozo.	O que tanto se esperava, falhou.
Nunca es tarde si la dicha es buena.	Antes tarde do que nunca.
Obras son amores, que no buenas razones.	Recomenda confirmar com fatos e atos as boas palavras, só elas nada resolvem.
Ojos que no ven, corazón que no siente.	Olhos que não veem, coração que não sente.

REFRÁN ESPAÑOL	SIGNIFICADO OU EQUIVALÊNCIA EM PORTUGUÊS
Oro es, lo que oro vale.	O valor das coisas não é apenas monetário, mas o valor que cada um atribui.
Oveja que bala, bocado pierde.	Quem fala muito faz pouco.
Palabras y plumas el viento las tumba.	O que nada vale, facilmente se oferece.
Pan con pan, comida de tontos.	Uma festa com pessoas só do mesmo sexo não tem graça.
Paso a paso, van a lejos.	Passo a passo se faz o caminho.
Peor es lo roto que lo descosido.	O que tem conserto, mesmo que seja ruim, é melhor do que aquilo que não o tem.
Piedra movediza, nunca moho la cobija.	Se você quer melhorar de vida, trabalhe.
Pies malos, camino andan.	Mesmo com dificuldade o importante é seguir adiante.
Poderoso caballero es don dinero.	O dinheiro tudo pode.
Por deseo de zuecos, metí el pie en un cántaro.	A ansiedade por fortuna pode fazer cometer atrocidades.
Por el hilo se saca el ovillo.	Com pouco já se sabe qual o princípio ou a base.
Por eso te hago, por que me hagas, que no eres Dios que me valgas.	Nunca se esqueça de corresponder aos favores recebidos.
Por un clavo se pierde una herradura.	De pequenos descuidos podemos ter grandes prejuízos.
Primero es la obligación que la devoción.	Primeiro a obrigação, depois a devoção.
Primero son mis dientes que mis parientes.	Primeiro as minhas necessidades, depois as dos outros.
Quien a buen árbol se arrima, buena sombra le cobija.	É uma grande vantagem ser amigo dos fortes e influentes.
Quien a hierro mata, a hierro muere.	Quem com ferro fere, com ferro será ferido.
Quien adelante no mira, atrás se queda.	Quem não olha para a frente, fica para trás.

REFRÁN ESPAÑOL	SIGNIFICADO OU EQUIVALÊNCIA EM PORTUGUÊS
Quien ama el peligro, en él perece.	Cuidado com os perigos, você pode perecer.
Quien bien te hará, o se irá o se morirá.	As pessoas desgraçadas normalmente conseguem alívio de suas agruras por pouco tempo.
Quien bien te quiere te hará llorar.	Só as pessoas que nos amam apontam nossos erros e corrigem nossas faltas.
Quien bien tiene y mal escoge, por mal que le venga, no se enoje.	Aquele que deixa uma coisa boa certa por algo duvidoso, não deve se queixar da sorte depois.
Quien calla otorga.	Quem cala, consente.
Quien calla, piedras apaña.	Quem numa conversa só observa, colhe informações para usar depois.
Quien canta, sus males espanta.	Quem canta seus males espanta.
Quien come boñiga, comería hojaldre.	É muito fácil se acostumar na boa vida quando se vem de penúrias, mas não o inverso.
Quien con niños se acuesta, meado se levanta.	Você perderá se entregar seus negócios a quem não tem capacidade.
Quien de locura enferma, tarde sana.	Quem não tem juízo hoje, não terá amanhã.
Quien en ti se fía, no lo engañes.	Não engane quem confiar em você.
Quien espera desespera.	Quem espera, desespera.
Quien fue a Sevilla perdió la silla.	Quem foi a Portugal perdeu o lugar.
Quien hurta ladrón, gana cien años de perdón.	Quem rouba ladrão, tem cem anos de perdão.
Quien lengua ha, a Roma va.	Quem tem boca vai a Roma.
Quien mal anda, mal acaba.	O que mal começa, mal acaba.
Quien malos pasos anda, malos polvos levanta.	As más ações trazem sempre más consequências.
Quien mucho abarca, poco aprieta.	Quem muito quer, nada tem.
Quien mucho habla, mucho yerra.	Quem fala muito, erra muito.

REFRÁN ESPAÑOL	SIGNIFICADO OU EQUIVALÊNCIA EM PORTUGUÊS
Quien no da nudo, pierde punto.	Não atropele a sequência natural das coisas.
Quien no sabe de abuelo, no sabe de bueno.	O benfeitor, quanto mais tempo, melhor.
Quien peces quiere, el rabo se remoja.	Quem quer faz e custa trabalho.
Quien pierde el primer punto, pierde mucho.	Esclarece que as pessoas se desanimam quando começam alguma coisa com um problema ou uma dificuldade.
Quien quita la ocasión, quita el pecado.	Fuja do perigo e fugirás do prejuízo.
Quien siembra vientos recoge tempestades.	Quem semeia ventos, colhe tempestades.
Quien te da un hueso, no te quiere ver muerto.	Quando a pessoa reparte conosco o quem tem, mesmo que seja pouco, significa que ela nos quer bem e nos considera.
Quien tiene hijo varón, no dé voces al ladrón.	Quem tem teto de vidro, não joga pedras para cima.
Quien todo lo quiere, todo lo pierde.	Quem tudo quer, tudo perde.
Rábanos y queso, traen la corte en peso.	Todas as coisas, por insignificantes que sejam, merecem nossa atenção.
Sanan llagas y no malas palabras.	As doenças têm cura, mas o descrédito não.
Sardina que lleva el gato, tarde o nunca vuelve al plato.	Quando se fere uma pessoa é difícil consertar o erro depois.
Sarna con gusto no pica.	O que é do gosto dá prazer.
Si la envidia tiña fuera, ¡qué tiñosos hubiera!	A inveja não é um bom negócio.
Si la locura fuese dolores, en cada casa habría voces.	Todos temos um pouco de louco.
Si se perdieron los anillos, aquí quedaron los dedillos.	Vão-se os anéis, ficam os dedos.
Si te vi, no me acuerdo.	Os ingratos nunca pagam os favores recebidos.

REFRÁN ESPAÑOL	SIGNIFICADO OU EQUIVALÊNCIA EM PORTUGUÊS
Siete al saco, y el saco en tierra.	Destaca a má vontade ou imperícia de alguém ao fazer alguma coisa.
Sirve a señor noble, aunque sea pobre.	Ajude sempre as pessoas boas, mesmo que humildes, elas agradecerão os favores.
Sobre gustos no hay nada escrito.	Gosto não se discute.
Suegra, ni aún de azúcar es buena.	Sogra não é bom de jeito nenhum.
Suelas y vino, andan camino.	Só empregue os meios necessários para alcançar alguma coisa.
Tan lejos de ojos, tan lejos de corazón.	Longe dos olhos, longe do coração.
Tanto va el cántaro a la fuente que, al fin, se rompe.	Não se arrisque que um dia a casa cai.
Tanto vales cuanto tienes.	Você vale o que você tem.
Tarde vino el gato a la longaniza.	Se cada coisa estiver em seu lugar, não correrá perigo.
Tirar la piedra y esconder la mano.	Atirar a pedra e esconder a mão, o traidor sempre acaba traído pelas obras.
Todos los caminos llevan a Roma.	Todos os caminhos levam a Roma.
Tras este mundo, vendrá otro segundo.	A esperança é o remédio para tudo.
Tú que no puedes, llévame a cuestas.	Não adianta pedir ajuda a quem precisa ser ajudado.
Un clavo saca otro clavo.	Amor com amor se cura.
Una ave sola, ni bien canta ni bien llora.	Os motivos de alegria e tristeza só ocorrem no trato com as pessoas.
Una buena capa todo lo tapa.	As aparências enganam.
Una golondrina no hace verano, ni una sola virtud, bienaventurado.	Um sucesso nos negócios não significa que seja bem-sucedido para sempre.
Una mano lava la otra, y ambas la cara.	Uma mão lava a outra e as duas a cara.

REFRÁN ESPAÑOL	SIGNIFICADO OU EQUIVALÊNCIA EM PORTUGUÊS
Unos por otros y la casa por barrer.	Expressa que as pessoas não estão cumprindo o seu respectivo papel.
Unos tienen la fama y otros cardan lana.	Uns jantam fama enquanto outros fazem o trabalho.
Vecinas a vecinas, a veces se dan harinas.	Trate bem os vizinhos, você pode precisar um dia deles.
Ver la paja en el ojo ajeno y no la viga en el propio.	Ver o cisco no olho alheio e não ver a trave no próprio.
Ya me morí, y quien me lloró vi.	Já precisei e sei hoje quem me ajudou, sei quem é meu amigo.
Zapatero, a tus zapatos.	Cada macaco no seu galho.
Zapato roto o sano, más vale en el pie que no en la mano.	Os meios, sejam quais forem, devem ser apropriados ao que se deseja.

Apéndice 2

MODELOS DE CONJUGACIONES VERBALES

2A. Verbos auxiliares

1. Ser
2. Estar
3. Haber
4. Tener

2B. Verbos regulares

5. Primera conjugación - Amar
   - 5.1 - Variaciones prosódicas u ortográficas
     - 5.11 - Actuar
     - 5.12 - Airar
     - 5.13 - Aullar
     - 5.14 - Calcar
     - 5.15 - Calzar
     - 5.16 - Fiar
     - 5.17 - Fraguar
     - 5.18 - Pegar

6. Segunda conjugación - Comer
   - 6.1 - Variaciones prosódicas u ortográficas
     - 6.11 - Coger
     - 6.12 - Mecer
     - 6.13 - Tañer

7. Tercera conjugación - Vivir
   - 7.1 - Variaciones prosódicas u ortográficas
     - 7.11 - Extinguir
     - 7.12 - Fruncir
     - 7.13 - Prohibir
     - 7.14 - Reunir
     - 7.15 - Ungir

2C. Verbos irregulares comunes

8. Adquirir (I ➢ IE)
9. Conocer (C ➢ ZC)
10. Contar (O ➢ UE)
11. Influir (U ➢ UY)
12. Pensar (E ➢ IE)
13. Reír (E ➢ I)
14. Salir (L ➢ LG)
15. Venir (N ➢ NG)

2D. Verbos irregulares propios

16. Abolir
17. Andar
18. Asir
19. Bruñir
20. Caber
21. Caer
22. Creer
23. Dar
24. Decir
25. Dormir
26. Erguir
27. Errar
28. Hacer
29. Ir
30. Jugar
31. Oír
32. Oler
33. Poder
34. Poner
35. Predecir
36. Producir
37. Pudrir
38. Querer
39. Roer
40. Saber
41. Satisfacer
42. Soler
43. Traer
44. Ver
45. Yacer

1. SER (verbo auxiliar)

FORMAS PERSONALES

INDICATIVO			SUBJUNTIVO		
Simple	Compuesto		Simple	Compuesto	
Presente*	Pret. Perf. Comp.		Presente	Pret. Perf. Comp.	
**soy	he	sido	sea	haya	sido
eres	has	sido	seas	hayas	sido
es	ha	sido	sea	haya	sido
somos	hemos	sido	seamos	hayamos	sido
sois	habéis	sido	seáis	hayáis	sido
son	han	sido	sean	hayan	sido
Pret. Imperf.	Pret. Pluscuamp.		Pret. Imperf.	Pret. Pluscuamperf.	
era	había	sido	fuera/fuese	hubiera	sido
eras	habías	sido	fueras	hubieras	sido
era	había	sido	fuera	hubiera	sido
éramos	habíamos	sido	fuéramos	hubiéramos	sido
erais	habíais	sido	fuerais	hubierais	sido
eran	habían	sido	fueran	hubieran	sido
Pret. Perfecto	Pret. Anterior		Futuro	Futuro Perfecto	
fui	hube	sido	fuere	hubiere	sido
fuiste	hubiste	sido	fueres	hubieres	sido
fue	hubo	sido	fuere	hubiere	sido
fuimos	hubimos	sido	fuéremos	hubiéremos	sido
fuisteis	hubisteis	sido	fuereis	hubiereis	sido
fueron	hubieron	sido	fueren	hubieren	sido
Futuro	Futuro Perfecto		MODO IMPERATIVO		
seré	habré	sido	Presente		
serás	habrás	sido			
será	habrá	sido		seamos (nosotros)	
seremos	habremos	sido	sé (tú)	sed (vosotros)	
seréis	habréis	sido	sea (él, usted)	sean (ellos, ustedes)	
serán	habrán	sido			
Condicional	Condicional Perfecto		FORMAS NO PERSONALES		
sería	habría	sido	Simples	Compuestos	
serías	habrías	sido	Infinitivo: ser	Infinitivo:	
sería	habría	sido	Participio: sido	haber sido	
seríamos	habríamos	sido			
seríais	habríais	sido	Gerundio: siendo	Gerundio:	
serían	habrían	sido		habiendo sido	

* Cada tiempo figura con la nomenclatura oficial de la Real Academia Española.

** Se están omitiendo los pronombres sujetos conforme indicación de la Real Academia Española.

2. *ESTAR* (verbo auxiliar)

FORMAS PERSONALES

INDICATIVO		
Simple	Compuesto	
Presente	**Pret. Perf. Comp.**	
estoy	he	estado
estás	has	estado
está	ha	estado
estamos	hemos	estado
estáis	habéis	estado
están	han	estado
Pret. Imperf.	**Pret. Pluscuamp.**	
estaba	había	estado
estabas	habías	estado
estaba	había	estado
estábamos	habíamos	estado
estabais	habíais	estado
estaban	habían	estado
Pret. Perfecto	**Pret. Anterior**	
estuve	hube	estado
estuviste	hubiste	estado
estuvo	hubo	estado
estuvimos	hubimos	estado
estuvisteis	hubisteis	estado
estuvieron	hubieron	estado
Futuro	**Futuro Perfecto**	
estaré	habré	estado
estarás	habrás	estado
estará	habrá	estado
estaremos	habremos	estado
estaréis	habréis	estado
estarán	habrán	estado
Condicional	**Condicional Perfecto**	
estaría	habría	estado
estarías	habrías	estado
estaría	habría	estado
estaríamos	habríamos	estado
estaríais	habríais	estado
estarían	habrían	estado

SUBJUNTIVO		
Simple	Compuesto	
Presente	**Pret. Perf. Comp.**	
esté	haya	estado
estés	hayas	estado
esté	haya	estado
estemos	hayamos	estado
estéis	hayáis	estado
estén	hayan	estado
Pret. Imperf.	**Pret. Pluscuamperf.**	
estuviera/ese	hubiera	estado
estuvieras	hubieras	estado
estuviera	hubiera	estado
estuviéramos	hubiéramos	estado
estuvierais	hubierais	estado
estuvieran	hubieran	estado
Futuro	**Futuro Perfecto**	
estuviere	hubiere	estado
estuvieres	hubieres	estado
estuviere	hubiere	estado
estuviéremos	hubiéremos	estado
estuviereis	hubiereis	estado
estuvieren	hubieren	estado

MODO IMPERATIVO

Presente

	estemos (nosotros)
está (tú)	estad (vosotros)
esté (él, usted)	estén (ellos, ustedes)

FORMAS NO PERSONALES

Simples	Compuestos
Infinitivo: estar	Infinitivo: haber estado
Participio: estado	
Gerundio: estando	Gerundio: habiendo estado

3. *HABER* (verbo auxiliar)

FORMAS PERSONALES

INDICATIVO			SUBJUNTIVO		
Simple	Compuesto		Simple	Compuesto	
Presente	**Pret. Perf. Comp.**		**Presente**	**Pret. Perf. Comp.**	
he	he	habido	haya	haya	habido
has	has	habido	hayas	hayas	habido
ha*	ha	habido	haya	haya	habido
hemos	hemos	habido	hayamos	hayamos	habido
habéis	habéis	habido	hayáis	hayáis	habido
han	han	habido	hayan	hayan	habido
Pret. Imperf.	**Pret. Pluscuamp.**		**Pret. Imperf.**	**Pret. Pluscuamperf.**	
había	había	habido	hubiera/ese	hubiera	habido
habías	habías	habido	hubieras	hubieras	habido
había	había	habido	hubiera	hubiera	habido
habíamos	habíamos	habido	hubiéramos	hubiéramos	habido
habíais	habíais	habido	hubierais	hubierais	habido
habían	habían	habido	hubieran	hubieran	habido
Pret. Perfecto	**Pret. Anterior**		**Futuro**	**Futuro Perfecto**	
hube	hube	habido	hubiere	hubiere	habido
hubiste	hubiste	habido	hubieres	hubieres	habido
hubo	hubo	habido	hubiere	hubiere	habido
hubimos	hubimos	habido	hubiéremos	hubiéremos	habido
hubisteis	hubisteis	habido	hubiereis	hubiereis	habido
hubieron	hubieron	habido	hubieren	hubieren	habido
Futuro	**Futuro Perfecto**		**MODO IMPERATIVO**		
habré	habré	habido		**Presente**	
habrás	habrás	habido			
habrá	habrá	habido		hayamos (nosotros)	
habremos	habremos	habido	he (tú)	habed (vosotros)	
habréis	habréis	habido	haya (él, usted)	hayan (ellos, ustedes)	
habrán	habrán	habido			
Condicional	**Condicional Perfecto**		**FORMAS NO PERSONALES**		
habría	habría	habido	**Simples**	**Compuestos**	
habrías	habrías	habido	Infinitivo: haber	Infinitivo:	
habría	habría	habido	Participio: habido	haber habido	
habríamos	habríamos	habido			
habríais	habríais	habido	Gerundio: habiendo	Gerundio:	
habrían	habrían	habido		habiendo habido	

* Si se usa como impersonal, la 3ª persona del singular es Hay.

4. *TENER* (verbo auxiliar)

FORMAS PERSONALES

INDICATIVO

Simple	Compuesto	
Presente	**Pret. Perf. Comp.**	
tengo	he	tenido
tienes	has	tenido
tiene	ha	tenido
tenemos	hemos	tenido
tenéis	habéis	tenido
tienen	han	tenido
Pret. Imperf.	**Pret. Pluscuamp.**	
tenía	había	tenido
tenías	habías	tenido
tenía	había	tenido
teníamos	habíamos	tenido
teníais	habíais	tenido
tenían	habían	tenido
Pret. Perfecto	**Pret. Anterior**	
tuve	hube	tenido
tuviste	hubiste	tenido
tuvo	hubo	tenido
tuvimos	hubimos	tenido
tuvisteis	hubisteis	tenido
tuvieron	hubieron	tenido
Futuro	**Futuro Perfecto**	
tendré	habré	tenido
tendrás	habrás	tenido
tendrá	habrá	tenido
tendremos	habremos	tenido
endréis	habréis	tenido
endrán	habrán	tenido
Condicional	**Condicional Perfecto**	
endría	habría	tenido
endrías	habrías	tenido
endría	habría	tenido
endríamos	habríamos	tenido
tendríais	habríais	tenido
endrían	habrían	tenido

SUBJUNTIVO

Simple	Compuesto	
Presente	**Pret. Perf. Comp.**	
tenga	haya	tenido
tengas	hayas	tenido
tenga	haya	tenido
tengamos	hayamos	tenido
tengáis	hayáis	tenido
tengan	hayan	tenido
Pret. Imperf.	**Pret. Pluscuamperf.**	
tuviera/ese	hubiera	tenido
tuvieras	hubieras	tenido
tuviera	hubiera	tenido
tuviéramos	hubiéramos	tenido
tuvierais	hubierais	tenido
tuvieran	hubieran	tenido
Futuro	**Futuro Perfecto**	
tuviere	hubiere	tenido
tuvieres	hubieres	tenido
tuviere	hubiere	tenido
tuviéremos	hubiéremos	tenido
tuviereis	hubiereis	tenido
tuvieren	hubieren	tenido

MODO IMPERATIVO

Presente

tengamos	(nosotros)
ten (tú)	tened (vosotros)
tenga (él, usted)	tengan (ellos, ustedes)

FORMAS NO PERSONALES

Simples	Compuestos
Infinitivo: tener	Infinitivo: haber tenido
Participio: tenido	
Gerundio: teniendo	Gerundio: habiendo tenido

5. AMAR (verbo regular - 1ª conjugación)

FORMAS PERSONALES

INDICATIVO			SUBJUNTIVO		
Simple	Compuesto		Simple	Compuesto	
Presente	Pret. Perf. Comp.		Presente	Pret. Perf. Comp.	
amo	he	amado	ame	haya	amado
amas	has	amado	ames	hayas	amado
ama	ha	amado	ame	haya	amado
amamos	hemos	amado	amemos	hayamos	amado
amáis	habéis	amado	améis	hayáis	amado
aman	han	amado	amen	hayan	amado
Pret. Imperf.	Pret. Pluscuamp.		Pret. Imperf.	Pret. Pluscuamperf.	
amaba	había	amado	amara/ase	hubiera	amado
amabas	habías	amado	amaras	hubieras	amado
amaba	había	amado	amara	hubiera	amado
amábamos	habíamos	amado	amáramos	hubiéramos	amado
amabais	habíais	amado	amarais	hubierais	amado
amaban	habían	amado	amaran	hubieran	amado
Pret. Perfecto	Pret. Anterior		Futuro	Futuro Perfecto	
amé	hube	amado	amare	hubiere	amado
amaste	hubiste	amado	amares	hubieres	amado
amó	hubo	amado	amare	hubiere	amado
amamos	hubimos	amado	amáremos	hubiéremos	amado
amasteis	hubisteis	amado	amareis	hubiereis	amado
amaron	hubieron	amado	amaren	hubieren	amado
Futuro	Futuro Perfecto		MODO IMPERATIVO		
amaré	habré	amado	Presente		
amarás	habrás	amado			
amará	habrá	amado		amemos (nosotros)	
amaremos	habremos	amado	ama (tú)	amad (vosotros)	
amaréis	habréis	amado	ame (él, usted)	amen (ellos, ustedes)	
amarán	habrán	amado			
Condicional	Condicional Perfecto		FORMAS NO PERSONALES		
amaría	habría	amado	Simples	Compuestos	
amarías	habrías	amado	Infinitivo: amar	Infinitivo:	
amaría	habría	amado	Participio: amado	haber amado	
amaríamos	habríamos	amado			
amaríais	habríais	amado	Gerundio:	Gerundio:	
amarían	habrían	amado	amando	habiendo amado	

5.1 Variaciones prosódicas u ortográficas

5.11 - Actuar	5.12 - Airar	5.13 - Aullar	5.14 - Calcar
INDICATIVO *	INDICATIVO	INDICATIVO	INDICATIVO
Presente	Presente	Presente	Pret. Perfecto
actúo	aíro	aúllo	calqué
actúas	aíras	aúllas	calcaste
actúa	aíra	aúlla	calcó
actuamos	airamos	aullamos	calcamos
actuáis	airáis	aulláis	calcasteis
actúan	aíran	aúllan	calcaron
SUBJUNTIVO	SUBJUNTIVO	SUBJUNTIVO	SUBJUNTIVO
Presente	Presente	Presente	Presente
actúe	aíre	aúlle	calque
actúes	aíres	aúlles	calques
actúe	aíre	aúlle	calque
actuemos	airemos	aullemos	calquemos
actuéis	airéis	aulléis	calquéis
actúen	aíren	aúllen	calquen
IMPERATIVO	IMPERATIVO	IMPERATIVO	IMPERATIVO
Presente	Presente	Presente	Presente
actúa (tú)	aíra (tú)	aúlla (tú)	calca (tú)
actúe	aíre	aúlle	calque
actuemos	airemos	aullemos	calquemos
actuad	airad	aullad	calcad
actúen	aíren	aúllen	calquen

5.15 - Calzar	5.16 - Fiar	5.17 - Fraguar	5.18 - Pegar
INDICATIVO *	INDICATIVO	INDICATIVO	INDICATIVO
Pret. Perfecto	Presente	Pret. Perfecto	Pref. Perfecto
calcé	fío	fragüé	pegué
calzaste	fías	fraguaste	pegaste
calzó	fía	fraguó	pegó
calzamos	fiamos	fraguamos	pegamos
calzasteis	fiáis	fraguasteis	pegasteis
calzaron	fían	fraguaron	pegaron
SUBJUNTIVO	SUBJUNTIVO	SUBJUNTIVO	SUBJUNTIVO
Presente	Presente	Presente	Presente
calce	fíe	fragüe	pegue
calces	fíes	fragües	pegues
calce	fíe	fragüe	pegue
calcemos	fiemos	fragüemos	peguemos
calcéis	fiéis	fragüéis	peguéis
calcen	fíen	fragüen	peguen
IMPERATIVO	IMPERATIVO	IMPERATIVO	IMPERATIVO
Presente	Presente	Presente	Presente
calza (tú)	fía (tú)	fragua (tú)	pega (tú)
calce	fíe	fragüe	pegue
calcemos	fiemos	fragüemos	peguemos
calzad	fiad	fraguad	pegad
calcen	fíen	fragüen	peguen

* Todos los demás tiempos son regulares conforme el modelo.

6. COMER (verbo regular - 2ª conjugación)

FORMAS PERSONALES

INDICATIVO			SUBJUNTIVO		
Simple	Compuesto		Simple	Compuesto	
Presente	**Pret. Perf. Comp.**		**Presente**	**Pret. Perf. Comp.**	
como	he	comido	coma	haya	comido
comes	has	comido	comas	hayas	comido
come	ha	comido	coma	haya	comido
comemos	hemos	comido	comamos	hayamos	comido
coméis	habéis	comido	comáis	hayáis	comido
comen	han	comido	coman	hayan	comido
Pret. Imperf.	**Pret. Pluscuamp.**		**Pret. Imperf.**	**Pret. Pluscuamperf.**	
comía	había	comido	comiera/ese	hubiera	comido
comías	habías	comido	comieras	hubieras	comido
comía	había	comido	comiera	hubiera	comido
comíamos	habíamos	comido	comiéramos	hubiéramos	comido
comíais	habíais	comido	comierais	hubierais	comido
comían	habían	comido	comieran	hubieran	comido
Pret. Perfecto	**Pret. Anterior**		**Futuro**	**Futuro Perfecto**	
comí	hube	comido	comiere	hubiere	comido
comiste	hubiste	comido	comieres	hubieres	comido
comió	hubo	comido	comiere	hubiere	comido
comimos	hubimos	comido	comiéremos	hubiéremos	comido
comisteis	hubisteis	comido	comiereis	hubiereis	comido
comieron	hubieron	comido	comieren	hubieren	comido
Futuro	**Futuro Perfecto**		**MODO IMPERATIVO**		
			Presente		
comeré	habré	comido			
comerás	habrás	comido			
comerá	habrá	comido		comamos (nosotros)	
comeremos	habremos	comido	come (tú)	comed (vosotros)	
comeréis	habréis	comido	coma (él, usted)	coman (ellos, ustedes)	
comerán	habrán	comido			
Condicional	**Condicional Perfecto**		**FORMAS NO PERSONALES**		
comería	habría	comido	**Simples**	**Compuestos**	
comerías	habrías	comido	Infinitivo: comer	Infinitivo:	
comería	habría	comido	Participio: comido	haber comido	
comeríamos	habríamos	comido			
comeríais	habríais	comido	Gerundio:	Gerundio:	
comerían	habrían	comido	comiendo	habiendo comido	

6.1 Variaciones prosódicas u ortográfi

6.11 - Coger	6.12 - Mecer	6.13 - Ta
INDICATIVO *	**INDICATIVO**	**INDICATIVO**
Presente	Presente	Pret. Perfecto
cojo	mezo	tañí
coges	meces	tañiste
coge	mece	tañó
cogemos	mecemos	tañimos
cogéis	mecéis	tañisteis
cogen	mecen	tañeron
SUBJUNTIVO	**SUBJUNTIVO**	**SUBJUNTIVO**
Presente	Presente	Pret. Imperfecto
coja	meza	tañera/tañese
cojas	mezas	tañeras
coja	meza	tañera
cojamos	mezamos	tañéramos
cojáis	mezáis	tañerais
cojan	mezan	tañeran
IMPERATIVO	**IMPERATIVO**	**SUBJUNTIVO**
Presente	Presente	Futuro
		tañere
coge (tú)	mece (tú)	tañeres
coja	meza	tañere
cojamos	mezamos	tañéremos
coged	meced	tañereis
cojan	mezan	tañeren
		Gerundio
		tañendo

* Todos los demás tiempos son regulares conforme el modelo.

7. VIVIR (verbo regular - 3ª conjugación)

FORMAS PERSONALES

INDICATIVO			SUBJUNTIVO		
Simple	Compuesto		Simple	Compuesto	
Presente	Pret. Perf. Comp.		Presente	Pret. Perf. Comp.	
vivo	he	vivido	viva	haya	vivido
vives	has	vivido	vivas	hayas	vivido
vive	ha	vivido	viva	haya	vivido
vivimos	hemos	vivido	vivamos	hayamos	vivido
vivís	habéis	vivido	viváis	hayáis	vivido
viven	han	vivido	vivan	hayan	vivido
Pret. Imperf.	Pret. Pluscuamp.		Pret. Imperf.	Pret. Pluscuamperf.	
vivía	había	vivido	viviera/ese	hubiera	vivido
vivías	habías	vivido	vivieras	hubieras	vivido
vivía	había	vivido	viviera	hubiera	vivido
vivíamos	habíamos	vivido	viviéramos	hubiéramos	vivido
vivíais	habíais	vivido	vivierais	hubierais	vivido
vivían	habían	vivido	vivieran	hubieran	vivido
Pret. Perfecto	Pret. Anterior		Futuro	Futuro Perfecto	
viví	hube	vivido	viviere	hubiere	vivido
viviste	hubiste	vivido	vivieres	hubieres	vivido
vivió	hubo	vivido	viviere	hubiere	vivido
vivimos	hubimos	vivido	viviéramos	hubiéremos	vivido
vivisteis	hubisteis	vivido	viviereis	hubiereis	vivido
vivieron	hubieron	vivido	vivieren	hubieren	vivido
Futuro	Futuro Perfecto		MODO IMPERATIVO		
viviré	habré	vivido	Presente		
vivirás	habrás	vivido			
vivirá	habrá	vivido		vivamos (nosotros)	
viviremos	habremos	vivido	vive (tú)	vivid (vosotros)	
viviréis	habréis	vivido	viva (él, usted)	vivan (ellos, ustedes)	
vivirán	habrán	vivido			
Condicional	Condicional Perfecto		FORMAS NO PERSONALES		
viviría	habría	vivido	Simples	Compuestos	
vivirías	habrías	vivido	Infinitivo: vivir	Infinitivo:	
viviría	habría	vivido	Participio: vivido	haber vivido	
viviríamos	habríamos	vivido			
viviríais	habríais	vivido	Gerundio:	Gerundio:	
vivirían	habrían	vivido	viviendo	habiendo vivido	

7.1 Variaciones prosódicas u ortográficas

7.11 - Extinguir	7.12 - Fruncir	7.13 - Prohibir	7.14 - Reunir	7.15 - Ungir
INDICATIVO *	INDICATIVO	INDICATIVO	INDICATIVO	INDICATIVO
Presente	Presente	Presente	Presente	Presente
extingo	frunzo	prohíbo	reúno	unjo
extingues	frunces	prohíbes	reúnes	unges
extingue	frunce	prohíbe	reúne	unge
extinguimos	fruncimos	prohibimos	reunimos	ungimos
extinguís	fruncís	prohibís	reunís	ungís
extinguen	fruncen	prohíben	reúnen	ungen
SUBJUNTIVO	SUBJUNTIVO	SUBJUNTIVO	SUBJUNTIVO	SUBJUNTIVO
Presente	Presente	Presente	Presente	Presente
extinga	frunza	prohíba	reúna	unja
extingas	frunzas	prohíbas	reúnas	unjas
extinga	frunza	prohíba	reúna	unja
extingamos	frunzamos	prohibamos	reunamos	unjamos
extingáis	frunzáis	prohibáis	reunáis	unjáis
extingan	frunzan	prohíban	reúnan	unjan
IMPERATIVO	IMPERATIVO	IMPERATIVO	IMPERATIVO	IMPERATIVO
Presente	Presente	Presente	Presente	Presente
extingue (tú)	frunze (tú)	prohíbe (tú)	reúne (tú)	unge (tú)
extinga	frunza	prohíba	reúna	unja
extingamos	frunzamos	prohibamos	reunamos	unjamos
extinguid	fruncid	prohibid	reunid	ungid
extingan	frunzan	prohíban	reúnan	unjan

* Todos los demás tiempos son regulares conforme el modelo.

8. *ADQUIRIR* (irregularidad común - I > IE)

FORMAS PERSONALES

INDICATIVO			SUBJUNTIVO		
Simple	Compuesto		Simple	Compuesto	
Presente	**Pret. Perf. Comp.**		**Presente**	**Pret. Perf. Comp.**	
adquiero	he	adquirido	adquiera	haya	adquirido
adquieres	has	adquirido	adquieras	hayas	adquirido
adquiere	ha	adquirido	adquiera	haya	adquirido
adquirimos	hemos	adquirido	adquiramos	hayamos	adquirido
adquirís	habéis	adquirido	adquiráis	hayáis	adquirido
adquieren	han	adquirido	adquieran	hayan	adquirido
Pret. Imperf.	**Pret. Pluscuamp.**		**Pret. Imperf.**	**Pret. Pluscuamperf.**	
adquiría	había	adquirido	adquiriera/ese	hubiera	adquirido
adquirías	habías	adquirido	adquirieras	hubieras	adquirido
adquiría	había	adquirido	adquiriera	hubiera	adquirido
adquiríamos	habíamos	adquirido	adquiriéramos	hubiéramos	adquirido
adquiríais	habíais	adquirido	adquirierais	hubierais	adquirido
adquirían	habían	adquirido	adquirieran	hubieran	adquirido
Pret. Perfecto	**Pret. Anterior**		**Futuro**	**Futuro Perfecto**	
adquirí	hube	adquirido	adquiriere	hubiere	adquirido
adquiriste	hubiste	adquirido	adquirieres	hubieres	adquirido
adquirió	hubo	adquirido	adquiriere	hubiere	adquirido
adquirimos	hubimos	adquirido	adquiriéremos	hubiéremos	adquirido
adquiristeis	hubisteis	adquirido	adquiriereis	hubiereis	adquirido
adquirieron	hubieron	adquirido	adquirieren	hubieren	adquirido
Futuro	**Futuro Perfecto**		**MODO IMPERATIVO**		
adquiriré	habré	adquirido	**Presente**		
adquirirás	habrás	adquirido			
adquirirá	habrá	adquirido		adquiramos (nosotros)	
adquiriremos	habremos	adquirido	adquiere (tú)	adquirid (vosotros)	
adquiriréis	habréis	adquirido	adquiera (él, usted)	adquieran (ellos, ustedes)	
adquirirán	habrán	adquirido			
Condicional	**Condicional Perfecto**		**FORMAS NO PERSONALES**		
adquiriría	habría	adquirido	**Simples**	**Compuestos**	
adquirirías	habrías	adquirido	Infinitivo: adquirir	Infinitivo:	
adquiriría	habría	adquirido	Participio: adquirido	haber adquirido	
adquiriríamos	habríamos	adquirido			
adquiriríais	habríais	adquirido	Gerundio:	Gerundio:	
adquirirían	habrían	adquirido	adquiriendo	habiendo adquirido	

9. CONOCER (irregularidad común - C ➢ ZC)

FORMAS PERSONALES

INDICATIVO			SUBJUNTIVO		
Simple	Compuesto		Simple	Compuesto	
Presente	**Pret. Perf. Comp.**		**Presente**	**Pret. Perf. Comp.**	
conozco	he	conocido	conozca	haya	conocido
conoces	has	conocido	conozcas	hayas	conocido
conoce	ha	conocido	conozca	haya	conocido
conocemos	hemos	conocido	conozcamos	hayamos	conocido
conocéis	habéis	conocido	canozcáis	hayáis	conocido
conocen	han	conocido	conozcan	hayan	conocido
Pret. Imperf.	**Pret. Pluscuamp.**		**Pret. Imperf.**	**Pret. Pluscuamperf.**	
conocía	había	conocido	conociera/ese	hubiera	conocido
conocías	habías	conocido	conocieras	hubieras	conocido
conocía	había	conocido	conociera	hubiera	conocido
conocíamos	habíamos	conocido	conociéramos	hubiéramos	conocido
conocíais	habíais	conocido	conocierais	hubierais	conocido
conocían	habían	conocido	conocieran	hubieran	conocido
Pret. Perfecto	**Pret. Anterior**		**Futuro**	**Futuro Perfecto**	
conocí	hube	conocido	conociere	hubiere	conocido
conociste	hubiste	conocido	conocieres	hubieres	conocido
conoció	hubo	conocido	conociere	hubiere	conocido
conocimos	hubimos	conocido	conociéremos	hubiéremos	conocido
conocisteis	hubisteis	conocido	conociereis	hubiereis	conocido
conocieron	hubieron	conocido	conocieren	hubieren	conocido
Futuro	**Futuro Perfecto**		**MODO IMPERATIVO**		
conoceré	habré	conocido		**Presente**	
conocerás	habrás	conocido			
conocerá	habrá	conocido		conozcamos (nosotros)	
conoceremos	habremos	conocido	conoce (tú)	conoced (vosotros)	
conoceréis	habréis	conocido	conozca (él, usted)	conozcan (ellos, ustedes)	
conocerán	habrán	conocido			
Condicional	**Condicional Perfecto**		**FORMAS NO PERSONALES**		
conocería	habría	conocido	**Simples**	**Compuestos**	
conocerías	habrías	conocido	Infinitivo: conocer	Infinitivo:	
conocería	habría	conocido	Participio: conocido	haber conocido	
conoceríamos	habríamos	conocido			
conoceríais	habríais	conocido	Gerundio:	Gerundio:	
conocerían	habrían	conocido	conociendo	habiendo conocido	

10. CONTAR (irregularidad común - O > UE)

FORMAS PERSONALES

INDICATIVO			SUBJUNTIVO		
Simple	Compuesto		Simple	Compuesto	
Presente	**Pret. Perf. Comp.**		**Presente**	**Pret. Perf. Comp.**	
cuento	he	contado	cuente	haya	contado
cuentas	has	contado	cuentes	hayas	contado
cuenta	ha	contado	cuente	haya	contado
contamos	hemos	contado	contemos	hayamos	contado
contáis	habéis	contado	contéis	hayáis	contado
cuentan	han	contado	cuenten	hayan	contado
Pret. Imperf.	**Pret. Pluscuamp.**		**Pret. Imperf.**	**Pret. Pluscuamperf.**	
contaba	había	contado	contara/ase	hubiera	contado
contabas	habías	contado	contaras	hubieras	contado
contaba	había	contado	contara	hubiera	contado
contábamos	habíamos	contado	contáramos	hubiéramos	contado
contabais	habíais	contado	contarais	hubierais	contado
contaban	habían	contado	contaran	hubieran	contado
Pret. Perfecto	**Pret. Anterior**		**Futuro**	**Futuro Perfecto**	
conté	hube	contado	contare	hubiere	contado
contaste	hubiste	contado	contares	hubieres	contado
contó	hubo	contado	contare	hubiere	contado
contamos	hubimos	contado	contáremos	hubiéremos	contado
contasteis	hubisteis	contado	contareis	hubiereis	contado
contaron	hubieron	contado	contaren	hubieren	contado
Futuro	**Futuro Perfecto**		**MODO IMPERATIVO**		
contaré	habré	contado		**Presente**	
contarás	habrás	contado			
contará	habrá	contado		contemos (nosotros)	
contaremos	habremos	contado	cuenta (tú)	contad (vosotros)	
contaréis	habréis	contado	cuente (él, usted)	cuenten (ellos, ustedes)	
contarán	habrán	contado			
Condicional	**Condicional Perfecto**		**FORMAS NO PERSONALES**		
contaría	habría	contado	**Simples**	**Compuestos**	
contarías	habrías	contado	Infinitivo: contar	Infinitivo:	
contaría	habría	contado	Participio: contado	haber contado	
contaríamos	habríamos	contado			
contaríais	habríais	contado	Gerundio:	Gerundio:	
contarían	habrían	contado	contando	habiendo contado	

11. *INFLUIR* (irregularidad común - U ≻UY)

FORMAS PERSONALES

INDICATIVO			SUBJUNTIVO		
Simple	Compuesto		Simple	Compuesto	
Presente	**Pret. Perf. Comp.**		**Presente**	**Pret. Perf. Comp.**	
influyo	he	influido	influya	haya	influido
influyes	has	influido	influyas	hayas	influido
influye	ha	influido	influya	haya	influido
influimos	hemos	influido	influyamos	hayamos	influido
influís	habéis	influido	influyáis	hayáis	influido
influyen	han	influido	influyan	hayan	influido
Pret. Imperf.	**Pret. Pluscuamp.**		**Pret. Imperf.**	**Pret. Pluscuamperf.**	
influía	había	influido	influyera/ese	hubiera	influido
influías	habías	influido	influyeras	hubieras	influido
influía	había	influido	influyera	hubiera	influido
influíamos	habíamos	influido	influyéramos	hubiéramos	influido
influíais	habíais	influido	influyerais	hubierais	influido
influían	habían	influido	influyeran	hubieran	influido
Pret. Perfecto	**Pret. Anterior**		**Futuro**	**Futuro Perfecto**	
influí	hube	influido	influyere	hubiere	influido
influiste	hubiste	influido	influyeres	hubieres	influido
influyó	hubo	influido	influyere	hubiere	influido
influimos	hubimos	influido	influyéremos	hubiéremos	influido
influisteis	hubisteis	influido	influyereis	hubiereis	influido
influyeron	hubieron	influido	influyeren	hubieren	influido
Futuro	**Futuro Perfecto**		**MODO IMPERATIVO**		
influiré	habré	influido		**Presente**	
influirás	habrás	influido			
influirá	habrá	influido		influyamos (nosotros)	
influiremos	habremos	influido	influye (tú)	influid (vosotros)	
influiréis	habréis	influido	influya (él, usted)	influyan (ellos, ustedes)	
influirán	habrán	influido			
Condicional	**Condicional Perfecto**		**FORMAS NO PERSONALES**		
influiría	habría	influido	**Simples**	**Compuestos**	
influirías	habrías	influido	Infinitivo: influir	Infinitivo:	
influiría	habría	influido	Participio: influido	haber influido	
influiríamos	habríamos	influido			
influiríais	habríais	influido	Gerundio:	Gerundio:	
influirían	habrían	influido	influyendo	habiendo influido	

12. PENSAR (irregularidad común - E ≻ IE)

FORMAS PERSONALES

INDICATIVO			SUBJUNTIVO		
Simple	Compuesto		Simple	Compuesto	
Presente	**Pret. Perf. Comp.**		**Presente**	**Pret. Perf. Comp.**	
pienso	he	pensado	piense	haya	pensado
piensas	has	pensado	pienses	hayas	pensado
piensa	ha	pensado	piense	haya	pensado
pensamos	hemos	pensado	pensemos	hayamos	pensado
pensáis	habéis	pensado	penséis	hayáis	pensado
piensan	han	pensado	piensen	hayan	pensado
Pret. Imperf.	**Pret. Pluscuamp.**		**Pret. Imperf.**	**Pret. Pluscuamperf.**	
pensaba	había	pensado	pensara/ase	hubiera	pensado
pensabas	habías	pensado	pensaras	hubieras	pensado
pensaba	había	pensado	pensara	hubiera	pensado
pensábamos	habíamos	pensado	pensáramos	hubiéramos	pensado
pensabais	habíais	pensado	pensarais	hubierais	pensado
pensaban	habían	pensado	pensaran	hubieran	pensado
Pret. Perfecto	**Pret. Anterior**		**Futuro**	**Futuro Perfecto**	
pensé	hube	pensado	pensare	hubiere	pensado
pensaste	hubiste	pensado	pensares	hubieres	pensado
pensó	hubo	pensado	pensare	hubiere	pensado
pensamos	hubimos	pensado	pensáremos	hubiéremos	pensado
pensasteis	hubisteis	pensado	pensareis	hubiereis	pensado
pensaron	hubieron	pensado	pensaren	hubieren	pensado
Futuro	**Futuro Perfecto**		**MODO IMPERATIVO**		
pensaré	habré	pensado		**Presente**	
pensarás	habrás	pensado			
pensará	habrá	pensado		pensemos (nosotros)	
pensaremos	habremos	pensado	piensa (tú)	pensad (vosotros)	
pensaréis	habréis	pensado	piense (él, usted)	piensen (ellos, ustedes)	
pensarán	habrán	pensado			
Condicional	**Condicional Perfecto**		**FORMAS NO PERSONALES**		
pensaría	habría	pensado	**Simples**	**Compuestos**	
pensarías	habrías	pensado	Infinitivo: pensar	Infinitivo:	
pensaría	habría	pensado	Participio: pensado	haber pensado	
pensaríamos	habríamos	pensado			
pensaríais	habríais	pensado	Gerundio:	Gerundio:	
pensarían	habrían	pensado	pensando	habiendo pensado	

13. REÍR (irregularidad común - E > I)

FORMAS PERSONALES

INDICATIVO			SUBJUNTIVO		
Simple	Compuesto		Simple	Compuesto	
Presente	**Pret. Perf. Comp.**		**Presente**	**Pret. Perf. Comp.**	
río*	he	reído*	ría*	haya	reído*
ríes*	has	reído	rías*	hayas	reído
ríe*	ha	reído	ría*	haya	reído
reímos*	hemos	reído	riamos	hayamos	reído
reís	habéis	reído	riais	hayáis	reído
ríen*	han	reído	rían*	hayan	reído
Pret. Imperf.	**Pret. Pluscuamp.**		**Pret. Imperf.**	**Pret. Pluscuamperf.**	
reía	había	reído*	riera/ese	hubiera	reído*
reías	habías	reído	rieras	hubieras	reído
reía	había	reído	riera	hubiera	reído
reíamos	habíamos	reído	riéramos	hubiéramos	reído
reíais	habíais	reído	rierais	hubierais	reído
reían	habían	reído	rieran	hubieran	reído
Pret. Perfecto	**Pret. Anterior**		**Futuro**	**Futuro Perfecto**	
reí	hube	reído*	riere	hubiere	reído*
reíste*	hubiste	reído	rieres	hubieres	reído
rio	hubo	reído	riere	hubiere	reído
reímos*	hubimos	reído	riéremos	hubiéremos	reído
reísteis	hubisteis	reído	riereis	hubiereis	reído
rieron	hubieron	reído	rieren	hubieren	reído
Futuro	**Futuro Perfecto**		**MODO IMPERATIVO**		
reiré	habré	reído*		**Presente**	
reirás	habrás	reído			
reirá	habrá	reído		riamos (nosotros)	
reiremos	habremos	reído	ríe* (tú)	reíd* (vosotros)	
reiréis	habréis	reído	ría* (él, usted)	rían* (ellos, ustedes)	
reirán	habrán	reído			
Condicional	**Condicional Perfecto**		**FORMAS NO PERSONALES**		
reiría	habría	reído*	**Simples**	**Compuestos**	
reirías	habrías	reído	Infinitivo: reír*	Infinitivo:	
reiría	habría	reído	Participio: reído*	haber reído*	
reiríamos	habríamos	reído			
reiríais	habríais	reído	Gerundio:	Gerundio:	
reirían	habrían	reído	riendo	habiendo reído*	

*Sólo son acentuados en estos tiempos y personas los verbos que llevan tilde en el infinitivo.

14. SALIR (irregularidad común - L➢LG)

FORMAS PERSONALES

INDICATIVO

Simple	Compuesto	
Presente	**Pret. Perf. Comp.**	
salgo	he	salido
sales	has	salido
sale	ha	salido
salimos	hemos	salido
salís	habéis	salido
salen	han	salido
Pret. Imperf.	**Pret. Pluscuamp.**	
salía	había	salido
salías	habías	salido
salía	había	salido
salíamos	habíamos	salido
salíais	habíais	salido
salían	habían	salido
Pret. Perfecto	**Pret. Anterior**	
salí	hube	salido
saliste	hubiste	salido
salió	hubo	salido
salimos	hubimos	salido
salisteis	hubisteis	salido
salieron	hubieron	salido
Futuro	**Futuro Perfecto**	
saldré	habré	salido
saldrás	habrás	salido
saldrá	habrá	salido
saldremos	habremos	salido
saldréis	habréis	salido
saldrán	habrán	salido
Condicional	**Condicional Perfecto**	
saldría	habría	salido
saldrías	habrías	salido
saldría	habría	salido
saldríamos	habríamos	salido
saldríais	habríais	salido
saldrían	habrían	salido

SUBJUNTIVO

Simple	Compuesto	
Presente	**Pret. Perf. Comp.**	
salga	haya	salido
salgas	hayas	salido
salga	haya	salido
salgamos	hayamos	salido
salgáis	hayáis	salido
salgan	hayan	salido
Pret. Imperf.	**Pret. Pluscuamperf.**	
saliera/ese	hubiera	salido
salieras	hubieras	salido
saliera	hubiera	salido
saliéramos	hubiéramos	salido
salierais	hubierais	salido
salieran	hubieran	salido
Futuro	**Futuro Perfecto**	
saliere	hubiere	salido
salieres	hubieres	salido
saliere	hubiere	salido
saliéremos	hubiéremos	salido
saliereis	hubiereis	salido
salieren	hubieren	salido

MODO IMPERATIVO

Presente

	salgamos (nosotros)
sal (tú)	salid (vosotros)
salga (él, usted)	salgan (ellos, ustedes)

FORMAS NO PERSONALES

Simples	Compuestos
Infinitivo: salir	Infinitivo: haber salido
Participio: salido	
Gerundio: saliendo	Gerundio: habiendo salido

15. VENIR (irregularidad común - N ➢ NG)

FORMAS PERSONALES

INDICATIVO			SUBJUNTIVO		
Simple	Compuesto		Simple	Compuesto	
Presente	**Pret. Perf. Comp.**		**Presente**	**Pret. Perf. Comp.**	
vengo	he	venido	venga	haya	venido
vienes	has	venido	vengas	hayas	venido
viene	ha	venido	venga	haya	venido
venimos	hemos	venido	vengamos	hayamos	venido
venís	habéis	venido	vengáis	hayáis	venido
vienen	han	venido	vengan	hayan	venido
Pret. Imperf.	**Pret. Pluscuamp.**		**Pret. Imperf.**	**Pret. Pluscuamperf.**	
venía	había	venido	viniera/ese	hubiera	venido
venías	habías	venido	vinieras	hubieras	venido
venía	había	venido	viniera	hubiera	venido
veníamos	habíamos	venido	viniéramos	hubiéramos	venido
veníais	habíais	venido	vinierais	hubierais	venido
venían	habían	venido	vinieran	hubieran	venido
Pret. Perfecto	**Pret. Anterior**		**Futuro**	**Futuro Perfecto**	
vine	hube	venido	viniere	hubiere	venido
viniste	hubiste	venido	vinieres	hubieres	venido
vino	hubo	venido	viniere	hubiere	venido
vinimos	hubimos	venido	viniéremos	hubiéremos	venido
vinisteis	hubisteis	venido	viniereis	hubiereis	venido
vinieron	hubieron	venido	vinieren	hubieren	venido
Futuro	**Futuro Perfecto**		**MODO IMPERATIVO**		
vendré	habré	venido		**Presente**	
vendrás	habrás	venido			
vendrá	habrá	venido		vengamos (nosotros)	
vendremos	habremos	venido	ven (tú)	venid (vosotros)	
vendréis	habréis	venido	venga (él, usted)	vengan (ellos, ustedes)	
vendrán	habrán	venido			
Condicional	**Condicional Perfecto**		**FORMAS NO PERSONALES**		
vendría	habría	venido	**Simples**	**Compuestos**	
vendrías	habrías	venido	Infinitivo: venir	Infinitivo:	
vendría	habría	venido	Participio: venido	haber venido	
vendríamos	habríamos	venido			
vendríais	habríais	venido	Gerundio:	Gerundio:	
vendrían	habrían	venido	viniendo	habiendo venido	

16. ABOLIR (irregularidad propia)

FORMAS PERSONALES

INDICATIVO			SUBJUNTIVO		
Simple	Compuesto		Simple	Compuesto	
Presente	Pret. Perf. Comp.		Presente	Pret. Perf. Comp.	
—	he	abolido	—	haya	abolido
—	has	abolido	—	hayas	abolido
—	ha	abolido	—	haya	abolido
abolimos	hemos	abolido	—	hayamos	abolido
abolís	habéis	abolido	—	hayáis	abolido
—	han	abolido	—	hayan	abolido
Pret. Imperf.	Pret. Pluscuamp.		Pret. Imperf.	Pret. Pluscuamperf.	
abolía	había	abolido	aboliera/ese	hubiera	abolido
abolías	habías	abolido	abolieras	hubieras	abolido
abolía	había	abolido	aboliera	hubiera	abolido
abolíamos	habíamos	abolido	aboliéramos	hubiéramos	abolido
abolíais	habíais	abolido	abolierais	hubierais	abolido
abolían	habían	abolido	abolieran	hubieran	abolido
Pret. Perfecto	Pret. Anterior		Futuro	Futuro Perfecto	
abolí	hube	abolido	aboliere	hubiere	abolido
aboliste	hubiste	abolido	abolieres	hubieres	abolido
abolió	hubo	abolido	aboliere	hubiere	abolido
abolimos	hubimos	abolido	aboliéremos	hubiéremos	abolido
abolisteis	hubisteis	abolido	aboliereis	hubiereis	abolido
abolieron	hubieron	abolido	abolieren	hubieren	abolido
Futuro	Futuro Perfecto		MODO IMPERATIVO		
aboliré	habré	abolido		Presente	
abolirás	habrás	abolido			
abolirá	habrá	abolido		— (nosotros)	
aboliremos	habremos	abolido	— (tú)	abolid (vosotros)	
aboliréis	habréis	abolido	— (él, usted)	— (ellos, ustedes)	
abolirán	habrán	abolido			
Condicional	Condicional Perfecto		FORMAS NO PERSONALES		
aboliría	habría	abolido	Simples	Compuestos	
abolirías	habrías	abolido	Infinitivo: abolir	Infinitivo:	
aboliría	habría	abolido	Participio: abolido	haber abolido	
aboliríamos	habríamos	abolido			
aboliríais	habríais	abolido	Gerundio:	Gerundio:	
abolirían	habrían	abolido	aboliendo	habiendo abolido	

17. ANDAR (irregularidad propia)

FORMAS PERSONALES

INDICATIVO			SUBJUNTIVO		
Simple	Compuesto		Simple	Compuesto	
Presente	**Pret. Perf. Comp.**		**Presente**	**Pret. Perf. Comp.**	
ando	he	andado	ande	haya	andado
andas	has	andado	andes	hayas	andado
anda	ha	andado	ande	haya	andado
andamos	hemos	andado	andemos	hayamos	andado
andáis	habéis	andado	andéis	hayáis	andado
andan	han	andado	anden	hayan	andado
Pret. Imperf.	**Pret. Pluscuamp.**		**Pret. Imperf.**	**Pret. Pluscuamperf.**	
andaba	había	andado	anduviera/ese	hubiera	andado
andabas	habías	andado	anduvieras	hubieras	andado
andaba	había	andado	anduviera	hubiera	andado
andábamos	habíamos	andado	anduviéramos	hubiéramos	andado
andabais	habíais	andado	anduvierais	hubierais	andado
andaban	habían	andado	anduvieran	hubieran	andado
Pret. Perfecto	**Pret. Anterior**		**Futuro**	**Futuro Perfecto**	
anduve	hube	andado	anduviere	hubiere	andado
anduviste	hubiste	andado	anduvieres	hubieres	andado
anduvo	hubo	andado	anduviere	hubiere	andado
anduvimos	hubimos	andado	anduviéremos	hubiéremos	andado
anduvisteis	hubisteis	andado	anduviereis	hubiereis	andado
anduvieron	hubieron	andado	anduvieren	hubieren	andado
Futuro	**Futuro Perfecto**		**MODO IMPERATIVO**		
andaré	habré	andado		**Presente**	
andarás	habrás	andado			
andará	habrá	andado		andemos (nosotros)	
andaremos	habremos	andado	anda (tú)	andad (vosotros)	
andaréis	habréis	andado	ande (él, usted)	anden (ellos, ustedes)	
andarán	habrán	andado			
Condicional	**Condicional Perfecto**		**FORMAS NO PERSONALES**		
andaría	habría	andado	**Simples**	**Compuestos**	
andarías	habrías	andado	Infinitivo: andar	Infinitivo:	
andaría	habría	andado	Participio: andado	haber andado	
andaríamos	habríamos	andado			
andaríais	habríais	andado	Gerundio:	Gerundio:	
andarían	habrían	andado	andando	habiendo andado	

18. ASIR (irregularidad propia)

FORMAS PERSONALES

INDICATIVO			SUBJUNTIVO		
Simple	Compuesto		Simple	Compuesto	
Presente	**Pret. Perf. Comp.**		**Presente**	**Pret. Perf. Comp.**	
asgo	he	asido	asga	haya	asido
ases	has	asido	asgas	hayas	asido
ase	ha	asido	asga	haya	asido
asimos	hemos	asido	asgamos	hayamos	asido
asís	habéis	asido	asgáis	hayáis	asido
asen	han	asido	asgan	hayan	asido
Pret. Imperf.	**Pret. Pluscuamp.**		**Pret. Imperf.**	**Pret. Pluscuamperf.**	
asía	había	asido	asiera/ese	hubiera	asido
asías	habías	asido	asieras	hubieras	asido
asía	había	asido	asiera	hubiera	asido
asíamos	habíamos	asido	asiéramos	hubiéramos	asido
asíais	habíais	asido	asierais	hubierais	asido
asían	habían	asido	asieran	hubieran	asido
Pret. Perfecto	**Pret. Anterior**		**Futuro**	**Futuro Perfecto**	
así	hube	asido	asiere	hubiere	asido
asiste	hubiste	asido	asieres	hubieres	asido
asió	hubo	asido	asiere	hubiere	asido
asimos	hubimos	asido	asiéremos	hubiéremos	asido
asisteis	hubisteis	asido	asiereis	hubiereis	asido
asieron	hubieron	asido	asieren	hubieren	asido
Futuro	**Futuro Perfecto**		**MODO IMPERATIVO**		
asiré	habré	asido		**Presente**	
asirás	habrás	asido			
asirá	habrá	asido		asgamos (nosotros)	
asiremos	habremos	asido	ase (tú)	asid (vosotros)	
asiréis	habréis	asido	asga (él, usted)	asgan (ellos, ustedes)	
asirán	habrán	asido			
Condicional	**Condicional Perfecto**		**FORMAS NO PERSONALES**		
asiría	habría	asido	**Simples**	**Compuestos**	
asirías	habrías	asido	Infinitivo: asir	Infinitivo:	
asiría	habría	asido	Participio: asido	haber asido	
asiríamos	habríamos	asido			
asiríais	habríais	asido	Gerundio:	Gerundio:	
asirían	habrían	asido	asiendo	habiendo asido	

19. *BRUÑIR* (irregularidad propia)

FORMAS PERSONALES

INDICATIVO

Simple	Compuesto	
Presente	**Pret. Perf. Comp.**	
bruño	he	bruñido
bruñes	has	bruñido
bruñe	ha	bruñido
bruñimos	hemos	bruñido
bruñís	habéis	bruñido
bruñen	han	bruñido
Pret. Imperf.	**Pret. Pluscuamp.**	
bruñía	había	bruñido
bruñías	habías	bruñido
bruñía	había	bruñido
bruñíamos	habíamos	bruñido
bruñíais	habíais	bruñido
bruñían	habían	bruñido
Pret. Perfecto	**Pret. Anterior**	
bruñí	hube	bruñido
bruñiste	hubiste	bruñido
bruñó	hubo	bruñido
bruñimos	hubimos	bruñido
bruñisteis	hubisteis	bruñido
bruñeron	hubieron	bruñido
Futuro	**Futuro Perfecto**	
bruñiré	habré	bruñido
bruñirás	habrás	bruñido
bruñirá	habrá	bruñido
bruñiremos	habremos	bruñido
bruñiréis	habréis	bruñido
bruñirán	habrán	bruñido
Condicional	**Condicional Perfecto**	
bruñiría	habría	bruñido
bruñirías	habrías	bruñido
bruñiría	habría	bruñido
bruñiríamos	habríamos	bruñido
bruñiríais	habríais	bruñido
bruñirían	habrían	bruñido

SUBJUNTIVO

Simple	Compuesto	
Presente	**Pret. Perf. Comp.**	
bruña	haya	bruñido
bruñas	hayas	bruñido
bruña	haya	bruñido
bruñamos	hayamos	bruñido
bruñáis	hayáis	bruñido
bruñan	hayan	bruñido
Pret. Imperf.	**Pret. Pluscuamperf.**	
bruñera/ese	hubiera	bruñido
bruñeras	hubieras	bruñido
bruñera	hubiera	bruñido
bruñéramos	hubiéramos	bruñido
bruñerais	hubierais	bruñido
bruñeran	hubieran	bruñido
Futuro	**Futuro Perfecto**	
bruñere	hubiere	bruñido
bruñeres	hubieres	bruñido
bruñere	hubiere	bruñido
bruñéremos	hubiéremos	bruñido
bruñereis	hubiereis	bruñido
bruñeren	hubieren	bruñido

MODO IMPERATIVO

Presente

	bruñamos (nosotros)
bruñe (tú)	bruñid (vosotros)
bruña (él, usted)	bruñan (ellos, ustedes)

FORMAS NO PERSONALES

Simples	Compuestos
Infinitivo: bruñir	Infinitivo: haber bruñido
Participio: bruñido	
Gerundio: bruñendo	Gerundio: habiendo bruñido

20. CABER (irregularidad propia)

FORMAS PERSONALES

INDICATIVO			SUBJUNTIVO		
Simple	Compuesto		Simple	Compuesto	
Presente	**Pret. Perf. Comp.**		**Presente**	**Pret. Perf. Comp.**	
quepo	he	cabido	quepa	haya	cabido
cabes	has	cabido	quepas	hayas	cabido
cabe	ha	cabido	quepa	haya	cabido
cabemos	hemos	cabido	quepamos	hayamos	cabido
cabéis	habéis	cabido	quepáis	hayáis	cabido
caben	han	cabido	quepan	hayan	cabido
Pret. Imperf.	**Pret. Pluscuamp.**		**Pret. Imperf.**	**Pret. Pluscuamperf.**	
cabía	había	cabido	cupiera/ese	hubiera	cabido
cabías	habías	cabido	cupieras	hubieras	cabido
cabía	había	cabido	cupiera	hubiera	cabido
cabíamos	habíamos	cabido	cupiéramos	hubiéramos	cabido
cabíais	habíais	cabido	cupierais	hubierais	cabido
cabían	habían	cabido	cupieran	hubieran	cabido
Pret. Perfecto	**Pret. Anterior**		**Futuro**	**Futuro Perfecto**	
cupe	hube	cabido	cupiere	hubiere	cabido
cupiste	hubiste	cabido	cupieres	hubieres	cabido
cupo	hubo	cabido	cupiere	hubiere	cabido
cupimos	hubimos	cabido	cupieremos	hubiéremos	cabido
cupisteis	hubisteis	cabido	cupiereis	hubiereis	cabido
cupieron	hubieron	cabido	cupieren	hubieren	cabido
Futuro	**Futuro Perfecto**		**MODO IMPERATIVO**		
cabré	habré	cabido		**Presente**	
cabrás	habrás	cabido			
cabrá	habrá	cabido		quepamos (nosotros)	
cabremos	habremos	cabido	cabe (tú)	cabed (vosotros)	
cabréis	habréis	cabido	quepa (él, usted)	quepan (ellos, ustedes)	
cabrán	habrán	cabido			
Condicional	**Condicional Perfecto**		**FORMAS NO PERSONALES**		
cabría	habría	cabido	**Simples**	**Compuestos**	
cabrías	habrías	cabido	Infinitivo: caber	Infinitivo:	
cabría	habría	cabido	Participio: cabido	haber cabido	
cabríamos	habríamos	cabido			
cabríais	habríais	cabido	Gerundio:	Gerundio:	
cabrían	habrían	cabido	cabiendo	habiendo cabido	

21. CAER (irregularidad propia)

FORMAS PERSONALES

INDICATIVO			SUBJUNTIVO		
Simple	Compuesto		Simple	Compuesto	
Presente	**Pret. Perf. Comp.**		**Presente**	**Pret. Perf. Comp.**	
caigo	he	caído	caiga	haya	caído
caes	has	caído	caigas	hayas	caído
cae	ha	caído	caiga	haya	caído
caemos	hemos	caído	caigamos	hayamos	caído
caéis	habéis	caído	caigáis	hayáis	caído
caen	han	caído	caigan	hayan	caído
Pret. Imperf.	**Pret. Pluscuamp.**		**Pret. Imperf.**	**Pret. Pluscuamperf.**	
caía	había	caído	cayera/ese	hubiera	caído
caías	habías	caído	cayeras	hubieras	caído
caía	había	caído	cayera	hubiera	caído
caíamos	habíamos	caído	cayéramos	hubiéramos	caído
caíais	habíais	caído	cayerais	hubierais	caído
caían	habían	caído	cayeran	hubieran	caído
Pret. Perfecto	**Pret. Anterior**		**Futuro**	**Futuro Perfecto**	
caí	hube	caído	cayere	hubiere	caído
caíste	hubiste	caído	cayeres	hubieres	caído
cayó	hubo	caído	cayere	hubiere	caído
caímos	hubimos	caído	cayéremos	hubiéremos	caído
caísteis	hubisteis	caído	cayereis	hubiereis	caído
cayeron	hubieron	caído	cayeren	hubieren	caído
Futuro	**Futuro Perfecto**		**MODO IMPERATIVO**		
caeré	habré	caído		**Presente**	
caerás	habrás	caído			
caerá	habrá	caído		caigamos (nosotros)	
caeremos	habremos	caído	cae (tú)	caed (vosotros)	
caeréis	habréis	caído	caiga (él, usted)	caigan (ellos, ustedes)	
caerán	habrán	caído			
Condicional	**Condicional Perfecto**		**FORMAS NO PERSONALES**		
caería	habría	caído	**Simples**	**Compuestos**	
caerías	habrías	caído	Infinitivo: caer	Infinitivo:	
caería	habría	caído	Participio: caído	haber caído	
caeríamos	habríamos	caído			
caeríais	habríais	caído	Gerundio:	Gerundio:	
caerían	habrían	caído	cayendo	habiendo caído	

22. *CREER* (irregularidad propia)

FORMAS PERSONALES

INDICATIVO			SUBJUNTIVO		
Simple	Compuesto		Simple	Compuesto	
Presente	**Pret. Perf. Comp.**		**Presente**	**Pret. Perf. Comp.**	
creo	he	creído	crea	haya	creído
crees	has	creído	creas	hayas	creído
cree	ha	creído	crea	haya	creído
creemos	hemos	creído	creamos	hayamos	creído
creéis	habéis	creído	creáis	hayáis	creído
creen	han	creído	crean	hayan	creído
Pret. Imperf.	**Pret. Pluscuamp.**		**Pret. Imperf.**	**Pret. Pluscuamperf.**	
creía	había	creído	creyera/ese	hubiera	creído
creías	habías	creído	creyeras	hubieras	creído
creía	había	creído	creyera	hubiera	creído
creíamos	habíamos	creído	creyéramos	hubiéramos	creído
creíais	habíais	creído	creyerais	hubierais	creído
creían	habían	creído	creyeran	hubieran	creído
Pret. Perfecto	**Pret. Anterior**		**Futuro**	**Futuro Perfecto**	
creí	hube	creído	creyere	hubiere	creído
creíste	hubiste	creído	creyeres	hubieres	creído
creyó	hubo	creído	creyere	hubiere	creído
creímos	hubimos	creído	creyéremos	hubiéremos	creído
creísteis	hubisteis	creído	creyereis	hubiereis	creído
creyeron	hubieron	creído	creyeren	hubieren	creído
Futuro	**Futuro Perfecto**		**MODO IMPERATIVO**		
creeré	habré	creído		**Presente**	
creerás	habrás	creído			
creerá	habrá	creído		creamos (nosotros)	
creeremos	habremos	creído	cree (tú)	creed (vosotros)	
creeréis	habréis	creído	crea (él, usted)	crean (ellos, ustedes)	
creerán	habrán	creído			
Condicional	**Condicional Perfecto**		**FORMAS NO PERSONALES**		
creería	habría	creído	**Simples**	**Compuestos**	
creerías	habrías	creído	Infinitivo: creer	Infinitivo:	
creería	habría	creído	Participio: creído	haber creído	
creeríamos	habríamos	creído			
creeríais	habríais	creído	Gerundio:	Gerundio:	
creerían	habrían	creído	creyendo	habiendo creído	

23. *DAR* (irregularidad propia)

FORMAS PERSONALES

INDICATIVO			SUBJUNTIVO		
Simple	Compuesto		Simple	Compuesto	
Presente	**Pret. Perf. Comp.**		**Presente**	**Pret. Perf. Comp.**	
doy	he	dado	dé	haya	dado
das	has	dado	des	hayas	dado
da	ha	dado	dé	haya	dado
damos	hemos	dado	demos	hayamos	dado
dais	habéis	dado	deis	hayáis	dado
dan	han	dado	den	hayan	dado
Pret. Imperf.	**Pret. Pluscuamp.**		**Pret. Imperf.**	**Pret. Pluscuamperf.**	
daba	había	dado	diera/ese	hubiera	dado
dabas	habías	dado	dieras	hubieras	dado
daba	había	dado	diera	hubiera	dado
dábamos	habíamos	dado	diéramos	hubiéramos	dado
dabais	habíais	dado	dierais	hubierais	dado
daban	habían	dado	dieran	hubieran	dado
Pret. Perfecto	**Pret. Anterior**		**Futuro**	**Futuro Perfecto**	
di	hube	dado	diere	hubiere	dado
diste	hubiste	dado	dieres	hubieres	dado
dio	hubo	dado	diere	hubiere	dado
dimos	hubimos	dado	diéremos	hubiéremos	dado
disteis	hubisteis	dado	diereis	hubiereis	dado
dieron	hubieron	dado	dieren	hubieren	dado
Futuro	**Futuro Perfecto**		**MODO IMPERATIVO**		
daré	habré	dado		**Presente**	
darás	habrás	dado			
dará	habrá	dado		demos (nosotros)	
daremos	habremos	dado	da (tú)	dad (vosotros)	
daréis	habréis	dado	dé (él, usted)	den (ellos, ustedes)	
darán	habrán	dado			
Condicional	**Condicional Perfecto**		**FORMAS NO PERSONALES**		
daría	habría	dado	**Simples**	**Compuestos**	
darías	habrías	dado	Infinitivo: dar	Infinitivo:	
daría	habría	dado	Participio: dado	haber dado	
daríamos	habríamos	dado			
daríais	habríais	dado	Gerundio:	Gerundio:	
darían	habrían	dado	dando	habiendo dado	

24. DECIR (irregularidad propia)

FORMAS PERSONALES

INDICATIVO			SUBJUNTIVO		
Simple	Compuesto		Simple	Compuesto	
Presente	**Pret. Perf. Comp.**		**Presente**	**Pret. Perf. Comp.**	
digo	he	dicho	diga	haya	dicho
dices	has	dicho	digas	hayas	dicho
dice	ha	dicho	diga	haya	dicho
decimos	hemos	dicho	digamos	hayamos	dicho
decís	habéis	dicho	digáis	hayáis	dicho
dicen	han	dicho	digan	hayan	dicho
Pret. Imperf.	**Pret. Pluscuamp.**		**Pret. Imperf.**	**Pret. Pluscuamperf.**	
decía	había	dicho	dijera/ese	hubiera	dicho
decías	habías	dicho	dijeras	hubieras	dicho
decía	había	dicho	dijera	hubiera	dicho
decíamos	habíamos	dicho	dijéramos	hubiéramos	dicho
decíais	habíais	dicho	dijerais	hubierais	dicho
decían	habían	dicho	dijeran	hubieran	dicho
Pret. Perfecto	**Pret. Anterior**		**Futuro**	**Futuro Perfecto**	
dije	hube	dicho	dijere	hubiere	dicho
dijiste	hubiste	dicho	dijeres	hubieres	dicho
dijo	hubo	dicho	dijere	hubiere	dicho
dijimos	hubimos	dicho	dijéremos	hubiéremos	dicho
dijisteis	hubisteis	dicho	dijereis	hubiereis	dicho
dijeron	hubieron	dicho	dijeren	hubieren	dicho
Futuro	**Futuro Perfecto**		**MODO IMPERATIVO**		
diré	habré	dicho		**Presente**	
dirás	habrás	dicho			
dirá	habrá	dicho		digamos (nosotros)	
diremos	habremos	dicho	di (tú)	decid (vosotros)	
diréis	habréis	dicho	diga (él, usted)	digan (ellos, ustedes)	
dirán	habrán	dicho			
Condicional	**Condicional Perfecto**		**FORMAS NO PERSONALES**		
diría	habría	dicho	**Simples**	**Compuestos**	
dirías	habrías	dicho	Infinitivo: decir	Infinitivo:	
diría	habría	dicho	Participio: dicho	haber dicho	
diríamos	habríamos	dicho			
diríais	habríais	dicho	Gerundio:	Gerundio:	
dirían	habrían	dicho	diciendo	habiendo dicho	

25. DORMIR (irregularidad propia)

FORMAS PERSONALES

INDICATIVO			SUBJUNTIVO		
Simple	Compuesto		Simple	Compuesto	
Presente	**Pret. Perf. Comp.**		**Presente**	**Pret. Perf. Comp.**	
duermo	he	dormido	duerma	haya	dormido
duermes	has	dormido	duermas	hayas	dormido
duerme	ha	dormido	duerma	haya	dormido
dormimos	hemos	dormido	durmamos	hayamos	dormido
dormís	habéis	dormido	durmáis	hayáis	dormido
duermen	han	dormido	duerman	hayan	dormido
Pret. Imperf.	**Pret. Pluscuamp.**		**Pret. Imperf.**	**Pret. Pluscuamperf.**	
dormía	había	dormido	durmiera/ese	hubiera	dormido
dormías	habías	dormido	durmieras	hubieras	dormido
dormía	había	dormido	durmiera	hubiera	dormido
dormíamos	habíamos	dormido	durmiéramos	hubiéramos	dormido
dormíais	habíais	dormido	durmierais	hubierais	dormido
dormían	habían	dormido	durmieran	hubieran	dormido
Pret. Perfecto	**Pret. Anterior**		**Futuro**	**Futuro Perfecto**	
dormí	hube	dormido	durmiere	hubiere	dormido
dormiste	hubiste	dormido	durmieres	hubieres	dormido
durmió	hubo	dormido	durmiere	hubiere	dormido
dormimos	hubimos	dormido	durmiéremos	hubiéremos	dormido
dormisteis	hubisteis	dormido	durmiereis	hubiereis	dormido
durmieron	hubieron	dormido	durmieren	hubieren	dormido
Futuro	**Futuro Perfecto**		**MODO IMPERATIVO**		
dormiré	habré	dormido	**Presente**		
dormirás	habrás	dormido			
dormirá	habrá	dormido		durmamos (nosotros)	
dormiremos	habremos	dormido	duerme (tú)	dormid (vosotros)	
dormiréis	habréis	dormido	duerma (él, usted)	duerman (ellos, ustedes)	
dormirán	habrán	dormido			
Condicional	**Condicional Perfecto**		**FORMAS NO PERSONALES**		
dormiría	habría	dormido	**Simples**	**Compuestos**	
dormirías	habrías	dormido	Infinitivo: dormir	Infinitivo:	
dormiría	habría	dormido	Participio: dormido	haber dormido	
dormiríamos	habríamos	dormido			
dormiríais	habríais	dormido	Gerundio:	Gerundio:	
dormirían	habrían	dormido	durmiendo	habiendo dormido	

26. ERGUIR (irregularidad propia)

FORMAS PERSONALES

INDICATIVO			SUBJUNTIVO		
Simple	Compuesto		Simple	Compuesto	
Presente	**Pret. Perf. Comp.**		**Presente**	**Pret. Perf. Comp.**	
irgo/yergo	he	erguido	irga/yerga	haya	erguido
irgues/yergues	has	erguido	irgas/yergas	hayas	erguido
irgue/yergue	ha	erguido	irga/yerga	haya	erguido
erguimos	hemos	erguido	irgamos	hayamos	erguido
erguís	habéis	erguido	irgáis	hayáis	erguido
irguen/yerguen	han	erguido	irgan/yergan	hayan	erguido
Pret. Imperf.	**Pret. Pluscuamp.**		**Pret. Imperf.**	**Pret. Pluscuamperf.**	
erguía	había	erguido	irguiera/ese	hubiera	erguido
erguías	habías	erguido	irguieras	hubieras	erguido
erguía	había	erguido	irguiera	hubiera	erguido
erguíamos	habíamos	erguido	irguiéramos	hubiéramos	erguido
erguíais	habíais	erguido	irguierais	hubierais	erguido
erguían	habían	erguido	irguieran	hubieran	erguido
Pret. Perfecto	**Pret. Anterior**		**Futuro**	**Futuro Perfecto**	
erguí	hube	erguido	irguiere	hubiere	erguido
erguíste	hubiste	erguido	irguieres	hubieres	erguido
irguió	hubo	erguido	irguiere	hubiere	erguido
erguimos	hubimos	erguido	irguiéremos	hubiéremos	erguido
erguisteis	hubisteis	erguido	irguiereis	hubiereis	erguido
irguieron	hubieron	erguido	irguieren	hubieren	erguido
Futuro	**Futuro Perfecto**		**MODO IMPERATIVO**		
erguiré	habré	erguido		**Presente**	
erguirás	habrás	erguido			
erguirá	habrá	erguido		irgamos (nosotros)	
erguiremos	habremos	erguido	irgue/yergue (tú)	erguid (vosotros)	
esguiréis	habréis	erguido	irga/yerga (él, usted)	irgan/yergan (ellos, ustedes)	
erguirán	habrán	erguido			
Condicional	**Condicional Perfecto**		**FORMAS NO PERSONALES**		
erguiría	habría	erguido	**Simples**	**Compuestos**	
erguirías	habrías	erguido	Infinitivo: erguir	Infinitivo:	
erguiría	habría	erguido	Participio: erguido	haber erguido	
erguiríamos	habríamos	erguido			
erguiríais	habríais	erguido	Gerundio:	Gerundio:	
erguirían	habrían	erguido	irguiendo	habiendo erguido	

27. ERRAR (irregularidad propia)

FORMAS PERSONALES

INDICATIVO			SUBJUNTIVO		
Simple	Compuesto		Simple	Compuesto	
Presente	**Pret. Perf. Comp.**		**Presente**	**Pret. Perf. Comp.**	
yerro	he	errado	yerre	haya	errado
yerras	has	errado	yerres	hayas	errado
yerra	ha	errado	yerre	haya	errado
erramos	hemos	errado	erremos	hayamos	errado
erráis	habéis	errado	erréis	hayáis	errado
yerran	han	errado	yerren	hayan	errado
Pret. Imperf.	**Pret. Pluscuamp.**		**Pret. Imperf.**	**Pret. Pluscuamperf.**	
erraba	había	errado	errara/ase	hubiera	errado
errabas	habías	errado	erraras	hubieras	errado
erraba	había	errado	errara	hubiera	errado
errábamos	habíamos	errado	erráramos	hubiéramos	errado
errabais	habíais	errado	errarais	hubierais	errado
erraban	habían	errado	erraran	hubieran	errado
Pret. Perfecto	**Pret. Anterior**		**Futuro**	**Futuro Perfecto**	
erré	hube	errado	errare	hubiere	errado
erraste	hubiste	errado	errares	hubieres	errado
erró	hubo	errado	errare	hubiere	errado
erramos	hubimos	errado	erráremos	hubiéremos	errado
errasteis	hubisteis	errado	errareis	hubiereis	errado
erraron	hubieron	errado	erraren	hubieren	errado
Futuro	**Futuro Perfecto**		**MODO IMPERATIVO**		
erraré	habré	errado		**Presente**	
errarás	habrás	errado			
errará	habrá	errado		erremos (nosotros)	
erraremos	habremos	errado	yerra (tú)	errad (vosotros)	
erraréis	habréis	errado	yerre (él, usted)	yerren (ellos, ustedes)	
errarán	habrán	errado			
Condicional	**Condicional Perfecto**		**FORMAS NO PERSONALES**		
erraría	habría	errado	**Simples**	**Compuestos**	
errarías	habrías	errado	Infinitivo: errar	Infinitivo:	
erraría	habría	errado	Participio: errado	haber errado	
erraríamos	habríamos	errado			
erraríais	habríais	errado	Gerundio:	Gerundio:	
errarían	habrían	errado	errando	habiendo errado	

28. *HACER* (irregularidad propia)

FORMAS PERSONALES

INDICATIVO			SUBJUNTIVO		
Simple	Compuesto		Simple	Compuesto	
Presente	**Pret. Perf. Comp.**		**Presente**	**Pret. Perf. Comp.**	
hago	he	hecho	haga	haya	hecho
haces	has	hecho	hagas	hayas	hecho
hace	ha	hecho	haga	haya	hecho
hacemos	hemos	hecho	hagamos	hayamos	hecho
hacéis	habéis	hecho	hagáis	hayáis	hecho
hacen	han	hecho	hagan	hayan	hecho
Pret. Imperf.	**Pret. Pluscuamp.**		**Pret. Imperf.**	**Pret. Pluscuamperf.**	
hacía	había	hecho	hiciera/ese	hubiera	hecho
hacías	habías	hecho	hicieras	hubieras	hecho
hacía	había	hecho	hiciera	hubiera	hecho
hacíamos	habíamos	hecho	hiciéramos	hubiéramos	hecho
hacíais	habíais	hecho	hicierais	hubierais	hecho
hacían	habían	hecho	hicieran	hubieran	hecho
Pret. Perfecto	**Pret. Anterior**		**Futuro**	**Futuro Perfecto**	
hice	hube	hecho	hiciere	hubiere	hecho
hiciste	hubiste	hecho	hicieres	hubieres	hecho
hizo	hubo	hecho	hiciere	hubiere	hecho
hicimos	hubimos	hecho	hiciéremos	hubiéremos	hecho
hicisteis	hubisteis	hecho	hicieseis	hubiereis	hecho
hicieron	hubieron	hecho	hiciesen	hubieren	hecho
Futuro	**Futuro Perfecto**		**MODO IMPERATIVO**		
haré	habré	hecho		**Presente**	
harás	habrás	hecho			
hará	habrá	hecho		hagamos (nosotros)	
haremos	habremos	hecho	haz (tú)	haced (vosotros)	
haréis	habréis	hecho	haga (él, usted)	hagan (ellos, ustedes)	
harán	habrán	hecho			
Condicional	**Condicional Perfecto**		**FORMAS NO PERSONALES**		
haría	habría	hecho	**Simples**	**Compuestos**	
harías	habrías	hecho	Infinitivo: hacer	Infinitivo:	
haría	habría	hecho	Participio: hecho	haber hecho	
haríamos	habríamos	hecho			
haríais	habríais	hecho	Gerundio:	Gerundio:	
harían	habrían	hecho	haciendo	habiendo hecho	

29. IR (irregularidad propia)

FORMAS PERSONALES

INDICATIVO

Simple	Compuesto	
Presente	**Pret. Perf. Comp.**	
voy	he	ido
vas	has	ido
va	ha	ido
vamos	hemos	ido
vais	habéis	ido
van	han	ido
Pret. Imperf.	**Pret. Pluscuamp.**	
iba	había	ido
ibas	habías	ido
iba	había	ido
íbamos	habíamos	ido
ibais	habíais	ido
iban	habían	ido
Pret. Perfecto	**Pret. Anterior**	
fui	hube	ido
fuiste	hubiste	ido
fue	hubo	ido
fuimos	hubimos	ido
fuisteis	hubisteis	ido
fueron	hubieron	ido
Futuro	**Futuro Perfecto**	
ré	habré	ido
rás	habrás	ido
rá	habrá	ido
remos	habremos	ido
réis	habréis	ido
rán	habrán	ido
Condicional	**Condicional Perfecto**	
ría	habría	ido
rías	habrías	ido
ría	habría	ido
ríamos	habríamos	ido
ríais	habríais	ido
rían	habrían	ido

SUBJUNTIVO

Simple	Compuesto	
Presente	**Pret. Perf. Comp.**	
vaya	haya	ido
vayas	hayas	ido
vaya	haya	ido
vayamos	hayamos	ido
vayáis	hayáis	ido
vayan	hayan	ido
Pret. Imperf.	**Pret. Pluscuamperf.**	
fuera/ese	hubiera	ido
fueras	hubieras	ido
fuera	hubiera	ido
fuéramos	hubiéramos	ido
fuerais	hubierais	ido
fueran	hubieran	ido
Futuro	**Futuro Perfecto**	
fuere	hubiere	ido
fueres	hubieres	ido
fuere	hubiere	ido
fuéremos	hubiéremos	ido
fuereis	hubiereis	ido
fueren	hubieren	ido

MODO IMPERATIVO

Presente

	vayamos* (nosotros)
ve (tú)	id (vosotros)
vaya (él, usted)	vayan (ellos, ustedes)

FORMAS NO PERSONALES

Simples	Compuestos
Infinitivo: ir	Infinitivo: haber ido
Participio: ido	
Gerundio: yendo	Gerundio: habiendo ido

uso de la primera persona del plural del presente de indicativo (**vamos**) es hoy más frecuente que el del imperativo (**vayamos**). Se usa por general en frases exhortativas y forma con cualquier verbo expresiones imperativas (ej.: ¡vamos!, ¡vámonos!, ¡vamos ya!), mientras que el perativo (**vayamos**) se usa más como forma de subordinación (ej.: No quieren que nos vayamos tan temprano).

30. JUGAR (irregularidad propia)

FORMAS PERSONALES

INDICATIVO			SUBJUNTIVO		
Simple	Compuesto		Simple	Compuesto	
Presente	**Pret. Perf. Comp.**		**Presente**	**Pret. Perf. Comp.**	
juego	he	jugado	juegue	haya	jugado
juegas	has	jugado	juegues	hayas	jugado
juega	ha	jugado	juegue	haya	jugado
jugamos	hemos	jugado	juguemos	hayamos	jugado
jugáis	habéis	jugado	juguéis	hayáis	jugado
juegan	han	jugado	jueguen	hayan	jugado
Pret. Imperf.	**Pret. Pluscuamp.**		**Pret. Imperf.**	**Pret. Pluscuamperf.**	
jugaba	había	jugado	jugara/ase	hubiera	jugado
jugabas	habías	jugado	jugaras	hubieras	jugado
jugaba	había	jugado	jugara	hubiera	jugado
jugábamos	habíamos	jugado	jugáramos	hubiéramos	jugado
jugabais	habíais	jugado	jugarais	hubierais	jugado
jugaban	habían	jugado	jugaran	hubieran	jugado
Pret. Perfecto	**Pret. Anterior**		**Futuro**	**Futuro Perfecto**	
jugué	hube	jugado	jugare	hubiere	jugado
jugaste	hubiste	jugado	jugares	hubieres	jugado
jugó	hubo	jugado	jugare	hubiere	jugado
jugamos	hubimos	jugado	jugáremos	hubiéremos	jugado
jugasteis	hubisteis	jugado	jugareis	hubiereis	jugado
jugaron	hubieron	jugado	jugaren	hubieren	jugado
Futuro	**Futuro Perfecto**		**MODO IMPERATIVO**		
jugaré	habré	jugado		**Presente**	
jugarás	habrás	jugado			
jugará	habrá	jugado		juguemos (nosotros)	
jugaremos	habremos	jugado	juega (tú)	jugad (vosotros)	
jugaréis	habréis	jugado	juegue (él, usted)	jueguen (ellos, ustedes)	
jugarán	habrán	jugado			
Condicional	**Condicional Perfecto**		**FORMAS NO PERSONALES**		
jugaría	habría	jugado	**Simples**	**Compuestos**	
jugarías	habrías	jugado	Infinitivo: jugar	Infinitivo:	
jugaría	habría	jugado	Participio: jugado	haber jugado	
jugaríamos	habríamos	jugado			
jugaríais	habríais	jugado	Gerundio:	Gerundio:	
jugarían	habrían	jugado	jugando	habiendo jugado	

31. OÍR (irregularidad propia)

FORMAS PERSONALES

INDICATIVO			SUBJUNTIVO		
Simple	Compuesto		Simple	Compuesto	
Presente	**Pret. Perf. Comp.**		**Presente**	**Pret. Perf. Comp.**	
oigo	he	oído	oiga	haya	oído
oyes	has	oído	oigas	hayas	oído
oye	ha	oído	oiga	haya	oído
oímos	hemos	oído	oigamos	hayamos	oído
oís	habéis	oído	oigáis	hayáis	oído
oyen	han	oído	oigan	hayan	oído
Pret. Imperf.	**Pret. Pluscuamp.**		**Pret. Imperf.**	**Pret. Pluscuamperf.**	
oía	había	oído	oyera/ese	hubiera	oído
oías	habías	oído	oyeras	hubieras	oído
oía	había	oído	oyera	hubiera	oído
oíamos	habíamos	oído	oyéramos	hubiéramos	oído
oíais	habíais	oído	oyerais	hubierais	oído
oían	habían	oído	oyeran	hubieran	oído
Pret. Perfecto	**Pret. Anterior**		**Futuro**	**Futuro Perfecto**	
oí	hube	oído	oyere	hubiere	oído
oíste	hubiste	oído	oyeres	hubieres	oído
oyó	hubo	oído	oyere	hubiere	oído
oímos	hubimos	oído	oyéremos	hubiéremos	oído
oísteis	hubisteis	oído	oyereis	hubiereis	oído
oyeron	hubieron	oído	oyeren	hubieren	oído
Futuro	**Futuro Perfecto**		**MODO IMPERATIVO**		
oiré	habré	oído		**Presente**	
oirás	habrás	oído			
oirá	habrá	oído		oigamos (nosotros)	
oiremos	habremos	oído	oye (tú)	oíd (vosotros)	
oiréis	habréis	oído	oiga (él, usted)	oigan (ellos, ustedes)	
oirán	habrán	oído			
Condicional	**Condicional Perfecto**		**FORMAS NO PERSONALES**		
oiría	habría	oído	**Simples**	**Compuestos**	
oirías	habrías	oído	Infinitivo: oír	Infinitivo:	
oiría	habría	oído	Participio: oído	haber oído	
oiríamos	habríamos	oído			
oiríais	habríais	oído	Gerundio:	Gerundio:	
oirían	habrían	oído	oyendo	habiendo oído	

32. OLER (irregularidad propia)

FORMAS PERSONALES

INDICATIVO			SUBJUNTIVO		
Simple	Compuesto		Simple	Compuesto	
Presente	Pret. Perf. Comp.		Presente	Pret. Perf. Comp.	
huelo	he	olido	huela	haya	olido
hueles	has	olido	huelas	hayas	olido
huele	ha	olido	huela	haya	olido
olemos	hemos	olido	olamos	hayamos	olido
oléis	habéis	olido	oláis	hayáis	olido
huelen	han	olido	huelan	hayan	olido
Pret. Imperf.	Pret. Pluscuamp.		Pret. Imperf.	Pret. Pluscuamperf.	
olía	había	olido	oliera/ese	hubiera	olido
olías	habías	olido	olieras	hubieras	olido
olía	había	olido	oliera	hubiera	olido
olíamos	habíamos	olido	oliéramos	hubiéramos	olido
olíais	habíais	olido	olierais	hubierais	olido
olían	habían	olido	olieran	hubieran	olido
Pret. Perfecto	Pret. Anterior		Futuro	Futuro Perfecto	
olí	hube	olido	oliere	hubiere	olido
oliste	hubiste	olido	olieres	hubieres	olido
olió	hubo	olido	oliere	hubiere	olido
olimos	hubimos	olido	oliéremos	hubiéremos	olido
olisteis	hubisteis	olido	oliereis	hubiereis	olido
olieron	hubieron	olido	olieren	hubieren	olido
Futuro	Futuro Perfecto		MODO IMPERATIVO		
oleré	habré	olido		Presente	
olerás	habrás	olido			
olerá	habrá	olido		olamos (nosotros)	
oleremos	habremos	olido	huele (tú)	oled (vosotros)	
oleréis	habréis	olido	huela (él, usted)	huelan (ellos, ustedes)	
olerán	habrán	olido			
Condicional	Condicional Perfecto		FORMAS NO PERSONALES		
olería	habría	olido	Simples	Compuestos	
olerías	habrías	olido	Infinitivo: oler	Infinitivo:	
olería	habría	olido	Participio: olido	haber olido	
oleríamos	habríamos	olido			
oleríais	habríais	olido	Gerundio:	Gerundio:	
olerían	habrían	olido	oliendo	habiendo olido	

33. PODER (irregularidad propia)

FORMAS PERSONALES

INDICATIVO			SUBJUNTIVO		
Simple	Compuesto		Simple	Compuesto	
Presente	**Pret. Perf. Comp.**		**Presente**	**Pret. Perf. Comp.**	
puedo	he	podido	pueda	haya	podido
puedes	has	podido	puedas	hayas	podido
puede	ha	podido	pueda	haya	podido
podemos	hemos	podido	podamos	hayamos	podido
podéis	habéis	podido	podáis	hayáis	podido
pueden	han	podido	puedan	hayan	podido
Pret. Imperf.	**Pret. Pluscuamp.**		**Pret. Imperf.**	**Pret. Pluscuamperf.**	
podía	había	podido	pudiera/ese	hubiera	podido
podías	habías	podido	pudieras	hubieras	podido
podía	había	podido	pudiera	hubiera	podido
podíamos	habíamos	podido	pudiéramos	hubiéramos	podido
podíais	habíais	podido	pudierais	hubierais	podido
podían	habían	podido	pudieran	hubieran	podido
Pret. Perfecto	**Pret. Anterior**		**Futuro**	**Futuro Perfecto**	
pude	hube	podido	pudiere	hubiere	podido
pudiste	hubiste	podido	pudieres	hubieres	podido
pudo	hubo	podido	pudiere	hubiere	podido
pudimos	hubimos	podido	pudiéremos	hubiéremos	podido
pudisteis	hubisteis	podido	pudiereis	hubiereis	podido
pudieron	hubieron	podido	pudieren	hubieren	podido
Futuro	**Futuro Perfecto**		**MODO IMPERATIVO**		
podré	habré	podido		**Presente**	
podrás	habrás	podido			
podrá	habrá	podido		podamos (nosotros)	
podremos	habremos	podido	puede (tú)	poded (vosotros)	
podréis	habréis	podido	pueda (él, usted)	puedan (ellos, ustedes)	
podrán	habrán	podido			
Condicional	**Condicional Perfecto**		**FORMAS NO PERSONALES**		
podría	habría	podido	**Simples**	**Compuestos**	
podrías	habrías	podido	Infinitivo: poder	Infinitivo:	
podría	habría	podido	Participio: podido	haber podido	
podríamos	habríamos	podido			
podríais	habríais	podido	Gerundio:	Gerundio:	
podrían	habrían	podido	pudiendo	habiendo podido	

34. PONER (irregularidad propia)

FORMAS PERSONALES

INDICATIVO			SUBJUNTIVO		
Simple	Compuesto		Simple	Compuesto	
Presente	Pret. Perf. Comp.		Presente	Pret. Perf. Comp.	
pongo	he	puesto	ponga	haya	puesto
pones	has	puesto	pongas	hayas	puesto
pone	ha	puesto	ponga	haya	puesto
ponemos	hemos	puesto	pongamos	hayamos	puesto
ponéis	habéis	puesto	pongáis	hayáis	puesto
ponen	han	puesto	pongan	hayan	puesto
Pret. Imperf.	Pret. Pluscuamp.		Pret. Imperf.	Pret. Pluscuamperf.	
ponía	había	puesto	pusiera/ese	hubiera	puesto
ponías	habías	puesto	pusieras	hubieras	puesto
ponía	había	puesto	pusiera	hubiera	puesto
poníamos	habíamos	puesto	pusiéramos	hubiéramos	puesto
poníais	habíais	puesto	pusierais	hubierais	puesto
ponían	habían	puesto	pusieran	hubieran	puesto
Pret. Perfecto	Pret. Anterior		Futuro	Futuro Perfecto	
puse	hube	puesto	pusiere	hubiere	puesto
pusiste	hubiste	puesto	pusieres	hubieres	puesto
puso	hubo	puesto	pusiere	hubiere	puesto
pusimos	hubimos	puesto	pusiéremos	hubiéremos	puesto
pusisteis	hubisteis	puesto	pusiereis	hubiereis	puesto
pusieron	hubieron	puesto	pusieren	hubieren	puesto
Futuro	Futuro Perfecto		MODO IMPERATIVO		
pondré	habré	puesto		Presente	
pondrás	habrás	puesto			
pondrá	habrá	puesto		pongamos (nosotros)	
pondremos	habremos	puesto	pon (tú)	poned (vosotros)	
pondréis	habréis	puesto	ponga (él, usted)	pongan (ellos, ustedes)	
pondrán	habrán	puesto			
Condicional	Condicional Perfecto		FORMAS NO PERSONALES		
pondría	habría	puesto	Simples	Compuestos	
pondrías	habrías	puesto	Infinitivo: poner	Infinitivo:	
pondría	habría	puesto	Participio: puesto	haber puesto	
pondríamos	habríamos	puesto			
pondríais	habríais	puesto	Gerundio:	Gerundio:	
pondrían	habrían	puesto	poniendo	habiendo puesto	

35. PREDECIR (irregularidad propia)

FORMAS PERSONALES

INDICATIVO		
Simple	Compuesto	
Presente	**Pret. Perf. Comp.**	
predigo	he	predicho
predices	has	predicho
predice	ha	predicho
predecimos	hemos	predicho
predecís	habéis	predicho
predicen	han	predicho
Pret. Imperf.	**Pret. Pluscuamp.**	
predecía	había	predicho
predecías	habías	predicho
predecía	había	predicho
predecíamos	habíamos	predicho
predecíais	habíais	predicho
predecían	habían	predicho
Pret. Perfecto	**Pret. Anterior**	
predije	hube	predicho
predijiste	hubiste	predicho
predijo	hubo	predicho
predijimos	hubimos	predicho
predijisteis	hubisteis	predicho
predijeron	hubieron	predicho
Futuro	**Futuro Perfecto**	
predeciré	habré	predicho
predecirás	habrás	predicho
predecirá	habrá	predicho
predeciremos	habremos	predicho
predeciréis	habréis	predicho
predecirán	habrán	predicho
Condicional	**Condicional Perfecto**	
predeciría	habría	predicho
predecirías	habrías	predicho
predeciría	habría	predicho
predeciríamos	habríamos	predicho
predeciríais	habríais	predicho
predecirían	habrían	predicho

SUBJUNTIVO		
Simple	Compuesto	
Presente	**Pret. Perf. Comp.**	
prediga	haya	predicho
predigas	hayas	predicho
prediga	haya	predicho
predigamos	hayamos	predicho
predigáis	hayáis	predicho
predigan	hayan	predicho
Pret. Imperf.	**Pret. Pluscuamperf.**	
predijera/ese	hubiera	predicho
predijeras	hubieras	predicho
predijera	hubiera	predicho
predijéramos	hubiéramos	predicho
predijerais	hubierais	predicho
predijeran	hubieran	predicho
Futuro	**Futuro Perfecto**	
predijere	hubiere	predicho
predijeres	hubieres	predicho
predijere	hubiere	predicho
predijéremos	hubiéremos	predicho
predijereis	hubiereis	predicho
predijeren	hubieren	predicho

MODO IMPERATIVO	
Presente	
	predigamos (nosotros)
predice (tú)	predecid (vosotros)
prediga (él, usted)	predigan (ellos, ustedes)

FORMAS NO PERSONALES	
Simples	**Compuestos**
Infinitivo: predecir	Infinitivo: haber predicho
Participio: predicho*	
Gerundio: prediciendo	Gerundio: habiendo predicho

Los verbos bendecir y maldecir tienen dos participios: regular e irregular.

36. PRODUCIR (irregularidad propia)

FORMAS PERSONALES

INDICATIVO

Simple	Compuesto	
Presente	**Pret. Perf. Comp.**	
produzco	he	producido
produces	has	producido
produce	ha	producido
producimos	hemos	producido
producís	habéis	producido
producen	han	producido
Pret. Imperf.	**Pret. Pluscuamp.**	
producía	había	producido
producías	habías	producido
producía	había	producido
producíamos	habíamos	producido
producíais	habíais	producido
producían	habían	producido
Pret. Perfecto	**Pret. Anterior**	
produje	hube	producido
produjiste	hubiste	producido
produjo	hubo	producido
produjimos	hubimos	producido
produjisteis	hubisteis	producido
produjeron	hubieron	producido
Futuro	**Futuro Perfecto**	
produciré	habré	producido
producirás	habrás	producido
producirá	habrá	producido
produciremos	habremos	producido
produciréis	habréis	producido
producirán	habrán	producido
Condicional	**Condicional Perfecto**	
produciría	habría	producido
producirías	habrías	producido
produciría	habría	producido
produciríamos	habríamos	producido
produciríais	habríais	producido
producirían	habrían	producido

SUBJUNTIVO

Simple	Compuesto	
Presente	**Pret. Perf. Comp.**	
produzca	haya	producido
produzcas	hayas	producido
produzca	haya	producido
produzcamos	hayamos	producido
produzcáis	hayáis	producido
produzcan	hayan	producido
Pret. Imperf.	**Pret. Pluscuamperf.**	
produjera/ese	hubiera	producido
produjeras	hubieras	producido
produjera	hubiera	producido
produjéramos	hubiéramos	producido
produjerais	hubierais	producido
produjeran	hubieran	producido
Futuro	**Futuro Perfecto**	
produjere	hubiere	producido
produjeres	hubieres	producido
produjere	hubiere	producido
produjéremos	hubiéremos	producido
produjereis	hubiereis	producido
produjeren	hubieren	producido

MODO IMPERATIVO

Presente

	produzcamos (nosotros)
produce (tú)	producid (vosotros)
produzca (él, usted)	produzcan (ellos, ustedes)

FORMAS NO PERSONALES

Simples	Compuestos
Infinitivo: producir	Infinitivo: haber producido
Participio: producido	
Gerundio: produciendo	Gerundio: habiendo producido

37. PUDRIR * (irregularidad propia)

FORMAS PERSONALES

INDICATIVO

Simple	Compuesto	
Presente	**Pret. Perf. Comp.**	
pudro	he	podrido
pudres	has	podrido
pudre	ha	podrido
pudrimos	hemos	podrido
pudrís	habéis	podrido
pudren	han	podrido
Pret. Imperf.	**Pret. Pluscuamp.**	
pudría	había	podrido
pudrías	habías	podrido
pudría	había	podrido
pudríamos	habíamos	podrido
pudríais	habíais	podrido
pudrían	habían	podrido
Pret. Perfecto	**Pret. Anterior**	
pudrí/podrí	hube	podrido
pudriste	hubiste	podrido
pudrió	hubo	podrido
pudrimos	hubimos	podrido
pudristeis	hubisteis	podrido
pudrieron	hubieron	podrido
Futuro	**Futuro Perfecto**	
pudriré/podriré	habré	podrido
pudrirás	habrás	podrido
pudrirá	habrá	podrido
pudriremos	habremos	podrido
pudriréis	habréis	podrido
pudrirán	habrán	podrido
Condicional	**Condicional Perfecto**	
pudriría/podriría	habría	podrido
pudrirías	habrías	podrido
pudriría	habría	podrido
pudriríamos	habríamos	podrido
pudriríais	habríais	podrido
pudrirían	habrían	podrido

SUBJUNTIVO

Simple	Compuesto	
Presente	**Pret. Perf. Comp.**	
pudra	haya	podrido
pudras	hayas	podrido
pudra	haya	podrido
pudramos	hayamos	podrido
pudráis	hayáis	podrido
pudran	hayan	podrido
Pret. Imperf.	**Pret. Pluscuamperf.**	
pudriera/ese	hubiera	podrido
pudrieras	hubieras	podrido
pudriera	hubiera	podrido
pudriéramos	hubiéramos	podrido
pudrierais	hubierais	podrido
pudrieran	hubieran	podrido
Futuro	**Futuro Perfecto**	
pudriere	hubiere	podrido
pudrieres	hubieres	podrido
pudriere	hubiere	podrido
pudriéremos	hubiéremos	podrido
pudriereis	hubiereis	podrido
pudrieren	hubieren	podrido

MODO IMPERATIVO

Presente

	pudramos (nosotros)
pudre (tú)	pudrid (vosotros)
pudra (él, usted)	pudran (ellos, ustedes)

FORMAS NO PERSONALES

Simples	Compuestos
Infinitivo: podrir/ pudrir	Infinitivo: haber podrido
Participio: podrido	
Gerundio: pudriendo	Gerundio: habiendo podrido

ste verbo puede ser indistintamente usado, podrir o pudrir en el infinitivo. La Real Academia Española ha preferido fijar la U a O en todos los modos, tiempos y personas, excepto en el infinitivo y el participio (podrido) que nunca será usado con U.

38. QUERER (irregularidad propia)

FORMAS PERSONALES

INDICATIVO			SUBJUNTIVO		
Simple	Compuesto		Simple	Compuesto	
Presente	Pret. Perf. Comp.		Presente	Pret. Perf. Comp.	
quiero	he	querido	quiera	haya	querido
quieres	has	querido	quieras	hayas	querido
quiere	ha	querido	quiera	haya	querido
queremos	hemos	querido	queramos	hayamos	querido
queréis	habéis	querido	queráis	hayáis	querido
quieren	han	querido	quieran	hayan	querido
Pret. Imperf.	Pret. Pluscuamp.		Pret. Imperf.	Pret. Pluscuamperf.	
quería	había	querido	quisiera/ese	hubiera	querido
querías	habías	querido	quisieras	hubieras	querido
quería	había	querido	quisiera	hubiera	querido
queríamos	habíamos	querido	quisiéramos	hubiéramos	querido
queríais	habíais	querido	quisierais	hubierais	querido
querían	habían	querido	quisieran	hubieran	querido
Pret. Perfecto	Pret. Anterior		Futuro	Futuro Perfecto	
quise	hube	querido	quisiere	hubiere	querido
quisiste	hubiste	querido	quisieres	hubieres	querido
quiso	hubo	querido	quisiere	hubiere	querido
quisimos	hubimos	querido	quisiéremos	hubiéremos	querido
quisisteis	hubisteis	querido	quisiereis	hubiereis	querido
quisieron	hubieron	querido	quisieren	hubieren	querido
Futuro	Futuro Perfecto		MODO IMPERATIVO		
querré	habré	querido		Presente	
querrás	habrás	querido			
querrá	habrá	querido		queramos (nosotros)	
querremos	habremos	querido	quiere (tú)	quered (vosotros)	
querréis	habréis	querido	quiera (él, usted)	quieran (ellos, ustedes)	
querrán	habrán	querido			
Condicional	Condicional Perfecto		FORMAS NO PERSONALES		
querría	habría	querido	Simples	Compuestos	
querrías	habrías	querido	Infinitivo: querer	Infinitivo:	
querría	habría	querido	Participio: querido	haber querido	
querríamos	habríamos	querido			
querríais	habríais	querido	Gerundio:	Gerundio:	
querrían	habrían	querido	queriendo	habiendo querido	

39. *ROER* (irregularidad propia)

FORMAS PERSONALES

INDICATIVO

Simple	Compuesto	
Presente	**Pret. Perf. Comp.**	
roo/roigo/royo	he	roído
roes	has	roído
roe	ha	roído
roemos	hemos	roído
roéis	habéis	roído
roen	han	roído
Pret. Imperf.	**Pret. Pluscuamp.**	
roía	había	roído
roías	habías	roído
roía	había	roído
roíamos	habíamos	roído
roíais	habíais	roído
roían	habían	roído
Pret. Perfecto	**Pret. Anterior**	
roí	hube	roído
roíste	hubiste	roído
royó	hubo	roído
roímos	hubimos	roído
roísteis	hubisteis	roído
royeron	hubieron	roído
Futuro	**Futuro Perfecto**	
roeré	habré	roído
roerás	habrás	roído
roerá	habrá	roído
roeremos	habremos	roído
roeréis	habréis	roído
roerán	habrán	roído
Condicional	**Condicional Perfecto**	
roería	habría	roído
roerías	habrías	roído
roería	habría	roído
roeríamos	habríamos	roído
roeríais	habríais	roído
roerían	habrían	roído

SUBJUNTIVO

Simple			Compuesto	
Presente			**Pret. Perf. Comp.**	
roa	roiga	roya	haya	roído
roas	roigas	royas	hayas	roído
roa	roiga	roya	haya	roído
roamos	roigamos	royamos	hayamos	roído
roáis	roigáis	royáis	hayáis	roído
roan	roigan	royan	hayan	roído
Pret. Imperf.			**Pret. Pluscuamperf.**	
royera	royese		hubiera	roído
royeras	royeses		hubieras	roído
royera	royese		hubiera	roído
royéramos	royésemos		hubiéramos	roído
royerais	royeseis		hubierais	roído
royeran	royesen		hubieran	roído
Futuro			**Futuro Perfecto**	
royere			hubiere	roído
royeres			hubieres	roído
royere			hubiere	roído
royéremos			hubiéremos	roído
royereis			hubiereis	roído
royeren			hubieren	roído

MODO IMPERATIVO

Presente

	roamos/roigamos/ royamos (nosotros)
roe (tú)	roed (vosotros)
roa/roiga/roya (él, usted)	roan/roigan/ royan (ellos, ustedes)

FORMAS NO PERSONALES

Simples	Compuestos
Infinitivo: roer	Infinitivo: haber roído
Participio: roído	
Gerundio: royendo	Gerundio: habiendo roído

40. SABER (irregularidad propia)

FORMAS PERSONALES

INDICATIVO			SUBJUNTIVO		
Simple	Compuesto		Simple	Compuesto	
Presente	**Pret. Perf. Comp.**		**Presente**	**Pret. Perf. Comp.**	
sé	he	sabido	sepa	haya	sabido
sabes	has	sabido	sepas	hayas	sabido
sabe	ha	sabido	sepa	haya	sabido
sabemos	hemos	sabido	sepamos	hayamos	sabido
sabéis	habéis	sabido	sepáis	hayáis	sabido
saben	han	sabido	sepan	hayan	sabido
Pret. Imperf.	**Pret. Pluscuamp.**		**Pret. Imperf.**	**Pret. Pluscuamperf.**	
sabía	había	sabido	supiera/ese	hubiera	sabido
sabías	habías	sabido	supieras	hubieras	sabido
sabía	había	sabido	supiera	hubiera	sabido
sabíamos	habíamos	sabido	supiéramos	hubiéramos	sabido
sabíais	habíais	sabido	supierais	hubierais	sabido
sabían	habían	sabido	supieran	hubieran	sabido
Pret. Perfecto	**Pret. Anterior**		**Futuro**	**Futuro Perfecto**	
supe	hube	sabido	supiere	hubiere	sabido
supiste	hubiste	sabido	supieres	hubieres	sabido
supo	hubo	sabido	supiere	hubiere	sabido
supimos	hubimos	sabido	supiéremos	hubiéremos	sabido
supisteis	hubisteis	sabido	supiereis	hubiereis	sabido
supieron	hubieron	sabido	supieren	hubieren	sabido
Futuro	**Futuro Perfecto**		**MODO IMPERATIVO**		
sabré	habré	sabido		**Presente**	
sabrás	habrás	sabido			
sabrá	habrá	sabido		sepamos (nosotros)	
sabremos	habremos	sabido	sabe (tú)	sabed (vosotros)	
sabréis	habréis	sabido	sepa (él, usted)	sepan (ellos, ustedes)	
sabrán	habrán	sabido			
Condicional	**Condicional Perfecto**		**FORMAS NO PERSONALES**		
sabría	habría	sabido	**Simples**	**Compuestos**	
sabrías	habrías	sabido	Infinitivo: saber	Infinitivo:	
sabría	habría	sabido	Participio: sabido	haber sabido	
sabríamos	habríamos	sabido			
sabríais	habríais	sabido	Gerundio:	Gerundio:	
sabrían	habrían	sabido	sabiendo	habiendo sabido	

41. SATISFACER (irregularidad propia)

FORMAS PERSONALES

INDICATIVO

Simple	Compuesto	
Presente	**Pret. Perf. Comp.**	
satisfago	he	satisfecho
satisfaces	has	satisfecho
satisface	ha	satisfecho
satisfacemos	hemos	satisfecho
satisfacéis	habéis	satisfecho
satisfacen	han	satisfecho
Pret. Imperf.	**Pret. Pluscuamp.**	
satisfacía	había	satisfecho
satisfacías	habías	satisfecho
satisfacía	había	satisfecho
satisfacíamos	habíamos	satisfecho
satisfacíais	habíais	satisfecho
satisfacían	habían	satisfecho
Pret. Perfecto	**Pret. Anterior**	
satisfice	hube	satisfecho
satisficiste	hubiste	satisfecho
satisfizo	hubo	satisfecho
satisficimos	hubimos	satisfecho
satisficisteis	hubisteis	satisfecho
satisficieron	hubieron	satisfecho
Futuro	**Futuro Perfecto**	
satisfaré	habré	satisfecho
satisfarás	habrás	satisfecho
satisfará	habrá	satisfecho
satisfaremos	habremos	satisfecho
satisfaréis	habréis	satisfecho
satisfarán	habrán	satisfecho
Condicional	**Condicional Perfecto**	
satisfaría	habría	satisfecho
satisfarías	habrías	satisfecho
satisfaría	habría	satisfecho
satisfaríamos	habríamos	satisfecho
satisfaríais	habríais	satisfecho
satisfarían	habrían	satisfecho

SUBJUNTIVO

Simple	Compuesto	
Presente	**Pret. Perf. Comp.**	
satisfaga	haya	satisfecho
satisfagas	hayas	satisfecho
satisfaga	haya	satisfecho
satisfagamos	hayamos	satisfecho
satisfagáis	hayáis	satisfecho
satisfagan	hayan	satisfecho
Pret. Imperf.	**Pret. Pluscuamperf.**	
satisficiera/ese	hubiera	satisfecho
satisficieras	hubieras	satisfecho
satisficiera	hubiera	satisfecho
satisficiéramos	hubiéramos	satisfecho
satisficierais	hubierais	satisfecho
satisficieran	hubieran	satisfecho
Futuro	**Futuro Perfecto**	
satisficiere	hubiere	satisfecho
satisficieres	hubieres	satisfecho
satisficiere	hubiere	satisfecho
satisficiéremos	hubiéremos	satisfecho
satisficiereis	hubiereis	satisfecho
satisficieren	hubieren	satisfecho

MODO IMPERATIVO

Presente

satisfaz/	satisfagamos (nosotros)
satisface (tú)	satisfaced (vosotros)
satisfaga (él, usted)	satisfagan (ellos, ustedes)

FORMAS NO PERSONALES

Simples	Compuestos
Infinitivo: satisfacer	Infinitivo: haber satisfecho
Participio: satisfecho	
Gerundio: satisfaciendo	Gerundio: habiendo satisfecho

42. *SOLER* (irregularidad propia)

FORMAS PERSONALES

INDICATIVO		SUBJUNTIVO	
Simple	Compuesto	Simple	Compuesto
Presente	**Pret. Perf. Comp.**	**Presente**	**Pret. Perf. Comp.**
suelo	—	suela	—
sueles	—	suelas	—
suele	—	suela	—
solemos	—	solamos	—
soléis	—	soláis	—
suelen	—	suelan	—
Pret. Imperf.	**Pret. Pluscuamp.**	**Pret. Imperf.**	**Pret. Pluscuamperf.**
solía	—	soliera/ese	—
solías	—	solieras	—
solía	—	soliera	—
solíamos	—	soliéramos	—
solíais	—	solierais	—
solían	—	solieran	—
Pret. Perfecto	**Pret. Anterior**	**Futuro**	**Futuro Perfecto**
solí	—	—	—
soliste	—	—	—
solió	—	—	—
solimos	—	—	—
solisteis	—	—	—
solieron	—	—	—
Futuro	**Futuro Perfecto**	**MODO IMPERATIVO**	
—	—	**Presente**	
—	—		
—	—		— (nosotros)
—	—	— (tú)	— (vosotros)
—	—	— (él, usted)	— (ellos, ustedes)
—	—		
Condicional	**Condicional Perfecto**	**FORMAS NO PERSONALES**	
—	—	**Simples**	**Compuestos**
—	—	Infinitivo: soler	Infinitivo: —
—	—	Participio: —	
—	—		
—	—	Gerundio: —	Gerundio: —
—	—		

43. TRAER (irregularidad propia)

FORMAS PERSONALES

INDICATIVO			SUBJUNTIVO		
Simple	Compuesto		Simple	Compuesto	
Presente	**Pret. Perf. Comp.**		**Presente**	**Pret. Perf. Comp.**	
traigo	he	traído	traiga	haya	traído
traes	has	traído	traigas	hayas	traído
trae	ha	traído	traiga	haya	traído
traemos	hemos	traído	traigamos	hayamos	traído
traéis	habéis	traído	traigáis	hayáis	traído
traen	han	traído	traigan	hayan	traído
Pret. Imperf.	**Pret. Pluscuamp.**		**Pret. Imperf.**	**Pret. Pluscuamperf.**	
traía	había	traído	trajera/ese	hubiera	traído
traías	habías	traído	trajeras	hubieras	traído
traía	había	traído	trajera	hubiera	traído
traíamos	habíamos	traído	trajéramos	hubiéramos	traído
traíais	habíais	traído	trajerais	hubierais	traído
traían	habían	traído	trajeran	hubieran	traído
Pret. Perfecto	**Pret. Anterior**		**Futuro**	**Futuro Perfecto**	
traje	hube	traído	trajere	hubiere	traído
trajiste	hubiste	traído	trajeres	hubieres	traído
trajo	hubo	traído	trajere	hubiere	traído
trajimos	hubimos	traído	trajéremos	hubiéremos	traído
trajisteis	hubisteis	traído	trajereis	hubiereis	traído
trajeron	hubieron	traído	trajeren	hubieren	traído
Futuro	**Futuro Perfecto**		**MODO IMPERATIVO**		
			Presente		
traeré	habré	traído			
traerás	habrás	traído			
traerá	habrá	traído		traigamos (nosotros)	
traeremos	habremos	traído	trae (tú)	traed (vosotros)	
traeréis	habréis	traído	traiga (él, usted)	traigan (ellos, ustedes)	
traerán	habrán	traído			
Condicional	**Condicional Perfecto**		**FORMAS NO PERSONALES**		
			Simples	**Compuestos**	
traería	habría	traído	Infinitivo: traer	Infinitivo: haber traído	
traerías	habrías	traído	Participio: traído		
traería	habría	traído			
traeríamos	habríamos	traído			
traeríais	habríais	traído	Gerundio: trayendo	Gerundio: habiendo traído	
traerían	habrían	traído			

44. VER (irregularidad propia)

FORMAS PERSONALES

INDICATIVO			SUBJUNTIVO		
Simple	Compuesto		Simple	Compuesto	
Presente	**Pret. Perf. Comp.**		**Presente**	**Pret. Perf. Comp.**	
veo	he	visto	vea	haya	visto
ves	has	visto	veas	hayas	visto
ve	ha	visto	vea	haya	visto
vemos	hemos	visto	veamos	hayamos	visto
veis	habéis	visto	veáis	hayáis	visto
ven	han	visto	vean	hayan	visto
Pret. Imperf.	**Pret. Pluscuamp.**		**Pret. Imperf.**	**Pret. Pluscuamperf.**	
veía	había	visto	viera/ese	hubiera	visto
veías	habías	visto	vieras	hubieras	visto
veía	había	visto	viera	hubiera	visto
veíamos	habíamos	visto	viéramos	hubiéramos	visto
veíais	habíais	visto	vierais	hubierais	visto
veían	habían	visto	vieran	hubieran	visto
Pret. Perfecto	**Pret. Anterior**		**Futuro**	**Futuro Perfecto**	
vi	hube	visto	viere	hubiere	visto
viste	hubiste	visto	vieres	hubieres	visto
vio	hubo	visto	viere	hubiere	visto
vimos	hubimos	visto	viéremos	hubiéremos	visto
visteis	hubisteis	visto	viereis	hubiereis	visto
vieron	hubieron	visto	vieren	hubieren	visto
Futuro	**Futuro Perfecto**		**MODO IMPERATIVO**		
veré	habré	visto		**Presente**	
verás	habrás	visto			
verá	habrá	visto		veamos (nosotros)	
veremos	habremos	visto	ve (tú)	ved (vosotros)	
veréis	habréis	visto	vea (él, usted)	vean (ellos, ustedes)	
verán	habrán	visto			
Condicional	**Condicional Perfecto**		**FORMAS NO PERSONALES**		
vería	habría	visto	**Simples**	**Compuestos**	
verías	habrías	visto	Infinitivo: ver	Infinitivo:	
vería	habría	visto	Participio: visto	haber visto	
veríamos	habríamos	visto			
veríais	habríais	visto	Gerundio:	Gerundio:	
verían	habrían	visto	viendo	habiendo visto	

45. YACER (irregularidad propia)

FORMAS PERSONALES

INDICATIVO

Simple	Compuesto	
Presente	**Pret. Perf. Comp.**	
yazco/yazgo/yago	he	yacido
yaces	has	yacido
yace	ha	yacido
yacemos	hemos	yacido
yacéis	habéis	yacido
yacen	han	yacido
Pret. Imperf.	**Pret. Pluscuamp.**	
yacía	había	yacido
yacías	habías	yacido
yacía	había	yacido
yacíamos	habíamos	yacido
yacíais	habíais	yacido
yacían	habían	yacido
Pret. Perfecto	**Pret. Anterior**	
yací	hube	yacido
yaciste	hubiste	yacido
yació	hubo	yacido
yacimos	hubimos	yacido
yacisteis	hubisteis	yacido
yacieron	hubieron	yacido
Futuro	**Futuro Perfecto**	
yaceré	habré	yacido
yacerás	habrás	yacido
yacerá	habrá	yacido
yaceremos	habremos	yacido
yaceréis	habréis	yacido
yacerán	habrán	yacido
Condicional	**Condicional Perfecto**	
yacería	habría	yacido
yacerías	habrías	yacido
yacería	habría	yacido
yaceríamos	habríamos	yacido
yaceríais	habríais	yacido
yacerían	habrían	yacido

SUBJUNTIVO

Simple			Compuesto	
Presente			**Pret. Perf. Comp.**	
yazca	yazga	yaga	haya	yacido
yazcas	yazgas	yagas	hayas	yacido
yazca	yazga	yaga	haya	yacido
yazcamos	yazgamos	yagamos	hayamos	yacido
yazcáis	yazgáis	yagáis	hayáis	yacido
yazcan	yazgan	yagam	hayan	yacido

Simple		Compuesto	
Pret. Imperf.		**Pret. Pluscuamperf.**	
yaciera	yaciese	hubiera	yacido
yacieras	yacieses	hubieras	yacido
yaciera	yaciese	hubiera	yacido
yaciéramos	yaciésemos	hubiéramos	yacido
yacierais	yacieseis	hubierais	yacido
yacieran	yaciesen	hubieran	yacido
Futuro		**Futuro Perfecto**	
yaciere		hubiere	yacido
yacieres		hubieres	yacido
yaciere		hubiere	yacido
yaciéremos		hubiéremos	yacido
yaciereis		hubiereis	yacido
yacieren		hubieren	yacido

MODO IMPERATIVO

Presente

	yazcamos/yazgamos/ yagamos (nosotros)
yace/yaz (tú)	yaced (vosotros)
yazca/yazga/ yaga, (él, usted)	yazcan/yazgan/ yagan (ellos, ustedes)

FORMAS NO PERSONALES

Simples	Compuestos
Infinitivo: yacer	Infinitivo: haber yacido
Participio: yacido	
Gerundio: yaciendo	Gerundio: habiendo yacido

Impresso no Parque Gráfico da Editora FTD
Avenida Antonio Bardella, 300
Fones: (0-XX-11) 3545-8600 e Fax: (0-XX-11) 2412-5375
07220-020 GUARULHOS (SP)